Horst Fabian · Der kubanische Entwicklungsweg

Studien zur Sozialwissenschaft

Band 48

Westdeutscher Verlag

Horst Fabian

Der kubanische Entwicklungsweg

Ein Beitrag zum Konzept autozentrierter Entwicklung

Westdeutscher Verlag

Diese Studie entstand im Rahmen des Forschungsprojekts "Strategien zur Überwindung peripherer Gesellschaftsformationen", das von der Berghof Stiftung für Konfliktforschung gefördert wurde.

Fabian, Horst:
Der kubanische Entwicklungsweg: e. Beitr. zum Konzept autozentrierter Entwicklung / Horst Fabian. - Opladen: Westdeutscher Verlag, 1981.
(Studien zur Sozialwissenschaft; Bd. 48)
ISBN 978-3-531-11552-8 ISBN 978-3-322-88640-8 (eBook)
DOI 10.1007/978-3-322-88640-8
NE: GT

Umschlaggestaltung: studio für visuelle kommunikation, Düsseldorf.

ISBN 978-3-531-11552-8

VORWORT von Dieter Senghaas

Die von Horst Fabian verfaßte Studie über den kubanischen Entwicklungsweg entstand im Rahmen einer Forschungsgruppe, die sich eine Untersuchung von "Strategien zur Überwindung peripherer Gesellschaftsformationen" zur Aufgabe gestellt hat. Nach zahlreichen neueren Veröffentlichungen über die Entwicklungsgeschichte des metropolitanen Kapitalismus (d.h. über die meisten heutigen OECD-Länder) und des metropolitanen Sozialismus (UdSSR und Osteuropa) war es Ziel der Forschungsgruppe, den Entwicklungsweg der wenigen sozialistischen Entwicklungsländer zu analysieren, die in den vergangenen drei Jahrzehnten eine eigenständige Entwicklung versuchten. Dabei handelt es sich um die folgenden Fälle: Albanien, China, Kuba und Nord-Korea. Sozialistische Entwicklungsländer wie Laos, Kambodscha, Vietnam, Angola und Mozambique wurden nicht berücksichtigt, da die kurze Zeit ihrer selbständigen Entwicklung eine systematische Evaluation noch nicht erlaubt. Bei anderen Fällen, die eine Zwischenstellung zwischen sozialistischer Entwicklung und bleibender tiefer Integration in den kapitalistischen Weltmarkt einnehmen (wie z.B. Algerien), liegt eine ausreichende entwicklungstheoretische und empirische Literatur vor.

Die spezifische Perspektive des Projektes - und damit auch der Studie von Horst Fabian - ergibt sich aus neueren entwicklungstheoretischen Fragestellungen, die in der Analyse der mehr als hundert Fälle von peripher-kapitalistischen Entwicklungsländern in den vergangenen zehn Jahren gewonnen wurden. Diese Fragestellungen und substantiellen Antworten liegen heute gebündelt in der Theorie des peripheren Kapitalismus vor, zu deren Entfaltung Sozialwissenschaftler aus der Dritten Welt weit mehr als die Sozialwissenschaft in den Metropolen beigetragen haben. Das Projekt stellte sich zur Aufgabe, die wesentlichen Theoreme aus dieser Theorie an Fälle heranzutragen, die in unterschiedlichem Ausmaß ehedem ebenfalls in die kapitalistische Weltwirtschaft eingegliedert waren und dort mehr oder weniger (das Ausmaß und die Art der Eingliederung galt es erst zu bestimmen) den Status von Peripherie-Ökonomien einnahmen. Grob formuliert ergaben sich dabei für die Durchführung der monographischen Untersuchungen über die genannten vier Fälle sozialistischer Entwicklungsländer zwei wesentliche Stoßrichtungen der Analyse:

1. Im Einzelfall waren, soweit durchführbar, die wesentlichen Strukturmerkmale und Reproduktionsbedingungen der herkömmlichen Gesellschaftsformation und ihrer Anfälligkeit gegenüber einer Durchdringung von seiten kapitalistischer Metropolen zu untersuchen. Die relativ operationalen Fragestellungen der Theorie des peripheren Kapitalismus und eine Fülle von neueren Monographien, die in den vergangenen Jahren über Fälle entstanden sind, die heute noch den Status von kapitalistischen Peripherien einnehmen, ließen sich bei der Bearbeitung der oben genannten vier Fälle methodisch fruchtbar machen.

2. Zu fragen war, welche Konsequenzen sich aus der so diagnostizierten vorrevolutionären Gesellschaftsformation für die Entwicklung nach erfolgter Ausgliederung aus der kapitalistischen Weltwirtschaft ergaben. Im Lichte einer theoretisch angeleiteten empirischen Diagnose der vorrevolutionären Gesellschaftsformation galt es, sowohl die jeweiligen Doktrinen eigenständiger Entwicklung als auch den jeweils praktisch verfolgten Entwicklungsweg zu untersuchen. Aus der Analyse der Dialektik von vorrevolutionären Gesellschaftsformationen, Entwicklungsdoktrinen und Entwicklungspraxis sollten Aufschlüsse für eine weitere inhaltliche Ausgestaltung einer Theorie autozentrierter Entwicklung gewonnen werden, deren Entfaltung wir über die bisher bestehenden ersten Ansätze voranbringen wollen. Dabei verstehen wir unter "autozentrierter Entwicklung" einen eigenbestimmten politischen, sozio-ökonomischen und kulturellen Entwicklungsweg, dessen Ergebnis sich in einer sukzessiven Binnenmarkterschließung bei gleichzeitiger Herausbildung von gesellschaftlich relevanten Leitorientierungen, von politischen Kräften und von sozialen Institutionen mit einem hohen Ausmaß an Selbststeuerungsfähigkeit dokumentiert.

Die Studie von Horst Fabian hat - meiner Meinung nach - die im Projekt gestellte Aufgabe exemplarisch bewältigt. Die Auswertung der vorliegenden Monographie unter komparativen Gesichtspunkten gehörte nicht zu den Aufgabenstellungen des Autors. Sie wird an anderer Stelle und zu einem späteren Zeitpunkt erfolgen. Dennoch möchte ich einleitend die Veröffentlichung dieser Projektteilstudie zum Anlaß nehmen, auf einige wichtige Gesichtspunkte, die den Entwicklungsweg Kubas und allgemeine entwicklungstheoretische Fragestellungen betreffen, aufmerksam zu machen.

Die entwicklungstheoretische Diskussion über autozentrierte Entwicklung ist in den vergangenen Jahren zunächst im wesentlichen von vielfältigen Diagnosen peripher-kapitalistischer Entwicklung ausgegangen. Da Struktur und Reproduktionsdynamik des peripheren Kapitalismus autozentrierte Entwicklung verhindern, konzentrierten sich entwicklungstheoretische Aussagen über autozentrierte Entwicklung auf entwicklungspolitische Postulate und Imperative. Diese mußten, ihrer Herkunft entsprechend, abstrakt-allgemein bleiben. Als solche Imperative wurden formuliert und inzwischen vielfach diskutiert:

- die Abkopplung (Dissoziation) von Peripherie-Ökonomien aus dem kapitalistisch dominierten Weltmarkt
- die innere Restrukturierung verkrüppelter Wirtschafts- und Sozialstrukturen (Überwindung von deformierten Reproduktionsstrukturen)
- die selektive Kooperation mit der Umwelt (neue und gleiche internationale Arbeitsteilung, kollektive self-reliance)

Was abstrakt-allgemein gehaltene Imperative - und seien sie noch so analytisch zwingend und praktisch plausibel - nicht vermitteln können, ist eine Darstellung der vielfältigen Probleme, die in konkreten Fällen bei praktischen Versuchen einer nachholenden autozentrierten Entwicklung auftreten. Alle im Forschungsprojekt erarbeiteten Studien sind Untersuchungen über autozentrierte Entwicklung in statu nascendi; sie beziehen sich auf entwicklungspolitische Experimentierfelder, in denen die übergeordneten Leitlinien praktischer Entwicklungspolitik und schon gar ihre Übersetzung in operative kurz- und mittelfristig wirksame Entscheidungen keineswegs festliegen. Was die parallel entstandenen Studien über Albanien, China und Nord-Korea plastisch verdeutlicht haben, zeigt sich - empirisch belegt - erneut auch in der vorliegenden Studie über den kubanischen Entwicklungsweg: Insbesondere in der Anfangsphase gleicht autozentrierte Entwicklung einem mühevollen Such- und Lernprozeß, in dem vielfältige Zielkonflikte bestimmend sind und korrekte und falsche Diagnosen, angemessene und unangemessene Allokationen zu einer oft höchst widersprüchlichen Gesamtbilanz hinsichtlich des Entwicklungserfolgs führen. Fabians Studie vermittelt ein eindrucksvolles Bild der Umbruchs- und Neuorientierungsphase in der kubanischen Entwicklung nach 1959; zwanzig Jahre nach der kubanischen Revolution kann der Autor aber auch die großen entwicklungspolitischen Leitlinien, die sich in den beiden vergangenen Jahrzehnten allmählich herauskristallisiert haben, detailliert aufzeigen. Dabei kann man in Zukunft, aufbauend auf Fabians Untersuchung, füglich von einem eigenständigen kubanischen Entwicklungsweg sprechen, wobei die vorliegende Studie sowohl die allgemeine entwicklungstheoretische Diskussion als auch die Diskussion über die entwicklungsgeschichtliche Funktion von Sozialismus befruchten wird. Eher entwicklungspolitisch interessierte Leser werden eine Fülle von bedenkenswerten und (wenn man an die Dritte Welt denkt) nachdenklich stimmenden Informationen der Studie entnehmen können, insbesondere in den späteren Teilen, in denen die kubanische Technologiepolitik abgehandelt wird. Zu allen drei genannten Bereichen seien hier einige Vorbemerkungen angefügt.

Worin bestehen, von 1980 her rückblickend, die spezifischen Merkmale des kubanischen Entwicklungsweges? Nicht zuletzt aufgrund der widerborstigen Reaktion der kapitalistischen Umwelt auf Kubas ursprünglich nationalistisch und populistisch orientierten politischen Umbruch 1959 ist aus einer antiimperialistischen und antifeudalen Revolution eine antikapitalistische und proletarische geworden. Damit wurde für Kuba, wie früher schon für andere ehemalige peripher-kapitalistische Länder,

Sozialismus zur Voraussetzung und zu einem Instrument der Überwindung von Unterentwicklung, also von nachholender Entwicklung. Freiwillig oder gezwungenermaßen sind andere Gesellschaften nach erfolgtem politischem Umbruch dem Entwicklungsweg der Sowjetunion gefolgt - einem Modernisierungskurs forcierter Schwerindustrialisierung. Es ist nicht überraschend, daß die kubanische Führung anfänglich in dieselbe Richtung tendierte, zumal die Zuckermonokultur und die ihr entsprechende Monoexportstruktur als grundlegendes Strukturübel kubanischer Gesellschaft und Wirtschaft galten. Was also lag näher, als anderen sozialistischen Ländern folgend eine breit gefächerte Industrialisierung zu inszenieren, darauf hoffend, daß in Kuba, wie in anderen sozialistischen, aber auch in hochindustrialisierten kapitalistischen Gesellschaften, Industrialisierung zum Motor gesellschaftlichen Fortschritts würde. Die vorliegende Untersuchung dokumentiert diese industriebezogene Industrialisierungsstrategie, nicht ohne die vom sowjetischen Entwicklungsweg abweichenden Nuancen aufzuzeigen; sie zeichnete die Gründe ihres Scheiterns sowie die objektiven Zwänge für ihre Korrektur nach. Im Verlaufe der Auseinandersetzung um eine unausweichlich werdende Revision der entwicklungspolitischen Strategie kristallisieren sich die Umrisse eines eigenständigen kubanischen Entwicklungsweges heraus, den Fabian in der vorliegenden Untersuchung - aufbauend auf einer Auswertung vielfältiger inkohärent bleibender Detailuntersuchungen - umfassend analysiert. Alles, was in einer entwicklungstheoretisch motivierten Studie über diesen spezifischen kubanischen Entwicklungsweg zum gegenwärtigen Zeitpunkt zu sagen ist, wird der Leser in der zweiten Hälfte des vorliegenden Buches finden. Dennoch mögen einige wenige Anmerkungen die Rezeption der Studie erleichtern helfen.

In Kuba wird gegenwärtig versucht, was in bisherigen Überlegungen über autozentrierte Entwicklung zwar nicht prinzipiell für unmöglich gehalten wurde, jedoch, um das Wenigste zu sagen, sicherlich nicht im Zentrum der Aufmerksamkeit stand, nämlich eine nachholende autozentrierte Entwicklung bei voller, ja verstärkter Instrumentalisierung des überkommenen Exportsektors zur Erlangung dieses entwicklungspolitischen Zieles. Eine solche

Globalorientierung ist, wie gleich noch zu zeigen wird, historisch nicht überraschend, jedoch unter dem Vorzeichen einer dissoziativ-autozentrierten Entwicklung einigermaßen ungewöhnlich. Denn dissoziativ-sozialistische Entwicklungspolitik führte bisher, wenn auch nicht zwingend vom Konzept her, so doch aus dem praktischen Zwang politischer Verhältnisse, in der Regel zu einem in der Tendenz autarkistischen Kurs, bei dem einem breitgefächerten agro-industriellen Binnenaufbau der Vorzug vor frühzeitiger Schwerpunktbildung bei gleichzeitiger Eingliederung in transnationale arbeitsteilige Wirtschaftsverbünde gegeben wurde. Bis heute dokumentiert der relativ geringe Integrationsgrad des RGW die Neigung sozialistischer Länder zu einer kompletten lückenlosen Produktivkraftentfaltung vor Ort anstelle einer arbeitsteiligen Spezialisierung nach Maßgabe komparativer Vorteile.

Nachdem sich in Kuba die Engpässe des bisher gängigen sozialistischen Entwicklungsweges abgezeichnet haben, wurde in der neuen Entwicklungsstrategie dem Zuckersektor wieder eine überraschend gewichtige Rolle zudiktiert. Von allgemeinem entwicklungstheoretischem Interesse und von allgemeiner praktisch-entwicklungspolitischer Bedeutung ist dabei die Frage, wie der Zuckersektor mit seiner Folgewirkung bezüglich einer Monoexportstruktur in die Binnenwirtschaft so eingefügt werden kann, daß ein Abbau der Monokulturwirtschaft erfolgt und der Aufbau einer kohärenten Binnenwirtschaft nicht wie im vorrevolutionären Kuba torpediert wird. Die entscheidende entwicklungsplanerische Frage bestand also darin, zunächst eine auf Zucker aufbauende Monoexportstruktur qua Deviseneinnahmequelle aufrecht erhalten zu müssen und gleichzeitig die Zuckermonokultur zu überwinden. Die kubanische Entwicklungsstrategie, die eine solche Aufgabenstellung bewältigen sollte, geht - Fabians umsichtiger Interpretation zufolge - von folgenden Gesichtspunkten aus:

- Nutzung des Zuckersektors als Ausgangspunkt für eine schrittweise (inkrementelle) Diversifizierung der kubanischen Landwirtschaft und Industrie. Die inkrementelle Perspektive stand im Gegensatz zur früher versuchten breiten strukturellen Diversifikation schon im ersten Schritt unter Vernachlässigung des Zuckersektors.

- Selektive Schwerpunktbildung, zunächst bei der Modernisierung der Zuckerlandwirtschaft, einschließlich des Versuchs der Rückkopplung der Zuckerlandwirtschaft mit einer erst noch aufzubauenden diversifizierten Landwirtschaft außerhalb des Zuckersektors, beispielsweise im Bereich der Viehhaltung (Rinderzucht): Nutzung von Abfallprodukten des Zuckersektors als Nahrungsgrundlage für die Viehzucht.

- Aufbau einer zuckernahen Industrie: Industrialisierung der Zuckerrohrnebenprodukte, Aufbau eines auf den Zuckersektor hinorientierten Maschinenbaus (Produktion von Ausrüstungsgütern für die Zuckerlandwirtschaft wie Zuckerrohrschneidemaschinen, aber letztendlich auch von ganzen Zuckerfabriken).

- Bildung von selektiven Wachstumspolen außerhalb des Zuckersektors unter Maßgabe der Nutzung natürlicher Ressourcen; allmählich weiter ausgreifende Diversifikation, von solchen sekundären Wachstumspolen ausgehend; auch hier wie im Zuckersektor selektive Schwerpunktsetzung, konzentrische Erschließungsprozesse mit dem Ziel einer allmählichen intrasektoralen und intersektoralen Vernetzung der kubanischen Ökonomie, damit Überwindung der überkommenen Monokultur und Begründung einer kubanischen Nationalwirtschaft trotz bleibender Exportlastigkeit.

- Allmähliche Diversifikation der Exportstruktur als Reflex einer mehr und mehr autozentrisch werdenden Binnenstruktur.

Die Grundidee der neuen kubanischen Entwicklungsstragegie bestand also darin, Außenhandelsvorteile effizient zu nutzen und gleichzeitig die überkommene Produktionsstruktur grundlegend in Richtung auf den Aufbau einer kohärenten Binnenwirtschaft zu ändern. Ausgangspunkt dabei sind die unter komparativen Kosten- und Vorteilskalkülen günstig mobilisierbaren Ressourcen wie beispielsweise die Zuckerproduktion in Kuba, Maßnahmen der Modernisierung dieses Sektors und der strukturellen Veränderung seines

Stellenwertes in der Binnenwirtschaft durch seine Einbindung in allmählich kohärent werdende Makro- und Mikrowirtschaftskreisläufe. Die entscheidende praktische Perspektive dabei ist, jenen Sektor, der einst Grundlage von Monokultur und Monoexportstruktur war, in seinem ökonomischen Gewicht nicht zu unterminieren, sondern nach und nach umzufunktionieren, d.h. Bezüge zur übrigen Ökonomie durch Vorwärts- und Rückwärtskopplungseffekte herzustellen. Damit bleibt der Zuckersektor zunächst Leitsektor gesamtwirtschaftlicher Entwicklung, so wie andere bewußt ausgewählte Wachstumssektoren zu sekundären Leitsektoren werden. Auch in ihnen wird an unmittelbar verfügbaren Ressourcen angeknüpft, darauf bezogene Modernisierungsprozesse eingeleitet und Vermaschungsprozesse zu vor- und nachgelagerten ökonomischen Aktivitäten initiiert. Solche Aufbauarbeit in Teilsektoren zielt letztlich auf die Herausbildung von sektoralen Bausteinen für eine langfristig aufzubauende kohärent strukturierte Binnenwirtschaft, die zwar weiterhin exportlastig wäre (und zunächst sogar zuckerexportlastig), ohne allerdings die typischen Strukturdefekte peripherer Ökonomien noch zu besitzen. Im rein ökonomischen Sinne wird die Monokultur durch eine wachsende Vernetzung des Exportsektors zur Binnenwirtschaft und durch eine wachsende Erhöhung der Totalproduktivität der Ökonomie überwunden. Obgleich dann immer noch viel, ja im Grunde genommen mehr Zucker produziert wird als zur Zeit der Monokultur und obgleich immer noch relativ viel Zucker exportiert wird, gewinnt dieser Produktionssektor allmählich, wie auch die anderen, zunächst sekundären Leitsektoren, einen qualitativ neuen Stellenwert in der Gesamtökonomie. Fabian hat diesen Positionswandel des Zuckersektors im umfangreichen Kapitel 11 der vorliegenden Studie im Detail aufgespürt.

An dieser Stelle drängen sich historische Parallelitäten auf. Kuba ist nicht die erste Gesellschaft, die innerhalb der Weltwirtschaft ein gegebenes Ressourcenpotential exportorientiert zur Herausbildung kohärenter binnenwirtschaftlicher Strukturen nutzt. Ist die Besonderheit des kubanischen Entwicklungsweges im Rahmen der bisherigen Erfahrungen mit nachholender sozialistischer Entwicklung schon bemerkenswert, so drängt sich bei historisch-komparativer Analyse die Parallelität der kubanischen Entwicklungsprogrammatik und ihrer versuchten Übersetzung in Entwicklungspraxis zu den Frühphasen einiger langfristig erfolgreicher Exportökonomien auf. Zu denken wäre dabei an Gesellschaften wie das Holz exportierende Finnland, das Getreide exportierende Dänemark, das Fisch und Holz exportierende Norwegen, das Getreide und Erz exportierende Schweden, an die Nahrungsmittel exportierenden Niederlande, an das Schafwolle, Schaffleisch und Butter exportierende Neuseeland etc. In all den genannten Fällen beruhte das Wirtschaftswachstum anfänglich auf dem Wachstum des Exportsektors; die Exporte bestanden zunächst im wesentlichen aus Nahrungsmitteln sowie aus unverarbeiteten agrarischen und mineralischen Rohstoffen. Das damalige Entwicklungszenario war, von Fabians Kuba-Untersuchung her gesehen, ausgesprochen kubanisch, so wie von der historischen Erfahrung her gesehen die kubanische Entwicklung ausgesprochen finnisch, dänisch, schwedisch, norwegisch, niederländisch und neuseeländisch erscheint:

- Nutzung lokaler Ressourcen für die Exportproduktion

- wachsende Modernisierung des Exportsektors, einschließlich einer allmählichen Anhebung des Verarbeitungsgrades der für den Export bestimmten Produkte

- Produktion von produktivitätssteigernden Ausrüstungsgütern für den Exportsektor, dabei Grundlegung eines eigenständigen Maschinenbausektors

- wachsende Vorwärtskopplungs- und Rückwärtskopplungseffekte, verstärkt durch eine Importsubstitutionsindustrialisierung im Konsumgüter- und Produktionsgüterbereich

- allmähliches Eigengewicht und wachsendes Übergewicht einer nicht unmittelbar exportorientierten Binnenwirtschaft

- wachsende Kompetenzen in der Rezeption und Anpassung fremder Technologie an lokale Problemstellungen und wachsende Kompetenzen bei der Entwicklung eigenständiger neuer Technologie (Fähigkeit zur technologischen Innovation)

Auf Grund dieser Stufenfolge ist es beispielsweise Finnland, einem vor 80 Jahren noch äußerst armen Land, gelungen, innerhalb weniger Jahrzehnte eines der höchsten Prokopfeinkommen Europas zu erlangen. Dasselbe gilt für Norwegen, aber auch für die anfänglich weniger zurückliegenden Länder wie Dänemark, Schweden, die Niederlande und Neuseeland. Die Exporteure von Nahrungsmitteln, agrarischen und mineralischen Rohstoffen sind also nicht innerhalb des Weltwirtschaftssystems von vornherein zu Periphereien verdammt. Kuba jedoch wurde über den Export von Nahrungsmitteln und Rohstoffen zur Peripherie. Worin lag der Unterschied?

Angesichts einer solchen Frage und der zitierten Kontrastbeispiele wird die Relevanz der ausführlichen Darstellung der Herausbildung der kubanischen Peripherie-Ökonomie in der vorliegenden Studie deutlich. Warum brachte es Finnland, um ein einziges Kontrastbeispiel herauszugreifen, nicht nur zu einem eindrucksvollen Exportwachstum im Holzsektor; warum übersetzte sich in diesem Land das Exportwachstum in eine breitgefächerte Diversifikation der ökonomischen (damit auch sozialen) Binnenstruktur? Warum läßt sich keine Parallelentwicklung in Kuba feststellen? Liegt es an unterschiedlichen Ressourcen wie Holz und Zucker? Offensichtlich nicht. Der grundlegende Unterschied zwischen den beiden Ländern (wie zwischen vielen anderen, die in dieser Hinsicht analytisch gegeneinander ausgespielt werden könnten)besteht darin, daß die seit dem 16. Jahrhundert sich entwickelnde oligarchische Sozialstruktur Kubas eine gesamtwirtschaftliche Nutzbarmachung des Exportsektors verhinderte, während eine weniger ungleiche Sozialstruktur in Finnland, aufbauend auf einem breitgestreuten Wald- und Bodenbesitz, eine solide Grundlage für relativ breitgestreute Exporteinnahmen abgab. So entwickelte sich, trotz anfänglicher starker Exportlastigkeit, trotz dualistischer Struktur der gesamten Ökonomie, ein Boden für eine lokale Importsubstitutionsindustrialisierung, über die sowohl Massenkonsumgüter als auch Ausrüstungsgüter für den Binnenmarkt und in ausgewählten Branchen auch für den Weltmarkt erzeugt wurden. In diesem Prozeß hat sich die lokale Binnenstruktur im wachsenden Maße diversifiziert, wobei die Parallelität zur heutigen kubanischen Entwicklungsprogrammatik bemerkenswert ist: Export von unverarbeiteten Nahrungsmitteln und Rohstoffen, wachsende lokale Verarbeitung und Veredelung dieser, wachsende Modernisierung der exportorientierten Landwirtschaft und des exportorientierten Bergbaus, Anpassung fremder Technologie an lokale Bedürfnisse und beginnender Aufbau eigenständiger technologischer Kapazitäten, technologische Innovationen in Teilbereichen, wachsende Vermaschung des Exportsektors bezüglich vor- und nachgelagerter industrieller Aktivitäten, Ausstrahlungseffekte auf andere, sich allmählich dynamisierende Sektoren der Binnenwirtschaft, wachsende Kohärenz auch der infrastrukturellen und politisch-institutionellen Binnenstrukturen parallel zur wachsenden Differenzierung und Vernetzung der Binnenwirtschaft.

Fabians Untersuchung über das vorrevolutionäre Kuba belegt, wie eine relativ diversifizierte traditionelle Ökonomie bedingt durch innergesellschaftliche und weltmarktliche Entwicklungsprozesse zur Zuckermonokultur wird, d.h. also einen Prozeß struktureller Regression durchläuft, und wie ein solches Sozial- und Wirtschaftsgebilde trotz streckenweiser erheblicher Wachstumsschübe grundlegende Defekte peripher-kapitalistischer Reproduktionsdynamik nicht zu überwinden vermag. Der besondere analytische Gewinn von Fabians Darstellung liegt darin, daß er die kubanische Entwicklung bis 1959 im Lichte der späteren nachrevolutionären Entwicklungsprogrammatik diagnostiziert, um jene historischen Phasen deutlich herausarbeiten zu können, in denen Kuba endgültig den Weg der Peripherisierung beschritt, bzw. in denen noch gewisse Optionen für eine den vorgenannten Beispielen wie Finnland, Dänemark, Neuseeland etc. vergleichbare nationalkapitalistisch-autozentrierte Entwicklung bestanden. Auf Grund der ausführlichen Darstellung der vorrevolutionären Entwicklung und ihres inneren thematischen Bezugs zu der Diskussion der nachrevolutionären Entwicklung Kubas wird die entwicklungsstrategisch durchschlagende Bedeutung sozialstruktureller Faktoren für den spezifischen Typ von Entwicklungsprozeß (autozentrierte Entwicklung oder Peripherisierung) nachdrücklich verdeutlicht. Die oligarchische Struktur des vorrevolutionären Kubas und die sie kennzeichnende Klassenstruktur, Besitz- und Einkommensverteilung hat die Entwicklung Kubas derart strukturell geprägt, daß trotz aller erfolgter Produktivkraftentfaltung die typischen Merkmale von Peripherie-Ökonomie nicht überwunden wurden - und damit eine echte nationalkapitalistische Entwicklung ausblieb.

Die vorliegende Studie von Fabian verdeutlicht den fundamentalen entwicklungsstrategischen Stellenwert, der dem politischen Umbruch von 1959 zukommt. Die Beseitigung der überkommenen politischen Machtverhältnisse hat die Chance zu einer Überwindung der typischen Defekte der herkömmlichen kubanischen Zuckermonokultur eröffnet. Einige Beobachtungen von Fabian sollten dabei auch in der aktuellen tagespolitischen Diskussion über Entwicklungspolitik nicht übersehen werden. Ich denke dabei vor allem an folgende vier:

- Sowohl in den Kapiteln über das vorrevolutionäre Kuba als auch in denjenigen über die kubanische Entwicklung nach 1959 verdeutlicht die Studie, daß der gängige entwicklungspolitische Streit über Importsubstitution und/oder Exportdiversifikation solange ohne analytisches Fundament bleibt, solange unterschiedliche Sozialstrukturen, innerhalb derer Importsubstitution bzw. Exportdiversifikation vonstatten geht, unberücksichtigt bleiben. Denn Importsubstitutionsindustrialisierung kann höchst Unterschiedliches bedeuten, je nachdem, ob sie sich in einer relativ homogenen oder in einer heterogen zerklüfteten Gesellschaft abspielt. Die unterschiedliche Entwicklung Skandinaviens nach 1880 und Lateinamerikas nach 1930 könnte eine derartige Beobachtung eingehend belegen, so wie die vorliegende Studie diesen Kontrast in der Geschichte ein- und desselben Landes unter sich verändernden soziostrukturellen und politischen Bedingungen dartut.

- Die zweite Beobachtung bezieht sich auf die in der entwicklungspolitischen Diskussion gängige These, die Dritte Welt solle sich auf der Grundlage der in ihren Ökonomien reichlich vorhandenen Faktoren in die Weltwirtschaft eingliedern. Gedacht ist dabei meistens an die Nutzung billiger Arbeitskraft für eine exportorientierte Produktion von einfachen Fertiggütern. Fabians vorliegende Studie zeigt, daß Kubas Entwicklungsprogrammatik diesem Plädoyer zuwiderläuft. Anstatt anhaltend billige Arbeitskraft für Exportaktivitäten zu mobilisieren, zielt die kubanische Entwicklungsstrategie auf eine rasche und markante Modernisierung des gesamtwirtschaftlichen Leitsektors (Zucker) und der neu aufzubauenden sekundären Leitsektoren, wobei für die fortschreitende Modernisierung (Mechanisierung und Intensivierung) der Landwirtschaft und der Industrie auf allen Stufen eine qualifizierte Arbeitskraft erforderlich ist. Billige Arbeitskraft anhaltend für Exportaktivitäten zu beschäftigen hieße, die überkommene ungleiche internationale Arbeitsteilung zwischen den Produzenten von qualitativ hochstehenden Erzeugnissen aus kapitalintensiven Produktionsstätten und den Produzenten von einfachen Fertiggütern aus arbeitsintensiven Produktionsstätten bewußt aufrecht zu erhalten. Gegen diese überkommene Grundlage ungleichen Tausches geht die kubanische auf Modernisierung und Nutzung kapitalintensiver Technologie ausgerichtete Entwicklungsstrategie an. Sie folgt darin bewußt oder unbewußt den oben zitierten Beispielen von Exportökonomien, die sich in den vergangenen hundert Jahren erfolgreich entwickelt haben.

- Die dritte allgemeine entwicklungspolitisch relevante Beobobachtung bezieht sich auf die Erfahrungen, die die kubanische Führung mit der von ihr verfolgten Technologiepolitik gemacht hat. Fabian hat diesem Thema einen breiten Raum gewidmet, und seine Darstellung vermag ein zur Zeit viel diskutiertes Thema, die Rolle von Technologie im Entwicklungsprozeß, durch einen informationsreichen substantiellen Beitrag in verschiedener Hinsicht zu erhellen. Das gilt hinsichtder bisherigen Geschichte kubanischer Technologiepolitik, insbesondere ihres Übergangs von einem relativ überstürzten und unkontrollierten, in den Binnenstrukturen nicht verdaubaren Technologieimport zu einer sehr selektiv gehaltenen Übernahme fremder Technologie und zum Aufbau eigener lokaler Absorptionskapazitäten. Das bezieht sich auch auf das Experimentieren mit fremder Technologie im Übergang zur Formulierung eigener technologischer Erfordernisse, letztlich bis hin zu technologischen Innovationen in spezifischen, an lokalen Ressourcen und lokalen Bedürfnissen anknüpfenden Teilbereichen. Was in allgemeinen entwicklungstheoretischen Technologiediskussionen im Bereich des Beliebigen bleibt, wird in Fabians Darstellung der Bemühungen Kubas um eine technologische Bewältigung des Zuckersektors und insbesondere der Zuckerrohrnebenproduktwirtschaft eindrucksvoll anschaulich. Wo fremde Technologien, wie beispielsweise in der Zuckerindustrie, zur Verfügung stehen, werden diese mehr oder weniger als Fertigprodukte übernommen; wo solche Technologie nicht verfügbar ist, wie in weiten Bereichen der Zuckerlandwirtschaft und der Zuckerrohrnebenproduktwirtschaft, gibt es keine Alternativen, als sporadisch verfügbare ausländische Kompetenzen anzuzapfen und über eigenes Experimentieren technologische Lösungen für lokale Probleme zu schaffen. Dabei setzen diese Bemühungen offensichtlich bei einfachen Problemen ein, um eine wachsende Expertise zur Lösung der komplexeren Probleme allmählich aufzubauen. Die Überwältigung und Überfremdung durch fertige ausländische Technologie, wodurch in der Regel in der Dritten Welt Hilflosigkeit importiert wird, findet deshalb nicht statt. Dieses Entwicklungszenario bezüglich der Handhabung von Technologie hat ebenfalls seinen historischen Vorläufer in den erfolgreichen Exportökonomien, die über kurz oder lang in spezifischen Nischenbereichen zu Technologieexporteuren wurden. Kuba schickt sich an, in ausgewählten Teilbereichen des Zuckersektors solche technologischen Nischen auf dem Weltmarkt zu erobern. Die diesbezüglich beobachtbare Entwicklung in Kuba ist von exemplarischer Bedeutung für die anhaltende Diskussion über angemessene Technologien für den Entwicklungsprozeß heute; sie verdeutlicht, wie wenig sinnvoll eine Vorstellung von angepaßter oder intermediärer Technologie ist, in der nicht, wie immer anfänglich bescheidene, technologische Innovation sich dokumentiert. Auch in diesem Punkt könnte der Gegensatz zu den beliebten gängigen Plädoyers für arbeitsintensive Technologie für die Dritte Welt nicht größer sein.

- Eine vierte entwicklungspolitisch aktuelle Beobachtung bezieht sich auf das Verhältnis von lokalen Entwicklungsprozessen und der seit der Mitte der 70er Jahre geforderten Neuen Internationalen Wirtschaftsordnung. Der kubanische, wie Fabian formuliert "exportgetriebene" Entwicklungsweg hängt natürlich in seinen Erfolgschancen zumindest in einer längeren ersten Phase von günstigen Vermarktungschancen des Zuckers auf dem Weltmarkt ab. Erst in dem Maße, in dem die lokale Ökonomie an Kohärenz und Produktivität gewinnt, werden auch Chancen bestehen, das Ausmaß der auch heute noch existierenden Exportmonostruktur abzubauen. Historische Beispiele zeigen zwar eine relative Variabilität bezüglich des Zusammenhangs zwischen dem Exportwarenkorb und der Entwicklungshöhe eines Landes in der Binnenwirtschaft, dennoch gehören die Zurückdrängung unverarbeiteter Exportgüter und ihre Ersetzung durch höherwertige verarbeitete und veredelte Waren, d.h. die qualitative Vertiefung und die produktenmäßige Auffächerung der Exportstruktur, zu den Faktoren, welche für den Prozeß einer autozentrierten Entwicklung im Falle von Exportökonomien wichtig sind. Kubas binnenwirtschaftliche Anstrengungen haben noch nicht zu einer quantitativen Veränderung des Exportwarenkorbes geführt,und deshalb ist für ein solches Land, das noch erheblich von den Deviseneinnahmen aus dem Zuckerexport abhängig ist, die Forderung nach einer Neuen Internationalen Wirtschaftsordnung mehr als nur Lippenbekenntnis. Einige zentrale Inhalte dieser Neuen Internationalen Wirtschaftsordnung könnten den kubanischen Entwicklungsweg erleichtern helfen, so z.B. die Verstetigung der Exporteinnahmen, günstige Bedingungen beim Technologietransfer in jenen Bereichen, in denen Kubas eigene Anstrengungen noch auf absehbare Zeit ausländische Technologie nicht ersetzen können, usf. Fabians Studie über die Vermittlung von Außenhandelssektor zur Binnenwirtschaft im vor- und nachrevolutionären Kuba bringt, wenn auch eher implizit als explizit, den Beleg für die Fragwürdigkeit der Annahme, derzufolge eine Veränderung der herkömmlichen Weltwirtschaftsordnung in Richtung auf eine Neue Internationale Wirtschaftsordnung allein schon Entwicklungsprobleme lösen helfen können. In Wirklichkeit ist die

Veränderung der politischen, sozio-ökonomischen und letztlich auch kulturellen Rahmenbedingungen vor Ort in Richtung auf eine autozentrierte Entwicklung erforderlich, wenn veränderte, für die Dritte Welt günstigere Weltmarktbedingungen auf fruchtbaren Boden fallen sollen. Ohne Veränderungen vor Ort würden in der Zukunft, wie oft genug in der Vergangenheit geschehen, z.B. günstigere Vermarktungsbedingungen auf dem Weltmarkt in den überkommenen defekten Reproduktionsstrukturen aufgesaugt, ohne diese überwinden zu helfen. Selten vertiefte sich die Peripherisierung von Peripherien in Zeiten ungünstiger weltmarktlicher Rahmenbedingungen; eher läßt sich beobachten, daß Exportboomphasen zu einer Vertiefung und Verkrustung von Exklavenwirtschaft und der sie tragenden lokalen Herrschaftsgruppen geführt haben. Was eigentlich vor Ort in Ergänzung zu Veränderungen im Weltwirtschaftssystem zu geschehen hätte, dafür steht die kubanische Entwicklung seit der Mitte der 60er Jahre wenigstens für diejenigen Länder beispielhaft, die anknüpfend an lokale Ressourcen in einer Nutzung des Exportsektors einen sinnvollen Einstieg in breitenwirksame Entwicklungsprozesse sehen. Insofern macht es einen erheblichen Unterschied, ob zum heutigen Zeitpunkt (1980) die kubanische Führung oder die Militärjuntas bzw. autoritären Regime eines Chile, Argentiniens, Indonesiens, der Philippinen usf. die Forderung nach einer Revision der überkommenen Weltwirtschaftsordnung erheben. Fabians Kubastudie weist auf die enormen und vielfältigen Anstrengungen hin, die von einer Gesellschaft vor Ort aufzubringen sind, um ihr Absorptionsvermögen für gewinnbringende Beziehungen zur Außenwelt zu erhöhen. Denn nicht jede Erleichterung und Vergünstigung auf dem Weltmarkt und nicht jede Hilfestellung von außen ist schon an und für sich entwicklungsfördernd; wäre dies in der Regel so, so hätte sich die Entwicklungsproblematik der Dritten Welt in den vergangenen Jahrzehnten nicht verschärft.

Oben wurde auf die Parallelität zwischen der Entwicklungsstrategie Kubas seit der Mitte der 60er Jahre und den frühen Entwicklungsprozessen einer Reihe von erfolgreichen Exportökonomien hingewiesen. Die aufgezeigte Parallelität sollte nicht dazu verführen, wichtige Unterschiede zu übersehen. Hinsichtlich des Weltmarktbezuges konnten die genannten Exportökonomien auf einen wachsenden Absatz in der im 19. Jahrhundert rapide expandierenden englischen Ökonomie zählen; Kuba war demgegenüber nach 1959 mit einem Embargo belegt und konnte überhaupt nur seine Entwicklungsstrategie auf Grund einer Kooperation mit der Sowjetunion und den osteuropäischen Ländern in Angriff nehmen. Ohne Zweifel war vor hundert Jahren das Kompetenzgefälle zwischen den damals führenden Industrienationen wie England und Nachzügler-Gesellschaften wie Finnland, Dänemark usf. weniger ausgeprägt als das heute vor allem im Bereich von Technologie zwischen Metropolen und Peripherien bestehende. Die entscheidende Differenz bestand jedoch darin, daß die genannten historischen Fälle niemals wirkliche Peripherie-Ökonomien waren, wenngleich sie lange Zeit im Weltwirtschaftssystem, wirtschaftsgeographisch gesehen, randständig waren, während Kuba eine der ausgeprägtesten Peripherie-Strukturen besaß - eine historische Bürde, die es zunächst einmal zu bewältigen galt.

Bisher ist diese Aufgabe, in einer langfristigen entwicklungsgeschichtlichen Perspektive betrachtet, sozialistischer Entwicklungspolitik zugefallen. Für die Diskussion der entwicklungsgeschichtlichen Funktion von Sozialismus bezeichnet die vorliegende Studie von Fabian einen Markstein. In der neueren Geschichte fiel bisher Sozialismus die Aufgabe zu, nachholende Entwicklung zu ermöglichen, d.h. eine breitgefächerte und kohärente Produktivkraftentfaltung unter Bedingungen in Gang zu setzen, die machtpolitisch, sozio-und wirtschaftsstrukturell einem solchen Vorhaben eigentlich im Wege stehen. Anders als bei der Mehrzahl der heutigen OECD-Gesellschaften, ist in den vergangenen hundert Jahren in keiner Gesellschaft der Weltwirtschaft, die in dieser peripherisiert wurde, ein nationalkapitalistischer Entwicklungsweg erfolgreich beschritten worden. Gerade auch diejenigen Länder der Dritten Welt, die zeitweilig in den vergangenen Jahrzehnten "Wirtschaftswunderphasen" erlebten, bleiben bis auf den heutigen Tag durch die wesentlichen Merkmale peripher-kapitalistischer Struktur gekennzeichnet, ohne daß sich - wie am historischen Beispiel Kubas ablesbar - eine Aussicht auf strukturelle Veränderung durch weitere Wachstumsschübe eingestellt. Wo immer es in den vergangenen Jahrzehnten wie in Südosteuropa, auf dem Balkan, in China und Nord-Korea zu einer Überwindung der krassen Merkmale von Unterentwicklung gekommen ist, ist dieser Vorgang auf den erzwungenen oder freiwillig angestrebten Bruch dieser Gesellschaften mit dem kapitalistischen Weltwirtschaftssystem zurückzuführen. Es gehört zur Ironie der Geschichte, daß Sozialismus dort zu einer geschichtsmächtigen Kraft wurde, wo die Produktivkraftentfaltung zurückgeblieben war oder defekt erfolgt, also nicht jenseits der Fülle von Kapitalismus und diesen transzendierend, sondern diesseits, in der Regel von katastrophalen sozialen Situationen ausgehend. Für diese strikte entwicklungsgeschichtliche Beobachtung bringt die vorliegende Studie, ergänzend zu den eingangs zitierten Monographien über andere zeitgenössische Fälle sozialistischer Entwicklungspolitik, einen gehaltvollen Beleg. Die Studie untersucht nicht schwerpunktmäßig die inneren Reproduktionsprobleme einer sozialistischen Gesellschaft, also das Problem von Lenkung und Partizipation, von Zentralismus und Dezentralisierung, von materiellen und moralischen Anreizen, von sozialer Gerechtigkeit und Effizienz usw. Solche Probleme müssen zum Gegenstand weiterer Forschung werden, doch wären sie ohne eine vielfältige Feldforschung nicht sinnvoll untersuchbar. Forschungen dieser Art (wenn auch nicht im strikten Sinne Feldforschungen) haben sich in den vergangenen Jahren im wesentlichen auf die sozialistischen Länder Ost-Europas, auf die Sowjetunion und neuerdings auch auf China konzentriert. Die genannten Gesellschaften haben jedoch, anders als Kuba, lange Zeit einen in der Tendenz autokratisch-autarkistischen Entwicklungsweg eingeschlagen, was zunächst bei den fortgeschritteneren Fällen und heute überall zu spezifischen chronischen Funktionsproblemen sozialistischer Gesellschaft führte. Auch der kubanische Entwicklungsweg ist in der Tendenz autokratisch, doch zeigt die vorliegende Studie, daß er keineswegs autarkistisch angelegt ist. Indem Kuba in spezifischen Produktionsbereichen sich den Wettbewerbsbedingungen des Weltmarktes stellt, mag es ihm gelingen, frühzeitig einigen der leicht chronisch werdenden Funktionsprobleme sozialistischer Gesellschaft entgegenzuwirken. Die vorliegende Studie hat eine

Durchleuchtung dieser Problematik nicht zum Gegenstand, und sie gibt deshalb auch keine Auskunft über die denkbare bessere Funktionsweise sozialistischer Planung in Kuba als Reflex eines nicht gängigen Entwicklungsweges im Rahmen bisheriger Erfahrungen mit sozialistischer Entwicklungspolitik. Doch genau an dieser Stelle wird eine theoretisch motivierte und empirisch gehaltvolle Diskussion über den weiteren kubanischen Entwicklungsweg ansetzen müssen. Fabians Studie hat dieser Diskussion den Weg geebnet.

Bremen/Frankfurt
im Herbst 1980

Prof. Dr. Dieter Senghaas

Inhaltsverzeichnis

Seite

Seite

Seite

Tabellenverzeichnis

Tabelle		Seite

Tabelle Seite

Tabelle

Verzeichnis der Schaubilder

Vorwort

Die zentrale Fragestellung dieser Arbeit über den postrevolutionären kubanischen Entwicklungsweg war, ob, wie und warum nach 1959 die Weichen in Richtung Überwindung der Unterentwicklung gestellt worden sind. In dem vorhandenen Vorverständnis wurde Überwindung der Unterentwicklung nicht einfach als Erhöhung der Investitionsrate und des wirtschaftlichen Wachstums interpretiert, sondern als strukturelle Transformation der Produktionsstruktur und Institutionen in Richtung auf eine autozentrierte Volkswirtschaft, d.h. auf eine differenzierte, relativ ausgeglichene und komplette (nicht im Sinn absoluter Vollständigkeit und Autarkie, sondern ohne strukturelle Defizite, so z.B. inklusive einer Kapitalgüterindustrie), integrierte Produktionsstruktur, mit Tendenz zur Überwindung struktureller Heterogenität und zur Steigerung der nationalen Steuerungs- und Anpassungsfähigkeit.[1] Meine These ist, daß dies gelungen ist, obwohl z.T. auf andere Weise als zunächst in den Vorüberlegungen zu den Elementen und Bedingungen autozentrierter Entwicklung vermutet.

Während in der vorrevolutionären ausländisch dominierten Plantagenökonomie die Kopplungseffekte des Zuckersektors latent blieben oder extern genutzt wurden und die Diversifizierung der anderen Wirtschaft strukturell behindert wurde, fungiert der Zuckersektor im postrevolutionären Kuba in der mittelfristigen Planung als ein wirksamer Leitsektor, ohne die inkrementelle Diversifizierung der Wirtschaft aus sozioökonomischen Gründen zu blockieren. Während früher die Unterentwicklung besonders der Nichtzuckerrohrlandwirtschaft die Bedingung des (deformierten) Wachstums der Zuckerindustrie war, wird heute die interne Entwicklung des Zuckersektors durch gesamtwirtschaftliche Erfordernisse bestimmt. Die Dynamik des Zuckersektors ist also in doppelter Weise Voraussetzung gesamtwirtschaftlicher Entwicklung: durch die von ihm ausgehenden Kopplungs- und Ausbreitungseffekte und durch die fortschreitende Eliminierung der der institutionellen und technologischen Hindernisse inkrementeller Diversifizierung.

Der postrevolutionäre Industrialisierungsprozeß unterscheidet sich von der Importsubstitutionsindustrialisierung vor 1959 dadurch, daß er nicht auf Kosten der Landwirtschaft sondern abgestimmt auf deren Bedürfnisse und auf der Grundlage ihrer Modernisierung verläuft und den Aufbau einer in modernen nationalen Großbetrieben organisierten Industrie anvisiert, die auf ökonomisch effiziente Weise Importe substituiert und auf dem Weltmarkt konkurrenzfähig ist. Obwohl aufgrund knapper Ressourcen notwendig in Phasen mit spezifischen Schwerpunkten konzipiert, weisen die einzelnen Etappen der Agroindustrialisierung, da sie Teil einer längerfristigen Planung sind, jeweils über sich hinaus. Die Wachstumslogik besteht in der z.T. parallelen Entfaltung konzentrischer Kreise um mehrere Leitsektoren mit dem Ziel, schrittweise die Komplexität der Produkte zu steigern und auf ökonomisch effiziente Weise die strategischen Defizite der Produktionsstruktur zu beseitigen und die Vermaschung der Produktionsstruktur zu verdichten. Das Konzept einer von spezifischen kubanischen Ressourcen ausgehenden Industrialisierung macht wegen der Spezifität der dazu notwendigen Technologien die simple Imitation ausländischer Technologien unmöglich und erfordert geradezu intensive nationale technologische Forschungsanstrengungen[2].

In Kuba war die Entmachtung der latifundistischen Exportgruppe durch ein national und sozialrevolutionäres Bündnis des radikalen städtischen Kleinbürgertums mit der Arbeiter- und Bauernbewegung und die korrespondierende Nationalisierung und Verstaatlichung großer Teile der Wirtschaft die Voraussetzung der zunehmenden nationalen Absorption der entscheidenden Kopplungseffekte der prioritären und massiven Modernisierung der Landwirtschaft, der Initierung des Prozesses zur Überwindung der strukturell heterogenen Industriestruktur. Es spricht vieles dafür, daß heute ein derartiger Entwicklungsweg nur, auf jeden Fall eher, unter staatssozialistischen Bedingungen Erfolg verspricht, da durch die soziopolitische Integration der marginalisierten Massen die sozialen Kosten politisch akzeptabel und deren Motivation und Partizipation stimuliert werden, und weil auf diese Weise die immensen, z.T. latenten Ressourcen mobilisiert und produktiv verwendet werden können. So können auch solche Projekte in Angriff genommen werden, für die das nationale Privatkapital weder über die notwendigen Mittel noch über ausreichende Anreize verfügt. Dies sind vor allem Projekte, die einen langen Planungshorizont voraussetzen (Schaffung der Voraussetzungen für einen integrierten schwerindustriellen Komplex), Aktivitäten mit hohem Risiko und ungewisser privatwirtschaftlicher Rentabilität (technologische Forschung) und Programme, die ein Bündel komplementärer Maßnahmen erfordern (eine integrale Modernisierung der Landwirtschaft)[3].

Andererseits unterscheidet sich die kubanische Erfahrung in einigen Punkten von einigen Arbeitshypothesen der Theorie autozentrierter Entwicklung und insbesondere von Vorstellungen, die z.T. fälschlicherweise damit assoziiert werden. Die Aufarbeitung des kubanischen Entwicklungsweges legt die Korrektur einiger Aspekte des Konzepts autozentrierter Entwicklung nahe, die ja bisher nur in Form negativ aus der Analyse des abhängigen Kapitalismus deduzierter Entwicklungspostulate, also als a priori-Argumentation existiert(e). Der Nutzen der brüchig gewordenen Arbeitshypothesen bestand darin, daß sie es notwendig machten, herauszuarbeiten, worin, trotz der Differenzen zu den anfänglichen Vermutungen, der autozentrierte Charakter der postrevolutionären Entwicklung Kubas besteht - besser falsche als gar keine Arbeitshypothesen!

Die kubanische Variante autozentrierter Entwicklung unterscheidet sich aber vor allem von simplifizierenden Vorstellungen, die sich in einer vereinfachenden Rezeption der Ansätze einer Theorie autozentrierter Entwicklung niedergeschlagen haben. Diese vereinfachende Interpretation autozentrierter Entwicklung verzerrt zwar die bisherigen Ergebnisse der Theorie autozentrierter Entwicklung, indem sie aus Vermutungen unumstößliche Wahrheiten macht und daraus handfeste praktische Postulate ableitet, Zielkonflikte nicht benennt und Alternativen nicht diskutiert, verweist aber zugleich auf Schwachstellen einer in sozialgeschichtlicher Erfahrung verankerten, theoretisch konsistenten und differenzierten Konzeption autozentrierter Entwicklung. Zur Illustration der Simplifizierung der Hypothesen autozentrierter Entwicklung mag das folgende Zitat dienen, das einem theoretischen Vorspann zu einer komparativen Studie der Entwicklung von Kuba und Puerto Rico entnommen ist, in dem der Autor sein Verständnis von autozentrierter Entwicklung vorab zu klären versucht:

"Binnenwirtschaftlich verfügbar sind in erster Linie Arbeitskraft und Boden. Die gesamtwirtschaftliche Produktionsfunktion wird also zunächst eine geringe, im Verlauf des Entwicklungsprozesses steigende Kapitalintensität aufweisen ...
Die Allokation der Produktionsfaktoren ist auf Breitenwirkung, Differenzierung orientiert - quasi eine Anti-Spezialisierung, ... Die zur Anwendung kommende Technologie sollte ... vorrangig auf dem in Lande vorhandenen Know-How aufbauen und im Lande weiterentwickelt werden, um die Gefahren technologischer Abhängigkeit von den industrialisierten Ländern zu vermeiden...
Die autozentrierter Entwicklung zugrundeliegende Analyse versteht die Unterentwicklung der 3. Welt als Resultat ihrer Verflechtung mit dem von den kapitalistischen Metropolen dominierten Weltmarkt. Das außenwirtschaftliche Prinzip dieser Strategie ist die direkte Reaktion auf diese Analyse: So wenig außenwirtschaftliche Verflechtung wie möglich, so weit wie möglich vom kapitalistischen Weltmarkt abkoppeln (Dissoziation).
... auf keinen Fall vereinbar mit autozentrierter Entwicklung ist die Einfuhr von ... Kapitalgütern, deren Technologie als Fremdkörper innerhalb der binnenwirtschaftlichen Ökonomie wirkt (hochtechnologische Anlagen metropolitanen Standards)."[4]

Durch die genauere Beschäftigung mit der kubanischen Entwicklung wurde der zitierte Autor mit dem Widerspruch zwischen seinen Vorstellungen über autozentrierte Entwicklung und der verfolgten kubanischen Entwicklungsstrategie konfrontiert, der ihn folgerichtig vor die Alternative stellte, entweder die Theorie autozentrierter Entwicklung zu revidieren und zu differenzieren oder den kubanischen Anspruch einer selbstbestimmten Transformation in Richtung auf eine autonome Ökonomie zu negieren: "Der schwache Punkt der Arbeit (Kommentar von G.Schulz zu dem ersten Entwurf seiner Arbeit, H.F.) ist offensichtlich die Analogie Kuba = autozentrierte Entwicklung. Die frühen Castro-Reden bzw. die ideologische Ausrichtung der 'Bewegung des 26. Juli' sind ein vehementes Plädoyer für selbstbestimmte Entwicklung. Die in den 70er Jahren propagierte Eingliederung in die RGW-Arbeitsteilung hat auf den ersten Blick wohl kaum etwas mit autozentrierter Entwicklung gemein. Dazwischen liegt eine reale Wirtschaftspolitik zwischen Binnenmarkt-Erschließung und Leitsektor Zucker. - Auf der anderen Seite existiert offensichtlich auch ein theoretisches Manko: 'Autozentrierte Entwicklung' kann durchaus Importieren implizieren - eine entsprechende Export-Theorie (was exportieren etc.) fehlt jedoch."[5]

Die Hypothesen der Theorie autozentrierter Entwicklung, die durch die Aufarbeitung des kubanischen Entwicklungsweges problematisiert wurden, sind: 1) die Annahme einer fortschreitenden Abnahme der Außenhandelsquote als Folge der radikalen Umorientierung der Produktion auf den expandierenden Binnenmarkt und der partiellen und vorübergehenden Abkopplung vom Weltmarkt; 2) die These, daß der Status der Entwicklungsländer als Rohstoffexporteure per se die Reproduktion der Unterentwicklung impliziere; 3) die Hypothese, daß eine breite, relativ ausgeglichene Streuung der Investitionen sinnvoll sei; 4) die Annahme, daß zur Überwindung des zentralen Problems der Arbeitslosigkeit die Entwicklung und Priorisierung relativ arbeitsintensiver Technologien notwendig sei; 5) daß der sofortige Aufbau einer allgemeinen Kapitalgüterindustrie hohe Priorität haben müsse.

Die kubanische Erfahrung läßt die These plausibel erscheinen, daß ein exportgetriebenes Wachstum mit relativ stabiler Exportquote und selbst eine vorübergehende Rohstoffmonoexportstruktur dann einer auf die Bedürfnisse der Binnenwirtschaft zugeschnittenen autonomen wirtschaftlichen Entwicklung dienlich sein kann, wenn die sozioinstitutionellen Bedingungen einer effizienten konzentrischen Diversifizierung des Rohstoffexportsektors geschaffen werden und parallel dazu der Binnenmarkt für Massenkonsumgüter erschlossen wird. Die internationale Spezialisierung nach Maßgabe komparativer Kostenvorteile bedeutet dann nicht Reproduktion der abhängigen Integration in eine ungleiche internationale Arbeitsteilung, wenn sie dynamische Kostenvorteile (Senkung der Produktionskosten, Steigerung des Verarbeitungsgrades der Produkte) einschließt, und der potentielle interne ökonomische Nutzen der Exportproduktion (finanziell,

Gebrauchswert) im Mittelpunkt der Investitionsstrategie steht. In kleinen Ländern, in denen Kapital, qualifizierte Arbeitskräfte und Forschungskapazität knapp sind, dürfte die konzentrierte und konzentrische Diversifizierung in und um einige sektorale Wachstumspole im Verhältnis zu einer Verzettelung der knappen Mittel ökonomisch vorteilhaft sein. Die Anwendung produktiver, relativ kapitalintensiver Technologien in den Wachstumspolen ist u.a. dann offensichtlich zeitweilig nicht mit dem Postulat der Vollbeschäftigung unvereinbar, wenn die Leitsektoren vergleichsweise arbeitsintensive Technologien erfordern. Für kleine Peripherienationen, in denen zunächst die Voraussetzungen für die sofortige Errichtung eines schwerindustriellen Komplexes fehlen, bietet die kubanische Entwicklungsstrategie die Alternative einer anfänglich selektiven Priorisierung einiger weniger Zweige der Kapitalgüterindustrie, die besonders dringend und relativ leicht realisierbar sind und für die ein ausreichender Markt schon besteht. Eine derartige Strategie dürfte die wirtschaftlichen und sozialen Kosten des Aufbaus einer Kapitalgüterindustrie minimieren und schließt die spätere forcierte Errichtung zentraler Bindeglieder der Kapitalgüterindustrie (Landmaschinenbau , Eisen- und Stahl-Komplex) in Entwicklungsländern als Resultat der konvergierenden Nachfrage mehrerer Branchen nicht aus.

Neben der Theorie peripher-kapitalistischer und autozentrierter Entwicklung haben sich im Laufe der Arbeit zwei andere Ansätze zur Interpretation wirtschaftlicher Entwicklung für die Aufarbeitung gerade der kubanischen Erfahrung als hilfreich erwiesen: die "staple theory of economic growth" und der "linkage approach" von A.O. Hirschman.

Die "staple theory of economic growth" thematisiert das für Kuba zentrale Problem; sie fragt, unter welchen - in erster Linie internen - Voraussetzungen Rohstoffexporte in Exportökonomien eine eigenständige gesamtwirtschaftliche Entwicklung einleiten können statt Unterentwicklung und Abhängigkeit zu reproduzieren. Ihre Antwort in Grundzügen: Rohstoffexportsektoren fördern dann die Diversifizierung und Integration der Gesamtwirtschaft, wenn ihre durch das Angebot der Produktionsfaktoren determinierte Produktionsfunktion ein intensives Wachstum[6], eine relativ egalitäre Einkommensverteilung und damit ein Maximum an (Endnachfrage-)Kopplungseffekten impliziert[7], so daß das Wachstum nach außen ein Wachstum nach innen nach sich zieht, und sukzessiv eine Vielzahl von Rohstoffexport- und Importsubstitutionsbranchen entwickelt werden. Die Schwäche der Stapeltheorie besteht darin, daß sie bisher nahezu ausschließlich aus der kanadischen Wirtschaftsgeschichte gewonnen worden ist, kaum theoretisch ausformuliert und durch komparative Analysen erhärtet und ausdifferenziert wurde[8], und - in diesem Kontext entscheidend - auf der problematischen ökonomistischen Prämisse einer identischen Produktionsfunktion z.B. von Plantagenprodukten beruht. Arbeit und Anbaufläche sind in kapitalistischen Plantagenökonomien aber u.a. aus sozialstrukturellen Gründen im Überfluß vorhanden; wird die monopolistische Verfügungsgewalt der latifundistischen Großplantagen z.B. beseitigt und die Diversifizierung der Produktionsstruktur forciert, dann können sie knapp werden. Gerade das kubanische Beispiel zeigt, daß das Wachstumsmodell des Plantagensektors durch seine Produktionsverhältnisse und seine sozioökonomische Umwelt bestimmt wird und daher erheblich variieren kann - mit fundamentalen entwicklungsstrategischen Implikationen.

Die Orientierung an dem linkage-Konzept bot sich allein schon deswegen an, weil es bei der Formulierung der Strategie konzentrischer Diversifizierung Pate gestanden hat, ohne daß es explizit erwähnt worden wäre. Die Anwendung des linkage-Ansatzes in der empirischen Analyse des Zucker-Leitsektors bleibt allerdings - wie beim frühen Hirschman - auf die Vorwärts- und Rückwärtskopplungseffekte beschränkt, obwohl die anderen Dimensionen des "generalized linkage approach" im Gesamttext größtenteils präsent sind. Hier ist ein Hinweis auf die Differenzen zum und die Ausdifferenzierungen des linkage-Ansatzes angebracht, die im Text näher erläutert sind oder ihm zugrundeliegen. Der "linkage approach" konzentriert sich auf die Frage nach der Förderung der wirtschaftlichen Entwicklung durch Kopplungseffekte und vernachlässigt das Problem der Hindernisse inkrementeller Diversifizierung; er unterscheidet nicht ausreichend zwischen der Produktion von Kopplungseffekten und ihrer Absorption; er umfaßt auch in seiner generalisierten Form nicht die Dimension der "technologischen Kopplungseffekte". Technologische Kopplungseffekte gehen für eine nationale Volkswirtschaft von Investitionen in Branchen aus, die die Entwicklung einer nationalen technologischen Kapazität erzwingen, weil sie nicht mit fertiger importierter Technologie realisiert werden können. Außerdem gibt es eine Tendenz bei Hirschman, das Potential an Kopplungseffekten allein aus der (konstanten) materialen Struktur der Produktivkräfte abzuleiten - z.B. die möglichen Vorwärtskopplungseffekte aus den, bei gegebenem technischem Wissen, bekannten Verarbeitungsmöglichkeiten von Stahl, Nickel oder Zuckerrohr. Aber diese sind nicht konstant und automatisch realisierbar; das Spektrum der Endprodukte kann durch technologische Forschung erweitert werden; häufig setzt die Verarbeitung von Nebenprodukten bestimmte stoffliche Qualitäten des Hauptprodukts und ökonomische Eigenschaften der Produktionseinheiten (z.B. Großbetriebe) voraus. Aber selbst wenn alle potentiellen Kopplungseffekte produziert werden, können sie national oder international im Rahmen von multinationalen Konzernen absorbiert werden. Es gilt daher nach den Bedingungen zu fragen, unter denen ein Optimum der potentiellen Kopplungseffekte eines Leitsektors produziert und für die nationalwirtschaftliche Entwicklung genutzt wird. Diese erfordert die Verbindung sektoraler Mikro- mit Makroanalysen, in denen die gesamtwirtschaftlichen sozioökonomischen Rahmenbedingungen ausgeleuchtet werden, mit anderen Worten die Verknüpfung des von Hirschman postulierten 'mikromarxistischen' mit einem 'makromarxistischen' Ansatz. Gerade die postrevolutionäre Umfunktionierung des Zuckersektors zum Leitsektor zeigt, wie sehr die Realisierung des stofflich gegebenen gesamtwirtschaftlichen Nutzens eines Produktionszweiges an politisch-ökonomische Bedingungen gebunden ist[9].

Viele Untersuchungen des kubanischen Entwicklungsweges - unabhängig von ihren politischen Prämissen - leiden an einer eurozentristischen Verzerrung ihrer Perspektive. Sie übertragen Beurteilungskriterien, die aus der geschichtlichen Entwicklung der kapitalistiscnen Zentren und ihrem derzeitigen Entwicklungsniveau gewonnen worden sind, in unangemessener Weise auf ein Untersuchungsobjekt, dessen Genesis und Entwicklungsstand sich davon wesentlich unterscheiden. In ökonomischen Analysen wird z.B. die anfänglich geringe Effizienz der Investitionen bemängelt und allein auf die personalistisch-zentralistische Wirtschaftsorganisation[10] oder die prinzipielle ökonomische Ineffizienz des Sozialismus zurückgeführt, ohne die tradierte unentwickelte nationale Kapazität zur Absorption von Investitionen, die moderne Technologien beinhalten, zu berücksichtigen. Oder man kritisiert die Zuckerstrategie aus dem richtigen, aber abstrakten Postulat der Diversifizierung, ohne sie in Beziehung zu setzen zu der tiefgreifenden sozioökonomischen Krise, zu deren Überwindung sie konzipiert wurde, und ohne die ihr inhärente langfristige Wachstumslogik auch nur wahrzunehmen.

Linke Analysen der kubanischen soziopolitischen Entwicklung verfahren in dieser Hinsicht ähnlich. Sie messen Kuba an der abstrakten Norm sozialistischer Demokratie und vergessen dabei, daß diese Forderung in den kapitalistischen Metropolen ein bestimmtes Niveau der Entwicklung der Produktivkräfte primär in der Industrie und eine breite Arbeiterbewegung mit jahrhundertelanger demokratischer Tradition, in denen häufig qualifizierte Arbeiterschichten eine entscheidende Rolle spielten, voraussetzt - alles Bedingungen, die in Kuba wie in den meisten anderen Peripherienationen fehl(t)en. Das Resultat ist, wenn der Blick für eine nüchterne empirische Bestandsaufnahme nicht verstellt ist, herbe Enttäuschung und Desillusionierung,oder die idealisierende Projektion eigener Vorstellungen auf den Untersuchungsgegenstand. Der politisch-persönliche Hintergrund ist identisch: die Suche nach der sozialistischen Revolution, die in den Zentren (noch) nicht stattgefunden hat. Der in diesem Buch eingeschlagene Weg ist anders. Hier wird gefragt, was

Sozialismus für die Kubaner bedeutet und welche realgeschichtliche Aufgabe er zu lösen hat(te). Dies führt zu der zweiten Grundthese. Sozialismus bedeutet für Kuba nicht die freie Assoziation der und die demokratische und bewußte Aneignung des Produktionsprozesses durch die unmittelbaren Produzenten. Der Übergang zum Sozialismus war weder demokratisch noch von der Mehrheit der Bevölkerung bewußt gewollt. Er wurde von einer revolutionären Elite mit Duldung und späterer Zustimmung einer zunächst nichtsahnenden Bevölkerung zentral gesteuert. Die realhistorische Aufgabe der kubanischen Revolution bestand vielmehr in der Entwicklung der Produktivkräfte bei geringeren sozialen Kosten als innerhalb einer peripherkapitalistischen Entwicklung und in der Konstitution einer unabhängigen und integrierten Nation. Mit nationalrevolutionären und nicht mit sozialistischen Argumenten wurde die Integration der Marginalisierten und selbst die sozialistische Transformation begründet; die ökonomische Notwendigkeit (der Entfaltung der Produktivkräfte) schimmert auch dort durch, wo sie verbal negiert wird wie in der (gescheiterten) Strategie des Primats moralischer Anreize. Die neue Form der hierarchischen sozialen Arbeitsteilung ist in das Niveau und die soziale Struktur der Produktivkräfte eingebaut - daher der Widerspruch von demokratischem Anspruch und paternalistischer Praxis. Diese Interpretation der castristischen Revolution bedeutet nicht ihre Gleichsetzung mit autoritären Militärdiktaturen[11], da Castro sich im Gegensatz zu diesen auf die mobilisierten Volksklassen, die Hauptnutznießer der Revolution waren, stützt und ihrer begrenzten Partizipation bedarf, um die anvisierte Entwicklungsrevolution erfolgreich durchführen zu können. Andererseits war die sozialistische Revolution insofern die Voraussetzung einer autozentrierten Entwicklung, weil dadurch die Massenkonsumgüterindustrie und die kollektiven Dienstleistungen an die Grundbedürfnisse der Mehrheit der Bevölkerung angebunden wurden. Außerdem waren in Kuba Nationalisierung und die Dominanz des staatlichen Sektors verbunden mit einer langfristigen Planung und der Zentralisierung der grundlegenden Investitionsentscheidungen notwendige Bedingungen für den Beginn einer umfassenden Modernisierung der Landwirtschaft, der Inangriffnahme einer auf effizienten Produktionseinheiten basierenden Industrialisierung, des Ausbaus einer nationalen Kapazität zur Absorption importierter Technologie und des selektiven Aufbaus der Fähigkeit zur Adaption und Produktion von Technologien sowie der zunehmenden nationalen Absorption der Kopplungseffekte der Leitsektoren. Nationalisierung ist offensichtlich eine Minimalbedingung einer Strategie konzentrischer Diversifierung um sektorale Wachstumspole, die allein deshalb nicht ausreicht, weil sie weder die notwendigen komplementären Investitionen noch die geplante Integration der Wachstumspole garantiert. In kleinen Peripherienationen spricht aufgrund der kubanischen Erfahrung vieles dafür, daß nur im Rahmen einer überwiegend verstaatlichten Volkswirtschaft effiziente,national kontrollierte Großbetriebe insbesondere der Kapitalgüterindustrie entwickelt werden können, weil das nationale Privatkapital weder über ausreichende technologische und finanzielle Kapazitäten verfügt noch der Markt für eine Vielzahl von Produktionseinheiten groß genug ist, so daß die Alternative staatliches oder privates Monopol lautet.[12]

Allein die Tatsache, daß die kubanische Entwicklungskonzeption bisher kaum verstanden worden ist, machte es erforderlich, ihre immanente Logik einschließlich der häufig übersehenen geplanten Sequenzen erst einmal zu rekonstruieren. Die häufigen Fehldeutungen der kubanischen Entwicklungspolitik und ihre allgemeine Relevanz sind Gründe für die vielen, z.T. langen Zitate im Text. Die breite Analyse der 1964 reformulierten Wachstumsstrategie (Kapitel 10), ihr Hintergrund,die gescheiterte Politik beschleunigter und breiter Industrialisierung und Diversifizierung (Kapitel 9),und die systematische Untersuchung des Zuckersektors als Leitsektor (Kapitel 11) bilden das Kernstück des postrevolutionären Teils. Daß Verstehen im doppelten Sinn des Nachvollzugs der subjektiven Intentionen und des Rückbezugs auf die objektive Problemlage nicht den Verzicht auf Kritik bedeutet, dürfte schon durch die zweite Grundthese klar geworden sein. Die verstehende Interpretation soll allein sichern, daß die Kritik der Situation und den Absichten gerecht wird. Trotzdem ist der Text durchaus nicht objektivistisch, da ihm eine dezidierte Parteinahme und explizite normative Bewertungsmaßstäbe zugrunde liegen: Auf internationaler Ebene wird Partei ergriffen für die Peripherienationen, die ein Interesse haben an politischer, wirtschaftlicher und kultureller Autonomie, auf nationaler Ebene für die Ausgebeuteten, Unterdrückten und Gegängelten im Namen ihrer sozialen Emanzipation und einer wirklich demokratischen Entwicklung. Gerade deswegen ist es notwendig, die autozentrierte Logik der kubanischen Entwicklungsstrategie gegen imperialistische Verzerrungen und zentristische Mißverständnisse und abstrakte Kritik herauszuarbeiten und die Differenz von sozialistischer Demokratie und kubanischer Realität zu benennen und zu versuchen, sie zu erklären. Die Explikation der Normen soll verhindern, daß sich hinterrücks Wertmaßstäbe einschleichen.

Weitere fruchtbare methodische Leitlinien der Untersuchung waren das Anknüpfen an Widersprüche verschiedener Art und der Versuch, den Entwicklungsproblemen durch die Analyse von Krisen und mit Hilfe sektoraler Analysen auf die Spur zu kommen. Widersprüche wurden als Ansatzpunkte für die Lösung von Problemen angegangen und nicht elegant umgangen - und an scheinbaren oder realen Widersprüchen ist die kubanische Entwicklung voll. Der evidente Gegensatz von sozialistischer Demokratie und kubanischer Praxis diente der Präzisierung dessen, was Sozialismus in Kuba bedeutet; die scheinbare Paradoxie von prioritären, hohen Investitionen in der Landwirtschaft (wie vorher in der Industrie) und einem zunächst enttäuschenden Wachstum verwies auf die fundamentale Relevanz der Existenz einer adäquaten nationalen Kapazität zur Absorption von Modernisierungsinvestitionen; endlich und vor allem war der zunächst offenkundige Gegensatz der ursprünglichen entwicklungspolitischen Zielsetzung einer sofortigen und breiten Diversifizierung der Binnenwirtschaft zu der späteren exportgetriebenen Zuckerstrategie der Schlüssel für das Verständnis der neuen Rolle des Zuckersektors als Leitsektor und der growth-pole-Strategie überhaupt. Die methodische Nutzung der Krisen zur Offenlegung von Konflikten und Problemen[13] durchzieht den ganzen Text: In der Krise der Zuckermanufaktur offenbarte sich die Chance einer nationalkapitalistischen Entwicklung und die Ursache ihres Scheiterns; die Krisenmomente der ersten beiden postrevolutionären Entwicklungsphasen machen jeweils die späteren Kurskorrekturen einsehbar; die Krise von 1970 förderte die Bedingungen der inkrementellen Diversifizierung zutage, usw. Der sektorale Analyseansatz entsprach sowohl der kubanischen Entwicklungskonzeption als auch dem Bemühen, hinter die Kulisse der Entwicklungsprogrammatik zu schauen, wie auch der Daten- und Materiallage.

Bis Mitte 1978 waren mir für die Zeit nach 1970 keine gesamtwirtschaftlichen Statistiken und an empirisch gehaltvollen Analysen nur die erste Ausgabe (1974) von Mesa-Lagos Abhandlung über die 70er Jahre[14] verfügbar, in der die Wachstumsstrategie, die im Zentrum dieser Arbeit steht, nur eine sekundäre Rolle spielt. Erst dann wurden mir das Statistische Jahrbuch Kubas von 1974[15] und mehrere materialreiche Darstellungen der wirtschaftlichen Entwicklung zugänglich[16]. Bis dahin bot es sich an, dieses Defizit durch die ausführliche Untersuchung der Entwicklungskonzeption und durch sektorale Analysen, für die mehr Informationen und harte Daten vorhanden waren, zu unterlaufen.

Hier ist eine Warnung angebracht: Eine empirisch abgesicherte Beurteilung der kubanischen Entwicklungspolitik ist nicht nur wegen der z.T. prekären Materiallage problematisch sondern auch, weil die Zeit dafür noch zu früh ist. Gemessen an ihren langfristigen Zielen ist die kubanische Revolution noch jung, zu jung, um ein eindeutiges Urteil zu erlauben, inwiefern die konzeptionell triftige eingeschlagene Entwicklungsstrategie auch praktisch effektiv war[17]. Viele wichtige Projekte, besonders in der Industrie, sind gerade erst fertiggestellt worden oder laufen demnächst (wie das wichtige große Stahlwerk) erst an. Der wirkliche Test der kubanischen Entwicklungsstrategie erfolgt in den nächsten 20 Jahren. Erst dann wird sich erweisen, ob es gelingt, trotz der Option für kapitalintensive fortgeschrittene Technologien die effiziente Nutzung der Produktionskapazitäten zu sichern, ob die ambitiösen technologischen Projekte (Zuckerrohrnebenprodukte, Eisenerz aus Lateriten) realisiert werden können, und ob die geplante Weiterführung der strukturellen Transformation der Produktionsstruktur sich schließlich auch in einer grundsätzlichen Transformation der Warenstruktur des Außenhandels niederschlägt in Richtung auf die Diversifizierung der Exportstruktur, die Steigerung des Verarbeitungsgrades der Exportprodukte, die Zunahme des Technologieexports in einigen Bereichen, die Reduzierung der Agrarimporte und die effiziente Substitution von Zwischen- und Kapitalgüterimporten.

Mein Dank gilt der Berghof-Stiftung für Konfliktforschung, deren finanzielle Unterstützung diese Arbeit möglich machte.

Das Manuskript wurde im Februar 1980 abgeschlossen.

I. GENESIS, ENTWICKLUNG UND STRUKTUR DER PERIPHER-KAPITALISTISCHEN PLANTAGENWIRTSCHAFT

1. Einleitung

Die Aufgabe der Untersuchung der sozioökonomischen Struktur des vorrevolutionären Kuba bestand darin, die Probleme zu definieren, mit denen die revolutionäre Entwicklungspolitik konfrontiert wurde. Auf den ersten Blick scheint zu diesem Zweck eine statische Querschnittsanalyse ausreichend; ex post hat es sich jedoch als äußerst sinnvoll erwiesen, nicht nur die Struktur, sondern auch die historische Genesis der Unterentwicklung zu analysieren. Ohne eine historisch angelegte Analyse wären mehrere Aspekte von fundamentaler Relevanz für die Interpretation der postrevolutionären Entwicklung erst gar nicht in das Blickfeld geraten: die Ansätze einer nationalkapitalistischen Entwicklung über den Zuckerexportsektor trotz der Integration in den kapitalistischen Weltmarkt und ihre Blockierung zunächst primär durch das vorkapitalistische System der Sklavenarbeit; die Tatsache, daß die relative Abschnürung vom kapitalistischen Weltmarkt nicht notwendig eine sich selbst tragende autozentrierte Entwicklung einleitet, wenn bestimmte (interne und externe) Bedingungen fehlen (1550 - 1700); die Bedeutung fundamentaler demographischer und wirtschaftsgeographischer Fakten wie die zunächst geringe Bevölkerungszahl als restriktive Bedingungen einer binnenmarktorientierten Entwicklung und die niedrige Bevölkerungsdichte im Verhältnis zur potentiellen Anbaufläche als Voraussetzung eines nicht durch den Produktionsfaktor Boden begrenzten parallelen Wachstums des Hauptexportsektors und anderer Kulturen - und allgemein: das Gewicht der <u>internen</u> sozioökonomischen Struktur als Hemmnis oder Stimulanz einer autozentrierten Entwicklung.

Theoretischer Bezugsrahmen der vorrevolutionären Analyse war die Theorie des peripheren Kapitalismus, die hier als bekannt vorausgesetzt und nicht näher erläutert wird[1]. Zentrale Hypothesen waren, daß die Entwicklung der Unterentwicklung in Kuba in entscheidender Weise durch die untergeordnete Integration Kubas in eine - historisch variierende - ungleiche internationale Arbeitsteilung im Rahmen der kapitalistischen Weltwirtschaft determiniert worden war, und daß die Hauptdefizite der kubanischen Wirtschaft in der Zuckermonokultur und ihrer Exportorientierung bestanden, die es durch eine forcierte binnenmarktorientierte, breite Diversifizierung der Produktionstruktur zu überwinden galt. Die Hauptfragestellungen in diesem Kontext waren: die Definition der dominierenden Produktionsweise im System des internationalen Kapitalismus (Merkantilismus, industriekapitalistischer Freihandel, Imperialismus, Neoimperialismus); welches waren die Funktionen Kubas für die jeweiligen Zentren? Von welcher Nation war Kuba jeweils in welchem Ausmaß abhängig und welches war die Stellung dieser Nation(en) im System des internationalen Kapitalismus? Hinsichtlich der spezifischen Ausprägung des abhängigen Kapitalismus in Kuba interessierte: die intern dominierende Produktionsweise und ihre konkrete Kombination mit den anderen Produktionsweisen, die spezifischen ökonomischen, politischen und militärischen Funktionen Kubas im System des internationalen Kapitalismus und ihre internen Konsequenzen, der Grad der relativen wirtschaftlichen Autonomie, der Grad der ausländischen Kontrolle der Hauptsektoren der Wirtschaft. Welches war die Form und Struktur des Bündnisses zwischen Metropole und Peripherie? Welche Klassen oder Klassenfraktionen Kubas dienten aus welchen Interessen als Brückenköpfe? Gab es Ansätze einer nationalen Bourgeoisie und anderer national orientierter Klassen als Träger einer autozentrierten kapitalistischen Entwicklung; wenn ja, warum konnte sie sich nicht durchsetzen? Wodurch wurde eine binnenmarktorientierte und breite wirtschaftliche Entwicklung verhindert?

Die Vermutung - die sich später erhärten sollte -, daß die Strategie der Überwindung von Unterentwicklung wesentlich durch spezifische vorrevolutionäre Strukturmerkmale mitgeprägt wird, führte von Anfang an zu dem Bemühen, die Theorie des abhängigen Kapitalismus nicht einfach der kubanischen Realität überzustülpen, sondern wirklich nur als Schatzkammer vorläufiger Arbeitshypothesen zu benutzen. Im nachhinein muß konstatiert werden, daß dies in einer ersten Fassung des Textes nur unzureichend gelungen war. Zwar waren Besonderheiten der kubanischen Entwicklung empirisch durchaus herausgearbeitet worden, ihre Interpretation blieb jedoch unzulänglich oder inkonsequent. M.E. zwingt die kubanische Erfahrung - die vor- und die postrevolutionäre - dazu, einige Aspekte der marxistischen Dependenztheorie zu überdenken und zu präzisieren: die Einschätzung von Rohstoffexportsektoren auch im Rahmen einer Monoexportstruktur und das Verhältnis des dominierenden internationalen kapitalistischen Systems zu vorkapitalistischen Formen der Arbeitsorganisation sowie zu den internen sozioökonomischen und politischen Verhältnissen allgemein. Die folgenden Überlegungen sind, da sie sich in erster Linie auf Kuba beziehen, nur als Anstoß zu einer allgemeineren Diskussion zu verstehen.[2]

Allgemeine Probleme der Dependenztheorie am Beispiel Kubas

Die Erfahrung der postrevolutionären kubanischen Zuckerstrategie sowie die einiger neuer Zentren zeigt, daß Rohstoffexporte, hohe Außenhandelsquote und Monoexportstruktur eine autozentrierte Entwicklung dann nicht ausschließen, wenn der (die) dominierenden Rohstoffsektor(en) als effektive Leitsektoren genutzt werden, ohne daß sie die gesamtwirtschaftliche Entwicklung behindern. Diese Einsicht implizierte eine Verschiebung der Fragestellung der Analyse der vorrevolutionären Entwicklung. Während in der ersten Fassung des Textes das exportgetriebene Wachstum noch prinzipiell und die Rohstoffmonoexportstruktur noch abstrakt, d.h. im Sinne abstrakter statt konkreter Negation, kritisiert worden waren, hieß die präzisierte Fragestellung jetzt: Wodurch wurde die konzentrische Diversifizierung des Zuckerexportsektors blockiert und die inkrementelle Diversifizierung der Gesamtwirtschaft begrenzt? Erst durch die veränderte Fragestellung kam an die Oberfläche, daß für einen kurzen Zeitraum durchaus die realhistorische Möglichkeit bestanden hatte, den Zuckersektor als Leitsektor einer nationalkapitalistischen Entwicklung zu nutzen. Zu kritisieren war also nicht das exportgetriebene Wachstum als solches, sondern die Tatsache, daß der Zuckersektor durch die soziale 'Monopolisierung' von Ressourcen das Wachstum der anderen (Land-)Wirtschaft behinderte, statt es zu stimulieren, was sich in der Herausbildung und Reproduktion einer Monoproduktions- und Rohstoffmonoexportstruktur niederschlug. Die hohe Außenhandelsabhängigkeit war wahrscheinlich bei der geringen Bevölkerungszahl quantitativ gar nicht in signifikanter Weise zu reduzieren; bis 1762 behinderte der 'natürliche' geringe Umfang der Binnennachfrage eine fortschreitende gesellschaftliche Arbeitsteilung der Binnenproduktion als Voraussetzung von Kapitalakkumulation und Modernisierung.

Die Blockierung des Zuckersektors als Leitsektor war nicht nur die Folge einer schon institutionalisierten Arbeitsteilung im Rahmen der kapitalistischen Weltwirtschaft. Vielmehr spielte besonders in der entscheidenden Phase der kubanischen Geschichte zwischen 1790 und 1830, als die Weichen zwischen abhängiger und autozentrierter Entwicklung noch nicht eindeutig gestellt waren, aber auch allgemein , interne sozialstrukturelle und politische Bedingungen - hier die Sklaverei -, die nicht einfach als Reflex, Epiphänomen des internationalen kapitalistischen Systems abgehandelt werden können, eine determinierende Rolle. Zwar ist die Struktur der kapitalistischen Weltwirtschaft dauerhaft und prinzipiell ungleich, aber ob ein Land Zentrum oder Peripherie wird, ist das Resultat internationaler (sozialer) und nationaler Verhältnisse. Das Gewicht der internen Konstellation fällt daher insbesondere in kritischen Phasen (Auf- und Niedergang von Exportsektoren, Transformation ihrer Produktionsweise, Hegemoniewechsel oder politische Machtverschiebungen, Zentrenwechsel usw.) in die Waagschale. Dies gilt für die Produktionsweise des Exportsektors vor allem für die Periode vor der Internationalisierung der Produktionsverhältnisse ab 1880, da seither die internationalen Produktionsverhältnisse internalisiert worden sind. Für Kuba soll diese These am Beispiel der Sklaverei begründet werden. Aber auch die interne Konfiguration der Klassen im Rahmen der nationalen Gesellschaftsformation auf wirtschaftlicher (vgl. z.B. die Milderung der Plantagenwirtschaft durch das tradierte bäuerliche Kleineigentum im 19. Jahrhundert) und auf politischer Ebene (die politische Hegemonie der Zuckerexportgruppe trotz der Unterminierung ihrer wirtschaftlichen Macht ab 1930)könnten zur Illustration herangezogen werden.

In der marxistischen Tradition der Untersuchung unterentwickelter Länder existieren zwei konträre Positionen hinsichtlich der Charakterisierung vorkapitalistischer Formen der Arbeitsorganisation (encomienda, Sklaverei) in einer bestimmten Entwicklungsphase dieser Gesellschaften. Die eine charakterisiert die mit diesen Formen verknüpfte Produktionsweise, unabhängig von dem Einfluß des international dominierenden (Handels-)Kapitals, als ihrem sozialen Inhalt und ihrer Entwicklungslogik nach als Feudalismus oder Sklaverei und unterschlägt dabei, daß deren Genesis durch den Mangel freier Lohnarbeiter zu erklären ist, die Existenz unmittelbarer Zwangsarbeit kapitalistische Motive also nicht ausschließt, und die Existenz vorkapitalistischer Produktionsweisen den Grenzen des Systems des internationalen Handelskapitalismus entspricht, das dennoch aufgrund seiner Hegemonie Funktion und Entwicklungslogik dieser Institutionen bestimmt. Die abstrakt antithetische Position postuliert den de facto kapitalistischen Charakter dieser de jure vorkapitalistischen Institutionen, ohne zu sehen, daß gerade die vorkapitalistischen Elemente weitreichende Implikationen für die wirtschaftliche Entwicklung z.B. als restriktive Bedingungen der Entfaltung der Produktivkräfte und des Binnenmarktes haben[3]. Die berechtigte Frage nach Genesis und Funktion vorkapitalistischer Institutionen darf nicht den Blick auf ihre realen sozioökonomischen Implikationen verstellen.

Der skizzierte Zusammenhang wird an der Entwicklung der kubanischen Zuckersklavenplantagenökonomie bis 1886 deutlich. Einerseits ist deren Dynamik eindeutig durch das Interesse der Plantagenbesitzer an der Akkumulation von Kapital durch die profitable Produktion für den Weltmarkt motiviert. Das System der Sklaverei entspricht allein der Tatsache, daß für freie Lohnarbeit als alternative Arbeitskräftebasis der Zucker(rohr)produktion keine ausreichenden Anreize existierten;der Arbeitskräftebedarf der expandierenden Plantagenproduktion konnte nur durch mit physischer Gewalt erzwungene Sklavenarbeit garantiert werden. Auch die Entwicklungsetappen der Sklavenplantagen wurde durch kapitalistische Verwertungsinteressen und -bedingungen, im wesentlichen durch den Preis und die Menge der verfügbaren Sklaven und die Tendenzen des Zuckerweltmarkts, bestimmt. Der Übergang von der patriarchalischen Form der Sklaverei zur Überausbeutung der Sklaven, die ihre Reproduktion gefährdete und ihr Arbeitsleben erheblich verkürzte, vollzog sich in dem Maße wie der Zugang zu anderen Zuckermärkten als dem Spaniens eine nahezu unbegrenzte Expansion der Warenproduktion ermöglichte und der Preis der in ausreichendem Umfang importierbaren Sklaven unter ihre Reproduktionskosten fiel, so daß es für die Sklavenhalter ökonomisch rentabler wurde, nach einiger Zeit neue Sklaven zu kaufen statt die einfache und erweiterte Reproduktion der alten Sklaven zu garantieren. Zwischen dem vorkapitalistischen Sklavensystem und der deformierten Exportökonomie, deren dominierende Produktionsweise die kapitalistischen Zuckerplantagen waren, bestand auch in anderer Hinsicht ein logischer und funktionaler Zusammenhang: Die Sklaverei begrenzte den Binnenmarkt für Massenkonsumgüter außerordentlich und war damit eine wichtige Voraussetzung der exzessiven Exportspezialisierung auf Kosten der kommerziellen Produktion für den Binnenmarkt.

Andererseits war gerade die Arbeitsorganisation der Sklaverei in dieser für die Entwicklung des kubanischen Zuckersektors entscheidenden Phase (1820 - 1880) der wesentliche Grund dafür, daß die Intensivierung der Zuckerrohrlandwirtschaft als Beginn einer allgemeinen Modernisierung der Landwirtschaft nicht stattfand, die Zuckerindustrie nicht in nationaler Regie umfassend industrialisiert wurde, und Teile der Zuckerproduktion durch den Prozeß der Desmanufaktur ins Ausland verlagert wurden, statt den Verarbeitungsgrad der Zuckerrohrprodukte zunehmend auszudehnen[4]. Kurz: die Sklaverei als dominierende Form der Arbeitsorganisation verhinderte, daß vor 1886 der Zuckersektor die Rolle eines Leitsektors der Intensivierung der Landwirtschaft und einer breiteren, konzentrischen Industrialisierung übernehmen konnte. Die Tendenz zur konzentrischen Diversifizierung der Zuckerindustrie war also schon blockiert, bevor durch die Penetration zunehmend vertikal integrierter US-Konzerne die Kopplungs- und

Ausbreitungseffekte der kubanischen Zuckerproduktion unmittelbar im Rahmen dieser privatwirtschaftlichen Einheiten statt der kubanischen Nationalwirtschaft absorbiert wurden. Die Reproduktion der arbeitsintensiven und extensiven Zuckerrohrlandwirtschaft nach der Substitution von Sklaven- durch Lohnarbeit ist kein Argument gegen diese These, weil sich der Grund dafür von der Ebene der Produktionsverhältnisse des Zuckersektors auf die der Gesellschaftsformation insgesamt verschob (die durch gesamtgesellschaftliche Machtverhältnisse garantierte 'monopolistische' Verfügung der Zuckerrohrplantagen über ausreichend fruchtbaren Boden und billige Arbeitskräfte). In dem Maße, wie diese gesamtwirtschaftlichen Bedingungen prekär wurden, begann sich eine Tendenz zur Modernisierung der Zuckerrohrlandwirtschaft abzuzeichnen - trotz des Widerstandes der um ihren Arbeitsplatz bangenden Landarbeiter gegen die Mechanisierung.

Andere Schwächen der Dependenztheorie in der Variante, wie sie sich in den frühen Schriften von A.G. Frank herauskristallisiert hat, sind schon allgemein kritisiert worden - z.T. von ihrem Autor selbst[5] - und in diesem Text möglichst vermieden worden: die unzureichende historische und systematische Unterscheidung zwischen verschiedenen Formen struktureller Abhängigkeit. Daher ist der Wandel struktureller Abhängigkeit des Akkumulationsmodells der Plantagenwirtschaft ein durchgängiges Thema in Kapitel 5. Eine systematische Verortung der kubanischen Variante des peripheren Kapitalismus wurde mit Hilfe des Konzepts der Plantagenökonomie versucht, wie in Kapitel 5.3 näher erläutert wird. Die m.E. gerade unter dem Aspekt der Überwindung von Unterentwicklung fundamentale Entwicklung einer historisch-systematischen Typologie hat bisher - von einigen wichtigen Ausnahmen abgesehen (V.Bambirra, O. Sunkel/O.Paz) - nicht die Aufmerksamkeit gefunden, die ihr gebührt[6]. Fortschritte in dieser Richtung würden die Dependenztheorie nicht nur wissenschaftlicher präziser machen; sie sind auch eine Voraussetzung für eine realitätsgerechte Politik autozentrierter Entwicklung.

Periodisierung

Eine historisch angelegte Analyse der Entwicklung der Unterentwicklung setzt eine dem Untersuchungsziel angemessene Unterteilung der kubanischen Geschichte in einige Hauptphasen voraus. Die Periodisierung ist abhängig von dem jeweiligen Hauptkriterium und den zeitlichen Schwerpunkten, die man setzt. Der zeitliche Schwerpunkt der Untersuchung liegt verständlicherweise auf der vorrevolutionären Entwicklung während der 1. Hälfte des 20. Jahrhunderts. Ein Überblick über die alternativen Kriterien und Möglichkeiten der Phasenbildung gewährt dem Leser zugleich einen Einblick in die Geschichte Kubas aus verschiedenen Blickwinkeln. Folgende Möglichkeiten der Periodisierung gibt es[7]:

1. Nach der Form der politischen Herrschaft durch die Metropole kann man zwischen Kolonialismus (1510 - 1898) und Neokolonialismus (1899 - 1958) unterscheiden.
2. Nach den jeweiligen hegemonischen Zentren, die nicht immer mit der politischen Metropole identisch sind, lassen sich drei Perioden unterscheiden: 1) Spanien: 1510 - 1830; 2) USA und England: 1830 - 1880; 3) USA: 1880 - 1958.
3. Nach der dominierenden Form des internationalen Kapitalismus kann man unterteilen in: 1. Handelskapitalismus und Merkantilismus: 1510 - 1790; 2) Freihandel und Industrie- und Konkurrenzkapitalismus: 1790 - 1880; 3) Imperialismus: 1880 - 1958 (ab 1934 Neoimperialismus).
4. Nach dem Grad der relativen Autonomie erhält man vier Abschnitte: 1) Enge Integration während der Zeit des spanischen Interesses an kubanischen Edelmetallen (1510 - 1550). 2) Relativ autonome Entwicklung durch die Krise der spanischen Metropole und die wirtschaftlich marginale Rolle Kubas im spanischen Kolonialsystem (1550 - 1762). 3) Wachsende strukturelle Abhängigkeit durch die Herausbildung einer monokulturell deformierten, strukturell abhängigen Zuckerplantagenwirtschaft (1762 - 1898). 4) Die Verschärfung der strukturellen Abhängigkeit durch das massive Eindringen von US-Kapital ab 1880, besonders nach 1898.

5. Unterteilt man die kubanische Geschichte nach den Etappen der internationalen Arbeitsteilung und den Hauptexportprodukten, dann kommt man zu folgender Gliederung: 1) 1510 - 1550: Edelmetalle für Spanien, 2) 1550 - 1700: Versorgung der spanischen Flotte mit Pökelfleisch, Fellen, Talg, 3) 1700 - 1762: Versorgung Spaniens mit Agrar- und Viehprodukten, 4) 1762 - 1880: Versorgung der industriekapitalistischen Metropolen mit Rohstoffen (Zucker, Kaffee, Tabak, Felle) und Kuba als Markt für Fertiggüterexporte der Zentren, 5) 1880 - 1934: Bildung von US-Enklaven und Versorgung der USA mit billigem Rohzucker, 6)1934 - 1959: Billige Zuckerreserve der USA, begrenzte Kubanisierung des Exportsektors und Diversifizierung der Landwirtschaft sowie Kontrolle der Importsubstitutionsindustrialisierung durch multinationale Konzerne.

6. Unter dem Aspekt der Etappen der Entwicklung der Zuckerindustrie läßt sich die kubanische Geschichte folgendermaßen gliedern: 1) langsames Wachstum der Zuckerproduktion aufgrund ihrer kolonialistischen Abschnürung vom Weltmarkt (1524 - 1762); 2) Ansätze einer nationalkapitalistischen Entwicklung über den Zuckerexportsektor (1762 - 1830); 3) interne Blockierung der umfassenden Modernisierung der Zuckerproduktion, Krise und Desmanufaktur (1830 - 1880); 4) Herausbildung riesiger Zentralen und institutionelle Trennung von Industrie und Landwirtschaft in Form des colono-Systems (1880 - 1900); 5) neuerlicher Zuckerboom, Denationalisierung der Zuckerindustrie und der Kopplungseffekte (1900 - 1929); 6) Krise der Zuckerproduktion und fortwährende Denationalisierung der Kopplungseffekte trotz begrenzter Kubanisierung der Zuckerindustrie.

7. Hinsichtlich der Entwicklung des Systems der Landnutzung und der Grundbesitzverhältnisse kann man unterscheiden: 1) breitgestreute Vergabe des königlichen Landes und hacienda comunera (Viehzuchtlatifundium als Gruppeneigentum)(1536 - 1729); 2) das Zurückdrängen der hacienda comunera durch die Entwicklung der Exportlandwirtschaft (1700 - 1820); 3) die Ausdehnung

der Zuckerproduktion durch Vermehrung der Zahl der Mühlen und Großgrundbesitz ohne Bodenmonopol (1790 - 1870); 4) die Entstehung der Zentralen und des Zuckerrohrlatifundiums (1870 - 1900); 5) das Zuckerrohrlatifundium in voller Blüte (1900 - 1958).

8. Nach der jeweils vorherrschenden Produktionsweise kann man zwischen folgenden Zeitabschnitten differenzieren: 1) encomienda-Kapitalismus (1510 - 1550); 2) hacienda-Kapitalismus (1550 - 1762); 3) konkurrenzkapitalistische Plantagenwirtschaft auf Sklavenbasis (1762 - 1880); 4) ausländisch dominierte (direkt und indirekt),monopolkapitalistische Zuckerplantagenwirtschaft auf der Grundlage (saisonaler) freier Lohnarbeit (1880 - 1958).

Die folgende Darstellung orientiert sich in ihrem Aufbau überwiegend an dieser Periodisierung[8], da die mit dem System des internationalen Kapitalismus verbundene hegemonische Produktionsweise die Struktur der kubanischen Gesellschaftformation jeweils in entscheidender Weise geprägt hat.

Zum Verständnis der Struktur des vorrevolutionären Teils ist es vielleicht angebracht, darauf hinzuweisen, daß die historischen Hauptkapitel (2 - 5) in sich systematisch gegliedert sind. Mit einigen Variationen stehen dabei jeweils die Interessen der jeweiligen Metropole und die externen Abhängigkeitsstrukturen, die vorherrschende Produktionsweise und die Blockierung des Haupt-(export)sektors als wirksamer Leitsektor sowie die sozioökonomischen Strukturen der Gesellschaftsformation insgesamt und die Begrenzung der inkrementellen Diversifizierung im Mittelpunkt der Untersuchung.

2. Die kurze Blütezeit des Beutekapitalismus und der encomienda (1511 - 1550)

Unmittelbar nach der Eroberung Kubas galt das primäre Interesse der spanischen Kolonisatoren den Edelmetallvorkommen. Die damit einhergehende Akkumulation von Geldkapital führte jedoch nicht zur Entwicklung der kubanischen Wirtschaft, da der spanische Kolonialismus nur an der Ausbeutung der Edelmetalle interessiert war und nicht an einer breiten Entwicklung der kubanischen Wirtschaft, ein großer Teil der Gewinne nach Spanien transferiert wurde, der verbliebene Reichtum zwischen den weißen Siedlern höchst ungleich verteilt war und die geringe Bevölkerung keine diversifizierte Wirtschaft tragen konnte. Entscheidend war aber wohl, daß die vorkapitalistische Arbeitsorganisation der handelskapitalistisch motivierten, formalrechtlich feudalen, aber de facto auf indianischer Sklavenarbeit beruhenden, dominierenden wirtschaftlichen Institution der encomienda der Entfaltung der Produktivkräfte im Wege stand, da sie die wichtigste Produktivkraft, die menschliche Arbeitskraft zerstörte, statt sie zu entwickeln. Die baldige Erschöpfung der Goldvorräte und der Genozid an den Indianern unterminierte die wirtschaftliche Grundlage der encomienda. Deren - im Verhältnis zum anderen spanischen Amerika - früher Niedergang und das abnehmende Interesse Spaniens an den Naturschätzen Kubas leitete eine fast zwei Jahrhunderte dauernde Periode einer relativ isolierten, langsamen und verhältnismäßig ausgeglichenen wirtschaftlichen Entwicklung ein, deren vorherrschende wirtschaftliche Produktionseinheit die auf Sklavenarbeit basierende hacienda war.

2.1. Der spanische Handelskapitalismus und koloniale Merkantilismus und ihre Interessen in Kuba

Obwohl Kuba schon 1492 von Columbus entdeckt worden war, begann die Kolonisierung unter der Führung von Diego Velásquez erst 1511[1]. Die Kolonisierung Kubas fiel in die Epoche der Expansion des europäischen Handelskapitalismus.

Träger der Eroberung Amerikas war in erster Linie das spanische Handelskapital, sekundär die aus verschiedenen Gründen geldbedürftige Krone[2], mit der Konsequenz, daß "die Eroberung kapitalistische Motive (hatte): die Ausbeutung und Kommerzialisierung von Edelmetallen"[3]. Das Handelskapital finanzierte die Eroberungsexpeditionen, vermarktete die Edelmetalle und drückte der encomienda den Stempel seines Interesses an einer maximalen Akkumulation von Kapital durch die rücksichtslose Ausbeutung von Natur und indianischen Arbeitskräften auf, ohne die Produktionsverhältnisse selber aufgrund seiner Grenzen als Handelskapital und des Fehlens freier Lohnarbeit zu transformieren.

Mit der Entfaltung des spanischen Handelskapitalismus setzte sich der Merkantilismus als staatliche Politik zur Förderung der Wirtschaft durch. Die merkantilistische Wirtschaftspolitik verfolgte zwei Ziele: die Steigerung der einheimischen Produktion, um möglichst wenig zu importieren, und die maximale Entwicklung des Exports von Fertigwaren. Für die Kolonien bedeutete das die Ausrichtung ihrer Produktionsstruktur auf die Bedürfnisse der Metropole. Spanien, das sich regional auf Süd-, Zentralamerika und die Antillen konzentrierte, hatte ein besonderes Interesse an der kommerziellen Ausbeutung von Edelmetallen und später und sekundär an der Versorgung mit Agrarprodukten und Rohstoffen. Die starke Zentralisierung der spanischen Kolonialverwaltung bis ca. 1550 garantierte, daß Spanien die kubanische Wirtschaft in direkter Weise seinen Interessen unterordnen konnte.

Da Kubas Goldvorräte und die der anderen Antillen relativ schnell erschöpft waren - in Kuba verloren sie ab 1530 an Bedeutung[4] -, konzentrierte sich das Interesse des spanischen Kolonialismus auf das Festland, wo es Gold und Arbeitskräfte in größerem Umfang gabe. Schon vorher, ab 1517, wurde Kuba, nach einer Phase rapider Expansion, als Ausgangsbasis weiterer Eroberungen betrachtet (1517 nach Mexiko, 1539 nach Florida). Diese Eroberungsexpeditionen führten zur Massenemigration nach Hispanoamerika, finanziellen Verlusten und einem Bedeutungsverlust Kubas innerhalb des spanischen Kolonialsystems. Die Entwicklung der kubanischen Wirtschaft wurde den weiteren Eroberungsabsichten Spaniens untergeordnet und Kuba funktionierte im Vergleich zu den kolonialen Zentren Mexiko und Perú als "periphere Kolonie" innerhalb des spanischen Kolonialsystems[5].

Angesichts der relativen Armut der Insel floß der Einwanderungsstrom spanischer Siedler anfangs nur spärlich. Nach den Berechnungen von Pérez de la Riva belief sich die Gesamtbevölkerung um 1550 auf weniger als 5000 Einwohner. Davon waren ungefähr 2000 spanische Einwanderer, 2000 - 3000 bei den Spaniern lebende Indianer, einige hundert Indianer, die in die Wälder geflüchtet waren, und ungefähr genauso viele, die aus Zentralamerika gewaltsam importiert worden waren. Dazu kamen einige hundert importierte Negersklaven[6]. Forderungen der Siedler nach einem größeren Import von Sklaven scheiterten am Widerstand der spanischen Kolonialverwaltung.

2.2. Die Herausbildung einer ungleichen internationalen Arbeitsteilung

Das wirtschaftliche Interesse Spaniens an Kuba bestand zunächst in den vermuteten umfangreichen Goldschätzen; die Vorstellungen über deren Ausmaß erwiesen sich aber bald als übertrieben. Zwar wurde allein in den ersten vier Jahren Gold im Wert von 62.000 Pesos exportiert und um 1517 waren es für 100.000 Pesos jährlich, doch schon ab 1530 verlor das Gold an Bedeutung. 1538 wurde nur noch Gold im Wert von 13.000 Pesos abgebaut und 1556 hatten sich die kubanischen Goldvorräte ganz erschöpft. Vorher war Kuba schon weit hinter dem Goldertrag des Festlands und besonders Mexikos zurückgeblieben[7].

Der Raubbau an den indianischen Arbeitskräften beim Goldbergbau führte neben anderen Faktoren (dem Import europäischer Krankheiten, den traumatischen Konsequenzen der brutalen Einführung fremder Lebensnormen, durch die die traditionellen indianischen

Werte und Gemeinschaften zerstört wurden, der Zerstörung der wirtschaftlichen Existenzgrundlage, Terror und Massaker) innerhalb kurzer Zeit zur fast totalen Ausrottung der Indianer. Ihre Zahl sank von ca. 60.000 1511 auf 2.000 1550[8].

Schon Velasquez, der erste Gouverneur Kubas, hatte versucht, die Abhängigkeit der kubanischen Wirtschaft vom Gold zu mildern und ihr eine landwirtschaftliche Existenzgrundlage zu geben, allerdings ohne großen Erfolg. Da nur Rinder und Schweine lebensfähig waren und nur Zuckerrohr und einige andere Pflanzen gediehen, während Weizen, Gerste, Wein, Oliven und Schafe für das subtropische Klima nicht geeignet waren, die Krone das Wachstum anderer Kulturen (z.B. Zuckerrohr) zunächst nicht förderte, die Gaumen der spanischen Siedler an die spanische Speisekarte fixiert blieben und z.B. die Fischfangtradition der Indianer in Vergessenheit geriet, das Interesse der Eroberer an der Landwirtschaft, besonders an der kommerziellen, zunächst gering war, und die primitiven Produktionsmethoden der Indianer kein ausreichendes Mehrprodukt abwarfen, konnte Kuba sich trotz der weitsichtigen Agrarpolitik von Velásquez nicht selber ernähren.
Da die Entwicklung einer kubanischen Manufaktur nicht im Interesse Spaniens lag, war man in großem Umfang von Importen abhängig, und zwar sowohl vom Import von Nahrungsmitteln (Weizenmehl, Olivenöl, Essig, Wein) als auch vom Import fast aller gebräuchlichen Fertigwaren (Papier, Seidenstoff, Schuhe, Häute, Spiegel, Kämme usw.) und aller Werkzeuge[9].

Kuba exportierte in erster Linie Gold, später auch in geringerem Umfang einige einheimische Pflanzen wie Cassava und Yucca und Felle. Die Versorgung des lateinamerikanischen Festlands mit Nahrungsmitteln, besonders mit Fleisch, dauerte nur kurze Zeit, nach der Kuba auch in dieser Funktion von Mexiko abgelöst wurde[10]. Der Rückgang der Goldexporte nach 1530 bedeutete ein permanentes Handelsbilanzdefizit und das Sinken des Lebensstandards der Siedler. Diese Entwicklung war nicht auf ungünstige natürliche Bedingungen zurückzuführen, sondern primär die Folge des spanischen Handelsmonopols. Die spanische Krone gab zwar schon 1523 die Erlaubnis und den Kredit für die erste Zuckermühle, zeigte aber kein Interesse an der schnellen Entwicklung der Zuckerindustrie, so daß Zucker erst Ende des 16. Jahrhunderts in größerem Umfang hergestellt und so die Entwicklung eines Exportsubstituts für Gold verzögert wurde[11].

2.3. Die encomienda: Beutekapitalismus, ökonomische Regression und Unterentwicklung

Die encomienda war zwischen 1511 und 1550 die dominierende Institution in Kuba[12]. Sie garantierte den spanischen Siedlern das Recht auf die Arbeit einer bestimmten Zahl Indianer (zwischen 200 und 400) während einer begrenzten Zeit (maximal zwei Generationen). Sie bedeutete nicht das Recht auf das Land der Indios, da die Indianer nach Ansicht der Krone freie Untertanen des Königs und nicht Hörige des encomendero waren. Das Recht auf die Arbeit der Indios war rechtlich und zeitlich begrenzt, widerrufbar, der Kontrolle der Krone unterworfen und an die Person des encomendero gebunden. Außerdem war der encomendero verpflichtet, die ihm zugeteilten Indianer zu kleiden, zu ernähren und sie katholisch zu erziehen. Formalrechtlich hatte die encomienda eindeutig feudalistische Züge und die indianischen Arbeitskräfte hatten den Status von Leibeigenen, da sie de jure nicht von ihren Produktionsvoraussetzungen getrennt waren, Recht auf einen Teil ihrer Arbeit besaßen und ihre Arbeitskraft nicht verkäuflich war. De facto war jedoch die encomienda ein kapitalistisch motiviertes System der Indianersklaverei.

In der rechtlichen und der realen Institution der encomienda reflektierten sich verschiedene soziale Interessen. Die conquistadores wollten die harte Arbeit des Goldbergbaus von den Indianern verrichten lassen und ein Maximum an Mehrarbeit aus diesen herauspressen; die Krone verband damit die Aufgabe der Christianisierung der Heiden und wollte das Entstehen einer unabhängigen Herrscherklasse in den Kolonien verhindern, scheute sich aber nicht, vom Goldbergbau durch einen Anteil von erst

50 %, dann 20 % des Ertrags zu profitieren. Folglich stand die encomienda von Anfang an im Widerspruch zwischen dem Interesse an der Ausbeutung der Indianer und dem Missionsauftrag. Die rapide Dezimierung der Indianer zeigt an, welches Motiv dominierte und wie brüchig die faktische Macht der Krone war.

Der Dienstleistungs-encomienda waren andere Formen der Aneignung des Goldes vorausgegangen. Zuerst hatte man die über Generationen akkumulierten geringen Goldschätze der Indianer gegen wertlosen Schmuck eingetauscht. Nachdem diese erschöpft waren, verlangte man von den Indianerhäuptlingen einen Tribut. Da diese Tribut-encomienda für die Spanier unbefriedigend war, zwang man die Indianer daraufhin zu Dienstleistungen für die spanischen Siedler. Schon 1524 begann die Phase der Dekadenz der encomienda, als die "Vorräte" an Gold und Indianern zur Neige gingen. An die Stelle der encomienda trat allmählich die hacienda und an die Stelle des Goldbergbaus die Viehzucht.

Aufgrund der Kritik des spanischen Priesters und Protektors der Indianer Bartolomé de la Casas an der Institution der encomienda und dem Interesse an der Erhaltung ausbeutbarer indianischer Arbeitskraft schaffte die Krone mit den "Neuen Gesetzen" von 1542 die Zwangsarbeit der Indianer ab, widerrief auf Druck der encomenderos 1546 die kontroversesten Gesetze, bevor die Dienstleistungs-encomienda 1549 endgültig aufgelöst wurde. Die Indianer sollten nur noch einen Tribut in Form von Waren zahlen[13]. Für die kubanischen Indianer kam die Auflösung der encomienda allerdings zu spät.

Die encomienda war ein System der Indianer-Sklaverei, weil ganze Indianergemeinschaften zur Arbeit in den Minen zwangsdeportiert wurden und die Mehrarbeit auch auf Kosten der einfachen Regeneration der Arbeitskraft maximal ausgedehnt wurde. Auch in der Landwirtschaft eigneten sich die encomenderos nahezu das gesamte Produkt der Indianerarbeit und das Land der Indianer an. Die indianische Stammesorganisation wurde, gegen den Willen der königlichen Gesetzgebung, zerstört.

Obwohl die Rechtsform und die Arbeitsorganisation der Encomienda vorkapitalistisch waren, entstand die encomienda im Kontext und als Funktion der Expansion des Handelskapitalismus. Sie war nur scheinbar eine aus Spanien nach Amerika transplantierte feudale Institution, ihre determinierende Entwicklungslogik war handelskapitalistisch[14]. Das entscheidende Motiv des die entstehende kapitalistische Weltwirtschaft dominierenden Handelskapitals und der encomenderos war die Akkumulation von Geldkapital durch die Ausbeutung der natürlichen Reichtümer der Kolonien und der indianischen Arbeitskräfte. Die Aneignung absoluter Mehrarbeit war in zweifacher Hinsicht unbegrenzter als im Feudalismus, so daß es möglich und in kapitalistischer Perspektive ökonomisch sinnvoll war, die Mehrarbeit der Indianer auch auf Kosten der einfachen Reproduktion auszudehnen (Arbeit bis in die Nacht, auch an Sonn- und Feiertagen, Ernährung durch Sammeln von Früchten, keine Behausungen usw.)[15]. Erstens diente sie nicht dem physisch begrenzten Luxuskonsum des Feudalherrn, sondern der maximalen Akkumulation von Geldkapital; die Indianer produzierten Tauschwerte, nicht Gebrauchswerte. Zweitens war man gegenüber den fremden Arbeitskräften aus politischen und wirtschaftlichen Gründen nicht dazu verpflichtet, ihre Reproduktion zu sichern, u.a. weil das Handelskapital wesentlich durch seine Mobilität gekennzeichnet ist, die es ihm im Prinzip erlaubt, immer neue Ressourcen und Arbeitskräfte auszubeuten. Die Tatsache der Indianersklaverei widerspricht nicht der These, daß die encomienda eine handelskapitalistisch determinierte Produktionsweise war, denn zum Wesen und zu den Grenzen des Handelskapitalismus gehört, daß er sich zwar die Produktionsverhältnisse subsumieren, sie aber nicht selber als rein kapitalistische setzen kann. In Richtung Produktion hat das Handelskapital ein Interesse an der maximalen Senkung der Produktionskosten; dies war durch die grenzenlose Ausbeutung der Indianer in Form der Sklaverei gesichert. Die Sklaverei widersprach auch in anderer Beziehung nicht der Vorherrschaft kapitalistischer Interessen. Da freie Lohnarbeiter nicht in notwendigem Umfang für die Emigration nach Kuba zu motivieren waren - und erst recht nicht für die Arbeit in den Gold- und Silberbergwerken - blieb nur der Rückgriff auf - zunächst indianische - Zwangsarbeit.

Obwohl in Kuba bis Mitte des 16. Jahrhunderts 100.000 Dukaten akkumuliert wurden[16], führte diese beträchtliche Akkumulation von Geldkapital nicht zu einer nennenswerten Entwicklung der produktiven Kapazitäten Kubas. Der mit der encomienda verknüpfte spanische Beutekapitalismus war für Kuba, d.h. die Indianer und einen großen Teil der Siedler zerstörerisch und parasitär. Das Ziel des spanischen Kolonialismus war nicht die Entwicklung objektiver (Landwirtschaft, Manufaktur) und subjektiver (Qualifikation) Produktivkräfte, sondern die Ausbeutung der Naturschätze und der einheimischen Arbeitskräfte. Nachdem beide Ressourcen erschöpft waren, blieb zunächst nichts, da keine Akkumulation von Produktivkapital stattgefunden hatte; nicht Entwicklung hatte stattgefunden, sondern ein Prozeß wirtschaftlicher und sozialer Regression. Die sozioökonomischen Konsequenzen der frühen Erschöpfung der Edelmetallvorkommen waren, daß sich die verbliebenen Kolonialisten eine andere wirtschaftliche Existenzgrundlage aufbauen und Indianer- durch Negersklaven substituiert werden mußten. In Kuba war die wirtschaftliche Grundlage der encomienda schon nach knapp 50 Jahren zerstört worden, während sie in anderen Teilen des spanischen Amerikas bis zu zweihundert Jahren weiterbestand.

Trotz der relativ kurzen Blütezeit der encomienda in Kuba wurden - neben simpler wirtschaftlicher Stagnation und Regression - in dieser Phase schon die ersten Fundamente struktureller Unterentwicklung in Form der strukturellen Abhängigkeit vom spanischen Mutterland und durch die soziale und regionale Polarisierung gelegt[17].

Spanien beeinflußte direkt die Produktionsstruktur und schränkte so die Möglichkeiten wirtschaftlichen Wachstums ein; z.B. verweigerte die Krone 1537 die Lizenz für den Bau einer Zuckermühle. Kuba war von einem Exportprodukt (Gold), von einem Markt (Spanien), ja sogar von einer Stadt abhängig (1502 Sevilla, ab 1517 Cadiz). Die Belieferung des kubanischen Marktes mit spanischen Waren verhinderte die Entwicklung einer einheimischen Manufaktur nennenswerten Umfangs - mit der bemerkenswerten Ausnahme des Schiffsbaus- , obwohl Kuba für Spanien primär als Lieferant von Edelmetallen und sekundär von landwirtschaftlichen

Rohprodukten, nicht als Markt von Interesse war. Die koloniale Exportökonomie wurde das Haupthindernis einer autonomen ökonomischen Entwicklung[18]. Die spanische Krone eignete sich durch monopolistische Institutionen einen relevanten Teil des ökonomischen Mehrprodukts an, hauptsächlich in Form von Zöllen und Steuern auf den Goldexport, ohne diesen Teil für die Entwicklung Kubas produktiv zu verwenden. Dadurch und durch die immensen Profite des Handelskapitals trug Kuba zur Akkumulation von Geldkapital in den europäischen Zentren bei[19].

Intern reproduzierte sich die ungleiche internationale Arbeitsteilung in der Polarisierung von Regionen und sozialen Klassen. Aufgrund der Monopolisierung des nationalen Handels und des Handels mit Spanien wurde der Westen (v.a. Havanna) zum nationalen Ausbeutungszentrum, das Kapital und Arbeitskräfte anzog und die Produkte des Ostens mit hohen Gewinnsummen weiter verkaufte. Andere Gemeinden fungierten aufgrund ihrer günstigen Lage an Handelswegen und der Monopolisierung von Import und Export als regionale Ausbeutungszentren: Santiago de Cuba im Osten, Trinidad im Zentrum und Havanna im Westen. Hauptnutznießer war sozial die kommunale Oligarchie der privilegierten spanischen Siedler, was sich u.a. an der Monopolisierung des Handels zeigt; dies ist deshalb ein wichtiger Indikator, weil das Handelskapital die hegemonische Fraktion der herrschenden Klasse und Verbindungsglied zur Metropole war. Die Struktur der internationalen Ausbeutung und Abhängigkeit läßt sich in dem Bild einer Ausbeutungskette fassen: am oberen Ausbeutungspol das europäische, in erster Linie spanische Handelskapital, dann die kubanische Oligarchie, am ausgebeuteten Pol in absteigender Folge die kleinbürgerlichen und kleinbäuerlichen spanischen Kolonialisten, die Indianer und die Negersklaven.

Die Bilanz der ersten 40 Jahre spanischer Kolonialherrschaft in Kuba war alles andere als rosig: "Die Ausrottung der Indianer, der Exodus der weißen Siedler, die baldige Erschöpfung der Edelmetalle und der Ausschluß der Agrarproduktion (von ihren potentiellen Märkten, H.F.) bewirkte fast die Entvölkerung der Insel und erschöpfte die Ressourcen derjenigen, die übrig geblieben waren."[20]

3. Die hacienda: strukturelle Abhängigkeit trotz relativer Isolation und ausgeglichenem Wachstum (1550 - 1762)

Der Analyse der folgenden Periode liegen folgende Thesen zugrunde:

1. Die Viehzucht-hacienda als die dominierende wirtschaftliche Institution dieser Epoche war, obwohl sie Sklaven als Arbeitskräfte einsetzte, in ihrer grundlegenden Entwicklungslogik durch ihre Integration in die handelskapitalistische Weltwirtschaft geprägt. 2. Die Krise Spaniens im 17. Jahrhundert und die spezifische Funktion Kubas im spanischen Kolonialsystem als Rasthaus erlaubte ein relativ autonomes und ausgeglichenes Wachstum der kubanischen Wirtschaft. 3. Dies reichte jedoch nicht aus, um eine sich selbst erhaltende autonome Entwicklung einzuleiten, da die Wachstumslogik der hacienda, v.a. angesichts der gegebenen Konstellation der Produktionsfaktoren, rein extensiv und agrarisch war und der koloniale Handelskapitalismus Spaniens das Wachstum der kubanischen Manufaktur sowie die Kapitalisierung der kleinen Warenproduktion blockierte. Daneben wirkten die vorkapitalistischen Elemente der hacienda (Sklaverei, Selbstversorgung und interne Diversifizierung) und die geringe Bevölkerungszahl einer gesamtwirtschaftlichen Arbeitsteilung und damit einer notwendig auf Spezialisierung beruhenden Entwicklung der Produktivkräfte entgegen. Daher konnte mit dem Aufschwung der Zuckerplantagenwirtschaft nach 1762 die skizzierte Tendenz diversifizierten Wachstums wieder zurückgedrängt werden; sie milderte jedoch bis Ende des 19. Jahrhunderts die deformierenden Folgen der Sklavenplantagenökonomie. 4. Im Gegensatz zu anderen westindischen Inseln wurden in Kuba der Entwicklung zum Latifundium in dieser Zeit noch Grenzen gesetzt. Obwohl das Latifundium im rechtlichen Sinn vorherrschte, wurde seine sozial und wirtschaftlich schädliche Wirkung durch die parallele Entwicklung des Kleineigentums als soziale Basis wirtschaftlicher Diversifizierung eingedämmt.

3.1. Die neue Stellung Kubas im spanischen Kolonialsystem: militärischer Stützpunkt und Rasthaus

Nachdem die spanischen Eroberer die fündigeren Edelmetallvorkommen des lateinamerikanischen Festlandes entdeckt hatten, richtete sich ihr Interesse ganz darauf. Während zwischen 1521 und 1530 noch ca. 80 bis 90 % der spanischen Exporte nach den westindischen Inseln gingen, konzentrierte sich ab 1550 rund 85 % des spanischen Handels mit Amerika auf Mexiko und Peru[1].

Spanien, das die Legitimität seines kolonialen Besitzes auf die Papstbulle von 1494 gründete, sah seine lateinamerikanischen Kolonien von Anfang durch die Konkurrenz der anderen europäischen Großmächte, allen voran Englands als aufsteigender Hegemonialmacht, gefährdet. Diese Konkurrenz äußerte sich in drei Formen: in Form von staatlich unterstützter Piraterie, in Form von Schmuggel und in der Gründung eigener Kolonien in der Südsee als Grundlage wirtschaftlicher Konkurrenz und militärischer Operationen[2]. Kriegerische Auseinandersetzungen um die Kolonien waren auch dann an der Tagesordnung, wenn in Europa Frieden herrschte. Spanien antwortete auf diese Gefahr mit der Einführung des Konvoisystems ab 1543, dem Aufbau der Armada zur Verfolgung der Piraten und dem Ausbau der wichtigsten Kolonialhäfen zu militärischen Stützpunkten[3]. Kubas günstige geographische Lage (der Golfstrom, günstige Südwestwinde) prädestinierten die Häfen an der kubanischen Nordküste als letzten Treffpunkt der Handelsflotte vor der Rückfahrt nach Spanien und als wichtigen Stützpunkt zur Kontrolle des Zugangs zum Golf von Mexiko. Zwar hatte Spanien schon ab 1524 die strategische Bedeutung Kubas begriffen, aber erst nach der Besetzung Santiago de Cubas (1537 und 1554) und Havannas (1555) durch französische Piraten erfolgte der Ausbau Havannas zum militärischen Stützpunkt[4]. Ab 1556 wurde Kuba lange Zeit von militärisch qualifizierten Gouverneuren regiert. Das Konvoisystem bedeutete, daß die militärischen Begleitschiffe nach der Ankunft in Kuba blieben, während sich die Handelsflotte nur zur Rückfahrt nach Europa in Havanna sammelte, doch häufig auch noch ziemlich lange

Aufenthalte hatte. Havanna gewann dadurch national und innerhalb des spanischen Kolonialsystems eine hervorragende Bedeutung: Kuba wurde zur regionalen Submetropole der spanischen westindischen Inseln; die Bewohner der Nordküste Hispaniolas und der Südküste emigrierten an die kubanische Nordküste. Bevölkerung und Produktion konzentrierten sich an den Handelswegen[5]. Kuba fungierte allerdings in dieser Periode weniger als Siedlungskolonie denn als Handelsniederlassung.

Nach 1617, nachdem mit dem Frieden von Rykswick die Piraterie abgeschafft worden war, weil jetzt England, Frankreich und Holland den größten Teil des spanischen Handels kontrollierten und aufgrund der schwindenden militärischen Macht Spaniens[6], verlor das Konvoisystem an Bedeutung. Schon ab 1600 hatte, als Folge der Krise der spanischen Wirtschaft, der Handel Spaniens mit seinen amerikanischen Kolonien, gemessen an der Tonnage des Schiffsverkehrs, stetig abgenommen. Außerdem wurde das Auslaufen der Flotte häufiger. Gleichzeitig erreichte der Schmuggel (Fertiggüter- und Sklavenimporte, Kolonialwarenexporte) für die kubanische Wirtschaft im 17. Jahrhundert eine enorme Bedeutung, die wahrscheinlich größer war als die des legalen Handels[7]. Mehrfache Versuche der Krone, den Schmuggel zu verbieten, scheiterten immer wieder. Beide Faktoren, der Rückgang des Handels mit Spanien und das Anwachsen des Schmuggels, schufen günstige Voraussetzungen für eine autonomere Wirtschaftsentwicklung.

Parellel zur Lockerung der wirtschaftlichen Bindung setzte sich auf politischer Ebene bis 1700 die Tendenz zu stärkerer Dezentralisierung und größerer Macht der Gemeinderäte (cabildos) durch, wie sie in der Legalisierung der Kompetenz dieser Institutionen, stellvertretend königliches Land (mercedes de realenga) zu vergeben (1574), zum Ausdruck kam[8]. Die Vergabe von mercedes durch die Gemeinderäte (cabildos) wurde erst 1729 durch die Krone verboten. Dieser internationalen Dezentralisierung entsprach national eine größere Autonomie der einzelnen Landesteile. 1607 wurde

Kuba in zwei Provinzen unterteilt: die Westprovinz mit Havanna und die Ostprovinz mit Santiago de Cuba als Hauptstadt[9]. Die Folgen waren ein größeres Interesse Spaniens an Santiago de Cuba und die fast totale Autonomie des Zentrums. Beides diente einer ausgeglicheneren regionalen Entwicklung Kubas.

3.2. Ökonomie: situado, Flottenversorgung, Tabak

Der Ausbau Havannas zu einer militärischen Festung und die Versorgung der Flotte wurden für lange Zeit die beiden wichtigsten Einkommensquellen der Einwohner Kubas, was zu einer starken Bevölkerungskonzentration führte: 1600 lebte etwa die Hälfte der auf 10.000 geschätzten Einwohner in Havanna und seinem Hinterland. Die Folge war die ungleiche und ungleichzeitige Entwicklung der einzelnen Regionen, die schnellere Verknappung des Bodens in der Gegend von Havanna und demzufolge ein schnellerer Anstieg der Bodenpreise[10].

Der Bau und Unterhalt der Festung von St. Augustine an der Meerenge von Havanna wurde vom Vizekönig von Neuspanien aus Mexiko in Form des sogenannten situado finanziert[11]. Diese von den anderen spanischen Kolonien Südamerikas erhobenen Einnahmen beliefen sich zwischen 1550 und 1600 auf ca. 20.000 Pesos pro Jahr, 1587 - 1600 sogar auf 50.000 Pesos jährlich. Berücksichtigt man, daß in Havanna-Stadt damals nur 2.000 Einwohner wohnten, daß die Truppen zum Teil bei den Einwohnern schliefen und daß man sich die Sklaven für den Festungsbau geliehen hatte, dann war das eine enorme Summe. Die Bedeutung des Situado nahm in der Folgezeit dauernd zu: im 17. Jahrhundert waren es insgesamt 6.250.000 Pesos, von 1600 bis 1650 80.000 Pesos jährlich (oder das Monatseinkommen eines unqualifizierten Arbeiters pro Kopf der Bevölkerung); 1700 - 1760 210.000 Pesos pro Jahr oder zwei Monatsgehälter und von 1760 - 1800 2.500.000 Pesos jährlich oder drei Monatsgehälter pro Kopf der Bevölkerung. Der Löwenanteil fiel allerdings der lokalen Oligarchie zu, die damit in erster Linie Grundbesitz kaufte. Bis zum Frieden von Aachen (1748) waren die Einnahmen aus der Versorgung der Flotte größer als der situado, aber dessen Wachstum und die abnehmende Bedeutung der Flotte kehrten das Verhältnis um.

Die Versorgung der Flotte war der zweite Pfeiler der kubanischen Wirtschaft bis zur Mitte des 18. Jahrhunderts, um den sich eine Vielzahl von Dienstleistungs- und landwirtschaftlichen Aktivitäten, aber auch einige Manufaktur- (Schiffsbau) und Bergwerksbranchen (Kupfer) lagerten. Da der Aufenthalt der Flotte mehrere Monate dauerte, entstanden in Havanna Schlachthäuser, Kneipen, Restaurants, Pensionen und Wäschereien und eine Reihe anderer Dienstleistungsbetriebe[12]. Der Kupferbergbau (El Cobre in Oriente) wurde ab 1610 wegen der hohen Transportkosten des Exports und des Desinteresses der spanischen Krone auf die Produktion für den internen Markt, in erster Linie die Zuckerindustrie, beschränkt und litt wie die kubanische Wirtschaft allgemein an Kapitalmangel aufgrund fehlender Kreditinstitutionen[13]. Außerdem stimulierte der Aufenthalt der Flotte im Umkreis von Havanna die Entwicklung von Landwirtschafts- und Viehzuchtunternehmen, die für die Ernährung der Besatzungen während des Aufenthalts sorgten und Pökelfleisch, frische Gemüse und Obst für die Überfahrt lieferten[14].

Mit der regelmäßigen Ankunft der Flotte entstand auch ein Markt für Tabak (für die Seeleute und für den Export). 1614 wurde das Verbot für Tabakanbau von der spanischen Krone aufgehoben[15]. Der kubanische Boden war (ist) für Tabak äußerst geeignet und der kubanische Tabak besaß (besitzt) eine besonders gute Qualität. Der Tabakanbau erforderte - im Gegensatz zur Viehzucht - eine intensive Bewirtschaftung und wurde zunächst, anders als in Virginia, auf kleinen Familienbetrieben (vegas), die wenig Kapital und Sklavenarbeit erforderten betrieben. Er zog daher einen umfangreichen Strom spanischer Einwanderer an: bis 1760 mehr als 60.000 (geschätzt!), d.h. mindestens genauso viel weiße Immigranten, wie in diesem Zeitraum Sklaven nach Kuba importiert wurden[16]. Trotz des allgemeinen spanischen Handelsmonopols wuchs der Tabakexport im 17. Jahrhundert schnell an, stagnierte aber dann, nachdem die Krone Anfang des 18.Jahrhunderts ein staatliches Exportmonopol (estanco) errichtet hatte, bis zum letzten Viertel des Jahrhunderts[17]. Der größte Teil der Tabakproduktion wurde exportiert und wegen seiner geringen Größe und seines geringen Gewichts wurde Tabak zum Hauptschmuggelprodukt. Die vegas entwickelten sich innerhalb und auf Kosten der haciendas comuneras (Viehzuchtlatifundien mit mehreren Teileigentümern).

Der permanente Konflikt mit dem Viehzuchtlatifundium um Arbeitskräfte und Grundbesitz, in dem die vegueros zunächst von der Krone unterstützt wurde, blieb so lange unentschieden, bis die Zuckerproduktion nach 1762 ihren Siegeszug antrat und die Zuckerplantagen ab 1780 die vegas zunehmend nach Osten verdrängten[18]. Als die hacendados 1819 das uneingeschränkte private Eigentum an Grund und Boden durchsetzen konnten, wurden die vegueros entweder mit teilweise illegalen Mitteln aus den ehemaligen mercedes verjagt oder - angesichts der gestiegenen Bodenpreise - von den Zuckerplantagen aufgekauft. Bis 1762 jedoch war der Tabak ein Eckpfeiler der relativ diversifizierten Wirtschaftstruktur und die vegueros in sozialer Hinsicht das Rückgrat der Klasse der Kleineigentümer.

3.3. Kapitalistische hacienda und exportorientierte extensive Viehzucht

Gemessen an ihrem Anteil an Produktion und Export war bis 1762 die Viehzucht vorherrschend; bis 1830 blieb der Wert ihrer Produktion gleich dem des Zuckers. Von 1550 bis 1650 dienten die Felle, das Hauptprodukt der Viehwirtschaft, sogar als Tauschmittel, um europäische Produkte zu kaufen, und bis zum Tabakboom an Ende des 18. Jahrhunderts blieben die Felle das Hauptexportprodukt[19]. Die dominierende wirtschaftliche Institution dieser Epoche war die hacienda, auf der die Aufzucht von Großvieh, in erster Linie von Rindern, mit dem Ziel des maximalen Gewinns, betrieben wurde. Die Maximierung des Gewinns wurde auf zwei Wegen angestrebt: mittels des Bodenmonopols und durch Anwendung außerökonomischen Zwangs auf die Arbeitskraft. Die kubanische hacienda produzierte Felle, Talg und Pökelfleisch für den fernen Markt in der Epoche der Ausbreitung des Handelskapitalismus[20]. Es gab zwei verschiedene Arten von Haciendas in Kuba: die größeren Rinderfarmen (hatos) und die kleineren, aber mehr Investitionen (für Futterställe und Einzäunung) erfordernden Schweinefarmen (corrales). Obwohl die Hacienda im Gegensatz zur Encomienda ein landwirtschaftliches Unternehmen war, lebten die hacendados meist in der Stadt.

Aus folgenden Gründen war die Hacienda ein Unternehmen mit kapitalistischer Akkumulationslogik, geprägt von spezifischen Zügen der Epoche des Handelskapitalismus und durch ihre Assoziation mit der formal vorkapitalistischen Sklavenarbeit[21]:

1. Die Produktion der hacienda war marktorientiert, in Kuba sogar primär für den Weltmarkt bestimmt. Sie paßte sich in mehrfacher Hinsicht flexibel den herrschenden Marktbedingungen an. Einerseits entsprach die extensive Produktionsweise dem Mangel an Arbeitskräften und Kapital sowie dem Überfluß an Land. Die durchschnittliche Größe einer hacienda betrug zwischen 6.700 und 26.800 ha. Drei Sklaven oder freie Arbeitskräfte genügten, um eine hacienda von 18.760 ha zu bewirtschaften. Da Sklaven noch relativ billig waren, Vieh zu Beginn im Überfluß vorhanden war und fixe Installationen nahezu nicht benötigt wurde, waren nur geringe Investitionen notwendig[22]. Andererseits erlaubte die interne ökonomische Diversifizierung innerhalb der Produktionseinheit der hacienda sich im Fall sinkender Nachfrage nahezu total vom Markt zurückzuziehen und sich selbst zu reproduzieren[23]. Das Ziel, möglichst viel selber zu produzieren und sich nicht ganz zu spezialisieren, widersprach nicht einer prinzipiellen kommerziellen Orientierung, die Integration verschiedener Aktivitäten war ein spezifischer Zug des Handelskapitalismus im allgemeinen und auch des kolonialen Handelskapitals[24].

2. Die hacendados, die die cabildos beherrschten, versuchten, den Boden zu monopolisieren, die Konkurrenz auszuschalten und zu möglichst hohen Preisen zu verkaufen. Das Horten von Land war also nicht allein durch das mit Landbesitz verbundene soziale Prestige motiviert, sondern auch ökonomisch rational, da das Bodenmonopol Monopolprofite und wegen steigender Bodenpreise auch zukünftige Gewinne versprach[25].

3. Der Kapitaltransfer von den Edelmetallminen zur Viehzucht war einerseits dadurch motiviert, alle Einkommensquellen zu monopolisieren, aber auch durch die höhere Profitrate bei der Viehzucht.

4. Die Tatsache, daß Sklavenarbeit auf der hacienda eingesetzt wurde, implizierte nicht die Existenz einer puren vorkapitalistischen Sklavenhalterproduktionsweise. Das archaische Arbeitsverhältnis der Sklaverei war in Kuba Funktion einer abhängigen kapitalistischen Produktionsweise, die Sklaven produzierten Waren für den kapitalistischen Weltmarkt und der Sklavenhandel war selbst ein äußerst gewinnbringendes kapitalistisches Geschäft[26]. Die unmittelbare Zwangsarbeit in Form von Sklaverei war unter der Bedingung fehlender Lohnarbeiter die einzige Möglichkeit für das Kapital Mehrwert zu produzieren[27].

Das Dilemma für Kuba bestand darin, daß hier privatkapitalistische Rationalität nicht gesamtwirtschaftliche Rationalität und Entwicklung implizierte. Im Gegensatz zur kapitalistischen Produktionsweise der Zentren war die Kapitalakkumulation der Viehzuchthacienda mit Elementen gemischt (extensive Bewirtschaftung, Sklavenarbeit, Selbstversorgung), die die Entfaltung der sektoralen Produktivkräfte und eine zunehmende gesamtwirtschaftliche Arbeitsteilung blockierten. Die verbleibenden Kopplungseffekte wurden mittels einer kolonialistisch induzierten ungleichen Arbeitsteilung nach Spanien oder in andere europäische Metropolen umgelenkt.

3.4. Die Grenzen des Latifundiums und die Besonderheiten der kubanischen Gesellschaftsformation in der Karibik

Entscheidende Voraussetzung des zunächst ausgeglichenen Wachstums der kubanischen Landwirtschaft war die relativ breite Streuung des Grundbesitzes trotz der baldigen Herausbildung riesiger Latifundien gegen den erklärten Willen der Krone. Das Viehzuchtlatifundium war jedoch mehr eine juristische als eine sozioökonomische Realität, weil die Krone zunächst das Kleineigentum schützte und allgemein der Ausbreitung des Latifundiums Grenzen gesetzt waren.

Mit der Kolonisierung Kubas wurde alles Land Eigentum des Königs. Da im Denken der spanischen Krone Eroberung und Kolonisierung untrennbar miteinander verbunden waren, sprach ein königliches Dekret vom 18.6.1513 jedem Siedler, der vier Jahre ein Stück Land bewohnt hatte, dieses als Privatbesitz zu. Das Interesse des spanischen Königs lag, im Gegensatz zu den britischen Antillen, in einer möglichst breiten Streuung des Eigentums, um das Entstehen einer mächtigen Großgrundbesitzerklasse, die seine lokale Macht hätten gefährden können, zu verhindern[28].

1536 vergab der cabildo von Sancti Spiritus, ohne jegliche rechtliche Grundlage, das erste Viehzuchtlatifundium von 3 Meilen Radius (38.300 ha) als merced und schuf damit einen Präzedenzfall. Diesem Beispiel folgten daraufhin die anderen cabildos[29]. Die mercedes waren kreisförmig und im allgemeinen hatten die Rindfarmen einen Radius von zwei Meilen (26.000 ha) und die Schweinefarmen von einer Meile (5.600 ha). Die Zirkelform prägte die kubanische Landschaft und führte, weil nicht genau vermessen wurde, bis ins 20. Jahrhundert zu Grenzstreitigkeiten. Der Boden zwischen den mercedes blieb realenga-Land. Erst 1574 wurde diese Praxis der Landvergabe durch die erste von Alonso Caceres, einem Abgeordneten der audiencia von Santo Domingo, verfaßte kubanische Gemeindeordnung legalisiert. In der Folgezeit wurde eine Vielzahl von Viehzuchtlatifundien geschafften. Das Entstehen von Großgrundbesitz widersprach anfänglich dem Willen der Krone und war das Resultat lokaler Machtverhältnisse: die lokale Oligarchie teilte das vorhandene Land - meist gegen Bezahlung - in erster Linie unter sich auf. Der spanische König war zu schwach, um diese Entwicklung zu verhindern und entwickelte ein fiskalisches Interesse an dieser Art der Landvergabe, da er daran durch Steuern partizipierte. Die Krone beschränkte jedoch die Eigentumsfreiheit der Großgrundbesitzer und erließ Gesetze zum Schutz der Kleineigentümer.

Aus folgenden Gründen führte die Existenz von Großgütern trotzdem nicht zu den schädlichen Konsequenzen latifundistischer Plantagenwirtschaft wie Monokultur und Marginalisierung der Kleinbauern[30]:

1. Da im Verhältnis zur Bevölkerung und zum Vieh Land im Überfluß vorhanden war, bedeutete Großgrundbesitz nicht die tatsächliche Monopolisierung des Bodens. Trotz der Viehzuchtlatifundien gab es Land für alle spanischen Einwanderer. Da das Latifundium nicht nur quantitativ definiert werden kann, sondern vor allem als sozioökonomisches Verhältnis, durch das Boden knapp wird und Kleinbauern verdrängt und proletarisiert werden, trat in Kuba das Latifundium als monopolistische Kontrolle des Bodens als Produktionsmittel erst mit der Expansion der Zuckerplantagen, besonders ab 1792, auf.

2. Die Vergabe von mercedes war von der Krone an Bedingungen geknüpft, so daß man eher von Nutzungs- als von Eigentumsrecht sprechen kann. Jeder merced-Inhaber verpflichtete sich, sein Land wirklich zu gebrauchen, die Städte zu von den cabildos fixierten Preisen mit Nahrungsmitteln zu versorgen und in der Mitte des Grundbesitzes ein Gasthaus zu unterhalten. Holz durfte ohne Erlaub nicht gefällt werden und der Verkauf privaten Grundbesitzes war im Prinzip verboten.

3. Die kubanische Gemeindeordnung von 1574 sah vor, daß kleine Landwirtschaftsbetriebe (estancias) auch innerhalb der Viehzuchtfarmen vergeben werden konnten. 1659 verteidigte der Gouverneur Salamanca die Tabakpflanzer von Trinidad gegen die Viehzüchter, indem er ihnen die freie Aussaat von Tabak an den Ufern der Flüsse zusicherte.

4. Schon bald setzte ein Prozeß der physischen oder rechtlichen Teilung des Großgrundbesitzes ein, der im Westen und im Osten Kubas unterschiedliche Formen annahm[31].

Im dichter besiedelten und sich wirtschaftlich schneller entwickelnden Westen führte er zur physischen Teilung des Großgrundbesitzes durch Vererbung und Verkauf. Hauptelement dieses Auflösungsprozesses, der hier schon im 17. Jahrhundert begann und seinen Höhepunkt zwischen 1760 und 1830 erreichte, war das enorme Wachstum des Tabak- und Zuckerrohranbaus.

Im dünner besiedelten Osten nahm die Aufteilung der hacienda die Form der hacienda comunera an, durch die die physische und ökonomische Einheit des Unternehmens zwar nicht aufgegeben wurde, aber eine Streuung der Eigentumstitel stattfand. Die hacienda comunera war ein Viehzuchtlatifundium mit mehreren Teileigentümern, denen Weiden, Wasser, Vieh und am Anfang auch Gebäude gemeinsam gehörten. Jeder Miteigentümer besaß einen bestimmten Anteil in Form des peso de posesión; aufgeteilt wurden nicht die Produktionsmittel, obwohl man später das Vieh markierte und eigene Gebäude errichtete, sondern - proportional zum jeweiligen Einsatz - das Produkt. Die Anteilsrechte konnten entweder durch Vererbung[32], Kauf oder Kreditvergabe erworben werden. Die Gründe für die Herausbildung der hacienda comunera sind wesentlich in der Unterbevölkerung und der extensiven Form der Bewirtschaftung zu suchen. Im Osten war angesichts der niedrigen Bodenpreise die Vermessung des Grundbesitzes meist zu teuer im Verhältnis zu dessen Wert. Teilweise war auch die Vermessung zu schwierig, weil es nur eine Wasserstelle gab oder der Besitz zu umfangreich war. Bei der extensiven Form der Viehzucht, wie sie auf Kuba betrieben wurde, war Großgrundbesitz wegen der geringeren Kosten der Großproduktion ökonomisch effizienter als mittlere oder kleinere Betriebe. Die faktische Streuung des Eigentums in Form der hacienda comunera ist ein weiteres Argument dafür, daß das Latifundium lange Zeit eher ein rechtliches als ein wirksames sozioökonomisches Phänomen war. Im Fall der hacienda comunera handelte es sich nicht um die monopolistische Kontrolle des Bodens, sondern vielmehr um die Aufteilung des Bodens unter die, die ihn bearbeiteten. Das private Eigentumsrecht implizierte zumindest nicht für die weißen Kreolen die Einschränkung der Rechte und Möglichkeiten anderer.

Der Prozeß der Auflösung der hacienda comunera war das Produkt interner Interessengegensätze und des Wachstums der kommerziellen Exportlandwirtschaft. Comuneros mit vielen Anteilsrechten wünschten häufig die Aufteilung, da mit der Vergrößerung der Zahl der Eigentümer der Gewinn pro Kopf zurückging. Daneben führte die Ausdehnung der Exportproduktion (Tabak, Zucker, Kaffee) und der darum gelagerten kommerziellen Nahrungsmittelproduktion zu einer verstärkten Nachfrage nach Kulturland; die Tabakfelder wurden meist innerhalb der haciendas vergeben.

1729 wurde den Cabildos das Recht der Vergabe königlichen Landes entzogen und ging an die Comisión de composición de tierras über. Ab 1754 wurde es an die audiencia von Santo Domingo und 1763 an die neugeschaffene Institution des Intendanten übertragen[33]. Ein wesentliches Motiv der Krone zur Ursurpierung dieses Rechts bestand darin, durch die Einnahmen für die Grundbesitzkonzessionen das wachsende Defizit des Staatshaushalts zu decken. 1819 wurde das bisherige einfache Nutzungsrecht auf Druck der Zuckeroligarchie in unbeschränktes kapitalistisches Eigentumsrecht umgewandelt. Die Krone wich dem Druck der Zuckerbourgeoisie, weil die Einnahmen aus dem Zuckerexport für sie zur zentralen Einnahmequelle geworden waren. Der Aufschwung der Zuckerplantagenwirtschaft veränderte also die Grundrechtspolitik Spaniens. Vorher schon hatte es zwei Möglichkeiten gegeben, das Nutzungsrecht in Eigentumsrecht zu überführen: die Bestätigung (confirmación) des merced durch den König oder den Erwerb einer Konzession von der Krone (composición). Aber es hatte relativ wenig Bestätigungen und Konzessionen durch die Krone gegeben, und im allgemeinen nur für kleinen Landbesitz.

Die Existenz einer breiten Klasse kleinbürgerlicher und kleinbäuerlicher Produzenten förderte in Kuba bis zum Ende des 18.Jahrhunderts eine gesellschaftliche Entwicklung, die einzigartig in der Karibik war und günstige Voraussetzungen für das frühe Entstehen einer kubanischen nationalen Identität schuf: "Zu der Zeit, als die Plantagenwirtschaft in Kuba zu expandieren begann, hatte diese Kolonie eine Gesellschaft, eine Bevölkerung und eine Kultur eigener Art... Die kubanische Gesellschaft nahm allmählich eine spezifische Qualität an: mit ländlichen Akzenten, anti-spanisch aber pro-hispanisch, volkskatholisch, kreolisch. In dem Maße, wie das Land eine eigentümliche Literatur und Musik, einen Dialekt des Spanischen und eine nationale Ideologie entwickelte, erwarb es auch eine kulturelle Integrität und Solidarität."[34]

Auch die Bevölkerungsstruktur und -entwicklung unterschied sich wesentlich von der der Plantagengesellschaften der Karibik. Zwar war die indianische Arbeitskraft durch Negersklaven ersetzt worden und die intensive Ausbeutung der Indianer durch eine Sklaverei patriarchalischen Zuschnitts, aber - im Verhältnis zu den anderen Antillen - blieb der Anteil der Sklaven an der Bevölkerung gering; selbst auf dem Höhepunkt der Zuckerplantagenwirtschaft um 1840 betrug er weniger als 50 %[35]. Das Wachstum der Bevölkerung war bis 1762, im Vergleich zu den Plantagengesellschaften der anderen Antillen und zur späteren kubanischen Entwicklung langsam: 1768 hatte Kuba nur ungefähr 204.155 Einwohner und um 1730 betrug die Bevölkerungsdichte 1 Einwohner pro km². Die Immigration war ebenfalls gering: 225.000 Einwanderer bis zum Ende des 18. Jahrhunderts gegenüber 3 Millionen zwischen 1800 und 1930[36].

Die kubanische Gesellschaft hatte also zweieinhalb Jahrhunderte die Möglichkeit des langsamen, organischen Wachstums einer "'kreolischen Adaption' im kubanischen Kontext"[37]. Während sich die britischen und französischen Antillen schon damals zu monokulturell deformierten Sklavenplantagenkolonien entwickelt hatten, "waren in Kuba die Grundlagen für eine neue und authochtone Nation gelegt worden"[38].

3.5. Die Grenzen des autonomen und ausgeglichenen Wachstums

Im Unterschied zur späteren Entwicklung war die kubanische Wirtschaft in dem behandelten Zeitraum durch ein langsames, aber vergleichsweise ausgeglichenes und diversifiziertes Wachstum, in erster Linie der Landwirtschaft, und eine geringere Integration in den Weltmarkt gekennzeichnet, wie schon ein Blick auf die quantitativen Dimensionen des Außenhandels zeigt: Der Wert der jährlichen Exporte betrug mit ca. 300.000 Pesos vor 1762 nicht einmal 1/30 derjenigen von 1790 (vgl. Tabelle 4.2). In der Landwirtschaft entwickelte sich neben der vorherrschenden Viehzucht die Tabak-, Zuckerrohr- und Gemüselandwirtschaft. Die Viehzuchthacienda war ein relativ autarkes und diversifiziertes Unternehmen, das sich mit Nahrungsmitteln selbst versorgte. In den Städten und besonders in Havanna entstanden eine Vielzahl von Dienstleistungsunternehmen, Handwerksbetriebe und begrenzte

Ansätze einer Manufaktur. Die um die Versorgung der Flotte gelagerten wirtschaftlichen Aktivitäten waren zwar letztlich versteckte Exportaktivitäten, doch äußerst vielfältig und schlossen damals so wichtige Branchen wie den Schiffsbau ein. Die sozioökonomischen Grundlagen dieser relativ autonomen und diversifizierten Entwicklung waren die Existenz einer "mächtigen Grundbesitzerklasse, kreolisch, autochthon und von Spanien unabhängig"[39], das große Gewicht der kleinen Warenproduktion (Handwerk, Kleinhandel, Kleinbauern) und die Tatsache des großen Potentials ungenutzter Agrarfläche, die das parallele Wachstum verschiedener Kulturen ermöglichte.

Entscheidend für die historische Entwicklung der kubanischen Wirtschaft war jedoch, daß trotz des relativ autonomen und ausgeglichenen Wachstumsmodells in dieser Periode nicht die notwendigen Voraussetzungen für eine sich reproduzierende autozentrierte Entwicklung geschaffen wurden. Das gleichgewichtige Wachstum dieser Phase konnte die spätere Herausbildung einer monokulturell deformierten Plantagenwirtschaft zwar zunächst mildern, aber nicht eine alternative Entwicklung einleiten. Diese Tatsache verweist auf die Grenzen der unabhängigen Entwicklung, die dadurch definiert waren, daß die strukturelle Abhängigkeit in Form einer kolonialstaatlich erzwungenen ungleichen internationalen Arbeitsteilung zwar gelockert, aber nicht aufgehoben war, die Viehzuchthacienda einer überwiegend extensiven Wachstumslogik folgte, das vorkapitalistische System der Negersklaverei zwar für eine abhängig-kapitalistische Entwicklung funktional war, aber die Entwicklung der Produktivkräfte behinderte und die Krise in Spanien und das geringe wirtschaftliche Interesse an Kuba einerseits ein größeres Ausmaß an Autonomie bedeuteten, andererseits jedoch Faktoren wirtschaftlicher Unentwicklung und Rückständigkeit waren.

Obwohl das Ausmaß der weltwirtschaftlichen Integration noch relativ gering war, gingen die entscheidenden Wachstumsimpulse von der Weltmarktnachfrage aus. "Die Viehzucht nahm in dieser Periode eine Vormachtstellung ein, die der des Goldbergbaus der vorhergehenden Epoche entsprach. Der Hauptmarkt für Viehprodukte war Havanna... aber die Hauptprodukte wurden nach Sevilla verkauft oder in großen Mengen geschmuggelt."[40] Da die Weltmarktpreise für Felle weit gewinnbringender waren als die Binnenmarktpreise für Fleisch, wurden in der extensiven Viehzucht des Hinterlandes oft nur die Felle genutzt, während andere Viehprodukte (Milch, Fleisch) ökonomisch nicht interessierten. Auch bei der Versorgung der Flotte handelte es sich im Grunde um "unsichtbare Exporte"[41], die wegen der Unregelmäßigkeit der Ankunft der Flotte im 16. Jahrhundert starken Schwankungen unterworfen waren. Hauptexportprodukte bis 1762 waren Viehprodukte, Edelholz, Tabak und zunehmend auch Zucker; die bedeutendsten waren Felle und Pökelfleisch. Nur ein minimaler Teil der Exportwaren wurde in Kuba weiterverarbeitet, da ein Grundsatz der spanischen Kolonialpolitik darin bestand, das Wachstum der Manufaktur in seinen Kolonien möglichst zu beschränken; z.B. reagierte die Krone auf das Aufblühen der kubanischen Tabakmanufaktur 1720 mit deren Verbot, wodurch die Zahl der Tabakfabriken von 20 1720 auf 3 1762 fiel. Auch die tropischen Edelhölzer wurden von europäischen Möbelschreinern bearbeitet und erst allmählich entstanden in Kuba Gerbereien, die auch dann nur einen geringen Teil der Felle zu Leder verarbeiteten. Allein Zucker mußte wegen der hohen Transportkosten für Zuckerrohr und der schnellen Reduzierung des Zuckergehalts in kubanischen Manufakturen hergestellt werden, wurde aber im 17. Jahrhundert fast ausschließlich für den Binnenmarkt produziert.

Die kubanische Wirtschaft blieb in einem größeren Umfang als gesamtwirtschaftlich sinnvoll von Importen abhängig, da eine breite Entwicklung der Manufaktur von Spanien blockiert wurde, die hacendados nicht auf ihren Luxuskonsum verzichten und die spanischen Siedler allgemein ihre Konsumgewohnheiten (siehe Fisch) nicht den natürlichen Ressourcen ihrer neuen Heimat anpassen wollten. Nahrungsmittel wie Wein, Reis, Weizenmehl, Getränke, aber auch Kleidung, Waffen und fast alle Werkzeuge und Ausrüstungsgegenstände mußten importiert werden[42]. Im Gegensatz zu den Agrarprodukten kamen die meisten Manufakturwaren in zunehmendem Maße nicht aus Spanien, sondern aus den entwickelteren nordeuropäischen Metropolen.

Die Tendenz der Entwicklung einer strukturell abhängigen Exportökonomie wurde zwar gemildert, aber nicht aufgehoben. "Der Außenhandel, sowohl der Import als auch der Export, war eine unabdingbare Voraussetzung des Lebens der Bevölkerung europäischer Herkunft..."[43]. Kuba entwickelte sich so während der ersten 250 Jahre nach der Kolonialisierung durch die Spanier zwar noch nicht zu einer großen Zuckerplantage wie die französischen und englischen westindischen Inseln, sondern zu einem Rasthaus und dem "Boulevard der Neuen Welt"[44], blieb aber von seiner Metropole wirtschaftlich und politisch abhängig.

Die mit dieser Situation verbundene Vorherrschaft des internationalen Handelskapitals implizierte nicht nur die Subsumtion der hacienda unter die Akkumulationslogik der handelskapitalistischen Weltwirtschaft, sondern blockierte auch die Kapitalisierung der Tabaklandwirtschaft und der kleinen Warenproduktion im allgemeinen, da das Handelskapital, das gleichzeitig als Wucherkapital fungierte, durch das Interesse an der Maximierung seiner Profite keine Kapitalakkumulation der kleinen Warenproduzenten erlaubte[45]. Daneben entzogen die Krone und die Kirche einen relevanten Teil der Mehrarbeit durch eine breite Palette von Steuern der produktiven Akkumulation in Kuba[46]. Der größte Teil des verbleibenden, sozial äußerst konzentrierten Mehrprodukts wurde von der lokalen Oligarchie in Form von Luxuskonsumgüterimporten verpraßt[47].

Außerdem hemmte die Mischung von kapitalistischer Basisrationalität und Sklaverei der Viehzuchthacienda die Entwicklung der Produktivkräfte. Ihr extensiver Charakter und die Tatsache, daß sie mit minimalen Installationen auskam, entsprach zwar der spezifischen Konstellation der Produktionsfaktoren (Unterbevölkerung, Mangel an Arbeitskräften und Kapital), verhinderte jedoch zugleich eine Verbesserung der Agrartechnologie und die Akkumulation von fixem Kapital. Die Sklaverei wirkte als Hemmschuh der Intensivierung der Landwirtschaft und blockierte zusammen mit der landwirtschaftlichen Selbstversorgung der hacienda und dem geringen Bevölkerungswachstum das Entstehen eines ausreichenden Binnenmarktes und einer entsprechenden gesamtwirtschaftlichen Arbeitsteilung. Entscheidend war also, daß die untergeordnete Integration Kubas in die handelskapitalistische Weltwirtschaft eine Produktionsweise und ein archaisches System der Arbeitsorganisation implizierten, die trotz der vergleichsweise geringen quantitativen Ausmaße dieser Integration keinen Prozeß der Intensivierung der Landwirtschaft und keine breite manufakturelle Entwicklung erlaubten[48]. Hinzu kamen einfache Elemente der Rückständigkeit in Kuba und in Spanien. Die kleine kubanische Bevölkerung von 50.000 1700 war weder als Binnenmarkt noch als Arbeitskräftepotential eine tragfähige Grundlage für eine Vielzahl von Manufakturen. Die Krise der spanischen Manufaktur im 17. Jahrhundert und die kolonialwirtschaftliche Abschirmung Kubas von den anderen Zentren bedeuteten für Kuba den Mangel an Kapital und an Exportmärkten, eine begrenzte Transportkapazität der Flotte und, vielleicht entscheidend, an wichtigen Ausrüstungsgütern.

Ein gutes Beispiel für die Implikationen der kolonialwirtschaftlichen Abhängigkeit von und der Rückständigkeit der spanischen Metropole für Kuba war der Schiffsbau. Die kurze Blüte des kubanischen Schiffsbaus Ende des 16. Jahrhunderts, die wesentlich der Qualität der tropischen Harthölzer zu verdanken war, fand ein schnelles Ende durch den Rückgang des Schiffsverkehrs zwischen Spanien und seinen amerikanischen Kolonien (die Tonnage reduzierte sich von jährlich ca. 20.000 t 1600-1604 auf 2.640 t 1701-1710[49]) und die begrenzte Produktionskapazität der spanischen Manufaktur, die nicht in der Lage war,die benötigten Einzelteile zu liefern. Die spanischen Werften selbst wurden in zunehmendem Maße vom Import ausländischer Ausrüstungen abhängig und wurden im 17. Jahrhundert durch eine langanhaltende Krise paralysiert[50]. Zum Schutze der kriselnden einheimischen Werftmanufaktur erschwerte die Krone den kubanischen Schiffsbau durch eine Vielzahl von Steuern[51]; denn im Prinzip sollte der spanische Kolonialhandel auf spanischen Schiffen mit spanischen Seeleuten durchgeführt werden. Erst mit dem Beginn des wirtschaftlichen Aufschwungs der spanischen Metropole im 18. Jahrhundert und auf ihre Initiative - indem sie die monopolistische kubanische Handelsgesellschaft zum Bau von Handels- und Kriegsschiffen verpflichtete - wurde ein neuer Aufschwung der kubanischen Werftindustrie eingeleitet, die für eine begrenzte Zeit zu einer der größten in ganz Amerika wurde.

3.6. Der Bruch der autonomen Entwicklung (1700 - 1762)

Die erste Hälfte des 17. Jahrhunderts war intern eine Periode des Übergangs von der Vorherrschaft der hacienda zu der der Plantagenwirtschaft und extern der Wiederverschärfung der kolonialen Abhängigkeit durch die Zunahme der administrativen Zentralisierung und die Errichtung von monopolistischen Handelsgesellschaften. Der Hintergrund dieser Entwicklung war der Versuch der spanischen Monarchie, durch eine Reihe 1701 unter dem ersten Bourbonen (Philip V.) beginnender administrativer und wirtschaftlicher Reformen eine selektive Modernisierung der spanischen Wirtschaft einzuleiten und die wirtschaftliche Kontrolle über die Kolonien zurückzugewinnen.[52] Die Konsequenzen für Kuba waren die ökonomische Stagnation und sogar die Regression einiger Sektoren.

Die Institution des Tabakmonopols (estanco) zwang die Vegueros, an die zentrale Verkaufsgesellschaft der Krone zu verkaufen. Die Folge war ein enormer Rückgang der legalen Tabakexporte, da die staatlichen erheblich unter den freien Tabakpreisen lagen[53]; diese fielen von 920 t (1711 - 1716) auf 184 t (1724 - 1734). Ebenso fatal waren die Folgen der Etablierung der Real Compañía de Comercio (1740), eine von der Krone initiierte, den Außenhandel monopolisierende Assoziation privater Kaufleute, an die die kubanische Bevölkerung zu niedrigen Preisen verkaufen und von der sie zu hohen Preisen kaufen mußte. Von dem Kapital dieser Gesellschaft von 900.000 Pesos waren 500.000 Pesos vom spanischen Handelskapital und 400.000 Pesos von kubanischen Kaufleuten aufgebracht worden. Diese Gesellschaft gab dem Bündnis zwischen den externen und den internen unterentwickelnden sozialen Kräften, dem spanischen Handelskapital und den kubanischen Händlern und hacendados eine institutionelle Form. Die Folgen lassen sich am Zuckerexport ermessen: die Real Companía erhielt zwischen 1752 und 1762 jährlich 241,5 t Zucker, während die potentielle Produktionskapazität der 90 Zuckermühlen allein von Havanna 3.450 t übertraf. Diese Verschärfung der kolonialen Kontrolle durch Spanien behinderte nicht nur die Produktion von Tabak und Zucker, sondern auch die anderer Sektoren: Kupfer, Baumwolle, Indigo. Die kubanische Reaktion auf die Verschärfung der monopolistischen Kontrolle war die Verstärkung des Schmuggels, der allerdings die Stagnationstendenzen nur teilweise konterkarieren konnte.

Zucker, die Wonne ausländischer und einheimischer Konsumenten, erwies sich als bittersüß. In seinen wohltätigen Stimmungen brachte er Wohlstand und Fortschritt, im Zorn Leiden, Verzweiflung und Hunger.

Ramón Eduardo Ruiz (1970)

4. Aufschwung und Krise der kapitalistischen Zuckerplantagenwirtschaft auf Sklavenbasis: die Blockierung einer nationalkapitalistischen Entwicklung über den Zuckersektor (1762 - 1898)

Der Aufschwung der kubanischen Wirtschaft nach 1762 basierte vorwiegend auf dem sektoralen Wachstum der Zuckerproduktion und führte trotz der für eine Kolonie ungeheuren Akkumulation von Geldkapital nicht zu ihrer strukturellen Transformation im Sinne einer Intensivierung der Landwirtschaft, einer fortschreitenden Industrialisierung und der zunehmenden Diversifizierung der Produktionsstruktur. Obwohl durch das schwindelerregende Wachstum des Zuckersektors das gleichgewichtige wirtschaftliche Wachstum der vorhergehenden Periode zerstört wurde, hätte dies nicht notwendig die Herausbildung einer deformierten Wirtschaftsstruktur bedeuten müssen. Die Entwicklung der Unterentwicklung war nicht die unabdingbare Folge der Spezialisierung Kubas auf den Export von Zucker und der Herausbildung einer Exportökonomie mit hoher Außenhandelsquote per se. Selbst eine vorübergehende Monoexportwirtschaft hätte dann einer unabhängigen und diversifizierten nationalkapitalistischen Entwicklung nicht im Wege gestanden, wenn alle Etappen der Zuckerproduktion modernisiert und alle dadurch potenzierten Kopplungs- und Ausbreitungseffekte national genutzt worden wären. Mit anderen Worten: wenn der Zuckersektor als Leitsektor fungiert hätte, ohne das Wachstum der anderen Wirtschaft zu hemmen. Die reale kubanische Entwicklung verlief anders. Die vorhandenen Ansätze einer nationalkapitalistischen Entwicklung über den Zuckersektor wurde durch die rein extensive Wachstumslogik der Sklavenplantagenwirtschaft abgeblockt. Das im 19. Jahrhundert durchaus zu konstatierende parallele Wachstum anderer Wirtschaftszweige blieb im wesentlichen auf die ebenfalls extensiv betriebene Landwirtschaft beschränkt. Dies war möglich wegen des großen Potentials ungenutzter Agrarfläche und trotz der zunehmenden Konzentration der Produktionsfaktoren im Zuckersektor. Die entscheidenden Faktoren der Herausbildung einer deformierten Zuckerexportwirtschaft waren die Produktionsverhältnisse des Zuckersektors (kapitalistisch motivierte Sklaverei, Latifundium), der koloniale Status Kubas trotz der größeren wirtschaftlichen Prosperität als die spanische Kolonialmetropole und die sich verselbständigenden Mechanismen der untergeordneten Integration in eine ungleiche internationale Arbeitsteilung, die von den neuen industriellen Zentren beherrscht wurde.

4.1. Abhängige Integration in die industriekapitalistische Weltwirtschaft

4.1.1. Teilliberalisierung des Außenhandels und die allmähliche Ablösung Spaniens als wirtschaftliche Metropole durch die USA

Ab Mitte des 18. Jahrhunderts begann in den Zentren der Übergang vom Handels- zum Industriekapitalismus. Für die Beziehungen zwischen den kapitalistischen Zentren Europas und der USA und der Peripherie im allgemeinen und Kuba im besonderen bedeutete das[1]: 1. Spanien, Portugal und Holland wurden als internationale Führungsmächte durch die aufsteigenden industriekapitalistischen Zentren England, Frankreich und USA verdrängt. 2. Für einen begrenzten Zeitraum setzte sich der Freihandel durch. 3. Die kommerzielle Hegemonie beruhte jetzt primär auf der industriellen Überlegenheit, nicht auf monopolistischen politischen Institutionen. 4. An Stelle der kolonialen handelskapitalistischen Ausbeutung (Edelmetalle, Zölle und Steuern) trat die Ausbeutung durch den Freihandel in den Vordergrund: der ungleiche Tausch billiger Rohstoffe gegen teure Fertigwaren[2]. 5. Die systematische Spezialisierung der Kolonien auf einige Agrarprodukte und Rohstoffe. 6. Obwohl

Direktinvestitionen in der Epoche des Konkurrenzkapitalismus noch nicht die dominierende Form wirtschaftlicher Abhängigkeit bildeten, spielten sie schon früh eine untergeordnete Rolle: zuerst im Außenhandel, ab 1850 auch im Zuckersektor.
7. Die Situation Kubas war durch die Überlagerung der verschiedenen Ausbeutungs- und Abhängigkeitsstrukturen gekennzeichnet; spanischer Kolonialismus, ungleicher Austausch mit den industriellen Zentren und ausländische Direktinvestitionen traten gleichzeitig auf. Die Folge war ein enormer Werttransfer in die Metropolen.

Die Konsequenz der ungleichen Entwicklung von Zentren und Peripherie in der Zeit des Konkurrenzkapitalismus war die Herausbildung einer Gesellschaftsformation des abhängigen Kapitalismus, dessen konstitutives Merkmal die Überausbeutung seiner unmittelbaren Produzenten in Form der Sklaverei war[3]. Die Ausdehnung der Sklavenarbeit in Kuba war sowohl eine Funktion der abhängigen Integration Kubas als Rohstoffproduzent als auch die Garantie der Reproduktion dieser Rolle im Rahmen der internationalen Arbeitsteilung, sowohl politisch als auch ökonomisch. Die Entwicklung der industriekapitalistischen Produktionsweise in den Zentren führte in Teilen der Peripherie paradoxerweise zur Blüte des vorkapitalistischen Arbeitssystems der Sklaverei.

Nach der Besetzung Havannas durch die Engländer (1762) beschleunigte sich die Tendenz zur schrittweisen Teilliberalisierung des kubanischen Außenhandels, v.a. der Exporte[4]. Vorher hatte das monopolistische Handelssystem zugunsten Spaniens die Expansionsmöglichkeiten des kubanischen Außenhandels stark eingeschränkt, obwohl der Schmuggel als Ventil funqiert hatte. 1765 wurde zugunsten der Kolonien die Eliminierung einer Reihe von Abgaben und die Erlaubnis, mit 7 anderen Häfen in Spanien handeln zu können, verfügt. 1778 wurde die Öffnung neuer Kolonialhäfen dekretiert und die Möglichkeit, das Ziel des Schiffs während der Fahrt zu ändern. Gleichzeitig eröffnete England neue Freihäfen in seinen karibischen Kolonien, die den Sklavenhandel erheblich stimulierten. 1789 setzte Arango y Parreño[5] als Repräsentant der kubanischen Oligarchie die Abschaffung zahlreicher Handelsbarrieren und die totale Freiheit des Sklavenhandels durch, und 1818 hob die spanische Krone die meisten Handelsschranken auf, bis auf das Spanien begünstigende System der Differentialzölle. Zwar wurden 1822 die Importzölle auf 20 bis 30 % des Produktwertes gesenkt, aber ein System von 4 unterschiedlichen Zollquoten (je nach Herkunftsland der Waren und der Schiffe) begünstigte die spanischen Importe und hemmte das Wachstum der Zuckerindustrie, da dadurch die modernen Industrieausrüstungen (Dampfmaschinen, Vakuumboiler), die die spanische Industrie nicht liefern konnte, erheblich verteuert wurden. Später (u.a. 1853) wurden die Zölle auf nichtspanische Importe noch mehrmals erhöht.

Die Faktoren, die die partielle Liberalisierung der spanischen Außenhandelspolitik in Kuba bewirkten, waren[6]: 1. Die industriekapitalistischen Zentren, allen voran England, hatten ein Interesse an den Rohstoffen und Absatzmärkten der Kolonien der anderen Zentren. 2. Die spanische Krone wollte sich die riesigen Staatseinnahmen aus dem kubanischen Handel zur Deckung ihrer Schulden nicht entgehen lassen. 3. Für die kreolische kubanische Oligarchie war die Liberalisierung des Handels die Voraussetzung der Erschließung neuer Zuckermärkte und damit Bedingung sine qua non des Wachstums der Zuckerproduktion.

Obwohl England von Mitte des 18. Jahrhunderts bis ca.1870 aufgrund seiner industriellen Überlegenheit unumstrittene Hegemonialmacht des internationalen Kapitalismus auch in Südamerika war[7], wurden die USA während des ersten Drittels des 19. Jahrhunderts zum führenden Handelspartner Kubas. Bis Mitte des Jahrhunderts lag der Anteil Englands an den kubanischen Exporten mit 27 % aber nur knapp hinter dem der USA mit 31,8 % und weit über dem Spaniens (15 %). Spanien blieb bis 1898 zwar die politische Metropole, wurde aber als wirtschaftlich dominierendes Zentrum ab 1830 allmählich durch die USA abgelöst[8]. Aus Angst vor einer Sklavenrevolution wie in Haiti oder der Besetzung Kubas durch England akzeptierten die USA zunächst -

im Gegensatz zum lateinamerikanischen Festland - den politischen status quo des spanischen Kolonialismus, kritisierten dagegen den für sie nachteiligen spanischen Protektionismus. Da sie dennoch davon überzeugt waren, daß das sog. 'manifest destiny' Kubas aufgrund der Gesetze politischer Schwerkraft darin bestand, Teil der USA zu werden, versuchten sie mehrmals, Kuba durch Kauf zu annektieren[9]. Diese Versuche scheiterten jedoch an dem Widerstand Spaniens. Erst 1898 wagten die USA - unter für sie günstigen Bedingungen - militärisch zu intervenieren, in erster Linie um die spätere politische Entwicklung kontrollieren zu können[10].

Tabelle 4.1 dokumentiert die wichtigsten Tendenzen hinsichtlich der regionalen Verteilung des kubanischen Außenhandels. Die Bedeutung Spaniens als Exportmarkt war schon 1826 marginal. Im Laufe des 19. Jahrhunderts wuchs der Anteil der USA an den kubanischen Exporten stetig; die USA wurden der wichtigste Markt für Kuba-Zucker, weil die spanische Zuckernachfrage zu gering war und Kuba nach 1860 allmählich vom europäischen Zuckermarkt verdrängt wurde. 1894 gingen 87 % der kubanischen Exporte in die USA. Ohne den Zugang Kubas zum Zuckermarkt der USA durch die Teilliberalisierung des Außenhandels wäre das Wachstum der Zuckerplantagenwirtschaft geringer ausgefallen.

Die Reaktion Spaniens auf das Wachstum des kubanischen Handels mit den USA war widersprüchlich. Einerseits hatte Spanien angesichts der immensen staatlichen Einnahmen aus dem kubanischen Außenhandel kein Interesse an seinem Verbot, wie die partielle Liberalisierung ab 1818 zeigt. Andererseits versuchte Spanien, durch Differentialzölle auf nichtspanische Importe nach Kuba eine privilegierte Position für seine Waren auf dem kubanischen Markt zu erhalten. Wie das permanente Handelsbilanzdefizit Kubas gegenüber Spanien und der steigende Anteil Spaniens an den kubanischen Importen zeigt (vgl. Tabelle 4.1), ist das auch bis zum Ende der spanischen Kolonialherrschaft gelungen.

Tabelle 4.1: Regionale Verteilung des kubanischen Außenhandels 1826 - 1894 (in Prozent)

Länder	1826[1]		1848[2]		1860[3]		1894[4]	
	Exporte %	Importe %	Exporte %	Importe %	Exporte %	Importe %	Exporte %	Importe %
USA	44	51	31,8	27,3	62	20	87	38
Spanien	14	19	15	27,8	3	30	6	35
England			27	19,5	22	20		
Andere					13	30		
Gesamt					100	100		

Quellen:

1) Berechnet nach López-Segrera 1972, S. 117.
Bei den Berechnungen wurde davon ausgegangen, daß damals 1 Peso = 1 Dollar.
Vgl. H. Thomas 1971, S. 108 (für die Zeit um 1840).

2) Berechnet nach CERP 1965, S. 136

3) López-Segrera 1972, S. 167 - 168

4) H. Thomas 1971, S. 289

Die Aufhebung der spanischen Zölle auf die kubanischen Exporte nach Spanien nach 1878 führte nicht zu dem erwünschten Ergebnis: Trotzdem gestalteten sich die Handelsbeziehungen zwischen Kuba und den USA noch enger.

Diese wurden durch die McKinley-Zollgesetze von 1890 und das Foster-Cánovas-Abkommen[11] von 1891 noch mehr stimuliert. Die neuen Zollgesetze McKinleys dekretierten die allgemeine Senkung der US-Zölle, die zollfreie Einfuhr von Rohzucker und einen Schutzzoll von 2 cents/Pfund auf Zuckerimporte aus Europa. Von 1891 bis 1893 verdoppelten sich die kubanischen Importe aus den USA, während die kubanischen Exporte allerdings 'nur' von $ 61.714 auf $ 78.666 stiegen. 1894 überschritt die kubanische Zuckerproduktion zum ersten Mal 1 Mio t (der 1. Tanz der Millionen!). Gebremst wurde der rapide Anstieg der kubanischen Zuckerproduktion durch die Wilson-Zollgesetze von 1894, die zum Ziel hatten, die Einnahmen der US-Regierung aus dem Zuckerimport zu erhöhen und Kuba die Relevanz des US-Marktes für seine Zuckerindustrie zu demonstrieren. Der Importzoll auf Rohzucker wurde auf 40 % und für raffinierten Zucker gar auf 48 % ad valorem erhöht. Zusammen mit dem Fall der Zuckerweltmarktpreise und der systematischen Zerstörung der Zuckerindustrie während des zweiten Befreiungskrieges(1895 - 1898) bedeutete das den Zusammenbruch der kubanischen Zuckerproduktion und eine Katastrophe für die Gesamtwirtschaft. Die Zahl der Arbeitslosen erhöhte sich und die Reallöhne sanken erheblich. Diese Episode demonstrierte die starke Verwundbarkeit der kubanischen Wirtschaft aufgrund der hohen Exportabhängigkeit vom US-Zuckermarkt. Der Wert der Zuckerproduktion sank 1897 auf $ 10.307.375, d.h. auf fast 1/7 des Wertes von 1892 ($ 69.359.330). Der Zuckerexport in die USA fiel um fast 80 % von 965.524 langen spanischen Tonnen 1892 auf 202.703 t 1897[12].

4.1.2. Deformierte Exportökonomie und Werttransfer

Nach 1762 und besonders nach 1792 (Sklavenrevolution in Haiti) nahm der kubanische Außenhandel einen raschen Aufschwung. Betrug vor 1762 der Wert der Exporte pro Jahr ungefähr 300.000 Pesos, so hatte er sich bis 1790 mit 10.755.644 Pesos mehr als verdreißigfacht und bis 1894 mit 116.033.000 Pesos gegenüber 1790 noch einmal verzehnfacht (vgl. Tabelle 4.2).

Tabelle 4.2: Entwicklung der Exporte 1762 - 1894

Jahr	Wert der jährlichen Exporte (in Pesos)[a]
Vor 1762[1]	300.000
1772[2]	1.197.979
1790[2]	10.775.644
1837[2]	20.346.404
1877[2]	66.836.204
1894[3]	116.033.000

a) 1 Peso = 1 Dollar, vgl. H. Thomas 1971, S.108

Quellen: 1) CERP 1965, S. 127
2) CERP 1965, S. 128
3) CERP 1965, S. 136

Durch die Art und Weise wie das Wachstum des Außenhandels stattfand, bildete sich eine sich reproduzierende deformierte Exportökonomie heraus, deren wesentliche Merkmale die Tendenz zur Monoexport- und Monoproduktionsstruktur, eine hohe Partnerkonzentration des Außenhandels, die Spezialisierung auf den Export von Rohzucker, die technologische Abhängigkeit der Zuckerindustrie und eine allgemeine Abhängigkeit vom Import von Industrieprodukten waren. Die Liberalisierung des Handels führte also keineswegs zur Überwindung von Abhängigkeit und Ausbeutung, sondern "lediglich zu einem Positionswechsel. Aus der ehemaligen Abhängigkeit von den alten Monopolen wurde nun eine völlige Unterordnung unter die Machtzentren des industriellen Kapitalismus"[13]. Die Hauptmerkmale der deformierten Exportökonomie waren:

1. Ein hoher Prozentsatz der kubanischen Exporte waren Zuckerexporte: zwischen 1870 und 1894 im Durchschnitt 66 % (der Anteil variierte zwischen 55 und 82,6 %; 1821 lag der Anteil des Zuckers an den Gesamtexporten mit 16 % noch relativ niedrig)[14]. Der Zuckerexport bestimmte jetzt weitgehend die Importkapazität. Überhaupt zeichnete sich die Warenstruktur des Exports, die vor 1762, obwohl Viehprodukte dominiert hatten, noch durch eine gewisse Streuung gekennzeichnet war, zunehmend durch Produktkonzentration aus. Drei Produkte (Zucker, Kaffee, Tabak) machten den größten Teil der Exporte aus, von denen wiederum Zucker eindeutig dominierte. Um 1860 verteilte sich der Export folgendermaßen: 80 % Zucker, 10 % Tabak, 2 % Kaffee[15].

2. Ab 1850 hatte sich trotz des parallelen Wachstums einiger anderer landwirtschaftlicher Branchen weitgehend eine Monoproduktionsstruktur herausgebildet. Der Anteil von Zucker- und Zuckerrohrnebenprodukten am Gesamtwert der Agrarproduktion betrug jetzt mindestens 50 % (vgl. Tabelle 4.12).

3. Zwischen 1870 und 1894 wurden mehr als 2/3 der Agrarproduktion (68,1 % im Durchschnitt) exportiert. Die kubanische Wirtschaft wurde daher in hohem Maße von Weltmarktentwicklungen abhängig.

4. Nach 1860 gingen über 60 %, 1894 sogar 87 % des kubanischen Außenhandels in die USA (vgl. Tabelle 4.1). Die Abhängigkeit von den USA wurde nach 1888 durch die Abhängigkeit von einem Konzern verschärft. Die American Sugar Refining Company, der sogenannte Zuckertrust, der 70 bis 90 % des US-Zuckermarktes belieferte, hatte gegenüber den kubanischen Zuckerproduzenten ein fast totales Abnehmermonopol. Er hatte einen bestimmenden Einfluß auf den Zuckerpreis und den Umfang der Zuckernachfrage[16]. Kubas Exportwirtschaft war damit im letzten Jahrzehnt des 19. Jahrhunderts von einem Produkt, einem Markt und einem Konzern abhängig.

5. Entscheidend dafür, daß das exportgetriebene Wachstum nicht als Stimulus einer breiteren Industrialisierung fungierte, war, daß Kuba die Endstufen der Zuckerproduktion an ausländische Raffinerien abgab und keine eigene Kapitalgüterindustrie für den Zuckersektor aufbaute. Der größte Teil des Zuckers wurde ab Mitte des 19. Jahrhunderts nicht mehr in Kuba raffiniert, sondern durchlief nur noch die ersten Verarbeitungsstufen, damit er exportiert werden konnte (vgl. dazu Kapitel 4.2.6.). Die USA förderten diese Tendenz, indem sie ab 1847 kubanische Rohzuckerexporte durch niedrigere Zölle im Vergleich zu raffiniertem Zucker privilegierten[17]. Wichtiger war zunächst jedoch, daß das System der Sklavenarbeit einer umfassenden Industrialisierung der Zuckerproduktion im Wege stand,und es für die nur teilmechanisierten Manufakturen profitabler war, sich auf die Herstellung minderwertigen Rohzuckers zu spezialisieren. Die ganze industrielle Maschinerie der Mühlen mußte importiert werden, während die Ausrüstungen der hölzernen Zuckermühlen (trapiches) zum großen Teil in Kuba hergestellt worden waren[18]. Die Dampfmaschinen, horizontalen Eisenwalzen, Vakuumboiler und Zentrifugen für die Zuckerindustrie wurden im 19. Jahrhundert nur von 4 Industrienationen hergestellt (Deutschland, England, Frankreich, USA) und konnten auch nicht in Spanien bezogen werden[19]. Angesichts der Nicht-Entwicklung einer Maschinenbauindustrie und einer Eisen- und Stahlindustrie - trotz der Möglichkeit des Eisenerzbergbaus, der Ende des 19. Jahrhunderts von US-Konzernen aufgenommen wurde - galt diese Importabhängigkeit für alle Industrieausrüstungen und Maschinen und fast alle Metallprodukte. Die Konsequenz war die technologische Abhängigkeit Kubas, allgemein und, besonders wichtig, in der Zuckerindustrie von den industriellen Zentren, "ein Prozeß, der einen entscheidenden Einfluß auf die kubanische Geschichte hatte"[20].

Neben der Deformation der internen Wirtschaftsstruktur bedeutete die Expansion der Exportökonomie im Rahmen einer ungleichen internationalen Arbeitsteilung einen permanenten Wertverlust für Kuba durch ungleichen Tausch, d.h. den Tausch ungleicher Werte. Monetär drückte sich dieser in der Form sinkender terms of trade für Zucker aus. Da es im Rahmen dieser Arbeit unmöglich war,die terms of trade der kubanischen Zuckerexporte dieser Periode zu rekonstruieren, dienen die Rohzuckerpreise als tentativer, obwohl höchst unzureichender Indikator. Die Preise von 1 Pfund Rohzucker fielen von 7,97 centavos 1825 auf 2,39 centavos 1899 um 70 %, die Preise für raffinierten Zucker dagegen weitaus geringer (vgl. Tabelle 4.9)[21]. Vermittelt wurde dieser Prozeß auf der Ebene von Marktmechanismen durch eine sog. perverse Angebotskurve: Die kubanischen Zuckermühlenbesitzer reagierten auf jede Krise mit der Senkung des Zuckerpreises, die man langfristig mit der Erhöhung des Angebots zu kompensieren suchte[22]. Die dazu notwendige Kostensenkung wurde in erster Linie nicht durch technologische Innovationen, sondern durch Erhöhung der absoluten Mehrarbeit der lebendigen Arbeitskraft, ihre Überausbeutung erreicht.

In Kuba wurde die Form des Werttransfers durch ungleichen Tausch aufgrund des Status als Kolonie durch die Plünderung durch die spanische Krone und das ausländische Handelskapital überlagert.

Da keine kubanischen Banken existierten, hatten meist ausländische Handelsunternehmen, die gleichzeitig Kredite vergaben, auf dem Kreditmarkt eine oligopolistische Stellung und konnten Wucherzinsen verlangen. Die gesamten Einnahmen der spanischen Krone zwischen 1762 und 1900 aus Kuba sind nicht genau zu bestimmen, aber zwei Dinge lassen sich mit Sicherheit konstatieren: daß ihr Anteil am Wert des kubanischen Außenhandels erheblich war, und daß die kubanischen Abgaben eine steigende Tendenz aufwiesen. Die königlichen Gesamteinnahmen aus Kuba stiegen von 169.000 $ 1760 auf 4.114.708 $ 1810 und 8.972.547 $ 1830[23]. In den 60er Jahren erhielt die Krone insgesamt 20 Mio $[24]. Nach dem Ende des 10-jährigen Befreiungskrieges 1878 wurde Kuba von Spanien zu Schuldenzahlungen in Höhe von ca. 140 Mio $ verpflichtet, von denen "nicht der kleinste Teil ... für die kubanische Entwicklung verwendet wurde"[25]. Die Situation hatte sich also grundlegend geändert im Verhältnis zu der Zeit, als Kuba auf umfangreiche Finanzierung von außen in Form des situado angewiesen war.

4.1.3. Etappen und Formen ausländischer Penetration: das Zurückdrängen nationalkapitalistischer Tendenzen im Außenhandel

Obwohl ausländische Direktinvestitionen vor 1898 noch nicht das Hauptmedium der Reproduktion struktureller Abhängigkeit waren, ist ihre Bedeutung nicht zu übersehen. Das ausländische Kapital strömte zunächst fast nur in den Handelssektor, nach 1840 zunehmend auch in die Zuckerproduktion. Mit der Liberalisierung des Handels 1818 wurden auch ausländische Investitionen erleichtert: dementsprechend war eine Zunahme zu verzeichnen[26]. Der zentrale Faktor, der die ausländische Penetration begünstigte, war die strukturelle, lange Krise der kubanischen Sklavenmanufaktur: Jede Krise der Zuckerexportwirtschaft zog eine neue Welle ausländischer Investitionen nach sich und hatte den Ruin eines Sektors der kubanischen Bourgeoisie zur Folge. Zwischen 1762 und 1790 dominierte das englische Handelskapital, das danach für kurze Zeit durch kubanische Händler verdrängt wurde, bis der Handel ab 1830 allmählich wieder durch ausländisches Kapital, aus Spanien und den USA, kontrolliert wurde. Die Relevanz der ausländischen Kontrolle der Außenhandelsunternehmen bestand darin, daß dadurch ein strategischer Bereich des Wirtschaftskreislaufs der Zuckerproduktion der nationalen Kontrolle entzogen wurde, nachdem es auch hier, wie in der Zuckerindustrie, nationalkapitalistische Tendenzen gegeben hatte. Der Prozeß der Denationalisierung der Aktivitäten des Außenhandels vollzog sich ab 1830 parallel zur Desmanufaktur der Zuckerproduktion.

Die Bedeutung der Kontrolle des Handels ergibt sich daraus, daß aufgrund der Expansion des Handels parallel zur Zuckerproduktion und der Abhängigkeit der Zuckerproduzenten vom Handelskapital das Handelskapital bis 1880 die hegemonische Fraktion des herrschenden Machtblocks war. Jede der verschiedenen Funktionen, die das Handelskapital in sich vereinigte (Kreditvergabe, Vermarktung des Zuckers, Transport und Lagerung von Zucker und Melasse, Lieferung von Ausrüstungen, Sklavenhandel), war von geringerer Bedeutung als die Zuckerproduktion; die Vorherrschaft des Handels ergab sich aus der Summe der in ihm konzentrierten Aufgaben.

Innerhalb des Handels war der Sklavenhandel das einträglichste Geschäft[27]. Eine zentrale ökonomische Funktion des Sklavenhandels bestand in der Akkumulation von Geldkapital aufgrund horrender Profite, das dann vor allem den Zuckerplantagenbesitzern in Form von Krediten zur Verfügung gestellt wurde. Die Bedeutung des Sklavenhandels wird klar, wenn man die Folge seiner endgültigen Abschaffung (1880 - 86) betrachtet: Als diese Finanzierungsquelle versiegt war, mußte man auf ausländisches Kapital, vorwiegend US-Kapital,zurückgreifen.

Die Situation der Plantagenbesitzer, die nicht gleichzeitig Händler waren, war durch starke Abhängigkeit vom Großhandelskapital charakterisiert; sie waren abhängig von dessen Krediten, Sklavenimporten und Vermarktungskapazität. Dies ermöglichte es dem Handels- und Wucherkapital hohe Zinsen zu verlangen. Während in Europa in der ersten Hälfte des 19. Jahrhunderts die Zinsen bei ca. 4 - 5 % lagen, beliefen sie sich in Kuba auf 18 - 20 %. Moreno Fraginals beziffert die Zinsen nach 1790 wegen falscher Verträge sogar auf 30 bis 40 %, obwohl sie gesetzlich auf maximal 5 % beschränkt worden waren[28]. Die Folge war, daß fast alle Pflanzer dauernd verschuldet waren. Obwohl rechtlich Gebäude, Boden, Maschinen und Aussaat bis 1865 nicht gepfändet werden konnten (privilegio de ingenio), sondern nur die Ernte, wechselten die Plantagen häufig ihren Besitzer oder gerieten durch den Einsatz eines Aufsehers durch den Händler unter dessen Kontrolle. Die Vorherrschaft des Wucherkapitals hemmte die wirtschaftliche Entwicklung. Es hatte ein Interesse an der Erhaltung der rückständigen Produktionsweise und insbesondere der Sklaverei, weil es an beiden verdiente.

Bis zum Beginn des 19. Jahrhunderts beherrschten Engländer den kubanischen Sklavenhandel. Während der englischen Besetzung Havannas (1762) erhielt Kennion, ein englischer Händler, die Konzession, 2000 Sklaven im Jahr nach Kuba einzuführen. Ein Vermächtnis der Besetzung war, daß für einige Jahre 14 englische Händler in Kuba Handelsniederlassungen eröffneten[29]. Ende des 18. Jahrhunderts war der modernste Händler der Engländer Felipe Allwood, ein ehemaliger Kompanion von Baker/Dawson, die zeitweilig die Konzession für den Import erhalten hatten. Er allein importierte zwischen 1790 und 1795 mehr Sklaven als alle Händler von Havanna zusammen. Kurz darauf wurde er auf Druck der kubanischen und spanischen Händler ausgewiesen. Zwischen 1790 und 1807 wurden die meisten Sklaven auf englischen Schiffen importiert.

Ab 1778 versuchten kreolische Händler in das lukrative Geschäft des Sklavenhandels einzusteigen, indem sie die ersten beiden eigenen Handelsstationen in Westafrika etablierten. Unterstützt durch Maßnahmen der Kolonialverwaltung (z.B. die Ausweisung von Allwood) und das Verbot des Sklavenhandels durch England 1807 gelang es dem kreolischen Handelskapital allmählich, die englischen Großhändler zu verdrängen. Ab 1810 organisierte man ca.30 erfolgreiche Expeditionen pro Jahr. Um 1830 dominierten ungefähr 20 in Kuba wohnende spanische Händler den Sklavenhandel[30]. Um 1856 wurde allerdings schon wieder die Hälfte des Sklavenhandels von US-Händlern betrieben. Obwohl die meisten Händler in Kuba ansässig waren, ist es richtig, sie als Spanier zu bezeichnen, da die meisten von ihnen spanischer Herkunft waren, sich als Spanier fühlten und politisch den status quo der spanischen Kolonialherrschaft unterstützten.

Ab 1818 wurden in der Zuckermanufaktur eine Reihe neuer Maschinen eingeführt: die dampfgetriebene Mühle (1818), Vakuumboiler (ca. 1840), die Zentrifuge (ca.1850). Die Anwendung industrieller Ausrüstungen trieb die Investitionskosten in die Höhe, so daß sich nur noch die reichsten Pflanzer die neue Maschinerie leisten konnten. Die Sklavenhändler, die das meiste Kapital akkumuliert hatten, wurden daher zu Vorkämpfern der Innovationen. Nur ein Mitglied der alten Zuckeroligarchie, der Protagonisten von 1762 bis 1790, konnte diese Entwicklung mit vollziehen, so daß das spanische Handelskapital immer mehr die Zuckerproduktion übernahm und zwischen 1860 und 1880 fast alle modernen Zuckermühlen besaß[31].

Einige US-Händler etablierten sich schon unmittelbar nach 1762 in Kuba und spielten u.a. eine untergeordnete Rolle im sogenannten Dreieckshandel[32]. Eine neue Welle von US-Investitionen erfolgte nach der Liberalisierung des Handels. Allein in den ersten 4 Jahren nach 1818 wurden ca. 25 Mio Pesos ausländischen Kapitals im Kaffeesektor investiert: Vieles davon kam aus den USA. Die meisten US-Investitionen gingen zunächst allerdings in den Handel. Besonders der Sklavenhandel beruhte zunehmend auf US-Schiffen und US-Kapital. Typisch für die anfängliche Konzentration auf den Handel bis 1880 war Moses Taylor, der 50 Jahre (1830 - 1880) im US-Handel mit Kuba eine führende Rolle spielte, aber keinen Pfennig in Zuckerplantagen investierte.

Nach dem Ende des zehnjährigen Befreiungskrieges (1868 - 1878) floß eine neue Welle von US-Investitionen nach Kuba, die jetzt aber in erster Linie in die Exportproduktion, besonders in den Zuckersektor flossen. 1896 beliefen sich die gesamten US-Investitionen nach Angaben des US-Staatsekretärs R. Olney auf 50 Mio Dollar[33]. Allein 30 Mio $ waren davon in der Zuckerindustrie, zum großen Teil des Ostens, angelegt, so daß 1896 schon 10 % der kubanischen Zuckerproduktion aus US-Zuckermühlen kam. Der Rest verteilte sich auf Erzbergbau, Eisenbahnen und Elektrizitätswerke[34]. Dieses rapide Wachstum der US-Investitionen in Kuba stellte den Anfang eines qualitativen Wandels der Bedeutung der USA für die kubanische Wirtschaft dar: Von der Hegemonie im Außenhandel dehnte das US-Kapital ab 1880 seinen Einfluß zur direkten Kontrolle des modernen Teils des wichtigsten Sektors der kubanischen Ökonomie, des Zuckersektors, aus.

Gefördert wurde der Aufschwung der US-Investitionen in Kuba durch die Veränderung der kapitalistischen Produktionsweise in den USA vom Konkurrenzkapitalismus zum Monopolkapitalismus, der u.a. durch die Zunahme des Kapitalexports charakterisiert wird. Prototyp der neuen monopolkapitalistischen Organisationsform war die 1888 gegründete 'American Sugar Refining Company', deren Anteil am US-Zuckermarkt sich bald auf 70 bis 90 % belief. Diese gründete dann 1892 zusammen mit Atkins, einem weiteren führenden US-Händler in Kuba die Trinidad Sugar Company, die gleich riesige Investitionen in Zuckerrohrplantagen tätigte. Der gleiche Atkins entwickelte bis 1893 die Soledad-Plantage mit 4.860 ha, davon 2.025 ha Zuckerrohr, 23 Meilen Eisenbahn und 1.200 Arbeitskräften während der Erntezeit zu einer der größten Zuckerrohrplantagen der Welt und der damals größten US-Investition in der kubanischen Zuckerindustrie[35]. Durch die Herausbildung von vollständig integrierten Produktionseinheiten, die Zuckerrohranbau, Zuckerproduktion, - transport, - raffinerie und -vermarktung kontrollierten, wurde auch der traditionelle Zwischenhandel à la Moses Taylor überflüssig. Die wichtigste entwicklungspolitische Implikation dieser Form der Penetration des US-Kapitals war, daß durch das Gebilde vertikal integrierter Konzerne eine neue Institution entstanden war, in deren Rahmen jetzt die potentiellen Kopplungs- und Ausbreitungseffekte der Zuckerproduktion organisiert wurden. Die ungleiche internationale Arbeitsteilung im Zuckersektor hatte dadurch eine ihr adäquate internationale, hierarchisch strukturierte Organisationsform mit einheitlicher Leitung gefunden.

4.1.4. Soziopolitische Tendenzen im 19. Jahrhundert: Aufstieg und Fall der nationalen Zuckerbourgeoisie

Die Konsolidierung der Struktur der Unterentwicklung war nicht allein die Folge externer sozialer und ökonomischer Kräfte, sondern konnte sich nach 1830 intern auf die Interessen des dominierenden Teils der kubanischen Bourgeoisie stützen, die als Brückenkopf fungierte. Durch Krisen, den Konzentrationsprozeß im Zuckersektor (ab 1860) und die ausländische Penetration veränderte sich die Kräftekonstellation innerhalb des 'herrschenden Blocks'[36], so daß sich nach 1878 ein privilegierter, antinationaler, kubanisch-spanisch-US-amerikanischer Block unter Hegemonie des US-Kapitals herausbildete, in dem die mächtigste Fraktion der kubanischen Bourgeoisie auf die Rolle des politischen Repräsentanten der Interessen der US-Monopole ohne jegliche autonome ökonomische Basis reduziert wurde. Mit der Zunahme der US-Direktinvestitionen auch in der Produktion war der ursprüngliche nationalkapitalistische Impuls endgültig erstickt.

Die rapide Expansion des Zuckersektors ab 1762 zerbrach das relative Gleichgewicht zwischen den Fraktionen der herrschenden Klasse (Händler, Viehzüchter, Zuckerbarone, Tabakbauern) zugunsten der Zuckerplantagenbesitzer und Händler[37]. Im Gegensatz zu den eher ländlichen hacienda-Eliten in Mexiko und anderen lateinamerikanischen Ländern, die sich mehr nach innen auf den Erhalt ihrer selbstgenügsamen ökonomischen Einheiten konzentrierten, war die kubanische Bourgeoisie - immer schon und in verstärktem Maße nach 1762 - städtisch und kosmopolitisch auf die Außenwelt orientiert gewesen. Als typische Export- und Importbourgeoisie[38] der Peripherie hatte sie ein ökonomisches Interesse an maximalen Exporten zu maximalen Preisen bei minimalen Kosten. Sie forderte daher Freihandel, den unbegrenzten Import von Sklaven und die Reduzierung der spanischen Zölle auf nicht-spanische Importe[39]. Doch die Forderung nach ökonomischen Reformen durch die mächtigste Fraktion des kubanischen Kapitals ging nie soweit, daß der spanische Kolonialismus selbst in Frage gestellt wurde, weil man im Falle des Versuchs einer Sklavenrevolution auf den militärischen Schutz Spaniens angewiesen war. Die Sklavenwirtschaft war sowohl eine "wesentliche Grundlage des politischen Abhängigkeitsverhältnisses"[40] als auch der Frustration des ursprünglichen wirtschaftlichen Programms, daß "kein Kristall unraffinierten Zuckers Kuba verlassen solle"[41]. In der Forderung nach wirtschaftlichen Reformen im Rahmen des politischen status quo trafen sich die Interessen der kubanischen Zuckerbourgeoisie und die außenpolitische Strategie der USA[42].

Der Konflikt um die zukünftige Entwicklung Kubas spielte sich während des 19. Jahrhunderts zwischen fünf Interessengruppen ab. Die Positionen kristallisierten sich um die Hauptprobleme der Sklaverei und der kolonialen Abhängigkeit[43]: 1. die prokolonialistischen Sklavenhändler ausländischer Herkunft, die sich allmählich den modernen Zuckersektor aneigneten (Terry, Baro, Zulueta u.a.); 2. die durch ihre Unfähigkeit zur Vollindustrialisierung der Zuckerproduktion zunehmend vom Handelskapital abhängige alte kreolische Zuckeroligarchie (Arango, Alfonso usw.), die als 'Reformer' auf friedlichem Wege die politische Autonomie Kubas im Rahmen des spanischen Kolonialsystems anstrebten[44]; 3. die kreolischen hacendados der östlichen Regionen, die verarmten und deklassierten mittleren und kleinen Eigentümer (Tabak- und Kaffeebauern, Viehzüchter), die im Bündnis mit den nichtbesitzenden Klassen eine antikoloniale, demokratische und soziale Revolution anvisierten. In der Ostregion gab es mehr trapiches mit geringerer Produktivität als ingenios; diese produzierten mehr für den Binnenmarkt als für den Export; es gab mehr Viehzucht und Parzellenackerbau als Plantagenwirtschaft und auch der Anteil der Sklaven war geringer als im Westen Kubas[45]. Diese regionale Ungleichzeitigkeit war eine wesentliche Ursache des Scheiterns des 1. Befreiungskrieges, gleichzeitig aber auch die soziale Basis der antikolonialistischen Bewegung; 4. die niedergehende spanische Kolonialmacht, die den status quo erhalten wollte, um sich Kuba als Steuereinnahmequelle und Absatzmarkt zu sichern; 5. die industriellen Zentren England und USA, die die wirtschaftliche Kontrolle der Insel anstrebten.

Eindeutig für den status quo war Spanien im Bündnis mit dem spanischen Handelskapital in Kuba und der reformistischen kreolischen Zuckeroligarchie. Gegen den status quo kämpfte eine Koalition aus der kreolischen Oligarchie des Ostens, die kleinen und mittleren Eigentümer, die Sklaven und das bis 1886 minoritäre Proletariat. Die durch die US-Schutzzölle mitverursachte Zuckerkrise nach 1894 trieb auch die Reformer auf die Seite der Gegner der spanischen Kolonialherrschaft. Entscheidend für die Folgen, nicht den Erfolg, des 2. Befreiungskrieges (1895 - 1898) war, daß sich die USA zur militärischen Intervention entschlossen.[46] Dadurch gewann in Kuba die sozialkonservative mächtigste Fraktion der Zuckerbourgeoisie die Oberhand, die für die USA den reibungslosen Übergang vom Kolonialismus zum Neokolonialismus garantierte.

Im Gefolge der Umstrukturierung des Zuckerweltmarktes im 19. Jahrhundert durchlief die kubanische Zuckerbourgeoisie mehrere Krisen, in denen jeweils die schwächsten Sektoren ruiniert, verdrängt oder umfunktioniert wurden. Diese Krisen erleichterten das Eindringen ausländischen Kapitals. Die Krise von 1786 - 1788 ging auf Kosten einer Vielzahl von Kleinmanufakturen[47]. Die Mechanisierung der Zuckermanufaktur ab 1820 führte zur allmählichen Verdrängung der alten Zuckeroligarchie durch spanische Händler, die zwischen 1860 und 1880 den modernen Zuckersektor kontrollierten. Der zehnjährige Befreiungskrieg bedeutete den nahezu totalen Ruin der nationalen, revolutionären Fraktion der Zuckeroligarchie des Ostens. Zwischen 1868 und 1878 hatte sich die Zahl der ingenios in Santiago de Cuba, Sancti Spiritus und Camaguey von 241 (1868) auf 51 reduziert[48]. Der rapide Zentralisationsprozeß in der Zuckerindustrie zwischen 1878 und 1900 bedeutete auch das Ende des größten Teils des spanischen Handels- und Zuckerkapitals. Nur eine Minderheit der Sklavenhändler (Terry, Zulueta, Drake) konnte die notwendigen Investitionen finanzieren. Die Zahl der Zuckermühlen fiel von 1190 1877 auf 207 1899. Übrig blieb ein neuer, zahlenmäßig schwacher Block von drei Gruppen unter Hegemonie

der US-Monopole[49]: 1. ein kleiner kreolischer Sektor mit den kleinsten und unproduktivsten Zentralen, das schwächste Glied der Koalition; 2. die reichsten spanischen Händler und Zuckerbarone, 3. die dominierenden US-Monopole: die 'American Sugar Refining Company', später 'Trinidad Sugar Company', die 'Tuinica Sugar Company' urd einige wenige andere Großkonzerne. Für alle drei Gruppen der modernen Zuckerindustrie war der ungehemmte und, wenn möglich, privilegierte Zugang zum US-Markt Bedingung sine qua non ihres weiteren Wachstums, wie die Folgen des kurzfristigen Protektionismus der USA 1894 gezeigt hatten.
Die sich abzeichnende neokolonialistische Integration in die US-Wirtschaft entsprach eindeutig den Interessen der um die Zuckerindustrie gelagerten Export-Importgruppe.

4.2. Die Entwicklung der Zuckerindustrie: Sklavenmanufaktur und die Integration Kubas als Rohzuckerproduzent in eine ungleiche internationale Arbeitsteilung im Zuckersektor

4.2.1. Zuckerproduktion in Kleinmanufakturen vor 1762

Bis 1762 hatte die kubanische Zuckerindustrie nur ein langsames Wachstum zu verzeichnen[50]. Nach Schätzungen von Moreno Fraginals beliefen sich die Zuckerexporte zwischen 1750 - 1759 nur auf ca.5.500 t jährlich im Vergleich zu 50.000 t pro Jahr im kleineren Jamaika. Obwohl spätestens 1535 die erste Lizenz zum Bau einer Zuckermühle vergeben wurde, begann die Massenproduktion von Zucker erst ab Ende des 16. Jahrhunderts, als die spanische Krone dazu überging, die Zuckerproduktion zu fördern, um das kubanische Handelsbilanzdefizit auszugleichen und die spanischen Siedler nach einem Substitut für die Goldexporte suchten. Die ersten Zuckermühlen, die sog. cunyayas, waren noch kleiner als die späteren Kleinmanufakturen (trapiches) und nicht mehr als kleine Handwerksbetriebe ohne jegliche kommerzielle Bedeutung, die in erster Linie Zuckerrohrsaft und Melasse und nur sporadisch ganz dunklen Zucker für den Hausgebrauch herstellten. Nach Pezuelas Schätzungen übertraf die jährliche Zuckerproduktion zwischen 1550 und 1599 nicht 5 t.

Während des 17. Jahrhunderts sind insgesamt nur ca. 455 t produziert worden. Der durchschnittliche jährliche kommerzielle Zuckeroutput stagnierte also bei knapp 5 t[51].

Ab 1700 beschleunigte sich das Wachstum der Zuckerproduktion durch die Anfänge der Industrialisierung allmählich. Pezuela hat die jährliche Durchschnittsproduktion 1700 - 1750 allerdings auf immer erst noch 36 t geschätzt.

1761 produzierten in Kuba 98 ingenios: 64 kleine, 30 mittlere und 4 große; die meisten davon in der Gegend von Havanna[52]. Während die großen ca. 100 Sklaven besaßen und ungefähr 115 t Zucker pro Ernte produzieren konnten, beschäftigte eine Plantage im Durchschnitt 30 bis 40 Sklaven und bebaute 40 bis 67 ha. Die meisten trapiches beruhten auf Viehantrieb, da Flüsse, die sich für den Betrieb der produktiveren Wassermühlen eigneten, selten waren. Vor 1762 waren die kombinierten Zuckerplantagen und -mühlen primär landwirtschaftliche Einheiten; denn ihr konstitutives Kapital bestand aus dem Wert des Bodens, dem Wald für Brennholz, Rindern und Saat für die Ernährung der Sklaven. In der Regel waren es landwirtschaftlich autarke Einheiten, die die notwendigen Subsistenznahrungsmittel selbst produzierten.

Die Gründe für das langsame Wachstum der Zuckermanufaktur vor 1762 lagen im Charakter der spanischen Kolonialmacht[53]. Einerseits war der spanische Zuckermarkt angesichts der industriellen Rückständigkeit und der geringen Größe Spaniens minimal. Außerdem produzierte Spanien selber Zucker und importierte lange Zeit überwiegend brasilianischen Zucker. Andererseits beschränkte Spaniens monopolistische Handelspolitik, trotz des Schmuggels, alternative Exportmöglichkeiten, beschränkte und verteuerte den Import von Sklaven und notwendigen Ausrüstungsgegenständen (Kupferkessel usw.), die in Spanien nicht oder teurer hergestellt wurden, und begrenzte den Zugang zu internationalen Krediten.

4.2.2. Der weltgeschichtliche Kontext des Aufschwungs der Zuckerindustrie (1762 - 1790)

Nach der Besetzung Havannas durch die Engländer (1760 - 62) trat die Zuckerindustrie ihren Siegeszug auf Kuba an. Durch das Zusammenspiel mehrerer weltpolitischer und weltwirtschaftlicher Ereignisse und Tendenzen wurden die Hindernisse beseitigt, die bisher den Übergang von der hacienda- zur Plantagenwirtschaft gebremst hatten. In verschiedenen Schritten verschaffte sich die kubanische Zuckerbourgeoisie[54] das Kapital, die Arbeitskräfte und den Zugang zu Märkten und Boden, die zu ihrem Wachstum notwendig waren. Im Gegensatz zu den französischen und britischen Antillen kam die Initiative zur Ausbreitung der Zuckerplantagen nicht von der politischen Metropole, sondern mußte anfänglich sogar gegen den Widerstand Spaniens durchgesetzt werden. Daher zeichnete sich für eine kurze Zeitspanne die reale historische Möglichkeit einer nationalkapitalistischen Entwicklung über den Zuckersektor ab: "In einer schöpferischen Entwicklung, die einzigartig war, nahm die kreolische Oligarchie die Zügel in die Hand und setzte ihren Produktionsrhythmus gegen Spanien durch."[55]

Die konkreten historischen Ereignisse und Tendenzen von unterschiedlichem Gewicht, die diesen Aufschwung der Zuckerproduktion begünstigten, waren die Besetzung Havannas durch die Engländer, der Beginn der industriellen Revolution in Europa, die Anknüpfung und Intensivierung von Handelsbeziehungen mit den USA, der Ruin Haitis als bedeutendster Zuckerproduzent der Welt durch die erste erfolgreiche Sklavenrevolution (1791 - 1804) sowie die Herausbildung eines Bündnisses zwischen Zuckeroligarchie und spanischer Kolonialverwaltung.

Die Folgen der Besetzung Havannas durch die Engländer in ihrer Rolle als Initialzündung hat der kubanische Historiker Moreno Fraginals prägnant zusammengefaßt: "Indem sie fünf- bis zehntausend Sklaven einführten[56], indem sie soweit wie möglich das Niveau der Produktivkräfte anhoben, indem sie solide wirtschaftliche Beziehungen schufen[57], und indem sie Kreditmöglichkeiten eröffneten, die nach ihrem Abzug weiterhin respektiert wurden, haben die Engländer in einigen Jahren das produktive Gleichgewicht der Insel zerstört."[58] Das erstaunliche Wachstumstempo wäre allerdings unmöglich gewesen, wenn nicht in Kuba selbst günstige Voraussetzungen existiert hätten (s.u.), so daß die Besetzung der Engländer nur den historischen Prozeß beschleunigt hat. Nach dem Abzug der Engländer hielt die Tendenz zum Wachstum der Zuckerproduktion an, verlangsamte sich aber wegen des zunächst weiterbestehenden Mangels an Kapital, Sklaven und Märkten[59]. Ein expandierender Zuckermarkt entwickelte sich durch die industrielle Revolution in den Zentren, die Unabhängigkeit der USA (1770) und die Negerrevolution in Haiti (1792). Erleichtert wurde das Wachstum des Marktes durch die Liberalisierung des kubanischen Außenhandels.

Durch den Beginn der industriellen Revolution in Europa und besonders in Großbritannien ab 1760 stieg die internationale Nachfrage nach Zucker stark an (Bevölkerungswachstum und Anstieg des Pro-Kopf-Konsums)[60]. Durch die industrielle Revolution wurden auch wieder die Handelsbeziehungen zwischen Spanien und Kuba intensiviert, was sich in einem stärkeren Schiffsverkehr niederschlug[61]. Außerdem wurde Europa durch die Entwicklung einer Maschinenbauindustrie zur Werkstatt der Welt und ermöglichte so die permanente Verbesserung der Maschinerie der Zuckermühlen.

Schon 1762 waren Handelsbeziehungen zwischen Kuba und den USA angeknüpft worden. Nach der Unabhängigkeitserklärung (1776) wurden die USA von den englischen Antillen abgeschnitten, so daß sie jetzt Zucker und Honig u.a. aus Kuba beziehen mußten[62]. Zwischen 1779 und 1785 ging der größte Teil des Wachstums der Zuckerproduktion schon in die USA und nicht nach Spanien. Da die USA während der französischen Revolutions- und der napoleonischen Kriege (1791 - 1815) neutral blieben, fungierten sie - mit Unterbrechungen - als führende Transporthändler, so daß sich die Wirtschaftsbeziehungen noch weiter festigten und Kuba schon bald mehr Zucker in die USA als nach Spanien exportierte.

Fast von eben solcher Bedeutung für die weitere kubanische Entwicklung wie die Unabhängigkeit der USA war der Sklavenaufstand von Haiti im Gefolge der französischen Revolution[63]. 452.000 Negersklaven der führenden kapitalistischen Musterkolonie befreiten sich erfolgreich vom Joch der Sklaverei und zerschlugen den Großgrundbesitz als Rückgrat der Plantagenwirtschaft. Die wirtschaftlichen Folgen für Kuba waren die Ablösung Haitis als führender Weltzuckerproduzent und eine Einwanderungswelle französischer Siedler aus Haiti. Der Ruin Haitis bedeutete sowohl ein Defizit des Weltzuckerangebots - diese Lücke wurde zum großen Teil durch die Steigerung der kubanischen Produktion ausgefüllt - als auch, aufgrund des Nachfrageüberhangs, einen enormen Preisanstieg. Die Zuckerweltmarktpreise stiegen von 12 und 9,5 reales pro arroba 1787 - 1790, nachdem sie vorher von 1760 bis 1787 durchgängig bei 16 und 12 reales gelegen hatten, auf 40 und 36 reales im Jahrzehnt nach 1792, bis sie gegen Ende des Jahrhunderts wieder auf 16 und 13,5 reales fielen[64].

Diese extrem günstigen Weltmarktbedingungen lösten einen plötzlichen kubanischen Zuckerboom aus. Die Zuckerexporte stiegen von 13.910 t 1790 auf 37.774 t 1802. Die Zahl der Sklaven wuchs von 50.340 1787 auf 138.000 1804. Zwischen 1792 und 1806, in 14 Jahren also, vermehrte sich die Zahl der ingenios allein im Bistum von Havanna von 237 auf 416. In den letzten Jahren des 18. Jahrhunderts wurden rund 15 Mio Pesos im Zuckergeschäft investiert, die größte Summe, die bis dahin je in einer einzigen Branche in den beiden Amerika investiert worden war[65]. Durch die Überproduktionskrise ab 1804 fielen die Preise allerdings wieder und mindestens 30 Mühlen machten Bankrott[66]. Parallel zur Zuckerproduktion erlebte auch die Kaffeeproduktion ein rapides Wachstum.

Die zweite, ebenso wichtige Konsequenz der Sklavenrevolution von Haiti war die Einwanderung von 30.000 französischen Siedlern aus Haiti, die später noch durch weitere Immigrationswellen aus Frankreich fortgesetzt wurde[67]. Neben Kapital brachten die Einwanderer die Qualifikation zum Ausbau und zur Modernisierung der Zucker- und Kaffeeplantagen mit. Während sie meist selbst Eigentümer der kleineren Kaffeeplantagen waren - bis 1815 waren fast alle Kaffeeplantagen in französischem Besitz -, fungierten sie auf den Zuckerplantagen als Verwalter, qualifizierte Arbeiter und Techniker, die technische Neuerungen entwarfen[68]. "So begab sich Kuba am Ende des 18. Jahrhunderts auf den Weg der Plantagenwirtschaft ... dank der Kombination von französischen Technikern, afrikanischen Handarbeitern und den Kapitalien der lokalen Oligarchie."[69]

Interne politische Voraussetzung der Zuckerexpansion war das Bündnis zwischen der kreolischen Zuckeroligarchie und der spanischen Kolonialverwaltung. Seit dem Amtsantritt des Generalgouverneurs Las Casas förderte die letztere das Wachstum der Zuckerindustrie, den Freihandel und den Import von Sklaven. Die Unterstützung der hacendados durch die Kolonialverwaltung ging so weit, daß diese Gesetze und Verordnungen der Krone nicht beachtete, die das wirtschaftliche Wachstum behinderten[70]. Die Zuckeraristokratie erreichte die Unterstützung der Kolonialverwaltung durch Korruption. Indem sie den Kolonialbeamten ingenios oder Teilhaberrechte schenkte, machte man sie zu Teilhabern mit identischen Interessen.

4.2.3. Das Wachstum der Zuckerplantagenwirtschaft, seine strukturellen Voraussetzungen und sozioökonomischen Konsequenzen

Ausgelöst durch den verstärkten Kapital- und Sklavenimport und die Ausdehnung des Marktes und hohe Preise als Folge der dargestellten Ereignisse stieg die Zuckerproduktion kontinuierlich und steil an: von 4.264 t 1761 auf 13.800 t 1792 und 40.800 t 1802. Innerhalb von 40 Jahren hatte sich die Produktion verzehnfacht! Danach - typisch für die weitere Entwicklung - fiel die Produktion bis 1808 wieder um über 1/3 auf 25.175 t, bis sie dann ab 1820 wieder anzog auf 164.885 t 1836, 447.000 t 1860 und 1.054.214 t - der erste "Tanz der

Millionen"! - 1894[71]. Aus Tabelle 4.3 lassen sich zwei grundlegende Tendenzen herauslesen: erstens ein rasantes Wachstum der Zuckerproduktion - innerhalb von 133 Jahren (1761 - 1894) hat sie sich fast verzweihundertfünfzigfacht - und zweitens ein dauerndes Auf und Ab der Zuckerkonjunktur, ein Wechselspiel von Boom und Krise.

Tabelle 4.3: Entwicklung der kubanischen Zuckerproduktion 1550 - 1897

Jahr	Durchschnittliche Zuckerproduktion t/Jahr	Jahr	Durchschnittliche Zuckerproduktion t/Jahr
1550 -99[1]	5	1808[4]	25.175
1600 -99[1]	5	1822[4]	52.359
1700 -50[1]	36	1836[4]	164.885
1750 -59[2]	5.500[a]	1860[4]	447.000
1761[2]	4.264	1870[4]	726.000
1775 -85[2]	13.600	1877[4]	520.000
1786 -89[2]	13.400	1883[4]	460.327
1790	13.910[3,a]	1890[4]	632.368
1792[2]	13.800	1894[4]	1.054.214
1802[4]	40.881	1897[4]	212.051
1804[4]	38.791		

a) Export; Zuckerproduktion und -exporte weichen maximal 10 % voneinander ab, da ab 1760 der meiste Zucker exportiert wurde (vgl. Goizueta 1975, S. 19-30).

Quellen: 1) Perez de la Riva 1973, S. 17-18
2) Moreno Fraginals 1964, S. 3, 15
3) Williams 1973, S. 264
4) Deerr 1949/1950(1), S. 131

Die durchschnittliche Produktionskapazität der einzelnen ingenios hatte ebenfalls einen starken Anstieg zu verzeichnen: von 43 t 1761 auf 136 t 1804 über mehr als 500 t 1870 auf über 2.635 t 1894[72]. Das Wachstum der Produktionskapazität der ingenios beruhte bis 1820 in erster Linie auf dem rein quantitativen Wachstum der Produktionsfaktoren (Anbaufläche, Zahl der Sklaven und der Arbeitszeit). Auch die Teilmechanisierung der Zuckermanufaktur nach 1820 änderte das extensive Wachstumsmodell nicht grundlegend. Bis Mitte des 19. Jahrhunderts wuchs die Zuckerproduktion annähernd im Rhythmus der Sklavenbevölkerung (vgl. Tabelle 4.4). Erst mit dem Siegeszug der vollmechanisierten Zuckerfabrik nach 1860 vollzog sich der Übergang zu einem intensiven Wachstumsmodell.

Tabelle 4.4: Der Übergang von einer extensiven zu einer intensiven Wachstumslogik in der kubanischen Zuckerindustrie 1764 - 1899

	Zahl der Mühlen[1]	Zahl der Sklaven[1] insgesamt	Zuckerproduktion[1] t	Zuckerproduktion[1] pro Sklave t	Durchschnittliche Produktion pro Mühle[a] (Zucker) t
1764	100		5.000		50,0
1774	473	44.300[2]	10.000[3]	0,23	21,1
1792	500	84.000	17.000	0,2	34,0
1802	800		40.881[3]		
1817		199.000	40.000	0,2	51,1
1827		286.000	73.000	0,25	
1830	1.000	310.000	88.000	0,28	88,0
1841		436.000	144.000	0,33	
1851	1.300[b]		264.000[3]		203,0
1859			563.000[3]		
1861		367.400[2]	446.000[3]	1,21	
1868	1.365[b]		749.000[3]		548,7
1877	1.190[4]		520.000[3]		436,9
1899	207[4]		335.668[3]		1.221,6

a) Eigene Berechnung auf der Grundlage der Daten der Tabelle

b) Dies sind konservative Schätzungen. Andere Autoren, die sich ohne genaue Kenntnis der Technologie der Zuckerproduktion auf die aus Steuergründen erstellten offiziellen Statistiken stützen, geben für 1860 die Zahl von 2.000 Mühlen an; diese Angabe schließt die kleinen (134 ha, 10 Sklaven) trapiches ein, die ausschließlich Zucker schlechter Qualität (raspadura muscovado für den Binnenmarkt produzierten, aber mit der Großmanufaktur nichts gemein hatten. Zur Kritik vgl. Moreno Fraginals 1978, S. 81-130.

Quellen: 1) Benitez 1976, S. 91, 199f.
2) Curtin 1969, S. 34, Tab.7
3) Deerr 1949/1950 (1), S.131
4) Guerra y Sánchez 1964b, S. 63, 77

Zwischen 1792 und 1820 vollzog sich der Übergang von der Klein- zur Großmanufaktur durch die Vergrößerung der Zuckerrohranbaufläche und der Zahl der Sklaven eines ingenio. Doch dem rein quantitativen, extensiven Wachstum einer Zuckerplantage waren Grenzen gesetzt. Vor 1792 lag das Produktionsoptimum bei 100 Sklaven und 115 t. War diese Grenze erreicht, dann war es ökonomisch effizienter eine neue Zuckermühle zu gründen[73]. Die Ausdehnung der Betriebsgröße führte zur Eliminierung vieler Kleinmanufakturbetriebe: Zwischen 1792 und 1820 wurden 100 ingenios verlegt oder verschwanden ganz. Da mehr neue gegründet als alte geschlossen wurden, erhöhte sich die Zahl der Zuckermühlen trotzdem. In einigen Regionen ging ihre Zahl auch insgesamt zurück, während sie in der Gegend von Matanzas stark anstieg, weil dort die meisten Großmanufakturen gegründet wurden. Durch die Einführung des Dampfmaschinenantriebs (1818) konnte die Zahl der Sklaven pro ingenio auf 300 erhöht werden; dieser Arbeitskräftebestand pro Zuckermühle wurde bis zum Ende der Sklaverei (1886) nicht überschritten.

Das enorme Wachstum der Zuckerproduktion war aufgrund der ökonomischen Grenzen des Wachstums der Einzelmanufakturen bis 1820 und zum Teil noch bis 1860 primär die Folge der Vermehrung der Zahl der Zuckermühlen, erst danach die Konsequenz der gestiegenen Produktivität und Produktionskapazität der einzelnen Zuckermühlen. Die Zahl der ingenios stieg von 98 1761 auf 500 1792, 800 1802, 1.365 1868. Ab 1860 beschleunigte sich der Konzentrationsprozeß und die Zahl der Mühlen sank von 1.190 1877 auf nur noch 207 1899[74].

Angesichts des zunächst primär extensiven Wachstums der kubanischen Zuckerwirtschaft waren die Steigerung der Sklavenimporte und die Ausdehnung der Zuckerrohranbaufläche die beiden zentralen Prämissen ihrer Expansion. Beides veränderte die sozioökonomische Struktur Kubas von Grund auf.

Sklaven waren die einzigen Arbeitskräfte, die gezwungen werden konnten, die harte Arbeit auf den Zuckerplantagen zu leisten: "In Amerika und besonders auf den Antillen - den Zuckerinseln - wurden Zuckerplantagen und Sklaven Synonyma."[75] Da selbst ihre natürliche Reproduktion aus verschiedenen Gründen gefährdet und bei weitem nicht ausreichend war, mußten sie importiert werden.

Zwar wurde nach 1762 der Sklavenhandel noch nicht liberalisiert, aber die Quoten für die monopolistischen Vertragsfirmen wurden erhöht[76]. Hinzu kam der illegale Sklavenhandel. Zwischen 1765 und 1790 wurden ungefähr 2.000 Sklaven pro Jahr, also insgesamt 50.000 importiert, während 1521 bis 1763 nur ca. 60.000 eingeführt worden waren. 1789 wurde der Sklavenhandel gänzlich liberalisiert: In nur 30 Jahren (1790 - 1820) wurden 280.000 Sklaven nach Kuba eingeführt. Trotz internationaler Versuche, den Sklavenhandel zu beenden[77], wurden nach 1820 bis zum Ende der direkten Sklavenimporte aus Afrika noch einmal rund 272.000 Sklaven importiert - verglichen mit einer Bevölkerung von knapp 1,5 Millionen 1861 viel. Zwischen 1853 und 1862 wurden nochmals 25.000 Sklaven aus den USA nach Kuba gebracht. Diese letzte Quelle von Sklavenimporten versiegte ebenfalls mit dem Sieg der Nordstaaten im Separationskrieg (1865) und der Emanzipation der 3,9 Millionen Sklaven der Südstaaten der USA. In den 100 Jahren nach 1762 wurden also insgesamt mehr als 600.000 Negersklaven nach Kuba verschifft.

Die Folgen dieser umfangreichen Sklavenimporte waren erstens die Beschleunigung des Bevölkerungswachstums und zweitens die Tendenz zu einer stärkeren Afrikanisierung der Bevölkerung und der Erhöhung des Anteils der Sklaven.

Bis 1762 floß der Strom der Einwanderer äußerst spärlich; das Bevölkerungswachstum basierte noch weitgehend auf natürlicher Vermehrung, so daß die Gesamtbevölkerung 1700 noch weniger als 50.000 betrug. Mit den vermehrten Sklavenimporten stieg die Einwohnerzahl sprunghaft an: 172.000 1774, 272.000 1791, 1 Mio 1841 auf knapp über 5 Mio 1877. Gleichzeitig stieg die Bevölkerungsdichte von 1 Einwohner pro km² auf 13,2 pro km² (vgl. Tabelle 4.5).

Tabelle 4.5: Die Bevölkerung Kubas 1530 - 1899

Jahr	Weiße (in %)	Farbige (in %) Freie	Sklaven	Gesamt	Gesamt-bevölkerung	Bevölkerungs-dichte/km²
1530[1]						0,03
1555[1]					5.000	
1600[1]					10.000	
1700[2]					50.000	
1730[1]						1
1774[3]	56,17	17,98	25,85	43,83	171.520	1,5
1791[3]	56,39	19,98	23,72	43,61	272.300	2,4
1817[3]	45,96	18,34	35,70	54,04	630.980	5,5
1827[3]	44,15	15,12	40,73	55,85	704.487	6,2
1841[3]	41,51	15,17	43,32	58,49	1.007.624	8,8
1861[3]	56,82	16,65	26,53	43,18	1.396.530	12,2
1877[3]	64,97			32,15	1.521.684	13,2
1887[3]	67,59			32,41	1.631.687	14,2
1899[3]	66,91			32,14	1.572.797	13,7

Quellen: 1) Pérez de la Riva 1973, S. 2, 6, 11, 12
2) CERP 1965, S. 80
3) CERP 1965, S. 10, 11

Durch das rapide Bevölkerungswachstum und die verschärfte Konkurrenz der wichtigsten kommerziellen Kulturen (Tabak, Zuckerrohr, Kaffee, Viehzucht) wurde der fruchtbare,landwirtschaftlich nutzbare Boden allmählich knapper und teurer. Die real genutzte Kulturfläche blieb aber mit ca. 4 Mio ha (einschließlich 3 Mio ha Naturweide) noch weit unter der potentiellen von 8 - 9 Mio ha.

Gleichzeitig stieg bis 1841 der Anteil der Neger- und der Sklavenbevölkerung. Waren die gesamten Farbigen (Freie und Sklaven) 1774 noch in der Minderheit (ca. 44 %), so hatten sie 1817 mit 54,04 % schon die Mehrheit. Nachdem ab 1850 die Sklaven knapper wurden und die Sklavenpreise anzogen[78], nahm ihre Bedeutung wieder ab: Ihr Anteil fiel auf 43 % 1861. Der Anteil der Sklaven an der Gesamtbevölkerung stieg ebenfalls von 26 % 1774 auf 43 % 1841; er erreichte aber nie das Ausmaß wie z.B. in Haiti, wo es 1792 über zehnmal so viel Sklaven (452.000) wie Weiße (38.000) gab[79]. Die Vergrößerung der Sklavenbevölkerung verstärkte die Angst der Sklavenherren vor einem Aufstand der Sklaven.

Eine weitere zentrale Voraussetzung der Expansion der Zuckerplantagenwirtschaft war die Ausdehnung der Zuckerrohranbaufläche und der Fläche der angegliederten Kulturen (Weide, Wald). Die Ausdehnung des Grundbesitzes der Zuckerrohrplantagen implizierte die Expansion und Verlagerung der Zuckerrohrregionen, die Verdrängung der Viehzuchtlatifundien und besondere die Eliminierung der vorkapitalistischen Elemente des Grundeigentumsrechts als rechtliche Bedingung des Wachstums der Zuckerproduktion. Durch die Verknappung des Bodens und die Beseitigung vorkapitalistischer Rechtsformen, die die sozialen Folgen des Großgrundbesitzes gemildert hatten, entfaltete das Latifundium allmählich sein soziales Destruktionspotential und wurde zum entscheidenden Hindernis des Wachstums der anderen landwirtschaftlichen Kulturen.

Die Zuckerrohranbaufläche wuchs von 4.049 ha 1762 auf 64.777 1792 und 287.206 ha 1863. Durch die Zerstörungen der beiden Befreiungskriege fiel sie bis 1899 auf 167.692 ha. Der gesamte Besitz der Zuckerrohrplantagen (neben der Zuckerrohranbeufläche Weide, Wald, Reserveland, anfänglich noch Subsistenzackerbau) stieg von 202.429 ha 1830 auf 804.000 ha zwischen 1850 und 1860 (vgl. Tabelle 4.6).

Tabelle 4.6: Entwicklung der Zuckerrohranbaufläche und des Grundbesitzes der Zuckerrohrplantagen 1762 - 1899

Jahr	Gesamter Grundbesitz der Zuckerrohrplantagen (ha)	Zuckerrohranbaufläche (ha)
1762[1]		4.049
1792[1]		64.777
1830[1]	202.429	72.293[4]
1850-60[2]	804.000	294.800
1863[3]		287.307
1899[3]		167.692

Quellen: 1) Thomas 1971, S. 62, 112
2) Benítez 1970, S. 30
3) Goizueta 1975, S. 9, 15
4) CERP 1965, S. 63

Fünf Standortvoraussetzungen mußten bei der Gründung einer Zuckermühle (Sklavenmanufaktur) gegeben sein[80]: genügend fruchtbares Land, ausreichend Wald für Brennholz, Vieh, vor allem Rinder, zur Ernährung der Sklaven und als Zugtiere, Weideland und gute Verkehrsverbindungen zu nahe gelegenen Häfen. Da der Transport das größte Problem war, konzentrierte sich die Zuckerindustrie anfänglich in der Nähe der Häfen, besonders um Havanna. 1792 gab es allein in der Provinz von Havanna 237 effektiv arbeitende Mühlen. Neben der Tatsache, daß Havanna alle oben genannten Bedingungen eines optimalen Standorts erfüllte, hatte es als traditionelles Handels- und Verwaltungszentrum Kubas im Verhältnis zu anderen Städten und Regionen zusätzliche Vorteile: Konzentration des investierbaren Kapitals, eine höhere Bevölkerungsdichte und eine relativ entwickelte Infrastruktur.

Aufgrund des extensiven, Land und Wald verschlingenden Zuckerrohranbaus war die Zuckerindustrie gezwungen, ihre regionalen Schwerpunkte zu verlagern. Ab 1800 expandierte sie von Havanna, d.h. dem Westen Kubas, Richtung Zentrum und konzentrierte sich Mitte des 19. Jahrhunderts im Dreieck Cardenas-Matanzas-Colon. Während die Provinz von Mantanzas Ende des 18. Jahrhunderts als Zuckerregion noch unbedeutend war, produzierte das kubanische Zuckerzentrum des 19. Jahrhunderts 1825 schon 25 % und 1857 knapp 56 % des kubanischen Zuckers. Hier entstanden die meisten vollmechanisierten Mühlen mit Vakuumboilern und Zentrifugen[81]. Insgesamt konzentrierte sich die Zuckerindustrie bis Ende des 19. Jahrhunderts im Westen und im Zentrum Kubas, wo 90 % des kubanischen Zuckers hergestellt wurde.

Im Widerspruch zur traditionellen kubanischen Geschichtsschreibung hat Moreno Fraginals herausgearbeitet, daß der Gegensatz zwischen der westlichen und der östlichen Zuckerindustrie nicht technologischer, sondern sozioökonomischer und ideologischer Natur war: "Die typischen Manufakturen beider Regionen hatten den gleichen Produktionsprozeß, operierten mit dem gleichen Typ von Aggregaten, Maschinen und Werkzeugen, produzierten Zucker gleicher Qualität und erhielten die gleichen Erträge. Die Manufakturen des Westens waren größer, nicht moderner; rentabler, nicht mehr industrialisiert."[82] Die kleineren Zuckermanufakturen des Ostens brauchten weniger Sklaven und beuteten diese weniger intensiv aus als die des Westens, da sie weniger Zuckerrohr zu verarbeiten hatten. Mit der Verschärfung des Mangels an Sklaven ab 1860 wurden die kleineren ingenios des Ostens mit weniger Sklaven rentabler als die größeren des Westens, weil sie weniger von den steigenden Sklavenpreisen getroffen wurden und außerhalb der Erntezeit nicht so viel unproduktive Arbeitskräfte zu reproduzieren hatten[83].

Die Gründe, die einen Zuckerplantagenbesitzer veranlaßten, nach einiger Zeit (40 - 50 Jahren) sein ingenio zu verlegen, waren die den Boden destruierende landwirtschaftliche Produktionsweise und der hohe Brennstoffbedarf der Mühlen. Wegen der extensiven

Landwirtschaft wurde der Boden mit der Zeit ausgelaugt und nahm der Zuckerrohrertrag ab. Da der Zuckerertrag der Manufakturbetriebe sehr niedrig blieb (2 - 3 %), war die natürliche Fruchtbarkeit der determinierende Faktor der agroindustriellen Produktivität.

Der hohe Holzverbrauch und die Schwierigkeiten des Holztransports vor der Einführung der Eisenbahn zwangen ebenfalls zum Standortwechsel. Die Substitution von Holz durch Bagasse als Brennmaterial war erst nach Abschaffung der Sklaverei möglich, weil die Plantagenbesitzer das Abbrennen der Bagasselager durch die Sklaven befürchteten. In beiden Fällen war es das Sklavereisystem, das eine intensivere Nutzung der Ressourcen und ihre Reproduktion verhinderte. Der Nomadismus der Zuckermühlen war also nicht die Konsequenz 'natürlicher' Merkmale der Zuckerproduktion aus Zuckerrohr, sondern das Resultat der herrschenden sozioökonomischen Produktionsweise der kapitalistischen Sklaverei.

In den Regionen, wo der Zuckerrohranbau expandierte und sich konzentrierte, führte dies zu einer Konkurrenz um die fruchtbaren Böden, zu Bodenspekulation und zu steigenden Bodenpreisen. Innerhalb kurzer Zeit zogen die Bodenpreise sprunghaft an; Ende des 18. Jahrhunderts kostete 1 caballeria 500 Pesos im Unterschied zu 80 Pesos kurze Zeit davor. In Güines stiegen die Bodenpreise wegen der besonders starken Konkurrenz zwischen Tabak und Zucker in weniger als 15 Jahren von 100 auf 2.000 Pesos pro caballeria. Mitte des 19. Jahrhunderts scheint der Bodenpreis nicht mehr viel gestiegen zu sein[84]. Nutznießer der Bodenspekulation waren die Großgrundbesitzer, meist ehemalige Viehzüchter, die vom Zuckergeschäft und dem Landverkauf profitierten und so enormes Kapital akkumulierten[85].

Die Tabakpflanzer waren die ersten, die unter dem außerordentlichen Wachstum der Zuckerproduktion zu leiden hatten. Sie wurden aus ihren bisherigen Anbaugebieten verdrängt und der Tabak verlor gesamtwirtschaftlich im Verhältnis zum Zucker an Bedeutung[86]. Daß zuerst die Tabakanbaugebiete für die Zuckeroligarchie attraktiv waren, ist angesichts der Qualität der natürlichen und sozioökonomischen Bedingungen dieser Gebiete verständlich. Die Tabakfarmen hatten fruchtbaren Boden und lagen an Flüssen (natürliche Bewässerung), waren genug abgeholzt, um direkt mit dem Zuckerrohranbau zu beginnen, aber verfügten noch über ausreichend Wald für Brennholz ; gute Wege führten zu den Häfen und es gab genügend qualifizierte Lohnarbeiter für die Zuckermanufakturen.

Die Vertreibung der Tabakpflanzer aus der Umgegend von Havanna begann schon ab 1640 und wurde dann besonders ab 1792 beschleunigt. Besonders dramatische Formen und Ausmaße nahm die Vertreibung der vegueros aus Güines an, wo die meisten Schnupftabakbetriebe arbeiteten. Auch ohne rechtliche Kompetenzen, doch mit Unterstützung der Mehrheit der Kolonialfunktionäre, waren die Zuckerrohrplantagenbesitzer in der Wahl ihrer Mittel nicht pingelig; teilweise verbrannten sie einfach die Tabakernte unter dem Vorwand vermeintlicher Übergriffe der vegueros.

In der ersten Hälfte des 18. Jahrhunderts war der Tabakanbau, trotz der monopolistischen spanischen Handelspolitik, die durch Schmuggel zum Teil unterlaufen wurde, noch der profitabelste landwirtschaftliche Sektor. Zwar wuchsen die Tabakexporte auch im 19. Jahrhundert weiter - von durchschnittlich offiziellen 917 t pro Jahr 1976 - 1812 auf 3.450 t jährlich 1813 - 1825 und 6.914 t 1859[87] - und die Zahl der Tabakpflanzungen ebenfalls von 5.534 1827 auf 11.550 1862[88]; jedoch relativ zum Zucker nahm die Bedeutung des Tabaks ab, so daß der Tabak als Leitsektor verdrängt wurde. Während sich der Wert der Tabakproduktion von 1827 bis 1862 verdreifachte, stieg der Wert der Zuckerproduktion knapp um das Achtfache in der gleichen Zeit[89]. Von 1863 bis 1899 fiel der Anteil des Tabaks an der landwirtschaftlich kultivierten Fläche von 18 % auf 9,8 %[90]. Der Tabakanbau wurde zwar nicht im Sinne seines absoluten Rückgangs verdrängt, aber den Bedürfnissen der Zuckerproduktion untergeordnet. Als Exportprodukt lieferte er im Austausch Neger, Produktionsmittel und andere notwendige Importgüter für die ingenios. Gleichzeitig schuf die Enteignung der vegueros in den betroffenen Gebieten die zentrale Prämisse kapitalistischer Zuckerproduktion: von Boden und Produktionsmitteln getrennte, qualifizierte freie Lohnarbeiter.

Die Überlegenheit des Zuckers erklärt sich in erster Linie durch die größere Profitabilität der Zuckerplantagen, aber auch aus der Aufgabe der die Tabakbauern schützenden Politik der spanischen Kolonialverwaltung. Vor 1762 und teilweise noch später hatte die spanische Krone die vegueros gegen die übermächtigen Großgrundbesitzer, zuerst die Viehzüchter, später die Zuckeroligarchie, geschützt. Die Schutzmaßnahmen nahmen unterschiedliche Formen an: Schutz des Besitzes der vegas, später - nach der Verdrängung - die Übergabe neuen Bodens, direkte Subventionen und 1760 die Garantie eines stabilen Absatzmarktes durch die Faktorei. Sozial privilegierte die Krone die kleinen Tabakpflanzer und verhinderte so zunächst die Konzentration der Tabakproduktion und die Entstehung von Tabakplantagen à la Virginia. Die einzelnen Schritte dieser protektionistischen Politik waren[91]: Durch die Verfügung des Gouverneurs Salamanca (1657) wurden die 'vegas naturales' (am Ufer der Flüsse) faktisch als königliches Land (realenga) betrachtet und konnten daher den vegueros übergeben werden; durch die Einrichtung der Faktorei 1760 wurden die vegas praktisch realengas und 1789 wurden die vegas auch rechtlich realenga-Land. Zugleich verordnete die Faktorei, daß der Kauf von vegas über sie abzuwickeln sei.

Trotz ihrer ökonomischen Überlegenheit war die Situation für die Zuckerplantagenbesitzer wegen der Einschränkung ihrer Grundeigentumsrechte unbefriedigend, obwohl die spanische Kolonialverwaltung seit 1790 de facto die Zuckeraristokratie in ihrem Kampf gegen die Tabakbauern um den Boden unterstützte, weil die Zuckerproduktion für sie einträglicher war[92].

Mit dem neuen Grundeigentumsgesetz von 1819 wurden auch die rechtlichen Hindernisse der Zuckerexpansion beseitigt. Der

Boden wurde jetzt vollständig zur Ware und im Sinne eines rein kapitalistischen Grundeigentumsrechts von allen bisherigen Verkaufs- und Verfügungsbeschränkungen befreit[93]. Die Großgrundbesitzer waren nicht mehr gezwungen, naheliegende Gemeinden mit Lebensmitteln zu versorgen, konnten sich ohne Auflage auf die profitabelste Kultur spezialisieren, unbeschränkt Holz schlagen, das vorher für den königlichen Schiffsbau reserviert war, und die Pachtbauern nach Belieben vertreiben.

Gleichzeitig wurde die faktische Aneignung des Bodens zwischen den kreisförmigen mercedes durch die Großgrundbesitzer legalisiert und eine neue Prozedur zur Auflösung der haciendas comuneras geschaffen, die deren Zersetzungsprozeß erheblich beschleunigte. Diese Gesetze betrafen in erster Linie die Pachtparzellenbauern, vor allem die vegueros und in zweiter Linie die Viehzüchter. Der Unterschied in der Situation dieser beiden Klassen war, daß die vegueros Kleinbauern waren, während die Viehzüchter Teil der Oligarchie waren und sich zum Teil selber der Zuckerproduktion zuwandten. Die Zerstörung der hacienda comunera durch die Zuckerexpansion bedeutete für sie durch die Bodenspekulation eine fabelhafte Akkumulation von Kapital[94].

Letztlich basierte die Durchsetzung der Hegemonie der Zuckerplantagenwirtschaft jedoch auf ihrer trotz des Sklavensystems fortgeschrittenen, da auf Kooperation und Massenproduktion sowie unmittelbarer Integration von Landwirtschaft und Manufaktur aufbauenden, kapitalistischen Produktionsweise. Da die spanische Kolonialpolitik das Entstehen einer Tabakbourgeoisie verhinderte, blockierte sie auch die Entwicklung eines effektiven Gegenpols zur Zuckeroligarchie.

4.2.4. Wesen und Widersprüche der großen Zuckermanufaktur auf Sklavenbasis (1790 - 1840)

Ab 1790 begann, ausgelöst durch die kontinuierlich steigende Weltmarktnachfrage nach Zucker und die gleichzeitige Verschärfung der internationalen Konkurrenz, ein Prozeß permanenter technologischer Erneuerungen des Verfahrens der Zuckerherstellung[95]. Der kapitalistische Weltmarkt zwang der kubanischen Zuckermanufaktur seine Gesetze auf: mehr und billiger zu produzieren. Diese verstärkte Integration in den Weltmarkt implizierte jedoch nicht von Anfang an und per se die abhängige Integration von Kuba in eine ungleiche sektorale Arbeitsteilung als von Technologieimporten abhängiger Rohzuckerproduzent, weil die europäische Rübenzuckerproduktion noch in ihren Kinderschuhen steckte und ebenfalls jetzt erst begann, industrielle Technologien für ihren Produktionsprozeß zu nutzen,und weil die spanische Zuckerproduktion rückständiger als die kubanische war. Unter diesen Bedingungen hatte die rührige kubanische Zuckerbourgeoisie Raum für eigene Initiativen:
"Die kubanischen Kreolen waren ... eine dynamische Gruppierung. Sie waren jederzeit bereit, mit allen möglichen Innovationen zu experimentieren, die versprachen, die Produktion zu steigern oder die Produktionskosten zu senken."[96] Die großen technischen Erfindungen und Motoren der kapitalistischen Industrie (Dampfmaschine, industrielle Nutzung von Gas und Elektrizität, Eisenbahn, Telegraf und Telefon) wurden im allgemeinen in Kuba vor Spanien eingeführt. Mit der Integration der Dampfmaschine in den Prozeß der manufakturellen Zuckerproduktion wurde ab 1797 experimentiert, bis der Versuch 1817 gelang, also noch vor ihrer Anwendung in der europäischen Rübenzuckerproduktion[97]. Auch die Mahlwerke mit horizontalen Walzen wurden nicht fertig importiert, sondern von aus Haiti eingewanderten französischen Technikern in Kuba (1792 - 1802) entworfen. Außerdem sollte der Gesamtprozeß der Zuckerproduktion inklusive des Raffinierens in Kuba stattfinden, weil man erkannt hatte, daß die Schwächung der Wettbewerbsfähigkeit der westindischen Zuckerproduzenten zum Teil darauf zurückzuführen war, daß diese sich auf die Herstellung von Rohzucker spezialisiert hatten.

Das ambitiöse Programm der aufsteigenden kubanischen Zuckerbourgeoisie scheiterte letztlich daran, daß die Bürger und Kapitalbesitzer auch Sklavenherren waren. Nicht die Ideen, der Unternehmergeist und das technische Know-how fehlten, sondern die sozialen Voraussetzungen der allgemeinen Diffusion industrieller Technologien und ihrer Produktion in einer einheimischen Maschinenbauindustrie. Die Unfähigkeit der Sklavenmanufaktur zur Industrialisierung läßt die Relevanz der Entwicklung einer adäquaten nationalen Kapazität zur Absorption moderner Technologien, an einem entscheidenden Schnittpunkt der kubanischen Geschichte, wie in einem Brennglas erkennen. Die Durchindustrialisierung der Zuckerproduktion und der Aufbau von modernen Zuckerraffinerien fand in Europa, nicht in Kuba statt. Eine moderne Zuckerindustrie entstand in Kuba mit einem time-lag von 50 Jahren und dann vorwiegend unter der Kontrolle ausländischen Kapitals und im Rahmen einer konsolidierten ungleichen internationalen sektoralen Arbeitsteilung. Ab 1820 wurden alle neuen Zuckertechnologien in den kapitalistischen Zentren entworfen. Die Chance der umfassenden Modernisierung der Zuckerproduktion und der konzentrischen Diversifizierung des Zuckersektors, d.h. seine Nutzung als Leitsektor, wurde in seiner kritischen Phase zu Beginn des 19. Jahrhunderts vertan.

Gleichwohl fand zwischen 1790 und 1860 eine Teilmechanisierung der kubanischen Zuckermanufaktur statt. Ab 1783 wurden die vertikalen Holzwalzen mit Eisentrommeln und -bolzen geschützt. Später wurden sie durch Rohrpressen aus Eisen (erst vertikale, dann horizontale) abgelöst. Ab 1790 wurde auch der sog. 'Jamaica-train' eingeführt, durch den die Zahl der Öfen reduziert wurde. Die Kessel wurden jetzt von einem Ofen gleichzeitig erhitzt, wodurch die Bagasse als Brennmaterial gebraucht werden konnte, und weniger Sklaven benötigt wurden, um den Ofen zu heizen[98]. 1818 wurde die erste Dampfmaschine eingeführt, die Zugtiere und die in Kuba knappe Wasserkraft als Energieträger ersetzte. Zuerst wurden nur wenige ingenios von Dampfmaschinen angetrieben; ab Mitte des Jahrhunderts verbreitete sich ihre Anwendung: Während 1827 nur 2,5 % der Mühlen Dampfmaschinen installiert hatten und 1846 erst 14,8 %, waren es 1861 immerhin schon knapp 70 %. Erst 1878 liefen alle Zuckerfabriken mit Dampfmaschinenantrieb[99]. Zu den einzelnen Etappen der Zuckerproduktion vgl. Appendix 1).

Alle diese Verbesserungen der Technologie änderten nicht das Wesen der Zuckermanufaktur auf Sklavenbasis, da die Anwendung der Dampfmaschine nicht zu einer umfassenden Mechanisierung des Produktionsprozesses führte. Die Dampfmaschine blieb technologisch und sozial isoliert, da sie von einigen wenigen Lohnarbeitern bedient wurde. Sie steigerte allein die Mahlkapazität der Mühlen pro Stunde und koppelte den handwerklichen an den industriellen Produktionsablauf. Die Dampfmaschine förderte ein deformiertes sektorales Wachstum der wegen der Produktionsverhältnisse strukturell heterogenen Zuckermanufaktur und stellte nicht den ersten Schritt der Industrialisierung der Zuckerproduktion dar. Die Sklaven, die weiterhin die Mehrheit der Arbeitskräfte bildeten, konnten angesichts des unmittelbaren Zwangscharakters ihrer Arbeit nicht die notwendige Motivation und Qualifikation aufbringen, die Voraussetzungen für die Durchmechanisierung des Produktionsprozesses gewesen wären.

Die partielle Mechanisierung änderte nicht prinzipiell den extensiven Charakter der organischen Manufaktur. Die rohe unqualifizierte Arbeitskraft des Menschen blieb das Hauptproduktionsmittel. Die Produktionskapazität eines ingenio maß sich primär an der Zahl der 'effektiven', d.h. arbeitenden Sklaven[100]. Der Maßstab der Produktivität des auf Sklavenarbeit beruhenden Kapitalismus unterschied sich von dem der auf Lohnarbeit basierenden reinen kapitalistischen Produktionsweise: Die Produktivität eines Lohnarbeiters mißt sich an der Produktivität pro Arbeitszeit, die eines Sklaven im Verhältnis zum Kaufpreis und den permanenten Unterhaltskosten, auch während der 'toten Zeit'. Die auf Lohnarbeit basierende kapitalistische Produktionsweise wuchs primär durch die Steigerung der relativen Mehrarbeit mittels des Einsatzes von Maschinen, die auf Sklavenarbeit beruhende durch die Erhöhung der absoluten Mehrarbeit. Solange Sklaven billig genug waren, entsprach es der ökonomischen Logik dieses Systems, die tägliche (in der Erntezeit bis zu 20 Stunden!), die wöchentliche (6 1/2-Tage-Woche) und die jährliche Arbeitszeit auch auf Kosten der Lebensarbeitszeit der Sklaven auszudehnen und die Reproduktionskosten auf ein Minimum zu beschränken[101]. Die Anwendung der Dampfmaschine im kubanischen Kontext änderte nicht die hierarchische Arbeitsteilung zwischen unqualifizierten Sklaven und qualifizierten weißen Lohnarbeitern (Verwalter, Meister, Aufseher) oder die Qualität des Zuckers. Durch die Integration von mechanischer und manueller Arbeit wurde die Sklavenarbeit nur noch rationalisiert und intensiviert.

Dementsprechend folgte das Wachstum der Zuckerproduktion primär einer extensiven Wachstumslogik: mehr Mühlen, mehr Sklaven, Verlängerung der Arbeitszeit der Sklaven. Dieser Form extensiven Wachstums waren jedoch Grenzen gesetzt; von einem bestimmten Punkt an nahm sowohl die Grenzproduktivität jedes zusätzlichen Sklaven ab[102] als auch der Ertrag pro zusätzliche Arbeitsstunde jedes einzelnen Sklaven, weil die Ausdehnung der Arbeitszeit auf Kosten seiner Arbeitsfähigkeit und sogar seiner einfachen Reproduktion ging, denn die Ausdehnung des Arbeitstages auf das biologische Maximum führte zu einer Verkürzung der Lebensdauer und zur Erhöhung der Sterblichkeit der Sklaven[103].

Die Entwicklung der Großmanufakturen veränderte also auch den Charakter der Sklaverei und der Sklavenplantagenökonomie, und zwar sowohl im Vergleich zur hacienda als auch zu den kleinen Zuckerrohrplantagen vor 1762:

1. Die Produktion der Zuckerrohrplantagen diente jetzt nahezu nur der Produktion von Waren für den Weltmarkt. Die Plantagenwirtschaft war jetzt ein rein "kommerzielles Exploitationssystem"[104] mit einem hohen und zunehmenden Grad der Spezialisierung auf ein Produkt (Zucker oder Kaffee), während auf den semipatriarchalischen Zuckerrohrplantagen und der hacienda wegen ihrer Diversifizierung und partiellen Selbstversorgung auch noch Gebrauchswerte produziert wurden.

2. Im Gegensatz zum Viehzuchtlatifundium beruhte die Plantagenwirtschaft auf der "Kooperation (der Sklaven, d.Verf.) in großem Maßstab"[105].

3. Da das Ziel der Sklavenplantagenwirtschaft jetzt rein kommerziell war ("Es galt nicht mehr, eine gewisse Masse nützlicher Produkte aus ihm herauszuschlagen. Es galt nun die Produktion des Mehrwerts selbst."[106]), trat an die Stelle der Sklaverei patriarchalischen Charakters die durch die Überausbeutung in Form der Erhöhung der absoluten Mehrarbeit gekennzeichnete "direkte kapitalistische Sklaverei im Unterschied zur indirekten der Lohnarbeit."[107] "Ökonomische Motive, nicht moralische Regeln bestimmten die Behandlung des Sklaven; alles wurde in Produktivität und Kosten kalkuliert."[108]

Um 1840 hatte die Sklavenmanufaktur den Schnittpunkt der Kurve der marginalen Kosten und der des Ertrags erreicht: "Die Großmanufaktur mit Dampfmaschine ... war strukturell unumkehrbar, wandlungsunfähig, unfähig sich zu entwickeln, ohne sich zu zerstören. Sie konnte weder die Zahl der Sklaven herabsetzen, ohne die Produktivität zu beeinflussen, noch die Zahl der Sklaven erhöhen, weil sie die Grenze ihres quantitativen Wachstums erreicht hatte; weder konnte sie den Arbeitstag ausdehnen, weil sie schon das biologische Maximum ausgeschöpft hatte, noch ihn verkürzen, ohne Verluste zu provozieren. Sie konnte auch nicht die Qualität des Produkts verbessern, weil sie die Grenze der technischen Möglichkeiten einer Sklavenmanufaktur erreicht hatte. Und endlich, neben allen anderen Beschränkungen, konnte sie keine neue Technologie einführen, die, genau in dem Jahrzehnt von 1840, in der internationalen Zuckerindustrie auftaucht."[109]

4.2.5. Die Krise der Sklavenmanufaktur ab 1840 und die Konkurrenz der Rübenzuckerindustrie

Um 1840 erweckte die kubanische Zuckerindustrie und mit ihr die gesamte kubanische Wirtschaft den Anschein von Prosperität und grenzenlosen Reichtums: "Mitte des 19. Jahrhunderts bildeten die kubanischen Zuckermanufakturen den größten produktiven Sektor der Welt des grundlegenden Nahrungsmittelprodukts: des Zuckers. Mehr als 1000 Manufakturen, mehr als 200.000 Arbeitskräfte, tausende von ha kultiviertes Land, effektive Vorherrschaft im Außenhandel und eine ökonomische Klasse von solchem Reichtum, daß der Begriff 'hacendado habanero' in Europa synonym für Multimillionär wurde, waren einige von ihren wesentlichen Merkmalen."[110]

Doch der Schein trog. Innerhalb kurzer Zeit durchlief die kubanische Zuckerindustrie eine tiefe Strukturkrise. Die Faktoren dieser Krise sind vielfältig; ich konzentriere mich im folgenden auf zwei zentrale, interdependente Aspekte: die verschärfte Konkurrenz auf dem Zuckerweltmarkt und der Zwang zur Industrialisierung der Zuckerproduktion.

Trotz des phänomenalen Wachstums der kubanischen Zuckerproduktion war die Situation auf dem Weltzuckermarkt im 19. Jahrhundert durch eine zunehmend krisenhafte Entwicklung charakterisiert, die für die weitere Entwicklung der kubanischen Zuckerindustrie und der kubanischen Gesellschaftsformation überhaupt von außerordentlicher Bedeutung war. Die Haupttendenzen des Zuckerweltmarktes und ihre Folgen für Kuba waren:[111] 1. Ein enormer Anstieg der Gesamtnachfrage nach Zucker, 2. die Verschärfung der Konkurrenz, in erster Linie durch den Aufstieg des Rübenzuckers, 3. die Verdrängung Kubas vom europäischen Markt ab 1880 und damit die totale Abhängigkeit vom US-Markt und 4. der rapide Fall der Zuckerpreise seit 1840.

Im Verlauf des 19. Jahrhunderts stieg die Weltzuckernachfrage sprunghaft an. Während die Weltbevölkerung von 1800 bis 1900 von 900 Millionen auf 1.600 Millionen nur um 85 % anstieg, wuchs die Weltzuckerproduktion in der gleichen Zeit um 900 % von 1 Mio t auf 9 Mio t und der durchschnittliche Pro-Kopf-Konsum von 2,2 Pfund auf 11,5 Pfund[112]. Auf den beiden wichtigsten Märkten, denen der USA und Großbritanniens, stieg der Pro-Kopf-Konsum sogar von 13,5 Pfund (USA) und 17 Pfund (England) 1841 auf 34 Pfund 1854. Bemerkenswert ist auch der Wandel der Struktur des Zuckerkonsums; ab 1881 verallgemeinerte sich die Nachfrage nach weißem Raffinadezucker, wodurch der qualitativ schlechtere kubanische Rohzucker als Endprodukt aus der Konkurrenz ausschied.

Trotz dieser Vervielfachung der Nachfrage verschärfte sich aufgrund des schnellen Wachstums der Zuckerproduktion die Konkurrenz der Zuckerproduzenten, was zum Fall der Zuckerpreise führte. Die kubanische Zuckerindustrie hatte gegen zwei Gegner zu kämpfen: die Ausbreitung des Zuckerrohrs in anderen tropischen Ländern und die Konkurrenz des vorwiegend europäischen Rübenzuckers.

Die Hauptkonkurrenten beim Zuckerrohr waren Java, Indien und Brasilien für den britischen Markt und Hawai und Louisiana für den US-Markt. Einige der außerkaribischen Zuckerrohrproduzenten experimentierten mit neuen Produktionsmethoden in Industrie und Landwirtschaft. Ab 1880 wurde in Hawai mit der Bewässerung des Zuckerrohrs begonnen. Das entscheidende Hindernis einer tiefgreifenden technischen Revolutionierung der Zuckerrohrlandwirtschaft blieb die horrende Ausbeutung der ausschließlich farbigen landwirtschaftlichen Produzenten, sei es als Sklaven, importierte Vertragsarbeiter oder Sharecropper. Die einzige Ausnahme war die australische Zuckerindustrie, die allein mit weißen Arbeitskräften und vorwiegend mit freier Lohnarbeit operierte[113].

Von besonderer Bedeutung für Kuba war, daß die USA Alternativen zum kubanischen Zucker forcierten (Selbstversorgung und Importe aus anderen Ländern). Ab 1876 konnte Hawai-Zucker zollfrei in die USA importiert werden und die Produktion von

Louisiana verdoppelte sich zwischen 1882 und 1894[114]. Gleichzeitig wurde mit dem Anbau von Zuckerrüben experimentiert. Glücklicherweise bestätigte sich für Kuba die Absicht der USA nicht, 1884 von Zuckerimporten unabhängig zu sein. Allerdings fiel der Anteil Kubas am gesamten US-Zuckerkonsum von ca. 50 % 1855 auf 16,6 % 1897 - 1901[115].

Stärkster Konkurrent auch auf dem US-Markt und allgemein wichtiger als die Konkurrenz des Rohrzuckers war die europäische Rübenzuckerindustrie. Der steile Anstieg der Rübenzuckerproduktion dokumentiert sich in dem schnellen Wachstum des Anteils des Rübenzuckers an der Weltzuckerproduktion, von 4,9 % 1839 auf 36 % 1870 und 61,5 % 1898 (vgl. Tabelle 4.7).

Tabelle 4.7: Weltzuckerproduktion von Rüben- und Rohrzucker 1839 - 1899 (in t)

Jahr	Rohrzucker (t) (1)	Rübenzucker (t) (2)	Gesamt (t) (3)	(1) / (3) (%)
1839	781.716	38.602	820.318	95,1
1849	1.070.000	110.737	1.180.737	90,7
1859	1.438.000	387.539	1.825.539	78,8
1869	1.728.000	821.141	2.549.141	68,0
1870	1.662.000	939.096	2.601.096	64,0
1879	1.908.000	1.459.385	3.367.385	56,7
1889	2.138.000	3.536.700	5.674.700	37,7
1898	2.995.000	4.689.600	7.684.000	38,5
1899	2.881.000	5.410.900	8.291.900	34,7

Quelle: Deerr 1949/1950 (1), S. 490-491.
Nach 1900 nimmt der Anteil des Rohrzuckers an der Weltzuckerproduktion wieder zu, sogar bis zu 78 % 1919. Danach pendelt sein Anteil zwischen 60 und 70 %.

Von 1860 bis 1890 verneunfachte sich die Weltrübenzuckerproduktion; zwischen 1854 und 1895 verdoppelte sie sich alle 10 Jahre. Der Aufschwung der Zuckerrübenproduktion ging auf gezielte staatliche Förderungsmaßnahmen zurück, zuerst durch Napoleon in Frankreich. Später folgte auch Deutschland dieser

Politik und wurde bis Ende des 19. Jahrhunderts auf Kosten Kubas zum größten Zuckerproduzenten der Welt[116].

Die Vorteile der Rübenzuckerproduktion sind auf den anderen sozioökonomischen Kontext zurückzuführen, in dem sich diese in Europa entwickelte: dem der auf Lohnarbeit basierenden industriellen Revolution, der Intensivierung der Landwirtschaft und einer autozentrierten, nationalkapitalistischen Entwicklung. Der Zuckerrübenanbau wurde mit wissenschaftlichen Anbaumethoden betrieben, die Zuckerfabriken waren schon früh vollmechanisierte Industriebetriebe, deren Technologie permanent verbessert wurde; ein entwickeltes Kreditsystem stellte das notwendige Investitionskapital zur Verfügung, ein ausgebautes Transportnetz und Handelsnetz erleichterte die Vermarktung, freie Lohnarbeit erhöhte die Arbeitseffizienz und die Profitrate war außerordentlich hoch (zwischen 50 und 75 %)[117]. Innerhalb der Landwirtschaft übernahm der Zuckerrübenanbau die Rolle des Vorreiters einer wissenschaftlichen und intensiven Agrikultur. Neben seiner Verarbeitung zu Zucker diente die Zuckerrübe als Pflanzendünger und als Viehfutter. Jede metrische Tonne Zuckerrüben ergab neben Zucker und Honig zusätzlich 4,1 kg Fleisch und 32 l Milch. Dank der Einführung neuer Zuckerrübensorten gelang es, den anfänglich mangelhaften Zuckergehalt der Zuckerrübe zu steigern. Der Zuckerrübenbauer führte das tiefe Pflügen ein; seine modernen Anbaumethoden erhöhten den Ertrag des Getreideanbaus erheblich. Die Zuckerindustrie schuf neue Arbeitsplätze auf dem Lande für die Wintersaison.

Noch größer waren die Erfolge im industriellen Sektor. Deutschlands Rekordernte von 1.821.233 t Zucker 1896 wurde in 397 Fabriken hergestellt, d.h. durchschnittlich 4.587 t pro Fabrik. Damit lag die durchschnittliche Produktionskapazität pro Zuckerfabrik um 75 % höher als in Kuba. Obwohl Zuckerrohr einen höheren Zuckergehalt als Zuckerrüben hatte, war der industrielle Zuckerertrag in den europäischen Rübenzuckerfabriken höher. Außerdem lieferte die Rübenzuckerindustrie das Rohmaterial für den enormen Aufschwung der europäischen Alkoholindustrie ab Mitte des 19. Jahrhunderts. Aufgrund der permanenten Verbesserung der landwirtschaftlichen und industriellen Technologie gingen vom Rübenzuckersektor entscheidende Impulse zum Aufbau nationaler Kapitalgüterindustrien aus. Dies gilt insbesondere für die Landmaschinen- und Düngemittelindustrie, aber auch für die Industriemaschinenproduktion, wo der Anteil der schweren (Mahlwerke, riesige Boiler) und komplexen (Zentrifugen) Ausrüstungen für die Zuckerindustrie erheblich waren[118].

Trotz der modernen landwirtschaftlichen und industriellen Produktionsmethoden der Rübenzuckerproduktion konnte Rohrzucker weiterhin billiger hergestellt werden als Rübenzucker. Wissenschaft und Technologie konnten die natürlichen komparativen Kostenvorteile des Rohrzuckers noch nicht kompensieren[119]. Dies gilt in besonderer Weise für Kuba, wo die natürliche Produktivität durchschnittlicher Böden 1800 - 1860 bei 60 - 76 t Zuckerrohr pro ha oder mehr als 20 t über der durchschnittlichen Produktivität von ca. 41 t in den letzten10 Jahren vor 1959 lag[120]. Die Verdrängung Kubas vom europäischen Zuckermarkt Ende des 19. Jahrhunderts war daher nicht die Folge der komparativen Kostenvorteile der europäischen Zuckerindustrie sondern einer protektionistischen staatlichen Außenhandelspolitik.

Wichtiger hinsichtlich der gesamtwirtschaftlichen Implikationen für Kuba als die simple Tatsache des fulminanten Wachstums der europäischen Rübenzuckerindustrie war die Art und Weise, wie dieses Wachstum erreicht wurde. Ihr Wachstumsmodell und ihre Wachstumsimplikationen werfen ein grelles Licht auf die Defizite der kubanischen Zuckermanufaktur auf Sklavenbasis; sie vermitteln einen konkreten historischen Maßstab für das, was der kubanische Zuckersektor unter anderen sozialen und politischen Bedingungen hätte sein und bewirken können; hier ein vorübergehender Leitsektor gesamtwirtschaftlicher Entwicklung, dort Hemmschuh inkrementeller Diversifizierung; hier dynamische, dort natürliche komparative Kostenvorteile; hier intensives Wachstum, der entsprechende Lernprozeß und die Akkumulation von Produktionskapital, dort extensives Wachstum, die Begrenzung der anderen Landwirtschaft und der Raubbau an Boden und Arbeitskräften; hier die nationale Nutzung der Kopplungseffekte und der Schutz der nationalen Produktion, dort die ausländische Absorption der Kopplungseffekte und die Abgabe der letzten Produktionsetappen in Form der Desmanufaktur; hier die Entwicklung der Kapazität zur Produktion, Adaption und schnellen Diffusion industrieller Technologien, dort technologische Abhängigkeit und die Beschränkung der Industrialisierung der Zuckerproduktion durch das System der Sklavenarbeit.

Die entscheidende Schlacht zwischen Rüben- und Rohrzucker wurde auf dem damals wichtigsten Zuckermarkt der Welt, dem englischen, geschlagen. 1852 wurde das Zuckermonopol der britischen westindischen Inseln abgeschafft, da die englischen Raffinerien, zuckerverarbeitenden Industrien und Verbraucher ein Interesse an möglichst billigem Zucker hatten[121]. Ab 1856 importierte England französischen, ab 1861 deutschen Rohzucker. Doch paradoxerweise wurde das alte Monopol sofort durch ein neues monopolistisches System von Subventionen ersetzt, das durchaus im Interesse der genannten englischen Interessengruppen lag, weil die Subventionen (bounties) den Zuckerpreis senkten. Nicht zuletzt wegen dieser Subventionen gelang es dem Rübenzucker allmählich, den Rohrzucker aus dem englischen Markt zurückzudrängen. Der Anteil des Rohrzuckers an den englischen Rohzuckerimporten fiel von 86,8 % 1875 auf 28,4 % 1899 (vgl. Tabelle 4.8).

Tabelle 4.8: Anteil von Rüben- und Rohrzucker an Englands Rohzuckerimporten (in Tonnen und Prozent)1875-1899

Jahr	Rohrzucker (1) absolut in t	1/3 %	Rübenzucker (2) absolut in t	2/3 %	Gesamtimporte (3) in t
1875	704.000	86,8	107.000	13,2	811.000
1880	590.000	69,4	260.000	30,6	850.000
1885	561.000	57,8	410.000	42,2	971.000
1890	283.000	36,0	503.000	64,0	786.000
1895	388.000	45,6	463.000	54,4	851.000
1899	186.000	28,4	469.000	71,6	655.000

Quelle: Goizueta 1975, S. 72

Schon 1880 war der kubanische Zucker nahezu ganz vom europäischen Markt verdrängt. Versuche der westindischen Zuckerproduzenten, dem europäischen Protektionismus durch Gegenzölle entgegenzuwirken oder es auf ihre Länder auszudehnen, scheiterten. Einzig die Gegenmaßnahmen der USA hatten einigen Erfolg; die USA subventionierten ab 1890 ihre eigene Zuckerproduktion und antworteten 1897 mit Gegenzöllen in Höhe der oder über den ausländischen Subventionen (Dingley tariff). 1902 wurde das Prämiensystem durch die sogenannte 'Brüsseler Konvention' mit der einzigen Gegenstimme Rußlands abgeschafft.

Die wichtigsten Konsequenzen der Expansion des Rübenzuckers für Kuba waren: 1. die zunehmende Abhängigkeit der kubanischen Zuckerproduktion vom US-Markt als einzige Alternative zum europäischen Markt; 2. der beträchtliche Fall der Zuckerpreise zwischen 1840 und 1894. Die Alternative des US-Zuckermarktes für Kuba ermöglichte es, daß trotz der weitgehenden Verdrängung vom europäischen Markt der Anteil Kubas an der Weltzuckerproduktion von 26 % 1859 - 1860 auf 30 % 1894 - 1895 zunahm, wie Tabelle 4.9 zeigt, während die Bedeutung der gesamten karibischen Inseln in der gleichen Zeit von 51 auf 41 % fiel.

Tabelle 4.9: Anteil Kubas und der karibischen Inseln an der Weltzuckerproduktion 1849 - 1894/5

Jahr	Kuba		Karibische Inseln		Anteil Kubas
	Zucker-produktion t	Anteil an Weltprod. %	Zucker-produktion t	Anteil an Weltprod. %	an d.karibischen Zucker-prod. %
1849[1]		21			
1856[1]		25			
1859-1860[2]	348.157[a]	26	686.755	51	50
1894-1895[2]	1.054.214	30	1.458.342	41	75

Anmerkung: a) Nur Exporte

Quellen: 1) H. Thomas 1971, S.126
2) E. Williams 1973, S. 378

Die Preise für 1 Pfund Rohzucker sanken von 0,080 $ 1835 - 1839 auf 0,023 $ 1895 - 1899, also um 71,25 % (vgl. Tabelle 4.10).

Tabelle 4.10: Preise für Rohzucker (Weltmarkt) und raffinierten Zucker(in den USA): 1825 - 1829 bis 1895 - 1899 (in Dollar pro Pfund)

Jahr	Weltmarktpreis für Rohzucker (Durchschnitt pro Jahrfünft, in $/Pfund)	Preis für raffinierten Zucker in den USA (Durchschnitt pro Jahrfünft, in $/Pfund)
1825-29	.067	.084
1830-34	.057	.067
1835-39	.080	.075
1840-44	.078	.056
1847	.057	.077
1850-54	.054	.072
1855-59	.056	.093
1860-64	.053	.134
1865-69	.045	.171
1870-74	.051	.122
1875-79	.045	.100
1880-84	.042	.090
1885-89	.028	.067
1890-94	.030	.052
1895-99	.023	.046

Quelle: Goizueta 1975, S. 74

Ursache und Folge der sinkenden Zuckerpreise waren technologische Innovationen in der Zuckerindustrie. Um international gegenüber der technologisch fortgeschritteneren Rübenzuckerindustrie konkurrenzfähig zu bleiben, mußte die kubanische Zuckerindustrie ebenfalls neue Produktionsmethoden einführen und die Produktionskapazität ihrer Mühlen zur Senkung der Produktionskosten erhöhen. Schon in den 30er Jahren wurde mit den ersten Vakuumboilern experimentiert[122]. Diese waren in der Rübenzuckerindustrie entstanden und wurden von europäischen Firmen (Derosne, Rillieux) den spezifischen Bedingungen der Zuckerrohrverarbeitung angepaßt. 1842 entstand die erste vollindustrielle

Zuckerfabrik Kubas, mit einem von Derosne selbst installierten Vakuumboiler, in der alle Prozesse der Zuckerherstellung integriert waren. Die Dampfmaschine diente jetzt nicht mehr nur zum Mahlen, sondern auch zum Kochen, Verdampfen und zur Reinigung des Zuckers. Dadurch genügte eine Dampfmaschine für den gesamten Produktionsprozeß. Die Einführung des Vakuumboilers rationalisierte den Prozeß der Kristallisierung des Zuckers, indem er - wegen der niedrigeren Temperatur - die Steigerung des Zuckerertrags und die Reduktion der Produktionszeit ermöglichte, so daß der industrielle Zuckerertrag von 2,5 - 3 t auf 5 - 6 t aus 100 t Zuckerrohr stieg. Der Vakuumboiler erforderte nur einen weißen Lohnabhängigen zur Bedienung, sparte Sklaven, da die Produktivität pro Sklave von 2 t auf 4,5 t gesteigert werden konnte und erhöhte die Qualität des Zuckers, der dadurch auf dem Weltmarkt einen höheren Preis erzielte. Außerdem erleichterten die Derosne-Maschinen das Raffinieren von Zucker in Kuba. Einige industrialisierten Zuckermühlen gingen dazu über, den Rohzucker weniger entwickelter Kleinmanufakturen zu raffinieren. Die Einführung der Zentrifuge ab 1850 rationalisierte den Prozeß der Trennung von Melasse und Kristallzucker; die zur Reinigung notwendige Zeit reduzierte sich von einem Monat auf einige Stunden[123].

Der Kauf moderner Maschinen schlug sich in höheren Kosten für Maschinerie und Gebäude nieder. Der Wert aller in Kuba installierten Ausrüstungen stieg von 68 Mio $ 1830 auf 150 Mio $ 1859, der der Gebäude in der gleichen Zeit von 22,9 Mio $ auf 30 Mio $. Trotz dieser Verdoppelung des absoluten Werts der Maschinen sank in der gleichen Zeit ihr prozentualer Anteil an den Gesamtkosten wegen der höheren Sklavenpreise von 8,75 auf 8,3 %[124]. Als Folge des Einsatzes moderner Technologie verfünffachten sich die Gewinne bei gleichen (monetären) Investitionen zwischen 1830 und 1860, da die gesamten Einnahmen schneller stiegen als die laufenden und die Investitionskosten[125].

Diese phänomenale Entwicklung der Gewinne erweckt den Eindruck allgemeiner Prosperität, traf aber nur auf die Zuckermühlen zu, die die beschriebene moderne Technologie einsetzten. Das waren am Anfang nur wenige; die Zentrifuge konnte von noch weniger hacendados gekauft werden als der Vakuumboiler. 1860 besaßen nur 64 von 1365 ingenios die modernste Maschinerie. Diese 64 produzierten allein 76.276 t von 515.741 t Zucker, d.h. 4,7 % der Mühlen produzierten 14,7 % des gesamten kubanischen Zuckers. Die kubanische Zuckerindustrie war Mitte des 19. Jahrhunderts also durchaus nicht homogen, sondern bestand aus Mühlen mit sehr unterschiedlicher Technologie und Produktionskapazität (vgl. Tabelle 4.11). Es existierten"einige kleine trapiches mit ungefähr 10 Sklaven; einige größere Mühlen mit Viehantrieb und Mühlen in verschiedenen Etappen der Mechanisierung - die alle verschiedene Zuckersorten produzierten und jetzt tatsächlich 5 verschiedene Arten Zuckerrohr verarbeiteten."[126] Angesichts des geringeren Zuckerertrags der(Halb-)Manufakturbetriebe und der schlechteren Qualität ihres weißen Zuckers wurde es für diese ökonomisch, sich auf die Herstellung des minderwertigen Muscovado zu spezialisieren. Dieser Gegensatz von unproduktiven Zuckermanufakturen und moderner Zuckerindustrie beruhte auf dem Gegensatz von Sklaverei und freier Lohnarbeit. Mit dem Ende der Sklaverei führte ein rasanter Konzentrationsprozeß zur Eliminierung der Manufakturen und zu einer relativen Homogenisierung der Zuckerindustrie.

Die Anwendung der Derosne-Maschine und später der Zentrifuge verursachte ab 1840 eine Krise der kubanischen Zuckersklavenmanufaktur. Die Sklavenmanufaktur hatte zu wählen zwischen ihrem Ruin oder der Anpassung durch Modernisierung an die veränderten Weltmarktbedingungen. Bis 1877, dem Ende des 1. Befreiungskrieges, manövrierten viele Zuckermanufakturen am Rande des Bankrotts mit der illusionären Hoffnung auf Preissteigerungen, bis ihnen der rasante Zentralisationsprozep den Todesstoß versetzte.

Tabelle 4.11: Die Heterogenität der kubanischen Zuckermanufaktur Mitte des 19. Jahrhunderts: Zuckerproduktion, durchschnittliche Produktionskapazität und Zahl der verschiedenen Typen von Zuckermühlen (1860)

Art	Zahl der Mühlen	Anteil d.Mühlen %	Produktionskapazität pro Mühle t Zucker/ Erntezeit	Gesamtproduktion t Zucker	Anteil an der Gesamtproduktion %	Industrieller Zuckerertrag pol.96	Wert der Zuckerproduktion[b] pro 1000 arrobas Zuckerrohr reales
Tierischer Antrieb	359	27,24	113	41.625	8,07	2,25-3,00	135 - 180
Wasserkraft	6	0,45	428	2.567	0,50	-	-
Halbmechanisch[a]	889	67,45	411	395.273	76,64	2,50-3,25	188 - 264
Mechanisch	64	4,86	1.176	76.276	14,79	4,00-5,00	446 - 557

a) Mit Dampfmaschine und Jamaica-train. Zur Vereinfachung wird angenommen, daß die halbmechanisierten Zuckermanufakturen nur minderwertigen muscovado produzierten, obwohl einige auch mit Lehm gereinigten weißen Zucker herstellten. Dies ist insofern realistisch, weil dieser weiße Zucker hinsichtlich Kosten und Qualität nicht mit dem weißen Industrie-Zucker konkurrieren konnte.

b) Der unterschiedliche Wert der Zuckerproduktion der einzelnen Arten von Zuckermühlen reflektiert den unterschiedlichen industriellen Zuckerertrag und die divergierenden Preise der verschiedenen Zuckersorten, die von 14,5 reales für weißen mit Vakuumboiler produzierten Zucker bis zu 6 reales für durchschnittlichen muscovado (nichtraffinierter brauner Manufakturzucker) variierten.

Quelle: Zusammengestellt aus Moreno Fraginals 1976, S. 83f., 127

Einzelne Aspekte und Faktoren dieser Krise der Sklavenmanufaktur waren der relative Mangel an Kapital, die Sklavenarbeit als Hindernis der Industrialisierung der Zuckerproduktion, die Reproduktion der rückständigen Landwirtschaft und die Verknappung der Sklaven:

1. Kapitalmangel

   Die Kosten einer industriellen Zuckerfabrik lagen weit über denen eines Manufakturbetriebes. Nur wenige Besitzer von Zuckermanufakturen konnten sich die industrielle Maschinerie leisten[127], so daß ab 1860 die kapitalkräftigen Sklavenhändler die modernen Zuckermühlen kontrollierten und ab 1878 das US-Kapital in die Zuckerindustrie eindrang. Die abnehmende Rentabilität der Zuckermanufaktur war das Resultat einer Scherenbewegung aus sinkenden Preisen und steigenden Kosten: "Die Großmanufaktur war sehr rentabel, solange die Zuckerweltmarktpreise hoch waren, die Produktqualität konstant war und die Versorgung mit genügend und billigen Sklaven gesichert war."[128]

2. Fehlende soziokulturelle Bedingungen der Mechanisierung

   Die Sklavenmanufaktur erzeugte bei der Mehrheit der Arbeitskräfte nicht die notwendige Motivation und die Fähigkeiten, die für den Betrieb moderner Zuckerfabriken notwendig waren. Die Sklaven waren an einfache Routinearbeit gewöhnt und hatten - verständlicherweise - kein Interesse daran, sich die notwendige Kompetenz für den Betrieb komplexer Anlagen und deren schonende Behandlung anzueignen, denn "auf welche Weise arbeitet der Sklave? Gegen seine Neigung, gegen seinen Willen, aus Furcht vor der Peitsche. Obgleich er nun freilich dazu gezwungen wird zu arbeiten, kann doch niemand auf der Welt ihn zwingen, es mit Nachdenken und Verstand zu tun"[129]. Es fehlten also die soziokulturellen Voraussetzungen für die Industrialisierung der Zuckerproduktion. Die moderne Industrie setzte die freie, spezialisierte Lohnarbeit voraus und war unvereinbar mit dem status quo der Sklavenhaltergesellschaft.

3. Reproduktion der extensiven und arbeitsintensiven Zuckerrohrlandwirtschaft

Ein permanentes Merkmal der Landwirtschaft während der ganzen Geschichte Kubas seit den Anfängen der spanischen Kolonisation bis 1959 war ihr überwiegend extensiver arbeitsintensiver Charakter[130]. Die Gründe für diese, angesichts der allgemeinen globalen Diffusion neuer Technologien erstaunliche und im Verhältnis zur Teilmodernisierung der Zuckerproduktion auf den ersten Blick paradoxe Stagnation der landwirtschaftlichen Techniken lagen in der erstaunlichen natürlichen Fruchtbarkeit, "dem Gebrauch von Sklaven, der Anziehungskraft der kommerziellen Kulturen und der Existenz von Latifundien (und, allgemein, dem Überfluß jungfräulichen Bodens)..."[131]. Neben die strukturelle Heterogenität in der Zuckerindustrie trat die von mechanisierter Zuckerproduktion und rückständiger Zuckerrohrlandwirtschaft.

Der kubanische Boden war und ist für Zuckerrohr außerordentlich geeignet: Zuckerrohr als mehrjährige Pflanze konnte ohne neue Aussaat bis zu 20 Jahren geerntet werden, davon 10 Jahre mit guten Ernten. Da der Boden nicht gedüngt wurde, war er bald ausgelaugt, so daß auf frischem Boden neu angebaut werden mußte. Moreno Fraginals nennt diese Praxis den "Nomadismus der landwirtschaftlichen Betriebe"[132]. Dieses System führte nur so lange nicht zu einer allgemeinen Senkung des Flächenertrags, wie noch jungfräulicher Boden verfügbar war. Der beträchtliche Fall des Zuckerrohrertrags in den letzten 100 Jahren zeigt die Grenze dieser extensiven Nomaden-Landwirtschaft. Die Sklaven hatten wie im industriellen Bereich weder ein Interesse an der, noch die Qualifikation für die Modernisierung der Zuckerrohrlandwirtschaft; sie neigten vielmehr dazu, anfällige landwirtschaftliche Geräte mutwillig zu zerstören oder verkommen zu lassen. Die primitiven Werkzeuge (Pflanzstab, Hacke, Spaten, Machete) waren wegen ihrer absurden Größe und ihres Gewichts unhandlich. Pflügen wurde anfänglich überhaupt als schädlich betrachtet; später wurde aufgrund des Arbeitskräftemangels der sog. kreolische Pflug benutzt, der die Erde mehr aufkratzte als tief umpflügte.

Mit dem Wachstum und der Industrialisierung der Zuckerproduktion traten jedoch zwei neue Probleme auf[133]. Erstens wurde angewichts der gestiegenen Investitionskosten der Mühlen ein Standortwechsel nahezu unmöglich. Zweitens stieg mit der größeren Produktionskapazität gleichzeitig der Bedarf einer Zuckerfabrik an Zuckerrohr. Der Lösung des ersten Problems diente u.a. die institutionelle Trennung von Industrie und Landwirtschaft nach Aufhebung der Sklaverei, so daß diese Schwierigkeit von den Mühlenbesitzern auf die Zuckerrohrbauern abgeschoben wurde. Um den gestiegenen Bedarf der Zuckermühlen zu decken, gab es zwei Alternativen: die Steigerung der Flächenproduktivität durch die Intensivierung der Landwirtschaft oder die Ausdehnung des Liefergebiets mit Hilfe eines ausgedehnten Eisenbahnnetzes. Wegen der dargestellten Widerstände gegen eine wissenschaftliche und mechanisierte Landwirtschaft setzte sich die zweite Möglichkeit durch. Mit der Verbesserung der Stahltechnologie durch die Bessemer-Birne sanken die Preise für Stahlschienen von 166 $ pro 100 Pfund 1867 auf 30 $ nach 1880, so daß sich der Eisenbahnbau erheblich verbilligte und nach 1870 das kubanische Schienennetz schnell expandierte[134].

Versuche, die Zuckerrohrlandwirtschaft auf der Grundlage der Prinzipien der wissenschaftlichen Agrikultur zu intensivieren, scheiterten an sozioökonomischen Barrieren. Die Vorschläge des kubanischen Agronomen Alvaro Reynoso[135] wurden nicht in Kuba, sondern in den USA und in Java in die Praxis umgesetzt, wo sie noch immer als Reynoso-System bekannt sind. J. Hell faßt die Vorschläge von Reynoso so zusammen: "Erhöhung der Bodenfruchtbarkeit, kontinuierliche Forschung, Erneuerung der Produktionsmittel, Bewässerungssysteme, Anwendung der chemischen Düngemittel, Spezialisierung der Plantagenarbeiter"[136]. Experimente z.B. mit von Dampfmaschinen gezogenen Pflügen nach 1860 scheiterten sowohl an der ungenügenden Technologie des Dampfpflugs wie auch an der unzureichenden Bedienung durch die Sklaven. Wegen der stagnierenden Agrartechnologie wurde die Einsparung von Sklaven durch die Mechanisierung der

Zuckerproduktion teilweise wieder aufgehoben: Da durch die Mechanisierung die Produktionskapazität der Mühlen und damit ihr Bedarf an Zuckerrohr stieg, mußten mehr Sklaven in der Zuckerrohrlandwirtschaft beschäftigt werden.

4. Knappe und teure Sklaven

Als nach 1840 und besonders nach 1860 die Sklaven knapper und teurer wurden, trat aus ökonomischen Überlegungen an Stelle des Prinzips, in möglichst kurzer Zeit möglichst viel Arbeit aus den Sklaven herauszuholen, der Grundsatz, die Sklaven nur so stark auszubeuten, daß ihre Reproduktion nicht gefährdet und ihr Arbeitsleben verlängert würde. Diese sogenannte "Humanisierung der Arbeit" sah die Kürzung der Arbeitszeit, die bessere medizinische Versorgung der Sklaven und den Import von mehr weiblichen Sklaven vor, um die kranken Sklaven zu pflegen und durch die natürliche Vermehrung vom Sklavenimport unabhängiger zu werden[137]. Die Konsequenz war die Senkung der jährlichen Arbeitsleistung eines Sklaven und damit der Rentabilität der auf Sklavenarbeit basierenden Manufaktur. Die Plantagenbesitzer orientierten sich gezwungenermaßen an dem Grundsatz der Minimierung der Verluste statt dem der Maximierung des Gewinns.

Unter der Bedingung knapper und teurer Sklaven wurden die kleinen Manufakturen des Ostens rentabler als die Großmanufakturen des Westens, da Sklaven bei ihnen höchstens 50 % der Investitionskosten ausmachten, während es im Westen 50 bis 80 % waren[138]. Im Osten wurde ein relativ kühner Versuch unternommen, die Krise der Manufaktur zu lösen: die hacendados überließen ihren Sklaven kleine Anbauflächen, auf denen sie Subsistenz-, aber auch ein wenig kommerzielle Landwirtschaft betreiben konnten. Durch die Etablierung von kommerziellen Beziehungen zwischen Sklaven und ihren Herren wurde das allein auf direkter, gewaltsamer Unterdrückung beruhende System der Sklaverei durchlöchert. Die Arbeitszeit wurde so stark gekürzt, daß es gelang, den Ertrag pro Stunde Sklavenarbeit zu erhöhen und die Lebenszeit der Werkzeuge zu verlängern. Allgemein wurde ein soziales Klima geschaffen, das den Übergang von der Sklaven- zur Lohnarbeit erleichterte. Die Lohnarbeit begann mit steigenden Sklavenpreisen auch ökonomisch attraktiver zu werden, während um 1840 Lohnarbeiter noch doppelt so teuer wie Sklaven waren[139].

Man versuchte zunächst, das Problem der Arbeitskräfteknappheit durch den Einsatz von Lohnarbeitern im Maschinenhaus und durch den Import chinesischer, zum Teil auch mexikanischer Vertragsarbeiter sowie durch Zuchtsklaven zu lösen[140]. Zwischen 1853 und 1874 wurden 125.000 chinesische Arbeiter eingeführt. Formal handelte es sich um Vertragsarbeiter, die sich verpflichteten, gegen kostenlose Überfahrt und für einen Monatslohn von 4 Pesos 8 Jahre lang für den gleichen Unternehmer zu arbeiten. Real waren sie aufgrund der falschen Reiseversprechungen und der Reisebedingungen (die Händler waren meist Sklavenhändler) Vertrags-Sklaven. Sie wurden auch wie Sklaven auf den lokalen Arbeitsmärkten zum Preis von 150 bis 400 Pesos an die Plantagenbesitzer verkauft. Aufgrund ihrer höheren Qualifikation und Geschicklichkeit trugen sie vorübergehend zur Eindämmung des Gegensatzes von technischem Fortschritt und Sklaverei bei: "ihr Wert bestand darin, daß ihre Arbeitskraft es ermöglichte, den technischen Fortschritt voranzutreiben, ohne die freie Lohnarbeit der Negersklaven herstellen zu müssen"[141]. Der Import dieser halbfreien Arbeitskräfte erleichterte den Sklavenherren den Übergang zur Lohnarbeit, weil diese schutzlosen, da sozial und kulturell isolierten Gruppen den Marktpreis der einheimischen Lohnabhängigen drückten.

Ein weiterer Versuch, das Problem der Arbeitskräfteknappheit zu bewältigen, bestand darin, die letzten Etappen des industriellen Produktionsprozesses aufzugeben, um dadurch Sklaven der gleichen Zuckermühle freizusetzen: "In letzter Konsequenz bedeutete das, die Sklaven von der Zuckermühle in die Zuckerrohrlandwirtschaft umzuleiten. Die Zuckermanufaktur verschlang sich selbst."[142]

4.2.6. Der regressive Lösungsversuch der Desmanufaktur der Zuckerproduktion

Angesichts der Krise der Zuckermanufaktur auf Sklavenbasis, der Überlegenheit der industriellen Zuckerbetriebe und der Unmöglichkeit, auf dem Weltmarkt mit dem industriell hergestellten und qualitativ besseren Zucker bei sinkenden Weltmarktpreisen zu konkurrieren, gab es für die manufakturellen Betriebe nur die Alternative selber zu mechanisieren oder Teile der Zuckerherstellung aufzugeben und sich auf die Produktion von Rohzucker zu spezialisieren. Da der Weg der Mechanisierung im Rahmen der Sklavenökonomie verstellt war, blieb nur die Alternative der schrittweisen Desmanufaktur[143]. In letzter Konsequenz bedeutete dies die Abgabe der industriellen Seite der Zuckerproduktion an das ausländische Kapital und der Rückzug der kreolischen Bourgeoisie - mit einigen wenigen Ausnahmen - auf die Zuckerrohrlandwirtschaft. Mit dem Entstehen riesiger industrieller Zuckerfabriken wurden die Rohzucker produzierenden kubanischen teilmechanisierten Großmanufakturen ab 1880 gänzlich eliminiert.

In Europa entwickelten sich Industrie und Landwirtschaft parallel und stimulierten sich gegenseitig. Die Modernisierung der Landwirtschaft setzte Arbeitskräfte für die Industrie frei und versorgte die wachsende städtische Bevölkerung mit Nahrungsmitteln, während die Industrialisierung die allmähliche Mechanisierung der Landwirtschaft und zunehmende Verarbeitung agrarischer Rohstoffe ermöglichte.

In Kuba bestand keine Möglichkeit, beide Sektoren rational zusammenzuführen, da beide Sektoren unterschiedliche Produktionsverhältnisse erforderten: Die Industrie setzte die freie Lohnarbeit voraus; die extensive Landwirtschaft dagegen war durchaus mit Sklavenarbeit vereinbar. Das Konzept der institutionalisierten Arbeitsteilung zwischen industriellen und landwirtschaftlichen Unternehmen war eine defensive Antwort auf die Industrialisierung der Zuckerproduktion und bedeutete den Verzicht auf eine autonome kubanische Industrialisierung unter der Kontrolle der kubanischen Bourgeoisie: "... sie (die Reformisten, d.Verf.)

konzipierten den landwirtschaftlichen Sektor nicht als grundlegende Ergänzung der Großindustrie, sondern im Gegensatz zur Großindustrie".[144] Die Landwirtschaft und die Manufaktur wären für Kuba geeignet, weil sie mit Sklavenarbeit und Kleineigentum vereinbar waren, die auf Lohnarbeit basierende kapitalistische Großindustrie dagegen nicht. Mit dem Scheinargument, tropische Länder könnten sich nicht industrialisieren, begründete die reformistische Zuckermanufaktur ihre Selbstbeschränkung auf den Export von Rohzucker, ihre 'freiwillige' Integration in eine ungleiche internationale Arbeitsteilung und die Trennung von Zuckerindustrie und Zuckerrohrlandwirtschaft. Der Unterschied zu dem ursprünglichen Impuls, das ganze Spektrum der Zuckerproduktion in Kuba durchzuführen und Zucker nur als Endprodukt zu exportieren, ist eklatant.

Die Idee der Desmanufaktur wurde ab 1830 von reformistischen Ideologen propagiert. Kleinfabriken sollten das Zuckerrohr nur noch grob verarbeiten, um ein transport- und exportfähiges Produkt zu erhalten. Mit der Desmanufaktur wollte man vier Ziele erreichen: 1. den Arbeitskräftemangel lindern, 2. die Produktionskosten senken, 3. den Produktionsprozeß vereinfachen und die Etappen eliminieren, wo der meiste Zuckergehalt verlorenging[145], und 4. der Konkurrenz der europäischen Zuckerindustrie ausweichen[146]. Das Raffinieren des Zuckers, d.h. die Trennung von Kristallzucker und Melasse vollzog sich in den Zuckermanufakturen allein mit Hilfe des Gesetzes der Schwerkraft, indem man konzentrierten Zuckerrohrsaft durch einen Filter in Bottiche sickern ließ. Dieser Prozeß dauerte lange und lieferte Zucker unterschiedlicher Qualität. Eine typische großmanufakturelle Unternehmenseinheit produzierte in einem Arbeitsgang 575 t raffinierten weißen Zucker, 747,57 t braunen Rohzucker und 920 t konzentrierten Zucker. Angesichts der längeren Dauer, der geringeren Produktivität, der höheren Kosten und der schlechteren Qualität manufakturell im Unterschied zu industriell raffinierten Zuckers gaben die Sklavenmanufakturen schrittweise die letzten Etappen der Zuckerherstellung auf. Die Desmanufaktur begann mit der Kürzung und später vollständigen Eliminierung des Reinigungsprozesses. Aufgrund dieser Selbstbeschränkung und nicht aufgrund technologischer Innovationen reduzierte sich die für die Reinigung benötigte Zeit von 40 Tagen (1800) auf 12 Tage (1840), bis sie zwischen 1850 und 1860, also schon vor der Einführung der Zentrifuge, von vielen Manufakturen ganz aufgegeben wurde, die nur noch konzentrierten Zuckerrohrsaft exportierten. An diesem Punkt der Desmanufaktur hatte man fast die ganze Endetappe der industriellen Zuckerproduktion aufgegeben, in der vorher 30 % des Personals beschäftigt worden waren. Die Zuckerrohrlandwirtschaft machte jetzt 80 % der Kosten der Zuckerproduktion aus. Versuche, unmittelbar Zuckerrohr zu exportieren, scheiterten dagegen an den hohen Transportkosten und dem schnellen Verlust des Zuckergehalts. Die Einführung der Zentrifuge, die die industrielle Produktion von Rohzucker technologisch möglich machte, bedeutete die vollständige Eliminierung der Zuckermanufaktur. Da der Markt für Rohzucker mit dem internationalen Siegeszug industriellen Raffinadezuckers zunehmend auf die Binnennachfrage der armen Kubaner eingeengt wurde, implizierte die Desmanufaktur die Integration der kubanischen Rohzuckerproduktion in einen übergeordneten, vom Endprodukt her organisierten Produktionsprozeß.

Es gelang so zwar, durch die Desmanufaktur die Kosten zu senken und Sklaven einzusparen, aber nur um den Preis der Desintegration der Zuckermanufaktur und der abhängigen Integration in eine ungleiche internationale Arbeitsteilung. Wenn man das phänomenale Wachstum der kubanischen Zuckerproduktion richtig interpretieren will, muß man daher berücksichtigen, daß die kubanische Außenhandelsstatistik dieser Zeit nicht zwischen Zuckerarten unterscheidet. Was auf den ersten Blick als wirtschaftlicher Fortschritt erscheint, entpuppt sich bei genauerer Analyse als technologischer, ökonomischer und sozialer Rückschritt, da ein zunehmender Teil der gesamten Zuckerexporte aus Rohzucker bestand. Das Urteil von Moreno Fraginals scheint insofern berechtigt, daß die Desmanufaktur ein "rückständiges Ideal (war), antiökonomisch, das die vollständige Übergabe der nationalen Volkswirtschaft an das Ausland vorsah und dem historischen Fortschritt eindeutig widersprach"[147].

Mitte des 19. Jahrhunderts war der Versuch,über den Zuckersektor eine nationalkapitalistische Entwicklung durch authochtone technologische Innovationen, die Durchindustrialisierung der Zuckerindustrie und die nationale Nutzung aller ihrer Verarbeitungsmöglichkeiten einzuleiten, gescheitert: "Alle, mit Ausnahme der mechanisierten, Zuckermühlen spezialisierten sich auf die Produktion von Muscovado. ... Arango hatte 1817 versucht, diese Entwicklung zu verhindern. Jetzt, um 1860, war es für diejenigen, die nicht industrialisieren konnten, das beste Geschäft, sich zurückzuentwickeln. ... Zu Beginn des 19. Jahrhunderts war Kuba eine spanische Kolonie, aber es machte seine eigenen Zuckergesetze: insofern war es eine wirtschaftliche Metropole. Um 1860 war es immer noch politisch eine Kolonie, jetzt aber auch wirtschaftlich, die bloß Halbfertigprodukte für die industrialisierten Länder lieferte. Der Baum der Sklaverei hatte seine Früchte getragen."[148]

4.2.7. Der Übergang zu großindustrieller Zuckerproduktion auf der Grundlage von Lohnarbeit und die institutionelle Trennung von Industrie und Landwirtschaft: die Reproduktion der ungleichen internationalen Arbeitsteilung im Zuckersektor in veränderter Form

Die Krise der kubanischen Zuckerindustrie endete nicht mit Ende des 1. Befreiungskrieges, sondern setzte sich in den folgenden Jahren fort. Die wichtigsten Aspekte und Folgen waren der Rückgang der Produktion in den 80er Jahren, ein rasanter Zentralisationsprozeß, die Etablierung der vollkommenen Arbeitsteilung zwischen Zuckerindustrie und -landwirtschaft in Form des colono-Systems und die zunehmende Penetration des US-Kapitals in die Zuckerindustrie.

Nachdem die Zuckerproduktion nur in den letzten drei Jahren des Krieges gefallen war, blieb sie während der ganzen 80er Jahre unter den Resultaten der Jahre 1868-70 (jeweils über 700.000 t jährlich). Erst ab 1891 stieg sie wieder steil an, bis in den Jahren 1894 und 1895 über 1 Mio t erreicht wurden, um dann zwischen 1896 und 1899 auf durchschnittlich unter 300.000 t pro Jahr zu fallen, zum großen Teil als Folge des 2. Befreiungskrieges (1895-98)[149].

Die Ursachen der Krise waren der Ruin eines Teils der kreolischen Zuckeroligarchie durch den Bürgerkrieg und die zunehmende Verschuldung eines Teils der kreolischen Zuckerplantagenbesitzer, die durch das endgültige Ende der Sklaverei (1886) verschärft wurde. Hohe Zinsen (über 12 %, teilweise bis zu 30 %)[150], steigende Kolonialsteuern, ab 1884 abrupt sinkende Zuckerpreise und der Zwang zu Modernisierungsinvestitionen, um auf dem Weltmarkt konkurrieren zu können, ließen die Verschuldung der kreolischen Zuckerbourgeoisie ruinöse Ausmaße annehmen[151]. Außerdem genoß sie seit 1865 nicht mehr das 'privilegio de ingenio'. so daß auch das Produktionskapital, nicht nur das Produkt gepfändet werden konnten. Ab 1884 sanken die Zuckerpreise, die schon seit 1840 gefallen waren, besonders schnell: auf 0,028 $ pro 1 Pfund Rohzucker 1885-89 (Durchschnitt) und sogar 0,023 $ 1895-99 (vgl. Tabelle 4.10). Preise unter 0,03 $ pro Pfund bedeuteten Verluste für einige ineffiziente Mühlen, Preise unter 0,025 $ bedeuteten größere Verluste für eine Vielzahl von ingenios[152].

Um trotz gesunkener Preise rentabel zu produzieren, mußten die Kosten der Zuckerproduktion durch die Modernisierung der Mühlen gesenkt werden. Die vollmechanisierten Zuckermühlen mit verbesserten Rohrpressen, neuen Vakuumapparaten und Zentrifugen steigerten den Zuckerertrag pro 100 t Zuckerrohr von 5 auf 9 - 11 %. Die Produktionskapazität dieser neuen Zentralen konnte ebenfalls von 500 t pro Ernte in den alten ingenios auf 2.500 t bis zu 10.000 t erhöht werden[153]. Die durchschnittlichen Kosten einer Zentrale betrugen ca. 500.000 Pesos, die der größten bis zu 1,5 Mio Pesos. Da viele kreolische Mühlenbesitzer diese Summen nicht aufbringen konnten, sprang häufig das US-Kapital in die Lücke, so daß sich 1896 der US-Zuckerbesitz schon auf 30 Mio $ belief und 10 % des kubanischen Zuckers schon aus diesen US-Mühlen kam. Gleichzeitig wurde der Konzentrationsprozeß in der Zuckerindustrie beschleunigt; die Zahl der Mühlen sank von 1190 1877 auf 207 1899. Das Ende der Sklaverei bedeutete in Kuba das Ende der Zuckermanufaktur.

Die wichtigste Modernisierung war der Ausbau des Eisenbahnnetzes (s.o.). Er hatte drei Konsequenzen: Erstens konnten die Plantagen wegen der Senkung der Transportkosten größer werden; der Lieferbereich für die Mühlen wurde erweitert, so daß auch durch die Revolutionierung der Transporttechnologie die enorme Steigerung der Produktionskapazität möglich wurde. Zweitens konnte der Zucker jetzt auf privaten Eisenbahnlinien in private Docks gebracht werden, so daß die Mühlen von den Großhändlern in Havanna unabhängig wurden. 1895 existierten 350 Meilen private Eisenbahn, 150 Meilen halbprivate und nur 800 Meilen öffentliche Eisenbahnlinien. Drittens wurden nahezu alle Eisenbahnausrüstungen einschließlich der Schienen aus den USA und nicht aus Spanien importiert und von amerikanischen Unternehmen installiert. Nachteile brachte diese Entwicklung für die kleinen Mühlen, die sich keine Eisenbahn leisten konnten, die Zuckerrohrbauern, die durch das Schienennetz auf eine Fabrik fixiert wurden, und das unabhängige Handelskapital, das überflüssig geworden war[154]. Der Ausbau der Eisenbahn war also in Kuba ein Vehikel der Konzentration der Zuckerindustrie, der US-Penetration und einer neuerlichen Ausdehnung des Großgrundbesitzes.

Das wesentliche Merkmal der Zentralen war aber nicht ihre Größe, die hohen Kapitalkosten, die oft ausländische Herkunft des Kapitals, die moderne Technologie und hohe Produktivität, sondern die vollständige Trennung der industriellen und der landwirtschaftlichen Seite der Zuckerproduktion in Form des colono-Systems. Die colonos verpflichteten sich, der Zentrale eine bestimmte Menge Zuckerrohr zu liefern, und erhielten im Austausch dafür einen bestimmten Anteil am Zuckerertrag (arrobaje), der im Durchschnitt zwischen 4 und 5 % lag[155]. Die Anfänge des colono-Systems datierten schon von 1790, auf breiter Ebene wurde es erst ab 1860 eingeführt. 1887 wurden schon 35 bis 40 % der Zuckerrohrernte im colono-System angebaut[156] und sein Anteil an der Gesamtproduktion nahm noch zu; die Zahl der colonos lag 1895 über 15.000[157].

Das colono-System sollte dazu dienen, das seit der Sklavenbefreiung prekäre Problem der Arbeitskräfteknappheit der Zuckerrohrlandwirtschaft zu lösen. Es stimulierte die Immigration: allein zwischen 1882-94 (1888 ausgenommen) kamen 224.000 Spanier in Kuba an, von denen nur 142.000 zurückkehrten[158]. Es löste so partiell den Arbeitskräfteengpaß, der u.a. dadurch entstanden war, daß viele ehemalige Sklaven kein Interesse hatten, die harte, mit dem Stigma der Sklaverei versehene Arbeit auf den Zuckerrohrplantagen auf sich zu nehmen. Das colono-System erlaubte es den Mühlenbesitzern, den teuersten und am schwierigsten zu mechanisierenden Teil der Zuckerproduktion auf die Bauern abzuwälzen und so ihre Investitionen auf die Zuckerindustrie zu konzentrieren[159]. Von den Alternativen, auf riesigen Latifundien mit Lohnarbeitern selbst Zuckerrohr anzubauen oder den Zuckerrohranbau an Bauern zu delegieren, wählten die Zentralen die letztere, u.a. auch deswegen, weil man glaubte, so eine höhere Effizienz der Zuckerrohrlandwirtschaft zu erreichen: Im Gegensatz zu Lohnarbeitern hatten die colonos Interesse an einer möglichst hohen Produktivität pro ha. Das colono-System sollte außerdem die Dezentralisierung der Verwaltung der Zuckerrohrplantagen ermöglichen, dadurch ihre ökonomische Effizienz steigern und die Kultivierung neuer Anbaugebiete erleichtern, weil die colonos nicht so sehr an ihren Standort gebunden waren wie die riesigen, kapitalintensiven Zentralen. Der letzte Vorteil des colono-Systems für die Besitzer der Zuckerzentralen war, daß die colonos faktisch das Risiko für landwirtschaftliche oder geschäftliche Gefahren wie Trockenheit, Feuer, schlechte Zuckerrohrernte und Fall der Preise unter das von der Zentrale zur Zeit des Vertragsabschlusses antizipierte Niveau, übernahmen.

Das colono-System durchlief verschiedene Etappen. Anfangs erhielten die colonos bereits bestehende Pflanzungen zur Pflege; die Zentrale baute ihnen unentgeltlich Hütten und lieh ihnen - ebenfalls ohne Gegenleistung - Pflüge und Ochsen. Nachdem sich das colono-System eingespielt hatte, wurden diese unentgeltlichen Vergünstigungen rückgängig gemacht und mußten mit einem Gewinnabzug bezahlt werden.

Die großen colonos besaßen 1.200 ha und mehr und betrieben kapitalistische Unternehmen, da die unmittelbaren Produzenten Lohnarbeiter waren; typischer waren die kleinen von 10 - 15 besanas (furrocas[160]), die kaum Kapital besaßen und meist Familienbetriebe waren. In der Regel waren nur die großen colonias ein rentables Geschäft, weil die kleinen colonos von den Zentralenbesitzern zu sehr abhängig waren.

Die Abhängigkeit der colonos nahm verschiedene Formen ab. Angesichts der Abwesenheit unabhängiger lokaler Kreditinstitutionen und mangelnder Kontakte zu kommerziellen Zentren waren die colonos von den lokalen Geschäftsleuten, meist den Mühlenbesitzern, finanziell abhängig. Häufig besaßen die Zentralen auch das Land, das die colonos bearbeiteten: Nach dem Zensus von 1899 wurden 40 % der Zuckerrohranbaufläche in Teilpacht bewirtschaftet[161]. Außerdem besaßen die Zentralen ein Verarbeitungs-, Transport- und Vermarktungsmonopol, mit Ausnahme der wenigen Regionen, wo es eine öffentliche Eisenbahn gab. Diese abhängige Situation der colonos bewirkte, daß die Zentralen die Vertragsbedingungen weitgehend bestimmen konnten; sie diktierten Zeitpunkt, Menge und Preis der Ernte. Sie kalkulierten den Preis so, daß ihre Produktionskosten soweit wie möglich gesenkt wurde, ohne den colonos durch zu niedrige Preise den Anreiz zur Produktion zu nehmen.

Zwar mag es zutreffen, daß die colonos mehr Macht als reine Plantagenverwalter besaßen, da sie formal das Zuckerrohr in eigener Regie anbauten, aber andererseits unterschieden sie sich ebenfalls von faktisch unabhängigen Bauern: "Innerhalb des Territoriums der Zentrale erleidet die wirtschaftliche Freiheit ernsthafte Einschränkungen... Der kleine kubanische Landbesitzer, unabhängig und wohlhabend, verschwindet allmählich. Der Bauer wird proletarisiert."[162] Die Situation der colonos war also ambivalent: Einerseits war ihre Produktionssituation die von unabhängigen Warenproduzenten, Parzellenbauern; andererseits waren sie über eine Vielfalt von Marktmechanismen (Bodenpreise, Pacht, Zinsen, Produktionspreise) auf der Ebene der Zirkulation in subalterner Position in die dominierende kapitalistische Produktionsweise integriert. Ihre soziale Lage läßt sich daher wohl angemessener als Teilproletarisierung charakterisieren[163] und ihre Produktionsweise als kapitalisierte Parzellenproduktion im Unterschied zur reinen Parzellenproduktion und zur auf Lohnarbeit basierenden kapitalistischen Produktionsweise[164]. Die Ausbeutung der colonos durch die kapitalistische Produktionsweise wurde in Kuba durch die zum Teil monopolistische Stellung der Zentralen überlagert und verschärft. Während die colonos untereinander um Boden, günstige Lieferverträge und Kredite konkurrierten, hatten einige Zentralen ein Monopol auf dem Boden-, Kredit- und Warenmarkt.

Innerhalb der Zuckerindustrie hat sich im Gegensatz zu anderen Rohrzuckerproduzenten (Argentinien, Brasilien, Perú, Indien), wo große und kleine Zuckermühlen weiter nebeneinander existier(t)en, in Kuba in kurzer Zeit die Zentrale als ausschließliche Produktionseinheit durchgesetzt[165]. Die Etablierung der großen industriellen Zentralen bedeutete die endgültige Zerstörung der alten nationalistischen Zuckeroligarchie. Die Aufhebung des sektoralen Dualismus von Zuckermanufaktur und -industrie bedeutete weder eine vollständige Homogenisierung der Zuckerindustrie noch - und das war entscheidend - die Überwindung der Rolle als Exporteur von Rohzucker. Die strukturelle Heterogenität der Zuckerindustrie und die ungleiche internationale Arbeitsteilung im Zuckersektor wurden auf neuer Stufe in veränderter Form reproduziert. Der determinierende Faktor war jetzt nicht mehr die nationalen Produktionsverhältnisse (die Sklavenmanufaktur!) sondern die internationalen: die direkte oder indirekte Unterordnung unter das US-Kapital, das die Raffinerien, den Transport, die Vermarktung und die Technologie kontrollierte. Insofern hatten auch die - im Vergleich zu den vom US-Kapital betriebenen Zuckerfabriken - kleineren kubanischen Zuckermühlen nicht die Möglichkeit, raffinierten Zucker zu exportieren, obwohl dem wahrscheinlich keine unüberwindlichen finanziellen oder technologischen Hindernisse im Weg standen. Abgesehen davon, daß die Zollpolitik der USA den Import von Rohzucker begünstigte, lief der Zugang zum US-Markt über die monopolistischen US-Raffinerien, die natürlich kein Interesse an unabhängiger kubanischer Konkurrenz hatten[166]. Der Unterschied zu den Sklavenmanufakturen lag allein in der Technologie der Rohzuckerproduktion: In den Zentralen wurde Rohzucker mittels Zentrifugen als homogenes Produkt industriell hergestellt, aber eben nur Rohzucker und kein Fertigprodukt.

Die Implikationen der Etablierung riesiger Zentralen für die Grundbesitzverhältnisse waren nicht eindeutig:einerseits eine neuerliche Ausdehnung des Großgrundbesitzes und andererseits die Vermehrung der Zahl der kleinbäuerlichen Betriebe (colonos). Ab 1890 lag die durchschnittliche Zuckerrohranbaufläche pro Mühle über 1.000 ha; das war eine Verfünffachung des Zuckerrohrbedarfs gegenüber den vollmechanisierten Zuckerfabriken um 1860. Angesichts der Abhängigkeit von den und der Ausbeutung durch die Zentralen und der parallelen Expansion des Latifundiums führte die Vermehrung der Zahl der Kleinbauern nicht zur Vorherrschaft der kleinbäuerlichen Produktionsweise. Die Existenz jungfräulichen fruchtbaren Bodens und die skizzierten Produktionsverhältnisse der Zuckerrohrlandwirtschaft verhinderten eine konsequente Intensivierung der Zuckerrohrlandwirtschaft; diese kam über Ansätze in Form der Einführung des tiefgreifenden Eisenpfluges und den sporadischen Gebrauch natürlichen Düngers nicht hinaus. Das Vorhandensein ehemaliger Sklaven ohne Grundeigentum und später der Import von Fremdarbeitern sicherten ein Heer billiger Arbeitskräfte für die Latifundien der Mühlen und die großen colonias, so daß sich die Versuche zur Mechanisierung der Zuckerrohrernte in Experimenten in Zeiten akuter Arbeitskräfteknappheit im ersten Viertel des 20. Jahrhunderts erschöpften. Die Entwicklung der Produktivkräfte der Zuckerrohrlandwirtschaft blieb weit hinter der der Zuckerindustrie zurück: Trotz der Aufhebung der Sklaverei wurde der extensive und arbeitsintensive Charakter der Zuckerrohrlandwirtschaft nicht überwunden; die sektorale strukturelle Heterogenität von Industrie und Landwirtschaft wurde reproduziert. Die Verbesserung der Technologie der industriellen Zuckerproduktion durch die Einführung von für die Rübenindustrie entwickelten größeren und produktiveren Zentrifugen, Vakuumboilern, Mahlwerken usw. reichte offensichtlich aus, um den Mangel an Industriearbeitern zu mildern und die Produktionskosten der Zuckerproduktion soweit zu senken, daß eine neue Offensive kubanischen Zuckers auf dem Weltmarkt eingeleitet werden konnte.

Die dänische Form eines exportgetriebenen Wachstums um einen agroindustriellen Leitsektor, wie sie noch 1927 von Ramiro Guerra y Sánchez für Kuba propagiert wurde[167], war schon mit der Herausbildung des Zentrale-colono-Systems Ende des 19. Jahrhunderts illusorisch, weil die sozioökonomische Grundlage einer von unabhängigen Kleinbauern intensiv betriebenen Landwirtschaft mit breiter Streuung von Eigentum und Einkommen fehlte. Mit der Etablierung der Zentralen und der neuerlichen Expansion des Latifundiums war einer nationalkapitalistischen Entwicklung mit starken kleinbürgerlichen Akzenten endgültig der Boden entzogen worden.

4.3. Zuckerplantagenwirtschaft, Zuckermonokultur und die Grenzen inkrementeller Diversifizierung

4.3.1. Die Debatte über die Diversifizierung der kubanischen Wirtschaft im 19. Jahrhundert

Seit dem Aufschwung des Zuckersektors Ende des 18. Jahrhunderts steht das Problem, ob Kubas Wirtschaft und Außenhandel auf einem besonders profitablen, da in Kuba mit komparativen natürlichen Kostenvorteilen herzustellenden Produkt aufbauen sollten oder ob und wie Kuba seine Wirtschaft diversifizieren sollte, im Mittelpunkt der kubanischen politischen und wissenschaftlichen Diskussion.

Schon 1807 wies Alexander von Humboldt auf die schädlichen Folgen der Überspezialisierung einiger tropischer Länder auf einige wenige Produkte hin, die zu einem Mangel an Nahrungsmitteln führe. Er plädierte zwar nicht für die Aufgabe der Zucker- und Kaffeeproduktion Kubas, aber dafür, daß diese nicht die Achse der nationalen Existenz bilden sollten[168]. Die Position von Ramón de la Sagra, einem der führenden Befürworter einer autozentrierten kapitalistischen Entwicklung Kubas Mitte des 19. Jahrhunderts, läßt sich folgendermaßen zusammenfassen: a) Verringerung des Imports von Produkten, die in Kuba hergestellt werden können, durch das Wachstum der nationalen Produktion; b) Verringerung der Produktionskosten durch moderne Methoden der Zuckerproduktion; c) Diversifizierung der Landwirtschaft durch den Anbau von Tabak, Anilin, Baumwolle, Vanille usw.; d) den Aufbau ländlicher Industrien auf der Basis einer vielfältigen landwirtschaftlichen Produktion. In einer Antwort an einen Befürworter der Zuckermonokultur hat la Sagra auf deren negative Konsequenzen hingewiesen: "Ein Volk, das sich auf eine einzige Kultur beschränkt, kann weder in der allgemeinen Agrikultur Fortschritte machen, noch in der einheimischen Wirtschaft, noch in anderen Fähigkeiten außer denen, die für diese Branche notwendig sind, noch in anderen Kenntnissen außer denen, die sie erfordert. Der Anbau vielfältiger Produkte ist eine gute Wirtschaftspolitik: Irreparable Verluste können vermieden werden und die landwirtschaftliche Basis expandiert, auf deren Pfeilern man die Struktur der zukünftigen Prosperität aufbauen kann."[169]

Mit der Krise der Zuckerindustrie ab 1840 übernahmen bedeutende politische Vertreter des reformistischen Flügels der Zuckeraristokratie (u.a. Pozos Dulces) die Forderung nach der Diversifizierung der kommerziellen Landwirtschaft[170]; dies sollte allerdings nicht auf Kosten des Zuckersektors geschehen. Später wurde das Programm der Diversifizierung von den Führern der nationalen Befreiungskriege wieder aufgegriffen, u.a. von José Martí: "Ein Volk begeht an dem Tag Selbstmord, an dem es sein Überleben von einem Produkt abhängig macht."[171]

Die Gegenposition, daß die Spezialisierung auf Zucker für Kuba vorteilhaft sei, meist vertreten von Repräsentanten der Zuckeroligarchie, wurde in erster Linie mit den komparativen natürlichen Kostenvorteilen Kubas bei der Zuckerproduktion begründet. Typisch für diese Tendenz ist das folgende Zitat von Arango y Parreño: "Der zivilisierte Mensch, ... der durch die Gewohnheit auf so viele Bedürfnisse geknebelt wird, kann diese weder mit seiner Arbeit noch mit der seiner Mitbürger alle befriedigen. Er muß immer von irgendetwas, häufiger von vielem, das andere Völker und Nationen produzieren, abhängen. Und in diesem Fall und Zustand scheint es, daß der Sektor am produktivsten ist, mit dem man das meiste, das fehlt, erwerben kann."[172]

Die scheinbar einfache kontrapunktische Kontroverse gewinnt an Nuancen, wenn man zwischen verschiedenen Diversifizierungsstrategien unterscheidet: konzentrische Diversifizierung durch die nationale Nutzung der Kopplungseffekte des Zuckersektors als Leitsektor, Diversifizierung der Gesamtwirtschaft auf Kosten der Zuckerproduktion (strukturelle Diversifizierung) und gesamtwirtschaftliche Diversifizierung parallel zum Wachstum der Zuckerproduktion (inkrementelle Diversifizierung). Sowohl de la Sagra als auch Pozos Dulces optierten für eine Strategie inkrementeller Diversifizierung. Soweit mir bekannt, wurde theoretisch überhaupt nicht für eine Konzeption struktureller Diversifizierung plädiert. Und Arango y Parreño vertrat nicht einfach eine Politik der Zuckermonokultur, sondern in Ansätzen ein Modell exportorientierter gesamtwirtschaftlicher Entwicklung um den Zuckersektor als Leitsektor. Beide Positionen waren Reflex verschiedener soziohistorischer Situationen. Arango y Parreño artikulierte die nationalistischen Visionen der aufsteigenden kreolischen Zuckerbourgeoisie; die reformistische Ideologie war die Reaktion auf die Tatsache der Krise und Stagnation der kubanischen Zuckermanufaktur Mitte des 19. Jahrhunderts, als die Forcierung anderer wirtschaftlicher Aktivitäten als Substitut für eine grundlegende Lösung dieser Krise sich anbot. Beide Konzeptionen suggerieren einen falschen

Gegensatz von konzentrischer und inkrementeller Diversifizierung: Arango y Parreño als Repräsentant der Zuckerbourgeoisie optierte für die absolute Priorität des Zuckersektors, wenn notwendig auch auf Kosten anderer Branchen, während die von den Reformisten vertretene Strategie der Desmanufaktur den Verzicht auf fundamentale Verarbeitungsmöglichkeiten und die Industrialisierung der Zuckerproduktion bedeutete. Die Konzeption der aufsteigenden Zuckerbourgeoisie war insofern kühner, als sie die Perspektive einer allgemeinen nationalkapitalistischen Industrialisierung Kubas nicht ausschloß, wohingegen die Ideologie der Reformisten, zumindest in der von Pozos Dulces vertretenen Version, aufgrund ihrer kleinbürgerlichen Elemente und ihrer ambivalenten Haltung zur Sklaverei die Diversifizierung wesentlich auf die Entwicklung von Plantagenprodukten,einer kleinbäuerlichen Landwirtschaft, der Manufaktur und von Kleinindustrien beschränkte[173]. Das Wachstum der Tabakproduktion und besonders der modernen Industrie wäre nur auf der Grundlage freier Lohnarbeit möglich gewesen. Außerdem wurde die institutionalisierte soziopolitische Hegemonie der Zuckeroligarchie, das entscheidende Hindernis gesamtwirtschaftlicher Diversifizierung, nicht prinzipiell in Frage gestellt. Sowohl die Strategie konzentrischer als auch die inkrementeller Diversifizierung scheiterten letztlich an den Produktionsverhältnissen der dominanten, auf Sklavenarbeit basierenden,kapitalistischen Plantagenwirtschaft.

4.3.2. Akkumulation von Reichtum und sektorales Wachstum ohne Entwicklung

Vom Ende des 18. Jahrhunderts bis 1900 lassen sich grob zwei Phasen des Wachstums der kubanischen Gesamtwirtschaft unterscheiden: 1. eine erste Periode schnellen und relativ diversifizierten Wachstums, die mit Beginn des ersten Befreiungskrieges (1868) ihr Ende fand, 2. danach bis 1900 eine Periode allgemeiner Stagnation (mit Ausnahme eines kurzen Zuckerbooms 1890-94) und der Konsolidierung und Expansion der Zuckermonokultur.

Die erste Hälfte des 19. Jahrhunderts war eine Periode ökonomischer Prosperität. Während dieser Zeit war Kuba die reichste Kolonie der Welt[174], Die Zuckerproduktion stieg von 18.500 t 1792 auf fast 750.000 t 1868. Kubas Anteil am Zuckerweltmarkt stieg von ungefähr 20 % 1840 auf 30 % 1868. Das Ausmaß des Wachstums des Zuckersektors in dieser Periode wird besonders augenfällig, wenn man die Pro-Kopf-Produktion von Zucker 1894 und 1960 vergleicht: Diese wurde in diesem Zeitraum nur relativ geringfügig von 0,62 t auf 0,86 t gesteigert[175].

Aber nicht nur der Zuckersektor expandierte; die Kaffeeexporte wuchsen ebenfalls von 1.577 t 1808 auf 24.651 t 1840. Ab 1845 sanken sie sturzartig auf knapp 6.000 t im Jahresdurchschnitt, oft noch weniger[176]. Vom Ende des Jahrzehnts nach 1820 bis zum Jahrzehnt von 1850 stieg das Importvolumen um 113 %; in der gleichen Zeit verdoppelten sich die Gesamtexporte.

Gemessen in gesamtwirtschaftlichen, aggregierten Daten (Einkommensniveau, Wachstumsraten usw.) übertraf Kuba seine politische Metropole Spanien bei weitem[177] und selbst im Vergleich mit den Zentren schnitt Kuba in mancher Hinsicht gut ab. Die Pro-Kopf-Investitionen in der Landwirtschaft waren höher als in Frankreich und England, und das landwirtschaftliche Brutto- und Nettoprodukt war größer als in den meisten europäischen Staaten[178]. Da die Viehzucht auch im 19. Jahrhundert eine der Hauptquellen des kubanischen Reichtums und die größte für den Binnenmarkt produzierende Branche war, war der Fleischkonsum besonders hoch: In Havanna-Stadt lag er bei 148 spanischen Pfund pro Kopf im Vergleich zu nur 22 Pfund in Spanien, 86 Pfund in Paris und 143 Pfund in London[179].

Diese globalen Daten sagen natürlich nichts aus über den Lebensstandard der verschiedenen sozialen Klassen und Schichten. Vielmehr läßt sich eine außerordentliche Konzentration des Reichtums und soziale Polarisierung feststellen. Der Reichtum der Wenigen, die zu verschwenderischem, ostentativem Luxuskonsum neigten, war auf dem Elend der Massen, besonders der Sklaven, aufgebaut:

"Die Sklaven lebten in Elendsquartieren, während ca. 1.500 Plantagenbesitzer und ihre Familien so gut lebten wie vergleichbare Gruppen in Europa oder dern USA zu dieser Zeit."[180] Nach Lopez-Segrera eigneten sich ca. 0,3 % der Bevölkerung (1.000 wohlhabende Familien) 40 bis 50 Mio Pesos an, d.h. zwischen 13 und 17 % des Nationalprodukts von 300 Mio Pesos, während sich die 300.000 anderen Familien den Rest teilen mußten[181].

1868 war Kuba keine traditionelle Gesellschaft von Viehzüchtern und Bauern, wie noch vor 1762, sondern hatte - nach Rostows Theorie der Stadien des wirtschaftlichen Wachstums - die Phase erreicht, in der die Voraussetzungen des wirtschaftlichen Wachstums gelegt werden, allerdings noch nicht die Phase des kontinuierlichen, sich selbst erhaltenden Wachstums[182]: In Kuba agierten moderne, d.h. bürgerlich orientierte kulturelle Minoritäten; ein Teil der bedeutendsten nationalen Industrie, der Zuckerindustrie, arbeitete mit modernster Technologie; das wirtschaftliche Wachstum war schnell genug, um das Bevölkerungswachstum und die Immigration zu absorbieren; die Eisenbahn wurde in Kuba nur ein Jahrzehnt nach ihrer Erfindung eingeführt; noch lagen die Besitztümer des Zuckersektors zum großen Teil in kubanischen Händen; politisch existierte eine Gegenelite, die entschlossen war, die politische Macht zu erobern, um Kuba entsprechend seiner nationalen Bedürfnisse zu regieren.

Aufgrund dieser günstigen Bedingungen hätte man erwarten können, daß die Zuckerindustrie als Leitsektor über eine Vielzahl von Mechanismen (Akkumulation von Kapital über den Außenhandel, Kopplungs-, Ausbreitungs- und Lerneffekte) wirtschaftliche und technologische Fortschritte in anderen Sektoren hätte einleiten können, um das wirtschaftliche Wachstum auf eine breitere Basis zu stellen. Doch die Erwartungen wurden nicht erfüllt. Der Beginn des 1. Befreiungskrieges (1868) leitete eine Phase ökonomischer Stagnation, teilweise sogar ökonomischen Rückschritts ein, die - mit einer kurzen Unterbrechung zwischen 1890 -94 - bis zum Ende der spanischen Kolonialherrschaft andauerte.

Die Zuckerproduktion und fast alle anderen Branchen stagnierten.[189] Allein die Viehzucht konnte zwischen 1878 und 1895 ein beachtliches Wachstum verzeichnen, bevor sie durch den 2. Befreiungskrieg stark zerstört wurde; der gesamte Viehbestand sank von ca. 3.720.000 Stück auf ca. 872.000 am Ende des Krieges.[184] Die wirtschaftliche Stagnation läßt sich nur zum Teil durch kontingente historische Faktoren erklären: durch die Zerstörungen der beiden Unabhängigkeitskriege, den Ruin der Kaffeeindustrie, die ungünstige Entwicklung auf dem Zuckerweltmarkt und die verschärfte Ausbeutung durch die spanische Steuerpolitik. Letztlich verweist sie auf die fundamentale Tatsache, daß das rasante sektorale Wachstum der Zuckerindustrie nicht ein sich selbst tragendes gesamtwirtschaftliches Wachstum erzeugt hat. Das gesamtwirtschaftliche Wachstum wurde wesentlich durch das Wachstum der Zuckerproduktion determiniert.Da die Blockierung konzentrischer Diversifizierung und die Strukturkrise der Zuckerindustrie schon in dem Kapitel über deren Entwicklung ausführlich behandelt worden sind, steht im folgenden die Frage nach den Dimensionen der Zuckermonokultur, dem Ausmaß und den Grenzen inkrementeller Diversifizierung im Mittelpunkt.

4.3.3. Genesis einer monokulturell deformierten Zuckerplantagenwirtschaft und die Voraussetzungen und Grenzen inkrementeller Diversifizierung

Die Tendenz zur wachsenden Vorherrschaft des Zuckers in der Gesamtwirtschaft läßt sich anhand verschiedener Indikatoren eindeutig dokumentieren. Der Anteil des Zuckers am Wert der landwirtschaftlichen Produktion stieg von 28,3 % 1831 auf 64,5 % 1863 (vgl. Tabelle 4.12). Gleichzeitig stieg der Anteil der landwirtschaftlichen Trilogie, der drei Hauptpfeiler des Ackerbaus (Zucker, Kaffee, Tabak) von 44,3 % (1831) auf 83 % (1863).

Tabelle 4.13 zeigt, daß der Anteil des Zuckerrohrs an der kultivierten Anbaufläche ebenfalls - wenn auch in geringerem Ausmaß - von 11 % Ende der 30er Jahre des 19. Jahrhunderts auf 50 % 1899 wuchs. Der Anteil der Trilogie expandierte von 26 % Ende der 30er Jahre auf 70,7 % (1863) und fiel bis 1899 leicht auf 61,4 %.

Tabelle 4.12: Sektorale Verteilung des Werts der landwirtschaftlichen Produktion: 1831, 1842, 1863 (ohne Viehzucht)

	1831 in Tsd Pesos fuertes	1831 in %	1842 in Tsd Pesos fuertes	1842 in %	1863 in Tsd Pesos fuertes	1863 in %
Zucker u. Nebenprodukte (Rum, Melasse)	8.862,9	28,3	14.240,0	36,5	6.764,0	64,5
Kaffee	4.325,3	13,8	4.500,0	11,5	2.523,3	2,4
Tabak	681,2	2,2	1.226,2	3,1	16.912,5	16,1
Trilogie (Zucker, Kaffee, Tabak)		44,3		51,1		83,0
Knollenfrüchte	11.475,7	36,8	12.622,6	32,4	1.794,4	1,7
Verschiedenes[1]	5.890,2	18,9	5.978,2	16,7	16.015,6	15,3
Gesamt	31.234,0	100,0	39.030,8	100,0	104.886,8	100,0

1) Die Relationen verschieben sich ein wenig, wenn man unter der Rubrik 'Verschiedenes' zusätzlich Futter, Holzkohle und Waldprodukte berücksichtigt. Dann erhält man für 1830 einen Anteil von 22 % von 'Verschiedenes' an den Produkten (vgl. CERP 1965, S. 65).

Quelle: Goizueta 1975, S. 7, 8

Tabelle 4.13: Verteilung der kultivierten Anbaufläche auf die landwirtschaftlichen Sektoren: ca.1839, 1863, 1899

	ca.1839[1] in ha	ca.1839[1] in %	1863[2] in ha	1863[2] in %	1899[2] in ha	1899[2] in %
Zuckerrohr	72.293	11	287.307	46,9	167.751	50,0
Kaffee	77.197	12	35.640	5,8	5.549	1,6
Tabak	18.613	3	110.241	18,0	33.089	9,8
Trilogie		26		70,7		61,4
Knollenfrüchte	344.809[b]	52	22.599	3,5	65.408	19,5
Verschiedenes[a]			156.492	25,8	63.464	19,1
Viehzucht	146.757	22				
Gesamt	512.898[c]	100	612.279	100,0	335.261	100

a) Schließt ein: Bananen, Kakao, Mais, Seide, Reis, Gemüse, Bohnen
b) Knollenfrüchte und Verschiedenes zusammen als 'small crops'
c) Ohne Viehzucht. Mit Viehzucht 659.655,2 ha

Quellen: 1) CERP 1965, S.63
2) Goizueta 1975, S. 9, 15

Die wachsende Dominanz des Zuckersektors schlug sich auch in der sektoralen Verteilung der Investitionen in Böden, Gebäude und Ausrüstungen nieder: Der Anteil des Zuckers stieg von 35,2 % (1831) auf 62,3 % (1882). Der Prozentsatz der Trilogie wuchs von 59,5 % (1831) auf 72,6 % (1882) (vgl. Tabelle 4.14). Die Entwicklung des Anteils des Zuckers an den Exporten unterscheidet sich insofern ein wenig, als hier keine linear aufsteigende Tendenz wirksam ist. Er stieg auf 75 % 1865 und 82,7 % 1870 - 1874 (Durchschnitt), fällt dann aber auf 57,7 % 1890 - 94. Immerhin liegt der durchschnittliche Anteil zwischen 1870 und 1894 mit knapp 66 % noch weit über 50 %[185]. Die relative Abnahme des Zuckerexports an den Gesamtexporten war offensichtlich die Folge der Krise der kubanischen Zuckerindustrie.

Das Wachstumstempo der Zuckerproduktion war also so immens im Verhältnis zu dem der anderen Branchen, daß der Zuckersektor schon in der ersten Hälfte des 19. Jahrhunderts zum größten und nach 1850 zum eindeutig dominierenden Sektor der kubanischen Wirtschaft wurde. Sozioökonomisch bedeutete das die Dominanz der Plantagenwirtschaft ab Mitte des 19. Jahrhunderts, besonders wenn man berücksichtigt, daß neben Zucker auch der Kaffee auf kleineren Plantagen angebaut wurde. Neben dem Zucker spielten nur noch wenige andere, meist ebenfalls exportorientierte Branchen, zuerst Kaffee und Tabak, nach 1845 nur noch Tabak eine gesamtwirtschaftlich wichtige Rolle. Die einzige größere für den Binnenmarkt produzierende Branche war die Viehzucht.

Trotz der baldigen Vorherrschaft des Zuckersektors besaß Kuba eine einigermaßen diversifizierte Landwirtschaft, da andere kommerzielle Kulturen (Kaffee, Tabak, Viehzucht) und die Nahrungsmittelproduktion, meist von Kleinbauern betrieben, lange Zeit parallel zur Zuckerproduktion expandierten. Noch 1830 war der Wert der Viehproduktion gleich dem der Zuckerproduktion[186] und Ende der 30er Jahre hatte die Viehzucht mit 22 % der gesamten Anbaufläche noch doppelt so viel Fläche zur Verfügung wie Zuckerrohr (vgl. Tabelle 4.11).

Tabelle 4.14: Sektorale Verteilung der agroindustriellen Investitionen in Boden, Gebäude und Ausrüstungen: 1831, 1842, 1863, 1882 (in 1000 Pesos)

	1831		1842		1863		1882	
	in 1000 Pesos	in %	in 1000 Pesos	in %	in 1000 Pesos	in %	in 1000 Pesos	in %
Zucker	52.785,5	35,2	85.000,0	43,8	222.035,7	58,3	141.485,1	62,3
Kaffee	33.800,5	22,5	39.600,0	20,4	24.547,3	6,5	3.210,5	1,4
Tabak	2.567,4	1,8	4.233,7	2,2	18.468,5	4,9	20.098,0	8,9
Trilogie		59,5		66,4		69,7		72,6
Andere	60.846,6	40,5	62.271,9	33,6	115.502,3	30,3	62.215,6	27,4
Gesamt	150.000,0	100,0		100		100		100

Quelle: Goizueta 1975, S. 132, 133

Das Wachstum der Nichtzuckerlandwirtschaft schlug sich in der Vermehrung der Zahl der Produktionseinheiten bis 1862 bei Tabak, Viehzucht und Nahrungsmittellandwirtschaft, mit Ausnahme von Kaffee, nieder. Nach den Verwüstungen des 1. Befreiungskrieges wurde diese Tendenz des Wachstums der Produktionseinheiten in diesen Sektoren, von einer reduzierten Basis ausgehend, bis zum Ende des Jahrhunderts wieder aufgenommen, ohne daß der Stand von 1862 wieder erreicht worden wäre (vgl. Tabelle 4.15).

Tabelle 4.15: Entwicklung der Zahl der landwirtschaftlichen Produktionseinheiten außerhalb des Zuckersektors: 1827 - 1894

Jahr	Tabak-farmen	Kaffee-farmen	Viehzucht-betriebe	Kleine Landwirtschaftsbetriebe und Plantagen
1827	5.534	2.067	3.098	13.973
1846	9.102	1.670	4.388	25.292
1862	11.542	782	6.175	34.546
1877	4.515	192	3.172	17.906
1881	9.715	209	4.925	23.146
1894	8.875	191		23.238

Quelle: CERP 1965, S. 67

Im Gegensatz zu den britischen und französischen westindischen Zuckerkolonien wurde in Kuba auch nie die absolute Mehrzahl der Sklaven auf den Zuckerplantagen beschäftigt. Dennoch stieg ihr Anteil von 25 % aller Sklaven 1825 auf 40 % 1861 (vgl. Tabelle 4.16). Selbst auf dem Höhepunkt der Zuckerplantagenwirtschaft bildeten die Sklaven insgesamt keine Mehrheit der Bevölkerung: Ihr höchster Anteil an der Gesamtbevölkerung betrug 40,77 % 1841. Der Anteil der freien Farbigen war mit durchschnittlich 16 % sehr hoch (vgl. Tabelle 4.5). Diese und ein Teil der städtischen Sklaven erlangten angesichts des anfänglichen Mangels weißer Immigranten während der ersten beiden Jahrhunderte eine dominierende Stellung auf dem Arbeitsmarkt[187]. Sie wurden in vielen qualifizierten städtischen Berufen (Dienstleistungen, Handwerk, Kleinindustrie) unersetzbar.

Tabelle 4.16: Verteilung der Sklaven auf Stadt, Land und Produktionssektoren: 1825, 1841, 1861

	1825[1]		1841		1861[3]	
	absolut	%	absolut	%	absolut	%
Exportkulturen	140.000	50,2				
Zuckerrohrplantagen	66.000	23,6	116.735[3]	26,7	150.000	40,0
Stadt	73.000	26,2				20
Sklaven insgesamt	279.000	100	436.495		370.553	

Quellen: 1) López-Segrera 1972, S. 131
2) Klein 1967, S. 154
3) López-Segrera 1972, S. 133f. Dagegen arbeiteten nach F.W. Knight auf dem Höhepunkt der Zuckerplantagenwirtschaft auf Sklavenbasis 80 % der Sklaven auf dem Lande und 60 % auf Zuckerrohrplantagen. Nach Mintz 1972, S. 143

Im Gegensatz zu den britischen und französischen Antillen bedeutete der Aufschwung der Zuckerproduktion im 19. Jahrhundert (noch) nicht die Verwandlung Kubas in eine riesige Zuckerplantage. Die Zuckerplantagenwirtschaft wurde zwar zur dominierenden, aber nicht zur ausschließlichen Produktionsweise und prägte die Wirtschafts- und Sozialstruktur nicht vollständig[188]. Die Gründe dafür waren die Besonderheiten der spanischen Kolonialmetropole, die relativ diversifizierte Entwicklung vor 1762, die noch beschränkte Größe der Zuckerplantagen und das erhebliche Potential ungenutzter Agrarfläche.

Im Gegensatz zu den entstehenden industriekapitalistischen Zentren (England, Frankreich) hatte der spanische Handelskapitalismus kein Interesse an der systematischen Ausbeutung landwirtschaftlicher und industrieller Rohstoffe für die eigene Industrie; das Wachstum der kubanischen Zuckerindustrie wäre ohne Wirtschaftsbeziehungen zu den anderen Metropolen unmöglich gewesen. Selbst nach der Liberalisierung des Handels (1818) beschränkte das gestaffelte Zollsystem den freien Austausch Kubas mit nicht-spanischen Nationen und damit die Entwicklung der Plantagenwirtschaft, die sich erst mit dem Ende des spanischen Kolonialismus ungezügelt entfalten konnte.

Die relativ autonome Entwicklung Kubas im 17. Jahrhundert schuf Klassen von Viehzüchtern und Kleinbauern, die sich der totalen Aneignung des Bodens durch die Zuckerrohrplantagen widersetzten und einen sozioökonomischen Gegenpol zu diesen bildeten. Außerdem lag der Bedarf an Zuckerrohranbaufläche der mechanisierten Mühlen Mitte des 19. Jahrhunderts mit 200 bis 500 ha noch weit unter dem der Zentralen, die um 1925 im Durchschnitt über 12.000 ha Erntefläche benötigten. Die beiden Zentralen der United Fruit Company besaßen jeweils ca. 57.000 ha[189]. Die begrenzte Produktionskapazität der alten Zuckerfabriken erlaubte noch einen höheren Grad regionaler Diversifizierung der Agrarstruktur.

Entscheidende Voraussetzung dafür, daß das Wachstum der Zuckerproduktion das Wachstum anderer landwirtschaftlicher Kulturen nicht ausschloß, war die noch geringe Bevölkerungsdichte pro potentieller Agrarfläche. Trotz der extensiven Form der Bewirtschaftung war das Arbeitskräftepotential bei einer Bevölkerung von knapp 1,4 Mio 1862 zu gering, um die gesamte potentielle Agrarfläche von damals noch sicherlich mehr als 6 Mio ha bearbeiten zu können. Die kultivierte Fläche betrug zu dieser Zeit maximal 1 Mio ha[190]. Die Tabakbauern und andere Kulturen wurden durch die Expansion und Wanderung der Zuckerrohrplantagen zwar aus ihren ehemaligen Anbaugebieten und zum Teil von den besten Böden verdrängt, konnten sich jedoch in für die Zuckermühlen weniger interessanten Regionen wieder ansiedeln. Sie wurden verdrängt, aber nicht eliminiert. Der Vorteil Kubas gegenüber den anderen Antillen bestand in dieser Hinsicht in der simplen agrargeographischen Tatsache einer größeren landwirtschaftlich nutzbaren Fläche. Kuba ist mit gut 1 Mio ha, von denen ein großer Teil fruchtbar und relativ eben ist, 10mal größer als Jamaica, das schon zu den größeren karibischen Inseln zählt.

Trotz dieser günstigen natürlichen Bedingung blieb das Ausmaß inkrementeller Diversifizierung, auch der landwirtschaftlichen, weit hinter ihren Möglichkeiten, weil es durch die Hegemonie

des Zuckersektors und seine ineffiziente Nutzung der Produktionsfaktoren sowie durch die Interessen des spanischen Kolonialismus künstlich beschränkt wurde. Zum Teil wurde die Entwicklung anderer wirtschaftlicher Aktivitäten durch ihre Komplementarität zur Zuckerproduktion bestimmt. Soweit um knappe Ressourcen konkurriert wurde, konnte sich die Zuckerindustrie aufgrund ihrer größeren Profitabilität und ihrer politisch-sozialen Vormachtstellung durchsetzen. Unmittelbar komplementär für die Zuckermanufakturen war ein großer Teil der Viehzucht: Sie ernährte die Sklaven mit Pökelfleisch und lieferte die notwendigen Zugtiere. Die großen Mühlen benötigten um 1850 ca. 300 bis 400 Gespanne. Weil genug Weidefläche vorhanden und Arbeitskräfte knapp waren, wurde die Viehzucht wie die Zuckerrohrlandwirtschaft mit extensiven Methoden betrieben[191]. In anderer Weise wurde ein Teil der Subsistenzlandwirtschaft durch die Dynamik der Zuckerplantagenwirtschaft bestimmt.
Die Expansion des Zuckersektors im Westen nach 1762 hatte die Zuckerplantagen als diversifizierte, relativ autarke ökonomische Einheiten zerstört, weil die Parzellen der Sklaven (conucos) im Vergleich zur Zuckerproduktion unproduktiv geworden waren und die Sklaven wegen der stärkeren Ausbeutung keine Zeit mehr für ihre Bestellung hatten. Teile der Zuckerplantagenbesitzer des Ostens reagierten auf die Zuckerkrise ab 1840, indem sie die Arbeitszeit der Sklaven wieder verkürzten und ihnen Land für eigene Landwirtschaft übergaben. Auf diesen Parzellen produzierten die Sklaven für ihre eigene Subsistenz und in geringem Maße sogar für den lokalen Markt[192]. Der Rückgang der Produktion von Knollenfrüchten während der Prosperitätsphase vor 1868 war dadurch bedingt, daß diese als minderwertige Nahrungsmittel betrachtet und daher durch Nahrungsmittel besserer Qualität substituiert wurden. In der Periode wirtschaftlicher Stagnation von 1868 bis 1899 wurden Knollenfrüchte dagegen wieder zum festen Bestandteil des Warenkorbs zumindest der unteren Klassen der kubanischen Gesellschaft, so daß ihre gesamtwirtschaftliche Bedeutung wieder zunahm (vgl. Tabelle 4.13).
Allgemeiner formuliert: Die monetäre Binnennachfrage nach höherwertigen Nahrungsmitteln nahm durch die Krise der Zucker-

industrie nach 1868 ab, so daß sich die Aussichten der kommerziellen, für den Binnenmarkt produzierenden Landwirtschaft verschlechterten. Angesichts der Tatsache, daß die Zahl der kleinen Landwirtschaftsbetriebe, die so ziemlich identisch mit der Binnenmarktlandwirtschaft waren, im 19. Jahrhundert ungefähr parallel zum Rhythmus der Zuckerproduktion variierte, liegt der Schluß nahe, daß ein prosperierender und kontinuierlich wachsender Zuckersektor eine günstigere Voraussetzung des inkrementellen Wachstums des Binnensektors der Landwirtschaft gewesen wäre. Die Diversifizierung der Landwirtschaft wurde also nicht durch die partielle Komplementarität zur Zuckerproduktion als solche beschränkt, sondern durch deren Stagnation, die strukturelle Begrenzung des Binnenmarktes durch die Sklaverei und die Tatsache, daß die Konzentration relevanter Ressourcen im Zuckersektor, die Konstellation der Produktionsfaktoren und die beschriebene Enge des Binnenmarktes eine allgemeine Revolutionierung der Agrartechnologie verhinderten.

Schon der erste große Zuckerboom (1792ff) beschleunigte die Konzentration von Kapital und Arbeitskräften im Zuckersektor: "Dieser Zuckerboom deformierte die Inselwirtschaft, determinierte das Verlassen vieler anderer Aktivitäten ... Das Verlassen von jeder Aktivität, die nicht direkt oder indirekt mit dem Zucker- oder Kaffeesektor verbunden war, wurde damit gerechtfertigt, daß man das Notwendige vernachlässigen müsse, um das Nützliche zu fördern."[193] Das Kapital wurde angezogen, weil die Profitrate in der Zuckerindustrie höher als in allen anderen Sektoren war[194], und die wenigen weißen Lohnarbeiter, weil sie dort ebenfalls mehr als in ihren ehemaligen Berufen verdienen konnten. "In seiner Blütezeit absorbierte das ingenio alle Kleinbauern (Tabak und Gemüse), die Arbeiter der Werften und Gießereien und andere unzählige kleine Handwerker."[195] Die Konzentration von Land und Arbeitskräften im Zuckersektor nahm durch dessen extensive, nomadische und arbeitsintensive Produktionsweise Dimensionen an, die bei Intensivierung der Zuckerrohrlandwirtschaft und der Substitution von Arbeitskräften durch verfügbare Maschinen unnötig gewesen wäre. Der entscheidende Engpaß war der Mangel an Arbeitskräften, und hier besonders an freien Lohnarbeitern, die aufgrund ihrer Knappheit in der kubanischen Zuckerindustrie z.B. 4mal so viel wie in Europa verdienten. Eine wesentliche Voraussetzung der beschleunigten Entwicklung einer allgemeinen intensiven Landwirtschaft und der Industrie wäre die Erhöhung des Angebots freier Arbeitskräfte durch Sklavenbefreiung und massive Immigration gewesen.

Ein besonders augenfälliges und folgenreiches Beispiel für die blockierende Wirkung der Konzentration knapper ökonomischer Ressourcen im Zuckerplantagensektor war die Entwicklung des Schiffsbaus. Mitte bis Ende des 18. Jahrhunderts erlebte die kubanische Schiffsmanufaktur eine kurze Blütezeit. Sie produzierte in wenigen Jahrzehnten 128 größere Schiffe aller Art, darunter Fregatten bis zu 120 Kanonen, und zählte zu den größten in ganz Amerika. Durch die Abwanderung der qualifizierten Arbeitskräfte in die Zuckerindustrie nach 1790 und durch die Freigabe des Waldes als Brennholz für die Zuckermühlen (1819), der bisher der königlichen Marine vorbehalten war, fand diese Episode zu einem Zeitpunkt ein jähes Ende, als der Übergang von der Schiffsmanufaktur zur -industrie und von der Segel- zur Dampfschiffahrt bevorstand. Die Entwicklung einer kubanischen Werftindustrie parallel zur Zuckerindustrie wäre in doppelter Hinsicht relevant gewesen: einmal als zusätzlicher Markt für industrielle Ausrüstungen und als günstige Voraussetzung einer kubanischen Handelsmarine, die eine größere nationale Kontrolle des Transports und der Vermarktung der Zuckerexporte erlaubt hätte[196].

Die Folgen des neuen Grundeigentumsgesetzes von 1819 verweisen auf die Relevanz der soziopolitischen Machtverhältnisse für die Herausbildung und Konsolidierung einer monokulturell deformierten Wirtschaft. Das Wachstum des Zuckerplantagensektors auf Kosten anderer Branchen und der unmittelbaren Produzenten wurde durch ein ganzes Netz neuer politischer, rechtlicher, wirtschaftlicher und ideologischer "Zuckerinstitutionen"[197] abgestützt, beruhte also nicht nur auf den höheren Profiten der Zuckerindustrie. Von 1825 bis 1852 förderte der Superintendend der Hacienda Claudio Martinez de Pinillos aktiv die Zuckerexpansion mit dem Resultat, daß Zuckerrohr ab Mitte des Jahrhunderts über 50 % der landwirtschaftlichen Produktion bestritt. Ein Vorgänger von Pinillos, Alejandro Ramirez, der eine Politik der Diversifizierung anstrebte, scheiterte an der überlegenen Dynamik des Zuckersektors und der veränderten Politik der Krone, die ab 1792 den Zuckersektor privilegierte[198]. Das Gewicht dieser den Zuckersektor privilegierenden institutionalisierten Machtstruktur entfaltete sich in vollem Ausmaß, als die Profite der Zuckerindustrie sanken und ihre Produktion stagnierte. Erst nach 1883 ergriff die spanische Krone Maßnahmen zur Förderung anderer wirtschaftlicher Aktivitäten, dann aber in einer Form, die das Einströmen ausländischen Kapitals förderte. Das Bergbaugesetz von 1883 eliminierte bisherige Export- und Importzölle und Steuern und führte in der Folgezeit zu mehreren Konzessionen an US-Konzerne vorwiegend im Erzbergbau (u.a. Pennsylvania Iron Company, Bethlehem Iron Company), die 1897 immerhin schon rund 452.000 t Eisenerz förderten und größtenteils in die USA exportierten. Das Haupthemmnis war auch nach dem Ende der Sklaverei und trotz verstärkter Immigration aus Spanien noch der Mangel an qualifizierten Arbeitern[199].

Aufgrund der Konzentration der knappen Produktionsfaktoren im Zuckersektor, der die Entwicklung der kubanischen Industrie durch hohe Besteuerung im allgemeinen hemmenden spanischen Kolonialpolitik und "des relativ kleinen Binnenmarktes" blieb die Industrialisierung auf "kleine oder mittlere Unternehmen (beschränkt), die im wesentlichen für den privaten Konsum produzierten"[200]. Die einzig relevante Ausnahme war die Tabakindustrie, die ab 1817 von Spanien wegen der Deviseneinnahmen durch die Aufhebung des Verbots der Tabakverarbeitung gefördert wurde. Nach einem rapiden Konzentrationsprozeß fiel sie ab 1890 allmählich unter ausländische Kontrolle. Um 1902 kontrollierte der"riesige amerikanische Tabakkonzern American Tobacco Company durch seine Filiale (Havana Tobacco) einen großen Teil der Herstellung von Zigarren in Kuba"[201]. Trotz der großen und expandierenden Viehzucht mußte der größte Teil an Fleisch und Schmalz und alles an Käse und Butter für den städtischen Markt importiert werden[202].

Die Relevanz des spanischen Kolonialismus für die Verhinderung der Entwicklung einer nennenswerten, auf industrieller Massenproduktion basierenden Produktionsgüterindustrie zeigt das Beispiel einer Kunstdüngerfabrik, die 1877 von"mehreren 'hacendados' errichtet wurde, aber wegen der mangelnden Unterstützung durch die lokale Administration"[203] und der exzessiven Besteuerung der importierten Rohmaterialien schließen mußte.

Aber selbst in der Landwirtschaft blieb das Ausmaß der Diversifizierung so gering, daß ein großer Teil der Nahrungsmittel importiert wurde: "Der Tradition von Kuba, wie der übrigen westindischen Inseln, entsprach es immer noch, in großen Mengen Lebensmittel aus dem Norden oder Europa zu importieren, um die Sklaven zu ernähren, die die Plantagen bewirtschafteten, auf denen das Geld verdient wurde, mit dem, inter alia, u.a. Lebensmittel importiert wurden."[204]

Das größte Hindernis des kubanischen Handels und der besondere Nachteil, unter dem die Insel litt, war zum großen Teil darauf zurückzuführen, daß Spanien Kuba zwang, Waren in Spanien zu kaufen, die auf anderen Märkten billiger als die Preise waren, die Kuba wegen der diskriminierenden Zölle den spanischen Händlern und Produzenten zu zahlen gezwungen war. ... Außerdem waren die Produkte von schlechterer Qualität, und besonders bei den Maschinen und den modernen Industrieausrüstungen waren die Modelle primitiv, alt und ineffektiv und Ausführung und Material mangelhaft. ... aufgrund der Logik der Lage und der unwiderstehlichen Kombination erstklassiger Güter, niedriger Preise und Transportkosten sowie schneller Lieferung würde der kubanische Außenhandel sich auf die USA konzentrieren.

Robert P. Porter (1899)

Das amerikanische Kapital hat erheblich zur materiellen Entwicklung Kubas beigetragen. Im allgemeinen wurde es begrüßt, zum Teil begierig gesucht. Es ist dort im Überfluß gekommen, wo der Bedarf am geringsten war. Bei öffentlichen Anleihen und in kleinen Privatunternehmen war seine Wirkung meist konstruktiv. Seine Vorliebe für die Zuckerindustrie und die Eisenbahn, die hauptsächlich dem Transport von Zucker und Zuckerrohr dient, hat das ungleichgewichtige Wachstum der Inselwirtschaft gefördert. Es hat einen Lebensstandard gebracht, der nur mit amerikanischen Konsumgütern befriedigt werden kann. Es hat eine teure Technik und hohe Infrastrukturausgaben gebracht. ... Es meint, daß Ingenieure aus den USA Managerposten für 500 $ im Monat besser ausfüllen können als Kubaner für 250 $. Es hat in der Zuckerindustrie Wachstum, Überproduktion und ruinösen Wettbewerb gefördert. Es hat es ermöglicht, daß unwiderrufbare Entscheidungen von lebenswichtiger Bedeutung für die kubanische Bevölkerung in Wall Street getroffen werden, von Männern, deren Kenntnis der kubanischen Landwirtschaft gleich Null ist. ... Amerikanisches Kapital brachte nicht, aber verbreitete Geschäftsgeist und industrielle Mentalität in Kuba. Es hat aus Kuba eine Zuckerplantage gemacht, die von Buchhaltern und Aktienverkäufern verwaltet wird. Es hat ernsthaft die Frage aufgeworfen, ob ein Land lange auf der Grundlage monokultureller Latifundien, die von abwesenden Eigentümern als Komplement eines Wirtschaftskrieges in einem anderen Land geleitet werden, überleben kann. Dies sind einige der Lasten, die der Fortschritt für Kuba abgeworfen hat.

Leland Jenks (1928)

Eine Industrie, die jedem Arbeiter durchschnittlich 95 Pesos und 20 Centavos pro Jahr zahlt, hat nicht das Recht, die Nation zu bitten, daß sie für sie ihre landwirtschaftlichen und industriellen Möglichkeiten opfert, wie man ihr die Werkstätten zur Herstellung und Reparatur von Maschinen, die Raffinerien, die Destillerien, die Textilindustrie und vieles andere mehr geopfert hat, um Zollsenkungen und Importquoten für Rohzucker zu erreichen, der im Ausland raffiniert wird, und für Melasse, aus der in anderen Ländern Alkohol gewonnen wird.

H. Portell Vila (1942)

5. US-Penetration und die Entwicklung einer modifizierten Plantagenwirtschaft

Die grundlegenden Fragestellungen dieses Kapitels sind: Inwieweit wurde durch die Erlangung der formalen politischen Unabhängigkeit, den endgültigen Wechsel der Metropole und die interne Transformation der Produktionsweise der Zuckerplantagen die Entwicklungsdynamik der Plantagenwirtschaft geändert? Was war das wirtschaftliche Entwicklungsniveau, das die postrevolutionäre Entwicklungspolitik überwinden und an welches sie anknüpfen mußte (konnte)? Welches war die sozioökonomische Szenerie des revolutionären Prozesses? Die Antworten: Politische Autonomie und die Ablösung Spaniens durch die USA brachten trotz überlegener Technologie, massivem Import von Investitionskapital und einem größeren Markt nicht die mancherorts erwartete breite wirtschaftliche Entwicklung, sondern bedeuteten nur einen - bemerkenswerten - Wandel und sogar eine Intensivierung struktureller Abhängigkeit, da die diversifizierte Landwirtschaft marginalisiert, ein nationalkapitalistischer Industrialisierungsprozeß blockiert und Kuba auch institutionell Teil eines auf Ebene multinationaler Konzerne integrierten Produktionszyklus wurde (Kapitel 5.1). Auf der Ebene des Außenhandels äußerte sich die neue Abhängigkeit in der Verschärfung der Monoexportstruktur, der Reproduktion des Status als Rohstoffexporteur, dem Import der meisten Kapitalgüter und aller Technologien im Kontext einer institutionell offenen Ökonomie. Die hohe Außenhandelsquote ist dagegen kein Merkmal von Peripherie-Ökonomien, da sie auch in kleinen, autozentrierten, nur strukturell offenen Ökonomien[1] die Regel ist (Kapitel 5.2). Die Plantagenwirtschaft wurde zwar in doppelter Weise transformiert: auf der Ebene der sektoralen Produktionsweise durch die Substitution der Sklavenarbeit durch freie Lohnarbeit, auf der Ebene der Gesellschaftsformation durch die Importsubstitutionsindustrialisierung (ISI) nach 1945. Aber weder änderte die Lohnarbeit etwas an der extensiven Wachstumslogik der Zuckerrohrlandwirtschaft und der Denationalisierung der Kopplungseffekte des Zuckersektors, noch untergrub die ISI die soziopolitische Hegemonie der Zuckerexportgruppe. Die Vorherrschaft der Zuckerplantagen mit den spezifischen

Merkmalen ihrer Institutionen und Produktionsweise (ausländisches Eigentum, Latifundium, Monopol an Boden und Arbeitskräften, hoher saisonaler Bedarf unqualifizierter Arbeitskräfte, abhängige Spezialisierung der Plantagen, ungleiche Einkommensverteilung) blieb ein entscheidendes Hindernis der inkrementellen Diversifizierung der Landwirtschaft und einer nationalkapitalistischen Industrialisierung (Kapitel 5.3). Die Expansion der kapitalistischen Zuckerproduktion und die sie begleitende Proletarisierung und Marginalisierung sowie die Frustration des Nationalismus schuf zugleich den soziopolitischen Sprengstoff für eine erfolgreiche national- und sozialrevolutionäre Bewegung. Das soziokulturelle Erbe der Plantagengesellschaft (in erster Linie das Plantagenproletariat mit seinen spezifischen Merkmalen) erwies sich zudem als wesentliche restriktive Bedingung der postrevolutionären sozialen (= sozialistischen) und wirtschaftlichen Entwicklung.

Reproduktion struktureller Abhängigkeit, das sei ausdrücklich betont, heißt jedoch nicht Identität. Das Entwicklungsniveau, das Akkumulationsmodell und die soziopolitische Konstellation zwischen 1940 und 1958 unterschied sich erheblich von der Situation der ersten drei Jahrzehnte des 20. Jahrhunderts. Obwohl auch in dieser Phase nicht die Grundlagen einer unabhängigen Entwicklung gelegt wurden, wurden in diesem Zeitraum in vielfacher Hinsicht die institutionellen (Staatsinterventionismus), soziopolitischen (Mobilisierung der Bewegung des Kleinbürgertums, der Arbeiterklasse und der Bauern) und wirtschaftlichen (abhängige ISI) Voraussetzungen der postrevolutionären Entwicklung geschaffen.

5.1. Wandel und Reproduktion der strukturellen Abhängigkeit von den USA

Die Vision von José Martí, des Führers des 2. antikolonialistischen Befreiungskrieges (1895 - 1898), dessen Denken neben antikolonialistischen auch eindeutig antiimperialistische Züge trug, war ein politisch und wirtschaftlich unabhängiges Kuba. Beide Ziele sollten sich nicht erfüllen; selbst die politische Autonomie blieb bruchstückhaft und, zuerst legal durch das Platt-Amendment, später de facto beschränkt, formell. Die entscheidenden politischen Ereignisse, die das politische Fundament der strukturellen Abhängigkeit Kubas von den USA und ihrer Reproduktion legten, waren die amerikanische Intervention in dem militärisch schon gewonnenen Befreiungskrieg und die darauffolgende militärische Besetzung Kubas (1898 - 1902), durch die die kubanischen Nationalrevolutionäre um die Früchte ihrer Anstrengungen gebracht wurden, und der mit Hilfe des Drucks der USA herbeigeführte Sturz der nationalpopulistischen Regierung von Grau San Martin (1933), wodurch die (engen) Grenzen für zukünftige nationalistische Regierungen abgesteckt wurden. Was sich nach 1902 änderte, das war die Form der Abhängigkeit und die Metropole. An Stelle des spanischen Kolonialismus trat der Neokolonialismus der USA; an Stelle der wirtschaftlich schwachen Kolonialmacht Spanien die USA, die sich nach 1900 allmählich zur imperialistischen Hegemonialmacht entwickelte.

Die freiwillige oder erzwungene politische Unterordnung Kubas war das zentrale Glied in der Kette struktureller Abhängigkeit; erst durch die institutionelle Offenheit der kubanischen Ökonomie konnte die überlegene wirtschaftliche Macht der USA ihr für Kuba destruktives Potential entfalten. Die politische Abhängigkeit hatte jedoch eine handfeste wirtschaftliche Grundlage in den Interessen der kubanischen Exportgruppe und später der abhängigen privaten und staatlichen Industriebourgeoisie. Die sektorale Verteilung der US-Investitionen, ihr institutioneller Rahmen (vertikal integrierte multinationale Konzerne) und die durch Handelsverträge institutionalisierte Importkonkurrenz waren relevante externe Rahmenbedingungen der Reproduktion der strukturellen Deformation der kubanischen Wirtschaft. Der Wandel ihrer konkreten Formen war zum wesentlichen Teil eine Funktion der veränderten Interessen des US-Imperialismus. In der ersten Phase konzentrierten sich die US-Investitionen auf die Zuckerindustrie und trugen so zu einem monokulturell deformierten Wachstum bei; ab 1945 fand unter Kontrolle von US-Konzernen eine Industrialisierung zur Substitution von Importen statt. In beiden Fällen blockierte die Absorption der meisten Kopplungseffekte der Primärinvestitionen im Rahmen multinationaler Konzerne oder der US-Wirtschaft insgesamt den Übergang von einem sektoral begrenzten zu einem sich selbst erhaltenden Wachstum und einer national gesteuerten, tiefgreifenden strukturellen Transformation der kubanischen Ökonomie, obwohl durch die Ansätze einer modernen Zwischengüterindustrie ihre Struktur nicht unwesentlich verändert wurde. Die Perspektive einer vom kubanischen Privatkapital initiierten Importsubstitutionsindustrialisierung als Reaktion auf die Krise der Zuckerindustrie und die Weltwirtschaftskrise hatte der 2. Gegenseitige Handelsvertrag von 1934 versperrt. Die ab 1927 sich verstärkenden wirtschaftsnationalistischen Tendenzen führten deswegen nicht zu einer Konfrontation mit dem US-Imperialismus, weil sie mit dessen Strukturwandel konvergierten. In der neoimperialistischen Phase verschoben sich die Interessenschwerpunkte innerhalb des US-Gesamtkapitals relativ von der Kontrolle ausländischer Rohstoffe zugunsten der Eroberung ausländischer Märkte durch Exporte oder marktorientierte Auslandsinvestitionen. Die Kubanisierung privater Unternehmen beschränkte sich in erster Linie auf die Zuckerindustrie, die durch sinkende Profite an Attraktivität verloren hatte, während andere Branchen an Interesse gewannen. Durch die Installation binnenmarktorientierter Filialen von US-Konzernen nach 1945 konnte das US-Kapital die Schutzzölle unterlaufen.

Das Ausmaß der wirtschaftlichen Abhängigkeit Kubas von den USA war selbst im Vergleich zu anderen lateinamerikanischen Staaten extrem. Das gilt besonders für die Zeit vor 1930, als über die Hälfte aller US-Auslandsinvestitionen in der Landwirtschaft nach Kuba floß. "Zucker beherrschte die kubanische Wirtschaft und das US-Kapital beherrschte die kubanische Zuckerindustrie. ... Nirgends war das Engagement des US-Kapitals so groß und so wichtig für eine nationale Volkswirtschaft wie in Kuba"[2]. Obwohl das Ausmaß der US-Penetration nach 1930 relativ abnahm, blieb Kuba das Land mit den höchsten US-Investitionen pro Kopf in Lateinamerika. Auch in der Außenhandelspolitik der USA behielt Kuba nach 1934 einen Sonderstatus in Lateinamerika. Die Tendenz zur Liberalisierung und zu einer Politik der offenen Tür fand aufgrund der "besonderen Beziehungen" zwischen den beiden Nationen keine Anwendung: "Im Falle Kubas stimmte Washington nicht der bedingungslosen Anwendung der Meistbegünstigungsklausel zu, und auch die den USA zugestandenen Zollpräferenzen wurden nicht automatisch generalisiert."[3]

5.1.1. Imperialismus, Neoimperialismus und die Interessen der USA in Kuba

Die massive Penetration des US-Kapitals in Kuba nach dem Zusammenbruch der spanischen Kolonialherrschaft fiel zusammen mit der Phase der imperialistischen Expansion der kapitalistischen Produktionsweise in den USA. Die wesentlichen Züge des US-Imperialismus waren die Herausbildung des Monopolkapitalismus und des Finanzkapitals sowie die Zunahme des Kapitalexports. Der Übergang vom Konkurrenz- zum Monopolkapitalismus führte zur Bildung riesiger Unternehmen, meist Aktiengesellschaften, die in Massenproduktion produzierten und oligopolistische Marktpositionen innehatten. Die horizontale Konzentration wurde allmählich durch die vertikale Konzentration und Integration (die Kontrolle vor- und nachgelagerter Produktions- und Distributionsprozesse) ergänzt; z.B. investierten US-Raffinerien in Kuba in Zuckermühlen und -land. Die Fusion von Bank- und Industriekapital führte zur Herausbildung einer US-Finanzoligarchie, eine Entwicklung, die auch für Kuba nicht folgenlos blieb. Z.B. hat das US-Bankkapital mit der Übernahme verschuldeter kubanischer Zuckermühlen und Banken während der Zuckerkrise 1920 den Prozeß der US-Penetration erheblich forciert. Der Kapitalexport der USA beschleunigte sich in außerordentlicher Weise. Zentrum der US-Auslandsinvestitionen waren zunächst Mittelamerika und die karibischen Inseln, besonders Kuba[4]. Zunächst floß das Kapital der USA vor allem in den Primärgütersektor, in Kuba in den Zuckersektor. Obwohl der Kapitalexport die dominierende Form der Surplusabsorption war, bildeten Kapital- und Warenexport keinen Gegensatz; vielmehr stimulierte der Kapital- den Warenexport.

Mit dem Übergang der USA zum Neoimperialismus spätestens ab 1945 verlagerten sich die Akzente hinsichtlich Natur, Form, Richtung und Ausmaß der Penetration der US-Konzerne, wodurch die Entwicklung der kubanischen Wirtschaft wesentlich beeinflußt wurde[5]. Spätestens seit 1945 wurde die USA zur eindeutigen kapitalistischen Hegemonialmacht, die aufgrund ihrer wirtschaftlichen und politischen Macht ihre Konkurrenten besonders in ihrem lateinamerikanischen Hinterhof in den Hintergrund drängte. Die Internationalisierung des Kapitals hatte jetzt ein Stadium erreicht, in dem multinationale Konzerne zunehmend die verschiedenen Aspekte des gesamten Produktions- und Zirkulationszsyklus im Rahmen eines Unternehmens integrierten. Entscheidende Hebel waren die Kontrolle der Verarbeitung und Vermarktung sowie der Technologie, während die unmittelbare Integration auch der untergeordneten Elemente des Gesamtzyklus nur so lange reizvoll erschien, wie sie als Teiloperationen außerordentlich profitabel waren. Während das Interesse des US-Kapitals an Lateinamerika und den anderen Peripherienationen in der ersten Phase des Imperialismus primär darin bestand, Rohstoffressourcen zu kontrollieren, gewann jetzt das Interesse an der Kontrolle des lateinamerikanischen Marktes stärkere Bedeutung[6]. Da der Kapitalgüterexport als Stimulus des Fertigwarenexports eine wachsende Bedeutung erlangte und Zollschranken in einigen Branchen der Konsum- und Zwischengüterindustrie die lokale Präsenz der US-Konzerne ökonomisch machten, entwickelte das US-Kapital Interesse an einer begrenzten abhängigen Industrialisierung der Entwicklungsländer. Ab 1945 floß US-Kapital daher stärker in Sektoren außerhalb des Primärgütersektors. Die Interessen des US-Kapitals an Rohstoffen und an Märkten konnten, obwohl für die Gesamtwirtschaft der USA komplementär, auf der Ebene unterschiedlicher Interessengruppen und der abhängigen Nationen durchaus konfligieren, wie dies in Kuba der Fall war.

Berücksichtigt man das Potential und die besonderen Bedingungen der kubanischen Wirtschaft, so lassen sich die Interessenschwerpunkte des US-Imperialismus in Kuba aus der vorhergehenden

Zusammenfassung seiner Hauptmerkmale nahezu nahtlos ableiten. Nach 1898 war Kuba eines der bevorzugten Kapitalanlagegebiete der USA in Lateinamerika; zunächst strömte dieses primär in die Zuckerproduktion, nach 1945 meist in andere Wirtschaftszweige, weil die Profitrate der kubanischen Zuckerindustrie seit 1925 erheblich gesunken war.

Auch als Exportmarkt war Kuba für die USA relevant. Kuba stand vor 1959 an 6. Stelle der Kundenrangliste der USA[7]. Günstige Voraussetzungen für die zunehmende Kontrolle des kubanischen Marktes durch US-Firmen waren die Liberalisierung des Handels nach dem Ende der spanischen Kolonialherrschaft und die in mehreren Handelsverträgen (1902, 1934) festgelegten Vorzugszölle für viele US-Waren, die dem US-Kapital Vorteile gegenüber seinen ausländischen Konkurrenten verschafften. Da die kubanische Importkapazität wesentlich durch die Menge und den Preis des Zuckerexports bestimmt wurde, hatten die US-Exporteure neben den amerikanischen Besitzern von Zuckermühlen in Kuba und den US-Zuckerraffinerien ein Interesse an möglichst günstigen Regelungen für kubanischen Rohzucker auf dem US-Markt, stießen jedoch in dieser Hinsicht auf den zunehmenden Widerstand des nationalen Zuckersektors. Dies war so lange nicht alarmierend, wie dies auf kubanischer Seite nicht zu analogen protektionistischen Gegenmaßnahmen führte.

Kuba seinerseits garantierte die ausreichende Versorgung des amerikanischen Marktes mit Zucker. Die Relevanz des kubanischen Zuckers für die USA wurde durch die Verfügbarkeit alternativer ausländischer Bezugsquellen (diese waren z.B. im 2. Weltkrieg eingeschränkt) und das Ausmaß der einheimischen Zuckerproduktion bestimmt. Auf Druck der einheimischen Zuckerproduzenten sah sich die US-Regierung nach der Weltwirtschaftskrise gezwungen, zu protektionistischen Maßnahmen zu greifen, so daß sich der Anteil Kubas am US-Zuckermarkt reduzierte. Die Rolle der kubanischen Zuckerindustrie wurde allmählich auf die einer Reserve für den Zuckermarkt der USA beschränkt[8].

Politische Voraussetzungen für die Realisierung der dargestellten wirtschaftlichen Interessen der USA waren politische Stabilität und eine Regierung, die diese Interessen als legitim akzeptierte oder zumindest tolerierte[9]. Im Gegensatz zur offiziell proklamierten demokratischen Ideologie störte es die US-Regierung nicht oder kaum, daß Kuba zeitweilig diktatorisch (Machado 1923-33, Batista 1934-40, 1952-58) regiert wurde, solange die wirtschaftlichen und politischen Interessen der USA gewahrt wurden. Im Gegensatz zu der damaligen Praxis der europäischen Mächte versuchten die USA ihre Interessen nicht mit traditionellen kolonialistischen Methoden durchzusetzen, weil dies der antikolonialistischen Tradition in den USA widersprach. Außerdem betrachtete man die politischen und ökonomischen Kosten eines traditionellen Kolonialimperiums als zu hoch und vertraute auf die wirtschaftliche Überlegenheit der US-Industrie. Kuba war das erste neokolonialistische Experiment der USA und überhaupt. Die USA beschränkte sich auf die Kontrollen, die notwendig waren, um die kubanische Gesellschaft nach ihren Interessen zu modeln. Das schloß militärische Besetzung und Intervention als Mittel der US-Politik durchaus nicht aus, beschränkte aber ihre Anwendung auf für die USA prekäre Situationen. Auf diese Weise gelang es der US-Regierung, ihre Interessen durchzusetzen, ohne einen Aufstand wie auf den Philippinen zu riskieren, ohne sich in Lateinamerika politisch zu isolieren und ohne einen militärischen Konflikt mit den konkurrierenden europäischen imperialistischen Mächten auszulösen[10].

Nicht zu unterschätzen ist auch die militärstrategische Bedeutung, die Kuba zur Kontrolle des Zugangs zum Golf von Mexiko und des karibischen Meeres für die Hegemonie der USA im karibischen Raum hatte. Auch nach 1902 intervenierten die USA noch mehrmals militärisch, schickten mehrere Militärmissionen und -berater nach Kuba, schlossen mit Kuba Militärverträge ab, lieferten Waffen und richteten in Guantanamo einen Militärstützpunkt ein, der heute noch in US-Besitz ist[11].

Im Grunde traten die dominierenden Motive der Kuba-Politik der USA schon bei der Intervention in den 2. Befreiungskrieg hervor: diese richtete sich einerseits im Namen von Freihandel, freien Kapitalbewegungen und politischer Demokratie gegen die spanische Kolonialherrschaft, gleichzeitig aber auch gegen die konsequenten nationalistischen Revolutionäre, um mittels militärischer Macht die ökonomische Kontrolle der USA durchzusetzen[12]. Ziel der Außenpolitik der USA war es, in Kuba "eine stabile und konservative Regierung, spezielle politische und wirtschaftliche Bindungen an die USA und einen strategischen Marinestützpunkt"[13] zu erreichen. Legitimiert wurde diese imperialistische Machtpolitik durch den aus der Verallgemeinerung der spezifischen US-amerikanischen Erfahrung gewonnenen, unerschütterlichen Glauben an die Einheit von kapitalistischer Entwicklung, Demokratie und sozialem Fortschritt. Doch gerade wegen der Peripherisierung Kubas als Konsequenz der Expansion des US-Kapitalismus entsprach die faktische kubanische Entwicklung nicht den proklamierten Absichten der US-Regierungen: Weder entwickelte sich Kuba auf der Basis der kapitalistischen Produktionsweise in Richtung auf eine prosperierende und autozentrierte Wirtschaft, noch entwickelten sich stabile demokratische Institutionen und Verhaltensmuster. Im folgenden werden einzelne Aspekte der US-Penetration und ihre Konsequenzen eingehender erörtert.

5.1.2. Politische Abhängigkeit des halbkolonialen Klientenstaates

Der 2. Befreiungskrieg sollte in der Vision José Martís, des politischen Führers der kubanischen Befreiungsbewegung, ein doppeltes Ziel erreichen: die Befreiung Kubas vom Joch des spanischen Kolonialismus und den Ausbau Kubas als Barriere gegen den wachsenden Einfluß der USA auf dem ganzen lateinamerikanischen Kontinent[14]. Der Tod Martís und die militärische Intervention der USA machten diese Perspektive zunichte. Das genaue Gegenteil trat ein; Kuba wurde einer der ersten und stabilsten Stützpunkte der USA in Lateinamerika[15]. Da sich die US-Regierung nicht sicher war, ob die kubanischen Regierungen nach dem Abzug der US-Besatzungstruppen die Interessen der USA auch weiterhin in ausreichendem Maße berücksichtigen würden, schränkte sie durch das Platt-Amendment (1902-3), einem von den USA gegen den Willen der Mehrheit des kubanischen Parlaments oktroyierten Zusatz zur kubanischen Verfassung (1901), die politische Souveränität des kubanischen Volkes ein und verwandelte die neue Republik quasi in ein Protektorat der USA. Im einzelnen sah das Platt-Amendment vor: ein Interventionsrecht der USA, den Bau eines US-Marinestützpunkts der USA auf Kuba; das Vetorecht der USA beim Abschluß internationaler Verträge und bei Aufnahme internationaler Kredite durch Kuba und das Verbot der Etablierung einer anderen internationalen Macht auf Kuba[16]. Der Widerspruch zwischen dem Platt- und dem Teller-Amendment (1898), das Kuba die Unabhängigkeit garantierte und die Annexion durch die USA verbot, signalisiert die ganze Ambiguität der neokolonialistischen Politik der USA: "Sie wollten ein unabhängiges Kuba, aber nur innerhalb bestimmter Grenzen; die Insel war frei (das Versprechen des Teller-Amendments), aber zugleich ein Protektorat der USA (das Platt-Amendment)."[17] Gestützt auf das Platt-Amendment intervenierten US-Truppen noch dreimal in Kuba (militärische Besetzung 1906-9, Landung von Truppen: 1912, 1917) oder drohten mit militärischer Intervention (1933 während der Regierungszeit der nationalistischen Grau-Regierung). In der Regel reichten aber diplomatischer und ökonomischer Druck (z.B. wurden zum Teil an die Vergabe von Krediten politische Bedingungen geknüpft), um die kubanischen Regierungen willfährig zu machen. Meist war nicht einmal das notwendig, weil diese aus eigenem Antrieb des "Schutz" der USA suchten[18]. Die Generation der Politiker vor 1933 wurde wegen ihrer Bindung an die USA als 'plattistas' und 'entreguistas' (nationale Ausverkäufer) etikettiert; und es ist durchaus korrekt, sie als politische Brückenköpfe der USA im kubanischen Staatsapparat, als "abhängige politische Klasse" zu betrachten.

Die einzige kubanische Regierung, die ernsthaft versuchte, den Einfluß der USA zurückzudrängen, war die nationalpopulistische Regierung von Grau San Martín (1933), die durch ein sozial und politisch heterogenes Bündnis von nationalistischen Studenten, Arbeiter- und Bauernbewegung und Unteroffizierkorps an die Macht gekommen war[19]. Die neue Regierung suchte die Auflösung des Platt-Amendment, übernahm die Kontrolle der im US-Besitz befindlichen Elektrizitätsgesellschaft, beschlagnahmte zwei Zuckermühlen, die US-Bürgern gehörten und dekretierte, daß die Hälfte aller Beschäftigten eines Unternehmens Kubaner zu sein hätten. Nach viermonatiger Regierungszeit wich Grau dem Druck der US-Regierung (Nicht-Anerkennung, diplomatische Intrigen, Demonstration militärischer Macht und Drohung militärischer Intervention) und Batista übernahm als Führer des Unteroffizierkorps mit Zustimmung von Uncle Sam die Macht. Damit waren für jede kommende kubanische Regierung die Grenzen nationalistischer Politik abgesteckt, die man nicht ungestraft überschreiten durfte. Im Bewußtsein späterer kubanischer Generationen "sollten das Platt Amendment und die abgewürgte Revolution von 1933 die wesentlichen Symbole der gescheiterten Nationbildung Kubas werden"[20].

Als Konzession an die nationalistischen Gefühle in Kuba und ganz Lateinamerika änderte Washington unter Franklin D. Roosevelt 1934 die Taktik seiner Lateinamerika- und Kubapolitik: Statt der 'Politik des dicken Knüppels' ging die US-Regierung jetzt mit Samthandschuhen vor und kreierte die 'Politik der guten Nachbarschaft'. Die USA vermieden jetzt so weit wie möglich direkte militärische Eingriffe, akzeptierten die Prinzipien rechtlicher Gleichheit und der Nichteinmischung und respektierten die territoriale Integrität aller amerikanischen Staaten. Das Platt-Amendment wurde aufgehoben. Gleichzeitig wurde ein neuer 'Gegenseitigkeitsvertrag' abgeschlossen, der die ökonomische Vorherrschaft der USA konsolidieren sollte. Denn die veränderte politische Taktik bedeutete keineswegs die Aufgabe der strategischen Interessen des US-Imperialismus. Die Mittel hatten sich geändert, aber nicht das Ziel. Die veränderte Taktik war vielmehr der Versuch, die strategischen Interessen in einer veränderten politischen Situation besser zu sichern[21]. Die unmittelbare Verwicklung der US-Regierung und des CIA in die gescheiterte konterrevolutionäre Invasion in der Schweinebucht (1961) zeigt, daß diese neue Politik auch militärische Interventionen nicht grundsätzlich ausschloß, wenn strategische Interessen der USA gefährdet waren.

In gewisser Weise war das militärische Eingreifen der USA zwischen 1934 und 1959 auch nicht mehr nötig, da die folgenden kubanischen Regierungen die Lektion der gescheiterten Revolution von 1933 gelernt hatten und die Hegemonie der USA erst gar nicht ernsthaft in Frage stellten. Zunächst "füllten Batista (zwischen 1934 und 1940 der starke Mann im Hintergrund und 1940-4 kubanischer Präsident, H.F.) und die kubanische Armee das durch das Ende des Platt-Amendments geschaffene Vakuum."[22] Aber auch die von Repräsentanten der Revolution von 1933 geführten Regierungen der Authenticos (Grau San Martín: 1944-8, Prio Socárras: 1948-52) verfolgten kein konsequent nationalistisches Wirtschaftsprogramm, sei es aus Opportunismus und Pragmatismus oder weil sie in einer nichtrevolutionären Situation an die Macht kamen. Entscheidender Hebel der US-Politik in dieser Periode war jedoch die kubanische Armee; sie bildete den "Pfeiler einer nationalen Ordnung, die für die USA akzeptabel war"[23]. Unter der neuerlichen Militärdiktatur von Batista (1952-58) gestalteten sich daher die Beziehungen zwischen Kuba und den USA noch enger. Batista stimulierte das weitere Eindringen von US-Kapital durch größere Konzessionen an das ausländische Kapital; er erhielt von der USA bis März 1958 Militärhilfe; die USA unterhielten in Kuba eine Militärmission und der US-Botschafter hielt freundlichen und engen Kontakt mit Batista und unterstützte diesen in der innenpolitischen Auseinandersetzung.

Die totale Ungleichheit der politischen Beziehungen zwischen den USA und Kuba wird durch die folgende Einschätzung des Botschafters der USA unter Batista, Earl T. Smith, in drastischer und sarkastischer Weise unterstrichen: "Vor der Revolution war der Botschafter der USA der mächtigste Mann nach dem Präsidenten. Und manchmal war er selbst mächtiger als der Präsident."[24] Allein angesichts der evidenten politischen Abhängigkeit des kubanischen Staatsapparates von den wirtschaftlichen und politischen Eliten der USA scheint der Schluß berechtigt, daß der kubanische Staat nicht in exklusiver Weise die Interessen der einheimischen Bourgeoisie vertrat, sondern ebenfalls die Interessen des US-Kapitals, wenn auch je nach Bündniskonstellationen mit unterschiedlichem Gewicht. Die ökonomische Vorherrschaft des US-Kapitals machte dieses im allgemeinen zur hegemonischen Fraktion[25]. Entsprechend wurde der kubanische Staatsapparat und die meisten Politiker von großen Teilen des kubanischen Volkes als antinational und als Kollaborateur(e) des "Yankee-Imperialismus" wahrgenommen[26].

Der außerordentliche Grad der politischen Abhängigkeit Kubas von den USA rückt die vorrevolutionäre kubanische Gesellschaft in die Nähe von Formen neokolonialer Herrschaft, wie sie in einigen Ländern Afrikas und Asiens nach 1945 als Folge der politischen Dekolonisierung von oben, d.h. als 'Geschenk' der Metropole ohne starken Druck einer nationalrevolutionären Massenbewegung entstanden. In Kuba wurde die nationale Befreiungsbewegung gegen Spanien während der Militärherrschaft der USA domestiziert, die erst aufgehoben wurde, nachdem die USA die sozialkonservativen Kräfte politisch gestärkt, die Befreiungsarmee aufgelöst hatte und mit dem Platt-Amendment die Souveränität des kubanischen Volkes eingeschränkt worden war. Die forcierte Penetration der USA traf Kuba zu einem ungünstigen Zeitpunkt. Die kubanische Bourgeoisie war durch die katastrophalen ökonomischen Konsequenzen des langen Befreiungskrieges gegen Spanien, durch ihre politische Spaltung und die Krise der Zuckerindustrie (1898-1902) geschächt. Sie besaß im Gegensatz zu anderen lateinamerikanischen Bourgeoisien kaum Ansätze einer autonomen industriellen Basis außer der Zuckerindustrie; sie konnte nicht auf eine fast 100-jährige Geschichte politischer Unabhängigkeit zurückblicken und hatte daher auch nicht den hohen Grad institutioneller, politischer und ideologischer Organisation erreicht, wie einige andere herrschenden Klassen Lateinamerikas, u.a. in Chile[27]. Zu allem Unglück lag Kuba außerdem nur knapp 90 Meilen vor der Küste der USA. Kurz, das soziale, ökonomische, politische und ideologische Widerstandspotential der kubanischen Bourgeoisie war um 1900 geringer als das der meisten anderen lateinamerikanischen Staaten. Die Folge war, daß "(Kuba) kulturell, ökonomisch und politisch die nordamerikanischste der ehemaligen spanischen Kolonien wurde"[28]. Der neo- bis semikoloniale Status Kubas gab dem traditionsreichen kubanischen Nationalismus immer wieder neuen Auftrieb und war einer der zentralen Antriebskräfte, die Castro im Kampf gegen die korrupte und antinationale Diktatur Batistas mobilisieren konnte[29].

Eine weitere Konsequenz der extremen Variante des US-Neokolonialismus war, daß im Widerspruch zur politischen Zielsetzung der USA die Imitation einer politischen Demokratie amerikanischen Zuschnitts in Kuba nicht gelang[30]. Die Unfähigkeit der kubanischen Bourgeoisie, ihre Herrschaft durch ihre politisch-ideologische Hegemonie und die Bildung eines politischen Minimalkonsens auf Dauer zu stellen, schlug sich in der Dauerkrise des politischen Systems nieder. Die Unfähigkeit zur Installierung einer stabilen politischen Demokratie war in der Genesis der kubanischen Republik, der instabilen sozialen Basis einer funktionsfähigen Demokratie und den Stabilitätsinteressen der USA begründet.

Die kubanische Demokratie wurde von außen oktroyiert und war nicht das Produkt einer autonomen kubanischen politischen Entwicklung und sozialen Bewegung. Die Konsequenz war die Schwäche der politischen Institutionen: "Der bürgerliche Staatsapparat war voller Widersprüche und der Verwaltungsapparat zerbrechlich; die parlamentarischen, rechtlichen, finanziellen, Wahl- und Partei-Institutionen hatten einen äußerst geringen Legitimitätsindex."[31] Durch die Genesis der kubanischen Republik ohne Mobilisierung, ja gegen die mobilisierten Massen, entstand von Anfang an eine defekte politische Kommunikation zwischen den politischen Apparaten und ihren Führern und der Masse der Bevölkerung. Das politische Personal verselbständigte sich zu einer politischen Kaste; individuelle Karriereinteressen überformten allgemeine politische Motive und die politische Korruption nahm selbst für Lateinamerika horrende Ausmaße an[32].

Da die anderen Kanäle politischer Einflußnahme weitgehend verstopft waren, wurden politisch motivierte bewaffnete Aufstände (u.a. 1912, 1916, 1933ff) besonders der ländlichen Klassen, die über keine legalen und institutionellen Einflußmöglichkeiten verfügten, und politischer Terror zum Alltag der politischen Geschichte des vorrevolutionären Kuba. Diese Situation wurde während der relativ liberalen Periode (1940-52), auch während der Regierungszeit der Authenticos (1944-52), nicht wesentlich verändert. Die nach der 33er Revolution sprunghaft angestiegene Organisation der beschäftigten Unterklasse in Interessenverbänden (Gewerkschaften, colono-Verband usw.) verlief zum großen Teil in rein korporatistischen Bahnen und schlug sich primär in sozialpolitischen Hilfs- und Schutz- und redistributionspolitischen Maßnahmen nieder[33]. Mit anderen Worten: Der Fassade formaldemokratischer Institutionen entsprach keine demokratische politische Kultur.

In Kuba fehlten die sozialen Voraussetzungen einer stabilen politischen Demokratie. Diese setzt permanente politische Kompromisse und einen Minimalkonsens zwischen den beteiligten Klassen und Parteien voraus. Voraussetzungen dafür sind - wie auch immer begrenzte - ökonomische Konzessionen der herrschenden Klasse an die ausgebeuteten Klassen und die Fähigkeit der hegemonischen Klasse(nfraktion) zur Integration des herrschenden Machtblocks. Beide Bedingungen waren in Kuba nur in geringem Ausmaß erfüllt, bedingt durch die spezifische Variante des peripheren Kapitalismus. Zwar erreichten die Gewerkschaften und die colonos nach 1937 beachtliche sozialpolitische Erfolge und wurden auf der Basis ihrer unmittelbaren Gruppeninteressen von Batista in den korporatistischen Konsens integriert, doch die "Landarbeiter, die Arbeitslosen, die unqualifizierten, gewerkschaftlich nichtorganisierten Arbeiter und die Armen allgemein blieben weiterhin politisch ausgeschlossen"[34]. Da der vorrevolutionäre kubanische Staat unfähig war, die fundamentalen Interessen dieser Gruppen zu befriedigen, bekam jeder ökonomische Klassenkampf sofort eine politische Dimension. Die Befriedigung minimaler Bedürfnisse dieser Schichten im Rahmen der kapitalistischen Produktionsweise hätte einen Hegemoniewechsel von der abhängigen zur nationalen Bourgeoisie innerhalb des Machtblocks vorausgesetzt. Die Reaktion der USA auf die Revolution von 1933, in der sich ein solcher Hegemoniewechsel als Folge des Drucks der kleinbürgerlichen, bäuerlichen und proletarischen Massenbewegung abzeichnete, und die Schärfe, mit der die Auseinandersetzung innerhalb des Machtblocks geführt wurde, deuten die Schwierigkeit dieses Weges an. Auch als nach 1940 Politiker aus den Mittelschichten den politischen Apparat übernahmen, gelang es ihnen nicht, eine konsequent nationalkapitalistische und populistische Politik durchzusetzen[35].

Das primäre Interesse der USA an politischer Stabilität und Ordnung als Voraussetzung von US-Investitionen und florierendem Handel erklärt die Kooperation mit und die aktive Unterstützung verschiedener US-Regierungen für kubanische Diktatoren (Machado, Batista). Im eklatanten Gegensatz zu ihren eigenen Idealen erlaubte oder förderte die USA sogar aktiv (1933) die Demontage der kubanischen Demokratie; denn letztendlich war für sie nicht die Form politischer Herrschaft, sondern der soziale Inhalt kubanischer Politik von Bedeutung. Die Berücksichtigung der ökonomischen und politischen Interessen des US-Kapitalismus schien allen US-Regierungen am besten bei der abhängigen kubanischen Bourgeoisie aufgehoben. Daher "unterstützten die USA die konservativen Oberklassen und ihre amerikanischen Verbündeten"[36], auch wenn diese ihre Macht nur im Rahmen einer Militärdiktatur erhalten konnten.

Die politische Abhängigkeit Kubas von den USA war jedoch nicht nur ein Hindernis der Herausbildung einer politischen und kulturellen nationalen Identität und einer authentischen Demokratisierung, sie war - obwohl auf ungleicher wirtschaftlicher Macht beruhend - zugleich ein zentrales Kettenglied der Reproduktion der strukturellen Abhängigkeit der kubanischen Wirtschaft, weil sie die (internen) politischen Kräfte stärkte, die ein Interesse daran hatten, die kubanische Ökonomie für US-Exporte und US-Investitionen institutionell offenzuhalten.

Die Steigerung der außen- und auch binnenwirtschaftlichen Steuerungskapazität des kubanischen Nationalstaates setzte daher zu allererst die Eliminierung der politischen Dependenzbeziehungen zu den USA voraus. Die Entwicklung der wirtschaftlichen Abhängigkeitsverhältnisse durch vertraglich begünstigte ungleiche Handelsbeziehungen und amerikanische Direktinvestitionen sind das Thema der beiden folgenden Unterkapitel.

5.1.3. Die Funktionalisierung der kubanischen Wirtschaft als Zuckerfaß und Markt der USA durch ihre erzwungene institutionelle Offenheit: ungleiche Handelsverträge und -beziehungen

Ein wichtiges Instrument, die kubanische Wirtschaft im Verhältnis zur US-Wirtschaft auf die untergeordnete und komplementäre Funktion als Rohzuckerproduzent zu reduzieren, waren die bilateralen Handelsverträge: Sie sicherten den USA die Vorherrschaft auf dem kubanischen Markt, trugen durch die Benachteiligung und Begrenzung des kubanischen Exports raffinierten Zuckers in die USA zur Reproduktion der kolonialen Struktur der kubanischen Zuckerindustrie bei, zementierten durch den garantierten Markt und Präferenzpreise für Rohzucker die Zuckermonokultur und verhinderten, da sie protektionistische kubanische Maßnahmen weitgehend ausschlossen, die Diversifizierung der Wirtschaft. Die ungleiche ökonomische Verhandlungsposition spiegelt sich u.a. in einer für Kuba ungünstigen Scherenentwicklung der Exporte nach und der Importe aus den USA[37]. Während die USA ab Mitte der 20er Jahre die kubanischen Zuckerimporte zum Schutz der einheimischen Zuckerproduzenten beschränkten, kamen protektionistische Maßnahmen von kubanischer Seite nicht über zaghafte Ansätze hinaus.

Der 1. Gegenseitige Handelsvertrag (1902): abhängige Spezialisierung Kubas als wichtigster ausländischer Rohzuckerlieferant der USA

Der Gegenseitige Handelsvertrag von 1902[38] war das wirtschaftliche Pendant zum Platt-Amendment. Die USA verpflichteten sich darin, die Zölle auf einige kubanische Exporte (v.a. Rohzucker und Tabak) um 20 % zu senken; als Gegenleistung konzedierte

Kuba Zollsenkungen zwischen 20 % und 40 % auf 530 Importwaren aus den USA. Die Vorzugszölle dieses Sondervertrags durften im Gegensatz zur Meistbegünstigungsklausel nicht auf andere Nationen ausgedehnt werden. Verändert werden durfte die absolute Zollhöhe, nicht aber die Präferenzen.

Mit Hilfe dieser Zollvorteile gelang es den USA, die europäische Konkurrenz vom kubanischen Importmarkt weitgehend zu verdrängen; der Anteil der USA an den kubanischen Importen stieg von 45 % 1902-6 auf 65 % 1922-6. Die kubanische Zuckerproduktion wurde ebenfalls enorm stimuliert: sie wuchs von 1,029 Mio m.t auf 3,857 Mio m.t 1920. Gleichzeitig verzehnfachten sich die kubanischen Gesamtexporte von 64,3 Mio Pesos 1902 auf ca. 795 Mio Pesos 1920, dem Höhepunkt der Zuckerkonjunktur[39]. Der Anteil des Zuckers an den Gesamtexporten stieg von 54,1 % 1908 auf 88 % 1924, obwohl dies kein ausgesprochenes Zuckerboomjahr war[40]. Der Anteil der Zuckerexporte, der in die USA ging, an den gesamten Zuckerexporten, stieg von 54,2 % 1903 auf 95 % 1914[41]. Zwischen 1904 und 1928 expandierte der Handel zwischen Kuba und den USA um das Fünffache, so daß um 1920 ca. 1/10 des US-Außenhandels mit Kuba abgewickelt wurde[42].

Dieser auf den ersten Blick auf beiderseitigen Vorteilen beruhende Vertrag war seinem Wesen nach ungleich und hatte für die weitere wirtschaftliche Entwicklung Kubas fatale Konsequenzen. Ungleich war er, weil er den USA aufgrund ihrer überlegenen Verhandlungsmacht gegen kleine Konzessionen größere Zollvorteile auf mehr Waren brachte. Fatal war er, weil er die strukturelle Abhängigkeit der kubanischen Wirtschaft verschärfte. Kuba wurde im Rahmen einer ungleichen internationalen Arbeitsteilung zum wichtigsten Rohzuckerlieferanten der USA, während alle Kapitalgüter, die meisten Fertigprodukte und viele Rohstoffe und Nahrungsmittel importiert werden mußten. Gleichzeitig zog die prosperierende Zuckerindustrie Kapital aus den USA an, das bald große Teile der kubanischen Zuckerproduktion kontrollierte, so daß der Zuckersektor in vielfacher Weise von den USA abhängig war, "da der Anbau, die Verarbeitung und der Kauf der Ernte durch US-Bürger kontrolliert wurde"[43]. Die Kehrseite der Medaille war ein deformiertes Akkumulationsmodell: Die Zuckermonokultur wurde durch die begünstigte Konkurrenz der US-Importe und die Konzentration der Zollvorteile auf Zucker weiter ausgebaut und nahezu jegliche eigenständige kubanische Industrialisierung behindert. Außerdem schränkte die einseitige Abhängigkeit vom US-Zuckermarkt und von US-Importen die Suche nach alternativen Absatz- und Nachfragemärkten ein. Vorteilhaft war dieser Vertrag im kurzfristigen und bornierten Kalkül privater Kapitalakkumulation der in Kuba ansässigen Zuckerindustrie, der US-Raffinerien, die dadurch billigeren Kubazucker erhielten, und der US-Exportindustrie. In sozioökonomischer Hinsicht war der 1. Gegenseitigkeitsvertrag daher folgenreicher als das Platt-Amendment.

Selbst die privatwirtschaftlichen Vorteile für die kubanischen Zuckerproduzenten nahmen nach kurzer Zeit ab. Ab 1912 hatte Kuba alle voll zollpflichtigen Zuckerkonkurrenten vom US-Markt verdrängt, so daß die Zollbegünstigung aufgehoben wurde und der kubanische Zucker nach anderen Märkten suchen mußte, da ein weiteres Wachstum der kubanischen Zuckerexporte in die USA, das über dem Wachstum der Nachfrage lag, nur auf Kosten der US-Zuckerindustrie möglich gewesen wäre. Da der Reziprozitätsvertrag Veränderungen des absoluten Zollniveaus nicht ausschloß, blieb der US-Administration die Möglichkeit, die einheimischen Zuckerproduzenten durch Zollerhöhung zu schützen. Genau das passierte 1922 und 1930. Im Gefolge der Rezession der US-Wirtschaft nach dem 1. Weltkrieg und der allmählichen Saturierung des US-Zuckermarktes wurde die Forderung nach Erhöhung der Zölle auf Kuba-Zucker lauter. Auf Druck der zu höheren Kosten produzierenden US-Zuckerrübenbauern wurde 1922 der 'Fordney-Mc Cumber-Tariff-Act' verabschiedet, der den effektiven Zoll auf Rohzuckerimporte aus Kuba auf 1.7648 cents pro Pfund Zucker im Vergleich zu 1.0048 cents vorher erhöhte[44]. Der 'Hawley-Smoot-Tariff' von 1930 setzte den Zoll pro Pfund kubanischen Zucker noch weiter auf 2,0 cents herauf[45]. Damit lagen die

Zolleinnahmen der US-Regierung weit über den Einnahmen der kubanischen Zuckerindustrie. Bei einem Verkaufspreis von 2,57 cents/Pfund Zucker in New York fielen jeweils 0,57 cents an die kubanische Zuckerindustrie und 2 cents, also fast 80 % flossen in den Staatshaushalt der USA[46]. Der Anteil des kubanischen Zuckers an der gesamten US-Zuckernachfrage wurde dadurch stark reduziert: von 51,6 % 1929 auf 24,6 % 1934, während der Anteil der einheimischen Zuckerproduzenten in der gleichen Zeit von 16 % auf 29 % und von Hawai, Puerto Rico und den Philippinen von 30,3 % auf 46 % anstieg[47].

Der 2. Gegenseitige Handelsvertrag (1934): Blockierung der nationalkapitalistischen Importsubstitutionsindustrialisierung trotz der Krise des Exportsektors

1934 wurde ein neuer 'Gegenseitiger Handelsvertrag' zwischen Kuba und den USA abgeschlossen, der den Vertrag von 1902 ablöste[48]. Dieser Vertrag war die Antwort auf zwei Entwicklungen: erstens auf die fast bankrottähnliche Situation der kubanischen Zuckerindustrie und zweitens auf bescheidene Ansätze einer kubanischen Importsubstitutionspolitik durch selektive Schutzzölle unter Machado (1927). Der neue Vertrag konzedierte Kuba die Senkung der US-Importzölle für 35 Artikel (neben Zucker v.a. Tabak und Rum). Am meisten begünstigt wurden die kubanischen Zuckerexporte: Der Importzoll auf 1 Pfund Rohzucker wurde von 1,50 cents auf 0,90 cents und für raffinierten Zucker von 1,59 cents auf 0,954 cents gesenkt. Ein 1937 vom US-Kongreß verabschiedetes Gesetz reduzierte das Maximum raffinierten Zuckers an den gesamten Zuckerexporten von bisher 20 % auf 10 %, so daß die sich seit 1925 in Ansätzen abzeichnende Tendenz, den Rückgang der Zuckerexportmenge durch die Steigerung des Verarbeitungsgrades (Raffinieren) teilweise zu kompensieren, enge Grenzen gesetzt wurden, solange kein alternativer Markt für raffinierten kubanischen Zucker erschlossen wurde. Kuba verpflichtete sich zu folgenden Konzessionen: a) der Senkung der Importzölle, und zwar meist stärker als bisher: zwischen 20 und 60 % auf rund 400 Artikel; dem Verbot für Kuba, die Zölle vieler US-Importartikel zu erhöhen; c) dem Verbot quantitativer

Restriktionen der begünstigten Produkte, mit Ausnahme derer, die auch intern Mengenrestriktionen unterworfen waren, so daß es den USA möglich war, Importquoten für Kuba-Zucker festzulegen; d) dem Verbot der Devisenkontrolle durch die kubanische Regierung; e) der Abschaffung oder Ermäßigung interner Sondersteuern auf US-Importe. Ohne daß dies im Vertrag selber geregelt worden wäre, erreichten die USA zusätzlich Zollerhöhungen für mehr als 300 japanische Importprodukte (Garn, Kupferdraht, Zellophan usw.), so daß die Position der USA auf dem kubanischen Importmarkt unanfechtbar wurde.

1939 und 1941 wurden jeweils Zusatzverträge zum Gegenseitigen Handelsvertrag von 1934 abgeschlossen, die jedoch seinen zentralen Inhalt nicht tangierten. Beide Verträge sahen Zollvergünstigungen für weitere US-Exporte vor (u.a. für Kühlschränke), während Kuba 1939 konzediert wurde, in Zukunft mit Zustimmung der USA (!) den Zoll für Reis erhöhen zu dürfen. 1941 erhielt Kuba bestimmte Garantien als Zuckerlieferant der USA, da die USA während des 2. Weltkriegs wieder stärker auf kubanischen Zucker angewiesen waren. Der Vertrag von 1939 sah außerdem vor, daß der Zollnachlaß der USA auf Kuba-Zucker nur solange gültig war, wie US-Zuckerquoten existierten. Wurden diese aufgehoben, erhöhten sich die Einfuhrzölle automatisch. Genau das geschah zwischen dem 12.9. und 21.12.1939, als die USA für die Zeit, als die Quoten außer Kraft gesetzt worden waren, die Zuckerzölle auf 1,5 cents pro Pfund Rohzucker anhoben[49].

Die Wirkung der Zollvorteile für kubanischen Zucker wurde durch das 'Costigan-Jones-Gesetz' der USA von 1934, später als 'Sugar Act' bekannt, stark eingeschränkt[50]. Dieses Gesetz sah vor, daß der US-Staatssekretär für Landwirtschaft den jährlichen Zuckerbedarf der USA fixierte und unter die einheimischen und ausländischen Anbieter Marktquoten verteilte. Das neue Quotensystem hatte für Kuba mehrere nachteilige Konsequenzen. Die Kuba konzedierte Zuckerquote von 1.866.482 m.t, die auf der Basis der letzten drei Jahre berechnet worden war, reduzierte Kubas Anteil am US-Zuckermarkt von 47,0 % 1927-31 auf 27,7 % 1932-36. Dieser Anteil stieg zwischen 1942-1951 wieder auf 42,6 %, fiel dann aber wieder auf 34,5 % 1952-56 (vgl. Tabelle 5.1). Die Kuba konzedierte Zuckerquote reichte nicht aus, um die unausgenutzten Produktionskapazitäten der Zuckerindustrie auszulasten; dies hätte die Erschließung neuer Exportmärkte vorausgesetzt. Folglich wurde die Krise der kubanischen Zuckerindustrie nur gemildert und nicht überwunden. Strukturelle Arbeitslosigkeit auch während der Zuckerrohrernte, die Überkapazität der Mühlen und ein geringeres Realeinkommen pro Kopf und insgesamt(durch Rückgang der Beschäftigtenzahl im Zuckersektor) als während der Expansionsphase der Zuckerindustrie blieben bestehen. Die "verzweifelte Situation" Kubas während der Depression wandelte sich zu einer "dezenter Armut, in der die Zuckereinkommen nur noch 50 % unter dem Durchschnitt der 20er Jahre lagen, statt 75 % ... 1932 und 1933"[51].

Tabelle 5.1: Anteil Kubas am US-Zuckermarkt 1897 - 1956 (in Prozent)

Zeitraum	Jahresdurchschnitt in %
1897 - 1901[1]	16,7
1912 - 1916[1]	49,7
1917 - 1921[1]	48,6
1922 - 1926[1]	56,2
1927 - 1931[1]	47,0
1932 - 1936[2]	27,7
1937 - 1941[2]	29,1
1942 - 1946[3]	43,1
1947 - 1951[3]	42,1
1952 - 1956[3]	34,5

Quellen: 1) De Wilde 1933, S. 165, Tab.II
2) Minneman 1942, S. 45, Tab. 16
3) CERP 1965, S. 508, Tab. 350

Die einseitige Fixierung der kubanischen Zuckerquote lieferte Kuba ganz der Willkür des großen Nachbarn aus und raubte Kuba jegliche Verhandlungsmacht. Kuba seinerseits war weiterhin permanent an die vertraglich fixierten und auf bilateralen Verhandlungen basierenden Vorzugszölle für US-Importe, die von Kuba quantitativ nicht limitiert werden durften, gebunden, während die US-Quoten für Zucker einseitig von den USA und jährlich neu festgelegt wurden. Die genannten Aspekte bekräftigten die Bilanz von Valdes: "Das Quotensystem institutionalisierte die tiefe Ungleichheit, die zwischen einer dominierenden und einer abhängigen Nation existierte."[52]. Die Entscheidung über die Zukunftsaussichten der kubanischen Zuckerindustrie, "die wichtigste Einzelentscheidung für die kubanische Wirtschaft" fiel jetzt weitgehend in den USA: "Die Verletzung der nationalen Souveränität, die dieser abhängigen Beziehung innewohnte, dürfte ... offensichtlich sein"[53].

Das kombinierte Resultat der Zuckerquotenpolitik und des 2. Gegenseitigen Handelsvertrages für Kuba war die Verschärfung der Partnerkonzentration bei den Importen, die Tendenz zu einem permanenten bilateralen Handelsbilanzdefizit , die Blockierung der nationalen Absorption der Vorwärtskopplungseffekte durch die Begrenzung des US-Imports raffinierten Zuckers, die Blockierung der Ansätze zu einer nationalkapitalistischen Importsubstitutionsindustrialisierung und vor allem die Reduzierung der außenwirtschaftlichen Steuerungskapazität Kubas auf ein Minimum, da Maßnahmen wie Devisenkontrolle und eine an nationalen Interessen orientierte Importpolitik (Schutzzölle, Mengenbeschränkungen) vertraglich ausgeschlossen waren. Die USA konnten dagegen ihre Interessen an Kuba als Markt und als Rohzuckerreserve voll durchsetzen. Kosten und Gewinne für die beiden Volkswirtschaften waren also höchst ungleich verteilt. Diese besondere und ungleiche Außenhandelsbeziehung zwischen den beiden Staaten wurde auch durch das GATT (1947) nicht in ihrem Kern tangiert.

Der Anteil der USA an den kubanischen Importen stieg von 54 % 1933, nachdem er Ende der 20er Jahre leicht zurückgegangen war, auf über 75 % nach 1945[54]. Gleichzeitig fiel der Prozentsatz der kubanischen Exporte in die USA als Folge der US-Importquoten für Kuba-Zucker (s.o.) von 70 - 80 % auf unter 60 % nach 1950, so daß nach 1945 ein permanentes Handelsbilanzdefizit zuungunsten Kubas im Handel zwischen den USA und Kuba entstand (vgl. Tabelle 5.2).

Tabelle 5.2: Anteil der USA an den kubanischen Exporten und Importen 1920 - 1957 (jeweils in Prozent des Gesamtwerts)

Jahr	Exporte in die USA %	Importe aus den USA %
1920	79	73
1924	83	
1933	68	54
1941	86	87
1946	67	76
1951	54	77
1957	58	75

Quelle: López-Segrera 1972, Tab. 10, 12

Die erzwungene Öffnung des kubanischen Marktes für eine Vielzahl von US-Waren blockierte den noch schwachen Industrialisierungsprozeß und die Diversifizierung der Landwirtschaft. Hier liegt die Ursache dafür, daß Kuba - im Gegensatz zu vielen lateinamerikanischen Ländern - nicht nach der Weltwirtschaftskrise eine Phase der selektiven Importsubstitution industrieller Güter initiierte, so daß das Spektrum industrieller Branchen in Kuba bis 1945 im allgemeinen auf "leichte Konsumgüterindustrien ... (z.B. die Nahrungs- und Textilindustrie)"[55] beschränkt blieb. Einige Industriezweige, die nach der Zollreform von 1927 ein schnelles Wachstum zu verzeichnen hatten, besonders die Textilindustrie, erlebten sogar starke Rückschläge.

Angesichts der evidenten kombinierten Nachteile der Gegenseitigen Handelsverträge und des US-Quotensystems für die kubanische Gesamtwirtschaft bleibt zu fragen, warum diesen Verträgen zugestimmt wurde. Die Erklärung liegt darin, daß die hegemonische Fraktion der kubanischen herrschenden Klasse, die um den Zuckersektor gruppierte Exportgruppe[56] noch ausreichend Gewinn aus der Garantie einer stabilen, wenn auch nur gering expandierenden Zuckernachfrage zu Preisen, die ab 1934 meist über den Weltmarktpreisen lagen (vgl. Tabelle 5.2), zog[57]. Die dargestellten negativen gesamtwirtschaftlichen und politischen Folgen dieser Politik lagen außerhalb ihres bornierten kapitalistischen Gesichtskreises. Ein Hinweis für die vorherrschend positive Einstellung der kubanischen Bourgeoisie zu diesen Handelsverträgen ist der anfängliche Widerstand Kubas gegen das General Agreement on Tariffs and Trade (GATT), weil man fürchtete, daß dadurch die präferentiellen Handelsbeziehungen mit den USA beeinträchtigt würden.

Tabelle 5.3: Vergleich der Preise pro Pfund kubanischen Zuckers für die Verschiffung in die USA und den Verkauf auf dem freien Weltmarkt 1934 - 1959 (US-cents, jeweils fob)

Jahr	USA cents/Pfund	Weltmarkt cents/Pfund	Differenz des US-Preises zum Weltmarktpreis cents/Pfund
1934	1,37	0,91	+ 0,46
1935	2,21	0,88	+ 1,33
1936	2,56	0,88	+ 1,68
1937	2,35	1,13	+ 1,22
1938	1,90	1,00	+ 0,90
1939	1,74	1,43	+ 0,31
1940	1,67	1,11	+ 0,56
1941	2,09	1,46	+ 0,63
1942	2,48	2,69	- 0,21
1943	2,46	2,69	- 0,23
1944	2,59	2,69	- 0,10
1945	2,65	3,14	- 0,49
1946	3,42	4,24	- 0,82
1947	4,97	5,13	- 0,06
1948	4,64	4,23	+ 0,41
1949	4,94	4,16	+ 0,78
1950	5,09	4,98	+ 0,11
1951	5,07	5,67	- 0,60
1952	5,35	4,17	+ 1,18
1953	5,43	3,41	+ 2,02
1954	5,21	3,26	+ 1,95
1955	5,00	3,24	+ 1,76
1956	5,10	3,48	+ 1,62
1957	5,30	5,16	+ 0,14
1958	5,41	3,50	+ 1,91
1959	5,35	2,97	+ 2,38

Quelle: U.S. Department of Agriculture, History and Operations of The U.S. Sugar Program, Washington 1962, S. 14f, Tab. 9, 10

Ungleiche Handelsverträge und Kontinuität der besonderen Handelsbeziehungen zwischen Kuba und den USA trotz des GATT(1947)

Grob lassen sich drei Phasen der kubanischen Handelspolitik unterscheiden[58] mit leicht ansteigender Tendenz zum Protektionismus und zu größerer Autonomie gegenüber den USA, ohne daß Kuba eine autonome außenwirtschaftliche Entscheidungskapazität gegenüber den USA erreicht hätte.

1. Bis 1927 war die Zollpolitik in der Tradition der spanischen Kolonialpolitik primär Fiskalpolitik; sie begünstigte Fertigwarenimporte und diskriminierte die Einfuhr von Rohstoffen. Sie war also ganz auf die Interessen der Zuckerexportgruppe zugeschnitten und gegen die der embryonären nationalen Industriebourgeoisie gerichtet.

2. Auf dem Hintergrund der Zuckerkrise veränderte 1927 Machado die Zollpolitik von einer rein fiskalischen zu einer leicht protektionistischen; angestrebt wurde jetzt eine stärkere Diversifizierung der kubanischen Wirtschaft durch die Substitution einiger landwirtschaftlicher und industrieller Importe und eine breitere regionale Streuung des Außenhandels. Die Zölle auf Rohstoffe und einige Konsumgüter, die nicht leicht in Kuba hergestellt werden konnten, wurden gesenkt und die auf einige Fertigprodukte angehoben. Innerhalb kurzer Zeit wurden 12 bilaterale Handelsverträge abgeschlossen, im Gegensatz zu zweien in den 25 Jahren vorher, und der Anteil der USA sowohl an den Importen als auch an den Exporten sank bis 1933 jeweils erheblich (vgl. Tabelle 5.1). Die Schutzzollpolitik hatte einen gemischten Erfolg zu verzeichnen: "Die Produktion einiger Lebensmittel - Reis, Korn und Kaffee - wuchs. Durchschlagende Erfolge wurden in der Textil-, Bekleidungs- und Schuhindustrie erzielt und geringere Fortschritte in der Brauindustrie, der Farbenproduktion, einigen leichten Gießereibranchen, bei Pflanzenöl, in der Konservenindustrie und bei der Herstellung von Fahrgestellen für Busse."[59] Während die Produktion des exportorientierten Sektors der Landwirtschaft zwischen 1927 und 1940 zurückging,

konnte der für den Binnenmarkt produzierende Sektor beachtliche Fortschritte erzielen: Der Anteil der Nahrungsmittelimporte an den Gesamtimporten sank von durchschnittlich 37,8 % 1924-29 auf 26,5 % 1935-39. Mit dem Aufschwung des Exportsektors blieb der Binnensektor hinter dem dadurch beschleunigten Bevölkerungs- und Einkommenswachstum zurück und die Bedeutung der Agrarimporte nahm wieder zu[60]. Wie oben dargestellt, hemmte der Gegenseitige Handelsvertrag von 1934 mit den USA diesen Diversifizierungsprozeß und drehte ihn zum Teil sogar zurück. Der Verzicht auf eine autonome wirtschaftliche Entwicklung war der Preis, den Kuba aus Angst vor dem Verlust seines Hauptzuckermarktes zahlen mußte.

3. 1947 begann mit dem GATT ein neuer Abschnitt der kubanischen Außenhandelspolitik. Man versuchte, die Präferenzbeziehungen zu den USA zu mildern und begann bei einer begrenzten Zahl von Produkten eine aggressivere Schutzzollpolitik zu betreiben[61]. Trotz der Ziele des GATT (Freihandel, allgemeine Zollsenkungen, Meistbegünstigungsklausel für alle Mitglieder) blieben die Sonderbeziehungen zwischen Kuba und den USA durch einen Zusatzvertrag erhalten. Die USA senkten den Zoll auf kubanischen Rohzucker von 0,9 cent auf 0,5 cent pro Pfund; insgesamt reduzierten sie die Zölle auf 52 kubanische Exportprodukte und schrieben die Vorzugszölle bei 68 anderen fest. Kuba senkte seinerseits die Importzölle auf 182 US-Waren und fixierte sie bei 393 weiteren. Die kubanischen Zollkonzessionen auf insgesamt 576 Waren betrugen 81,6 % der US-Exporte nach Kuba; Zölle auf 124 andere US-Produkte (= weitere 7 % der US-Exporte) waren von minimaler Bedeutung und (oder) schützten in erster Linie Branchen, die von US-Unternehmen kontrolliert wurden (u.a. Kautschuk, Gummi, Textil)[62]. Obwohl die US-kubanischen Handelsbeziehungen durch das Zusatzabkommen zum GATT nicht wesentlich berührt wurden und die USA ihre Vormachtstellung auf dem kubanischen Importmarkt ausbauten, brachte es trotzdem, zusammen mit dem GATT überhaupt, nicht zu vernachlässigende Veränderungen. Die Zollpräferenzen wurden absolut fixiert und nicht mehr als relative

Senkung des allgemeinen Zollniveaus (z.B. -20 %), so daß das Anheben des absoluten Zollniveaus ausgeschlossen war. Weiterhin sah das GATT bezüglich bilateraler Handelsverträge die Möglichkeit der Modifizierung von Zollkonzessionen vor, wenn Importe so stiegen, daß die nationale Produktion gefährdet wurde. Damit war den Kubanern im Gegensatz zum Gegenseitigen Handelsvertrag von 1934 ein Instrument zur Legitimation protektionistischer Maßnahmen in die Hand gegeben. Die zaghaften Ansätze einer Schutzzollpolitik datierten ab 1927 und waren der handelspolitische Aspekt der im Verhältnis zur US-Penetration nichtantagonistischen und untergeordneten bürgerlich-nationalistischen Tendenz, die sich auf anderen Ebenen in dem relativen Zurückdrängen von US-Eigentum, besonders im Zucker- und Bankensektor, und politisch in symbolischen Konzessionen des großen Nachbarn an verbreitete nationalistische und antinordamerikanische Gefühle ausdrückte[63].

Die Resultate auch dieser neuen Phase der Außenhandelspolitik waren äußerst bescheiden. Der Versuch zur regionalen Diversifizierung scheiterte an den weiterbestehenden Importprivilegien der USA. Die dadurch bedingten permanenten Handelsbilanzüberschüsse Kubas mit anderen Ländern erschwerten die Ausweitung neuer Zuckerexportmärkte. Die Eroberung neuer Exportmärkte hätte die Eliminierung der Zollbegünstigung für Importe aus den USA vorausgesetzt[64]. Der Versuch zur Diversifizierung der Warenstruktur des Exports blieb ebenfalls nahezu erfolglos: Der Anteil des Zuckers und seiner Nebenprodukte nahm nur marginal von 89,9 % 1949 auf 81 % 1958 ab[65]. Ein wenig erfolgreicher waren die Versuche zur Importsubstitution durch protektionistische Maßnahmen nach 1947. In kubanischen Dekreten, in dem Exklusivvertrag von 1947 mit den USA und besonders auf dem GATT-Treffen in Torquay setzte Kuba Mengenbeschränkungen für US-Importe, u.a. bei Reis und Weizenmehl, sowie höhere Importzölle u.a. bei Geflügelprodukten und Futtergetreide durch. Kuba revidierte damit frühere Vorzugszölle für Exportartikel der USA. Als Gegenleistung konzedierte man jedoch Vergünstigungen für andere Exportwaren der USA[66]. Weitere Maßnahmen waren höhere Einkaufssteuern auf importierte Produkte (6 % statt 4,5 % auf einheimische Waren) und bei einigen Waren die Notwendigkeit einer Sondererlaubnis für jede Schiffsladung. Zwar blieb der absolute Wert der Agrarimporte 1958 im Verhältnis zu 1952 ungefähr gleich (159 Mio $ und 163 Mio $), doch fiel der Anteil der Agrarimporte an den Gesamtimporten von 26,7 % 1952 auf 20,4 % 1958. Nach Schätzungen der kubanischen Nationalbank sparte Kuba durch diese Importsubstitution zwischen 1954-56 70 Mio $ bis 119 Mio $[67]. Besonders erfolgreich war diese Importsubstitutionspolitik, unterstützt durch großzügige staatliche Kredite, bei Reis: Der Anteil der Importe am Gesamtverbrauch von Reis sank von 95,5 % 1940 auf 44,5 % 1956[68].

Die Grenzen dieser landwirtschaftlichen Importsubstitutionspolitik werden durch die folgende offiziöse Einschätzung des US-Department of Agriculture von 1956 offenkundig: "Trotz dieses Trends (der Schutzzollpolitik, H.F.) besteht in Kuba ein guter Markt für Agrarprodukte aus den USA, der mit jedem Wachstum des kubanischen Volkseinkommens ausgedehnt werden könnte."[69]

In der Industrie blieb die Importsubstitution auf einige Branchen der Konsumgüter- und einige wenige der Zwischengüterindustrie, v.a. die Textil- und Nahrungsmittelindustrie, beschränkt, hatte aber hier einen gewissen Erfolg zu verzeichnen. Z.B. gelang es, die Bedeutung von US-Importen bei Textilien und Schuhen zurückzudrängen[70]. Andere industrielle Branchen, u.a. die strategisch bedeutende Maschinenbauindustrie, konnten erst gar nicht entstehen, weil hier überhaupt keine Zölle erhoben wurden. Trotzdem erreichte Kuba 1945-58 ein sehr viel höheres Niveau der Industrialisierung als vor 1940. Allein zwischen 1952 und 1956 wurden 154 neue Fabriken gebaut und 67 weitere schon arbeitende ausgebaut[71]. Der gesamtwirtschaftliche Nutzen der begrenzten Importsubstitutionsindustrialisierung in den letzten 10 Jahren vor 1959 wurde allerdings dadurch geschmälert, daß multinational operierende US-Konzerne dabei eine führende Rolle spielten.

5.1.4. US-Konzerne in Kuba: Denationalisierung des Leitsektors und Kontrolle der Importsubstitutionsindustrialisierung (ISI)

Hinsichtlich des Wachstums der US-Investitonen in Kuba lassen sich deutlich drei Phasen unterscheiden: 1. Steiler Aufschwung mit eindeutigem Schwerpunkt im Zuckersektor 1898 bis 1929; 2. starker Rückgang im Gefolge der Zucker- und Weltwirtschaftskrise 1929 bis 1940 und 3. der Wiederanstieg der US-Investitionen außerhalb der Zuckerindustrie, bis sie 1958 ungefähr wieder das Niveau von 1929 erreicht hatten. In der ersten Phase führten die Auslandsinvestitionen der USA zur Denationalisierung des strategischen Zuckerexportsektors und seiner Kopplungseffekte, in der dritten Phase zur Kontrolle der ISI durch multinationale Konzerne und zu einer entsprechenden gesamtwirtschaftlich nachteiligen Verzerrung und Blockierung der Entwicklungsdynamik der ISI.

Diese enormen Schwankungen der Investitionstätigkeit von US-Unternehmen reflektieren im wesentlichen das wechselvolle Schicksal der kubanischen Zuckerindustrie und den Wandel der Interessen des US-Kapitals und waren nicht die Konsequenz von Veränderungen des politischen Investitionsklimas, das im allgemeinen gut war. Verschlechterte sich das Investitionsklima bei Revolten (1917-22), dann half die US-Regierung mit militärischer Intervention oder im Falle der Revolutionsregierung 1933 mit politischem Druck nach, um US-Eigentum gegen Übergriffe oder Verstaatlichung zu schützen. In der Regel war das jedoch nicht notwendig, denn alle kubanischen Regierungen mit der kurzen Ausnahme der Revolutionsregierung von 1933 sahen den Zufluß ausländischen Kapitals als eine wesentliche Voraussetzung schnellen wirtschaftlichen Wachstums an. Selbst die relativ fortschrittliche Verfassung von 1940 garantierte das kubanische wie ausländische Eigentum an Produktionsmitteln und sah Verstaatlichung oder Nationalisierung nur unter eng definierten Bedingungen und bei vorheriger Entschädigung vor. Während der ganzen Periode herrschte in Kuba im Vergleich zu anderen lateinamerikanischen Staaten eine bemerkenswerte finanzielle Stabilität. Die Parität von Peso und Dollar und die mangelnde Autonomie des Währungssystems bis Anfang der 50er Jahre schränkte die Möglichkeit der Finanzierung der wirtschaftlichen Entwicklung mittels Inflation ein. Die Außenverschuldung war im allgemeinen relativ gering, so daß keine Notwendigkeit von Devisenkontrollen bestand; der freie Abfluß von Zinsen, Profiten und anderen Einkommen war somit garantiert[72].

Denationalisierung der Zuckerindustrie und ihrer Kopplungseffekte (1898 - 1929)

Das US-Kapital war durchaus nicht immer dominierend bei den Auslandsinvestitionen. Bis 1913-14 führten vielmehr britische Investitionen mit 216 Mio $ im Vergleich zu 215 Mio $ der USA mit einer Nasenspitze vor den nordamerikanischen[73]. Das britische Kapital war primär in Eisenbahnen und daneben in öffentlichen Werten angelegt. England setzte damit die Tradition des 19. Jahrhunderts fort: Vor 1898 hatten die Briten 70 % der gesamten kubanischen Eisenbahninvestitionen finanziert. Mit dem Zuckerboom des 1. Weltkriegs setzten die USA ihre eindeutige Vorherrschaft durch. 1919 waren die britischen Investitionen auf 60 - 80 Mio $ und 1955 auf weniger als 1 Mio $ gesunken. Die geschätzten 15 - 20 Mio $ nicht nordamerikanischen Auslandsinvestitionen waren 1955 verglichen mit knapp 1 Mrd $ US-Investitionen eine "quantité négligeable"[74]. Im Gegensatz zu den meisten lateinamerikanischen Nationen wurde das wirtschaftliche Leben Kubas daher schon ab etwa 1918 weitgehend durch eine einzige imperialistische Macht, die USA, beherrscht. Kuba verfügte daher nicht über die Möglichkeit, die imperialistischen Staaten gegeneinander auszuspielen, mit der andere lateinamerikanische Staaten zeitweilig ihren Handlungsspielraum erweiterten[75]. Wegen der geringen Bedeutung von konkurrierenden Investitionen anderer imperialistischer Nationen konzentriere ich mich im folgenden auf die US-Investitionen.

Mit dem Abschluß des Platt-Amendments waren die politischen Voraussetzungen für ein stärkeres Engagement des US-Kapitals in Kuba gegeben. Nach anfänglichem Zögern erreichte das Wachstum der akkumulierten Direktinvestitionen der USA schwindelerregende Dimensionen. Sie stiegen von 50 Mio $ 1896 auf 220 Mio $ 1913 und geschätzte 919 Mio $ 1929; das waren 26,5 % der damaligen US-Investitionen in Lateinamerika[76]. Sowohl absolut als auch per capita lag Kuba damit an 1. Stelle in Lateinamerika. Nach Schätzungen von US-Autoren (1935) belief sich der per capita-Betrag der US-Investitionen Mitte der 20er Jahre auf ungefähr 400 $, 7mal höher als der damalige lateinamerikanische Durchschnitt[77].

Zentrale Katalysatoren der US-Penetration waren dabei die US-Banken, besonders in den Krisenjahren 1920-21, 1925ff, 1929ff. Mit dem Zuckerboom am Ende des 1. Weltkriegs hatten viele einheimische und ausländische Unternehmen eine hektische Investitionstätigkeit entfaltet. Die Preise für Rohzucker stiegen steil von 5,9 cents 1918 auf 22,5 cents 1920 und fielen dann ebenso steil wieder auf 1,8 cents 1921[78]. Die US-Banken nutzten den Bankrott vieler kubanischer Banken und Zuckermühlen, um diese billig aufzukaufen, so daß das US-Kapital bald den größten Teil des Banken- und Zuckersektors dominierte. Der Anteil ausländischer Banken, meist aus den USA, an den Einlagen stieg von 20 % 1920 auf 69 % im Dezember 1921[79]. Durch das massive Eindringen von US-Kapital wurde der Konzentrationsprozeß forciert und der Charakter der kapitalistischen Produktionsweise im Zuckersektor entscheidend verändert: oligopolistische Unternehmen drängten die konkurrenzkapitalistischen kubanischen Familienunternehmen in den Hintergrund; innerhalb des Monopolkapitals setzte das Bankkapital seine Hegemonie durch[80]. Diese Entwicklung war nicht die Folge des organischen Konzentrations- und Zentralisationsprozesses in der kubanischen Zuckerindustrie, sondern unmittelbare Konsequenz der wachsenden Penetration des US-Kapitals, das neben Kapital und Technologie auch die monopolkapitalistische Produktionsweise und die Unternehmensform (zunehmend vertikal integrierte, international operierende Aktiengesellschaften) nach Kuba einführte.

Der größte Teil des US-Kapitals floß in den Zuckersektor, und zwar in steigendem Maße. Der Anteil des Zuckersektors an den US-Investitionen stieg von nur 24,4 % 1911 auf 55,1 % 1924/5 (vgl. Tabelle 5.2). Berücksichtigt man, daß große Teile der anderen noch bemerkenswerten Branchen, der Eisenbahn, des Handels und der öffentlichen Dienstleistungen (Straßen, Elektrizität, Telefon usw.) auf die Bedürfnisse der Zuckerindustrie zugeschnitten, also komplementäre Investitionen waren, dann verstärkt sich der Grad der sektoralen Konzentration noch. Der kombinierte Anteil dieser Branchen an den gesamten US-Investitionen stieg von 46,2 % 1911 auf 72,7 % 1924/25 (vgl. Tabelle 5.4). Der Anteil von Bergbau und Industrie war noch minimal. Die US-Investitionen in der verarbeitenden Industrie (ohne Tabak und Zucker) betrugen 1924/25 nur 40 Mio $, also knapp 3 % des gesamten Stocks der Direktinvestitionen der USA in Kuba[81].

Tabelle 5.4: Sektorale Verteilung der akkumulierten Direktinvestitionen der USA in Kuba 1911 und 1924/25 (Buchwert)

	1911		1924/25	
	Mio $	Prozent	Mio $	Prozent
Zucker	50	24,4	750	55,1
Eisenbahn	25	12,1	110	8
Öffentl. Dienstleistungen	20	9,7	100	7,4
Staatschulden	30	14,6	110	8
Handel	-	-	30	2,2
Bergbau	25	12,1	35	2,6
Andere	55	26,8	235	17,3
Gesamt	205	99,7[1]	1.360	100,6[1]
Zucker, Eisenbahn, Handel, öffentliche Dienstleistungen zusammen	95	46,2	990	72,7

1) Die minimalen Abweichungen von 100 % ergeben sich durch Auf- und Abrundungen

Quelle: Zusammengestellt und berechnet nach Pino-Santos 1973, S. 43, 76 und Jenks 1970, S. 165

In der Zuckerindustrie konnten die reinen US-Unternehmen ihren Ernteanteil von 15 % 1906 auf 48,4 % 1920 und 62,5 % 1927 steigern. Beachtenswert ist die höhere Produktivität der US-Zucker-

mühlen. 1927 produzierten die 75 reinen US-Zentralen (= 42,8 % der Zentralen) 62,5 % der gesamten kubanischen Zuckerproduktion[82]. Die Struktur der kubanischen Industrie war also in mehrfacher Weise strukturell heterogen: Einerseits war die dominierende Zuckerindustrie bis 1945 technologisch fortgeschrittener als die anderen Industriezweige, und andererseits bestanden innerhalb der Zuckerindustrie - wenn auch erheblich geringere - Differenzen zwischen dem internationalen und dem nationalen Sektor. Die in US-Besitz befindlichen Unternehmen waren die Protagonisten der Modernisierung der Zuckerindustrie, durch die Kuba seine Produktionskosten senken und international konkurrenzfähig bleiben konnte. Daher kommt z.B. Baklanoff zu einer positiven Einschätzung der US-Investitionen in Kuba (1898 - 1929):
"... die Reorganisation und Modernisierung der kubanischen Zuckerindustrie durch die Initiative des US-Privatkapitals zu diesem kritischen Zeitpunkt verbesserte die Wettbewerbssituation der Insel und sicherte Kuba seine zukünftige führende Position in der Weltzuckerwirtschaft. Die Insel konnte niedrigere Zuckerpreise mit Hilfe einer effizienteren Produktion und einer stark erhöhten Produktionsmenge überstehen: Die durchschnittliche Jahresproduktion von Zucker erhöhte sich von 2,3 Mio m.t (12,5 % der Weltproduktion) 1911 - 15 auf 5,3 m.t 1926 - 30 (18 % der Weltproduktion). Man konnte sich wieder darauf verlassen, daß Zucker und Zuckerprodukte als Motor des wirtschaftlichen Wachstums fungierten."[83]

Der Beitrag des US-Kapitals zur Ausdehnung und zur Modernisierung der kubanischen Zuckerindustrie läßt sich schwerlich bestreiten. Problematisch scheint mir allerdings die These der Zuckerindustrie als wirksamer Leitsektor eines sich selbst erhaltenden gesamtwirtschaftlichen Wachstums in dieser Periode zu sein, wie schon die simple Tatsache zeigt, daß der Rückgang der Zuckerproduktion in den 30er Jahren um mehr als 2 Mio m.t auf ca. 3 Mio m.t eine Parallelkrise der Gesamtwirtschaft auslöste, ohne daß im Sog des vorhergehenden Zuckerbooms entstandene andere wirtschaftliche Aktivitäten kompensatorisch gewirkt oder eine flexible Reaktion auf die Krise erleichtert hätten.

Die Industrialisierung nach 1945 wurde nicht durch Kopplungseffekte der sich wieder erholenden Zuckerproduktion vorangetrieben, sondern entstand weitgehend unabhängig davon. Der Boom der kubanischen Zuckerproduktion im ersten Viertel des 20. Jahrhunderts war vielmehr ein in peripheren Rohstoffexportökonomien häufig anzutreffendes sektorales Wachstum ohne Entwicklung. Daß der Zuckersektor in dieser Phase nicht die Rolle eines Leitsektors gesamtwirtschaftlicher Entwicklung übernahm - die er unter bestimmten Bedingungen, wie die postrevolutionäre Erfahrung demonstriert, durchaus spielen kann -, war auch, wahrscheinlich sogar in erster Linie, die Konsequenz davon, daß multinationale Konzerne die Hauptmotoren des Zuckerbooms waren. Sie behinderten durch die sektorale Konzentration ihrer Investitionen und den von ihnen vorangetriebenen Aufschwung des Großgrundbesitzes die wirtschaftliche Entwicklung außerhalb des Zuckersektors, absorbierten nahezu alle Kopplungseffekte, besonders die Vorwärts- und Rückwärtskopplungseffekte, fast ausschließlich in den USA und stellten einen wesentlichen institutionellen Kanal für den Abfluß von Surplus aus Kuba dar. Der in Kuba zurückgehaltene und verausgabte Wert (retained value: Löhne, Steuern) war gering. Eine stärkere Besteuerung der Zuckerindustrie und ein breites staatliches Instrumentarium zu ihrer Kontrolle entstand erst während ihrer Krise ab 1927.

Das massive Eindringen von US-Kapital führte zur Expansion des Latifundiums, das in dieser Phase endgültig von einer nur juristischen zu einer sozioökonomischen Realität wurde. Viele ehemalig freie Kleinbauern wurden zu Pächtern oder proletarisiert, nicht weil der Boden im physischen Sinne knapp war, sondern weil der freie Zugang zum Boden durch die monopolistische Position oft ausländischer Zucker- und Viehzuchtlatifundien künstlich verknappt wurde. Die Zahl der landwirtschaftlichen Kleinbetriebe, Grundlage der noch relativ diversifizierten Produktionsstruktur des 19. Jahrhunderts sank von 60.711 1899 auf 38.305 1935[84]. In Oriente, neben Camagüey der Provinz, wo sich die meisten neuen amerikanischen Zuckermühlen ansiedelten, wurden viele Kleinbauern ins Inland oder in die Berge verdrängt, wo sich nur bestimmte Kulturen wie Kaffee und Kakao anbauen ließen[85]. Aber auch traditionelle Sparten des Handwerks und der Kleinindustrie wurden in Oriente durch den Zuckerboom ausgetrocknet, so daß der Schluß gerechtfertigt ist, daß die Konzentration der US-Investitionen auf und um den Zuckersektor und die Expansion des Latifundiums zusammen mit dem ungehinderten und privilegierten Zugang der Importe aus den USA zum kubanischen Markt entscheidende Barrieren der inkrementellen Diversifizierung der kubanischen Wirtschaft waren.

Der Beitrag des US-Kapitals zur wirtschaftlichen Entwicklung der Zuckerindustrie und des Staatshaushalts in der Phase des rasanten Wachstums der US-Investitionen (1898 - 1929) ist häufig, u.a. auch von Baklanoff, überschätzt worden[86]. Von den 32 rein nordamerikanischen Zentralen 1913 waren 18 schon im 19. Jahrhundert gebaut worden und vier weitere von kubanischen oder spanischen Unternehmern nach 1900 errichtet worden, so daß der Nettobeitrag des US-Kapitals nur ganze 10 Zuckermühlen betrug[87]. Allerdings darf man dieses Argument nicht überziehen, weil die US-Konzerne in den anderen Mühlen meist erhebliche Erweiterungsinvestitionen tätigten.

Außerdem war der Gesamtumfang der US-Investitionen auf Kuba nicht identisch mit dem realen Kapitalexport der USA. Dieser erreichte nach Jenks Schätzungen bis 1927 kaum 500 Mio $, betrug also höchstens die Hälfte der ca. 1 Mrd $ US-Investitionen, während der Rest aus Reinvestitionen resultierte[88]. Der indirekte Beitrag der US-Zuckerindustrie in Kuba zur wirtschaftlichen Entwicklung in Form von Steuern war minimal. 1924/25 wurden bei einem Gesamtwert der jährlichen Zuckerproduktion von 362 Mio $ von der Zuckerindustrie nur 3,5 Mio $, d.h. weniger als 1 % des Umsatzes, Steuern bezahlt[89]. Überhaupt war das Steueraufkommen mit weniger als 15 % des BSP noch gering. Auf der anderen Seite floß ein großer Teil der damaligen Staatsausgaben an US-Banken: "1924/25 dienten 68,8 % der kubanischen Steuereinnahmen der Zahlungsgarantie oder der Zahlung von Anleihen bei Bankhäusern der Wall Street."[90] Überhaupt floß ein enormer Teil des in Kuba vorwiegend in der

Zuckerindustrie produzierten Surplus ins Ausland ab, meist in die USA. Zwischen 1909 und 1933 war das durchschnittlich 21,6 % (!) des Bruttosozialprodukts, der größte Teil davon in Form des sogenannten Zolldifferentials; d.h. Kuba mußte für den gleichen Wert der Exporte mehr Zoll zahlen als die USA. Zwischen 1909 und 1924 flossen nahezu 10 % des BSP überwiegend in Form des Transfers der Gewinne multinationaler Konzerne ins Ausland ab (vgl. zu diesen und anderen Daten Tabelle 5.5).

Tabelle 5.5: Die wichtigsten Formen der Absorption des Surplus der kubanischen Wirtschaft 1904 - 1933 (in Prozent des BSP)

	Ins Ausland transferiert				In Kuba absorbiert		
	I[a]	II[a]	III[a]	Gesamt	IV[a]	V[a]	VI[a]
1904-08	0,2	8,2	-0,6	7,8	6,2	1,3	12,2
1909-13	4,8	9,3	-0,4	13,7	7,1	1,0	11,0
1914-18	10,1	9,6	-2,5	17,2	6,7	0,8	8,6
1919-24	9,3	12,2	-3,1	18,4	8,3	1,0	10,0
1925-29	4,0	16,8	7,9	28,7	8,5	1,6	13,3
1930-33	4,8	18,1	7,1	30,0	3,2	1,8	15,2

a) I = Nettokapitalexport und transferierte Gewinne
II = Zolldifferential
III = Verluste durch die Verschlechterung der terms of trade (1910 - 14 = 100)
IV = geschätzte produktive Investitionen
V = staatliche Ausgaben für das Bildungswesen
VI = gesamtes Steuereinkommen

Quelle: Demoulin 1976, S. 71, Tab. 13. Dort nähere Angaben zu den Daten, den einzelnen Kategorien und den Methoden der Kalkulation

Der wahrscheinlich entscheidende Grund dafür, daß vom Zuckersektor nicht durch die von ihm ausgehenden Kopplungseffekte eine Vielzahl um ihn gelagerter Industrien und andere wirtschaftliche Aktivitäten initiiert wurden, war die instutionelle Einbettung der US-Investitionen in der kubanischen Zuckerindustrie in vertikal integrierte, multinational operierende Konzerne, mit der Konsequenz, daß nahezu alle Kopplungseffekte dem Wachstum dieser Konzerne und nicht dem der kubanischen Volkswirtschaft dienten. Das Interesse des US-Kapitals, das in der kubanischen Zuckerindustrie investierte, war nicht allein auf die Zuckerindustrie beschränkte; vielmehr wurden die meisten US-Investitionen von Unternehmen getätigt, deren Schwerpunkt in der Verarbeitung von Rohzucker (Raffinerien, Getränke- und Süßwarenproduktion) oder in dessen Vermarktung lag, die ihre Rohstoffquellen kontrollieren wollten. Dieses Motiv gewann durch die hohen Profite in der kubanischen Zuckerindustrie vor 1925 noch einen besonderen Reiz, so daß sich auch führende amerikanische Banken in Kuba engagierten[91]. Im allgemeinen wurden die vor- und nachgelagerten Aktivitäten in den USA angesiedelt, um von der kubanischen Rohzuckerproduktion aus wirtschaftlichen und politischen Gründen unabhängig zu bleiben, um externe Ökonomien und Skaleneffekte zu nutzen, die eigenen Transportkapazitäten beidseitig auszunutzen, oder um, wie im Fall der Zuckerraffinerien, durch die saisonal komplementäre Rübenzuckerproduktion eine bessere ganzjährige Auslastung der Produktionskapazitäten zu sichern. Einzige Ausnahme waren die aus natürlichen oder ökonomischen Gründen (Transportsysteme, Reparaturwerkstätten) immobilen Industrien und einige wenige der Zuckerindustrie vorgelagerte, nur für den kubanischen Markt produzierende Betriebe (Zement, Düngemittelmischfabriken). Die vom US-Kapital dominierte kubanische Zuckerindustrie war ein typischer Exportenklavensektor: "Die großen, im US-Besitz befindlichen Zuckermühlen tendierten dazu, bloße Ableger der Vereinigten Staaten zu sein, die nur zufällig in Kuba lokalisiert waren. Oft in der Nähe der Küste gelegen, beliefert durch eigene kleine Häfen, mit selbstgenügsamen Transportsystemen, importierten sie direkt den größten Teil ihres Bedarfs (manchmal sogar die Arbeitskräfte) und schütteten Dividenden an ausländische Aktienbesitzer aus, so daß diese Mühlen nur in geringem Maße mit der kubanischen Wirtschaft integriert waren."[92]

"Nach 1920 waren kubanischer Zucker und US-Banken unauflösbar miteinander verquickt. In den 20er Jahren kontrollierten ausländische Banken mehr als 80 Prozent der Zuckerproduktion."[93] Allein die National City Bank kontrollierte 1923/24 insgesamt 27 Zuckermühlen[94]. Parallel zu den

Banken investierten nach 1918 amerikanische Zuckerraffinerien in großem Umfang in Kuba. Die Zuckerfabriken in ihrem Besitz galten als die "finanziell potentesten"[95]. Zu den in Kuba präsenten US-Zuckerraffinerien zählten die American Sugar Refining Company und die National Sugar Refining Company, die 1960 zusammen 8 von insgesamt 22 US-Raffinerien besaßen[96]. Jede der Raffinerien besaß mehrere Zentralen in Kuba, die National Sugar Refining Company sogar zeitweilig 16. Einige Raffinerien mit Interessen in Kuba gehörten Konzernen, die in anderen Branchen ihren Ursprung hatten, u.a. der United Fruit Company und der Hershey Chocolate Company, die z.B. 4 Mühlen in Kuba besaß. Die Hershey Chocolate Company war eines der industriellen Unternehmen, die Zucker als Input in ihrer Hauptbranche benötigten und daher ein Interesse hatten, von den Spekulationen der Rohzuckerproduzenten und -händler unabhängig zu werden. Andere Unternehmen dieser Kategorie waren Coca Cola und die Hires Company - beides Getränkeproduzenten - und die Soft Candy Company, neben Hershey ein weiteres Unternehmen, das Süßwaren herstellte. Coca Cola errichtete auch schon in dieser Periode eine Abfüllfabrik in Havanna. Hershey war übrigens der einzige amerikanische Konzern, der eine große Zuckerraffinerie in Kuba errichtete, offensichtlich um nicht von den anderen US-Zuckerraffinerien abhängig zu sein. Erst nach 1925 entstanden in Kuba mehrere, mit zwei Ausnahmen kleinere Zuckerraffinerien, während man vorher paradoxerweise nahezu den gesamten Bedarf an Raffinade-Zucker durch Importe decken mußte. Eine weitere wichtige US-Gruppe mit erheblichem Besitz in der kubanischen Zuckerindustrie waren die bedeutenden Zuckergroßhändler Czarnikow, Rionda & Co. (Cuba Trading), Lowry & Co.und Howell and Son, von denen die beiden ersten jeweils 5 kubanische Zentralen besaßen, und die jeweils mit großen US-Banken liiert waren[97].

Es gab auch einige wenige US-Unternehmen, für die die Zuckerindustrie ein vorgelagerter Markt war, die sich in der kubanischen Zuckerindustrie engagierten, u.a. die Fulton Iron Works, der Fabrikant von Zuckermaschinen Gordon C. Rentschler und der Düngemittelkonzern Armour & Co., der zwei Zentralen in Kuba erwarb. Die einzig nennenswerte größere Fabrik, die - explizit -

in dieser Zeit als Reaktion auf die prosperierende Nachfrage der kubanischen Zuckerindustrie nach Investitionsgütern in Kuba errichtet wurde, war die Cuban Portland Cement Corp., eine Filiale der International Cement Corp.[98]. Nahezu alle anderen Kapitalgüter, v.a. die Maschinen und Ausrüstungen für die Industrie mußten importiert werden. 1919-21 erreichte der Import von Maschinerie für die Zuckerindustrie mit mehr als 16 Mio $ pro Jahr seinen Höhepunkt[98].

Die US-Konzerne, die Zuckerfabriken in Kuba besaßen, verfügten häufig über ein eigenes Transportsystem, so daß sie von öffentlichen Einrichtungen weitgehend unabhängig waren. Daher kam es in diesem Punkt zu Interessenkonflikten zwischen der Fraktion des US-Kapitals, die in (öffentlichen) Dienstleistungen und der, die in der Zuckerindustrie engagiert war. Das sog. 'Tarafa-Gesetz', das vorsah, daß der gesamte Außenhandel im Osten Kubas auf den Linien der privaten, in US-Besitz befindlichen Ferrocariles consolidados de Cuba (insgesamt 3.272 km) abgewickelt werden sollte, scheiterte an dem Widerstand der vorwiegend amerikanischen Zuckerkonzerne dieser Region, die ihre eigenen Eisenbahnstrecken besaßen[99]. Der erste teilmechanisierte Umschlag von Losezucker wurde 1932 für den Zuckerexport von zwei Zentralen der United Fruit Company in deren Privathafen installiert. Die United Fruit Company verfügte ebenso über eine Flotte von Frachtschiffen wie z.B. die West Indies Sugar Corporation. Auch technologische Innovationen im Umfeld der Zuckerindustrie waren fast nur das Werk US-amerikanischer Konzerne. Mit der Verwendung von Bagasse zur Herstellung von Faserplatten wurde ab 1929 in einer Pilotfabrik der US-Zentrale Andreita in Cruces (Las Villas) experimentiert[100].

Die Denationalisierung der kubanischen Zuckerindustrie und der meisten Kopplungseffekte vor 1930 sowie die modernere Technologie und die größeren Produktionskapazitäten der amerikanischen Zuckerfabriken sind auch auf dem Hintergrund der damaligen begrenzten finanziellen und technischen Kapazitäten der privatkapitalistisch organisierten kubanischen Zuckerindustrie zu sehen. Es spricht einiges für die Hypothese, daß die Investitionen und die Technologien der riesigen Zuckerfabriken und erst recht die der größeren und komplexeren Zuckerraffinerien sowie der Maschinenfabriken zu diesem Zeitpunkt aufgrund der Blockierung der organischen Entwicklung und der konzentrischen Diversifizierung der kubanischen Zuckerindustrie im 19. Jahrhundert die finanziellen und technischen Kapazitäten des kubanischen Privatkapitals überstiegen[101]. Die großen amerikanischen Zuckerkonzerne in Kuba mit mehreren Mühlen besaßen einen Kapitalstock von 8 bis 30 Mio $. Der durchschnittliche Wert einer Zuckerfabrik betrug 1939 ca. 2,3 Mio $, der der größeren erheblich mehr[102]. Seit der Industrialisierung der Zuckerproduktion war die nationale Einheit von Zucker- und Ausrüstungsproduktion zerbrochen worden. Die Technologien der Zentralen unterschied sich durch ihre Größe erheblich von der der mechanisierten Zuckerfabriken von 1860, während die Technologie der Zuckerraffinerien weitaus komplexer als die der Rohzuckerfabriken ist. Die kubanischen Zuckerraffinerien, die teilweise seit Mitte des 18. Jahrhunderts existierten, waren viel kleiner als die ausländischen Zuckerraffinerien und operierten mit einer rückständigen Technologie. Das Produktionskapital der einzigen großen kubanischen Raffinerie (J. Arechabala, S.A.), die seit 1878 in Betrieb war, lag fast um die Hälfte unter dem der Hershey Company in Kuba[103]. Andererseits spricht gerade dieses Beispiel für die Vermutung, daß die nationale Absorption der Kopplungseffekte der Zuckerindustrie auch unter privatkapitalistischen Vorzeichen durchaus möglich gewesen wäre, wenn nicht ihre organische Weiterentwicklung durch die Desmanufaktur unterbrochen worden wäre. Erst dadurch wurden z.B. Zuckerraffinerien zu'outside linkages'[104], die nur durch ausländisches Kapital oder den Staat organisiert werden konnten.

Die Grenzen der Kubanisierung und die Kontrolle der ISI durch multinationale Konzerne (1929 - 1958)

Nach 1929 gingen die ausländischen Investitionen stark zurück. Die US-Investitionen fielen auf 666 Mio $ 1936 und erreichten 1943 mit 520 Mio $ ihren Tiefstand[105]. Die Ursachen dieses abrupten Rückgangs lagen in der Neubewertung des Vermögens im Gefolge der Weltwirtschaftskrise, dem Zurückschrauben überentwickelter Produktionskapazitäten und dem Schrumpfen der US-Investitionen in der Tabakindustrie. Durch die Wirren des 2. Weltkriegs wurde die abnehmende Bedeutung ausländischen Kapitals noch verstärkt. Das kubanische Kapital, das durch die günstige Zuckerkonjunktur ab 1940 wieder Aufwind hatte, stieß in die entstandene Lücke. Eine gewisse abschreckende Wirkung auf ausländisches Kapital hat wahrscheinlich auch die Verfassung von 1940 mit ihrem nationalistischen Akzent und der relativ fortschrittlichen Sozialgesetzgebung gespielt. Da ihr aber keine entsprechende gesetzgeberische Konkretisierung folgte, hatte sie nurmehr eine symbolische Funktion und wirkte daher nicht dauerhaft abschreckend auf potentielle ausländische Investoren[106].

Nach 1945 wurde der Kapitalexport der USA nach Kuba wieder aufgenommen. Der Stock der Direktinvestitionen der USA in Kuba stieg von 553 Mio $ 1946 um 72 % auf 956 Mio $ 1959 und übertraf damit knapp das Niveau der Direktinvestitionen von 1929[107]. Gemessen am gesamten Buchwert der US-Direktinvestitionen wurde Kuba daher in Lateinamerika nur noch von Venezuela übertroffen; die 956 Mio $ stellten 13,3 % der gesamten US-Investitionen in Lateinamerika dar. Der per capita-Buchwert der Direktinvestitionen lag mehr als dreimal über dem lateinamerikanischen Durchschnitt[108]. Gemessen an dem Wachstum der US-Investitionen ergibt sich jedoch ein anderes Bild. Während die US-Direktinvestitionen in Kuba 1959 im Verhältnis zu 1929 nahezu stagnierten (+ 37 Mio $), expandierten sie in ganz Lateinamerika von 3,5 Mrd $ auf 8,4 Mrd $, also um 140 %. Zwischen 1950-60 wuchsen die US-Direktinvestitionen in Lateinamerika um 82,6 % (von 4,6 Mrd $ auf 8,4 Mrd $). Der wichtigste Grund für das geringere Wachstum in Kuba war, daß zwischen 1946 und 1956 ungefähr 1/3 der US-Investitionen in Lateinamerika in den Erdölbereich flossen, von denen Kuba, da es nur über geringe erforschte Erdölquellen verfügt(e), wenig abbekommen hat[109]. Neben Direktinvestitionen spielten Portfolio-Investitionen der USA eine sekundäre, aber nicht zu vernachlässigende Rolle; sie beliefen sich 1955 auf insgesamt 210,9 Mio $.[110]

Im Gegensatz zur vorhergehenden Periode waren die US-Investitionen nach 1946 breiter gestreut und stärker auf den Binnenmarkt orientiert. Die 403 Mio $ Neuinvestitionen zwischen 1946-59 verteilten sich im einzelnen in absteigender Bedeutung auf: Ölraffinerien (129 Mio $), verarbeitende Industrie (75 Mio $), öffentliche Dienstleistungen (60 Mio $) und Handel (32 Mio $). Der Rest (107 Mio $) verteilte sich auf verschiedene Branchen der Landwirtschaft, den Bergbau und den Hotelbau[111]. 1957 wurden 62,6 % des Gesamtumsatzes aller Filialen von US-Unternehmen in Kuba im Inland abgesetzt. In der verarbeitenden Industrie lag der Prozentsatz sogar bei 85,9 % (vgl. Tabelle 5.6); der Export industrieller Fertigprodukte durch multinationale Konzerne spielte also erst eine marginale Rolle. Im Gegensatz zur ersten Welle der US-Investitionen überwogen jetzt marktorientierte statt durch die Kontrolle der Rohstoffproduktion motivierte Direktinvestitionen. Konkrete Motive waren das Unterlaufen der neuen Schutzzölle und die Eroberung sowie das Verteidigen von Marktanteilen. Dominguez interpretiert z.B. das Ansteigen der US-Investitionen außerhalb der Landwirtschaft nach 1954 als Reaktion auf das Wachstum der kubanischen Industrie[112].

Tabelle 5.6: Anteil des Binnenmarkts an dem Gesamtumsatz der US-Direktinvestitionen in Kuba 1957 (Mio US $ und Prozent)

Alle Branchen[a]			Verarbeitende Industrie		
Insgesamt	Binnenmarkt	2/1	Insgesamt	Binnenmarkt	4/3
(1)	(2)	%	(3)	(4)	%
729	456	62,6	149	128	85,9

a) ohne Handel und Finanzen

Quelle: U.S. Department of Commerce, U.S. Business Investments in Foreign Countries, Washington, D.C. 1960, S.110, Tab. 22

Tabelle 5.7 gibt einen Überblick über die Entwicklung der sektoralen Verteilung der US-Direktinvestitionen in Kuba zwischen 1929 und 1958.

Tabelle 5.7: Umfang und sektorale Verteilung der akkumulierten Direktinvestitionen der USA in Kuba 1929 - 1958 (Buchwert in Mio $)

	1929		1936		1946		1950		1958[3]	
	Mio US $	%	Mio US $	%	Mio US $	%	Mio US $	%	Mio US $	%
Landwirtschaft[1]	575	62,6	265	39,8	227	40,0	263	40,0	265	26,5
Öffentl.Dienstleistungen	215	23,4	315	47,3	252	44,1	271	41,3	344	34,4
Erdöl[2]	9	1,0	6	0,9	15	2,7	20	3,0	90	9,0
Bergbau	9	-	9	-	15	2,7	15	2,3	180	18,0
Industrie	45	4,9	27	4	40	7	54	8,2	80	8
Handel	15	1,6	15	2,2	12	2,1	21	3,2	35	3,5
Andere	60	6,5	38	5,7	8	1,4	13	2,0	7	0,6
Gesamt	919	100,0	666	99,9	568	100,0	657	100,0	1.001	100,0
Zuckersektor[4]	544	59,2	240	36,0	-	-	-	-	285	28,5

1) Bis 1929 fast nur Zuckerrohr und Tabak, später auch Kaffee, Reis usw.

2) Vorwiegend Ölraffinerien

3) Zum Teil erhöhten sich die Daten bis 1959 erheblich; z.B. in der Industrie auf 115 Mio $ und bei Petroleum auf 143 Mio $, vgl. Baklanoff 1973, S. 16. Die Daten für den Zuckersektor beziehen sich auf 1956.

4) In der vorhergehenden Tabelle auf Industrie und Landwirtschaft verteilt

Quellen: Zusammengestellt und berechnet aus: Baklanoff 1973, S. 16; Investment 1956, S. 10; López-Segrera 1972, S. 350; Marrero 1957, S. 170; Smith 1960, S. 166; Wilkins 1974(2), S. 198.

Schon ab 1936 hatten die öffentlichen Dienstleistungen mit einem Anteil von 47,3 % die Vorherrschaft des Agrarsektors gebrochen. Ihr relativer Rückgang in den 50er Jahren ist auf den Kauf der Vereinigten Eisenbahnen von Havanna durch Batista (1953) zurückzuführen. Die Hauptbereiche waren Elektrizität und Telefonwesen. Der Wert der US-Investitionen in der Landwirtschaft in laufenden Preisen war 1958 gleich dem von 1936, der Realwert bestimmt viel niedriger. Obwohl die erdrückende Dominanz der Zuckerrohrplantagen aufgehoben wurde, blieb der Anteil der Landwirtschaft mit 26,5 % 1958 relativ hoch. In der Landwirtschaft fanden allerdings kaum Neuinvestitionen des US-Kapitals statt (1946 - 1958: + 38 Mio $). Die Gesamtinvestitionen im Zuckersektor sanken nahezu um die Hälfte von 544 Mio $ 1929 auf 285 Mio $ 1956. Die größten Fortschritte waren 1946-58 im Bergbau (+165 Mio $) und bei den Erdölraffinerien (+ 75 Mio $) zu verzeichnen. Die industriellen Investitionen verdreifachten sich nahezu zwischen 1936 und 1958. Der Anteil der direkten US-Investitionen in der verarbeitenden Industrie an den gesamten Direktinvestitionen lag mit 8 % 1958 leicht über dem lateinamerikanischen Durchschnittsniveau von 7 % 1959, aber weit hinter den viel höheren Anteilen in Argentinien (43 %), Brasilien (53 %) und Mexiko (47 %)[113]. In einigen strategischen und dynamischen Sektoren war die US-Kontrolle nahezu total. Die US-Unternehmen in Kuba besaßen 90 % der Telefon- und Elektrizitätsdienste, zwei der drei Erdölraffinerien (66 %), große Teile des Bergbaus, davon die dominierende Nickelproduktion und 50 % der öffentlichen Eisenbahnen; sie produzierten knapp 40 % der gesamten Rohzuckerproduktion und besaßen 40 von 161 Zuckermühlen, 7 der größten Landwirtschaftsbetriebe, 30 % der Handelsbanken, 20 % der Versicherungen und kontrollierten große Teile des Tourismus[114].

Dagegen wurde das US-Kapital in einigen Branchen durch kubanisches Kapital ersetzt. Diese Kubanisierungstendenz war einerseits die Folge einer relativen Veränderung des Kräfteverhältnisses innerhalb des herrschenden Blocks zugunsten der nationalen kubanischen Bourgeoisie, ohne daß die Hegemonie des US-Imperialismus gefährdet worden wäre, reflektiert andererseits aber auch das abnehmende Interesse des US-Kapitals an der nicht mehr so rentablen Zuckerindustrie[115]. Die Kubanisierung erstreckte sich besonders auf den Zuckersektor, die Banken und Versicherungen und die Luftfahrt. Die Zahl der kubanischen Zuckermühlen stieg von 57 der insgesamt 175 1927 (32,6 %) auf 121 der 161 1958 (75,1 %) und ihr Anteil an der Zuckerproduktion von 22,4 % 1939 auf 62,1 % 1958 (vgl. Tabelle 5.8).

Tabelle 5.8: Eigentum der Zuckermühlen nach Nationalitäten: Zahl und Anteil an der Zuckerproduktion (in Prozent)

	1927		1939		1952		1958	
	Zahl	% Prod.	Zahl	% Prod.	Zahl	% Prod.	Zahl	% Prod.
USA	89	62,5	66	55,1	41	43,0	36	36,7
Kuba	57		56	22,4	113	55,0	121	62,1
Andere ausländische Eigentümer	29		52	22,5	7	2,0	4	1,2
Gesamt	175		174		161		161	

Quelle: Dominguez 1976, 2. Kap., S.18, Tab.II.2

Der kubanische Anteil an den Depositen der Geschäftsbanken stieg von 16,8 % 1939 auf 60 % 1955 und der Anteil kubanischer Unternehmen am Versicherungsgeschäft zwischen 1939 bis 1955 von 38 % auf ca. 50 %. Unmittelbar vor der Revolution gehörte die Mehrheit der Aktien der führenden kubanischen Fluggesellschaft Compania Cubana de Aviación, die ursprünglich ganz in US-Besitz war, kubanischen Aktionären.

Die These der zunehmenden Kubanisierung, so wichtig die Kenntnisnahme dieser Tendenz ist, bedarf jedoch der einschränkenden und differenzierenden Interpretation. In den meisten Branchen, in denen die Bedeutung des kubanischen Kapitals zugenommen hat, mit der Ausnahme des Lufttransports, behielt das US-Kapital eine substantielle Bedeutung. Die Kubanisierung betraf z.T. kriselnde Branchen (Zucker); in den dynamischen Sektoren (Erdölraffinerien, Nickel, Bergbau allgemein, öffentliche Dienstleistungen) dominierte das US-Kapital unbeschränkt. In der Industrie kontrollierte es den modernen Sektor fast vollständig. Außerdem hatte der internationale eine höhere Wachstumsrate als der nationale Industriesektor (vgl. Tabelle 5.9). In der Zuckerindustrie übertraf die Produktionskapazität und Produktivität der US-Zentralen die der kubanischen: 1958 produzierten 36, d.h. 22,3 % der aktiven Zuckermühlen 36,7 % des Zuckeroutputs (vgl. Tabelle 5.8).

Tabelle 5.9: Produktionsindizes des nichtlandwirtschaftlichen Sektors (ohne Zucker) und der verarbeitenden Industrie für die kubanische Wirtschaft allgemein und den ausländischen Sektor 1946 - 1958 (1946 = 100)[a]

Jahr	Index der nichtlandwirtschaftlichen Produktion (ohne Zucker)[b]		Produktionsindex der verarbeitenden Industrie	
	allgemein	ausländ. Sektor	allgemein	ausländ. Sektor
1946	100	100	100	100
1950	108	113	105	135
1953	126	124	112	145
1954	130	126	114	138
1957	147		129	
1958		227		200

a) Dominguez weist selbst daraufhin, daß die in der Tabelle wiedergegebenen Daten "für einen strengen Test ungeeignet sind". Die Indizes für den ausländischen Sek beruhen offenbar auf Investitionsdaten. Trotz dieser Einschränkung zeigen sie nach seiner Ansicht ein "konsistentes und plausibles Muster". Ebenda.

b) einschl. verarbeitende Industrie, Bau, Bergbau, Versorgungsbetriebe

Quelle: Dominguez 1976, Kap. 2.1, S. 20

Die sich nach 1950 schnell ausbreitenden gemischten US-kubanischen Konzerne sind kein Argument für den wachsenden Einfluß des kubanischen Kapitals; sie waren eher der Versuch des US-Kapitals zur Mobilisierung einheimischen Kapitals bei gleichzeitig weiterbestehender Abhängigkeit hinsichtlich Technologie,

Verarbeitung, Transport und Vermarktung sowie Zugang zu internationalen Kreditinstitutionen von den US-Multis. Nach Aussage eines einflußreichen, in Kuba arbeitenden Wirtschaftsberaters aus den USA "begrüßten die amerikanischen Unternehmen die Partizipation einflußreicher Kubaner, weil diese das Zugeständnis von Steuererleichterungen und Zollpräferenzen erleichterten und besseren Kontakt zu den kubanischen Gewerkschaften hatten."[116] Die Ausdehnung gemischter Unternehmensformen (joint ventures) bedeutete einen Formwandel struktureller Abhängigkeit, nicht deren Aufhebung. Nicht zuletzt hatte die Kubanisierung auch dehalb nur eine begrenzte Bedeutung, weil sie den komplementären Charakter der kubanischen Produktionsstruktur nicht in Frage stellte. Die Kubanisierung betraf in erster Linie den Zuckersektor, der ein Halbfertigprodukt für die Weiterverarbeitung in US-Raffinerien exportierte. In der Nicht-Zuckerindustrie war das nationale Kapital ebenfalls ganz auf komplementäre Branchen abgedrängt worden (vgl. dazu weiter unten genauer). Die Kubanisierung beinhaltete keine prinzipielle entwicklungspolitische Alternative und keine grundsätzliche Kritik an der Rolle des ausländischen Kapitals. Vielmehr wurden gleichzeitig politische Anreize (Steuererleichterungen und Subventionen) eingesetzt, um ausländisches Kapital anzuziehen.

Trotz all dieser Einschränkungen, die von Autoren, die die Kubanisierung besonders hervorheben, meist nicht hinreichend beachtet werden, lag die begrenzte Bedeutung der privaten Kubanisierung des Eigentums an Produktionsmitteln in einigen Branchen darin, daß sie einen Aspekt der neuen Form und Stufe der abhängigen Entwicklung und eine neue Form der Arbeitsteilung zwischen internationalem und nationalem kapitalistischem Sektor im Verhältnis zum Entwicklungsniveau und Akkumulationsmodell der ersten vier Jahrzehnte des 20. Jahrhunderts reflektiert, in deren Rahmen sich das Interesse der ausländischen Konzerne von der Rohzuckerindustrie auf binnenmarktorientierte Branchen - mit der wichtigen Ausnahme des Nickelbergbaus - verlagerte. Im Zuckersektor nahm die Kontrolle der Rohzuckerproduktion zum Teil die indirekte, deshalb aber nicht weniger wirksame Form des Quasi-Monopols der Weiterverarbeitung, der Vermarktung und besonders der Technologie an[117]. Die Übernahme eines großen Teils der Zuckerindustrie durch kubanische Unternehmer ist außerdem ein guter Indikator für die Entwicklung einer nationalen Kapazität zur Absorption moderner Technologie in dieser Branche, die vor 1930, als die Großtechnologie der US-Zentralen noch neu war, noch nicht existierte. Die Zuckerindustrie war im Grunde der einzige industrielle Sektor, in dem ein breites nationales Fundament zur technologischen und organisatorischen Absorption moderner, relativ komplexer Industrietechnologie in Großbetrieben bestand, eine Tatsache, die für die postrevolutionäre Entwicklungsstrategie noch relevant werden sollte[118].

Von einigen linken Theoretikern ist das Ausmaß des Industrialisierungsprozesses vor 1959 heruntergespielt worden; eine extreme Variante dieser Interpretation der vorrevolutionären Wirtschaftsentwicklung vertritt,unter Hinweis auf Zuckerproduktion und Einkommen pro Kopf, die These der Stagnation der kubanischen Wirtschaft zwischen 1929 und 1959[119]. Die Fortschritte der Industrialisierung , die uns an dieser Stelle allein interessiert, in diesem Zeitraum sind jedoch unübersehbar. Ihre Verleugnung verhindert die Analyse des Wandels der Formen struktureller Abhängigkeit. Allein zwischen 1952 und 1956 wurden 154 neue Industriebetriebe errichtet und 67 weitere erheblich erweitert. Der Wert dieser industriellen Investitionen belief sich auf 612 Mio $. 1945 - 1958 lag die durchschnittliche jährliche Wachstumsrate der Nicht-Zuckerindustrie bei 5,7 %, d.h. leicht über dem Durchschnitt von 4,9 % 1930 - 1958[120]. Auch die Struktur der kubanischen Industrie begann sich allmählich zu ändern. Neben die leichte Konsumgüterindustrie (1. Phase der ISI in Lateinamerika) traten einige Branchen der Zwischengüterindustrie, die u.a. Produkte wie Schwefelsäure, Kunstdünger, Zement, Papier, Gummiprodukte, Glas, Nickel, Petroleumprodukte und einige wenige leichte Stahlprodukte herstellten[121]. Entscheidend für Struktur und Merkmale der Industrialisierung war die Tatsache, daß dieser Industrialisierungsprozeß nach 1945 weitgehend von US-Konzernen initiiert und kontrolliert wurde, im Gegensatz zu den lateinamerikanischen Ländern, in denen nach 1929 eine Importsubstitutionsindustrialisierung unter nationalen Vorzeichen stattgefunden hatte. Die dominierende Rolle ausländischer Konzerne implizierte die Bevorzugung kapitalintensiver Technologien, eine hohe Neigung zum Import, auch bei Rohstoffen, die Auslagerung nur von Segmenten eines ihm Rahmen multinationaler Konzerne integrierten Produktionszyklus, den exzessiven Import von Kapitalgütern und Technologie, die strukturelle Heterogenität der Industrie und oligopolistische Marktstrukturen besonders in den neuen Industriezweigen. Die unkontrollierte,direkte und indirekte Importkonkurrenz der US-Konzerne hemmte die Entfaltung der kubanischen Kapazität zur Produktion von Technologien, die der spezifischen Ausstattung Kubas mit natürlichen und wirtschaftlichen Ressourcen besser entsprachen sowie der nationalen Fähigkeit zu einer an gesamtwirtschaftlichen Interessen orientierten Selektion, Adaption und Absorption ausländischer Technologien. Die Tatsache, daß die Investitionsentscheidungen in den Schaltzentralen der multinationalen Konzerne nach Maßgabe privatwirtschaftlicher Rentabilitätskriterien getroffen wurden, blockierte die systematische nationale Nutzung der Vorwärts- und Rückwärtskopplungseffekte und damit den Aufbau integrierter Produktionskreisläufe.

Trotz der Beschleunigung des industriellen Wachstums nach 1945 wurden nicht genügend Arbeitsplätze geschaffen, um "den wachsenden Überschuß an Arbeitskräften zu absorbieren"[122]. Der Anteil von Industrie (einschließlich Bauindustrie) und Bergbau an den Beschäftigten blieb zwischen 1919 (mehr als 20 %) und 1956-57 (21,2 %) ungefähr konstant. Dies war vor allem die Konsequenz der Wahl kapitalintensiver Technologien in den nach 1945 errichteten Industriebetrieben, häufig gemischte Unternehmen von US- und kubanischem Kapital. Prototypen dieser hochmechanisierten und teilautomatisierten Fabriken waren die ganz in US-Besitz befindlichen Reifen-,

Reinigungsmittel-, Nickel- und Kupferbetriebe. Die drei großen ausländischen Erdölraffinerien trugen jährlich mit rund 50 Mio $ zur Wertschöpfung bei, beschäftigten aber nur 3000 Arbeitskräfte[123]. Zwar betrug der Anteil der US-Direktinvestitionen (ca. 1 Mrd $) knapp 1/3 des Kapitalstocks aller Produktionszweige (3,2 Mrd $)[124] und erwirtschafteten Filialen von US-Konzernen ungefähr 1/3 der Exporteinnahmen; sie beschäftigten 1957 jedoch nur 160.000 Personen, d.h. 7 % der kubanischen Arbeitskräfte. 500, d.h. 1/4 des Überwachungs-, professionellen und technischen Personals der US-Filialen kamen dazu noch aus den USA[125].

Durch den äußerst kapitalintensiven Charakter des internationalen Sektors der Industrie wurde auch der Umfang der Endnachfragekopplungseffekte erheblich eingeschränkt. Obwohl 80,6 % aller Industriebetriebe weniger als 25 Arbeiter beschäftigten und das Einkommen der Arbeiter der großen Industriebetriebe weit über dem durchschnittlichen Lohnniveau lag, betrug der Anteil der Löhne und Gehälter am Gesamteinkommen der Industrie insgesamt mit 16,6 % nur ca. 1/3 desjenigen in Land- und Forstwirtschaft (vgl. Tabelle 5.10). Der Nutzen der Endnachfrage der städtischen Arbeiter für den Aufbau einer nationalen Massenkonsumgüterindustrie wurde durch die weitverbreitete Imitation des amerikanischen Lebenstils, der eine hohe Neigung zum Import von Konsumartikeln aus den USA implizierte, noch stark reduziert. Selbst das kubanische Nationalgetränk Cuba Libre wurde mit Coca Cola gemixt. Vermittelt wurde dieses unangemessene Konsummuster über die Massenmedien und die omnipräsente Reklame der US-Konzerne. Das importierte Konsummuster war nur ein Aspekt der allgemeinen soziokulturellen Abhängigkeit, die zur Polarisierung in zwei getrennte Kulturen führte: eine amerikanisierte, besonders auf Havanna konzentriert, und eine autochthone kubanische Nationalkultur[126]. Der Einfluß des ausländischen Konsumstils auf die Nachfragestruktur war so stark, daß die Veränderung des Konsumverhaltens als Voraussetzung der regionalen Diversifizierung des Außenhandels betrachtet wurde[127].

Tabelle 5.10: Der Anteil der Löhne und Gehälter am Gesamteinkommen verschiedener Sektoren

	Umsatz und anderes Einkommen (1) Mio $	Löhne und Gehälter (2) Mio $	2/1 %
Landwirtschaft, Forstwirtschaft, Fischerei	501,4	242,2	48,3
Bergbau und Steinbrüche	41,7	11,0	26,4
Verarbeitende Industrie	1.490,8	248,1	16,1

Quelle: CERP 1965, S. 556, Tab. 410

Trotz der Zunahme der Produktion für den Binnenmarkt blieben die multinationalen Unternehmen in Kuba Enklaven und isolierte Ausläufer eines auf anderer Ebene integrierten Produktionsprozesses. Ausländische Experten waren sich darin einig, daß "angesichts der mineralischen und landwirtschaftlichen Ressourcen ein größerer Teil der durch die kubanische Industrie verarbeiteten Rohstoffe aus Kuba selber kommen könnte. Gegenwärtig wird mehr als die Hälfte des Rohstoffbedarfs durch Importe befriedigt."[128] Neben der absurden Zollbefreiung für den Import von Industrierohstoffen hatte die unzureichende Nutzung der kubanischen Ressourcen ihre Ursache in der Strategie multinationaler Konzerne, die es vorzogen, auf ihre zentralisierten, bekannten und schon entwickelten Rohstoffvorkommen zu rekurrieren, statt die in Kuba vorhandenen durch zunächst kostspielige Investitionen zu erforschen und zu verwerten. Daher waren es in erster Linie die ausländischen Großbetriebe (Kunstseide, Chemie, Kunstdünger, Getreidemühlen), die "primär von importierten Rohstoffen abhängig waren"[129]. Das galt zum Beispiel auch für die Papierindustrie, obwohl mit Bagasse eine solide und reproduzierbare Rohstoffbasis existierte, deren Nutzung jedoch die Entwicklung entsprechender Technologien voraussetzte.

Überhaupt neigten die marktorientierten US-Unternehmen dazu, nur die Endstufen der Verarbeitung nach Kuba auszulagern. Mit einer Ausnahme bestand die kubanische Düngemittelproduktion darin, die importierten Vorprodukte in Kuba zu mischen und abzupacken. Der 'Fahrzeugbau' beschränkte sich auf die Montage des Chassis und der Kabinen von Lastwagen und Bussen[130]. Bei den ressourcenorientierten US-Direktinvestitionen verhielt es sich genau umgekehrt; hier blieben die Endstufe(n) der Verarbeitung in den USA. Zucker, Kupfer und Nickel wurden nur deswegen als Halbfertigprodukte exportiert, weil dadurch die Transportkosten erheblich gesenkt wurden. Auf jeden Fall blieben die entscheidenden Etappen des Produktionsprozesses in den USA. Die neue Nickelfabrik der Freeport Sulphur Company produzierte Nickel und Kobalt nur als Zwischenprodukt, das in einer "speziell dafür errichteten Raffinerie in Port Nickel (Louisiana, USA)" zu Metallpuder weiterverarbeitet wurde[131]. Ein augenfälliges Exempel für den in diese ungleiche und für die kubanische Volkswirtschaft irrationale Verteilung der Stufen des Produktionskreislaufs eingebauten Interessenkonflikt und zugleich ein Hinweis auf die Grenzen gemischter Unternehmen war der Kupferbergbau. Das in Kuba abgebaute Kupfer wurde als Konzentrat exportiert, in den USA geschmolzen und raffiniert und nach Kuba reexportiert, wo es zu Kupferdraht weiterverarbeitet wurde. Die Forderung der an diesem gemischten Unternehmen (Phel Drak. S.A.) beteiligten kubanischen halbstaatlichen Bank für landwirtschaftliche und industrielle Entwicklung (BANTAIC), die Gesamtproduktion nach Kuba zu verlagern, traf auf den Widerstand der beteiligten ausländischen Gesellschaften[132].

Auch das Spektrum der Branchen, das durch US-Investitionen in der verarbeitenden Industrie abgedeckt wurde, war insofern begrenzt, als der Anteil der Kapitalgüterindustrie im engen Sinn - im Gegensatz zur Produktionsgüterindustrie, die Zwischenprodukte einschließt - von minimaler Bedeutung war. Auf die für die Entwicklung und Adaption von Technologien zentrale Branche des Maschinenbaus entfiel 1957 weniger als 0,5 % des Buchwerts aller US-Direktinvestitionen in der verarbeitenden Industrie (vgl. Tabelle 5.11). Nennenswerte autonome kubanische Forschungsinstitutionen zur Entwicklung industrieller Technologien bestanden bis 1951 überhaupt nicht, weder private noch öffentliche. Erst auf Anraten der Weltbank wurde danach das sog. Kubanische Institut für Technologische Forschung gegründet, dessen greifbare Erfolge allerdings bis 1958 im wesentlichen auf das Gebiet der Qualitätskontrolle beschränkt blieben. Selbst in der Zuckerindustrie beliefen sich die kollektiven Anstrengungen (freiwillige Beiträge der Mühlenbesitzer) auf die "lächerlich geringe Summe von 60.000 - 80.000 $ pro Jahr, die an die Stiftung für Zuckerforschung in New York abgeführt wurden, die damit noch primär Grundlagen- und akademische Forschung"[133] finanzierte. Relevante angewandte Forschung bezüglich der Verwendungsmöglichkeiten für Zuckerrohrnebenprodukte wurde allein von US-Konzernen betrieben, deren Laborarien in der Regel in den USA arbeiteten; u.a. führte eine Zuckerraffinerie in Philadelphia mit mehreren Zuckerfabriken in Kuba ein extensives Programm zur Erforschung der Melasseverarbeitung durch[134]. Angesichts des Ausklammerns des Maschinenbaus aus den US-Investitionen in Kuba, der Konzentration der Abteilungen für Forschung und Entwicklung im Mutterland der multinationalen Konzerne und der Abwesenheit ins Gesicht fallender kubanischer technologischer Forschung war Kuba in der Industrie vollständig auf den Import ausländischer Technologien angewiesen.

Tabelle 5.11: Verteilung der US-Investitionen in der Verarbeitenden Industrie Kubas 1957

Branchen	Mio US $	Prozent
Nahrungsmittel	20	19,8
Chemie	26	25,7
Andere verarbeitende Industrie[a]	29	28,7
Verarbeitende Industrie insgesamt[b]	101	100

a) Papier- und Gummiprodukte, Grund- und verarbeitete Metalle, Transportausrüstungen

b) Über die Verteilung der restlichen 26 Mio $ (25,8 %) wurden in der Quelle keine näheren Angaben gemacht. Die US-Investitionen in Maschinenbau und Elektroausrüstungen beliefen sich jeweils auf weniger als 501.000 $.

Quelle: U.S. Department of Commerce, U.S. Business Investments in Foreign Countries, Washington, D.C. 1960, S.95, Tab.7

Die kubanische Industrie war in sich äußerst heterogen. Grob lassen sich drei Sektoren unterscheiden: ein moderner hochproduktiver Sektor, eine Vielzahl von Kleinmanufakturen und dazwischen eine Gruppe meist ineffizienter kubanischer Mittelbetriebe[135]. 45,1 % aller Betriebe beschäftigten weniger als 5 und nur 0,8 % oder ganze 14 mehr als 500 Arbeitskräfte (vgl. Tabelle 5.12). Der moderne Sektor wurde weitgehend von ausländischen Firmen beherrscht. Die 14 größten Betriebe verteilten sich auf die Nahrungsmittel- (5), die Textil- (2), die Chemie- (2), die Zigarettenindustrie (2), den Bergbau (2) und die Zementindustrie. Die neuen Branchen der Zwischengüterindustrie (Gummi, Glas, Zement, Ölraffinerien, Schwefelsäure) wurden von einigen wenigen oligopolistischen multinationalen Konzernen kontrolliert, während in den traditionellen Agroindustrien (Schuh-, Fleisch-, Konserven-, Zigaretten-, Textilindustrie) kleinere, arbeitensintensivere Betriebe mit den modernen Großbetrieben koexistierten. Die Kleinmanufakturen und die Handwerksbetriebe konzentrierten sich in der Bekleidungs-, Holz-, Zigarren- und Lederindustrie.

Tabelle 5.12: Verteilung der Betriebe der Nichtzuckerindustrie nach Betriebsgröße, gemessen an der der Beschäftigtenzahl, 1954

Beschäftigtenzahl pro Betrieb	Zahl	Anteil %
1 - 5	830	45,1
6 - 10	333	18,2
11 - 25	320	17,3
26 - 100	250	13,6
101 - 250	67	3,6
251 - 500	26	1,4
mehr als 500	14	0,8

Quelle: U.S. Department of Commerce: Investment in Cuba 1956, S. 73

Das Dilemma einer an nationalen Zielen orientierten Industrialisierung bestand darin, daß es dafür angesichts der übermächtigen Konkurrenz der US-Konzerne und unter gegebenen soziopolitischen Bedingungen keine geeignete nationale Trägergruppe gab. Wegen des Konkurrenzdrucks der Großunternehmen waren die Kleinmanufakturen "überbevölkert"[136] und ihre Weiterentwicklung blockiert. Diese kaum mechanisierten sog. 'chinchales' hatten sich auf Bereiche zurückgezogen, wo sie trotz ihrer niedrigen Arbeitsproduktivität und häufig geringen Produktqualität überleben konnten. Die eigentlichen industriellen Klein- und Mittelbetriebe produzierten mit häufig veralteter Technologie zu hohen Kosten. In einigen Branchen lag der Auslastungsgrad der Produktionskapzaität gerade dieser Betriebe unter 50 %. Die nationale Industriebourgeoisie begnügte sich in der Regel mit den traditionellen Marktanteilen, verbesserte nicht die Produktqualität und führte keine neuen Produkte ein, was also wenig dynamisch und innovativ. Ein gutes Beispiel für diese Mentalität und Verhaltensweise ist der gemeinsame Widerstand von Unternehmern und Gewerkschaften gegen die Errichtung einer modernen Streichholzfabrik[137]. Dieser ineffiziente kubanische industrielle Sektor konnte nur hinter dem Schutzschild staatlich sanktionierter überhöhter Monopolpreise und staatlicher Subventionen, Privilegien und Schutzzölle existieren, so daß Importe daher auf unökonomische Weise substituiert wurden. Dies wäre dann unproblematisch gewesen, wenn sich dadurch die Perspektive einer schrittweisen Modernisierung des nationalen Industriesektors eröffnet hätte. Dies war jedoch nicht der Fall, weil für die protegierte nationale Privatindustrie weder ein Anreiz zu ihrer Modernisierung existierte noch die Mittel dafür zur Verfügung standen, so daß eine starke Tendenz zur Reproduktion ihrer technologischen Rückständigkeit wirksam war.

Diese Situation war im wesentlichen darauf zurückzuführen, daß die Ansätze eines organischen kubanischen Industrialisierungsprozesses mehrmals blockiert worden waren und die neue Phase der Importsubstitutionsindustrialisierung nach 1945 nahezu ausschließlich von ausländischen Unternehmen getragen wurde.

Die neuen industriellen Unternehmen v.a. der Zwischengüterindustrie waren von Anfang an als Filialen von US-Firmen Großbetriebe. Der Konzentrationsprozeß in der Industrie war nicht das Resultat einer autonomen wirtschaftlichen Entwicklung Kubas, sondern Teil des Konzentrationsprozesses in den USA. Die Tatsache, daß das kubanische Kapital im modernen Industriesektor höchstens die Rolle eines Juniorpartners spielte, war also nicht allein, und wahrscheinlich nicht primär, die Folge oligopolistischer Marktstrukturen. Großbetriebe der Zwischen- und Kapitalgüterindustrie, die internationalen Produktivitätsstandards entsprachen, überstiegen vielmehr die finanzielle und technologische Kapazität des kubanischen Privatkapitals. Je höher die Investitionskosten und je komplexer die Technologie, desto geringer die Chance, daß ein Investitionsprojekt allein oder nur vorwiegend von privaten kubanischen Unternehmern in Angriff genommen wurde. Die skizzierte strukturelle Heterogenität der Produktionsweisen scheint mit eine plausiblere Erklärung dafür zu sein, daß ein großer Teil der Bruttoersparnis des kubanischen Privatsektors nicht produktiv in Kuba investiert wurde, als die Annahme einer rein soziokulturell begründeten spekulativen und konsumorientierten Mentalität der kubanischen Bourgeoisie. Zwischen 1945 und 1949 wurden durchschnittlich nur 59,3 % der Bruttosparquote von 13 % in Kuba investiert (der Rest wurde ins Ausland transferiert) und 34,6 % der Bruttoinvestitionen des kubanischen Privatsektors (ohne ausländische Unternehmen) flossen im Schnitt in private (Luxus-) Bauten, dienten also weder direkt noch indirekt der Erhöhung der Produktionskapazität[138]. Überhaupt war das Gewicht der unproduktiven Tätigkeiten wie Handel, persönliche Dienstleistungen, Staatsbürokratie und unproduktive Ausgaben außerordentlich; 1958 gab es dreimal so viel private (159.000) als kommerzielle Kraftfahrzeuge (51.000)[139].

Neben ausländischem Kapital spielten in den 50er Jahren halbstaatliche Entwicklungsbanken eine prominente Rolle bei der Finanzierung neuer Industrieprojekte. Alle 4 Großbetriebe mit mehr als 1.000 Arbeitern und fast alle 21 Fabriken mit zwischen

500 und 999 Arbeitskräften wurden mit Hilfe staatlicher Subventionen und Kredite finanziert. Die Gesamtinvestitionen dieser neugeschaffenen staatlichen Entwicklungsinstitutionen stiegen sprunghaft von 1,3 Mio $ 1952 auf 181,6 Mio $ 1956, davon 80 Mio $ in der Industrie[140]. Da die staatlich unterstützten Projekte z.T. durch ausländische Kredite finanziert worden waren und viele Importe implizierten, nahm die Auslandsverschuldung zu und die Devisenreserven ab, so daß Kuba 1958 am Vorabend einer Krise seiner Zahlungsbilanz stand[141]. Die Ausbreitung gemischter Unternehmen, an denen der Staat finanziell erheblich beteiligt war, bedeutete jedoch keine wirksame nationalstaatliche Kontrolle, wie das schon erwähnte Beispiel des Kupferdraht produzierenden US-kubanischen Unternehmens Phel Drak S.A. zeigt.

Im allgemeinen versuchte der kubanische Staat gar nicht, die multinationalen Konzerne durch entsprechende Maßnahmen (Beteiligungsklauseln, Vorschriften zur Regulierung der Investitionen und zur Kontrolle des Devisenabflusses usw.) zu kontrollieren oder durch höhere Abgaben das Investitionspotential für die nationale Wirtschaftspolitik zu erhöhen. Vielmehr waren eine Vielzahl staatlicher und über den Markt vermittelten Umverteilungsmechanismen zugunsten des internationalen Sektors wirksam. Die kubanischen Regierungen verzichteten weitgehend auf eine breite Schutzpolitik, auf Importlizenzen, Mengenbeschränkungen für Importe und Desenkontrollen. Zum Teil schützten die Schutzzölle die industriellen Branchen (u.a. Kautschuk, Reifen, Textil),in denen das US-Kapital dominierte[142]. Durch Steuer- und Kreditvorteile und Subventionen privilegierte der Staat den internationalen kapitalistischen Sektor[143]. Eine der Hauptaufgaben der Nationalen Finanzierungsgesellschaft (Financiera Nacional de Cuba) war die "Anziehung ausländischer Investitionen durch entsprechende Vergünstigungen und Garantien"[144]. Die höhere Importquote der multinationalen Konzerne entzog dem nationalen kapitalistischen Sektor einen Teil der Importkapazität. Aufgrund ihrer z.T. oligopolistischen Stellung auf dem kubanischen Importmarkt konnten die US-Konzerne Monopolpreise verlangen.

Durch die gleichzeitige Subventionierung der rückständigen nationalen Industrie und die Förderung ausländischer Investitionen trug der kubanische Staat letztlich zur Reproduktion der strukturellen Heterogenität der Industrie bei. Da er u.a. einen Kompromiß der nationalen und internationalen Bourgeoisie repräsentierte, war dieses Verhalten politisch durchaus logisch, entwicklungspolitisch dagegen fatal. Andererseits war die staatliche Mitfinanzierung der größten Industrieprojekte ein Vorgriff auf und die Vorbereitung der späteren ausschließlichen staatlichen Steuerung des Industrialisierungsprozesses[145].

Allein die zunehmende Bedeutung des Staates im vorrevolutionären Industrialisierungsprozeß deutet auf die Relevanz der soziopolitischen Verhältnisse hin. Es hieße das Argument der Produktionsverhältnisse der Industrie zu überziehen, wollte man die strukturellen Schwächen der Industrialisierung vor 1959 allein auf diese zurückführen. Weitere wichtige Faktoren waren gerade die sozioökonomischen und politischen Rahmenbedingungen, unter denen die abhängige Industrialisierung stattfand, und dies waren die einer abhängigen kapitalistischen, latifundistischen, extensiven und arbeitsintensiven Plantagenökonomie. Hier, auf politisch-sozialer Ebene, stagnierte die Entwicklung: Im Rahmen der Gesellschaftsformation insgesamt wurde die Vorherrschaft der Plantagen-Export-Fraktion der herrschenden Klasse trotz der Fortschritte der Industrialisierung nach 1945 nicht aufgehoben. Die soziale Ökonomie der durch den Plantagensektor geprägten Gesellschaftsformation, die Zuckerplantagenwirtschaft im weiten Sinn, wurde durch die Industrialisierung transformiert und staatlich gebändigt, aber nicht überwunden. Aufgrund der ungleichen Einkommensverteilung, der Marginalisierung der Kleinbauern und der vorherrschend extensiven landwirtschaftlichen Produktionsweise war der Industrialisierungsprozeß nur unzureichend an die Konsumbedürfnisse der Massen und die Entwicklung der Landwirtschaft rückgekoppelt (vgl. dazu Kapitel 5.3). Die nationale Industriebourgeoisie war politisch zu schwach, um die institutionellen und politisch-sozialen Rahmenbedingungen für den selektiven Aufbau einer autonomen, integrierten, technologisch modernen nationalen Industrie mit den beiden Grundpfeilern der Massenkonsumgüter- und der Kapitalgüterindustrie aufzubauen[146]. Dies hätte unter privatkapitalistischen Vorzeichen die Überwindung des allgemein und institutionell offenen Charakters der kubanischen Wirtschaft erfordert, also ein weitaus größeres Maß an nationalstaatlicher Steuerung der Außenwirtschaftsbeziehungen als bisher, sowie eine stärkere staatliche Regulierung der Investitionsentscheidungen, die staatliche Umlenkung eines Teils der Gewinne des Exportsektors auf die Industrie, eine durchgreifende Agrarreform und die Umverteilung der Einkommen. Alle diese Maßnahmen wären nur gegen das hegemonische Bündnis von US-Kapital und inländischer Zuckerexportgruppe durchzusetzen gewesen, hätten also eine Verschiebung im politischen Machtparallelogramm vorausgesetzt. Angesichts der schwachen wirtschaftlichen Basis der nationalen Industriebourgeoisie und ihrer ambivalenten Haltung zum ausländischen Kapital war es wenig wahrscheinlich, daß sie die Führung einer konsequent nationalistischen, populistischen, gegen den Großgrundbesitz gerichteten Bewegung übernehmen könnte.

5.2. Der Außenhandel einer deformierten Exportökonomie

Der Außenhandel nahm in der vorrevolutionären kubanischen Wirtschaft einen strategischen Platz ein. Im Gegensatz zu den 'Investitionsökonomien' der Zentren (Wallich 1960), in denen private und staatliche Investitionen die Hauptdeterminanten der wirtschaftlichen Entwicklung sind, waren in Kuba die Exporte die exogene, strategische Variable, wie schon ein erster Blick auf die Wertrelationen zeigt: z.B. betrug 1948 der Wert der Exporte 724 Mio Pesos, der der Regierungsausgaben 290 Mio Pesos und der der privaten Investitionen nur 154 Mio Pesos. Gemessen am Außenhandel per capita rangierte Kuba an 3.Stelle aller westlichen Nationen: Pro Kopf wurden jährlich Waren im Wert von 82,78 $ importiert und von 91,45 $ exportiert[147]. Die Exporte beeinflußten sowohl direkt durch ihren Beitrag zu Einkommen und Beschäftigung wie auch indirekt durch die Folgen für Investition und Nachfrage im Nichtexportsektor das wirtschaftliche Wachstum. Private Investitionen und Staatsausgaben waren also nicht nur kleiner als die Exporte, sondern tendierten auch dazu, mit den Exporten zu variieren.

Die überragende Bedeutung der Exporte wird durch ihren Anteil an Volkseinkommen und Staatshaushalt demonstriert. 1945-49 machten die Exporte durchschnittlich 34,16 % des Bruttosozial-Produkts und 39,84 % des Volkseinkommens aus. 1951 - 1958 lag die Exportquote am BSP zwischen 25 % und 29 %, also etwas niedriger. Diese Abnahme reflektiert das allmähliche Wachstum der Produktion für den Binnenmarkt und die zaghaften Ansätze zur Diversifizierung der Produktionsstruktur. Die Importquote war allgemein geringer als die Exportquote, aber immer noch hoch; der Anteil der Importe am Volkseinkommen variierte 1945-49 zwischen 21,2 % und 29,9 %[148].

Auch der Anteil der Zölle an den Gesamteinnahmen des Staatshaushalts blieb trotz abnehmender Tendenz mit 38,7 % im Jahresdurchschnitt 1942 - 1956 substantiell. Die Zunahme der internen staatlichen Einkünfte ist ein weiterer Indikator für die Modifikation der reinen Exportplantagenwirtschaft (vgl.Tabelle 5.13).

Tabelle 5.13: Einnahmen des Staatshaushalts und Zolleinnahmen 1902 - 1956 (Fünfjahresdurchschnitt, in Mio Pesos)

Zeitraum	Haushalts-einnahmen (1)	Zollein-nahmen (2)	Verhältnis 2/1 in Prozent
1902-06	20,6	20,3	98
1907-11	31,7	24,6	77
1912-16	40,2	29,1	72
1917-21	60,8	47,4	77
1922-26	73,5	42,8	58
1927-31	77,5	38,4	49
1932-36	58,1	30,9	54
1937-41	78,4	35,5	45
1942-46	143,4	40,2	28
1947-51	258,2	102,9	39
1952-56	306,8	129,9	49

Quelle: Bourde/Zanetti 1973, S. 56

Aber schon ein flüchtiger Blick auf die komparative Statistik zeigt, daß das Gewicht des Außenhandels auch in Ländern wie z.B. Dänemark und den Niederlanden hoch ist, ohne daß diese deswegen unterentwickelt und strukturell abhängig wären (vgl. Tabelle 5.14). Eine hohe Außenhandelsquote ist also kein Indikator für die Unterentwicklung eines Landes, sondern Ausdruck anderer Charakteristika wie z.B. geringe Größe und Bevölkerungszahl und knappe natürliche Ressourcen. Trotz der sich abzeichnenden postrevolutionären strukturellen Transformation der kubanischen Wirtschaft blieb die Außenhandelsquote konstant - ein Faktum, das mit der entsprechenden Prognose von Demas für alle kleinen Länder übereinstimmt[149]. Determinierend für die Reproduktion der Unterentwicklung der vorrevolutionären kubanischen Wirtschaft war, daß die konzentrische Diversifizierung der Exportsektoren, in erster Linie des Zuckersektors, aufgrund der sektoralen Produktionsverhältnisse, der Charakteristika der kubanischen Gesellschaftsformation insgesamt und der Außenwirtschaftsbeziehungen zu den USA blockiert wurde und der inkrementellen Diversifizierung wegen der politisch-ökonomischen Vorherrschaft der Zuckerexportplantagen enge Grenzen gesetzt waren. Auf der Ebene des Außenhandels reflektierte sich diese Entwicklung in einer extremen Außenhandelsabhängigkeit von den USA, einer stabilen Rohstoffmonoexportstruktur, einer quantitativ begrenzten Importsubstitution mit strategischen Lücken (Kapitalgüterindustrie) und einer generalisierten technologischen Abhängigkeit.

Tabelle 5.14: Durchschnittlicher Außenhandelskoeffizient pro Jahr im Verhältnis zum Volkseinkommen in einigen ausgewählten Ländern 1950-54

Land	Import-koeffizient	Export-koeffizient	Außenhandels-koeffizient
Japan	0,12	0,08	0,20
Kanada	0,15	0,15	0,30
USA	0,04	0,06	0,10
Schweden	0,17	0,13	0,30
Dänemark	0,25	0,20	0,45
Niederlande	0,35	0,28	0,62
Venezuela	0,20	0,37	0,57
Peru	0,24	0,20	0,44
Kuba	0,23	0,27	0,50
Bolivien	0,34	0,38	0,62
Philippinen	0,12	0,10	0,22
Indien	0,06	0,06	0,12

Quelle: Bourde/Zanetti 1973, S. 57

5.2.1. Die Partnerkonzentration des Außenhandels und einige Konsequenzen

Neben Mexiko, Venezuela und Panamá gehörte Kuba in Lateinamerika zu den Ländern, die den höchsten Grad der Partnerkonzentration des Außenhandels mit den USA aufwiesen[149], wie überhaupt Kuba einen der größten Konzentrationsindizes der Welt aufwies[150]. Da Ausmaß und Entwicklung der Konzentration des kubanischen Außenhandels auf die USA schon in Kapital 5.1 ausführlich dargestellt worden sind, sollen hier nur zwei der Folgeprobleme herausgehoben werden: überhöhte Monopolpreise für Maschinen- und Technologieimporte und in die Produktionstechnologie und Infrastruktur eingebauten Schwierigkeiten der regionalen Diversifizierung des Außenhandels. Während die Monopolpreise auf die Notwendigkeit verwiesen, das Importmonopol der USA zu brechen, stellte die auf die USA zentrierte Wirtschaftsstruktur ein Hemmnis der erforderlichen breiteren regionalen Streuung des Außenhandels dar. Eine der wichtigsten Konsequenzen dieser erdrückenden Handelsabhängigkeit Kubas von den USA war, daß die Kubaner mangels effektiver Konkurrenz überhöhte Monopolpreise für viele Fertigwarenimporte bezahlen mußten[151]. Diese lagen bei einigen landwirtschaftlichen Geräten und Ausrüstungen durchschnittlich 35 % über den entsprechenden Preisen in den USA (vgl. Tabelle 5.15).

Tabelle 5.15: Vergleich der Preise ausgewählter landwirtschaftlicher Ausrüstungen in Kuba und den USA (in Dollar)

Produkt	USA-Preis[a]	Kuba-Preis[b]	Differenz in %
Ford-Traktor	1.290 $	1.750 $	35,6 %
Düngerstreuer	300 $	498 $	66,0 %
Melkmaschine	76 $	134 %	76,3 %
Geflügelbrutkasten A	30 $	54 $	46,6 %
Geflügelbrutkasten B	65 $	110 $	83,0 %
Kükenbrüter (incubator)	89 $	119 %	33,7 %
Hammer Mill	119 $	249 $	109,0 %

a) fob-Preis, US-Einzelhandel

b) Verkaufspreis für Bauern inklusive Zölle und Steuern

Quelle: IBRD 1951, S. 99, Tab. 20

Die Konzentration des kubanischen Außenhandels auf die USA ging über reine Handelsabhängigkeit hinaus; die Dependenzbeziehungen waren fest in der Technologie und in der materiellen Infrastruktur des Handels verankert. Obwohl die kubanische Handelsflotte kurz vor der Revolution fast 50 % des Kuba-USA-Handels selber betrieb[152], so war diese beschränkte Transportkapazität doch ganz auf den Schiffsverkehr mit den nahegelegenen USA zugeschnitten. Eine Handelsflotte für weitere Entfernungen und die entsprechenden Hafenanlagen (Lager- und Kühlhäuser) existierten kaum. Außerdem kontrollierte das US-Kapital große Teile des Export-Importgeschäfts und des Seetransports unmittelbar. Wichtiger als der hohe Konzentrationsgrad des Außenhandels per se war also die Tatsache, daß die potentiellen Vorwärtskopplungseffekte des exportorientierten Wachstums größtenteils extern genutzt wurden und daß eine nationale Kapazität zur effizienten Absorption der importierten Technologie nicht entwickelt wurde. Erst unter diesen Bedingungen wurde die regionale Flexibilität des Außenhandels stark eingeschränkt und mußte seine postrevolutionäre, abrupte und weitreichende Umorientierung auf andere Nationen notwendig zu erheblichen mittelfristigen wirtschaftlichen Reibungsverlusten führen. Ausmaß und Implikationen der Partnerkonzentration des kubanischen Außenhandels auf die USA sind in einer Studie der US-Regierung ex post detailliert analysiert worden: "Die meisten Autos, Lastkraftwagen, Busse, Züge... waren US-Modelle, für die Ersatzteile und erfahrene Techniker aus den USA sofort verfügbar waren. Die meisten Maschinen waren in den USA mit entsprechenden technischen Spezifikationen entworfen worden, so daß es besonders leicht war, Rohstoffe aus den USA zu verarbeiten, auch wenn sie importiert werden mußten. Die akzeptierten Maßeinheiten waren entweder alte spanische Einheiten oder die in den USA gebräuchlichen, an Stelle des metrischen Systems, wie es in den meisten lateinamerikanischen und europäischen Nationen benutzt wird. ... Die meisten Exporte wurden in einer Vielzahl kleiner Häfen auf kleinen Frachtern oder ozeangängigen Fährschiffen verschifft. ... Die Nachteile dieses Systems bestanden darin, daß die meisten Häfen für Ozeanriesen ungeeignet und daß die kleinen Schiffe auf langen Entfernungen ökonomisch ineffizient waren."[153]

5.2.2. Die Warenstruktur des Außenhandels: Spiegel des Wandels und der Kontinuität struktureller Abhängigkeit

Reproduktion der Mono- und Rohstoffexportstruktur

Die beiden Hauptmerkmale der Warenstruktur der kubanischen Exporte bestanden in der Zuckermonoexportstruktur und darin, daß nahezu keine Fertiggüter exportiert wurden[154]. Für die Entwicklungsdynamik entscheidend war, daß keine Tendenz zur Überwindung dieser Situation sichtbar war.

Die Struktur der Exporte war extrem einseitig. Nachdem sich die Zuckerindustrie von den Zerstörungen des Befreiungskrieges erholt hatte, stellten Zucker und Zuckerrohrnebenprodukte zwischen 1902 und 1957 pro Jahr im Durchschnitt 82 % des Gesamtwerts der Exporte. Von sekundärer Bedeutung waren Tabak (5 - 10 %), ab 1940 wegen ihrer strategischen Relevanz für die USA Mineralien (Nickel, Kupfer und außerdem Mangan, Chrom, Eisen: ca.5 %) und Kaffee(1 - 3 %) (vgl. Tabelle 5.16)[155]. Der Wert der Zuckerexporte (Zuckerpreise und Exportvolumen) bestimmte daher unmittelbar den Umfang der gesamten Deviseneinnahmen und mittelbar die Variationen des Volkseinkommens[156]. Dieser Zusammenhang galt auch noch für die Zeit unmittelbar vor der Revolution und verweist somit auf eine Grenze der Versuche zur Diversifizierung der Produktionsstruktur ab 1929: Der Versuch zur Diversifizierung der Exportstruktur scheiterte vollständig und die inkrementelle Diversifizierung der Binnenwirtschaft blieb unzureichend, um die konjunkturellen und strukturellen Krisen des Zuckerexportsektors aufzufangen. Die Monoexportstruktur war eine zentrale wirtschaftliche Grundlage der Weiterexistenz der politisch-sozialen Hegemonie der Zuckerexportgruppe trotz der begrenzten landwirtschaftlichen und industriellen Diversifizierung der Produktionsstruktur.

In der konjunkturellen Zuckerkrise von 1920-21 fielen die gesamten Exporteinnahmen von 794 Mio $ 1920 auf 278 Mio $ 1921; mit der strukturellen Überproduktionskrise auf dem Zuckerweltmarkt nach 1925 und später der Weltwirtschaftskrise fiel der Wert der jährlichen Exporteinkommen von (jeweils durchschnittlich) 344,7 Mio $ 1921-25 auf 294,2 Mio $ 1926-29 und ganze 112,9 Mio $ 1930-33 (vgl. Tabelle 5.17).

Tabelle 5.16: Die Warenstruktur des Exports: Verteilung auf Zucker, Tabak und Andere 1902 - 1957 (in Dollar und Prozent)

Jahr	Zucker u. Nebenprodukte Wert $	%	Tabak (-waren) Wert $	%	Andere Wert $	%	Gesamt Wert $
1920	732.432.000	92	48.702.000	6	12.875.000	2	794.009.000
1924	384.643.000	88	39.406.000	9	10.816.000	3	434.856.000
1933	62.505.000	74	13.396.000	16	8.490.000	10	84.391.000
1941	167.026.000	79	14.116.000	7	30.366.000	14	211.508.000
1951	675.102.000	88	39.591.000	5	51.357.000	7	766.140.000
1957	656.266.000	81	48.929.000	6	102.487.000	13	807.682.000
Insgesamt 1902 - 57	14.852.305.000	82	1.757.262.000	10	1.498.518.000	8	18.108.085.000

Quelle: Anuario Azucarero De Cuba 1958, hier nach López-Segrera 1972, S. 302a, Tab. 11

Tabelle 5.17: Der Zuckerexportsektor und die Gesamtexporte 1902 - 1961

Jahr	Zuckerproduktion Mio t	Weltmarktpreis cent/lb	Gesamte Exporteinnahmen Mio Pesos	daran Anteil des Zuckers
1902	0,875	1,83	)	
1903	1,029	1,96	)	
1904	1,071	2,61	) Ø 88,9	Ø 59
1905	1,198	2,79	)	
1906	1,214	2,12	)	
1907	1,470	2,23	)	
1908	0,990	2,56	)	
1909	1,558	2,52	) Ø 119,5	Ø 65
1910	1,858	2,72	)	
1911	1,898	3,02	)	
1912	1,925	2,61	)	
1913	2,501	1,95	)	
1914	2,675	2,64	) Ø 213,9	Ø 79
1915	2,687	3,31	)	
1916	3,125	4,37	)	
1917	3,146	4,62	356,4	85
1918	3,577	4,24	407,3	85
1919	4,130	5,06	673,0	89
1920	3,847	11,95	794,0	92
1921	4,052	3,10	278,1	85
1922	4,154	2,80	325,5	85
1923	3,755	5,03	421,2	89
1924	4,230	3,82	434,9	88
1925	5,345	2,24	354,0	84
1926	5,080	2,22	301,7	83
1927	4,643	2,64	324,4	85
1928	4,163	2,18	278,1	81
1929	5,310	1,72	272,4	80
1930	4,811	1,23	167,4	71
1931	3,214	1,11	118,9	71
1932	2,682	0,71	80,7	72
1933	2,054	0,97	84,6	74
1934	2,323	1,19	107,7	78
1935	2,614	1,58	128,0	79
1936	2,633	1,73	154,8	82
1937	3,063	1,75	180,1	80
1938	3,065	1,45	142,7	79
1939	2,805	1,50	147,7	79
1940	2,802	1,36	127,3	75
1941	2,479	1,69	211,5	79
1942	3,445	2,52	182,4	79
1943	2,928	2,44	351,5	80
1944	4,299	2,46	433,1	75
1945	3,588	2,93	409,9	72
1946	4,058	3,55	475,9	74
1947	5,847	4,80	746,0	88
1948	6,053	4,17	709,9	90
1949	5,226	4,34	578,3	89
1950	5,555	4,63	642,0	89
1951	5,758	5,08	766,1	88
1952	7,221	4,12	875,3	80
1953	5,157	3,89	640,3	83
1954	4,888	3,75	539,0	80
1955	4,528	3,78	594,2	80
1956	4,541	3,84	568,2	79
1957	5,669	5,09	607,7	81
1958	5,778	4,19	733,7	81
1959	5,981	3,85	637,7	77
1960	5,859	3,64	618,2	80
1961	6,764	3,64	624,9	85

Quelle: Anuario Azúcarero 1961, hier nach Bleckert 1966, S.119

Die Krise der Zuckerindustrie bedeutete für Kuba eine drastische Senkung der Importkapazität, wahrscheinlich in einem Ausmaß, das selbst für Lateinamerika, Chile ausgenommen, untypisch war[157]. Von 1925 bis 1932 fielen die Importe sogar stärker als die Exporte, nämlich von 297 Mio $ auf 51 Mio $ (auf 17,1 %), wohingeben die Exporte nur von 353, 9 Mio auf 80,6 Mio $, also auf 22,7 % sanken. Angesichts der strukturellen Importabhängigkeit der kubanischen Wirtschaft implizierte die Reduzierung der Importkapazität bei sinkenden Exporteinnahmen - zusätzlich zum Rückgang der Exportproduktion selbst - eine erhebliche Beschneidung des Wachstumspotentials (durch fehlende Rohstoffe und Ausrüstungen), der Beschäftigungsmöglichkeiten und eine Senkung des Lebensstandards des kubanischen Volks (durch fehlende landwirtschaftliche und industrielle Massenkonsumgüterimporte).

Angesichts der Überspezialisierung auf Zucker besaß die kubanische Wirtschaft - und das ist entscheidend - nur eine geringe Flexibilität im Fall von Krisen des Exportsektors. Die kubanische Ökonomie war weitaus schlechter als die diversifizierten und integrierten Ökonomien der Zentren in der Lage, kompensatorische Maßnahmen wie die Verlagerung der Produktionsfaktoren auf andere Branchen durchzuführen. Da alternative Exportsektoren nicht schnell genug und in ausreichendem Maß entwickelt wurden und die binnenmarktorientierte Produktion auch nur ein unzureichendes Wachstum zu verzeichnen hatte, schlugen Fluktuationen der Zuckerexportmenge und -preise voll auf die gesamtwirtschaftliche Entwicklung durch. Während der Wert der Exporte von 435 Mio $ 1924 auf knapp 81 Mio $ 1932 fiel, reduzierte sich das Volkseinkommen gleichzeitig in drastischer Weise von 783 Mio $ auf 283 Mio $[158]. Im Gefolge der Weltwirtschaftskrise entstand zum ersten Mal in der kubanischen Geschichte - nach Jahrhunderten struktureller Arbeitskräfteknappheit - Arbeitslosigkeit, die "während der 30er Jahre rapide wuchs"[159]. Von 1939 bis 1947, als die Exporte von 148 Mio $ auf 773 Mio $ stiegen, verdoppelte sich gleichzeitig das Volkseinkommen.

Tabelle 5.18 belegt, daß - trotz der zunehmenden Bedeutung des Nicht-Zuckersektors - der Rückgang der Zuckerexporteinnahmen (-38 %) 1953 durch den Koreakrieg und danach zum Rückgang des Volkseinkommens (-14 %) führte. Diese Entwicklung reflektiert nicht nur die Einschränkung der Zuckerproduktion, sondern auch den Fall der Zuckerpreise. Trotz der Rekordernte von 7,2 Mio metrischen Tonnen (im Verhältnis zu 1951 + 1,4 Mio t) sank der Wert der Zuckerexporte 1952 um 94 Mio $. Die Erholung der kubanischen Wirtschaft 1957 war ebenfalls die Folge der gestiegenen Zuckerpreise, während das Exportvolumen im Verhältnis zum Vorjahr sogar um 100.000 t fiel: "Im Gegensatz zu den zwei vorhergegangenen Jahren, in denen die öffentlichen Investitionen der Hauptmotor der wirtschaftlichen Entwicklung waren, war das markante Wachstum der Einkommen des Exportsektors, das v.a. durch den Anstieg des Zuckerpreises um 19,7 % bedingt war, so daß der Wert der Exporte um 46,8 % (im Verhältnis zu 1955, H.F.) von 437,3 Mio $ auf 672,7 Mio $ Pesos stieg, der Faktor der Expansion von 1957."[160]

Tabelle 5.18: Entwicklung des kubanischen Nettovolkseinkommens nach Sektoren 1951 - 1957 (in Pesos zu laufenden Preisen)

Jahr	Nettovolkseinkommen[a]			
	Gesamt (1)	Zucker-sektor (2)	Nichtzucker-sektor (3)	(2)/(1) %
1951	2.015	659[b]	1.356	32,7
1952	2.084	668	1.416	42,1
1953	1.784	414	1.370	32,2
1954	1.827	443	1.384	24,2
1955	1.907	431	1.476	22,6
1956	2.086	455	1.631	21,8
1957	2.345	624[b]	1.721	26,6

a) Nettoterritorialeinkommen (einschließlich Einkommen aus ausländischen Investitionen)

b) Schätzung der ECLA aufgrund offizieller Daten der Banco Nacional de Cuba

Quelle: ECLA 1959, S. 181

Entscheidender für die - blockierte - Entwicklungsdynamik der kubanischen Exportökonomie als die Monoexportstruktur war wahrscheinlich, daß der Verarbeitungsgrad der Hauptexportprodukte relativ stabil, zum Teil sogar rückläufig war, so daß die günstigen Vorwärtskopplungseffekte der Exportproduktion die ausländische und nicht die inländische verarbeitende Industrie stimulierten. Kuba exportierte fast ausschließlich Halbfertigprodukte (Rohzucker, Nickel- und Kupferkonzentrate), einige Rohstoffe (Rohtabak, Felle usw.), aber kaum Fertigprodukte. Zwar entwickelten sich als Reaktion auf die Krise der Rohzuckerindustrie Zuckerraffinerien, aber der Anteil raffinierten Zuckers an den gesamten Zuckerexporten stagnierte. Zwischen 1951 bis 1957 betrug er maximal 16,7 %, meist nur ca. 12 %[161]. Das lag u.a. daran, daß die USA wie auch die anderen Hauptabnehmer kubanischen Zuckers (Japan, Großbritannien, Westdeutschland, Holland, Kanada) entwickelte kapitalistische Nationen waren, die, weil sie über eigene Zuckerraffinerien verfügten, "nur daran interessiert waren, Rohzucker zu importieren"[162]. Nur leichte Fortschritte bezüglich der Steigerung des Verarbeitungsgrades wurden bei anderen landwirtschaftlichen Exportprodukten erzielt, obwohl der gesamtwirtschaftliche Gewinn durch die Wertsteigerung evident war: Ananas in Konserven, deren Anteil am Gewicht aller Ananasexporte 1953 - 1956 nur je 14,8 % ausmachten, erwirtschafteten 32,7 % ihres Wertes. Bei den exportierten Fellprodukten stieg der Prozentsatz des gegerbten Leders am Gesamtwert immerhin von 1,4 % im Jahresdurchschnitt 1935-39 auf 17 % 1946-55; das war allerdings immer erst nur 3 % des Gesamtgewichts[163]. Bei den Tabakexporten nahm der Anteil handgemachter Zigarren sogar von durchschnittlich 37,5 % 1909-18 auf 16,3 % 1949-56 kontinuierlich ab, während der Export von Rohtabak proportional zunahm. Die Gründe dafür bestanden einmal in der protektionistischen Außenhandelspolitik der USA, in die ein allgemeiner Bias gegen den Import verarbeiteter kubanischer Waren eingebaut war, aber auch in der Unfähigkeit der kubanischen Tabakmanufaktur, sich an neue Tendenzen der Nachfrage (Zigarrillos) anzupassen und durch die Mechanisierung (eines Teils) der Produktion die Produktionskosten zu senken, um international wettbewerbsfähig zu bleiben. Bei einigen Exportprodukten wurde die ökonomische Irrationalität noch dadurch gesteigert, daß die Rohprodukte exportiert und die verarbeiteten Produkte dann importiert wurden. Das folgende Beispiel aus der Analyse der Weltbank illustriert die grotesken Folgen der Reduktion Kubas auf den Status eines Exporteurs meist wenig verarbeiteter Primärgüter besonders deutlich: "Obgleich die saisonalen Preisschwankungen damit zu tun haben können, bleibt doch die Tatsache bestehen, daß von 11.000.000 Kilo Tomaten, die Kuba jährlich exportiert, schätzungsweise 9.000.000 Kilo in verschiedenen Formen wie Tomatensaft, Ketchup, Mark etc. nach Kuba zurückkommen."[164]

Importstruktur

Im Gegensatz zu den Exporten war die Skala der Importe sehr vielfältig: "Es wurde alles importiert, von Nägeln und Schraubenmuttern bis zu Maschinen, Traktoren, Lastkraftwagen und PKW, von Garn bis zur Kleidung aller Art, von verschiedenen Papiersorten bis zu Verpackungsmaterial, Briefumschlägen, Büchern und Zeitschriften ... Medikamente, Einrichtungen und komplette Ausstattungen für Ärzte, Zahnärzte und Friseursalons, Rohstoffe für verschiedene Industriezweige, Düngemittel, Haushaltswaren und vieles andere."[165] Das Problem bestand jedoch nicht in der Vielfalt der Importe an sich und in der hohen Importquote. Beides sind Merkmale von kleinen Ländern mit knappen oder fehlenden natürlichen Ressourcen und einer geringen Bevölkerungszahl. Die Problematik der vorrevolutionären kubanischen Importstruktur lag vielmehr in der zu hohen Importneigung aufgrund der Präferenzen für Importe und der strukturellen Defizite der Produktionsstruktur, so daß Importe den Fertiggüter- und besonders den Kapitalgütermarkt dominierten, und mehr landwirtschaftliche Produkte als ökonomisch notwendig importiert wurden. Ein Teil der Importkapazität wurde auch unproduktiv für Luxuskonsumgüterimporte verwandt. Der Wandel der Importstruktur zwischen 1900 und 1958 reflektiert den Wandel struktureller Abhängigkeit, nicht ihre Überwindung.

Ähnlich wie in anderen Primärgüterexportökonomien existierte in Kuba eine hohe Importneigung und eine besonders hohe Einkommenselastizität der Importe[166]. Nach der detaillierten statistischen Analyse von Alienes für den Zeitraum 1903 - 1940 wurde von jedem zusätzlichen Dollar Einkommen 45 - 50 % für Importe ausgegeben. Die Importneigung war in den Städten, besonders in Havanna, höher als im Hinterland und in höheren Einkommensschichten größer als bei den Klassen mit geringen Einkommen. Besonders hoch war die Importquote in den neuen, nach 1945 errichteten Industrien[167]. Durch diesen erhöhten und unflexiblen Importbedarf wurde die Rigidität der Zahlungsbilanz erhöht und die Exportabhängigkeit von Beschäftigung und Nachfrage verstärkt. Dieser erhöhte Importbedarf führte - neben anderen Faktoren wie Kapitalexport - zu einer latenten Krise der Zahlungsbilanz, die sich in dem rapiden Schwund der Devisenreserven ausdrückte: von 1952 bis 1958 um 513,1 Mio $[168].

Nach Tabelle 5.19 waren Importe im Wert von 384,5 Mio $, also 49,5 % der Gesamtimporte (777 Mio $), Fertiggüter. Verteilt man hypothetisch die Rubrik 'roh und halbverarbeitet' zu gleichen Teilen auf Halbfabrikate und Rohstoffe, dann läßt sich der Wert der Halbfabrikate auf ca.150 Mio $ (19 %) und der der Rohprodukte auf 200 Mio $ (26 %) schätzen. Von den letzteren stellten einige wenige Produkte (Erdöl, Reis, Weizen, Kartoffeln) den Riesenanteil. Die enorme Bedeutung des Imports von Fertigerzeugnissen und Halbfabrikaten (ca. 550 Mio $) wird klar, wenn man diese Summe mit dem Bruttoprodukt von 2,6 Mio $ und dem geschätzten Wert der industriellen Bruttoproduktion (ohne die Zuckerindustrie) von 350 Mio $ vergleicht[169].

Zwischen 1945 und 1949 betrug der Anteil der Importe am Markt für Konsumgüter zwischen 33,4 % und 36,4 %[170]. Da der Importanteil bei den Kapitalgütern erheblich höher lag, scheint der Schluß gerechtfertigt, daß die Importe den Markt für Industriegüter wahrscheinlich dominierten.

Tabelle 5.19: Die Importstruktur Kubas im Jahr 1958 (in 1000 Pesos)

	Wert 1000 Pesos	Anteil %	Verarbeitungs-stufe
I. Langlebige Konsumgüter	110.015	14,1	
Bekleidung (Textilien, Schuhe usw.)	6.016		F
Industriewaren für Heim und Haushalt	69.802		F
Autos	31.061		F
Luxusartikel	3.136		F
II. Nahrungsmittel u.sonst.Verbrauchsgüter	193.481	24,9	
Nahrungsmittel tierischer Herkunft, unverarbeitet	14.964		R
Nahrungsmittel tierischer Herkunft, verarbeitet	36.391		F
Nahrungsmittel pflanzlicher Herkunft, unverarbeitet	78.435		R
Nahrungsmittel pflanzlicher Herkunft, verarbeitet	29.141		F
Medikamente	19.047		F
Tabakwaren	2.090		F
Getränke	7.494		F
Sonstiges	5.919		-
III. Investitionsgüter (fixes Kapital)	208.193	26,8	
Maschinen u. Ausrüstungen für die Zuckerindustrie	5.007		F
Maschinen u. Ausrüstungen für die sonstige Industrie	131.160		F
Maschinen u. Ausrüstungen für die Landwirtschaft	20.849		F
Lastkraftwagen, Omnisbusse u. Ersatzteile	13.342		F
Eisenbahnausrüstungen	8.562		F
Ausrüstungen f.Luft- u.Seetransport	1.386		F
Baumaterialien (aus Metall)	12.161		H
Sonstiges Baumaterial	15.726		H, R
IV. Rohstoffe u. Materialien (zirkulierendes Kapital)	265.306	4,1	
Feste Brennstoffe	1.160		R
Flüssige Brennstoffe	75.319		R, H
Textilrohstoffe	13.153		H
Vormaterial für d. Konfektionsindustrie	26.579		H
Rohstoffe für Schuhe u.Lederwaren	3.942		H
Rohstoffe für Brauereien	2.551		H
Rohstoffe für die Papierindustrie	4.010		R
Rohmaterial für Druckereien u. Verlage	14.070		H
Chemische Erzeugnisse	22.219		F, H
Rohstoffe für d. Gummiindustrie	3.193		R, H
Düngemittel	5.787		H
Verpackungsmaterial	23.838		H
Sonstige Rohstoffe	69.485		-
Importe insgesamt	777.094		
davon Fertigerzeugnisse (f)	384.483	49,5	
Fertigerzeugnisse und Halbfabrikate (FH)	22.219	2,9	
Halbfabrikate (H)	102.081	13,1	
roh und halbverarbeitet (RH)	94.238	12,1	
unverarbeiter, roh (R)	98.569	12,9	
Sonstige Rohstoffe (siehe IV)	69.485	8,9	
Sonstige Konsumgüter (siehe II)	5.919	0,8	
nichtklassifizierte Importe	100	0,0	
		100,2	

Quelle: Kubas Erfahrungen im Außenhandel 1965, S. 121, Tab. 12

Obwohl Kuba, eines der potentiell reichsten landwirtschaftlichen Länder der Welt, über günstige natürliche Voraussetzungen für den Anbau einer Vielfalt von Agrarprodukten verfügte, verhinderten das Muster der Bodennutzung (Zuckerrohrmonokultur) und das Latifundiensystem (viel ungenutzte Kulturfläche und extensive Landwirtschaft bei gleichzeitiger Arbeitslosigkeit) die effektive Nutzung der natürlichen Ressourcen. Der Grad der landwirtschaftlichen Selbstversorgung war daher suboptimal und Kuba mußte in den 50er Jahren knapp 30 % seiner Importkapazität für Agrarimporte (neben Nahrungsmitteln besonders Baumwolle) und etwas über 20 % für Nahrungsmittelimporte (v.a. Geflügel, Eier, Reis, Bohnen, Speiseöl,Fleisch und Fleischprodukte) verwenden[171]. Nach Schätzungen von Gayoso (vgl. Tabelle 5.20) hätten über die Hälfte der importierten Nahrungsmittel in Kuba hergestellt werden können. Ein gutes Beispiel ist der Gartenanbau, der trotz der Möglichkeit des ganzjährigen Anbaus nur die Hälfte des Bedarfs an Gemüse und Früchten befriedigte[172].

Tabelle 5.20: Nahrungsmittel- und Gesamtimporte und lokal produzierbare Nahrungsmittel (geschätzt) 1952 - 58

Jahr	Wert (1000 Dollar)			Prozent	
	Gesamtimporte (1)	Nahrungsmittelimporte (2)	lokal produzierbare Nahrungsmittel (3)	(2)/(1)	(3)/(2)
1952	618.314	177.800	111.100	28,8	62,5
1953	489.733	162.100	112.200	33,1	69,2
1954	487.889	149.900	100.300	30,7	66,9
1955	575.126	132.800	69.700	23,1	52,5
1956	649.006	134.400	75.000	20,7	55,8
1957	772.855	157.900	n.a.	20,4	-
1958	777.093	173.300	n.a.	22,3	-

Quelle: Gayoso 1970, S. 22, Tabelle 6. Die Schätzung der lokal produzierbaren Nahrungsmittel stammt ursprünglich aus CERP 1965, S. 1147.

Nur 70 % der Nachfrage nach Lebensmitteln wurde durch einheimische Produkte befriedigt[173]. Für die Landwirtschaft galt daher ebenso wie für die Industrie, daß ihre Entwicklung und Diversifizierung durch die starke Konkurrenz ausländischer Importe blockiert wurde, obwohl hier die Vorherrschaft des Zuckerplantagensektors wahrscheinlich das gewichtigere Hindernis war.

Ein großer Teil der Importe kam nicht der Mehrheit der Bevölkerung zugute, sondern war auf die Bedürfnisse der privilegierten Schichten zugeschnitten, die einem aufwendigen Lebensstil huldigten, und bestand, gemessen an den Erfordernissen der wirtschaftlichen Entwicklung und dem Lebensstandard der großen Mehrheit, aus Luxuskonsumgütern. Allein für Auto-Importe, meist PKW, wurden 1958 31 Mio $ ausgegeben. Insgesamt beliefen sich die geschätzten Luxuskonsumgüterimporte 1958 (u.a. Autos, Radio- und Fernsehapparate, Luxusfrüchte, alkoholische Getränke, Tomatentunke, Kaugummi) auf 67 Mio $ (= 8,6 % aller Importe)[174]. Andere Importe dienten indirekt dem Luxuskonsum wie Baumaterialien (28 Mio $), die vorwiegend dem Bau von Luxusappartementhäusern, Luxushotels, Villen, Prachtstraßen und Autobahnen dienten. Ein großer Teil der Brennstoffimporte diente dem privaten Personenverkehr. Die Importe für den unmittelbaren Bedarf der Masse der Bevölkerung (Reis, Schmalz, Butter, Getreide, Bohnen, Fisch, Textilien, Medikamente usw.) wurden auf weniger als 150 Mio $ 1958 (= 19,3 % aller Importe) geschätzt. Selbst nicht alle Investitionsgüter waren der produktiven Entwicklung der Gesamtwirtschaft dienlich. Nur 69 Mio $ der 208 Mio $ fielen 1958 auf unmittelbar produktive Güter wie Maschinen, Apparate, Generatoren, Kessel, Traktoren und andere Landmaschinen. Davon waren 32 Mio $, also fast die Hälfte, Ersatzteillieferungen. Ein großer Teil der importierten Transportmittel war auf die Bedürfnisse der Zuckerindustrie zugeschnitten. Allein 60 % aller Eisenbahnen waren im Privatbesitz der Zuckerfabriken. Weitere 99 Mio $ entfielen auf Erzeugnisse, die meist wenig mit der wirtschaftlichen Entwicklung zu tun hatten (Klimaanlagen, Radiosender usw.). "Somit ist erwiesen, daß ein großer Teil der sogenannten Investitonsgüter dazu dienten, den privilegierten Schichten ein bequemes Leben zu ermöglichen, daß ein weiterer Teil indirekt der Zuckerindustrie diente und nur ein Drittel den übrigen Bereichen der Industrie und Landwirtschaft zugute kam, wobei es sich noch zur Hälfte um Ersatzteillieferungen handelte."[175] (Vgl. zum Vorhergehenden Tabelle 5.19.)

Die Importstruktur ist im Gegensatz zur relativ stabilen Exportstruktur nicht konstant geblieben. Ihre Entwicklung ist ein weiterer Indikator für die allmähliche Veränderung des Akkumulationsmodells der kubanischen Wirtschaft ab 1930. Der Rückgang des Anteils der Konsumgüter an den Gesamtimporten von 70 % 1912 auf 37,2 % 1957 verweist auf die Fortschritte der Importsubstitution in diesem Bereich, obwohl sich der absolute Wert der Konsumgüterimporte in diesem Zeitraum mehr als verdreifacht hat. Der Wert der Produktionsgüterimporte wuchs in der gleichen Periode auf das 13,4-fache und ihr Anteil am Gesamtimport stieg von 30 % 1912 auf 62,8 % 1957, wovon etwas weniger als die Hälfte (42,5 %) auf fixe Kapitalgüter entfielen. Das starke Wachstum der Zwischengüterimporte zeigt, daß die Beschleunigung der Industrialisierung, die nach 1945 zunehmend Zwischengüter einschloß, zunächst nicht zu der beabsichtigten Importsubstitution führt. Der Anstieg des Anteils des Imports fixer Kapitalgüter von 15,4 % 1912 auf 26,9 % 1957, wovon nach 1927 nur ein geringer Teil in die Zuckerindustrie floß, ist einerseits ein Zeichen für die fortschreitende Akkumulation in der Nichtzuckerindustrie und in weit geringerem Umfang in der Landwirtschaft, andererseits Ausdruck des Wandels struktureller Abhängigkeit, in deren Rahmen die technologische Abhängigkeit, symbolisiert und vergegenständlicht durch den Import von Maschinen und Ausrüstungen aller Art, zunehmend an Bedeutung gewann (zu den Daten vgl. Tabelle 5.21).

Tabelle 5.21: Die Entwicklung einiger wichtiger Kategorien der Warenstruktur der Importe 1921 - 1957 (Mio Pesos und Prozent)

Warengruppen	Mio Pesos					Prozent				
	1912	1927	1937	1949	1959	1912	1927	1937	1949	1957
Dauerhafte Konsumgüter	33,9	64,7	37,2	50,7	112,9	28,3	25,2	28,9	11,2	14,6
Kurzlebige Konsumgüter	49,9	102,8	37,8	162,8	174,9	41,7	40,1	29,0	36,1	22,6
Konsumgüter	83,8	167,5	75,0	213,5	287,8	70,0	65,3	57,9	47,3	37,2
Fixe Kapitalgüter (Zucker)	4,6	8,3	0,6	2,4	2,7	3,8	3,2	0,5	0,5	0,4
Fixe Kapitalgüter (Nichtzuckerindustrie)	13,9	35,4	19,1	53,1	128,4	11,6	13,7	15,2	11,8	16,8
Andere Kapitalgüter				39,2	75,3				8,7	9,7
Fixe Kapitalgüter										
Brennstoffe	5,2	16,2	8,4	24,2	64,8	4,3	6,2	6,5	5,4	8,4
Rohstoffe und Verpackungen	12,3	29,9	26,0	118,7	213,8	10,3	11,6	19,9	26,3	27,7
Zirkulierende Kapitalgüter	17,5	46,1	34,4	142,9	278,6	14,6	17,8	26,4	31,7	36,1
Produktionsgüter	36,0	89,0	55,1	237,6	485,0	30,0	34,7	42,1	52,6	62,8

Quelle: López-Sergrera 1972, S. 313, Tab. 16

5.3. Peripher-kapitalistische Plantagenwirtschaft, Reproduktion der extensiven und arbeitsintensiven Landwirtschaft und die Grenzen inkrementeller Diversifizierung

5.3.1. Plantagenwirtschaft als eine Variante des peripheren Kapitalismus und der Exportökonomie

Im Gegensatz zu vielen Länderstudien, besonders in der lateinamerikanischen Diskussion, die sich an der Theorie des peripheren Kapitalismus orientieren, scheint es mir notwendig, zwischen verschiedenen Typen der Entwicklung des abhängigen Kapitalismus zu unterscheiden[176]. Wichtigste Determinante der spezifischen Entwicklungsdynamik - neben Dauer, Ausmaß und Formen der Penetration, den spezifischen Merkmalen des Zentrums und der präexistierenden Sozial- und Produktionsstruktur - ist , besonders in kleinen Ländern mit hoher Außenhandelsquote, die spezifische Produktionsweise des Hauptexportsektors. Die gesamtwirtschaftlichen Implikationen einer kapitalistischen Plantagenwirtschaft unterscheiden sich z.B. erheblich von denen einer Exportökonomie, in der Eigentümer-Kleinbauern den Exportsektor kontrollieren, oder denen von Bergbau-Enklaven. Es ist zu vermuten, daß in kleinbäuerlichen Exportökonomien die Einkommen höher und gleichmäßiger verteilt sind als in Plantagenwirtschaften, die Präferenz für Importe schwächer und die "leakages" geringer, kurz die internen Endnachfragekopplungseffekte stärker sind[177]. Außerdem sind Kleinbauern meist weniger spezialisiert als Plantagen und 'monopolisieren' weniger Land, Arbeitskräfte und politische Macht, so daß auch die wirtschaftlichen und institutionellen Rahmenbedingungen inkrementeller Diversifizierung günstiger sind. Da sie weniger landhungrig und arbeitsintensiv als Plantagensektoren sind, trifft das letztere auch auf Bergbauenklaven zu.

Zum Verständnis der kubanischen Entwicklung drängt sich das Konzept der Plantagenwirtschaft geradezu auf[178]. In seinem wichtigen Aufsatz, in dem er versucht, das Konzept der Plantagenwirtschaft theoretisch zu entfalten und eine Typologie zu entwickeln, führt Lloyd Best das Kuba des 19. und 20. Jahrhunderts als Prototyp einer von ihm sog. neuen Plantagenökonomie an, die als unterbevölkerte Siedlungskolonie noch über ausreichend geeignete Anbauflächen zur Expansion des Plantagensektors verfügt, so daß eine hochspezialisierte Plantagenexportwirtschaft mit einem intern nahezu unbegrenzten Wachstumspotential entsteht. In reifen Plantagenökonomien sind die Expansionsmöglichkeiten durch die Knappheit jungfräulichen Bodens und in gemischten durch die Existenz anderer Produktionsweisen, die den Zugang des Plantagensektors zu den knappen ökonomischen Ressourcen und seine politische Macht begrenzen, limitiert. Allgemeine Merkmale aller Plantagenwirtschaften sind nach Lloyd Best die starke Dependenz von einer Metropole ("Inter Caetera"), die abhängige Integration in eine ungleiche internationale Arbeitsteilung ("Muscovado Bias"), das Fehlen einer autonomen Geldpolitik ("Metropolitan Exchange Standard"), die ausländische Kontrolle des Transports der Exporte ("Navigation Provision") und ein imperiales Präferenzsystem[179].

Ohne hier die Diskussion über die Plantagenökonomie im einzelnen aufrollen zu wollen, scheint mir der analytische Nutzen dieses Begriffs an zwei Bedingungen geknüpft zu sein: erstens an eine klare Unterscheidung zwischen der Produktionsweise des Plantagensektors und der Plantagenwirtschaft als Gesellschaftsformation, in der der Plantagensektor nur eine Produktionsweise unter mehreren ist - auf dieser Ebene bewegt sich Lloyd Best - , und zweitens an den Versuch einer Definition der Produktionsverhältnisse der Plantagen, in die sowohl die spezifischen materiellen und ökologischen Merkmale des Produktionsprozesses als auch die sozialen Beziehungen,durch die er strukturiert wird, eingehen müssen. Beide Anforderungen werden in Analysen von Plantagengesellschaften oft nicht erfüllt. Das hat seine partielle, aber unzureichende Rechtfertigung darin, daß Plantagensektoren dazu neigen, ihre Hegemonie zu reproduzieren, und daß die Produktionsweisen z.B. von Zuckerrohrplantagen, gleichgültig, ob sie auf Sklaven- oder Lohnarbeit beruhen, in bestimmter Hinsicht identisch oder ähnlich sind: Zuckerrohrplantagen sind große, agroindustrielle Produktionseinheiten, in der Landwirtschaft meist Latifundien, die mittels der Überausbeutung einer Masse nur saisonal beschäftigter, arbeitsteilig kooperierender, überwiegend unqualifizierter Arbeitskräfte und hohem Kapitaleinsatz in der Industrie Waren für den Weltmarkt produzieren. Der Kern der Gemeinsamkeiten zwischen den beiden Varianten der Zuckerrohrplantagen besteht darin, daß auch die Sklavenplantagen schon insofern kapitalistisch waren, daß sie auf Mehrwertproduktion für den Weltmarkt beruhten, und daß die kapitalistische Produktionsweise sich aufgrund bestimmter sozioökonomischer Bedingungen den Arbeitsprozeß der Zuckerrohrlandwirtschaft auch nach Substitution der Sklaven- durch Lohnarbeit nur formal subsumiert hat, ohne seine Technologie entscheidend zu ändern. Dadurch wird der Eindruck vermittelt, als gäbe es eine ahistorische und asoziale identische Technologie und Produktionsfunktion der Zuckerrohrproduktion und -verarbeitung[180]. Daß Technologie und Produktionsverhältnisse der Zuckerrohrproduktion erheblich variieren können, ist spätestens durch die postrevolutionäre kubanische Entwicklung evident geworden; aber auch schon das vorrevolutionäre colono-System widerspricht der Annahme einer durch die natürlichen Anforderungen der Zuckerrohrproduktion per se gegebenen Produktionsweise. Die Struktur der Faktormärkte und damit die Produktionsfunktion sind variabel; Boden und Arbeitskräfte können durch eine forcierte Diversifizierung, in erster Linie der Landwirtschaft, knapp und teuer werden, so daß sich von daher die Intensivierung der Landwirtschaft und die Substitution von Arbeit durch Kapital aufdrängt. Das Zuckerrohr ist zwar schwierig, aber grundsätzlich doch zu mechanisieren. Die Mechanisierung der Ernte kann sowohl die Saisonalität des Arbeitskräftebedarfs mildern wie auch den Bedarf an qualifizierten Arbeitskräften verallgemeinern. Allgemeiner formuliert: nicht eine konstante ökologisch-technische Produktionsweise der agroindustriellen Zuckerrohrproduktion oder eine stabile Produktionsfunktion bestimmt Niveau und Struktur der Produktivkräfte und das Ausmaß konzentrischer und inkrementeller Diversifizierung, sondern die soziopolitische Ökonomie der Zuckerrohrplantagen und die sozioökonomische Konstellation auf der Ebene der gesamten Gesellschaftsformation.

Im Mittelpunkt des folgenden Kapitels steht daher die Frage nach den Produktionsverhältnissen des Zuckersektors nach dem Ende der Sklaverei und ihre Implikationen für die Entwicklung der Produktivkräfte, der Kopplungseffekte und der inkrementellen Diversifizierung. In diesem Kontext wird auch auf die Entwicklung der vorrevolutionären Landwirtschaft im allgemeinen eingegangen. Das Thema der Modifikation der Gesellschaftsformation der Plantagenwirtschaft ist schon im Kapitel über die durch multinationale Konzerne kontrollierte ISI (5.1.4.) angeschnitten worden und wird im folgenden besonders in dem Abschnitt über die Grenzen der inkrementellen Diversifizierung in der Landwirtschaft wieder aufgegriffen.

5.3.2. Agrargeographie und die gesamtwirtschaftliche Bedeutung der Landwirtschaft

Kuba ist mit 114.500 km² die größte Antilleninsel und ein wenig größer als die DDR[181]. Die relativ schmale und langgestreckte Insel hat eine Breite zwischen 35 und 200 km und erreicht von Osten nach Westen eine Länge von 1250 km.

Aufgrund der Lage leicht südlich des Wendekreis des Krebses, der die gemäßigte nördliche von der tropischen Zone trennt, hat Kuba das ganze Jahr hindurch ein gemäßigt warmes, subtropisches Klima, mit einer Durchschnittstemperatur von 23° Celsius. Im Winter sind es durchschnittlich 21,1° und im Sommer 27,2°. Das durchgängig milde Klima ermöglicht bis zu drei Ernten jährlich[182]. Weizen kann aus klimatischen Gründen nicht wirtschaftlich angebaut werden. Die Insellage sorgt für kühlende Nordwinde, durch die selbst heiße Sommertage erträglich werden, und eine relativ hohe Luftfeuchtigkeit, die im allgemeinen ausreichenden Regen garantiert. Die Niederschlagsmengen reichen aus für landwirtschaftliche Kulturen der Tropen und Subtropen (Zuckerrohr, Kaffee, Bananen, Tabak, Zitrusfrüchte).Ein die Landwirtschaft beherrschendes Problem besteht darin, daß von der jährlichen Niederschlagsmenge von 1320 mm 3/4 während der Regenzeit zwischen Mai und Oktober fällt, so daß eine künstliche Bewässerung der Felder und Weiden in der Trockenzeit erforderlich ist. Zeitweilige Dürreperioden beeinträchtigen außerdem in einigen Jahren die Ernte enorm. Eine weitere Gefahr, besonders für die mehrjährige Agrikultur, geht von den sporadisch auftretenden Wirbelstürmen aus; z.B. wurden 1963 große Teile der Ernte des Ostens Kubas vernichtet.

Der größte Teil Kubas, ca. 65 %, besteht aus Ebenen, aus denen nur drei größere Gebirge herausragen: die Sierra Maestra im Südosten, die Sierras de San Juan y Trinidad im Zentrum und die Sierra de los Organos im Westen. Nur diese und größere Sümpfe in küstennahen Gebieten, besonders der Cienaga de Zapata an der südlichen Zentralküste, sind kaum oder gar nicht landwirtschaftlich nutzbar, so daß die potentielle Kulturfläche auf 75 bis 80 % (8,5 - 9,1 Mio ha) der Gesamtfläche geschätzt wurde[183], im Gegensatz z.B. zu nur einem Viertel in China[184]. Allerdings reduzierte sich die potentielle Agrarfläche bis Mitte der 70er Jahre durch die fortschreitende Urbanisierung und Industrialisierung auf rund 6 Mio ha. Große Teile der potentiellen Kulturfläche bestehen aus verschiedenartigen kalk- und mineralhaltigen bröckeligen und sandigen Lehmböden, "die in der Regel bei ausreichender Feuchtigkeit fruchtbare Ackerboden abgeben"[185].

Die Bevölkerungsdichte war 1953 mit 52 Einwohnern pro ha im Vergleich zu den meisten lateinamerikanischen Ländern zwar hoch[186], aber im Verhältnis zu den meisten anderen Peripherienationen und vielen Antillen[187] gering; 1899 hatte sie erst 14 Einwohner pro km² betragen. Die Problematik der vorrevolutionären Landwirtschaft bestand jedoch nicht in der zu hohen Bevölkerungsdichte pro nutzbarer Agrarfläche, die vergleichsweise gering ist, sondern in deren Unterausnutzung. Da die kultivierte Fläche von 1930 bis 1958 nur geringfügig von knapp 1,8 Mio ha auf rund 2 Mio ha gestiegen war, wuchs durch das Bevölkerungswachstum die Dichte pro ha Kulturfläche von 22,3 auf 291,4 Einwohner[188]. Der Widerspruch von fruchtbarer und im Verhältnis zur Bevölkerung ausreichender landwirtschaftlicher Fläche und ihrer durch das latifundistische Bodenmonopol bedingten Unterausnutzung war einer der wirtschaftlichen Antriebskräfte der späteren Agrarrevolution.

Der Anteil der städtischen Bevölkerung an der Gesamtbevölkerung war vor der Revolution höher als in vielen anderen Entwicklungsländern, aber niedriger als in den kapitalistischen Zentren. Dieser relativ hohe Urbanisierungsgrad war kein Produkt des 20. Jahrhunderts: von schon 47,1 % 1899 war er auf 57 % 1953 gestiegen[189]. Diese Aussage wird ein wenig relativiert, wenn man berücksichtigt, daß 20 % der Städte, besonders der kleineren, direkt von der Landwirtschaft abhingen. Die Arbeiter der Zuckermühlen, zum Teil auch die Zuckerrohrlandarbeiter, lebten in kleinstädtischen Zentren in der Nähe der Zuckerfabriken. Der hohe Grad der Urbanisierung schon im 19. Jahrhundert verweist darauf, daß die Verstädterung in Kuba, wie in der Peripherie allgemein, nicht das Resultat der Industrialisierung war; die Städte fungierten vielmehr in erster Linie als Handels- und Verwaltungszentren und als Wohngebiete für die wohlhabenden Kubaner und ihre Bediensteten. Trotz dieser fortgeschrittenen Urbanisierung blieb die Landwirtschaft wegen der schwachen und deformierten Industrialisierung die produktive Basis der wirtschaftlichen Entwicklung. Die Landwirtschaft beschäftigte 2/5 der Arbeitskräfte und erwirtschaftete ungefähr ein Drittel des Volkseinkommens und 90 % der Devisen[190]. Da große Teile des landwirtschaftlichen Produktionspotentials (Land, Arbeitskräfte) nicht oder wegen der extensiven Bewirtschaftungsmethoden nur ungenügend genutzt wurden, prognostizierte eine Studie der US-Regierung 1956, daß "die Landwirtschaft für viele Jahre die größten Möglichkeiten zur Produktionssteigerung bieten wird"[191].

Die kubanischen Flüsse sind meist kurz, kaum beschiffbar und als Transportadern oder Energielieferanten so gut wie unbrauchbar. Dagegen verfügt Kuba über eine Vielzahl natürlicher Häfen, die eine ausgedehnte Küstenschiffahrt erlauben. Der Mangel geeigneter Flüsse gestaltet den Ausbau der künstlichen Bewässerung relativ aufwendig. Dieses Defizit in der Ausstattung mit natürlichen Ressourcen blieb in der kubanischen Geschichte nicht folgenlos für die technologische Entwicklung. Da es für mit Wasserkraft betriebene Zuckermühlen nur wenige Standorte gab, wurde in der Zuckermanufaktur früh mit Dampfmaschinenantrieb experimentiert. Das Fehlen eines Flußschifffahrtsnetzes war sicherlich auch ein Faktor der zeitigen Einführung der Eisenbahn. Durch die rücksichtslose Ausdehnung der Zuckerrohranbaufläche ab 1762 sind große Teile des Waldes zerstört worden. Die bewaldete Oberfläche war bis 1964 auf 11 % der Gesamtoberfläche, im Unterschied zu noch ca. 50 % 1919, reduziert worden, so daß Kuba von einem Holzexporteur zum -importeur wurde. Auf dem Hintergrund der Holzknappheit sind die intensiven Bemühungen zur Entwicklung von Technologien seit Anfang der 50er Jahre zu sehen, die die ökonomische Nutzung von Zuckerrohrbagasse als Substitut in der Holz- und Papierindustrie ermöglichen sollten.

5.3.3. Die Produktionsverhältnisse des Zuckersektors und der Landwirtschaft im allgemeinen

Die Produktionsverhältnisse der vorrevolutionären kubanischen Landwirtschaft und besonders des Zuckersektors waren komplexer, als die gängige Vorstellung einer dichotomischen Polarisierung von Zuckerrohrplantagenökonomie in latifundistisches agroindustrielles Plantagenkapital auf der einen und lohnabhängige Landarbeiter auf der anderen Seite suggeriert. In Kuba wurde nur ein geringer Teil des Zuckerrohrs unmittelbar auf von den Zuckerfabriken geleiteten Plantagen angebaut, der Rest von den sog. colonos. Den größten Teil der Ernte produzierten kapitalistische Großplantagen, die meisten Betriebe waren jedoch minifundistische Pächterplantagen. Alle colonos, unabhängig von Größe, Produktionsweise und rechtlichem Status, waren allerdings von den Zuckerfabriken abhängig, da diese 70 % der Anbaufläche kontrollierten und ein Transport-, Verarbeitungs- und Vermarktungsmonopol besaßen. Diese komplexen, aber dennoch eindeutig hierarchischen sozioökonomischen Machtverhältnisse innerhalb des Zuckerplantagensektors waren letztlich ein Reflex der Tatsache, daß die Zuckerproduktion aus Zuckerrohr ein kollektiver arbeitsteiliger Produktionsprozeß ist, der in der nichtmechanisierten Ernte den disziplinierten Einsatz von spezialisierten und kooperierenden Arbeitsbrigaden erfordert, und zwischen Landwirtschaft und Industrie aufgrund spezifischer Eigenschaften des Zuckerrohrs eine präzise zeitliche und quantitative Koordination des agroindustriellen Produktionsprozesses verlangt, die vom Endprodukt her, d.h. von der Zuckerindustrie organisiert werden muß. Dennoch zeigt gerade das Beispiel des vorrevolutionären Kuba, daß die Technologie der Zuckerrohrproduktion nicht in eindeutiger Weise zu bestimmten Eigentums- und Sozialverhältnissen führt; die Einheit der agroindustriellen Produktion kann auch ohne institutionelle Integration gesichert werden, und die Zuckerrohrlandwirtschaft ist nicht grundsätzlich mit der Bewirtschaftung durch Klein- und Pachtbauern unvereinbar[192]. Die Kapitalisierung der kleinbäuerlichen Warenproduktion führte zur Teilproletarisierung der kleinen Pächterbauern. Der rückständige und saisonale Charakter der Zuckerrohrlandwirtschaft machte die Plantagenarbeiter zu einem Proletariat eigener Art. Beides hatte weitreichende Folgen für den (post)revolutionären Prozeß. Die dänische Alternative der exportgetriebenen, aber dennoch autozentrierten Agroindustrialisierung mit ihrer sozialen Verankerung in einer besitzenden, produktiven und wohlhabenden Kleinbauernschaft war unter diesen sozioökonomischen Bedingungen jedoch unwiderruflich passé, wenn sie überhaupt je mit einer großindustriellen Zucker(rohr)industrie kompatibel war. Die Hegemonie der kapitalistischen Produktionsweise in der Landwirtschaft implizierte unter kubanischen Bedingungen nicht ihre umfassende Modernisierung, da die arbeitsintensive und extensive Agrartechnologie solange kapitalistisch rational war, wie Land durch das Bodenmonopol der Latifundien und Arbeitskräfte aufgrund der saisonalen Arbeitslosigkeit im Überfluß vorhanden waren. Die Monopolisierung knapper ökonomischer Ressourcen durch die herrschenden Klassen des Plantagensektors und die ökonomische Ineffizienz der marginalisierten Minifundien waren die zentralen restriktiven Bedingungen der inkrementellen Diversifizierung der Landwirtschaft. Die Überausbeutung des unqualifizierten Plantagenproletariats durch absolute Mehrarbeit und eine kurze jährliche Arbeitszeit sowie die Ausbeutung der kapitalisierten kleinbäuerlichen Warenproduzenten waren entscheidende Hindernisse optimaler und kontinuierlicher Endnachfragekopplungseffekte.

Dominante Formen der Bewirtschaftung:
kapitalistische Groß- und kleine Pächterplantagen

Aus Tabelle 5.22 geht hervor, daß 64 % der landwirtschaftlichen Betriebe, aber nur 44 % der Fläche nicht denen gehörte, die sie bearbeiteten und leiteten. Die Bewirtschafter waren vielmehr in erster Linie verschiedene Arten von Pächtern. Das bedeutete, daß die Eigentümer dieser Betriebe - und noch weiterer ca. 5 %, die von Verwaltern geleitet wurden und in Tabelle 5.22 zur Kategorie der Besitzer gezählt wurden - abwesende Eigentümer waren: Sie wohnten meist in der Stadt und ließen ihren Grundbesitz entweder von Pächtern bearbeiten oder durch Verwalter leiten[193]. Es bestand also ein Widerspruch zwischen dem Grundbesitz und der Bearbeitung des Bodens. Die Konzentration des bewirtschafteten Landes war nicht so stark wie die des Grundbesitzes; während 8,5 % aller Betriebe (die über 401,6 ha) 73,3 % der Fläche besaßen, bearbeiteten 35,8 % der Betriebe (Eigentümer und Verwalter) "nur" 74,6 % der Agrarfläche. Diese Aussage gewinnt dadurch eine besondere Bedeutung, daß durch das 'Zuckerkoordinationsgesetz' von 1937 zunächst die colono-Pächter und später (1948-52) weitere Gruppen von Pächtern unter bestimmten Bedingungen nicht von dem von ihnen bearbeiteten Land vertrieben werden konnten. Tabelle 5.23 schlüsselt die verschiedenen Formen der Bewirtschaftung und ihre quantitative Bedeutung näher auf.

Tabelle 5.22: Betriebsgrößenklassen und ihre Verteilung auf Besitzer und Nichtbesitzer 1959

Betriebsgröße ha	Besitzer[a]	Nichtbesitzer	Anteil der Nichteigentümer an allen Betrieben (%)	Gesamt
1 - 25	34.673	76.805	68,8	112.278
26 - 75	14.031	18.027	52,2	32.058
76 - 500	7.924	6.362	44,5	14.286
500 und mehr	1.506	830	35,5	2.336
Gesamt	58.134	102.024	63,4	160.958
% aller Agrarbetriebe	36	64		100
% der Gesamtfläche	56	44		100

Quelle: Acosta Santana 1972, S. 66, Tab.1

a) einschließlich der verwalteten Betriebe

Tabelle 5.23: Zahl und Fläche der Agrarbetriebe nach Form der Bewirtschaftung, 1946

Betriebsleiter	Zahl der Betriebe		Gesamtfläche		Durchschnittliche Fläche
	absolut	%	ha	%	ha
Eigentümer	47.792	30,0	2.958.700	41,8	60,6
Verwalter	9.342	5,8	2.320.400	32,8	248,4
Pächter	46.048	28,8	713.900	10,1	58,9
Unterpächter	6.987	4,4	215.200	3,0	30,8
Sharecropper	33.664	21,1	552.100	7,8	16,7
Precaristas	13.718	8,6	244.600	3,4	17,8
Andere[a]	2.007	1,3	72.616	1,0	36,1
Insgesamt	159.958	100,0	7.077.516	100,0	-

Quelle: Agrarzensus von 1946, hier nach Acosta/Hardoy 1973, S. 92, Tab.15

a) Vom Zensus nicht erfaßte Bauern und solche, die nur ein Nutzungsrecht hatten.

In Kuba waren verschiedene Formen des Pachtsystems verbreitet: Geldpacht, Naturalpacht, Teil- und Halbpacht und sogar der Zehnte[194]. Die Eigentümerbauern waren keine homogene soziale Klasse; unter ihnen befanden sich Minifundien mit einigen ha und Latifundien mit mehreren 100.000 ha. Am weitesten verbreitet waren die kleinen Eigentumsbetriebe bei Milch- und gemischten Betrieben, oft in der Nähe der Städte, am geringsten im Zuckersektor. Verwaltete Betriebe und große Eigentümerbauern dominierten besonders in den Viehzuchtgebieten von Camagüey. Das Verwaltungsland war in der Regel im Besitz der Zuckerfabriken, die die landwirtschaftliche Produktion ihrer riesigen Latifundien durch einen Verwalter leiten ließen, der einen Teil des Landes häufig verpachtete. Die Pächter zahlten ihre Pacht in bar, unabhängig vom Absatz, während die Unterpächter ihrerseits Land von einem Pächter gepachtet hatten. Beide Kategorien stellten zusammen 52 % aller Nichtbesitzer, Administratoren ausgenommen. Die Höhe der fixen Pachtrate war abhängig von der Verhandlungsposition des Pächters, d.h. in der Regel von der Größe der bewirtschafteten Fläche: große Pächter, ein häufiges Phänomen, zahlten geringere Pacht als die kleinen. Die kleinen und mittleren Betriebe stellten jedoch die Mehrheit dieser Kategorie. Sharecroppers bezahlten ihre Pacht mit einem bestimmten Anteil ihrer Ernte, meist in Naturalien. Mit 20,7 % war ihr Anteil recht hoch. Am häufigsten kam diese Pachtform auf den kleinen, intensiv betriebenen Tabakfarmen vor; von den Tabakfarmen Pinar del Rios wurden über die Hälfte von sharecroppers betrieben. Oft stellten die Großgrundbesitzer einen variierenden Teil der Produktionsvoraussetzungen, der zusätzlich zu der Pacht von den Teilpächtern bezahlt werden mußte[195].

Die precaristas (squatters) (8,6 %) hatten überhaupt keinen Besitztitel und zahlten keine Pacht. Ohne jeglichen Rechtsschutz und politische Repräsentation konnten sie jederzeit von dem von ihnen bearbeiteten Land vertrieben werden. Sie neigten daher häufig in ihren Aktionsformen zu Formen bewaffneten Widerstands und sozialen Banditentums, weil dies ihre einzige effektive Möglichkeit des Selbstschutzes war. Die berühmteste, zunächst erfolgreiche Auseinandersetzung dieser Art war 1934 der Konflikt um Realengo 18, ein bergiges Gebiet in Oriente. Die Bauern dieser Gegend verteidigten mit der Waffe in der Hand "ihr" Land gegen die 'Guardia Rural', die den gerichtlich sanktionierten Anspruch einer Zuckerzentrale vollziehen wollte[196]. Die precaristas waren meist ehemalige Zuckerarbeiter, die nach dem Ende des Zuckerbooms entlassen worden waren, und arbeiteten während der Ernte oft auf nahegelegenen Plantagen, so daß sie sowohl von ihrer objektiven Situation (typisch proletarische Existenzunsicherheit, da rechtliche Trennung von den Produktionsvoraussetzungen) als auch von ihrer subjektiven Tradition und Erfahrung dem Proletariat sehr nahe standen. Fraglich ist allerdings, ob dies typisch für alle kubanischen Kleinpächter war. 83,4 % der precaristas siedelten in Oriente, der Provinz, in der die Sierra Maestra liegt, von der die Guerilla Fidel Castros ihren Ausgang nahm[197]. Die Pachtunsicherheit der precaristas hatte weitreichende ökonomische Konsequenzen: Produkte mit langer "Reifezeit" (u.a. Vieh, Geflügel ausgenommen) waren a priori aus dem Produktmix ausgeschlossen; Investitionen, die sich erst langfristig auszahlten (Gebäude, Zäune, Konservierungsmaßnahmen) waren unrentabel, so daß hier eine weitere Ursache der primitiven Bewirtschaftungsmethoden und der Bodenerosion zu suchen ist[198]. Da die Pachtunsicherheit nicht nur die precaristas betraf, trifft dieses Argument auf eine weitaus größere Anzahl landwirtschaftlicher Betriebe zu. Nach dem Agrarzensus von 1946 bearbeiteten 43 % der vertragsgebundenen Pächter ihr Pachtland weniger als 9 Jahre und 25 % weniger als 5 Jahre[199]. Eine häufige Ursache der Pachtunsicherheit war, daß viele Pachtverträge nur mündlich abgesprochen waren; nach Nelsons Feldstudie des Jahres 1946 waren das 46 % aller Pachtverhältnisse. Geldpächter hatten häufiger schriftliche Verträge (nahezu 2/3), während dieser Anteil bei Teilpächtern nur 1/3 betrug[200]. Da die precarista-Betriebe äußerst klein waren - sie stellten 51,5 % der Betriebe unter 1 ha -, bestand auch kaum die Möglichkeit der Bildung von Sparkapital für größere Investitionen.

Die soziale und wirtschaftliche Situation innerhalb der einzelnen Kategorien war äußerst unterschiedlich und richtete sich in erster Linie nach der Betriebsgröße und dem Wert des Landes, aber auch nach den Anbaumethoden und dem außer Land eingesetzten Kapital, bei den Pächtern zusätzlich nach der Pachtrate. Große Pachtbetriebe waren häufig sehr rentabel[201]. Aus Tabelle 5.22 geht hervor, daß in der Gruppe der Betriebe zwischen 75 und 100 ha der Anteil der Nichtbesitzer immerhin 44,5 % und selbst in der Gruppe über 500 ha noch 35,5 % (830 Betriebe) ausmachte. Die Großbetriebe waren trotz des rechtlichen Status als Pachtbetriebe kapitalistische Unternehmerplantagen, da sie in großem Umfang Lohnarbeit einsetzten. Von den Betrieben, die gleichzeitig den Boden, den sie bearbeiteten, besaßen (meist von den Mühlen verwaltete Plantagen), unterschieden sie sich dadurch, daß sie einen Teil ihrer Mehrproduktion in Form der Pacht abzweigen mußten, während die Latifundienbesitzer, sofern sie einen Teil ihres Grundbesitzes verpachtet hatten, selber noch Grundrente einziehen konnten. Der Unterschied zwischen Familienbetrieben, die von Pächtern, und denen, die vom Eigentümer betrieben wurden, war in mancher Hinsicht beachtlich, in anderer Hinsicht minimal. In ihrer empirischen Feldstudie kamen Alfaro/Spitze zu folgendem Ergebnis: Die Betriebsgröße der Eigentümerbetriebe war größer, jedoch kultivierten die Pächter einen größeren Teil ihrer Fläche. Die Pächter setzten in der Regel mehr Arbeitskräfte pro ha ein, verfügten aber über weniger Kapital, mit Ausnahme der größeren Betriebe. Obwohl der Pächter meist über weniger Land und Kapital verfügte, war jedoch das Bruttoeinkommen von Pächtern und Eigentümern gleich[202].

Die kubanische Landwirtschaft war also durch das Nebeneinander verschiedener Produktionsweisen charakterisiert: kapitalistische Unternehmensplantagen mit und ohne Grundeigentum, spezialisierte Familienplantagen, gemischte Familienbetriebe und meist kleine Pächterplantagen. Am weitesten verbreitet waren Pächterminifundien - sie stellten den weitaus größten Teil der Betriebe - und kapitalistische Großplantagen - diese dominierten insgesamt (absolut und relativ), wie aus der Vorherrschaft der Lohnarbeiter unter den landwirtschaftlichen Arbeitskräften und ihrem überwiegenden Anteil am Zuckerrohroutput ersichtlich (siehe unten).

Hegemonie der kapitalistischen Produktionsweise in der Landwirtschaft und die Besonderheiten des Plantagenproletariats

Im Gegensatz zu vielen Ländern der Dritten Welt war in Kuba die kapitalistische Produktionsweise die dominierende Produktionsweise der vorrevolutionären Landwirtschaft, ohne daß dieses zu einer Revolutionierung der Produktivkräfte wie in den kapitalistischen Gesellschaftsformationen der Zentren und zur Entstehung eines'klassischen' Proletariats führte. Indikatoren für die Hegemonie des Agrarkapitalismus waren die quantitative Vorherrschaft des Landproletariats (siehe unten) und die Dominanz kapitalistischer Großplantagen in der Zuckerrohrlandwirtschaft. Die mit Lohnarbeit operierenden Großbetriebe über 67,1 ha, d.h. 6,1 % aller Zuckerrohrplantagen, bearbeiteten 1958/59 67 % der gesamten Zuckerrohranbaufläche (vgl. Tabelle 5.24). Die colonos, die pro Jahr mehr als 750 t Zuckerrohr produzierten, brachten zusammen mit den verwalteten Zuckerrohrplantagen der Zuckerfabriken 1948 53 % der gesamten Zuckerrohrernte ein[203]. Aber auch ohne die unmittelbare Vorherrschaft hätte die kapitalistische Produktionsweise den Plantagensektor dominiert und seinen Interessen unterworfen, weil der agroindustrielle Produktionsprozeß des Zuckersektors von der kapitalistischen Zuckerindustrie her organisiert wurde, und weil das Latifundium in Kuba nicht traditioneller Art war, sondern Folge des Wachstums der kapitalistischen Zuckerproduktion. In der Zuckerrohrlandwirtschaft war der Großgrundbesitz nahezu identisch mit dem Großgrundbesitz der Zuckerfabriken, auch wenn sie aus ökonomischen und - seit den 30er Jahren - politischen Motiven nur einen geringen Teil der Zuckerrohrplantagen selber verwalteten.

Tabelle 5.24: Verteilung der Zuckerrohrplantagen auf verschiedene Betriebsgrößenklassen nach Anbaufläche 1958/59

Kleinbetriebe unter 26,84 ha		Mittelbetriebe 26,85 - 67,10 ha		Großbetriebe über 67,11 ha		Gesamt	
Zahl	Fläche ha	Zahl	Fläche ha	Zahl	Fläche ha	Zahl	Fläche ha
54.836	243.803	6.011	166.439	3.956	835.557	64.803	1.245.798
Anteil an Gesamtzahl und Gesamtfläche (%)							
84,60	19,57	9,30	13,36	6,10	67,07	100,0	100,0

Quelle: International Sugar Council 1963, Vol.I, S. 124, Tab.3

Die in ihrem Kern kapitalistischen Produktionsverhältnisse wurden z.T. durch Restbestände vorkapitalistischer Rechts- und Distributionsformen überlagert. Das Grundeigentumsrecht war eine Mischung aus altem spanischem Recht und modernen, bürgerlichen Privatrechtsvorstellungen. In einigen Regionen (z.B. Oriente) und Agrarsektoren (besonders beim Kaffeeanbau) war die Naturalpacht noch eine verbreitete Form der Aneignung von Mehrarbeit durch die Grundbesitzer[204]. Nichtmonetäre Entlohnungsformen von Lohnarbeit (Verpflegung oder Gutscheine für unternehmenseigene Läden) waren kaum noch verbreitet. Nach einer Feldstudie von 1957 lag ihr Anteil unter 13 %[205]: ein weiteres Zeichen für die Vorherrschaft kapitalistischer Produktions- und Distributionsverhältnisse.

Im Gegensatz zu den meisten peripheren Gesellschaftsformationen, aber ähnlich wie in anderen Zuckerrohrplantagenwirtschaften, bestand die erdrückende Mehrheit der landwirtschaftlichen Arbeitskräfte aus Lohnarbeitern: nach der Volkszählung von 1952 63,6 %, wenn man die unbezahlten Familienarbeiter beiseite läßt (vgl. Tabelle 5.25). Die meisten Landarbeiter arbeiteten in der Zuckerrohrlandwirtschaft - je nach Jahresproduktion zwischen 300.000 und 350.000 -; der Rest arbeitete auf den

Rinderfarmen und den Tabak- und Kaffeeplantagen[206]. Die Zuckerrohrplantagenwirtschaft produzierte also nicht nur eine Vielzahl sozioökonomischer Deformationen und Blockierungsmechanismen, sondern schuf sich in Form der großen homogenen Gruppe der Arbeiter des Zuckersektors auch ihren eigenen Totengräber.
Das Plantagenproletariat war jedoch ein Proletariat besonderer Art: Einerseits unterschied es sich durch seine soziale Lage und sein Bewußtsein eindeutig von den Kleinbauern, andererseits aber auch erheblich von der industriellen Arbeiterklasse. Beides ist für die soziopolitische Interpretation der kubanischen Revolution von fundamentaler Bedeutung.

Tabelle 5.25: Struktur der landwirtschaftlichen Arbeitskräfte 1952

	in 1000 Personen	in Prozent
Landarbeiter	596,8	72,9
- Lohnarbeiter	520,9	63,9
- unbezahlte Familienarbeiter	66,7	8,1
- Verwalter und Vorarbeiter	9,2	1,1
Viehzüchter und Bauern	221,9	27,1
Landwirtschaftliche Arbeitskräfte insgesamt	818,7	100,0

Quelle: Bevölkerungszensus 1953, hier nach Bianchi 1964, S. 80, Tab. 11

Die soziale Situation der Zuckerrohrlandarbeiter ähnelte in mancher Hinsicht der des Industrieproletariats: sie wohnten z.T. in kleinen Unternehmensstädten in der Nähe der Latifundien und wurden während der Ernte massenhaft in arbeitsteiliger Kooperation (zum Schneiden, Verladen und Transport) eingesetzt; die Arbeitsvorgänge waren standardisiert, die Transport- und Kommunikationsverhältnisse im Unterschied zu Regionen, in denen kleinbäuerliche Betriebe konzentriert waren, besser; die Beziehungen zum Grundbesitzer und Unternehmer beruhten allein auf dem 'cash nexus'; die Landarbeiter verfügten meist nicht über eigenes Land, waren also zu ihrer Versorgung meist total auf die Unternehmensläden angewiesen. Die riesigen kapitalistischen Zuckerrohrplantagen waren also eine eminent proletarisierende und urbanisierende Kraft und schufen ein Zuckerproletariat von enormer Homogenität und Konzentration. Die politische Ideologie, die Bedürfnisstruktur und das politische und soziale Verhalten der Landarbeiter differierte daher erheblich von dem der Kleinbauern (peasants) und Mittelbauern (farmer). Insofern ist es ungenau und unzureichend, die kubanische Revolution als Bauernrevolution zu definieren. Beide Klassen, die Kleinbauern, zum Teil auch die Mittelbauern, und die Landarbeiter, bildeten den ländlichen Flügel der revolutionären Klassenkoalition. Im Laufe des revolutionären Prozesses (vor und nach der Machtergreifung) konnte das Landproletariat allmählich seine quantitative in eindeutige politische Vorherrschaft umsetzen und den Block der agrarischen Unterklassen unter dem Primat seiner Interessen auf der Basis einer neuen Kompromißstruktur reorganisieren. Diese Entwicklung kulminierte in der 2. Agrarreform von 1963, in der der private Sektor der Landwirtschaft auf ca. 1/3 der Agrarfläche zurückgedrängt wurde. Das starke Gewicht des Landproletariats in Kombination mit der extremen Konzentration des Grundbesitzes und der großen Bedeutung ausländischen Eigentums erklärt zum großen Teil die geringen Schwierigkeiten, das schnelle Tempo und den großen Umfang der Verstaatlichung der Landwirtschaft im Gegensatz zur UdSSR, wo die private Landwirtschaft 1917-29 bis zur Zwangskollektivierung noch eindeutig dominierte. Da die Kleinbauern gleichzeitig fester, längerfristiger Bestandteil der revolutionären Klassenkoalition blieben, wurde ihr Besitzanspruch noch in der neuen Verfassung von 1976 garantiert und behielt der private Agrarsektor daher eine größere Bedeutung als in den meisten postkapitalistischen Gesellschaften[207].

Die kubanischen Zuckerarbeiter, deren Gewerkschaft (FNTA) 1960 immerhin 43,5 % (507.072) der 1.152.817 Gewerkschaftsmitglieder stellte[208], konnten auf eine lange Tradition ökonomischer und politischer Kämpfe zurückblicken. Während der Revolution von 1933 hatten sich in vielen Zentralen Arbeiterräte gebildet und unter Führung des KP-Mitglieds Menendez (bis 1947) hatte die

FNTA wesentliche Reallohnverbesserungen durchgesetzt[209]. Die Einheit des agroindustriellen Komplexes der Zuckerproduktion erleichterte die Kooperation und Solidarität des landwirtschaftlichen und industriellen Proletariats. Die Wanderarbeiter fungierten als Scharniere zwischen städtischer und ländlicher Arbeiterbewegung und der Bauernbewegung. Ein Teil der Kleinbauern wurde durch die wachsende Macht der Arbeiterbewegung angezogen und identifizierte sich zunehmend mit deren Zielen[210].

Andererseits lassen sich einige essentielle Züge der postrevolutionären Entwicklung auf dem Lande nur verstehen, wenn man berücksichtigt, daß sich die Lage des Plantagen- in einigen wesentlichen Punkten von der des Industrieproletariats unterschied. Die Einkommen der Zuckerrohrlandarbeiter waren geringer als die der Zuckermühlenarbeiter, die wiederum weniger verdienten als die beschäftigten Industriearbeiter. Viel wichtiger aber war die Tatsache, daß die meisten Plantagenarbeiter nur etwa 4 Monate im Jahr beschäftigt waren; 1945 waren nur 11,2 % (53.693) aller 477.383 lohnabhängigen Landarbeiter ganzjährig beschäftigt[211]. Außerdem hatte sich der Arbeitsprozeß seit dem Ende der Sklaverei kaum verändert; nur Teile des Transports und des Verladens waren mechanisiert. Allgemein überwog die arbeitsteilige Kooperation unqualifizierter Handarbeiter, deren Disziplin durch das nahezu militärische Kommando des Vorarbeiters garantiert wurde und nicht über einen mechanisierten Arbeitsprozeß vermittelt war. Die häufig konstatierte extrem hierarchische Sozialstruktur der Zuckerrohrplantagen war also nicht nur das soziokulturelle Erbe der Sklavenplantagen, sondern in dem niedrigen Niveau der Produktivkräfte verankert[212]. Die Produktionsweise der Zuckerrohrlandwirtschaft war also ein Kapitalismus in einem frühen Stadium, der zwar auf Lohnarbeit beruhte, sich aber den Arbeitsprozeß noch nicht real subsumiert hatte, weil er vorwiegend noch auf absoluter, nicht relativer Mehrarbeit beruhte. Die Arbeit auf den Zuckerrohrplantagen war also nicht nur deswegen unbeliebt, weil sie mit dem Stigma der Sklaverei versehen war, sondern weil sie de facto Sklavenarbeit - wenn auch unter veränderten sozialen Bedingungen - geblieben war.

Die genannten Merkmale der kapitalistischen Produktionsweise der Zuckerrohrplantagen prägten die postrevolutionäre sozioökonomische Entwicklung Kubas in entscheidender Weise. Die saisonale Arbeitslosigkeit ist eine wesentliche Erklärung des zeitweilig weitverbreiteten Absentismus, weil eine ganzjährige Arbeitsdisziplin nicht eingeübt worden war[213]. Die arbeitsteilige Kooperation ohne Maschinen erklärt z.T. die geringe Nutzung des Arbeitstages und weitverbreitete organisatorische Probleme, da eine Tradition 'industrieller' Arbeitsdisziplin nicht existierte. Das niedrige Qualifikationsniveau der Arbeiter der Zuckerrohrplantagen war eine zentrale restriktive Bedingung der Diversifizierung der Landwirtschaft und der effizienten Nutzung moderner Technologie. Die hierarchische Organisationsstruktur der Plantagen zusammen mit der erdrückenden Präsenz des Problems temporärer Arbeitslosigkeit macht verständlich, warum in dem Wunschkatalog der Landarbeiter eine feste ganzjährige Arbeit an oberster Stelle stand und das Bedürfnis nach der Partizipation an Entscheidungen nicht als so vordringlich empfunden wurde[214]. Das Landproletariat hatte genügend Macht, um den revolutionären Prozeß im Sinne seiner vorrangigen Interessen zu radikalisieren, besaß aber nicht die Fähigkeit, ihn zu kontrollieren. Die realgeschichtliche Aufgabe der Revolution bestand gerade darin, eine ganzjährig arbeitende, seßhafte, disziplinierte, qualifizierte, auf die Partizipation an betrieblichen und politischen Entscheidungen drängende Arbeiterklasse erst einmal zu konstituieren.

Kapitalistisches, agroindustrielles Latifundium und kapitalisierte kleinbäuerliche Warenproduktion

In Kuba existierten vor der Revolution ca. 170.000 landwirtschaftliche Betriebe. Wären alle gleich groß gewesen, dann hätte jeder Bauer 60 ha bewirtschaftet, von denen jeweils 14 ha kultiviert worden wären (ohne Weiden). Die meisten Betriebe waren jedoch erheblich kleiner, da der Grundbesitz in den Händen einiger weniger Latifundisten konzentriert war. 1946 bearbeiteten 78,5 % aller Bauern nur 15 % des Farmlandes, während ganze 4.423 Agrarbetriebe (2,8 %) mehr als die Hälfte (56,9 %) kontrollierten (vgl. Tabelle 5.26). Bis 1959 änderte sich das Ausmaß der Konzentration kaum. Die zusätzliche Unterscheidung zwischen der Zahl der Landwirtschaftsbetriebe und der der Eigentümer deckt einen noch höheren Konzentrationsgrad des Grundeigentums auf: 2.873 Eigentümer besaßen 3.602 Betriebe und eine Fläche von 6.252.163 ha oder 73,3 % der gesamten Betriebsfläche[215]. Besonders ausgeprägt war das Gewicht der Latifundien in der Zuckerrohrlandwirtschaft und der Viehzucht. Die monopolistische Kontrolle des Bodens durch Latifundien impliziert eine absolute Grundrente (Monopolrente), d.h. eine Grundrente, die über der Durchschnittsrente liegt, die sich nur unter der Bedingung absoluter Konkurrenz herausbilden kann. Der Monopolpreis für Grundbesitz lag daher über seinem Marktwert[216].

Tabelle 5.26: Verteilung der Agrarbetriebe nach Größe und ihr jeweiliger Anteil an der Betriebsfläche 1946

Betriebsfläche ha	Betriebe Zahl	Betriebe %	Gesamte Betriebsfläche ha	Gesamte Betriebsfläche %
bis 26,8	125.619	78,5	1.362.533	15,0
26,8 - 67,1	16.766	10,5	822.539	9,0
67,1 -402,6	13.150	8,2	1.728.241	19,0
402,6 und mehr	4.423	2,8	5.163.842	57,0
Insgesamt	159.958	100,0	9.077.155	100,0

Quelle: Nationaler Agrarzensus 1946, hier nach: Chonchol 1963, S. 74, Tab.2

Von den 22 größten Latifundien waren 9 in kubanischem (620.000 ha) und 13 in US-Besitz (1.173.015 ha), u.a. die größte, Cuba Atlantic Sugar Co., die allein 248.404 ha auf sich vereinigte[217]. Diese überragende Präsenz des US-Kapitals unter den größten Zuckerrohrlatifundien darf man nicht vergessen, wenn man von der Kubanisierung des Zuckersektors nach 1940 spricht. Insgesamt okkupierten die US-Zuckergesellschaften 1958 47,7 % des gesamten Grundeigentums aller Zuckermühlen und 46,9 % ihres

Pachtlandes. In den östlichen Provinzen Camagüey und Oriente, die in der ersten Hälfte des 20. Jahrhunderts die Schwerpunkte des sagenhaften Wachstums der Zuckerproduktion waren und in denen die modernsten Zentralen standen, lag dieser Anteil zwischen 60 und 80 % und damit weit über dem Durchschnitt in den westlichen und zentralen Provinzen[218]. Den größten Teil des Bodens hatte das US-Kapital Anfang des Jahrhunderts, begünstigt durch die Zerstörungen des 2. Befreiungskrieges billig aufgekauft. Schon um 1920 okkupierten die US-Zuckermühlen 1.206.000 ha und besaßen 5.000 km Eisenbahn[219]. Trotzdem ist es eine signifikante Tatsache, daß der ausländische Grundbesitz, in erster Linie US-Besitz, von 1,7 Mio ha 1946 auf knapp 1,2 Mio ha 1958 abnahm. Gemessen an den Erfordernissen der kubanischen Gesellschaft war das immer noch überflüssig und hatte abträgliche Konsequenzen, widerspricht jedoch der Annahme eines linearen Wachstums der imperialistischen Penetration in allen ihren Formen. Insofern bestand auch kein direkter und notwendiger Zusammenhang zwischen antiimperialistischer und sozialer Revolution gegen das Latifundiensystem, obwohl dieser Zusammenhang im kubanischen Revolutionsprozeß enger war als in den lateinamerikanischen Ländern, in denen die nationale Bourgeoisie über eine größere, wenn auch immer noch deformierte, industrielle Basis verfügte, wie z.B. in Mexiko und Brasilien. Aber dennoch: "Eine sozialistische Revolution (ich würde sagen: eine antikapitalistische, H.F.) implizierte eine nationalistische Revolution, aber nicht umgekehrt."[220]

Von essentieller Bedeutung für die realen Implikationen der Konzentration des Großgrundbesitzes war, daß der neuerliche Aufschwung des Latifundiums im 20. Jahrhundert die Folge der Expansion der kapitalistischen Zuckerindustrie war. Die gesamten Zuckermühlen - nach 1899 immer weniger als 200, von denen oft mehrere zu einem Konzern gehörten - kontrollierten durch Eigentum oder Pacht ab 1939 immer mehr als 20 % der Gesamtfläche Kubas und über 30 % der potentiellen Agrarfläche. 1951 und 1958 wurde auf der von den Zentralen kontrollierten Anbaufläche jeweils 73,8 % der gesamten Zuckerrohrernte eingebracht. Alle Zuckermühlen zusammen kontrollierten 1959 2.483.000 ha, wovon nur ein wenig mehr als die Hälfte mit Zuckerrohr bepflanzt wurde. Der Rest war Reserveland, extensiv genutzte Weidefläche oder lag einfach brach. Allein die 22 größten Zuckergesellschaften kontrollierten 1.793.020 ha oder durchschnittlich 81.500 ha. Diese 22 Zuckermühlen und -latifundien kontrollierten also 70 % der Agrarfläche aller Zuckerrohrbauern (einschließlich des nicht für Zuckerrohranbau verwendeten Bodens) und 24 % der gesamten potentiellen Agrarfläche[221].

Trotzdem wurde nur zwischen 20 und 30 % (1930-33) und knapp 10 % (ab 1940) des Zuckerrohrs auf Latifundien unter direkter Leitung der Mühlen selbst angebaut[222]. Zwischen den Mühlenbesitzern und dem Zuckerproletariat hatte sich eine heterogene Schicht von colonos (kapitalistische Großplantagen und Kleinbauern, Eigentümer und Pächter) entwickelt, die das meiste Zuckerrohr anbaute. Der weitaus größte Teil der Zuckerrohrlandwirtschaft wurde von sogenannten 'colonos controllados', abhängigen colonos, betrieben, die entweder das von einer Zuckermühle kontrollierte Land bearbeiteten, oder durch Vertrag oder aufgrund faktischer Bedingungen gezwungen waren, ihr Zuckerrohr an eine bestimmte Mühle zu verkaufen. Ihr Anteil stieg von ca. 65 % 1931-33 auf ungefähr 80 % in den 50er Jahren[223]. Dadurch wurde das soziale und politische Erscheinungsbild der kubanischen Landbevölkerung kompliziert, so daß die kubanische Agrarsozialstruktur durchaus nicht dem verbreiteten Bild der einfachen Polarisierung in Latifundienbesitzer und Landproletariat entsprach[224].

Zwei relevante Implikationen der Tatsache, daß das Latifundium in Kuba keine vorkapitalistische Institution war, sondern Teil der monopolkapitalistischen Zuckerindustrie, bestanden in der Kapitalisierung der Ausbeutung der kleinbäuerlichen Warenproduktion[225] und in der Überlagerung verschiedener Formen ihrer Abhängigkeit und Ausbeutung. Die Zuckerfabriken 'monopolisierten' häufig neben dem Boden und der Verarbeitung auch den Transport, den Handel und die Kreditvergabe innerhalb ihres Imperiums. Die Ausbeutung der Kleinbauern durch Großgrundbesitzer, Wucher- und Handelskapital war allerdings kein auf den Zuckersektor beschränktes Phänomen. Zusätzlich zu oft exzessiven illegalen Pachtraten[226] mußten die Pächter und Kleinbauern oft Überpreise für alle Arten von Dienstleistungen zahlen. Häufig waren sie, besonders die Kaffeebauern, darauf angewiesen, sich in den Unternehmensläden der Plantagenbesitzer auf Pump als Vorschuß auf die nächste Ernte zu Wucherpreisen mit Lebensmitteln und anderen notwendigen Gütern zu versorgen. Die Folge war, daß sie sich der Möglichkeit begaben, ihre Ernte woanders zu vermarkten und meist verschuldet waren[227]. Wegen der oft monopolistischen Position des Händlers eignete sich der Zwischenhandel in der Regel außerordentliche Monopolprofite an. Die Differenz zwischen dem Preis, den der Bauer für sein Produkt erhielt, und dem Endpreis belief sich zum Teil auf zwischen 500 % und 3.100 % (!)[228]. Die reale Situation der in den kapitalistischen Wirtschaftskreislauf abhängig integrierten Kleinbauern näherte sich tendenziell der Lage des Proletariats, ohne in ihr - in erster Linie wegen der weiterhin vereinzelten, isolierten Produktionsform - aufzugehen.

Die Abhängigkeit der colonos, am meisten der quantitativ vorherrschenden kleinen Pächter und Eigentümerbauern, gewann im Zuckersektor dadurch eine besondere Akzentuierung, daß der Zwang zur möglichst schnellen Verarbeitung des Zuckerrohrs wegen des rapiden Verlusts des Zuckerrohrs an Zuckergehalt durch seine Lagerung zur technischen Integration des Produktionsprozesses des agroindustriellen Zuckerkomplexes unter Leitung der kapitalintensiven und riesigen Zuckerfabriken führte[229]. Mittels der Lieferverträge kontrollierten die Zentralen faktisch den landwirtschaftlichen Teil der Zuckerproduktion. Dies und die häufig monopolistische Position - im wörtlichen Sinn - der Zuckerfabriken gestaltete die Verhandlungsposition von colonos und Zentralen trotz staatlicher Regulierungsmaßnahmen strukturell asymmetrisch. Die Zuckermühlen bestimmten letztendlich Wahl des Anbauprodukts, Zeitpunkt, Menge und innerhalb staatlich gesetzter Grenzen zum

Teil den Preis des zu liefernden Zuckerrohrs. In dieser Hinsicht bestand auch kein Unterschied zwischen colono-Pächtern und -Eigentümern; der rechtliche Unterschied verlor unter dem Druck der realen Produktionsverhältnisse an Bedeutung:"Trotz der großen Zahl relativ kleiner colonos wurde die Produktion zum großen Teil durch die Zentralen kontrolliert. Dies trifft zu, gleichgültig ob der colono Pächter des im Mühlenbesitz befindlichen Landes oder Grundeigentümer ist. Selbst der unabhängige colono, der sein Land besitzt, ist von der Zentrale abhängig, die das Zuckerrohr auf eigenen Eisenbahnen zur Mühle transportiert, das Zuckerrohr zu Zucker verarbeitet und ihm in der Regel Geld leiht, damit er seine Ernte einbringen kann."[230] Bei den sharecroppers war diese Abhängigkeit noch weiter ausgeprägt, da hier die Großgrundbesitzer neben dem Boden noch andere Produktionsvoraussetzungen stellten. Die Halbpächter unterschieden sich in dieser Beziehung nicht vom Proletariat, da sie nur ihre Arbeitskraft zur Verfügung stellten. Im Gegensatz zu den Landarbeitern bearbeiteten sie den Boden jedoch nicht kollektiv, sondern individuell. Die Gemeinsamkeit zwischen diesen beiden Klassen bestand im Gegensatz zu den Plantagenherren, war also negativer Art, während die Ideologie, Aktionsformen und besonders die Vorstellungen über die möglichen Alternativen durch die unterschiedliche Produktionsweise geprägt wurden.

Allgemein verschärft wurde die Abhängigkeit der Kleinbauern und Kleinpächter durch ihre ausgeprägte Spezialisierung auf ein kommerzielles Anbauprodukt (nicht nur bei Zuckerrohr), den entsprechend hohen Grad der Integration in die Geld- und Marktwirtschaft und die geringe Bedeutung der Produktion für die eigene Subsistenz. Die Vermarktung ihrer Produkte war für die spezialisierten Bauern kein zusätzliches Einkommen zur Selbstversorgung, sondern einfach notwendig, um sich auf dem Markt mit Subsistenzprodukten zu versorgen; nach einer Schätzung verausgabten die Bauern 41 % ihres Einkommens für Nahrungsmittel[231]. Aus Tabelle 5.27 ist ersichtlich, daß viele landwirtschaftliche Betriebe in den meisten kubanischen Kulturen zwischen 61,4 % (Gemüse) und 86,6 % (Zuckerrohr) ihres

Einkommens aus dem Verkauf ihres Hauptprodukts bezogen. Am fortgeschrittensten war die Spezialisierung der Zuckerrohr- und Viehzuchtbetriebe. Im Zuckersektor wurde diese Spezialisierung durch Verträge, die den Anbau anderer Produkte einschränkten, forciert[232]. Innerhalb der Rinderzucht war die Arbeitsteilung soweit entwickelt, daß sich drei Gruppen von Viehzüchtern herausgebildet hatten, die sich auf verschiedene Phasen der Aufzucht spezialisiert hatten. Dieser technischen Arbeitsteilung entsprachen in ungefähr drei soziale Schichten. Die Kleinbetriebe (weniger als 50 Tiere) betrieben die risikoreiche Aufzucht bis zum 6. Monat; danach übernahmen die Mittelbetriebe die Weiterzucht und die Großzüchter mästeten die Rinder zum Schlachten. Aufgrund ihrer Monopolstellung konnten die großen Viehzüchter die Schlachtviehproduktion künstlich verknappen. Der Umfang der Rinderherden sank von 5 Mio Stück 1940 auf 4 Mio Stück 1952, während die Preise gleichzeitig von 14 centavos auf 40 - 50 centavos pro Pfund Rindfleisch stiegen[233].

Tabelle 5.27: Spezialisierung der Agrarbetriebe: Haupteinkommensquelle nach Anbauprodukten 1945

Hauptquelle des landwirtschaftlichen Einkommens	Gesamteinkommen $	Einkommen durch Hauptprodukt %	Zahl der Betriebe	Anteil an allen Betrieben %
Zuckerrohr	153.345.413	86,6	29.121	18,2
Viehzucht und -produkte	68.220.720	82,0	28.836	18,0
Tabak	40.755.323	75,9	22.750	14,2
Getreide und Hülsenfrüchte	21.272.941	63,8	26.828	16,8
Gemüse	16.436.010	61,4	16.969	10,6
Kaffee	10.472.608	75,6	9.331	5,8
Obst	4.137.084	70,6	4.758	3,0
Waldprodukte	1.608.372	79,3	857	0,6
Andere Produkte[a]	15.386.771	73,9	11.394	7,1
Kein Einkommen			9.114	5,7
Insgesamt	331.885.242	-	159.958	100,0

Quelle: IBRD 1951, S. 89, Tab.17 (zusammengestellt aus dem Agrarzensus von 1946)

a) u.a. Kakao, Henequen, Erdnüsse, Melonen, Pfirsiche, Bananen, Pisang

Eine Konsequenz dieser Spezialisierung der landwirtschaftlichen Betriebe war, daß die unbedeutende Subsistenzlandwirtschaft nur in geringem Umfang als Auffangbecken im Falle von Wirtschaftskrisen dienen konnte. Außerdem bedeutete die betriebliche Spezialisierung wegen des meist saisonalen Charakters der Agrarproduktion Arbeitslosigkeit außerhalb der Aussaat- und Erntezeit, wohingegen während der Ernte meist alle Familienmitglieder und zum Teil noch zusätzliche Tagelöhner gebraucht wurden.

5.3.4. Die Grenzen einer korporatistischen Agrarreform

Die Bedeutung der selbst für Lateinamerika außerordentlichen Konzentration des Grundbesitzes und des großen Teils der Pächter unter den Bauern ist zum Teil abhängig von der Beurteilung der staatlichen Agrargesetze zum Schutz der Pächter und Landarbeiter. Deren Einschätzung ist in der Literatur überaus kontrovers. Teilweise werden sie gar nicht erwähnt oder nur am Rande[234], wohl meist auf dem Hintergrund der impliziten Annahme ihres geringen Gewichts, oder sie werden überbetont, ohne daß ihre Grenzen adäquat herausgearbeitet werden[235]. Meine These ist, daß die Agrargesetzgebung seit 1937 als Konsequenz der Krise der Zuckerindustrie (ab 1925) und des Drucks der populistischen Massenbewegung der Landarbeiter und Bauern durch redistributionspolitische Maßnahmen und Teilmodernisierungen die soziale Lage der ländlichen Unterklassen partiell verbessert hat oder zumindest den Prozeß der Verdrängung und Proletarisierung der Kleinbauern verlangsamte[236]; jedoch wurden Ausbeutung, Abhängigkeit, Armut und Existenzunsicherheit großer Teile der Kleinbauern und Pächter nur gemildert, nicht beseitigt. Das konnte eine staatliche Teilmodernisierungs- und zaghafte Redistributionspolitik auch nicht leisten; dazu hätte es vielmehr einer institutionellen Agrarreform[237] bedurft, weil die ökonomischen Defekte institutionelle Ursachen hatten. Weder wurde das Latifundium zerstört, noch die Pächterplantagenwirtschaft; die politische Macht der Großgrundbesitzer,

Eckpfeiler der Exportgruppe, blieb nicht unberührt, doch dominant; die Versuche zur landwirtschaftlichen Diversifizierung hielten sich in engen Grenzen und veränderten die Zuckermonokultur nur marginal; ebensowenig entstand eine breite ländliche Mittelklasse, prosperierende Eigentümerbauern oder eine mittlere Agrarbourgeoisie, die die sozialen Antagonismen auf dem Lande als Zwischenschichten hätten mildern und soziale Träger einer modernen und diversifizierten Landwirtschaft hätten sein können. Einige der als Mittel politischer Pazifizierung gedachten Agrargesetze waren ökonomisch sogar konterproduktiv, da sie als 'disincentive' z.B. von Modernisierungsinvestitionen der großen colonos wirkten, ohne daß dies durch eine relevante Steigerung des Akkumulationspotentials der Klein- und Pachtbauern kompensiert worden wäre. Gleichzeitig wurden jedoch politische Ziele und soziale Interessen (Zerstörung des Lantifundiums und Umverteilung von Grundbesitz, die Organisation der ländlichen Massen, der Anspruch auf eine angemessene und sichere Existenz), Institutionen und Verfahrensweisen (ausgedehnte staatliche Regulation von Produktion und Verteilung) offiziell als legitim anerkannt, die die spätere Agrarreform in gewisser Weise vorbereiteten[238]. Die wichtigsten vorrevolutionären Agrargesetze waren das 'Zuckerkoordinationsgesetz' von 1937, einige Bestimmungen der Verfassung von 1940, das 'Pacht- und Teilpachtgesetz' von 1948 und das Gesetzesdekret Nr. 247 1952 unter Batista.

Das Zuckerkoordinationsgesetz[239] regelte die Beziehungen zwischen Zuckermühlen und colonos, garantierte den colonos einen sicheren Markt und den colono-Pächtern das Recht auf Permanenz. In Fortführung der seit dem Verdaja-Gesetz (1927) begonnenen restriktiven Zuckerpolitik, die das Ziel verfolgte, die Produktion einzuschränken, um die Preise hochzuhalten, wurde jedem Produzenten eine Quote zugeteilt, die sich nach Umfang und Ertrag der letzten Ernte richtete. Kleinen Erzeugern wurde eine Mindestquote von mindestens 30.000 arrobas (345 t) zugestanden. Diese Mindestquote wurde 1953 von Batista auf 40.000 arrobas (460 t) erhöht. Die Grundrente für das Land der

Zentralen durfte 6 % nicht überschreiten; später wurde diese Höchstgrenze auf 5 % gesenkt. Der Anteil der colonos am Endprodukt wurde an den Zuckerertrag und Zuckerpreis gebunden und auf 46 - 48 % des Umsatzes fixiert. 1953 wurde dieser Anteil auf 49 - 50 % erhöht und die colonos zusätzlich am Umsatz der Melasse beteiligt. Der wohl wichtigste Effekt dieses Gesetzes war, daß die colonos das Recht zur permanenten Bebauung des Landes erhielten, falls sie ihre Quote rechtzeitig ablieferten und ihre Pacht pünktlich zahlten; die colonos erreichten also eine gewisse Existenzsicherheit. Gleichzeitig wurden den Landarbeitern Mindestlöhne zugestanden und die Zentralen verpflichtet, während der sog. "toten Zeit" (tiempo muerte) die gleichen Löhne zu zahlen wie während der Zuckerrohrernte, so daß die Löhne für andere landwirtschaftliche Tätigkeiten an den produktivsten Sektor gebunden wurden; ein weiterer Faktor, der der Diversifizierung entgegenwirkte.

Die Verfassung von 1940 ratifizierte das Zuckerkoordinationsgesetz und setzte die Tendenz sozialpolitischer Reformen fort. Das Latifundium wurde verboten und die zukünftigen Gesetzgeber beauftragt, die maximal legitime Fläche zu bestimmen und Maßnahmen zur Einschränkung des ausländischen Grundbesitzes zu treffen. Dieser Verfassungsauftrag wurde jedoch erst 1959 eingelöst. Außerdem sah die von Batista mit der Unterstützung der KP durchgesetzte Verfassung weitere soziale Reformen vor: das Recht auf Arbeit, den 8-Stundentag, Mindestlöhne, bezahlten Urlaub, Unfall-, Kranken- und Rentenversicherung, das Recht zur Bildung von Verbänden und zu freien, kollektiven Verhandlungen[240]. Die erste Regierungszeit Batistas (inoffiziell bis 1940, als Präsident 1940-44) folgte dem klassischen Schema der Politik von Zuckerbrot und Peitsche: Repression der revolutionären Organisationen und Bewegungen einerseits - besonders bis zur Wiedereinführung freier Wahlen und Legalisierung aller verbotenen Parteien 1940 - und ökonomische Konzessionen an die anschwellende Massenbewegung der städtischen und ländlichen Unterklassen andererseits. Die erste Regierungsperiode Batistas läßt sich daher vielleicht am besten als paternalistische, autoritäre Variante des Populismus charakterisieren[241].

1946 erkämpfte die Gewerkschaft der Zuckerarbeiter die Beteiligung der Arbeiter an den Einnahmen aufgrund steigender Zucker-Preise, den sogenannten Zuckerdifferentialbonus, der faktisch auf eine staatlich organisierte Einkommensumverteilung zugunsten der Zuckerarbeiter auf Kosten der Zentralen und colonos hinauslief[242]. Das Landpacht- und Teilpachtgesetz von 1948 dehnte einige Errungenschaften der Zuckerrohrbauern auf alle Pächter, mit Ausnahme der precaristas, aus[243]. Zwar wurde kein Permanenzrecht analog dem der colonos eingeführt, doch wurde die Mindestvertragsdauer auf 6 Jahre für Viehzüchter, Tabak-, Reis-, Kakao- und Bohnenbauern und auf 3 Jahre für Obst-, Korn- und Gemüsebauern festgesetzt. Die maximale Pachtrate wurde auf 5 % unter 67 ha und 6 % darüber fixiert. Die rechtliche Bestimmung, das brachliegendes Land vom Eigentümer verpachtet werden mußte, wurde nie durchgesetzt. Weiterhin durften Pächter für Investitionen der Grundherren jährlich nur um 5 % zusätzlich belastet werden. Dadurch wurden, ähnlich wie bei den Zuckerrohrquoten, zwar die Pächter geschützt, gleichzeitig aber auch Innovationen behindert. Entgegengesetzt wirkten die sogenannten 'Aktionsrechte', d.h. Entschädigungen der Pächter für getätigte Innovationen und Investitionen (z.B. für vom Pächter gepflanzte langjährige Zuckerrohrwurzeln usw.).

Neben der staatlichen Regulierung der Beziehungen zwischen Großgrundbesitzern und Pächtern und Landarbeitern wurden noch einige neue Kreditinstitute und staatliche Institutionen zur Organisation der Vermarktung wichtiger Agrarexportprodukte (u.a. für Zucker und Kaffee) geschaffen[244]. Die neuen Kreditinstitutionen brachten aber keine wesentlichen strukturellen Veränderungen, weil sie weiterhin den Zuckersektor bevorzugten, der Anteil der Landwirtschaft an den Krediten minimal war[245], und die Kleinbauern und Pächter weiterhin kaum Zugang zu den Krediten hatten.

Eine Agrarreform im Sinne der Umverteilung von Landbesitz hat es in Kuba vor 1959 in nennenswertem Umfang nicht gegeben. Zwischen 1937 und 1953 wurden nur 0,2 % des 1937 zur Verteilung an Pächter bestimmten Staatslandes an 1.815 Bauern verteilt[246].

Die kubanische Agrarpolitik zwischen 1933 und 1958 bestand also wesentlich in Teilmodernisierungsreformen, korporatistischen redistributionspolitischen Maßnahmen und nicht-strukturellen institutionellen Veränderungen. Die zentralen landwirtschaftlichen Institutionen, das Latifundium, die kapitalistischen Großplantagen, das weitverbreitete Pachtsystem blieben unberührt. Insofern handelte es sich um eine inkrementelle, nicht strukturelle oder, in Beckfords Terminologie, um eine embryonäre Form einer integralen Agrarreform, keine institutionelle Agrarreform. Damit blieb der Widerspruch zwischen der im Rahmen der politisch-sozialen Bündnisstruktur des status quo begründeten, latifundistischen Agrarstruktur und der für das Wachstum des abhängigen Industriekapitalismus notwendigen Ausdehnung des Agrarmarkts bestehen[247].

Das Hauptdefizit der vorrevolutionären Agrargesetze war, daß sie die politische und soziale Macht der Großgrundbesitzer und des Plantagenkapitals nicht prinzipiell in Frage stellten, trotz der Konzessionen aufgrund des zunehmenden Organisationsgrades und Drucks der Bauern und Landarbeiter. Die Plantagenbesitzer und das mit ihnen assoziierte Handels-, Bank- und Wucherkapital, deren weitere Expansion nach 1925 mehr durch die Stagnation des Zuckersektors als durch politische Maßnahmen gebremst wurde, verfügten weiterhin über genügend politische Macht, um Reformen, die ihren fundamentalen Interessen zuwiderliegen, zu verhindern, zu unterlaufen oder zu konterkarieren. Ein guter Indikator für die ungebrochene Machtposition der Latifundisten war, daß brachliegendes Land überhaupt nicht und anderes Land vom Zentralstaat nur mit 2 % (neben einer Kommunalsteuer von weniger als 10 %) besteuert wurde[248]. Einige Reformen scheiterten an der Macht der Großgrundbesitzer oder blieben wegen sozioökonomischer Tendenzen unwirksam. Z.B. blieben die durchschnittlichen Jahreseinkommen der colonos und Landarbeiter trotz der Erhöhung des Anteils der colonos am Ertrag und dem Anheben der Mindestlöhne wegen der Verkürzung der Zuckerrohrernte konstant. Der Zuckerdifferentialbonus war in den letzten Jahren vor der Revolution einfach nicht mehr bezahlt worden[249]. Obwohl Unterpacht verboten war, fielen 1946

4,4 % aller Agrarbetriebe in diese Kategorie (vgl.Tabelle 5.23) und dies war auch danach noch eine verbreitete Erscheinung, besonders in der Nähe der großen Konsumzentren. Obwohl gesetzlich verordnet war, daß Pachtverträge schriftlich abgefaßt sein mußten, hatten nach einer Feldstudie von 1952 nur 1/3 der befragten Pächter einen schriftlichen Vertrag[250]. Häufig mußten Pächter eine höhere Pachtrate als die gesetzlich fixierten 5 - 6 % bezahlen, indem Grundbesitzer Verkäufe fingierten und so den Boden verteuerten. Einige Kaffeebauern in Oriente mußten bis zu 40 % ihres Erntewerts als Pacht zahlen[251]. Auch das Gesetz zur Entschädigung der Pächter für Investitionen wurde öfter unterlaufen. Z.B. kam es in Oriente häufiger vor, daß Pächter ein Stück Land urbar machten, Kaffeebäumchen pflanzten, zwei oder drei Jahre ernteten und dann das Land mit den Kaffeebäumen wieder an die Grundbesitzer abgeben mußten[252].

Das Problem der Pachtsicherheit wurde jedoch noch am weitestgehenden gelöst, besonders für die Zuckerrohrbauern[253]. Die im Agrarzensus von 1946 dokumentierte Mobilität vieler kubanischer Bauern (s.o.) deutet jedoch auf die bleibende Virulenz dieses Problems in anderen Agrarsektoren hin[254]. Nachdem auch die legalen Pächter außerhalb des Zuckersektors 1952 das Permanenzrecht erreicht hatten, ging die Rate der Vertreibungen zurück, ohne ganz bedeutungslos zu werden. Aber auch die totale Lösung des Problems der Pachtsicherheit hätte die Ausbeutung und Abhängigkeit der kleinen und mittleren Pächter nicht strukturell geändert, weil, wie wir gesehen haben, die Ursache dieser Ausbeutung, die Quasimonopolisierung knapper natürlicher (Boden) und ökonomischer Ressourcen (Kapital, Kredit, Arbeitskräfte, Importkapazität und infrastrukturelle Investitionen) und wirtschaftlicher Aktivitäten (Transport, Verarbeitung, Vermarktung) durch die Mühlen- und Großgrundbesitzer und das meist unmittelbar assoziierte Handels- und Wucherkapital[255] nicht beseitigt wurde.[255]

Die staatliche Kontrolle der Zuckerproduktion und der Schutz der kleineren, ineffizienteren Produzenten des Zuckersektors und der colonos gegenüber den Zentralen blockierten im Rahmen der gegebenen Produktionsverhältnisse die Entwicklung der Produktivkräfte, besonders in der Landwirtschaft, da sie als 'disincentive' für kostensenkende Modernisierungsinvestitionen wirkten[256]. Die Mindestquoten für die kleinsten colonos schützte die ineffizienteren landwirtschaftlichen Produzenten vor dem Bankrott und brachte modernisierungswillige Zuckerrohrbauern um einen Teil des wirtschaftlichen Gewinns von Investitionen zur Steigerung der Produktivität. Da die Quoten für die Zuckerrohrbauern als Zuckerrohrmenge und nicht als Anbaufläche fixiert wurden, gab es keinen Anreiz zur Steigerung der Flächenproduktivität. Ökonomisch noch widersinniger war, daß das Einkommen der colonos mit steigendem industriellen Zuckerertrag abnahm. Mühlen, die mehr als 12 t Zucker pro 100 t Zuckerrohr erhielten, mußten die colonos mit 47 % am Ertrag beteiligen, die Zentralen mit einem geringeren Zuckerertrag dagegen nur mit 46 %. Diese Regelung war im Rahmen eines primär über den Markt gesteuerten Wirtschaftssystems für die Zuckerindustrie ein Anreiz, neue Technologien einzuführen, um den industriellen Zuckerertrag zu steigern, während es für die Landwirte einträglicher war, den Zuckergehalt des Zuckerrohres unter 12 % zu halten. Der Gegensatz von rückständiger Landwirtschaft und moderner Industrie wurde so tendenziell verschärft, nicht abgebaut. In der Zuckerindustrie wurden ebenfalls seit 1927 Quoten für die einzelnen Mühlen festgelegt, wodurch die kleineren kubanischen Mühlen gegen die Konkurrenz der größeren, zu niedrigeren Kosten produzierenden US-Zentralen abgesichert wurden, die wegen ihrer hohen Produktivität und Rentabilität weder ein Interesse an nationalen noch an internationalen staatlichen Reglementierungen hatten[257]. Auch hier war die Konsequenz technologische Stagnation: "die Konsolidierung der Zuckerindustrie in größeren Produktionseinheiten, die die moderne Technologie wünschenswert macht"[258], wurde gestoppt. Erst der Abbau der sozialen Interessengegensätze durch Nationalisierung, Verstaatlichung und Agrarreform ermöglichte die vorrangige Modernisierung der Zuckerrohrlandwirtschaft und verhalf der Tendenz zur Reduzierung der technologischen Heterogenität in der Zuckerindustrie zum Durchbruch.

5.3.5. Die Entwicklung der Produktivkräfte in der Landwirtschaft: allgemeine marktkonforme Rückständigkeit trotz erster Ansätze zur Modernisierung

Im Gegensatz zur Zuckerindustrie machte die Zuckerrohrlandwirtschaft und die kubanische Landwirtschaft im allgemeinen kaum Fortschritte. Im allgemeinen wurde weiterhin eine extensive und arbeitsintensive Landwirtschaft betrieben. Dies entsprach durchaus der Marktkonstellation der Produktionsfaktoren im Kontext der latifundistischen Grundbesitzverhältnisse und den, allerdings in zweifacher Weise (s.u.) abnehmenden natürlichen komparativen Kostenvorteilen der kubanischen Zuckerindustrie. Daneben existierten jedoch kleine Inseln moderner Landwirtschaft (z.B. im Reisanbau). Im Gegensatz zu einer häufigen Annahme gab es auch in der Zuckerrohrlandwirtschaft Ansätze einer wissenschaftlichen Agrikultur; z.B. war wenigstens mit unterschiedlichen Arten Zuckerrohr experimentiert worden. In der Nähe der Städte wurden Nahrungsmittelanbau und Viehzucht meist auch intensiver als in anderen Regionen betrieben. Wenn es daher richtig ist, die vorherrschenden Agrikultur und Viehzucht in Kuba als archaisch, extensiv und arbeitsintensiv zu charakterisieren, galt dies jedoch nur mit der Ausnahme einiger Regionen und Kulturen, in denen nach 1945 eine moderne intensive Landwirtschaft entstand - im Gegensatz zu einigen afrikanischen Ländern aber nicht auf den großen Plantagen, sondern eher in einigen Familienbetrieben und kapitalistischen Betrieben mittlerer Größe. Es folgt ein knapper Überblick über das Entwicklungsniveau der Produktivkräfte in der Landwirtschaft, zuerst der Mechanisierung, dann der Intensivierung.

Mechanisierung

Der allgemeine Grad der Mechanisierung der kubanischen Landwirtschaft war gering. Nur 4 % der landwirtschaftlichen Arbeit war Arbeit mit Maschinen, der Rest reine Handarbeit oder Arbeit mit Zugtieren[259]. Im Durchschnitt kam auf 260 ha ein Traktor im Vergleich zu einer Relation 1 zu 20 bis 30 ha in den Zentren. Die Gründe für diese geringe Mechanisierung waren

auf den kapitalistischen Großplantagen die Verfügbarkeit billiger Arbeitskräfte und der Widerstand der Landarbeiter gegen ihre Wegrationalisierung angesichts der Arbeitslosigkeit und fehlender alternativer Beschäftigungsmöglichkeiten. Als während des ersten Zuckerbooms das interne Angebot an Arbeitskräften nicht ausreichte, wurden mehr als 200.000 ausländische Arbeiter für die Zuckerrohrlandwirtschaft importiert; ab 1929 existierte immer strukturelle Arbeitslosigkeit. Die intensivsten - allerdings erfolglosen - Anstrengungen zur Entwicklung von Zuckerrohrerntemaschinen wurden um 1920 unternommen, als Plantagenarbeiter vorübergehend knapp und teurer geworden waren[260].
Die Minifundien verfügten meist nicht über genügend Eigenkapital oder ausreichende Kredite. Außerdem war der Einsatz vieler teurer Maschinen auf ihnen unökonomisch. Daher bestand, allerdings nach einer Untersuchung von 1942, "die Ausrüstung der meisten kleinen Agrarbetriebe aus einem zweirädrigen Ochsenkarren, einem Pflug, einer Egge, Hacken, einer Axt und einer Machete. Gepflanzt wurde gewöhnlich mit der Hand; das Kultivieren bestand hauptsächlich im Hacken; und die Ernte wurde in allen Kulturen mit der Hand eingebracht. Nur einige wenige Großbetriebe hatten Traktoren, Sämaschinen, Binder, Dreschmaschinen und Lastwagen"[261]. Tabelle 5.28 zeigt jedoch, daß die Zahl der eingesetzten Traktoren ab 1945 erheblich zunahm - allerdings kaum auf den Minifundien.

Tabelle 5.28: Zahl der importierten und benutzten Traktoren 1945-54

Jahr	Zahl der Traktoren Import/Jahr	in Gebrauch
1945	224	1.200
1946	800	1.900
1947	1.769	3.500
1948	1.941	5.300
1949	1.629	6.800
1950	2.492	8.500
1951	3.419	11.000
1952	1.835	12.000
1953	1.167	12.500
1954	1.218	13.000

Quelle: Investment 1956, S. 33

Die beginnende Motorisierung und Mechanisierung war jedoch stark auf die Zuckerrohrlandwirtschaft und den Reisanbau konzentriert. Ab 1945 begann eine technologische Revolution in der Zuckerrohrlandwirtschaft. In der Landvorbereitung wurden jetzt z.T. Traktoren mit Scheibenpflügen und Kultivatoren eingesetzt,beim Transport Lastwagen und Traktoren mit Gummiwagen statt Ochsenkarren. Ausgespart blieben dagegen das Pflanzen des Zuckerrohrs und das arbeitsintensive und gesamtwirtschaftlich strategische Schneiden und Verladen während der Ernte[262]. Am weitesten fortgeschritten war die Mechanisierung im Reisanbau, in dem kapitalistische Unternehmen mittlerer Größe überwogen, wo 60 % der Anbaufläche ganz mechanisiert und weitere 30 % halbmechanisiert bearbeitet wurden. Von den 10.600 1954 gezählten Traktoren wurden 8.500 in der Reiskultur eingesetzt. Die Mechanisierung der anderen Kulturen wurde 1955 folgendermaßen geschätzt: Landvorbereitung 40 %, Kultivieren 15 %, während die Ernte fast überhaupt nicht mechanisiert war.

Das allgemein geringe Niveau der Mechanisierung schränkte den Markt für landwirtschaftliche Maschinen erheblich ein, so daß von der Landwirtschaft wenige Impulse für den Aufbau der für die Entwicklung strategischen Landmaschinenindustrie und eines weitverzweigten Netzes spezialisierter Reparaturwerkstätten ausgingen. In Kuba hergestellt wurden allein wenig komplexe und schwere Ausrüstungen wie Pflüge und Kultivatoren - von den letzteren ca. ganze 50 pro Jahr[263]-, während alle anderen Landmaschinen importiert wurden. Die kubanische Landmaschinenindustrie war also nicht nur quantitativ von minimaler Bedeutung; wichtiger war, daß ihre Kapazität zur Entwicklung und Produktion technologisch komplexer und ökologisch angepaßter Ausrüstungen gleich Null war.

Intensivierung

Ein erster Indikator für die geringe Entwicklung der landwirtschaftlichen Produktivkräfte war die Tatsache, daß die letzte wissenschaftliche Bodenuntersuchung vor der Revolution 1928 stattgefunden hatte. Die Bodenerosion aufgrund des Raubbaus an den Waldbeständen und des Auslaugens des Bodens durch zum Teil jahrhundertelangen Anbau von Zuckerrohr sowie mangels Terrassierung und anderer Schutzmaßnahmen gefährdete selbst die Erhaltung der Fruchtbarkeit des Bodens. Die Flächenproduktivität der Zuckerrohrlandwirtschaft war seit Mitte des 19. Jahrhunderts erheblich gesunken. Bis 1945 war der Gebrauch von Düngemitteln auf einige Kulturen, in erster Linie den intensiv betriebenen Tabakanbau beschränkt[264]. 1946 verwendeten nur 12 % aller Betriebe Düngemittel und nur 145.000 ha, d.h. 7,4, % der kultivierten Fläche wurden gedüngt. Die Praxis des Düngens war wiederum auf einige wenige Kulturen beschränkt: allein über 80 % der Düngemittel wurden für Zucker, Tabak, Ananas und Kartoffeln verwendet. Ab ca. 1945 nahm der Düngemittelverbrauch als Folge des Wachstums der Reisproduktion und des sporadischen Gebrauchs auf den fortgeschritteneren Zuckerrohrplantagen - allerdings nicht linear - zu. Zwischen 1950 und 1958 wurden mehrere, meist kleinere Kunstdüngerfabriken gebaut; 1958 waren es insgesamt 20. Diese stellten allerdings nicht selber Kunstdünger her, sondern waren Betriebe der letzten Verarbeitungsstufe: sie mischten den aus den USA importierten Kunstdünger und packten ihn ab.

Angesichts der ausgedehnten Trockenzeit ist eine saisonale Bewässerung notwendig[265]. Trotzdem existierten vor der Revolution, mit einigen Ausnahmen bei Reis, Tomaten, Kartoffeln und Zitronenfrüchten, kaum Bewässerungsanlagen; 1946 wurden nur 4 % der Betriebe und nur 3 % der kultivierten Fläche bewässert. Bis 1958 erhöhte sich der Anteil an der kultivierten Fläche auf 9 % in erster Linie als Folge des sprunghaften Anstiegs der Reisproduktion nach 1950. Die Bewässerungsanlagen waren auf einige Regionen und auf wenige Kulturen konzentriert. Die vorhandenen Bewässerungssysteme verteilten sich wie folgt auf die einzelnen Kulturen: Zucker 43 %, Tabak 18 %, Reis 10 %, Tomaten 10 %, Orangen 4 % und die restlichen 15 % verteilten sich auf andere Produkte. Kleinere Betriebe gebrauchten häufiger Bewässerungssysteme als große: 75 % der Betriebe mit Bewässerung waren kleiner als 25 ha. 50 % der bewässerten Betriebe wurden durch sharecroppers bewirtschaftet und über 3/4 durch sharecroppers und Pächter.

Vielleicht das wichtigste Hindernis beim Übergang von einer primitiven zu einer wissenschaftlichen und intensiven Agrikultur bestand im Mangel an Agronomen und Agrartechnikern und den entsprechenden Institutionen zu ihrer Ausbildung, der unzureichenden agronomischen Forschung und dem allgemein niedrigen Bildungs- und Qualifikationsniveau der ländlichen Bevölkerung[266]. Die gesamten Merkmale der Qualifikationsstruktur der landwirtschaftlichen Arbeitskräfte waren primär die Konsequenzen der vorherrschenden Produktionsweise der Zuckerrohrplantagen, deren Bedarf an qualifizierten Arbeitskräften gering war.

An der Universität von Havanna existierte zwar ein Institut für Agronomie, aber auf die gesamte agronomische Forschung und Ausbildung entfielen ganze 4 % des Universitätsbudgets. Daher gab es 1952 nur 295 Agronomen und 350 Tierärzte. Von den Agroingenieuren waren jedoch nur ca. 30, also 10 % in der Landwirtschaft tätig, die anderen hatten lukrativere Tätigkeiten in den Städten vorgezogen. Im gleichen Jahr arbeiteten dagegen auf Kuba 7.000 Advokaten. Zu diesen quantitativen kamen qualitative Mängel: Es wurde zu wenig Agrarforschung betrieben, und die Universität verfügte über keine ausreichenden Medien, um die neuesten agronomischen Kenntnisse zu verbreiten. Die drei vorhandenen Experimentierstationen arbeiteten wegen finanzieller Engpässe und politischer Einmischung trotz qualifizierten Personals nur ineffektiv. Neben dem agronomischen Institut in Havanna existierte in jeder der sechs Provinzen eine Landwirtschaftsschule, die Schüler nach dem Abschluß der 5. Klasse zu Agrartechnikern (mittleren und unteren Angestellten) ausbildeten, deren Kapazitäten jedoch begrenzt (höchstens 100 Schüler pro Schule) waren. Ein noch größeres Defizit war der Mangel an allgemeinen Bildungseinrichtungen auf dem Lande. Während 1953 "nur" 23,6 % der gesamten kubanischen schreib- und lesefähigen Bevölkerung Analphabeten waren, betrug diese Quote auf dem Lande 43 %. 44,1 % der Landbevölkerung hatten nie eine Schule besucht. Trotzdem war der Prozentsatz derjenigen, die im schulpflichtigen Alter (6 - 14 Jahre) die Schule besuchten, von 35,4 % 1919 auf 55,6 % 1953 gestiegen[267].

Die vorherrschende Tätigkeit des die Machete schwingenden Zuckerrohrschneiders erfordert zwar körperliches Geschick, Kraft und Ausdauer, aber keine weiteren Qualifikationen, die für die vielfältigen Tätigkeiten einer diversifizierten und intensiven Agrikultur jedoch erforderlich sind.

Die wichtigste Konsequenz des niedrigen technischen Niveaus der größten Teile der kubanischen Landwirtschaft war eine Produktivität pro ha, die meist unter ihrem Optimum lag. Obwohl die natürlichen Bedingungen für den Anbau von Zuckerrohr (Boden, Klima) günstig waren, lag Kuba, gemessen am Zuckerrohrertrag pro ha international weit zurück (vgl. Tabelle 5.29).

Tabelle 5.29: Zuckerrohr- und Rohzuckerertrag pro ha wichtiger Zuckerrohr- und Zuckerrübenproduzenten 1958-59

Land	Zuckerrohr/ha[1,c] m.t.	Rohzucker/ha[2] m.t.	
Indonesien	91,34	11,7	(Ro)[a]
Hawai	205,53	10,6	(Ro)
Taiwan	70,34	7,5	(Ro)
Australien[d]	62,47	7,4	(Ro)
Südafrikanische Union[d]	70,01	7,1	(Ro)
Mauritius	60,81	7,1	(Ro)
Holland		7,0	(Ro)
Puerto Rico	60,66	6,8	(Ro)
Belgien		6,5	(Rü)[b]
Schweiz		6,5	(Rü)
BRD		6,3	(Rü)
USA		6,0	(Rü)
Dänemark		5,7	(Rü)
Österreich		5,3	(Rü)
Schweden		5,1	(Rü)
Frankreich		4,8	(Rü)
Großbritannien		4,6	(Rü)
Kuba[d]	39,17	4,5	(Ro)
Italien		4,3	(Rü)
USA	52,65	4,3	(Ro)

Quellen: 1) FAO, The World Sugar Economy in Figures, 1880 - 1950, Rom 1961
2) Instituto Cubano de Estabilización del Azúcar, 1960, hier nach Chonchol 1963, S. 80, Tab.6

a) Ro = Rohrzucker
b) Rü = Rübenzucker
c) 1944 - 1958-59 (Durchschnitt)
d) 1945-50 bis 1953-54 (Durchschnitt)

Das Ausmaß der vergeudeten Produktionsmöglichkeiten läßt sich gut am Beispiel der Viehzucht, nach Zuckerrohr der zweitwichtigste landwirtschaftliche Produktionszweig, zeigen. Der hauptlimitierende Faktor für die Steigerung der Produktion (Fleisch- und Milchwirtschaft) war die dürftige Ernährungsbasis der Rinderherden während der 5- bis 6-monatigen Trockenzeit (November bis Februar). Von den 4.500.000 ha Weidefläche waren 38,2 % natürliche Weiden, 49,4 % "künstliche" Weiden und der Rest (12,4 %) unbestimmt[268]. Aber auch auf den künstlichen Weiden war die "Rinderdichte" mit 1,2 Stück/ha gering, denn auch diese wurden kaum bewässert und gedüngt und nur selten wurde Futter für die Trockenzeit gemäht und gelagert. Eine intensive Nutzung der Weiden durch Bewässerung, Düngung, Lagerung von Futtermitteln für die Trockenzeit hätte nach Schätzungen des französischen Viehzuchtexperten Couléou die Produktivität der Viehzucht verdoppeln können: Unter diesen veränderten Bedingungen hätten Rinder von 1.200 Pfund Rohgewicht in 18 statt in 36 Monaten gezüchtet werden können[269].

Zu klären bleibt, warum die extensive Landwirtschaft zumindest bis zum Ende des 2. Weltkriegs kaum verändert wurde. In der Zuckerrohrlandwirtschaft, auf die ich mich beschränke, gab es dafür mehrere Hauptursachen: die Abhängigkeit und Ausbeutung der kleinen colonos, die relativ geringe landwirtschaftliche Bevölkerungsdichte[270] und die ausreichende Verfügbarkeit geeigneten Landes für die Latifundien, das geringe staatliche Interesse an Agrarforschung und -bildung, die staatliche Regulierung der Produktion durch die Vergabe von Zuckerrohrquoten und die vergleichsweise hohe natürliche Flächenproduktivität in der kubanischen Zuckerrohrlandwirtschaft. Dieser letzte Aspekt erscheint auf den ersten Blick angesichts der vorher ausgebreiteten Daten problematisch[271]. Ein erstes Argument für diese These ist, daß der Zuckergehalt pro ha in Relation zur landwirtschaftlichen Flächenproduktivität in Kuba vergleichsweise hoch war (vgl. Tabelle 5.29). Zu beachten ist aber vor allem, daß die kubanischen Erträge"nahezu ohne Bewässerung und Kunstdünger"erzielt worden sind."1948 wurden nur 5 % der Zuckerrohranbaufläche bewässert und nur ca. 15 % gedüngt". Berücksichtigt man diese Tatsache, dann "fällt der Vergleich der Erträge mit anderen Ländern günstig aus"[272].

Einige der genannten Faktoren wurden jedoch in den letzten 15 Jahren vor der Revolution allmählich brüchig, wodurch die Ansätze zur Intensivierung der Zuckerrohrlandwirtschaft in diesem Zeitraum zu erklären sind. Die natürlichen komparativen Kostenvorteile wurden sowohl durch die abnehmenden Zuckerrohrerträge in Kuba als auch durch die internationale Agrarrevolution in der Zuckerproduktion unterminiert. Die fallende Bodenfruchtbarkeit, so meine Hypothese, die noch einer genaueren Untersuchung bedürfte, war darauf zurückzuführen, daß die Latifundien zwar noch ausreichend und billige Agrarfläche monopolisierten, das Potential an jungfräulichem Boden, der für den Zuckerrohranbau in Frage kam, jedoch nahezu erschöpft war (vgl. dazu u.a. die Daten zur fast totalen Abholzung). Die Nutzung der fast 4 Mio ha natürlichen Weidelandes für den Zuckerrohranbau stieß auf natürliche Probleme (keine angemessene Bodenqualität) und den Widerstand der Viehzuchtlatifundien. Genügend Brachland für die natürliche Regeneration des Bodens stand auch den Großgrundbesitzern nicht zur Verfügung. International wurden die natürlichen komparativen Kostenvorteils Kubas durch verbesserte Anbaumethoden einiger Zuckerrohrproduzenten und vor allem in der Rübenzuckerlandwirtschaft der Zentren, deren Flächenerträge seit Anfang der 50er Jahre erheblich gestiegen waren (siehe dazu den Vergleich von Jamaika und England in Tabelle 11.35), untergraben. Beide Faktoren drängten auf eine Intensivierung der kubanischen Zuckerrohrlandwirtschaft, deren Möglichkeiten ihrerseits durch die Schranken der vorrevolutionären landwirtschaftlichen Produktionsverhältnisse, die unzureichende staatliche Unterstützung und die mangelhafte Produktionskapazität der nationalen Industrie zur Lieferung der notwendigen Inputs für die Modernisierung der Landwirtschaft begrenzt wurden.

5.3.6. Die Armut der ländlichen Massen und der Gegensatz von Stadt und Land

Nur wenige Monographien haben die sozialen und ökonomischen Lebensverhältnisse der kubanischen Landbevölkerung vor der Revolution genauer und in verläßlicher Weise studiert. Die erste war die Feldstudie, die L.Nelson 1945 in Zusammenarbeit mit der Regierung Kubas und der USA durchgeführt hat[273]; die zweite war eine 1957 durchgeführte empirische Erhebung der 'Agrupación Católica Universitaria'[274] (im folgenden abgekürzt als ACU). Die Befragung der ACU beruhte auf 1000 Interviews mit Landfamilien in 126 Gemeinden. Im Gegensatz zu einer weitverbreiteten Annahme war diese Untersuchung nicht repräsentativ für die gesamte Landbevölkerung; vielmehr wurden nur Tagelöhner in Gemeinden unter 150 Häusern befragt[275]. Aussagen über andere Gruppen der ländlichen Bevölkerung können auf der Grundlage dieser Erhebung nicht getroffen werden und sind daher im folgenden tentativer, da entsprechende Untersuchungen für diese für die 50er Jahre nicht vorliegen.

Beide Studien dokumentieren den in absoluten Begriffen und im Vergleich zum relativ hohen Pro-Kopf-Einkommen miserablen Lebensstandard der ländlichen Bevölkerung und die erheblichen Differenzen des Lebensstandards zwischen Stadt und Land, auch innerhalb der Volksklassen. Der Stadt-Landgegensatz überlagerte und komplizierte, neben anderen Faktoren (Differenzen zwischen Beschäftigten und Unbeschäftigten, zwischen dem nationalen und dem internationalen Sektor der Industrie, zwischen organisierten und unorganisierten Gruppen der Arbeiterbewegung, zwischen den unterschiedlichen Produktionsweisen auf dem Land usw.) den traditionellen Klassengegensatz, ohne ihn aufzuheben[276] Die kubanische Arbeiterklasse war nicht homogen, sondern fraktioniert und fragmentiert, obwohl sie im Zuckerproletariat ein relativ homogenes Rückgrat hatte. Der Gegensatz von Stadt und Land reproduzierte in gewisser Weise auf nationaler Ebene den internationalen Gegensatz von Zentrum und Peripherie; während US-Zeitungen "warben, 'Besuchen Sie Havanna, das Las Vegas der Karibik'", begann nach Ansicht eines kubanischen Beobachters "10 Kilometer außerhalb von Havanna die dritte Welt"[277]. Der Stadt-Landgegensatz umfaßte neben dem Lebensstandard auch andere soziale, politische und kulturelle Dimensionen; z.B. "wurden auf dem Lande die alten spanischen Sitten, der Sinn für Gastfreundschaft, persönliche und politische Ehre noch strikter beachtet; politisch waren in Kuba, im Gegensatz zu einer verbreiteten Erfahrung anderswo, die ländlichen Gebiete die radikalsten und liberalsten Teile des Landes; sie waren politisch idealistisch und am aktivsten."[278]

Das durchschnittliche Pro-Kopfeinkommen der kubanischen Bevölkerung war vor 1959 im Vergleich zu anderen lateinamerikanischen Staaten und Peripherienationen relativ hoch. Die Schätzungen variieren für 1953 zwischen 292 $ und 430 $ und für 1958 zwischen 348 $ und 521 $[279]. Das durchschnittliche Pro-Kopfeinkommen 1950-54 betrug 312 Pesos, das waren ca. 1/3 des der armen südöstlichen Staaten der USA. Selbst nach der relativ niedrigen Schätzung von 348 $ (CEPAL) lag Kuba damit immer noch an 4. Stelle in Lateinamerika, und nach den Schätzungen von Oshima entsprach das kubanische Pro-Kopfeinkommen dem damaligen der SU und Italiens. Im Vergleich zu dem der USA war es natürlich gering. Die Aussagekraft dieser Durchschnittszahl war in Kuba vielleicht noch geringer, fiktiver und irreführender als in anderen peripherisierten Ländern, weil das vorhandene Einkommen extrem ungleich verteilt war. Zwischen der Einkommenssituation des Nickelunternehmers, des Bauspekulanten von Havanna, des Zuckermühlenbesitzers, des Großgrundbesitzers und dem des unqualifizierten Bauarbeiters, des Arbeitslosen, des machetero, des Kleinpächters gab es keine Gemeinsamkeit. Der Unterschied des Einkommens zwischen der besitzenden und der ausgebeuteten Klasse war dabei erheblich größer als der zwischen den Fraktionen der beherrschten Klassen[280].

Nach der Untersuchung der ACU verdienten 50,64 % der befragten Tagelöhner weniger als 500 $ im Jahr, 41,2 % zwischen 500 und 1000 $ und nur 7,2 % zwischen 1000 und 1200 $. Da die befragten Familien aus durchschnittlich 6 Personen bestanden, und das durchschnittliche Familieneinkommen bei 548,75 $ lag, betrug das jährliche Pro-Kopfeinkommen der Landarbeiter 91,46 $ oder ungefähr 0,25 $ pro Tag und Person. Das durchschnittliche Pro-Kopfeinkommen lag also unter einem Drittel des per capita-Einkommens der Gesamtbevölkerung. Das gesamte Realeinkommen der Tagelöhnerfamilien lag jedoch höher, da das monetäre Einkommen durch andere Einnahmequellen (Naturallöhne und Subsistenzproduktion) ergänzt wurde. Nach den Schätzungen Echevarrías lag das Realeinkommen pro Familie zwischen 825 und 1.100 $, also zwischen 136,5 und 183,3 $ pro Person; das waren immer noch höchstens die Hälfte des durchschnittlichen kubanischen Pro-Kopfeinkommen[281]. Andere Daten belegen ebenfalls das niedrige(re) Einkommen der Landarbeiter. 1953 erhielten die Familien der lohnabhängigen Landarbeiter, ca. 1/3 der Gesamtbevölkerung, nur 5 % des Volkseinkommens[282]. Das persönliche Jahreseinkommen eines Zuckerrohrarbeiters aus saisonaler Lohnarbeit betrug 1957 ca. 220,23 $, das eines Tabakarbeiters 223,35 $. Der Zuckerrohrarbeiter mußte dafür 816 Stunden (= 102 8-Stunden-Tage) für einen Stundenlohn von 0,25 $ und der Tabakarbeiter 930 Stunden (ca.116 Tage) für einen Stundenlohn von 0,24 $ arbeiten[283]. Zu beachten ist, daß mit diesem Einkommen die nichtverdienenden Familienmitglieder miternährt wurden und diese Löhne für die 3- bis 4-monatige Erntezeit die einzigen festen jährlichen Einnahmen waren.

Der formal durchaus richtige Einwand von Echevarría Salvat, daß die Studie der ACU nur lohnabhängige Landarbeiter erfaßte, verliert an Gewicht, wenn man deren Einkommen mit dem der kleinen und mittleren Pächter und Eigentümerbauern vergleicht. Nach Gutelmans Berechnungen hatten 71 % der colono-Familien weniger als 600 $ jährlich, d.h. bei einer fünfköpfigen Familie weniger als 120 $ pro Kopf. Nur 22,5 % der Familien hatten ein Einkommen von 1.500 $ oder 300 $ pro Person[284]. 1946 betrug das jährliche Einkommen einer sechsköpfigen Bauernfamilie mit einem Hof zwischen 10 und 100 ha (unabhängig vom rechtlichen Status) 840 $. Bei Betrieben unter 10 ha lag es mit 456 $ noch erheblich niedriger. Beide Gruppen stellten 1946 91,9 % aller landwirtschaftlichen Betriebe[285].

Das geringe Einkommen der großen Mehrheit der Landbevölkerung ist ein Indikator für die geringe Wirkung der staatlichen Sozialgesetzgebung zum Schutz der colonos (1937), Landarbeiter, Pächter und Kleinbauern (1947). Obwohl die colonos in mehrfacher Hinsicht rechtlich gegen Pressionen der Zentralen geschützt wurden, der Import billiger Arbeitskräfte verboten wurde (1940) und die realen Stundenlöhne der Landarbeiter angehoben wurden, veränderten sich die durchschnittlichen Jahreseinkommen der colonos und Zuckerrohrarbeiter kaum. Da durch die Teilmechanisierung des Zuckerrohrtransports und die Steigerung der Produktivität der Zuckerfabriken die Erntezeit verkürzt und die Zahl der effektiven Arbeitstage von 122 1925 auf 87 1961 gesenkt wurde[286], nahmen sie wahrscheinlich sogar ab. Die Überausbeutung des Plantagenproletariats bestand darin, daß der vorrevolutionäre Zuckersektor die ganzjährige Reproduktion der Arbeitskraft allein nicht garantieren konnte, gleichzeitig aber wirksam verhinderte, daß sich alternative ganzjährige Beschäftigungsmöglichkeiten entwickelten. Die Gründe für das niedrige Einkommen der ländlichen Massen waren die Zuckermonokultur und die damit verknüpfte strukturelle (ab 1929) und saisonale Arbeitslosigkeit, das Minifundiensystem mit zu kleinen, ökonomisch uneffektiven Betrieben, so daß häufig einzelne Familienmitglieder als Wanderarbeiter zur Reproduktion der Familie beitragen mußten, und die Ausbeutung der Tagelöhner, Pächter und Kleinbauern durch die Großgrundbesitzer, Zentralen, den monopolistischen Zwischenhandel und das Wucherkapital. Die unzureichenden sozialen Dienstleistungen und die ungenügende materielle Infrastruktur waren daneben auch durch das ländliche Siedlungsmuster bedingt; ein Teil der Bauernhöfe war weit über das Land verstreut und bildete kaum Dörfer.

Da nach Berechnungen eines angesehenen kubanischen Diätikers bei den damaligen Nahrungsmittelpreisen in Havanna jährlich 1.100 $ von einer 6-köpfigen Familie für eine ordentliche Ernährung benötigt wurden, verfügten, auch wenn man annimmt, daß die Preise außerhalb Havannas um 20 % niedriger waren, ein großer Teil der ländlichen und der städtischen Unterklassen über keine ausreichende Ernährung. Nur 7,2 % der Landarbeiterfamilien, 29 % der colono-Familien[287] und nur 8,1 % (1946) aller Bauernfamilien[288] verfügten über ein ausreichendes Einkommen, um sich angemessen ernähren zu können. Nach der Erhebung der ACU bestand 69 % der täglichen Ernährung aus Reis (24 %), Bohnen (23 %) und diversen Wurzelknollen (22 %). Für nur 11 % schloß der Speisezettel Milch ein, für nur 4 % Fleisch, für nur 2 % Eier und für nur 1 % Fisch. Frisches Gemüse wurde von den Befragten überhaupt nicht erwähnt. Der unzureichende Konsum höherwertiger Nahrungsmittel bedeutete ein für Entwicklungsländer typisches Eiweißdefizit der Ernährung. Auch der für harte körperliche Arbeit notwendige Kaloriengehalt von 3000 Kalorien wurde nicht erreicht. Selbst die optimistischste Schätzung ermittelte ein Defizit von 500 Kalorien[289]. Nicht besser sah die Wohnsituation der Landbevölkerung aus. Die typische Behausung eines Bauern war ein bohio, eine Hütte, die ähnlich schon von den kubanischen Indianern vor Kolumbus gebaut worden waren. Nach dem Zensus von 1953 waren 25,9 % der Landhäuser in schlechtem Zustand. 75,4 % hatten ein Palm- oder ein Strohdach, 66,2 % Fußböden aus Erde, 54,1 % überhaupt keine Toiletten, 90,5 % kein Bad und 96,5 % keine Kühlvorrichtungen. Nur 9,1 % hatten elektrisches Licht und nur 10,4 % fließendes Leitungswasser. Zwischen 1946, 1953 und 1957 haben sich die Wohnverhältnisse auf dem Lande kaum verändert[290]. Im allgemeinen waren die Wohnverhältnisse der ländlichen Bevölkerung erheblich schlechter als die der städtischen, mit der Ausnahme der Slums, besonders in Havanna.

Nelsons zusammenfassende Beurteilung der Lebensverhältnisse der Landbevölkerung von 1946 war demnach auch noch 1958 aktuell: "Zusammenfassend muß gesagt werden, daß ein sehr großer Teil der kubanischen Bevölkerung schlecht ernährt ist, in miserablen Wohnverhältnissen lebt, schlecht angezogen ist und nur über wenige der Annehmlichkeiten der modernen Zivilisation verfügt."[291]

Die ökonomischen, sozialen und politischen Konsequenzen des geringen Einkommens und niedrigen Lebensstandards der ländlichen Massen waren vielfältig und tiefgreifend. Ökonomisch bedeutete die unzureichende Ausbildung die Vergeudung potentieller Produktivkräfte; die ungenügende Ernährung, die erbärmlichen Wohnverhältnisse und der schlechte Gesundheitszustand wirkten sich nachteilig auf die Arbeitsproduktivität aus. Das geringe Einkommen beschränkte die effektive Nachfrage - trotz vorhandener dringlicher Bedürfnisse - nach landwirtschaftlichen und industriellen Massenkonsumgütern mit Ausnahme einiger Hauptnahrungsmittel und billiger Kleidung[292]. Dadurch wurden der Möglichkeit des Aufbaus einer Massenkonsumgüterindustrie und der Diversifizierung der Landwirtschaft vom Markt her Grenzen gesetzt. Auch unter diesem Aspekt spielte die saisonale Fluktuation der Aktivitäten des Zuckersektors eine entscheidende Rolle. Die anderen landwirtschaftlichen und industriellen Branchen, die z.T. entwickelt worden waren, um den jährlichen Produktionszyklus zu verstetigen, wurden ihrerseits durch die saisonalen Schwankungen getroffen: "Die nationale Industrie, die für den Binnenmarkt produziert, findet ihre stärkste Nachfrage während der Zuckerrohrernte. ... Nicht nur die Zuckerindustrie sondern die gesamte kubanische Wirtschaft fluktuiert in ihrem Rhythmus, wenn auch in geringerem Umfang."[293] Die Lösung des Problems der saisonalen Arbeitslosigkeit war also auch von der Seite der Endnachfrage her eine Voraussetzung der Diversifizierung der Produktionsstruktur.

Die Vorteile der Massenproduktion kamen nur den Exportbranchen und den Betrieben zugute, die die oben genannten Produkte für den Binnenmarkt herstellten. Wahrscheinlich wurden Reis, schwarze Bohnen und süße Kartoffeln deswegen effizienter als andere Nahrungsmittel angebaut, weil sie Hauptnahrungsmittel waren und daher über einen größeren Markt verfügten[294]. Wegen der sozialen und nicht natürlichen (wegen der geringen Bevölkerungszahl) Begrenzung des Binnenmarkts verfügte die kubanische Industrie über erhebliche unausgenutzte Kapazitäten; in einigen Branchen betrug die Unterauslastung fast 50 %, etwa 1/3 der Industriearbeiter arbeitete weniger als 6 Monate jährlich. Boti/Pazos schätzten das gesamte ungenutzte Kapital (real und monetär) auf ungefähr 1.200 $ pro Arbeiter[295]. Ein nachträglicher Beweis für die sozial produzierte und nicht natürliche Enge des Binnenmarkts ist der anfängliche Erfolg der Umverteilungspolitik der Castro-Regierung (1959-60). Durch den dadurch erzeugten Sog der Massennachfrage und den Gebrauch des brachliegenden Produktionspotentials konnte die industrielle Produktion von Massenkonsumgütern binnen kurzer Zeit erheblich gesteigert werden.

Die elende Situation der ländlichen Bevölkerung und die Unmöglichkeit, diese im Rahmen des sozialen status quo zu verändern, ließ nur die Möglichkeit der Resignation, der Flucht und der Rebellion. Viele zogen vom Land in die Stadt, weil sie hofften, dort Arbeit zu finden und ihre Situation zu verbessern. Die Provinz Havanna, die nach Oriente mit 2,6 % 1943-53 die höchste Wachstumsrate hatte, zog über 1/4 der internen Migranten an[296]. Oft vermehrten die Zugewanderten in den Städten das Heer der Arbeitslosen oder derjenigen, die sich mit unproduktiven Gelegenheitsarbeiten mühsam über Wasser hielten.

5.3.7. Die Grenzen der inkrementellen Diversifizierung der Landwirtschaft im Rahmen einer abhängig-kapitalistischen Plantagenwirtschaft

Vor einigen Autoren wird stark hervorgehoben, daß das vorrevolutionäre Kuba seit 1927 durchaus erhebliche Fortschritte hinsichtlich der Diversifizierung der Produktionsstruktur zu verzeichnen hatte[297]. Im folgenden wird versucht, die Grenzen inkrementeller Diversifizierung vor 1959 herauszuarbeiten. Die These ist, daß diese in der politisch-ökonomischen Vorherrschaft der Zuckerplantagenexportgruppe verankert waren, wodurch relevante Produktionsfaktoren (Boden, Arbeitskräfte) künstlich knapp und das "ganze System wirtschaftlicher Institutionen - Steuern und Zölle, Geld und Kredit -"[298] im großen Umfang auf die Bedürfnisse des Zuckersektors zugeschnitten wurden. Die strukturelle Benachteiligung anderer wirtschaftlicher Aktivitäten war volkswirtschaftlich um so weniger zu rechtfertigen, als gleichzeitig der Zuckersektor als Leitsektor konzentrischer Diversifizierung blockiert war. Da in Kapitel 5.1. die Beschränkungen der Importsubstitutionsindustrialisierung schon ausführlich behandelt worden sind, liegt der Schwerpunkt hier auf den Barrieren der inkrementellen Diversifizierung der Landwirtschaft.

Die Notwendigkeit der Diversifizierung der Produktionsstruktur ergab sich unmittelbar "aus dem Druck, den eine gewachsene Bevölkerung auf eine stagnierende Wirtschaft"[299] ausübte. Während die Bevölkerung von ca. 3,5 Mio Einwohnern 1925 auf 5,8 Mio 1953 wuchs, erreichte die Zuckerproduktion erst 1950 wieder das Niveau von 1925: etwas über 5 Mio t. Die Zuckerproduktion pro Kopf war in den 50er Jahren trotz des Wiederaufschwungs der Zuckerindustrie erheblich niedriger als während des Zuckerbooms in den 20er Jahren. Die Erfolge bei der Diversifizierung der Produktionsstruktur seit der Krise der Zuckerproduktion Ende der 20er Jahre sind unübersehbar und für die Industrie schon in Kapitel 5.1 dokumentiert worden. In der Landwirtschaft war das Wachstum der einzelnen Kulturen äußerst unterschiedlich; die größten Fortschritte wurden in der Reisproduktion erzielt; diese erhöhte sich von 19.800 m.t. im Jahresdurchschnitt 1935-40 auf über 250.000 m.t. 1957-58. Die Tabakproduktion wuchs von jährlich 25.000 m.t. 1904-10 auf 50.600 m.t. 1958 und die Produktion von Kaffee von 19.800 m.t. 1921-30 auf 43.700 m.t. 1958[300]. Bei Reis, Bohnen und Kartoffeln sank der Anteil der Importe am Gesamtangebot zwischen 1949-51 und 1955 erheblich[301].

Diese selektiven Fortschritte der Diversifizierung der Landwirtschaft waren Teil eines allgemein veränderten Akkumulationsmodells, das außerdem in dem Zurückdrängen der relativen Bedeutung des Zuckerplantagensektors zugunsten einer begrenzten ISI, einer größeren Autonomie des Staates gegenüber der Exportgruppe und in Ansätzen der konzentrischen Diversifizierung des Zuckersektors bestand. Indikatoren für diesen Wandel sind die Erhöhung der Investitionsrate, der Rückgang des Importgehalts der Investitionen, der Wandel der Importstruktur und die Erhöhung der internen Steuern an den Einnahmen des Staatshaushalts. Die Investitionsrate stieg von ca. 11 - 12 % 1945-55 auf 16 - 17 % 1956-58. Der Importgehalt der Investitionen sank gleichzeitig von durchschnittlich 42,6 % 1948-51 auf 27,7 % 1953-56[302]. Dies war jedoch nur z.T. die Folge der Importsubstitution in einigen Branchen der Produktionsgüterindustrie; z.T. war es durch die Struktur der Investitionen bedingt, von denen ein erheblicher Teil aus Bauten bestand. Trotz der Reduzierung des Importgehalts der Investitionen nahmen der Anteil der Produktionsgüterimporte an den Gesamtimporten erheblich zu, während der der Konsumgüterimporte abnahm. Der Anteil der Zölle an den staatlichen Einnahmen sank von durchschnittlich 81 % pro Jahr 1902-1921 auf 43,5 % 1948-56, so daß die totale Abhängigkeit des Staats vom Export-Importsektor gemildert wurde. Auch die Reduzierung der Kapitalgüterimporte für die Zuckerindustrie auf nur noch rund 5 % der gesamten Kapitalgüterimporte nach 1945 ist ein Indikator für die fortschreitende Akkumulation außerhalb der Zuckerindustrie, allerdings auch Ausdruck der geringen Investitionen in dieser.

Die Vorherrschaft des Zuckersektors innerhalb der Gesamtwirtschaft blieb trotz begrenzter Diversifizierung erdrückend. 1951 bis 1957 erwirtschaftete er im Jahresdurchschnitt immerhin noch 29,9 % des Volkseinkommens und 1949-57 bestritt er jährlich durchschnittlich 63,3 % der gesamten landwirtschaftlichen Produktion; der Anteil des Zuckersektors daran fiel allerdings leicht von 66 % 1949-51 auf 58,8 % 1953.56 (vgl. Tabelle 5.30). Das Wachstum der diversifizierten Landwirtschaft entsprach nicht den gesamtwirtschaftlichen Notwendigkeiten. Es schuf nicht genügend Arbeitsplätze und blieb hinter der beschleunigten Expansion der Nachfrage zurück, so daß die Lebensmittelimporte zwischen 1955 und 1958 wieder erheblich anzogen, nachdem sie seit 1952 abgenommen hatten[303]. Die jährliche Durchschnittsrate der Arbeitslosigkeit (ohne Unterbeschäftigung) betrug in den 40er und 50er Jahren 16 % oder 8 - 9 % während der Zuckerrohrernte und 20 - 21 % während der 'toten Zeit'[304], obwohl die Zahl der insgesamt in der Landwirtschaft Beschäftigten von 633.000 1943 auf 855.010 1956-57 um ca. 1/3 gestiegen war, z.T. als Folge des Wachstums der Zuckerproduktion. Ein Hinweis auf die die Diversifizierung der Landwirtschaft hemmende Funktion des Zuckerplantagensektors ist die Tatsache, daß sich das Wachstum des Binnensektors der Landwirtschaft in dem Augenblick wieder verlangsamte, als die Zuckerproduktion ab 1940 wieder expandierte, obwohl weder das physische Potential an Arbeitskräften noch an Agrarfläche auch nur annähernd ausgeschöpft war.

Tabelle 5.30: Einige Indikatoren für die Zuckermonokultur und ihre Reproduktion 1946 - 1958

	Anteil des Zuckersektors in Prozent						
	Kultivierte Fläche	Volksein-kommen	Landwirt-schaftliche Produktion[1]	Gesamt-export	Kredite: Allgemeine Bankkredite[2]	Kredite: Industrie[3]	Eisenbahn-gütertrans-port[2,a]
	%	%	%	%	%	%	%
1946	56						
1948				90	20,0		82,2
1949				89	20,2		82,2
1950				89	19,9		
1949-51			66,0				
1951		32,7		88	21,8		
1952		42,1	71,2	80	56,0	71,4	
1953		32,2		83	45,9	65,0	
1954		24,2		80	41,5	61,2	83,0
1955		22,6		80	33,0	56,6	82,5
1953-56			58,8				
1956		21,8		79	23,1		79,7
1957	66	26,6	60,6	81	21,7		
1958				81	30,0		

Quellen: Soweit nicht anders vermerkt, aus im Text enthaltenen Tabellen zusammengestellt.
1) ECLA 1959, S. 186, Tab.171
2) Anuario Azucarero de Cuba 1958, hier nach CEPAL/AAT 1959-60, S. 56, Tab.44
3) U.S. Department of Commerce, Investment in Cuba 1956, S. 72

a) Anteil an der transportierten Fracht; der Anteil an den Frachtkosten lag durchgehend unter 70 %.

Die Privilegierung des Zuckersektors war in die bestehenden Grundbesitzverhältnisse, Marktstrukturen, das allgemeine System wirtschaftlicher Institutionen und sogar die Struktur der Produktivkräfte eingebaut und tendierte daher dazu, sich zu reproduzieren: "Das Wort Diversifizierung war seit den 20er Jahren im Munde der Ökonomen und Politiker. Aber viel war nicht realisiert worden. Die meisten Privatunternehmer blieben in der Zuckerindustrie engagiert. Die verfügbare Technologie bezog sich auf die Zuckerproduktion. Zuckerrohr wurde leicht und effektiv in Kuba angebaut. Bis 1950 waren Agrarkredite nur für Zuckerrohr und Tabak verfügbar; die Abwesenheit von Straßen, die die Dörfer mit den Märkten verbanden, behinderte die Entwicklung anderer Kulturen, aber für Zuckerrohr gab es eigene Eisenbahnlinien. Die Vermarktungsmöglichkeiten waren gut für Zucker, aber kaum für andere Produkte. Bis 1950 hatten die Regierungen versucht, die Preise für andere Agrarprodukte niedrig zu halten, um die Erhöhung der Lebenshaltungskosten zu vermeiden. Die Frachtkosten begünstigten die Zuckerproduktion ebenfalls bis ungefähr 1950."[305]

Dieser Katalog läßt sich weiter fortführen und konkretisieren: Im allgemeinen erhielt Kuba für seine Zuckerexporte in die USA Präferenzpreise, die über den Weltmarktpreisen lagen (vgl. Kapitel 5.1), ca. 80 % des Eisenbahntransports diente dem Zucker(rohr)transport, die wenigen Bildungs- und Forschungs-Einrichtungen waren zu sehr auf den Zuckersektor ausgerichtet[306], die sektorale Verteilung der Kredite ließ nur eine geringe Tendenz zur Überwindung der Zuckermonokultur erkennen (vgl. Tabelle 5.30) usw. Die zentrale Ursache dieser Vielzahl den Zuckersektor privilegierenden Mechanismen war dessen 'Monopolisierung' der kultivierten Fläche, und damit die künstliche Verknappung alternativer Beschäftigungsmöglichkeiten, sowie der politischen Macht. Die potentielle Agrarfläche wurde nur suboptimal genutzt und der derartig marginalisierte Binnensektor der Landwirtschaft den Bedürfnissen des Zuckerexportsektors untergeordnet. Er diente als Lieferant billiger Nahrungsmittel, z.T. auch billiger Arbeitskräfte, übernahm z.T. die Reproduktion während der 'toten Zeit' und fungierte als Auffangbecken im Falle von Krisen der Zuckerindustrie. Die Struktur der vorrevolutionären Landwirtschaft läßt sich daher angemessener als strukturell heterogen denn als dualistisch charakterisieren, da die Dualismustheorie die Koexistenz eines modernen und eines rückständigen Sektors postuliert, die miteinander nicht verbunden sind.

Unterausnutzung der potentiellen Agrarfläche

Von 1899 bis 1946 stieg der Anteil des von Bauern okkupierten Landes von knapp über 30 % auf ca. 80 % der Gesamtfläche Kubas. Gleichzeitig stieg die kultivierte Fläche von 358.209 ha (3 %) auf knapp 2 Mio ha (21,8 %). Diese auf den ersten Blick beeindruckende Expansion der Kulturfläche war größtenteils die Folge des Wachstums der Zuckerproduktion, wie die parallele Entwicklung folgender Faktoren andeutet: Von 1895 bis 1946 wuchs die Bevölkerung um 277 %, die Zuckerproduktion um 370 % und die kultivierte Fläche nahezu proportional um 350 %[307]. Zuckerrohr und extensive Viehzucht, in denen Latifundien jeweils eine dominierende Rolle spielten, okkupierten 1946 und 1957 mehr als 85 % der gesamten genutzten Agrarfläche (ohne Wald). Der Anteil der Zuckerrohrlandwirtschaft an der kultivierten Fläche stieg sogar in diesem Zeitraum von 56 % auf knapp 66 % (berechnet nach Tabelle 5.31).

Tabelle 5.31: Muster der Bodennutzung 1946 und 1957

	1946		1957	
	Fläche (ha)	%	Fläche (ha)	%
Künstliche Kulturen und Weiden	1.970.405	21,8	2.044.000	22,8
davon:				
Zuckerrohr	1.103.143	(12,2)	1.342.000	(14,8)
Natürliche Weiden	867.262	(9,6)	702.000	(7,8)
Natürliche Weiden	3.897.218	43	4.006.000	43,8
Wald	1.265.698	14	1.107.000	12,2
marabu (Gebüsch)	268.152	3	603.900	6,7
Anderer Gebrauch	1.650.405	18,2	1.316.100	14,7
Insgesamt	9.051.878	100,0	9.077.000	100,0

Quelle: Gutelman 1967, S. 20, Tab.7

Von 1946 bis 1957 nahm die kultivierte Fläche nur noch um 75.000 ha zu. Allerdings waren die ca. 2 Mio ha kultivierte Fläche von 1957 immer noch nicht mehr als ca. 1/4 der damaligen und 1/3 der heutigen potentiellen Agrarfläche.

Diese ungeheure Vergeudung landwirtschaftlich nutzbaren Bodens war Folge der Monopolisierung des Bodens durch die Großgrundbesitzer mit dem Ziel der künstlichen Verknappung des Bodens, um genügend und billige Arbeitskräfte für die Zuckerrohrernte zur Verfügung zu haben, der unsicheren Situation auf dem Zuckerweltmarkt, die die Pflanzer veranlaßte, Reserveland für einen Aufschwung der Zuckernachfrage zu halten[308], und der "Nomadenagrikultur" des extensiv, bis zur Erosion des Bodens (ohne Fruchtwechsel und kompensatorische Düngung) betriebenen Zuckerrohranbaus. Die Unterausnutzung des Bodens war also nicht die Folge natürlicher Faktoren wie z.B. der schlechten Bodenqualität, sondern sozioökonomischer Verhältnisse. Der Umfang der natürlichen Weiden (rund 43 %) hätte ohne Konsequenzen für die Viehwirtschaft durch eine intensivere Nutzung erheblich gesenkt werden können. Große Flächen des Waldes bestanden aus wertlosen Büschen und auch der marabu (ein Hülsenbusch afrikanischer Herkunft) bevorzugt tiefen und guten Boden, so daß die Mission der Weltbank (1951) zu dem Schluß kam, "daß ein großer Teil (des bisher nicht genutzten Landes, H.F.) für andere wirtschaftliche Zwecke besser genutzt werden könnte"[309].

Indikatoren für die soziale Verursachung der Unterausnutzung des wichtigsten landwirtschaftlichen Produktionsfaktors Boden waren die Unterschiede der Bodennutzung zwischen den Betriebsgrößenklassen und den Bewirtschaftungsformen. Mit Ausnahme der Gruppe unter 1 ha nahm der Anteil kultivierten Landes am Gesamtbesitz eines Betriebs kontinuierlich ab. Bei den Betrieben zwischen 1 ha und 5 ha lag dieser Prozentsatz bei 54,7 %, bei denen über 50 ha bei durchschnittlich nur 15,7 %. Der Rest bestand größtenteils aus wildem Weideland, bei den Betrieben über 1000 ha auch aus Wald, während der Anteil des Brachlandes im engen Sinn im allgemeinen minimal war[310]. Differenziert man nach den Bewirtschaftungsformen der Agrarbetriebe, dann war der Anteil des kultivierten Landes bei den Pächtern (28,3 %), Unterpächtern (36,8 %) und sharecroppers (40,7 %) mehr als doppelt so hoch wie bei den Eigentümern (16,2 %) und den Verwaltern (14,9 %)[311]. Alle verwalteten Betriebe waren Latifundien und viele Eigentümer Latifundisten, während die einzelnen Kategorien der Pachtbauern meist Minifundien bewirtschafteten.

Marginalisierung des Binnensektors der Landwirtschaft

Die kleinen und mittleren Agrarbetriebe waren - mit Ausnahme der Viehzucht - die Träger der diversifizierten Landwirtschaft. In den Betriebsgrößenklassen über 100 ha lag der Anteil des Zuckerrohrs am Wert des Outputs immer über 70 %. In den Betriebsgrößenklassen unter 74,9 ha lag dieser Anteil immer unter 45 %, meist aber wesentlich niedriger[312]. Im Binnensektor der Landwirtschaft, für den durch das latifundistische Bodenmonopol die Anbaufläche künstlich verknappt wurde, dominierten jedoch unwirtschaftliche Minifundien[313]. Vor der Revolution hatten 112.278 der 160.958 Landwirtschaftsbetriebe, d.h. 69,7 %, weniger als 25 ha zu ihrer Verfügung (vgl. Tabelle 5.28). Neben der unzureichenden Betriebsfläche war die geringe Rentabilität der Minifundien in ihrer vielfältigen Ausbeutung durch die monopolistischen Besitzer der natürlichen und ökonomischen Ressourcen und in der sie benachteiligenden Infrastruktur begründet. Das latifundistische Bodenmonopol begrenzte also nicht nur die für die Diversifizierung der Landwirtschaft zur Verfügung stehende Fläche, sondern auch das Potential der Modernisierung der Nichtzuckerrohrlandwirtschaft. Den Zusammenhang zwischen Monopol und Rückständigkeit hat O'Connor für Kuba treffend zusammengefaßt: "Im rückständigen Agrarsektor wirkte eine Mischung traditioneller Produktionsmethoden und monopolistischer Kontrollen (inklusive staatlicher, H.F.) zusammen und hemmte das Wachstum der Produktion und die Produktivität. ... Der Anbau anderer kleiner Kulturen außer Zuckerrohr und Kaffee war im großen und ganzen ineffizient; Pachtverträge, Mangel an Kapital, unzureichende Märkte, unausgebildete Bauern und Landarbeiter: alle diese Faktoren produzierten zusammen technologische Rückständigkeit. Moderne, wissenschaftliche Agrikultur war eine Seltenheit in einem der potentiell landwirtschaftlich reichsten Länder

der ganzen Welt."[314] Die einzige Ausnahme war der relativ mechanisierte Reisanbau, der vorwiegend von meist kapitalistischen Mittelbetrieben betrieben wurde.

Die saisonale Arbeitslosigkeit, u.a. durch die Begrenzung ganzjähriger, lukrativer Beschäftigungsmöglichkeiten in der diversifizierten Landwirtschaft, war die Voraussetzung dafür, daß unter der Bedingung einer arbeitsintensiven kapitalistischen Zuckerrohrlandwirtschaft während der Zuckerrohrernte genügend und billige Arbeitskräfte zur Verfügung standen. 1946, bei einer Zuckerproduktion von nur 3,9 Mio t, arbeiteten immerhin 46,4 % aller permanent und 65,8 % aller saisonal beschäftigten lohnabhängigen Landarbeiter auf Zuckerrohrplantagen. In Jahren, in denen mehr als 5 Mio t Zucker produziert wurden, arbeiteten ca. 350.000 Arbeitskräfte oder ca. 70 % aller Landarbeiter auf dem Höhepunkt der Zuckerrohrernte in der Zuckerrohrlandwirtschaft[315]. Der Zuckersektor insgesamt beschäftigte dann knapp 500.000 Lohnarbeiter oder rund 25 % aller Arbeitskräfte. "Nur ein Drittel der Zuckermühlenarbeiter und 1/20 der Landarbeiter blieben während der toten Zeit dauerhaft beschäftigt."[316] Andererseits fungierte der Binnensektor der Landwirtschaft als Auffangbecken für die Arbeitskräfte, die aufgrund der Saisonalität oder der Krisen der Zuckerproduktion unbeschäftigt waren. Viele Zuckerarbeiter versorgten sich während der toten Zeit mittels einer primitiven Subsistenzlandwirtschaft mit Nahrungsmitteln. Die rechtlosen precaristas der Sierra Maestra waren vorwiegend ehemalige Zuckerrohrlandarbeiter, eine Gruppe, die in der Karibik häufiger anzutreffen ist und die von S. Mintz als"rekonstituierte Bauernschaft" - im Unterschied zu traditioneller - bezeichnet worden ist[317]. Die Funktion eines Teils der diversifizierten Landwirtschaft als "Auffangbecken für wirtschaftliche Krisen"[318] implizierte, daß sie sich nur soweit entwickeln konnte, wie dadurch der Arbeitskräftebedarf der Zuckerplantagen nicht tangiert wurde.

Die effektive Durchsetzung der Interessen der herrschenden Klassen des Zuckersektors setzte deren politische Hegemonie voraus. Trotz offensichtlicher Interessenkonflikte zwischen der embryonären Industriebourgeoisie und der Zuckerexportgruppe in den 50er Jahren und der zunehmenden Organisation der Landarbeiter und der Klein- und Mittelbauern blieb diese erhalten. Ein entscheidender Rückhalt der politischen Macht der Zuckerexportgruppe war die trotz der begrenzten internen Diversifizierung stabile Monoexportstruktur, die ihr im Rahmen einer Exportökonomie eine Verhandlungsposition sicherte, die den innergesellschaftlichen Machtverhältnisse einer modifizierten Plantagenwirtschaft nicht entsprach. 1952 übernahm das von den Mühlenbesitzern und den großen colonos beherrschte Zuckerstabilisierungsinstitut (ISEA) die Kontrolle des Landwirtschaftsministeriums[319]. Batista ließ trotz der Fortsetzung zaghafter Agrarreformansätze und der staatlichen Unterstützung massiver Industrialisierungsprogramme die soziale Macht der Zuckerrohrlatifundien und der Zuckermühlen unangetastet. Er versuchte Interessen zu integrieren, die unter gegebenen sozioökonomischen Bedingungen nicht zu harmonisieren waren - daher seine Schaukelpolitik und daher letztlich die Grenzen seiner Politik landwirtschaftlicher und industrieller Diversifizierung[320].

Die konsequente Entwicklung einer technologisch fortgeschrittenen Nichtzuckerrohrlandwirtschaft implizierte also die Entmachtung der Zuckerplantagenbourgeoisie, die Freisetzung von saisonal gebundenen Arbeitskräften und Land durch die Modernisierung der Zuckerrohrlandwirtschaft, die Eliminierung des latifundistischen Bodenmonopols und eine Diversifizierungspolitik auf der Grundlage nicht ausgebeuteter und ökonomisch gangbarer Betriebseinheiten bei gleichzeitiger Verbesserung der Infrastruktur der Landwirtschaft im allgemeinen.

II. THEORIE UND PRAXIS AUTOZENTRIERTER ENTWICKLUNG IN EINER KLEINEN, PRINZIPIELL AUSSENHANDELSABHÄNGIGEN VOLKSWIRTSCHAFT

"Die eigentliche Aufgabe dieser Revolutionen (der sozialistischen Revolutionen der Dritten Welt, H.F.) ist die Neuformierung der vorkapitalistischen Völker für ihren eigenen Weg der Industrialisierung, der nichtkapitalistisch, d.h. formationell von dem europäischen verschieden sein wird." ...
"Die antietatistische, antiautoritäre Ideologie vieler Linksintellektueller im Westen hat ... ihr historisches Recht in den bereits industrialisierten Ländern, in denen die materiellen Bedingungen für das Absterben des Staates heranreifen. Aber diejenigen Völker, die sich gerade erst für die Industrialisierung formieren, können nicht auf dieses Instrument verzichten, und ihr Staat kann, ja darf zunächst gar nicht anders als bürokratisch sein. Der Staat als Zuchtmeister der Gesellschaft für ihre technische und soziale Modernisierung - dieses grundlegende Muster können wir seit 1917 wiederfinden, wo immer sich vorkapitalistische Länder bzw. ihre maßgebenden Minderheiten für den aktiven Aufbruch ins XX. Jahrhundert formierten." Rudolf Bahro 1977, S. 146, 150

"Vielleicht übervereinfacht, kann man sagen, daß Kuba seinem Wesen nach eine hochnationalistische, totalitäre Gesellschaft unter einer stark personalisierten Herrschaft ist, die eine vollständige Transformation der vorherigen Wirtschafts- und Sozialstruktur durch zentralisierte Planung und die Mobilisierung der Massen anvisiert. Wenn wir bei der Beurteilung der kubanischen Leistungen zu sehr in Begriffen wie Marxismus und Kommunismus denken, verfehlen wir das Wesen der kubanischen Revolution. ... Obwohl Kuba, gemessen an objektiven Normen, ein totalitäres Regime ist, besteht kein Zweifel an dem weitverbreiteten Enthusiasmus und Engagement des Volkes."

Eric Williams (Premierminister von Trinidad und Tobago und gemäßigter, sozialdemokratischer Gegenspieler von Castro in der Karibik) 1970, S. 510

"Ich bin überzeugt, daß man die tatsächliche Größe des kubanischen Wunders nur mit den Augen der 'Unterentwickelten' ... wahrnehmen kann. Nur wer aus unseren hungernden, zerlumpten, unwissenden und kranken Ländern kommt, ist fähig, die Bedeutung eines Landes zu erfassen, in dem jeder seinen Hunger stillt, Kleidung und Schuhwerk für alle da ist, wo jedes Kind zur Schule geht und niemand mangels Ärzten oder Arzneimitteln stirbt. Selbst für linke Europäer und Nordamerikaner haben diese existentiellen Grundbedürfnisse nicht denselben, fast unerreichbaren Wert wie für uns. Darum lassen sich Europäer und Nordamerikaner so sehr von der Rationierung, den Schlangen, den armseligen Schaufenstern, von allem, was in Kuba noch nicht funktioniert, beeindrucken."

Marcio Alves (brasilianischer Politiker und Schriftsteller) 1975, S. 11

"Zusammengefaßt handelt es sich also nicht darum, die Exportaktivität einfach in kolonialistischer oder neokolonialistischer Art und Weise zu konzipieren, sondern als ein Zentrum produktiver Aktivitäten auf internationalem technologischem Niveau, das durch die Nachfrage nach komplementären Aktivitäten Verzweigungen innerhalb der Wirtschaft nach sich zieht, in denen wegen des Umfangs der Märkte die Anwendung der modernen Technologie möglich ist. Mit anderen Worten bedeutet dies, daß das wirtschaftliche Wachstum 'nach außen' durch die Art und Weise, in der es konzipiert worden ist, notwendig eine Entwicklung 'nach innen' impliziert."

Carlos Romeo (chilenischer Ökonom, der zeitweise als Wirtschaftsplaner in Kuba gearbeitet hat) 1965, S. 17

"In den 20 zurückliegenden Jahren haben wir, trotz der außerordentlichen Fortschritte unserer Revolution, weder den durchschnittlichen Wachstumsrhythmus erreicht, der es uns erlaubt, die Unterentwicklung hinter uns zu lassen, noch ist es uns gelungen, die strukturelle Deformation, die wir vom Kapitalismus geerbt haben, zu überwinden. ... Der Langzeitplan (1981 - 2000) ist das einzige Mittel, das die Schaffung der Bedingungen für die Realisierung der radikalen wirtschaftlichen und sozialen Transformationen ermöglicht."

Humberto Perez (Vorsitzender der zentralen Planungsbehörde Kubas (JUCEPLAN)) 1978, S. 2

"Im wirtschaftlichen Leben eines Landes und in seiner Wirtschaftsgeschichte ist der Mechanismus,durch den'ein Ding zu einem anderen leitet', ein äußerst wichtiges Element; der wichtigste Beitrag einer Industrie ist nicht ihr unmittelbares Produkt ... und sind auch nicht allein ihre Wirkungen auf andere Industrien und die unmittelbaren sozialen Vorteile..., sondern vielleicht entscheidend sind die Folgen für das allgemeine Bildungsniveau, den Lebensstil, den Erfindungsgeist, die Gewohnheiten, die technologische Kapazität, die Schaffung neuer Nachfrage, usw."

H.W. Singer 1950, S. 476

"Ja, imperialistische Gentlemen: der Aufbau des Sozialismus ist hart. Karl Marx selber glaubte, daß der Sozialismus die natürliche Konsequenz einer technologisch hochentwickelten Gesellschaft sein würde. Aber in der heutigen Welt haben solche Länder wie das unsrige angesichts der Präsenz der industrialisierten imperialistischen Mächte keine andore Alternative, ihre kulturelle und technische Rückständigkeit zu überwinden, als den Sozialismus. Aber was ist Sozialismus? Sozialismus ist die Möglichkeit, die natürlichen und menschlichen Ressourcen in optimaler Weise im Interesse des Volkes zu nutzen. Was ist Sozialismus? Es ist die Eliminierung des Widerspruchs zwischen der Entwicklung der Produktivkräfte und den Produktionsverhältnissen."

F. Castro, Rede vom 26.7.1970; hier zitiert nach Bonachea/Valdés (Hrsg.) 1972 b, , S. 354

6. Nachrevolutionäre Entwicklungsprobleme und Zielkonflikte

Das folgende Kapitel vermittelt einen Überblick über einige fundamentale nachrevolutionäre Entwicklungsprobleme und Zielkonflikte. Es hat die Funktion, einerseits das Thema vorzustrukturieren und andererseits durch einen breitangelegten Aufriß einen Gesamteinblick in die Probleme und Tendenzen der postrevolutionären Entwicklung zu vermitteln. Nicht alle angeschnittenen Problembereiche werden daher in der späteren, weitaus selektiveren Analyse ausführlich oder überhaupt behandelt. Die Problemskizze orientiert sich an der Unterscheidung zwischen soziopolitischen Zielkonflikten, institutionellen und wachstumsstrategischen Alternativen und dem Widerspruch zwischen der soziopolitischen und der ökonomischen Logik von Entwicklungsentscheidungen.

(1) Zum Gegensatz von soziopolitischer und ökonomischer Logik von Entscheidungen

Häufig hatten die kubanischen Führer, ihnen z.T. nicht klar bewußt, zwischen politischen und ökonomischen Zielen zu entscheiden oder waren aufgrund politischer Bedingungen gezwungen, ökonomische Entscheidungen zu forcieren. Oft haben dabei soziopolitische Motive dominiert[1]. Grob lassen sich folgende Zielkonflikte und Alternativen ausmachen:

- Die Wahl zwischen dem politischen Ziel der maximalen Mobilisierung politischer Unterstützung durch das schnelle Anheben des Lebensstandards und dem wirtschaftlichen Ziel der Maximierung der Investitionsrate zur Beschleunigung des wirtschaftlichen Wachstums.
- Der Konflikt zwischen dem politischen Kampf gegen kapitalistische oder kleinbürgerliche Produktionsweisen und Bewußtseinsstrukturen durch Enteignung und Ausdehnung staatlicher Eigentumsverhältnisse und dem wirtschaftlichen Problem knapper organisatorischer Fähigkeiten zur ökonomisch effizienten Leitung der verstaatlichten Bereiche. Die kubanische Revolution hat ganz allgemein dem politischen Ziel des Kampfes gegen vorsozialistische Produktionsweisen trotz antizipierbarer kurz-

fristiger wirtschaftlicher Effizienzprobleme den Vorrang gegeben: so z.B. bei der Enteignung der Mittelbauern in der zweiten Agrarreform 1963 und bei der Enteignung des Kleinhandels und -handwerks im Rahmen der revolutionären Offensive (1968). Eine häufige Kritik lautet daher, daß die kubanische Revolution dazu tendiert hat, den Nutzen staatlicher Eigentumsverhältnisse, unabhängig von den sozialen, ökonomischen und bewußtseinsmäßigen Voraussetzungen überzubewerten[2]. Dies trifft sicherlich auf die Einführung von Staatseigentum in Branchen, deren Produktionsweise de facto noch einige Zeit kleinbürgerlich bleiben wird, zu. In Sektoren dagegen, die als Leitsektoren schnell und umfassend modernisiert werden sollen, deren Modernisierung einen hohen Forschungsaufwand und umfangreiche Infrastruktur-Investitionen (z.B. Melasse-Leitungen von den Zuckerfabriken zu den Viehzuchtbetrieben) erfordert, und deren Produktionsprozeß mit dem anderer Branchen eng verzahnt werden soll, liefert die kubanische Praxis starke Argumente für variable Formen gesellschaftlichen Eigentums und eine starke staatliche Steuerungskapazität. In diesen Fällen verschiebt sich der Zielkonflikt in Richtung auf den Gegensatz von kurzfristigen und langfristigen wirtschaftlichen Zielen.

- Die Wahl zwischen politisch loyalen, aber häufig unqualifizierten Kadern und dem Risiko politisch unzuverlässiger, aber kompetenter Spezialisten. Bis 1970 waren meist politische Kriterien ausschlaggebend[3], während danach mehr Wert auf die technische Kompetenz der Kader gelegt wurde[4]. Das Ziel ist jetzt, eine politisch revolutionäre und loyale, aber auch kompetente administrative und technische Elite zu schaffen. Erst jetzt stellt sich das Problem der Technokratie wirklich, da diese Schicht durch die postrevolutionäre Entwicklung erst wieder (wegen der Emigration) oder überhaupt geschaffen wurde. Nach 1970 wurde ihre Position ergeblich aufgewertet[5].

- Damit zusammenhängend: die Entscheidung zwischen dem Ziel sozialer Gleichheit und Gerechtigkeit und dem Ziel ökonomischer Effizienz. Die Entscheidung für Staatsfarmen und gegen Kooperativen wurde u.a. mit der größeren Einkommensgerechtigkeit aufgrund staatlich fixierter Durchschnittslöhne begründet, während ihr ökonomischer Vorteil für Agrarproduktivität und Agrarproduktion, sieht man von der Möglichkeit der staatlich verordneten Erhöhung der Investitionsrate ab, zumindest zweifelhaft war[6]. Die Beseitigung der Arbeitslosigkeit wurde zum Teil mit der Ausdehnung unproduktiver Sektoren und einer geringen Arbeitsproduktivität erkauft[7].

- Das Streben nach nationaler Souveränität und ökonomischer Unabhängigkeit, auch um den Preis wirtschaftlicher Engpässe aufgrund des US-Embargos und des Verzichts auf ökonomische Hilfe, wenn an sie politische Bedingungen geknüpft waren. Das US-Embargo begünstigte zunächst eine forcierte, überstürzte Diversifizierung[8].

- Implizit, d.h. der kubanischen Führung nicht bewußt, war der Gegensatz zwischen der politischen Effizienz der Rolle Castros als revolutionärer charismatischer Führer und der ökonomischen Ineffizienz dieser personell zentralisierten politischen Entscheidungsstruktur angesichts mangelnder Institutionalisierung, Arbeitsteilung innerhalb der Führungsspitze und mangelnder Abgrenzung der Kompetenzen[9].

Wenn, wie die angeführten Tendenzen unbestreitbar andeuten, politische Bedingungen und Motive auf wirtschaftliche Entscheidungen einen gewichtigen, häufig entscheidenden Einfluß gehabt haben, so gilt es, diese herauszuarbeiten und auch bei der Beurteilung ökonomischer Fakten in entsprechender Weise zu berücksichtigen.

(2) Soziopolitische Konflikte und Alternativen

Folgende soziopolitische Probleme spielten im Laufe der nachrevolutionären Entwicklung eine zentrale Rolle und wurden für entwicklungsstrategische Entscheidungen relevant:

- Dem Interesse an einem möglichst breiten Bündnis stand die Notwendigkeit entgegen, bestimmte soziale Interessen zu verletzen, wenn die soziale Situation der Mehrheit der kubanischen Bevölkerung strukturell verbessert werden sollte. Die Gruppe derer, mit deren Interessen die Revolution kollidierte, weitete sich schrittweise aus, bis 1962/63 auch bestimmte Interessen (das individuelle Konsumniveau) von Sektoren der Arbeiterklasse, nämlich die ihres privilegierten, beschäftigten, organisierten städtischen Sektors, betroffen wurden[10].

- Die Wahl zwischen verschiedenen Formen der Mobilisierung politischer Unterstützung: materielle Anreize, symbolische Gratifikationen, Konsensbildung und Gewalt. Dabei kristallisierte sich ein scheinbares Paradox heraus; die Strategie moralischer Anreize bestärkte, trotz ihres Anspruchs notwendiger Teil eines humanen Sozialismusmodells zu sein, zumindest kurzfristig die Tendenz zur Militarisierung der Arbeitsorganisation und der ganzen kubanischen Gesellschaft, während die partielle Rehabilitierung materieller Anreize nach 1970 einherging mit einem Prozeß begrenzter Demokratisierung.

- Wie jede Entwicklungsrevolution brauchte die kubanische Revolution die aktive Mitarbeit der Mehrheit der Bevölkerung, allerdings unter den von ihr gesetzten Bedingungen. Es stellte sich also das Problem der kontrollierten Partizipation, des Ausbalancierens von aktiver Mitarbeit und staatlicher Reglementierung und Kontrolle[11]. Unter den gegebenen ökonomischen (Exportökonomie, riesige agroindustrielle Zuckerrohrplantagen, Notwendigkeit, die Schwankungen des Arbeitskräftebedarfs der Zuckerrohrlandwirtschaft zentral auszugleichen) und soziopolitischen Bedingungen (schwache nationale Bourgeoisie und geringe politische Autonomie der Arbeiterbewegung, Übernahme des Staatsapparats durch das revolutionäre städtische Kleinbürgertums) und angesichts der ambitiösen entwicklungspolitischen Zielsetzung vielleicht unvermeidlich, vertrat man kein Konzept der Entwicklung von unten, sondern der von oben, d.h. dem staatlichen Zentrum gesteuerten Mobilisierung und Partizipation. Daran scheint auch die Institutionalisierung und Demokratisierung der Revolution nach 1970 nichts Grundsätzliches geändert zu haben[12].

- Ein roter Faden, der sich durch die ganze nachrevolutionäre Entwicklung durchzieht, war die Frage zunächst des Bündnisses mit der PSP, der alten kommunistischen Partei, und später der Art des Bündnisses (wer führt?), die Definition der kubanischen Variante des Sozialismus und des außenpolitischen Verhältnisses zur SU. Nach der Eliminierung der antikommunistischen Fraktion des M-26-7 war das Bündnis als solches unbestritten. Mit Ausnahme einer kleinen Gruppe um Anibal Escalante wurde von der ehemaligen PSP die Hegemonie der castristischen Tendenz nicht in Frage gestellt, die sich allerdings ihrerseits außen- und innenpolitisch ab 1969 der Sowjetunion näherte, ohne sich als deren Satelliten zu begreifen.

(3) Institutionelle Zielkonflikte

Als wichtigste institutionelle Zielkonflikte schälten sich folgende heraus:

- Das Ausmaß und die konkrete Form des gesellschaftlichen Eigentums(Agrarkooperative versus Staatsfarmen). Die Kubaner haben seit Beginn ihrer sozialistischen Phase Staatseigentum immer, unabhängig von den konkreten Bedingungen, als gesellschaftlich höher entwickelte Form des Eigentums betrachtet. Daher, neben anderen Gründen (gerechtere Einkommensverteilung, höhere Investitionsrate), hat es nur kurze Zeit (1959-1962) Kooperativen gegeben. Produktionskooperativen als Folgeform von privaten Landwirtschaftsbetrieben haben bisher aus verschiedenen Gründen (festes politisches Bündnis mit den Kleinbauern, relativ große Privatbetriebe zwischen 27 und 67 ha, Konzentration der knappen Investitionen auf den Staatssektor) nur eine geringe Rolle gespielt. Seit 1977 wird ihre Entwicklung allerdings forciert.

- Die zentrale oder dezentrale Verwaltung der staatlichen Betriebe und überhaupt zentrale oder dezentrale Planingsinstitutionen und -methoden. Bis 1970 haben, mit einer kurzen Ausnahme in der Landwirtschaft, zentralistisches Tendenzen dominiert[13]; seit 1970 macht sich eine stärkere Tendenz zur Dezentralisierung bemerkbar.

- Demokratische versus hierarchisch-bürokratische Organisationsformen und politische Institutionen. Trotz des antibürokratischen Anspruchs und antibürokratischer Kampagnen existierten vor 1970 keine institutionellen Kanäle, die den Massen die Möglichkeit gegeben hätten, wichtige betriebliche, kommunale oder zentralstaatliche Entscheidungen vorher zu diskutieren, zu beeinflussen und nicht nur zu akklamieren. Inwieweit die Belebung der Massenorganisationen nach 1970 und vor allem die Einführung der formaldemokratisch legitimierten Institutionen der Volksmacht eine reale Demokratisierung bedeuten oder nur eine begrenzte, da zentral kontrollierte Partizipation ermöglichen, deren Funktion primär die Ölung, die ökonomische Effizienzsteigerung des Planungsapparats bedeutet, ist eine offene Frage[14].

(4) Wachstumsstrategische Probleme und Zielkonflikte

Die zentralen wachstumsstrategischen Probleme waren:

- Das Verhältnis von Investition und Konsum. Die allgemeine Tendenz war, einerseits durch die Priorisierung bestimmter Sektoren (z.B. durch die Agroindustrialisierung) für die Befriedigung relevanter Grundbedürfnisse zu sorgen, andererseits lag der Schwerpunkt aber eindeutig auf Entwicklung mittels einer hohen Akkumulationsrate zur Entwicklung der Produktivkräfte und zur Überwindung der einseitigen Produktionsstruktur, mit dem Argument, daß dadurch in Zukunft ein schnelleres Wachstum des Lebensstandards garantiert würde. Die Investitionsrate von 30 % (geplant) 1970 wurde allerdings wegen der politisch nicht durchsetzbaren sozialen Kosten und der begrenzten Kapazität zur effizienten Absorption von Investitionen in den 70er Jahren auf 20 - 25 % begrenzt.

- Das Verhältnis von individuellem und kollektivem Konsum. In der Strategie moralischer Anreize (1965-70) wurde das individuelle Konsumniveau festgeschrieben und eine schnelle Expansion der freien sozialen Dienstleistungen angestrebt. Auch die Wiedereinführung materieller Anreize nach 1970 änderte nichts Grundsätzliches an dem Primat des gesellschaftlichen Konsums.

- Das Verhältnis und die konkrete Artikulation von Industrie und Landwirtschaft (wer finanziert wen?, umfassende Industrialisierung versus Agroindustrialisierung usw.). Nach dem Scheitern der Politik einer schnellen und breitgefächerten Industrialisierung setzte sich eine Strategie der Agroindustrialisierung um einige wenige Wachstumspole durch. Die weiterhin angestrebte Industrialisierung sollte also auf der Basis einer modernisierten Landwirtschaft vorangetrieben werden, dieser z.T. dienen und deren Modernisierung und Wachstum z.T. mitfinanzieren.

- "Urban" oder "rural bias". Nachdem die relative Vernachlässigung der Landwirtschaft während der ersten Jahre die Landflucht beschleunigt hatte, wurde versucht, diesem Trend durch die systematische Konzentration von produktiven und infrastrukturellen Investitionen auf das Land und die Landwirtschaft und die prioritäre Verbesserung des Lebensstandards der Landbevölkerung zu stoppen.

- Die regionale Streuung der industriellen Investitionen auf mehrere Städte und besonders Städte des Hinterlandes oder deren stärkere Konzentration auf Havanna. Ab 1968, nachdem die Revolution sich auch in Havanna konsolidiert hatte, wurden bestimmte industrielle Investitionen wegen der besseren Infrastruktur (bestimmte Dienstleistungen, ausgebautes Kommunikationsnetz, Hafenanlagen,mehr qualifizierte Arbeitskräfte usw.) wieder mehr auf Havanna konzentriert[15]. 1981-85 sollen jedoch 51 % aller industriellen Investitionen auf die neuen Städte Cienfuegos (16 %) und Holguin (35 %) entfallen, so daß sich die Herausbildung einiger weniger neuer industrieller Zentren abzeichnet[16].

- Das Ausmaß, das Tempo, die Form und die institutionelle Ebene der landwirtschaftlichen Diversifizierung. Nachdem man bis 1963 die landwirtschaftliche Diversifizierung zu schnell, auf zu breiter Basis, de facto auf Kosten der Zuckerproduktion und auf betrieblicher Ebene durchgeführt hatte, ging man danach zu einer langsameren, selektiveren, inkrementellen Diversifizierungsstrategie auf nationaler Ebene über. Im einzelnen: Zunächst war die landwirtschaftliche Diversifizierung quasi ungeplant auf betrieblicher Ebene durchgeführt worden. Danach wurde sie auf nationaler Ebene geplant, so daß man die Vorteile der Massenproduktion ausnutzen konnte und die Kulturen dort ansiedelte, wo die natürlichen und wirtschaftlichen Bedingungen am günstigsten waren. Bis 1963 wurde eine Vielzahl neuer Kulturen entwickelt, wofür in Kuba z.T. weder günstige natürlichen Bedingungen existierten, noch ausreichend Investitionskapital, qualifizierte Arbeitskräfte und Forschungskapazität zur Modernisierung dieser Kulturen zur Verfügung standen, so daß die knappen ökonomischen Ressourcen suboptimal genutzt und verzettelt wurden. Danach konzentrierte man sich auf einige wenige Kulturen, für die in Kuba natürliche komparative Vorteile existierten, so daß sie auch einen Beitrag zu einer ökonomischen Diversifizierung der Exportstruktur leisten und gleichzeitig die ihnen vor- und nachgelagerten Industrien entwickelt werden konnten. Das Verhältnis zwischen dem Wachstumspol des Zuckersektors und den anderen Sektoren durchlief drei Stufen: 1959 bis 1963 de facto, wenn auch unbeabsichtigt, beschleunigte Diversifizierung auf Kosten des Leitsektors; 1963 - 1970 forciertes Wachstum des Leitsektors zur Finanzierung der entwicklungsnotwendigen Importe, de facto auf Kosten der meisten anderen landwirtschaftlichen Kulturen, also Scheitern der geplanten Strategie inkrementeller Diversifizierung; nach 1970 zunächst Stabilisierung der Zuckerproduktion bei ca. 6 Millionen t, später langsames Wachstum bei gleichzeitiger Beschleunigung der Diversifizierung der anderen Sektoren, also erfolgreiche Anwendung der Strategie inkrementeller Diversifizierung. Die sog. 'Zuckerstrategie', also die Nutzung der Politik inkrementeller Diversifizierung, und ihre Form der agroindustriellen Diversifizierung um sekundäre sektorale Wachstumspole bilden zentrale Aspekte der folgenden Untersuchung. Die leitenden Fragestellungen sind u.a.: Inwieweit implizierte diese neue Konzeption der inkrementellen Diversifizierung die Tendenz zur Reproduktion der Zuckermonokultur und gefährdete die Strategie des exportgetriebenen Wachstums die notwendige Erschließung des Binnenmarkts? Inwieweit gibt es andere Gründe für die Zuckerstrategie als den meist ausschließlich angeführten der Finanzierung entwicklungsnotwendiger Importe, oder anders formuliert, inwieweit hat der Zuckersektor in Kuba andere Funktionen übernommen (Koppelungseffekte, Ausbreitungseffekte, Vorreiter technologischer Innovationen usw.), die die Rolle eines traditionellen Exportsektors überschreiten? Ist der Zuckersektor als effektiver Leitsektor geeignet? Wenn ja, unter welchen Bedingungen?

- Die Technologiepolitik und insbesondere die Technologiewahl: arbeitsintensive, relativ unproduktive versus hochproduktive, kapitalintensive und komplexe Technologie. In einer ersten Phase wurden häufig arbeitsintensiven Technologien geringerer Produktivität der Vorzug gegeben, weil eines der vorrangigen Ziele der revolutionären Regierung in der Beseitigung der Arbeitslosigkeit bestand. Da diese Strategie neue außenwirtschaftliche Probleme aufwarf und das Problem der strukturellen Arbeitslosigkeit relativ schnell an Bedeutung verlor, optierte man danach prinzipiell für moderne kapitalintensive Technologien, so weit dies angesichts knapper Finanzen, einer unentwickelten Kapitalgüterindustrie und der begrenzten Fähigkeit zur Absorption komplexer importierter Technologien möglich war. Soweit dies aufgrund der genannten Probleme nicht möglich war, wurden in Kuba entsprechende intermediäre Technologien entwickelt und besonders im Zuckersektor auf breiter Ebene eingeführt. Daneben versuchte man, dort neue hochproduktive Technologien zu entwickeln, die eine umfassende Nutzung und Industrialisierung spezifisch kubanischer Ressourcen ermöglichten, wo es entsprechende Technologien aus natürlichen oder sozioökonomischen Gründen nicht gab. Die beschäftigungspolitischen Konsequenzen der prinzipiellen Bevorzugung moderner, kapitalintensiver Technologien wurden bisher durch die Priorität für relativ arbeitsintensive Branchen (Landwirtschaft, Bausektor) und eine verhältnismäßig geringe Arbeitsproduktivität aufgefangen. Nicht zu belegen, aber durchaus plausibel ist die kubanische Befürchtung, daß ab Anfang der 80er Jahre das Problem der offenen Arbeitslosigkeit wieder akut werden wird.

7. Ideologie und Entwicklungskonzeption der castristischen Bewegung vor der Machtergreifung: Nationalkapitalistische versus nationalpopulistisch-etatistische Entwicklung

Jede Realanalyse des kubanischen Entwicklungsmodells bleibt begrifflos, wenn sie nicht die Motive und Ziele der kubanischen Führung, ihre Ideologie, d.h. in erster Linie die Castros, und deren entwicklungsstrategische Implikationen immanent zu verstehen sucht. Trotz des häufig zu Recht betonten Pragmatismus Castros und seiner taktischen Flexibilität sind die Besonderheiten des kubanischen Sozialismus im allgemeinen und der Entwicklungsstrategie im besonderen eng mit der spezifischen Ideologie des Castrismus verknüpft. Diese These impliziert weder eine personalisierende[1] noch eine idealistische Interpretation der nachrevolutionären Entwicklung; die relativ autonome Bedeutung der ideologischen Tradition wird klar sichtbar, wenn man die Kontinuität und die Konsistenz bestimmter Themen und Motive des Castrismus und ihre praktische Relevanz herausarbeitet. Spurenelemente des radikalen Nationalpopulismus des frühen Castro finden sich klar identifizierbar - trotz aller Transformationen - im Denken seiner späteren "marxistisch-leninistischen" Phase, wenn auch durch den gewandelten begrifflichen und realen Kontext verändert, verschoben, mit anderen Akzenten versehen; ohne Kenntnisnahme dieses Zusammenhangs bleibt die genaue Bedeutung einiger zentraler Aspekte der kubanischen Entwicklungsstrategie wie des kubanischen Verständnisses von Sozialismus verborgen. Interpretationen, die diesen Zusammenhang negieren[2], greifen daher zu kurz, indem sie bestimmte Kategorien und Motive aus ihrem lebendigen Zusammenhang reißen und Gefahr laufen, eigene Vorstellungen in das Untersuchungsobjekt zu projizieren.

Die leitenden Fragestellungen der Untersuchung der vorrevolutionären ideologischen Konstellationen waren: Wie interpretierte die castristische Bewegung die sozioökonomischen Probleme der vorrevolutionären kubanischen Gesellschaft, welches waren die anvisierten sozioökonomischen Ziele, die soziopolitische Strategie und die vorgeschlagenen institutionellen Reformen?

Inwiefern besteht eine Kontinuität des soziopolitischen und politisch-philosophischen Denkens Castros zwischen der nationalrevolutionär-demokratischen und der sozialistischen Phase? Inwiefern zeichnen sich schon in diesen frühen programmatischen Äußerungen zwischen einzelnen Repräsentanten und Tendenzen der Bewegung des 26. Juli (im folgenden abgekürzt als M-26-7) signifikante Divergenzen ab, die zur Erklärung der späteren politischen Konflikte mit beitragen. Ausführlich werden diese Unterschiede thematisiert an Castros vorrevolutionärer Ideologie einerseits und den "Ökonomischen Thesen" des M-26-7 andererseits.

Im Gegensatz zum bürgerlich-demokratischen Charakter der "Ökonomischen Thesen" läßt sich Castros vorrevolutionäre Ideologie am besten als Nationalpopulismus des radikalen Flügels des neuen städtischen Kleinbürgertums (Gruppen der Intelligenz, Angestellte, Beamte) charakterisieren, dessen Ambivalenz sich aus seiner unzureichenden wirtschaftlichen Basis erklärt. Das neue Kleinbürgertum selbst konnte nicht zur politisch hegemonischen und zur ökonomisch tragenden Klasse avancieren: Als Alternativen standen zu dem Zeitpunkt noch sowohl eine nationalkapitalistische als auch eine staatssozialistische Entwicklung offen, obwohl auch damals schon die Realisierbarkeit einer vom kubanischen Privatkapital organisierten umfassenden Industrialisierung angezweifelt wurde.

Zwischen der präsozialistischen und der marxistischen Phase Castros besteht eine doppelte Kontinuität: Einerseits war die Möglichkeit einer konsequent antiimperialistischen und antikapitalistischen Lösung durch Nationalisierung und Verstaatlichung als Möglichkeit schon im frühen Castro angelegt. Andererseits speisen sich viele Maßnahmen und Institutionen (Verstaatlichung, Strategie moralischer Anreize, die Rolle der Kleinbauern usw.) der sozialistischen Phase, so paradox das klingen mag, eher aus nationalpopulistischen als marxistisch-sozialistischen Motiven. Überspitzt ausgedrückt, die kubanische Strategie moralischer Anreize ist eher Ausdruck eines moralischen Nationalismus, der an die Pflicht aller Bürger appelliert, zur produktiven Entwicklung der Nation beizutragen, als aus einer antidogmatischen Reinterpretation der marxistischen Theorie abgeleitet, in der die fortschreitende Universalisierung moralischer Arbeitsanreize beim Übergang vom Sozialismus zum Kommunismus an bestimmte Bedingungen geknüpft ist, die in Kuba in keiner Weise gegeben waren. Mit anderen Worten: Schon hier zeichnet sich der spezifische Sinn des kubanischen Entwicklungs-Sozialismus mit seinen situationsgerechten etatistischen und ökonomistischen Zügen ab: die soziale Revolution als Voraussetzung der Überwindung von Unterentwicklung.

7.1. Castros früher radikaler Nationalpopulismus

Die Entwicklungskonzeption Castros vor 1959 soll relativ ausführlich analysiert werden, weil die Schriften und Reden Castros während dieser Periode unter dem speziellen entwicklungsstrategischen Aspekt kaum analysiert worden sind. Studien der kubanischen Entwicklungsstrategie beginnen meist mit der Phase der Redistributionspolitik nach der Machtergreifung[3], oder bleiben recht oberflächlich, weil sie sich auf relativ willkürlich ausgewählte Interpretationen aus der Sekundärliteratur stützen[4], was angesichts der kontroversen Interpretationen durchaus problematisch ist. Dieses Defizit beruht zum Teil wahrscheinlich darauf, daß die entsprechenden programmatischen Dokumente des M-26-7 und einige wichtige revolutionäre Reden und Manifeste Castros bisher nur schwer zugänglich waren. Diese Situation hat sich mit der Herausgabe der ausgewählten Werke Fidel Castros für die Zeit vor 1959 seit 1972 sichtlich verbessert[5].

Jede seriöse Studie der programmatischen Konzeption der Bewegung des 26.Juli muß berücksichtigen, daß diese Bewegung eine sozial, politisch und ideologisch heterogene Organisation war und daß die programmatischen Äußerungen Castros zum Teil unter taktischen Gesichtspunkten verfaßt wurden, also häufig Kompromisse darstellten. Die Schwierigkeiten der Interpretation werden noch dadurch verschärft, daß die programmatische Arbeit des M-26-7 noch in den Kinderschuhen steckte und die programmatischen Vorstellungen selber aufgrund ihres interklassistischen Appells in sich widersprüchlich waren.

Innerhalb des M-26-7 existierten mehrere ideologische Strömungen: grob ein rechter und ein linker Flügel. Die politisch-ideologische Ambiguität äußerte sich u.a. in divergierenden Stellungnahmen zu den Problemen der Demokratie, des Kommunismus und des Bündnisses mit der PSP, zur Agrarreform und zur Nationalisierung[6]. Die Demokratiekonzeption variierte von bürgerlich-demokratisch bis zu autoritären Varianten (z.B. pro und contra Peronismus). Einige, der linke Flügel um "Che" Guevara und Raul Castro, sahen im Bündnis mit der PSP zu der Zeit eine Bedingung der sozialistischen Radikalisierung des revolutionären Prozesses, während andere grundsätzlich antikommunistisch eingestellt waren[7]. Auf internationaler Ebene drückte sich dieser Konflikt in der Haltung zu den USA, der Sowjetunion und Lateinamerika aus. Der rechte Flügel befürwortete eine Strategie des Kompromisses mit den USA, propagierte die regional beschränkte Solidarität und Autonomie der Völker Lateinamerikas und forderte die Unabhängigkeit von allen Großmächten, während der linke Flügel den Konflikt mit den USA ohne den Verzicht auf die nationale Befreiung Kubas für unvermeidlich hielt und daher die Unterstützung der Sowjetunion anstrebte[8]. Auch die Radikalität der Agrarreform und der Umfang der Nationalisierungen waren kontrovers. Entsprechend vage war die Definition der Bewegung des 26. Juli durch Castro als "Bewegung ohne Haß gegen irgendwen. ... Ihre Reihen sind offen für alle Kubaner, die aufrichtig wünschen, daß die politische Demokratie wiederhergestellt und die soziale Gerechtigkeit in Kuba eingeführt wird."[9]

Die Rekonstruktion der entwicklungsprogrammatischen Konzeption der castristischen Bewegung wird zusätzlich durch die Widersprüche in den programmatischen Äußerungen Fidel Castros erschwert, des nach dem Tode von Frank Pais im November 1957 unumstrittenen Führers des M-26-7[10]. Diese Widersprüche sind zum Teil taktisch zu erklären, zum Teil jedoch konstitutives Element der frühen bis 1960/61 reichenden vormarxistischen, populistischen Ideologie Fidels. Die Nichtbeachtung des konkret-politischen Kontextes und der taktischen Ziele der Äußerungen Fidels vor 1959, besonders in der Zeit der Guerilla (Anfang 1957 bis Ende 1958) führt notwendig zu der deformierenden Charakterisierung der

Ideologie Castros als bürgerlich-demokratisch, meist um den späteren Verrat Castros an diesen gemäßigten Zielen und, sozial, den Mittelschichten demonstrieren zu können. Unabhängig vom Wandel der konkreten Situation versuchte Fidel vor 1959 eine möglichst breite Einheitsfront aller politischen und sozialen Kräfte gegen die Diktatur Batistas herzustellen, also die taktischen, unmittelbaren Gegner zu reduzieren und die unmittelbare Macht der revolutionären Kräfte zu multiplizieren. Diese Konzeption taktischer Flexibilität kam schon in dem politischen Instruktionen Castros aus dem Gefängnis vom 17. April 1954 zum Ausdruck: "Mit der allergrößten Geschmeidigkeit vorgehen, mit jedermann im Einverständnis bleiben. Die gleiche Taktik anwenden wie für den Prozeß: Wir haben danach noch genügend Zeit, alle Scheinheiligen auf einmal niederzuwälzen."[11] Diese taktische Flexibilität bezog sich auf das Verhalten gegenüber der nationalen Bourgeoisie, den Mittelschichten und gegenüber den USA und äußerte sich besonders klar in Castros widersprüchlichen Stellungnahmen zur Nationalisierung. Während in allen frühen Grundsatzdokumenten ("Die Geschichte wird mich freisprechen", dem Programm-Manifest des M-26-7) die Nationalisierung der US-Monopole zumindest im Sektor der öffentlichen Dienstleistungen gefordert worden war, deutete Fidel in einem Beitrag für die US-Öffentlichkeit scheinbar die Aufgabe dieses Ziels an: "Lassen Sie mich mit aller Verbindlichkeit sagen, daß wir hier keine Pläne für die Enteignung und Nationalisierung ausländischer Investitionen in Kuba haben ... Persönlich bin ich zu der Überzeugung gekommen, daß die Nationalisierung bestenfalls ein schwerfälliges Instrument ist."[12] Während sich Fidel so in seinen öffentlichen Äußerungen gegenüber den USA Mäßigung auferlegte[13], sah er schon im Juni 1958 die Unvermeidlichkeit eines scharfen Konflikts mit den USA zur Konsolidierung der nationalen Unabhängigkeit Kubas voraus[14]. Um diese taktische Rücksichtnahme zu isolieren, und weil nach der Machtergreifung diese frühen Grundsatzdokumente bei der ersten Phase der populistischen Redistributionspolitik Pate standen, stütze ich mich im folgenden in erster Linie auf Castros "Die Geschichte wird mich freisprechen" von 1953 und marginal auf das im Auftrag des M-26-7 von Mario Llerena verfaßte Programm-Manifest vom November 1956[15].

Soziopolitische Konzeption

Die widersprüchlichen Äußerungen Castros sind nur zum Teil auf taktische Rücksichtnahme zurückzuführen, zum Teil waren sie immanenter Bestandteil seiner früheren nationalpopulistischen Ideologie, Reflex der populistischen Multiklassenbasis der Bewegung des 26. Juli und Ausdruck der politisch-ideologischen Tradition, in der diese sich entwickelte[16]. Das Wesen der nationalpopulistischen Ideologie bestand darin, daß sie zum einen eklektisch, unpräzise, theoretisch nicht reflektiert und sozial inkonsistent war, und daß zum anderen ihre Kapitalismuskritik nicht Kritik der kapitalistischen Arbeitsteilung im Interesse der sozialen Emanzipation der Arbeiterklasse war, sondern Kritik der Unfähigkeit des kubanischen Privatkapitals zur Entwicklung der Produktivkräfte der Nation. Das erstgenannte Kennzeichen der vorrevolutionären castristischen Ideologie hat Manitzas treffend zusammengefaßt, indem er sie als ein "Potpourri" charakterisierte, in dem sich der "Einfluß von José Marti, der Programme der Parteien der Authenticos und der Orthodoxos der 30er und 40er Jahre, allgemeinerer Strömungen des amerikanischen Denkens, besonders vom Typ der Ideologie der Apra, und schließlich bestimmter populistischer und egalitärer Theorien, die im 20. Jahrhundert z.B. international dominierten"[17], mischten.

Das castristische Programm vor 1959 war weder bürgerlich-demokratisch noch konsequent sozialistisch. Bürgerlich-demokratisch war es nicht, weil es sich programmatisch primär an den Lebensinteressen der Unterklasse orientierte, antikapitalistische Elemente enthielt und von Anfang an eine tiefgreifende strukturelle Revolution anvisierte und nicht nur die Restauration der bürgerlich-parlamentarischen Demokratie[18]. Eindeutig sozialistisch war es aber auch nicht, obwohl die Untergrundzeitung des M-26-7 in einer programmatischen Erklärung die Ziele dieser Organisation schon im Februar 1957 als "demokratisch, nationalistisch und sozialistisch"[19] charakterisierte, da es die Kooperation des nationalen, mit Einschränkungen auch des ausländischen Kapitals bei der Industrialisierung Kubas nicht prinzipiell ausschloß. Letztendlich hatte dies seinen Grund darin, daß der nationalpopulistische Antikapitalismus Castros primär entwicklungspolitisch und nicht sozial-emanzipatorisch motiviert war. Das nationale Privatkapital war solange politisch akzeptabel, wie es seiner moralischen Verpflichtung gegenüber der Nation nachkam und im Rahmen einer staatlichen Perspektivplanung unter staatlich gesetzten sozialen Bedingungen zur Entwicklung der nationalen Produktivkräfte beitrug. Sollte es sich dazu nicht willens oder in der Lage erweisen, antizipierte Castro eine umfassendere Initiative und Verantwortung des Staates besonders im Industrialisierungsprozeß. Dementsprechend verlief die Scheidelinie zwischen den revolutionären und den konterrevolutionären Klassen in der strategischen Vision nicht zwischen dem Proletariat und seinen Verbündeten auf der einen Seite und dem Kapital auf der anderen Seite, sondern zwischen den produktiven und den der nationalen Entwicklung moralisch verbundenen Klassen einerseits und den unproduktiven, antinationalen und korrupten sozialen Schichten andererseits. Grundsätzlich ausgeschlossen waren also nur die unproduktiven Großgrundbesitzer, Wucherer und Spekulanten, die antinationale, von Castro später abhängige "Lumpenbourgeoisie"[20] getaufte Fraktion des Kapitals und die korrupten traditionellen Politiker. Über die historische Rolle der nationalen Bourgeoisie sollte erst die entwicklungspolitische Praxis entscheiden. Politisch war diese Vision durchaus kompatibel mit dem Denken in Kategorien einer revolutionären Elite, deren historische Aufgabe es war, mittels eines starken, sich auf die Unterprivilegierten stützenden Staates die kubanische Nation von wirtschaftlicher Unterentwicklung, Fremdherrschaft, sozialem Elend und aus der politisch-moralischen Krise zu befreien, in der sie sich befand.

Die Ziele der castristischen Bewegung beschränkten sich nie auf den Sturz der Batista-Diktatur und die Wiederherstellung der parlamentarischen Demokratie; darüber bestand in der revolutionären Bewegung allgemeiner Konsens: "Wir kämpfen nicht einfach, um eine Bande von Verbrechern zu entmachten oder die alten durch neue Bosse zu ersetzen ... Wir sind nicht willens, ... eine Kolonie als Vaterland und die Herrschaft einer Clique von Ausbeutern mit demokratischer Fassade zu akzeptieren."[21]

Die Konzeption des "Business as usual" plus politische Demokratie wurde nur von den liberalen, aber sozialkonservativen Kräften vertreten, die innerhalb der ersten provisorischen Regierung zwar dominierten, aber nicht der Bewegung des 26.Juli angehörten, sondern aus der Opposition der sogenannten bürgerlichen Institutionen kamen wie z.B. Lopez-Fresquet und Urrutia. Diese wollten zum demokratischen Status quo ante vor der zweiten Machtergreifung Batistas zurückkehren, ohne Grundelemente des sozioökonomischen Systems zu reformieren. Schon im Programm- Manifest war zwischen mehreren Stadien des revolutionären Kampfes unterschieden worden, der negativen Phase des Sturzes der Diktatur und der positiven Phase des "Aufbaus eines großen Vaterlandes" und der "Rekonstruktion der Nation"[22]. Ziel war eine umfassende soziale Revolution, kein reiner Personenwechsel oder auch nur Stückwerksreformen: "Das revolutionäre Ziel umfaßt politische, wirtschaftliche, soziale und kulturelle Aspekte. Es betrifft alle Bereiche des menschlichen Lebens."[23]

Castros Definition der sozialen Basis der revolutionären Bewegung gegen Batista war äußerst ambivalent. Einerseits bezieht sich Castro in seiner Analyse der zu lösenden sozialen und wirtschaftlichen Probleme und in seiner Definition der sozialen Träger der revolutionären Bewegung eindeutig auf die unterprivilegierten sozialen Schichten und zusätzlich die professionellen Mittelschichten und das Kleinbürgertum: "Wenn wir vom Volk sprechen, verstehen wir darunter nicht die wohlhabenden, konservativen Kreise der Nation, denen jedes Unterdrückungsregime, jede Diktatur, jede Gewaltherrschaft recht ist, ... Wenn wir vom Volk sprechen und uns auf den Kampf beziehen, meinen wir die sechshunderttausend arbeitslosen Kubaner...; die fünfhunderttausend Landarbeiter, die in elenden Hütten hausen, die nur vier Monate im Jahr Arbeit finden und den Rest des Jahres Hunger leiden... Unter Volk verstehen wir die vierhunderttausend Industriearbeiter und Tagelöhner, für deren Altersversorgung kein Geld vorhanden ist, denen die mühsam erkämpften Errungenschaften wieder entrissen werden, deren Wohnungen in den Elendsvierteln die erbärmlichsten Löcher sind, deren Löhne aus der Hand des Unternehmers in die Hände der Wucherer und Spekulanten wandern ...

Unter Volk verstehen wir die hunderttausend Kleinbauern, die ihr Leben lang ein Land bearbeiten, das ihnen nicht gehört... Das Volk sind für uns die dreißigtausend selbstlosen, opferbereiten Lehrer und Professoren, die für ein besseres Los zukünftiger Generationen notwendig sind und doch so schlecht behandelt und bezahlt werden. Zum Volk gehören auch die zwanzigtausend verschuldeten Kleinhändler ... Das Volk sind die zehntausend jungen Intellektuellen..., die nach Beendigung des Studiums hoffnungsvoll und tatendurstig aus den Hörsälen kommen und sich in einer Sackgasse wiederfinden... Das ist das Volk, dem alles Leid aufgebürdet wird und das gerade deshalb fähig ist, mit dem größten Mut zu kämpfen..."[24]

Andererseits - und nicht nur in den taktisch motivierten tagespolitischen Äußerungen - vertrat Castro jedoch eine viel breitere interklassistische, nationale Konzeption der revolutionären Bewegung gegen Batista, in der auch die nationale, demokratische und produktive Bourgeoisie eingeschlossen war. Bis Anfang 1960 blieb das Verhältnis zur nationalen Bourgeoisie und der Mittelschicht ambivalent, offen. In einem Aufsatz von Anfang 1960 charakterisierte "Che" Guevara die kubanische Revolution als breite nationale Agrarrevolution, "die die enthusiastische Unterstützung der Arbeiter, der Mittelschichten und heute sogar der Industriellen hat"[25]. In dem gleichen Aufsatz wird jedoch deutlich, daß er die Bauern und die Arbeiter als die Hauptklassen der revolutionären Klassenkoalition betrachtete: "Zwei große Schichten des Volkes sind vereint: die Bauern und die Arbeiter."[26]

Der Bezug auf die sozial Unterprivilegierten entsprang bei Castro jedoch keiner marxistischen Klassenanalyse. Insofern bezog er sich auch nicht primär und allein auf die organisierte Arbeiter- und Bauernbewegung, sondern auf die Unterschichten allgemein und besonders die Marginalisierten: die "ungeschätzten Massen", die unorganisierten Teile der Arbeiterklasse und der Bauern und die Arbeitslosen, die sich durch die existierenden institutionellen Kanäle kein Gehör verschaffen konnten und auch durch die traditionellen Oppositionsparteien nur unangemessen repräsentiert wurden: "Diese Revolution hat zum Ziel, die am meisten erniedrigten und bedürftigen Sektoren der Nation zu den Hauptnutznießern der revolutionären Maßnahmen zu machen."[27] Außerdem spielten in Castros vorrevolutionärer Ideologie das Kleinbürgertum und kleinbürgerliche Ideale eine substantiellere Rolle als in der marxistischen Programmatik: "Während auf dem Lande das Ideal darin besteht, daß jede Familie ihr Stück Land besitzt, ist in der Stadt das Ziel, daß jede Familie ihr Haus oder ihre Wohnung als Eigentum hat."[28] Ihnen bot sich die neue revolutionäre Bewegung der jungen Generation in nahezu messianischer Weise als Instrument ihrer "Erlösung" an: "Wir betrachten Politik nicht in der Weise wie die traditionellen Politiker. Wir sind nicht an unserem persönlichen Gewinn, sondern am Wohl des Volkes interessiert, dem wir als Missionare eines Ideals der Erlösung dienen."[29]

Das bedeutete, daß die castristische Bewegung ihre soziale Bewegung breiter und allgemeiner definierte als die kommunistische PSP, die sich primär auf die Arbeiterklasse stützte, und für die die Bauern, Kleinbürger und die nationale Bourgeoisie nur Bündnispartner waren. Die PSP war demgemäß in erster Linie in dem am besten organisierten Sektor der Arbeiterklasse verankert, den Zuckerarbeitern,und der städtischen Arbeiterbewegung, aber kaum in der anderen Landbevölkerung[30]. Das M-26-7 dagegen war eine multiklassistische, sozial heterogene Organisation. Vorherrschend unter den Mitgliedern war das städtische Kleinbürgertum, auch noch nachdem die Guerilla-Armee zunehmend Zulauf von den Kleinbauern und den Landarbeitern der Sierra Maestra erhielt[31]. Der Kreis der politischen Sympathisanten und die inaktive soziale Basis des Castrismus war jedoch auch schon vor der Machtergreifung weitaus breiter.

Neben den dominierenden und eindeutigen antioligarchischen und antiimperialistischen Elementen enthielt die Ideologie des M-26-7 schon Ansätze einer Kapitalismuskritik: "Die Erfahrung der wirtschaftlichen Entwicklung anderer Nationen im 19. und 20. Jahrhundert hat gezeigt, daß das kapitalistische System des freien Unternehmertums unvermeidlich zur Akkumulation von Reichtum in wenigen Händen führt, während die Mehrheit ausgebeutet wird."[32]

Doch die Konsequenz daraus war keine umfassende Sozialisierungspolitik, sondern nur die Nationalisierung der öffentlichen Dienstleistungen und in unbestimmtem Ausmaß des ausländischen Kapitals, die Einführung von Planungstechniken wie in den USA (!) und die Garantie auch sozialer Rechte (auf Arbeit, auf einen angemessenen Lebensstandard usw.) und sozialstaatlicher Maßnahmen (Bildung, Wohnungsbau, medizinische Versorgung, Sozialversicherung). In dieser Hinsicht erinnert das Programm-Manifest an das sozialdemokratische Konzept des geplanten und organisierten Kapitalismus und impliziert keine grundsätzliche Kapitalismuskritik. Als die Hauptinstitutionen, die der wirtschaftlichen Entwicklung entgegenstanden, wurden das Latifundium und das ausländische Eigentum der öffentlichen Dienstleistungen und des Bodens betrachtet. Im Sinne der Verfassung von 1940 forderte Castro daher das Verbot des Latifundiums und "die notwendigen Maßnahmen, um alles Land an Kubaner zurückzugeben"[33].

Verständlich wird dieser ambivalente Antikapitalismus, wenn man seine Motive näher betrachtet: Er speist sich weniger aus dem Interesse einer schon entwickelten Arbeiterklasse an ihrer sozialen Emanzipation als aus dem durch den weitverbreiteten Luxuskonsum und den hohen Anteil unproduktiver Investitionen der kubanischen Bourgeoisie genährten Zweifel an der Potenz des Privatkapitals, seiner historischen Aufgabe, v.a. der Industrialisierung Kubas, gerecht zu werden. Die Entfaltung der produktiven Kräfte der kubanischen Nation wurde als das neue strategische Ziel nach der Erlangung der politischen Unabhängigkeit und der Republik deklariert und als das fundamentale politische Problem definiert, das nur durch das aktive, uneigennützige Engagement der Bürger und mit Unterstützung des Staates zu lösen sei: "Die Zukunft der Nation und die Lösung ihrer Probleme kann nicht länger von dem egoistischen Interesse eines Dutzend Bankiers und dem kalten Profitkalkül von 10 oder 12 Magnaten... abhängig sein. Das Land kann nicht länger auf den Knien um ein Wunder eines goldenen Kalbes wie im alten Testament ... bitten. Das goldene Kalb kann keine Wunder vollbringen. Die Probleme der Republik können nur gelöst werden, wenn wir dafür mit der gleichen

Energie, Ehrenhaftigkeit und dem Patriotismus kämpfen wie es unsere Befreier für die Errichtung der Republik getan haben. ... Aber die Privatunternehmer bleiben untätig und fordern, daß die Arbeiter Opfer bringen, der Staat seine Arme verschränkt, und daß die Industrialisierung für immer aufgeschoben werden soll."[34] Betont wird, im Gegensatz zur Gefahr der unproduktiven Anlage des Kapitals, die produktive Rolle der Arbeiterklasse. Diese soll durch die Umverteilung des Einkommens zugunsten der arbeitenden Klassen honoriert werden: "Aber wenn die Arbeit einmal als integraler Teil des Produktionsprozesses definiert ist, werden Klassenkonflikte bezüglich des Kapitals aufhören oder außerordentlich abnehmen. Indem wir die funktionelle Bedeutung der 'Arbeit' hervorheben und die Privilegien des 'Kapitals' begrenzen, werden wir einen Zustand der Solidarität und Harmonie zwischen den beiden erreichen, wodurch die Produktivität und der gesamtgesellschaftliche Nutzen erhöht werden wird."[35]

Die kubanische Revolution definierte ihren sozialen Charakter, ihre soziale Basis und ihre sozialen Gegner bis zur sozialistischen Phase der Revolution Mitte 1960, und zum Teil noch später, nicht in marxistischen, klassentheoretischen Begriffen, sondern in moralischen und nationalistischen Kategorien. Ausbeutung wurde nicht begriffen als Ausbeutung sozialer Klassen, sondern als Ausbeutung der Nation: "Ich bin der Überzeugung, daß die Nation nicht zum ausschließlichen Nutzen und zum Vorteil einiger weniger existiert sondern allen gehört."[36] Am klarsten wurde diese nationalistische Ideologie in dem "Programm-Manifest" artikuliert: "Die Bewegung des 26. Juli nimmt ihre Ideen bezüglich sozialer Probleme von Marti.Ihr Ideal ist die organische Einheit der Nation. Gemäß dieses Konzepts soll keine Gruppe, Klasse, Rasse oder Religion das Gemeinwohl ihren partikularen Interessen opfern."[37] Ziel der Revolution war folglich die "vollständige Integration ... der Nation"[38], nicht die soziale Befreiung des Proletariats durch den Klassenkampf. Daher war das Kriterium für die Mitarbeit in der revolutionären Bewegung nicht soziologischer Natur, auch nicht das Klassenbewußtsein, sondern die moralische und nationale Integrität: "Die Revolution erklärt ihre Liebe und ihr Vertrauen in die Tugend, Ehrenhaftigkeit und Würde unseres Volkes und drückt ihre Absicht aus, mit allen zusammenarbeiten zu wollen, die es wert sind, an der großen Aufgabe der Rekonstruktion Kubas teilzunehmen. Solche Leute können an allen Plätzen und in allen Institutionen Kubas gefunden werden, von der Bauernhütte bis zum Hauptquartier der Streitkräfte. Dies ist keine Revolution von Kasten."[39] Der späteren Radikalisierung der Revolution entsprach ab 1960 eine Einengung des Begriffs der Nation; ausgeschlossen wurden diejenigen, die sich geweigert hatten, ihre privaten den gesamtnationalen Interessen unterzuordnen und im Interesse der ausländischen Gegner der Revolution agierten: Das waren in erster Linie die Latifundienbesitzer und die kubanischen Großindustriellen.

Die politisch-philosophischen Leitbegriffe des M-26-7 waren demokratische Freiheit, soziale Gerechtigkeit sowie nationale und individuelle Würde. Der zentrale politisch-philosophische Grundbegriff war der der moralischen Würde des Menschen. Ziel der revolutionären Politik war es daher, die politischen, sozialen und ökonomischen Bedingungen ihrer Realisierung herzustellen: "Die Bewegung des 26. Juli erklärt zusammenfassend, daß die obengenannten Grundsätze dem Denken José Martis entspringen, der einmal gesagt hat, daß das Grundprinzip die volle Würde des Menschen ist. Alle menschlichen Beziehungen - Vaterland, Politik, Wirtschaft, Erziehung - konvergieren in diesem Punkt."[40]

Diese nationalistischen und moralischen Aspekte der nationalpopulistischen Ideologie setzen diese in einen zum Teil impliziten, zum Teil expliziten Gegensatz zum Marxismus. Der nationalistische Inhalt schließt aus, daß die "Ideologie (der Revolution, H.F.) etwas sein wird, das von anderen Ländern importiert"[41] werden kann und soll ihre Verankerung in der kubanischen Erfahrung garantieren. Die starke moralphilosophische Untermauerung der revolutionären Ideologie bedeutete nach Llerena die Kritik des ökonomischen Determinismus, womit offensichtlich der Marxismus gemeint war: "Sie (die Bewegung des 26. Juli, H.F.) inspiriert sich in dem moralischen Prinzip der Würde des Menschen und nicht in dem Determinismus ökonomischer Begriffe (daher weist sie entschieden den Kommunismus, den Faschismus und jedwedes andere totalitäre Glaubensbekenntnis zurück)."[42]

Die Kritik partikularer Gruppeninteressen richtete sich nicht nur gegen die herrschende Klasse, sondern gegen jegliche privilegierten und partikularen Gruppeninteressen. Politisch implizierte dies damals die Kritik der ökonomistischen Klassenphilosophie und des Korporatismus der kollaborationistischen Führer der Arbeiterbewegung: "Das Verhalten (der Arbeiterklasse, H.F.) ist die Folge einer Klassenphilosophie,die gleichgültig gegenüber nationalen Problemen ist, wenn man sie nicht ausbeuten kann , welche in der Herausbildung des Begriffs der Arbeit in Kuba vorgeherrscht hat. ... Der Arbeiterklasse sollten die Sorgen des Vaterlandes nicht fremd sein; sie sollte ihre Isolation als Klasse und ihre negative Passivität aufgeben, die von der unehrenhaften und verräterischen Führung der Arbeiterbewegung gefördert worden ist."[43] Diese prinzipielle Option erhellt spätere politische Entscheidungen der Revolutionsregierung, die sich im Interesse der Nation auch gegen Gruppeninteressen innerhalb des revolutionären Blocks richteten, wie z.B. das Votum gegen Lohnerhöhungen der privilegierten beschäftigten Arbeiter zugunsten der Beschäftigung der bisher Arbeitslosen oder die Entscheidung für Staatsfarmen und gegen Kooperativen von Landarbeitern.

Sozioökonomische Wachstumsstrategie

Die dringendsten sozioökonomischen Probleme Kubas waren nach Castro das "Problem des Landes, das Problem der Industrialisierung, das Wohnungsproblem, das Problem der Arbeitslosigkeit und die Probleme der Erziehung und der medizinischen Versorgung des Volkes"[44]. Die wirtschaftlichen Probleme der Unterklassen galt es nach Castro durch die Umverteilung von Land und Einkommen und die Mobilisierung der ungenutzten Ressourcen zu lösen. Insofern ist Castros Konzeption vor 1959 schon stärker Sozialökonomie im Interesse der Unterprivilegierten als die Konzeption der "Ökonomischen Thesen". Der Akzent liegt bei Castro nicht so sehr auf dem wirtschaftlichen Wachstum als solchem mit dem Nebenprodukt von Vollbeschäftigung und Einkommenswachstum auch für die arbeitenden Klassen, sondern auf dem Wachstum der Produktion zur Befriedigung der Bedürfnisse der unterprivilegierten Klassen:

"Es gibt keine Ökonomie für die Landarbeiter, die kein Land besitzen; es gibt keine Ökonomie für die Millionen arbeitsloser Kubaner; es gibt keine Ökonomie für'die städtischen Arbeiter'. Sie können nur in die Wirtschaft integriert werden durch eine gerechte Revolution, die das Land umverteilt, die riesigen Ressourcen des Landes mobilisiert und die sozialen Bedingungen egalisiert, indem sie den Privilegien und der Ausbeutung ein Ende bereitet."[45]

Die vorgeschlagenen Maßnahmen waren allerdings eher ein Katalog aneinandergereihter ökonomischer Ziele, kein konkreter, detaillierter Wirtschaftsplan mit Zeitangaben und Prioritätensetzung hinsichtlich der Reihenfolge der zu erreichenden Ziele. Erreicht werden sollte ein schnelleres wirtschaftliches Wachstum, die Überwindung der Zuckermonokultur und -monoexportstruktur durch die Diversifizierung der Landwirtschaft und eine umfassende Industrialisierung, die Überwindung der Abhängigkeit von den USA durch eine breitere regionale Streuung des Außenhandels, Vollbeschäftigung, Steigerung des Lebensstandards durch den Ausbau des Bildungs- und Gesundheitswesens und eine Redistribution der Einkommen zugunsten der wirtschaftlich Benachteiligten, zur Konstitution eines Binnenmarkts für Massenkonsumgüter. Als politisch-institutionelle Voraussetzungen dafür wurden die Wiederherstellung der Demokratie, eine moralisch integre Regierung und eine demokratische Planung der Wirtschaft genannt. Diese Ziele waren in erster Linie negativ aus den erkannten Defiziten abgeleitet, wie Herbert Matthews zu Recht festgestellt hat: "Es bestand eine Zuckermonokultur; notwendig ist die Diversifizierung der Landwirtschaft. Es bestand eine vollständige Abhängigkeit von den USA; anzustreben ist die wirtschaftliche Unabhängigkeit von den Amerikanern. Die Wirtschaft war vorwiegend agrarisch; also gilt es zu industrialisieren. Der Boden gehörte überwiegend großen Plantagenbesitzern, die einen erheblichen Teil der Agrarfläche nicht nutzten; also war eine Agrarreform und die Bearbeitung der gesamten Agrarfläche erforderlich. Es existierte Arbeitslosigkeit und Unterbeschäftigung; sinnvoll war die volle Beschäftigung aller Arbeitskräfte."[46]

Castro und offensichtlich die gesamte revolutionäre Führungsspitze glaubten zu Beginn der postrevolutionären Phase offensichtlich, daß diese Ziele gleichzeitig und in einer relativ kurzen Zeitspanne zu realisieren seien. Die vorrevolutionäre Konzeption der Agrarreform, der Industrialisierung und der Redistribution von Einkommen und Besitz wird im folgenden etwas eingehender behandelt.

Die umfassendste und radikalste Stellungnahme Castros zur Agrarreform, in der auch die meisten Elemente der späteren ersten nachrevolutionären Agrarreform zu finden sind, findet sich in seiner Verteidigungsrede vor Gericht von 1953. Der Landwirtschaft und der in ihr arbeitenden Bevölkerung wird dort aus wirtschaftlichen und politischen Gründen eine erstrangige Bedeutung zugemessen: "Wenn Kuba hauptsächlich ein Agrarland ist; wenn Bauern einen großen Teil der Bevölkerung ausmachen; wenn die Städte von der Landwirtschaft abhängig sind; wenn die Landbevölkerung unseren Unabhängigkeitskrieg geführt hat; wenn die Größe und Prosperität unserer Nation von einer gesunden und starken Bauernschaft abhängig ist, die ihr Land liebt und versteht es zu kultivieren, und von einem Staat, der diese schützt und anleitet, wie kann dieser Zustand (einer rückständigen Landwirtschaft, H.F.) dann ewig fortbestehen."[47]
Als institutionelle Reformen wurden vorgeschlagen: die Zerstörung der monopolistischen Landkontrolle durch die Latifundien, die Überführung des von 100.000 Kleinstpächtern bearbeiteten Landes in deren Eigentum und die Verteilung des übrigen enteigneten Landes, also des Teils, der nicht von Pächtern bearbeitet worden war, unter die landlosen Familien, die Bildung von Kooperativen für den Erwerb und die effiziente Nutzung kostspieliger Ausrüstungen und die staatliche Hilfe für die Bauern, deren Ziel es sein sollte, diesen "alle notwendigen Ressourcen, Ausrüstungen, Schutz und Know-how zur Verfügung zu stellen."[48]
Mittels der von Castro vorgeschlagenen institutionellen Reformen sollten die ungenutzten menschlichen und natürlichen Ressourcen mobilisiert und genutzt, die Agrarproduktion erhöht und diversifiziert und die ländliche Armut beseitigt werden.

Castros damalige Konzeption der Agrarreform (1953) war damit schon weit radikaler als die Vorschläge der Orthodoxos[49] und das Sierra Maestra-Manifest, das Castro am 12. Juli 1957 mit F. Pazos und Raul Chibas veröffentlichte. In diesem wurde nur die Verteilung des brachliegenden Landes befürwortet; die Eigentümer sollten sofort entschädigt werden,und es fehlte der Hinweis auf die Kooperativen und die notwendige staatliche Hilfe[50]. Castros Vorstellungen waren auch weitaus radikaler als die Vorstellungen von Enrique Oltusky, dem Agrarexperten des M-26-7, die dieser in einer Debatte mit "Che" Guevara Ende 1958 darlegte. Oltusky forderte nur die höhere Besteuerung der Großgrundbesitzer, um mit diesem zusätzlichen staatlichen Einkommen Land von ihnen zu kaufen und, auf Kredit, an die Bauern zu verkaufen[51]. Die erste noch in der Sierra Maestra während des Guerilla-Kampfes vor der zentralen Machtergreifung erlassene Agrarreform vom Oktober 1958 (Gesetz Nr.3) folgte im wesentlichen aus taktischen Gründen eher dem Sierra Maestra-Manifest als der frühen radikaleren Konzeption Castros[52].

Die Priorität für die Landbevölkerung spiegelte sich auch in den Prioritäten für die staatlichen infrastrukturellen Investitionen. Bei seiner Kritik des "urban bias" der Bildungskonzeption stützte sich Castro auf José Marti: "Ein schwerer Fehler wird in Lateinamerika begangen. In Nationen, die fast ausschließlich von landwirtschaftlichen Produkten leben, wird die Bevölkerung nur für das Leben in der Stadt erzogen und nicht für das Leben in der Landwirtschaft vorbereitet."[53] Mit der Entwicklung des Guerilla-Kampfes stabilisierte sich diese Prioritätensetzung, wie das folgende Zitat Fidels aus seinem Brief an Frank Pais (Mitte Juni 1957) reflektiert: "Wenn wir diesen Krieg weiterführen, wird sich keine Militärjunta aufrechterhalten können; dazu brauchen wir nur die Unterstützung der Bauern. Sie werden nicht aufhören, bevor die Berge nicht wirklich ihnen gehören und bevor diese nicht mit Straßen übersät und voller Krankenhäuser und Schulen sind."[54]

Trotz dieses "agrarian bias" war die Notwendigkeit einer möglichst schnellen und breiten Industrialisierung der Kern der Wachstumsstrategie. Die Industrialisierung "ist der Hauptpunkt unserer wirtschaftlichen Plattform - Industrialisierung so schnell wie möglich. ... Industrialisierung ist das Herz unseres wirtschaftlichen Fortschritts."[55] Denn nur dadurch könne die abhängige Integration Kubas in die ungleiche internationale Arbeitsteilung überwurden werden[56]. Die Industrialisierung sei notwendig, um "das Land von der moralischen und materiellen Abhängigkeit (zu befreien), in der es sich befindet."[57] Neben der wirtschaftlichen Unabhängigkeit und der Diversifizierung der Wirtschaft zum Zwecke der Substitution von Importen durch nationale Produkte war die Beseitigung der Arbeitslosigkeit ein Hauptmotiv der Industrialisierung. Dazu sei ein möglichst breites Spektrum von neuen Industrien inklusive einer eigenen Schwerindustrie erforderlich. Diese Konzeption einer schnellen und breiten Industrialisierung schloß jedoch nach Castro die Modernisierung der Landwirtschaft und eine an Kubas spezifische natürliche Ressourcen (Mineralien und Agrarprodukte) anknüpfende Industrialisierungsstrategie nicht aus:"Wir müssen sowohl unsere Anbaumethoden und unsere Viehzucht wie auch die Produktion unserer Nahrungsmittelindustrien verbessern."[58] In den Grundzügen wird hier schon die spätere Konzeption der Agroindustrialisierung und der konzentrischen Diversifizierung antizipiert: "Unser Land ist reich an natürlichen Ressourcen. Wir brauchen eine angemessene Konservenindustrie, um unsere herrlichen Früchte zu nutzen; die Expansion der industriellen Kapazitäten zur Verarbeitung von Zucker und Zuckerrohrnebenprodukten, ...; und die Grundsteinlegung für eine Handelsflotte für große Entfernungen."[59] Noch sah Castro nicht die Probleme einer Strategie schneller und umfassender Industrialisierung unter kubanischen Bedingungen.

Die Mittel für die Industrialisierung sollten durch die Mobilisierung des inaktiven Kapitals, das Castro 1953 auf über 1,5 Mrd $ schätzte, bereitgestellt werden[60]. Die Rolle des Staates selber im Industrialisierungsprozeß bleibt, wie schon dargelegt, unklar.

Einerseits wird in Castros programmatischer Verteidigungsrede die Fähigkeit des Privatkapitals zur Industrialisierung angezweifelt und in dem ersten Manifest aus der Sierra Maestra wird die Planung und das Vorantreiben der Industrialisierung durch den Staat gefordert[61]. Dagegen wird im allgemeinen öffentlich die Notwendigkeit der Verstaatlichung als Voraussetzung staatlich gesteuerter Industrialisierung zurückgewiesen. Selbst die "umfassende Nationalisierung ausländischen Eigentums wurde als Hindernis einer möglichst schnellen Industrialisierung"[62] betrachtet. Allein das durch Beamte und Politiker illegal angeeignete öffentliche Eigentum sollte konfisziert und auch zur Finanzierung industrieller Projekte genutzt werden[63].

Dem Ziel der Umverteilung von Einkommen und Besitz, einem Akt sozialer Gerechtigkeit mit der gleichzeitigen Funktion der Förderung der wirtschaftlichen Entwicklung, dienten mehrere der von Castro schon in seiner Verteidigungsrede von 1953 vorgeschlagenen revolutionären Gesetze[64]: 1) Die Garantie des Grundbesitzes für die Pächter aller Art, die bis zu 67 ha bearbeiteten. Dieses Land sollte unentgeltlich an die Bauern verteilt werden, während der Staat die enteigneten Großgrundbesitzer im Laufe von 10 Jahren zu entschädigen hätte. 2) Die Arbeiter und Angestellten der Großbetriebe der Industrie, des Handels und des Bergbaus sollten mit 30 % zusätzlich zu ihren Löhnen an den Profiten beteiligt werden. 3) Der Anteil der Zuckerrohrbauern an dem Wert der Zuckerproduktion sollte auf 55 % erhöht werden und die Mindestmahlquote pro Bauer auf 900.000 Pfund Zuckerrohr heraufgesetzt werden. An anderer Stelle forderte Castro die später durchgeführte Senkung der Mieten[65].

Castro propagierte also eine sicher im Verhältnis zu der der Authenticos und der Orthodoxos radikale Agrarreform und Redistributionspolitik, aber keine eindeutig sozialistische Politik. Das fünfte revolutionäre Gesetz bedeutete eine marginale Stärkung der wirtschaftlichen Rolle des Staates, weil es die Enteignung des fälschlicherweise von Staatsbeamten angeeigneten Vermögens forderte. Überhaupt wurde die aktive Rolle des Staates gefordert;

er sollte die Bauern schützen, anleiten und ihnen finanzielle und technische Hilfe leisten[66], die Industrialisierung planen und vorantreiben, "alle menschlichen und ökonomischen Ressourcen der Nation mobilisieren"[67] und sozialstaatliche Maßnahmen durchsetzen. Zur Durchsetzung dieser leitenden Funktion des Staates forderte Castro jedoch keine umfassende Verstaatlichung. Ausdrücklich und eindeutig wurde das staatliche Eigentum nur für öffentliche Dienstleistungen[68], das Bildungssystem und die medizinische Versorgung[69] gefordert.

In den frühen nationalpopulistischen Vorstellungen Castros sind, so viel dürfte klargeworden sein, schon wichtige Motive und, implizit, Zielkonflikte der späteren Entwicklungsstrategie enthalten: die Priorität für die Landwirtschaft und die Landbevölkerung; die Orientierung an den fundamentalen individuellen und kollektiven Bedürfnissen der Mehrheit der Bevölkerung; die hohe Priorität für den sozialen Konsum (medizinische Versorgung, Bildung); die Umverteilung von Besitz und Einkommen als Voraussetzung eines an den Bedürfnissen der bisher Unterprivilegierten orientierten neuen Wachstumsmodells; das Konzept einer umfassenden Industrialisierung bei gleichzeitiger Anknüpfung an die besonderen natürlichen Ressourcen Kubas, in Ansätzen also schon das Konzept der Agro-Industrialisierung; das Streben nach wirtschaftlicher Selbständigkeit und der Entfaltung der produktiven Kapazitäten des kubanischen Volkes bei gleichzeitiger Ausnutzung der Vorteile des Außenhandels; der Begriff moralischer Arbeitsmotivation im Interesse des nationalen Fortschritts.

7.2. Die "Ökonomischen Thesen" der Bewegung des 26. Juli

Die von Felipe Pazos und Regino Boti ausgearbeiteten "Ökonomischen Thesen" stellen das detaillierteste programmatische Dokument des M-26-7 zur zukünftigen Wirtschaftspolitik der revolutionären Regierung dar[70]. Da hier einige Grundideen der ersten redistributiven Phase (1959 bis 1961), zum Teil aber auch noch der Wachstumsstrategie des ersten Vierjahresplans (1961 - 1964) vorgezeichnet sind und dieses Dokument in der deutschen Kuba-

Literatur kaum bekannt ist, soll hier ein wenig ausführlicher darauf eingegangen werden. Die Absicht ist, das Verhältnis zwischen diesem Programm und den damaligen Vorstellungen Castros zu bestimmen sowie einige Überlegungen über das Verhältnis zur späteren Entwicklungsstrategie anzustellen. Ideologisch sind die "Ökonomischen Thesen" der damaligen ECLA-Schule verpflichtet, die damals für Lateinamerika ein Programm nationalkapitalistischer Entwicklung mittels einer staatlich gestützten Importsubstitutions-Industrialisierung (ISI) verfocht. Ihre immanente Widersprüchlichkeit reflektiert den Versuch dieses Programms, die Unterklassen für ein Projekt nationalkapitalistischer Entwicklung zu mobilisieren, indem partikulare Interessen dieser Klassen aufgenommen werden sollten, und entsprach dem populistischen, interklassistischen Wesen der castristischen Bewegung in dieser Phase. Stärker als in den damaligen Vorstellungen Castros trat der bürgerlich-demokratische Grundzug hervor.

Als zentrale sozioökonomische Ziele wurden definiert:
1. Die vollständige Beseitigung der Arbeitslosigkeit und der Unterbeschäftigung im Laufe von 10 Jahren mittels einer jährlichen Wachstumsrate von 7,5 % und einer selektiven Technologiewahl (Kombination von kapital- und arbeitsintensiven Technologien). 2. Die wachsende wirtschaftliche Beteiligung der kubanischen Unternehmen und des kubanischen Staates durch die Begünstigung kubanischen Kapitals (Subventionen, Zollschutz usw.) und die - private oder staatliche - Kubanisierung ausländischen Eigentums. 3. Die Umverteilung des Nationaleinkommens in Übereinstimmung mit den Prinzipien sozialer Gerechtigkeit (S. 413ff.). Gleichzeitig wurde jedoch vor einer zu weitgehenden Redistributionspolitik gewarnt, denn nur durch stetiges und schnelles Wirtschaftswachstum könne ein wachsendes Pro-Kopf-Einkommen garantiert werden (S. 393 ff.). Hauptziel war das Wirtschaftswachstum, dem die - wichtige - Umverteilungspolitik untergeordnet werden müsse: "Aus dem bisher Gesagten geht klar hervor, daß es in wirtschaftlicher Hinsicht das Problem Kubas ist, zu wachsen. ... Wichtiger als alles das (die "infantile" Umverteilung des bestehenden Einkommens, H.F.), ist es zu versuchen, einen größeren Kuchen für die Nation zu erwirtschaften. Dann wird jeder mehr haben."[71]

Ausgangspunkt der "Ökonomischen Thesen" ist die Kritik einiger damals gängiger falscher Annahmen[72] und populärer Vorurteile: 1. Die weitreichende kubanische Arbeitsgesetzgebung verhindere den wirtschaftlichen Fortschritt. Vielmehr seien die geringe Mobilität der Arbeitskräfte und der Widerstand gegen Modernisierungsinvestitionen seitens der Arbeiter die Folgen von Arbeitslosigkeit, und diese wiederum die Konsequenz des zu geringen und fehlgeleiteten Wachstums. Implizit wird davon ausgegangen, daß ein angemessenes wirtschaftliches Wachstum und eine vernünftige Verteilungspolitik die sozialen Konflikte entschärfen könnten. 2. Der kubanische Bauer sei nicht faul, wie vielfach angenommen; vielmehr sei seine geringe Initiative und Produktivität auf seine Ausbeutung und die permanente Gefahr der Vertreibung durch die Latifundienbesitzer zurückzuführen. Daher sei eine Agrarreform erforderlich, die den Bauern Land gebe und als Besitz garantiere,sowie die gleichzeitige technische und ökonomische Hilfe des Staates (S. 401, 414). 3. In Kuba existierten "künstliche Industrien", die international nicht konkurrenzfähig seien und daher vom Staat nicht geschützt werden sollten. Vielmehr sei der Schutz besonders neuer Industrien unbedingt notwendig, um die nationale Industrialisierung voranzutreiben. Eine derartige protektionistische Politik sei historisch auch von den kapitalistischen Zentren betrieben worden.

Kritisiert wurde in diesem Zusammenhang ebenfalls der sogenannte "kreolische Pessimismus", der die Unfähigkeit Kubas zu einer autonomen Industrialisierung und zur Überwindung der Abhängigkeit von den USA postulierte, der hauptsächlich von "den feudalen Landherren, den einäugigen Zuckermühlenbesitzern, den egoistischen Großimporteuren, den kolonialistischen Unternehmen, und ihren Apologeten ... den Hauptfeinden der Nation" (S. 399) vertreten werde. Hier wird eindeutig die Kritik der nationalen Bourgeoisie an der Exportgruppe und dem mit ihr verbündeten und hegemonischen Auslandskapital artikuliert. Gegen den "kreolischen Pessimismus" führen die Autoren ins Feld, daß die Struktur der kubanischen Wirtschaft durch die Substitution von Importen diversifiziert werden könne, daß die wirtschaftlichen

Beziehungen zu den USA durch bilaterale Verhandlungen und die Umstrukturierung des kubanischen Außenhandels sowie der Exportstruktur der USA verändert werden können, und daß in Kuba der Aufbau einer eigenen Schwerindustrie trotz gewichtiger Einwände und Probleme möglich sei (S. 402). Es lohnt sich, einige Aspekte der vorgeschlagenen Entwicklungsstrategie genauer zu betrachten.

Nach Boti/Pazos hatte sich die Zuckerindustrie als unfähig erwiesen, den ökonomischen Fortschritt Kubas zu garantieren, da sie seit 30 Jahren trotz des enormen Bevölkerungswachstums bei 5 Millionen t im Durchschnitt stagniere und gleichzeitig die anderen Agrarsektoren nur eine geringe Produktivität und dementsprechend niedrige Einkommen zu verzeichnen hätten. Daher "muß Kuba sofort seine interne Produktion steigern, sowohl für den nationalen Konsum wie den Export" (S.401). Durch die Politik der Importsubstitution könnten Devisen gespart werden, die Arbeitsproduktivität und das Einkommen erhöht werden (S.402). Das klare Votum für die Diversifizierung der Produktionsstruktur bedeutete nicht, daß die Zuckerproduktion eingeschränkt werden sollte, da die Zuckerexporte zur Finanzierung der für die Diversifizierungspolitik notwendigen Importe notwendig seien (S. 411f.). Schon hier deutet sich also die Strategie inkrementeller Diversifizierung an.

Das Industrialisierungskonzept ist ambitiös, da von Anfang an der Aufbau einer Schwerindustrie (Metallurgie, Chemie, Maschinenbau) angestrebt werden sollte. Gegen die Argumente, die behaupteten, daß in Kuba die Voraussetzungen für eine eigene Schwerindustrie fehlten (geringe Effizienz, zu kleiner Markt, Mangel an Brennstoff und Kapital), gingen die "Ökonomischen Thesen" davon aus, daß Kuba über genügend "qualifizierte Arbeitskräfte, fähige Unternehmer, natürliche Ressourcen und internes Sparkapital"(S. 402) verfügte. Auch andere, heute entwickelte Länder ohne Rohölvorkommen, hätten sich industrialisiert (S. 404). Industrielle und landwirtschaftliche Entwicklung schließen sich nach Boti/Pazos nicht gegenseitig aus, aber implizit läßt sich eine leichte Priorität für die Industrialisierung erkennen, da "eine einzige Industrie..., z.B. die leichte Metallurgie, für das Land mehr Einkommen erwirtschaften kann als dies mit neuen Agrarkulturen, wie Zitrus, Gemüse, Geflügelzucht möglich wäre" (S. 402). Gleichzeitig solle "eine wissenschaftliche Landwirtschaft hoher Produktivität, mechanisiert und elektrifiziert, ..." (S. 402) angestrebt werden.

Das Kapital zur Finanzierung der notwendigen Investitionen könnte primär intern mobilisiert werden, u.a. durch die interne Verwendung der 20 % des Sparkapitals, die jährlich exportiert würden. Auf ausländisches Kapital sollte nur ergänzend, ebenso wie auf andere ausländische Ressourcen und technische Hilfe, und nur unter Kontrolle des Staates im Rahmen der Gesamtkonzeption der staatlichen Entwicklungsplanung in ausgewählten Branchen rekurriert werden. Vorzuziehen seien internationale, staatliche oder auch private Kredite (in dieser Rangordnung) an die kubanische Regierung. Da ein großer Teil der Produktionskapazität im Industrie- und Tertiärsektor unausgenutzt und das nationale Sozialkapital für die ersten Jahre ausreichend (!, H.F.) seien, wären zunächst nur 200 Millionen Pesos pro Jahr (genau die von andereren Ökonomen geschätzte Sparkapazität der kubanischen Wirtschaft!, H.F.) nötig, um eine jährliche Wachstumsrate von 7,5 % zu erreichen und innerhalb von 10 Jahren bis zur vollen Beseitigung der Arbeitslosigkeit jährlich 60.000 bisher Arbeitslose in den Produktionsprozeß zu integrieren.

Die institutionellen Mittel zur Realisierung dieser ökonomischen Ziele sind nur vage definiert und lassen in sich widersprüchliche Interpretationen zu; unklar bleibt auch hier die genaue Rollenverteilung von Staat und nationalem Privatkapital und die konkrete Bedeutung des ausländischen Kapitals. Unbestritten ist die Notwendigkeit der staatlichen Entwicklungsplanung, weil "die schnelle wirtschaftliche Entwicklung nicht durch die Spontaneität ökonomischer Kräfte bewirkt wird" (S. 411). An einer Stelle wird sogar davon gesprochen, "daß Kuba die These der Spontaneität zurückweisen muß und eine staatliche Planung zur Beschleunigung der wirtschaftlichen Entwicklung bis zu ihren letzten Konsequenzen akzeptieren muß" (S. 411). Die "letzten Konsequenzen" werden jedoch nicht näher bestimmt. Enteignetes Auslandskapital kann entweder verstaatlicht oder an kubanische Unternehmer übergeben werden (S. 413). Bezeichnend für die Unbestimmtheit ist, daß die Unumgänglichkeit staatlicher Planung mit dem Hinweis auf den zunehmenden Staatsinterventionismus in den entwickelten kapitalistischen Gesellschaften und die enormen Erfolge der Sowjetunion begründet wird (S. 396). Der Gesamttenor des Programms ist jedoch, daß der "effiziente und ehrenhafte Staat" eher die privaten Unternehmen "stimulieren, schützen, finanzieren" und nur falls unbedingt notwendig "bekämpfen und ersetzen" (S. 409) soll. Die demokratische Planung soll sich dabei auf "den organisierten politischen Konsens ihrer Nutznießer stützen: die großen nationalen Gruppen der Arbeiter, Landarbeiter, Fachkräfte, Bauern, Händler und Industriellen" (S. 394, ähnlich S. 411).

Die institutionelle Strategie übersteigt also nicht den Rahmen der sozialdemokratischen Konzeption eines staatlich organisierten und gesteuerten Kapitalismus, während die soziale Akkumulationsstrategie sich auf eine Klassenkoalition aus nationaler Bourgeoisie, Kleinbürgertum, Kleinbauern und Arbeiterklasse unter der Führung der internen Bourgeoisie gegen die Exportgruppe stützt. Die Diversifizierungs- und Wachstumspolitik war die Voraussetzung der untergeordneten Integration der subalternen Klassen in dieses Bündnis. Das Dilemma dieser Konzeption bestand in ihrer schwachen ökonomischen und soziopolitischen Grundlage. Die spätere Erfahrung lehrte, daß ihr Hauptadressat und Träger, die nationale Industriebourgeoisie, in Kuba nur embryonal existierte, in vielfältiger Weise an die Exportgruppe und das imperialistische Kapital gebunden war, mithin nicht stark und autonom genug war, um die soziopolitischen Voraussetzungen der anvisierten Entwicklungsstrategie zu organisieren[73]. Unter diesen Voraussetzungen wurde der radikale Flügel des städtischen Kleinbürgertums das soziopolitische Zentrum der nationalen Befreiungsbewegung in Kuba. Da es selber nicht über eine ausreichende ökonomische Basis verfügte, um das Programm einer schnellen und autonomen wirtschaftlichen Entwicklung zu tragen, wurde das feste Bündnis mit der Arbeiterklasse, den Bauern und allen Marginalisierten mit dem Ziel einer Modernisierung der kubanischen Wirtschaft im Rahmen einer vorherrschend staatlich organisierten Ökonomie eine attraktive und mögliche, wenn auch nicht unausweichliche Alternative.

In den Thesen sind schon viele der später relevant gewordenen kubanischen Entwicklungsprobleme und Zielkonflikte antizipiert, meist jedoch in gedanklich harmonisierter Form, d.h. als nicht-prinzipielle Gegensätze, als durchaus auch kurzfristig zu integrierende, divergierende, nicht konfligierende Ziele: der Gegensatz von imperialistischer Herrschaft und nationaler Autonomie, von bedürfnisorientierter Redistributionspolitik und langfristig konzipierter Wachstumsstrategie, von Akkumulation über den Zuckerexportsektor und Diversifizierungsstrategie. Auch der euphorische wirtschaftliche Optimismus der ersten drei Revolutionsjahre ist in den erhofften Resultaten der Thesen schon zu finden: Man erwartete, daß sich das Volkseinkommen innerhalb von 10 Jahren von 1.735 Millionen Pesos auf 3.540 Millionen Pesos verdoppeln und das Pro-Kopf-Einkommen in der gleichen Zeit von 300 Dollar jährlich auf 500 Dollar anwachsen würde. Der kubanische Lebensstandard hätte dann über dem von Frankreich, Italien und der Tschechoslowakei und von allen anderen lateinamerikanischen Ländern gelegen (S. 421).

Inwieweit besteht eine Identität zwischen den "Ökonomischen Thesen" und dem Denken Castros vor 1959 und worin bestehen die Differenzen? Hier soll nicht ex post ein totaler Gegensatz konstruiert werden; dies wäre auch vollkommen unhaltbar, denn die Thesen sind im Auftrag der Bewegung des 26. Juli geschrieben worden. Jedoch lassen sich leicht divergierende Akzente konstatieren, die später eine erhebliche praktische Relevanz bekamen. Castro und die "Ökonomischen Thesen" sind zwei unterschiedliche Traditionen des lateinamerikanischen Nationalismus im allgemeinen und des kubanischen Nationalismus im besonderen verpflichtet: die Thesen dem bürgerlichen Nationalismus der ECLA,

Castro der Tradition des moralischen, kleinbürgerlichen, radikaleren Nationalismus José Martis und seiner Nachfahren. Schon vor 1959 sind die antikapitalistischen Akzente Castros stärker, orientiert er sich stärker an den Underdogs, mißtraut er der Fähigkeit des Privatkapitals zur Industrialisierung Kubas. Castros wirtschaftspolitischen Vorstellungen dieser Zeit sind schon stärker soziale Ökonomie in einem spezifischen Sinn: Umverteilungspolitik und Wirtschaftswachstum orientiert an den Bedürfnissen der Unterklassen und besonders der Ärmsten und Bedürftigsten. Z.B. taucht seine Forderung, die Arbeiter der Großunternehmen zu 30 % an deren Profiten zu beteiligen, in den Thesen nicht auf. Dagegen wird darin "der kontemplative und statische Neoromantizismus vieler Jugendlicher" (S. 395f.) kritisiert, darauf hingewiesen, daß die geistige Identifizierung mit den Problemen der Bauern und Arbeiter nicht ausreicht, sondern ein "rationaler Plan des wirtschaftlichen Wachstums" notwendig sei und die "profunde Analyse der Ursachen und ihrer Lösungen für unsere (Kubas, H.F.) Übel" (S. 395). Diese sanfte, aber eindeutige Kritik an der Bewegung des 26. Juli deutet darauf hin, daß die Autoren der Thesen zumindest die Gefahr einer zu radikalen Wirtschaftspolitik befürchteten. Auch die Definition der revolutionären Klassenkoalition durch Castro unterscheidet sich von der der Thesen. Während in den Thesen das Industrie- und Handelskapital mehrmals explizit einbezogen wird, nennt Castro in seinen programmatischen Dokumenten als privilegierteste Schicht der revolutionären Klassenkoalition die professionellen Mittelschichten. Für den Fall, daß sich die privaten Unternehmen als unfähig erwiesen, die Industrialisierung Kubas zu tragen, wird die Möglichkeit angedeutet, daß der Staat an ihrer Stelle die Initiative ergreift. Auch der durchgängige "rural bias" bei Castro existiert in den "Ökonomischen Thesen" nicht. Ebensowenig ist hier der marktwirtschaftliche Gesetze und Motive und rein ökonomische Denkweisen transzendierende politisch-moralische Imperativ der Arbeit im Interesse der nationalen Entwicklung vorgezeichnet.

Eindeutig artikuliert wurde diese unterschiedliche Perspektive ex post in den 1961 veröffentlichten Artikeln von F. Pazos, nachdem dieser von "Che" Guevara als Direktor der kubanischen Nationalbank Ende 1959 abgelöst worden und in das Lager der Opposition gegen Castro übergewechselt war. In diesen Aufsätzen begrüßt Pazos grundsätzlich die Phase der Redistributionspolitik und kritisiert nur ihre "Auswüchse", während er die sozialistische Phase aus prinzipiellen ökonomischem Gründen kritisiert (negative Folgen für das Wirtschaftswachstum wegen der ökonomischen Ineffizienz der Wirtschafts- und der Investitionspolitik, unterdrückte Inflation als Folge der Desorganisation der öffentlichen Finanzen und der anarchischen Preis- und Lohnstruktur, Umorientierung des Außenhandels auf die sozialistischen Staaten)[74].

8. Nationalpopulistische Revolution, antioligarchische Agrarreform und Redistribution der Einkommen

Die ersten beiden Jahre der kubanischen Revolution nach dem politisch-militärischen Sieg der Rebellenarmee am 1. Januar 1959 waren eine Periode schnellen politischen, sozialen und institutionellen Wandels. In schnell aufeinanderfolgenden Etappen bröckelte das breite, bis auf die wenigen Anhänger der Batista-Diktatur alle Sektoren des kubanischen Volks umfassende Bündnis allmählich von rechts her ab und verlor an Breite, um gleichzeitig an Radikalität zu gewinnen. Die wirtschaftliche Basis der wichtigsten Fraktionen der herrschenden Klassen wurde zerschlagen und die populäre Basis der Revolutionsregierung durch tiefgreifende strukturelle Reformen konsolidiert. Diese Phase endete mit der Verstaatlichung nahezu des ganzen industriellen Sektors, großer Teile des Handels und des Dienstleistungssektors und der Hälfte der Landwirtschaft bis Anfang 1961. Kompliziert wird das schon verwirrende Bild noch dadurch, daß sich in dieser Zeit die Ideologie der dominierenden Fraktion der revolutionären Koalition, der Bewegung des 26. Juli, allmählich von einer radikalen nationalpopulistischen zu einer, nach eigener Definition, sozialistischen Position wandelt.

Daher wird zunächst ein Überblick über die Phasen dieser kritischen Periode des revolutionären Prozesses geliefert. Dann folgt eine Analyse von Ideologie und Politik zunächst der humanistisch-liberalen (bis Mitte 1959), danach der nationalpopulistischen Etappe, bevor abschließend die wirtschaftspolitische Konzeption und Praxis dieser Periode untersucht wird. Der Schwerpunkt liegt auf den Elementen, die für das Verständnis der Logik und der späteren Korrekturen der kubanischen Entwicklungsstrategie von Interesse sind.

Weder Castro noch Guevara vertraten in diesem Zeitraum marxistische Positionen; Guevaras Theorie der kubanischen Revolution als Bauernrevolution ist eine agrarpopulistische, keine marxistische Interpretation des Revolutionsprozesses.
Die unterschiedliche Radikalität der politischen Stellungnahmen

bis Mitte 1959 reflektiert allein in verschiedenartigen Rollen begründete taktische Differenzen. Vielmehr waren umgekehrt in der nationalpopulistischen Phase schon wichtige Motive der späteren "sozialistischen" Entwicklungspolitik (autozentrierte Entwicklung, staatlich gesteuerte Modernisierung der Landwirtschaft, rural bias) präsent; die weitgehende Verstaatlichung der Wirtschaft bis Ende 1960 wurde mit nationalpopulistischen und nicht mit marxistisch-sozialistischen Argumenten begründet. Die in dieser Periode durchgeführte 1. Agrarreform und die Umverteilung der Einkommen legten die Grundlagen für den weiteren Entwicklungsweg. Die Konzeption der ersten Agrarreform enthielt mit ihren Optionen für die Überführung der Latifundien in Kooperativen und für eine starke staatliche Initiative bei der angestrebten Modernisierung der Landwirtschaft schon Elemente der späteren Strategie der Agroindustrialisierung. Durch die Einkommensumverteilung wurde ein breiter Markt für Massenkonsumgüter konstituiert. Der dadurch bewirkte Nachfrageschub beförderte zwar zunächst ein schnelles Wirtschaftswachstum durch die Mobilisierung und Nutzung bisher ungenutzter Ressourcen und Kapazitäten. Die Grenzen dieses Wachstumsmodells wurden jedoch bald sichtbar. Der Überhang der Nachfrage, die unzureichenden privaten Investitionen und das sich abzeichnende Scheitern einer mit staatlicher Unterstützung organisierten privatkapitalistischen Industrialisierung drängten auf eine staatlich betriebene Akkumulation und Industrialisierung. Die politischen Voraussetzungen für eine höhere Akkumulationsrate waren durch das schnelle Anheben des Lebensstandards der Mehrheit der Bevölkerung während der ersten beiden Revolutionsjahre gelegt worden.

1. Die erste Phase der demokratischen und antiimperialistischen Volksrevolution erstreckt sich bis zur ersten Agrarreform (17. Mai 1959)[1]. Ihre wesentlichen Merkmale sind die Durchsetzung der nationalen Souveränität gegenüber den USA und erste Umverteilungsreformen. Diese Maßnahmen richten sich gegen ehemalige "Batistianos", gegen einige US-Konzerne (Telefon, Elektrizität) und gegen sehr reiche Hausbesitzer und Bodenspekulanten.

2. Die zweite Phase besteht wesentlich in der Durchführung einer sich "antifeudal" begreifenden Agrarreform. Sie richtet sich gegen die latifundistische Fraktion der ausländischen und nationalen Agrarbourgeoisie und führt zur Etablierung eines staatlichen, eines privatkapitalistischen und eines auf Eigentum, nicht auf Pacht basierenden kleinbäuerlichen Sektors in der Landwirtschaft, wobei der staatliche und der private Sektor sich noch ungefähr die Waage halten.

3. Die dritte Etappe, die Vollendung der nationalen und antiimperialistischen Revolution, findet ihren Höhepunkt in der Nationalisierung aller verbliebenen US-Unternehmen vom 6.Juli 1960 (Gesetz Nr.851). Diese Maßnahme ist noch nicht antikapitalistisch motiviert, da sie sich nur gegen das ausländische, nicht aber das nationale Kapital richtet. De facto bedeutet dies jedoch die Vorherrschaft des Staatssektors in der Gesamtwirtschaft.

4. Mit dem Gesetz Nr.890 vom 13. Oktober 1960 wird nahezu die gesamte nicht-landwirtschaftliche Wirtschaft in Staatseigentum überführt. Dieser Akt bedeutete in der Selbstinterpretation der kubanischen Revolution mehr als eine nationalistische oder staatskapitalistische Maßnahme, da er nicht nur das ausländische Kapital betraf und sich nicht auf die Verstaatlichung der öffentlichen Dienstleistungen beschränkte. Nach Meinung des späteren Staatspräsidenten Osvaldo Dorticos war damit die kubanische Wirtschaft de facto sozialistisch. Aber erst am 16. April 1961, zwei Tage vor der gescheiterten, vom CIA unterstützten Invasion von Exilkubanern in der Schweinebucht, deklarierte Fidel die kubanische Revolution öffentlich als sozialistisch.

8.1. Humanistische Ideologie und liberale Politik (Anfang bis Mitte 1959)

Die politische und soziale Polarisierung innerhalb der revolutionären Koalition, die nach dem Sturz Batistas regierte, entwickelte sich um drei Grundprobleme und alternative Optionen[2]. 1. Inwieweit mußte sich eine konsequent nationalistische Politik notwendig zu einem Konflikt mit den USA ausweiten und Kuba in der Auseinandersetzung auf die Unterstützung der Sowjetunion rekurrieren, um zu überleben? 2. Inwieweit waren tiefgreifende soziale Reformen im Rahmen der parlamentarischen Demokratie zu realisieren, oder war eine revolutionäre Diktatur und eine Bewaffnung des Volks notwendig, um diese Maßnahmen gegen inneren und äußeren Widerstand durchzusetzen und ihre Verwässerung durch parlamentarische Kompromisse zu verhindern?[3] 3. Wie breit mußte die das Programm der nationalen Rekonstruktion tragende Koalition angelegt sein? Reichte die Bewegung des 26. Juli als politische Basis oder bedurfte Castro der Unterstützung der PSP als politische Organisation der Arbeiterbewegung? Welche Rolle spielte die nationale Bourgeoisie: ökonomisch notwendiger, dauerhafter Bündnispartner oder grundsätzlicher Gegner, der nur nicht sofort angegriffen wurde, weil andere Konfliktfronten höhere Priorität besaßen?

Die erste Zeit nach der Machtergreifung ließ Castro diese Probleme entweder offen, weil er sie nicht als Alternativen begriff, oder schien für die weniger radikale Lösung zu optieren. Seine Stellungnahmen zu den zentralen Problemen waren so allgemein, daß sie interpretationsfähig und ambivalent blieben; seine politische Linie glich eher einem Zick-Zack-Kurs[4]. Prinzipiell glaubte Castro, daß radikale Sozialreformen auch von einem demokratisch gewählten Kongreß verabschiedet werden könnten[5], schlug zunächst gegenüber den USA einen gemäßigten Ton an, hob aber andererseits das unverzichtbare Recht Kubas auf seine nationale Souveränität hervor. Sein Verhältnis zur PSP war genauso ambivalent: Einerseits wurde die PSP legalisiert und denunzierte Castro den Antikommunismus als Thema der Konterrevolution; andererseits kritisierte er jedoch den Kommunismus wegen seiner Einschränkung der individuellen Freiheiten und griff am 21. Juni 1959 die PSP wegen antirevolutionärer Aktivitäten an[6]. Privatinvestitionen, kubanische und ausländische, betrachtete Castro als nützlich für die wirtschaftliche Entwicklung, falls sie produktiv angelegt würden und keine politischen Bedingungen implizierten. Entsprechend sah Castros erstes Wirtschaftsprogramm dieser Periode eine Reihe von Maßnahmen vor, die die Initiative des kubanischen Privatkapitals stimulieren sollten,u.a. eine Zollreform zum Schutz der nationalen Industrie und eine Steuerreform.

In dieser Zeit erschien es zunächst, als wolle Castro einen dritten Weg zwischen Kapitalismus und Sozialismus steuern.[7] Den Kapitalismus kritisierte er wegen seiner Unfähigkeit, die Grundbedürfnisse der Massen zu befriedigen, den Sozialismus sowjetischer Prägung wegen seines antidemokratischen Charakters. Seine eigene Ideologie bezeichnete Castro damals als "humanistisch" und "nationalistisch, d.h. kubanisch". Castro verstand unter humanistischer Politik jedoch nicht die Garantie abstrakter bürgerlicher Menschenrechte, sondern die reale Verbesserung der Lebenschancen für die "Hungernden und Vergessenen". Die Realisierung demokratischer Verhältnisse hatte nach seiner Ansicht die Verbesserung der materiellen und kulturellen Lebensbedingungen der Mehrheit zur Voraussetzung. Er definierte als Grundsätze seiner humanistischen Philosophie "soziale Gerechtigkeit, mit Freiheit und Menschenrechten; Humanismus bedeutet Demokratie, nicht theoretische Demokratie, sondern reale Demokratie, Menschenrechte ohne Hunger, weil auf Hunger und Elend nur eine Oligarchie errichtet werden kann ... Weder Brot ohne Freiheit, noch Freiheit ohne Brot; weder Diktatur des Hungers, noch Diktatur der Klassen, weder Diktatur von Gruppen, noch Diktatur von Kasten; weder Diktatur einer Klasse, noch Oligarchie einer Klasse; Regierung des Volkes ohne Diktatur und Oligarchie; Freiheit mit Brot ohne Terror; das ist Humanismus."[8] Nach Castro war die ideale politisch-philosophische Theorie die,"die allen Menschen Freiheit gibt und es ihnen außerdem ermöglicht, ihre materiellen Bedürfnisse zu befriedigen. Das ist unsere revolutionäre Doktrin."[9] Da keine der beiden Gesellschaftsordnungen diese beiden Kriterien gleichzeitig erfüllte, lehnte Castro zu diesem Zeitpunkt die Alternative Kapitalismus oder Kommunismus für Kuba ab.[10]

Mitte 1959 radikalisierte sich die politische Position Castros, ohne daß dies sofort zur Verstaatlichung und zum totalen Wandel von Castros nationalpopulistischer Ideologie geführt hätte. Angesichts der zunehmenden internationalen Isolierung Kubas innerhalb der kapitalistischen Welt, dem Scheitern einer von Kubanern in Santo Domingo versuchten Befreiungsexpedition, der antikubanischen Kampagne in der US-Presse und im US-Kongreß, der Flucht eines Teils der kubanischen nationalen Bourgeoisie und den ersten Anzeichen interner Opposition auch in der Rebellenarmee (die Affäre H. Matos), sah sich Castro gezwungen, nach neuen internen und internationalen Bündnispartnern Ausschau zu halten[11]. Dies führte zu einem politischen Kurswechsel und anderen soziopolitischen Akzenten innerhalb der revolutionären Regierung. Angekündigt hatte sich diese Wende mit den beiden wichtigsten politischen Entscheidungen nach der Machtergreifung: der Entscheidung, die Wahlen zu vertagen,und der Entscheidung, auf bilaterale Finanzhilfe der USA zu verzichten[12]. Castro schien jetzt auch zu der Einsicht gekommen, daß ein Bruch mit den USA unvermeidlich sei, daß zur Zeit Wahlen den revolutionären Prozeß behindern würden, daß die Bewaffnung des Volkes und dessen Organisation in Milizen zur Verteidigung der Revolution notwendig sei, und betonte stärker, daß die soziale Basis in erster Linie bei den Unterschichten und besonders bei den Bauern läge, und daß zur Unterstützung der Revolution durch die Arbeiterbewegung ein Bündnis mit der PSP notwendig sei[13]. Castro bezog damit allmählich Positionen, wie sie schon seit Anfang 1959 vom linken Flügel der Bewegung des 26. Juli, besonders von Raúl Castro und "Che" Guevara vertreten worden waren. Die entscheidende Ursache der innenpolitischen Polarisierung war das Gesetz zur ersten Agrarreform vom 17. April 1959, das den Widerstand nicht nur der betroffenen Gruppen (inländische und ausländische Großgrundbesitzer), sondern auch den politischen Widerstand der unmittelbar nicht betroffenen, z.T. in wirtschaftlicher Hinsicht profitierenden industriellen und agrarischen Bourgeoisie hervorrief, die eine zukünftige Verstaatlichung befürchteten.

Dieser neue politische Kurs mußte notwendig zum Konflikt mit den gemäßigteren Tendenzen des M-26-7 führen. Diese wurden einerseits durch die am Status quo orientierten zivilen Vertreter des "business as usual", meist mittleren Alters, um Urrutia repräsentiert, die in der Regierung in der Mehrzahl waren, ohne reale Macht zu besitzen; andererseits durch die jüngeren, sozialdemokratischen Kräfte der Rebellenarmee wie Hubert Matos, die begrenzte sozioökonomische Reformen im Rahmen eines demokratischen politischen Systems anstrebten und ein Bündnis mit der PSP ablehnten[14]. Im Juli zwang Castro Präsident Urrutia zum Rücktritt und im Oktober 1959 wurde der Major der Rebellenarmee H. Matos wegen Verrats an der Revolution zu 20 Jahren Gefängnis verurteilt[15]. Gleichzeitig konsolidierte die radikale Fraktion des M-26-7 unter der Führung von Castro ihre Kontrolle über wichtige Positionen im Staatsapparat. Castro wurde im Juni Erster Minister des INRA (Instituto Nacional de Reforma Agraria), dessen Industrieabteilung "Che" Guevara übernahm. Im Oktober übernahm Raúl Castro das Verteidigungsministerium, ersetzte Guevara F. Pazos als Präsident der Nationalbank und wurde ein neuer Arbeitsminister eingesetzt, dessen Aufgabe es war, das Bündnis mit den Kommunisten in den Gewerkschaften durchzusetzen[16].

Die neue soziale Identität der kubanischen Revolution hat Castro, bestärkt durch die Erfahrung des sozialen Widerstands gegen die ersten revolutionären Strukturreformen, im Prozeß gegen H. Matos klar artikuliert: "... Ich verstehe nicht, wie man die Interessen eines Großgrundbesitzers von 1.000 caballeria und die eines Kleinbauern ... versöhnen kann; wie man die Interessen eines Hausbesitzers ... und eines Mieters versöhnen kann; wie man die Interessen der Zwischenhändler, die die campesinos auspressen, und die der campesions versöhnen kann. Es gibt soziale Interessen, die unversöhnlich sind."[17] Die Kritik, das ist bemerkenswert, trifft allerdings auch in diesem Zitat nur die unproduktiven Fraktionen des kubanischen Kapitals.

8.2. Ideologie und Politik des National- und Agrarpopulismus (Mitte 1959 bis Mitte 1960)

8.2.1. Guevaras "Theorie" der kubanischen Revolution als Bauernrevolution

In seiner neuen politischen Strategie lehnte sich Castro im wesentlichen an die Anfang 1959 von "Che" Guevara entwickelte Interpretation des sozialen Charakters der kubanischen Revolution als nationale Befreiungsrevolution an, die wesentlich von den Bauern getragen werde und den Bauern dienen sollte[18]. In mehreren Texten hatte "Che" versucht, die soziopolitische Physiognomie der kubanischen Revolutionsbewegung und die sich daraus ergebenden praktischen Konsequenzen zu bestimmen und, in Ansätzen, schon seine internationale Revolutionsstrategie des Guerilla-Kriegs entworfen. Wegen ihrer Bedeutung für das anfängliche Selbstverständnis der kubanischen Revolution soll dieses Konzept ein wenig ausführlicher dargestellt werden.

Guevara ging davon aus, daß die kubanische Revolution im Laufe ihrer Entwicklung ihren sozialen Schwerpunkt verlagert hatte. Aus einer primär von dem städtischen Kleinbürgertum getragenen demokratischen Bewegung gegen die Batista-Diktatur hatte sich eine agrarrevolutionäre Bewegung entwickelt, deren zentrale gesellschaftliche Kraft die Bauern geworden waren und deren primäres Ziel eine radikale Agrarreform war, die die Bauern - gleichgültig ob Kleinbauern oder Landarbeiter - zu Herren des von ihnen bearbeiteten Landes machen sollten.

Im Laufe des Guerilla-Kriegs hatte nach "Che" ein wechselseitiger Lernprozeß der Bauern und der Guerrilleros stattgefunden. Die Bauern begannen durch die militärischen Erfolge der Guerrilleros das Gefühl ihrer Ohnmacht und ihre Skepsis über die Möglichkeit ihrer sozialen Befreiung abzuschütteln. Durch das mustergültige Verhalten der Guerrilleros im Gegensatz zur Batista-Armee (kein Terror, keine Plünderung, pünktliche Bezahlung für Nahrungsmittel)[19] und erste Reformen (Vertreibung der Guardia Rural und der Zwischenhändler, erste Verteilung von Land[20] und Vieh an die Bauern, erste Ansätze zur Weiterbildung und zur medizinischen Versorgung der Bauern in den befreiten Gebieten) erwarben sich die Guerillos das Vertrauen und die Kooperation der Bauern: "Der Bauer war der unsichtbare Kollaborateur, der alles das tat, was der Soldat der Rebellenarmee nicht tun konnte: er gab uns Informationen, beobachtete den Feind, fand die Schwächen des Feindes heraus, ... und spionierte in den Rängen der Batista-Armee. Nichts davon war ein Wunder, sondern alles das Produkt unserer energischen Agrarpolitik."[21]

Dadurch veränderten sich, so "Che", sowohl die Sozialstruktur der Guerilla-Armee als auch die sozialen Ziele der Revolution. "Eine Armee von Bürgern begann sich in eine Armee von Bauern zu verwandeln. Zu gleicher Zeit wie die Bauern in den bewaffneten Kampf zur Erreichung von Freiheit und sozialer Gerechtigkeit eingegliedert wurden, begann sich das magische Wort unter den unterdrückten kubanischen Massen, die um ihr Land kämpften, zu verbreiten: Agrarreform."[22] Nach Guevara veränderte der Guerilla-Kampf nicht nur die Einstellung und das Verhalten der Bauern, sondern ermöglichte auch einen Lernprozeß der Guerilla-Kämpfer städtischer Herkunft: "Die Rebellenarmee wurde mit sehr vagen sozialen Vorstellungen geboren; es war eine Befreiungsarmee in der Folge von Marti, getragen von Männern aus den Städten, die eine falsche Vorstellung vom Lande hatten. Wir fanden starke Unterstützung unter den Bauern, wurden mit ihren Problemen bekannt und begriffen das Bedürfnis, das unter ihnen existierte, die Ketten ihrer alten Eigentumsverhältnisse loszuwerden. Alles dies veränderte uns und prägte unsere sozialen Ideen. Die Führer und das Volk haben sich gegenseitig beeinflußt."[23]

Die aktive Rolle in der sozialen Radikalisierung der Revolution spielten dabei, nach "Che", die Bauern, nicht die Guerilla-Armee: "Wir haben die Agrarreform nicht erfunden, es war eine Idee, die von den Bauern kam; sie drängten darauf."[24] Aus Guevaras Perspektive mußte der organisierte Druck der Bauern ebenfalls die Radikalisierung der Konzeption der Agrarreform erzwingen: das totale Verbot von Latifundien und die Veränderung der Verfassung von 1940 in dem Sinne, daß die Entschädigung für enteignetes Land nicht, wie vorgesehen, sofort und in bar zu erfolgen habe, weil andernfalls die Agrarreform zu langsam und zu kostspielig sei[25].

Die Definition der kubanischen Revolution als Agrarrevolution bedeutete für Guevara keine Negation der Rolle der Arbeiterbewegung im revolutionären Prozeß. Vielmehr hatte nach seiner Ansicht das Scheitern des Generalstreiks vom 9. April 1958 die Notwendigkeit gelehrt, "die Arbeiter in diesen Befreiungskampf zu integrieren"[26]. Um dieses zu erreichen, hatte er seit dieser Zeit auf ein strategisches, enges Bündnis mit der PSP gedrängt. Castro hatte nach dem gescheiterten Generalstreik ebenfalls die Kooperation der PSP gesucht, ohne jedoch das Bündnis mit den anderen nationalistischen, sozialdemokratischen, liberalen Kräften der Anti-Batista-Koalition, die im allgemeinen strikt antikommunistisch waren, aufzukündigen. Er paktierte mit allen, ohne sich zu binden und ließ seine eigenen Optionen zum Teil offen[27].

Guevara beschränkte sich nicht auf eine neue soziologische Interpretation des kubanischen Revolutionsprozesses, sondern zog daraus weitreichende Konsequenzen für die Strategie der sozialrevolutionären Bewegung in Lateinamerika. Nach Guevara hatte die kubanische Revolution gezeigt, "daß eine kleine Gruppe von entschlossenen Männern mit der Unterstützung des Volkes und ohne Angst vor dem Tod, wenn notwendig, eine reguläre und disziplinierte Armee besiegen kann." Die "andere Lektion, die von unseren Brüdern in Amerika gelernt werden sollte", war, "daß Agrarrevolutionen notwendig sind; wir müssen auf dem Lande kämpfen, in den Bergen und von dort die Revolution in die Städte tragen. Es kann nicht das Ziel sein, eine Revolution in den Städten ohne jegliche soziale Substanz zu machen."[28]

Mit dieser sozialen Interpretation der kubanischen Revolution gingen innen- und außenpolitische Einschätzungen einher, die zu diesem Zeitpunkt noch nicht von der gesamten kubanischen Führung, zumindest öffentlich auch noch nicht von Castro, geteilt wurden. Für "Che" war der Konflikt mit den USA nicht zu umgehen, wenn die nationalrevolutionären Ziele nicht aufgegeben werden sollten[29]. Daher mußte man sich auf diese Auseinandersetzung vorbereiten, "um die Nation gegen ihre realen oder versteckten Feinde zu verteidigen. Aus diesem Grund muß die neue Armee die neuen Organisationsformen adaptieren, die in diesem Befreiungskrieg entstanden sind. ... Aus diesem Grund müssen wir dies antizipieren und unsere Avantgarde mit einer Guerilla-Mentalität und -strategie vorbereiten ... das ganze kubanische Volk muß eine Guerilla-Armee werden, weil die Rebellenarmee eine wachsende Institution ist, deren Kapazität nur durch unsere Bevölkerung von 6 Millionen begrenztwird."[30]

Die Landguerilla wurde also sowohl als international gültige Revolutionsstrategie vorgeschlagen, als auch als neues Konzept der nationalen Verteidigung. Daneben inspirierte die Guerilla-Erfahrung auch die postrevolutionäre Strategie der wirtschaftlichen Entwicklung. Der Kampf gegen Unterentwicklung und Abhängigkeit wurde als lang andauernder Stellungskrieg verstanden, der "kollektiven Heroismus und die Opferbereitschaft aller" erfordert. Die Kontinuität ist eindeutig sichtbar, obwohl Guevara sich der unterschiedlichen Bedingungen, Aufgaben und Anforderungen des politisch-militärischen Guerilla-Kampfes und des Kampfes um die wirtschaftliche Entwicklung Kubas bewußt war: "Aber dieser Kampf an der wirtschaftlichen Front ist verschieden von denen, die wir in den Bergen gekämpft haben; dieses sind Positionskämpfe, Kämpfe, in denen das Unerwartete fast nie geschieht. Die Truppen sind konzentriert, und die Angriffe werden mit Sorgfalt vorbereitet. Die Siege sind das Resultat von Arbeit, Ausdauer und Planung. Es ist ein Krieg, in dem kollektiver Heroismus und die Opferbereitschaft aller erforderlich ist. Dieser Krieg wird nicht einen Tag, eine Woche oder einen Monat dauern; es ist ein langer Kampf."[31]

Die Theoretisierung des Guerilla-Kampfes durch "Che" Guevara verzerrt, zum Teil als Mittel in der Auseinandersetzung mit anderen Fraktionen des M-26-7, in mehrerer Hinsicht die Realität des kubanischen revolutionären Prozesses: Sie negiert die Kontinuität der Gleichzeitigkeit und Gleichgewichtigkeit der Guerilla und des Generalstreiks in Castros Konzeption des Kampfes gegen Batista; sie überbetont die Bedeutung des militärischen Kampfes im allgemeinen, der Landguerilla und die faktische Rolle der Bauern in der Guerilla-Bewegung; sie minimiert die Rolle der Arbeiterbewegung, des Generalstreiks Anfang 1959 und des politisch-militärischen Kampfes des städtischen Untergrunds im allgemeinen. Besonders offensichtlich ist die Idealisierung der Rolle der Bauern: Weder dominierten die Bauern quantitativ in der Guerilla, noch kontrollierten sie die Entscheidungszentren der revolutionären Bewegung. Sie waren auch nicht die treibende Kraft, bei der die Initiative zur Durchführung und späteren Radikalisierung der Agrarreform lag. Guevaras Theorie ist daher weniger eine adäquate theoretische Darstellung dieses Prozesses als eine effektive Aktionsmythologie, deren primäre Funktion die Mobilisierung der Bauern war, die zugleich die Legitimation der Radikalisierung der Revolution von ihrem demokratischen zum agrarrevolutionären Stadium lieferte.

Guevaras Theoretisierung der kubanischen Revolution als Agrarrevolution markiert auch nicht den Punkt, an dem Guevara zu eindeutig marxistisch-sozialistischen Positionen übergegangen wäre. Allein die mangelnde Analyse der Klassenstruktur auf dem Lande und die undifferenzierte Bestimmung der Bauern als tragende revolutionäre Klasse dürfte Beleg genug dafür sein, daß Guevara zu diesem Zeitpunkt noch nicht über einen radikalen National- und Agrarpopulismus hinausgekommen war. Die Tatsache, daß "Che" Anfang 1959 eine radikalere politische Linie als Castro vertrat, hat häufig zu der Annahme geführt, daß "Che" zu dieser Zeit schon ein vom Marxismus inspirierter Sozialist gewesen sei, während Castro noch auf nationalpopulistischen Positionen verharrte. Vielmehr läßt sich eine weitgehende Identität der grundsätzlichen soziopolitischen Konzeptionen feststellen[33]. Ideologisch werden die Ziele und Maßnahmen der Revolution primär in Form eines radikalen Nationalismus begründet; die soziopolitische Konzeption ist stark an den Bedürfnissen der "Vergessenen und Bedürftigsten" orientiert, trägt aber trotzdem starke kleinbürgerliche und kleinbäuerliche Züge. Die institutionelle Strategie ist noch die einer gemischten Wirtschaft mit stark etatistischen Akzenten und die Wachstumsstrategie orientiert sich stark an den damaligen Konzeptionen der ECLA.

Elemente von Guevaras Interpretation der Guerilla und der Bauernbewegung finden sich auch schon in Castros Reden des ersten Halbjahrs von 1959, u.a. in seiner Rede auf dem ersten Provinzkongreß der Bauern in Santiago de Cuba am 24.2.1959: "Daher (wegen der Unterstützung der Bauern für die Rebellen, H.F.) können wir sagen, daß die Rebellenarmee fundamental ein Heer von Bauern ist. ... Das Vaterland verdankt seinen Sieg den Bauern."[34] Castro verstand sich als "Führer der Bauern, die nicht besser in der revolutionären Regierung repräsentiert sein könnten. Niemand verteidigt mit mehr Enthusiasmus die Sache der Bauern. ... Für nichts habe ich mehr Interesse und mehr Enthusiasmus als für die Agrarreform."[35] Der Unterschied zwischen Guevara und Castro lag in dieser Zeit primär auf der Ebene der politischen Taktik. Während der Staatsmann Castro versuchte, die Anti-Batista-Koalition möglichst lange zusammenzuhalten, drängte der Theoretiker der sozialen Bewegung Guevara auf die Radikalisierung der sozialen Ziele der Revolution. Die politischen Differenzen sind z.T. also als Rollenkonflikt zwischen Staatsmann und Repräsentant der sozialrevolutionären Bewegung zu begreifen[36].

8.2.2. National- und Agrarpopulismus

Nationalismus

Angelpunkt der castristischen Ideologie, zumindest bis 1961, war ihr radikaler, in der kubanischen revolutionären Tradition begründeter Nationalismus. Aus ihm waren nahezu alle anderen politischen, ökonomischen und sozialen Ziele abgeleitet; dem Ziel der nationalen politischen Souveränität und der wirtschaftlichen Unabhängigkeit waren alle anderen Ziele untergeordnet. Verstärkt wurde diese Ideologie durch die politische Erfahrung einer autonomen Revolution "ohne jegliche ausländische Hilfe"[37] und den Stolz auf den erfolgreichen Kampf eines kleinen Landes um sein Recht auf nationale Selbstbestimmung gegen die USA, die mächtigste imperialistische Nation, nur 90 Meilen vor seiner Küste. Diese Interpretation des primär nationalrevolutionären Charakters der kubanischen Revolution wurde auch von den Linksaußen des M-26-7 geteilt: Aufgrund des Status Kubas als abhängiger Nation "hatte diese Revolution als primäres und höchstes Ziel die definitive Erringung der Souveränität Kubas"[38]. Diese wurde "an dem Tag erreicht..., an dem die Revolution triumphierte, am 1. Januar 1959", dem Kulminationspunkt "des Kampfes von Generationen von Kubanern seit der Herausbildung einer nationalen Identität"[39]. Die Rekonstruktion und Erneuerung der kubanischen Nation hatte wesentlich zwei Komponenten: die politische und wirtschaftliche Autonomie der Nation einerseits und die soziale Integration der Nation durch die Partizipation der bisher ausgeschlossenen Kubaner andererseits. Beide Ziele bildeten eine unzertrennliche Einheit, denn beide waren nur gegen den Widerstand der mit dem imperialistischen Kapital verbündeten kubanischen Exportgruppe durchzusetzen.

Die Einheit der Nation implizierte die politische und soziale Partizipation der breiten Masse des kubanischen Volkes: "Wir sind im Begriff, die Bedingungen für die notwendige Inkorporation des ganzen kubanischen Volkes in den revolutionären Prozeß zu schaffen, so daß es in der Zukunft vereinigt voranschreiten kann"[40]. Hier ist auch der logische Berührungs- und Verknüpfungspunkt zwischen dem Nationalpopulismus und dem Agrarpopulismus der castristischen Bewegung. Da die arme Landbevölkerung vorher die Ausgeschlossenen, der Bodensatz der kubanischen Nation waren, war die Verbesserung ihrer sozialen, wirtschaftlichen und kulturellen Lage die Grundlage der sozialen Integration der Nation. "Von nun an werden die Kinder der Bauern Schulen, Sportanlagen und medizinische Versorgung haben, und die Bauern werden zum ersten Mal als ein wesentlicher Pfeiler der Nation zählen."[41]

Nationale Souveränität bedeutete "zu allererst das Recht einer Nation, daß keine andere Nation sich in ihre internen Angelegenheiten einmischt, das Recht eines Volkes, die Regierung ihrer Wahl und den Lebensstil zu wählen, den es für den besten hält"[42].

Die Grundlage der politischen Autonomie war die "wirtschaftliche Unabhängigkeit". Erst damit war die "vollständige nationale Souveränität"[43] gesichert. Daraus waren alle anderen ökonomischen Ziele abgeleitet: "Unsere taktischen Ziele sind heute der Triumph der Agrarreform, die die Grundlage für die Industrialisierung des Landes schafft, die Diversifizierung des Außenhandels, das Anheben des Lebensstandards des Volkes, um das große strategische Ziel der Befreiung unserer nationalen Volkswirtschaft zu erreichen."[44] Guevara definierte wirtschaftliche Unabhängigkeit folgendermaßen: "Kuba wird dann unabhängig sein, wenn es alle seine natürlichen Ressourcen entwickelt und wenn durch Verträge und den Handel mit der ganzen Welt gesichert ist, daß keine einseitige Entscheidung von irgendeiner ausländischen Macht das Wachstum der Produktion behindern kann, und wenn alle Fabriken und landwirtschaftlichen Produktionseinheiten ihre im Rahmen unserer Planung optimale Produktionskapazität erreichen können."[45] Politische Voraussetzung der wirtschaftlichen Unabhängigkeit war die Herrschaft des Volkes, nicht nur in den politischen, sondern auch in den wirtschaftlichen Institutionen.

Ein Aspekt der wirtschaftlichen Unabhängigkeit war das Vertrauen auf die eigenen produktiven Kräfte: "Ein derartiges Bewußtsein entwickelt sich, so daß wir ausreichend Grund haben zu glauben, daß wir mit der Kraft unseres Volkes und ohne die Hilfe von irgendjemandem ... unsere Volkswirtschaft mit unseren eigenen Ressourcen und unseren eigenen Anstrengungen entwickeln, denn niemand wird kommen und es für uns tun und niemand wird uns geben."[46] Diese Option bedeutete keinen prinzipiellen Verzicht auf ausländische Hilfe, sondern nur zweierlei: Erstens war man nicht bereit, Wirtschaftshilfe um den Preis des Verzichts auf nationale Souveränitätsrechte zu akzeptieren; zweitens konnte die Hauptlast der wirtschaftlichen Entwicklung Kubas nur von dem kubanischen Volk selbst getragen werden. Der erste Aspekt findet sich in der Forderung eines 30 Milliarden-Dollar-Kredits der USA an ganz Lateinamerika wieder. Lateinamerika, so wahrscheinlich die Überlegung Castros, konnte von den USA sehr viel schlechter politisch erpreßt werden als das kleine Kuba. Das zweite Motiv zieht sich - trotz der hohen Verschuldung - wie ein roter Faden durch die Beziehung Kubas zu allen Ländern, von denen es wirtschaftliche Hilfe erhielt, auch zur Sowjetunion. Häufig hat Castro, besonders in Konfliktsituationen mit der Sowjetunion wie z.B. 1967/68, aber auch später noch, nachdem sich die politischen Beziehungen zur Sowjetunion entspannt hatten, die Tendenz kritisiert, sich auf ausländische Hilfe zu verlassen, und an das kubanische Volk appelliert, sich in erster Linie auf die eigenen Produktionskapazitäten und wirtschaftlichen Ressourcen zu verlassen, auch um den Preis des Zurückstellens von Konsumbedürfnissen[47]. Eine weitere Bedingung der wirtschaftlichen Unabhängigkeit Kubas war die regionale Diversifizierung des Außenhandels, im Klartext, die abnehmende Bedeutung des Handels mit den USA. In dieser Hinsicht kam den Kubanern die Weigerung der USA, weiterhin kubanischen Zucker zu Vorzugspreisen abzunehmen nahezu gelegen, denn "tatsächlich, wir alle fühlten uns ein bißchen freier, als wir fanden, daß Kuba Handelsverträge mit allen Ländern abschließen konnte, mit denen es dies wünschte"[48].

Das Streben nach wirtschaftlicher Autonomie implizierte nicht sofort die Nationalisierung des ausländischen Kapitals. Die ersten Maßnahmen waren ausgesprochen gemäßigt und liberal. Sie schienen von dem Ziel geleitet, das ausländische Kapital für die nationale Wirtschaftsentwicklung fruchtbar zu machen. Das Petroleum-Gesetz sah u.a. die Nationalisierung des Untergrundes und aller Bodenschätze vor; das Bergbau-Gesetz (beide Ende 1959) besteuerte die Bergbauexporte mit 25 %[49]. Erst die Weigerung der ausländischen Ölraffinerien, aus der Sowjetunion importiertes Rohöl zu verarbeiten und das Streichen der US-Zuckerquote führte am 6. Juli 1960 (Gesetz 851) zur Nationalisierung aller US-Unternehmen auf Kuba[50]. Programmatisch wurde diese Entwicklung mit der 1. Deklaration von Havanna (2.9.1960) ratifiziert, die stärker antiimperialistische Akzente als alle vorherigen programmatischen Erklärungen der revolutionären Führung trug und das Recht souveräner Staaten zur Nationalisierung imperialistischen Eigentums forderte[51]. Aber auch dieses Dokument war nur konsequent nationalistisch und antiimperialistisch und noch nicht sozialistisch. Von der Notwendigkeit einer allgemeinen Verstaatlichung kapitalistischer Unternehmen war noch keine Rede. Im innenpolitischen Teil wurden nur die politischen und sozialen Rechte der unterprivilegierten Schichten (Bauern, Arbeiter, Frauen, Kinder) kodifiziert.

Aber selbst die faktische Verstaatlichung der kubanischen Großunternehmen außerhalb der Landwirtschaft im Oktober 1960 wurde nicht mit sozialistischen, sondern mit nationalistischen Argumenten begründet. Der Akt der Verstaatlichung wurde nicht als Beginn der Vergesellschaftung durch die unmittelbaren Produzenten begriffen, sondern als Übergabe privaten Eigentums an den die gesamte Nation verkörpernden Staat, als Nationalisierung: "Warum sollte eine kubanische Fabrik nationalisiert werden? Nun, solch eine Fabrik gehörte nicht dem Volk ... Jetzt ist sie Eigentum der Nation."[52] Der Übergang zum "Sozialismus" wird nicht verstanden als Klassenkampf, in dessen Verlauf das proletarische Klassenbewußtsein heranreift und sich die Klassenorganisation des Proletariats entwickelt, sondern als Redefinition und soziale Eingrenzung des Begriffs der Nation: "Es gab einige, die eine falsche Idee vom Vaterland hatten. Es gab das Vaterland der Privilegierten... Das Vaterland von heute wird ... - wie Marti es wollte - für das Wohlergehen aller und nicht nur einiger weniger sorgen. ... Das Volk eignet sich nur dann den richtigen Begriff des Vaterlandes an, wenn die Interessen der privilegierten Klassen liquidiert werden."[53] Die Enteignung wird als Ausschluß der antinationalen und unproduktiven Klassen aus der "nationalen Gemeinschaft" interpretiert, als ein revolutionärer Prozeß, "in dem eine Nation sich der internen und ausländischen Parasiten entledigt"[54].

Die Begründung des Übergangs zum Sozialismus in Kuba in nationalistischen Kategorien entsprach der historischen Aufgabe der kubanischen Revolution und der soziopolitischen Struktur der revolutionären Bewegung. Die historische Aufgabe bestand in der Einleitung einer unabhängigen, autozentrierten wirtschaftlichen Entwicklung bei einem Maximum an nationaler Integration und Partizipation der verschiedenen Schichten des Volkes. Die Dominanz nationaler im Verhältnis zu Klassen-Begriffen reflektiert außerdem die politische Hegemonie - die nicht identisch ist mit quantitativer Vorherrschaft - des revolutionären städtischen Kleinbürgertums innerhalb des revolutionären Blocks, das aufgrund seiner individualisierten Klassenlage kollektive Ziele und Interessen nur als abstrakte Einheit unter Negation spezifischer sozialer Interessen formulieren kann. Der revolutionäre Staat, durch den die verschiedenen sozialen Interessen zu einem politischen Konsens gebündelt wurden, trat daher notwendig den ihn stützenden Klassen, auch der Arbeiterklasse, als relativ autonome Institution gegenüber. Die historische Funktion der nationalpopulistischen Ideologie bestand darin, auch Interessen von Klassen in den revolutionären Konsens als gleichberechtigte aufzunehmen, die für die kubanische Entwicklung fundamental, aber in der marxistischen Tradition nur als untergeordnete Bündnispartner (Bauern, Marginalisierte) der Arbeiterbewegung gedacht wurden. Insofern interpretierte und reflektierte die nationalpopulistische Ideologie die kubanische Realität angemessener - und veränderte sie effektiver - als ein unmodifiziert aus den Zentren importierter Marxismus, der die Welt aus der Perspektive der Emanzipationsinteressen einer entwickelten Arbeiterklasse interpretiert, einer Klasse, die es in Kuba erst embryonal gab. Andererseits konnte diese Situation und ihre Genesis aus der nationalpopulistischen ideologischen Tradition nicht ohne Konsequenzen für den kubanischen Sozialismusbegriff bleiben und prägte entscheidend einige seiner wesentlichen Merkmale: seinen elitären und autoritären Etatismus, die Negation und administrative Lösung sozialer Interessengegensätze im Sozialismus, seinen "Ökonomismus" bei gleichzeitigen abstrakten moralischen Appellen an alle Kubaner usw. (vgl. dazu Kapitel 9.1.).

Widersprüche und Krise des Agrarpopulismus

Die soziopolitische Strategie der kubanischen Revolution in den ersten beiden Jahren beruhte nicht auf einer marxistischen Klassenanalyse. Die kubanische Führung verstand ihre Revolution als breites Bündnis aller nationalistischen und produktiven Schichten, jedoch mit ausgeprägten ländlichen und kleinbürgerlichen Akzenten, deren prioritäres Ziel die soziale Integration der bisher marginalisierten Sektoren (Arbeitslose, arme Bauern und Pächter) in die sich reorganisierende kubanische Nation war. Die Bestimmung von Freund und Feind der kubanischen Revolution nahm nicht das Verhältnis zu den Produktionsmitteln zum Maßstab, sondern das Verhältnis zur produktiven Arbeit und zur Nation. Eingeschlossen in das Bündnis waren alle produktiven und nationalen Schichten, also auch das "produktive" und nationale Kapital, ausgeschlossen die unproduktiven (Zwischenhändler, Spekulanten, die in den Städten lebenden Großgrundbesitzer) und die antinationalen Klassen: "Wir werden nicht die Reichen als solche angreifen; statt dessen werden wir die Beziehungen zwischen Unternehmern und Beschäftigten regulieren. Die Reichen, die ihr Vermögen geerbt und Großgrundbesitz haben, haben keine große Chance."[55] Aber "wir werden den Investoren Garantien geben ... Wir zählen auf die Kapitalisten, so daß sie einen vernünftigen Profit machen..."[56]

Entsprechend breit war auch das anvisierte Bündnis. Das Programm der nationalen Erneuerung sollte getragen werden von den "Bauern ..., den ... Arbeitern ..., mit der Kooperation der Experten und Techniker, der Intellektuellen und Künstler, der Angestellten, von allen diesen Gruppen der Mittelschichten, die in Kuba Sektoren von enormer politischer Bedeutung sind ..., außerdem von den Industriellen, die endlich die Notwendigkeiten der Nation verstehen werden und den Sinn unserer Zeit; das ist die kubanische Revolution, 'mit allen und für das Wohl aller'."[57] Die gemeinsame Basis dieser Koalition war die Übereinstimmung der "Interessen in nationalen Fragen. Wenn wir die Kampagne zum Konsum nationaler Produkte lancieren, ... wenn wir eine Politik des Wachstums des Beschäftigungsniveaus betreiben ..., wenn wir eine Zollreform machen, genießen alle Produzenten den Nutzen dieser Politik."[58]

Dieses breite Bündnis schloß in der Perspektive der kubanischen Führung nicht aus, daß es das oberste Ziel sein mußte, zunächst die fundamentalsten Bedürfnisse der Ärmsten zu befriedigen: "An erster Stelle unserer Prioritätenskala stehen die Bedürftigsten der Nation"[59]. Da die bedürftigsten Schichten weniger die beschäftigte Arbeiterklasse als die armen Bauern und die Arbeitslosen waren, implizierte das in der kubanischen Situation nach Meinung der castristischen Führung auch Opfer der Arbeiterklasse, aber jetzt nicht im Interesse des Kapitals, sondern "vom Gesichtspunkt der Nation; und wenn wir zu den Arbeitern von Opfern sprechen, denken wir an niemandens Gewinne, sondern an die Interessen der Nation, an die Notwendigkeit der Entwicklung und des Sparens"[60]. Entwicklungspolitisch bedeutete das die Priorisierung der Beseitigung von Arbeitslosigkeit und den Kampf gegen Lohnforderungen. Bis Mai 1962 erhielten ungefähr 400.000 bisher Arbeitslose Arbeitsplätze mit einem Durchschnittseinkommen von 80 Pesos monatlich, d.h. innerhalb der niedrigsten Lohngruppe[61].

Eindeutig ist auch der "rural bias" der Entwicklungskonzeption, weil die Landbevölkerung "der bedürftigste Teil des Volkes" war und die Agrarreform "vordringlich ... für die Zukunft des Landes"[62]; "die Agrarreform ist das Grundgesetz der Revolution"[63]. "Den generösen kubanischen Bauern haben wir fest geschworen..., daß die Revolution nicht rasten wird, bis der Wohlstand auch das fruchtbare und schöne Hinterland unserer Insel erreichen wird, das die Latifundisten, die ausländischen Gesellschaften und die verräterischen und antipatriotischen Regierungen ihm vorenthalten haben."[64] Dieser "rural bias" hatte weitreichende Konsequenzen, obwohl die soziopolitische Selbstinterpretation der kubanischen Revolution dieser Phase als Bauernrevolution durchaus nicht der Realität entsprach.

Unabhängig von sozialen Differenzierungen (Pächter - Eigentümer, Kleinbauern - Landarbeiter, kapitalistische Bauern - Kleinbauern) wurden die Bauern als die tragende soziale Basis der Revolution betrachtet, die Agrarrevolution wesentlich als antifeudale und antiimperialistische begriffen. Auf dem Forum über Agrarreform im Juli 1959 schloß Marcelo Fernandez, der nationale Koordinator des M-26-7, die Lohnarbeiter beschäftigenden, kapitalistischen Großbauern mit einem Besitz zwischen 67 und 402 ha in die Kategorie der campesinos ein[65]. Schwerpunkt der agrarrevolutionären

Klassenkoalition waren jedoch schon die armen, ausgebeuteten, produktiven und rechtlich von ihren Produktionsmitteln getrennten Bauern: "Nur wenige der arbeitenden Bauern sind Eigentümer"[66]. Die Scheidelinie verlief also wesentlich zwischen besitzenden und nichtbesitzenden Bauern, produktiven Bauern und unproduktiven Großgrundbesitzern. Insofern ist es logisch, daß nicht zwischen Lohnarbeitern und Kleinpächtern unterschieden wurde, denn beide, also "die große Bauernmasse" hatte das gemeinsame Bedürfnis, "Herr des Bodens, ihrer Produktionsmittel, ihres Viehs"[67] zu sein. Von den Landarbeitern als spezifischer sozialer Klasse mit besonderen Interessen war nur sporadisch die Rede, auf keinen Fall jedoch wurden sie als politisch hegemonische Gruppe der Landbevölkerung begriffen[68].

Die theoretische Grundlage dieser Konzeption war, daß das Latifundium als zentrale Institution der kubanischen Agrarsozialstruktur begriffen wurde, dessen wesentliche Merkmale die Konzentration des Grundbesitzes, der halbfeudale Status der Pächter und der hohe Anteil des ausländischen Grundbesitzes waren. Die Kritik richtete sich, typisch für die kleinbürgerlich-nationalistische kubanische Tradition[69], nicht direkt gegen die dominierende kapitalistische Produktionsweise in der Landwirtschaft, denn dann hätten die kapitalistischen Bauern über 67 ha nicht Teil der revolutionären Agrarkoalition sein dürfen. Die Konfrontation mit der Agrarbourgeoisie und damit mit der kapitalistischen Produktionsweise entsprang also nicht den ideologischen Motiven des Castrismus in dieser Phase, sondern war zunächst die faktische Konsequenz des vorherrschend kapitalistischen Charakters der kubanischen Landwirtschaft, wie dies von "Che" Guevara ex post analysiert wurde: "Dieses Gesetz (über die 1. Agrarreform, H.F.) ... erwies sich als schreckliches Instrument des Klassenkampfes - und trieb die kubanische Revolution bis zur letzten Konsequenz". Erst durch den Widerstand der z.T. ausländischen Großgrundbesitzer wurde das, "was wir als Agrarreform bürgerlichen Zuschnitts vorgestellt haben könnten,die den armen Bauern Land gab, in einen gewaltsamen Kampf verwandelt"[70] und zu einer allgemeinen Konfrontation mit der kapitalistischen Produktionsweise der kubanischen Landwirtschaft. Erst später stellte man fest, daß die erste Agrarreform nicht nur, wie beabsichtigt, zu einem Konflikt mit dem ausländischen und"feudalen Latifundium", sondern "mit dem Imperialismus, der großen Zuckerbourgeoisie und einem großen Teil der nationalen Bourgeoisie führte"[71]. Die zentrale Relevanz der ersten Agrarreform bestand also vor allem auch in ihrer politischen Funktion.

Faktisch haben die Kleinbauern zunächst von der ersten Agrarreform stärker profitiert, da die Pächter zu Eigentümern wurden, durch Abschaffung der Pacht und andere Maßnahmen ihre Einkommenssituation erheblich verbessert und Land zugunsten der Kleinbauern umverteilt wurde, indem ein Mindestbesitz von 27 ha garantiert wurde. Die Situation der Landarbeiter dagegen verbesserte sich nicht so drastisch: Die Arbeitslosigkeit wurde erst allmählich beseitigt und die Einkommen, besonders der bei den kapitalistischen Mittelbauern beschäftigten Landarbeiter, stiegen trotz staatlich verordneter Lohnerhöhungen und Mietsenkungen langsamer[72]. Gleichzeitig blieben die Lohnunterschiede zwischen Stadt und Land. Die Konsequenz dieser "gegen die Landarbeit gerichteten Lohnunterschiede"[73] war, daß trotz der forcierten Diversifizierung der Landwirtschaft und einer Redistributionspolitik zugunsten der Landbevölkerung die Landflucht in den ersten Jahren der Revolution sich sogar noch beschleunigte. Aufgrund dieser Situation häuften sich die Konflikte zwischen den Landarbeitern und der Agrarbourgeoisie um Lohnerhöhungen, Beschäftigung, Sozialabgaben der Unternehmer, Prämien und Sonderzulagen für Überstunden. Zugleich nützten die Kleinbauern die sich abzeichnende Lebensmittelknappheit zu drastischen Preiserhöhungen aus. Konfrontiert mit diesen sozialen Interessengegensätzen und Konflikten und dem wachsenden Druck der Landarbeiter radikalisierte die Regierung die Agrarreform: "Die Forderungen der Landarbeiter nach Arbeit oder Land trieben die Agrarreform von 1959 über ihre anfänglichen Ziele hinaus."[74]

Unter dem Druck dieser sozialen Konflikte löste sich ebenfalls die undifferenzierte agrarpopulistische Selbstinterpretation der kubanischen Revolution als Bauernrevolution auf. Der primär kapitalistische Charakter der vorrevolutionären Landwirtschaft wurde jetzt erkannt und die Bedeutung der Landarbeiter und ihre spezifischen Interessen wurden stärker hervorgehoben, der Gegensatz zwischen Kleinbauern und Landarbeitern betont: "Wenn wir weiter analysieren, können wir ein besonderes Merkmal hinzufügen, das darin besteht, daß in der Mehrheit der kubanischen Regionen die Bauern durch die Anforderungen der großflächigen, halbmechanisierten, kapitalistischen Landwirtschaft fortschreitend proletarisiert worden sind und ein neues Niveau der Organisation erreicht haben, das sie mit einem größeren Klassenbewußtsein ausstattete. ... Aber wir sollten hervorheben, daß in dem ersten Gebiet der Rebellenarmee ... die Bauernschaft andere soziale und kulturelle Wurzeln hatte als die in den Gebieten mit großflächiger, halbmechanisierter kubanischer Landwirtschaft. ... Die Soldaten, aus denen unsere erste Bauernguerilla bestand, kamen aus dieser sozialen Klasse, für die das private Grundeigentum heilig, d.h. die sehr stark von kleinbürgerlicher Mentalität geprägt war."[75]

Gleichzeitig hatte sich auch die Einschätzung des Verhältnisses von Bauernmasse und Führung geändert. An die Stelle der agrarpopulistischen Glorifizierung der Bauern als autonome Protagonisten der Agrarrevolution, die diese aus eigener Initiative forderten und radikalisierten, trat die klassische "marxistische", paternalistische Konzeption der Rolle der Bauern als "Klasse, die wegen ihrer Ungebildetheit, in der sie gehalten wird, und der Isolierung, in der sie lebt, die revolutionäre Führung und Politik braucht, die von der Arbeiterklasse und der revolutionären Intelligenz geliefert wird"[76]. Parallel zu diesem Wandel der Interpretation der revolutionären Klassenkoalition auf dem Lande verlagerte sich der soziopolitische Schwerpunkt von den Bauern auf die städtische und ländliche Arbeiterklasse: "Es ist kein Geheimnis, daß die Stärke der revolutionären Bewegung zunächst bei den Bauern lag und später bei den Arbeitern."[77] Die kubanische Revolution begriff sich jetzt nicht mehr als antifeudale und antiimperialistische Bauernrevolution, sondern als antikapitalistische und proletarische Revolution.

Ein weiterer wichtiger Aspekt der anfänglichen kubanischen soziopolitischen Entwicklungskonzeption war ihr kleinbürgerlicher Akzent. Dieser dokumentierte sich neben der Agrarpolitik auch in der Stadt- und Wohnungsbaupolitik. Deren soziale Stoßrichtung richtete sich zunächst nur gegen die großen Grundbesitzer und Spekulanten, nicht gegen kleine Hausbesitzer[78]. Z.B. wurden kleine Hausbesitzer im März 1959 von den Mietsenkungen (30 - 50 % je nach Miethöhe) ausgenommen, wenn sie ihr Haus selbst bewohnten und die Miete weniger als 150 Pesos betrug. Noch das Gesetz zur Stadtreform vom Oktober 1960 sah vor, daß jeder Mieter sein Haus oder seine Wohnung durch Zahlungen in Höhe der Miete über einen Zeitraum von 5 - 10 Jahren als Eigentum erwerben könne. Dem lag die kleinbürgerliche Idee zugrunde, daß jeder Kubaner nicht nur Recht auf eine angemessene Wohnung habe, sondern auch das Recht auf den Besitz seiner Wohnung. Die kleinbürgerlichen Normen wirkten sich bis in die architektonische Konzeption hinein aus. Die ersten Projekte (Stadtviertel) wurden von international renommierten Architekten entworfen, waren viel zu kostspielig und betonten durch ihre Gestaltung - meist Einfamilienhäuser - die soziale Isolierung der Häuser. Die mitgelieferte Wohnungseinrichtung reflektierte zunächst US-amerikanische Mittelschichtstandards. Das erste Urbanisierungs- und Wohnungsbauprogramm strebte also eher die Verkleinbürgerlichung als die selbstbewußte Proletarisierung der Städte und besonders Havannas an[79]. Neben diesen kleinbürgerlichen Modellen wurden jedoch schon andere Projekte in Angriff genommen, z.B. das "Programm gegenseitiger Hilfe", in dessen Rahmen Slumbewohner mit staatlicher finanzieller und materieller Unterstützung und mindestens 24 Stunden Mitarbeit pro Familie und Woche sich neue Wohnhäuser bauen konnten[80].

8.3. Konzeption und Praxis der Entwicklungsstrategie

8.3.1. Die wirtschaftliche Konzeption der ersten Agrarreform als Kernstück der ersten Wachstumsstrategie

Die erste Agrarreform verfolgte ein Bündel politischer, sozialer und wirtschaftlicher Ziele. Politisch wollte sie die wirtschaftliche Macht der Großgrundbesitzer zerschlagen, in sozialer Hinsicht sollte sie das System der Landverteilung gerechter gestalten und in ökonomischer Hinsicht die wirtschaftliche Entwicklung durch die Expansion des Binnenmarktes und die Steigerung, Diversifizierung und Intensivierung der Agrarproduktion stimulieren. Die politisch-sozialen Ziele hat Castro ex post prägnant zusammengefaßt: "Erstens, die Liquidierung des Latifundiums; zweitens, die Liquidierung des Systems der Grundrente, d.h. die Befreiung der campesinos von der Pacht, die sie zahlten; drittens, den Eigentumstitel auf das Land zu garantieren, das sie bearbeiteten."[81] Hier wird noch einmal der nichtproletarische Charakter und die nichtsozialistische Zielsetzung der ersten Agrarreform deutlich. Die kubanische Agrarreform strebte von Anfang an jedoch mehr als eine sozial motivierte Redistribution von Land an; sie wurde als Kernstück der wirtschaftlichen Entwicklungsstrategie zur Überwindung der Unterentwicklung verstanden: "Die Agrarreform nicht nur als Maßnahme elementarer Gerechtigkeit, ... weil sie den Wohlstand des am meisten leidenden, vergessenen und verlassenen Sektors der Nation heben wird, sondern als elementare wirtschaftliche Maßnahme, wenn die Völker sich aus der Unterentwicklung befreien und einen höheren Lebensstandard erreichen wollen..."[82] Auf der Linie der damaligen ECLA-Analysen wurde die Agrarreform als Grundlage der Industrialisierung begriffen, und zwar durch "die Redistribution von Land, die Etablierung eines großen nationalen Marktes und die Realisierung einer diversifizierten Wirtschaft"[83].

Als soziale Voraussetzung der Stimulierung der wirtschaftlichen Entwicklung durch die Landwirtschaft galt die Liquidierung des Latifundiums, weil dieses als Korrelat unproduktive Minifundien hervorgebracht hatte, die besten Böden kontrollierte, die Gesamtwirtschaft deformierte, da die Großgrundbesitzer sich nur auf die profitabelste Exportproduktion spezialisierten und kein Interesse an der Diversifizierung der Produktion hatten, während den Minifundien dazu die Mittel fehlten; weil die Latifundien angesichts struktureller Arbeitslosigkeit und niedriger Löhne kein Interesse an der Einführung moderner, kapitalintensiver Agrartechnologien hatten und große Teile des Bodens nicht nutzten[84].

Diese Konzeption, in der die Modernisierung der Landwirtschaft eine fundamentale Bedingung der Industrialisierung war, implizierte institutionell außerdem ökonomisch sinnvolle Betriebsgrößen; das bedeutete, daß weder die Latifundien durch die Vergabe an Kleinbauern aufgeteilt, noch daß das traditionelle Minifundiensystem beibehalten werden durfte, denn "wir wollen eine fortgeschrittene Bauernschaft haben, die so viel wie möglich produziert und verdient. Das nützt der Nation. Wenn wir nicht diesen Typ der Produktion etablieren, kann es keine Industrialisierung geben"[85]. Industrie und Landwirtschaft sollten sich, über den Markt vermittelt, gegenseitig stimulieren. Insofern schloß die Konzeption der ersten Agrarreform eine privatkapitalistische Industrialisierung nicht grundsätzlich aus. Da sich beide Sektoren wesentlich selbst finanzieren sollten, stellte sich auch unter diesem Aspekt nicht die Frage der Priorisierung von Industrie oder Landwirtschaft[86]. Andererseits waren jedoch schon in der Konzeption der 1. Agrarreform wichtige Elemente der späteren Strategie der Agroindustrialisierung präsent.

Das oberste ökonomische Ziel der Agrarreform war die Expansion des Binnenmarkts der nationalen Industrie für Massenkonsumgüter: "Man muß die Vorteile, die die Agrarreform der Industrie bringt, nicht aufzählen, weil man ohne Fähigkeit zum Konsum, ohne Volk, das kauft, keine Industrie haben kann."[87] Die zweite wichtige wirtschaftliche Funktion der Agrarreform sollte die Diversifizierung und das Wachstum der Agrarproduktion sein, u.a. zur Substitution von Importen. Dies sollte durch die Verbesserung der Einkommenssituation der Familienbetriebe (durch größere Anbaufläche, die Abschaffung der Pacht und der Ausbeutung durch den Zwischenhandel) einerseits, und die "Nutzung der menschlichen und natürlichen Ressourcen" andererseits, die durch den "tiefen, institutionellen Wandel"[88] möglich sein würden, erreicht werden. Voraussetzung der landwirtschaftlichen Diversifizierung war die volle Nutzung der bisherigen Latifundien"zur Produktion von all den Nahrungsmitteln, die wir importieren"[89]. Durch die landwirtschaftliche Diversifizierung würde gleichzeitig in kürzester Zeit die ländliche Arbeitslosigkeit beseitigt werden. Die Agrarreform sollte außerdem "den Exodus der Bauern in die Städte eindämmen. Es ist notwendig, die Bauern wieder an den Boden zu fixieren. Nicht weniger als 200.000 Familien sollen Land erhalten."[90]

Finanziert werden sollte die landwirtschaftliche Entwicklung durch die höheren Einkommen der Agrarbevölkerung selbst, freiwillige Beiträge der städtischen Bevölkerung, durch die Enteignung derer, die sich unter Batista öffentliches Eigentum illegal angeeignet hatten oder mit Batista kooperiert hatten, und das Eigentum der Emigranten[91]. Intendiert war also weder der Rekurs auf externe Ressourcen, oder doch nur marginal und unter bestimmten Bedingungen, noch die zwangsweise und drastische Beschränkung der Einkommen und des Konsums der Massen. Die für die Industrialisierung benötigten Devisen sollten primär durch die Substitution von Importen erwirtschaftet werden[92]. Die einzige Maßnahme, die den Rahmen einer konsequenten bürgerlichen Agrarreform sprengte, war der Entschluß, die mit Lohnarbeit betriebenen Latifundien nicht zu zerstückeln, sondern in "Kooperativen" oder Staatsfarmen zu verwandeln. Ein anderer Unterschied zu bürgerlichen Agrarreformen in Lateinamerika war nicht konzeptioneller, sondern politischer Natur. Die politischen Machtverhältnisse in Kuba erlaubten es, die angestrebte Agrarreform schnell und konsequent, ohne Kompromisse mit der traditionellen Oligarchie zu realisieren und sogar über ihre anfänglichen reformistischen Ziele hinauszutreiben.

Obwohl durch die Entscheidung gegen die Aufteilung der Latifundien de facto die kapitalistische Produktionsweise in der Landwirtschaft zurückgedrängt wurde, waren die öffentlich artikulierten Motive dafür nicht sozialistischer, sondern primär ökonomisch-pragmatischer, entwicklungspolitischer Art. Der gemeinsame Nenner aller angeführten Vorteile der Verstaatlichung der

Latifundien war, daß nur so ein Programm schneller, staatlich geplanter und finanzierter Entwicklung und Modernisierung der Landwirtschaft zu realisieren wäre: "Es wäre nahezu unmöglich, einen Plan forcierter Entwicklung durchzuführen, wo das Land in zehntausende Landwirtschaftsbetriebe unterteilt ist, jeder mit seinem eigenen Stil, seiner Methode und seinen Ideen. Es wäre das gleiche für jedes Programm der Saatselektion, der Verbesserung der Anbaumethoden, der Bewässerung, d.h. Produktionsprobleme würden eine unüberwindbare Situation darstellen."[93] Die Hauptakteure dieses landwirtschaftlichen Modernisierungsprogramms waren staatliche, meist zentrale Institutionen und deren Delegierte. Die Prämisse dieser zentralistischen und etatistischen Konzeption war ein fundamentales Mißtrauen in die politische Verläßlichkeit und die technische Kompetenz der Bauern und der Landarbeiter, die dennoch als primäre Nutznießer angesehen wurden. Politisch, so konstatierte Castro drei Jahre später, "wäre die leichteste Lösung die Aufteilung des Landes gewesen", denn "jeder wollte Land, sogar die städtische Bevölkerung"[94]. Die Aufteilung des Landes wäre jedoch allein aus praktischen Gründen auf große Hindernisse gestoßen, weil es schwierig gewesen wäre, den Boden angesichts unterschiedlicher Standortbedingungen gerecht aufzuteilen und auch nicht genügend Land für alle landlosen Bauern vorhanden war, so daß "viele Arbeiter ohne Land geblieben wären, oder ... die Parzellen zu klein gewesen wären für die Subsistenz einer Familie"[95].

Die Verstaatlichung der Latifundien war demnach kein Akt selbstbewußter Vergesellschaftung durch die Landarbeiter, sondern eher der Versuch unter den Bedingungen ökonomischer Knappheit (Land, Kapital, Nahrungsmittel), zentrifugaler gesellschaftlicher (allgemeiner Landhunger) und ökonomischer Interessen (Bedürfnis der in der Landwirtschaft Tätigen, ihren Konsum von Agrarprodukten auf Kosten der Investitionen und der Versorgung der Städte zu steigern, das Interesse der Bauern an höheren Preisen für ihre Produkte auf Kosten der Konsumenten) und begrenzter Fähigkeiten (technische Kompetenz der Bauern und der lokalen Administratoren) die Kontrolle über die knappen ökonomischen Ressourcen in den

Händen zentraler staatlicher Instanzen zu konzentrieren. Die Verstaatlichung entsprach also keinem Programm konkreter gesellschaftlicher Synthesis mittels realer Vergesellschaftung und Demokratisierung[96], sondern dem Versuch, sozioökonomische Interessengegensätze durch rechtliche (Staatseigentum) und administrative Methoden (Entscheidungszentralisierung), also durch abstrakte Synthesis zu lösen. In dieser Konzeption abstrakter gesellschaftlicher Synthesis ist die zentrale Ursache dafür zu suchen, daß so oft in der Geschichte der kubanischen Revolution die faktischen Resultate ihres Handelns in keiner Beziehung zu den Intentionen der revolutionären Führung standen. Die politisch-ideologischen Voraussetzungen dieser Art der Problemlösung waren die faktische Konzentration der Macht bei der revolutionären Elite und letztlich bei Castro einerseits und ein durch die Brille der nationalistischen Tradition produzierter abstrakter Begriff von Allgemeinwohl und Nation und ein damit korrespondierender, jegliche Interessengegensätze negierender Begriff des moralischen Individuums[97] andererseits.

Der Logik dieser Problemlösungsstrategie entsprach auch die spätere Entscheidung (1961-62), die Kooperativen in Staatsfarmen zu verwandeln. Nach Castro glich "die granja (Staatsfarm, H.F.) einer Fabrik und der Bauer einem Arbeiter in einer Fabrik; der Arbeiter einer Kooperative ist wie das Mitglied einer Gruppe von Arbeitern, die für ihren eigenen Gewinn arbeiten und nicht zum Nutzen der ganzen Nation"[98]. De facto waren schon die Kooperativen kein selbstverwaltetes Gruppeneigentum gewesen, weil ihre Administratoren nicht von den Mitgliedern gewählt, sondern vom INRA ernannt wurden und auch die Einkommen der Arbeiter nicht wie vorgesehen vom Gewinn der Kooperative abhängig, sondern faktisch davon unabhängige staatlich garantierte Löhne waren[99]. Begründet worden war die Ernennung staatlicher Leiter für die Kooperativen damit, daß allein so eine "kompetente Verwaltung in der ersten Etappe" zu garantieren sei. Für später hatte Castro jedoch eine "größere oder volle Autonomie"[100] angekündigt. Diese kubanischen Kooperativen unterschieden sich nicht nur institutionell, sondern auch durch die Sozialstruktur ihrer Mitglieder von Genossenschaften von Kleinbauern, da ihre Mitglieder

Landarbeiter waren. Diese Produktionsgenossenschaften wurden nur dort errichtet, wo vorher Latifundien bestanden hatten und kollektive und moderne, arbeitsteilige Massenproduktion technologisch möglich und ökonomisch sinnvoll gewesen war. Nicht eingeführt werden sollten sie in Kulturen wie z.B. dem Kaffee- und Tabakanbau, in denen individuelle, relativ traditionelle Produktionsmethoden vorherrschten. Diese Landarbeiter-Kooperativen wurden daher vorwiegend in der Zuckerrohrlandwirtschaft gebildet. Die Bildung kleinbäuerlicher Genossenschaften verschiedener Art ist erst Ende der 70er Jahre stärker vorangetrieben worden.

Die sozioökonomischen Gründe für die Überführung der Latifundien in Gruppeneigentum der Landarbeiter und gegen ihre Aufteilung in kleinbäuerliche Betriebe werden im folgenden näher erläutert[101]. Die Essenz der Argumentation war, daß perspektivisch kollektiv bewirtschaftete, in die staatliche Planung integrierte Großbetriebe es erlauben würden, den Surplus für Investitionen und die Versorgung der Stadtbevölkerung zu maximieren, sowie durch konzentrierte staatliche Investitionen in ehrgeizige landwirtschaftliche Expansions- und Modernisierungsprogramme, die der Landbevölkerung produktive Beschäftigungsmöglichkeiten boten, deren Lebensstandard zu erhöhen. Kurzfristig hoffte man durch den Erhalt der traditionellen Produktionseinheiten das gegebene Produktionsniveau zu stabilisieren.

Soziopolitisch und gesamtwirtschaftlich sollten die Staatsfarmen ein Gegengewicht gegen die von den Kleinbauern verbreitete kleinbürgerliche und egoistische Profitmentalität bilden, die diese, aus kurzsichtigen ökonomischen Motiven, zu einem politischen Bündnispartner der Bourgeoisie machte: "Der campesino versteht diese Dinge nicht. In seinem Leben war er nur an der Akkumulation von Geld interessiert, weil er in einer Gesellschaft lebte, in der Geld alles war. Und wer sind diejenigen, die die teuren Nahrungsmittel essen? ... die Reichen! Die Bourgeoisie in den Städten ... Der Kleinbauer ist ein einfacher Mann, ein Arbeiter, kein Parasit. ... Der Privatproduzent konsumiert zunächst alles, was er braucht. Nachdem er seine eigenen Bedürfnisse befriedigt hat, verkauft er den Surplus an den höchsten Anbieter, weil - kaum vorzustellen - er immer noch nicht seine sozialen Verpflichtungen versteht; die Produkte sind in seiner Hand."[102] Schon 1959 hatte Castro der Befürchtung Ausdruck verliehen, daß die Aufteilung der Latifundien an Kleinbauern eine sozial und ökonomisch"rückschrittliche Bauernschaft"[103] schaffen könnte. Nur durch die Existenz der Staatsfarmen, so Castro 1962, sei die Versorgung der armen städtischen Bevölkerung zu gerechten Preisen gesichert, da die Kleinbauern dazu neigten, die durch die Expansion der Binnennachfrage bedingte Knappheit zu spekulativen Preissteigerungen auszunutzen.

Ein zentrales Argument gegen die Aufteilung der Latifundien war, daß der Staat durch seinen Einfluß auf die Investitionspolitik der Unternehmenseinheiten eine höhere Investitionsrate erzwingen könnte. U.a. spielte die Befürchtung eine wesentliche Rolle, daß die Bauern den produktiven Kapitalstock (u.a. Viehbestand), die Versorgung der Industrie mit agrarischen Rohstoffen und den Verkauf auf dem durch Umverteilungsreformen größeren Massenkonsumgütermarkt durch die Befriedigung ihrer lange unterdrückten Konsumbedürfnisse gefährden würden. In dem Konflikt zwischen langfristiger und kurzfristiger Zeitperspektive, Gegenwart und Zukunft, Konsum und Produktion, könnte das langfristige, gesamtgesellschaftliche Interesse an der Steigerung der Agrarproduktion nur durch den Staat garantiert werden[104].

Die kollektiv, mit Hilfe staatlicher Planung und ökonomischer Ressourcen bearbeiteten Großbetriebe sollten eine umfassendere Mobilisierung ungenutzter traditioneller (Arbeitskräfte, Land) und moderner Ressourcen (Agrartechnologie) ermöglichen als kleinbäuerliche Privatbetriebe. Durch die Expansion der Anbaufläche und die Diversifizierung der Produktion auf der Ebene der großen Agrarbetriebe sollte die Arbeitslosigkeit, auch die saisonale, durch den Produktionszyklus der Monokulturbetriebe bedingte, beseitigt werden. Die größere Akkumulationskapazität und die Vorteile der Massenproduktion der Kooperativen sollten den Einsatz "modernster Maschinen"[105] erlauben. Nur so würde es möglich sein, neue Anbaumethoden schnell und uniform in nationalem Maßstab zu realisieren, das beste Saatgut auszuwählen und die kostspieligen

Programme künstlicher Befruchtung in der Viehzucht und künstlicher Bewässerung zu finanzieren. Durch den Einsatz moderner Agrartechnologie hoffte man, "die Produktivität der Arbeit und des Bodens (zu) erhöhen"; "wir besitzen hier ein außerordentliches Entwicklungspotential"[106]. U.a. hoffte man durch intensivere Anbaumethoden in der Zuckerrohrlandwirtschaft, die Anbaufläche für Zuckerrohr drastisch, bis zu 50 %, zu reduzieren und die Anbaufläche anderer Kulturen zu erweitern, ohne die Zuckerproduktion einzuschränken[107]. Durch den Einsatz moderner Agrartechnologie und das Ausnützen der Vorteile der Massenproduktion könnten die Kooperativen außerdem mehr und billiger produzieren als kleinere Familienbetriebe. Dies würde es erlauben, gleichzeitig die Einkommen der Landarbeiter zu erhöhen und eine ausreichende, billige und stabile Versorgung der Städte zu garantieren. Die leichtere Integration der Kooperativen in die staatliche Planung begünstigt außerdem eine wissenschaftlich geplante zentrale Allokation der einzelnen Kulturen und somit eine "rationale Ausnutzung des Bodens"[108].

8.3.2. Erfolge und Grenzen der Redistributionspolitik und der Mobilisierung ungenutzter Ressourcen

Hier soll keine umfassende Analyse der Resultate der Wachstumsstrategie der ersten beiden Jahre geleistet werden. Thematisiert werden allein einige ihrer Grundelemente (Umverteilung der Einkommen, Mobilisierung ungenutzter Ressourcen) und die Krisentendenzen und Engpässe, an denen die Grenzen der ersten Wirtschaftspolitik sichtbar werden und auf deren Hintergrund erst die neuen Akzente der darauffolgenden Wachstumsstrategie verständlich werden. Einige Aspekte der verfolgten Entwicklungsstrategie, wie z.B. die Politik sofortiger und umfassender Diversifizierung der Landwirtschaft, werden hier nur gestreift und später ausführlicher behandelt, weil sie erst später korrigiert wurden.

Da der Staat durch die Konfiszierung illegalen Eigentums und die zunächst langsam anlaufende Agrarreform am Anfang nur einen geringen Teil der Wirtschaft direkt kontrollierte und auch nicht über ausreichende Informationen und einen kompetenten zentralen Planungsapparat für eine umfassende und imperative staatliche Planung verfügte, beschränkte sich die erste Entwicklungsplanung auf einige grobe Leitlinien, deren Grundzüge schon im Zusammenhang mit der wirtschaftlichen Konzeption der ersten Agrarreform dargestellt worden sind. Die Hauptideen waren die Mobilisierung ungenutzter produktiver Kapazitäten durch redistributive und institutionelle Reformen, besonders die Agrarreform, und, wachstumsstrategisch, die Diversifizierung der Wirtschaft und die Substitution von Importen. Im Vordergrund standen zunächst die brennendsten sozialen und ökonomischen Probleme: "Die zwei Hauptprobleme der kubanischen Revolution in ihren ersten Monaten waren die Arbeitslosigkeit und die Knappheit ausländischer Devisen ... Die Wirtschaftspolitik der Revolutionsregierung war primär darauf gerichtet, diese Probleme zu lösen."[109] Den Devisenmangel versuchte man durch die Substitution von Importen und das Wachstum der Exportproduktion zu beheben. Das Programm einer breiten landwirtschaftlichen Diversifizierung und einer zunächst relativ arbeitsintensiven Industrialisierung sollte zugleich das zentrale soziale Problem der Arbeitslosigkeit lösen.

Zunächst scherte man sich wenig um sektorale Interdependenzen, makroökonomische Gleichgewichte und notwendige Prioritäten. Alles schien durch den Einsatz ungenutzter Ressourcen und die Mobilisierung neuer Ressourcen gleichzeitig machbar: "Niemand machte sich Sorgen um die Entscheidungen, die getroffen werden mußten, wenn die Ressourcen knapp wurden."[110] Dieser durch den schnellen Erfolg der kleinen Guerilla-Armee gegen das militärisch überlegene Heer Batistas gezüchtete Optimismus wurde zunächst durch die anfänglich hohen Wachstumsraten und die schnelle Anhebung des Lebensstandards der unterprivilegierten Bevölkerungsschichten durch Umverteilungsreformen verstärkt. Später hat die kubanische Führung die Grenzen dieses schnellen Anfangserfolgs selbstkritisch analysiert, der "nicht durch die Steigerung der Produktionskapazität erreicht wurde, sondern durch die bessere Ausnutzung der bestehenden. ... Ökonomisch war dies eine Periode der Expansion auf der Grundlage von Kapazitätsreserven und ungenutzter Ressourcen"[111]. In dem Maße, in dem diese Möglichkeiten ausgeschöpft waren, wurden der Übergang von einer Redistributions- zu einer Wachstumsstrategie und Entscheidungen über Prioritäten unvermeidlich: zwischen Investition und Konsum, über die Verteilung der sozialen Kosten der Akkumulation, über die Verteilung der staatlichen Investitionen auf Industrie und Landwirtschaft und den Beitrag der beiden Sektoren zur Finanzierung der Entwicklung, zwischen einzelnen Sektoren usw.

Die ersten beiden Jahre waren eine Periode wirtschaftlicher Prosperität, wie die Entwicklung des Bruttosozialprodukts, der industriellen und der landwirtschaftlichen Produktion zeigen. Die Faktoren, die dieses rapide Wachstum und die Umstrukturierung der Produktionsstruktur möglich machten, waren: erstens die Expansion der effektiven Nachfrage nach intern produzierten landwirtschaftlichen und industriellen Massenkonsumgütern als Folge der Einkommensumverteilung, zweitens die Existenz ungenutzter Produktionskapazitäten in Industrie und Landwirtschaft, drittens aber auch der Abbau eines Teils der Vorräte an Rohstoffen auf betrieblicher und an Devisen auf nationaler Ebene und zum Teil des Kapitalstocks, z.B. des Viehbestands, viertens die Tatsache, daß die Folgen der revolutionären Reorganisation der Wirtschaft, des Embargos der USA und der Emigration noch nicht spürbar waren. Das stärkste Wachstum, wahrscheinlich mit Ausnahme der staatlichen Bauwirtschaft , verzeichnete die private Industrie und Landwirtschaft[112]. Die folgenden Daten sind wegen der unsicheren Informationsbasis, die sich in der kontroversen Diskussion in der Literatur widerspiegelt, mit Vorsicht zu genießen. Besonders unzuverlässig und kontrovers sind die Daten über das gesamtwirtschaftliche Wachstum, die Industrieproduktion, die Investitionsrate und den Rückgang der Arbeitslosigkeit, während die Datenlage für die Landwirtschaft und vor allem den Außenhandel besser ist. Umstritten ist jedoch nur das Ausmaß des Wachstums und nicht die Tatsache eines wirtschaftlichen Aufschwungs.

Die die offizielle Einschätzung wiedergebende Schätzung von J. Noyola mit einer durchschnittlichen jährlichen Wachstumsrate von 10,5 % des BSP 1958-1960 und von 17 % (1959) und 25 %(1960)

in der Industrie[113] scheint zu hoch, weil gleichzeitig der Import von Rohstoffen und Zwischenprodukten leicht fiel oder stagnierte[114]. F. Pazos schätzt daher die gesamtwirtschaftliche Wachstumsrate auf 5,6 % 1959 und weniger als 10,5 % 1960[115]. Bemerkenswert ist, daß dieses Wachstum allein durch die Expansion der Produktion für den Binnenmarkt und der Staatsausgaben erzielt wurde, während gleichzeitig der Wert der Zuckerexporte, trotz konstanter Zuckerproduktion, wegen der niedrigen Weltmarktpreise und der Schwierigkeit des Absatzes des kubanischen Zuckers auf dem Weltmarkt angesichts der Senkung und späteren Streichung der US-Zuckerquote von 1958 bis 1960 um 16 % sank[116].

Auch Noyolas Schätzung einer durchschnittlichen Investitionsrate von 18 % 1959-60 scheint ein wenig zu hoch gegriffen, da in der gleichen Zeit der Import aller Produktionsgüter (Brennstoff, Rohmaterialien und Zwischenprodukte, fixe Kapitalgüter) um 13,3 % und der der fixen Kapitalgüter sogar um 22,3 % sank[117]. Da jedoch innerhalb der Industrie in erster Linie die Produktion industrieller Massenkonsumgüter expandierte und die nationale Produktion von Investitionsgütern nicht entsprechend zunahm, muß die Investitionsrate geringer gewesen sein. Sie lag damit wahrscheinlich niedriger als in den letzten Jahren der Batista-Diktatur, als sie ungefähr 16 - 17 % betrug. Dies ist ein Indikator dafür, daß das industrielle Wachstum in dieser Periode wesentlich auf der besseren Nutzung bisher unterausgenutzter industrieller Produktionskapazitäten beruhte.

Auch die Daten zur Agrarproduktion sind problematisch, belegen aber alle ein relativ schnelles Wachstum, sowohl absolut wie per capita. Die Schätzungen des Wachstums des Werts der Agrarproduktion zwischen 1958 und 1961 variieren je nach Basisjahr zwischen 20 und 25 %[118]. Geringer, zwischen 5 und 8 % im gleichen Zeitraum, fiel das Wachstum der landwirtschaftlichen Pro-Kopf-Produktion aus[119]. In den ersten beiden Jahren der Revolution beruhte das Wachstum der landwirtschaftlichen Produktion in erster Linie auf dem für den Binnenmarkt produzierenden Sektor, während die Zuckerproduktion stagnierte. 1962 hatte die Zuckerrohrlandwirtschaft sich jedoch wieder erholt und erreichte mit knapp 6,7 Millionen t Rohzucker nahezu das Rekordergebnis von 1953, so daß ihr Wachstum ähnlich dem der Nichtzuckerrohrlandwirtschaft zwischen 1959 und 1961 nach kubanischen Angaben knapp über 20 % betrug (vgl. Tabelle 8.1.).

Tabelle 8.1: Wachstum des Index der Agrarproduktion 1959-1961 nach Sektoren im Vergleich zum Durchschnitt 1954 - 1958 (in Prozent)

Sektoren	%
Zuckerrohrlandwirtschaft	20,2
Nichtzuckerrohrlandwirtschaft	20,4
Viehzucht	27,8
Forstwirtschaft	318,7
Fischfang	82,2
Gesamt	25,4

Quelle: J. Acosta 1973 b , S. 76, Tabelle 21

Ab 1962 geht die Agrarproduktion plötzlich schlagartig zurück, nach unterschiedlichen Berechnungen zwischen 22 und 34 %[120]. Dieses Sinken der landwirtschaftlichen Produktion läßt vermuten, daß ihr anfängliches Wachstum weniger die Folge der partiellen Verstaatlichung war, die sich im Laufe des Jahres 1960 vollzog, sondern die Reaktion der privaten Landwirtschaft auf die expandierende Nachfrage[121]. Viele kapitalistische Großbauern hatten 1959 noch vor der Durchführung der ersten Agrarreform ihre Produktion ausgeweitet, weil sie hofften, daß nur brachliegendes Land enteignet würde. Die Landarbeiter hatten später die Reduktion dieser Anbaufläche und die Vernachlässigung der Arbeiten verhindert, weil sie nicht arbeitslos werden wollten. Die Produktivität der Staatsfarmen war zunächst aufgrund der mangelnden Qualifikation der Verwaltung und der Arbeiter und des fehlenden technischen Personals gering. Nach Angaben einiger Autoren betrug sie oft nur 50 % der der privaten Betriebe[122].

Über die Entwicklung der Industrie lassen sich deswegen kaum allgemeine Aussagen treffen, weil diese in sich weit heterogener verlief als die der Landwirtschaft. Während in einigen industriellen Branchen ein enormer Rückgang der Produktion zu verzeichnen war (Getränke: -30 %, Seide: -52 %), stieg sie in den meisten zum Teil beträchtlich an. 1959 betrug das industrielle Wachstum nach Boorstein 15 %[123]. Zum größten Teil war dieses Wachstum durch die bessere Nutzung schon installierter, aber unterausgenutzter Produktionskapazitäten, die sich in einigen Branchen auf bis zu 50 % beliefen, bedingt[124]. Zum Teil aber lief ab 1959 die Produktion einiger neuer Fabriken oder Erweiterungsprojekte an, die zwischen 1954-1958 gebaut worden waren: zwei Zementfabriken, das Unternehmen für Nickel-Bergbau und -verarbeitung in Moa, Ölraffinerien, Stahlerzeugung, Papiermühlen auf der Basis von Zuckerrohr-Bagasse u.a.[125] Spätestens Ende 1960 war diese leichte Phase industriellen Wachstums ausgeschöpft, so daß die "Führer der kubanischen Revolution vor der Alternative standen, den Konsum zu reduzieren oder das Angebot industrieller Güter zu erhöhen. Sie wählten die zweite Alternative. Dies bedeutete entweder das Wachstum der nationalen Produktion oder der Importe, was wiederum den Erwerb von Kapitalgütern begrenzt hätte. Am Schluß entschied man sich, ein Programm beschleunigter Industrialisierung zu versuchen."[126]

Das rapide Wachstum der kubanischen Wirtschaft in den ersten beiden Jahren war also nicht das Resultat eines Investitionsschubs, sondern der effektiveren Nutzung bisher ungenutzter ökonomischer Ressourcen aller Art (Ausrüstungen, Arbeitskräfte, Land, Geld). Dies wiederum, ebenso wie die sich anbahnende Umstrukturierung der Produktions-, Nachfrage- und Importstruktur, war nur möglich durch das Wachstum der effektiven Nachfrage nach Massenkonsumgütern als Folge der Einkommensredistribution. Diese beiden ökonomischen Hebel, die Mobilisierung ungenutzter Ressourcen und die Umverteilung der Einkommen, ihre Folgen und ihre Grenzen, stehen im Mittelpunkt der folgenden Analyse.

Es ist äußerst schwierig, das Ausmaß, die Struktur und das Tempo der Reduktion der Arbeitslosigkeit statistisch verläßlich zu bestimmen. Tabelle 8.2. auf der Basis offizieller kubanischer

Daten gibt dazu erste Informationen. Das herausragende Ergebnis ist, daß die strukturelle Arbeitslosigkeit in den ersten drei Jahren der Revolution um 66 % reduziert werden konnte. Die Maßnahmen, die zur Lösung des als vordringlich empfundenen Problems der Arbeitslosigkeit getroffen worden waren: die Agrarreform und das Programm landwirtschaftlicher Diversifizierung, ein großes Programm öffentlicher Arbeiten (Straßenbau, Bau von sozialen Dienstleistungseinrichtungen, besonders auf dem Lande, Ausdehnung der Anbauflächen, Bewässerungsprojekte usw.), die Nutzung bisher ungenutzter industrieller Kapazitäten durch die Vergrößerung der Belegschaft und in geringem Umfang industrielle Neuinvestitionen in z.T. relativ arbeitsintensive Projekte, die Expansion des Bildungswesens und anderer öffentlicher Dienstleistungen, der Aufbau der Armee[127]. Die Wirksamkeit dieser Maßnahmen wurde jedoch besonders in den Städten durch andere Faktoren eingeschränkt, wie z.B. die Entlassung von Beamten, das Wachstum der städtischen Arbeitskräfte durch die beschleunigte Landflucht, das geringe Ausmaß industrieller Neuinvestitionen und die Schließung von Fabriken wegen fehlender, meist aus den USA importierter Rohstoffe und Ersatzteile[128].

Tabelle 8.2: Wandel der Zahl der Arbeitskräfte, der Beschäftigungsstruktur und der Arbeitslosigkeit 1958 - 1962 (in Tausend)

	1958	Geschätzt 1960	1962	Wachstum 1958-62 Geschätzt Absolut	%
Arbeitskräfte	2.2o9	2.3o8	2.4o1	192	9
Arbeitslosigkeit	627	376	215	- 412	- 66
Beschäftigte	1.582	1.932	2.186	6o4	38
- Landwirtschaft	598	8o6	915	317	53
- Industrie und Bergbau	366		473	1o7	29
- Bauindustrie	54		15o	96	179
- Transport	94		121	27	29
- Distribution	18o		188	8	4
- andere Dienstleistungen	289		339	5o	17

Quelle: Primer Estudio provisional del balance de recursos de trabajo, MINTRAB 23/5/1962, zitiert nach J. Acosta 1973 b , S. 77, Tabelle 22

Daher wurde die strukturelle Arbeitslosigkeit besonders in den Städten nur allmählich reduziert. Die Zahl der Arbeitslosen lag 1962 nach Schätzungen des Arbeitsministeriums immerhin noch bei 215.000,und im Jahresplan für 1962 war eine Arbeitslosenquote von 9 % anvisiert worden[129].

Dagegen gelang es ab 1960, die saisonale Arbeitslosigkeit in der Landwirtschaft erheblich zu reduzieren[130]; 1962 war zum ersten Mal eine saisonale Knappheit von Arbeitskräften während der Zuckerrohrernte zu bearbeiten. Die Geschwindigkeit, mit der ein saisonaler Mangel an Arbeitskräften während der Zuckerrohrernte auftrat, legt die begründete Vermutung nahe, daß die strukturelle Arbeitslosigkeit auf dem Lande nicht so hoch war, wie häufig vor der Revolution angenommen worden war: "In der Tat erbte die Revolution ein landwirtschaftliches System, das wie viele andere durch die Eigenschaft eines erheblichen Surplus an Arbeitskräften definiert war, aber in dem es keine große, leicht mobilisierbare Reservearmee unbeschäftigter Arbeiter während der Monate mit dem höchsten Arbeitskräftebedarf gab"[131]. Nur ein Teil der bisher Arbeitslosen wurde jedoch in der diversifizierten Landwirtschaft beschäftigt; die anderen wurden in öffentlichen Arbeiten eingesetzt oder wanderten in die Städte ab, wo sie z.T. in unproduktiven Sektoren (Staatsbürokratie, Armee) absorbiert wurden. Schon jetzt zeichnete sich also die allgemeine Tendenz der kubanischen Revolution ab, das Problem der Arbeitslosigkeit z.T. durch die Expansion unproduktiver Sektoren und die teilweise äußerst geringe Arbeitsproduktivität nur scheinbar zu lösen; nur scheinbar deswegen, weil dem Wachstum der Beschäftigungsmöglichkeiten kein entsprechendes Wachstum der Produktion gegenüberstand[132]. Der Zuwachs der Beschäftigung in den Dienstleistungsbranchen lag allerdings zwischen 1958 und 1962 erheblich unter dem Durchschnitt von 38 %; die höchsten Zuwachsraten waren im Bausektor (179 %) und in der Landwirtschaft (53 %), beides Produktionszweige, in denen der Einsatz arbeitsintensiver Technologien relativ unproblematisch war.

Der "Krieg gegen den nichtkultivierten Boden"[133] war einer der Hauptpfeiler der revolutionären Landwirtschaftspolitik, weil er im Gegensatz zur Intensivierung der Landwirtschaft mit relativ wenig Kapital und unqualifizierten Arbeitskräften durchgeführt werden konnte. Gutelman hat geschätzt, daß zwischen 1959 und 1961 jährlich ungefähr 130.000 ha urbar gemacht wurden, und zwar in erster Linie durch staatliche Initiative. Nach anderen Angaben wurden bis Mai 1960 175.000 ha Land, das vorher brach lag oder mit Marabu bedeckt war, und bis August 1961 insgesamt 440.000 ha urbar gemacht[134]. Aber auch der private Sektor weitete seine Anbaufläche aus, z.T. weil man glaubte dadurch der Enteignung entgehen zu können, z.T. als Reaktion auf die expandierende Nachfrage[135]. Das Wachstum der landwirtschaftlichen Produktion während der ersten drei Jahre der Revolution war wesentlich die Folge der Ausdehnung der privaten Anbaufläche. Die Ausdehnung der staatlichen Anbaufläche stand zunächst in keinem Verhältnis zum Wachstum der Produktion, weil die neugewonnene Agrarfläche bei gegebenem Arbeitskräftevolumen und gegebenem technischem Niveau der kubanischen Landwirtschaft nur zum Teil besät, bearbeitet und geerntet werden konnte[136]. Zum Teil war dies aber auch die Folge einzelner Fehlplanungen, indem man z.B. Traktoren importierte, aber nicht die korrespondierenden landwirtschaftlichen Geräte wie z.B. schwere Eggen. Die Wahl der neuen Anbaufläche scheint auch nicht immer glücklich gewesen zu sein. In einigen Fällen kam es zur Erosion des Bodens, nachdem der Marabu beseitigt worden war; in anderen Fällen war die neue Kulturfläche schlechter Qualität und erlaubte nur eine geringe landwirtschaftliche Produktivität[137].

Trotzdem fällt eine Gesamtbilanz der Strategie der Mobilisierung traditioneller Ressourcen (Arbeitskräfte, Land) während der ersten Jahre der Revolution in der kubanischen Landwirtschaft positiv aus. Das anfängliche schnelle Wachstum der Produktion war in erster Linie die Folge dieses extensiven Wachstumsmodells, das auf "den Wachstum der Anbaufläche und der volleren Nutzung der landwirtschaftlichen Arbeitskräfte"[138] beruhte, auf der Mobilisierung von Produktionsfaktoren also, die leicht verfügbar und relativ billig waren und kaum zusätzliche Investitionen erforderten, und nur marginal auf der erst beginnenden Intensivierung der Landwirtschaft. Trotz der evidenten Vorteile der Mobilisierung traditioneller Ressourcen wurden jedoch schon bald die Grenzen und Engpässe dieses extensiven Wachstumsmodells der kubanischen Landwirtschaft sichtbar: Der saisonale Engpaß an Arbeitskräften während der Zuckerrohrernte, der 1962 erstmals auftrat, verwies auf die Notwendigkeit der Steigerung der Arbeitsproduktivität durch den Einsatz von Maschinen,und die Tatsache, daß zunächst mehr Land gerodet worden war, als mit den vorhandenen Arbeitskräften bearbeitet werden konnte, verwies auf die Notwendigkeit einer allgemeinen Mechanisierung der Landwirtschaft. Die notwendige Entwicklung, Produktion und effiziente Nutzung von Landmaschinen, in erster Linie in der Zuckerrohrlandwirtschaft, waren für die kubanische Führung Argumente für die Ausdehnung der Initiative des Staates in Wissenschaft, Industrie und Landwirtschaft[139].

Ein weiterer dominierender Grundzug der Wirtschaftspolitik der ersten Jahre war eine systematische Redistribution der Einkommen zugunsten der bisher Benachteiligten[140]. Die wichtigsten Maßnahmen in dieser Hinsicht waren: die Abschaffung der Pacht und des Wucherkapitals durch die Agrarreform, die Eliminierung des privaten Zwischenhandels durch die Einrichtung von staatlichen Einkaufs- und Verkaufszentren auf dem Lande, die Senkung der Mieten um mindestens 30 % und 50 % für die Mieten unter 100 Pesos, die Senkung bzw. Eliminierung einiger Tarife für öffentliche Dienstleistungen (Elektrizität, Telefon), substantielle Lohnerhöhungen und das Anheben der Minimallöhne, die Schaffung neuer Arbeitsplätze und das Wachstum unentgeltlicher sozialer Dienstleistungen (Bildung, medizinische Versorgung, Sport, Freizeiteinrichtungen).

Die Expansion des Lohnvolumens als gemeinsames Ergebnis der Lohnerhöhungen und des Wachstums der Lohnarbeit verrichtenden aktiven Bevölkerung dokumentiert Tabelle 8.3. Nach Acosta stieg das Lohnvolumen von 1959 bis 1961 um 65 %. Die Lohnerhöhungen erfolgten nicht parallel und gleichzeitig. Erst wurden die Löhne der Industriearbeiter erhöht und dann die der Landarbeiter[141]. Da im gleichen Zeitraum die Zahl der aktiven Arbeitskräfte um 38 % stieg (vgl. Tabelle 8.2), geht das Wachstum des Lohnvolumens zu ungefähr 60 % auf die Expansion des Beschäftigungsvolumens und zu rund 40 % auf Lohnerhöhungen zurück.

Tabelle 8.3: Expansion des Lohnvolumens; insgesamt und Landarbeiter (in Mio Pesos)

Jahr	Insgesamt Acosta 1)	Dominguez 2)	Jan.	Febr.	März	Landwirtschaftliche Löhne 3) Jan.-April einschl.	Index
1957						252,3	100
1958	848	723,0	58,5	67,6	69,2	259,7	102,9
1959		920,3	56,7	66,6	70,1	273,4	108,3
1960			87,0	101,0	100,0	381,2	151,0
1961	1.400					428,4	169,7

Quellen:

1) J. Acosta 1973 b , S.80
2) J. Dominguez 1971, S. 65, Tab.3
3) J. Chonchol 1963, S. 138

Nach konservativen Schätzungen wurden 1959 bis 1969 ca. 15 % des Nationaleinkommens umverteilt: Der Anteil der Unternehmer (inkl.Freiberufliche und Kleineigentümer) sank von 40 % auf 25 % des Volkseinkommens und der der Lohnarbeiter (inkl. des Managements) stieg von 60 % auf 75 % an[142]. Gleichzeitig steigerte die Regierung das Angebot z.T. kostenloser sozialer Dienstleistungen, besonders auf dem Lande, erheblich. U.a. wurden zwischen 1958 und 1962 89 kleine Krankenstationen mit insgesamt 16.000 Betten errichtet. Das Landwirtschaftsministerium baute innerhalb der ersten beiden Jahre seiner Existenz allein 10.000 neue Wohnungen und 150 kommerzielle und soziale Zentren, Supermärkte, Sportanlagen und andere soziale Projekte auf dem Lande[143]. Auch von den Lohnerhöhungen für die niedrigen Lohngruppen profitierten die Landarbeiter mehr als die städtischen Arbeiter; während in den Städten der Anteil der Arbeiter, die mehr als 75 Pesos pro Monat verdienten, von März 1958 bis März 1960 von 50 auf 60 % anstieg, wuchs diese Lohngruppe während des gleichen Zeitraums auf dem Lande von 28,3 auf 44,2 %, d.h. um 57 % statt um 20 %[144].

Die Redistribution der Einkommen implizierte eine Reorientierung der Nachfragestruktur zugunsten der Massennachfrage nach intern produzierten, nicht dauerhaften Konsumgütern und den Rückgang der Nachfrage, der Binnenproduktion und des Imports von Luxuskonsumgütern[145]. Während z.B. in Havanna vor 1959 nie mehr als 4.000 Zentner Gemüse pro Tag konsumiert wurden, waren ab Anfang 1962 8.000 bis 10.000 Zentner täglich zu wenig[146]. Gleichzeitig erhöhten die Kleinbauern ihren zurückgestauten Eigenkonsum. Da die Preise für die meisten Konsumgüter bis Ende 1960 stabil blieben, bedeutete die Umverteilung monetärer Einkommen auch eine Erhöhung der realen Einkommen und damit der effektiven Nachfrage der Unterschichten. Lediglich die Preise für einige nicht lebensnotwendige Konsumgüter zogen an, so daß die Preisstruktur verändert wurde. Ab 1961, als die Kluft zwischen dem monetären Nachfragevolumen und dem begrenzten Angebot größer wurde, unterdrückte man die sich anbahnende Inflation durch Preiskontrollen und Rationierung[147]. Voraussetzung der Expansion des Binnenmarkts für Massenkonsumgüter war die Schaffung einer entsprechenden Infrastruktur auf dem Lande, durch die erst die potentiellen 3 Millionen Konsumenten der kubanischen Dörfer in das nationale Verteilungsnetz integriert werden konnten. Allein von Juni 1959 bis Ende 1960 wurden in den Dörfern 2.000 Staatsläden geschaffen, die jährlich ungefähr Waren im Werte von 150 Mio Pesos verkauften und ungefähr 400.000 Konsumenten erreichten.[148] Als Folge der gewandelten Nachfragestruktur veränderte sich die Struktur des Bruttosozialprodukts und der Produktion. Der Anteil der Produktion von Massenkonsumgütern nahm zu, während die Bedeutung des privaten Wohnungsbaus, der Produktion von dauerhaften und Luxuskonsumgütern und von bestimmten professionellen Dienstleistungen (Richter, Architekten) abnahm[149].

Da ein erheblicher Teil der neuen Massennachfrage zunächst von der kubanischen Landwirtschaft und Industrie befriedigt werden konnte und gleichzeitig der Import von Luxuskonsumgütern, aber auch von Kapitalgütern sank, reduzierte sich das Volumen der Importe während der ersten drei Jahre beträchtlich. Zwischen

1959 und 1962 lag der Gesamtwert der Importe jeweils um 100 bis 200 Millionen Pesos unter dem Durchschnitt von 1957-58. Gleichzeitig veränderte sich auch die Struktur der Importe. Der Anteil der Konsumgüter sank von 36,4 % 1958 auf 31,4 % 1960. Dies ist auf die Senkung der Luxuskonsumgüterimporte zurückzuführen, wodurch Kuba allein 1960, wenn man nur die 25 wichtigsten Luxusartikel nimmt, 47 Millionen Dollar an Devisen sparte. Der Wert des Imports von Automobilen sank von 25 Millionen Dollar 1958 auf 3,4 Millionen Dollar 1960, der von Fernsehapparaten von 3 Millionen Dollar auf 150.000 Dollar. Im gleichen Zeitraum stieg der Anteil nicht dauerhafter Konsumgüter, in der Regel wohl Massenkonsumgüter, an den Gesamtimporten von 24,9 % auf 32,5 % an[150].

Die Folgen dieser in der Geschichte der sozialistischen Revolution wahrscheinlich einzigartigen kurzfristigen Erhöhung des Lebensstandards der Unterklassen durch die Umverteilung des bestehenden Einkommens für die politische Entwicklung und das Bewußtsein dieser Schichten war durchaus ambivalent. Einerseits gelang es der revolutionären Regierung, durch diese fühlbaren Erfolge die politische Unterstützung der primären Nutznießer dieser Maßnahmen, der Arbeiterklasse, der Arbeitslosen und der Kleinbauern, zu gewinnen. In dieser Periode der kubanischen Revolution war ihr primäres Mittel, "um politische Unterstützung zu erreichen ... die Befriedigung der Bedürfnisse"[151]. Für die spätere Entwicklung war die Phase der schnellen Anhebung des Lebensstandards die Voraussetzung dafür, daß eine Zeitlang der Lebensstandard auch eines Teils der unterprivilegierten Schichten auf dem einmal erreichten Niveau zugunsten eines ehrgeizigen Entwicklungsprogramms stagnieren konnte, ohne zu einer allgemeinen politischen Krise des Castrismus zu führen[152]. Gleichzeitig erzeugte der schnelle und leichte Anstieg des Lebensstandards der Unterschichten, ohne zusätzliche Investitionen und ohne zusätzliche Mehrarbeit des einzelnen, einen unrealistischen Anstieg des durch den Demonstrationseffekt der Nähe der USA sowieso schon illusionären, z.T. mittelständischen Anspruchsniveaus[153], das zusätzlich durch unrealistische Äußerungen der kubanischen Führung während der ersten Jahre bestärkt wurde[154].

Obwohl die positiven Resultate der Politik der Einkommensumverteilung, gemessen am Produktionswachstum und dem Wandel der Produktionsstruktur unbestreitbar sind, wurden jedoch schon bald ihre Grenzen sichtbar. Diese lagen einerseits darin, daß die Redistributionspolitik zum Teil auf Kosten der Investitionsrate, des Kapitalstocks und der produktiven Investitionen realisiert worden war, und andererseits in den kurzfristigen Grenzen des Wachstums der Produktion und des strukturellen Wandels der Produktionsstruktur. Die Investitionsrate der ersten Jahre der Revolution lag wahrscheinlich knapp unter der von 16 - 17 % der letzten vorrevolutionären Jahre. In den folgenden Jahren sollte sie dann bis auf ca. 30 % 1970 erhöht werden. Ein großer Teil der Investitionen, nahezu die Hälfte, floß in den ersten Jahren in soziale Dienstleistungen, sie waren also unproduktive Investitionen. Der Anteil dieser unproduktiven Investitionen nahm nach der Redistributionsphase scharf ab: von 48,5 % der Gesamtinvestitionen 1961 auf 29,6 % 1963[155]. In einigen Sektoren konnte der Konsum nur auf Kosten des Kapitalstocks befriedigt werden. Dies war besonders in der Viehzucht der Fall. In ganz Kuba wurde 1960 36 % mehr Vieh geschlachtet als 1957, so daß der Viehbestand erheblich zurückging. Aber auch in anderen Branchen fand eine derartige Desinvestition statt, die sich in einer Reduktion der Vorratslager ausdrückte[156].

Die zentrale Begrenzung der Redistributionspolitik aber lag darin, daß die nationale Produktion mit der enorm gestiegenen Nachfrage nicht Schritt halten konnte: "Der revolutionäre Staat konnte damals auf seinen Ländereien nicht die Mengen von Nahrungsmitteln produzieren, die den verminderten Verkauf von Produkten durch die Bauern hätte kompensieren und die wachsende Nachfrage in den Städten befriedigen können. Zwar ging zwischen 1959 und 1961 die landwirtschaftliche Produktion in den Staatsgüter nicht zurück, doch sie konnte auch nicht so stark anwachsen, wie es zur Befriedigung der neuen Bedürfnisse notwendig gewesen wäre."[157] Ähnliches, wenn auch in geringerem Maße, galt für die Industrie. Die Folgen waren: die Bildung eines Verkäufermarkts, auf dem die Kleinbauern aufgrund des Überhangs der Nachfrage über eine erhebliche Marktmacht verfügten, die Herausbildung eines Schwarzmarkts, unterdrückte Inflation und der Anstieg des Imports von Massenkonsumgütern.

Da nicht alle Konsumgüter, die nachgefragt wurden, importiert werden konnten, wenn nicht der Import von Investitionsgütern beschränkt werden sollte, und Preiserhöhungen, wie sie der Marktsituation entsprachen, den sozialen und politischen Erfolg der Umverteilungspolitik gefährdet hätten, lag die Lösung in der Propagierung eines egalitären, an der Befriedigung von Grundbedürfnissen orientierten Konsummodells durch Rationierung einerseits, die Erhöhung der Akkumulation zur Beschleunigung des wirtschaftlichen Wachstums andererseits. Da die Investitionsneigung des privaten Kapitals, vor allem in der Industrie, aus politischen und wirtschaftlichen Gründen gering war, lag ein stärkeres Eingreifen des Staates in den wirtschaftlichen Entwicklungsprozeß nahe, und nahm in der Diskussion um den ersten 4-Jahresplan, dessen Mittelpunkt ein staatliches Industrialisierungsprogramm war, konkrete Formen an.

9. Sozialismus als entwicklungspolitische Alternative und Konzeption und Krise der ersten staatlichen Wachstumsstrategie (1961-63)

9.1. "Sozialismus" als entwicklungspolitischer Imperativ einer autozentrierten Entwicklung

Im ersten Halbjahr 1961 wurden die rechtlichen und institutionellen Bedingungen für die Durchführung einer umfassenden und imperativen staatlichen Wirtschaftsplanung geschaffen: die Vorherrschaft des staatlichen Sektors durch die Verstaatlichung großer Teile der Wirtschaft und der Aufbau eines staatlichen Planungsapparats[1].

Der staatliche Sektor umfaßte jetzt den ganzen Außenhandel, fast die ganze Industrie, den größten Teil des Dienstleistungssektors einschl. des Binnenhandels und fast die Hälfte des landwirtschaftlichen Bodens (vgl. Tabelle 9.1). Die Dominanz des staatlichen Sektors in der Gesamtwirtschaft wurde in den folgenden Jahren durch die zweite Agrarreform von 1963, durch die der Staat 70 % der landwirtschaftlichen Anbaufläche unter seine Kontrolle brachte und die revolutionäre Offensive vom März 1968, die nahezu den ganzen Privatsektor außerhalb der Landwirtschaft eliminierte, noch weiter ausgebaut, so daß nach 1968 ein relevanter privatwirtschaftlicher Sektor nur noch in der Landwirtschaft übrigblieb. Gleichzeitig wurden 1961 die entsprechenden Planungsinstitutionen geschaffen: eine zentrale Planungsbehörde (JUCEPLAN) und die Ministerien für die Industrie, den Binnen- und den Außenhandel[2]. Das INRA, das u.a. für die Planung der landwirtschaftlichen Produktion verantwortlich zeichnete, war schon im Rahmen der ersten Agrarreform vom April 1959 entstanden. Bis Anfang 1961 fungierte das INRA als Keimzelle eines umfassenderen staatlichen Planungsapparats, dem z.B. schon eine Industrieabteilung zugeordnet war, die "Che" Guevara leitete.

Tabelle 9.1: Anteil des staatlichen Eigentums in den einzelnen Wirtschaftssektoren 1961, 1963, 1968 (in Prozent)

Sektoren	1961	1963	1968
Landwirtschaft[a]	37	70	70
Verarbeitende Industrie	85	95	100
Bauindustrie	80	98	100
Transport	92	95	100
Einzelhandel	52	75	100
Groß- und Außenhandel	100	100	100
Bankwesen	100	100	100
Erziehung	100	100	100

Anmerkung:

a) Indikator in der Landwirtschaft ist der Anteil an der Anbaufläche, in den anderen Wirtschaftssektoren der Anteil am Wert der Produktion

Quelle: J. Acosta 1973b, S.79, Tab.23

Im Selbstverständnis der kubanischen Führung bedeutete die Vorherrschaft des Staatssektors in der Gesamtwirtschaft de facto den Übergang zum Sozialismus, "obwohl das Wort in dem offiziellen Vokabular noch nicht vorkam"[3]. Begründet wurde dies mit der Breite der Verstaatlichungen, die nicht nur ausländische Unternehmen und die öffentlichen Dienstleistungen betrafen, und dem Postulat, daß nun die politische Macht in den Händen der Arbeiterklasse liege. Diese Annahme wird im folgenden kritisch überprüft, indem gefragt wird, was in Kuba präzise unter Sozialismus verstanden wurde, und in welchen Formen und unter welchen faktischen soziopolitischen Bedingungen der revolutionäre Prozeß abgelaufen ist. Die These ist, daß der in Kuba vollzogene Übergang zum "Sozialismus" weder dem sozialen Inhalt noch der Form nach gleichzusetzen ist mit dem, was in der marxistischen Tradititon unter sozialistischer Revolution verstanden wurde, da der revolutionäre Prozeß sich weder auf den artikulierten demokratischen Konsens der Mehrheit (in welchen institutionellen Formen auch immer) stützen konnte noch durch eine innerhalb des revolutionären Blocks hegemonische Arbeiterbewegung geleitet wurde.

In diesem Sinne war die kubanische Revolution weder demokratisch-sozialistisch noch proletarisch. Die führende Kraft in der revolutionären Bewegung war vielmehr die radikale Fraktion des städtischen Kleinbürgertums, das sich der Volksklassen als Stützklassen bediente. Sozialismus wurde primär begriffen als Bedingung einer unabhängigen wirtschaftlichen Entwicklung und der geplanten und rationalen Entwicklung der Produktivkräfte der Nation bei gleichzeitiger Lösung der dringendsten sozialen Probleme. Mit anderen Worten: Sozialismus wurde verstanden als entwicklungspolitischer Imperativ einer autozentrierten Entwicklung angesichts der Todesfeindschaft des US-Imperialismus, der überlegenen Konkurrenz der (internationalisierten) Produktionsweise der kapitalistischen Zentren allgemein und der ungeheuren Aufgaben der Überwindung von Unterentwicklung auf der Basis einer monokulturell deformierten Produktionsstruktur. Dieser entwicklungspolitisch motivierte "Sozialismus" oder besser Etatismus war auch schon als Möglichkeit in der nationalpopulistischen Entwicklungskonzeption angelegt und wurde überhaupt konzeptionell begründet. Auch insofern - und nicht nur wegen des Umfangs der Verstaatlichungen - waren diese mehr als eine Reaktion auf die sich steigernden Angriffe der USA (Weigerung der US-Mineralölkonzerne, sowjetisches Öl zu raffinieren, Streichen der US-Quote für kubanische Zuckerexporte, Embargo) auf die kubanische Wirtschaft[4].

Im folgenden wird zunächst argumentiert, daß die Ausdehnung des Staatseigentums in Kuba keinen Prozeß zunehmender bewußter Vergesellschaftung des Produktionsprozesses einleitete, da sie nicht von einer starken und hegemonischen Arbeiterbewegung durchgesetzt wurde und keine parallelen Institutionen sozialistischer Demokratie entstanden. Danach wird der autokratische, elitäre und etatistische Charakter des revolutionären Prozesses dokumentiert und von den soziopolitischen Entstehungsbedingungen, der historischen Aufgabe und der dieser entsprechenden entwicklungspolitischen Konzeption von Sozialismus her interpretiert.

Verstaatlichung ohne sozialistische Demokratie und eine hegemonische Arbeiterbewegung

Die zentralen Elemente des entwicklungspolitisch motivierten Sozialismusbegriffs waren Staatseigentum, zentralisierte staatliche Wirtschaftsplanung und "die geplante, harmonische und gleichgewichtige Entwicklung der Wirtschaft"[5]. Die Gleichsetzung von Vergesellschaftung und Verstaatlichung wird deutlich, wenn in einem Dokument des Industrieministeriums davon ausgegangen wird, daß der Prozeß der gesellschaftlichen Aneignung der Produktionsmittel 1961 schon vollzogen war[6]. Institutionell schlug sich diese Konzeption in der oben dokumentierten schnellen Verstaatlichung fast aller Wirtschaftssektoren, mit Ausnahme der privaten Landwirtschaft auch der kleinen Warenproduktion, und der bürokratisch-zentralistischen Organisation des Planungs- und Produktionsapparats nieder[7]. Die "Tendenz zur Nationalisierung aller (H.F.) Produktionsmittel"[8], unabhängig von dem Grad der Entwicklung der Produktivkräfte und der gesellschaftlichen Arbeitsteilung entsprach außerdem der Tatsache, daß die Vergesellschaftung nicht von der Initiative der Basis mitgetragen wurde, sondern zentralstaatlich inszeniert wurde. Aus beiden Gründen waren auch Sektoren betroffen, in denen weder ein gesellschaftlich artikuliertes Bedürfnis noch die ökonomische Notwendigkeit bestand[9].

Obwohl die kubanische Führung häufig die Partizipation der Massen an der Formulierung der Pläne postulierte[10], konzentrierte sich die Aufmerksamkeit zunächst auf den Ausbau des staatlichen Planungs- und Verwaltungsapparats, wie C.R. Rodriguez retrospektiv konzidierte: "In diesem bedrohlichen Rahmen imperialistischer Feindseligkeit und des Klassenkampfes mußte sich ein großer Teil der Aufmerksamkeit der revolutionären Führung auf die Organisation des Staatsapparats und die Verwaltung der kürzlich nationalisierten Unternehmen richten."[11] Der etatistische Grundzug war u.a. schon im rechtlichen Status und im Organisationsstatut der "Kooperativen präsent, die mit europäischen Kooperativen nur den Namen gemeinsam hatten. Der Boden war Staatseigentum und die Betriebe wurden von Anfang an von staatlich ernannten Administratoren geleitet"[12], obwohl Castro für später eine "größere oder eine volle Autonomie"[13] der Unternehmenseinheiten angekündigt hatte. Im Gegensatz zu dieser Absicht wurden die Kooperativen 1962 in Staatsfarmen verwandelt. Ansätze zur Entwicklung demokratischer Selbstverwaltungsinstitutionen auf kommunaler (JUCEI) und betrieblicher Ebene blieben vor 1970 unwirksam[14].

Die Tatsache, daß zunächst keine Partizipationsinstitutionen geschaffen wurden, die eine Teilnahme der Produzenten an den Plandiskussionen und -entscheidungen auf den verschiedenen Ebenen ermöglicht hätten, war nicht nur durch die akute internationale Bedrohung bedingt, die ein flexibles zentralisiertes Entscheidungssystem begünstigte, sondern auch konzeptionell begründet wie Raul Castro 1974 selbstkritisch hervorhob[15].
Selbst "Che" Guevara, d.h. derjenige kubanische Führer, der am entschiedensten die Partizipation des Volkes an allen wichtigen Entscheidungen forderte, dachte nicht im Traum an die Schaffung von Arbeiterräten auf betrieblicher Ebene, ja nicht einmal an kollektive Entscheidungsgremien, sondern optierte für die klassiche sowjetische Konzeption der Ein-Mann-Leitung der staatlichen Unternehmen[16]. Das jugoslawische Modell der Selbstverwaltung auf betrieblicher Ebene wurde von Guevara kritisiert, weil es die Gefahr der Verselbständigung partikularer Interessen von Gruppen gegenüber den gesamtgesellschaftlichen Interessen impliziere[17]. Den demokratischen Charakter der kubanischen Revolution sah er allein durch die Präsenz Fidels garantiert, durch dessen politisch-moralische Integrität, seine Fähigkeit, mit den Massen zu kommunizieren und sich zum Sprecher ihrer Interessen zu machen[18].

Die etatistische Natur von Castros Konzeption tritt auch deutlich in seinem Verhältnis zu spontanen, staatlich nicht kontrollierten Massenaktionen wie z.B. Streiks oder spontanen Landbesetzungen hervor. Allgemein drücken seine Reden während der Periode intensiver revolutionärer Umwälzungen eine starke Angst vor Chaos, Unordnung und Anarchie aus. Demgegenüber betont er immer wieder die Notwendigkeit revolutionärer Ordnung und Disziplin im Rahmen einer von oben gesteuerten Revolution, auch als die soziale und wirtschaftliche Macht des Kapitals durch die neue staatliche Sozialgesetzgebung erst marginal eingeschränkt war. Wenn es auch gewichtige Argumente in den jeweiligen Situationen gegen spontane Massenaktionen geben mochte, so spricht doch aus den Worten Castros das Konzept einer vom staatlichen Zentrum aus nach einem von ihm verfaßten strategischen Plan gesteuerten Revolution. In dieser Perspektive haben spontane Basiaktionen keinen Sinn: "Nichts hat mich so sehr beschäftigt, wie als das Volk begann, sich den Boden unkontrolliert untereinander zu verteilen"[19]; oder: "ich bestehe darauf, daß man die Disziplin als entscheidenden Faktor in unserem Kampf für die Entwicklung der Pläne der Revolution aufrechterhalten muß ... Die Organisation und die Disziplin sind entscheidende Faktoren in diesem Plan zur ökonomischen Befreiung unserer Bauern. Der Führer muß befehlen, muß orientieren, und ihm muß gehorcht werden."[20] Die Garantie des revolutionären Prozesses lag weniger in der Fähigkeit der Massen zur Initiative, Selbstorganisation und zur Kontrolle der politisch-sozialen Entwicklung als in der politischen und moralischen Integrität der neuen, jungen revolutionären Elite: "Was interessiert das Volk? ... daß junge und ehrenhafte Menschen Minister der revolutionären Regierung sind? Jetzt haben sie sie."[21]

Diese Stellungnahmen reflektieren natürlich nicht allein die Ideologie Castros, sondern vor allem auch das reale Verhältnis zwischen revolutionärer Führung und ihrer Massenbasis im revolutionären Prozeß. Obwohl sicherlich die überwiegende Mehrheit des kubanischen Volkes den politisch-militärischen Sieg der Rebellenarmee über die korrupte und undemokratische Batista-Diktatur begrüßte, lag die faktische Macht, obwohl er selbst zunächst nicht Mitglied der provisorischen Regierung war, von Anfang an bei Castro. Diese Macht beruhte aber nicht auf formaldemokratischer Legalität und Legitimität, weder innerhalb der nur informell strukturierten Bewegung des 26. Juli noch gesamtgesellschaftlich, sondern allein auf dem Charisma Castros. Dies erlaubte die spätere Radikalisierung der Revolution von oben bei Kontinuität des Machtzentrums. Zugleich bedeutete dies aber auch, daß in Kuba die politische Machtergreifung der sozialen Revolution vorausging. Die Radikalisierung der sozialen Ziele der Revolution war nicht die Folge des Drucks und der Initiative der Massenbewegung, d.h. in erster Linie der Arbeiter- und Bauernbewegung, sondern das Ergebnis einer Entscheidung des politischen Zentrums. Die zunehmende Organisation und Aktivität der Massen, wie sie sich u.a. in dem zunehmenden Einfluß der Landarbeiter und in der wichtigen Ausweitung der sozialen Basis der Gewerkschaftsbewegung widerspiegelt, wurde staatlich gesteuert und kontrolliert. Das Interessante und Bezeichnende an der zitierten letzten Äußerung Fidels ist allein, daß dieses autoritäre und paternalistische Verhältnis zwischen revolutionärer Führung und Gefolgschaft quasi ideologisch festgeschrieben und nicht problematisiert wurde. Dies verweist auf den sozialen Inhalt der kubanischen Revolution: den von einer revolutionären Elite kleinbürgerlicher Herkunft per Staatsapparat gewickelten Entwicklungsrevolution.

Die etatistische, paternalistische Konzeption und Praxis des Sozialismus hatte ihre Wurzeln einerseits in der nationalistischen Tradition, der sie entsprang, und - vielleicht wichtiger - in der realen kubanischen Klassenkonstellation: der geringen und deformierten Entwicklung der beiden Hauptklassen der kapitalistischen Produktionsweise, der nationalen Bourgeoisie und des Proletariats. Die politische Schwäche der nationalen Bourgeoisie äußerte sich in ihrem Unvermögen, einen nennenswerten politischen Widerstand gegen die Revolutionsregierung zu organisieren, in der massiven Emigration und der offensichtlich in bürgerlichen Kreisen weitverbreiteten Hoffnung auf eine Intervention der USA[22]. Die wirtschaftliche Schwäche der nationalen Bourgeoisie bestand in ihrer unzureichenden industriellen Basis und, noch wichtiger, in ihrer Unfähigkeit zu einer umfassenden nationalkapitalistischen Industrialisierung des Landes.

Die Schwäche der kubanischen Arbeiterbewegung ist auf den ersten Blick wegen der für ein unterentwickeltes Land fortgeschrittenen Proletarisierung auch auf dem Lande und dem z.T. hohen gewerkschaftlichen Organisationsgrad nicht so leicht einzusehen. An dieser Stelle seien nur einige Faktoren kurz genannt: die strukturelle Heterogenität der Arbeiterklasse und ihre internen

Interessengegensätze (beschäftigte, organisierte, qualifizierte und gut verdienende Arbeiteraristokratie versus unqualifiziertes, unbeschäftigtes Lumpenproletariat), das geringe Gewicht der industriellen Arbeiterklasse und die mangelnde räumliche Konzentration der Arbeiter der Zuckerindustrie in größeren Städten, dem spezifischen Charakter des saisonal arbeitslosen Plantagenproletariats, das hinsichtlich Qualifikation und Mentalität eher dem Lumpenproletariat ähnelte. Politisch äußerte sich diese Schwäche der Arbeiterbewegung darin, daß sie in keiner Phase des revolutionären Prozesses, trotz der zentralen Bedeutung des Generalstreiks Anfang 1959 für den Sturz Batistas, zur hegemonischen Kraft wurde[23]. Das Bündnis in den Gewerkschaften mit der kommunistischen Partei wurde von oben durchgesetzt, quasi staatlich verordnet, nachdem sich zunächst eine Mehrheit des ersten großen Gewerkschaftskongresses nach der Machtergreifung Castros gegen dieses Bündnis ausgesprochen hatte und nur die persönliche Intervention Castros eine andere Entscheidung herbeiführen konnte. Der Preis dafür war die staatliche Säuberung der Gewerkschaften von der gemäßigten, sozialdemokratischen und antikommunistischen Fraktion der Bewegung des 26. Juli, u.a. die Absetzung ihres Arbeiterführers David Salvador, die offensichtlich damals relevante Teile der Arbeiterbewegung kontrollierte. Die zunehmende Verstaatlichung der kubanischen Wirtschaft war nicht die Folge des Drucks und der Initiative der Arbeiterbewegung, sondern eine entwicklungspolitisch motivierte Entscheidung der politischen Führung.

Revolutionäre Gegeninstitutionen der Arbeiterbewegung, wie z.B. Arbeiterräte, die häufig in revolutionären Situationen auftraten, in denen eine entwickelte Arbeiterbewegung eine dominierende Rolle spielte, gab es 1959/60 in Kuba nicht. Wenn es eine Institution gab, in der sich für kurze Zeit eine Form der Doppelherrschaft artikulierte, dann war das in Kuba Castro. Dies wirft ein bezeichnendes Licht auf die Form des revolutionären Prozesses und die Rolle der Arbeiterbewegung in ihm. "Die kubanische Revolution hatte gleichfalls ihre kurze Periode der Doppelherrschaft. Aber das zweite Machtzentrum in Kuba war kein Arbeiterrat. Der Bürgerkrieg war in erster Linie nicht in Havanna, dem Petrograd

Kubas,ausgefochten worden. Es war in erster Linie ein Guerilla-Kampf gewesen, ausgefochten in den Bergen und den Provinzen; und Batista floh, bevor die Revolution ... ihre notwendigen Institutionen in den Städten entwickelt hatte. Der Generalstreik, der Batistas Flucht im Januar 1959 folgte, war von Castro von Oriente ausgerufen worden, um den verzweifelten Versuch der militärischen Kaste, die Aufständischen um ihren Sieg zu betrügen, indem sie sich den Aufständischen anschloß, niederzuschlagen, erreichte seine Ziele so leicht und genoß so starke Unterstützung der herrschenden Klasse, daß er keine Gelegenheit zur Entwicklung von alternativen Machtorganen gab. ... Castro, der die absolute Loyalität der Rebellenarmee und des Apparats des M-26-7 genoß, war im Januar 1959 das zweite Machtzentrum."[24] Castro fungierte jedoch nicht, wie die historischen Sowjets oder andere revolutionäre Gegeninstitutionen, als Opposition, sondern trug zunächst das gemäßigte Programm der ersten provisorischen Regierung öffentlich mit, um später die Revolution von oben, ohne vorherige Information oder gar Konsultation der Öffentlichkeit, zu radikalisieren.

Aufgrund dieser soziopolitischen Situation und der wirtschaftlichen Unfähigkeit der kubanischen Bourgeoisie zur Realisierung der staatlich gewollten und mit entsprechenden Maßnahmen geförderten Industrialisierung, sah sich die den Staatsapparat leitende radikale Fraktion des städtischen Kleinbürgertums gezwungen, die Industrie zu verstaatlichen, um anstelle der nationalen Bourgeoisie die umfassende Industrialisierung Kubas in Angriff zu nehmen und ihre politische Macht sozial, ökonomisch und institutionell zu konsolidieren[25]. Die Etablierung eines dominierenden staatlichen Sektors in der kubanischen Wirtschaft war also weniger die Folge einer starken, organisierten, klassenbewußten Arbeiterbewegung als vielmehr der Schwäche der nationalen Bourgeoisie.

Die skizzierten soziopolitischen Bedingungen und die Form der Machtergreifung konnten nicht ohne Folgen für die spätere soziale und politische Entwicklung bleiben. Hier liegt die Ursache der spezifischen politischen Struktur der kubanischen Revolution:

der charismatischen, personalisierten Herrschaft durch den revolutionären Caudillo Fidel Castro[26]. In dieser prekären soziopolitischen Patt-Situation - die Bourgeoisie war nicht mehr fähig zur Herrschaft und das Proletariat noch nicht - wurde das den Staatsapparat kontrollierende radikale städtische Kleinbürgertum, repräsentiert durch F. Castro, eine gegenüber den beiden Hauptklassen relativ autonome Kraft, die sich allerdings der Arbeiterklasse und der Volksklassen im allgemeinen als Stützklassen bediente. Dies erklärt zu einem großen Teil den vielerseits konstatierten paternalistischen Regierungsstil Fidels und den nach 1970 von der kubanischen Führung selbst kritisierten autoritären und undemokratischen Charakter des kubanischen politischen und gesellschaftlichen Entscheidungssystems[27].

Sozialismus als entwicklungspolitischer Imperativ

Wenn Sozialismus in Kuba nicht die gesellschaftliche Aneignung des Produktionsprozesses durch die unmittelbaren Produzenten , d.h. die demokratische Kontrolle über Ziele und Form der gesellschaftlichen Produktion bedeutete, was dann? Der präzise historische Sinn des Sozialismus bestand für die revolutionäre Elite um Castro in der Eliminierung der "institutionellen Hindernisse der Entwicklung"[28]. Da man von der Annahme ausging, daß sich durch die Internationalisierung der kapitalistischen Produktionsverhältnisse die ungleiche internationale Arbeitsteilung zwischen kapitalistischen Metropolen und kapitalistischen Peripherienationen derart gefestigt hatte, daß eine autonome kapitalistische Entwicklung ausgeschlossen war, betrachtet(e) man den "Sozialismus als Voraussetzung der Überwindung der Unterentwicklung"[28].

Dieser entwicklungspolitisch geprägte Sozialismusbegriff macht den stabilen Kern der ansonsten historisch variablen Ideologie des Castrismus aus: Er war schon in der vorsozialistischen Phase angelegt und lag auch als Fundament den sich wandelnden konkreten Vorstellungen vom Aufbau des Sozialismus (moralische versus materielle Anreize, Rolle der freiwilligen Arbeit, paralleler oder aufeinander folgender Aufbau von Sozialismus und Kommunismus usw.) zugrunde. Gemessen an den sozioökonomischen Ausgangsbedingungen der kubanischen Revolution - und nicht an denen einer sozialistischen Revolution in den kapitalistischen Zentren - hat es wenig Sinn, die Definition des Sozialismus als "soziale Integration des Volkes und die Nutzung aller Ressourcen, um den Reichtum zu schaffen, der für die Entwicklung des Landes und den Wohlstand des Volkes notwendig ist"[30] als ökonomistisch zu kritisieren[31]. Dieses Verständnis von Sozialismus entsprach durchaus der realgeschichtlichen Aufgabe nachholender Industrialisierung und Entwicklung[32].

Welche konkreten Argumente wurden von kubanischer Seite für den Sozialismus als entwicklungspolitische Alternative angeführt? Abgesehen davon, daß die Verstaatlichung des Außenhandels und der größten Teile der Wirtschaft z.T. eine politische Reaktion auf die "offen konterrevolutionäre, kriegerische Haltung (der großindustriellen Bourgeoisie und der bürgerlichen Importeure)"[33] war, argumentiert(e) man, daß diese notwendig sei zur Überwindung der institutionellen Offenheit der Wirtschaft, für eine langfristige, an nationalen Interessen orientierte Planung und für ein an Grundbedürfnissen orientiertes Entwicklungsmodell, durch das die gleichzeitige Erhöhung der Akkumulationsrate politisch akzeptabel wurde.

Als vorrangig wurde die nationalstaatliche Kontrolle der Außenwirtschaftsbeziehungen angesehen. Entsprechende Maßnahmen wie Devisenkontrolle, staatliche Kontrolle des Außenhandels und Nationalisierung der Bodenschätze wurden neben einer tiefgreifenden Agrar- und Bildungsreform als Minimalbedingungen einer unabhängen Entwicklung angeführt[34]. Dieser nationalrevolutionäre Maßnahmenkomplex sollte den Abfluß der Profite blockieren, die geplante Selektivität der Außenhandelsbeziehungen und die nationale Nutzung, Mobilisierung und Weiterverarbeitung der nationalen Rohstoffe sichern. Nur unter der Voraussetzung einer wirksamen staatlichen Kontrolle des Außenhandels würde es möglich sein, sich auf die gesamtwirtschaftlich rentabelsten Exportbranchen zu spezialisieren und zu verhindern, daß die strukturelle Außenhandelsabhängigkeit eine institutionelle Offenheit gegenüber der unerwünschten Konkurrenz von Importen implizierte[35].

Eine "effizientere und schnellere Lösung" des Problems nachholender Entwicklung würde allerdings durch die "Übernahme aller Produktionsmittel durch den Staat"[36] erleichtert. Nach Dorticos war es "evident, daß die volle wirtschaftliche Entwicklung der Nation nur durch die staatliche Kontrolle der Grundindustrien des Landes und die adäquate Planung der Wirtschaft ... erreicht werden"[37] könne. Die einzelnen Argumente für diese These waren[38]: die hohen Kosten bestimmter Investitonen, v.a. in der Industrie, die das finanzielle Potential des kubanischen Privatkapitals überstiegen, der längere Zeithorizont staatlicher Investitionsplanung, der auch die Durchführung kurzfristig unrentabler Projekte ermögliche; die Relevanz nur mittelbar produktiver Investitionen in die soziale und materielle Infrastruktur (Bildung, Gesundheitswesen, Straßenbau, Bewässerungen in der Landwirtschaft usw.), die in den nächsten Jahren die Voraussetzungen für den take-off zu einem sich selbst tragenden wirtschaftlichen Wachstum legen sollten; die Möglichkeit der Berücksichtigung sozialer Kosten, so daß es z.B. gesamtwirtschaftlich sinnvoll erschien, bisher arbeitslose Arbeitskräfte trotz niedriger Produktivität und geringer Rentabilität zu beschäftigen ; die Rückkoppelung der Produktion mit den Grundbedürfnissen der Mehrheit der Bevölkerung. Mit anderen Worten: die "nationalstaatliche Kontrolle" der "wichtigsten Wirtschaftszweige" wurde als Voraussetzung einer wirtschaftlich effizienten und sozial akzeptablen Entwicklungsplanung angesehen; erst sie erlaube "die Umlenkung der Investitionen von einer Branche in eine andere, die Verwendung der Deviseneinnahmen in Übereinstimmung mit dem Interesse der Nation, die Planung des Wachstums der einzelnen Sektoren gemäß den strategischen Prioritäten und ihrer komparativen Effizienz usw."[39]

Wirtschaftliche Aktivitäten, die in Kuba zeitweilig oder überhaupt unrentabel erschienen, waren die Grundindustrien, die man aber auf Initiative des Staates in Angriff nehmen konnte und wollte, "weil sie die Grundlage unserer ganzen Industrialisierung sein werden"[40]. Schon im September 1959 hatte Castro verstärkte staatliche Initiativen zur Industrialisierung für alle die Investitionsprojekte angekündigt, die für das private Kapital unrentabel und zu kostspielig wären , oder wo ein besonders dringlicher Bedarf bestand, der mit privatkapitalistischen Methoden nicht zu decken war[41]. Ein Bereich, der - mit einem hohen Risiko verbunden - häufig die finanziellen und technologischen Kapazitäten des Privatkapitals in Entwicklungsländern übersteigt, ist die technologische Forschung. In Kuba wurde sie auf einigen gesamtwirtschaftlich besonders relevanten Gebieten durch den Staat intensiv betrieben - z.T. mit hohen Lernkosten: u.a. arbeitete man ab 1962 an der Entwicklung einer Zuckerrohrerntemaschine. Dieses Projekt wurde erst mit der Errichtung einer entsprechenden Landmaschinenfabrik 1977 vorläufig abgeschlossen. Ein Beispiel für staatliche wirtschaftliche Aktivitäten in einem Bereich, wo das Privatkapital an den Grundbedürfnissen der Ärmsten vorbeiproduzierte, war der staatliche Wohnungsbau. Während der private Wohnungsbau in den ersten Jahren der Revolution sich wesentlich auf den Bau von Familienhäusern in den Städten konzentrierte, übernahm der Staat die Aktivitäten, die für das Privatkapital nicht lukrativ genug erschienen: die Sanierung der Slumviertel und den Wohnungsbau auf dem Lande[42].

Zwei organisatorische Konsequenzen des Staatseigentums an den Produktionsmitteln von erstrangiger Bedeutung für die spätere kubanische Entwicklungsstrategie waren die vertikale Integration der Betriebe mit einer "ähnliche(n) technologische(n) Grundlage" oder einer "gemeinsame(n) Bestimmung der Produktion"[43] in Branchenkombinaten (Empresas Consolidadas) und die Zusammenlegung kleiner Industriebetriebe zu größeren Einheiten. Z.B. wurden die einzelnen Etappen der Rohölverarbeitung bis hin zur Verteilung in einem sog. Petroleum-Unternehmen integriert. Die institutionelle Integration der Unternehmen verschiedener Produktionsstufen einer Branche erlaubte die zentrale Modernisierung und ihrer konzentrischen Diversifizierung (vgl. dazu genauer in Kapitel 12).

Der Konzentrationsprozeß in der Industrie war enorm: die Zahl der Mittelbetriebe (26 - 250 Arbeiter) war 1962 im Vergleich zu 1954 auf Kosten der kleineren Betriebe erheblich gestiegen (vgl. Tabelle 9.2). Die Reorganisation der Industrie in größeren

Betriebseinheiten bedeutete den Beginn der Überwindung der institutionellen Heterogenität als Grundlage zur Überwindung der strukturell heterogenen Produktionsstruktur und war eine Voraussetzung einer wirtschaftlich effizienten Industrialisierung - wenn auch dieser Prozeß in Kuba zunächst zu schnell vorangetrieben wurde, weil für die größeren Produktionseinheiten kurzfristig vielfach keine angemessene Technologie eingeführt werden konnte. Die institutionellen Produktionsverhältnisse waren in diesen Fällen den Produktivkräften zu weit voraus. Der Preis dieser Diskrepanz war dann oft ein Verlust ökonomischer Effizienz.

Tabelle 9.2: Verteilung der Industriebetriebe (ohne Zuckerindustrie) auf verschiedene Betriebsgrößenklassen 1954 und 1962

Betriebsgröße Zahl der Arbeiter pro Betrieb	Zahl der Betriebe 1954[1]	Zahl der Betriebe 1962[2]	Prozentualer Anteil an der Gesamtzahl (%) 1954[1]	Prozentualer Anteil an der Gesamtzahl (%) 1962[2]
5 und weniger	830	97	45,1	8,0
6 - 10	333	102	18,2	8,5
11 - 25	320	259	17,3	21,7
26 - 100	250	532	13,2	44,4
101 - 250	67	140	3,6	11,7
251 - 500	26	43	1,4	3,6
500 und mehr	14	25	0,8	2,4

Quellen:

1) U.S. Department of Commerce, Investment in Cuba 1956, S.73
2) Dirección de Trabajo y Salarios, Ministerio de Industrias, Memorandum vom Jan. 1962; nach M. Zeitlin 1969, S.164

Ein weiteres Argument für den Sozialismus als entwicklungspolitische Alternative zu dem auf Überausbeutung basierenden peripheren Kapitalismus lautet, daß nur im Rahmen einer auf die Befriedigung von Grundbedürfnissen abzielenden sozialistischen Produktionsweise die Opfer, die notwendig mit einem Prozeß beschleunigter Entwicklung verknüpft sind, sozial gerecht verteilt werden können und politisch akzeptabel werden: "Die Entwicklungsanstrengungen, die in der ersten und arbeitsreichen Etappe, in der der

Sprung von der Unterentwicklung in unsere moderne Zivilisation geschafft werden muß, ... materielle und moralische Opfer der Völker bedeuten, können nur dann mit der Mitarbeit des Volkes rechnen, wenn sich das Volk als Hauptprotagonist und Hauptnutznießer der Erfolge dieser Anstrengungen fühlt ... Allein eine wirkliche Revolution, ein struktureller Wandel, wie wir ihn postulieren, kann ... die wirtschaftlichen und sozialen Voraussetzungen der Entwicklung legen."[44] Die Strategie moralischer Anreize, von den Kubanern selber zunächst als Mittel des gleichzeitigen Aufbaus von Sozialismus und Kommunismus überinterpretiert, genügte genau den beiden entwicklungspolitischen Imperativen: Konsumverzicht und Mobilisierung freiwilliger Mehrarbeit[45]. Die freiwillige Mehrarbeit war also im kubanischen Kontext nicht mehr und nicht weniger - und so wurde sie auch verstanden - als die dem Sozialismus angemessene Form der ursprünglichen Akkumulation. Wenn auch der Sozialismus die mit der kapitalistischen Entwicklung der Peripherie einhergehenden sozialen Kosten erheblich verringert, kann er auch in kubanischer Perspektive keine Wunder vollbringen; für die Mehrzahl des Volkes der ersten revolutionären Generation bedeutet auch der sozialistische Entwicklungsweg einschneidende "Opfer in der Gegenwart ... zugunsten der Zukunft"[46].

Aufgrund der nur in bestimmter Hinsicht (keine offene Arbeitslosigkeit und absolute Armut), aber nicht grundsätzlich (z.B. in Form von Konsumbeschränkung) vermeidbaren sozialen Kosten nachholender Entwicklung, der existenzbedrohenden Auseinandersetzung mit dem US-Imperialismus, der oben skizzierten soziopolitischen Genesis der kubanischen Revolution sowie der erst allmählich sich abzeichnenden Überwindung der politischen, kulturellen und organisatorischen Unterentwicklung der Arbeiterbewegung als dem vermeintlichen Hauptprotagonisten einer sozialistischen Entwicklung bestand die vorherrschende Tendenz der postrevolutionären Entwicklung in der Konsolidierung eines starken Staates (nach außen und nach innen, politisch und wirtschaftlich), der auch als Instrument der sozialen Disziplinierung der Volksklassen fungiert, falls einzelne ihrer Mitglieder die historische Aufgabe der Überwindung der Unterentwicklung und die korrespondierenden Opfer nicht akzeptieren. Der Vorwurf, der wirtschaftlichen Entwicklung in irgendeiner Form abträglich zu sein, ist der gemeinsame Nenner der Angriffe auf unproduktive, kritische Intellektuelle (vgl. z.B. den Fall Padilla), abweichende Verhaltensweisen (Hippies, Homosexualität), die Imitation des Lebensstils der kapitalistischen Zentren und die Arbeitsbummelei. Auch die nach 1970 eingeleitete begrenzte Demokratisierung sprengt nicht den Rahmen und die immanente Logik des entwicklungspolitisch motivierten, etatistischen Sozialismus, da sie auf der Einsicht basiert, daß die Dezentralisierung und die begrenzte Entscheidungspartizipation in Form der neuen Institutionen der Volksmacht Voraussetzungen der Steigerung der ökonomischen Effizienz und einer verbesserten Arbeitsmotivation sind. Indikatoren für die Grenzen dieses Demokratisierungsprozesses sind, daß parallel dazu die Macht der Technokratie auf der Ebene der Unternehmen verstärkt und die Entscheidungszentralisierung innerhalb der engen Führungsspitze um Fidel Castro nicht angetastet wurde[47].

9.2. Konzeption und Krise der Politik beschleunigter Industrialisierung und einer breiten und strukturellen Diversifizierung der Landwirtschaft

9.2.1. Der erste Versuch der Anpassung des sowjetischen Akkumulationsmodells an die kubanischen Bedingungen

Auf der Grundlage der gerade skizzierten politisch-institutionellen Voraussetzungen konnte die kubanische Regierung an die Aufgabe der Formulierung und Implementierung ihrer ersten, in Form einer mittelfristigen Perspektivplanung als Leitlinie der jährlichen staatlichen Investitionspläne fixierten Wachstumsstrategie herangehen. Das strategische Ziel blieb die möglichst schnelle Realisierung einer autonomen Wirtschaftsstruktur; die Instrumente dazu sollten sein: beschleunigtes wirtschaftliches Wachstum sowie landwirtschaftliche Diversifizierung und eine breitgefächerte und rapide Industrialisierung zur schnellen Substitution von Importen. Die Industrialisierung mit Schwerpunkt auf der Produktionsgüterindustrie wurde als Motor der wirtschaftlichen Entwicklung auf dem Weg einer vorwiegend agrarischen und kolonialen zu einer industrialisierten und unabhängigen Wirtschaftsstruktur betrachtet.

Im folgenden werden zunächst die Konzeption des Akkumulationsmodells dieser Phase und seine theoretische Begründung analysiert. Im Vordergrund stehen hier u.a. die Frage, inwiefern das sowjetische Akkumulationsmodell mechanisch übernommen wurde. An einigen wenigen Punkten werden Konzeption und Praxis der Entwicklungspolitik konfrontiert. Die These ist, daß zwar der Versuch unternommen wurde, das sowjetische Akkumulationsmodell den kubanischen Bedingungen anzupassen, ohne daß allerdings dessen zentrale theoretische Prämisse einer geschlossenen Ökonomie ausreichend reflektiert wurde. Die bald sichtbar werdende Krise dieses ersten geplanten Akkumulationsmodells (vgl. Kapitel 9.3) war ein eindeutiger Hinweis auf seine Unangemessenheit und führte allmählich zur grundsätzlichen In-Frage-Stellung der aus der Erfahrung der Sowjetunion gewonnenen Akkumulationsstrategie und zur Entwicklung einer Konzeption autozentrierter Entwicklung im Rahmen einer strukturell außenhandelsabhängigen Wirtschaft (vgl. Kapitel 10).

Perspektivisches Ziel der kubanischen Entwicklungsstrategie bis 1965 war es, "die Schäden, die der Imperialismus... verursacht hat, zu reparieren"[48], also die Überwindung der strukturellen Unterentwicklung. Die Investitionsplanung mußte daher darauf gerichtet sein, innerhalb kürzester Zeit die kubanische Wirtschaft von einer "agrarischen und kolonialen Struktur" zu einer "unabhängigen und industriellen"[49] umzuwandeln. Obwohl man sich der Schwierigkeiten dieser Aufgabe und der dazu "notwendigen großen Anstrengungen"[50] durchaus bewußt war, hoffte man, bis 1965 diesen Zielen schon ein großes Stück nähergekommen zu sein, und Kuba "in das am meisten industrialisierte Land Lateinamerikas" transformiert zu haben. Im Rahmen des Vier-Jahresplans von 1962 bis 1965 setzte man sich daher ehrgeizige wirtschaftspolitische Ziele: "Die allgemeine Wachstumsrate wird 12 % sein, d.h. mehr als 9,5 % netto pro Kopf. In der Industrie ruft der Plan dazu auf, Kuba in das am meisten industrialisierte Land Lateinamerikas im Verhältnis zu seiner Bevölkerung zu transformieren, wie aus den folgenden Zahlen entnommen werden kann: Erster Platz in Lateinamerika in der Pro-Kopf-Produktion von Stahl, Elektroenergie und, außer Venezuela, im Raffinieren von Petroleum; erster Platz in Lateinamerika bei Traktoren, Seide, Schuhen, Textilien usw.; zweiter Platz in der Welt in der Produktion von metallischem Nickel (bis jetzt hat Kuba nur Konzentrate produziert); die Nickelproduktion wird 1965 70.000 mt betragen, was ungefähr 30 % der Weltproduktion bedeutet; ...; die Zuckerproduktion wird 8,5 bis 9 Millionen t sein; und der Beginn der Transformation der Zuckerindustrie zu einer zuckerchemischen Industrie"[51]. Im Verhältnis zu diesen Erwartungen nehmen sich die später erzielten realen Produktionserfolge kläglich aus.

Die für das beschleunigte Wachstum notwendigen Investitionen sollten nicht "auf Kosten des Lebensstandards der Masse der Bevölkerung erreicht werden: Wir haben z.B. vorgeschlagen, das Jahreseinkommen jedes Kubaners innerhalb von 10 Jahren zu verdoppeln, ... Wir beabsichtigen, das Pro-Kopf-Einkommen innerhalb von 10 Jahren auf ungefähr 900 Pesos anzuheben ... Das ist etwas, das nie zuvor in Amerika getan worden ist ... D.h. es wird eine enorm beschleunigte Entwicklung sein"[52]. Für den nächsten Perspektivplan steckte man sich "noch ehrgeizigere Ziele wie das Ein- und Überholen der Pro-Kopf- Produktion der kleinen, entwickelten Länder Europas wie der Schweiz und Dänemarks"[53]. Als ein wichtiges Motiv für diese außerordentlich ehrgeizigen wirtschaftlichen Ziele wird von der kubanischen Führung jedes Mal, wenn diese Ziele erläutert werden, die Absicht genannt, angesichts der Konkurrenz der von den USA mit initiierten Allianz für den Fortschritt, die Fähigkeit des sozialistischen Kubas zu demonstrieren, "den Kubanern den höchsten Lebensstandard unseres Kontinents"[54] zu garantieren. Die Formulierung der überzogenen wirtschaftspolitischen Ziele war also vor allem auch - wie viele andere Tendenzen der postrevolutionären Entwicklung überhaupt - ein Reflex auf die internationale Position Kubas als erstes sozialistisches Entwicklungsland im lateinamerikanischen Hinterhof des US-Imperialismus, deren wesentliche Merkmale die Bedrohung durch die USA und die Systemkonkurrenz mit den kapitalistischen Peripherie-Nationen waren.

Zwischen den beiden Leitmotiven, der "wirtschaftlichen Unabhängigkeit und der Anhebung des Lebensstandards der Massen", sah man damals noch keinen prinzipiellen Widerspruch; beide seien gleichzeitig realisierbar "mittels der schöpferischen Anstrengung des Volkes und der maximalen Ausnutzung der produktiven Ressourcen der Nation"[55]. Erst in dem Maße, wie sich die wirtschaftlichen Engpässe häuften und sich die Krise der Versorgung mit Grundnahrungsmitteln ab Mitte 1961 zuspitzte, entwickelte sich ein präziser Begriff der knappen ökonomischen Ressourcen Kubas. Anstelle der Euphorie der ersten Jahre machte sich zunehmend eine realistischere Einschätzung der wirtschaftlichen Möglichkeiten breit[56].

Auch schon zu Beginn der Perspektivplanung erkannte man die Existenz von Zielkonflikten und damit die Notwendigkeit, Prioritäten zu setzen, ohne notwendige sozioökonomische Gleichgewichtsbedingungen zu verletzen: "Z.B. existiert ein Widerspruch, den es zu lösen gilt, zwischen der Notwendigkeit den Lebensstandard und den Umfang der Akkumulation anzuheben, um eine beschleunigte Entwicklung zu erreichen. Dieses Problem ist eng verknüpft mit dem richtigen Gleichgewicht zwischen dem Wachstum der Industrie, die Konsumgüter und der, die Produktionsmittel produziert. Außerdem müssen täglich die Beziehungen zwischen der Industrie und der Kultur, zwischen dem Lebensstandard der Bevölkerung und der Quantität der verfügbaren Konsumgüter sowie der Menge des Geldes in den Händen des Volkes, zwischen Investionen in Industrien für den Export und denen für den internen Konsum und zahllose andere Widersprüche gelöst werden."[57] Doch glaubte man, aufgrund mangelnder Erfahrung und unzureichender Informationen, daß die Entwicklungsplanung ab 1961 den Anforderungen des zentralen ökonomischen Gesetzes des Sozialismus, des Gesetzes der "harmonischen und gleichgewichtigen Entwicklung"[58] entspräche. Dieses Gesetz, das das Gleichgewicht von Produktionsmittel- und Konsumgütersektor, von Konsumgüterangebot und monetärer Nachfrage, von Wachstum der Arbeitsproduktivität und Anstieg der Reallöhne usw. postuliert[59], war dem damaligen Arsenal der sowjetischen politischen Ökonomie des Sozialismus entnommen. Aus ihm leitete man z.B. die Notwendigkeit einer beschleunigten Industrialisierung und das Primat der Schwerindustrie in dieser Phase ab, wie überhaupt einige wichtige Züge des ersten geplanten kubanischen Akkumulationsmodells, besonders hinsichtlich der sektoralen Prioritäten, u.a. durch das sowjetische Akkumulationsmodell und seine theoretischen Rechtfertigungen inspiriert worden sind[60].

Das bedeutete jedoch weder, daß 1. das sowjetische Modell die einzige Quelle der ersten Wachstumsstrategie war, noch daß 2. seine partielle Übernahme die Konsequenz von Pressionen der Sowjetunion war, noch daß 3. das sowjetische Modell in toto,unabhängig von den spezifischen kubanischen Bedingungen und spezifischen Zielen der kubanischen Revolution, mechanisch angewandt wurde[61]. Die erste Wachstumsstrategie war vielmehr der Versuch, ein aus der Erfahrung anderer Länder (hier der Sowjetunion) und aus entwicklungstheoretischen Analysen gewonnenes Entwicklungsmodell kreativ und autonom an die kubanischen Bedingungen und Zielvorgaben zu adaptieren.

Zu 1.: Neben dem sowjetischen Entwicklungsmodell wurde die erste kubanische Wachstumsstrategie wesentlich durch die u.a. von Raúl Prebisch ausgearbeitete damalige Entwicklungskonzeption der ECLA beeinflußt, was sich personell u.a. in der Ernennung R. Botis zum Wirtschaftsminister dokumentierte, der lange Zeit bei der ECLA gearbeitet hatte. In vieler Hinsicht bestanden Berührungspunkte zwischen den Vorstellungen der ECLA und dem sowjetischen Akkumulationsmodell. In der Entwicklungsstrategie dieser Phasen "vereinigten sich das traditionelle marxistische Schema der proportionalen Entwicklung der beiden Hauptsektoren des Produktionsapparates (die Abteilungen I und II des Reproduktionsschemas von Marx) mit den Ideen über die Substitution von Importen, sowohl von Konsumgütern als auch von Produktionsmitteln"[62]. Beide Konzeptionen lehnten eine ausschließlich an den vorhandenen kubanischen natürlichen Ressourcen anknüpfende und nur an komparativen Kostenvorteilen im Rahmen der internationalen Arbeitsteilung orientierte Industrialisierungsstrategie ab und betonten die Notwendigkeit einer breiten Industrialisierung und einer ausdifferenzierten und ausgeglichenen Wirtschaftsstruktur als Rückgrat einer autonomen Ökonomie.

Daneben war die Strategie der forcierten Diversifizierung und Industrialisierung nicht allein das Produkt entwicklungspolitischer Modelle und theoretischer Überlegungen, sondern auch die Reaktion auf reale, internationale und interne Entwicklungen[63]:
1) die Expansion des Massenkonsumgütermarkts und der davon ausgehende Sog für die kubanische Landwirtschaft und Industrie;
2) das Embargo der USA, das die kubanische Wirtschaft ihrer traditionellen Bezugsquelle für eine Vielzahl von Importen beraubte, die aufgrund der Schwierigkeiten der regionalen Reorganisation des Außenhandels nicht immer leicht durch Importe aus anderen Ländern ersetzt werden konnten; 3) die durch das Streichen der US-Zuckerquote Mitte 1960 hervorgerufene Unsicherheit über die Aussichten der Vermarktung der kubanischen Zuckerexporte auf dem kapitalistischen Weltmarkt, die erst durch das kubanisch-sowjetische Handelsabkommen von 1963 endgültig beseitigt wurde, und die niedrigen Zuckerweltmarktpreise 1959-60; 4) die von "Che" Guevara sog. "Zuckerphobie"[64], d.h. die Identifizierung von Zuckerproduktion mit Monokultur und kolonialer und neokolonialer Abhängigkeit, die de facto zur strukturellen Diversifizierung auf Kosten der Zuckerproduktion führte.

Zu 2.: Die Anwendung einiger Aspekte des sowjetischen Wachstumsmodells war auch nicht das Resultat des politischen Drucks der Sowjetunion, sondern eher die bewußte Übernahme von Elementen einer Konzeption, die den Zielen der kubanischen Führung und den Bedürfnissen der strukturellen Transformation der kubanischen Wirtschaft zu entsprechen schien[65]. Die sowjetische politische Führung und sowjetische Wissenschaftler waren dagegen recht skeptisch über die Realisierungschancen der umfangreichen kubanischen Industrialisierungspläne: "Es ist bemerkenswert, daß die sowjetischen Autoren wenig Enthusiasmus für die kubanischen Projekte ausdrückten, die die Entwicklung mehrerer Branchen der Schwerindustrie betrafen. Man muß sich ins Gedächtnis rufen, daß die sowjetischen Autoritäten seit 1960 begonnen hatten, ernsthafter als vorher die wirtschaftliche Spezialisierung in Osteuropa voranzutreiben und sich den Plänen Rumäniens widersetzten, einen riesigen Eisen- und Stahlkomplex aufzubauen, dessen ökonomische Rationalität aus mehreren Gründen zweifelhaft erscheinen konnte. Angesichts der Größe Kubas, seiner menschlichen Ressourcen, seiner Technologie und anderer Aspekte mußten die die Schwerindustrie betreffenden Projekte noch viel unrealistischer erscheinen. Die sowjetischen Experten drückten sich jedoch nicht offen aus, und abgesehen vom Umfang der Industrialisierungsprojekte, über den Schweigen bewahrt wurde, wurde die Entwicklung der Wirtschaft um einen dominierenden Staatssektor mit äußerst positiven Vorzeichen präsentiert."[66]

Außerdem scheint es, daß die Sowjetunion zu diesem Zeitpunkt weder das Interesse hatte, in derart massiver Weise auf die wirtschaftlichen Entscheidungen Kubas Einfluß auszuüben, noch über die politischen Ressourcen verfügt hätte, falls sie es gewollt hätte. Kuba besaß zu diesem Zeitpunkt, u.a. wegen seiner politischen Bedeutung für die Sowjetunion in Lateinamerika, in ihrem Konflikt mit den USA und aufgrund der damals relativ guten chinesisch-kubanisch Beziehungen noch einen relativ großen politischen Handlungsspielraum[67].

Zu 3.: Endlich, und in unserem Zusammenhang am wichtigsten, ist es falsch, von der "mechanischen Anwendung des sowjetischen Entwicklungsmodells, das auf beschleunigter Industrialisierung basierte"[68], zu sprechen. Während das zentralistische sowjetische Planungssystem aus der Zeit vor den ökonomischen Reformen 1961-63 in Kuba in toto übernommen wurde, versuchte man die Entwicklungsstrategie den kubanischen Bedingungen und den Zielen der kubanischen revolutionären Führung anzupassen. Die Wachstumsstrategie 1961-63 basierte also auf einer Mischung der Anwendung sog. allgemeiner ökonomischer Gesetze des Sozialismus und spezifischer kubanischer Imperative und Ziele.

Die Affinitäten zu dem, was gemeinhin unter dem sowjetischen Entwicklungsmodell verstanden wird, waren: das Ziel einer hohen Akkumulationsrate und einer beschleunigten wirtschaftlichen Entwicklung, die Gleichsetzung von Entwicklung und Industrialisierung mit Schwerpunkt auf der Schwerindustrie und die allerdings mehr erzwungene als gewählte Tendenz zu einer "Politik der Autarkie"[69].

Die Unterschiede, die sich aus anderen Zielen und den verschiedenartigen internationalen und nationalen Bedingungen ergaben, waren jedoch nahezu genau so zahlreich: die Tatsache, daß Kuba keinen Bürgerkrieg auszutragen hatte und daher einen intakten Produktionsapparat übernehmen konnte; daß das Ziel der Agrarreform von Anfang an eine moderne, vom Staat geförderte Landwirtschaft war, und die Landwirtschaft, zumindest konzeptionell, als Grundlage der wirtschaftlichen Entwicklung betrachtet wurde; daß Kuba über ein höheres durchschnittliches Pro-Kopf-Einkommen und eine entwickeltere Konsumgüterindustrie verfügte, daß daher, und aufgrund der Möglichkeit der wirtschaftlichen und technischen Hilfe der sozialistischen Staaten, Kuba die begründete Hoffnung haben konnte, eine hohe Investitionsrate und ein schnelles Wirtschaftswachstum ohne einschneidenden Konsumverzicht der Mehrheit der Bevölkerung zu erreichen. Auch das Industrialisierungsmodell der Sowjetunion wurde nicht 'en bloc' übernommen: Neben das Konzept des Primats der Schwerindustrie trat die Konzeption der Industrialisierung auf der Grundlage der in Kuba vorhandenen natürlichen Ressourcen. Diese implizierte ebenso eine Beschränkung des Umfangs der geplanten Industrialisierung wie die auch in dieser Phase angestrebte Nutzung der Vorteile der internationalen sozialistischen Arbeitsteilung. Die erwähnte autarkistische Tendenz war nicht beabsichtigt. Auch in dieser Periode sollten die Exporte expandieren, obwohl der Schwerpunkt eindeutig auf der Substitution von Importen lag. Die prinzipiell weitaus größere Bedeutung des Außenhandels als in der Sowjetunion war den Kubanern also bewußt und wurde in der Entwicklungskonzeption dieser Jahre durchaus berücksichtigt.

Wie sehr sich die kubanische Führung der besonderen kubanischen Bedingungen und der mit dem stalinistischen Akkumulationsmodell verbundenen politisch - sozialen Probleme bewußt war, zeigt die folgende Wiedergabe des Selbstverständnisses der kubanischen Führung aus dem Jahre 1960: "Wir handeln immer unter bezug auf ein Hauptziel: Kubas wirtschaftliche Souveränität und wirtschaftliche Prosperität. Wir wollen nicht der Satellit von irgendjemandem sein. Daher steigern wir und diversifizieren unsere Produktion und unseren Konsum - besonders in der Landwirtschaft; wir machen das gleiche mit unseren Exportmärkten und unseren Importquellen; und wir beginnen unsere Insel zu industrialisieren, zur gleichen

Zeit, wie wir unmittelbar unseren Lebensstandard verbessern. Ich denke über unseren wirtschaftlichen Weg wie folgt: Einerseits - dies ist Stalins altes Modell - wurde das landwirtschaftliche Problem nicht gelöst und es gab kaum eine Konsumgüterindustrie; alles floß in die große Schwerindustrie - für die Zukunft. Und es gab keine Freunde, die der Sowjetunion wirtschaftlich helfen konnten. Auf der anderen Seite - vielleicht war dies Perons Weg in Argentinien - blieb die Landwirtschaft traditionell; es gab keine Schwerindustrie und sie wurde auch nicht wirklich geplant. Praktisch alles floß in die Konsumgüterindustrie. Peron hatte ebenfalls keine Freunde, die ihm wirtschaftlich helfen konnten. In Kuba dagegen sind wir gerade dabei, das landwirtschaftliche Problem durch unsere Agrarreform zu lösen: Wir haben unsere Produktion gesteigert und unsere Kulturen stark diversifiziert. Z.B. sind wir im Begriff, Zellulose und Papier aus Zuckerrohrnebenprodukten zu machen. Wir stecken viel Energie in unsere Konsumgüterindustrien. ... Gleichzeitig verwenden wir einige Arbeit auf unsere Schwerindustrie, und wir planen sie sorgfältig, mit Blick auf unsere eigenen Ressourcen und Märkte. Und in dieser Hinsicht haben wir Freunde, die uns helfen. Daher sind wir nicht derart in Eile, daß wir eine Generation opfern müssen, um zu industrialisieren; wir brauchen es nicht, und das ist unser kubanischer Weg."[70]

Die Frage ist, inwieweit diese Modifizierungen wirklich zur Formulierung eines, den kubanischen wirtschaftlichen und sozialen Bedingungen angemessenen Entwicklungsmodells führten, oder inwieweit nicht doch unbeabsichtigte Zielkonflikte und Inkohärenzen eingebaut waren, die sich aus den unterschiedlichen wirtschaftsgeographischen und sozioökonomischen Bedingungen des sowjetischen und des kubanischen postrevolutionären Entwicklungsprozesses ergaben, die trotz der Modifikation noch nicht ausreichend in der kubanischen Entwicklungsstrategie berücksichtigt worden waren. Ex post läßt sich feststellen, daß das u.a. durch die Entwicklung der Sowjetunion inspirierte Programm einer umfassenden und schnellen Industrialisierung sowohl die Möglichkeiten einer kleinen, unterentwickelten und dauerhaft offenen Wirtschaft überstieg, als auch daß sich gegen den erklärten Willen der Führung ein städtisch-industrieller Bias in diese Wachstumsstrategie einschlich, der im Widerspruch stand zur sozialen Basis und dem erklärten Interesse der kubanischen Führung an einer modernen und prosperierenden Landwirtschaft und ihrer soziopolitischen Strategie, deren oberstes Ziel die Anhebung des Lebensstandards der armen Landbevölkerung war.

Um das Verhältnis des kubanischen Akkumulationsmodells in dieser Phase zum sowjetischen Akkumulationsmodell der stalinistischen Phase näher zu bestimmen, sollen zunächst zwei Aspekte, die allgemein mit dem sowjetischen Entwicklungsmodell assoziiert werden, das Primat der Industrialisierung und das Primat der Schwer- und Maschinenbauindustrie im Rahmen der Industrialisierung, betrachtet werden. Hier wird die These weiter ausgeführt, daß weder eine ungebrochene konzeptionelle Identität bestand noch, daß das sowjetische Wachstumsmodell mechanisch angewandt wurde, obwohl die zentralen Theoreme selber noch nicht problematisiert wurden. In diesen konzeptionellen Modifikationen und den Brüchen zwischen Konzeption und praktischen Entwicklungsprioritäten kündigte sich schon der spätere vollständige und grundsätzliche Bruch mit dem sowjetischen Entwicklungsmodell als solchem an.

9.2.2. Das Primat der Industrialisierung <u>und</u> die Landwirtschaft als Grundlage der wirtschaftlichen Entwicklung

Ex post kritisierte eine kubanische Expertenkommission, daß "der Erfolg des Modells wirtschaftlicher Entwicklung auf der Basis beschleunigter Industrialisierung in der Sowjetunion dazu führte, wirtschaftliche Entwicklung und Industrialisierung gleichzusetzen. Diese Schlußfolgerung berücksichtigt nicht die besonderen Merkmale jedes Landes."[71] In der hier diskutierten Phase der kubanischen Entwicklungspolitik galt dieser Grundsatz jedoch auch in Kuba. Die Gründe, die von den Kubanern für die Priorisierung der Industrialisierung angeführt wurden, waren vielfältig. Erstens erlaube nur die Industrialisierung "die Entfaltung der Produktivkräfte des eigenen Landes nicht in passiver, sondern in aktiver Form, indem neue Produktionsmethoden entwickelt und erfunden werden, die der natürlichen und sozialen Umwelt angepaßt sind. Die Industrialisierung ist daher ... in letzter Analyse wahre Garantie die Unabhängigkeit."[72] Zweitens seien die Einsatzmöglichkeiten moderner Technologie in der Landwirtschaft begrenzter als in der Industrie; daher die geringere Produktivität der Agrar- im Vergleich zu den Industrienationen. Letztlich sei die Produktivität in der Landwirtschaft abhängig von der Versorgung mit industriellen Inputs; die Mechanisierung der Agrarproduktion erfordere "ein entwickeltes Industriesystem"[73].

Gleichzeitg erkannte man jedoch, daß es wegen der großen gesamtwirtschaftlichen Bedeutung der Landwirtschaft (agroindustrieller Zuckerexportsektor) in Kuba notwendig sei, und wegen der Besonderheiten der kubanischen Agrarreform (die sofortige Verstaatlichung von Teilen der Landwirtschaft) möglich sei, die landwirtschaftliche Entwicklung mit allen verfügbaren Ressourcen staatlich zu fördern. Weitere Motive für die stärkere Betonung der Landwirtschaft in der kubanischen Entwicklungsstrategie im Gegensatz zur Sowjetunion waren die gewichtige Rolle des Landproletariats innerhalb der revolutionären Klassenkoalition sowie die Möglichkeit der internationalen Arbeitsteilung im Rahmen und mit der Hilfe des sozialistischen Lagers, wodurch es möglich wurde, das Tempo der Industrialisierung zu drosseln. Der Perspektivplan 1962-1965 sah z.B. die schnelle Entwicklung der landwirtschaftlichen Produktion vor. Angestrebt wurde die Selbstversorgung Kubas mit Nahrungsmitteln bis 1965 - mit der Ausnahme einiger Produkte (Weizen, Oliven, Wein), die in Kuba nur mit geringer Produktivität anzubauen sind -, die Selbstversorgung mit wichtigen Industriepflanzen (u.a. Baumwolle, Hartfasern usw.) und die Expansion traditioneller (Zucker, Kaffee, Tabak) und neuer tropischer Agrarexporte (u.a. Zitrusfrüchte), "die das gegenwärtige Exportvolumen verdreifachen werden"[74]. Schon in dieser Phase wurde also die landwirtschaftliche Entwicklung als Grundlage der industriellen Entwicklung betrachtet, und die Existenz bestimmter Kulturen war ein entscheidendes Kriterium der industriellen Spezialisierung.

Agroindustrien, vor- und nachgelagerte, genossen auch schon vor 1964 eine hohe wachstumsstrategische Priorität: "Für einige Zeit noch wird die Landwirtschaft die Basis unserer Entwicklung sein. ... Wir müssen Bewässerungsprojekte durchführen und wir müssen Kunstdünger produzieren. ... Bei der Produktion anderer Agrarprodukte muß der richtige Gebrauch der Nahrungsmittel für Konserven und die Entwicklung der Leichtindustrie in Rechnung gestellt werden."[75]

Der konzeptionellen Berücksichtigung der besonderen Rolle der Landwirtschaft im kubanischen Wachstumsmodell auch schon dieser Phase entsprach die sektorale Verteilung der Investitionen. Die o.a. angeführten Argumente für die Notwendigkeit des schnellen Aufbaus eines modernen Industriesystems implizieren mit der Ausnahme des Jahres 1963 (Industrie: 31,6 %, Landwirtschaft: 24,3 %) keine höheren Staatsinvestitionen in der Industrie als in der Landwirtschaft (vgl. Tabelle 9.3). 1962 waren allerdings die geplanten Investitionen in der Industrie ebenfalls höher veranschlagt, konnten aber aus verschiedenen Gründen (Emigration qualifizierter Arbeitskräfte, Embargo, Reorganisation der Industrie) nicht alle realisiert werden[76]. In beiden Jahren beschleunigter Industrialisierung (1962/63) war der Anteil der Landwirtschaft mit um und 1962 sogar über 25 % noch relativ hoch. Dies gilt insbesondere, wenn man berücksichtigt, daß nur noch in der Landwirtschaft und im Handel ein relevanter privatwirtschaftlicher Sektor existierte, dessen Investitionen hier statistisch nicht erfaßt sind. In der Tendenz veränderte sich jedoch in diesem Zeitraum das Verhältnis zugunsten industrieller Investitionen. Der größere Anteil industrieller Investitionen ließe sich prinzipiell durch den höheren Beitrag der Industrie zum Bruttosozialprodukt legitimieren. 1961-63 wurde prozentual ungefähr genausoviel in der Landwirtschaft investiert, wie an neuen Werten in ihr geschaffen wurden, 1962 waren es sogar 9 % mehr. Der relative Beitrag der Industrie zum Bruttosozialprodukt war dagegen in all diesen Jahren höher als ihr Anteil an den produktiven Investitionen, zeigt jedoch 1963 eine steigende Tendenz (vgl. Tabelle 9.4). Ab 1964 stiegen die Investitionen in der Landwirtschaft jedoch erheblich an, so daß "man zumindest sagen kann, daß - im Verhältnis zu den Investitionsprioritäten nach 1964 - die Betonung in den Planen 1962 und 1963 im Verhältnis zur Landwirtschaft auf der Industrie lag"[77].

Tabelle 9.3: Geplante und reale Staatsinvestitionen nach Sektoren, 1961 - 1966
(alle absoluten Zahlen in Mio Pesos, laufende Preise)

	1961	1962			1963			1964		1965	1966
	real	geplant	real		geplant	real		geplant	real	real	real
	A[b]		B	A		B	A		B	B	B
Gesamtinvestitionen	489,0	907,3[a] 479,6[a]	571,6	534,0		695,9	581,0		882,4	841,8	393,3
Prozent der einzelnen Sektoren											
produktive Sektoren (gesamt)	51,5	66,7 (25,4)	72,6	59,9	78,6	76,5	70,4	67,0	79,1	81,9	81,1
1. Landwirtschaft	16,8	(6)	29,5	23,9	24,6	24,3	25,6	22,0	30,5	40.4	40,3
2. Industrie	15,7	(11,2)	23,0	18,7	32,6	31,6	24,3	26,0	29,1	18,1	16,7
3. Kommunikation	3,5	(2,6)	1,7	2,8	1,5	1,1	1,2	n.a.	1,4	0,9	1,0
4. Transport	11,2	(4,8)	7,8	8,4	2,5	8,6	8,4	8,0	7,6	10,8	13,3
5. Handel	1,2	(0,8)	4,4	2,4	4,3	3,2	3,5	n.a.	3,5	4,6	3,2
6. Bauindustrie	3,2	(-)	4,3	3,7	5,3	5,8	5,3	3,0	4,6	3,8	2,2
7. Andere	-	-	1,9	-	1,8	2,0	2,1	n.a.	2,4	3,2	4,3
unproduktive Sektoren (gesamt)	48,5	33,0	27,4	40,1	21,4	23,5	29,6	28,0	20,9	19,1	18,8
1. Wohnungsbau und Gemeindedienstleist.	23,5	n.a.	13,5	15,4	10,3	11,5	11,0	14,0	11,5	9,4	9,5
2. Erziehung u.Kultur	8,2	n.a.	8,0	6,9	6,3	6,3	5,5	n.a.	4,6	4,3	3,6
3. Gesundheit u.Wohlfahrt	2,5	n.a.	2,0	1,9	1,7	1,6	2,1	n.a.	1,9	1,6	1,2
4. Sport und Freizeit	1,0	n.a.	0,5	0,7	0,9	0,9	0,7	n.a.	0,8	0,7	0,8
5. Wissenschaft und Forschung	-	n.a.	0,0	-	0,7	0,6	-	n.a.	0,7	0,6	0,8
6. Verwaltung u.Finanzen	-	n.a.	1,9	-	1,5	1,0	-	n.a.	1,2	0,6	0,5
7. Verteidigung und innere Ordnung	-	n.a.	-	-	-	-	-	n.a.	-	-	0,7
8. And. Aktivitäten	13,3	n.a.	1,3	15,2	-	1,5	10,3	n.a.	0,2	0,6	1,4
9. Reserven								5,0			
Bruttoprodukt	1732,0		3698,2	2993,0		3736,7	3244,0		4074,6	4136,5	3985,5

Anmerkungen:
a) Die Gesamtzahl des Anteils der Investitionen in den Produktionssektoren ist nicht identisch mit der Summe der sektoralen Anteile aufgrund eines statistischen Fehlers in der Darstellung Botis, vgl.Boti 1963, S.28
b) Spalte A = ECLA 1965, S. 288; Spalte B = JUCEPLAN, Boletin Estadistico 1966, Havanna 1967, S.102

Quelle: Ritter 1974, S. 141, Tab. 4.2., dort weitere Angaben zu den Quellen.

Tabelle 9.4: Geplante und reale Investitionen und Ursprung des Bruttosozialprodukts nach Sektoren 1961-1966 (in Prozent)

	Ursprung des Bruttosozialprodukts [a]			Produktive Investitionen										
				1961	1962			1963			1964		1965	1966
	1961	1962	1963	real	geplant	real		geplant	real		geplant [b]	real	real	real
	(1)	(2)	(3)	(4)	(5)	(6)	(7)	(8)	(9)	(10)	(11)	(12)		
Landwirtschaft														
mit Zuckerrohr	34,2	32,0	30,9	32,5	(23,6)	40,6	39,7	31,3	31,7	35,0	38,0	38,5	49,4	49,8
ohne Zuckerohr	21,8	22,8	22,5		-									
Industrie														
mit Zucker	46,9	45,7	46,6	30,6	(44,1)	31,7	31,3	41,5	41,3	35,3	40,0	36,8	22,1	20,6
ohne Zucker	37,9	41,1	42,5		-									
Bauindustrie	9,2	9,4	9,4	6,0	c	5,9	6,3	8,0	7,6	7,8	5,0	5,8	4,7	2,7
Transport und Kommunikation	12,0	10,5	10,7	21,8	(18,9)	13,1	18,8	5,1	12,7	20,0	12,0	11,4	14,3	17,6
Andere	-	2,4	2,5	9,1	(13,1)	8,7	5,9	14,1	6,7	1,9	12,0	7,4	9,5	5,6
Gesamt		100,0	100,0	100,0	(100,0)	100,0	100,0	100,0	100,0	100,0	102,0			
Gesamt (absolut)	2731,6	2992,6	3244,2	251,8	470,6	415,1	320,0	o.A.	532,7	400,0	o.A.			

Anmerkungen:
a) Bruttosozialprodukt bezieht sich auf die gesamte Wertschöpfung in der unmittelbaren Produktion und den unmittelbaren produktiven Dienstleistungen; ausgeschlossen sind nichtproduktive Sektoren wie Verteidigung, Verwaltung, finanzielle und professionelle Dienstleistungen, Binnenhandel.
b) Zahlen in dieser Spalte sind nur Annäherungswerte. Die Summe der Anteile ist 102 aufgrund von Abrundungen der geplanten Investitionen auf der Basis der Rohdaten von Martinez 1964, S.9-11.
c) enthalten in "Andere".

Quelle: Ritter 1974, S. 142, Tab. 3; dort auch nähere Angaben zu den einzelnen Quellen.

Die ausgebreiteten Daten lassen es fragwürdig erscheinen, in dieser Periode global und in absoluten Begriffen von einer beschleunigten Industrialisierung auf Kosten der Landwirtschaft im Sinne der sowjetischen Erfahrung zu reden. Gemessen an der sektoralen Verteilung der Arbeitskräfte auf Industrie und Landwirtschaft und der Verteilung der Bevölkerung auf Stadt und Land - der Anteil der Landwirtschaft lag jeweils knapp über 40 % (vgl. Tabelle 9.5) - war jedoch der Anteil der Landwirtschaft an den produktiven Investitionen im Verhältnis zur Industrie relativ gering. Wie wir später sehen werden, reichten selbst die relativ hohen Investitionen in der Landwirtschaft nicht aus, die gesteckten wirtschaftspolitischen Zielsetzungen in der Landwirtschaft zu erreichen. Vielmehr war die wirtschaftliche Bilanz gerade in der staatlichen Landwirtschaft, auch mangels materieller und menschlicher Ressourcen, relativ schlecht und enttäuschend. Es hat den Anschein, daß Tempo und Struktur der Industrialisierung 1960-63 mit dem gleichzeitigen Ziel einer schnellen Modernisierung der Landwirtschaft nicht vereinbar waren. Insofern war die Orientierung am sowjetischen Modell der beschleunigten und umfassenden Industrialisierung den kubanischen Bedingungen und Zielen nicht angemessen.

Tabelle 9.5: Verteilung der Arbeitskräfte auf Industrie und Landwirtschaft und der Bevölkerung auf Stadt und Land 1953, 1958, 1962

	Beschäftigte[1] in Tausend				
Jahr	1 Industrie u.Bergbau	2 Landwirtschaft	3 Insgesamt	2/3 (in Prozent)	1/3 (in Prozent)
1958	366	598	1.582	37	23,1
1962	473	915	2.186	41	21,6

	Bevölkerung[2] in Tausend			
Jahr	Insgesamt	Stadt	Land	Anteil der Landbevölkerung in %
1953	5.829,0	2.996,4	2.832,6	48,0
1962	8.553,4	5.282,1	3.381,3	39,5

Quellen:

1) J. Acosta 1973b, S.77, Tab.22
2) Blutstein u.a., Area Handbook for Cuba 1976, S. 23, Tab. 1

Obwohl die landwirtschaftliche Entwicklung nicht durch den Versuch einer beschleunigten Industrialisierung gefährdet werden sollte, wurden einige Aspekte der Landwirtschaft, besonders 1963, relativ vernachlässigt. Dies hat sicherlich zur landwirtschaftlichen Produktionskrise und zur Beschleunigung des Urbanisierungsprozesses beigetragen, besonders wenn man bedenkt, daß die Möglichkeiten des extensiven Wachstums in der Landwirtschaft wegen der saisonalen Arbeitskräfteknappheit ab 1962, der z.T. geringen Produktivität des gerodeten Bodens und anderer Faktoren nicht besonders hoch einzuschätzen waren. Relative Vernachlässigung der Landwirtschaft bedeutet hier Vernachlässigung im Verhältnis zu der gesamtwirtschaftlichen Bedeutung der Landwirtschaft, zu den Produktionszielen oder auch nur zur Stabilisierung der Produktion. Der Lebensstandard auf dem Land scheint dagegen schneller gestiegen zu sein als in der Stadt, ohne daß die Differenzen in so kurzer Zeit aufgehoben werden konnten. Die Politik auf Kosten der Landwirtschaft bedeutete also paradoxerweise keine Politik auf Kosten der armen Landbevölkerung.

Trotz der äußerst problematischen Datenlage läßt sich in der Tendenz für 1962 eine drastische Reduktion des Imports fixer Kapitalgüter für die Landwirtschaft (-44 %) konstatieren und ein gleichzeitiges starkes Anwachsen für die verarbeitende Industrie und den Transportsektor (vgl. Tabelle 9.6). Der Transport von Traktoren durch das INRA sank z.B. von (jeweils jährlicher Durchschnitt) 5.051 1960-61 auf 2.738 1962-63, um 1964-66 wieder eine Menge von 5.064 zu erreichen[78]. Ab 1964 steigt der Import aller landwirtschaftlichen Produktionsmittel z.T. sprunghaft an; z.B. erhöhte sich der Wert der jährlich importierten landwirtschaftlichen Geräte von 486.000 $ 1963 auf durchschnittlich 1.456.000 $ 1964-66[79].

Tabelle 9.6: Wert des Imports fixer Kapitalgüter nach Sektoren in laufenden Preisen (Mio Pesos, cif)

Jahr	Insgesamt	Landwirtschaft	Industrie	Transport	Baumaterialien
1956	150,3	11,7	86,5	16,5	35,6
1957	203,7	16,2	127,8	24,3	35,4
1958	193,2	15,4	121,4	23,1	33,3
1959	197,6	17,5	103,6	32,3	44,2
1960	150,2	23,6	57,8	26,7	42,1
1961	236,2	32,0	59,3	71,0	73,8
1962	260,1	18,0	115,7	75,1	51,3

Quelle: ECLA 1965, S. 277, Tabelle 270

Eine Vernachlässigung der Landwirtschaft läßt sich auch bei der Ausbildung von Experten feststellen. 1961 bis 1963 lag die Zahl der Studenten, die Agrarwissenschaft studierten, über 30 % (ca.880 statt 1.350) unter dem Niveau von 1960 (vgl. hierzu und zum folgenden Tabelle 9.7). Die Zahl der Schulen und Lehrer stieg jedoch auf dem Lande wesentlich schneller als in den Städten, wie ja auch die Alphabetisierungskampagne in erster Linie der Landbevölkerung zugute kam, z.T. allerdings auf Kosten des städtischen Bildungsangebots. Vernachlässigt wurde also die Ausbildung von Agrarwissenschaftlern und -experten, nicht die Bildung der Landbevölkerung[80]. Auch beim Wohnungsbau schnitt das Land im Vergleich zu vorher gut ab. Von den 55.447 Häusern, die zwischen 1959-63 vom Staat gebaut wurden, entfielen 49 % auf Häuser für die Landbevölkerung[81].

Tabelle 9.7: Schulen und Lehrer zu Beginn der Schuljahre 1958, 1962, 1963 und 1965

	1957-1958	1962-1963	1963-1964	1964-1965
Schulen	9.303	13.766	13.824	13.988
Stadt	4.350	2.620	2.635	2.593
Land	4.952	11.146	11.189	11.395
Lehrer	29.887	36.527	36.469	38.184
Stadt	24.175	20.542	20.599	21.866
Land	5.712	15.895	15.870	16.138

Quelle: JUCEPLAN, Compendio Estadístico de Cuba 1965, S. 13

Trotz erheblicher Einkommensverbesserungen (durch Lohnerhöhungen, ganzjährige Beschäftigung, mehr und meist kostenlose soziale Dienstleistungen) wurde - und konnte wohl auch nicht - der Unterschied von Stadt und Land nicht auf einen Schlag beseitigt[82]. So betrug z.B. das durchschnittliche Monatseinkommen in der Landwirtschaft 1962 nur 43 % von dem in der Industrie und nur 57,6 % des Durchschnittseinkommens insgesamt[83]. Eine gewisse Einkommensdifferenzierung zwischen (Schwer-)Industrie und Landwirtschaft wurde auch theoretisch mit der Notwendigkeit, genügend Arbeitskräfte in die gesamtwirtschaftlich höher einzuschätzende Schwerindustrie zu locken, begründet[84]. Der Stadt-Land-Gegensatz, wie er 1962-63 noch existierte, war natürlich nicht das Ergebnis einer bewußten Einkommenspolitik des Castrismus, sondern in erster Linie ein Erbe der kapitalistischen Vergangenheit. Wichtig zum Verständnis der entwicklungspolitischen Akzentverlagerungen nach 1963 war, daß dieser Gegensatz noch in einem erheblichen Umfang existierte.

9.2.3. Das Primat der Schwerindustrie und erste Ansätze einer Konzeption exportorientierter Industrialisierung auf der Basis kubanischer Rohstoffe

Auch die Wahl spezifischer sektoraler Prioritäten innerhalb der Industrie und ihre theoretische Begründung war keine einfache Kopie des sowjetischen Modells. In gewisser Weise sind im Industrialisierungsmodell des ersten Vierjahresplans zwei unterschiedliche Industrialisierungskonzeptionen präsent: einerseits das damals noch als oberstes Gesetz der politischen Ökonomie des Sozialismus verstandene Theorem des Primats der Schwerindustrie, andererseits das Prinzip der Industrialisierung auf der Grundlage spezifischer kubanischer Ressourcen. Etwas schematisch kann man sagen, daß beide Konzeptionen das Pferd vom jeweils entgegengesetzten Ende her aufzäumen. Das Modell mit dem Primat der Schwerindustrie orientiert sich an dem langfristigen, strategischen Ziel der ökonomischen Autonomie, während die Strategie der Industrialisierung auf der Grundlage spezifischer kubanischer

Ressourcen versucht, die dringendsten sozialen und ökonomischen Engpässe anzupacken: das Zahlungsbilanzdefizit und den minimalen Lebensstandard der Mehrheit der Bevölkerung. Ein Industrialisierungsmodell, das der Schwerindustrie eine hohe Priorität einräumte, mußte diese beiden zentralen Engpässe kurz- bis mittelfristig noch verschärfen. Da man dies nicht wollte, erhielt die Schwerindustrie - auch während dieser Phase - nie den Stellenwert, den sie im Rahmen der sowjetischen Industrialisierung eingenommen hatte.

Der Perspektivplan 1962-65 sah "die Schaffung der Anfänge unserer Industrie in der Eisenverhüttungs-, der mechanischen und chemischen Industrie"[85] vor. Die Fertigstellung der größten Projekte in diesen Branchen war jedoch erst für die Zeit nach 1965 geplant. In dieser zweiten Etappe (1966-1970) sollte sich Kuba in eine "Industrienation mit einer eigenen Basis zur Herstellung von Produktionsmitteln verwandeln"[86]. In dem Plan für den Bau neuer industrieller Fabriken 1961 bis 1970 war der Anteil der klassischen Konsumgüterindustrien (Nahrungsmittel-, Textil-, Kleidungs- und Schuhindustrie) mit knapp 7 % verschwindend gering, während der größte Teil auf die Grundindustrien wie z.B. die Chemieindustrie (ca. 10 %), Grundmetalle (ca.32 %), inkl. einer Nickel- und Kobaltfabrik, die Elektrizitätserzeugung (ca.17 %) und die Transportmittelindustrie (14 %) entfiel. Bei den Projekten mit kurzer Anlaufzeit (1961-63) war der Anteil der genannten Konsumgüterindustrien mit 34,9 % höher (vgl. Tabelle 9.8). Die unmittelbaren Ziele für die Industrie, sowohl in der von Garcia-Noyola veröffentlichten Version des Perspektivplans als auch im Plan für 1962, waren jedoch weit weniger grandios: erstens die volle Ausnutzung der bestehenden Kapazitäten, zweitens die Sicherung der "adäquaten Erhaltung und Reparatur" der bestehenden Kapazitäten und danach erst "die Installation einer Serie neuer Fabriken, von denen <u>einige den Beginn</u> (H.F.) der Schaffung einer kubanischen Schwerindustrie darstellen werden"[87].

Tabelle 9.8: Geplante industrielle Investitionen in neue Fabriken nach dem Stand vom 31.Dezember 1961 (in Mio Pesos)

Industriebranche	Geplantes Datum der Fertigstellung 1961-63	1964-65	1966-70	Gesamt	Rangfolge
Nahrungsmittelind.	19,6	0,4	0,0	20,0	
Textilien	18,8	29,1	0,0	47,8	6
Kleidung und Schuhe	0,1	3,2	0,0	3,3	
Holz	3,4	1,6	0,0	5,0	
Leder	1,5	0,0	0,0	1,5	
Gummi und Derivate	0,0	3,0	6,0	9,0	
Chemische Produkte	3,1	29,0	67,3	100,3	4
Rohölraffinerien	0,0	11,0	0,0	11,0	
NE-Metalle	5,1	26,8	10,5	24,4	
Grundmetalle,insgesamt	5,4	106,1	211,5	323,0	1
Stahlfabrik	(0,0)	(35,0)	(115,0)	(150,0)	
Nickelfabrik	(0,0)	(35,0)	(65,0)	(100,0)	
Kobaltfabrik	(0,0)	(35,0)	(31,5)	(61,5)	
Metallprodukte	25,5	0,7	0,0	29,2	
Maschinen	18,6	3,3	0,8	22,7	
Elektrische Ausrüst.	1,2	4,2	0,0	5,4	
Transportmaterial	2,8	46,3	98,2	147,3	3
Automobilmontage	(0,0)	(0,0)	(90,0)	(90,0)	
Verschiedene verarbeitete Fertigprodukte	2,1	0,0	0,0	2,1	
Bergbau	0,0	70,0	0,0	70,0	5
Elektrizität	0,0	170,0	0,0	170,0	2
Andere Investitionen	0,0	13,0	0,0	13,0	
Gesamt	110,1	518,6	394,3	1.023,0	

Anmerkung:

Die Zahlen in Klammern sind Teile der vorhergehenden übergeordneten Kategorien.

Quelle: Kubanisches Industrieministerium, hier nach A.M. Ritter 1974, S. 152, Tabelle 4.5

Die relative Vernachlässigung der Konsumgüterindustrie wurde mit dem Gesetz der Priorität der Produktionsmittelindustrie im Sozialismus begründet: "Der Investitionsplan soll sich mit Präferenz auf den Ausbau der Branchen, die Produktionsmittel herstellen, konzentrieren und innerhalb dieser auf die Schwerindustrie mit ihrem Rückgrat, der Maschinenbauindustrie. Und noch mehr, innerhalb der Branche der Maschinenproduktion muß die Priorität bei der Konstruktion von Maschinen zur Herstellung von Maschinen liegen."[88] Diese Prioritätensetzung sollte nicht im Widerspruch zum Gesetz der "gleichgewichtigen Entwicklung der Volkswirtschaft" stehen, dessen Inhalt "die ununterbrochene Ausdehnung und Perfektionierung der Produktion auf der Grundlage der fortgeschrittensten Technologie mit dem Ziel der maximalen Befriedigung der ständig wachsenden Bedürfnisse und der allseitigen Entfaltung aller Mitglieder der Gesellschaft"[89] ist, weil "es unmöglich ist, den Lebensstandard anzuheben, ohne vorher über genügend Produktionsmittel zu verfügen, genügend Maschinen zur Herstellung von Konsumgütern, genügend Maschinen, um Maschinen zu bauen, die diese Konsumgüter produzieren sollen"[90]. Langfristig sei der Ausbau der Investitionsgüterindustrie eine notwendige Voraussetzung des kontinuierlichen Wachstums der Wirtschaft und des Lebensstandards: "Die dauernde Erweiterung der Produktion und die Befriedigung der wachsenden Bedürfnisse der Gesellschaft wären unmöglich ohne die prioritäre Entwicklung der Produktion von Produktionsmitteln", weil erst diese "das kontinuierliche Wachstum der Produktivität der gesellschaftlichen Arbeit"[91] ermögliche. Widersprüche und Reibungsverluste, auf deren negativen Folgen für die optimale Nutzung der wirtschaftlichen Ressourcen man häufiger verwies, wurden z.T. als planungstechnisches Problem abgetan, die durch eine effektive Planung, die ex ante die gesamtwirtschaftlichen Gleichgewichtsbedingungen einer Volkswirtschaft zu garantieren habe, zu verhindern seien[92].

An einer anderen Stelle wurden jedoch die Alternativen und deren Implikationen klar formuliert: "Eine richtige Beziehung zwischen dem Lebensstandard der Bevölkerung in einer gegebenen Periode und der Akkumulationsrate zu erreichen, erscheint als eine der strategischen Entscheidungen, die die politischen Autoritären des Landes treffen müssen. Das Problem besteht, in schematischer Form ausgedrückt, darin, daß, falls wir eine exzessive Betonung auf die Akkumulation, z.B. die Investition in der Schwerindustrie, legen, wir mit Sicherheit während einiger Jahre das Wachstum des Konsums beschränken und warten müssen, bis der schwerindustrielle Sektor in der Lage ist, die Maschinen und Zwischenprodukte für die Konsumgüterindustrie zu liefern. In dieser Form verlangsamt sich der Konsum während einiger Jahre, um darauf später schnell zu wachsen. Aber diese Entscheidung hat ziemlich schwerwiegende politische Implikationen. Die andere Alternative könnte z.B. sein, in diesen Jahren den Lebensstandard so weit anzuheben, bis die installierte industrielle Kapazität voll genutzt wird, ein bedeutendes Wachstum der Agrarproduktion zu provozieren, einige Fabriken zu installieren, die unabdingbare Konsumgüter produzieren. Mit anderen Worten, in den ersten Jahren eine Erhöhung des Lebensstandards für die Mehrheit anstreben, ihn auf einem gewissen Niveau stabilisieren und danach den Schwerpunkt auf die Entwicklung der Grundindustrien legen. Zwischen diesen extremen Hypothesen gibt es sicherlich eine große Anzahl von Varianten, die in unterschiedlichen Proportionen den Lebensstandard mit dem Rhythmus der Akkumulation verbinden."[93]

Auf der Skala dieser möglichen Alternativen rangierte die erste kubanische Industrialisierungsstrategie zwischen dem sowjetischen Industrialisierungsmodell und der späteren kubanischen Strategie der Agroindustrialisierung. Im Vergleich zur Sowjetunion genoß die Schwerindustrie und die Maschinenbauindustrie eine geringere Priorität, und die Konsumgüterindustrie und die Landwirtschaft fanden mehr Beachtung. Im Vergleich zur späteren kubanischen Strategie der Agroindustrialisierung lag der Schwerpunkt zunächst stärker auf der Schwerindustrie, während die Konsumgüterindustrie und die Landwirtschaft im Verhältnis zu später relativ vernachlässigt wurden.

Die reale Struktur der industriellen Investitionen entsprach durchaus nicht in letzter Konsequenz dem allgemein akzeptierten Postulat des Primats der Schwerindustrie. Ganze 22,7 Millionen

Pesos oder 0,2 % der 1.023 Millionen Pesos der gesamten industriellen Investitionen (1961-70) sollten in die Maschinenbauindustrie fließen, der doch theoretisch eigentlich die höchste Priorität zukommen sollte. Auch auf die Stahlindustrie entfielen mit 15 % der geplanten industriellen Investitionen weniger, als man aufgrund des Imperativs des Primats der Schwerindustrie vielleicht hätte erwarten können (vgl. Tabelle 9.8)[94]. Dennoch war der geplante Zuwachs industrieller Konsumgüter geringer als der der Zwischenprodukte[95]. Von den zwischen 1959 und 1964 fertiggestellten industriellen Investitionen entfielen immerhin 45,6 % auf die Metallurgie und die mechanische Industrie. Die Tatsache, daß der Schwerpunkt hier auf der Metallverarbeitung auf der Grundlage einer embryonalen Stahlindustrie lag, während die nächste Verarbeitungsstufe, die Produktion von Ausrüstungsgütern noch sekundär blieb[96], und daß 30,7 % der industriellen Investitionen 1959-64 dem Ausbau der Stromerzeugung dienten (vgl. Tabelle 9.9), legt den Schluß nahe, daß Primat der Schwerindustrie in Kuba in dieser Phase den prioritäten Ausbau grundlegender Branchen der Zwischengüterindustrie (Stahl, Metallprodukte, Zement, chemische Zwischengüter) und der materiellen Infrastruktur (Elektrizität) bedeutete. Für den sofortigen Bau einer Vielzahl von Fabriken der Kapitalgüterindustrie im engen Sinn (Ausrüstungsgüter, Maschinen, Fahrzeuge) fehlten noch jegliche Voraussetzungen.

Tabelle 9.9: Sektorale Verteilung der 1959-1964 fertiggestellten industriellen Investitionen

Branchen	Prozent
Metallurgie und mechanische Industrie	45,6
Elektroenergie	30,7
Textil	9,2
Chemie	6,4
Bergbau	4,6
Nahrungsmittel	2,1
Andere Industrien	1,4
	100,0

Quelle: JUCEPLAN, Desarrollo Industrial 1966, S.102, Tab.12

Zu dem Widerspruch von sozialer Basis des Castrismus und den sozialen und politischen Implikationen der Industrialisierungspolitik gesellte sich der von zwei unterschiedlichen Konzeptionen der Industrialisierung: einerseits die Präferenz für die Schwerindustrie, andererseits der Imperativ der "maximalen Verarbeitung der natürlichen kubanischen Ressourcen"[97]. Das Konzept einer Industrialisierung ausgehend von den spezifischen, in Kuba vorhandenen Rohstoffen, sollte sowohl zur Entwicklung von Exportbranchen mit komparativen Kostenvorteilen führen als auch die Entwicklung autochthoner Technologien stimulieren. In allen frühen programmatischen Äußerungen zur Industrialisierung tauchen diese beiden Imperative gleichzeitig auf, ohne daß ihr Verhältnis zueinander näher bestimmt, die Zielkonflikte benannt und Kriterien zu ihrer Lösung angegeben werden[98].

Zunächst wurden nur die komplementären Funktionen gesehen, nicht die möglichen Widersprüche und die Konkurrenz um knappe ökonomische Ressourcen. Die wachsende Produktion landwirtschaftlicher und tierischer Rohstoffe sollte den Bedarf der einheimischen Konsumgüterindustrie decken und damit eine möglichst schnelle Erhöhung des Lebensstandards ermöglichen. In Kuba vorhandene Mineralien (Eisenerz, Nickel, Kobalt) sollten die Rohstoffbasis für eine kubanische metallurgische und mechanische Industrie abgeben. Der Zuckerindustrie sollte eine Nebenproduktindustrie (Holz, Papier, Plastik usw.) angegliedert werden[99]. Das genaue Verhältnis von Export- und Binnensektor blieb jedoch genau so unbestimmt wie die genauen Modalitäten der Importsubstitution[100]. In den Branchen, "in denen Rohstoffe wie Nickel, Kobalt, Zuckerrohrnebenprodukte im Überfluß vorhanden" waren, strebte man die "maximale Ausnutzung der Vorteile der internationalen Arbeitsteilung"[101] an.

Die Tatsache, daß Kuba in großem Umfang auf die wirtschaftliche und die technische Hilfe der sozialistischen Staaten rekurrierte, bedeutete nicht, daß man sich als passiven Technologieempfänger verstand. Vielmehr wollte man all diejenigen "wissenschaftlichen und technologischen Forschungen stark fördern, die es Kuba erlauben würden, neue Produkte und neue Produktionsmethoden, die seiner wirtschaftlichen Geographie angepaßt sind, zu erfinden"[102]. Besondere Möglichkeiten sah man schon damals auf dem Gebiet der Agrarforschung und -technologie, da die moderne Agrartechnik bisher fast ausschließlich in Ländern mit gemäßigtem Klima entwickelt worden war und den (sub-)tropischen klimatischen Bedingungen nicht angemessen wäre. Man hoffte, innerhalb weniger Jahre eine auf die Bedürfnisse einer subtropischen Landwirtschaft zugeschnittene Technologie entwickelt zu haben und "Herr einer eigenen Technik"[103] zu sein. Schon in dieser Phase - ähnlich wie mit vielen anderen Motiven der späteren Entwicklungsstrategie - ist also das Konzept einer autochthonen kubanischen Technologie präsent, vorzugsweise in den Bereichen, in denen der Rückgriff auf die Technologie der Zentren aufgrund der unterschiedlichen Beschaffenheit des tropischen Klimas und Bodens nicht möglich war.

Die Integration in die internationale sozialistische Arbeitsteilung und die wirtschaftliche und wissenschaftlich-technische Hilfe der sozialistischen Länder wurde allgemein als vorteilhaft betrachtet und stand, in der Perspektive der kubanischen Führung, nicht im Widerspruch zu dem Ziel einer autozentrierten Entwicklung, weil sie, dem Anspruch nach, weder den Verzicht auf politische Autonomie, noch ausländisches Eigentum an Produktionsmitteln, noch die Reproduktion der verkrüppelten Wirtschaftsstruktur, noch die mechanische Übernahme von Technologie, Organisationsformen und Wachstumsstrategien, also des Entwicklungsmodells im allgemeinen, bedeutete: "Mit Hilfe der befreundeten Länder (gemeint sind die sozialistischen Länder, H.F.)... werden wir, auf der Grundlage unserer eigenen Erfahrung, eine solide Basis für eine unabhängige Entwicklung schaffen."[104]

9.2.4. Die Verringerung der sozialen Kosten forcierter Akkumulation durch die Existenz der sozialistischen Staaten

Nachdem die Investitionsrate in den ersten beiden Jahren wahrscheinlich auf dem vorrevolutionären Niveau von ca. 16-17 % stagniert hatte, sollte und mußte sie zur Finanzierung der ehrgeizigen Industrialisierungspläne wesentlich gesteigert werden. Der Plan für 1962 sah eine Steigerung der Akkumulationsrate auf 27 % des Bruttosozialprodukts vor[105]. Einige Maßnahmen zur Erhöhung des internen Investitionspotentials für produktive Investitionen waren[106]: die Stabilisierung der Zuckerexporte auf hohem Niveau zu günstigen Preisen, der totale Verzicht auf Luxuskonsumgüterimporte und der "Aufschub nicht notwendiger Konsumbedürfnisse"[107], die interne Verwendung ehemals exportierter Profite, die "Steigerung der Arbeitsproduktivität"[108], das Sparen von Rohstoffen und eine effizientere ökonomische Organisation und die Senkung der nicht unmittelbar produktiven öffentlichen Ausgaben. Die nicht unmittelbar produktiven Ausgaben (Schulen, Krankenhäuser usw.), die in den ersten Jahren 50 %des Staatshaushalts absorbiert hatten, sollten auf 1/3 reduziert werden[109]. Besonders betonte man die Notwendigkeit der Steigerung der Arbeitsproduktivität ohne vermehrten Kapitaleinsatz durch die Verbesserung der Organisation und eine verbesserte Arbeitsmotivation, die man als notwendige Voraussetzungen der Realisierung der Planziele betrachtete. In dem Maße, wie sich die Versorgungskrise verschärfte, sah man auch die "Reduktion des persönlichen Konsums" als eine unvermeidliche Quelle der Investitionsfinanzierung an, sei es in Form der "Rationierung oder der Unmöglichkeit, bestimmte Konsumgüter zu importieren"[110]. Dies betraf jedoch nur Sektoren der relativ privilegierten städtischen Arbeiterklasse und nicht die Landbevölkerung und ehemalige Arbeitslose[111].

Da Kuba die Möglichkeit hatte, einen Teil seiner Projekte durch billige Kredite der sozialistischen Länder zu finanzieren, hoffte man jedoch, die ehrgeizigen Wachstumsziele weitgehend erreichen zu können, ohne den Konsum der Bevölkerung einschneidend einzuschränken[112]. Zwischen Februar 1960 und August 1961 wurden Kuba von den sozialistischen Ländern Kredite in Höhe von 357 Millionen Pesos zu niedrigen Zinsen (2,5 %) oder zinslos mit in der Regel langer Laufzeit (10 Jahre nach Fertigstellung des Projekts) gewährt (vgl. Tabelle 9.10). Am günstigsten waren die Konditionen des chinesischen Kredits in Höhe von 60 Millionen Dollar: zinslos, Rückzahlung 10 Jahre nach Vollendung der Projekte, zahlbar in von den gelieferten Fabriken produzierten Waren. Eine derart hohe Kreditsumme für industrielle Projekte zu derart günstigen Bedingungen hatte Kuba vorher niemals erhalten. Ohne diesen "sehr großen Umfang externer Finanzierung"[113] hätte das ehrgeizige Industrialisierungsprogramm nicht in Angriff genommen werden können.

Tabelle 9.10: Kredite der sozialistischen Länder für Kuba (abgeschlossen: Februar 1960 - August 1961)

Land	Kredit (Mio US$)	Verwendung	Zinssatz %	Amortisierungszeit	Datum
UdSSR	100	Petroleumraffinerie, Eisen- u.Stahlfabriken, Elektroenergie	2,5	10 J.	13.2.60
UdSSR	100	Nickel- u.Kobaltindustrie	2,5	5 J.	1.6.61
China	60	Neue Fabriken, Maschinen, Ausrüstungen, Werkzeuge	0	10 J.	23.7.60
Tschechoslowakei	20	Neue Fabriken (Industrie)		10 J.	10.6.60
Tschechoslowakei	20	Neue Fabriken (Werft)		10 J.	n.a.
Rumänien	15	Maschinen, Ausrüstungen, Fabriken	2,5	n.a.	n.a.
Ungarn	15	Neue Maschinen u.Fabriken	2,5		19.9.60
Polen	12	Neue Fabriken, Werft	2,5	8 J.	März 60
DDR	10	Industrielle Fabriken und Ausrüstungen	2,5		17.12.60
Bulgarien	5	Fabriken, hydraulische Installationen, Kühlfabrik	2,5		Okt. 60
Gesamt	357				

Quellen: M. Nolff 1965, S. 313, Tab. 12;
Ritter 1974, S. 89, Tab. 3.2;
E. "Che" Guevara, on Growth and Imperialism, in: J. Gerassi (ed.) 1969, S. 173

Allein die bis Mitte 1961 vereinbarten Kredite der sozialistischen Länder deckten ca. ein Drittel der zwischen 1961 und 1970 geplanten industriellen Investitionen von über 1 Mrd Dollar ab. Perspektivisch sollte diese umfangreiche externe Finanzierung jedoch "transitorischen Charakter haben" und auf das "unumgängliche Minimum"[114] reduziert werden.

Trotzdem: Im Gegensatz zur redistributiven Phase der kubanischen Entwicklungspolitik folgte die neue Wachstumsstrategie eindeutig einer "Logik der Akkumulation"[115]. Obwohl man in großem Umfang auf ausländische Kredite zurückgriff, wurde z.T. auch auf Kosten einiger Teile der die Revolutionsregierung politisch unterstützenden Volksklassen akkumuliert. Die Zeit der Entwicklungsfinanzierung durch die Umverteilung von Besitz war damit beendet. In dem Maße, wie die revolutionäre Regierung Opfer auch von Teilen der Arbeiterklasse forderte[116], mußte sie auch die Rolle der Gewerkschaften neu definieren. Von Organisationen zur Verteidigung der unmittelbaren Interessen der Arbeiterklasse wurden die Gewerkschaften zu Transmissionsriemen des revolutionären Staates, die in erster Linie bei der Steigerung der Produktion mithelfen und die dazu notwendigen Verzichte und Anstrengungen einsichtig machen sollten[117]. Es ist wahrscheinlich kein Zufall, daß die Gewerkschaften nach 1970 wieder ein wenig mehr an Autonomie gewannen, zu einem Zeitpunkt, als weniger Opfer (absolute Mehrarbeit, individueller Konsumverzicht) verlangt wurden und die unmittelbaren Bedürfnisse wieder stärker Beachtung fanden.

Die sozialen und politischen Kosten der "Logik der Akkumulation" waren also in Kuba so ganz anders nicht wie in der Sowjetunion, z.T. im Gegensatz zum Selbstverständnis der kubanischen Führung. Aber m.E. war das weniger die Konsequenz des sog. sowjetischen Akkumulationsmodells, das, wie wir gesehen haben, erheblich modifiziert wurde[118], als vielmehr der riesigen Aufgaben der Einleitung einer autozentrierten Entwicklung bei knappen Ressourcen in der Mitte des 20. Jahrhunderts unter der Rahmenbedingung einer existenzbedrohenden Umwelt. Auf der anderen Seite sind in diesem Zusammenhang vier wesentliche Unterschiede hinsichtlich der sozialen und politischen Kosten des sowjetischen und des kubanischen Akkumulationsmodells in dieser Phase hervorzuheben: 1) In Kuba wurden die sozialen Kosten nur von Teilen des Volkes getragen, und zwar von der kleinen Gruppe der städtischen Arbeiteraristokratie, während der Lebensstandard der Masse der armen Landbevölkerung - im Gegensatz zur Sowjetunion, wo diese die Hauptleidtragenden der forcierten Industrialisierung waren - angehoben wurde. 2) In Kuba folgte die Phase massiver Akkumulation einer Phase der Redistribution der Einkommen, von der alle armen Gruppen der Bevölkerung profitiert hatten[119]. Die Konsumbeschränkungen als Folge der Akkumulation erfolgten also für die Mehrheit der Bevölkerung auf einem insgesamt im Verhältnis zur vorrevolutionären Epoche angehobenen Niveau des Lebensstandards. 3) Wegen der militärischen Hilfe der Sowjetunion und der Möglichkeit des Handels mit den sozialistischen Ländern hatte "die Schaffung einer Schwerindustrie nicht die Dringlichkeit wie in der Sowjetunion..."[120], so daß die Erfahrung der Sowjetunion nicht wiederholt zu werden brauchte, wo die politisch notwendige hohe Priorität der Rüstungsindustrie in den ersten Jahren "unvermeidlich auf Kosten der Konsumgüterproduktion"[121] erfolgen mußte. 4) Politisch ist in diesem Zusammenhang das Charisma Castros wichtig, der Opfer aller Kubaner fordern konnte, ohne dabei auf Gewalt rekurrieren zu müssen[122].

9.3. Sozioökonomische Disproportionen und Engpässe als Folge der ersten Wachstumsstrategie

Die Resultate der ersten geplanten Wachstumsstrategie waren enttäuschend. Eindeutige, statistisch verläßliche Aussagen über das industrielle Wachstum in der Periode sind unmöglich, da selbst die kubanischen Angaben voneinander in relevanter Weise abweichen. Die Wachstumsraten für 1962 variieren zwischen 2, 5,1, 7 und 10 %; die für 1963 zwischen 7, 2,8 und 4 - 5 %[123]. Unbestritten ist, daß die realen weit hinter den geplanten Wachstumsraten zurückbleiben. So schätzt z.B. Bettelheim 1965 die industrielle Wachstumsrate für 1963 auf 4 - 5 %, also auf rund ein Viertel seiner früheren Erwartungen hinsichtlich des durchschnittlichen industriellen Wachstums pro Jahr[124]. Außerdem war das Wachstum der einzelnen Branchen äußerst unterschiedlich[125].

Auch die landwirtschaftliche Produktion blieb weit hinter den Planzielen zurück. Doch im Gegensatz zur industriellen Produktion war hier ein eindeutiger Rückgang zu verzeichnen. Nach Statistiken der FAO sank die gesamte Agrarproduktion von 1962 bis 1963 um 14 % und von 1961 bis 1963 sogar um 36 %[126]. Die Landwirtschaft war also die eindeutige Achillesferse dieser Phase der wirtschaftlichen Entwicklung, obwohl sie eigentlich deren solide Grundlage bilden sollte. Eine Aufwertung der Landwirtschaft in der zukünftigen Entwicklungsplanung lag nahe.

Entscheidender als das enttäuschende Wachstum der Industrie und der Rückgang der Agrarproduktion für das Verständnis der Korrekturen der Entwicklungsstrategie im Laufe des Jahres 1963 waren einige zentrale sozioökonomische Disproportionen und Engpässe, an denen die Diskrepanz zwischen der verfolgten Entwicklungspolitik und den entwicklungspolitischen Notwendigkeiten evident wurde. Dies waren die Knappheit qualifizierter Arbeitskräfte, die sich 1962 und 1963 verschärfende Krise der Zahlungsbilanz, regionale Disproportionen des Angebots an und der Nachfrage nach Arbeitskräften und die sich 1962 zuspitzende Krise der Versorgung mit landwirtschaftlichen und industriellen Konsumgütern.

Der Mangel an qualifizierten Arbeitskräften aller Stufen und in nahezu allen Sektoren bedeutete eine Begrenzung der Fähigkeit zur technisch-organisatorischen Absorption von Investitionen, d.h. der Fähigkeit der kubanischen Wirtschaft, Projekte zu planen, zu leiten, zu bauen und zu montieren, in Gang zu setzen und die volle Produktionskapazität optimal auszunutzen, besonders in Branchen mit komplexer Technologie und einem hohen Bedarf an qualifizierten Arbeitskräften[127]. Die geringe Effizienz und die meist lange Anlaufzeit der 1961-1963 in Angriff genommenen enormen industriellen Investitionen war wesentlich "die Konsequenz einer Disproportion zwischen dem Betrag der Investition und der physischen und technischen Kapazität der kubanischen Wirtschaft, neue Fabriken zu bauen und die neuen Ausrüstungen zu montieren und zu gebrauchen"[128]. Die Begrenzung der materiellen Kapazität zur Realisierung von Investitionen war wesentlich durch die Unterentwicklung der Bau(materialien)industrie bedingt. Gewichtiger war jedoch das Defizit an Forschern, Projektplanern, Ingenieuren, Technikern und qualifizierten Arbeitern. In fünf industriellen Branchen (Chemie, Petroleum, Maschinenbau, Textil, Baumaterialien) betrug um 1963 der durchschnittliche Anteil der Ingenieure an der Gesamtzahl der Beschäftigten in Kuba 0,33 %, in Frankreich dagegen 2,0 %[129]. Die Gründe für dieses Defizit waren einerseits das Erbe der strukturellen Unterentwicklung und Abhängigkeit auf dem Gebiet der Qualifikationsstruktur der Arbeitskräfte und andererseits die Emigration vieler qualifizierter Arbeitskräfte gerade in den ersten Jahren der Revolution. Vor der Revolution stellten Amerikaner einen Großteil des Spitzenmanagements und einen relevanten Teil der Experten und Techniker der Industrie. Spätestens mit der Verstaatlichung aller US-Unternehmen Mitte 1960 verließ dieses Arbeitskräftekontingent Kuba. Aber auch ein großer Teil der kubanischen (hoch)qualifizierten Arbeitskräfte verließ in den ersten Jahren nach der Machtergreifung Castros das Land. Gerade in den ersten vier Jahren des schnellen gesellschaftlichen Wandels war der Anteil gut ausgebildeter und qualifizierter Arbeitskräfte bei den Emigranten mit ca. ein Drittel hoch, und sehr viel höher als ihr Anteil innerhalb der Beschäftigungsstruktur (vgl. dazu Tabelle 9.11).

Die Nettoemigration belief sich zwischen 1959 und 1963 auf mindestens 196.000 Personen[130]; im Verhältnis zu den damals ca. 6 Millionen Einwohnern eine ins Gewicht fallende Zahl. Die meisten davon kamen aus den Städten und in erster Linie aus Havanna. Die Engpässe, die dadurch in vielen Berufen mit höherem Qualifikationsniveau entstanden, liegen auf der Hand; ihre Auswirkungen sind u.a. von Boorstein und Dumont eindringlich beschrieben worden[131]. Inwieweit eine taktisch klügere Politik gegenüber den sozial privilegierten Technikern diesen "brain-drain" hätte eindämmen können, ist im nachhinein schlecht auszumachen. Ausländische Kommentatoren wie Dumont sind unter Hinweis auf die chinesische

Erfahrung, wo man versucht hat, ein Maximum an Technikern und z.T. sogar der nationalen Unternehmer für die Mitarbeit zu gewinnen,zu dem Schluß gekommen, daß man diese Gruppen anfänglich z.T. in unnötiger Weise verprellt hat, indem man allgemein den qualifizierten Arbeitskräften mißtraute, technische Kompetenz gering schätzte und in der Regel politisch loyale, aber häufig inkompetente Administratoren bevorzugte[132]. Die kubanische Führung hat später ihre Politik der ersten Jahre in dieser Hinsicht teilweise selbst kritisiert[133].

Tabelle 9.11:

A. Vergleich der Beschäftigungsstrukturen der kubanischen Arbeitskräfte insgesamt (1) und der arbeitsfähigen Emigranten (2) 1959-62 bis 1967: Verhältnis des Anteils der einzelnen Kategorien in 2 zu dem in 1

Kategorien	1959-62	1962	1966	1967
Spezialisten, Fachkräfte	3,9	3,3	3,2	1,9
Manager und leitende Angestellte	2,2	2,4	2,3	2,5
Militär, Polizei, Hausangestellte	1,1	0,88	1.1	1,1
Qualifizierte, angelernte und unqualifizierte Arbeiter	0,74	0,93	1,2	1,3
Landwirtschaft und Fischerei	0,07	0,10	0,12	0,10

Quelle: J. Dominguez 1971, S.63, Tab.1

B. Sozialstruktur der Exilkubaner, nach ihrem Beruf in Kuba 1959 - 1968 (in Prozent)

<table>
<tr><th>Kategorien</th><th>1959-62</th><th>1963</th><th>1965-66</th><th>1961-68</th></tr>
<tr><td>Spezialisten, Fachkräfte</td><td>37,2</td><td>32,7</td><td>22,2</td><td>18,1</td></tr>
<tr><td>Manager, leitende Angestellte, Beamte und Angestellte</td><td>30,9</td><td>35,5</td><td>30,6</td><td>11,7</td></tr>
<tr><td>Qualifizierte und angelernte Arbeiter</td><td rowspan="2">31,9</td><td>12,8</td><td>16,6</td><td rowspan="2">70,2</td></tr>
<tr><td>Unqualifizierte Arbeiter</td><td>19,0</td><td>30,6</td></tr>
</table>

Quelle: E.Baklanoff 1971, S. 270, Tab.7

Der Angelpunkt der kubanischen Wirtschaftskrise 1962-63 war die Krise der Handelsbilanz, denn sie "reflektierte die Knappheit der gesamtwirtschaftlichen Ressourcen in einer allgemeinen Form"[134]. Das Handelsbilanzdefizit war enorm; es belief sich 1962 auf 45,8 % und 1963 auf sage und schreibe 59,5 % der Exporteinnahmen (vgl. Tabelle 9.12).

Tabelle 9.12: Handelsbilanz Kubas 1957 - 1966 (in Mio Pesos)

Jahr	Exporte fob	Importe cif	Gesamtwert des Warenverkehrs	Handelsbilanz
1957[1]	807,7	772,9	1.580,6	+ 34,8
1958[1]	733,5	771,1	1.510,6	- 37,6
1959[1]	637,7	747,2	1.380,0	- 104,5
1960[1]	618,2	637,9	1.256,1	- 19,7
1961[2]	624,7	638,7	1.263,4	- 14,0
1962[2]	520,7	759,3	1.280,0	- 238,6
1963[2]	543,8	867,3	1.411,1	- 323,5
1964[2]	713,8	1.018,8	1.732,6	- 305,5
1965[2]	685,5	866,2	1.551,7	- 180,7
1966[2]	592,5	925,5	1.518,0	- 333,0

Kumulative Handelsbilanz[a]: 1951-58[1] = + 420,0
1959-66 = - 1.214,0

Anmerkung:

a) Die Entwicklung der Zahlungsbilanz insgesamt vermittelt ein genau umgekehrtes Bild. 1952-58 war Kuba ein Nettokapitalexporteur, so daß sich trotz des Handelsbilanzüberschusses in dieser Zeit ein Zahlungsbilanzdefizit von 470,6 Mio Pesos akkumulierte (vgl. Huberman/Sweezy 1968, S. 163). Nach 1960 konnte Kuba dagegen einen wesentlichen Teil des Handelsbilanzdefizits durch Kredite der sozialistischen Länder decken.

Quellen:

1) Mesa-Lago 1977 (Ideological Radicalization and Economic Policy), S. 207, Tab.5
2) J. Acosta 1973b, S. 80, Tab. 24

Einige wesentliche Ursachen für das Handelsbilanzdefizit waren: 1) Der immer noch relativ hohe Anteil der Konsumgüter an den Importen (1963-1964: 24 %), der darauf zurückzuführen war, daß einige Agrarprodukte der gemäßigten Klimazone in Kuba nur mit äußerst geringer Produktivität angebaut werden konnten und daß die Konsumgüterproduktion im allgemeinen nicht in der Lage war, die erheblich gestiegene Nachfrage selbst nach essentiellen Massenkonsumgütern zu befriedigen[135]. 2) Der Anstieg des Imports fixer Kapitalgüter von rund 200 Millionen Pesos 1957-59 auf 260,1 Millionen Pesos 1962. Dies war die logische Konsequenz einer Politik beschleunigter Akkumulation unter der Bedingung einer deformierten Ökonomie: 80 % aller neuen Ausrüstungen mußten importiert werden[136]. 3) Der verhältnismäßig hohe Anteil der Zwischengüter und Rohstoffe an den Importen, der im Schnitt 1963-64 51 % betrug[137]. Mehr als 80 % der Kategorie der Zwischengüterimporte oder mehr als 40 % der Gesamtimporte bestanden aus Rohstoffen für die Industrie. Verschärft wurde dieses Problem dadurch, daß bis 1963 die industriellen Investitionen vorzugsweise auf Sektoren konzentriert worden waren, für deren laufende Produktion ein hoher Importbedarf bestand. Die Metallurgie und die mechanische Industrie, auf die zwischen 1959 und 1963 allein 45,6 % aller realisierten industriellen Investitionen entfielen, mußten 41,3 % ihrer gesamten Inputs importieren und lagen damit nach der Petroleumindustrie in dieser Hinsicht an der zweiten Stelle aller industriellen Branchen(vgl. Tabelle 9.13). Der Prozeß der Importsubstitution von Kapitalgütern lief erst langsam an und erwies sich, in der Art und Weise, wie er organisiert wurde, als ökonomisch ineffizient. 4) Hauptsächlich verantwortlich für den Rückgang der Exporteinnahmen während dieser Phase war das Sinken der Deviseneinkommen aus Zuckerexporten als Folge der de facto verfolgten Politik struktureller Diversifizierung. Die Zuckerproduktion sank 1963 aufgrund der Reduzierung der Zuckerrohranbaufläche um 200.000 ha auf das enorm niedrige Niveau von 3,8 Millionen t und der Erlös aus den Zuckerexporten auf 473 Millionen Dollar; das waren über 100 Millionen Dollar weniger als 1958[138].

Tabelle 9.13: Vergleich des Importgehalts der Nachfrage einiger Industriebranchen nach Inputs für die laufende Produktion

Branchen	Nachfrage nach zu importierenden Inputs per 100.000 $ Gesamtnachfrage		
	direkt	indirekt	gesamt
Bergbau	14,4	7,5	21,9
Metallurgie und mechanische Industrie	37,7	3,6	41,3
Baumaterialien	18,4	5,4	23,8
Petroleum	43,3	0,7	44,0
Chemie	29,5	4,1	33,6
Textil und Leder	16,1	5,6	21,7
Zucker	5,2	2,4	7,5
Nahrungsmittel	24,3	5,6	29,9
Getränke und Tabak	2,1	2,9	5,0
Elektroenergie	2,8	9,7	12,5
Andere Industrien	17,8	9,9	27,7

Quelle: JUCEPLAN, El Desarrollo industrial de Cuba, 1966, S. 107, Tab.16

Der dritte Engpaß waren regionale Ungleichgewichte des Angebots und der Nachfrage nach Arbeitskräften: ein Überangebot an Arbeitskräften in den Städten und Arbeitskräfteknappheit in der Landwirtschaft, besonders während der Hochsaison der Zuckerrohrernte.

Das relative Überangebot an Arbeitskräften in den Städten war z.T. die Folge der beschleunigten Urbanisierung, in erster Linie des überproportionalen Wachstums Groß-Havannas, in den ersten vier Jahren des Castrismus. Das Weiterbestehen erheblicher Unterschiede des Lebensstandards zwischen Stadt und Land, die Politik beschleunigter Industrialisierung und andere neue Beschäftigungsmöglichkeiten in den Städten sowie mehrere weitere ungeplante Faktoren wie z.B. der Demonstrationseffekt der Bauerndemonstrationen in der Stadt, verbesserte und verbilligte Transport- und Reisemöglichkeiten usw.[139] führten dazu, daß sich die

Wachstumsrate von Groß-Havanna beschleunigte und 1960-61 fast verdoppelte, so daß der sowieso schon enorme Anteil Havannas an der Gesamtbevölkerung noch von 20,8 % 1958 auf 22,2 % 1963 anstieg und erst danach wieder langsam zurückging (vgl. Tabelle 9.14).

Tabelle 9.14: Entwicklung der Bevölkerung von Groß-Havanna und ihres Anteils an der Gesamtbevölkerung 1953 - 1970

Jahr	Groß-Havanna Bevölkerung (1.000) 1	Groß-Havanna Wachstum pro Jahr (1.000) 2	Kuba Gesamtbevölkerung (1.000) 3	1/3 (in %)
1953	1.224,2		6.192.405	21,0
1958	1.361,6	27,5[a]	6.824.542	20,8
1959	1.392,5	30,9	6.977.229	20,8
1960	1.460,1	67,6	7.077.190	21,4
1961	1.520,4	60,3	7.190.811	21,9
1962	1.570,7	50,3	7.317.935	22,2
1963	1.606,7	36,0	7.511.832	22,2
1964	1.640,7	34,0	7.712.718	22,1
1965	1.665,7	25,0	7.907.113	21,8
1966	1.680,8	15,1	8.063.518	21,5
1970	1.755,4[1]	18,7[b]	8.613.398[2]	20,4

Anmerkungen:
a) Jahresdurchschnitt 1953-1958
b) Jährlicher Durchschnitt 1966-1970

Quellen: Mit der Ausnahme von 1970: JUCEPLAN, Boletin Estadistico 1966, S.16

1) Blutstein u.a., Area Handbook for Cuba, 1976, S.26, Tabelle 2
2) JUCEPLAN, Anuario Estadistico de 1974, S. 22, Tabelle II, 2

Das Dilemma bestand darin, daß es sowohl schwierig war, relevante Teile dieser un- oder unterbeschäftigten städtischen Arbeitskräfte ohne Zwang für landwirtschaftliche Tätigkeiten zu gewinnen als auch unwahrscheinlich, alle diese Arbeitskräftereserven in produktiven städtischen Sektoren, d.h. primär in der Industrie, unterzubringen. Eine Schwierigkeit der Transplantation dieses städtischen Arbeitskräfteüberschusses in die Landwirtschaft bestand darin, daß dieser "im wesentlichen aus

Gruppen bestand, die sich vorher kleineren, halbhandwerklichen und unabhängigen Tätigkeiten widmeten, aus Überresten der ökonomisch entmachteten sozialen Klassen und ihren vertrauten Dienern und aus menschlichem Treibsand, der wenig für systematische Arbeit geeignet war, so daß es im allgemeinen schwierig war, einen geeigneten Anreiz für die Beschäftigung in der Landwirtschaft zu finden."[140] Ein großer Teil der unbeschäftigten städtischen Arbeitskräfte floß daher schon damals in unproduktive staatliche Sektoren (Verwaltung, Armee, soziale Dienstleistungen)[141] und in den privaten städtischen Kleinhandel, der in diesen Jahren erheblich expandierte[142]. Gegen das erste Phänomen richtete sich die antibürokratische Kampagne ab 1964[143], gegen die nach der Revolution auf dem Humus des Mangels an Konsumgütern neu entstandene und unproduktive kleine Warenproduktion in den Städten die revolutionäre Offensive vom März 1968, durch die der verbliebene städtische Privatsektor liquidiert und nationalisiert wurde[144].

Die andere Seite der Medaille des regionalen Ungleichgewichts des Angebots und der Nachfrage nach Arbeitskräften war das saisonale Defizit an Arbeitern während der ca. 6-monatigen Zuckerrohrernte von ungefähr Anfang Dezember bis Ende Mai. Neben der beschleunigten Urbanisierung waren die verursachenden Faktoren dieser saisonalen Arbeitskräfteknappheit die Abwanderung der macheteros in andere Berufe aufgrund der verbesserten Beschäftigungs- und Bildungsmöglichkeiten und die Reduktion der legalen und effektiven Arbeitszeit der in der Landwirtschaft Arbeitenden.

Die Ausdehnung der Anbaufläche und die Diversifizierung der Landwirtschaft erhöhten den Bedarf an Arbeitskräften. Die Zahl der in der Landwirtschaft Beschäftigten stieg von 806.000 1960 auf 915.000 1962[145]; viel mehr Kinder und Jugendliche, besonders auf dem Lande, gingen länger als früher zur Schule; durch die Forcierung öffentlicher Arbeiten zur Verbesserung der ländlichen Infrastruktur stieg die Zahl der in diesem Sektor Arbeitenden von 30.000 1959 auf 80.000 1962[146].

Die reale Arbeitszeit der Landarbeiter war auf 8 Stunden reduziert worden, während sie vorher, besonders während der Erntezeit, oft 12 Stunden und mehr betragen hatte. Außerdem wurde die tägliche Arbeitszeit der Arbeiter der Staatsfarmen nur unzureichend genutzt. Man arbeitete nach unterschiedlichen Schätzungen nur 4 oder 5 - 6 Stunden pro Tag[147]. Die Folge war, daß häufig freiwillige Arbeitskräfte eingesetzt wurden, um die Aufgaben zu übernehmen, die die fest beschäftigten Landarbeiter aufgrund ihrer geringen Arbeitsproduktivität und der suboptimalen Ausnutzung des Arbeitstags nicht erfüllten[148]. Die Gründe für diese paradoxe Situation waren komplex. Wahrscheinlich war es zum geringen Teil ein Problem der Arbeitsorganisation, der rechtzeitigen Lieferung von Inputs und der Bereitstellung von Maschinen. Daneben bestand ein wesentliches soziokulturelles Merkmal des Plantagenproletariats darin, daß ihm eine Tradition kontinuierlicher ganzjähriger Arbeit fehlte. Zum Teil war es aber auch die Konsequenz eines fehlenden adäquaten monetären Anreizsystems. Da die Grundbedürfnisse durch das System der Rationierung und im wesentlichen freie Dienstleistungen gesichert waren und Konsumgüter außerhalb dieses nicht-monetären, nicht-marktkonformen Verteilungssystems Mangelware waren, war der Grenznutzen des Geldlohns minimal. Auf der anderen Seite war auch die Beziehung zwischen Arbeitsleistung und Arbeitslohn durch die unzureichende Definition und Implementierung von Arbeitsnormen brüchig, so daß die Anreizfunktion des Lohns aus den beiden genannten Gründen gleich Null war[149]. Ähnlich war die Situation der Privatbauern: Zwar war einerseits das Ausmaß versteckter Arbeitslosigkeit durch die Vergrößerung der Betriebe auf mindestens 27 ha reduziert worden; andererseits wirkte sich auch hier der Mangel industrieller Produkte als "disincentive" aus: "Das Einkommensniveau der Bauern mit geringeren Ressourcen übersteigt z.Zt. aufgrund des Mangels industrieller Produkte seine reale Kaufkraft, so daß die Bauern wenig geneigt sind, ihre ungenutzte Arbeitskraft aus reinen Einkommensmotiven voll zu nutzen."[150]

Auf die Beseitigung dieses konkreten Engpasses zielten drei konstituierende Elemente der kubanischen Entwicklungspolitik nach 1963. Ein wesentlicher Aspekt der Strategie der Agroindustrialisierung war, daß sie die beschleunigte Mechanisierung der Landwirtschaft auf der Grundlage nationaler Produktionskapazitäten anstrebte. Da dies jedoch nicht kurzfristig zu erreichen war, mußte das Arbeitskräftedefizit durch die Mobilisierung freiwilliger Arbeitskräfte geschlossen werden. Auf diesem Hintergrund ist auch die Reakzentuierung des "rural bias" ab 1964 zu sehen: "Das Interesse, die ländliche Bevölkerung durch die Garantie eines höheren Lebensstandards auf dem Lande zu halten, und an der Partizipation der städtischen Bevölkerung an der Urbanisierung des Landes übersteigt das Ziel bloßer sozialer Gerechtigkeit. Diese Politik zielt auf die Lösung eines der schärfsten Probleme des modernen Kuba, 'das des regionalen Ungleichgewichts zwischen dem Angebot und der Nachfrage nach Arbeit'."[151] Das unzureichende Anreizsystem war grundsätzlich nur durch eine Steigerung des Angebots industrieller und landwirtschaftlicher Konsumgüter zu verbessern. Da aber vor allem das Angebot industrieller Konsumgüter nicht kurzfristig erhöht werden konnte, liegt hier ein wesentliches Motiv des nahezu exklusiven Primats moralischer Arbeitsanreize in den Jahren 1966 bis 1970.

Der vierte sozioökonomische Engpaß war das Ungleichgewicht des Angebots und der Nachfrage nach Konsumgütern, das zur Einführung des Systems der Rationierung im März 1962 führte. Das Ausmaß der von der Angebotsseite nicht gedeckten monetären Nachfrage war so erheblich, daß Ende 1964 die persönlichen Ersparnisse mit 790 Mio Pesos das in der Zirkulation befindliche Geldvolumen von 630 Mio Pesos überstieg[152]. Nach den Gesetzen des Markts hätte diese Situation zu drastischen Preissteigerungen führen müssen. Da dies jedoch den sozialen Zielen der Regierung widersprach, wurden die Preise administrativ relativ stabil gehalten, obwohl sie im allgemeinen leicht über dem Niveau von 1958 lagen (vgl. Tabelle 9.15). Gleichzeitig wurden die Grundnahrungsmittel und alle wesentlichen Konsumgüter ab März 1962 rationiert (vgl. Tabelle 9.16). Obwohl der durchschnittliche Pro-Kopf-Konsum der meisten Lebensmittel, wie es scheint, erheblich unterhalb des Niveaus von 1958 lag, ist dieser mathematische Durchschnitt für die armen Bevölkerungsschichten wenig aussagekräftig.

Gerade das System der Rationierung ermöglichte es, weil der Konsum unabhängig von relativen Preisen und dem Geldeinkommen der Betroffenen wurde, den ehemals Unterprivilegierten zum ersten Mal ihren Warenkorb um Produkte wie Milch, Fleisch, Gemüse und Früchte zu bereichern, die sie vorher kaum kannten. Es ist daher wahrscheinlich, daß der tägliche Kalorien- und Proteinverbrauch der Massen, besonders der vormals Arbeitslosen und der Landarbeiter, trotz Rationierung höher war als im vorrevolutionären Kuba und vielen lateinamerikanischen Ländern. Nach Valier betrug im Zeitraum 1963-64 der tägliche Kalorien- und Proteinverbrauch pro Kopf der Bevölkerung 2.659 Kalorien und 76,6 g Protein[153].

Tabelle 9.15: Preise ausgewählter Lebensmittel in Kuba 1958 und 1962 (in Pesos)

Artikel	Mengeneinheit	1958	1962 (offiziell)	1962 (Schwarzmarkt)
Fleisch (Durchschnitt der 3 Arten)	libra[a]	0,43	0,45	2,50
Fette	libra	0,23	0,26	2,00
Geflügel	libra	0,36	0,55	2,50
Reis	libra	0,15	0,22	1,20
Hülsenfrüchte	libra	0,18	0,28	0,55
Eier	Stück	0,05	0,06	0,15
Milch	Liter	0,18	0,25	0,50
Fisch	libra	0,40	0,46	1,00

Anmerkung: a) Libra = spanisches Pfund = 460 g

Quellen:

Für 1962: "Informe sobre Cuba", Índice de Consumo y Precios No.45, 30.November 1963

Für 1958: Costo de la vida y salarios obreros 1957-58. Exposición de la CTC al Consejo de ministros, 20.3.1958

Beide hier nach: Arredondo 1969, S. 40, Tab.12

Tabelle 9.16: Vergleich der wöchentlichen Mengenrationen und des durchschnittlichen Pro-Kopf-Konsums 1958 und 1962

Artikel	1958	1962	Veränderung 1962 im Verhältnis zu 1958 (in %)
	Nationale Rationen		
Öle und Fette	0,75 l.[a]	0,5 l.[a]	- 33,3
Reis	2,50 l.	1,5 l.	- 40,0
Bohnen und andere Hülsenfrüchte	224 g	172 l.	- 23,2
	Ration in Groß-Havanna		
Rindfleisch	2,2 l.	0,75 l.	- 65,9
Wurzeln	5,0 l.	2,50 l.	- 50,0
Geflügel	1,5 l.	0,50 l.	- 66,7
Fisch	1,0 l.	0,25 l.	- 75,0
Eier	3 Stück	1 + Zusatzration	-
Butter	1,5 Unze	1 + Zusatzration	-
Milch	0,75 Liter	0,2 Liter	- 73,3

Anmerkung:

a) l. = libra = spanisches Pfund = 460 g

Quelle: Junta Nacional de Abastecimiento (1962); Consejo Nacional de Economía y Ministerio de Agricultura (1957-58), hier nach: Gayoso 1970, S. 81, Tab.18

Die Hauptursache dieses Ungleichgewichts war "das schnelle Wachstums des Niveaus der monetären Einkommen der Mehrheit der Bevölkerung und die Unfähigkeit, diese neue Nachfrage durch ein beschleunigtes Wachstum der nationalen Produktion zu befriedigen"[154]. Die Gründe für das unzureichende Wachstum des Angebots können an dieser Stelle nur kurz aufgelistet werden: die historisch tradierte Schwäche des Binnensektors der Landwirtschaft[155]; die Produktionsprobleme in einigen industriellen Branchen wegen des Mangels qualifizierter Arbeitskräfte, der Schwierigkeiten des Imports bestimmter Rohstoffe und Ersatzteile als Folge des US-Embargos und aufgrund der allgemeinen Schwierigkeiten der regionalen Reorganisation des Außenhandels[156]; die Produktionskrise der staatlichen Landwirtschaft, die sich augenfällig in dem Rückgang der landwirtschaftlichen Produktion und der in vielen Branchen der Nicht-Zuckerrohrlandwirtschaft gesunkenen Produktivität dokumentierte; die durch die Handelsbilanzkrise bedingte Unmöglichkeit, die Defizite des nationalen Angebots durch Konsumgüterimporte vollständig zu kompensieren.

Die Krise der staatlichen Landwirtschaft war wesentlich das Resultat mangelnder Produktionserfahrung in den neuen Kulturen, der geringen Arbeitsproduktivität und der unzureichenden staatlichen Planung und Organisation. Die parallele Krise der privaten Landwirtschaft war sowohl eine politische Krise als auch eine Krise der ökonomischen Beziehungen zwischen dem privaten Agrarsektor und dem Staat. Ein großer Teil der durch die erste Agrarreform nicht tangierten produktiveren kapitalistischen Mittel- und Großbauern opponierte gegen die Politik der Regierung und wurde von dieser bei der Versorgung mit Inputs weitgehend vernachlässigt. Die Kleinbauern, die in wirtschaftlicher und sozialer Hinsicht zu den Hauptnutznießern der Revolution gehörten, waren durch die offensichtlich z.T. undifferenziert durchgeführte Konfiszierung von Grundbesitz nach der Invasion in der Schweinebucht verunsichert[157] und drohten politisch in das Fahrwasser der Mittelbauern zu geraten. Außerdem wirkten der Mangel an industriellen Produkten und das irrationale Preissystem[158] als "disincentives". Weitere Probleme bestanden darin, daß das staatliche Distributionssystem (Lieferung von Inputs für die Landwirtschaft und Vermarktung der Agrarprodukte) zu diesem Zeitpunkt noch ineffizient war und die Abschaffung der Pachtgebühren für den Bauern die "Notwendigkeit" gemindert hatte, "zu produzieren und die Produkte auf den Markt zu bringen"[159], so daß die Versorgung der Städte mit Agrarprodukten zurückging. Die Folgen der Krise der privaten Landwirtschaft fielen um so mehr ins

Gewicht, als die Privatbauern bis 1963 noch über die Mehrheit der Agrarfläche bearbeiteten. Die Ausdehnung des staatlichen Eigentums in der Landwirtschaft im Rahmen der zweiten Agrarreform 1963 war der Versuch, der politischen Krise durch die Eliminierung der kapitalistischen Mittelbauern Herr zu werden und gleichzeitig die Voraussetzungen für einen neuen staatlich finanzierten und gesteuerten Modernisierungsschub im Kontext der neuen Strategie der Agroindustrialisierung zu schaffen.

10. Die neue Konzeption der exportgetriebenen Agroindustrialisierung und der inkrementellen Diversifizierung mit dem Zuckerexportsektor als Leitsektor

Die Krise der kubanischen Wirtschaft und Gesellschaft 1962-63 führte schrittweise zu einer radikalen Reformulierung der Entwicklungsstrategie, die Anfang 1964 mit dem Handelsabkommen mit der Sowjetunion, das den Absatz eines großen Teils der kubanischen Zuckerexporte zu günstigen Bedingungen garantierte, eine stabile außenwirtschaftliche Grundlage fand. Die Korrektur der Entwicklungsstrategie betraf nicht nur einzelne isolierte Bereiche, sondern nahezu alle entwicklungspolitischen Entscheidungsfelder: das Verhältnis von Industrie und Landwirtschaft, das Industrialisierungsmodell, die Art und Modalitäten der landwirtschaftlichen Diversifizierungspolitik, die Konzeption des Außenhandels und das Konsummodell. Die Essenz der neuen Entwicklungskonzeption war eine Strategie exportgetriebener, kapitalintensiver Agroindustrialisierung, in deren Rahmen der Zuckersektor zum Leitsektor aufgewertet wurde. In der Intention bedeutete dies nicht die Aufgabe der fundamentalen entwicklungspolitischen Ziele der Diversifizierung der Landwirtschaft und einer breiten Industrialisierung, wie dies einige ausländische Autoren entweder aufgrund mangelnder Information, unzureichendem Verständnis der kubanischen entwicklungsstrategischen Konzeption oder einfach aus Interesse an einer diffamierenden Darstellung der kubanischen Position unterstellt haben[1]. Vielmehr versuchte man, diese beiden Zielsetzungen in ihrer konkreten Ausformung den kubanischen restriktiven Bedingungen einer kleinen, strukturell außenhandelsabhängigen Wirtschaft mit knappen natürlichen und wirtschaftlichen Ressourcen anzupassen.

Im Vergleich zu vorher erhielt die Landwirtschaft im Verhältnis zur Industrie eindeutige Priorität. Mittelfristig sollte die Entwicklung einer modernen und produktiven Landwirtschaft das Rückgrat der Wachstumsstrategie bilden und die Struktur und den Rhythmus des Industrialisierungsprozesses bestimmen. Der Vorrang der Schwerindustrie im Rahmen der Industrialisierung wurde aufgegeben, die Entwicklung einer Kapitalgüterindustrie auf solche

Branchen konzentriert, für die ein besonders großer Markt bestand. Die Industrialisierung sollte sich in einer ersten Phase auf für die wirtschaftliche Entwicklung grundlegende Industrien wie z.B. Elektrizitätserzeugung, Bauindustrie usw., deren Produkte außerdem schlecht importiert werden konnten, und solche Branchen konzentrieren, die um die Landwirtschaft gelagert waren oder für die Kuba über besonders günstige natürliche Ressourcen verfügte.

Im Unterschied zur ersten Politik der landwirtschaftlichen Diversifizierung sollte diese jetzt nur so weit erfolgen, wie dies mit der wachsenden Zuckerrohrproduktion kompatibel war - also eine Politik inkrementeller im Gegensatz zu struktureller Diversifizierung auf Kosten der Zuckerrohranbaufläche. Anstelle der breiten Streuung der Ressourcen auf eine Vielzahl neuer landwirtschaftlicher Sektoren sollte die Agrardiversifizierung jetzt auf einige wenige neue Kulturen konzentriert werden, die in Kuba mit hoher Produktivität angebaut werden konnten, so daß auch für den Export produziert werden konnte. Wie beim Zuckersektor sollte eine konzentrische Diversifizierung um diese sekundären Wachstumspole angestrebt werden, um eine größere Integration von Industrie und Landwirtschaft, Konsumgüter- und Kapitalgüterindustrie zu erreichen. An Stelle der bis 1963 betriebenen Politik sofortiger, gleichzeitiger und breiter landwirtschaftlicher und industrieller Importsubstitution verfolgte man jetzt eine Strategie exportgetriebenen Wachstums mit dem mittelfristigen Schwerpunkt auf dem Zuckerexportsektor als Leitsektor zum Ausgleich des riesigen Zahlungsbilanzdefizits und zur Finanzierung der für die beschleunigte Akkumulation notwendigen Importe. Parallel dazu sollte ein selektiver, gestreckter und ökonomisch effizienter Prozeß der Importsubstitutionsindustrialisierung eingeleitet werden.

Parallel zu diesen sektoralen und außenhandelspolitischen Kurskorrekturen wurde auch das Konsummodell verändert. Anstelle eines kleinbürgerlichen Konsummodells, das sich an den Standards der kapitalistischen Zentren orientierte, wurde ein relativ egalitäres, an der Befriedigung von Grundbedürfnissen orientiertes Konsummodell propagiert. Dies war in sozialer und ökonomischer Hinsicht die Voraussetzung der angestrebten Erhöhung der Akkumulationsrate, da durch bestimmte sektorale Prioritäten (Bildung, Gesundheit, Nahrungsmittelproduktion) die sozialen Kosten der beschleunigten Akkumulation minimiert werden sollten.

Die kubanische Konzeption exportgetriebenen Wachstums um einige meist agroindustrielle Leitsektoren war nur z.T. eine Taktik zum Dehnen der wichtigsten Engpässe, da sie gleichzeitig eine fundamentale Revision der bis dahin weithin akzeptierten Grundvorstellungen einer Politik sozialistischer Akkumulation bedeutete, die auf der für Kuba nicht gültigen Prämisse einer geschlossenen Wirtschaft basierten. Die kubanische Strategie der exportgetriebenen Agroindustrialisierung versteht sich vielmehr als Entwurf einer autozentrierten Entwicklung mit sozialistischen Vorzeichen unter der Bedingung einer kleinen, strukturell außenhandelsabhängigen und deformierten Wirtschaft mit knappen natürlichen und ökonomischen Ressourcen, in der eine schnelle und breite Industrialisierung nur auf Kosten der landwirtschaftlichen Entwicklung, rückständiger Technologien usw., d.h. mit geringer ökonomischer Effizienz und unter horrenden sozialen Kosten möglich gewesen wäre. Die kubanische Strategie inkrementeller, selektiver, konzentrierter und konzentrischer agroindustrieller Diversifizierung versucht den Aufbau einer kohärenten Produktionsstruktur, d.h. die zunehmende Integration, Differenzierung, Homogenisierung und Industrialisierung der Exportökonomie mit einem Maximum an ökonomischer Effizienz und einem Minimum an sozialen Kosten zu erreichen.

Die exportgetriebene Agroindustrialisierung läßt sich u.a.deswegen als autozentriert charakterisieren, weil sie auf der Erschließung des Binnenmarkts und der Mobilisirung ungenutzter Ressourcen beruhte, die vorrangige und breite Modernisierung der Landwirtschaft und den parallelen Aufbau von Komsumgüter- und Kapitalgüterindustrien in den Wachstumspolen anstrebte, die aufgrund ihrer hohen Produktivität auch für den Export produzieren konnten, sowie die systematische Erweiterung der Fähigkeit zur effizienten Absorption und Adaption importierter und zur Produktion autochthoner Technologien anvisierte. Sozioökonomische und institutionelle Voraussetzungen dafür, daß das von Rohstoffexportsektoren angetriebene Wachstum nicht die Reproduktion einer deformierten Rohstoffexportwirtschaft implizierte, waren aus kubanischer Perspektive die Beseitigung des ungleichen Tausches im Rahmen der internationalen sozialistischen Arbeitsteilung und die Eliminierung der Exportoligarchie sowie das Ausbrechen aus der institutionalisierten Integration in den Produktionszyklus multinationaler Konzerne durch die Verstaatlichung der Wachstumspole, wodurch die Umfunktionierung des Zuckersektors (und der Rohstoffexportbranchen überhaupt) von Zentren (neo-)kolonialer Ausbeutung zu wirksamen Leitsektoren einer unabhängigen wirtschaftlichen Entwicklung erst möglich wurde.

Die Erarbeitung einer Konzeption autozentrierter Entwicklung für strukturell offene Peripherie-Ökonomien begründet die Relevanz der kubanischen Erfahrung für andere Entwicklungsländer, von denen viele ebenfalls zu klein sind, um die Bedeutung des Außenhandels erheblich reduzieren zu können, gleichzeitig aber über gewichtige Primärgütersektoren verfügen. Die Notwendigkeit für diese Länder, in dieser Hinsicht aus der kubanischen postrevolutionären Entwicklung zu lernen, drängt sich gerade auch deswegen auf, weil durch diese demonstriert worden ist, daß die sozialen und wirtschaftlichen Kosten nachholender Entwicklung nicht allein von (un)günstigen sozioökonomischen Rahmenbedingungen abhängig sind, sondern auch von der Angemessenheit der Akkumulationsstrategie. Obwohl der Sozialismus eine notwendige Bedingung einer erfolgreichen autozentrierten Entwicklung in der zweiten Hälfte des 20. Jahrhunderts zu sein scheint, ist er keine ausreichende.

Die Ziele der folgenden Analyse der kubanischen Entwicklungskonzeption sind der immanente Nachvollzug der oft mißverstandenen kubanischen Intentionen und damit das ansatzweise Erarbeiten angemessener Urteilskriterien, und die Sensibilisierung für mögliche

Schwachpunkte und Entscheidungsalternativen. In erster Linie geht es darum, die einzelnen entwicklungspolitischen Ziele und Mittel und ihre Begründungen herauszuarbeiten, also zunächst einmal immanent zu verstehen, um eine zu kurz greifende, da mißverstehende, abstrakt von außen herangetragene Kritik zu vermeiden, wie sie häufig gerade von Wissenschaftlern aus den kapitalistischen Zentren vorgetragen wurde. Hierzu sollen die einzelnen, verstreuten Argumente zusammengetragen, soweit wie möglich ihre theoretischen Prämissen erarbeitet und die interne Kohärenz der Ziele und Begründungen herausgearbeitet und überprüft werden. Zu diesem Zweck dröseле ich die oft diffus und kompakt vorgetragenen Argumente in einige zentrale analytische Fragestellungen (Agroindustrialisierung, Rolle des Zuckersektors als Leitsektors und Konzeption der landwirtschaftlichen Diversifizierung, konzentrische Diversifizierung um Wachstumspole, das Verhältnis von exportgetriebenem Wachstum und Importsubstitution, die Beziehung von kollektiver self-reliance und Integration in die internationale sozialistische Arbeitsteilung) auf. Die Isolierung einzelner Problembereiche und Entscheidungsalternativen kann vielleicht Kriterien dazu liefern, inwieweit ein anderes Entscheidungsmix, d.h. eine andere Entscheidung in einzelnen Punkten, nicht den entwicklungspolitischen Zielen des Castrismus besser entsprochen hätte. Ein entscheidender Aspekt ist z.B. das Verhältnis von Binnenlandwirtschaft und Exportsektor. Hier stellt sich u.a. die Frage, ob eine stärkere Betonung des für den Binnenmarkt produzierenden Sektors der Landwirtschaft im Rahmen der ansonsten vernünftigen Strategie der Agroindustrialisierung nicht sinnvoller gewesen wäre, oder anders formuliert, ob die Strategie des exportgetriebenen Wachstums, des "Wachstums nach außen"[2], notwendig auf Kosten des gleichzeitig intendierten Wachstums der Binnenlandwirtschaft gehen mußte. Die Problematisierung dieses Aspekts der neuen Entwicklungsstrategie drängt sich durch die Tatsache der Verschärfung der strukturellen Deformation der kubanischen Landwirtschaft zwischen 1964 und 1970 auf, als die Zuckerrohrlandwirtschaft sich sehr viel schneller als die Nicht-Zuckerrohrlandwirtschaft entwickelte[3].

Die Sensibilisierung für mögliche Schwachpunkte der kubanischen Entwicklungskonzeption oder bestimmter Teilaspekte ihrer detaillierten Formulierung oder Implementierung soll in einem weiteren Schritt dadurch erleichtert werden, daß sie mit der intern artikulierten Kritik, soweit diese öffentlich wurde, konfrontiert wird. Die Notwendigkeit und Legitimität einer systematischen Analyse der Entwicklungskonzeption ergibt sich aus dem kubanischen Anspruch einer neuen, in sich kohärenten, theoretisch begründeten Strategie unabhängiger Entwicklung in einer offenen Ökonomie, der unzureichenden Selbstdarstellung[4], die Einzelaspekte behandelt, ohne daß der innere Zusammenhang klar würde, und der vollkommen inadäquaten und meist mißverstehenden Rezeption in der internationalen wissenschaftlichen Öffentlichkeit[5].

10.1. Erste Fragen und Entscheidungsalternativen

Die Beurteilung der neuen Entwicklungsstrategie ist außerordentlich kontrovers, und zwar auf den ersten Blick durchaus unabhängig von den offiziösen politischen Standpunkten (links oder rechts) der einzelnen Betrachter, wenn auch nicht von den Wertvorstellungen und theoretischen Prämissen. Die folgenden drei Positionen sollen einen Einblick in das Spektrum der unterschiedlichen Einschätzungen dieser Entwicklungskonzeption geben, einige ihrer Aspekte vorproblematisieren und einen Eindruck davon vermitteln, wie wenig die interne Logik der neuen Konzeption bisher verstanden worden ist.

1) Am weitesten stößt noch A.M. Ritter zum Kern der neuen Wachstumsstrategie vor. Auf dem Hintergrund der von Kanadiern und am Beispiel von Kanada entwickelten sog. "staple theory of growth" und überzeugt durch die Planung von der spezifischen kubanischen Ressourcenausstattung und Produktionsstruktur angemessenen Koppelungseffekten kommt er zu dem Schluß, daß "die zweite Wachstumsstrategie ... gut konzipiert war"[6]. Die konstatierten Probleme (Fall des BSP pro Kopf, stärkere Abhängigkeit von der Wirtschaftshilfe der Sowjetunion) scheinen für ihn die Folge einer falschen

institutionellen Strategie (Großbetriebe und modernste Technologie auch dort, wie z.B. im Agrarsektor, wo sie seiner Ansicht nach unangemessen sind) und von Fehlern der detaillierten Planformulierung (zu ehrgeizige Ziele in Sektoren mit hohem Arbeitskräftebedarf) zu sein. Der systematische Zusammenhang zwischen exportgetriebener Agroindustrialisierung um Leitsektoren, Betriebsgröße und Technologiewahl wird nicht herausgearbeitet. Die Theorie komparativer Kostenvorteile als Kriterium sektoraler Prioritäten wird unbefragt akzeptiert, ohne daß die kubanische Kritik und Modifikation der (neo)klassischen Theorie komparativer Kosten überhaupt erwähnt und die vielfältigen Funktionen des Zuckersektors als Leitsektor expliziert würden.

2) Positive Einschätzungen der auf dem Zuckersektor als sektoralem Wachstumspol basierenden kubanischen Wachstumsstrategie kommen paradoxerweise auch aus einer Ecke, die mit den soziopolitischen Zielen der kubanischen Revolution nichts gemein hat. In einer Kontroverse mit sozialistischen Kritikern, die den gesamtgesellschaftlichen und gesamtwirtschaftlichen Nutzen - im Unterschied zur privatwirtschaftlichen Profitabilität - des Zuckersektors in Jamaika bezweifelten, verwies der Sprecher der dortigen Zuckerbourgeoisie darauf, daß "Doktor (!, H.F.) Castro ... seine Zuckerindustrie so schnell ausweitet, wie er nur kann. Der kubanische Führer hat dem Zucker in seinem Wirtschaftsplan höchste Priorität gegeben."[7]. Seine wichtigsten Argumente sind die komparativen Kostenvorteile der karibischen Zuckerrohrlandwirtschaft und damit die im Vergleich zu anderen agroindustriellen Produkten höheren Deviseneinnahmen und die besseren Vermarktungschancen für Zucker im Verhältnis zu anderen tropischen Agrarprodukten. Mit keinem Wort verweist er jedoch auf die Besonderheiten der kubanischen Zuckerpolitik: die Umfunktionierung des Zuckersektors von einer Exportenklave zu einem effizienten Leitsektor. In diesem Zusammenhang entlarvt sich die Theorie komparativer Kostenvorteile als Rechtfertigungsideologie privatwirtschaftlicher Interessen, die auf der Ebene der Gesamtwirtschaft die Reproduktion struktureller Abhängigkeit implizieren. Die Frage ist, wie weit das Argument komparativer Kostenvorteile unter anderen Bedingungen und im Kontext mit anderen gesamtwirtschaftlichen Zielen nicht als rationales Kriterium mittelfristiger sektoraler Prioritätsentscheidungen fungieren kann.

3) Andererseits wird von linker Seite, z.T. motiviert durch politische Kritik an der Sowjetunion, ein notwendiger Zusammenhang zwischen den sektoralen Prioritäten der neuen Wachstumsstrategie und einer neuen Form wirtschaftlicher Abhängigkeit von der Sowjetunion postuliert: "Gerade Kuba zeigt aber, wohin eine Unterstellung unter die Sowjetunion führt. Kuba trat 1972 dem COMECON bei, nachdem eine verheerende Zucker-Mißernte der Wirtschaft einen schweren Schlag versetzt hatte. Die RGW-Staaten traten auf den Plan und boten ihre Hilfe an. Kuba wurde tatsächlich kräftig unterstützt. Die Abkommen mit den RGW-Staaten waren - verglichen mit Abkommen mit westlichen imperialistischen Staaten - relativ günstig. Der kubanische Zucker wurde und wird von der Sowjetunion über Weltmarktpreis abgenommen und auch in fester Menge. Das klingt gut. Der erste Wermutstropfen fällt jedoch in den Wein angesichts der Tatsache, daß die Preise des an die Sowjetunion gelieferten Zuckers inzwischen rapide gefallen sind, wenn auch nicht so rasch wie auf dem Weltmarkt. Wichtiger, und das geht an den Kern der Sache, ist es, daß die völlige Abhängigkeit von Zucker schlimmer ist als je zuvor. 85 % beträgt momentan der Anteil des Zuckers an den Exporterlösen. Noch Chruschtschow 'überzeugte' Präsident Castro, daß es am vorteilhaftesten für Kuba sei, statt eine eigene vielseitige Wirtschaft aufzubauen, im Rahmen der 'Internationalen Arbeitsteilung' der 'Zuckerspezialist' ... der RGW-Länder und vor allem natürlich der Sowjetunion zu werden. Die übrige Wirtschaft wurde vernachlässigt, stattdessen immer mehr landwirtschaftliche Nutzfläche in die Zuckerproduktion einbezogen. Ein Erfolg von all dem ist, daß Kuba immer weniger in der Lage ist, vom Erlös seiner Exporte (bei fallendem Zuckerpreis) die notwendigen Importe zu bezahlen. Wen nimmt es wunder, daß Kuba heute mit mindestens 5 Milliarden US-Dollar bei der Sowjetunion verschuldet ist."[8] Abgesehen von einigen empirisch falschen Behauptungen (fallende Zuckerpreise der Sowjetunion; die neue 'Zuckerstrategie' als Resultat des Drucks der Sowjetunion) begreift diese Kritik weder die kubanische Konzeption einer autozentrierten Entwicklung in einer strukturell offenen Volkswirtschaft noch die Rolle des Zuckersektors als mittelfristiger Leitsektor. Außerdem unterscheidet sie nicht zwischen

einzelnen Phasen der kubanischen Planung, die schon vor 1970 eine Schwerpunktverlagerung zugunsten des Binnensektors der kubanischen Wirtschaft nach 1970 voraussah,und übersieht, daß zentrale institutionelle und ökonomische Barrieren inkrementeller Diversifizierung, deren Möglichkeit überhaupt nicht angedeutet wird, im nachrevolutionären Kuba nicht mehr existieren.

Entscheidungsalternativen

Um die Merkmale und die Vor- und Nachteile der neuen kubanischen Entwicklungsstrategie besser herauszuarbeiten, ist es sinnvoll, sie mit den möglichen Entscheidungsalternativen zu konfrontieren. Zu diesem Zweck reduziere ich die Entscheidungsprobleme, die 1963 in Kuba anstanden, auf die folgenden drei[9]:

1. Die Relation und die Interaktion von Industrie und Landwirtschaft, wobei das Problem nicht in der Alternative Industrialisierung oder landwirtschaftliche Entwicklung bestand, sondern in ihren relativen Proportionen, der Art ihrer Integration, der Planung konkreter Sequenzen und der Wahl einzelner Sektoren, die als zentrale Kettenglieder fungieren sollten. Die extremen Alternativen waren ein Entwicklungsmodell, das Entwicklung und Industrialisierung weitgehend gleichsetzte, also auf dem Primat der Industrie beruhte, und das Konzept der Agroindustrialisierung auf der Grundlage der vorrangigen Entwicklung und Modernisierung der Landwirtschaft.
2. Innerhalb der Industrie das Verhältnis von Schwer- und Konsumgüterindustrie. Die Extreme waren hier: Primat der Schwerindustrie und die anfängliche Vernachlässigung der Konsumgüterindustrie, um sie später auf der Grundlage eigener Produktionsgüter schneller entwickeln zu können, und die Priorität für die Konsumgüterindustrie, um später eine eigene Produktionsgüterindustrie mit geringeren sozialen Kosten und höherer ökonomischer Effizienz errichten zu können.
3. Das Verhältnis von Export- und Binnensektor in Landwirtschaft und Industrie. Die absoluten Alternativen waren hier: exportorientiertes Wachstum versus umfassende Importsubstitution mit absolutem Primat des Binnensektors.

Schaubild 10.1: Wahrscheinliche Folgen verschiedener Akkumlationsmodelle für einige relevante volkswirtschaftliche Größen

a) Sektorale Priorität: für Industrie, innerhalb der Industrie für Schwerindustrie

Importstruktur	Zahlungsbilanz und Außenhandel	Konsumgüterangebot, Lebenstandard	Arbeitsmarkt	Investitionen	Markt
Import von Kohle, Eisenerz, Rohöl und anderen fehlenden Rohstoffen; vorrangig Investitionsgüter für die Industrie; Import von ausländischen Experten; mittelfristig Import nahezu aller Maschinen und Ausrüstungen, da nur schwierig substituierbar.	Defizit, da - kurzfristig kaum Steigerung der Exporte, - der Importbedarf zunächst höher als die Importsubstitution ist, - Importe anstelle der vernachlässigten Branchen (industrielle Konsumgüter, Agrarprodukte) erfolgen müssen.	Mittelfristige Versorgungskrise, da Kompensation durch Importe nicht möglich, hohe soziale Kosten, Überschuß monetärer Nachfrage über Konsumgüterangebot (offene oder unterdrückte Inflation).	Verschärfter Mangel an Managern, Planern, Technikern, qualifizierten Arbeitern, da hoher Bedarf; relativ lange und kostspielige Ausbildung; keine Produktionserfahrung.	Hohe Investitionsrate notwendig, da kapitalintensive Technologie; lange Anlaufzeit der Investitionen; wahrscheinlich zunächst geringe Effizienz.	Für einige industrielle Branchen, besonders der Produktionsmittelindustrie, zu geringer Binnenmarkt, um Vorteile der Massenproduktion nutzen zu können (z.B. Stahlindustrie und Bau großer Schiffe); zunächst keine Fähigkeit zur Konkurrenz auf dem Weltmarkt.

Fortsetzung Schaubild 10.1

b) Sektorale Prioritäten: Primat der Landwirtschaft; gleichgewichtiges Wachstum von Export- und Binnensektor

Importstruktur	Zahlungsbilanz und Außenhandel	Konsumgüterangebot, Lebensstandard	Arbeitsmarkt	Investitionen	Markt
Importe von Inputs für die Landwirtschaft (schwere Maschinen, Kunstdünger usw.); Importsubstitutionen bei einigen Nahrungsmitteln und agrarischen Rohstoffen.	Geringerer Druck auf die Zahlungsbilanz trotz mäßigem Wachstum der Exporte, da - geringerer Importbedarf, - relativ schnelle Importsubstitution von Agrarprodukten; - aber: geringeres Potential der Akkumulation über den Außenhandel für die Industrie.	Schnelle Steigerung des Angebots von Nahrungsmitteln, geringere soziale Kosten.	Mangelnde Produktionserfahrung in neuen Kulturen der diversifizierten Landwirtschaft; aber: im Verhältnis zur Industrie geringerer Bedarf an hochqualifizierten Arbeitskräften, kürzere Ausbildungszeit und geringere Kosten.	Relativ geringer Kapitalbedarf im Vergleich zu a), da weniger kapitalintensive Technologien; im allgemeinen kürzere Anlaufzeit der Investitionen, aber Gefahr einer anfänglich geringen Effizienz, da Streuung der knappen Ressourcen und zunächst mangelnde technische Kompetenz.	Markt für Massenkonsumgüter ausreichend.

Fortsetzung Schaubild 10.1

c) Sektorale Prioritäten: Primat der Landwirtschaft. Exportorientiertes Wachstum mittels des Zuckersektors, z.T. auf Kosten der Binnenlandwirtschaft

Importstruktur	Zahlungsbilanz und Außenhandel	Konsumgüterangebot, Lebensstandard	Arbeitsmarkt	Investitionen	Markt
Import von Maschinen und Ausrüstungen für die Zuckerrohrlandwirtschaft und die Zuckerindustrie; Begrenzung der Konsumgüterimporte, obwohl Mangel.	Ebenfalls geringerer Druck auf die Zahlungsbilanz durch schnelles Wachstum der Exporte, falls gleichzeitig relativ erfolgreiche Importsubstitution in Landwirtschaft; beschleunigte Akkumulation über den Außenhandel, doch zunächst z.T.durch Importe zur Modernisierung des Zuckersektors gebunden.	Langsameres Wachstum der internen Konsumgüterproduktion (besonders bei Lebensmitteln) als bei b); geringere soziale Kosten als bei a), höhere als bei b).	Historische empirische Produktionserfahrung in Zuckerindustrie und traditionelle in rückständiger Zuckerrohrlandwirtschaft; hoher Bedarf an qualifizierten Arbeitskräften für die Modernisierung des Zuckersektors, jedoch geringer als bei a); saisonale Arbeitskräfteknappheit, da schnelle Mechanisierung der arbeitsintensiven Zuckerrohrernte schwierig.	Hohe Investitionsrate, da Schwerpunkt auf Akkumulation (Zuckerexporte übernehmen in finanzieller Hinsicht eine ähnliche Funktion wie Schwerindustrie im sowjetischen Modell); geringere Anlaufzeit, da traditionelle Produktion; höhere ökonomische Effizienz,da Konzentration knapper Ressourcen (im Unterschied zu b)) und weniger komplexe Technologie als in a).	Markt für den größten Teil der Zuckerexporte durch Handelsverträge mit der Sowjetunion zu günstigen und stabilen Preisen garantiert; Gefahr einer Überproduktionskrise auf dem kapitalistischen Weltmarkt.

Aus der Vielzahl möglicher, divergierender Gesamtmodelle, die jeweils ein unterschiedliches Entscheidunsgsmix in einzelnen entwicklungspolitisch relevanten Fragen darstellen, lassen sich auf der Grundlage der vorhergehenden drei sektoralen Prioritätsentscheidungen Entscheidungsalternativen herauskristallisieren, die in der kubanischen entwicklungspolitischen Diskussion eine Rolle gespielt haben:

1) Primat der Industrialisierung und innerhalb der Industrie mit Schwerpunkt auf der Schwerindustrie, in erster Linie zur Substitution von Importen; 2) Primat der Landwirtschaft und paralleler Aufbau von vor- und nachgelagerten Agroindustrien bei gleichgewichtigem Wachstum von Export- und Binnensektor; 3) exportgetriebene Agroindustrialisierung mit dem Zuckersektor als Leitsektor. Diese drei Alternativmodelle und ihr wahrscheinlicher Zusammenhang mit einigen relevanten ökonomischen Größen sind in Schaubild 10.1. zusammengefaßt.

10.2. Die Interpretation der Krise der breiten Importsubstitutionsindustrialisierung als Strukturkrise dieses Entwicklungswegs in einer kleinen, deformierten, strukturell offenen Volkswirtschaft

Die Entwicklung einer Strategie exportgetriebener Agroindustrialisierung lief über die kritische Aufarbeitung der Politik beschleunigter Industrialisierung bis 1963. Deren Krise wurde nicht als vorübergehendes, konjunkturelles Phänomen oder als Resultat simpler Planungsfehler (die durchaus eine Rolle spielten) interpretiert, sondern als Indikator der grundsätzlichen Unangemessenheit der verfolgten Akkumulationsstrategie, die zu ihrer radikalen Revision zwang. Das Begreifen der neuen Entwicklungsstrategie setzt daher zuallererst den Nachvollzug der von kubanischen Experten diagnostizierten strukturellen Probleme einer beschleunigten Industrialisierung in der damaligen Entwicklungsphase voraus.

Ausgangspunkt der Bestandsaufnahme[10] war, daß der Industrialisierungsprozeß erheblich hinter den Erwartungen zurückgeblieben war und die angestrebte Importsubstitution - soweit sie stattfand - als ökonomisch ineffizient betrachtet wurde. Umfang und Tempo der Installation neuer Fabriken blieben hinter den Vertragsabschlüssen mit den sozialistischen Ländern zurück[11] und das Außenhandelsdefizit wurde verschärft statt reduziert. Das Scheitern der Importsubstitutionsindustrialisierung wurde z.T. als Konsequenz einer technisch unzureichenden Planung interpretiert, in erster Linie aber als Strukturkrise des ersten Industrialisierungsmodells. Der entscheidende Planungsfehler bestand in dem falschen Investitionskriterium zur Auswahl industrieller Projekte. Da zuerst die Produkte national produziert werden sollten, die in der Importskala, gemessen an ihrem Geldwert, ganz oben standen, ohne daß der Importbedarf der laufenden Produktion überhaupt berücksichtigt wurde, war "der Nettoerfolg der Substitution von Importen sehr begrenzt..., weil die notwendigen Rohstoffe national nicht produziert wurden"[12]. Als gravierender wurden allerdings die strukturellen Probleme einer breiten Industrialisierung zur gleichzeitigen Substitution des Imports von Konsum- und Kapitalgütern unter der Bedingung einer kleinen, strukturell deformierten Wirtschaft angesehen: das Defizit an bestimmten industriellen Rohstoffen und hier insbesondere der Energiemangel, die Enge des Binnenmarkts, die unzureichende Integration der Industrie und die Knappheit aller relevanten ökonomischen Ressourcen (Kapital, qualifizierte Arbeitskräfte, Forschungskapazität, Devisen).

Ein Hindernis der Industrialisierung war die Knappheit einiger entscheidender industrieller Rohstoffe, und besonders die schwache Energiebasis Kubas[13]. Zwar verfügt Kuba über große Vorkommen strategischer NE-Metalle (Nickel, Kobalt, Chrom, Kupfer), doch über keine eigenen Kohlevorkommen. Eisenerz ist vorhanden, aber nur gemischt mit anderen Metallen. Die Verfahren zur Gewinnung des Eisenerzes aus den Lateriten mußten erst noch entwickelt werden, setzten also erhebliche F&E-Investitionen und eine gewisse Zeitspanne zur Entwicklung der neuen Technologie voraus. Daher hätte eine kubanische Stahlindustrie zunächst auf der Grundlage importierter Rohstoffe operieren müssen[14]. Die Möglichkeit zur Errichtung von Wasserkraftwerken war minimal, da die meisten kubanischen Flüsse klein sind und während der Trockenzeit fast versiegen. Relevante und leicht abbaubare Erdöl- und Ergasvorkommen waren trotz intensiver Prospektierung mit Hilfe sowjetischer Experten noch nicht entdeckt worden und die angestrebten Forschungen über die Nutzung der Sonnenenergie aufgrund der mangelnden wissenschaftlichen Kapazitäten begrenzt und noch nicht in das Stadium ihrer industriellen Verwertbarkeit getreten, so daß eine "kurzfristige Lösung des kubanischen Energieproblems"[15] nicht in Sicht war. Unter diesen Bedingungen mußte der sofortige Aufbau einer kubanischen Schwerindustrie zu einer weiteren Verschärfung des Zahlungsbilanzdefizits führen, ohne Aussicht auf eine kurzfristige Entlastung: "Die regelmäßige Versorgung mit Brennstoffen durch die Sowjetunion hat dazu geführt, die kritische Abhängigkeit von diesem strategischen Produkt zu unterschätzen... Manchmal hat man daran gedacht,... Schwerindustrien mit einem hohen Importbedarf an Rohstoffen, Maschinen, Ausrüstungen und natürlich Brennstoff, zu installieren. Falls man das nicht sorgfältig untersucht, kann das ein Bumerang werden, der, anstatt die Abhängigkeit zu reduzieren, diese verschärft."[16]

Die Unterentwicklung und geringe interne Integration des industriellen Sektors war eine weitere Hauptursache des hohen Importbedarfs. Nur 15,5 % der industriellen Produktion waren Investitions- oder Zwischengütern für die einheimische Industrie. Der Anteil der Produktionsmittelproduktion belief sich auf ganze 1,5 %; die restlichen 14 % waren Zwischengüter (vgl. Tabelle 10.1). 80 % der industriellen Ausrüstungsgüter mußten importiert werden. In gewisser Weise zielte die anfängliche Industrialisierungspolitik auf die unmittelbare Beseitigung dieses strukturellen Defizits. Von den industriellen Investitionen, die zwischen 1959 und 1964 fertiggestellt wurden, entfielen allein 76,3 % auf die Metallurgie, die mechanische Industrie und die Erzeugung elektrischer Energie. Angesichts des unterentwickelten Zustands der Zwischen- und Kapitalgüterindustrie hätte die Fortführung der bisherigen Politik zur "Stagnation der Wirtschaft in Form einer fortschreitenden Strangulierung durch den Außenhandel" geführt. Die kurzfristige Überwindung der Importabhängigkeit mittels der "Schaffung einer nationalen Basis der Rohstoff- und Produktionsgüterproduktion erwies sich als eine wirtschaftliche, soziale und politische Aufgabe, die in diesem Augenblick unmöglich zu realisieren war, vor allem wenn man die besondere Situation Kubas in der Auseinandersetzung auf Leben und Tod mit dem US-Imperialismus bedenkt"[17].

Tabelle 10.1: Struktur der industriellen Produktion: Konsumgüter, Zwischengüter, fixe Kapitalgüter (jeweils für Binnenmarkt und Export), 1965

	Prozent	
Zwischengüter	42,5	
für die kubanische Industrie		14,0
für den Export		1,6
andere		26,9
Konsumgüter	56,0	
nationaler Konsum		39,4
Export		16,6
Fixe Kapitalgüter	1,5	
Gesamt	100,0	

Quelle: JUCEPLAN Desarrollo Industrial 1966, S.116, Tab.22

Als weiteren Hemmschuh einer breiten Industrialisierung betrachtete man die damalige Enge des kubanischen Markts für bestimmte Zwischen- und Ausrüstungsgüter, eine Folge der geringen Produktivkraftentfaltung und Größe Kubas. Dies verhinderte das Ausnutzen sogenannter Skaleneffekte der Massenproduktion in Großbetrieben. Etwaige kubanische Installationen hätten notwendig unterhalb des internationalen Produktivitätsniveaus operieren müssen. Nach damaligen kubanischen Projektanalysen wird die Eisenverhüttungsindustrie erst ab 1 Millionen Tonnen pro Jahr rentabel, die chemische und die petrochemische Industrie erst ab 10.000 bis 15.000 t (jeweils pro Jahr). Eine Fabrik der mechanischen Schwerindustrie zur Herstellung von Transportmitteln, wie z.B. Lastwagen, ist auf der Grundlage internationaler Standardausrüstungen erst ab 250.000 Stück jährlich ökonomisch effizient, die Papierindustrie erst ab 60.000 bis 80.000 t pro Jahr. In vielen Bereichen der Zwischengüter- und Maschinenbauindustrie, so wurde argumentiert, erreichen größere Produktionseinheiten eine höhere Produktivität und größere Effizienz als kleine oder mittlere Betriebe[18]. Die Alternative der Vergrößerung des Markts für Industrieprodukte durch den Export war als kurzfristige Lösung in der Regel wegen der fehlenden technologischen Tradition, des Mangels an qualifizierten Arbeitskräften und Rohstoffen mit der Ausnahme der Sektoren ausgeschlossen, in denen Kuba über ausreichende natürliche und historische komparative Kostenvorteile verfügte[19].

Ein weiteres Argument gegen ein breites Industrialisierungsprogramm war, daß dies die begrenzte Investitionsfähigkeit überstieg, da der Bedarf gerade der knappen Produktionsfaktoren (Investitionskapital, qualifizierte Arbeitskräfte, Devisen) in der Industrie höher war als in anderen Wirtschaftszweigen und ein Teil der Investitionskapazität durch entwicklungsnotwendige Projekte schon gebunden war. Ein Großteil der Investitionen und anderer Ressourcen (qualifizierte Arbeitskräfte, Importkapazität) wurden schon durch unbedingt notwendige Investitionen absorbiert. Dies waren einerseits Investitionen in immobile Grundindustrien (Bauindustrie, Elektrizitätserzeugung) und Infrastrukturbauten (Straßen, Hafenanlagen, Warenhäuser usw.), in Sektoren mit hoher gesamtwirtschaftlicher Bedeutung wegen ihrer Relevanz für den Außenhandel (Zucker) oder für die Beseitigung der Versorgungskrise (Landwirtschaft, Konsumgüterindustrie). Daher bliebe für andere Sektoren, gerade angesichts der hohen Kosten industrieller Investitionen und ihrer langen Anlaufzeit, nicht mehr viel übrig[20].

Die Bedeutung des allgemeinen Mangels an qualifizierten Arbeitskräften ist in Kapitel 9.3. schon dargestellt worden. Hier genügt der Hinweis, daß der Bedarf der Industrie an qualifizierten Arbeitskräften aller Art höher ist als der der Landwirtschaft. Z.B. erfordert die moderne pharmazeutische Industrie einen Ingenieur oder Wissenschaftler pro 6 Arbeiter; in der Maschinenbauindustrie liegt diese Proportion bei 1:15-20.

Auch der Prozentsatz der Forschungsausgaben und die Bedeutung der Forschung liegt in der Industrie höher als in der Landwirtschaft[21]. In der metallurgischen und der mechanischen Industrie, die 1959 bis 1963 allein 45,6 % aller vollendeten industriellen Investitionen absorbierten, ist der Bedarf mehr als doppelt so hoch wie in der Baumaterialienindustrie und fast dreimal so hoch wie in der Textilindustrie[22]. Daher bestand eine "Knappheit nicht nur von Technikern mittleren und hohen Niveaus, sondern auch von qualifizierten Arbeitern, die fähig waren, Grundindustrien wie die Metallurgie und die chemische Industrie zu betreiben und auch zu installieren"[23]. Eine Fortsetzung der bisherigen Wachstumsstrategie mit hoher Priorität für die Industrie und innerhalb der Industrie auf der Schwerindustrie wäre daher nur auf Kosten einer geringen Effizienz der Investitionen oder um den Preis des massiven Einsatzes ausländischer Techniker möglich gewesen.

Ein anderes relevantes Problem, das die Schwierigkeiten der Industrialisierung in einer vom Außenhandel abhängigen Volkswirtschaft reflektiert, war das der Technologiewahl. Bis 1963 hat man offensichtlich mehr zu arbeitsintensiven Technologien tendiert, die sowohl hinter dem internationalen Produktivitätsdurchschnitt als auch z.T. hinter der Produktivität vor der Revolution installierter Fabriken zurückblieben[24]. Die Motive dafür waren die Beseitigung der restlichen Arbeitslosigkeit in den Städten, in einigen Branchen wahrscheinlich auch die relative Enge des Binnenmarkts, und das Ziel einer breiten Importsubstitution in möglichst vielen industriellen Branchen. De facto hatte anscheinend auch das technologische Defizit der sozialistischen Länder, die nach dem US-Embargo nahezu alle industriellen Ausrüstungen lieferten, eine Rolle gespielt. So soll z.B. "Che" Guevara einmal auf einer der periodischen Besprechungen der Mitarbeiter des Industrie-Ministeriums berichtet haben, daß eine von Polen zum Weltmarktpreis gelieferte Fabrik für Konserven 270 Arbeiter benötigte, während westliche Fabriken nur 25 Arbeiter erforderten[25]. Die Konsequenz war die Verzettelung der knappen ökonomischen Ressourcen in einer Vielzahl von industriellen Projekten mit rückständiger Technologie, suboptimaler Produktionskapazität und niedriger Produktivität, die einen effizienten Beitrag der Industrie sowohl zur Substitution von Importen als auch zur Diversifizierung der Exportstruktur verhinderten: "Beeinflußt durch die bestehende Arbeitslosigkeit und den Druck, der von unseren Außenhandelsproblemen ausging, erwarben wir eine große Zahl von Fabriken mit dem zweifachen Ziel, Importe zu substituieren und Arbeitsplätze für eine erkleckliche Zahl städtischer Arbeiter zu schaffen. Später fanden wir heraus, daß in vielen dieser Fabriken die technische Effizienz , gemessen an internationalen Maßstäben, unzureichend war."[26]

Die objektiven Schwierigkeiten einer beschleunigten Industrialisierung unter kubanischen Bedingungen lassen sich in drei Hauptkategorien unterteilen: das historische Erbe der Unterentwicklung, die geringe Größe Kubas (begrenztes Arbeitskräftepotential, "natürliche" Begrenzung des Binnenmarkts). Der dritte Faktor, die Knappheit bestimmter natürlicher Ressourcen, ist in gewisser Weise auch die Folge der geringen Größe Kubas. Von kubanischen Autoren wird in der Regel der Hinweis auf die geringe Größe Kubas nie isoliert vorgetragen, sondern meist im Kontext mit der ererbten deformierten Produktions- und Qualifikationsstruktur des abhängigen Kapitalismus[27]. So wurde z.B. die Handelsbilanzkrise als "Folge der deformierten Produktionsstruktur" interpretiert, "die das revolutionäre Kuba geerbt hatte"[28]. Dadurch wird die Größe von einer nur natürlichen zu einer auch historischen Variable und verliert an prinzipieller Bedeutung; denn auch kleine Länder können bis zu einem gewissen Maße bestimmte Engpässe (unzureichende natürliche Ressourcen, begrenzte Märkte, Mangel an Kapital und qualifizierten Arbeitskräften usw.) durch institutionelle Reformen (Nationalisierung, Agrarreform, Einkommensumverteilung) und durch die Entwicklung der Produktivkräfte längerfristig überwinden. So kann z.B. der anfänglich enge Binnenmarkt für Massenkonsumgüter durch die Umverteilung der Einkommen gedehnt werden; ebenso wächst der Markt für bestimmte Kapitalgüter und Zwischenprodukte durch massive sektorale Investitionsprogramme. Die Verfügbarkeit von Rohstoffen kann durch die Modernisierung und das Wachstum der Landwirtschaft, durch geologische Prospektion, die Einführung neuer Bergbautechnologien und den verstärkten Abbau der vorhandenen mineralischen Rohstoffe erweitert werden. Der Kapitalmangel für ein breiteres Programm wirtschaftlicher Diversifizierung kann, von einer bestimmten Phase an, durch den finanziellen Beitrag der anfänglichen Wachstumspole für andere Wirtschaftsbranchen ebenso überwunden werden wie der Mangel an qualifizierten Arbeitskräften durch ein weitsichtiges Ausbildungsprogramm mit hoher wirtschaftspolitischer Priorität.

Dennoch: zumindest mittelfristig, wahrscheinlich aber prinzipiell, würde die kubanische Volkswirtschaft aus demographischen und wirtschaftlichen Gründen eine für ihr Funktionieren vom Außenhandel abhängige Volkswirtschaft bleiben: "Wir wissen, daß die kubanische Wirtschaft, aufgrund ihrer ererbten Struktur, der Größe des Landes, der Bevölkerungszahl, aufgrund ihrer begrenzten natürlichen Ressourcen, niemals eine autarke oder semiautarke Wirtschaft sein wird, sondern daß es sich um eine Wirtschaft handelt, die in hohem Maße vom Außenhandel abhängig ist oder, anders gesagt, von dem, was das Land exportiert, und dem, was das Land importiert."[29] Ein "(semi)autarkes Akkumulationsmodell, d.h. der Versuch innerhalb der gegenwärtigen Struktur der internationalen Wirtschaft sich physisch allein mittels nationaler Ressourcen zu entwickeln" - so das Argument in der Polemik gegen den chinesischen Slogan des "Vertrauens auf die eigenen Ressourcen" - würde eine "sehr, sehr rückständige technologische Entwicklung"[30] implizieren.

Die Tatsache der Außenhandelsabhängigkeit als solche war den Kubanern auch schon vorher bewußt gewesen. Aber erst durch die Interpretation der Krise des (adaptierten) Modells beschleunigter, nachholender Industrialisierung kam man zu dem Schluß, daß das "dynamische Schema" der erweiterten Reproduktion in einer sozialistischen Volkswirtschaft "auf der Prämisse einer geschlossenen Ökonomie beruht und dem Außenhandel eine total sekundäre Rolle beimißt"[31], und auf die Erfahrung der Sowjetunion zugeschnitten war, den kubanischen Bedingungen jedoch nicht entsprach. Für eine offene Volkswirtschaft bestand die Problematik weder in der Alternative Industrie versus Landwirtschaft noch in der Wahl zwischen Konsum- und Produktionsgüterindustrie: "Die optimale Lösung der zukünftigen Entwicklungsstrategie besteht nicht darin, zwischen der Landwirtschaft oder der Industrie als dem Hauptsektor zu wählen. Die optimale Entscheidung besteht vielmehr, im kubanischen Fall, in der Wahl einer Anzahl verschiedener Produktionen, sowohl landwirtschaftliche als auch industrielle, in denen Kuba maximale komparative Vorteile besitzt ... Eine zweite Schlußfolgerung dieser Untersuchung ist, daß man im Falle Kubas das Entwicklungsproblem nicht studieren kann, in dem man entscheidet, welches die Branchen sind, die die klassische Rolle von Sektor I und Sektor II spielen. Diese Problematik ist richtig in einer geschlossen Ökonomie, in der der Außenhandel eine geringe Bedeutung hat. Oder, vielleicht auch unter Bedingungen von Unterentwickelung und Monoexport, die in Kuba bis zur Gegenwart gegeben waren. Aber in der Zukunft nicht. Wenn man die Maximierung der Vorteile des Außenhandels und seine Diversifizierung in relativ günstigen Branchen und gleichzeitig eine größere ökonomische Integration anstrebt, stellt sich die Schematisierung des Wachstumsprozesses auf der Basis von Sektor I und Sektor II als akademisch und wenig nützlich heraus."[32] Notwendig war also die Formulierung einer Theorie und einer Strategie autozentrierter Entwicklung in einer kleinen offenen Volkswirtschaft, deren zentrale Aufgabe darin bestand, das Ziel der ökonomisch effizienten Nutzung des Außenhandels mit dem des Aufbaus einer autonomen und kohärenten Produktionsstruktur zu verbinden. Die Fragen, die sich in diesem Zusammenhang stellten, waren u.a.: wie waren die Leitideen wirtschaftlicher Unabhängigkeit, der Integration und Diversifizierung der Wirtschaftsstruktur und einer tiefgreifenden Industrialisierung so umzuformulieren und zu konkretisieren, daß sie den Bedingungen einer monokulturell deformierten, kleinen, offenen Ökonomie mit Defiziten an natürlichen Ressourcen angemessen waren.[33]

Aus der kubanischen Erfahrung der sukzessiven Adaption des Akkumulationsmodells läßt sich eine allgemeinere Lektion lernen, die häufig von denen, die ein auf 'self-reliance' basierendes Ent-

wicklungsmodell befürworten, nicht adäquat beachtet wird. So richtig die These ist, daß die Frage einer autozentrierten Entwicklung "im Grunde eine politische und keine in einem beschränkten, technischen Sinn ökonomische"[34] ist, so unbestreitbar scheint die kubanische postrevolutionäre Entwicklung den Schluß nahezulegen, daß die Veränderung der politischen und soziale Verhältnisse (z.B. institutionelle Reformen zur Erschließung des Binnenmarktes und zur Steigerung der nationalstaatlichen Steuerungskapazität) zwar eine notwendige, aber keine ausreichende Bedingung einer autozentrierten Entwicklung ist, die,um erfolgreich zu sein, sich an den konkreten Bedingungen und Möglichkeiten jeder Nation zu orientieren hat und das strategische Ziel einer unabhängigen Ökonomie bei einem optimalen Nutzen für die Mehrheit der Bevölkerung erreichen muß. Dies ist wenigstens die Schlußfolgerung, die Fidel Castro aus der kubanischen Diskussion um eine den kubanischen Bedingungen angemessene Wachstumsstrategie gezogen hat: "Es genügt nicht, eine ideale gesellschaftliche Ordnung zu haben, das kapitalistische durch das sozialistische System zu ersetzen. Wenn wir nicht unsere Möglichkeiten nutzen, wenn wir über die Situation keine klare Konzeption haben, würden wir große Mengen an Ressourcen vergeuden und großartige Möglichkeiten auslassen, obwohl wir den Sozialismus haben."[35]
Nach der Eliminierung der institutionellen Hindernisse der Entwicklung entscheidet die ökonomische Angemessenheit der Akkumulationsstrategie mit darüber, ob die sozialen Kosten nachholender Entwicklung auf das unvermeidbare Minimum beschränkt werden. Daher muß es die Aufgabe einer Theorie autozentrierter Entwicklung sein, nicht nur zu bestimmen, welches deren unverzichtbare Ziele und Elemente sind und unter welchen soziopolitischen Bedingungen autozentrierte Entwicklung heute überhaupt inszeniert werden kann, sondern auch wie, d.h. u.a. mittels welcher Akkumulationsstrategie(n) diese Ziele mit einem Maximum ökonomischer Effizienz und einem Minimum sozialer Kosten realisiert werden können - gerade im Rahmen einer sozialistischen Planwirtschaft gewinnen solche Überlegungen unmittelbar praktische Relevanz. Dies war genau die Fragestellung, die in Kuba zur Ausformung einer Entwicklungsstrategie exportgetriebener Agroindustrialisierung führte. Entscheidende Voraussetzung des Ausfüllens des im

gegenwärtigen Stadium der Theoriebildung vielleicht unumgänglichen genannten Defizits der Theorie autozentrierter Entwicklung ist ihre ausreichend historisch-systematische Ausdifferenzierung sowie, als Vorstufe, der Dependenztheorie. Auf einen Fundus derartiger theoretischer Vorarbeiten konnte man sich in Kuba nicht stützen. Die hohen Lernkosten der Entwicklung einer angemessenen kubanischen Entwicklungsstrategie waren in gewisser Hinsicht die Konsequenz dieses Mangels der Theorie(n) abhängiger und autozentrierter Entwicklung.

10.3. Bedingungen, Vorzüge und Probleme der Agroindustrialisierung

Die Agroindustrialisierung wurde abgegrenzt von den beiden wichtigsten historischen Modellen der Industrialisierung: dem Textilweg der Industrialisierung in den kapitalistischen Zentren und dem Weg der Industrialisierung über die Schwerindustrie in der Sowjetunion. Jetzt wurden die schon vorher partiell bewußten Differenzen des kubanischen zum sowjetischen Akkumulationsmodells und dessen Voraussetzungen bis zur Formulierung eines alternativen Wachstumsmodells weitergetrieben, das die "Gleichsetzung zwischen wirtschaftlicher Entwicklung und Industrialisierung"[36] negierte <u>und</u> die spezifischen Probleme einer strukturell offenen Wirtschaft berücksichtigte.

Die Begründung des Agrarwegs der Industrialisierung fand auf zwei verschiedenen Ebenen statt. Einerseits begründete man die Notwendigkeit der Agroindustrialisierung für Kuba mit ihrer Fähigkeit, mit geringeren sozialen Kosten und größerer ökonomischer Effizienz schneller zur mittelfristigen Überwindung der gesamtwirtschaftlichen Ungleichgewichte der kubanischen Wirtschaft beizutragen. Andererseits versuchte man, die Möglichkeit einer solchen Strategie und ihren Sinn allgemeiner mit den neuerlichen Produktivitätssteigerungen in der Landwirtschaft, den Vorteilen der internationalen sozialistischen Arbeitsteilung für Kuba und der spezifischen kubanischen Bedingung eines dominierenden Staatssektors in der Landwirtschaft zu begründen. In diesem Begründungszusammenhang erschien die exportgetriebene Agrarindustrialisierung durchaus als ein "Modell" oder zumindest als eine sinnvolle Alternative für viele andere Entwicklungsländer mit ähnlichen ökonomischen, geographischen und demographischen Strukturen wie Kuba[37]. Daneben spielten politische Gründe, sowohl interne als auch internationale, bei der Entscheidung für die Agroindustrialisierung eine wichtige Rolle, die hier jedoch nur am Rande gestreift werden.

Die Bedingungen der Möglichkeit der Agroindustrialisierung

Historisch war "der Begriff der Entwicklung, sowohl in der kapitalistischen als auch in der sozialistischen Wirtschaftstheorie, aus unterschiedlichen Gründen mit der Theorie des beschleunigten industriellen Wachstums verbunden, als einzigen Weg,um einen sich selbst erhaltenen Prozeß des wirtschaftlichen Wachstums zu garantieren"[38]. Die Ursachen dieser Gleichsetzung von wirtschaftlicher Entwicklung und Industrialisierung waren die, trotz der hohen sozialen Kosten, ökonomisch erfolgreiche Industrialisierung der Sowjetunion und die Situation der meisten unterentwickelten Länder. In kubanischer Perspektive waren es im wesentlichen drei Faktoren, die die Entwicklung der abhängigen Nationen zunächst auf der Grundlage der Landwirtschaft und landwirtschaftlichen Exporte ausschlossen: der im allgemeinen arbeitsintensive und unproduktive Charakter auch der landwirtschaftlichen Exportsektoren, der den möglichen Exportsurplus von der Seite der hohen Produktionskosten her reduzierte, die oft unproduktive Verwendung des verbliebenen Exportsurplus und die Vermarktungsbedingungen auf dem kapitalistischen Weltmarkt für traditionelle Agrarexporte der Entwicklungsländer. Als relevante Aspekte dieses letzten Faktors sah man die geringe Einkommenselastizität der Nachfrage der traditionellen Agrarexporte, ihre partielle Substitution durch künstliche Rohstoffe und den Agrarprotektionismus der kapitalistischen Zentren, die den Markt dieser Produkte begrenzten. Als entscheidend aber betrachtete man die Tendenz fallender "terms of trade" für nahezu alle traditionellen Agrarexporte der unterentwickelten Länder, die den Exportsurplus auch von den Preisen her beschränkte. Auf diesem

Hintergrund schien "das Postulat, daß die sofortige und beschleunigte Industrialisierung den einzig möglichen Weg und das einzige dynamische Zentrum einer wirksamen Entwicklung konstituiert"[39], plausibel.

Erst in Kuba waren die internen und internationalen Bedingungen gegeben, eine Strategie der exportgetriebenen Agroindustrialisierung als Anfang einer umfassenderen Entwicklung zu entwerfen: "Der Fall Kuba präsentiert, zum ersten Mal, eine Erfahrung, die in der Lage ist, die Prinzipien, die bisher als sine qua non jedes Entwicklungsprozesses betrachtet wurden (die Identität von Entwicklung und Industrialisierung, H.F.), zu verändern"[40]. Die Gründe für diese Annahme sah man in den enormen Fortschritten der Agrartechnologie in den letzten fünfzig Jahren, die die Entwicklung einer hochproduktiven "industrialisierten" Landwirtschaft erlaubten, in der Dominanz staatlicher Eigentumsverhältnisse in der kubanischen Landwirtschaft, die den beschleunigten Einsatz dieser modernen Technologie ermöglichten und in den Vorteilen der internationalen sozialistischen Arbeitsteilung für Kuba.

Für die Perspektive und die Art der landwirtschaftlichen Entwicklung zentral war das Argument, daß durch die explosionsartige Entfaltung der Agrartechnologie (künstliche Bewässerung mit neuen Methoden, Chemisierung, Mechanisierung) in der ersten Hälfte des 20. Jahrhunderts ungeheure Fortschritte der Flächen- und der Arbeitsproduktivität möglich geworden waren[41]. Dies erst eröffnete die Perspektive einer intensiven, produktiven und mechanisierten Landwirtschaft, so daß Priorität für die Landwirtschaft und Industrialisierung sich nicht grundsätzlich ausschlossen. Die Entwicklung einer kapitalintensiven Landwirtschaft setzte das Wachstum bestimmter Industrien voraus und setzte gleichzeitig Ressourcen (Investitionen, Arbeitskräfte) für eine spätere schnellere und umfassendere Industrialisierung frei. Dies war die historisch-technologische Voraussetzung des sog. Agrarwegs der Industrialisierung. Folglich implizierte die kubanische Version der Agroindustrialisierung eine landwirtschaftliche Entwicklung "auf einer modernen und effizienten Grundlage mit fortgeschrittenster Technologie"[42]. Vor Lösungen, die den Einsatz rückschrittlicher Technologien mit geringer Arbeitsproduktivität empfahlen, um in erster Linie Arbeitsplätze zu schaffen, wurde gewarnt, da sie "langfristig gefährliche technologische Rückständigkeit produzieren könnten"[43]

Interne institutionelle Prämisse der Strategie der Agroindustrialisierung war die Vorherrschaft staatlichen Eigentums in der kubanischen Landwirtschaft seit der zweiten offiziellen Agrarreform von 1963, durch die der Staat 70 % der Gesamtfläche und 60 % der potentiellen Agrarfläche kontrollierte: "Die Perspektive der Entwicklung auf der Grundlage der Landwirtschaft ist in Kuba außerdem wegen der Zusammensetzung der landwirtschaftlichen Eigentumsverhältnisse, die aus dem revolutionären Prozeß resultieren, möglich. ... All das (die Dominanz des Staatssektors, H.F.) erleichtert als solches jedes Entwicklungsprojekt der Landwirtschaft und der Viehzucht"[44]. Hierin besteht ein wesentlicher Unterschied zu den Eigentumsverhältnissen in den europäischen sozialistischen Ländern, in denen der unmittelbar staatliche Sektor (Sowchosen) ausschließlich der Kooperativen (Kolchosen) eine weit geringere Rolle spielte. Aus kubanischer und sowjet-marxistischer Perspektive stellte das Staatseigentum die höchste Form des sozialistischen Eigentums dar. Obwohl dieser Zusammenhang hier nicht näher erläutert und belegt werden kann, scheint mir dies der ökonomische Angelpunkt der rechtlichen und institutionellen Reorganisation der kubanischen Landwirtschaft in den Jahren 1961 bis 1963 zu sein. Die Verwandlung der Kooperativen in Staatsfarmen (1962) und die Ausdehnung des Staatssektors durch die Enteignung der kapitalistischen Mittelbauern mit mehr als 67 ha Landbesitz stellten die institutionellen Bedingungen für die Durchführung der Agroindustrialisierungsstrategie her. Die Politik der Agroindustrialisierung war ein zentrales ökonomisches Motiv der institutionellen Reform; diese erleichterte die zentrale Planung der räumlichen Allokation der Agrarproduktion, die Konzentration von Ressourcen in der Landwirtschaft einschließlich der notwendigen Forschungs- und Bildungsinvestitionen, erlaubte eine breite, relativ homogene Modernisierung der Landwirtschaft und schuf durch die organisatorische Integration von Industrie und Landwirtschaft (agroindustrielle Komplexe) die institutionellen Rahmenbedingungen für die Planung vorwärts und rückwärts gerichteter intersektoraler Koppelungseffekte.

Als internationale Voraussetzung, die es Kuba erlaubte, seine ehrgeizigen Entwicklungsprogramme mit dem Export von nur leicht verarbeiteten Agrarprodukten, in erster Linie Zucker, zu finanzieren, betrachtete man die Integration Kubas in die internationale sozialistische Arbeitsteilung, die Kuba den Zugang zu stabilen, expandierenden Märkten sicherte und auf denen der ungleiche Tausch zwischen Rohstoffexporten der unterentwickelten und Fertiggüterexporten der entwickelten Länder abgeschafft war. Unter diesen veränderten Bedingungen konnte die Zuckerindustrie von dem "Zentrum der neokolonialen Ausbeutung Kubas ... zum Zentrum seines wirtschaftlichen Fortschritts"[45] werden. Entscheidend war die Einführung des Äquivalententausches im internationalen Handel, durch den erst eine "für alle Beteiligten gewinnbringende Ausnutzung der internationalen Arbeitsteilung" möglich war: "Die Voraussetzung dafür, daß die internationale Arbeitsteilung in einer Weise funktioniert, die nicht nur die optimale Nutzung der Ressourcen garantiert, sondern auch die gerechte Verteilung der Einkommen, ist die Existenz eines Preissystems, das auf einen Schlag die Verschlechterung der 'terms of trade' der spezifischen Exportprodukte der unterentwickelten Länder beseitigt und den äquivalenten Tausch wiederherstellt. ... In der Tat, dieser neue Typ von Beziehung erlaubt den in Entwicklung befindlichen Ländern, ihre eigene Erfahrung und ihre natürlichen Vorteile bei der Produktion von Agrarprodukten und Produkten mit minimalem Verarbeitungsgrad - wie z.B. Zucker - auszunutzen, und diese Produkte den Industrieländern zu Preisen unterhalb der Produktionskosten dieser gleichen Artikel in den industrialisierten Ländern zu liefern. Gleichzeitig schafft dieser Export eine ausreichende Kaufkraft, um aus den Industrieländern ausgewählte (H.F.) Produktionsmittel, Rohstoffe ... , dauerhafte und industrielle Konsumgüter zu importieren. Die Existenz dieser Möglichkeit erlaubt dem Land, das seinen Entwicklungsweg beginnt, diesen mit geringsten Kosten und auf wirtschaftlich effizienteste Weise zu realisieren. Einerseits erhält es im wesentlichen mit seinen eigenen

Deviseneinnahmen industrielle Ausrüstungen, die das Land selbst auf dem gleichen technischen Niveau nicht produzieren könnte und, wenn es dies trotzdem unter Bedingungen technischer Rückständigkeit versuchte, enorme menschliche Opfer bedeuten würde."[46]

Inwieweit de facto immer ein Äquivalententausch erreicht wurde, soll hier nicht weiter interessieren. Anfänglich wurden von kubanischer Seite die Schwierigkeiten, die bei der Festsetzung und Durchsetzung äquivalenter Preise auftauchten, nicht verschwiegen[47]. Diese sah man u.a. darin, daß die internationale Spezialisierung für einige Regionen, Sektoren und soziale Gruppen (z.B. die Zuckerproduzenten) der europäischen sozialistischen Länder unmittelbare Nachteile implizierten und in dem bekannten Problem, für unterschiedliche Produkte äquivalente Preise wissenschaftlich exakt festzusetzen. Auch hinsichtlich der Fähigkeit des Weltmarkts, in erster Linie des sozialistischen Weltmarkts, die notwendigen und expandierenden Mengen kubanischer Agrarprodukte zu absorbieren, sah man keine Schwierigkeiten - im Gegensatz zu vor der Revolution, als nach Castro die Beschränkung der kubanischen Zuckerexporte durch die US-Zuckerquoten "die vollständige Stagnation" der kubanischen "wirtschaftlichen Entwicklung verursachte"[48]. Zum Teil war diese Prognose expandierender Märkte für tropische Agrarprodukte illusorisch, besonders wenn man die spätere Entwicklung der Zuckerpreise auf dem kapitalistischen Weltmarkt und deren Implikationen für die kubanische Entwicklung berücksichtigt[49].

Interne Voraussetzung der Überwindung des ungleichen Tausches und einer weltwirtschaftlich, auch im Interesse der Abnehmerländer, rationalen internationalen Arbeitsteilung war der Einsatz fortgeschrittenster Technologien in den Rohstoffexportsektoren, weil nur so die Produktionskosten und Preise gesenkt werden konnten, ohne aufgrund einer Produktivität unterhalb des internationalen Durchschnitts oder Überausbeutung der Arbeitskräfte einen Werttransfer zuungunsten Kubas zu implizieren[50].

Vorteile der Agroindustrialisierung bei der Überwindung der zentralen sozioökonomischen Disproportionen

Die zweite Ebene der Begründung der kubanischen Strategie der Agroindustrialisierung bestand darin, ihre Vorteile im Vergleich zu einer Politik beschleunigter Industrialisierung bei der mittelfristigen Beseitigung der in Kapital 9.3. analysierten gesamtwirtschaftlichen Disproportionen nachzuweisen. "Die mittelfristigen Aufgaben der kubanischen Wirtschaft müssen darauf konzentriert sein, die vorher signalisierten Ungleichgewichte zu eliminieren... Es handelt sich also darum, die existierenden Engpässe auf möglichst schnelle Weise zu beseitigen und (H.F.) die Kontinuität der Entwicklung in den folgenden Perioden zu garantieren... Es ist daher sinnvoll, die alternativen Beiträge der Landwirtschaft und der Industrie zur schnellstmöglichen Lösung der existierenden Ungleichgewichte zu untersuchen."[51]

Allgemeiner Konsens bestand über die günstigen natürlichen Voraussetzungen (qualitativ und quantitativ) für eine produktive subtropische Landwirtschaft: "Wir kennen die außerordentlichen Möglichkeiten unserer Landwirtschaft, die wegen ihres Klimas die Landwirtschaft der meisten entwickelten Länder übertreffen kann"[52]. Den Vorteil der tropischen Landwirtschaft sah man in "ihrer unbegrenzten Fähigkeit zur Fotosynthese und in ihrem Reichtum an Lichtstunden"[53]. Das günstige Klima erlaube, bei entsprechender Bewässerung während der Trockenzeit, eine Ausdehnung der landwirtschaftlich zu nutzenden Saison auf 280 Tage im Jahr. Dies liegt ungefähr 30 % über der Zeit in den gemäßigten Zonen, so daß in einigen Kulturen zwei bis drei Ernten im Jahr möglich seien[54]. Überlagert wurde dieses Argument von dem Hinweis auf die spezifische internationale Rolle Kubas als dem ersten sozialistischen Land mit einer ausgedehnten Agrarfläche zum Anbau tropischer Agrarprodukte. Trotz der mehrmaligen ausgedehnten Trockenzeiten und Hurrikane, die später häufiger als wichtige Ursachen von Mißerfolgen in der Landwirtschaft zitiert wurden, scheint diese These bisher nicht prinzipiell erschüttert worden zu sein. Allerdings war man sich dieser Probleme schon vorher bewußt. Voraussetzung einer "viel reicheren Landwirtschaft als in den gemäßigten Zonen" war, daß "der Mensch das Wasser und die Plagen beherrscht und die modernen Mittel der Wissenschaft und der Technik anwendet"[55]. In eingeschränkter Form taucht das Argument günstiger natürlicher Bedingungen für eine tropische Landwirtschaft später im Zusammenhang mit den unterstellten komparativen Kostenvorteilen der Rohrzucker- im Vergleich zur Rübenzuckerproduktion auf.

Hinzu kamen spezifische wirtschaftsgeographische und soziohistorische Umstände: ein relativ hoher Anteil der potentiellen Agrarfläche an der Gesamtfläche, eine nur mittelmäßige Bevölkerungsdichte und die durch das vorrevolutionäre Latifundiensysteme bedingte Unterausnutzung der potentiellen Agrarfläche (vgl. dazu Kapital 5). Die potentielle Anbaufläche war, trotz der signalisierten kurzfristigen Engpässe, immer noch eine der größten ungenutzten und leicht mobilisierbaren Ressourcen Kubas. Der relative Überschuß der landwirtschaftlichen Nutzfläche ließ einen Spielraum bei der Wahl der Agrartechnologie. Nicht immer, so wurde argumentiert, sei die intensivste Technik unter kubanischen Bedingungen die optimale [56]. Dies bedeutete eine eindeutige Einschränkung der prinzipiellen Option für die modernste Technik und ist ein erster Hinweis auf die kubanische Suche nach intermediären Technologien. Die absolute Grenze der Agrarfläche war schon im Rahmen der Konzeption der Agroindustrialisierung ein Argument für den begrenzten Aufbau von Industrien, die nicht auf der Landwirtschaft basierten. Für 1964 wurde allerdings die ungenutzte Fläche noch auf 1,5 Millionen ha, d.h. 25 % der potentiellen Agrarfläche geschätzt[57].

Aber letztlich entscheidender als die Tatsache ungenutzter potentieller Agrarfläche für die Konzeption der Agroindustrialisierung war die Existenz von Produktivitätsreserven, also die "Möglichkeit, den Ertrag in der Landwirtschaft und der Viehzucht auf der Basis der progressiven Einführung moderner Techniken zu erhöhen, in einem Land, das weit hinter den internationalen durchschnittlichen Standards zurücklag"[58]. Produktivitätsreserven existierten sowohl hinsichtlich der Flächen- als auch der Arbeitsproduktivität. Besonders hoch schätzte man das

Potential zur Steigerung der Agrarproduktivität in der Zuckerrohrlandwirtschaft und in der Viehzucht ein. Zum Teil hoffte man,diese Produktivitätsreserven allein durch die Verbesserung der Planung und Organisation des Produktionsprozesses, die Einführung von Arbeitsnormen und die bessere Nutzung des Arbeitstags zu mobilisieren. Eine weitere Maßnahme zur "vollen Nutzung dieser Reserven", war "ein selektives Investitionsprogramm mit dem Ziel der Überwindung der Engpässe, die dem Angebot dieser Sektoren einen unelastischen Charakter"[59] verliehen. In der Zuckerrohrlandwirtschaft waren dies die Einführung produktiverer Sorten und der künstlichen Bewässerung, in der Viehzucht ebenfalls die Einführung neuer Rassen und die qualitative Verbesserung der Ernährung, besonders während der Trockenzeit.

Als einen weiteren Vorteil der Landwirtschaft betrachtete man, daß sie, im Verhältnis zur Industrie, einen relativ geringeren Investitionsaufwand erfordere und die Anlaufzeit der meisten landwirtschaftlichen Investitionen verhältnismäßig kurz sei: "Mit diesen natürlichen Ressourcen und mit relativ kleinen Investitionen in Landmaschinen, Saatgut, Kunstdünger und Insektiziden, und mit der Arbeit des Volkes, werden wir in der Lage sein, innerhalb sehr kurzer Zeit unsere Investitionen zu amortisieren und gleichzeitig einen beträchtlichen Überschuß für den Export erhalten ."[60] Die schnellere Amortisierung der Investitionen begünstige die Selbstfinanzierung der Modernisierung der Landwirtschaft sowie einen schnelleren Beitrag zur Steigerung des Lebensstandards. Unter diesen Bedingungen sei das knappe Investitionskapital optimal genutzt. Geringere Investitionen mit kürzerer Anlaufzeit in Branchen, die sowohl der Befriedigung von Grundbedürfnissen als auch der Akkumulation über den Export dienten, implizierten ein schnelles wirtschaftliches Wachstum bei gleichzeitiger Minimierung der sozialen Kosten.

Unter kubanischen Bedingungen sah man als den zentralen limitierenden Faktor weniger die Begrenzung des Investitionskapitals und der Akkumulationsrate an. Wichtiger war die begrenzte technisch-organisatorische Fähigkeit zur Absorption von Investitionen und besonders importierter, moderner Technologien. Durch die soziale Revolution waren in Kuba u.a. der Luxuskonsum und der Profittransfer multinationaler Unternehmen und andere Formen unproduktiver ökonomischer Tätigkeiten, die den Umfang der Akkumulation beschränkten und die produktive Nutzung des Investitionskapitals behinderten, abgeschafft worden, so daß in Kuba "die realen Möglichkeiten der Akkumulation im Verhältnis zum Volkseinkommen beträchtlich größer sind als im restlichen Lateinamerika. Unter diesen Umständen ist es eher die organische Fähigkeit zur Investition bei einer gegebenen Effizienz als das Gesamtvolumen des Akkumulationsfonds, die den limitierenden Faktor des Wachstums der Investitionen darstellt."[61] Auch in dieser Hinsicht schien die Landwirtschaft relevante Vorzüge gegenüber der Industrie zu haben. In der Landwirtschaft, so wurde argumentiert, sei der Widerspruch zwischen der begrenzten technisch-organisatorischen Investitionskapazität und dem Ziel einer schnellen Akkumulation mittels einer hohen Investitionsrate am geringsten, so daß man sich eine höhere Effizienz der Investitionen im Vergleich zur Industrie erhoffen könne. Die Gründe für diese Annahme waren: In der Landwirtschaft, besonders in der Zuckerrohrlandwirtschaft, verfügte man über einige traditionelle Produktionserfahrung, auf die man aufbauen konnte; ein Teil der notwendigen Arbeiten (Infrastruktur, Expansion der Anbaufläche) war häufig ohne komplexe Technik möglich. Man konnte sich also zunächst auf Sektoren konzentrieren, die den extensiven Gebrauch ungenutzter Ressourcen und den Einsatz einfacher Technologien ermöglichten[62]; entscheidend jedoch für die geringere Bedeutung dieses Engpasses, auch für eine moderne Landwirtschaft, war, daß man glaubte - trotz des evidenten Mangels an Agronomen, Agrar-Technikern und qualifizierten Arbeitskräften allgemein, auch in der Landwirtschaft - hier sei der Bedarf im Vergleich zu anderen Branchen geringer[63]. Außerdem seien in der Regel die Ausbildungskosten pro Fachkraft geringer und die durchschnittliche Ausbildungszeit kürzer.

Auch der unmittelbare Beitrag der Landwirtschaft zur Überwindung des Konsumgütermangels sei höher einzuschätzen als in den meisten industriellen Sektoren, da der Anteil der Nahrungsmittel an der Gesamtnachfrage bei dem Einkommensniveau der meisten Kubaner hoch sei und der überwiegende Teil der landwirtschaftlichen

Produktion unmittelbar der Befriedigung von Grundbedürfnissen diente : "Was bedeutet die landwirtschaftliche Entwicklung für unser Land? Sie bedeutet die schnellstmögliche Befriedigung der Grundbedürfnisse unseres Volkes: Nahrungsmittel, Kleidung und Schutz."[64] Die Notwendigkeit, die sozialen Kosten einer beschleunigten Akkumulation durch die Priorisierung der Landwirtschaft zu minimieren, ergab sich auch aus der internationalen politischen Situation Kubas. Die kubanische Revolution war nach 1962 weniger durch die weiterbestehende militärische Bedrohung durch die USA gefährdet - wenigstens, solange Castro über die mehrheitliche politische Unterstützung des kubanischen Volkes verfügte (hinsichtlich atomarer Waffen war Kuba sowieso auf den Schutz der Sowjetunion angewiesen) - als durch die sozioökonomische Krise, die den Anspruch der sozialen und wirtschaftlichen Überlegenheit des kubanischen Entwicklungsmodells in Lateinamerika unterminierte[65].

Ein weiteres entscheidendes Argument für die Priorität der Landwirtschaft war ihre angenommene höhere Fähigkeit zur Entlastung der Zahlungsbilanz und zur Erwirtschaftung eines höheren Exportsurplus (Netto-Importkapazität) im Vergleich zur Industrie. Im Außenhandel reflektierten sich die schon angeführten wirtschaftlichen Vorzüge der Agroindustrialisierung: Da das benötigte Investitionskapital geringer, die Anlaufzeit der Investitionen kürzer war sowie eine höhere Effizienz der Investitionen antizipiert wurde, konnte man erwarten, daß die Landwirtschaft in ökonomischer Weise zur Importsubstitution und zur Exportdiversifizierung beitragen könne. Hinzu kam, daß durch den konzentrierten Ausbau der Landmaschinenindustrie der Importgehalt der Investitionen in der Landwirtschaft schneller als derjenige in der Industrie reduziert werden konnte, und der Importbedarf der laufenden Produktion in der Landwirtschaft und der Agrarprodukte verarbeitenden Industrie ebenfalls erheblich geringer war als in der Industrie im allgemeinen. Nach Untersuchungen von 1962 mußten in der Landwirtschaft nur 5 % der Inputs importiert werden, während sich dieser Anteil in der Metallurgie auf 79 % und in der chemischen Industrie auf 58 % belief[66].

Einige Probleme der Agroindustrialisierung

Neben den bisher dargestellten Vorzügen der Agroindustrialisierung bei der Überwindung der zentralen gesamtwirtschaftlichen Ungleichgewichte, sahen die Kubaner durchaus einige Nachteile einer auf der Landwirtschaft aufbauenden Wachstumsstrategie. Diese fielen jedoch letztlich nicht so ins Gewicht wie die Vorteile, weil man hoffte, gerade durch die Modernisierung der Landwirtschaft einen Teil dieser Probleme allmählich in den Griff zu bekommen. Zum Teil wurden hier schon Schwierigkeiten antizipiert, die später relevant werden sollten. Einige mit der Agroindustrialisierung verknüpfte Probleme waren aus kubanischer Perspektive spezifische soziale (Arbeitsdisziplin) und natürliche Widrigkeiten der landwirtschaftlichen Produktion, die Besonderheit der (sub)tropischen Agrartechnologie und die Struktur der relativen Preise zuungunsten der Landwirtschaft[67].

Im Gegensatz zur Industrie wird der Arbeitsablauf in der Landwirtschaft weit weniger durch den Rhythmus des technologischen Produktionsprozesses mechanisierter oder teilautomatisierter Form, d.h. der Maschinen bestimmt. Die einzelnen Arbeitsprozesse sind, auch bei dem Einsatz von Landmaschinen, allein schon wegen der größeren räumlichen Entfernungen, unabhängiger voneinander. Dies gilt in besonderer Weise für eine kaum mechanisierte Landwirtschaft. Die Kontinuität des Arbeitsprozesses ist daher viel stärker von der Arbeitsmotivation der Produzenten abhängig. Dieses Problem war schon in der geringen Ausnutzung des Arbeitstags in der Landwirtschaft aufgetaucht und sollte später noch an Virulenz gewinnen. Mit der Mechanisierung der Landwirtschaft hoffte man auch, die Arbeitsdisziplin der Industriearbeit in der Landwirtschaft einführen zu können. Zusammen mit spezifischen klimatischen Bedingungen einer subtropischen Landwirtschaft (ausgedehnte Trockenzeiten, Wirbelstürme) machte die mangelnde Arbeitsdisziplin der Landarbeiter die Agrarproduktion anfälliger für Schwankungen und schränkte ihre Planbarkeit ein. In die gleiche Richtung wirkte die Vielfalt lokaler natürlicher Bedingungen, die die Kontrolle der Qualität der Produkte und die Spezifizierung allgemeinverbindlicher Standards erschwerte. Der

Versuch, die kubanische Landwirtschaft von den Unbilden und der Willkür der Natur unabhängiger zu machen, war ein durchgängiges Motiv der Entwicklungspolitik.

Zwar hatte international die Agrartechnologie in den letzten 50 Jahren einen großen Sprung nach vorn gemacht, doch das Problem bestand in der Transplantation der nahezu ausschließlich in den fortgeschrittenen Ländern entwickelten Technologie, die, mit der Ausnahme einiger weniger Gebiete, in der gemäßigten Klimazone lagen, in tropische Regionen. In einigen Branchen mußten überhaupt neue Technologien entwickelt werden. Dies erforderte erhebliche eigene Anstrengungen auf dem Gebiet der Agrarforschung und der Anpassung von Technologien an kubanische natürliche Bedingungen. Die Strategie der Agroindustrialisierung erzwang geradezu aufgrund der Spezifität der Technologien der subtropischen Landwirtschaft (Saatgut, Landmaschinen) und der verarbeitenden Industrie (z.B. Verarbeitung von Zuckerrohrnebenprodukten) die Entwicklung der kubanischen Fähigkeit zur Produktion neuer und zur Adaption importierter Technologien[68]. Andererseits sind alle Projekte zur Entwicklung von Technologien mit einem hohen Risiko behaftet, besonders unter den in Kuba herrschenden Bedingungen knapper wissenschaftlich-technologischer Kapazitäten, so daß unter diesem Aspekt die kurzfristige ökonomische Effizienz der Agroindustrialisierung unsicherer war als eine Politik beschleunigter Industrialisierung, die sich weitgehend auf den Import fertiger Technologien aus den Metropolen stützen konnte.

Ein wichtiges Problem der Agroindustrialisierung war die Struktur der relativen Preise zuungunsten der Landwirtschaft, deren Funktion im allgemeinen darin bestand - sowohl national als auch international - mittels eines ungleichen Tausches von Agrargegen Industriegütern die Industrialisierung zu einem Teil auf Kosten der Landwirtschaft zu finanzieren[69]. Die Priorisierung der Landwirtschaft setzte also international den Kampf für stabile und gerechte Preise voraus. Das Zucker-Abkommen mit der Sowjetunion von Anfang 1964 erfüllte nach kubanischer Ansicht die ersten beiden Bedingungen. Nationale Prämissen einer erfolgreichen Strategie der Agroindustrialisierung war die anfängliche

Konzentration der ökonomischen Ressourcen auf den Agrarsektor und, besonders für die private Landwirtschaft, ein die Akkumulation der Landwirtschaft begünstigendes Preissystem[70]. Im Gegensatz zur gängigen Praxis in den Ländern des peripheren Kapitalismus war es das Ziel der kubanischen Planung, die Landwirtschaft mittelfristig zu einem Teil durch die Industrie mitfinanzieren zu lassen, bis sie so weit entwickelt war, daß sie in der Lage war, sich selbst zu finanzieren, wie aus dem folgenden Zitat ex negativo zu schließen ist. Ab 1973-75 hoffte man, die Grundlagen einer modernen, intensiven Landwirtschaft gelegt zu haben, so daß diese von diesem Zeitpunkt an "auf intensive Weise weiterwachsen" könne, "d.h. in einem Prozeß, der nicht mehr die Konzentration von so vielen externen Ressourcen in ihr fordert und der die Folge der eigenen internen Bedingungen sein wird, die wir in diesen Jahren der Grundlegung geschaffen haben."[71]

Weitere nachteilige Faktoren, die das Wachstum landwirtschaftlicher Exportsektoren mit aller Wahrscheinlichkeit negativ affizieren konnten, waren die Substitution landwirtschaftlicher Rohstoffe auf dem Weltmarkt durch chemische Produkte (z.B. Süßstoff und Fruchtzucker statt Rohr- und Rübenzucker) und die hohen Transportkosten des Exports unverarbeiteter oder nur geringfügig verarbeiteter Agrarprodukte in ferne Länder.

10.4. Die neue Konzeption der inkrementellen, selektiven und konzentrierten Diversifizierung der Landwirtschaft

Ziel des folgenden Abschnitts ist keine umfassende Analyse der Agrarkrise 1961-63 und aller ihrer entwicklungspolitischen Implikationen, sondern die Rekonstruktion der Motive und der Logik der neuen Strategie der Diversifizierung. Dabei werden einige Fragen aufgegriffen, die an diese neue Konzeption gestellt wurden. Soweit es sich um Mißverständnisse und Fehlinterpretationen handelt, werden diese durch die Konfrontation mit den realen kubanischen Zielen und Motiven vorgeklärt. Zur Disposition stand nicht, ob die Landwirtschaft diversifiziert werden sollte, sondern die konkreten Bedingungen, Formen und das Ausmaß der Diversifizierung. Die einzelnen Probleme waren: das Verhältnis von Zuckerrohrlandwirtschaft und anderen Kulturen (Stabilisierung, Wachstum oder Reduzierung der Zuckerproduktion, die ökonomisch-technologischen Bedingungen und Konsequenzen der jeweiligen Balance usw.); nur z.T. damit identisch das Verhältnis von Export- und Binnensektor; wie viele und welche Kulturen expandieren sollten; breite Streuung der knappen Ressourcen oder ihre Konzentration auf einige wenige Kulturen; die geographische Ebene (national, regional oder lokal) und die organisatorischen Formen (Zentralisierungsgrad der Entscheidungen, betriebliche Spezialisierung oder Diversifizierung). Die folgende Analyse konzentriert sich auf drei zentrale Elemente der neuen Konzeption landwirtschaftlicher Diversifizierung: die inkrementelle Diversifizierung, d.h. genauer die Diversifizierung parallel zum Wachstum der Zuckerproduktion, die Beschränkung der Zahl der neuen, in Massenproduktion zu entwickelnden Kulturen sowie die Konzentration auf die Expansion und umfassende Modernisierung einiger weniger landwirtschaftlicher Branchen, und die Politik der nationalen Diversifizierung und lokalen Spezialisierung in Kulturen nationaler Relevanz. Argumentiert wird, daß die Wiederaufwertung der Zuckerrohrlandwirtschaft in der neuen Wachstumsstrategie und die Konzentration des Diversifizierungsprogramms deswegen nicht den Verzicht auf eine breite Diversifizierung der Landwirtschaft bedeutete, weil die soziopolitischen Hindernisse inkrementeller Diversifizierung durch die Revolution eliminiert worden waren und ein Ziel der 'Zuckerstrategie' gerade darin bestand, die ökonomisch-technologischen Barrieren zu beseitigen, und weil das Spektrum der landwirtschaftlichen Produktion sukzessive erweitert werden sollte, wenn die Voraussetzungen für den Einsatz moderner Technologien in den neuen Branchen gegeben war. Die Parole der zentral geplanten nationalen Diversifizierung und der betrieblichen Spezialisierung bedeutete nicht die Aufgabe einer vielfältigen regionalen Agrarstruktur, weil mehrere spezialisierte Großbetriebe in in sich diversifizierten Produktionsvereinigungen zusammengefaßt werden sollten und weil, mit der Ausnahme von Exportkulturen, eine möglichst ausgeglichene regionale Verteilung der einzelnen Agrarproduktionen mit dem Ziel der Selbstversorgung der Provinzen und, in Form der Grüngürtel, auch der größeren Städte angestrebt wurde.

10.4.1. Inkrementelle statt strukturelle Diversifizierung

1960-61 wurde die Anbaufläche für Zuckerrohr um 130.000 bis 200.000 ha reduziert[72]. Da die beabsichtigte Steigerung der Flächenproduktivität ausblieb, fiel die Zuckerproduktion von 6,8 Millionen t 1961 auf 3,8 Millionen t 1963. Dieser Rückgang der Zuckerproduktion innerhalb von 2 Jahren um nahezu die Hälfte war ein entscheidender Faktor der Zahlungsbilanzkrise (vgl. Kapitel 9.3). Die strukturelle Diversifizierung auf Kosten der Zuckerrohrproduktion wurde ab Ende 1962 als ein entscheidender Fehler kritisiert: "Anstatt Schritt für Schritt zu diversifizieren, versuchten wir zu viel auf einmal. Die Zuckerrohranbaufläche wurde reduziert und das dadurch verfügbare Land wurde für die Kultivierung anderer Pflanzen genutzt. Aber dies bedeutete einen allgemeinen Fall der Agrarproduktion."[73]

Inwieweit diese Diversifizierung auf Kosten der Zuckerrohrproduktion intendiert war, ist kontrovers[74]. Sicher scheint zu sein, daß die kubanische Führung grundsätzlich eine expansive Zuckerpolitik anstrebte, weil die Zuckerexporte zumindest kurzfristig eine unersetzliche Akkumulationsfunktion hätten[75]. Offensichtlich hatte man geglaubt, die Zuckerproduktion trotz der Reduzierung der Anbaufläche stabilisieren zu können, indem man die Flächenproduktivität durch die Intensivierung der Zuckerrohrlandwirtschaft erhöhte. Dies wurde jedoch nicht erreicht, weil oft die besten Böden für andere Kulturen genutzt wurden, die Zuckerrohrlandwirtschaft faktisch vernachlässigt wurde (z.B. wurden 1961 nur 4.000 ha, das waren ganze 1 % der Anbaufläche der Zuckerkooperativen, neu bepflanzt), und weil offensichtlich die materiellen, technischen und organisatorischen Voraussetzungen einer schnellen Intensivierung des Zuckerrohranbaus fehlten[76]. Die Diversifizierung auf Kosten der Zuckerrohranbaufläche hatte einerseits objektive Gründe: von dem Streichen der US-Zuckerquote Mitte 1960, den damaligen niedrigen Weltmarktpreisen für Zucker, der schnellen Steigerung der Nachfrage nach Agrarprodukten durch die Umverteilungsreformen und dem Embargo der USA, von denen man vor 1959 den größten Teil der Nahrungsmittelimporte erhalten hatte, ging ein erheblicher Druck in Richtung auf eine beschleunigte Diversifizierung aus[77]. Andererseits wurde mit landwirtschaftlicher Diversifizierung wohl allgemein die Einschränkung der Zuckerrohranbaufläche assoziiert, "als wäre dies die unumgängliche Voraussetzung für eine vielseitigere Landwirtschaft gewesen"[78].

Dagegen wurde die Rolle des Zuckersektors in der Gesamtwirtschaft im Rahmen der neuen Wachstumsstrategie wieder aufgewertet. Der Zuckerperspektivplan 1966-70 war das Rückgrat der wirtschaftlichen Gesamtplanung und sah eine Steigerung der Zuckerproduktion auf 10 Millionen t vor. Im Vergleich zu den durchschnittlichen 5,29 Millionen t 1959-64 bedeutete dies fast eine Verdoppelung. Zum Teil sollte dies durch die Vergrößerung der Anbaufläche für Zuckerrohr erreicht werden. Der größte Teil des im Rahmen des Perspektivplans neu zu rodenden Landes (ca. 335.000 ha) sollte der Zuckerrohrlandwirtschaft dienen[79]. Im wesentlichen sollte die Steigerung der Zuckerrohrproduktion jedoch durch das "substantielle Wachstum des Flächenertrags des kultivierten Landes und eine Verbesserung in Technologie und Ausrüstung"[80] erreicht werden.

Parallel zum Wachstum der Zuckerrohrproduktion sollte die landwirtschaftliche Produktion ausgedehnt und differenziert werden, jetzt jedoch nur in dem Maße, wie diese beiden Ziele miteinander zu vereinbaren waren, denn "die Erfahrung hat gezeigt, daß sich die Diversifikation der kubanischen Landwirtschaft nicht notwendigerweise auf Kosten des Zuckerrohranbaus vollziehen muß..."[81] Auch im Rahmen dieser neuen Strategie der inkrementellen Diversifizierung und trotz der geplanten Ausdehnung der Zuckerrohranbaufläche sollte mittelfristig der Anteil des Werts der Zuckerrohrlandwirtschaft am gesamten landwirtschaftlichen Produktionswert erheblich reduziert werden: "Unsere Landwirtschaft wird beträchtlich diversifiziert. Wir müssen z.B. sagen, daß 1980 Zuckerrohr - das fast 80 % des landwirtschaftlichen Bruttoprodukts ausmacht - ungefähr 20 oder 25 % des landwirtschaftlichen Bruttoprodukts sein wird."[82]

Auf den ersten Blick vermitteln die dargestellten Pläne zur Diversifizierung der Landwirtschaft[83] den Eindruck, als wäre durch die neue Strategie inkrementeller Diversifizierung eine sinnvolle und realistische Balance zwischen der Zuckerrohrlandwirtschaft und den anderen Agrarsektoren gelungen. In der Literatur ist jedoch der Realismus und der sozioökonomische Nutzen dieser neuen Konzeption und besonders ihrer Implementierung bis 1970 überwiegend kritisch beurteilt worden[84]. Der kritische Punkt der neuen Strategie war die Frage, ob das Produktionsziel von 10 Millionen t Zucker nicht so ehrgeizig war, daß es notwendigerweise einen nicht geplanten Abzug der Ressourcen von anderen Branchen implizierte. Für die Modernisierung und das Wachstum der Zuckerproduktion waren erhebliche Investitionen notwendig: Im Vergleich zu durchschnittlich 42 Millionen Pesos jährlich 1963-64 waren dies 250 Millionen Pesos pro Jahr, d.h. mehr als 6 mal so viel allein im Zuckersektor[85]. Zwischen 1966-70 waren ungefähr 70 % aller geplanten produktiven Investitionen für den Zuckersektor vorgesehen[86]. Für eine Zuckerproduktion von 10 Mio t wurden bei gegebener Technologie mehr als 500.000 Arbeitskräfte während der Zuckerrohrernte benötigt. Dies deutete auf eine erhebliche Reduzierung der Pläne zur Diversifizierung hin, die auf den ersten Blick um so gravierender schien, als ein Teil der neuen Kulturen potentielle Exportbranchen waren. Dumont kam daher zu dem Schluß, daß die reale Prioritätenskala der Agrarplanung bis 1970 war: Zuckerrohr, Rinderprodukte, Geflügel, daneben Exportplantagen (Zitrusfrüchte, Kaffee, Ananas); "an letzter Stelle erst kamen die Nahrungsmittelkulturen für die lokale Ernährung".[87]

Gegen die hier referierte Kritik gibt es gewichtige Einwände. Einerseits gilt es, die Periodisierung der kubanischen Wachstumsstrategie genau zu beachten. Die Konzentration der Ressourcen auf den Zuckersektor in diesem Ausmaß war auf die Zeit bis 1970 beschränkt, während danach die landwirtschaftliche Diversifizierung mit erhöhtem Tempo vorangetrieben werden sollte. Diese vorübergehende Konzentration beruhte u.a. auf der Annahme, daß eine Politik der Importsubstitution in neuen Kulturen erhebliche Investitionen erfordere und nur allmählich Erfolge zeitigen könne, so daß allein das schnelle Wachstum des traditionellen Zuckerexportsektors das Zahlungsbilanzdefizit ausgleichen und die notwendigen Importe finanzieren könne. Richtig dagegen scheint zu sein, daß die Gemüselandwirtschaft anfänglich in der neuen Entwicklungsplanung vernachlässigt wurde. Bis 1968 hat es keinen kohärenten Plan für die Gemüselandwirtschaft des staatlichen Sektors gegeben und die Hilfe für den entsprechenden Privatsektor war unzureichend[88].

Die entscheidende Annahme, auf der die Politik inkrementeller Diversifizierung basierte, war, daß es unter den veränderten internationalen und internen soziopolitischen und institutionellen Bedingungen möglich wäre, den geerbten Moloch des Zuckersektors für die gesamtwirtschaftliche Entwicklung in vielfältiger Weise fruchtbar zu machen, ohne gleichzeitig die Zuckermonokultur zu reproduzieren. In kubanischer Perspektive dienten die Investitionen im Rahmen der 'Zuckerstrategie' nicht nur der Steigerung der Zuckerproduktion; vielmehr betrachtete man die Modernisierungsinvestitionen zur Steigerung der Flächen- und Arbeitsproduktivität besonders der bisher arbeitsintensiven und flächenhungrigen Zuckerrohrlandwirtschaft als notwendig zur Freisetzung von Ressourcen (Fläche, Kapital und vor allem Arbeitskräfte) für eine spätere, beschleunigte Diversifizierung. Insofern widersprach die vorübergehende Konzentration von Ressourcen auf den Zuckersektor auch in dieser Hinsicht nicht dem gesamtwirtschaftlichen Ziel einer zukünftigen zunehmenden Differenzierung der Produktionsstruktur. Nimmt man diesen zentralen Aspekt der neuen kubanischen Wachstumsstrategie ernst, dann kommt es zuallererst darauf an zu untersuchen, wie erfolgreich dieser geplante Strukturwandel des Zuckersektors durchgeführt worden ist und inwiefern heute die technologisch-ökonomischen Bedingungen einer breiten inkrementellen Diversifizierung geschaffen worden sind.

10.4.2. Selektive und konzentrierte statt breitgefächerter Diversifizierung

Ein weiterer kritischer Punkt der anfänglichen Praxis der landwirtschaftlichen Diversifizierung in dem selbstkritischen Rückblick der kubanischen Führung war die Art der Verteilung der knappen ökonomischen Ressourcen auf die einzelnen Branchen und Projekte innerhalb der Nicht-Zuckerrohrlandwirtschaft. "Der zweite Fehler bestand nach unserer Ansicht darin, unsere Ressourcen im Namen der Diversifizierung über eine große Anzahl landwirtschaftlicher Produkte zu verzetteln."[89] Diese Streuung der knappen Ressourcen fand in zwei Formen statt: zum einen durch die relativ gleichmäßige Ausdehnung vieler Kulturen innerhalb der staatlichen Landwirtschaft und zum anderen durch das organisatorische Prinzip der Diversifizierung auf der Ebene der einzelnen Betriebe. Die Projekte innerhalb des Staatssektors der Landwirtschaft waren auf insgesamt 25 neue Kulturen und die Viehzucht verteilt[90]. "Die Organisation der Diversifikation auf örtlicher Ebene, d.h. der Anbau einer Vielzahl von Kulturen in jedem Staatsgut"[91], war zunächst dadurch motiviert, innerhalb der Betriebe eine ganzjährige Beschäftigung zu garantieren. Die Konsequenz war die unwirtschaftliche Parzellierung der Anbaufläche: "Auf kleinen Parzellen sah man überall Baumwolle, Hackfrüchte, Getreide, als ob jedes Staatsgut verpflichtet gewesen wäre, die im nationalen Maßstab angestrebte Vielseitigkeit der Produktion bei sich selbst zu erreichen."[92]

Die Produktivität der neuen Kulturen in der staatlichen Landwirtschaft war gering. Bei 11 von 17 zufällig ausgewählten Agrarprodukten sank der Hektarertrag zwischen 1958 und 1962 z.T. erheblich (vgl. Tabelle 10.2). Die Ursache dieser geringen Produktivität sah man darin, daß das breite Diversifizierungsprogramm die technischen und organisatorischen Kapazitäten der Staatsgüter und die planerischen des Staates überschritt: "... Der Beginn einer großen Anzahl von Branchen der Landwirtschaft und der Viehzucht mit unzureichend beherrschten Technologien bedeutete große Spannungen für die noch wenig entwickelte Organisation der Landwirtschaft, die zudem noch natürlichen Übergangsschwierigkeiten als Folge des Prozesses des politischen und sozialen Wandels ausgesetzt war."[93] Daneben glaubte man, daß einige in der gemäßigten Klimazone entstandene Kulturen, wie z.B. Getreide und einige Ölpflanzen, für das tropische Klima und die Böden Kubas nicht sonderlich geeignet waren und deswegen nur eine geringe natürliche Produktivität besaßen, solange die schwierige, zeitraubende und kostspielige Züchtung angepaßten Saatguts noch nicht erfolgreich war. Dieses Argument hat natürlich für die Kulturen keine Berechtigung, in denen vorher eine höhere Produktivität erzielt worden war.

Tabelle 10.2: Landwirtschaftlicher Ertrag in ausgewählten Kulturen in Kuba, 1945 - 1962 (t pro ha)

Kultur	1945	1958	1959	1960	1961	1962	1960-62
Getreide	0,82	0,88	1,10	1,13	0,86	0,88[2]	0,96[2]
Hirse	1,10	1,20	1,26	1,32	1,37	1,09[1]	1,26[2]
Bohnen	0,60	0,60	0,63	0,44	0,51	0,53[2]	0,49[1]
Kartoffeln	6,77	6,47	9,89	11,09	8,58	8,71[1]	9,46[1]
Süße Kartoffeln	3,06	3,07	3,29	3,92	4,50	4,30[2]	4,24[2]
Yam	3,32	3,31	3,46	3,94	4,17	5,30[2]	4,47[2]
Malanga	2,79	7,02	7,16	7,30	3,50	4,10[1]	4,97[2]
Yucca	3,22	3,70	3,84	3,85	5,15	6,80[2]	4,10[2]
Erdnüsse	0,95	0,94	1,01	1,05	0,94	0,91[1]	0,97[2]
Sojabohnen	-	0,96	1,01	1,10	0,61	0,66[1]	0,79[1]
Tomaten	13,00	20,60	21,10	21,70	13,65	12,90[1]	16,08[1]
Knoblauch	1,40	6,72	6,72	6,92	3,31	1,00[1]	3,74[1]
Kakao	2,40	5,28	5,52	5,82	4,50	4,00[1]	4,78[1]
Baumwolle	-	1,23	1,20	1,20	0,78	0,55[1]	0,84[1]
Kaffee	0,36	0,36	0,58	0,38	0,31	0,38[3]	0,36[3]
Zitrusfrüchte	3,74	5,24	5,24	5,48	7,00	6,80[2]	6,42[2]
Reis	1,17	1,88	1,99	1,92	1,42	1,40[1]	1,58[1]

Anmerkungen:

Vergleichsjahre:	1958-62	1958-1960-62
1) Abnehmender Ertrag:	11	8
2) Wachsender Ertrag:	5	8
3) Relativ stabiler Ertrag:	1	1

Quelle: Gayoso 1970, S. 79, Tabelle 17
(dort genauere Quellenangaben)

Die praktischen Konsequenzen, die man aus der Krise der ersten Diversifizierungsstrategie zog, waren die Beschränkung der Zahl der auf kommerzieller Ebene auszubauenden Kulturen und die stärkere Integration in die internationale Arbeitsteilung einerseits und der konzentrierte Einsatz der knappen modernen Ressourcen in einigen wenigen landwirtschaftlichen Wachstumspolen andererseits. Der erste Punkt bedeutete, daß die Vorstellung einer totalen Selbstversorgung mit Nahrungsmitteln aufgegeben wurde, obwohl gleichzeitig eine zunehmende Selbstversorgung angestrebt wurde: "Das relative Gewicht der Konsumgüter (an den Importen, H.F.) wird in der Zukunft mit dem Wachstum der nationalen Produktionen der Tendenz nach abnehmen, obwohl Kuba weiterhin für die gemäßigte Klimazone spezifische Nahrungsmittel importieren wird. Hier wird der Vorschlag gemacht, die Kulturen so auszuwählen, daß man keine totale Selbstversorgung in allen Branchen anstrebt, die im Land produziert werden können, wenn die Möglichkeit besteht, Produkte, in denen die kubanische Landwirtschaft über eine größere potentielle Effizienz verfügt, gegen Produkte zu tauschen, die auch im Land angebaut werden können, aber mit vergleichsweise geringerem Ertrag."[94] Reduziert wurde zunächst u.a. die Anbaufläche für Baumwolle, Erdnüsse, Sojabohnen, Sisalhanf, Mais, Sorgum, Sonnenblumen und Hirse[95]. Eingeschränkt worden war zunächst auch der Reisanbau, bis man nach der politisch motivierten Senkung der chinesischen Reisexporte nach Kuba (1965) gezwungen war, ab 1966 die eigene Reisproduktion wieder zu erhöhen.

Obwohl kurzfristig das entscheidende Kriterium dafür, ob eine Kultur ganz aufgegeben werden, reduziert oder schnell ausgedehnt und modernisiert werden sollte, ihre unmittelbare Produktivität und ökonomische Rentabilität war, war dies jedoch nur ein Aspekt der sektoralen Prioritätensetzung. Die nationalen sektoralen Allokationsentscheidungen wurden nicht gänzlich durch Überlegungen einer ökonomisch vorteilhaften internationalen Spezialisierung bestimmt. Erstens war diese Einfügung in die internationale Arbeitsteilung an bestimmte politische und ökonomische Bedingungen gebunden, so daß einige Ausnahmen gemacht wurden. Voraussetzung der Substitution nationaler Produkte durch Importe in einigen landwirtschaftlichen Branchen war natürlich, daß die entsprechenden Produkte auf dem Weltmarkt überhaupt und billig zu erhalten waren. Nicht zurückgeschraubt wurde zweitens die Produktion spezifisch kubanischer Nahrungsmittel, besonders der Knollenfrüchte wie Malanga, Boniato, Yucca usw., die ebenfalls traditionell eine große Rolle auf dem kubanischen Speisezettel spielten, aber nicht in genügendem Umfang importiert werden konnten. Drittens war es nicht sinnvoll, bestimmte Agrarprodukte zu importieren, die im Verhältnis zu ihrem Produktionspreis hohe Transportkosten (z.B. Tomaten) erforderten[96].

Entwicklungsstrategisch entscheidender war jedoch die Tatsache, daß man klar unterschied zwischen Kulturen mit geringer natürlicher Produktivität und solchen, die nur angesichts der Nichtverfügbarkeit und Nichtbeherrschung moderner Technologie, also aus ökonomischen und technischen Gründen unter kubanischen Bedingungen zunächst nur eine geringe Produktivität erzielten. Innerhalb dieser letzten Kategorie galt das Prinzip der zeitweiligen Konzentration auf die Kulturen mit dem höchsten gesamtwirtschaftlichen und gesamtgesellschaftlichen Nutzen. Dies implizierte aber auch, daß das Wachstum der anderen Produktionszweige nicht aufgehoben, sondern nur - und z.T. nur kurzfristig - so lange aufgeschoben wurde , bis die entsprechenden Voraussetzungen für ihren produktiven und effizienten Anbau zur Verfügung standen: "Andere Kulturen würden hinsichtlich der Rentabilität einem Vergleich mit dem Zuckerrohr standhalten, wenn es uns gelingt, sie mit moderner Technik bei niedrigstem Aufwand anzubauen. Das trifft u.a. auf die Erdnuß und die Baumwolle zu, deren Anbau erfolgreich ausgedehnt werden kann, sobald endgültig über eine Mechanisierung der Erntearbeiten entschieden ist. Probeweise werden wir bereits in diesem Jahr mit dieser Mechanisierung beginnen."[97] In diesen Branchen, in denen eine zukünftige Expansion geplant war, wurde zwar die Produktion eingeschränkt oder stabilisiert, gleichzeitig jedoch die Ausbildung von Agrartechnikern weiterverfolgt. Ein Beispiel dafür ist die Schweinezucht, in der ab 1963 nur der Schweinebestand aufrechterhalten wurde. Ab Anfang der siebziger Jahre, als genügend

Kader und Futtermittel zur Verfügung standen, wurde das Wachstum wieder forciert[98]. Ebenso wie bei der neuen Industrialisierungskonzeption bedeutete aus kubanischer Sicht die kurzfristige Konzentration der Diversifizierungspläne in der Landwirtschaft nicht die Aufgabe ehrgeizigerer Ziele in einer späteren Phase. In den Branchen, die unter Kubas natürlichen Bedingungen potentiell mit hoher Produktivität und ökonomischer Rentabilität angebaut werden konnten, blieb das Ziel einer zukünftigen vollständigen Selbstversorgung.

Parallel zur Reformulierung der Diversifizierungsstrategie,und z.T. auf diese zugeschnitten, verlief eine territoriale und institutionelle Reorganisation des Staatssektors der kubanischen Landwirtschaft. Statt der ungeplanten "wilden" Diversifizierung auf Ebene der einzelnen Betriebseinheit hieß die Parole jetzt 'nationale Diversifikation und örtliche Spezialisierung' in den nationalen Kulturen[99]. Durch die national geplante Allokation der Kulturen sollte erreicht werden, daß diese dort angebaut wurden, wo die optimalen natürlichen und infrastrukturellen (Verkehrswege, Markt usw.) Bedingungen existierten. Die Spezialisierung der großen Staatsbetriebe sollte eine effiziente Nutzung der wenigen Agronomen, Agrartechniker und der knappen Landmaschinen garantieren: "Um die Diversifikation rationell und richtig durchzuführen, ist es notwendig, die Anforderungen einer modernen Landwirtschaft zu beachten. Auf kleinen Flächen kann die moderne Technik nicht in großem Umfang angewendet, können Aussaat, Pflege und Ernte nicht umfassend mechanisiert werden."[100] Durch die Bildung regionaler Schwerpunkte (z.B. von 6 Viehzuchtzentren) sollten die Skaleneffekte bei Anbau, Forschung, Bildung und Weiterverarbeitung genutzt werden. Spezialisierte Schulen, Forschungsinstitutionen und weiterverarbeitende Industrien wurden jeweils in Nähe der entsprechenden landwirtschaftlichen Zentren angesiedelt.

Außerdem wurden die bisher oft räumlich zersplitterten Staatsbetriebe (in der Regel eine Folge der räumlichen Zersplitterung der vorrevolutionären Produktionseinheiten) nach ökonomischen

(Spezialisierung) und geographischen (Minimierung der Transportkosten) Kriterien zu in sich geschlossenen geographischen Einheiten zusammengefaßt und die Größe der Staatsgüter, die sich vorher zwischen 13.400 ha und 40.200 ha bewegt hatte, erheblich reduziert. Gleichzeitig wurden die bisher organisatorisch getrennten Produktionseinheiten der einzelnen Branchen (allgemeine Staatsgüter, Zuckerrohrbetriebe) in 1 bis 3 Produktionsvereinigungen pro Region (von insgesamt 44 Regionen) zusammengefaßt. Dadurch sollten die bisher extrem zentralisierten Entscheidungen über die laufende Produktion dezentralisiert werden und eine regionale Überspezialisierung vermieden werden.

Die Produktionsvereinigungen mußten, im Gegensatz zu den spezialisierten betrieblichen Produktionseinheiten, mehrere Kulturen anbauen. "Aus Gründen der Bodenqualität und eines rationalen Einsatzes der Arbeitskräfte (beim Zuckerrohranbau ist der Arbeitsanfall im Verlauf eines Jahres sehr unterschiedlich) ist es unerläßlich, daß zusammen mit dem Zuckerrohr auch andere pflanzliche und tierische Produkte erzeugt werden."[101] Ein weiteres Prinzip der regionalen Agrarpolitik, das den Grundsatz der Spezialisierung der Staatsbetriebe auflockerte und eine relativ vielfältige regionale Produktionsstruktur in der Landwirtschaft bei gleichzeitiger Nutzung der ökonomischen Vorteile der Spezialisierung garantieren sollte, war die partielle Selbstversorgung der Städte mit schwer transportierbaren oder leicht verderblichen Nahrungsmitteln. Die Bildung von Grüngürteln um die Städte sollte den Einsatz freiwilliger städtischer Arbeitskräfte in der Landwirtschaft durch die Senkung der Transportkosten erleichtern, die Produktion in die Nähe der großen Märkte bringen und attraktive Ausflugsziele für die Stadtbevölkerung schaffen[102].

10.5. Die neue Konzeption des Außenhandels

Eine prägnante Zusammenfassung der ursprünglichen Konzeption des Außenhandels hat der kubanische Ökonom Jacinto Torras gegeben: "Es handelt sich in einem Satz darum, die Monoproduktion durch die Erweiterung und Diversifizierung der nationalen Produktion zu überwinden und die Monopolisierung unseres Außenhandels durch die Ausweitung des Handels und seiner geographischen Verteilung zu brechen und die internationale Abhängigkeit der kubanischen Wirtschaft zu verringern, nicht durch die Verringerung des Außenhandels, sondern durch die Entwicklung unserer Wirtschaft."[103] Dieses Zitat verdeutlicht, daß auch 1959-63 der Außenhandel eine strategische Rolle in der kubanischen Wirtschaft spielen sollte und kein autarkistisches Wachstumsmodell intendiert war, obwohl die Kubaner in ihrer Selbstkritik 1962-63 häufiger von Autarkietendenzen sprachen[104]. Trotzdem bestehen wesentliche Unterschiede zur späteren Außenhandelspolitik. Die wichtigsten Ziele waren der Bruch des US-Außenhandelsmonopols (institutionell und quantitativ) und die Diversifizierung der regionalen Struktur des Außenhandels, die schnelle Diversifizierung der Warenstruktur des Exports, eine breit angelegte und beschleunigte Substitution landwirtschaftlicher und industrieller Importe und die Rationalisierung der Importstruktur im Sinne ihrer Ausrichtung auf die Entwicklungsbedürfnisse der Volkswirtschaft und, soweit bestimmte Konsumgüter national nicht produzierbar waren, die Befriedigung der Grundbedürfnisse der Bevölkerung.

Die breitere Streuung der Handelspartner sollte dazu dienen, "die wirtschaftliche Zusammenarbeit mit allen Ländern auf der Basis der Gleichberechtigung, der gegenseitigen Achtung und des gegenseitigen Vorteils zu entwickeln, und auf diese Weise die Bedingungen für eine systematische Steigerung des Außenhandels zu schaffen"[105]. Zwar sollten auch die Exporte gesteigert werden, um die für das beschleunigte Wachstum notwendigen Devisen zu erwirtschaften, aber der Schwerpunkt lag in dieser Phase eindeutig auf der Substitution von Importen: "Kuba muß in erster Linie schnell (H.F.) seine interne Produktion von Nahrungsmitteln, Rohstoffen für die Industrie und industrieller Produkte steigern."[106]

Durch die rapide Substitution von Importen und den Verzicht auf den Import aller Konsumgüter, "die nicht notwendig bei einem durchschnittlichen Lebensstandard"[107] waren, sollte Importkapazität für den Import von Kapitalgütern freigesetzt werden. Obwohl man die Zuckerproduktion und -exporte nicht verringern, sondern kurzfristig sogar auf 8 Millionen t ausdehnen wollte, hoffte man durch die Erweiterung der Palette der Exportprodukte auf einige 100 Artikel (!) die Warenstruktur des Exports relativ schnell diversifizieren zu können.

Der Rückgang der (Zucker)Exporteinnahmen war also ebenso wenig beabsichtigt wie der Abbruch des Handels mit den USA und die relativ geringe Bedeutung des Handels mit den anderen kapitalistischen Nationen, die "allein auf den Wirtschaftskrieg der USA gegen Kuba (zurückzuführen)"[108] waren. Durch das US-Embargo einerseits sowie das Scheitern der Strategie beschleunigter Industrialisierung und landwirtschaftlicher Diversifizierung und damit auch einer rapiden Importsubstitution, die in der wachsenden Handelsbilanzkrise ihren alarmierendsten Ausdruck fanden, sah man sich gezwungen, einige Aspekte der Außenhandelskonzeption neu zu formulieren.

Angesichts der Krise der Importsubstitutionspolitik sollten kurzfristig die(traditionellen) Rohstoffexporte in einem hohen Tempo ausgeweitet werden. Das Programm der Importsubstitution wurde zeitlich gestreckt und konzentriert. Die Monoexportstruktur hielt man in einer mittelfristigen Perspektive für unvermeidlich, wenn man unmittelbar gegebene komparative Kostenvorteile nutzen wollte. Gleichzeitig überschritt die Konzeption des Zuckersektors als Leitsektor gesamtwirtschaftlicher Entwicklung wesentlich die Rolle traditioneller Rohstoffexportsektoren der Peripherie. Das implizierte auch nicht den Verzicht auf eine Diversifizierung der Exportstruktur überhaupt, die langfristig durch die Nutzung natürlicher und die Entwicklung dynamischer komparativer Kostenvorteile in den sekundären sektoralen Wachstumspolen zu realisieren sei.

10.5.1. Exportgetriebenes Wachstum als Motor ökonomisch effizienter Importsubstitution und Integration

Die kubanische Konzeption des exportgetriebenen Wachstums hatte einen dreifachen Sinn. Erstens war sie kurzfristig notwendig zur Überwindung der Außenhandelskrise, zweitens war sie ein Ausdruck des prinzipiell außenhandelsabhängigen Charakters der kubanischen Ökonomie und drittens diente sie der Vorbereitung und Initiierung eines neuen Schubs ökonomisch effizienter Importsubstitution. Die Überwindung des externen Engpasses "erfordert(e) mittelfristig" ein "beschleunigtes Wachstum der Exporte"[109]. Bis 1970 sollten die Exporte mit jährlich 14 % erheblich schneller wachsen als die Gesamtwirtschaft. Die Steigerung der Exportproduktion glaubte man am schnellsten "auf der Basis traditioneller Produktionen und natürlicher Vorteile"[110] zu erreichen, in erster Linie durch die Steigerung der Zuckerproduktion (vgl. dazu genauer in Kapitel 10. 4).

Auch nach der Aufgabe der Politik beschleunigter Industrialisierung und im Rahmen der Konzeption der Industrialisierung auf der Grundlage kubanischer Rohstoffe war die kubanische Wirtschaft strukturell importabhängig. Importe waren grundsätzlich notwendig, weil bestimmte Rohstoffe in Kuba nicht existierten und nicht alle benötigten Agrarprodukte aufgrund der durch "Grenzen der territorialen Ausdehnung"[111] und der Zucker(rohr)produktion für den Export begrenzten Agrarfläche sowie des tropischen Klimas in Kuba (ökonomisch) angebaut werden konnten. Importe waren mittelfristig unvermeidbar, weil die mineralischen Ressourcen nur unzureichend exploriert waren und die Landwirtschaft erst intensiviert werden wollte und weil wegen der deformierten Produktionsstruktur die meisten Zwischenprodukte und Kapitalgüter importiert werden mußten, so daß eine beschleunigte Akkumulation zunächst notwendig zu höheren Importen führen mußte[112].

Außerdem war es in einer kleinen offenen Ökonomie nicht notwendig und ökonomisch nicht sinnvoll,"alle Produktionsgüter ... national"herzustellen; ebenso brauchte sich die "Produktion von Konsumgütern nicht auf den Binnenmarkt zu beschränken"[113]. In dem Schema der erweiterten Reproduktion in einer offenen Ökonomie ist der Außenhandel "kein sekundärer Aspekt, sondern übernimmt eine "Schlüsselstellung in der wirtschaftlichen Entwicklung", indem er dazu dient, "die gesamtwirtschaftliche Effizienz zu optimieren"[114]. Im Gegensatz zu dem Modell erweiterter Reproduktion in einer geschlossenen Volkswirtschaft sind die Akkumulationsentscheidungen in einer offenen Ökonomie flexibler, weil es möglich ist, "die Branchen zu wählen, in denen ein Land komparative Vorteile besitzt, sowie solche abzulehnen, bei denen der Import der Produkte vorteilhafter war als ihre interne Produktion"[115]. Da die Importkapazität eines Landes durch sein Deviseneinkommen bestimmt wird, ist in diesem Sinne in jeder offenen Volkswirtschaft ein exportgetriebenes Wachstum erforlich. Die Tendenz zu einer zunehmenden internationalen Arbeitsteilung wird durch die gewachsenen Erfordernisse moderner Technologie (Kapital, Kompetenz, Marktvolumen) verstärkt, die "in Richtung auf ein Anwachsen des Warenaustausches und der Spezialisierung der Exportproduktion wirken"[116].

Der Exportsektor übernimmt in dem skizzierten Modell der erweiterten Reproduktion in einer offenen Ökonomie z.T. die Funktion der Kapitalakkumulation der Produktionsmittelbranchen in einer geschlossenen Wirtschaft. Der Export welcher Produkte gesamtwirtschaftlich sinnvoll ist, wird bestimmt durch die Ressourcenausstattung, die komparativen Möglichkeiten zur Steigerung der Produktivität in den einzelnen Branchen der Kapitalgüterindustrie im Vergleich zum Exportsektor und die Austauschbedingungen. Soweit das Argument der Identität von Kapitalgüterindustrie und Exportsektor in kritischer Absicht gegen die kubanische Konzeption des exportgetriebenen Wachstums angeführt wurde[117], wird übersehen, daß diese Identität nur besteht, "wenn (H.F.) die durch den Exportsektor erwirtschafteten Devisen gebraucht werden, um Kapitalgüter zu importieren"[118]. Da ein erheblicher Teil der Importkapazität in Kuba für den Import von Konsumgütern verwandt wird, sind die sozialen Kosten der mittelfristigen Priorisierung der Exportproduktion geringer als die des Primats der Produktionsmittelbranchen im sowjetischen Akkumulationsmodell.

Das Problem einer autozentrierten Entwicklung in kleinen, stark vom Außenhandel abhängigen Entwicklungsländern besteht darin, die gesamtwirtschaftlichen Vorteile des Außenhandels zu nutzen, und gleichzeitig eine kohärente Produktionsstruktur zu entwickeln. Der kubanische Versuch, dieses Problem zu lösen, läuft darauf hinaus, sich "in Branchen mit komparativen Kostenvorteilen zu spezialisieren und parallel dazu eine größere wirtschaftliche Integration"[119] durch die Nutzung der Koppelungseffekte der Exportbranchen zu erreichen. Da das Wachstum der der Exportsektoren nicht durch den Umfang des Binnenmarkts beschränkt wird, sind die von diesen ausgehenden Vorwärts- und Rückwärtskoppelungseffekte besonders stark[120], so daß sich die Strategie konzentrischer Diversifizierung um die Exportbranchen als Wachstumspole besonders für kleine Länder als ökonomisch effiziente Form des Aufbaus einer integrierten Produktionsstruktur anbietet. In Kuba wurde das exportgetriebene Wachstum explizit als Motor einer ökonomisch effizienten Importsubstitution geplant: "Zusammengefaßt handelt es sich also nicht darum, die Exportaktivität einfach in kolonialistischer oder neokolonialistischer Art und Weise zu konzipieren, sondern als ein Zentrum produktiver Aktivitäten auf internationalem technologischem Niveau,das durch die Nachfrage nach komplementären Aktivitäten Verzweigungen innerhalb der Wirtschaft nach sich zieht, in denen wegen des Umfangs der Märkte die Anwendung moderner Technologie ihrerseits möglich ist. Mit anderen Worten bedeutet dies, daß das wirtschaftliche Wachstum 'nach außen' durch die Art und Weise, wie es konzipiert worden ist, notwendig eine Entwicklung 'nach innen' impliziert."[121]

Für die kubanische Perspektivplanung bedeutete dies, daß in einer ersten Phase (in der anfänglichen Planung bis 1970) der Schwerpunkt auf den Exportsektoren (mit der Ausnahme der Viehzucht) lag, während danach in dem Maße, wie die Voraussetzungen (Investitionskapital, Devisen, Märkte, qualifizierte Arbeitskräfte) dafür herangereift waren, ein neuer Schub einer ökonomisch effizienten Importsubstitution "auf der Grundlage eines Industrialisierungsprogramms großen Umfangs" eingeleitet werden sollte. "Wir werden die notwendigen Voraussetzungen für ein solches

Programm schaffen, indem wir vollen Gebrauch von den Möglichkeiten machen, die der Außenhandel einem unterentwickelten Land bietet."[122] In kubanischer Perspektive ist die "Alternative Importsubstitution versus Exportwachstum im wesentlichen eine Problematik der Sequenz, deren optimaler Rhythmus bestimmt wird durch die maximale Ausnutzung der externen Konjunktur auf der Basis traditioneller Technologien und die gleichzeitige Initiierung importsubstituierender Aktivitäten in dem Maße, wie ein optimales Nachfrageniveau erreicht wird und man über ausreichend qualifizierte Arbeitskräfte verfügt."[123] Der Vorwurf, daß auch im sozialistischen Kuba - wie in den kapitalistischen Rohstoffexportökonomien der Peripherie - das Wachstum des Exportsektors von einem Mittel zur Erwirtschaftung der notwendigen Devisen zu einem Selbstzweck geworden sei[124], hat zwar angesichts des überzogenen Planziels von 10 Mio t Zucker auf den ersten Blick den Anschein von Plausibilität, geht aber vollkommen am Kern der kubanischen Wachstumsstrategie vorbei.

10.5.2. Der Zuckersektor als mittelfristige Hauptdevisenquelle und als Leitsektor gesamtwirtschaftlicher Entwicklung

Die Begründung der Aufwertung des Zuckersektors im Rahmen der neuen Entwicklungsstrategie geschah auf zwei Ebenen: Einerseits wurde mit seinen statischen, gegebenen (in erster Linie natürlichen, aber auch auf früheren Investitionen beruhenden) komparativen Kostenvorteilen seine Fähigkeit begründet, am effizientesten zur Überwindung des zentralen externen Engpasses beizutragen. Andererseits wurde der Zuckersektor jedoch von Anfang an viel breiter und grundsätzlicher als Leitsektor gesamtwirtschaftlicher und technologischer Entwicklung konzipiert. Der Zuckersektor war mittelfristig die Inkarnation der Strategie ökonomisch effizienter Importsubstitution, konzentrischer Diversifizierung und Integration via exportgetriebenen Wachstums. Vielleicht weil die Resultate dieser Strategie erst allmählich sichtbar werden und von kubanischer Seite häufig wegen der Relevanz des Handelsbilanzdefizits diese kurzfristige Dimension stärker herausgestrichen wurde, hat die Konzeption der Rolle des Zuckersektors als Leitsektors nicht die ihr gebührende Aufmerksamkeit gefunden.

Ab 1963 war man zu der Auffassung gekommen, daß mittelfristig "Zucker unsere Hauptdevisenquelle bleiben wird"[125], obwohl die Diversifizierung der Exportstruktur weiterhin das perspektivische Ziel blieb. Das Hauptargument für diese vorübergehende Rückkehr zur Monoexportstruktur war, daß der Zuckersektor kurzfristig am ehesten den Exportsurplus maximieren könne, wohingegen"neue Quellen des Exports, wie z.B. die Produkte der Landwirtschaft und der Viehzucht, die Nutzung der Ressourcen des Bergbaus und des Meeres, die Zuckerrohrnebenprodukte usw. ...", die den Wert der Exporte in signifikanter Weise erhöhen könnten, erst langfristig erfolgreich sein könnten."Allein ein Weg kann die nationalen Exporte wesentlich erhöhen: die schnelle Steigerung der Zuckerproduktion."[126] 1966 konstatierte Fidel in einer Rede, daß auf einer bewässerten Fläche von 82.222 ha Zuckerrohr ein Deviseneinkommen von 150 Millionen Dollar erwirtschaftet würden, der Reisanbau auf der gleichen Fläche dagegen nur einen Exporterlös von 25 Millionen Dollar, also nur knapp 17 % der Zuckereinnahmen einbringe[127]. Nach anderen Angaben war der komparative nationale Rentabilitätsvorteil des Zuckerexports im Vergleich zu anderen Agrarexporten noch größer. Reis und Kaffee würden demnach nur ein Deviseneinkommen von knapp 6 % der Zuckererlöse erzielen: "Fidel sorgt sich über Kubas wirtschaftliche Abhängigkeit von einer einzigen Kultur, Zuckerrohr, aber, obwohl er immer noch sucht, sieht er keine Alternative: 'Wir wissen, daß es falsch ist, so abhängig vom Zucker zu sein, aber unser Boden und unser Klima sind perfekt dafür. Wir haben viele Alternativen untersucht und kommen immer wieder auf Zucker zurück. Wir haben Experimente mit Korn, Reis, Kaffee und anderen Pflanzen durchgeführt und herausgefunden, daß wir 400 Dollar pro Hektar mit ihnen erwirtschaften können. Zucker bringt uns 7.000 Dollar pro Hektar. Daher werden wir weiter Zucker verkaufen und die anderen Dinge, die wir brauchen, auf dem Weltmarkt einkaufen.'"[128]

Andere Argumente für die Priorisierung des Zuckersektors waren[129]: Die Zuckerindustrie verfügte über ungenutzte Kapazitäten, da sie in der Lage gewesen war, 1952 7 Millionen t und 1961 6,8 Millionen t Rohzucker zu produzieren, Mengen, die erheblich über dem Produktionsdurchschnitt von 5,2 Millionen t 1959-64 lagen; in der Zuckerindustrie, im Gegensatz zu neuen Industrien, bestand ein kleiner Stamm in Kuba gebliebener Techniker und qualifizierter Arbeiter. Außerdem verfügten die Arbeiter des Zuckersektors insgesamt über eine traditionelle Produktionserfahrung; im Verhältnis zu anderen landwirtschaftlichen und industriellen Sektoren war der Importbedarf der laufenden Zuckerproduktion mit rund 5 % minimal; im Unterschied zu anderen landwirtschaftlichen Branchen war der Zuckersektor schon ein agroindustrieller Komplex und Zucker ein, wenn auch nur gering, industriell verarbeitetes Agrarprodukt. Die Technologie der Zuckerindustrie war schon über das Stadium der Manufaktur hinaus, wenn auch die Maschinen und Ausrüstungen allgemein veraltet und, an internationalen Maßstäben gemessen, rückständig waren.

Die Quintessenz der Argumentation war also, daß der Zuckersektor angesichts seiner relativ hohen Produktivität und seines geringen Importbedarfs ein Maximum an Devisen bei einem Minimum an Importen erwirtschaften könnte. Außerdem schien die Priorisierung des Zuckersektors auch aus den angeführten Gründen nur in geringerem Maße die anderen Engpässe zu belasten: den Mangel an Finanzkapital, qualifizierten Arbeitskräften und die begrenzte Investitionskapazität allgemein. Ein Wachstum der Zuckerproduktion schien daher, und angesichts der ungenutzten Ressourcen, relativ leicht, mit minimalen Aufwand möglich. Das Wachstum anderer, auch agroindustrieller Sektoren, so glaubte man, hätte mehr Zeit, mehr Investitionen und mehr qualifizierte Arbeitskräfte erfordert[130].

Den Kubanern ist häufiger die Frage gestellt worden, ob nicht die Spezialisierung auf den Zuckerexport nach Maßgabe der Theorie der komparativen Kosten notwendig die Möglichkeiten der Transformation der Wirtschaftsstruktur begrenze. Dabei wurde meist unterstellt, daß man sich "an einem statischen, neoklassischen Begriff des internationalen Handels und der Spezialisierung"[131] orientiere. Die häufige Betonung der günstigen natürlichen Voraussetzungen der Spezialisierung Kubas auf die Zuckerproduktion im Rahmen der internationalen Arbeitsteilung scheint auf den ersten Blick eine solche Interpretation zu rechtfertigen. Daher scheint Beckfords Frage berechtigt, "ob solche Integration (mit der Sowjetunion, H.F.) die Diversifizierung der kubanischen Wirtschaft zuläßt und ihre langfristige strukturelle Transformation erlaubt. Welche Art von Konzessionen, wenn überhaupt, hat die Sowjetunion den Kubanern für den Export nicht-landwirtschaftlicher Produkte angeboten?"[132]

Die Kubaner, die sich aufgrund ihrer langjährigen Erfahrung mit der Zuckermonokultur dieser Problematik durchaus bewußt waren, haben gegen diese Kritik, soweit ich sehe, drei essentielle Argumente ins Feld geführt, die die Dynamik ihrer Entwicklungspolitik im wesentlichen mitbestimmt haben. Die Essenz ihrer Argumentation bestand in der These, daß erst unter den (nationalen und internationalen) sozioökonomischen Bedingungen Kubas der Zuckersektor zu einem gesamtwirtschaftlich effizienten Exportsektor würde, und in dem Hinweis, daß der Zuckerexportsektor darüber hinaus als Leitsektor gesamtwirtschaftlicher Entwicklung konzipiert war. Die Gründe für die Annahme, daß die Monoexportstruktur die strukturelle Transformation der Ökonomie nicht behindere, sondern sie fördere, waren im einzelnen:

1. Die nationalen und internationalen sozialen, politischen, ökonomischen und institutionellen Rahmenbedingungen der Spezialisierung Kubas auf den Export von Zucker waren derart, daß der Zuckerexportsektor den Exportsurplus maximierte und seine produktive Nutzung für die Entwicklung anderer Sektoren garantierte.

2. Nur kurzfristig orientierte sich die Exportspezialisierung Kubas an einer statischen Theorie komparativer Kostenvorteile, perspektivisch dagegen an einer dynamischen Theorie potentieller komparativer Kostenvorteile. Dies implizierte einen totalen Strukturwandel der Technologie und Sozialökonomie der Zuckerproduktion.

3. Selbst die Spezialisierung Kubas auf den Zuckerrohranbau gehorchte nur teilweise den Imperativen internationaler monetärer Kostenvorteile. Daneben wurde der höhere produktive Nutzen des Zuckerrohranbaus zur Befriedigung bestimmter Bedürfnisse der Binnenwirtschaft und als großer Markt für vorgelagerte Branchen betont. Über die geplante Organisation einer Vielzahl von Koppelungs- und Ausbreitungseffekten sollte der Zuckerexportsektor die "Entwicklung der Gesamtwirtschaft"[133] erlauben und stimulieren. Voraussetzung dieser Funktion war gerade die technologische und soziale Revolutionierung des Zuckersektors.

Zu 1.
Nicht die Monoexportstruktur als solche, so wurde argumentiert, sei die Ursache der Abhängigkeit und Unterentwicklung, sondern die internen und externen Strukturen (ausländisches Eigentum, ungleicher Tausch, Überausbeutung) des peripheren Kapitalismus[134]. Hat man diese Bedingungen verändert, dann "verwandelt sich der Monoexport aus einem Instrument der Unterordnung in eine Hauptquelle für die schnelle ökonomische Entwicklung"[135]. Interne Bedingungen waren die Verstaatlichung des Zuckersektors und seine Integration in die gesamtwirtschaftliche Planung sowie die vergleichsweise hohe Produktivität des Zuckerexportsektors: "Drittens muß man nämlich berücksichtigen, daß der Monoexport einen völlig anderen Charakter erhält, wenn sich die wichtigsten Exportzweige der Wirtschaft in den Händen des Volkes befinden und der Außenhandel auf einem Markt stattfindet, der sich qualitativ und quantitativ grundlegend von dem kontrollierten monopolistischen und von Krisen geschüttelten kapitalistischen Markt unterscheidet. Die Exportzweige eines Landes basieren gewöhnlich auf günstigen natürlichen Gegebenheiten und haben daher eine vergleichsweise hohe Produktivität. Daher können diese Zweige die Grundlage für die beschleunigte Entwicklung der übrigen Bereiche der Wirtschaft bilden. In Kuba wurde die Bedeutung des Zuckers zeitweilig unterschätzt. Man erinnerte sich nur zu gut daran, wie nachteilig die Monokultur für die Entwicklung des Landes war, als diese Schlüsselposition der kubanischen Wirtschaft

noch vom USA-Kapital beherrscht wurde. Deshalb sah man zunächst nicht, daß mit der Übernahme der Macht durch die Werktätigen der Zucker eine völlig neue, positive Bedeutung für Kuba erhielt. ... Die internationale Spezialisierung der Länder, die sich befreien, wird unvermeidlich eine gewisse Zeitlang weiterhin auf den besonders günstigen Exportbedingungen beruhen, die in einigen bestimmten Zweigen dieser Länder bestehen."[136] Interne ökonomische Voraussetzung der Maximierung des durch den Zuckersektor erwirtschafteten Exportsurplus war die Senkung der Produktionskosten durch seine umfassende Modernisierung und die Reduktion des Importgehalts der Investitionen des Zuckersektors durch die wachsende nationale Produktion der Investitionsgüter für alle Etappen der Zuckerproduktion.

Die externe Bedingung für die Annahme der Maximierung des Deviseneinkommens durch den Zuckerexport war der Abschluß von Handelsverträgen mit der Sowjetunion und den anderen sozialistischen Staaten Anfang 1964, die dem kubanischen Zucker einen sicheren Markt zu stabilen und gerechten Preisen garantierten[137]. Die Sowjetunion verpflichtete sich, in den 6 Jahren von 1965 bis 1970 insgesamt 24 Millionen t Zucker aufzukaufen: 2,1 Millionen t 1965, 3 Millionen t 1966, 4 Millionen t 1967 und 1968 - 1970 jeweils 5 Millionen t. Der Preis sollte bei 6,11 Cents pro englisches Pfund stabilisiert werden und lag damit eindeutig über dem durchschnittlichen Weltmarktpreis von 1964 von ca. 4,5 Cents. Die anderen RGW-Staaten und China schlossen ähnliche Abkommen mit Kuba ab. Die RGW-Staaten verpflichteten sich, Kuba jährlich ca.1 Million t Zucker zu 5 - 6 Cents abzunehmen, und China wollte seinen Zuckerimport aus Kuba bis 1970 auf 1 Million t zu ebenfalls 6 Cents steigern. Es scheint, daß der über längere Zeit garantierte Zuckermarkt zu günstigen Preisen unter der Bedingung der vergleichsweise hohen Produktivität und Devisenrentabilität der kubanischen Zuckerproduktion letztendlich determinierend für die Entscheidung zur rapiden Steigerung der Zuckerproduktion bis 1970 war[138]. Das Zuckerproblem bestand jetzt für Kuba nicht mehr, wie vor der Revolution als Folge der restriktiven Zuckerquoten der USA, in beschränkten Absatzmöglichkeiten. Viel eher war die Frage, ob Kuba in der Lage war, die für 1970 anvisierten 10 Millionen t Zucker zu produzieren und zu welchen Kosten.

Zu 2.
Die kurzfristige Orientierung an statischen, im wesentlichen natürlichen, komparativen Kostenvorteilen implizierte nicht, so paradox das auf den ersten Blick erscheinen mag, eine Beschränkung darauf und auch kein Akzeptieren der klassischen Theorie der komparativen Kosten von Ricardo oder ihrer neoklassischen Variante. Diese wurden vielmehr aus verschiedenen Gründen entschieden kritisiert:"Natürlich setzt diese Entwicklung (zu einer rationalen Weltarbeitsteilung im Interesse aller Beteiligten, H.F.) eine vollständige Revision der 'traditionellen' Anschauungen und der auf ihnen fußenden ökonomischen Theorien voraus. ... Dabei treten die Mängel der Theorie von den komparativen Kosten immer krasser hervor. Es ist offensichtlich, daß zahlreiche ihrer Prämissen vom Leben selbst ad absurdum geführt wurden. Wenn man, in der Absicht zu vereinfachen, irreale Dinge zum Ausgangspunkt nimmt, muß das Resultat ein ungeheurer Unsinn sein - nicht immer ohne Absicht. Eine Theorie, die u.a. von statisch gemessenen komparativen Vorteilen ausgeht, die Investitionsgüter und Arbeitskräfte als völlig gleichartig ansieht, die unterschiedliche Kostenstrukturen ignoriert und es unterläßt, die Niveauunterschiede der vergegenständlichten Arbeit (des fixen Kapitals) zu berücksichtigen, eine Theorie, die sich schließlich sogar über die Tendenz zur Verschlechterung der 'terms of trade' einfach hinwegsetzt, kann nur den Zweck haben, die Aufmerksamkeit von den wirklichen Ursachen für die Vertiefung der Unterschiede zwischen den ökonomisch fortgeschrittenen und zurückgebliebenen Ländern abzulenken."[139]

Perspektivisch wurde eine neue internationale Spezialisierung nach Maßgabe einer "dynamischen Theorie (potentieller komparativer Kostenvorteile, H.F.), die unlöslich mit der Praxis der internationalen sozialistischen Zusammenarbeit verbunden ist"[140], angestrebt. Dynamische komparative Kostenvorteile setzten, im Gegensatz zu statischen und natürlichen, Investitionen zur Modernisierung der Produktion, zur Entwicklung neuer Technologien, zur Qualifikation von Arbeitskräften, zur Steigerung des Verarbeitungsgrades der Produkte usw., voraus[141]. Die mittelfristige

Spezialisierung nach Maßgabe dynamischer komparativer Kostenvorteile auf den Zuckersektor, wie sie in Kuba geplant wurde, implizierte daher weder die Reproduktion einer rückständigen Landwirtschaft noch die Überausbeutung der Arbeitskräfte, weder den dauerhaften Status eines Rohstoffexporteurs noch die Reproduktion sektoraler technologischer Abhängigkeit. Intendiert war vielmehr die vorrangige Modernisierung der Zuckerrohrlandwirtschaft, die Steigerung der Einkommen der in der Zuckerindustrie Beschäftigten parallel zum Wachstum der Produktivität, die zunehmende Steigerung des Verarbeitungsgrades des Zuckers und der Zuckerrohrnebenprodukte und die umfassende Beherrschung der Technologie (die Fähigkeit zur Absorption, Adaption und Entwicklung von Technologien)[142] aller Etappen der Zuckerrohrproduktion.

Kubas Vorschläge für neue kubanische Exportprodukte im Rahmen der internationalen sozialistischen Arbeitsteilung orientierten sich an der skizzierten Perspektive; u.a. schlug man die Spezialisierung Kubas auf den Export von Zellulose und Papier aus Bagasse und von Ausrüstungen für die Zuckerindustrie einschließlich Kleincomputer, die für diese entwickelt worden waren, vor[143]. Auch in den sekundären Wachstumspolen wurde eine Strategie konzentrischer Diversifizierung verfolgt[144], deren Entwicklungslogik sich zunehmend auch in der Exportstruktur niederschlagen sollte. Geplant war der Export von Spezialstählen aus Nickel, von Fischereibooten neben Fischprodukten, von Zitrussäften und -konserven parallel zu Zitrusfrüchten usw. Eine offene Frage ist, ob und wie weit die Märkte der sozialistischen Länder für kubanische Fertigprodukte offen oder ob die sozialistischen Länder nicht in erster Linie an für sie wichtigen Rohstoffen interessiert sind[145].

Zu 3.
Die hohe Priorität für den Zuckersektor wurde nicht allein mit komparativen Kostenvorteilen der Zuckerexporte begründet. Daneben trat das Argument, daß Zuckerrohrprodukte auf ökonomische Weise Fertigprodukte, die in der gemäßigten Klimazone aus anderen Rohmaterialien produziert werden, auf dem Binnenmarkt substituieren

könnten. Eine auf dem Zuckerrohranbau fußende verarbeitende Industrie könne in den Tropen einen wesentlichen Beitrag zur Überwindung der Nahrungsmittelknappheit, besonders des Proteinmangels, des Mangels an energetischen Ressourcen und an Holz- und Papierprodukten beitragen. Hier geht es also um den höheren internen Gebrauchswert des Zuckerrohrs und der Zuckerrohrprodukte für eine hochwertige Ernährung von Mensch und Vieh unter tropischen Bedingungen. "... Major Fidel Castro betonte die Vorteile des Zuckerrohrs im Vergleich zu Getreide und Sojabohnen, gemessen am Maßstab der Produktion von Kalorien und Proteinen, die aus Melasse gewonnen werden können."[146] In der Viehzucht war es besonders der höhere Proteingehalt von Zuckerrohrprodukten, der für das Experiment einer intensiven Viehzucht unter tropischen Bedingungen auf der kombinierten Grundlage von Zuckerrohr und Weidewirtschaft den Ausschlag gab. Gegen die Viehzucht auf Getreidebasis sprach neben anderen Faktoren (hoher Wasserbedarf des Getreides, Vernachlässigung des Getreideanbaus in der tropischen Agrarforschung, Notwendigkeit der Mechanisierung wegen Arbeitskräftemangels bei knappen ökonomischen Ressourcen, hohe Arbeitsintensität, da keine mehrjährigen Pflanzen, Zerstörung der Mikrofauna des Bodens, höhere Produktionskosten usw.), daß wegen des geringen Eiweißgehalts des Getreides zusätzlich Futtermittelkonzentrate wie Sojamehl, Fischmehl oder Futterfladen verfüttert werden müssen, die verhältnismäßig teuer sind und weitgehend importiert werden mußten. Daher kommt ein kubanischer Agronom zu dem Schluß, daß für die kubanische Viehzucht das "Binom Weiden-Zuckerrohr und seine Nebenprodukte absolut produktiver, ökonomischer und folglich anstrebenswerter ist als die Produktion von (Futter-)Getreide in Kuba..."[147].

Die Integration von Zuckerindustrie und Viehzucht ist nur ein Aspekt der Umfunktionierung des Zuckerexportsektors zu einem Leitsektor gesamtwirtschaftlicher Entwicklung durch die geplante und systematische nationale Nutzung seiner Koppelungs- und Ausbreitungseffekte[148]. Die Modernisierung der Zuckerrohrlandwirtschaft sollte die allgemeine Modernisierung der Landwirtschaft einleiten, der konzentrierte Ausbau der Zuckerforschung sollte eine allgemeine Entwicklung der wissenschaftlich-technischen Kapazitäten in Gang setzen, die Nachfrage der in der Zuckerindustrie Arbeitenden initiierte den Bau einer Vielzahl von kleinen Agrarstädten, die Branche zur Produktion von 'Zuckermaschinerie' fand in den Expansions- und Modernisierungsplänen der Zuckerindustrie einen adäquaten Markt und wurde als Keimzelle einer allgemeinen Maschinenbauindustrie angesehen usw.

Wegen der konzentrischen Diversifizierung um den und der inkrementellen Diversifizierung der kubanischen Wirtschaft parallel zum Zuckersektor ist es irreführend, Monoexportstruktur, Monokultur und Monoproduktionsstruktur gleichzusetzen. Am größten ist die Konzentration bei den Exporten, geringer ist sie schon innerhalb der Landwirtschaft und am geringsten ist sie auf gesamtwirtschaftlicher Ebene, weil außerhalb der Landwirtschaft die Diversifizierung nicht durch die Knappheit der Agrarfläche begrenzt wird. "Die internationale Arbeitsteilung innerhalb des sozialistischen Weltsystems führt nicht, wie unter dem Imperialismus, zur Etablierung der Monoproduktion und der Monokultur. Kuba wird weiterhin, weil es günstige Bedingungen dazu besitzt und weil es über Erfahrung und Installationen verfügt, die genutzt werden müssen, Zucker produzieren und Zuckerrohr ... pflanzen. Aber gleichzeitig diversifiziert es seine Kulturen...; mit einem Satz, es befreit sich von der Monokultur. Und gleichzeitig forciert es auch die Ausbeutung der mineralischen Ressourcen, beschleunigt die Suche nach Petroleum, erweitert die Nickelproduktion, prospektiert mineralische Ressourcen für seine Industrien, projektiert Installationen für die Produktion und Verarbeitung von Eisen und Stahl, installiert Fabriken für Garn, Textilien, Öl, Kühlschränke, Werkzeuge usw., d.h. es befreit sich von der Monoproduktion und der Rückständigkeit und entwickelt seine Industrie. Innerhalb der internationalen sozialistischen Arbeitsteilung wird Kuba also seine Wirtschaft vielseitig entwickeln und (H.F.) sich in einigen Branchen der Produktion spezialisieren."[149]

10.5.3. Kollektive 'self-reliance', regionale Integration in Lateinamerika und der Karibik und internationale sozialistische Arbeitsteilung

Im folgenden geht es darum, die kubanische Konzeption der wirtschaftlichen Beziehungen zu anderen Peripherienationen zu verstehen und zu bestimmen, in welchem Verhältnis die angestrebte kollektive 'self-reliance' zur faktischen Integration in die internationale sozialistische Arbeitsteilung steht. Trotz relevanter Veränderungen der kubanischen Politik gegenüber nichtsozialistischen Peripherienationen im Laufe der Zeit, die sich wesentlich aus dem Wandel der internationalen politischen Situation erklären, läßt sich eine Kontinuität der Konzeption konstatieren. Vorgeschlagen wird ein politisch-ökonomisches Bündnis zwischen den antiimperialistischen Ländern der Dritten Welt und den entwickelteren sozialistischen Nationen, das durch eine andere Form der Außenwirtschaftsbeziehungen den Entwicklungsprozeß der unterentwickelten Länder fördern statt hemmen soll. Die Wirtschaftsbeziehungen zwischen Kuba und dem sozialistischen Lager werden als ein zu generalisierendes Modell dieser neuen Form wirtschaftlicher Beziehungen verstanden. Kuba sieht seine Rolle als Brückenkopf des politischen Bündnisses und der wirtschaftlichen Kooperation zwischen dem Block der sozialistischen Länder und der antiimperialistischen Nationen der Dritten Welt. Durch die zunehmende politische und wirtschaftliche Vereinigung der unterentwickelten Länder und deren Bündnis mit den sozialistischen Staaten hoffte man, das quantitative Gewicht der Wirtschaftsbeziehungen mit den kapitalistischen Ländern erheblich reduzieren und die Bedingungen dieser Beziehungen im Interesse der bisher ausgebeuteten Nationen verändern zu können. Das bisherige geringe Ausmaß der horizontalen Kooperation Kubas mit anderen Entwicklungsländern war nicht Konsequenz der kubanischen Option einer vorrangigen Integration in die internationale sozialistische Arbeitsteilung - Kuba hat vielmehr auf verschiedenen Ebenen den Integrationsprozeß der Peripherienationen, häufig als Vorreiter, aktiv forciert - sondern der langen internationalen politischen Isolierung Kubas und der restriktiven internen soziopolitischen und wirtschaftlichen Bedingungen in den meisten unterentwickelten Ländern, die die Zusammenarbeit zwischen diesen allgemein erschweren. Eine zunehmende horizontale Arbeitsteilung zwischen den Entwicklungsländern setzt in kubanischer Perspektive konsequente antiimperialistische Positionen dieser Länder voraus, um ihre politische 'Balkanisierung' zu überwinden, sowie die strukturelle Transformation ihrer Ökonomien, durch die erst eine wirtschaftliche Komplementarität hergestellt werden kann - einschließlich des Austausches angepaßter und moderner Technologien. Das Verhältnis zwischen internationaler sozialistischer Arbeitsteilung und kollektiver 'self-reliance' ist durchaus nicht widerspruchslos, obwohl dieser Aspekt von der kubanischen Führung nicht öffentlich thematisiert wird. De facto - und in der kubanischen internationalen Strategie durchaus intendiert - erhöht die wirtschaftliche und politische Integration der weniger entwickelten und häufig kleinen Entwicklungsländer ihre politische Autonomie gegenüber den großen und entwickelteren sozialistischen Nationen.

Obwohl die ökonomische Integration mit den sozialistischen Ländern Kuba zunächst durch die Realität des sich auf Druck der USA verallgemeinernden Embargos aufgezwungen wurde, und die Möglichkeit zu einer engeren Integration mit anderen Peripherienationen, besonders in Lateinamerika, zunächst durch die politische Isolation Kubas äußerst begrenzt blieben, war die Option für die wirtschaftliche Integration der Entwicklungsländer schon früh präsent[150]. Da sich, bis auf Mexiko, ab 1964 alle lateinamerikanischen Staaten dem US-Embargo angeschlossen hatten, konzentrierten sich die kubanischen Bemühungen um eine stärkere horizontale Kooperation zwischen Entwicklungsländern zunächst auf die politisch kooperationsbereiten Nationen anderer Kontinente. Dem Zweck der Intensivierung der Wirtschaftsbeziehungen zwischen den Peripherienationen dienten eine Vielzahl diplomatischer Aktivitäten, u.a. die langen Reisen Guevaras in Länder Afrikas und Asiens (Algerien, Mali, Kongo-Brazzaville, Dahomey, Ghana, Tansania, China) 1959 und 1964-65. Auf seiner ersten Afrikareise versuchte er u.a. Ghana und Algerien für eine engere wirtschaftliche Zusammenarbeit zu gewinnen. Angestrebt wurde eine neue horizontale internationale Arbeitsteilung, innerhalb derer sich jedes Land auf die Branchen spezialisieren sollte, in denen es über eine günstige Rohstoffbasis verfügte, so daß die komplexesten Nebenprodukte von jedem Produkt erhalten und große industrielle Kombinate gebildet werden könnten, die einer erheblichen Gruppe von Ländern dienen könnten[151].

Auch die Kooperation der Länder der Dritten Welt mit dem sozialistischen Staatensystem wurde nicht nur taktisch, sondern schon prinzipiell begründet: "Solange wie die wirtschaftlich abhängigen Völker sich nicht selber von den kapitalistischen Märkten befreien und als ein Block mit den sozialistischen Ländern neue Austauschbedingungen zwischen den Ausgebeuteten und den Ausbeutern durchsetzen, wird es keine gesunde wirtschaftliche Entwicklung geben."[152] Kritisiert wurden diejenigen Länder,"die zwischen Kapitalismus und Sozialismus hin und her schwanken und versuchen, beide Kräfte gegeneinander auszuspielen, um bestimmte Vorteile durch diese Konkurrenz zu erzielen. Eine neue Politik absoluter Verläßlichkeit muß die Beziehungen zwischen den beiden Gruppen von Ländern regieren."[153] Interessant ist, daß Guevara diese Option für ein langfristiges, stabiles und grundsätzliches Bündnis zwischen den sozialistischen und den antiimperialistischen Nationen in der gleichen Rede propagiert, in der er von den sozialistischen Ländern die Eliminierung aller Formen des ungleichen Tausches durch den Aufbau eines neuen internationalen Preissystems fordert, das sich nicht an der Struktur der Preise auf dem kapitalistischen Weltmarkt orientiert. Der spezifische Sinn der Kritik Guevaras an der bisherigen Praxis der sozialistischen Länder besteht also darin, die Bedingungen zu benennen, unter denen ein solches Bündnis moralisch akzeptabel und ökonomisch sinnvoll ist[154].

Zwei Unterschiede zur späteren kubanischen Politik nach 1969-1970 sind hervorzuheben: Erstens wird die internationale Wirtschaftspolitik der sozialistischen Staaten offen und öffentlich kritisiert, und nicht nur von "Che" Guevara. Zweitens werden die politischen Bedingungen intensiver wirtschaftlicher Zusammenarbeit zwischen den unterentwickelten Ländern noch enger definiert: "Wir müssen den revolutionären Charakter des Bündnisses wahren."[155] Die Konsequenz dieses zweiten Aspekts ist, daß auch die internationale Wirtschaftsstrategie Kubas als Mittel in dem politischen Überlebenskampf gegen den Imperialismus und die mit ihm verbündete Bourgeoisie der Peripherienationen verstanden wird. Ein hervorstechendes Beispiel dafür ist die "Zucker-Strategie". Das ehrgeizige Produktionsziel von 10 Millionen t Zucker 1970, das einen erheblichen Überschuß über die durch die Verträge mit den sozialistischen Ländern gebundene Zuckermenge für den kapitalistischen Weltmarkt bedeutete, wurde auch als Teil einer offensiven politischen Strategie gegen die imperialistische Kontrolle des Zuckerweltmarkts und die Zuckerbourgeoisien der Peripherie konzipiert[156].

Nach 1970 wurde dann schärfer zwischen den verschiedenen Ebenen der Außenpolitik unterschieden. Die aktive politische, und unter bestimmten Bedingungen auch militärische Unterstützung von sozialrevolutionären Bewegungen in der Dritten Welt wurde nicht als Hindernis politischer und wirtschaftlicher Beziehungen mit möglichst allen Ländern auf Staatsebene, unabhängig von ihren internen sozialen Systemen, gesehen. "Wir unterhalten diplomatische Beziehungen zu sehr befreundeten, befreundeten, etwas befreundeten und etwas verfeindeten, feindlichen und sehr feindlichen Ländern. Wir können diese diplomatischen Beziehungen innerhalb dieser Spannweite aufrechterhalten."[157] Das Verwischen der Unterschiede zwischen den beiden politischen Ebenen internationaler Beziehungen wurde später als Reaktion auf die politische Isolation Kubas erklärt[158]. In unserem Kontext impliziert dies, daß Kuba jetzt die Intensivierung der Wirtschaftsbeziehungen mit möglichst vielen Ländern der Dritten Welt anstrebte, daß Kuba zu einem der entschiedensten Protagonisten der wirtschaftlichen Integration Lateinamerikas und zu einem der Wortführer der Forderung der Länder der Dritten Welt nach einer neuen Weltwirtschaftsordnung wurde. Die konkreten Faktoren der internationalen politischen Konjunktur, die diese Akzentverschiebung der internationalen Politik Kubas beeinflußten, waren die allmähliche Überwindung der politischen Isolation Kubas und besonders das Zerbröckeln des US-Embargos in Lateinamerika, das 1974 mit dem Beschluß von

Quito letztlich seine Verbindlichkeit für alle Staaten der OAS verlor, die Etablierung einiger nationalistischer, dezidiert antiimperialistischer Regierungen in Lateinamerika sowie die allgemeine Bewegung der unterentwickelten Länder für eine neue internationale Wirtschaftsordnung, die Stärkung der internationalen Rolle des RGW, das Scheitern der meisten Guerilla-Bewegungen in Lateinamerika und die darauf begründete Erkenntnis, daß die sozialistische Revolution in Lateinamerika nicht unmittelbar auf der Tagesordnung stand, und letztendlich die hohen wirtschaftlichen Kosten der Isolation Kubas von seinen (natürlichen) Handelspartnern in Lateinamerika.

Die neue internationale Rolle Kubas bedeutete nicht den grundsätzlichen Verzicht auf die Unterstützung von nationalen Befreiungsbewegungen in der Dritten Welt, wie das Beispiel Angolas zeigt. Die Formen dieser Unterstützung wurden differenziert und ein weitgehendes politisch-militärisches Engagement auf die Fälle beschränkt, wo die Erfolgsaussichten besonders günstig waren, nämlich auf solche Situationen, in denen der traditionelle Einflußbereich der USA nicht unmittelbar tangiert wurde, in denen eine partielle Interessenidentität zwischen Kuba und der Sowjetunion bestand und das Engagement unterhalb einer Ebene blieb, die die sowjetische Politik der friedlichen Koexistenz gefährdet hätte, in denen realistische kurzfristige Erfolgsaussichten bestanden und möglichst außerhalb Lateinamerikas, so daß die unmittelbaren Interessen der sozial konservativen lateinamerikanischen Staaten nicht berührt und die wirtschaftliche Kooperation Kubas mit diesen nicht gefährdet wurde.

Zwei zentrale Fronten der neuen diplomatischen Aktivitäten Kubas waren der Kampf der Länder der Dritten Welt um eine neue Weltwirtschaftsordnung und die Bemühungen um eine wirtschaftliche Integration Lateinamerikas. In beiden Fällen ist zu beachten, daß die kubanischen Forderungen Übergangsforderungen waren, die das realpolitisch Machbare, besonders in wirtschaftlicher Hinsicht, durchsetzen und gleichzeitig für den antiimperialistischen Kampf und den Vereinigungsprozeß der Länder der Dritten Welt eine mobilisierende Wirkung haben sollten. In beiden Fällen sollten die Möglichkeiten diplomatischer Aktivitäten bis zur Neige ausgekostet werden, ohne daß dadurch sozialrevolutionäre Aktivitäten zur Veränderung der jeweiligen nationalen Kräfteverhältnisse behindert wurden.

Grundlegend für die Beziehungen der Länder der Dritten Welt untereinander war das Konzept der kollektiven 'self-reliance', das von der Konzeption der nationalen 'self-reliance' abgegrenzt und, wie noch zu sehen sein wird, in relevanter Weise eingeschränkt wurde. "Die Initiative auf diesem Gebiet lag immer bei der Bewegung der blockfreien Staaten. Schon in Lusaka (1970) wurde von diesen damit begonnen, die Theorie der sog. self-reliance zu diskutieren ... So durchlief die ursprüngliche These der 'self-reliance' in allgemeinen Begriffen einen positiven Transformationsprozeß. Anfänglich wurde sie von einigen irrtümlicherweise als Vorschlag nationaler Autarkie und der entsprechenden wirtschaftlichen Abkoppelung konzipiert. Diese Phase wurde schnell überwunden und stattdessen tauchte die Konzeption der kollektiven 'self-reliance' auf, die der Problematik viel besser entsprach, obwohl immer noch bei einigen der Glaube an eine sog. "Selbsthilfe" oder "Selbstunterstützung" autarkistische Konnotationen beibehielt, diesmal auf die Gesamtheit der Entwicklungsländer ausgedehnt. Logischerweise war das ebenfalls eine Übergangsperiode. Gegenwärtig hat sich das Konzept der kollektiven 'self-reliance' in ein Gesamtprogramm der Kooperation zwischen den Ländern der Dritten Welt verwandelt, das umfassendste, das es gibt, da es nicht nur einen neuen Typ und eine neue Dynamik der Entwicklung der Beziehungen zwischen ihnen voraussetzt - wirtschaftliche, politische und kulturelle -, sondern auch die Stärkung ihrer Einheit bezüglich der Gesamtheit ihrer Forderungen an die entwickelten kapitalistischen Ländern."[159]

Im Sinne der oben skizzierten Doppelstrategie unterscheiden die Kubaner zwischen Aktivitäten innerhalb der bestehenden Formen der Integration der Länder der Dritten Welt und neuen Ebenen und Formen der Integration. Die traditionellen regionalen Wirtschaftsgemeinschaften beinhalten die Liberalisierung des

Handels zwischen den beteiligten Ländern, gemeinsame Schutzzölle, fiskale Anreize und Subventionen. Diese Maßnahmen wurden jedoch als unzulänglich betrachtet. Kritisiert wurde u.a., daß regionale Integration nicht per se Entwicklung bedeute, sondern einen internen Strukturwandel voraussetze, daß der Abbau von Zollschranken, fiskalische Anreize und andere Instrumente oft nur den multinationalen Konzernen dienten und einen Typ der abhängigen Industrialisierung förderten, daß keine entsprechenden Maßnahmen getroffen wurden, die in einer Reproduktion der ungleichen Entwicklung zwischen den Entwicklungsländern entgegenwirkten, und daß kaum Ansätze einer effektiven Kooperation in der Produktionssphäre und nicht nur auf der Ebene des Handels entwickelt wurden[160].

Aus den genannten Gründen hielt man die Entwicklung neuer Formen der Integration zwischen den Peripherienationen für wesentlich wichtiger. Auf der Ebene des <u>Handels</u> wurden Rohstoffkartelle, Handelsverträge, multinationale Import- und Exportunternehmen, die Etablierung von Informationsdiensten über sektorale Märkte usw. gefordert. In der <u>Produktionssphäre</u> schlug man gemischte Unternehmen zwischen verschiedenen Ländern vor, in denen diese die Komplementarität ihrer natürlichen Ressourcenausstattung nutzen und ihre technischen und finanziellen Potentiale poolen sollten. Auf <u>finanzieller</u> Ebene sollten die reicheren Länder der Dritten Welt einen Teil ihres Kapitals den ärmsten Entwicklungsländern zugute kommen lassen; eine Forderung, die sich besonders an die rohölexportierenden Länder richtete, deren Investitionen in den kapitalistischen Zentren Castro scharf kritisierte: "Wenn alle unterentwickelten Länder die Rohölschlacht zu ihrer machen sollen, ist es notwendig, daß die ölproduzierenden Länder den Kampf der unterentwickelten Welt zu dem ihren machen. Nicht durch die Investition des Einkommens aus Rohöl in den industrialisierten kapitalistischen Ländern oder in internationalen Finanzorganisationen, die durch den Imperialismus kontrolliert werden, kann die Unterstützung der unterentwickelten Länder gewonnen werden. Diese Ressourcen müssen im wesentlichen in der Dritten Welt investiert werden, in dem Kampf gegen die Unterentwicklung, so daß die Rohölschlacht wirklich ein Symbol der Hoffnung für alle Völker der Welt wird, die marginalisiert worden sind."[161] Die kubanische Position zur Politik der OPEC-Staaten ist ein typisches Beispiel der verfolgten Strategie: gegen den Versuch, die unterentwickelten Länder in zwei Gruppen zu spalten, nämlich in solche, die Erdöl exportieren, und solche, die Erdöl importieren, wird der Versuch gemacht, eine gemeinsame Interessenbasis herzustellen.

Die Annahme, daß international der Hauptkonflikt zwischen imperialistischen und abhängigen Nationen verläuft, und die auf der Erfahrung der gescheiterten Guerilla-Bewegungen basierende These, daß weitere sozialistische Revolutionen in Lateinamerika nicht unmittelbar aktuell seien[162], sind relevante politische Motive der Intensivierung der wirtschaftlichen Beziehungen Kubas nach 1970 mit nicht-sozialistischen Staaten in Lateinamerika. Diese Bemühungen waren also nicht allein ökonomisch-pragmatisch motiviert, sondern Teil einer politischen Strategie, nach der "die Entwicklung des revolutionären Prozesses zunächst die Verteidigung der nationalen Interessen beinhalten muß"[163], und die der aktuellen internationalen politischen Konjunktur entsprach: "Dieser Teil des Kontinents geht offensichtlich durch eine Phase des intensiven Nationalismus, der Differenzierung und zunehmend offener Widersprüche zu den USA. Kuba besitzt eine strategische Vision dieser Entwicklung: Es glaubt, daß es sinnvoll ist, die verschiedenen Kräfte gegen die amerikanische Vorherrschaft zu vereinigen. Daher ist, wie wir glauben, jeder Schritt, der dazu beiträgt, diese Vorherrschaft zu schwächen, positiv. Immer wenn diese Haltungen so klar sind, wie die von Peru, Venezuela und Mexico, werden sie von Kuba voll unterstützt."[164]

Dies stellt jedoch nur den konkreten politischen Hintergrund der Bemühungen Kubas um die politische und wirtschaftliche Einheit Lateinamerikas dar. Die Zielsetzung als solche wird von den Kubanern mit einer Vielzahl kultureller, politischer und wirtschaftlicher Argumente begründet. Das Motiv einer "Gemeinsamkeit der Sprache, der Kultur, der Tradition"[165] ist insofern nur von untergeordneter Bedeutung, als der Schwerpunkt der lateinamerikanischen Integration mit Kuba derzeit in der englischsprachigen Karibik liegt, wo, wegen der unterschiedlichen Kolonialmetropolen, diese Gemeinsamkeiten, mit der gewichtigen Ausnahme der Negersklaverei, relativ gering sind (waren)[166]. Politisches Motiv der Einheit Lateinamerikas ist die Überwindung der Balkanisierung der voneinander isolierten und meist kleinen lateinamerikanischen Staaten. Aktuell richtete sich dies gegen die USA, aber unausgesprochen und de facto würde dies auch, obwohl Castro 1973 explizit die Theorie der Supermächte ablehnte, die Position Kubas im Rahmen eines vereinten Lateinamerikas gegenüber der Sowjetunion stärken.

Aber letztlich entscheidend war die Überzeugung, daß angesichts der knappen natürlichen und ökonomischen Ressourcen und der relativ "natürlichen" Beschränktheit des Binnenmarkts des kleinen Kubas und den Anforderungen einer modernen technischen und wirtschaftlichen Entwicklung, Entwicklung ohne die Bildung regionaler Wirtschaftsgemeinschaften nicht möglich sei. "Hier ist die fundamentale Idee, daß es ohne Integration keine Entwicklung gibt. Dies ist der Augenblick großer Gemeinschaften, sowohl kapitalistischer als auch sozialistischer ..."[167] Die Größe eines Landes oder einer Wirtschaftsgemeinschaft ist in kubanischer Perspektive ein wesentlicher Faktor der wirtschaftlichen Entwicklung. Nach Castro war die räumliche Desintegration des kolonialen Imperiums die Ursache dafür, daß die wirtschaftliche Entwicklung Englands nach 1945 hinter der anderer kapitalistischer Zentren zurückblieb: "Einst eine mächtige und stolze Imperialmacht, wird es (England, H.F.) unterentwickelt, wenn man es allein läßt ... England kämpft derzeit verzweifelt für eine Wirtschaftsunion mit Europa..."[168] Auch die "industriellen, wissenschaftlichen und wirtschaftlichen Erfolge der USA" wären nach seiner Ansicht nicht möglich gewesen, "wenn die USA keine große Gemeinschaft gewesen wäre"[169]. Auch die Volksrepublik China ist, nach Castro, ein Beispiel für den fundamentalen Zusammenhang zwischen volkswirtschaftlicher Entwicklung und Größe eines Landes, denn "trotz seiner Armut war" China "fähig, eine Anzahl von Industrien und sogar Nuklearwaffen zu entwickeln. ... Selbst in dem Fall eines armen Landes ermöglicht der Umfang und die Größe der Bevölkerung die Lösung von Problemen, von deren Lösung ein kleines Land nicht einmal träumen könnte."[170]

Ein Überblick über die von Kuba anvisierten Projekte im Rahmen einer wirtschaftlichen Integration Lateinamerikas gewährt einen Einblick in die zu erwartenden wirtschaftlichen Vorteile und zeigt, daß die kubanischen Vorstellungen einer regionalen Wirtschaftsunion z.T. weit über die Konzeption einer Integration mittels interner Liberalisierung des Handels und externer Schutzzölle hinausgeht. Bezüglich des Handels ist Kuba besonders interessiert am Import von Rohstoffen, die es selber nur in unzureichendem Ausmaß besitzt und bisher aus der Sowjetunion importieren mußte. Wenn Kuba Rohöl aus Venezuela statt aus der Sowjetunion importieren könnte, würden nach informierten Schätzungen die Transportkosten pro Barrel von 6,50 Dollar auf 1,10 Dollar gesenkt werden[171], wodurch zumindest ein Teil der sowjetischen Vorzugspreise kompensiert werden könnte. Ein erster Schritt in diese Richtung wurde im Oktober 1978 mit dem Abschluß eines Dreiecks-Abkommens zwischen Mexiko, Kuba und der Sowjetunion getan, das vorsieht, daß Mexiko 2 Millionen t der bisherigen 9 Millionen t jährlichen sowjetischen Rohölexporte nach Kuba übernimmt, während die Sowjetunion den entsprechenden Umfang mexikanischer Rohölexporte nach Europa liefert[172].

Einer von 13 Projektvorschlägen Kubas für die neue "Lateinamerikanische Wirtschaftsgemeinschaft (SELA) bezog sich auf die gemeinsame Produktion von Ausrüstungen für die Zuckerindustrie[173]. Eine andere Möglichkeit, die von den Kubanern anvisiert wird, ist der Aufbau integrierter multinationaler, staatlicher Produktionskomplexe, in denen ein Land jeweils eine Etappe des Produktionsprozesses übernimmt; u.a. könnte in Venezuela produzierter Stahl mit kubanischem Nickel in Kuba veredelt werden[174]. Nennenswerte wirtschaftliche Resultate der SELA sind bisher für Kuba nicht zu verzeichnen; von den 13 kubanischen Projektvorschlägen wurde nur der zum Wohnungsbau für Arbeiter aufgegriffen, aber an Ecuador vergeben[175]. Vielversprechende Ansätze regionaler Integration haben sich dagegen in der Karibik und auf dem Zuckersektor herausgebildet. Ab 1976 operiert eine karibische multinationale Schiffahrtsgesellschaft (NAMUCAR), an der Kuba führend beteiligt ist, die zweimal im Monat zwischen 9 Häfen und 7 karibischen Staaten verkehrt. Die Etablierung von NAMUCAR stellt eine wesentliche infrastrukturelle Voraussetzung der Intensivierung des intraregionalen Handels innerhalb der Karibik dar, dessen Bedeutung bisher relativ gering ist. Das Ziel von NAMUCAR besteht darin, "den Handelsaustausch zwischen den Ländern der Karibik zu steigern, die Abhängigkeit von transnationalen Schiffsgesellschaften zu eliminieren, den Teufelskreis des Defizits oder der Abwesenheit des Handels aufgrund fehlender Transportmittel und umgekehrt zu brechen und die regionale wirtschaftliche Integration zu stimulieren"[176]. Eine aktive Rolle spielt Kuba auch in der 1974 gegründeten Vereinigung der 22 Zuckerproduzenten Lateinamerikas und der Karibik (GEPLACEA), die rund 40 % der Weltzuckerproduktion kontrolliert. Die Aufgabe von GEPLACEA, deren Generalsekretär Kuba zeitweilig gestellt hat, beschränkt sich nicht auf das Aushandeln besserer Vermarktungsbedingungen für Zucker auf dem kapitalistischen Weltmarkt, sondern beinhaltet auch die Intensivierung der wissenschaftlichen und technischen Kooperation auf dem Gebiet der Zuckerproduktion. Eine besonders intensive Kooperation bei der Produktion von Ausrüstungen und Technologien für den Zuckersektor scheint sich auf der Basis bilateraler Verträge zwischen Kuba und Mexiko zu entwickeln.

Obwohl die kubanische Integrationspolitik ansonsten flexibel ist, wird eine effektive wirtschaftliche Integration an bestimmte institutionelle und soziopolitische Bedingungen geknüpft, die den Status von Prinzipien haben. Abgelehnt wird z.B. das Wuchern ineffektiver bürokratischer internationaler Organisationen mit Alibifunktionen. Die neu zu schaffenden internationalen Organisationen sollen mit entsprechenden finanziellen Ressourcen und Entscheidungskompetenzen ausgestattet werden, um als wirksame Integrationsinstrumente zu dienen. Essentielle politische Voraussetzungen der wirtschaftlichen Integration Lateinamerikas sind nach kubanischer Ansicht die Nichtbeteiligung der USA an den internationalen Organisationen, konsequente nationalistische und antiimperialistische Positionen der Mitgliederländer und wirksame Maßnahmen, die verhindern, daß die multinationalen Unternehmen zu Nutznießern der wirtschaftlichen Integration werden.[177] Diese Bedingungen dürfen nicht so verstanden werden, daß Fortschritte der wirtschaftlichen Integration Lateinamerikas an eine kontinentale sozialistische Revolution gebunden sind, obwohl man der Meinung ist, daß dies die Realisierung dieses Ziels erheblich erleichtern würde. Politisches Kriterium ist vielmehr "die Verteidigung der Unabhängigkeit und der nationalen Wirtschaft"[178]. Abgelehnt wird daher weiterhin die Mitarbeit in den Wirtschaftsorganisationen der OAS, in der die USA Mitglied sind, während sich Kuba an der SELA aktiv beteiligt, weil hier die USA ausgeschlossen sind.

Die kurzfristigen Möglichkeiten kollektiver 'self-reliance' der Länder der Dritten Welt im allgemeinen und Lateinamerikas im besonderen werden von kubanischer Seite relativ skeptisch eingeschätzt. Daher wurde die prinzipiell angestrebte wirtschaftliche Integration und Kooperation der Entwicklungsländer von Anfang an, spätestens aber seit der berühmten Rede "Che" Guevaras auf der 1. UNCTAD-Konferenz in Genf 1964, nicht begriffen als vollständige Abkoppelung der Peripherienationen vom kapitalistischen und/oder sozialistischen Weltmarkt der entwickelten Nationen, sondern als fortschreitende Integration der fortschrittlichen, antiimperialistischen, nichtkapitalistischen Entwicklungsländer untereinander und mit dem sozialistischen Weltsystem. Daneben sollten marginale und selektive Beziehungen zum kapitalistischen Weltmarkt aufrechterhalten werden, und zwar in den Bereichen, in denen die Technologie der sozialistischen Länder im Vergleich zu der kapitalistischen Spitzentechnologie eindeutig rückständig war. Nach C.R. Rodriguez belief sich der nicht reduzierbare Anteil des Technologieimports aus kapitalistischen Nationen auf ca. 30 % aller Investitionen in fixe Kapitalgüter, fiel also durchaus ins Gewicht[179].

Die restriktiven Bedingungen der im Sinne von Autarkie interpretierten kollektiven 'self-reliance' der Peripherie waren politisch die Unterordnung der lokal herrschenden Klassen unter ihre jeweiligen imperialistischen Zentren, und in ökonomischer Hinsicht die deformierte Produktionsstruktur der Peripherieökonomien, die im allgemeinen in einem Verhältnis der Konkurrenz und nicht der Komplementarität zueinander standen.

Die schon angedeuteten restriktiven politischen Bedingungen äußerten sich im Falle Kubas zunächst in dem generalisierten Embargo aller lateinamerikanischen Staaten, mit der Ausnahme Mexikos ab 1964. Der Ausbau der Handels- und Wirtschaftsbeziehungen mit den sozialistischen Ländern war für Kuba unter diesen Bedingungen die einzige Alternative: "Jetzt zwingt uns die Geschichte zu einem bestimmten Typ der Integration", denn "in diesem Augenblick ist die Integration mit Lateinamerika nicht möglich"[180]. Trotz der Institutionalisierung der wirtschaftlichen Zusammenarbeit Kubas mit den sozialistischen Staaten in Form des Beitritts zum RGW 1972 wurde dies nicht als Alternative zu einer lateinamerikanischen Wirtschaftsgemeinschaft verstanden; die Option dafür wurde prinzipiell offengehalten: "Als wir dem RGW beitraten, erklärte ich als kubanischer Vertreter dieses Organs, daß wir geglaubt hatten, der historische und natürliche Schauplatz unserer wirtschaftlichen Eingliederung wäre Lateinamerika, selbst wenn im Augenblick aus politischen und sozialen Gründen die Eingliederung in stärkerem Maße in das sozialistische Lager Europas erfolgt. Wir vertrauen auf die Zukunft Lateinamerikas, und wir werden auf lange Sicht weder auf unsere Eigenschaft, Lateinamerikaner zu sein, noch auf unsere Idee einer Einheit, einer Koordinierung und einer Integration ganz Lateinamerikas verzichten. Heute besitzen wir bereits ein weitverzweigtes System von Beziehungen, und wir sind dabei, die Zahl unserer Beziehungen zu erhöhen."[181] Doch auch nach der Aufhebung des Embargos gegen Kuba 1974 waren die Möglichkeiten zur Intensivierung der wirtschaftlichen Beziehungen mit anderen lateinamerikanischen Staaten aufgrund ihrer internen politischen Machtkonstellationen begrenzt. Der Trend Anfang der siebziger Jahre wurde durch die Restauration von Militärdiktaturen (Argentinien, Chile, Uruguay) und politische Kurskorrekturen nach rechts (Peru, Mexiko, Bolivien) z.T. wieder zurückgeschraubt. Am günstigsten ist noch die politische Situation im karibischen Raum.

Auch bei günstigen politischen Bedingungen könnte jedoch, nach kubanischer Ansicht, die Intensivierung der horizontalen Wirtschaftsbeziehungen zwischen den Peripherienationen angesichts der strukturellen Deformation ihrer Produktionsstruktur nur den Grad der Abhängigkeit von den fortgeschrittenen Ländern lindern, nicht aufheben, denn die "Investitionen, die den Import von Technologie nach sich ziehen, sind unvermeidbar. Die Theorie der Entwicklung spricht dem Wachstum des Handels zwischen den Entwicklungsländern eine große Bedeutung zu. Und sie irrt sich nicht. Aber, obwohl das Wachstum des Austausches zwischen den Nationen, die für ihre Entwicklung kämpfen, ihnen erlauben wird, den Grad ihrer Abhängigkeit von den entwickelten Zentren zu reduzieren, lassen sich durch diesen gegenseitigen Handel die Erfordernisse einer modernen und effifizienten Technologie, die ihnen eine Art der Industrialisierung erlaubt, mit der sie fähig sind, Waren zu produzieren, die auf den freien Märkten konkurrenzfähig sind, nicht befriedigen."[182] Erst durch die strukturelle Transformation der internen Produktionsstruktur der lateinamerikanischen Ökonomien könnten die Voraussetzungen für eine Intensivierung der Austauschbeziehungen geschaffen werden: "Wir müssen für eine neue Form unserer Wirtschaft arbeiten, die das Haupthindernis für die Bewegung der Integration Lateinamerikas ist. Das ist etwas äußerst Schwieriges."[183]

Kubas Integration in die internationale sozialistische Arbeitsteilung, zunächst aus der Notwendigkeit geboren, wurde später zum Modell neuartiger wirtschaftlicher Beziehungen zwischen entwickelten und unterentwickelten Nationen überhaupt und zur Keimzelle einer strategischen Vision der zunehmenden Integration von entwickelten sozialistischen Ländern und nationalistischen, antiimperialistischen Entwicklungsländern. Kuba sah seine Rolle in diesem Prozeß aufgrund seiner soziopolitischen Identität als sozialistische und antiimperialistische Nation, seiner ökonomischen Identität als unterentwickeltes Land und seiner geographischen Identität als lateinamerikanische Nation als "Kettenglied zwischen der sozialistischen Integration, in die wir uns einordnen,und der lateinamerikanischen Integration, für die wir arbeiten"[184]. Die Zugehörigkeit Kubas zum RGW war "nicht mehr als der Anfang der wachsenden Präsenz des lateinamerikanischen Kontinents in dieser Organisation"[185]. Der RGW wurde als die einzige internationale Wirtschaftsorganisation angesehen, "die die Län-

der der drei Kontinente dem Streben zur Konsolidierung eines weitgehenden Integrationsprozesses zur Lösung ihrer wichtigsten wirtschaftlichen und sozialen Probleme (verbindet)."[186]
Zur Realisierung dieser Perspektive forderte Kuba vom RGW eine Politik "selektiver Kooperation"[187] in erster Linie mit den fortschrittlichen antiimperialistischen Peripherienationen. Mit den Anträgen Guyanas und Jamaikas auf Mitgliedschaft oder Beobachterstatus im RGW hat diese kubanische Konzeption schon erste Erfolge gezeitigt.

Außer wirtschaftlichen wurden politische und historische Gründe für das enge Bündnis der antiimperialistischen Entwicklungsländer mit den sozialistischen Nationen angeführt. Historisch hatten die sozialistischen Länder nicht an der Ausbeutung der kapitalistischen Peripherie partizipiert und waren selber das Opfer, ähnlich wie Kuba, eines Embargos oder anderer aggressiver wirtschaftlicher Maßnahmen der kapitalistischen Länder gewesen. Politisch und militärisch war das Bündnis mit dem sozialistischen Lager die Voraussetzung der erfolgreichen politischen und wirtschaftlichen Emanzipation der Peripherie, die - das hatte die kubanische Erfahrung gezeigt - nur gegen den Widerstand der imperialistischen Führungsmächte durchzusetzen war. Hinzu kam, daß wirtschaftliche Interdependenz, wie die kubanisch-sowjetischen Beziehungen zeigten, "nicht gleichbedeutend mit politischer Abhängigkeit" sei: "Zu keiner Zeit während der Revolution haben unsere Beziehungen mit der Sowjetunion eine politische Abhängigkeit von der Sowjetunion impliziert, und ich bin sicher, daß sie nie eine solche Abhängigkeit implizieren werden."[189]

Zentrale internationale Bedingungen der politischen Unabhängigkeit Kubas von der Sowjetunion sind - de facto und in der kubanischen außenpolitischen Strategie - das Prestige der kubanischen Revolution in der Dritten Welt und die wirtschaftliche Zusammenarbeit Kubas mit den Entwicklungsländern, wodurch die Außenhandelsabhängigkeit von der Sowjetunion auf ökonomisch sinnvolle Bereiche und Produkte und auf ein politisch ungefährliches Ausmaß reduziert werden könnte. Die Wahl Kubas und Castros auf 3 Jahre zum Führer der Bewegung der Blockfreien (1979), weit davon entfernt, diese Bewegung den Interessen der Sowjetunion unterzuordnen, wie häufig in totaler Ignoranz der Bedeutung des Nord-Süd-Konflikts im internationalen Kräftespiel von der allein in Kategorien des Ost-West-Konflikts denkenden westlichen Presse suggeriert worden ist, hat die Verhandlungsmacht Kubas gegenüber der Sowjetunion potenziert. Einerseits kann Kuba heute gegenüber der Sowjetunion auch als legitimer Sprecher der Dritten Welt auftreten; andererseits weiß auch die Sowjetunion, daß "'das Modell Kuba' nur weiterwirken (kann), wenn Moskau Castro einen möglichst großen Spielraum läßt"[190]. Das Verhältnis von 'kollektiver self-reliance' und internationaler sozialistischer Arbeitsteilung ist also so widerspruchsfrei nicht, wie es die kubanischen offiziellen Stellungnahmen auf den ersten Blick erscheinen lassen.

10.6. Die neue Wachstumsstrategie und die Rolle der Sowjetunion

Die Neuformulierung der kubanischen Wachstumsstrategie 1963-1964 war weder das Resultat direkten politischen oder wirtschaftlichen Drucks der Sowjetunion, noch wurde sie in erster Linie von sowjetischen Experten ausgearbeitet, die aufgrund ihrer Position im kubanischen Planungsapparat in der Lage gewesen wären, ihre Durchsetzung zu forcieren. Ein gewisser Einfluß der Sowjetunion läßt sich dagegen auf der Ebene der kubanischen Rezeption bestimmter, von osteuropäischen Ökonomen erarbeiteter theoretischer Konzeptionen (Modell der internationalen sozialistischen Arbeitsteilung, Spezialisierung nach Maßgabe komparativer Kostenvorteile im Sozialismus) konstatieren. Im Gegensatz zu China wurde der Schwenk der kubanischen Entwicklungspolitik in der Sowjetunion allerdings wohlwollend aufgenommen.

Die Konzipierung der kubanischen Strategie der Agroindustrialisierung mit dem Zuckerexportsektor als Leitsektor war nicht die Folge direkten sowjetischen politischen Einflusses auf die anstehenden Entscheidungen[191]. Der Entschluß für die neue Wirtschaftspolitik wurde wahrscheinlich kurz vor der Reise Castros

Anfang 1964 nach Moskau zum Abschluß der Handelsverträge mit der Sowjetunion getroffen, und damit wahrscheinlich ohne vorherige Konsultation der sowjetischen Führung. Die sowjetischen Bedenken gegen eine schnelle und breite Industrialisierung Kubas waren der kubanischen Führung natürlich schon lange bekannt. Entscheidendes Motiv des Kurswechsels war das Bestreben, eine Wachstumsstrategie zu konzipieren, die den besonderen Bedingungen Kubas entsprach, schnell zur Überwindung der ökonomischen Krise beitrug, ohne daß dadurch prinzipielle entwicklungspolitische Ziele über Bord geworfen werden mußten. Ein gewichtiges politisches Motiv gerade der 10-Millionen-t-Zafra war es gerade, die Verschuldung gegenüber der Sowjetunion möglichst schnell abzubauen, um den politischen Handlungsspielraum Kubas zu erhalten. Außerdem war die kubanische Verhandlungsposition gegenüber der Sowjetunion zu diesem Zeitpunkt aufgrund der geographischen Entfernung zwischen Kuba und der Sowjetunion, des chinesisch-sowjetischen Konflikts, den die Kubaner längere Zeit zur Vergrößerung ihres Handlungsspielraums ausnutzten, des Prestiges der kubanischen Revolution in der Dritten Welt und der politischen Rolle Kubas in Lateinamerika und im Konflikt der Sowjetunion mit den USA noch so stark, daß die Sowjetunion damals nicht in der Lage gewesen wäre, der kubanischen Führung gegen ihren Willen einen wirtschaftspolitischen Kurswechsel zu oktroyieren[192]. Erst durch die vorübergehende Niederlage der Guerilla-Bewegung in Lateinamerika mit dem Tode "Che" Guevaras 1967, das Scheitern der 10-Millionen-t-Zafra und der kubanischen Strategie des gleichzeitigen Aufbaus von Sozialismus und Kommunismus sowie durch den zeitweiligen Erfolg der Politik der friedlichen Koexistenz wurde der politische Handlungsspielraum Kubas eingeschränkt. Heute ist er aufgrund der internen politischen und wirtschaftlichen Stabilisierung und der allmählichen Überwindung der politischen Isolation Kubas besonders in der Dritten Welt wieder größer.

Die neue wirtschaftspolitische Konzeption war auch nicht von sowjetischen Experten konzipiert worden, obwohl osteuropäische Ökonomen den Wandel der Wachstumsstrategie mitbegründet haben und guthießen[193]. Die "Berater aus dem sowjetischen Block" waren auch nicht "in der kubanischen Administration allgegenwärtig"[194], wie Draper es ohne ausreichende Belege suggeriert hat. Das Hauptkontingent gerade der Wirtschaftsexperten im kubanischen Planungsapparat stellten Lateinamerikaner, in erster Linie Chilenen, die z.T. aus politischen, z.T. aus beruflichen Motiven (Arbeitslosigkeit) dem Aufruf der kubanischen Regierung an die lateinamerikanischen Intelligenz, den Exodus der kubanischen Spezialisten ein wenig zu kompensieren, gefolgt waren. Von ungefähr 700 chilenischen Experten und Technikern waren rund 100 Ökonomen, von denen wiederum 46 verantwortliche Posten (u.a. Vizeminister und Direktoren) bekleideten. Daher erscheint die These von Veliz nicht abwegig, daß "es hauptsächlich aufgrund der professionellen Berater des chilenischen Kontingents (war), daß Kuba jetzt einen realistischeren Kurs in der Wirtschaftspolitik verfolgt"[195]. Richtig dagegen ist, daß bestimmte theoretische Modelle und Konzepte, wie z.B. bestimmte Vorstellungen über die Spezialisierung im Rahmen einer internationalen sozialistischen Arbeitsteilung, die neue kubanische Entwicklungsstrategie mitgeformt haben. Die präzisesten Formulierungen der kubanischen Strategie exportgetriebener Agroindustrialisierung, gerade unter der Fragestellung, wie diese als autozentrierte Entwicklungsstrategie zu konzipieren sei, kamen jedoch aus der Feder kubanischer oder in Kuba lebender lateinamerikanischer Experten. Gerade im Zusammenhang mit der neuen Entwicklungsstrategie wurde die "unreflektierte Imitation" anderer sozialistischer Entwicklungsmodelle und der "Mangel an wissenschaftlicher Kreatitivität" kritisiert, welche zu "nicht notwendigen Opfern der Völker" führten,"die keine unvermeidbare Etappe des sozialistischen Aufbaus"[196]seien. Diese Äußerungen sind wohl auch als implizite Kritik der vorhergehenden Phase der kubanischen Entwicklungspolitik zu verstehen, in der man sich nicht in ausreichendem Maße von dem aus der Erfahrung der Sowjetunion gewonnenen Akkumulationsmodell gelöst hatte.

Richtig ist auch, daß erst der Abschluß des kubanisch-sowjetischen Handelsvertrags Anfang 1964 einen garantierten und expandierenden Markt für die Zuckerexportstrategie schuf. Bedenkenswert ist in diesem Zusammenhang das Argument, daß die sowjetischen Vorzugspreise für kubanischen Zucker zu einer Verzerrung der Preisstruktur zuungunsten anderer Export- und anderer für den Binnenmarkt bestimmter Produkte führte. Dies könnte ein Faktor gewesen sein, der zur sektoralen Verzerrung der kubanischen Produktionsstruktur zwischen 1964 und 1970 beigetragen hat. An Gewicht verliert das Argument dadurch, daß diese Vorzugspreise auch für andere Exportprodukte wie z.B. Nickel gewährt wurden, die aus anderen Gründen trotzdem nicht eine analoge Priorität wie die Zuckerproduktion erhielten.

Die Revision der kubanischen Wirtschaftspolitik wurde von sowjetischen Autoren positiv kommentiert. Von der mittelfristigen Konzentration der Ressourcen auf die Landwirtschaft erhoffte man eine schnelle Steigerung des Lebensstandards. Die Erhöhung der Produktivität des Zuckersektors würde zur Finanzierung der Industrialisierung beitragen. Mit Genugtuung kommentierte man besonders die Integration Kubas in die internationale sozialistische Arbeitsteilung und die Absage an "den chinesischen Slogan 'Auf die eigenen Kräfte bauen' und den abenteuerlichen Weg der Autarkie, der von der kommunistischen Partei Chinas befürwortet wird"[197].

Die chinesische Kritik an der neuen kubanischen Wachstumsstrategie machte sich, wie nicht anders zu erwarten, genau an diesem Punkt fest; allerdings wurde diese Kritik öffentlich erst nach dem kubanisch-chinesischen Konflikt um die Reduzierung der kubanischen Reisimporte aus China von 250.000 t 1965 auf 135.000 t 1966 artikuliert. Chinesische Autoren warfen in einem Artikel der Peking-Rundschau Kuba vor, auf die Transformation der "Ökonomie der Zuckermonokultur, ein Erbe des Imperialismus" verzichtet zu haben, und zwar durch die Anwendung dessen, "was die Revisionisten Chrustschows das Prinzip der internationalen sozialistischen Arbeitsteilung nennen, wodurch sie diese Anomalie (noch) entwickelt haben"[198]. Der immanenten Logik und dem Anspruch der kubanischen Wachstumsstrategie wird diese Kritik in keiner Weise gerecht.

10.7. Interner Konflikt um das Ausmaß der Industrialisierung?

Fast noch schwieriger als über den Einfluß der Sowjetunion auf den entwicklungspolitischen Entscheidungsprozeß in Kuba lassen sich eindeutige und empirisch harte Aussagen über interne Konflikte innerhalb der kubanischen Führungsspitze um die neue Wachstumsstrategie machen. Aufgrund der dürftigen Materiallage sind die folgenden Bemerkungen nur als tentative Annäherungen zu verstehen, die sich im wesentlichen auf eine genaue Exegese der Reden und Schriften "Che" Guevaras und auf die Kommentare einiger ausländischer Beobachter stützen, die aufgrund ihrer persönlichen Beziehungen zur kubanischen Führungsspitze und besonders zu Guevara einen Zugang zu der informellen Ebene der Entscheidungsprozesse hatten.

Die neue Konzeption der exportgetriebenen Agroindustrialisierung ist bisher in Kuba nicht grundsätzlich in Frage gestellt worden. Umstritten war jedoch offensichtlich das Ausmaß der Beschränkung des Industrialisierungsprogramms sowie der Rhythmus und die konkreten sektoralen Prioritäten der Industrialisierung.
In der Tat scheint Guevara im Rahmen der allgemein akzeptierten neuen Strategie eine umfangreicheres Industrialisierungsprogramm als Voraussetzung der politischen Unabhängigkeit Kubas anvisiert zu haben, wie u.a. aus Äußerungen R. Dumonts hervorgeht[199].
Den Widerstand Guevaras gegen eine zu starke Einschränkung der Industrialisierung scheint auch seine folgende Warnung vom März 1964 anzudeuten: "Denkt daran, Genossen, daß, obwohl in den folgenden Jahren die Landwirtschaft Kubas fundamentale Ressource sein wird, es kein fortgeschrittenes Land geben kann, das nicht seine Industrie entwickelt. Industrie ist die Zukunft."[200]
Ähnlich ist der Tenor seiner Rede Mitte 1963 in Algier: "Die Zukunft liegt in den großen Innovationen, die das Angesicht der Welt dauernd verändern. Die Zukunft liegt in der Entwicklung der Chemie und der Elektronik, die die Art der Produktion garantieren werden, die alle Bedürfnisse des Volkes befriedigt."[201]
Das entscheidende Motiv Guevaras und anderer Kritiker der zu weitgehenden Beschränkung des Industrialisierungsprogramms

war die Befürchtung, daß Kubas Rolle auch in der neuen internationalen sozialistischen Arbeitsteilung wieder die eines Satelliten sein könnte. Ricardo Rojo, ein argentinischer Freund Guevaras, berichtet, daß Guevara derartige Bedenken hegte: "'Ein agrarisches Kuba, wieder einmal die Zuckerdose der Welt' hat er mir einmal gesagt - es war 1963, 'würde das Leben und die Zukunft des Sozialismus in Frage stellen ; - es wäre zudem international so schwach, daß es von der sowjetischen Protektion abhängen würde. Und dazu wurde die Revolution nicht gemacht'."[202]

Der Sinn dieser Äußerungen besteht nicht in einer grundsätzlichen Kritik der neuen Strategie exportgetriebener Agroindustrialisierung und implizierte nicht die Aufforderung zur Rückkehr zu einer Politik forcierter und breiter Importsubstitutionsindustrialisierung, an deren Konzeption und Durchführung Guevare als Industrieminister an vorderster Front mitgewirkt hatte. "Che" Guevara hat sich vielmehr führend an der kritischen Aufarbeitung des ersten Industrialisierungsmodells beteiligt, häufiger die diesem zugrundeliegende partielle Nachahmung des sowjetischen Akkumulationsmodells kritisiert[203] und mehrfach die neue Konzeption der exportgetriebenen Entwicklung auf der Basis kubanischer Rohstoffe mit dem Zuckersektor als Leitsektor öffentlich in ihren Grundzügen umrissen und gutgeheißen. Es macht daher wenig Sinn, Guevaras Betonung der fundamentalen Relevanz der Industrialisierung im Entwicklungsprozeß organisationssoziologisch aus seinem Interesse als Industrieminister an der Erhaltung seiner Machtbasis abzuleiten[204]. Der Kern der dennoch existierenden Divergenzen innerhalb der kubanischen Führungsspitze war offensichtlich die Rolle der Nickelindustrie in der mittelfristigen Wachstumsstrategie. Während Guevara schon für 1964-70 den Ausbau der Nickelproduktion als Basis einer zukünftigen Stahlindustrie und Metallurgie forderte, setzten sich schließlich diejenigen durch, die die Expansionspläne für die Nickelindustrie wegen (berechtigter?) Zweifel an ihrer sofortigen Realisierbarkeit auf die Zeit nach 1970 verschieben wollten. In seiner Präsentation der neuen Entwicklungsstrategie im Oktober 1964 führte Guevara Nickelbergbau und -verarbeitung als den zweitwichtigsten Leitsektor an, noch vor der Viehzucht, während im allgemeinen Zucker und Viehzucht als die Hauptkettenglieder der zukünftigen wirtschaftlichen Entwicklung genannt wurden[205]. Die Einwände anderer kubanischer Führer gegen eine sofortige schnelle Expansion der Nickelindustrie lauteten, daß derartige Investitionen im Vergleich zur Zuckerindustrie äußerst kostspielig waren und eine längere Anlaufzeit benötigten (2 - 4 Jahre pro Fabrik), daß die komplexe Technologie hohe Anforderungen an das Qualifikationsniveau der Arbeitskräfte stellte, daß die sozialistischen Staaten noch nicht die entsprechende Technologie zur Verarbeitung kubanischen Nickels besaßen und daß es wegen des wirtschaftlichen Drucks der USA auf potentielle Käufer vor 1970 Schwierigkeiten gab, kubanisches Nickel auf dem kapitalistischen Weltmarkt abzusetzen[206]. Die Tatsache, daß es 10 Jahre dauerte, bis die reale Produktion annähernd der schon vor der Revolution installierten, damals aber erst partiell genutzten, Produktionskapazität entsprach, ist ein Indikator dafür, welche Schwierigkeiten die Kubaner zunächst hatten, die komplexe Technologie der Nickelindustrie zu meistern.

Hier, wie in anderen Fragen, waren die Differenzen zwischen Guevara und Castro taktischer Natur, da das Wachstum der Nickelindustrie nur aufgeschoben wurde und auch Fidel sich der prekären wirtschaftlichen Grundlage der politischen Souveränität Kubas bewußt war, solange man über keine auf einer soliden industriellen Basis fußende kohärente Produktionsstruktur verfügte. Im Gegensatz zu dem zu Kompromissen gezwungenen Staatsmann Castro konnte Guevara das Programm politischer und wirtschaftlicher Autonomie dezidierter vertreten. Die bis 1968 verfolgte, wesentlich mit der Person Guevaras verbundene, internationale Revolutionsstrategie, die in Lateinamerika auf einen schnellen Erfolg einer kontinentalen sozialistischen Revolution abzielte, war u.a. der Versuch Kubas, gegenüber der Sowjetunion eine Grundlage politischer Autonomie zu schaffen, indem man internationale politische Unterstützung für die kleine Insel mobilisierte, solange von wirtschaftlicher Unabhängigkeit nicht die Rede sein konnte.[207]

10.8. Die Strategie der exportgetriebenen Agroindustrialisierung als kubanischer Weg einer mittelfristigen Strategie autozentrierter Entwicklung in einer offenen Ökonomie

In diesem abschließenden Kapitel über die Konzeption der exportgetriebenen Agroindustrialisierung soll zusammenfassend expliziert werden, warum, nach kubanischer Absicht, ein Entwicklungsweg, dessen Kern mittelfristig die Agroindustrialisierung ausmachte, nicht den Verzicht auf das langfristige Ziel der Überwindung der tradierten, strukturell abhängigen und deformierten Produktionsstruktur als Voraussetzung wirtschaftlicher Autonomie implizierte. Die Politik der Agroindustrialisierung bedeutete keinen Verzicht auf industrielle Entwicklung überhaupt, weil parallel zur Entwicklung der Landwirtschaft bestimmte Industrien aufgebaut werden sollten und weil durch die Agroindustrialisierung und parallel zur Agroindustrialisierung die Voraussetzungen einer zukünftigen beschleunigten Industrialisierung geschaffen werden sollten. Die Strategie der Agroindustrialisierung bedeutete auch nicht den Verzicht auf die Überwindung der geerbten strukturellen Deformation der Produktionsstruktur im Sinne der zunehmenden Vermaschung der Produktionsstruktur inklusive des Aufbaus einer eigenen Kapitalgüterindustrie. Beides, die zunehmende Integration und die Überwindung der strukturellen Defizite der Produktionsstruktur, sollte vielmehr jetzt durch eine Politik konzentrischer Diversifizierung und Integration um einige sektorale Wachstumspole erreicht werden. Daher, und weil sie im Gegensatz zu den meisten landwirtschaftlichen Exportsektoren der kapitalistischen Peripherie auf einer umfassenden Modernisierung der Landwirtschaft basierte, intendierte sie auch nicht die Reproduktion der strukturellen Abhängigkeit in den wirtschaftlichen Außenbeziehungen. Die Überwindung der strukturellen Abhängigkeit sollte jetzt nur nicht mehr ad hoc, frontal und auf breiter Ebene anvisiert werden, sondern punktuell und schrittweise, mit maximaler ökonomischer Effizienz und minimalen sozialen Kosten.

Die dargestellten Schwierigkeiten der Realisierung eines Programms forcierter Industrialisierung unter kubanischen Bedingungen verleitete die kubanische Führung nicht dazu, das Ziel einer autonomen Industrialisierung überhaupt aufzugeben, wie dies häufiger von ausländischen Kommentatoren unterstellt worden ist[208]. Zur Entscheidung stand nicht die Frage Industrie oder Landwirtschaft, sondern das konkrete Verhältnis der beiden, die Wahl einzelner, interdependenter Branchen in Landwirtschaft und Industrie, das konkrete Ausmaß der Industrialisierung parallel zur Agrarentwicklung und die zeitlichen Sequenzen von landwirtschaftlicher und industrieller Entwicklung. Das Primat der Landwirtschaft im Rahmen der neuen kubanischen Entwicklungsstrategie bedeutete in doppelter Hinsicht keinen Verzicht auf Industrialisierung: Einerseits sollten bestimmte Industrien parallel zur Landwirtschaft entwickelt werden, und andererseits sollten durch die Agroindustrialisierung und parallel zur Agroindustrialisierung die Prämissen eines neuen Industrialisierungsschubes geschaffen werden. Aus kubanischer Perspektive sind daher die ursprünglichen Entwicklungsziele nicht grundsätzlich modifiziert, sondern nur konkreter und handhabbarer geworden: "Wir haben in vagen und allgemeinen Begriffen über 'Industrialisierung', 'breiten Handel', 'Revolution' gesprochen. Heute sind diese Ideen klarer, konkreter und realer geworden: struktureller Wandel, der vollständig und tiefgehend ist; wirtschaftliche Entwicklung auf der Basis unserer Landwirtschaft; in dieser Periode Priorität für solche industriellen Branchen, die die Grundlage für eine moderne Landwirtschaft sind; ein Ausbildungsplan von enormen Umfang für die Vorbereitung von Technikern für die Landwirtschaft und (H.F.) die Industrie, ohne den die wirtschaftliche und soziale Entwicklung unmöglich ist."[209]

Die Entwicklung einer modernen Landwirtschaft sollte in vieler Hinsicht die Voraussetzungen für eine beschleunigte wirtschaftliche Entwicklung und besonders der Industrialisierung schaffen[210]. Die Zuckerexporte sollten die Devisen zur Finanzierung der für die Industrialisierung notwendigen Importe erwirtschaften. Der Freisetzung von Devisen für andere Zwecke sollte die Importsubstitution landwirtschaftlicher Produkte dienen. Die Diversifizierung und das Wachstum der Landwirtschaft dienten u.a. der Erweiterung der landwirtschaftlichen Rohstoffbasis der Industrie. Zugleich wurde durch die Modernisierung der Landwirtschaft ein

Markt für bestimmte industrielle Produkte geschaffen. Das Wachstum der landwirtschaftlichen Produktion und Produktivität sollte die Nahrungsmittelknappheit überwinden und die Versorgung der durch Urbanisierung und Industrialisierung wachsenden nicht in der Landwirtschaft tätigen Bevölkerung garantieren, während die Steigerung der Arbeitsproduktivität in der Landwirtschaft gleichzeitig Arbeitskräfte für eine beschleunigte Industrialisierung freisetzte. Parallel dazu sollten die Anstrengungen zur Ausbildung von Ingenieuren, Managern und qualifizierten Industriearbeitern usw. intensiviert werden, um diesen zentralen Engpaß einer breiten Industrialisierung zu überwinden. Wenn genügend qualifizierte Arbeitskräfte ausgebildet worden sind, der Außenhandelsengpaß beseitigt und das kubanische Rohstoffpotential besser exploriert sein wird, die Landwirtschaft ab 1973-75 das Stadium ihres intensiven Wachstums erreicht hat, also sich selber finanzieren und durch Exporte die Industrie z.T. mitfinanzieren kann, und durch die Erhöhung der Arbeitsproduktivität in der Landwirtschaft Arbeitskräfte für die Industrie freigesetzt werden, "wird es notwendig sein, eine neue strategische Bewegung in der Industrie zu initiieren"[211] und die "Industrie in das Zentrum unserer Entwicklungspläne zu stellen"[212].

Die Entscheidung für den vorrangigen Aufbau einer modernen Landwirtschaft hatte auch nicht die Aufgabe jeglicher sofortiger Industrialisierungsvorhaben zur Folge, sondern bedeutete lediglich, daß die Bedürfnisse der Modernisierung der Landwirtschaft und der Verarbeitung landwirtschaftlicher Produkte die Kernstruktur der mittelfristigen Industrialisierung bestimmte[213]. Die Gründe dafür, daß eine begrenzte Industrialisierung parallel zum Wachstum der Landwirtschaft fortgesetzt werden sollte, waren u.a. die Notwendigkeit bestimmter Industrien für die Modernisierung und gesamtwirtschaftliche Nutzung der Landwirtschaft sowie der Grundindustrien als Voraussetzung wirtschaftlicher Entwicklung überhaupt, die absoluten Grenzen der Agrarfläche und die Nutzung der nicht-landwirtschaftlichen Rohstoffe.

Die wichtigsten Kategorien industrieller Branchen im Rahmen des industriellen Perspektivplans waren[214]:

a) Die Grundindustrien und Branchen, deren Produktion Voraussetzung der allgemeinen wirtschaftlichen Entwicklung waren: Elektrizitätserzeugung, Baumaterialien und -industrie, einige Fabriken der mechanischen und metallurgischen Industrie, Ersatzteilfabriken und Reparaturwerkstätten, Hafenanlagen, Transportinfrastruktur. Die metallurgische und die mechanische Industrie spielten also eine wesentlich geringere Rolle als vor 1964, als fast die Hälfte aller industriellen Investitionen in diese beiden Branchen flossen (s.o.).

b) Die Industriezweige, die Landmaschinen, Werkzeuge und andere Inputs (Kunstdünger, Insektizide, Herbizide) für die Landwirtschaft, den Fischfang und die Viehzucht herstellen. In einer späteren Phase sollten auch die Ausrüstungen für die Nahrungsmittelindustrie in Kuba selber hergestellt werden[215].

c) Die Industrien,die Agrarprodukte weiterverarbeiten wie die Nahrungsmittel- und Getränkeindustrie, Textilfabriken und die fischverarbeitende Industrie. Besondere Schwerpunkte waren hier die Weiterverarbeitung von Zuckerrohrnebenprodukten und die Industrien, die Produkte der Viehzucht industriell nutzten.

d) Daneben sollte die Weiterverarbeitung mineralischer Rohstoffe forciert werden, und hier besonders die Nickelindustrie als Keimzelle einer späteren Stahlindustrie. Zur Diversifizierung des Bergbaus und zur Entwicklung einer solideren Rohstoffbasis für die Industrie sollten gleichzeitig die geologischen Forschungen vorangetrieben werden[216].

Die Reduzierung, Konzentration und zeitliche Streckung des Industrialisierungsprogramms sowie die Aufgabe der Perspektive "einer vollständigen Autarkie in der Zukunft"[217] implizierte nach kubanischer Ansicht nicht den Verzicht auf eine autonome, integrierte und diversifizierte Produktionsstruktur auf einem soliden industriellen Fundament. Nur der Weg, auf dem diese Ziele erreicht werden sollten, mußte in Kuba anders aussehen. Das Problem bestand darin, ob und wie man am besten die Nutzung der Vorteile des Außenhandels mit der Zielsetzung der Überwindung der strukturellen Defizits der kubanischen Wirtschaft verbinden konnte. Unter der Voraussetzung einer bestimmten Investitionsstrategie sah man keinen Widerspruch zwischen diesen beiden Zielen. "Nach unserer Meinung darf ein kleines Land wie Kuba nicht auf die Vorteile des Außenhandels verzichten, indem es für die Zukunft eine vollständige Autarkie plant. Gleichzeitig bedarf es, zur Aufrechterhaltung eines sich selbst erhaltenden Wachstums, einer größeren ökonomischen Integration der verschiedenen Produktionssektoren, im Vergleich zur Situation der Deformation, die man vom Kapitalismus geerbt hat. Beide Dinge können erreicht werden und sind nicht widersprüchlich."[218] Die ökonomisch effiziente Nutzung der Vorteile des Außenhandels bei gleichzeitiger struktureller Transformation der Produktionsstruktur sollte erreicht werden, indem man die Investitionen auf einige sektorale Wachstumspole konzentrierte, in denen Kuba über komparative internationale Kostenvorteile verfügte, zunächst vorwiegend natürliche, später aber auch dynamische, und um die herum ein Maximum ökonomischer Koppelungseffekte organisiert werden sollte, so daß eine Differenzierung und Integration der Produktionsstruktur um einige Zentren stattfände. Integriert werden sollten Industrie und Landwirtschaft, Konsumgüter- und Produktionsmittelindustrie in diesen Sektoren. Gleichzeitig sollte in diesen Wachstumspolen die nationale Kapazität zur effizienten Absorption und Adaption importierter Technologien und schrittweise und selektiv auch zur Produktion neuer Technologien durch den Ausbau einer entsprechenden Infrastruktur (Qualifikation von Arbeitskräften, große sektorale Forschungszentren, Maschinenbauindustrie) geschaffen werden[219]. In seinem Kern und seiner Konzeption unterschied sich daher selbst das quantitativ beschränkte kubanische Programm der Agroindustrialisierung positiv von der in Lateinamerika gängigen Importsubstitutionsindustrialisierung, da es, obwohl notwendig in Phasen konzipiert, den gleichzeitigen Aufbau von Konsumgüter- und Kapitalgüterindustrie vorsah, eine allein auf der Imitation ausländischer Technologien beruhende Industrialisierung (Entwicklung) ablehnte, zunächst die Erschließung des strukturell geweiteten Binnenmarkts für Massenkonsumgüter intendierte, und die neuen Industrien im Prinzip auch potentiell auf dem Weltmarkt konkurrenzfähig sein sollten. Die kubanische Industrialisierungsstrategie implizierte also im Prinzip ein größeres Maß an technologischer Autonomie, eine konsequentere und folgenreichere Integration der Produktionsstruktur und eine umfassendere Industrialisierung als die in den meisten lateinamerikanischen Staaten vorherrschende ISI, die sich wesentlich auf die (Luxus-)Konsumgüterindustrie beschränkt, fast ausschließlich auf ausländischen Technologien basiert und der meist durch ökonomische (ineffiziente Produktion für den Binnenmarkt) und politische Barrieren (Hegemonie der Primärgüterexportgruppe) strukturelle Grenzen gesetzt sind[220]. Die kubanische Entwicklungs- und Industrialisierungsstrategie, in der dynamisierende Koppelungs- und Ausbreitungseffekte aller Art eine zentrale Rolle spielen[221], scheint daher trotz oder vielmehr gerade wegen ihrer sektoralen Selektivität und Konzentration vielversprechendere Perspektiven einer unabhängigen, sich selbst erhaltenden Entwicklung in relativ kleinen Entwicklungsländern zu eröffnen als die ISI.[222]

Ein wesentlicher Unterschied der kubanischen Variante der Agroindustrialisierung von peripher-kapitalistischen Agrarexportökonomien bestand in der anderen Rolle der Landwirtschaft. Die Funktion der kubanischen Landwirtschaft ist nicht die Absorption überschüssiger Arbeitskräfte in Tätigkeiten mit äußerst geringer Arbeitsproduktivität (versteckte Arbeitslosigkeit), sondern die ausreichende Versorgung der Bevölkerung mit Nahrungsmitteln, der Industrie mit agrarischen Rohstoffen und die "Finanzierung der Investitionen zur integralen wirtschaftlichen Entwicklung des Landes"[223] mittels eines produktiven Exportsektors. Diesem Ziel und der Abwesenheit offener Arbeitslosigkeit entspricht die Konzeption einer möglichst modernen, kapitalintensiv betriebenen, hochproduktiven Landwirtschaft, die eine abnehmende Zahl von Beschäftigten bei zunehmender Produktivität und steigenden Einkommen beschäftigt und so Arbeitskräfte für die Industrialisierung freisetzt. Die Landwirtschaft sollte also statt der Rolle des Hemmschuhs (Defizit an Nahrungsmitteln für die wachsende städtische Bevölkerung, Mangel an agrarischen Rohstoffen und Märkten für das Wachstum der Industrieproduktion) die des Motors der wirtschaftlichen Entwicklung übernehmen, der gleichzeitig in den vor- und nachgelagerten Produktionsbereichen das Bedürfnis nach Investitionen und Innovationen schuf. Institutionelle Voraussetzung dieser neuen Rolle der Landwirtschaft war die Existenz eines dominierenden Staatssektors neben einem vorwiegend nicht-minifundistischen, in die Marktwirtschaft integrierten privaten Agrarsektor. Beide Sektoren, besonders die staatliche Landwirtschaft, bestanden aus Mittel- und Großbetrieben, die fähig waren, die Vorteile der Massenproduktion zu nutzen[224]. Akkumulationsstrategische Bedingung dieser Konzeption war die geplante vorübergehende Konzentration eines relevanten Teils der Ressourcen (Investitionen, Importkapazität, Forschung, qualifizierte Arbeitskräfte usw.)in der Landwirtschaft und den ihr vor- und nachgelagerten Industrien. Durch die Entmachtung der Zuckerexportbourgeoisie waren die politisch-institutionellen Hindernisse einer breiten Diversifizierung der Landwirtschaft (trotz der Strategie inkrementeller Diversifizierung) ebenso bei Seite geräumt wie die einer umfassenden Industrialisierung. Das Ausmaß der Diversifizierung wurde jetzt allein durch den gesamtwirtschaftlich begründeten, bei gegebener Technologie unvermeidbaren, Bedarf an Ressourcen bestimmt.

Von der in einigen wenigen kleinen Ländern der Dritten Welt in den letzten beiden Jahrzehnten angelaufenen Exportindustrialisierung unterschied sich die kubanische Strategie der exportgetriebenen Industrialisierung auf der Grundlage nationaler Ressourcen dadurch, daß sie in der Tendenz in und um die Wachstumspole zunehmend integrierte Produktionszyklen (nationale Rohstoffbasis, wachsende Steigerung des Verarbeitungsgrades, nationale Kapitalgüterindustrien und Technologien) statt allein die Anlagerung von Teilfertigungsprozessen anstrebte, und daß sie nicht auf der Prämisse billiger, da überausgebeuteter Arbeitskräfte beruhte, durch die eine prinzipielle und längerfristige Option für arbeitsintensive Technologien erst sinnvoll wurde[225].

Mit der chinesischen Politik des Aufbaus von ländlichen Kleinindustrien hat die kubanische Strategie der Agroindustrialisierung gemein, daß sie auf der Landwirtschaft aufbaut, zentrales Ziel die Befriedigung von Grundbedürfnissen ist, und daß die industriellen Investitionen, soweit im Rahmen von Skaleneffekten möglich, regional gestreut werden sollten. Die Unterschiede bestehen jedoch darin, daß sofort eine zentralisierte, moderne und großflächige Landwirtschaft angestrebt wird, die Agroindustrieunternehmen ebenfalls auf kapitalintensiver, hochproduktiver Technologie basieren und die neuen agroindustriellen Wachstumssektoren für den Binnenmarkt und den Export produzieren sollen. Den Hintergrund der alternativen Technologiewahl bildeten u.a. eine unterschiedliche Konstellation des Angebots der Produktionsfaktoren (sowohl quantitativ als auch qualitativ) sowie die unterschiedliche Bedeutung des Außenhandels. Während auch noch im postrevolutionären China ein Überfluß an Arbeitskräften in der Landwirtschaft besteht, trat in Kuba bald eine saisonale Knappheit landwirtschaftlicher Arbeitskräfte auf. Außerdem fehlte den unmittelbaren Produzenten der kubanischen Plantagenökonomie, den lohnabhängigen Landarbeitern, partiell jedoch sogar den teilweise hochspezialisierten Privatbauern eine breitgefächerte traditionelle Qualifikation und Produktionserfahrung außerhalb der Zuckerrohrlandwirtschaft[226]. Die chinesische Entwicklungsstrategie konnte dagegen an ein viel ausgeprägteres traditionelles Qualifikationspotential der Bauern anknüpfen und daher die Modernisierung der Landwirtschaft eher als schrittweise Ausweitung der Produktionskapazitäten der traditionellen Produzenten konzipieren.

Am wichtigsten war aber wahrscheinlich die Tatsache, daß Überlegungen zur ökonomisch effizienten Nutzung des Außenhandels (ökonomisch effiziente Importsubstitution, komparative Kostenvorteile der Exportprodukte) in einer strukturell offenen Volkswirtschaft wie der kubanischen bei den gesamtwirtschaftlich relevanten Entscheidungen im Zentrum standen, während sie in China angesichts des minimalen Gewichts des Außenhandels im Rahmen der gesamten Volkswirtschaft[227] die Entwicklungsproblematik nicht in ihrem Kern tangierten. Die Unterschiede der kubanischen und der chinesischen Variante der Agroindustrialisierung sind also vor allem auf die divergierenden

Bedingungen autozentrierter, sozialistischer Akkumulation in einer offenen und einer nahezu geschlossenen Volkswirtschaft zurückzuführen.

Die mangelnde traditionelle Produktionserfahrung und die grundsätzliche Option für die modernste Technik, die strukturelle Außenhandelsabhängigkeit, die geringe Größe Kubas sowie die im Vergleich zu den chinesischen Bauern geringere Arbeitsdisziplin der kubanischen "Bauern"[228] implizierte einen hohen Zentralisierungsgrad der Planung und Durchführung des Programms zur Modernisierung der Landwirtschaft.

11. Der Zuckersektor als Leitsektor gesamtwirtschaftlicher Entwicklung

Angesichts der erklärten kubanischen Zielsetzung, die Zuckermonokultur durch die Diversifizierung der Produktionsstruktur zu überwinden, könnte die folgende ausführliche Analyse dieses Sektors auf den ersten Blick als überproportional erscheinen. Für diese breit angelegte, systematische und materialreiche Behandlung gibt es jedoch gute Gründe:

1. Der Zuckersektor fungiert in der kubanischen Wachstumsstrategie als Leitsektor. Der vorrangige Platz in der Darstellung entspricht also seinem realen Gewicht.

2. Der kubanische Versuch, den ererbten Moloch des Zuckerexportplantagensektors durch internen strukturellen Wandel, konzentrische Diversifizierung, Ausbreitungseffekte usw. für die gesamtwirtschaftliche Entwicklung fruchtbar zu machen, ist bisher kaum adäquat begriffen und noch weniger systematisch und empirisch untersucht worden. Der Mangel systematischer und empirischer Analysen trifft z.T. auch auf die kubanischen Selbstdarstellungen zu[1]; so gibt es z.B. keine veröffentlichten kubanischen Untersuchungen und Gesamtdarstellungen der Kapitalgüterindustrie für den Zuckersektor oder der expandierenden, Zuckernebenprodukte verarbeitenden Industrie[2]. Vorhanden sind allein isolierte Projektanalysen, die Darstellung der Entwicklungspläne durch Repräsentanten des Ministeriums für die Zuckerindustrie (MINAZ) in Ansprachen und Interviews und einige journalistische Kurzanalysen meist einzelner Aspekte. Untersuchungen ausländischer Wissenschaftler nehmen durch ihre Fixierung auf das Problem der Diversifizierung, und besonders der bisher erst rudimentären Exportdiversifizierung, den fundamentalen Wandel des Zuckersektors entweder gar nicht wahr oder kommen über eine Beschreibung der Veränderungen nicht hinaus. Sie werden damit den kubanischen Intentionen in keiner Weise gerecht. Diese Situation macht einerseits die Analyse der oben angedeuteten entwicklungspolitisch fundamentalen

Aspekte so notwendig, andererseits aber auch schwierig, weil das vorhandene, verstreute Material weder schon gebündelt greifbar noch unter den interessierenden Fragestellungen vorstrukturiert ist. Die neuere internationale Literatur beschränkt sich auf einige knappe Überblicksartikel und Reisereports ausländischer Zuckerexperten[3]. Die wissenschaftlichen Monographien, in denen der Zuckersektor im Mittelpunkt steht oder einen großen Raum einnimmt, decken nur die Zeit bis 1970 ab[4]; allein deswegen kann in ihnen die Politik konzentrischer Diversifizierung empirisch nicht behandelt werden, weil deren erste Resultate erst danach sichtbar geworden sind.

3. Im Unterschied zu anderen Aspekten und Sektoren der kubanischen Entwicklungspolitik ist für den Zuckersektor viel und neues Primärmaterial vorhanden und erstaunlicherweise sogar in der Bundesrepublik Deutschland zugänglich[5]. Dieses Material findet sich in erster Linie in den kubanischen Zuckerfachzeitschriften ATAC, Cuba Azucar, ICIDA, Sobre Derivados de la Caña de Azucar und in Veröffentlichungen internationaler Vereinigungen der Zuckerindustrie[6]. Wegen der besseren Materiallage werden daher einige allgemeine Aspekte der kubanischen Wachstumsstrategie (u.a. Modernisierung der Landwirtschaft und ihre Resultate, konzentrische Diversifizierung) am Zuckersektor entweder exemplarisch oder detaillierter abgehandelt. Rückschlüsse auf die Entwicklung anderer Sektoren sind jedoch wegen der hohen Priorität des Zuckersektors nur mit Einschränkung möglich.

Die beiden zentralen interdependenten Fragestellungen dieses Kapitels sind, wie weit die angestrebte umfassende Modernisierung des Zuckersektors und seine geplante Umfunktionierung von einem Zentrum neokolonialer Ausbeutung zum Leitsektor gesamtwirtschaftlicher Entwicklung fortgeschritten sind. Im Zentrum der Kapitel über die Modernisierung des Zuckersektors steht die Frage, inwiefern sich diese von der Teilmodernisierung von Exportplantagenenklaven in peripher-kapitalistischen Nationen unterscheidet (prioritäre Modernisierung der Zuckerrohrlandwirtschaft und Abbau intrasektoraler struktureller Heterogenität; systematische Entwicklung der nationalen Kapazität zur Absorption moderner Technologie, Planung und Durchführung von Großprojekten und (Weiter-) Entwicklung von Technologien). Entsprechend seiner gesamtwirtschaftlichen und sektoralen Bedeutung steht das scheinbar triviale Problem der Mechanisierung der Zuckerrohrernte im Mittelpunkt dieses Teils der Untersuchung. Die Analyse des Zuckerexportsektors als Leitsektor konzentriert sich auf die Vorwärts- und Rückwärtskoppelungs-, die Ausbreitungseffekte sowie seine Rolle als mittelfristiger Hauptexportsektor[7]. Die Ausblendung der Endnachfragekoppelungseffekte rechtfertigt sich dadurch, daß die Zahl der in der Zuckerproduktion Beschäftigten mit der zunehmenden Mechanisierung der Zuckerrohrlandwirtschaft erheblich zurückgeht, so daß in dieser Hinsicht ihr gesamtwirtschaftliches Gewicht tendenziell abnimmt - trotz steigender Realeinkommen -, weil Produktivität und Einkommen in allen Branchen wachsen. Das heißt nicht, daß die Endnachfragekoppelungseffekte der Zuckerindustrie ohne Bedeutung sind. Aufgrund der räumlichen Konzentration der Arbeiter des Zuckersektors induzieren sie vor allem staatliche Sozialkonsuminvestitionen. Von den 350 kleinen urbanen Zentren (mit durchschnittlich 400 - 500 Personen), die zwischen 1959 und 1975 auf dem Lande gebaut wurden, lagen 122 in der Nähe von Zuckerrohranbaugebieten[8]. In allen Kapiteln präsent ist die Frage nach den sozioökonomischen, politischen und institutionellen Voraussetzungen der kubanischen 'Zuckerstrategie'.

11.1. Die vorrangige Modernisierung der Zuckerrohrlandwirtschaft und die neue Stützfunktion der staatlichen Zuckerindustrie

Im Gegensatz zur üblichen Praxis der meisten peripher-kapitalistischen Zuckerplantagenökonomien genoß die Modernisierung der Zuckerrohrlandwirtschaft im Rahmen der kubanischen Zuckerstrategie im Verhältnis zur Zuckerindustrie eindeutige Priorität[9]. Dementsprechend entfielen 45 % der Investitionen im Rahmen des Zuckerperspektivplans 1966-70 auf die Zuckerrohrlandwirtschaft.

In dem Maß jedoch, wie die prioritäre Modernisierung der Zuckerrohrlandwirtschaft Fortschritte machte, nahm ihre relative Bedeutung ab; nach den Plänen des ersten 5-Jahres-Plans (1976-80) belief sich der Anteil der landwirtschaftlichen Investitionen an den Gesamtinvestitionen im Zuckersektor nur noch auf rund 15 % (vgl. Tabelle 11.38).

Die Gründe für diese anfängliche Priorisierung der Zuckerrohrlandwirtschaft decken sich z.T. mit denen für die mittelfristige Bevorzugung der Landwirtschaft im Rahmen der Strategie der Agroindustrialisierung; es kommen jedoch wegen der besonderen gesamtwirtschaftlichen Bedeutung des Zuckersektors neue Aspekte hinzu: Die Modernisierung der Zuckerrohrlandwirtschaft war sowohl die Voraussetzung der Freisetzung von Arbeitskräften und Anbaufläche durch die Steigerung der Arbeits- und Flächenproduktivität für eine breitere inkrementelle Diversifizierung der Produktionsstruktur als auch der entscheidende Hebel zur Senkung der Produktionskosten als interne Maßnahme zur Maximierung des Surplus des Zuckerexportsektors (in der Zuckerrohrlandwirtschaft fielen selbst 1973 noch 66 % der gesamten Produktionskosten an)[10]. Außerdem war die Zuckerrohrlandwirtschaft zwar weitaus rückständiger als die Zuckerindustrie, verfügte daher aber auch über größere Produktivitätsreserven. Entscheidend z.B. für die Steigerung der industriellen Zuckerproduktion insgesamt war das Wachstum des Zuckerrohrertrags pro Hektar und des Zuckergehalts des Zuckerrohrs. Beide Faktoren hingen wieder wesentlich von der Einführung neuer, produktiverer Zuckerrohrsorten und der Intensivierung der Anbaumethoden ab[11].

Ein wichtiger, bisher wenig beachteter Aspekt ist, daß unter den veränderten politischen und institutionellen Bedingungen des postrevolutionären Kubas die relativ moderne Zuckerindustrie eine Hilfestellung bei der anvisierten schnellen Modernisierung der Zuckerrohrlandwirtschaft übernehmen konnte. In den kapitalistischen Plantagenökonomien der Dritten Welt wurden dagegen die potentiellen, von den Zuckerfabriken auf die Landwirtschaft ausstrahlenden intrasektoralen Ausbreitungseffekte durch institutionalisierte Konstellationen des Angebots der Produktionsfaktoren ('Überfluß' an Land und Arbeitskräften für die Großplantagen), die spezifischen Eigentumsverhältnisse der Zuckerrohrlandwirtschaft (Überausbeutung, Minifundien und Pächterplantagen) und des in den Ausbeutungs- und Abhängigkeitsbeziehungen der Mehrzahl der landwirtschaftlichen Produzenten von der Zuckerindustrie begründeten Interessenkonflikts zwischen Industrie und Landwirtschaft blockiert. Daher haben sich Zuckerrohrlandwirtschaft und -industrie in Kuba und in den meisten unterentwickelten Zuckerrohr produzierenden Nationen äußerst ungleich entwickelt. Während die Zuckerindustrie besonders ab 1880 unter dem Einfluß einströmenden Auslandskapitals modernisiert und zunehmend mit Hilfe kapitalintensiverer Technologien betrieben wurde, blieb die Zuckerrohrlandwirtschaft weitgehend arbeitsintensiv und extensiv. Erst unter dem ökonomischen Druck der Verknappung und Verteuerung von Land und insbesondere von Arbeitskräften wurden im letzten Jahrzehnt auch in den kapitalistischen Ökonomien größere Anstrengungen zur Mechanisierung und Intensivierung der Zuckerrohrlandwirtschaft unternommen[12], ohne jedoch vor allem die Breite des kubanischen Modernisierungsprogramms zu erreichen.

Durch institutionelle Reformen (Nationalisierung und Verstaatlichung der Zuckerindustrie und der Zuckerrohrlandwirtschaft, Verbesserung der sozialen Lage der Plantagenarbeiter, Infrastrukturinvestitionen, die Abschaffung des Minifundiums durch die Anhebung der Mindestfläche der privaten Agrarbetriebe auf 27 Hektar, sowie die allgemeinen Verbesserung der Einkommenssituation der Privatbauern und ihres Zugangs zu moderner Technologie und Agrarinputs)[13] wurden die Schranken für die Nutzung intrasektoraler Ausbreitungseffekte abgebaut. Durch die Schaffung übergreifender, Landwirtschaft und Industrie integrierender Organisationen des Zuckersektors auf lokaler und regionaler Ebene (sector azucarero) und anderer Organisationen wie z.B. der Nationalen Organisation der Laboratorien der Zuckerindustrie (ONLAC) wurden die notwendigen Instrumente und Kanäle geschaffen, um die programmatische Absicht in die Praxis umzusetzen[14].

Die neue Rolle der Zuckerindustrie im Modernisierungsprozeß der Landwirtschaft und die Transmission technologischer und organisatorischer Kenntnisse nahm verschiedene Formen an[15]. Die Hilfestellung der Zuckerindustrie erstreckte sich sowohl auf die Organisation der Ernte, und hier besonders des Transports, als auch auf die Landwirtschaft im engen Sinne. Die Agronomen der Zuckerfabriken halfen bei der für den Zuckerertrag wichtigen Zeitplanung der Ernte, der Wahl der geeigneten Zuckerrohrsorten und schlugen neue Bewirtschaftungsmethoden vor. Die Laboratorien der Zentralen zur Qualitätskontrolle des Zuckers führten außerhalb der Ernte Bodenuntersuchungen durch und fungierten als Institutionen der Übertragung technischer Kenntnisse von der Industrie in die Landwirtschaft. Organisatorische Kenntnisse und Fähigkeiten wurden durch den von der Zuckerindustrie dirigierten Eisenbahntransport mit seinen komplexen Fahrplänen und die Qualitätsnormen an den Rohstoff übermittelt. Die Verwaltung der Zuckerfabriken vermittelte denen der Zuckerrohrbetriebe fundamentale Kenntnisse in Verwaltungstechnik und Buchführung, da die Leiter der neuen Staatsfarmen zunächst über keine entsprechende Ausbildung verfügten und die privaten Agrarbetriebe traditionell kaum mit betriebswirtschaftlichen Methoden gearbeitet hatten.

Eine konkrete Vorstellung von den geplanten intrasektoralen Ausbreitungseffekten vermittelt das folgende gemeinsame Arbeitsprogramm für Zuckerindustrie und Zuckerrohrlandwirtschaft unter Leitung des Ministeriums für die Zuckerindustrie für den laufenden Fünf-Jahresplan. Dies sah u.a. vor: "den Gebrauch des Filterschlamms als Dünger; die Nutzung des abfließenden Wassers der Industrie zur Bewässerung; die Etablierung des integralen Systems der Erntenormen und -proben; die Intensivierung des Gebrauchs der bestehenden Computer-Kapazitäten; die Übertragung der organisatorischen Erfahrung der Industrie auf die Landwirtschaft, insbesondere bei der Entwicklung von Werkstätten, der Produktion von Ersatzteilen und der Instandhaltung; die Entwicklung neuer Quellen der Ernährung für die Viehzucht auf der Basis der Nebenprodukte und der Abfälle der Industrie,...;

den Austausch von Erfahrungen bei der Anwendung des neuen Systems der wirtschaftlichen Leitung; die Nutzung der gemeinsamen Dienstleistungen, insbesondere der technischen Dokumentation und Information; die Entwicklung von Systemen, durch die die Verschlechterung der Qualität des Rohstoffs verringert und die Zeit zwischen Ernte und Verarbeitung verkürzt wird."[16]

Genaue empirische Analysen über die Wirksamkeit der neuen modernisierenden Stützfunktionen der Zuckerindustrie liegen leider nicht vor. Häufig wird in kubanischen Primärquellen darauf hingewiesen, daß die Zusammenarbeit zwischen Zuckerindustrie und Zuckerrohrlandwirtschaft noch weiter zu verbessern sei. Die Tatsache, daß die lokalen und regionalen Kommissionen des Zuckersektors erst 1974 gebildet worden sind, deutet darauf hin, daß es vorher an adäquaten institutionellen Transmissionsriemen fehlte[17]. Andererseits scheint es unzweifelhaft, daß die Zuckerindustrie im postrevolutionären Kuba einen weitaus effizienteren Beitrag zur Modernisierung der Zuckerrohrlandwirtschaft durch die Diffusion technischer, organisatorischer und betriebswirtschaftlicher Kenntnisse und damit zum Abbau intrasektoraler Disparitäten leistet als unter den skizzierten Bedingungen einer abhängigen kapitalistischen Plantagenökonomie. Der Abbau der gravierenden technischen und sozioökonomischen Unterschiede zwischen Zuckerindustrie und Zuckerrohrlandwirtschaft ist ein Aspekt der allgemein zu konstatierenden Tendenz zur Homogenisierung der Produktionsverhältnisse und des Niveaus der Produktivkräfte innerhalb des Zuckersektors.

11.1.1. Die Intensivierung der Zuckerrohrlandwirtschaft

Analytisch ist zwischen Intensivierung und Mechanisierung als den beiden zentralen Dimensionen der Modernisierung der Landwirtschaft zu unterscheiden. Die Mechanisierung zielt auf die Erhöhung der Arbeitsproduktivität durch den vermehrten Einsatz von Maschinen, während mit der Intensivierung eine Steigerung der Flächenproduktivität mittels besseren Saatguts, Bewässerung, des Einsatzes chemischer Hilfsmittel usw. angestrebt wird.

Im Gegensatz zur Praxis mancher anderer sozialistischer Länder, in denen die Intensivierung der Landwirtschaft zunächst vernachlässigt wurde[18], umfaßten die kubanischen Modernisierungsbemühungen der Landwirtschaft im allgemeinen und der Zuckerrohrlandwirtschaft im besonderen von Anfang an beide Dimensionen: "Die Produktion des Zuckerrohrs muß im wesentlichen auf zwei Prinzipien basieren: einem System intensiver Bewirtschaftsmethoden und mechanisierter Ernten."[19] Wenn auch beide Ziele parallel verfolgt wurden, so waren sie doch nicht gleichrangig. Das Hauptproblem bestand zunächst in der beschleunigten Mechanisierung, weil der zentrale Engpaß inkrementeller Diversifizierung ab 1962 in der Arbeitskräfteknappheit während der Zuckerrohrernte bestand.[20] Gleichwohl basierte die kubanische Zuckerstrategie von Beginn an auf dem Primat des intensiven Wachstums der Landwirtschaft im Verhältnis zum extensiven Wachstum[21]. Bis 1970 sollte die Flächenproduktion um 24 % gesteigert werden. Daneben war die Expansion der Zuckerrohranbaufläche von rd. 1 Million Hektar 1964 auf 1,5 Millionen Hektar 1970 geplant[22], so daß der Zuckerperspektivplan bis 1970 auf einer Mischung von intensivem und extensivem Wachstum beruhte. Nach 1970 sollte der "ganze Schwerpunkt" auf die Intensivierung der Zuckerrohrlandwirtschaft "zur Steigerung der Zuckerproduktion pro Hektar"[23] gelegt werden. Obwohl die konkreten Planziele hinsichtlich des Intensivierungsgrades der Zuckerrohrlandwirtschaft für 1970 nicht erreicht wurden und die Zeitplanung überschritten wurde, überrascht auch in diesem Punkt die qualitative Konsistenz der kubanischen Entwicklungsplanung. Ab Mitte der siebziger Jahre vollzieht sich, wie geplant, der Übergang von einem gemischt extensiven und intensiven zu einem zunehmend intensiven Wachstumsmodell.

Die Einführung neuer Zuckerrohrsorten

Ein entscheidender Faktor für die Steigerung der Flächenproduktivität war die Entwicklung und Einführung neuer, produktiverer Zuckerrohrsorten. Neben dem Aspekt der Agrarproduktivität spielten bei der Erforschung und kommerziellen Einführung neuer Zuckerrohrsorten noch andere Kriterien eine wesentliche Rolle: ihre

Reifezeit, die Eignung zur Mechanisierung sowie zur Verarbeitung der Nebenprodukte, ihre Angemessenheit für spezifische lokale Bedingungen, ihre Widerstandsfähigkeit gegen Trockenheit, Krankheiten usw.[24]. Der Anteil der vor der Revolution dominierenden Sorte POJ-28 78 fiel von 67 % 1961 auf 0,8 % 1975/76. Die an ihrer Stelle gepflanzten Zuckerrohrsorten waren ihr hinsichtlich der meisten o.g. Aspekte überlegen. Ersetzt wurde sie zunächst durch die produktiveren und international gängigen Sorten Barbados-4362, Barbados-42231 und Puerto Rico-980, die auch heute noch vorherrschen. Schon 1975/76 waren die in Kuba entwickelten Jaronu 60-5 und Cuba 87-51 auf 25 % der bepflanzten Zuckerrohrfläche zu finden. Dieser schnelle Fortschritt ist um so erstaunlicher, als nahezu 10 Jahre zwischen der ersten Entwicklung einer neuen Sorte in der Versuchsstation und ihrer kommerziellen Einführung vergehen. Heute ist man schon so weit, daß man Saatgut für das spezifische lokale Mikroklima und die besonderen Eigenschaften der lokalen Bodenverhältnisse entwickelt. Zu diesem Zweck hat man die Zuckerrohranbaugebiete Kubas in 20 ökologische Zonen unterteilt und die Zuckerrohrsorten unter diesem Aspekt in vier Typen klassifiziert[25]. Durch die Einführung der neuen Sorten wäre es theoretisch möglich gewesen, die Zuckerproduktion zwischen 1961 und 1972 um 1,8 t pro Hektar zu erhöhen[26] (zum Wandel der gepflanzten Zuckerrohrsorten vgl. Tabelle 11.1.).

Tabelle 11.1.: Prozentualer Anteil verschiedener Zuckerrohrsorten 1961-75/76

Sorten	1961[1]	1971[2]	1972[1]	1975/76[3]	Durchschnittl. Produktivität Zucker/ha (m.t.)
POJ-2878	67	24	15	0,8	5,69
ML - 318	10	-	1,6	0,1	5,72
B*-4362	1	32	37	45,5	8,26
B*-42231	1	21	24	13,7	-
PR**-980	0	8	7,4	6,2	9,61
Jaronu 60-5***				17,9	
PPQK	9	-	0,6	-	-
Cuba 87-51***	-	-	-	8,4	-
Andere	-	15	-	7,4	-
Verbotene Sorten	12	-	6	-	-
Gesamt	100	100	100	100	

Quellen: 1) J. Acosta 1973 b,S.100, Tab.42; 2) R. Francia Mestre (Interview mit J. Vázquez) 1972, S.18; 3) ATAC 35.1976,4, S.22

Anmerkungen:
*B = Barbados; **PR = Puerto Rico; *** Beide in Kuba für die spezifischen nationalen Verhältnisse entwickelt

Schon 1974 wurden auf rund 80 % der Zuckerrohranbaufläche Sorten angebaut, die man für die Mechanisierung als geeignet betrachtete: Cuba 8751, Barbados 4362, Jaronu 60-5[27]. Eine Schwierigkeit besteht noch darin, daß einige der neuen Sorten nur bei adäquater Bewässerung ihre optimale Produktivität entfalten und wenig resistent gegen Trockenheit sind -ein Aspekt, der sich während der mehrjährigen Trockenzeit Mitte der siebziger Jahre negativ auswirkte. Die meisten vorrevolutionären Zuckerrohrsorten hatten eine späte Reifezeit, so daß es häufiger zu Überlappungen zwischen Ernte- und den Vorbereitungsarbeiten für die nächste Ernte kam. Außerdem wurde dadurch die bestehende industrielle Kapazität höchst ungleichmäßig genutzt. Heute haben rund 90 % der angebauten Sorten eine frühe oder mittlere Reifezeit, so daß die späte Erntezeit heute weitgehend für Kulturarbeiten frei ist (vgl. Tabelle 11.2.).

Tabelle 11.2.: Vergleich des prozentualen Anteils der Zuckerrohrsorten früher, mittlerer und später Reifezeit 1961-1973

Sorte mit	Januar 1961[1]	Januar 1967[1]	Plan für 1970[2]	1970 (annähernd)[2]	1972[3]	1973[3]
Frühe Reifezeit (u.a. Barbados, Cuba 8751)	9,71	17,9	30	32	48,6	57,1
Mittlere Reifezeit	10,7	20,8	40	31	34,1	32,5
Späte Reifezeit (u.a. POJ-2878)	67,4	57,0	30	37	16,7	10,7
Verbotene Sorten	12,2	4,3	-	-	0,6	0,4
Gesamt	100	100	1oo	100	100	100

Quellen: 1) Tomas Martínez 1967
2) Dos Años De Desarrollo Agropecuario Cubano 1968-70 (Bericht der kubanischen Delegation für die 11. Regionalkonferenz der FAO 1970), 1970, S.36
3) JUCEPLAN. Anuario Estadístico De 1974, S.58, Tab.V.9

Bodenstudien, Düngung, Herbizide und Pestizide

Im Kontext der Einführung und Ausdehnung der für die Mechanisierung der Ernte genormten und vorbereiteten sog. typischen Felder (campos tipicos) wurden noch einmal ausgedehnte Studien zur Klassifizierung und Charakterisierung der verschiedenen kubanischen Bodenarten durchgeführt, die dann als Grundlage der territorialen Reorganisation der Zuckerrohrlandwirtschaft um die Zuckerrohrumschlagsplätze (centros de acopio) dienten[28].

1958 wurden nur 120.000 t Kunstdünger in der Zuckerrohrlandwirtschaft eingesetzt; bis heute hat sich die Menge dagegen ungefähr vervierfacht. 1969 wurden ca. 90 % der Zuckerrohranbaufläche gedüngt[29], heute sicherlich die gesamte Fläche. Die Ursache dafür, daß der Einsatz von Kunstdünger nach 1970 in der Zuckerrohrlandwirtschaft zurückging (vgl. Tabelle 11.3.), lag wohl wesentlich an dem Rückgang der Zuckerexporteinnahmen bis 1973. Mit der Inbetriebnahme von zwei neuen Fabriken nach 1970 (Cienfuegos, Nuevitas) sollte sich die nationale Produktionskapazität auf 700.000 t pro Jahr erhöhen[30], um diesen Engpaß zu überwinden.

Tabelle 11.3.: Konsum von Kunstdünger in der Zuckerrohrlandwirtschaft und in der Landwirtschaft insgesamt 1958 - 1974

Jahr	Gesamte Landwirtschaft[3] 1.000 m.t.	Zuckerrohr[3] 1.000 m.t.
1958[1]		120
1965[2]	501	
1969	1.249	691,3
1970	1.027	509,7
1971	816	411,2
1972	726	349,7
1973	842	378,7
1974	888	497,3

Quellen: 1) M. Fernández Font 1973, S.8
2) J. Acosta 1973 b , S.92
3) JUCEPLAN, Anuario Estadístico de 1974, S.73, Tab. V.36

Tabelle 11.4.: Einsatz von Herbiziden und Pestiziden in der kubanischen Landwirtschaft insgesamt und in der Zuckerrohrlandwirtschaft 1958-74

Jahr	Herbizide in der Zuckerrohrlandwirtschaft Menge[5] (1.000 t)	Herbizide in der Zuckerrohrlandwirtschaft Fläche (1.000 ha)	Gesamte Landwirtschaft Herbizide[5] (1.000 t)	Gesamte Landwirtschaft Pestizide[4] (1.000 t) Insektizide	Gesamte Landwirtschaft Pestizide[4] (1.000 t) Fungizide	Gesamte Landwirtschaft Pestizide[4] (1.000 t) Andere Pestizide
1958[1]	Nahezu unbekannt					
1968		132,9[2]				
1969		340,2[2]		4,5	1,9	0,8
1970		832,0[2]		5,2	2,1	0,7
1971	3,1		6,9	4,0	1,6	0,5
1972	5,2	763,9[3]	8,7	4,0	1,5	0,5
1973	5,0[5]	739,2[3]	8,8	4,1	1,0	1,6
1974	5,7[5]		9,0	3,4	1,2	1,4

Quellen:
1) M. Fernández Font 1973, S. 8 (Aussage gilt nur für Herbizide)
2) Dos Años de Desarrollo Agropecuario Cubano (Bericht der kubanischen Delegation für die 11. Regionalkonferenz der FAO 1970, 1970, S. 46, Tab.12 (nur für die mit Herbiziden behandelte Fläche).
3) JUCEPLAN, Anuario Estadístico de 1974, S. 58, Tab. V.9.
4) Ebenda, S. 73, Tab. V.34.
5) Ebenda, S. 73, Tab. V.35.

Ab 1968 wurden in zunehmendem Umfang Herbizide und Pestizide angewandt, deren Gebrauch vor 1959 nahezu unbekannt war (vgl. Tabelle 11.4.). Zwischen 1973 und 1976 verdoppelte sich die angewandte Menge von 'Asulox 40', eines Unkrauttilgemittels für Zuckerrohr, jährlich[31]. Der partielle Rückgang nach 1970 war die Folge der noch unzureichenden nationalen Produktion und der durch die niedrige Zuckerproduktion bedingten Devisenknappheit. Die ökonomische Relevanz des Einsatzes von Herbiziden und Pestiziden ergibt sich daraus, daß durch Unkraut die Zuckerrohrernte um 30 % verringert werden kann[32], und gerade in den Tropen Pflanzenkrankheiten häufig große Teile der Ernte gefährden.

Bewässerung

Eine ausreichende Bewässerung des Zuckerrohrs auch in der Trockenzeit, besonders während der ersten Monate des Wachstums, ist für den Flächenertrag von entscheidender Bedeutung. Die führenden Zuckerrohrproduzenten mit fast doppelt so hohen Hektar-Erträgen wie in Kuba (bis zu 100 t Zuckerrohr pro ha in Peru und Hawai) haben dies in erster Linie ihren ausgedehnten Bewässerungssystemen zu verdanken[33]. Außerdem ermöglicht die Bewässerung das Pflanzen des Zuckerrohrs auch während der Trockenzeit, so daß die Ernte- und Pflanzzeiten besser aufeinander abgestimmt werden können. Die Expansion der bewässerten Fläche war daher sowohl ein wesentlicher Faktor der Intensivierung der Zuckerrohrlandwirtschaft, als auch der besseren Verteilung des jährlichen Arbeitskräftebedarfs. Das ursprüngliche Planziel, das schon für 1970 einen Bewässerungsgrad der Zuckerrohranbaufläche von 20 % vorsah[34], wurde zwar nicht erreicht, doch im Verhältnis zu 1958 hatte sich die bewässerte Zuckerrohranbaufläche schon verfünffacht. Die gesamte bewässerte Agrarfläche hat sich von 1958 bis 1975 mehr als verdreizehnfacht (vgl. Tabelle 11.5.).

Tabelle 11.5.: Indikatoren für den Ausbau der Bewässerung in der kubanischen Zuckerrohrlandwirtschaft und der Landwirtschaft insgesamt 1958-1980

Jahr	Zuckerrohranbaufläche Gesamt (1.000 ha)	Bewässert P.L.Dorticos[4] (1.000 ha)	Bewässert Annuario[7] (1.000 ha)	Gesamte bewässerte Agrarfläche[1] (1.000 ha)	Volumen der Staubecken (Mio m³)	Wert der pro Jahr fertiggestellten hydraulichen Bauten[7] (1.000 Pesos)
1958				40[2]	27,8	
1959				160[9]		
1961-65				456		
1966	978			500		12.129[6]
1969	937		201[2]			
1959-71 (insgesamt)						55.527[6]
1970[3]	1.534		240	520		41.500[7]
1971[3]	1.504		211		217,9	48.300[7]
1972[3]	1.435		208			69.200[7]
1973[3]	1.389	221,5	194		3.000,0[8]	85.600[7]
1974[3]	1.420		181			85.000[7]
1975				535 (580)[9]	4.000,0[9,4]	

Anmerkung: a) Ohne kleine Staubecken

Quellen:
1) Mit Ausnahme von 1958 aus FAO Production Yearbook 1976, 1977 (Vol.30), S.57, Tab.2
2) UNDP 1972, S.26
3) JUCEPLAN, Anuario Estadístico de 1974, S. 50, Tab. V.5 (nur für die Zuckerrohranbaufläche)
4) P.L. Dorticós 1973, S. 20f.
5) JUCEPLAN, Boletín Estadístico 1971, S. 184, Tab.III,6
6) Ebenda, S. 183, Tab. VII, 5 und S. 182, Tab. VIII, 4
7) JUCEPLAN, Anuario Estadístico de 1974, S.146, Tab. VIII, 2
8) M. Fernández Font 1973, S.8
9) Banco Nacional de Cuba 1975, S.51f.

Bis 1980 sollen ca. 400.000 bis 450.000 ha Zuckerrohr bewässert werden. Der Rückgang der bewässerten Fläche in der Zuckerrohrlandwirtschaft ist das Resultat mehrerer vorübergehender Faktoren: Durch die territoriale Reorganisation der Zuckerrohrlandwirtschaft wurden einige Zuckerrohrfelder in noch nicht bewässerte Zonen verlegt; wahrscheinlich spielt auch eine Rolle, daß nach 1970 der Schwerpunkt zugunsten der Diversifizierung der Landwirtschaft verschoben wurde; außerdem setzt die zunehmende Mechanisierung der Zuckerrohrlandwirtschaft die Umstellung von Furchenbewässerung auf Berieselung voraus, was wiederum erhebliche Investitionen erfordert. Die Ausdehnung der Bewässerung genießt vielmehr weiterhin höchste Priorität, wie u.a. die enorme Steigerung des Werts der fertiggestellten hydraulischen Bauten zeigt: Dieser lag in den Jahren nach 1971 pro Jahr jeweils höher als seine Summe zwischen 1959 - 1971.

Die neuesten Tendenzen der kubanischen Bewässerungspolitik sind die bessere Nutzung des gestauten Wasserpotentials und die Ausdehnung der Bewässerung durch Berieselung[35]. Bisher lag der Schwerpunkt auf der Steigerung des Volumens der Staubecken, das sich im Verhältnis zu 1958 verhundertfachte (vgl. Tabelle 11.5.). Von den 1975 gestauten 4 Milliarden m^3 Wasser wird derzeitig jedoch erst ein geringer Teil landwirtschaftlich genutzt. Ein Vorteil der Bewässerung durch Berieselung besteht darin, daß sie billiger ist als die traditionellen Methoden. Außerdem ist sie durchlässigen tropischen Böden angemessener und besser für die Mechanisierung der Ernte geeignet. Ihr Nachteil lag bis jetzt darin, daß die dazu notwendigen Ausrüstungen nahezu ausschließlich importiert werden mußten. Durch die Errichtung zweier Fabriken allein für die Produktion von Ausrüstungen für landwirtschaftliche Bewässerungsanlagen ist man im Begriff, auch diesen Engpaß zu überwinden. Wenn es gelingt, wie geplant, bis 1980 25 % der Zuckerrohranbaufläche zu bewässern, dann hat man in Kuba 1980 das Bewässerungsniveau von Australien 1974 erreicht[36]. Dann dürften auch die Perspektiven für die Steigerung der Flächenproduktivität günstig sein, da man davon ausgeht, daß bei gleichbleibenden anderen Bedingungen der Flächenertrag von Zuckerrohr durch Bewässerung um 50 - 60 % erhöht werden kann.

Flächenproduktivität

Mittels der dargestellten Modernisierungsinvestitionen ist es gelungen, die Flächenproduktivität der kubanischen Zuckerrohrlandwirtschaft von 41,2 m.t. Zuckerrohr pro ha 1937 - 1958 auf immerhin 46 m.t. 1973-78 um 11,7 % zu erhöhen. Trotz dieses Fortschritts blieb der Ertrag pro Hektar noch weit hinter den internationalen Spitzenerträgen von Hawaii und Peru, die bei ca. 1oo t Zuckerrohr pro ha liegen[37], zurück. Das Potential für zukünftige weitere Steigerungen der Flächenproduktivität ist daher wahrscheinlich noch erheblich. Die kargen statistischen Daten in Tabelle 11.6 bedürfen zu ihrem Verständnis noch einiger Erläuterungen. Erstaunlich sind die Schwankungen der Flächenproduktivität. Die beiden Spitzenjahre (197o: 55,4 t; 1978: 54,o t) verweisen allerdings auf die realistischen Möglichkeiten. Die Tatsache, daß 1979 die Zuckerproduktion auf 8,1 Mio m.t. gesteigert werden konnte[38], läßt eine Tendenz zur Stabilisierung des Flächenertrags auf hohem Niveau vermuten. Die starken Variationen wurden bestimmt durch die Kapriolen der Natur, interne Organisationsprobleme des Zuckersektors und die gesamtwirtschaftliche Entwicklung. Der niedrige Hektar-Ertrag von 1971 war eine der Formen der Opportunitätskosten der gran zafra 197o. Berücksichtigt man für die Jahre 1972-74 die damalige anhaltende extreme Trockenperiode, dann erscheinen die 44 t pro ha 1973 in einem weitaus günstigeren Licht. Interessant ist, daß ab 1968 die Hektar-Erträge des Privatsektors immer leicht über denen des Staatssektors lagen. Das deutet einerseits auf weiter bestehende Organisations-, Motivations- und Qualifikationsprobleme im Staatssektor hin, da auf diesen relativ mehr Ressourcen konzentriert wurden[39], und andererseits darauf, daß es gelungen ist, die politisch-ökonomische Krise des privaten Agrarsektors zumindest in der Zuckerrohrlandschaft zu überwinden. Bis 199o ist eine, nach Fidel "konservative", Steigerung des durchschnittlichen Hektarertrags auf 68 t geplant. In einigen fortgeschrittenen Regionen und Betrieben werden schon derzeit zwischen 65 t und 143 t Zuckerrohr pro Hektar geerntet[4o].

Tabelle 11.6.: Zuckerrohrerntefläche, -produktion und -ertrag 1937-78

Jahr	Erntefläche Gesamt ha	Erntefläche Staat ha	Erntefläche Privat ha	Produktion Gesamt 1.000 t	Produktion Staat 1.000 t	Produktion Privat 1.000 t	Ertrag Gesamt t/ha	Ertrag Staat t/ha	Ertrag Privat t/ha
1937-44[2]							39,3		
1947[2]							42,5		
1948[2]							42,2		
1952[2]							41,8		
1958[2]							40,4		
1937-58[3]							41,2		
1962	1.132.267,4	417.827,8	714.439,6	36.721.1	14.746,7	21.974,4	32,0	35,0	31,0
1963	1.064.037,9	443.870,7	620.167,2	31.418,9	13.671,1	17.747,8	30,0	31,0	29,0
1964	1.002.239,7	646.365,9	355.873,8	37.202,8	24.929,8	12.373,0	37,0	39,0	34,0
1965	1.081.778,4	749.951,2	331.827,2	51.839,6	36.142,3	15.597,3	47,9	48,0	47,0
1961-65							38,4		
1966	1.006.604,1	719.630,5	286.973,6	37.840,0	27.116,8	10.723,0	37,6	37,7	37,4
1967	1.070.690,5	784.419,9	282.260,6	51.183,3	38.586,2	13.597,1	48,7	49,2	48,2
1968	1.075.767,3	805.241,6	270.525,7	45.668,0	33.294,3	12.373,7	42,5	41,3	45,7
1969	968.006,0	728.135,6	239.870,4	43.791,8	31.902,8	11.889,7	45,2	43,8	49,6
1970	1.497.575,4	1.168.472,6	329.102,6	82.931,6	63.661,6	19.269,7	55,4	54,5	58,6
1971	1.353,915,4	1.080.252,2	273.663,2	54.688,6	43.383,5	11.575,1	40,4	40,2	42,3
1972	1.250.667,5	1.023.170,3	227.497,2	46.802,1	38.059,7	8.742,4	37,4	37,2	38,4
1973	1.155.876,7	952.926,1	202.950,6	50.512,3	41.268,5	9.243,8	43,7	43,3	45,5
1974	1.185.116,2	988.252,8	200.863,4	53.151,2	43.710,2	9.441,0	44,8	44,2	47,0
1975							43,1[4]		
1976							44,3[4]		
1978							56,0[1]		
1973-78							46,0[a]		

Anmerkung: a) ohne 1977

Quellen: 1962 - 1964 = JUCEPLAN, Boletín Estadístico 1971, S. 68, Tab. VI,4
1965 - 1974 = JUCEPLAN, Anuario Estadístico 1974
1) 7.300.000 Tons of Sugar Already Produced, Granma W.R. 2.7.1978, S.1
2) UNDP 1972, S. 33
3) Eigene Berechnungen auf der Basis der unvollständigen Daten
4) FAO Production Yearbook 1976, Vol. 30, 1977, S. 161, Tab.58

Bei der Beurteilung der erzielten Fortschritte der Flächenproduktivität muß man berücksichtigen, daß vor der Revolution die jährlichen Zuckerrohrreserven größer waren, so daß allein aufgrund der längeren Wachstumsperiode des Zuckerrohrs höhere Erträge erzielt werden konnten. Der Anteil des jährlich nicht geernteten Zuckerrohrs, das vor 1959 im wesentlichen als Reserve für eine unerwartete Expansion der Zuckernachfrage auf dem Weltmarkt diente, sank auf 6,6 % 1962 und 5,5 % 1963[41]. Dieser Rückgang der Zuckerrohrreserven hat sicherlich das Wachstum der Flächenproduktivität verlangsamt. Perspektivisch ist jedoch geplant, die Zuckerrohrreserven wieder zu erhöhen, langfristig sogar bis auf die Hälfte der Anbaufläche, um das Wachstum der Flächenproduktivität zu beschleunigen und den jährlichen Aufwand für die Aussaat, Kultivierung und Ernte auf eine geringere Fläche zu beschränken[42]. Mit der Ausnahme von 1975 lag der Anteil der Zuckerrohrreserven ab 1973 jeweils über 16 %, ohne jedoch den Durschnitt der Jahre 1954-60 von 22,4 % zu erreichen (vgl. Tabelle 11.7.).

Dagegen hat eine andere Tendenz die Flächenproduktivität des Zuckerrohrs in Kuba sicherlich positiv beeinflußt: die Erhöhung des Anteils des jährlich neu gepflanzten Zuckerrohrs; denn das neu gepflanzte Zuckerrohr, das eine Reifezeit von 12 - 24 Monaten hat, wirft einen höheren Ertrag als Stoppelrohr ab, dessen Produktivität mit zunehmendem Alter abnimmt. Der Anteil des neu gepflanzten Zuckerrohrs stieg von rund 1/6 der Anbaufläche 1964-67 auf 1/5 1968 und ca. 1/4 1969. Zwischen 1970 und 1975 wurden jährlich zwischen 16 und 20 % des Zuckerrohrs neu gepflanzt, so daß die durchschnittliche Lebensdauer des Stoppelrohrs heute in Kuba mit 5 - 6,25 Jahren erheblich unter den gängigen 10 Jahren vor 1959 liegt[43]. Im allgemeinen wird die Anzahl der Stoppelrohrernten durch den Wert des Landes, die Lohnrate, die Zuckerpreise und die Konkurrenz anderer Kulturen determiniert[44]. Offensichtlich besteht heute in Kuba ein stärkerer Anreiz zur Produktivitätssteigerung als vor der Revolution; außerdem wird das häufigere Pflanzen des Zuckerrohrs durch die fortschreitende Mechanisierung dieser Tätigkeit erleichtert.

Tabelle 11.7.: Anteil der jährlichen Zuckerrohrreserve und der Neupflanzungen an der Zuckerrohranbaufläche 1954-76

Jahr	Anbaufläche (1) 1.000 ha	Erntefläche (2) 1.000 ha	Zuckerrohrreserven[a] (3) 1.000 ha	(3)/(1) %	Jährliche Neuanpflanzungen Staat 1.000 ha	Privat 1.000 ha	Gesamt 1.000 ha	Anteil der gesamten Neupflanzungen an der Anbaufläche %
1957[1]	1.414	1.265	149	10,5				
1954-60[4]				22,5				
1959							168,0[5]	
1962[2]		1.132,3			92,8	84,6	177,4	
1963[2]		1.064,0			95,5	70,3	165,8	
1964[2]		1.002,2			131,3	35,9	167,3	
1965[3]		1.081,8			165,0	36,2	201,2	
1966[3]		1.006,6			132,9	36,7	169,5	
1967[3]		1.070,7			167,7	39,5	207,2	
1968[3]	1.229,7	1.975,8	153,9	12,5	330,6	88,4	419,0	34
1969[3]	1.417,2	968,0	449,2	31,7	239,3	44,7	284,0	20
1970[3]	1.534,6	1.497,6	37,0	2,4	112,7	14,6	127,3	8
1971[3]	1.504,2	1.353,9	150,3	9,9	219,2	31,9	251,0	17
1972[3]	1.435,6	1.250,7	184,9	12,9	305,0	47,6	352,7	29
1973[3]	1.389,1	1.155,9	233,1	16,8	351,3	54,2	405,5	24
1974[3]	1.420,9	1.185,1	236,8	16,7	337,9	48,2	386,1	27
1975[1]	1.475,0	1.348,0	127,0	8,6				
1976[1]	1.500,0	1.254,0	246,0	16,4				

Anmerkung: a) Anbaufläche minus Erntefläche

Quellen:
1) CIA 1976, S.2, Tab.2
2) JUCEPLAN, Boletin Estadístico 1971
3) JUCEPLAN, Anuario Estadístico De 1974
4) G.B. Hagelberg 1971
5) M. Fernández-Font 1973, S.8

Tabelle 11.7. dokumentiert die Tendenz zum Wachstum der jährlichen Neupflanzungen, besonders nach 1968, mit der verständlichen Ausnahme von 1970, als diese durch die Verlängerung der Erntezeit beeinträchtigt wurden. Die Neuanpflanzungen pro Jahr stiegen von durchschnittlich 170.000 ha 1962-64 auf 381.000 ha 1972-74, also um 124 %. Die Ausdehnung der jährlichen Neupflanzungen ist wesentlich die Konsequenz staatlicher Aktivitäten, während die Pflanzungen des privaten Sektors nach der zweiten Agrarreform von 1963 nur eine leicht aufsteigende Tendenz zeigten.

Ein erhöhter Zwang zu einem stärker intensiven Wachstum der Zuckerrohrlandwirtschaft und der Landwirtschaft im allgemeinen ergibt sich aus der absoluten Grenze der potentiellen Agrarfläche, die heute mit fast 6 Mio ha nahezu erreicht ist, und der zunehmenden Bevölkerungsdichte, die von 52 (1958) auf 77 Einwohner pro Quadratkilometer 1970 angestiegen ist (vgl. Tab. 11.8.). Verschärft wird dieser Engpaß in Kuba noch dadurch, daß über 1/3 der potentiellen landwirtschaftlichen Nutzfläche durch Kulturen absorbiert wird, die vorwiegend für den Export produzieren. Daher die logische Schlußfolgerung der kubanischen Führung: "Wir können nicht horizontal wachsen, weil es keinen Platz mehr gibt; wir müssen vertikal wachsen."[45]

Die Bilanz der kubanischen Bemühungen zur Intensivierung der Zuckerrohrlandwirtschaft fällt widersprüchlich aus: Einerseits sind eindeutige Fortschritte zu konstatieren, die sich letztlich in der Steigerung der Flächenproduktivität verdichten; andererseits sind die bisherigen Erfolge jedoch klar hinter den ursprünglichen Erwartungen zurückgeblieben. Die restriktiven Bedingungen schnellerer Fortschritte der Intensivierung der Zuckerrohrlandwirtschaft bestanden in der gleichzeitigen Begrenzung der Importkapazität und der nationalen Produktion von Inputs, dem konkurrierenden Bedarf der diversifizierten Landwirtschaft, dem time-lag zwischen der Erforschung neuer Zuckerrohrsorten und ihrer breiten kommerziellen Einführung sowie zwischen dem Beginn fundamentaler Infrastrukturinvestitionen (z.B. Stauseen und Qualifikation von Arbeitskräften) und ihrer wirksamen Nutzung und in der begrenzten, erst allmählich sich entwickelnden Kapazität zur Absorption der neuen Technologie. Da diese Engpässe heute weitgehend geweitet sind und die Infrastruktur zur Entwicklung, Produktion und Nutzung moderner Agrartechnologie (und der entsprechenden Inputs) auf breitet Basis entwickelt worden ist, scheinen nun die Prämissen für eine stetige, und wahrscheinlich beschleunigte, Aufwärtsentwicklung gegeben.

Tabelle 11.8.: Entwicklung der kubanischen Bevölkerung und ihrer Relation zur Gesamt- und Agrarfläche 1899 - 1976

Jahr	Bevölkerung nach Zensus 1.000	Bevölkerung nach Schätzungen 1.000	Jährliche Wachstumsrate(%) von einem Zensus zum anderen	Bevölkerungsdichte - Einwohner/km²	Agrarfläche pro Einwohner (km²)
1899	1.572			14	
1907	2.049		3,3	18	
1919	2.889		2,9	26	
1931	3.962		2,7	36	
1943	4.779		1,6	43	
1953	5.829		2,1	53	
1958		6.548			1,1
1963		7.236			
1968		8.074			
1970	8.553		2,2	77	
1976[2]		9.500			0,7

Quellen:

1) Jean Marieu 1970, S.131, Tab.1 (mit Ausnahme von 1976), nach Daten von JUCEPLAN
2) F. Castro, Abschlußrede vom 17.5.1977 auf dem 5.Kongreß der ANAP, Granma W.R. 29.5.1977, S.3. Die Bevölkerungszahl ist eine nicht präzise Wiedergabe der neuesten Zensusdaten durch Castro aus dem Gedächtnis.

11.1.2. Die Mechanisierung der Zuckerrohrlandwirtschaft

Die Mechanisierung der Zuckerrohrlandwirtschaft und insbesondere der Zuckerrohr<u>ernte</u> wird im folgenden deswegen so ausführlich analysiert, weil sich in ihr eine Vielzahl entwicklungspolitisch relevanter Probleme verdichten, deren Dimensionen und Bedeutung durch die konzentrierte Untersuchung eines einzelnen Erfahrungsbereichs präziser faßbar werden als durch globale Makroanalysen, durch deren allgemeine Raster häufig, gerade auch in Untersuchungen über die kubanische Entwicklungsstrategie, wichtige Aspekte hindurchfallen. Die Konsequenz sind oft verzerrte Urteile und Schlußfolgerungen. Im Forschungsprozeß dieser Arbeit bin ich gerade durch eine eingehendere Beschäftigung mit diesem Problemkreis erst auf einige Aspekte gestoßen, die bisher, mit einigen wenigen Ausnahmen[46], noch gar nicht adäquat wahrgenommen und analysiert worden sind, wie z.B. der kubanische Versuch zur Entwicklung angepaßter Technologien. Gleichzeitig bietet die Untersuchung eines begrenzten Gegenstandsbereichs die Möglichkeit, einige allgemeine Hypothesen (der Bedeutungswandel von Begriffen wie z.B. Humanisierung der Arbeit in einem anderen Kontext als dem der kapitalistischen Zentren, ökonomistisch-produktivistische und autoritäre Aspekte des kubanischen Sozialismusbegriffs) näher zu testen und zu erläutern. Einige Aspekte, die im Mittelpunkt der folgenden Untersuchung stehen, sind: die gesamtwirtschaftliche Bedeutung der Mechanisierung der Zuckerrohrernte (Freisetzen von Arbeitskräften für andere wirtschaftliche Aktivitäten, Senkung der Produktionskosten); die entwicklungspolitische Relevanz technologischer Probleme in Bereichen, in denen der Rückgriff auf Technologien der Zentren unmöglich ist; die kubanische Fähigkeit zu technologischen Innovationen und die Probleme ihrer breiten Einführung; das wichtige Problem der technologischen und allgemeinen wirtschaftlichen Abhängigkeit Kubas von der Sowjetunion in einem für die kubanische Wirtschaft zentralen Sektor und der Beitrag der Mechanisierung zur Transformation der Sozialstruktur der Zuckerplantagenwirtschaft durch die Entwicklung der Produktivkräfte.

11.1.2.1. Die Motive der Mechanisierung der Zuckerrohrernte

In manchen Untersuchungen werden die Erfolge oder die Mißerfolge der Mechanisierung der kubanischen Zuckerrohrlandwirtschaft beschrieben, ohne daß deren gesamtwirtschaftliche und -gesellschaftliche Relevanz klar würde. Da es hier darum geht, die Bedeutung des Zuckersektors für die Gesamtwirtschaft zu untersuchen, wird im folgenden zunächst versucht, die gesamtwirtschaftlichen und sozialen Motive der Mechanisierung der Zuckerrohrernte auf dem Hintergrund der realen sozioökonomischen Entwicklung herauszuarbeiten. Die Mechanisierung der Zuckerrohrernte ist ein besonders augenfälliges Beispiel dafür, wie durch die Einführung sozialistischer Eigentumsverhältnisse vor allem die Struktur der Entwicklung der Produktivkräfte verändert wurde.

Von Anfang an bemühte sich die kubanische Revolution um eine schnelle Lösung des schwierigen Problems der Mechanisierung der Zuckerrohrlandwirtschaft. Die konkrete Priorität, die diese erhielt, variierte jedoch mit der Rolle des Zuckersektors in der Wachstumsstrategie und der konkreten Arbeitsmarktsituation (dem Bedarf an Arbeitskräften in der diversifizierten Landwirtschaft und Industrie und dem Angebot erfahrener, qualifizierter Schnitter), sowie mit den auftretenden immanenten Schwierigkeiten der Mechanisierung. Konkret: Mit der sich 1962 zum ersten Mal abzeichnenden Arbeitskräfteknappheit während der Zuckerrohrernte und der hohen Priorität des Zuckersektors im Kontext der neuen Wachstumsstrategie nach 1963 nahm natürlich der Stellenwert der Mechanisierung der Zuckerrohrernte zu. Schnelle Fortschritte bei der Mechanisierung galten als Voraussetzung des Erreichens des Produktionsziels von 10 Millionen t Zucker 1970.

Die Dringlichkeit der Mechanisierung der Zuckerrohrernte trat nach 1970 noch stärker zutage: Die durch die gran zafra erzeugten gesamtwirtschaftlichen Disproportionen hatten gezeigt, daß es unmöglich war, gleichzeitig eine hohe Zuckerproduktion und parallel dazu eine breite Diversifizierung der Produktionsstruktur zu erreichen, ohne daß die Zahl der in der Ernte beschäftigten Arbeitskräfte durch den Einsatz von Erntemaschinen entscheidend reduziert wurde. Dieses Problem wurde noch dadurch verschärft, daß die mittelfristige Perspektivplanung vorsah, daß nach 1970 das Wachstum anderer landwirtschaftlicher und industrieller Sektoren beschleunigt werden sollte[47]. Daher also, aus dem gesamtwirtschaftlich motivierten Grund einer breiteren wirtschaftlichen Entwicklung, erhielt die beschleunigte Mechanisierung der Zuckerrohrernte allerhöchste Priorität, wie Castro schon 1969 hervorgehoben hatte: "... Heute ist das Hauptproblem in unserem Lande an allen Fronten der Mangel an Arbeitskräften..., aber immer noch wird das Zuckerrohr mit der Hand geschnitten. ... Das Wichtigste für unser Land in den nächsten Jahren, das Wichtigste ist die Mechanisierung des Schneidens."[48]

Hier wird schon das erste der Motive für die Mechanisierung expliziert: die Freisetzung von Arbeitskräften für andere wirtschaftliche Aktivitäten; die anderen waren: die Senkung der Produktionskosten im Zuckerexportsektor, die Kompensation der Abwanderung der macheteros in andere Berufe und die Humanisierung der Arbeit in der Zuckerrohrlandwirtschaft, d.h. die Überwindung der traditionellen Produktionsverhältnisse der kapitalistischen Zuckerrohrplantagenwirtschaft durch die Entfaltung der Produktivkräfte[49].

Das zweite Motiv für die angestrebte beschleunigte Mechanisierung war der zunehmende Mangel qualifizierter macheteros und die durch diese Entwicklung verursachte, gemessen an historischen Maßstäben, niedrige Arbeitsproduktivität der manuellen Schnitter[50]. Zwischen 1958 und 1971 nahm die Zahl der professionellen Zuckerrohrschnitter von 350.000 (geschätzt) auf 72.986, d.h. innerhalb von 13 Jahren um 80 % ab (vgl. Tabelle 11.9.). Als Gründe für diese abnehmende Zahl der macheteros werden im allgemeinen angegeben: a) die Pensionierung der alten Arbeiter, b) die Abwanderung vieler macheteros in weniger harte und monotone und damit attraktivere Berufe in Landwirtschaft und Industrie (diese Tendenz wurde durch die nach der Revolution neu eröffneten Beschäftigungs- und Weiterbildungsmöglichkeiten wesentlich gefördert), c) die Tatsache, daß nahezu kein Jugendlicher im heutigen Kuba das Schneiden des Zuckerrohrs als Beruf erlernen und ausüben will[51].

Tabelle 11.9.: Rückgang der Zahl der professionellen Zuckerrohrschnitter, 1958 - 1971

Jahr	Zuckerrohrschnitter (macheteros)
1958	350.000 - 400.000 (geschätzt)
1967	143.468
1968	105.598
1969	88.300
1970	79.752
1971	72.986

Quelle: F. Castro, Rede auf der Nationalen Versammlung der Grundindustrie vom 7.12.1970, Granma W.R., 20.12.1970, S.4

Die Abwanderung von Arbeitskräften aus der Zuckerrohrlandwirtschaft ist, falls andere Beschäftigungsmöglichkeiten existieren, ein typisches Phänomen von Zuckerplantagenökonomien und sagt viel über die verbreitete Geringschätzung dieser Arbeit aus; in einigen Fällen und in geringem Umfang existieren sogar allgemeine strukturelle Arbeitslosigkeit und Arbeitskräfteknappheit während der Zuckerrohrernte nebeneinander. In Kuba hatte die Revolution mit ihrer Vollbeschäftigungspolitik selbst die Voraussetzungen für das Verschwinden der traditionellen Berufsgruppe der macheteros geschaffen. Die Möglichkeit, die abwandernden Arbeitskräfte mit administrativen Maßnahmen oder unmittelbarer Gewalt in der Zuckerrohrlandwirtschaft festzuhalten und so die macheteros an ihre ungeliebte Arbeit zu binden, lehnte man, wie Castro häufiger betont hat, aus prinzipiellen ideologischen Gründen ab, weil man derartige Zwangsmethoden mit den sozialistischen Zielen der Revolution nicht vereinbaren zu können glaubte. In diesem Fall wurde also das Recht der freien Wahl des Arbeitsplatzes trotz der hohen ökonomischen Kosten für die Gesamtwirtschaft garantiert. Das Dilemma in Kuba war, "daß dies (die Abwanderung der macheteros, H.F.) geschah, bevor die menschliche Arbeitskraft durch Maschinen zum Schneiden des Zuckerrohrs ersetzt werden konnte."[52]

Tabelle 11.10.: Regionalstruktur der Bevölkerung, der Bevölkerungsdichte und der ländlichen Bevölkerung, nach Provinzen 1970

Provinz	Fläche km² (1)	Fläche %	Gesamtbevölkerung (2)	Landbevölkerung (3)	Verstreute Bevölkerung oder in Orten unter 20.000 E (4)	Allgemeine Bevölkerungsdichte (2)/(1)	Dichte der ländlichen Bevölkerung (3)/(1)	Dichte der ländlichen Bevölkerung (4)/(1)
Kuba	107.206[a]	100,0	8.569.121	3.359.701	4.894.719	79,9	31,7	45,7
Pinar del Rio	10.859	11,8	547.378	338.605	473.091	50,4	31,2	43,6
La Habana	8.253	7,2	2.331.657	179.087	464.759	282,5	21,7	56,3
Matzanzas	12.033	7,4	502.932	193.943	336.123	31,8	16,1	27,9
Las Villas	18.837	18,7	1.363.079	623.080	950.098	72,4	33,1	50,4
Camaguey	20.623	23,0	815.742	315.450	481.112	40,0	15,3	23,3
Oriente	36.601	32,0	3.008.333	1.749.536	2.189.536	82,2	47,8	59,8

Anmerkung: a) ohne die kleinen Inseln, nur die Insel Kuba und die Inseln der Pinien (Isla de Pinos, die Schatzinsel von Stevenson)

Quelle: JUCEPLAN, Densidad de población y urbanización, 1975, S. 20, Tab.3

Der Schwerpunkt der Mechanisierung lag daher folgerichtig in den Provinzen, in denen das Arbeitskräftedefizit allgemein und insbesondere der Mangel an macheteros am größten war, und gleichzeitig der Anteil der Zuckerrohrlandwirtschaft relativ hoch war. Das war in erster Linie das nur dünn besiedelte Camaguey, dessen allgemeine Bevölkerungsdichte ebenso wie die Dichte der ländlichen Bevölkerung um die Hälfte unter dem nationalen Durchschnitt lag (vgl. Tabelle 11.10.). In Camaguey sind auch die größten Fortschritte beim Einsparen von Arbeitskräften durch die integrale Mechanisierung der Zuckerrohrernte zu verzeichnen. In den neuen Provinzen Camaguey und Ciego de Avila, dem ehemaligen Camaguey, war die Arbeitsproduktivität pro Landarbeiter während der Ernte 1977 fünfmal höher als 1952. Der Mechanisierungsgrad des Schneidens des Zuckerrohrs lag 1977 mit 55 % der Gesamternte erkennbar über dem nationalen Durchschnitt von knapp 40 %[53].

Auf dem Hintergrund des Mangels an Zuckerrohrschnittern ist u.a. die kubanische Politik der Mobilisierung freiwilliger Arbeitskräfte mittels moralischer Anreize für die Zuckerrohrernte zu verstehen. Diese war von vornherein nur als vorübergehende Maßnahme geplant, solange die Mechanisierung der Ernte noch nicht möglich war: "Aber diese Situation (die Mobilisierung freiwilliger Arbeitskräfte, H.F.) kann nicht permanent andauern, auch dann nicht, wenn man sich nicht zum Ziel setzt, Ernten von 10 Millionen t oder mehr zu erreichen."[54] Der Übergangscharakter der Mobilisierung freiwilliger Arbeitskräfte für die Zuckerrohrernte ist ein Unterschied zum marxistischen Konzept freiwilliger Arbeit, die sich nach dessen Maßgabe beim Übergang vom Sozialismus zum Kommunismus fortschreitend verallgemeinert, und zwar in dem Maße, in dem durch die Erhöhung der Arbeitsproduktivität ein Überfluß an Konsumgütern erzeugt und die körperlich harte und monotone notwendige Arbeit erheblich reduziert werden kann . Freiwillige Arbeit in der Zuckerrohrlandwirtschaft im sozialistischen Kuba bedeutet(e) in ökonomischer Hinsicht nichts anderes als das vorübergehende Auffüllen des saisonalen Arbeitskräftedefizits. In historischer Perspektive war es die Hauptform der ursprünglichen sozialistischen Akkumulation in Kuba, da die primitiven Arbeitsmethoden einem vorsozialistischen Niveau der Produktivkräfte entsprachen und freiwillige Arbeit in dem für die gesamtwirtschaftliche Akkumulation zentralen Zuckerexportsektor die der nicht-kapitalistischen Produktionsweise in Kuba angemessene Form absoluter Mehrarbeit war. In sozialer Hinsicht bedeutete die freiwillige Arbeit auf den Zuckerrohrplantagen die tendenzielle Universalisierung des Arbeitsleids dieser monotonen und physisch äußerst anstrengenden 'Sklavenarbeit'. Beides, die Mobilisierung freiwilliger Arbeitskräfte und die Mechanisierung der Zuckerrohrernte, sind sozioökonomische Alternativen zur Lösung des sozialökologischen Problems der Saisonalität der Rohrzuckerproduktion in kapitalistischen Plantagenwirtschaften durch saisonale Arbeitslosigkeit. Beide sind gesamtwirtschaftlich rationaler und gesamtgesellschaftlich wünschenswerter, da sie alle verfügbaren Arbeitskräfte nutzen. Die Mechanisierung ist insofern der Mobilisierung freiwilliger Arbeitskräfte vorzuziehen, weil diese auf Kosten der Nicht-Zuckerproduktion geht und die Arbeitsproduktivität freiwilliger geringer als die professioneller Schnitter ist.

Nahezu alle in der kapitalistischen Peripherie gelegenen Zuckerplantagenökonomien sind, im Verhältnis zu anderen Exportsektoren der Peripherie (u.a. dem Bergbau), arbeitsintensiv. Die meisten Arbeitskräfte (während der Ernte rund 70 bis 80 %) werden durch den landwirtschaftlichen Produktionsprozeß (Schneiden, Säubern, Verladen, Transportieren) absorbiert. Diese hohe Arbeitsintensität der mit traditionellen Methoden betriebenen Zuckerrohrlandwirtschaft bedeutet, daß trotz günstiger natürlicher Bedingungen für den Anbau von Zuckerrohr die Produktionskosten (gemessen in Geld und Arbeitszeit) im Verhältnis zu den Einnahmen relativ hoch sind. Nach kubanischen Schätzungen waren in der nur teilmechanisierten Zuckerrohrlandwirtschaft (ohne das Schneiden des Zuckerrohrs) um 1970 ca. 500.000 menschliche Arbeitsjahre (ganzjährig beschäftigte Arbeitskräfte) notwendig, um ein Deviseneinkommen von knapp 1 Mrd Dollar durch die Produktion von Rohzucker aus Zuckerrohr zu erzielen. Bergbauökonomien (z.B. Kupfer in Chile, Petroleum) benötigen dazu nicht mehr als

10.000 bis 20.000 Arbeitskräfte pro Jahr. Im kubanischen Nickelbergbau reichen 25.000 bis 30.000 Beschäftigte[55].

Dieses Problem erfuhr im postkapitalistischen Kuba noch dadurch eine Verschärfung, daß die Löhne der Landarbeiter ebenso wie die Zahl der ganzjährig in der Zuckerrohrlandwirtschaft beschäftigten Arbeitskräfte gestiegen sind[56], und daß der Einsatz freiwilliger Arbeitskräfte aus anderen Regionen - im Gegensatz zu vor 1959 - zusätzliche indirekte Kosten verursacht (Transport, Verpflegung, Unterkunft, alles staatlich finanziert und bereitgestellt)[57]. Außerdem fiel die Arbeitsproduktivität trotz der erweiterten und modernisierten Maschinenparks in der Landwirtschaft bis 1970, und in der Zuckerindustrie noch bis 1977[58]. Das Motiv der Senkung der Produktionskosten in dem für die Gesamtwirtschaft zentralen Exportsektor war ein durchgängiges Motiv der kubanischen Wirtschaftspolitik. Da die meisten Arbeitskräfte auf teil- oder nicht-mechanisierten Zuckerrohrplantagen in der Landwirtschaft, besonders während der Erntezeit, benötigt werden, war die Substitution von Handarbeit durch Landmaschinen der Schlüssel für die Senkung der Produktionskosten der Zuckerproduktion[59].

Eine weitere Absicht, diesmal soziopolitischer und moralischer Natur, die mit der Mechanisierung der Zuckerrohrlandwirtschaft verfolgt wurde, war die der Humanisierung der Arbeit: "Die Erntemaschine befreit unsere Arbeiter von einer der härtesten und schwierigsten Aufgaben. Es ist eine Maschine, die die Arbeit und das Leben in unserem Lande humanisiert."[60] Aber hier, wie bei vielen anderen Begriffen ebenfalls, muß man sich hüten, die Bedeutung, die dieser Begriff in den entwickelten kapitalistischen Zentren hat, einfach in den kubanischen Kontext zu transponieren. Es gilt vielmehr, den spezifischen Sinn dieses Begriffs, den er in den Verlautbarungen der kubanischen Führer hat, herauszuarbeiten und auf die kubanischen sozioökonomischen Bedingungen zu beziehen. Humanisierung im kubanischen Kontext heißt nämlich nicht, wie bei uns, die Kritik und praktische Überwindung der hohen, durch Maschinen diktierten Arbeitsintensität und der auf den Prinzipien des Taylorismus beruhenden Arbeitsorganisation mit der durch diesen gerechtfertigten hochgradigen technischen und sozialen Arbeitsteilung; die Humanisierung der Arbeit impliziert daher nicht die Forderung nach der Revalorisierung qualifizierter Handarbeit und der Wiederzusammensetzung von Arbeitsprozessen, wie sie in einigen fortgeschrittenen kapitalistischen Fabriken (u.a. Volvo) schon mit Erfolg erprobt worden ist, sondern einfach die Reduzierung der monotonen körperlichen Arbeitsanstrengungen: "Wir können sehen, daß viele Arbeiten humanisiert, d.h. leichter und weniger anstrengend im Sinne harter körperlicher Arbeit gemacht worden sind."[61]

Im Gegenteil, offensichtlich versprach man sich von der Einführung von Maschinen in der Zuckerrohrlandwirtschaft eine Verbesserung der auf dem Lande besonders geringen Arbeitsdisziplin: "Ich glaube, daß die Maschinen uns helfen können ..., einige Verhaltensweisen zu überwinden, die sich nach dem Triumph der Revolution festgesetzt haben, u.a. die Angewohnheit, weniger zu arbeiten und mehr zu verdienen."[62] Diese Erwartung war weniger mit der Erleichterung der körperlichen Arbeit verknüpft als vielmehr mit der Herstellung eines kohärenten agroindustriellen Arbeitsablaufs durch die Mechanisierung des Arbeitsprozesses, durch den die Tugenden der industriellen Arbeit auf dem Lande eingeführt werden sollten: "Die Einführung der Zuckerrohrlademaschinen, Lastwagen und Traktoren, die eine Anzahl von Wagen ziehen, ..., alles dies erforderte Disziplin, Präzision und Timing, die vorher nicht existierten."[63] Die Entwicklung der Produktivkräfte in der Zuckerrohrlandwirtschaft in Form der Mechanisierung implizierte und intendierte also, obwohl sie die traditionelle soziale Physiognomie der kapitalistischen Zuckerrohrplantagen von Grund auf veränderte, die Einführung einer neuen sozialen Arbeitsteilung und Hierarchie, und nicht deren vollständige Eliminierung. U.a. äußerte sich dies auch darin, daß der Taylorismus, der explizit als Organisationswissenschaft im Dienste der Aufrechterhaltung sozialer Herrschaftsstrukturen entwickelt worden ist[64], nicht grundsätzlich kritisiert wurde; vielmehr wurde seine modifizierte Anwendung zur wissenschaftlichen Organisation des Arbeitsprozesses befürwortet. Ganz offensichtlich wird diese Dimension, wenn Castro das

Erlernen von Disziplin durch die Einführung neuer Militärtechnologien in der Armee als vorbildhaft beschreibt: "Die neuen Waffen und die neuen Techniken sind ein entscheidender Faktor in der schnellen Entwicklung der Organisation und der Disziplin unserer revolutionären Streitkräfte gewesen."[65]

Obwohl die soziopolitischen Hemmnisse der Mechanisierung der Zuckerrohrlandwirtschaft (ein Heer billiger Arbeitskräfte aufgrund der saisonalen und strukturellen Arbeitslosigkeit, mangelnde Unterstützung des Staates usw.) beseitigt waren und diese höchste Priorität genoß, blieben die Resultate im Verhältnis zum Aufwand zunächst minimal. Der realisierte Grad der Mechanisierung der Ernte blieb mit 1 % 1970 weit hinter dem geplanten Mechanisierungsgrad von 30 % zurück. Am größten waren noch die Erfolge beim Verladen des Zuckerrohrs, von dem 1970 immerhin 83 % mechanisiert war (vgl. Tabelle 11.11.). Meine These ist, daß dieser anfängliche Mißerfolg nicht hauptsächlich die Folge eklatanter Fehlplanungen oder der unzureichenden sowjetischen Technologie war, wie dies häufig dargestellt worden ist, sondern seine Ursache hatte in den historisch begrenzten produktiven und organisatorischen Kapazitäten der kubanischen Ökonomie. Auch nach der Eliminierung der grundlegenden soziopolitischen und institutionellen Barrieren konnte nicht ad hoc eine entwickelte Landmaschinenindustrie aus dem Boden gestampft werden; die wissenschaftliche und technische Rückständigkeit nicht mit einem Schlag überwunden und nicht sofort die landwirtschaftlichen, qualifikatorischen und organisatorischen Voraussetzungen der integralen Mechanisierung geschaffen werden. Diesen Fakten, die von den Kubanern recht bald verstanden wurden, trug ihre selektive, gestaffelte, aber dennoch integrale Mechanisierungsstrategie Rechnung. Zunächst konzentrierte man sich auf die Bereiche, die recht leicht zu mechanisieren waren und in denen doch relativ viel Arbeitskräfte eingespart werden konnten (Laden, Transport). Nachdem spätestens 1970 die Schwierigkeiten der Entwicklung komplexer Zuckerrohrkombinen, die das Rohr nicht nur schnitten sondern auch säuberten und zerstückelten, offensichtlich geworden waren, konzipierte man für eine Übergangsperiode intermediäre Technologien (relativ einfache und billige Erntemaschinen, die centros de acopio, die australische Methode der Zuckerrohrernte), während parallel dazu die Voraussetzungen der vollständigen Mechanisierung der Zuckerrohrernte geschaffen wurden. An dieser Problemlage und Strategie orientiert sich die folgende Darstellung. Zunächst werden die Fortschritte der Mechanisierung mit der Ausnahme des Schneidens dargestellt. danach die Schwierigkeiten der integralen Mechanisierung sowie die Maßnahmen zu ihrer Überwindung und deren Resultate. Abschließend werden das Problem der technologischen Abhängigkeit Kubas von der Sowjetunion am Beispiel der Mechanisierung der Zuckerrohrernte erörtert und die Resultate der Untersuchung dieses Problembereichs kurz zusammengefaßt.

Tabelle 11.11.: Geplanter und erreichter Grad der Mechanisierung 1970 (prozentualer Anteil der Gesamternte)

Art der Ausrüstung	Geplante Mechanisierung 1970 Zahl[1]	Brunner[1,a]	C.R.Rodriguez[4]	Erreichter Grad der Mechanisierung 1970
		%	%	%
Erntekombinen	1.000	12[b]	30	1[2]
Ladekräne	4.500	100[c]		83[3]
Centros de acopio[e]	400	70[d]		25[3]

Anmerkungen:

a) Brunners zentrale quantitative Annahmen sind: täglicher Bedarf an Zuckerrohr: 420.000 t; Erntedauer: 200 Tage; vgl. Brunner 1977, S. 48 f., Tab.13
b) Brunners Annahme: 50,4 t pro Erntemaschine und Tag
c) Brunners Annahme der Produktionskapazität pro Tag: 80 t (das reichte jedoch nur für 85,7 % der täglichen Produktion).
d) Brunners Annahme: tägliche Kapazität der centros de acopio: 1.000 t
e) Zuckerrohraufbereitungszentren

Quellen:

1) Tomas Martínez 1967, S.10
2) Oviano 1973, S.4
3) S. Roca 1976, S. 54, Tab. 13
4) Das Planziel von 30 % hat Rodriguez auf einer FAO-Konferenz 1966 angekündigt; hier nach S. Roca 1976, S.51. Dabei war Rodriguez wohl noch von der optimistischen Tagesnorm von 80,5 t pro Tag und Maschine ausgegangen, die sich als unrealistisch herausstellte. 1971 wurde diese Norm auf 40,25 t reduziert (Roca 1976, S. 57). Der KTP-1 wird heute eine durchschnittliche Tagesleistung von 90 t nachgesagt. Vgl. F. Castro, Granma W.R. 14.8.1977, S.3.

11.1.2.2. Die Mechanisierung der Zuckerrohrlandwirtschaft (ohne Schneiden)

Pflanzen, Kultivieren, Düngen

Die Zahl der Traktoren konnte von 9.211 1960 auf 54.800 1975 gesteigert werden. Bezeichnend ist, daß nach 1970 die jährlich importierte Anzahl an Traktoren von 7.000 bis 8.000 1969-1971 auf 3.000 bis 4.000 1972-1975 zurückging; 1976 war sie wieder auf 7.214 gestiegen[66]. In der Zwischenphase lag der Schwerpunkt, wie allgemein, auf der effizienteren Nutzung des vorhandenen Maschinenparks durch organisatorische Reformen und die Verbesserung der Instandshaltungs- und Reparaturkapazitäten. 1970 war rund 50 % des Pflanzens mechanisiert (vgl. Tabelle 11.12). Aufgrund "einiger mechanischer und agrotechnischer Probleme"[67] der verfügbaren Maschinen wurde jedoch auch noch 1977 an der Entwicklung eines den kubanischen Bedingungen angepaßten Systems zum Pflanzen mit Maschinen gearbeitet. Ein Indikator für die zunehmende Motorisierung und Mechanisierung der Aussaat ist, daß der Anteil des neugepflanzten Zuckerrohrs im Verhältnis zum mehrjährigen Stoppelrohr, wie auch absolut, seit 1965 stark angestiegen ist (vgl. Tabelle 11.7.). Auch das Kultivieren, Düngen und das Spritzen von Herbiziden und Pestiziden wird zunehmend mit Maschinen durchgeführt. 1973 wurden auf diese Weise 42 % der Anbaufläche kultiviert und 53,2 % mit Herbiziden bearbeitet; rund 13 % der Zuckerrohranbaufläche wurde zu diesem Zeitpunkt per Flugzeug gedüngt. Während bis 1971 sich die Bodenbearbeitung weitgehend auf das Pflügen des Bodens, oft noch mit Hilfe tierischer Zugkraft, beschränkte, wurde danach das Kultivierungsprogramm ausgedehnt und systematisiert und der Einsatz von fünf sich ergänzenden Kultivierungsgeräten propagiert.

Verladen und Transport

Neben dem Schneiden des Zuckerrohrs besteht die Erntearbeit darin, dieses zu säubern, auf Karren oder Lastwagen und später Eisenbahnwaggons zu verladen und es vom Feld in die Mühle zu transportieren. Vor der Revolution war nur ein geringer Teil des Ladens und des Transports mechanisiert, und die Hebekräne an den Sammelstellen, die das Zuckerrohr in die Eisenbahnwaggons luden, wurden zum großen Teil mit tierischer Antriebskraft betrieben.

Tabelle 11.12.: Anteil der Mechanisierung der verschiedenen Aktivitäten der Zuckerrohrlandwirtschaft und des Transports 1958 - 1980

Jahr	Zahl der Traktoren	Pflanzen	Kultivierte Fläche	Spritzen[4] von Herbiziden	Düngung[5] per Flugzeug	Laden mit Maschinen: ohne centros de acopios	Laden mit Maschinen: insgesamt	Centros de acopio[16]		Transport des Rohrs vom Feld zu den Umschlagplätzen	Umschlag[15] des Zuckers im Hafen	Schneiden[1]
		Anteil an der gesamten Zuckerrohranbaufläche in Prozent				%	%	Zahl	%	%	%	%
1958										10[8]	25[14]	
1960	9.211[12]											
1961-65	19.800[13]											
1962											1,2	
1963										10[7]	8,2	
1964						19,9	20				19	
1965						26,1	26	4			29	2
1966						44,0	45	6			40	3
1967						46,0	53	67			46	2
1968						48,1	61	150			56	3
1969							65	166			61	2
1970	47.400[12]	50[10]			2,6		85	180	25		66	1
1971					6,8		87					3
1972			42,1[4]	53,2	7,4		89	444				7
1973	53.496[13]		42,0[4] 45[11]	53,2	13,3		93			60[8]		12
1974	52.700[13]				13,0							19[2]
1975	54.800[13]											25,5[2]
1976												34[7]
1977									40			42
1978							96[7]	483				39[3]
1980											90[6]	60

Anmerkungen: a) Centros de acopio = Sammel-, Säuberungs- und Umschlagplätze für das Zuckerrohr zwischen Feld und Zuckerfabrik
b) Auf dem Feld und an den Sammelstellen

Quellen:
1) Oviano 1973, S. 4 (jeweils für 1964-73)
2) Posada 1976, S. 22
3) 7.300.000 Tons of Sugar Already Produced, Granma W.R. 2.7.1978, S.1
4) JUCEPLAN, Anuario Estadístico De 1974, S.58, Tab. V,9
5) Ebenda, S. 50, 60
6) Rede von F. Castro vom 20.1.1978 zur Eröffnung des ersten von vier neuen Terminals zum Umschlag von Losezucker (Puerto Carupano), Granma, W.R. 5.2.1978, S.2ff.
7) Mecanización de la caña en Cuba 1977, S. 11,12
8) M. Fernandez Font 1973
9) Betancourt 1970, S. 4
10) Mesa-Lago 1978, S. 51f.
11) A. Rodríguez 1973 (Una Familia de 5), S.28
12) Ferrán Oliva 1974, S.54
13) FAO Production Yearbook 1976, Vol.30, 1977, S. 255, Tab.100
14) Chacón Reyes 1966. Nur teilmecharisiert, daher der anfängliche Rückgang nach 1958.
15) Bis auf 1958 G. Gonzáles 1972
16) Vgl. Tabelle 11.17.

Beim Verladen gilt es zwei Etappen zu unterscheiden: einmal auf dem Feld, dann in der Regel ein zweites Mal, falls das Zuckerrohr nicht direkt zur Mühle transportiert wird, an den Sammelstellen auf die Eisenbahnwaggons. Das Aufladen auf dem Feld wurde durch den auf einen Traktor montierten sowjetischen Hebekran PP 0.5 mechanisiert, während an den Sammelstellen der bisher teilmechanisierte Ladeprozeß durch feste Hebekräne oder die centros de acopio vollmechanisiert wurde. Da die Mechanisierung dieses Teils des Produktionsprozesses relativ leicht war, wurde sie vorrangig vorangetrieben, so daß 1977 rund 96 % des Zuckerrohrs mit Maschinen verladen wurde (vgl. Tabelle 11.12.). Angesichts der Tatsache, daß das Aufladen des Zuckerrohrs vorher rund 40 % der Arbeiten des macheteros ausmachte, bedeutet dies eine erhebliche Arbeitserleichterung und Verkürzung der Transportzeit[68]. Ab 1971, mit der Einführung des sog. australischen Systems des Zuckerrohrschneidens, wurde auch der Prozeß des Stapelns des Zuckerrohrs auf den Feldern durch den Anbau einer zu diesem Zweck in Kuba entworfenen Stapelvorrichtung zunehmend von Maschinen übernommen. Außerdem haben die neu eingeführten centros de acopio, von denen 1977 483 installiert waren, die über 40 % des Zuckerrohrs bearbeiteten, einen großen Teil der ineffizienteren chuchos ersetzt.

Auch hier, wie in allen anderen Etappen des von den Kubanern sogenannten agroindustriellen Produktionsprozesses (die Gesamtheit der mit Maschinen durchgeführten Erntearbeiten), gab es anfänglich erhebliche Probleme bei der effizienten Ausnutzung des vorhandenen Maschinenparks; die Produktivität der Maschinen war gering, ihr Verschleiß hoch und nur ein Teil des Arbeitstages wurde aufgrund mangelhafter Organisation effizient genutzt. Nach S. Rocas Berechnungen auf der Basis kubanischer Angaben sank die Nutzungsrate (Verhältnis der eingesetzten Maschinen zum vorhandenen Maschinenpark) wegen der mangelhaften Wartung und Reparatur von 87 % 1966 auf 60 % 1970[69]. In die gleiche Richtung wies eine 1969 durchgeführte Untersuchung des kubanischen Arbeitsministeriums über die Effektivität des Verladens und Transports von Zuckerrohr, die zu dem Ergebnis kam, daß die eingesetzten Maschinen nur 50 % der Arbeitszeit wirklich in Betrieb waren, meist wegen hoher Wartezeit aufgrund schlechter Organisation. 11,6 % der gesamten Arbeitszeit fielen wegen der Defekte der Maschinen aus[70]. Auch 1976 noch blieb die tägliche Arbeitsleistung der Verlademaschinen unter der Voraussetzung einer angenommenen Ernte von 6,5 Mio t Zucker, einer täglichen Zuckerrohrproduktion von 273.000 t und des erreichten Mechanisierungsgrades von 96 %, noch weit hinter der ursprünglich geplanten Norm von 80 t pro Tag zurück[71].

Die Bedeutung des Transportsystems zwischen Feld und Zuckerfabrik besteht darin, daß ein schneller Transport den industriellen Zuckerertrag erhöht. Heute wird das bestehende Transportsystem auch zunehmend dazu verwandt, Zwischenprodukte und Investitionsgüter für die Fabriken zu transportieren. Auch beim Transport gilt es, zwischen der Etappe zum Sammelplatz und der von dort per Eisenbahn zu den Mühlen zu unterscheiden. Während die erste Etappe vor 1958 nur zu 10 % motorisiert war, war das Schienennetz und der Eisenbahntransport relativ entwickelt. Seine Mängel bestanden darin, daß die Schienen und die Eisenbahnausrüstungen total überaltert waren, weil, wie in der Zuckerindustrie, nach 1929 kaum Erneuerungsinvestitionen getätigt worden waren, und sich das Schienennetz außerdem ungeplant und anarchisch aufgrund der zufälligen Besitzverhältnisse und der traditionellen Bindung der colonos an bestimmte Zentralen herangebildet hatte[72]. Die geplante Steigerung der Zuckerproduktion setzte daher erhebliche Investitionen in den Zuckerrohrtransport voraus.

Der Zuckerperspektivplan 1966-1970 sah Investitionen in Höhe von 190 Millionen Pesos zu diesem Zweck vor, das waren 19 % der Gesamtinvestitionen im Zuckersektor. Zwischen 1976 und 1980 sollte der Umfang dieser Investitionen sogar über 200 Millionen Pesos liegen; das sind mehr als 30 % aller Zuckerinvestitionen (vgl. Tabelle 11.13). Mittelfristig lag der Schwerpunkt auf der Modernisierung des Maschinenparks (Diesel- statt Dampfloks) und der Erneuerung des Schienennetzes. Nach 1970 sollte das Schienennetz auch ausgedehnt werden.

Tabelle 11.13.: Entwicklung des Zuckerrohrtransports und der Investitionen auf diesem Gebiet, 1958-80

	1958	1967[1]	Plan 1966 - 1970[1] Planziel (Stück)	davon neu	1970[5] (Stand)	1972[2] (Stand)	1976 (Stand)	Plan 1976-80[3] zusätzliche Stückzahl
Lokomotiven			800		866	780		
Diesellok				85[b]		182		155[b]
Dampflok						608		
Güterwagen			29.000	2.000[b]	31.600	29.167		750[a]
Loren								200[a]
Traktoren			6.000	2.900[b]				
Lastwagen			5.500	850[b]	4.400			
Wagen (Anhänger)						1.600[7,c]		
Ochsenkarren			19.000					
Anteil des motorisierten Transports[d]	10[6]					60[6] (1973)		
Anteil des Transports m.Eisenbahn(%)		75-80 (76)				70		
Umschlagplätze[9]								
Zahl der centros[9] de acopio (c.a.)		67			199	445	ca.470-480	
Anteil der c.a. am Gesamtumschlag %[e]						15[5]	40[4]	
Gesamtinvestitionen in den Zuckertransportsektor (Mio Pesos) a) Land[d]				190				200[8]
b) Wasser[f]				48				29[8]

Anmerkungen:
a) Nationale Produktion
b) Import
c) Ende 1971 aus der Sowjetunion importiert (2-PTT-6)
d) Nur vom Feld zum Umschlagplatz
e) Der Rest sind sog. chuchos, offensichtlich anfänglich noch mit Tieren bewegte Kräne.
f) Vorwiegend für die neuen mechanisierten Terminals

Quellen:
1) T. Martínez 1967
2) A. Conte, 9.000 Kilometros, 1972 (falls nicht anders vermerkt).
3) R. Villa Montes, Primer Encuentro De Transporte De La Industria Azúcarera 1978
4) R. Salomon Llanes, El Primer Encuentro De Transporte de La Industria Azúcarera 1976, S.29.
5) Anon, Propocisiones Sobre Las Perspectivas Para El Desarrollo De La Mechanización De La Cosecha En Cuba, 1970 (Beitrag zur 39. Konferenz der ATAC).
6) M. Fernandez Font 1973a
7) Mesa-Lago 1978, S.52
8) O. Dorticós 1974 (Optimizar la Zafra de 1975)
9) Vgl. Tabelle 11.17

Für die 1970 geplante Produktion von 10 Millionen t Zucker, die eine maximale tägliche Transportleistung von 670.000 t Zuckerrohr implizierte, waren folgende Neuinvestitionen vorgesehen: 85 Dieselloks, 2.000 Güterwagen, 2.900 Traktoren und 850 Lastwagen (vgl. Tabelle 11.13). Perspektivisch soll die Rolle des Eisenbahntransports in diesem Bereich relativ zurückgedrängt werden, weil Lastwagen eher für andere Zwecke einzusetzen und auch geographisch flexibler sind. Sein Anteil am gesamten Zuckerrohrtransport reduzierte sich von 75 - 80 % 1967 auf 70 % 1972. Der Prozentsatz des motorisierten Transports vom Feld zu den Umschlagplätzen wurde von 10 % 1958 auf 60 % 1973 gesteigert[73].

Wie in den anderen Bereichen auch, wo neue komplexe Maschinen eingeführt wurden, war die effiziente Nutzung des bestehenden Maschinenparks zunächst gering und der Kapitalverschleiß hoch. Die schon einmal zitierte Untersuchung des kubanischen Arbeitsministeriums von 1969 bezifferte den Zeitverlust durch die mangelnde Koordination des Transports auf 40 %[74]. Über den Verschleiß und den Nutzungsgrad der z.T. neuen Maschinen liegen für den Zuckertransportsektor keine genauen Daten vor. Hinsichtlich des allgemeinen Transportsystems sprach Präsident Dorticos 1972 von einer "Krise des Transports"[75], und zwar in erster Linie wegen der ineffizienten Nutzung und der hohen Immobilisierungsrate des vorhandenen Kapitalstocks aufgrund finanzieller Engpässe beim Import von Ersatzteilen, Fehlplanung und der schlechten Wartung. Danach waren 1971-72 von 300 vorhandenen Lokomotiven nur 134, also weniger als die Hälfte, in Betrieb. Zur Überwindung der beiden genannten Engpässe wurden nach 1970 Schwerpunkte auf die "Entwicklung von Werkstätten, die die neue Technik der Dieselmaschinen beherrschen müssen"[76], und die Verbesserung der Organisation des Zuckerrohrtransports gelegt. Für die Reparatur der Lokomotiven und Waggons wurde ein nationales Netz von Reparaturwerkstätten errichtet und für die rationale Planung und Organisation des Zuckerrohrtransports wurden ab 1969 zunehmend Computer eingesetzt[77].

Sehr große Fortschritte konnten auch beim Export des Zuckers in Form von Losezucker durch die Installation entsprechender Terminals erzielt werden. Die ökonomischen Vorteile der Mechanisierung des Zuckerumschlags in den Häfen liegen darin, daß dadurch die Umschlagszeit verkürzt und so die Kosten für ausländische Schiffe reduziert werden, weniger Arbeitskräfte benötigt und allgemein die Kosten gesenkt werden[78]. Der Beginn des Exports von Losezucker in Kuba datiert von 1932 und wurde bezeichnenderweise von zwei Zentralen der United Fruit Co. eingeführt, die über einen eigenen Hafen und eigene Schiffe verfügte (vgl. hierzu und zum folgenden Tabelle 11.14.).

Tabelle 11.14.: Entwicklung des mechanisierten Verladens von Zucker in den kubanischen Häfen 1932-1980

Jahr	Existente und geplante mechanisierte Umschlagshäfen	Umschlagskapazität[2] (1.000 t)	Anteil an den Gesamtexporten teilmechanisiert[3] %	vollmechanisiert[1] %
1932	1 teilmechanisierter Umschlagshafen (im Besitz von United Fruit Co.)[3]			
1958			25	
1962	Granma (in Guyabal)[2]	53,9		1,2
1963	+ 19. April (Matanzas)	233,7		8,1
1964		624,6		19
1965		1.294,6		29
1966	+ Tricontinental[2]	1.520,2		40
1967	(Cienfuegos)	2.162,1		46
1968		2.086,8		56
1969		2.294,3		61
1970		3.498,6		66
1972				
1973	Ursprünglich nur 3 weitere	6.000,0[4]		
1974	Terminals für Losezucker	(+2.000,0)		
1975	geplant[4].			
1976	Insgesamt 7 weitere Terminals[5]			
1977	im Bau: 4 für Losezucker,			
1978	3 für Sackzucker			
1980				90[6]

Quellen:

1) Posada 1976, S.21
2) G. González 1972
3) Chacón Reyes 1966
4) Figueras 1973 (Interview mit J. Vázquez), S.22 (geplant)
5) International Sugar Journal 1976, S. 64; ATAC 36.1977, 3,S.8
6) F. Castro, Granma W.R., 5.2.1978, S.2. Gesamter mechanisierter Zuckerumschlag (Lose- und Sackzucker).
7) Cardet/Alayon/Rodríguez 1975

1958 wurden immerhin 25 % des Zuckerexports in Form von Losezucker exportiert; der Umschlag im Hafen war jedoch nur teilmechanisiert. Im Rahmen der Zuckerstrategie wurde der Anteil des Losezuckers in vollmechanisierter Form an den Gesamtexporten von 1,2 % 1962 auf 66 % 1970 gesteigert. Derzeit sind weitere 7 Terminals im Bau, von denen der erste schon fertiggestellt ist, in denen der Zucker in mechanisierter Form umgeschlagen wird: vier davon für Losezucker, und drei weitere für Sackzucker. Mit der Fertigstellung dieser Installationen soll bis 1980 der Anteil des mechanisierten Zuckerumschlags an den Gesamtexporten auf 90 % erhöht werden.

11.1.2.3. Die Mechanisierung der Zuckerrohrernte im engen Sinn

Die Zuckerrohrernte im engen Sinn, das Schneiden, Säubern und Zerstückeln des Zuckerrohrs, die den größten Teil (rund 60 %) der manuellen Erntearbeiten auf dem Feld absorbierte, hat sich als die schwierigste Phase der integralen Mechanisierung der Zuckerrohrernte herausgestellt. Im folgenden werde ich ihre bisherige Geschichte mit wenigen Strichen nachzeichnen, über den derzeitigen Stand der Mechanisierung des Zuckerrohrschneidens informieren und versuchen, die Schwierigkeiten zu interpretieren sowie die Maßnahmen zu ihrer Überwindung darstellen. Der Schwerpunkt der Untersuchung liegt dabei auf der Zeit nach 1970, weil diese Periode weniger dokumentiert ist und auch inhaltlich interessante Aspekte aufweist. Im Vordergrund stehen u.a. Fragen nach der Rolle intermediärer Technologien, den Voraussetzungen der integralen Mechanisierung und nach dem Verhältnis von Technologieimport und autochthonen kubanischen technologischen Innovationen[79].

Erste Versuche zum Schneiden des Zuckerrohrs mit Maschinen wurden 1962 mit mehreren in Kuba entwickelten Prototypen unternommen. Von dem besten dieser Modelle, der ECEA MC-1, wurden für die Ernte 1963 600 - 680 Stück mit manufakturellen Methoden hergestellt. Diese Maschine beschränkte sich darauf, das Rohr zu schneiden und die Rohrspitze abzutrennen. Die Nachteile dieses Modells bestanden darin, daß es zu anfällig für Defekte war und die Arbeitsproduktivität nicht wesentlich erhöhte, weil zu viele Arbeitskräfte für das Sammeln und Laden des Zuckerrohrs benötigt wurden. In Ergänzung zu dieser Zuckerrohrschneidemaschine waren in Kuba 400 Lader entworfen und produziert worden, die jedoch dringender zur Mechanisierung des manuell geschnittenen Zuckerrohrs gebraucht wurden.

Daher entschloß man sich, den Bau und den Gebrauch der beiden kubanischen Prototypen einzustellen und ab 1964 sowjetische Ladekräne zum Verladen des manuell geschnittenen Rohrs und Erntemaschinen zu importieren, die das Zuckerrohr gleichzeitig schneiden und verladen konnten: 1964-70 insgesamt 1.019 (vgl. Tabelle 11.15). 984 dieser Erntemaschinen mußten von Traktoren gezogen werden (KCT-1) und die restlichen 35 waren Selbstfahrer (KT-1). Beide Modelle waren komplexe Erntekombinen, die das Zuckerrohr gleichzeitig schnitten, in Stücke von 35 cm zerteilten, vom Blattwerk säuberten und auf parallel fahrende Wagen verluden, so daß die gesamte Erntearbeit auf dem Felde durch Maschinen übernommen werden konnte. Doch auch dieser Versuch scheiterte. Ihre Mängel waren, daß sie nur für aufrecht gewachsenes, nicht verschlungenes Zuckerrohr geringer Produktivität (max. 51,6 t/ha) geeignet waren, zu wenig Fremdelemente beseitigten, daher Zuckerrohr schlechter Qualität an die Zuckerfabriken lieferten und nur über eine begrenzte tägliche Arbeitskapazität verfügten. Ihre durchschnittliche Arbeitsleistung pro Tag lag 1966 bei 37,5 t, mehr als die Hälfte unter der geplanten Norm von 80,5 t (vgl. Tabelle 11.15.)[80]. Außerdem war die KCT-1 äußerst anfällig und hatte eine hohe Ausfallrate; am Ende der Ernte von 1965 operierten von anfänglich 500 eingesetzten Maschinen nur noch 46.

Tabelle 11.15: Einige fundamentale Daten zur Entwicklung des Zuckerrohrschneidens in Kuba 1963-80 (in Prozent)

Jahr	Grad der Mechanisierung		Mechanische Ernkapazität /Jahr	Zuckerrohrproduktion	Produktivität pro Maschine		Import	Maschinenpark		Maschinen aus der nationalen Produktion		Nutzungsgrad (eingesetzte/vorhandene Maschinen)	Im Lauf der Ernte ausgefallene Maschinen (in % der zu Erntebeginn eingesetzten Maschinen)
	Plan	Real			Norm	Real				Jahresproduktion	Maschinenpark		
	%	%	Mio t/ Zuckerrohr	Mio t	m.t./Arbeitstag		Stückzahl	Gesamt	in Gebrauch			%	
1963										680			
1964				37,2									
1965		1,99[5]		50,7			500[12]	500[12]					90[12]
1966		2,97[5]		36,8	80,5[6]	37,5[12]							
1967		2,18[5]		50,9									
1965-68		2,8[12]											
1968		3,44[5]		42,3									
1969		2,00		41,6		15[14]		498[14]	149[14]	150[11]		29,9	
1964-70							1.019[6]					30 - 50[6]	
1970	30[4]	1,00	1,38[1]	80,9		34,5[3]		1.449[6]			430[6]	40[6,c]	
1971		3,00			40,2[6]		100[11,a]						
1972		7,00				69[3]	50[11,b]		250[a]				
1972-75							ab 1973 pro Jahr 200-300[9,10]						
1973	11[3]	11,6[3]				74,2[3]	318[8]		412[8]				
1974	19[3]	18,5[3]				79,8[3]			730[8]				
1975	26[3]	25,5[3]				85,8[3]							
1976	34[3]	33[3]				93,2[3]							
1977		42[11]				70-90[7]				60[7]			
1978		39[1]	25,3[1]		101,8[12]	34,4[13]				300[7]			25[13]
1979	50[13]									480[7]			
1980	60									600[7]			

Anmerkungen:
a) 100 Erntemaschinen der australischen Firma Massey-Ferguson
b) Diese ersten 50 KTP-1 wurden zunächst in der Ernte 1972 getestet.
c) Nur bezogen auf die kubanischen Maschinen

Quellen:
1) 7.300.000 Tons of Sugar Already Produced, Granma W.R., 2.7.1978, S.1
2) Für 1964-70 Roca 1975, S.54, Tab.13
3) Mecanización de la caña en Cuba 1977, S.12. Das Wachstum der Produktivität der Maschinen pro Tag wurde auf der Grundlage der in der angegebenen Quelle gemachten Angaben berechnet.
4) S.Roca 1976, S.51. Roca zitiert den Beitrag von C.R. Rodríguez zur Konferenz der FAO 1966.
5) Betancourt 1970, S.3, Tab.2
6) S. Roca 1976, S.53, 57
7) F. Castro, Rede vom 27.7.1977, Granma W.R., 14.8.1977, S.3
8) Reunión Nacional sobre la cosecha de la caña 1974
9) Borot 1972, S. 11 (Interview mit J. Vázquez)
10) M. Fernandez Font 1973, S.8
11) Mesa-Lago 1978, S. 51f.
12) Betancourt 1970, S. 8, 21
13) Peter Calvert, Zucker-Kampagne auf Kuba hat begonnen, Die Welt, 28.11.1978. Die Angaben zur Produktivität und der Ausfall der Maschinen während der Ernte beziehen sich nur auf Camagüey. Der Rückgang der täglichen Arbeitsleistung der Erntemaschinen wurde von kubanischer Seite auf die heftigen Regenfälle zurückgeführt.
14) Cane Mechanization in Cuba, International Sugar Journal 1971, S.108

Die aufgetretenen Mängel und Schwierigkeiten waren nur zum Teil die Konsequenz der technischen Mängel der sowjetischen Maschinen und ihrer Unangemessenheit für die kubanischen natürlichen Bedingungen, u.a. das tropische Klima; zu einem großen Teil waren sie auch das Resultat der noch unzureichenden Voraussetzungen einer integralen Mechanisierung und der ungenügenden Fähigkeit zur Absorption moderner Technologien in der kubanischen Landwirtschaft. Insofern hatte das Scheitern der integralen Mechanisierung des Zuckerrohrschneidens mittels der importierten KCT-1 auch die Funktion, "die unzähligen Schwierigkeiten, die mit der Mechanisierung der Zuckerrohrernte verbunden sind (ins Blickfeld zu rücken)"[81]. Außerdem war durch die enttäuschte Hoffnung, das Problem mit importierter Technologie zu lösen, der Impetus zur "Entwicklung von Prototypen von Zuckerrohrschneidemaschinen nationaler Produktion und von kubanischen Technikern entworfen"[82], verstärkt worden. Diese Erfahrung eines überstürzten, unkontrollierten Imports einer Technologie, die sich als den kubanischen natürlichen und sozioökonomischen Bedingungen nicht angemessen erwies, hat so nachhaltig gewirkt, daß später, als wieder in größerem Umfang neue Maschinen aus der Sowjetunion importiert wurden (KTP-1), diese zunächst in kleiner Menge in Kuba getestet wurden, von kubanischen Technikern Modifikationen vorgeschlagen und nur jeweils so viel Maschinen pro Jahr importiert wurden, wie auch effizient genutzt werden konnten.

Zwischen 1968 und 1971 wurden 3 kubanische Modelle getestet: die Libertadora, die Henderson-Frontal und die Mini-Henderson. Während die Libertadora der ehrgeizige Versuch der Entwicklung einer komplexen kubanischen Erntekombine war, waren die beiden Henderson-Maschinen der Verusch zum Entwurf einer weniger komplexen Zwischentechnologie. Da sie nur schnitten und verluden, waren sie nur zusammen mit den feststehenden Trockenreinigungsstationen (centros de acopio) zu gebrauchen. Alle drei Modelle befanden sich 1970 während der gran zafra noch in ihrer experimentellen Phase und wurden auch später nicht in Massenproduktion hergestellt[83].

Über die beiden Prototypen der Libertadora (= L.) (L. 1400 ohne, L.800 mit einer Vorrichtung zum Abschneiden der Zuckerrohrspitze) liegen relativ wenig Informationen vor. Die offensichtlichen Nachteile des Hauptmodells Libertadora 1400 waren, daß ihre tägliche Arbeitsleistung nur zwischen 34,5 und 51,7 t betrug, und daß sie einen zu hohen Anteil an Fremdelementen (um 12 %) an die Zuckermühlen lieferte. Weitere Probleme bestanden darin, daß sie angesichts der begrenzten kubanischen technologischen Kapazitäten relativ schwierig zu produzieren war, so daß 1971 ca. 20 Versuchsmodelle nach kubanischem Design von einer Landmaschinenfirma der Bundesrepublik Deutschland produziert wurden. Außerdem war sie wegen ihrer Komplexität anfällig sowohl gegen mangelhafte Bedienung als auch gegen widrige Einflüsse der Natur[84].

Beide zuletzt genannten Probleme trafen auf die Henderson-Frontal nicht zu. Da diese kompakte Maschine relativ einfach konstruiert war (ohne Säubern, Zerteilen und Entfernen der Spitze), und einfach auf importierte Bulldozer montiert wurde, war sie relativ leicht in Kuba herzustellen. 1969 wurden davon ca. 150 Maschinen in Manufaktur gebaut (vgl. Tabelle 11.15.). Aufgrund ihrer Einfachheit und Robustheit war sie auch relativ leicht zu handhaben und nicht sonderlich anfällig. Ihre Nachteile waren, daß die großen teuren Bulldozer, auf die sie montiert wurde, importiert werden mußten, daß sie zuviel Fremdelemente mitlieferte und daß die hohe Flächenproduktivität, für die sie konzipiert war, weit über den kubanischen Verhältnissen lag[85]. Da sie sowieso nur als Übergangslösung gedacht war, bis die effizienteren und komplexeren Erntemaschinen verbessert worden wären[86], wurde sie nach1971 nicht mehr genutzt.

Außerdem wurden durch die Einführung des australischen Systems des Zuckerrohrschneidens ab 1971 neue Daten gesetzt, die zur Entwicklung der Mini-Henderson, die ebenfalls nur in Zusammenarbeit mit den centros de acopio funktionieren konnte, führten: "In Übereinstimmung mit den kürzlichen Direktiven über das Schneiden des nach Plan abgebrannten Zuckerrohrs und ausgehend von der Realität, daß in den nächsten Jahren unsere Zuckerrohrfelder noch eine mittlere landwirtschaftliche Produktivität erreichen werden, war es evident, daß wir keine Maschine von den Proportionen der Frontal benötigten. Die Einschätzung dieser Situation brachte uns dazu, an einem neuen, leichteren, einfacheren und ökonomischeren Modell zu arbeiten, das fähig war, Zuckerrohr bis 100.000 arrobas pro caballeria zu schneiden und zu verladen. Das Resultat ist die 'Mini-Henderson'."[87] Die Mini-Henderson war, im Gegensatz zur Frontal-Henderson, für gebranntes Zuckerrohr niedriger Produktivität konzipiert, das sie nicht nur schnitt, sondern auch zerteilte. Auch die Mini-Henderson war der Versuch, eine den kubanischen Bedingungen adäquate Technologie zu schaffen: billig, einfach zu bedienen und leicht in Kuba herzustellen: "Ihre Konstruktion ist einfach; sie besitzt eine große Solidität und Stärke, und ihre Bedienung und Instandhaltung sind sehr leicht. Es ist eine Maschine mit niedrigen Produktionskosten, die in Kuba gebaut und montiert werden kann. ... Man kann hinzufügen, daß zu ihren Vorteilen gehört, daß jeder Traktorist sie ohne Spezialausbildung bedienen kann. Das Gerät hat nur zwei Steuerhebel, während derzeitige ausgeklügeltere Erntemaschinen über bis zu mehr als 20 Steuerhebel verfügen. In Realität kostet die 'Mini-Henderson' so viel wie eine Lademaschine und ... schneidet außerdem das Zuckerrohr."[88]

Abgesehen davon, daß auch das von der Mini-Henderson geerntete Zuckerrohr zuviel Fremdelemente enthielt, entsprach die Mini-Henderson in bestimmter Hinsicht nicht den 1970 veränderten agrotechnischen Normen für Zuckerrohrerntemaschinen, die sich von denen von 1964 insofern unterschieden, als nicht mehr durch die Selektion aufrechter Sorten das Zuckerrohr an die Maschinen angepaßt werden sollte, sondern die Entwicklung von Maschinen gefordert wurde, die das Zuckerrohr in allen Lagen schneiden konnten, gleichgültig, ob es "aufrecht, geneigt, platt auf dem Boden lag oder ineinander verwickelt"[89]. Das hieß aber auch, daß die Erntemaschinen auch in der Lage sein mußten, Zuckerrohrfelder mit einem hohen Flächenertrag abzuernten, denn Rohr von hoher Agrarproduktivität neigt eher dazu zu fallen. Die neuen agrotechnischen Normen konnten daher nur von Maschinen erfüllt werden, die "produktiver, von kompakterer Bauweise und einer höheren Sicherheit im Gebrauch"[90] waren als die Mini-Henderson, die relativ leicht war und maximal 34,5 t grünes Rohr und bis zu 69 t gebranntes Rohr pro Tag ernten konnte. Sie wurde daher, wie die Henderson-Frontal, nach 1971 aus dem Verkehr gezogen. Damit war der kubanische Versuch, Zuckerrohrschneidemaschinen, "die auf Einfachheit und Stärke basieren, unseren langen und harten Zafras angemessen waren und dem Mangel qualifizierten Personals entsprachen"[91], allein aus eigenen Kräften zu entwickeln, zunächst gescheitert. Die entscheidenden restriktiven Bedingungen, die einen erfolgreichen Abschluß dieser Versuche verhinderten, waren, wie wir noch sehen werden, das Fehlen einer entwickelten Maschinenbauindustrie und die unentwickelte technologische Forschungskapazität (siehe dazu weiter unten genauer).

Nachdem also sowohl der Versuch der Entwicklung einer von Kubanern entworfenen, den spezifischen kubanischen sozioökonomischen und ökologischen Bedingungen angemessenen Technologie als auch der unreflektierte massive Import ausländischer Maschinen (KCT-1) gescheitert war, entschloß man sich zu einer modifizierten Strategie. Kurzfristig sollten mehrere ausländische Modelle importiert, ihre Effizienz ausgiebig getestet und verglichen und von kubanischen Technikern Änderungsvorschläge gemacht werden, um sie besser den kubanischen Bedürfnissen anzupassen. Mittelfristig sollten diese Maschinen dann in Kuba selber hergestellt werden, so daß die materielle Voraussetzung für die Verbesserung der alten und die Entwicklung neuer Maschinen, nach denen in Kuba ein Bedürfnis bestand, gegeben war.

Gemäß dieser Perspektive wurden 1971 100 Erntemaschinen Massey-Ferguson (MF-201) und 1972 KTP-1 aus der Sowjetunion importiert (vgl. dazu und zum folgenden Tabelle 11.15.). Den Vorzug erhielt dann die von sowjetischen und kubanischen Technikern schon ab 1967 entwickelte KTP-1. Die Gründe für und die Hintergründe dieser Entscheidung sind nicht veröffentlicht worden. Ab 1973 wurden jährlich 200 - 300 KTP-1 importiert und ab 1977 ist die Massenproduktion dieser permanent verbesserten Maschine in Kuba aufgenommen worden. Die Planung sieht folgende Entwicklung der Produktion vor: 1977: 60, 1978: 300, 1979: 480 und ab 1980 jeweils 600 Stück pro Jahr. Gleichzeitig wird an mehreren neuen Prototypen gearbeitet. Die KTP-2, die heute schon in Mengen bis zu 50 Stück produziert wird,ist eine Weiterentwicklung der KTP-1 und unterscheidet sich von dieser dadurch, daß sie produktiver ist (bis zu 125 t pro Tag) und noch weniger durch die verschiedenen Lagen des Zuckerrohrs in ihrer Arbeit behindert wird[92].

Die KTP-1 ist allen vorhergehend dargestellten, in Kuba ausprobierten Modellen in agrotechnischer Hinsicht überlegen. Ihre tägliche durchschnittliche Arbeitsleistung liegt wesentlich über der maximalen Produktivität der ursprünglichen Libertadora von 51,7 t Zuckerrohr pro Tag; sie konnte von 69 t 1972 auf 90 t 1977 erhöht werden. Der leichte Rückfall der Produktivität 1978 ist im wesentlichen auf die starken Regenfälle zurückzuführen. Im Vergleich zu den beiden Henderson-Maschinen beseitigt sie mehr Fremdelemente. Sie ist stabiler und kompakter als die Mini-Henderson und damit für Zuckerrohr höherer Flächenproduktivität geeignet und weniger anfällig. Ihre durchschnittliche Ausfallzeit, gemessen an der offiziellen Arbeitszeit, war mit 9 % relativ gering[93]. Der Ausfall von Maschinen im Laufe der Ernte ist mit 25 % immer noch relativ hoch, aber im Vergleich zu 1965 doch erheblich verbessert, als am Ende der Ernte nur noch 10 % der vorhandenen KCT-1-Maschinen eingesetzt werden konnten. Im wesentlichen mit Hilfe der KTP-1 ist es nach 1970 gelungen, den Grad der Mechanisierung der Ernte und die absolute Erntekapazität mit Maschinen schnell zu steigern. Der Anteil des mit Maschinen geschnittenen Zuckerrohrs an der Gesamternte erhöhte sich von durchschnittlich 2,6 % 1965-68 auf rund 40 % 1977-78. Die Menge des mit Maschinen geschnittenen Zuckerrohrs konnte sogar von 1,38 Millionen Tonnen 1970 auf 25,3 Millionen Tonnen 1978, also um das achtzehnfache erhöht werden.

Die Schwierigkeiten der integralen Mechanisierung der Zuckerrohrernte und die Voraussetzungen ihrer Überwindung

Die Geschichte der Mechanisierung des Zuckerrohrschneidens in Kuba nach 1959 ist sicherlich keine reine Erfolgsgeschichte; vielmehr war der Weg bis zum heute erreichten fortgeschrittenen Stand der Mechanisierung voller Schwierigkeiten. Diese äußerten sich u.a. in der Stagnation der Mechanisierung des Schneidens vor 1970, der vergleichsweise geringen Produktivität der einzelnen Modelle, der Unterausnutzung der vorhandenen Maschinen und ihrem schnellen Verschleiß (vgl. dazu die Daten in Tabelle 11.15.). Die Tatsache des Scheiterns der Mechanisierung des Zuckerrohrschneidens bis 1970 wurde auch von den Kubanern nicht verniedlicht. Die selbstkritische Bilanz eines kubanischen Technikers 1970: "Die Erntekombine hat sich als Mißerfolg erwiesen, sowohl quantitativ als auch qualitativ. Ihre maximale Teilnahme an der Ernte hat darin bestanden, in einer kleinen Ernte (1968) 3,44 % des Zuckerrohrs zu schneiden. ... Hinsichtlich der Qualität: Der Prozentsatz der Fremdelemente, die sie mit sich bringt, liegt annähernd bei 13 %."[94] Die folgende Analyse unterscheidet zwischen dem Problem der Entwicklung einer angemessenen Technologie und dem Problem, die notwendigen landwirtschaftlichen, organisatorischen, technischen und materiellen Voraussetzungen ihrer massiven Einführung zu schaffen. Die These ist, daß die Kubaner die aufgetretenen Engpässe um 1970 selbstkritisch und realistisch untersucht haben, angemessene Maßnahmen zu ihrer Beseitigung getroffen haben und heute im Begriff sind, diese zu überwinden. Kuba ist heute auf diesem Gebiet auf dem Wege zum Technologieproduzenten und -exporteur und wahrscheinlich das Land der Dritten Welt - nimmt man Hawai als Bundesstaat der USA einmal aus - mit dem höchsten Grad der Mechanisierung der Zuckerrohrernte. Der Grund für diese Entwicklung liegt darin, daß die Ursachen dieser Schwierigkeiten nicht sozial, sondern in der historisch ererbten, begrenzten Innovationskapazität und Fähigkeit zur Absorption von Investitionen begründet waren.

Schwierigkeiten technologischer Innovationen am Beispiel der Vollmechanisierung der Zuckerrohrernte

Die Gründe für die aufgetretenen Probleme der Entwicklung einer produktiven, effizienten und integralen Zuckerrohrerntemaschine lagen in den besonderen Schwierigkeiten der Mechanisierung der Zuckerrohrernte, dem Fehlen einer angemessenen internationalen Technologie, auf die man hätte zurückgreifen können, sowie in der begrenzten Kapazität zur Forschung und Entwicklung und der Unterentwicklung der Maschinenbauindustrie in Kuba.

Die Mechanisierung der Zuckerrohrernte ist ein weiteres Beispiel für das, was man nach seinem Autor vielleicht 'Hagelberg-Paradox' nennen könnte: Die Notwendigkeit, in den Entwicklungsländern komplexere technologische Probleme lösen zu müssen als in analogen Bereichen in den Zentren, während gleichzeitig die Mittel zu ihrer Lösung entschieden knapper sind[95]. Die technischen Probleme der Ernte des Zuckerrohrs mit Maschinen sind komplexer als z.B. die der Mechanisierung von Getreide, Kartoffeln oder auch Reis, deren Ernte heute in Kuba schon total mechanisiert ist[96]. Zuckerrohr ist von hohem Wuchs, fällt leicht und unregelmäßig, so daß es sich verheddert, hat viel Gewicht pro Fläche und nahezu ebensoviele Blätter wie Rohr. Es ist daher eine komplexe Maschine nötig, die gleichzeitig "das Zuckerrohr anheben, schneiden und säubern muß"[97]. Daneben ist es ökonomisch, das Zuckerrohr in dem gleichen Arbeitsgang noch zu zerstückeln, damit es sich besser transportieren läßt, und zu verladen, weil ein weiterer Arbeitsgang zusätzliche Arbeitskräfte erfordern würde. Außerdem ist das Zuckerrohr dicker und kompakter als Getreide oder Gras. Das, und die Tatsache, daß es sinnvoll ist, das Rohr knapp über dem Boden zu schneiden, weil in dem unteren Teil der höchste Zuckergehalt ist, erhöht das Risiko, daß die Messer beschädigt werden und die Anfälligkeit der Maschine im allgemeinen und setzt eine adäquate Vorbereitung der Felder voraus. Notwendig ist also eine komplexe Maschine, die gleichzeitig stabil und möglichst auch noch leicht zu bedienen sein muß - fast die Quadratur des Kreises. Bis 1969-70 war es den Kubanern nur gelungen, entweder eine komplexe Maschine wie die

Libertadora zu entwerfen, die jedoch höchst anfällig war, oder einfache und robuste Maschinen wie die beiden Henderson-Modelle, die aber in anderer Hinsicht erhebliche Mängel aufwiesen.

Der Zuckerrohranbau wird fast ausschließlich in Ländern der kapitalistischen Peripherie betrieben. Die einzigen Ausnahmen sind die Südstaaten der USA (Louisiana und Florida), Hawaii(zu den USA gehörig) und Australien. In den kapitalistischen Entwicklungsländern bestand in der Regel weder ein Interesse der Plantagenbesitzer an der Mechanisierung der Ernte, noch existierten die materiellen und infrastrukturellen Voraussetzungen für die Entwicklung und massive Einführung von Maschinen zum Schneiden des Zuckerrohrs[98]. Weitere Faktoren, die das Problem der Mechanisierung des Schneidens des Zuckerrohrs komplizierten, waren die erheblichen nationalen Unterschiede bezüglich der Erntezyklen und Anbaumethoden sowie die großen Differenzen zwischen den einzelnen Sorten. Die einzigen Länder, die im Laufe der sechziger Jahre schon gewisse Fortschritte bei der Mechanisierung zu verzeichnen hatten, waren die o.g. Staaten der kapitalistischen Zentren. In Hawaii wurde das Zuckerrohr mit schweren Bulldozern quasi herausgekratzt und in Australien wurde das Zuckerrohr vor dem Schneiden angezündet, um das Blattwerk zu verbrennen[99]. Gegen beide Techniken bestanden zu Beginn der kubanischen Revolution gewichtige Einwände. Die in Hawaii gebräuchliche Methode zerstörte Teile der Bodenoberschicht, verminderte durch den hohen Gehalt an Fremdelementen den industriellen Zuckerertrag, führte zur unproduktiven Nutzung eines Teils der Transportkapazität und erforderte umfangreiche Investitionen und Installationen zum nachträglichen Entfernen des mitgeernteten Drecks[100]. Die australische Methode setzt dagegen eine äußerst effiziente Organisation der Ernte voraus. Daher war sie z.B. in Hawaii "selbst nach 20 Jahren Forschungs- und Entwicklungsbemühungen"[101] nicht eingeführt worden. In Kuba wurde sie erst nach 1970 wegen der kurzfristig unlösbaren Probleme der maschinellen Ernte grünen Zuckerrohrs als vorübergehende Maßnahme eingeführt, nachdem die organisatorischen Voraussetzungen für ihre effiziente Anwendung gegeben waren (zur Einführung des australischen Systems der Ernte siehe weiter unten genauer).

Unmittelbar nach 1959 gab es jedoch keine entwickelte internationale Technologie, die den kubanischen Bedingungen angemessen gewesen wäre und an der man hätte weiterarbeiten können: "Auf diesem Gebiet mußten wir mit Innovationen beginnen."[102] Wahrscheinlich hat sich auch hier das Embargo der USA, kurzfristig betrachtet, negativ ausgewirkt, weil dadurch der Zugang zu US-Modellen überhaupt blockiert und zu den australischen Maschinen erschwert wurde. Das dürfte erklären, warum erst 1971 eine größere Menge der Massey-Ferguson 201 (Cane Commander) importiert wurde. Vielleicht hat auch die negative Erfahrung mit der aus der Sowjetunion importierten Maschine KCT-1 zunächst zu einer allgemeinen Skepsis gegenüber ausländischer Technologie auf diesem Gebiet geführt, so daß ein rationaler Umgang mit Technologieimporten zunächst verhindert wurde. Das würde erklären, warum kubanische Zuckerexperten 1970 häufiger darauf insistiert haben, daß in einigen Regionen der Welt das Problem der Mechanisierung der Zuckerrohrernte gelöst sei[103], während Castro zur gleichen Zeit das Gegenteil behauptete.

Die natürlichen Schwierigkeiten der Mechanisierung der Zuckerrohrernte und das Fehlen einer adäquaten internationalen Technologie gewannen ihre ganze Bedeutung erst auf dem Hintergrund der limitierten kubanischen Fähigkeit zur Entwicklung neuer Technologien und einer nur embryonalen Maschinenbauindustrie. Die begrenzte Kapazität zu technologischen Innovationen äußerte sich u.a. in der mageren finanziellen und personellen Ausstattung und einer fehlenden Infrastruktur (spezialisierte Forschungs-, Ausbildungs- und komplementäre Institutionen). Indikatoren für die limitierten technologischen Fähigkeiten waren die überragende Rolle einzelner Personen (R.Henderson) und die relativ lange Zeit, die z.B. zwischen dem ersten Entwurf der Libertadora (1962) und den ersten breit angelegten Versuchen (1969) verging. Als relevantes Defizit stellte sich heraus, daß die Protagonisten der Entwicklung von Zuckerrohrschneidemaschinen im wesentlichen Techniker und Konstrukteure waren, ohne Rückkoppelung mit einer entwickelten Forschung auf den Gebieten der Mechanik, Aerodynamik usw. von Landmaschinen.

Diese Lücke mußte zunächst von ausländischen Experten gefüllt werden. Ebenso hemmend wirkte sich das Fehlen einer entwickelten Maschinenbauindustrie aus. Da die kubanischen Maschinen vor 1976 manufakturell hergestellt wurden, konnten bestimmte komplexe Ausrüstungsteile gar nicht produziert werden, hatte sich noch keine Produktionserfahrung akkumuliert und war die Produktionskapazität begrenzt. Komplexere Maschinen wie die Libertadora mußten nach kubanischen Entwürfen im Ausland produziert werden. Dadurch waren die Rückkoppelungsmöglichkeiten zwischen der Entwicklung, Produktion und Anwendung von Technologien äußerst beschränkt.

Um die natürlichen Schwierigkeiten der mechanisierten Zuckerrohrernte zu minimieren, wurden 1970 die agrotechnischen Parameter gelockert: Ein höherer Anteil von Fremdelementen wurde zugelassen und die Norm für den erlaubten Abfall von Zuckerrohr auf dem Feld wurde von 3 auf 5 % erhöht[104]. Die begrenzte Kapazität zu Forschung und Entwicklung wurde durch die Gründung entsprechender Institutionen ausgebaut. 1967 wurde zunächst die nationale Leitung für die Mechanisierung der Landwirtschaft (DINAME) geschaffen, deren Aufgaben in der Entwicklung, dem Kauf und der Reparatur der Maschinen sowie der Ausbildung von Fachkräften bestanden[105]. 1975 wurde das Zentrum für die Erforschung und Entwicklung von Landmaschinen (CIDMA) gegründet, in dem jetzt die Arbeit an technologischen Innovationen konzentriert wurde[106]. Das ambitiöse Forschungsprogramm sieht u.a. die Verbesserung der KTP-1 (KTP-2 usw.) sowie die Entwicklung einer Erntemaschine für <u>grünes</u> Zuckerrohr (M-2)[107] und einer Silokombine zur Ernte von zerkleinertem Zuckerrohr als Viehfutter vor[108]. Ihre Entwicklung scheint schon relativ weit fortgeschritten zu sein. Beide Institutionen unterstehen nicht dem Ministerium für die Zuckerindustrie, sondern eher gesamtwirtschaftlich orientierten Ministerien: DINAME dem Landwirtschaftsministerium und CIDMA dem Ministerium für die metallurgische und mechanische Industrie (SIME). Beide Organisationen entwickeln daher nicht nur Maschinen für die Zuckerrohrlandwirtschaft sondern für die Landwirtschaft allgemein. Ihre institutionelle Abkoppelung vom Zuckersektor und organisatorische Integration in gesamtwirtschaftlich orientierte Institutionen scheint mir die institutionelle Voraussetzung der Planung von Ausbreitungseffekten zu sein. Bemerkenswerte Unterschiede des CIDMA vom DINAME sind, daß das CIDMA ein größeres Standbein in der Forschung hat und organisatorisch der Maschinenbauindustrie zugeordnet ist. Die Tendenz zur stärkeren Erforschung von einzelnen mechanischen, aerodynamischen usw. Prozessen der Zuckerrohrerntemaschinen deutete sich jedoch schon vor Gründung des CIDMA an; auf dem 15. Kongreß der 'International Society of Sugar Cane Technologists' 1974 legten vier kubanische Wissenschaftler insgesamt 5 Einzelbeiträge allein in der Sektion über die Mechanisierung der Zuckerrohrernte vor und stellten damit auf diesem Gebiet das größte nationale Kontingent. Die Entstehung des CIDMA und seine genannten spezifischen Merkmale reflektiert also nur diese allgemeine Tendenz zur Ausweitung der kubanischen Forschungskapazitäten.

Mit der Fertigstellung der auf Zuckerrohrerntekombinen spezialisierten Fabrik in Holguin Mitte 1977 verfügt Kuba auch über das andere Standbein erfolgreicher technologischer Innovation. Auf die Relevanz dieser Fabrik in diesem Zusammenhang hat Castro in seiner Eröffnungsrede explizit hingewiesen: "Gegenwärtig haben wir hauptsächlich die KTP-1 herzustellen, weil es diejenige ist, die wir kennen; aber wir können gleichzeitig vorwärtsschreiten, indem wir mit der KTP-2 experimentieren und sie verbessern; und ich bin sicher, daß der Tag kommen wird, an dem wir KTPs-3, KTPs-4, KTPs-5 und KTPs-X machen werden. (Applaus) Gestern, in Camagüey, habe ich eine Anekdote über eine wohltätige Person erzählt, die angeboten hat, uns Geld zu geben, um die beste Erntemaschine auf dem internationalen Markt zu kaufen, und wie die Kameraden der Zuckerindustrie empfohlen haben, nicht eine Maschine zu kaufen, die 30.000, 40.000 oder 50.000 Dollar kosten dürfte, sondern das Geld zu gebrauchen, um Ausrüstungsteile zum Bau einiger KTPs-2 z.B. zu kaufen, weil es ihre Meinung war, daß wahrscheinlich unsere Fabrik die besten Maschinen produzieren würde. Das ist in der Tat logisch. Erstens haben wir ein Kollektiv von sehr jungen Leuten in der Fabrik, eine beträchtliche Zahl mit Universitätsabschluß und Techniker mittleren Levels, deren Zahl jedes Jahr wachsen kann. Unser Land hat die größte Anbaufläche für Zuckerrohr und Tausende von Erntemaschinen werden in unseren Feldern operieren. Daraus folgt, daß Tausende von Operateuren dieser Maschinen immer jedes Detail beobachten, die Vorteile und Nachteile, und an die Veränderungen denken, die eingeführt werden könnten. Die Techniker und Designer werden das gleiche tun, und außerdem haben wir die Kooperation von zahlreichen sowjetischen Institutionen und Technikern. Indem wir eine enge Beziehung zwischen Landwirtschaft und Industrie etablieren, werden wir immer bessere Maschinen bekommen. Das Wichtigste war anzufangen. Wo fingen wir an? ... Wir begannen mit einer sehr bescheidenen kleinen Maschine, um herauszufinden, wie das Zuckerrohr geschnitten werden könnte, als wir mit dem Mangel an Zuckerrohrschnittern konfrontiert wurden. Und jetzt haben wir diese Fabrik, mit unseren ersten beiden Prototypen, die gute Maschinen sind. Stellt Euch vor, wie weit wir gehen können, wenn wir diesen Weg weitergehen."[109]

Begrenzte Fähigkeit zur Absorption von Investitionen und die Voraussetzungen der integralen Mechanisierung

Spätestens seit dem Mißerfolg mit den rund 1.000 importierten KCT-1 war den Kubanern klar geworden, daß ihre Fähigkeit zur effizienten Nutzung einer großen Zahl von Zuckerrohrschneidemaschinen zunächst einmal gering war. Man führte das Scheitern der Mechanisierung vor 1970 daher nicht nur auf die - durchaus realen - technischen Mängel der ausprobierten Maschinen zurück sondern auch auf die fehlenden technischen, organisatorischen, agrotechnischen und natürlichen Voraussetzungen in der kubanischen Landwirtschaft. Daher der logische Schluß: "Die erfolgreiche Mechanisierung der Ernte setzt nicht nur eine ausreichende Zahl geeigneter Maschinen voraus."[110] Jede Einführung neuer Technologien setzt neben der 'hardware' auch entsprechende 'software' (technisches und organisatorisches Wissen) voraus. Außerdem bildete der Einsatz von Zuckerrohrschneidemaschinen den Angelpunkt eines technologischen Systems der integralen Mechanisierung der Ernte[111]. Ihre Einführung impliziert u.a. entsprechende Anbaumethoden, die Vorbereitung der Felder, das Zwischenschalten von Installationen zwischen Landwirtschaft und Industrie, geeignete Transportmittel, die den Anteil der Fremdelemente reduzieren, die Ausbildung von ausreichenden Fachkräften und genügende Reparaturkapazitäten. Die angestrebte Vollmechanisierung der Zuckerrohrernte schuf daher zunächst notwendig Engpässe und Ungleichgewichte und wirkte insofern als Hebel einer allgemeineren Revolutionierung der Technologie der Zuckerrohrproduktion. Die integrale Mechanisierung der Zuckerrohrernte ist also sowohl gesamtwirtschaftlich als auch sektoral von fundamentaler entwicklungspolitischer Bedeutung.

Nach 1970 wurde der Import von Zuckerrohrerntemaschinen reduziert (max. 300 pro Jahr), um zunächst die genannten Voraussetzungen für die "massive Assimilation der Zuckerrohrernte- und Transportmaschinen"[112] zu schaffen. Im folgenden werden die Schwierigkeiten der effizienten Absorption der Zuckerrohrschneidemaschinen in Kuba (Organisationsprobleme, der Mangel an qualifizierten Arbeitskräften, die unzureichenden landwirtschaftlichen Voraussetzungen der integralen Mechanisierung sowie die begrenzte Instandhaltungs- und Reparaturkapazität) und die Maßnahmen zu ihrer Überwindung untersucht.

Die mangelnden organisatorischen Fähigkeiten sind besonders durch die schnelle Einführung der rund 1.000 KCT-1-Maschinen offenbar geworden.[113] Dieses Defizit wurde noch dadurch verschärft, daß die Felder zu klein waren, zu weit auseinander und zu weit von den Zuckerfabriken oder den Sammelstellen entfernt lagen. Ein effizienteres Management des vorhandenen Maschinenparks implizierte daher die territoriale Reorganisation der Zuckerrohrlandwirtschaft und die Verbesserung ihrer Organisationsstruktur: "... Der fortschreitende Einsatz von Maschinen erforderte eine technologische und organisatorische (H.F.) Entwicklung."[114]

Daneben waren bestimmte landwirtschaftliche Bedingungen für die Vollmechanisierung erforderlich[115]. Es mußten für die Mechanisierung geeignete Zuckerrohrsorten mit relativ aufrechtem Wuchs, guter Entlaubung, uniformem Wachstum usw. angebaut werden.

Die Zuckerrohrfelder durften kein großes Gefälle haben und natürliche Hindernisse für das tiefe Schneiden des Rohres (Steine, Gebüsch, Baumstümpfe usw.) mußten entfernt werden. Die Abwässerungsfurchen durften nicht zu tief sein, ihre Distanz mußte genormt werden und geeignete Bewässerungssysteme (Berieselungsbewässerung) mußten eingeführt werden. Zwischen den Saatreihen mußte eine bestimmte Distanz bestehen und die Kultivierungsmethoden mußten der mechanisierten Ernte angepaßt werden. Das Straßen- und Wegenetz mußte ausgebaut, befestigt und standardisiert werden. Ein großer Teil dieser Aufgaben war vor 1970 vernachlässigt worden, so daß die unzureichenden agrotechnischen Voraussetzungen sicherlich ein Faktor für die vielen Defekte der Zuckerrohrschneidemaschinen vor 1970 gewesen sind.

Eine weitere Ursache der geringen Produktivität, der Unterausnutzung und des schnellen Verschleißes des vorhandenen Maschinenparks war der Mangel an qualifizierten Arbeitskräften. Ein Indikator für dieses Defizit ist, daß während der gran zafra 1970 Panzerfahrer die neuen Henderson-Frontal-Erntemaschinen bedienten[116]. Die Folge dieses Mangels war die unzureichende Bedienung und Wartung der Maschinen: "Da ist das Problem der korrekten Nutzung, Instandhaltung und Reparatur der Ausrüstungen. Unglücklicherweise haben wir der Arbeit mit Maschinen nicht die Priorität gegeben, die ihr gebührt ... Alles qualifizierte Personal, das dabei helfen kann, die in den centros de acopio und den Umschlagplätzen oder bei den Zuckerrohrlademaschinen oder anderen Ausrüstungen aufgetretenen Probleme zu lösen, muß sofort angefordert werden, wenn sie nicht an anderen Aktivitäten partizipieren, die von entscheidender Bedeutung für die Gesamtwirtschaft sind. ..."[117] Die unzureichenden Kapazitäten zur Instandhaltung und Reparatur waren eine weitere Ursache des schnellen Verschleißes der Maschinen. Obwohl allein 1969 ein Großauftrag für die Lieferung von 1.815 kleinen, mobilen Reparaturwerkstätten vergeben worden war, waren 1969 erst 45 davon eingetroffen und weitere 841 für 1970 in Aussicht gestellt (vgl. Tabelle 11.16.).

Tabelle 11.16.: Einige Voraussetzungen der Vollmechanisierung der Zuckerrohrernte und ihre Entwicklung 1965 - 1980

Jahr	Vorbereitung der Felder für die Vollmechanisierung der Zuckerrohrernte (campos tipicos)			Ausbau der Instandhaltungs- und Reparaturkapazität			Ausbildung von Fachpersonal
	Gesamtfläche	Neue Fläche pro Jahr	Anteil der c.t.[a] an der Zuckerrohranbaufläche	Neue oder rekonstruierte Werkstätten[b]		Produktion von Ersatzteilen	Insgesamt ausgebildete Fachkräfte
	1000 ha	1000 ha	%	geplant	real	t	
1965-70				500[5]			
1969				1.815[8]	45[6]		
1970					841[6]		
1965-72							10.061[9]
1972							
1973		133,4[1]					
1974		154,1[1]					
1975		150,9[1]	40[4]				
1972-76					1.100[2]		18.000[2]
1976		147,5[1]					
1977		147,0[2,c]					
1978	645[3]		43[3]				
1980						1.000[7]	

Anmerkungen: a) c.t. = campos tipicos
b) Reparaturwerkstätten verschiedener Kategorien (mobile und fixe) auf Ebene der Staatsfarmen und des Distrikts
c) Geplante Fläche pro Jahr

Quellen:
1) Oviano 1973,S.12
2) Mecanización de la caña a Cuba 1977, S.12
3) 7.300.000 Tons of Sugar Already Produced, Granma W.R., 2.7.1978, S.1. Die Berechnung des Anteils beruht auf der Annahme, daß die gesamte Zuckerrohranbaufläche 1978 ca.1,5 Mio ha betrug.
4) Borot 1972, S.10 (Interview mit J. Vazquez)
5) T. Martínez 1967, S.10. Im Zuckerperspektivplan 1965-70 vorgesehene mobile Werkstätten.
6) S. Roca 1976, S. 58
7) Macías 1977, S. 9 (Interview mit J. Vázquez)
8) Dos años de desarrollo agropecuario cubano 1970, S.50, Verkaufsabschluß zum Kauf kleiner, mobiler Reparaturwerkstätten.
9) Acosta 1973b,S.108

Der hohe Kapitalverschleiß war ein allgemeines Phänomen der kubanischen Wirtschaft um 1970; nach Präsident Dorticos übertraf 1972 "der Indikator des Konsums von Ersatzteilen in diesem Land alle Indikatoren der Welt(...), weil wir unsere Ausrüstungen mißhandeln, weil wir nicht genügend fähige Operateure haben..."[118]. Hinzu kam, daß die meisten Ersatzteile importiert werden mußten und, im allgemeinen, dieser Import durch das Embargo der USA erheblich erschwert wurde; die dadurch entstandenen wirtschaftlichen Verluste, gemessen in einem höheren Kapitalverbrauch, waren erheblich[119].

Was wurde nun getan, um die untersuchten strukturellen Probleme zu überwinden,und wie wirkte sich das auf die kubanische Fähigkeit zur Nutzung der komplexen Zuckerrohrerntemaschinen aus?

Zur Verbesserung der organisatorischen Kapazitäten der Zuckerrohrlandwirtschaft und der landwirtschaftlichen Voraussetzungen der Mechanisierung überhaupt wurde ab 1971 deren Territorialstruktur rationalisiert, Blocks von sogenannten campos tipicos eingeführt und die Anbaumethoden für die Mechanisierung der Ernte genormt. Die campos tipicos sind 500 m lang und 160 m breit. Jeweils 12 von ihnen werden zu einem Block zusammengefaßt. Ihre Einführung implizierte die Neuanlage von Straßen und Bewässerungssystemen sowie die Planierung und Entrümpelung der Felder. Ihr Ziel war es, den Einsatz der Erntemaschinen zu erleichtern und "eine hohe Produktivität der Ernte"[120] zu ermöglichen. 1978 war insgesamt eine Fläche von 645.000 ha in dieser Form für die Vollmechanisierung der Zuckerrohrernte vorbereitet (vgl. Tabelle 11.16); das waren ca. 43 % der gesamten Zuckerrohranbaufläche. Eine wichtige Rolle bei der Steigerung der organisatorischen Effizienz des Einsatzes der Zuckerrohrschneidemaschinen spielen die centros de acopio, die als kleine den Zuckerfabriken vorgelagerte, agroindustrielle und organisatorische Zentren fungierten[121]. Die Ausbildung von Fachkräften für die Bedienung, Instandhaltung und Reparatur der Erntemaschinen genoß nach 1970 höchste Priorität, denn nur "das Anheben des technischen Niveaus wird es ermöglichen, einen hohen

Grad der Mechanisierung zu erreichen"[122].Während in den 8 Jahren von 1965 bis 1972 "nur" 10.061 Maschinisten qualifiziert worden waren, wurden zwischen 1972 bis 1976 insgesamt 18.000 qualifizierte Arbeiter für die Mechanisierung der Zuckerrohrernte ausgebildet (vgl. Tabelle 11.16.). Die Anzahl der dafür spezialisierten Schulen konnte von 6 1972 auf 16 Schulen zur Ausbildung qualifizierter Arbeiter 1977 erhöht werden. Außerdem existierten 1977 8 polytechnische Institute für die Ausbildung von Technikern[123]. Auch die Instandhaltungs- und Reparaturkapazität, gemessen an den vorhandenen Reparaturwerkstätten und der Ersatzteilproduktion, expandierte erheblich. Zwischen 1972 und 1976 wurden insgesamt 1.100 Werkstätten verschiedener Kategorien neu installiert oder rekonstruiert (vgl. Tabelle 11.16). Mit der Inbetriebnahme der Zuckerrohrerntemaschinen-Fabrik in Holguin 1977 nimmt auch die nationale Produktion von Ersatzteilen einen erheblichen Aufschwung. Das Fehlen einer entwickelten Maschinenbauindustrie war also sowohl ein restriktiver Faktor der Entwicklung neuer Maschinen, ihrer Massenproduktion sowie auch ihrer effizienten und dauerhaften Nutzung[124]. Insofern ist der folgenden Bewertung der neuen kubanischen Fabrik für Zuckerrohrerntemaschinen durch Castro durchaus zuzustimmen: "Es ist schwierig auszudrücken, was ich fühlte, als ich die erste Erntemaschine aus dieser Fabrik rollen sah. Und zu denken, daß es keine Fabrik für die Produktion von Luxuskonsumgütern ist, daß es z.B. keine Pkw-Fabrik ist, sondern eine Fabrik zur Herstellung von Zuckerrohrerntemaschinen - genau das was wir brauchen, präzise das, was wir brauchen! (Applaus)"[125]

Der heute erreichte Grad der Mechanisierung und die permanente Steigerung der Tagesleistung der einzelnen Maschinen deuten darauf hin, daß die dargestellten Maßnahmen zu einer erheblichen Steigerung der kubanischen Kapazität zur Absorption dieser modernen Erntetechnologie geführt haben. 1978 blieben immerhin noch 25 % der Erntemaschinen auf der Strecke. Verglichen mit den 90 % 1965 war dies minimal. Andererseits verweist diese Tatsache auf die Schwierigkeiten der integralen Mechanisierung der Zuckerrohrernte und darauf, daß Kuba, trotz aller Erfolge, noch einen beträchtlichen Weg bis zur vollständigen Beherrschung dieser Technologie (im doppelten Sinn der Herstellung geeigneter Maschinen und ihrer effizienten Nutzung) vor sich hat.

11.1.2.4. Die Einführung intermediärer Technologien zur Erleichterung des manuellen und des mechanischen Zuckerrohrschneidens

Mit der gran zafra war klar geworden, daß große, vorwiegend mit Hilfe freiwilliger Arbeitskräfte eingebrachte Zuckerrohrernten eine "große Verschwendung von Arbeitskräften, Mahlzeiten und Transportmitteln"[126] und hohe ökonomische Kosten für die anderen wirtschaftlichen Branchen implizierten. Gleichzeitig hatte man erkannt, daß die Voraussetzungen für die kurzfristige Realisierung der vollständigen Mechanisierung der Zuckerrohrernte noch nicht gegeben waren. Die daraufhin verfolgte Strategie bestand darin, zunächst die Voraussetzungen für die Vollmechanisierung zu schaffen (s.o.) und gleichzeitig Zwischentechnologien zu entwerfen und einzuführen, die einerseits zu einer erheblichen Einsparung an Arbeitskräften führen würden, andererseits aber billiger und aufgrund ihrer geringeren Komplexität einfacher zu entwickeln, einfacher zu handhaben und einfacher in Kuba zu produzieren waren. Genau diesen Zielen dienten die centros de acopio und das sogenannte australische System der Zuckerrohrernte. Daher werden sie im folgenden als Beispiele der Einführung intermediärer Technologien in Kuba abgehandelt. Während die centros de acopio als generalisierte Trockenreinigungsstationen eine kubanische Innovation darstellen, war das australische System der Zuckerrohrernte schon in einigen Ländern (Australien, Südafrika, Peru) angewandt worden. Doch auch diese Erntemethode wurde nicht einfach imitiert, sondern durch einige technische und organisatorische Neuerungen den kubanischen Bedingungen angepaßt[127]. Beide genannten Typen intermediärer Technologien bildeten zusammen mit dem ebenfalls von Henderson entwickelten einachsigen, ganz aus Metall bestehenden Kippwagen für den Rohrtransport das kubanische Kernstück des nach 1970 eingeführten 'integralen Systems der Zuckerrohrernte'.

Centros de acopio (= c.a.)

Die centros de acopio waren kleine industrielle Stationen zwischen Feldern und Zentralen, in denen das Zuckerrohr gesammelt, von Fremdelementen (Staub, Blätter, Steine , Rohrspitze usw.) gesäubert, falls noch nötig, zerkleinert und in Eisenbahnwaggons umgeladen wurde. Ursprünglich waren die centros de acopio (im folgenden abgekürzt als c.a.) dazu bestimmt, die Arbeitsproduktivität der manuellen Schnitter in den Regionen zu erhöhen, die für den Einsatz von Maschinen nicht geeignet waren[128]. Sie nahmen den macheteros die Arbeitsgänge des Säuberns und Zerteilens des Zuckerrohrs ab. Später waren sie als Ergänzung zu den beiden Henderson-Erntemaschinen gedacht, die beide nicht in der Lage waren, das Rohr vom Blattwerk zu säubern. Aber auch nach der vollständigen Lösung des Problems der Ernte grünen Zuckerrohrs durch entsprechende Einrichtungen zur Beseitigung der Fremdelemente auf den Kombinen werden die c.a. weiterhin als Sammel- und Umschlagsplätze eine sinnvolle Rolle im agroindustriellen System der Rohrzuckerproduktion spielen[129]. Im Gegensatz zu dem australischen System der Zuckerrohrernte (im folgenden abgekürzt als a.S.) waren die c.a. eine von dem kubanischen Ingenieur Henderson entwickelte Adaption von mit Wasser arbeitenden Reinigungszentren, wie sie vor allem in Hawaii üblich sind, "die von anderen Ländern nachgeahmt worden ist"[130]. Analoge Versuche mit Trockenstationen sind in Hawaii nicht über das Versuchsstadium hinausgekommen[131].

Technisch war das Problem des Säuberns und Zerteilens des Zuckerrohrs einfacher in stationären und darauf spezialisierten Installationen zu lösen als auf den kleinen, mobilen Erntemaschinen:"Eine formidable technologische Schwierigkeit, ungebranntes Zuckerrohr zu schneiden und zu entblättern - was heißt, daß die Erntemaschinen kleine Zuckerrohraufbereitungszentren zu sein haben..."[132]. Ein entscheidender Vorteil der c.a. im Vergleich zu den Zuckerrohrkombinen war jedoch, daß sie ganz und leichter, ohne umfangreiche Investitionen in eine neue Maschinenfabrik, in Kuba produziert werden konnten. Am höchsten lag der Wert der nationalen Produktion von Teilen der c.a. 1970 und 1971 (vgl. Tabelle 11.17.).

Tabelle 11.17.: Geplante und reale Entwicklung der centros de acopio 1965 - 1977

Jahr	Geplante Einheiten	Installierte Einheiten[9]	Durch c.a. bearbeitetes Zuckerrohr		Wert der nationalen Produktion[1] von Teilen der c.a.	Produktivität pro c.a. Zuckerrohr/Stunde	
			absolut 1.000 m.t.	Anteil an Gesamtproduktion %	Mio Pesos)	Einfache	Doppelte
1965		4	101,3[9]	0,20[9]			
1966		6	177,6[9]	0,48[9]			
1967		67[4] - 69[9]	3.464,9[9]	6,81[9]		60 - 70[4]	110 - 40[4]
1968		150	5.540,7[9]	13,08[9]	46,1		
1969		166			657,6		
1970		180[4] -199[7] (bis Ende 1970)		25,00[7]	2.634,8		
1971	300[6]				5.822,8		
1972		444[5] -445[4]			1.042,6		
1973	500[4]				646,4		
1974					258,5		
1976				40,00[8]			
1977		483[2]				43,1-71,9[3]	

Quellen:
1) JUCEPLAN, Anuario Estadístico De 1974
2) ATAC 35. 1976, 5, S.23
3) J. Lodos 1977, S.15
4) G. González 1972 (Centros de acopio), S.43
5) Oviano 1973, S.4
6) F. Castro, Granma W.R., 2.11.1969, S. 4. Ab 1972 sollten zeitweilig jeweils 300 pro Jahr gebaut und installiert werden.
7) S. Roca 1975, S.54
8) R. Salomón Llanes, Primer Encuentro Azucarero 1976, S.29
9) Betancourt 1970, S.4, 10

Die Tatsache, daß in diesen beiden Jahren die Produktion von Ausrüstungen für die c.a. über der von Ersatzteilen und Ausrüstungen für die Zuckerfabriken lag (vgl. Tabelle 11.33.), deutet darauf hin, daß in diesen beiden Jahren ein relevanter Teil der kubanischen Maschinenbauindustrie durch diese Aufgabe absorbiert wurde, wie auch Castro angedeutet hat[133]. Das erklärt wahrscheinlich auch, warum in den folgenden Jahren die Pläne zur Produktion und Installation der c.a. gestreckt wurden. 1977 waren insgesamt 483 c.a. installiert, über die mehr als 40 % der gesamten Ernte liefen.

Die reale Leistung der c.a. lag zunächst weit unter ihrer optimalen Kapazität von 1.000 t pro Tag. Nach kubanischen Untersuchungen von 1967 und 1969 lag der Auslastungsgrad jeweils nur bei ungefähr 60 %. Auch hier wurden als Gründe mangelnde Koordination des Produktionsprozesses, unzureichende Instandhaltung und Reparatur sowie die ungenügende Beherrschung der Technologie genannt[134]. Heute scheint die reale Produktivität bei rund 80 % der maximalen Produktivität zu liegen[135]. Die kubanischen Bemühungen zur permanenten Verbesserung der Technologie und Organisationsstruktur der c.a., die ein Schwerpunkt des Forschungsprogramms der Zuckerindustrie nach 1970 waren, haben also sowohl hinsichtlich der Arbeitsproduktivität (s.o.) als auch des Nutzungsgrades der installierten Produktivitätskapazität zu greifbaren Erfolgen geführt.

Das australische System der Zuckerrohrernte (= a.S.)

Ab 1971 wurde in Kuba das sog. australische System des Zuckerrohrschneidens (im folgenden abgekürzt als a.S.) eingeführt. In Australien war es seit Mitte der sechziger Jahre dazu gebraucht worden, das Zuckerrohrschneiden mit Maschinen zu erleichtern. In Kuba sollte es sowohl die Arbeitsproduktivität der macheteros erhöhen als auch die Ausdehnung der mechanisierten Ernte erleichtern. Das a.S. war als Übergangsstrategie konzipiert, solange die Ernte grünen Zuckerrohrs mit Maschinen technisch noch nicht machbar war: "... In dem Augenblick, in dem wir über entsprechende Maschinen für die mechanisierte Ernte grünen

Zuckerrohrs verfügen, werden wir ohne Zweifel für diese optieren, in dem Maße, wie die realen Möglichkeiten es uns erlauben."[136] Zum Zeitpunkt der Einführung des a.S. ging Castro davon aus, daß es "Jahre dauern wird, das durch die mechanische Ernte ungebrannten Zuckerrohrs gestellte technologische Problem zu lösen. Es könnte 20 Jahre dauern."[137]

Das modifizierte australische System zur Erleichterung des manuellen Schneidens, wie es in Kuba angewandt wird, besteht in dem Abbrennen des Zuckerrohrs vor der Ernte und in einem bestimmten aufeinander abgestimmten Komplex von Erntetechniken. Durch das Abbrennen des Rohrs wird das Blattwerk beseitigt, so daß dieser Arbeitsgang für den machetero entfällt. Dessen Arbeit beschränkt sich darauf, das Rohr zu schneiden, in Reihen zu legen und die Zuckerrohrspitze abzuschneiden. Das Aneinanderreihen des Rohrs ermöglicht es, dieses mit Lademaschinen zu stapeln, an die zu diesem Zweck speziell dafür entworfene Stapelvorrichtungen montiert worden sind. Das unzerteilte Zuckerrohr wird dann mit den ebenfalls zum Transport ganzer Zuckerrohre konstruierten Henderson-Wagen abtransportiert, entweder zu den centros de acopio, wo es noch zerkleinert wird, oder direkt zu den Mühlen. Die manuellen Erntetätigkeiten sind also in diesem System auf das Schneiden des Rohrs und das Abschneiden der Rohrspitze reduziert; alle anderen Arbeitsvorgänge werden von Maschinen übernommen. Das Abbrennen des Rohrs vor der Ernte mit Maschinen erleichtert das maschinelle Schneiden und macht den bisher noch technisch unbefriedigend gelösten Vorgang des Entblätterns des Zuckerrohrs durch die Erntemaschinen überflüssig.

Das entscheidende Motiv für die Einführung des australischen Systems lag in der erwarteten Erhöhung der Arbeitsproduktivität[138]. Nach ersten Untersuchungen der Anwendung des a.S. während der Ernte 1971 lagen die Einsparungen an Arbeitskräften in den untersuchten Zentralen zwischen 52 und 62 %[139]. Schon 1971 konnte die Ernte - deren Produktion allerdings nur 68 % derjenigen von 1970 betrug - schon mit 125.000 Zuckerrohrschnittern weniger als 1970 eingebracht werden[140]. Obwohl zu diesem Zeitpunkt erst zwischen 300 und 400 der centros de acopio installiert waren und die australische Methode nicht allgemein benutzt wurde (nur zu ca. 1/3), war dies in erster Linie der kombinierte Effekt der massiven Einführung dieser beiden neuen Technologien: "Dies (die Einsparung der Arbeitskräfte, H.F.) ist hauptsächlich das Resultat der neuen Technologien."[141] Die tägliche Arbeitsproduktivität pro machetero stieg von 1,7 t 1970 um 58 % auf 2,7 t 1978 (vgl. Tabelle 11.28.).

Tabelle 11.18.: Entwicklung der Arbeitsproduktivität der macheteros und einiger anderer Indikatoren zum Arbeitskräftebedarf der Zuckerrohrlandwirtschaft während der Ernte 1970 - 1978

Jahr	Arbeitsproduktivität t/Arbeitstag	Freiwillige Arbeitskräfte [4]	Insgesamt in der Zuckerrohrlandwirtschaft eingesetzte Arbeitskräfte (saisonal) [5]	Mechanisierungsgrad (Schneiden) [6] %	Erntedauer [4] Tage
1970	1,7[1]	170.000	350.000		334
1971	1,8[2]	110.000			
1972		75.000		7	230
1973	2,0[3]	50.000		11,6	
1974	2,2[3]	22.000		18,5	
1975			180.000	25,5	
1976			160.000	33,0	
1977				42,0	
1978[2]	2,7[2]		161.000	39,0	

Quellen:

1) F. Castro, Rede vom 27.7.1977, Granma W.R.,14.8.77, S.3
2) 7.300.000 Tons Already Produced, Granma W.R.,2.7.1978, S.1
3) Reunión Nacional Sobre la Cosecha de la Caña 1974, S.28
4) Mesa-Lago 1978, S.50
5) Vgl. Tabelle 13.4.
6) Vgl. Tabelle 11.15.

Diese Steigerung dürfte, neben der Tatsache, daß man vorzugsweise geschickte und erfahrene freiwillige Schnitter einsetzte, im wesentlichen Konsequenz der breiten Anwendung des a.S. gewesen sein. Weitere Argumente für das a.S. waren der höhere industrielle Zuckerertrag und die Verringerung der Transport- und Ladekosten. Beides resultiert aus der Tatsache, daß durch das

Abbrennen des Zuckerrohrs der Anteil an Fremdelementen beim Transport um ca. 6 % und beim Verladen um ca. 10 % sinkt[142]. Die Vorzüge des Abbrennens des Zuckerrohrs für die Ernte mit Maschinen sind an der schnellen Erhöhung des Mechanisierungsgrades nach 1970 abzulesen, da bisher nur ein minimaler Teil grünen Rohrs maschinell geschnitten wird. Dies bleibt jedoch weiterhin das Ziel und für 1977 war vorgesehen, versuchsweise "das Schneiden grünen Zuckerrohrs mit Maschinen auf verschiedene Zentralen in mehreren Provinzen auszudehnen"[143]. "... Die Entwicklung von Zuckerrohrerntekombinen in Kuba ist immer im Hinblick auf die Ernte grünen Zuckerrohrs betrieben worden."[144]

Das a.S. hat allerdings auch nicht zu übersehende Nachteile. Es war daher ein "kontroverses Thema, in unserem Land und universell"[145]; u.a. äußerte sich dies in dem Widerstand eines Teils der Arbeiter gegen das a.S.[146]. Einige damit verbundene Probleme waren z.B. "Kippvorrichtungen (in den Mühlen, H.F.), die nicht zum Aufnehmen ungeteilten Zuckerrohrs geeignet waren, Felder mit zu geringer Flächenproduktivität, um das System anzuwenden, und der Mangel an Materialien, um die Lademaschinen zu verändern"[147]. Zum Teil konnten diese Probleme durch entsprechende Maßnahmen und Einrichtungen gelöst oder zumindest kompensiert werden, so z.B. durch eine ausreichende künstliche oder natürliche Bewässerung, häufigeres Neupflanzen, verbesserte Kultivierungsmethoden und die Anwendung agrochemischer Mittel, eine effizientere Organisation der Ernte und die fortschreitende Installation der centros de acopio[148]. Im folgenden werden einige der mit der Einführung des a.S. verbundenen Nachteile und Schwierigkeiten und die Versuche, diese zu überwinden, dargestellt.

Das a.S. impliziert einen erhöhten Bedarf an Wasser, weil der Boden durch das Brennen ausgetrocknet und ein Teil der Humus - schicht zerstört wird. Da Mitte der siebziger Jahre in Kuba eine nahezu vierjährige Trockenperiode herrschte und 1975 erst rund 15 % der Zuckerrohrfelder bewässert waren, wurden der allgemeinen Einführung des a.S. Grenzen gesetzt. Da nicht nur der Humus, sondern auch ein großer Teil des Nitrogengehalts des Bodens zerstört wird, bedarf es einer höheren Zufuhr an Stickstoffdünger. Auch die Anfälligkeit für Pflanzenkrankheiten wächst, so daß eine größere Dosis an Pestiziden notwendig ist. Selbst wenn die genannten Maßnahmen in ausreichendem Maße getroffen werden, wird das Stoppelrohr des mehrjährigen Zuckerrohrs in Mitleidenschaft gezogen, so daß seine Lebensdauer verkürzt wird. Dies wurde insofern nicht nur als Nachteil empfunden, weil durch das häufigere Neupflanzen die Einführung neuer, produktiverer Varietäten gefördert und durch die Verkürzung der Lebensdauer des Stoppelrohrs die Flächenproduktivität erhöht wird. Aufgrund der genannten Kompensationsmöglichkeiten kam der kubanische Landwirtschaftsminister Francia Mestre zu dem Schluß, daß sich "mit guter Kultivierung und Düngung und dem quantitativen und qualitativen Anwachsen der Bewässerung die möglichen negativen Effekte des Brennens des Zuckerrohrs wesentlich reduzieren"[149].

Da gebranntes Zuckerrohr einem schnelleren Glukoseverlust unterliegt als ungebranntes, war eine präzise Organisation und Koordination des Brennens, des Schneidens und des Abtransports zu den Mühlen von fundamentaler Bedeutung: "Die organisatorischen Faktoren stellen die fundamentale Grundlage für die erfolgreiche Anwendung des Systems des Abbrennens des Zuckerrohrs dar; eine Organisation, die die Beschränkung der Zeit zwischen dem Brennen und dem Mahlen auf ein Minimum garantiert, ist eine unabdingbare Voraussetzung."[150] Aus diesem Grund wurde 1971 die Anwendung des a.S. auf die Zuckerrohranbaugebiete begrenzt, in denen schon c.a. installiert waren, die eine effizientere Organisation und einen schnelleren Transport ermöglichen[151]. War diese Bedingung nicht erfüllt, dann waren Probleme für den industriellen Prozeß der Zuckerproduktion unvermeidbar. U.a. deswegen kam es 1971 zu Fällen, in denen nach der Reinigung der Filterschlamm eine geringere Konzentration aufwies, nach dem Klärungsprozeß die Säfte weniger Phosphor enthielten und die Verdampfungsanlagen aufgrund des höheren Kalkgehalts des Zuckerrohrsafts schneller verkrusteten[152].

Die Bemühungen zur Minimierung der Zeit zwischen Brennen und Mahlen sind offensichtlich erfolgreich gewesen. Während 1970 und 1971 der geringe industrielle Zuckerertrag u.a. auf die zu lange Transportzeit zurückgeführt wurde, konnte 1975 die Zeitspanne zwischen dem Schneiden und dem Mahlen auf 30 Stunden (36 Stunden bei manuell und 24 Stunden bei mit Maschinen geschnittenem Zuckerrohr) reduziert werden[153]. 1970 hatte sie im Durchschnitt noch über den geforderten 48 Stunden gelegen. Neben der höheren Qualität der neuen Zuckerrohrsorten und der verbesserten Effizienz der industriellen Produktion ist die Reduzierung der Transportzeit ein entscheidender Grund für die merkliche Steigerung des industriellen Zuckerertrags ab 1973. Dieser hatte 1974 wieder fast 12 % (11,95 %) erreicht, nachdem er 1970 (10,72 %)und 1972 (9,93 %) unterhalb dieses vorrevolutionären Standards gelegen hatte.

Weitere Nachteile des a.S. bestanden in der Verschwendung der Rohrspitzen und des Blattwerks, die beide als Viehfutter oder Naturdünger Verwendung finden können, und in den gesundheitlichen Gefahren für den machetero. Nach Dumont wirft 1 ha Zuckerrohr als Nebenprodukt (Rohrspitzen und grüne Blätter) Futtermittel des gleichen Umfangs wie 1 ha durchschnittliches Weideland ab[154]. Zur Verminderung der Verletzungsgefahren für die macheteros wurden Arbeitsanzüge mit Stahlpolstern und verstärkte Handschuhe verteilt, die jedoch oft nicht getragen wurden, weil sie als lästig empfunden wurden. Die Nutzung des Blattwerks und der Zuckerrohrspitzen ist dann erst ökonomisch, wenn eine effiziente Kombine für die Ernte grünen Zuckerrohrs entwickelt worden ist, an der derzeit gearbeitet wird[155].

Angesichts der beschriebenen Nachteile des a.S. wurde es nur in den Zuckerrohranbaugebieten angewandt, in denen eine ausreichende Bewässerung garantiert und centros de acopio zur Verkürzung der Umschlagszeit und zum Zerkleinern des noch ungeteilten Rohrs installiert waren. 1971 wurden versuchsweise rund 30 % des geernteten Zuckerrohrs vorher abgebrannt; 1972 wollte der Anteil des abgebrannten Rohrs 70 % betragen. Für die folgenden Jahre liegen keine präzisen Daten vor.

Das a.S. kann aus verschiedenen Gründen als angepaßte Zwischentechnologie charakterisiert werden. Für die macheteros war es eine einfache Technik zur Erhöhung ihrer Arbeitsproduktivität; gleichzeitig war es bei gegebener Technologie die Voraussetzung der Ernte mit Maschinen. Das a.S. war im Verhältnis zu seinem ökonomischen Nutzen billig und erforderte kaum zusätzliche Investitionen, sondern in erster Linie organisatorische Maßnahmen[156]; das neue System der Zuckerrohrernte wurde von den Kubanern nicht einfach imitiert, sondern in einigen technologischen und organisatorischen Aspekten modifiziert; das a.S. war eine zeitlich begrenzte Übergangstechnologie als Vorstufe der noch nicht machbaren integralen Mechanisierung. Zugleich wies das a.S. Merkmale auf, die normalerweise nicht mit angepaßten Zwischentechnologien assoziiert werden: Es war keine sanfte Technologie, sondern implizierte Gefahren für die Arbeitskräfte, den Boden und die Umwelt (Gefahr wilder Brände); es absorbierte nicht mehr Arbeitskräfte als frühere Erntemethoden sondern setzte Arbeitskräfte frei; obwohl das a.S. die Arbeit der macheteros vereinfachte, setzte es eine präzise Organisation des komplexen Gesamtprozesses der Ernte und die Modernisierung der Zuckerrohrlandwirtschaft und anderer Teile des Produktionsprozesses voraus.

11.1.2.5. Zur Frage der Reproduktion struktureller Abhängigkeit am Beispiel der Mechanisierung der Zuckerrohrernte

Im folgenden soll am Beispiel der Mechanisierung der Zuckerrohrernte die Frage aufgegriffen werden, inwiefern der Import von Maschinen und Technologie und die anderen Formen der sowjetischen Entwicklungshilfe die Reproduktion struktureller Abhängigkeit in ihrer alten oder einen neuen Form implizierten. Die These ist, daß dies trotz des Umfangs der sowjetischen Unterstützung nicht der Fall war, in diesem spezifischen Bereich auch nicht in neuer Form. Da die in diesem Kontext angeführten Einzelargumente und Fakten weitgehend schon vorher entwickelt und belegt worden sind, fasse ich sie hier nur unter diesem Aspekt ohne unnötiges Beiwerk zusammen.

Nach Ansicht des kubanischen Ministers der Zuckerindustrie ist die "sowjetische Kooperation entscheidend für die erfolgreiche Mechanisierung der Zuckerrohrernte"[157]. Ihr Umfang ist erheblich und ihre Formen sind vielfältig gewesen: Lieferung von Maschinen und Ausrüstungen , entscheidende Mithilfe bei der Entwicklung der Zuckerrohrerntemaschinen, umfangreiche Kredite, die Ausbildung von Kubanern, technische Hilfe zur effizienten Nutzung der aus der Sowjetunion importierten Technologien und bei der Errichtung einer Maschinenbaufabrik für Zuckerrohrerntekombinen in Holguin.

Wahrscheinlich hat Kuba zwischen 1972 und 1978 insgesamt rund 1.300 bis 1.500 KTP-1 aus der Sowjetunion importiert, davor schon über 1.000 Zuckerrohrwagen und später Einzelteile für die eigene Produktion. Zum Teil sind diese Importe mit einem sowjetischen Kredit in Höhe von 10 Millionen Pesos, den die Sowjetunion 1972 Kuba für die Mechanisierung der Zuckerrohrernte gewährt hat, finanziert worden[158]. Daneben hat die Sowjetunion Kuba in diesem Bereich umfangreiche technische Hilfe geleistet, "hauptsächlich bei der Ausbildung auf breiter Basis von Operateuren für die Zuckerrohrschneide- und Lademaschinen und bei der Entwicklung und dem Testen der Ausrüstung"[159]. Mit sowjetischer Unterstützung ist ein Netz von 16 Schulen für die Ausbildung von qualifizierten Arbeitern zur Bedienung der Maschinen und von vier polytechnischen Schulen zur Ausbildung von Technikern, darunter das Zentrum für die Ausbildung von Fachkräften für die landwirtschaftliche Mechanisierung in Holguin[160], entstanden. Außerdem haben sowjetische Experten bei den Versuchsreihen zum Testen der KTP-1 und an ihrer Weiterentwicklung mitgewirkt. Eine weitere Gruppe von sowjetischen Spezialisten hatte die Aufgabe, den Kubanern bei der effizienten Assimilierung der neuen Technologie zu helfen. Die Zahl der auf dem Gebiet der Mechanisierung der Zuckerrohrernte in Kuba arbeitenden sowjetischen Techniker war insgesamt jedoch gering; während der Ernte 1972 waren es 22 und 1973 34. Weiterhin wurde eine begrenzte Anzahl kubanischer Techniker in der Sowjetunion ausgebildet, und zwar sowohl in Bedienung und Instandhaltung der Zuckerrohrerntemaschinen als auch in deren Montage. Besonders umfangreich und relevant ist die sowjetische Hilfe für den Bau und die Inbetriebnahme der Maschinenfabrik für Zuckerrohrerntemaschinen in Holguin gewesen. Der Entwurf für diese Fabrik wurde von einem sowjetischen Projektinstitut erarbeitet, die Sowjetunion hat 61 % der Investitionsgüter geliefert und zwi-80 und 110 sowjetische Spezialisten haben bei Bau, Montage und Inbetriebnahme assistiert[161]. Die dargelegten Fakten stützen also die o.a. These von M. Lage, daß ohne das Ausmaß und die Vielfalt der sowjetischen Hilfe der derzeit erreichte Stand der Mechanisierung der Zuckerrohrernte und die heute gegebenen Voraussetzungen für ihre zukünftige Entwicklung nicht realisiert worden wären.

Trotzdem scheint mir die massive sowjetische Hilfe, ob uneigennützig oder nicht, nicht zur Reproduktion einer in Sozial- und Produktionsstruktur angelegten Abhängigkeit beigetragen zu haben. In diesem Punkt hat vielmehr die Sowjetunion Kuba geholfen, seine nationalen Kapazitäten zur Absorption, Entwicklung und Produktion einer modernen, ökonomisch effizienten und angemessenen Erntetechnologie zu steigern. Durch die nationalstaatlich gesteuerte Selektivität und Kontrolle des Technologieimports sowie den sukzessiven Ausbau der technologischen Kapazitäten wurde von kubanischer Seite verhindert, daß aus dem vorübergehenden Import von Technologien eine durch Deformation und Blockierung der Produktivkraftentfaltung strukturell verankerte technologische Abhängigkeit wurde.

In keiner Phase, und besonders nicht in der entscheidenden Phase nach 1970, hat man sich allein auf die sowjetische Technologie verlassen, sondern mehrere Maschinen unterschiedlicher Herkunft importiert; u.a. wurden ab 1971 100 Massey-Ferguson 201 ausprobiert. Außerdem war die importierte Technologie nach 1970 an kubanischen Vorgaben orientiert und quantitativ auf die kubanische Absorptionskapazität abgestimmt. Die KTP-1 war nicht zu komplex, so daß sie an Bedienung, Instandhaltung und Produktion nicht zu hohe Anforderungen stellte, relativ kompakt und widerstandsfähig und trotzdem ausreichend produktiv war. Sie war zugeschnitten auf bestimmte kubanische Erntemethoden wie z.B. das vorherige Abbrennen des Zuckerrohrs. Durch die Beteiligung kubanischer Techniker und durch die Orientierung an kubanischen Bedürfnissen war garantiert, daß es sich um eine importierte, aber angepaßte Technologie handelte. Nach dem Mißerfolg des massiven Imports von ca. 1.000 KCT-1 wurde das Importprogramm, auch nach Lösung der technischen Probleme, zunächst auf maximal 300 Maschinen pro Jahr beschränkt, was offensichtlich der kubanischen Fähigkeit zur Absorption dieser modernen Agrartechnologie eher angemessen war. Ein nicht unwesentlicher Teil der sowjetischen Hilfe diente gerade der Entwicklung der kubanischen Fähigkeit zur technologischen und organisatorischen Assimilation dieser neuen Maschinen[162].

Die Abhängigkeit vom Import sowjetischer Maschinen, Technologie und Experten verschiedener Art war zeitlich begrenzt. Während Mitte der sechziger Jahre die KCT-1 noch primär von jungen sowjetischen Technikern bedient wurden, wurde diese Aktivität nach 1970 total 'kubanisiert'. Gleiches gilt zunehmend für den Import der Maschinen und, wie oben angedeutet, der Technologie. Der Import der KTP-1 beschränkte sich auf den Zeitraum 1972 - 1977, und die Abhängigkeit von sowjetischen Forschungen wird durch den sukzessiven Ausbau der kubanischen Forschungskapazität auf diesem Gebiet zunehmend reduziert. Heute sind an der Entwicklung der neuen Maschinen nicht nur praktisch erfahrene kubanische Ingenieure, sondern auch Wissenschaftler mit spezialisierter universitärer Ausbildung beteiligt.

Entscheidend war also, daß die sowjetische Hilfe von Anfang an eingebettet war in erhebliche eigene kubanische Anstrengungen zur Entwicklung von Zuckerrohrerntemaschinen, die offensichtlich nur in den Jahren 1965-68, als man die Hoffnungen auf die sowjetische KCT-1 gesetzt hatte, auf kleine Flamme gestellt worden waren. An der Entwicklung der KTP-1 waren kubanische Techniker ebenfalls beteiligt, auch wenn ihre Bedeutung wahrscheinlich im Verhältnis zu der der sowjetischen Techniker sekundär war, weil die Sowjetunion über größere Erfahrung im Landmaschinenbau, entwickeltere Forschungskapazitäten und eine moderne Maschinenbauindustrie verfügte[163]. Andererseits hatten die kubanischen Ingenieure durch ihre Arbeit an der Libertadora, einer Maschine mit ähnlicher Komplexität wie die KTP-1, nicht nur Erfahrung in der Entwicklung relativ einfacher Maschinen. Daher ist es wahrscheinlich, daß der kubanische Anspruch, die KTP-1 sei eine kubanisch-sowjetische Maschine, durchaus zutrifft, und daß die Kubaner aufgrund ihrer langjährigen und spezifischen Erfahrung in der Entwicklung von Zuckerrohrerntemaschinen einen wesentlichen Beitrag zumindest zur Weiterentwicklung der ersten Prototypen der KTP-1 ab 1971 geleistet haben. Heute verfügt man in Kuba über die entsprechenden wissenschaftlichen, technologischen und materiellen Kapazitäten zur Entwicklung und Produktion eigener Zuckerrohrerntemaschinen.

Der zentrale Faktor neben dem Ausbau der Forschungskapazitäten, der der Tendenz zur Institutionalisierung struktureller Abhängigkeit entgegenwirkt, ist die Errichtung einer Maschinenbaufabrik für Zuckerrohrerntemaschinen in Holguin, die von den Kubanern als die größte und eine der modernsten dieser Art der ganzen Welt bezeichnet wird. Beim Bau dieser Fabrik war die Abhängigkeit von der Sowjetunion, mit der Ausnahme des Baus der Installationen und der Montage, in allen anderen Etappen des Produktionsprozesses nahezu total. Ihre Relevanz für die kubanische Wirtschaft ist fundamental: Sie entlastet den Außenhandel und ist die Voraussetzung der neuen kubanischen Rolle als Technologieproduzent und der effizienten Nutzung des vorhandenen Maschinenparks (Ersatzteilproduktion). Die Tatsache, daß die Sowjetunion den Bau dieser Fabrik förderte und nicht blockierte, steht im diametralen Gegensatz zur Praxis der internationalen kapitalistischen Konzerne in der Dritten Welt heute und im vorrevolutionären Kuba, als "die Kapitalisten nicht im geringsten daran interessiert waren, eine kubanische Maschinenbauindustrie zu entwickeln; sie überließen das den USA, während wir ewige Importeure von Maschinen blieben"[164]. Zu beachten ist allerdings, daß es sich hier um einen Bereich der Maschinenbauindustrie handelt, an dem die Sowjetunion selber kein großes Interesse hat, weil sie kein Zuckerrohr anbaut, und daß dieser Sektor kein Leitsektor der derzeitigen wissenschaftlich-technischen Revolution ist. Für die derzeitige kubanische Ökonomie ist er dennoch fundamental. Ein wirklicher Test des sowjetischen Willens zum Aufbau horizontaler, nicht-hierarchischer Kooperationsbeziehungen wäre erst dann gegeben, wenn Kuba beabsichtigte, sich im Rahmen der internationalen sozialistischen Arbeitsteilung auf die Produktion von Maschinen und Technologien für einen der heutigen Leitsektoren zu spezialisieren, wodurch die Sowjetunion in diesem Bereich auf den Import von Technologie und Ausrüstungen aus Kuba angewiesen wäre. Dafür fehlen von kubanischer Seite zur Zeit jegliche Voraussetzungen.

11.1.2.6. Thesen zur Mechanisierung der Zuckerrohrernte

1. Die Mechanisierung der Zuckerrohrernte ist heute in Kuba mit rund 40 % weit fortgeschritten, wahrscheinlich am weitesten von allen Zuckerrohr produzierenden Ländern der Dritten Welt[165]. Die beschleunigte Mechanisierung folgte einer gesamtwirtschaftlichen Logik; u.a. konnten dadurch in den letzten 9 Jahren fast 200.000 der früher 350.000 während der Zuckerrohrernte beschäftigten Arbeitskräfte für andere wirtschaftliche Aktivitäten freigesetzt werden.

2. Angesichts der technischen Schwierigkeiten der integralen Mechanisierung der Ernte konzentrierte man sich zunächst auf die Bereiche, die relativ leicht zu mechanisieren sind (Laden, Transport) und versuchte gleichzeitig, intermediäre Technologien zur Erhöhung der Arbeitsproduktivität des manuellen Schneidens und in Form unkomplizierter Schneidemaschinen zu entwickeln. Während die centros de acopio und das australische System des Zuckerrohrschneidens ihren Zweck erfolgreich erfüllten, scheiterte das Experiment der Entwicklung von einfachen Zuckerrohrschneidemaschinen. Gleichzeitig wurde darauf hingearbeitet, die notwendigen Voraussetzungen der Vollmechanisierung zu schaffen.

3. Am Beispiel der Mechanisierung der Zuckerrohrernte läßt sich gut der systematische Versuch zur Steigerung der nationalen Kapazität zur Absorption importierter Technologien illustrieren. Dies gilt in besonderer Weise für die Zeit nach 1970. Während der massive Import von 1.000 sowjetischen Maschinen zunächst die kubanischen technischen und organisatorischen Fähigkeiten überforderte, wurde in den siebziger Jahren die jährlich importierte Anzahl von Maschinen begrenzt und gleichzeitig durch einen Komplex agrar-, bildungs-, forschungspolitischer und anderer Maßnahmen die Bedingungen für die effiziente Nutzung der importierten Maschinen geschaffen.

4. Ein Prinzip der kubanischen Mechanisierungspolitik war, daß die dafür benötigten Maschinen zunehmend in Kuba hergestellt und entwickelt werden sollten, zunächst die einfacheren Instrumente wie Pflüge, Eggen usw., später auch die komplexen Zuckerrohrerntemaschinen: Kuba ist das einzige Land der Dritten Welt, das Zuckerrohrerntemaschinen in eigener Regie produziert. Die Entwicklung der nationalen Produktion von Maschinen und Ausrüstungen wurde als die Bedingung der Produktion angemessener Technologien und der effizienten Nutzung der Maschinen betrachtet.

5. Aufgrund der Entwicklung entsprechender Kapazitäten zur Forschung und Entwicklung, einer eigenen Landmaschinenindustrie und anderer infrastruktureller und institutioneller Bedingungen befindet sich Kuba heute auf dem Weg zum Technologieproduzenten und potentiellen Technologieexporteur, auch auf dem Gebiet der technisch komplizierten Zuckerrohrerntemaschinen.

6. Die Mechanisierung der Zuckerrohrlandwirtschaft verändert die Sozialstruktur der kapitalistischen Zuckerrohrplantagen von Grund auf: Die Arbeit wird leichter und erfordert höhere Qualifikationen. Der Beruf des machetero wird abgelöst durch den des qualifizierten Facharbeiters, Technikers, Verwaltungsmanns und Administrators[166]. Heute fallen schon rund 1/5 der 150.000 Landarbeiter des Zuckersektors in diese zweite Kategorie. Mit der spätestens in 10 Jahren abgeschlossenen Voll-

mechanisierung der Zuckerrohrernte wird die Figur des von den vorkapitalistischen Sklavenplantagen unverändert übernommenen unqualifizierten Zuckerrohrschnitters aus der kubanischen Zuckerrohrlandwirtschaft verschwunden sein. Diese Transformation der traditionellen Sozialstruktur der kapitalistischen Plantagenökonomie und die Humanisierung der Arbeit durch die Entwicklung der Produktivkräfte impliziert jedoch nicht die Aufhebung jeglicher Hierarchie. Die Humanisierung der Arbeit wird in Kuba nicht verstanden als die Aneignung komplexer Arbeitsvorgänge durch die unmittelbaren Produzenten sondern allein als Beseitigung der harten und monotonen körperlichen Arbeit. An die Stelle der auf Besitz und Verfügungsgewalt über Produktionsmittel basierenden traditionellen tritt eine neue hierarchische Ordnung, die auf dem (allerdings nicht institutionalisierten) Monopol technischen und organisatorischen Wissens beruht. Die Entwicklung der Produktivkräfte führt auf dem in Kuba gegebenen Niveau der Entwicklung, in der Zuckerrohrlandwirtschaft und allgemein[167], notwendig zur Entstehung einer mächtigen Technokratie, da die materiellen Bedingungen für die Aufhebung des Gegensatzes von leitender und ausführender Arbeit einfach nicht existieren. Bisher stand der Kampf für eine 6-jährige Grundschulausbildung für <u>alle</u> (vor allem die Landbevölkerung, auch die Erwachsenen, die vormals Analphabeten waren) im Vordergrund der Bildungspolitik für die Mehrheit der Bevölkerung und nicht die prinzipiell angestrebte Universalisierung einer wissenschaftlichen Ausbildung[168].

11.2. Von der Beherrschung importierter Technologien zur technologischen Meisterschaft und Autonomie

Im folgenden Unterkapitel wird untersucht, inwiefern die Grundzüge und Sequenzen der Technologiepolitik (Aufbau einer nationalen materiellen und institutionellen Infrastruktur zur Absorption importierter Technologie, zur Planung und Durchführung von Investitionen sowie zur Entwicklung neuer Technologien), die sich in der Analyse der Mechanisierung der Zuckerrohrernte herauskristallisiert haben, für den Zuckersektor allgemeine Gültigkeit haben, was die konkreten Schwerpunkte waren und welche Resultate bisher erzielt worden sind. Obwohl zunächst der größte Teil der Technologie importiert werden mußte und anfänglich das vorrangige Problem in ihrer effektiven Assimilation lag, weist die kubanische Konzeption weit über die Problematik des Technologietransfers hinaus. Im Zuckersektor strebt man - als Speerspitze des gesamtwirtschaftlichen technologischen Fortschritts - eine zunehmende technologische Meisterschaft und Autonomie, d.h. die Fähigkeit zur Entwicklung neuer Technologien an[169]. Diese Strategie des sukzessiven Ausbaus der technologischen Kapazitäten entsprach einerseits dem Wesen der Technologie als Produkt eines sozioökonomischen Systems und nicht nur als Ware, die man ohne Veränderung einfach transferieren kann; andererseits aber auch den begrenzten kubanischen Ressourcen, die eine Phasenplanung und Prioritätensetzungen erforderten. Die Schwierigkeit der nationalen Beherrschung der importierten Technologie läßt sich daran ablesen, daß erst 1978 in der Zuckerindustrie eine höhere Arbeitsproduktivität als vor der Revolution erreicht wurde. Der Schwerpunkt der kubanischen technologischen Innovationen lag in den Bereichen der Zuckerrohrlandwirtschaft und der Nebenprodukte, während man sich in der Zucker<u>industrie</u> zunächst auf die Assimilation der fortgeschrittensten internationalen Technologien beschränkte. Auf dem Gebiet der industriellen Verarbeitung der Zuckerrohrnebenprodukte hat Kuba heute, nach gut 20 Jahren systematischer Arbeit, auf einigen Gebieten die multinationalen kapitalistischen Konzerne aus ihrer führenden Rolle bei der Entwicklung neuer Verfahrensweisen und Produkte verdrängt. Vor der Revolution besaß Kuba eine entwickelte Kapazität zur Absorption moderner Technologien in der Zucker<u>industrie</u>, die zum Teil jedoch von ausländischen hochqualifizierten Technikern und ausländischen Firmen abhängig war, kaum aber in der Zuckerrohrlandwirtschaft. Dagegen war die kubanische Fähigkeit zur Adaption importierter Technologien oder gar zu technologischen Innovationen quasi inexistent, weil dazu die notwendigen Forschungskapazitäten und eine entwickelte Maschinenbauindustrie fehlten. Die meisten in der Zuckerindustrie tätigen kubanischen Ingenieure und Chemiker verfügten zwar über eine langjährige praktische Erfahrung, aber nur über eine praktizistische technische Ausbildung und keinen Zugang zu der neuesten internationalen Forschung[170]. Die wissenschaftliche und technische Rückständigkeit sind für die meisten Zuckerrohrländer typisch, da Zuckerrohr nahezu ausschließlich in Ländern der Dritten Welt angebaut wird. Die einzigen drei landwirtschaftlichen Forschungszentren neben Kuba von internationaler Bedeutung arbeiten heute in den kapitalistischen Zentren und werden von privatkapitalistischen Großkonzernen oder Unternehmerverbänden betrieben: Tate & Lyle, Colonial Sugar Refineries de Australia, HSPA de Hawaii[171]. Bei der Erforschung neuer Verarbeitungsmöglichkeiten für Zuckerrohrnebenprodukte waren multinationale Konzerne der USA und Tate & Lyle führend; z.B. waren die neuen Technologien der kurz vor 1959 errichteten Bagasse-Fabriken in den USA entwickelt worden. Die Konsequenz war die "Abhängigkeit von (ausländischen, H.F.) Technologien und der (ausländischen, H.F.) Konstruktion von Maschinen und Ausrüstungen"[172], trotz der Größe der kubanischen Zuckerindustrie.

Nach 1959, besonders ab 1964 mit der Konzipierung der neuen Zuckerstrategie, bestand das Programm in einer umfassenden, technologischen Revolutionierung aller Aspekte des Produktionsprozesses der Zuckerrohrproduktion und -verarbeitung. Die gesamtwirtschaftliche Relevanz des technologischen Fortschritts im Zuckerrohrsektor bestand darin, den Surplus des Exportsektors durch die Senkung der Produktionskosten zu maximieren, Land und Arbeitskräfte für die Diversifizierung der Wirtschaft freizusetzen sowie Anstöße für die allgemeine wissenschaftlich-technische Entwicklung zu geben. Daher waren die "technologischen Probleme des Zuckersektors von erstrangiger Bedeutung"[173]. Da der intersektoralen Übertragung wissenschaftlich-technischer Fähigkeiten in einer zentral geplanten, auf Staatseigentum basierenden Wirtschaft keine prinzipiellen Grenzen gesetzt waren, sah man eine andere wesentliche gesamtwirtschaftliche Funktion der technologischen Entwicklung des Zuckersektors darin, daß diese potentiell auch anderen Wirtschaftsbranchen nutzen würde[174].

Besondere Auswirkungen erwartete man für die Landwirtschaft und die chemische Industrie. Durch die Experimente mit der Mechanisierung und der Chemisierung der Zuckerrohrlandwirtschaft würden sich "Kenntnisse, Normen und Methoden sowie ein Stamm qualifizierten Personals (herausbilden), die in andere landwirtschaftliche Kulturen überfließen könnten"[175]. Die Tatsache, daß die Grundoperationen der Produktion von Zucker und der Verarbeitung von Zuckerrohrnebenprodukten Gemeinsamkeiten mit denen der chemischen Industrie haben, bedeutete, daß die "Grundlagenforschung und die Ausbildung des Personals in diesen Bereichen die Etablierung von neuen Branchen der Chemie-Industrie erleichtern"[176].

Angesichts der Grenzen der kubanischen wissenschaftlich-technischen Kapazitäten, der knappen finanziellen Mittel für die Forschung und einer fehlenden Maschinenbauindustrie hielt man es für unrealistisch, daß Kuba sofort und auf breiter Front neue Technologien für alle Produktionsetappen des Zuckersektors entwickeln und produzieren könnte. Daher schlug man eine selektive und abgestufte Technologiepolitik vor, in der der Schwerpunkt zunächst auf der effizienten Selektion, Assimilation und, falls notwendig Adaption, importierter Technologien liegen sollte, langfristig aber autonome kubanische technologische Innovationen angestrebt wurden: "Wenn wir gegenwärtig noch zum größten Teil auf technische Ideen und Erfindungen aus dem Ausland zurückgreifen, so ist es doch notwendig, daß wir zukünftig in einer für die Gesamtwirtschaft so wichtigen Industrie wie der Zuckerindustrie über ein eigenes Potential zur Entwicklung neuer Technologien verfügen...". Dies implizierte u.a., daß die "Forschung ... schneller wächst als die industrielle Produktion"[177]. Zur Realisierung der skizzierten Doppelstrategie war es weiterhin notwendig, "einen infrastrukturellen Komplex zu schaffen, der es erlaubt, die Assimilierung der importierten Technologien zu beschleunigen, und der gleichzeitig den Schritt zur Kreation einer autochthonen Technologie ermöglicht. Auf dieses Ziel richtete sich ein guter Teil der Anstrengungen seit den ersten Jahren der Revolution."[178] Die kubanische Technologiepolitik beschränkte sich im Zuckersektor also nicht auf die "Imitation der in anderen Regionen der Welt erarbeiteten Technologien oder auf die Improvisation im wesentlichen pragmatischer Entscheidungen, die die Mehrzahl der lateinamerikanischen Länder charakterisieren"[179], noch implizierte sie einen unmittelbaren Frontalangriff auf die technologische Abhängigkeit in diesem Bereich. Die kubanische Konzeption des Übergangs von einem selektiven und kontrollierten Technologieimport zu autochthonen technologischen Innovationen scheint mit starke Ähnlichkeiten zur japanischen Entwicklung aufzuweisen[180].

Einen wesentlichen Grund für das Einschalten eines Zwischenstadiums auf dem Wege von einer importierten fortschrittlichen <u>oder</u> einer rückständigen zu einer autochthonen modernen Technologie sieht man in Kuba in den veränderten sozialen und ökonomischen Bedingungen der Peripherienationen und den erhöhten Anforderungen der modernen Technologie an ihre Produktion und effiziente Nutzung in der zweiten Hälfte des 20. Jahrhunderts im Unterschied zu den neuen kapitalistischen Zentren im 18. und 19.Jahrhundert. Während damals z.B. neue landwirtschaftliche Werkzeuge (Eisenpflug usw.) relativ leicht von den Bauern bedient und im Inland produziert werden konnten, sei heute dazu die Kluft zwischen den traditionellen Technologien der unterentwickelten Länder und der modernen Technologie der Zentren zu groß: "Die traditionelle Technologie ist zu rückständig, als daß sie sinnvollerweise in die neue inkorporiert werden könnte...; um den Zug der Technik zu erreichen, muß man vorher die entsprechenden Lokomotiven bauen."[181]

Selektiver, kontrollierter Technologieimport und die Entwicklung der nationalen Kapazität zur Planung, Durchführung und effektiven Absorption von Investitionen

Auf welchen Prinzipien basierte die kubanische Politik des Technologieimports und welche Maßnahmen wurden ergriffen, um zu gewährleisten, daß die beste, den kubanischen Verhältnissen am ehesten angemessene Technologie gewählt, diese effizient genutzt wurde, ohne daß der Import von Technologie zur Fixierung von Strukturen technologischer Abhängigkeit führte?

Einige dieser Prinzipien und Maßnahmen waren:

1. Durch das Sammeln, das Auswerten und die Diffusion möglichst aller internationalen Informationen über die technische Entwicklung aller landwirtschaftlichen und industriellen Aspekte der Zuckerrohrproduktion wird den kubanischen Wissenschaftlern und Technikern die Kenntnisnahme der existierenden internationalen Technologien erleichtert; u.a. werden auf einer Informationsbank alle Patente des Zuckersektors gesammelt und von dem Ministerium für die Zuckerindustrie eine spezialisierte internationale Bibliographie zu allen Aspekten der Zuckerproduktion herausgegeben, die sicherlich zu den vollständigsten der Welt zählt[182].

2. Durch das Prinzip des Kaufs der gleichen Ausrüstung von mindestens zwei Produzenten, das offensichtlich weit verbreitet ist, wird der Vergleich und die systematische Bewertung verschiedener Technologien zur Lösung des gleichen Problems möglich. Kuba hat bisher Maschinen für die Zuckerindustrie aus der Sowjetunion, Polen, der DDR, aber auch England, Australien und der Bundesrepublik Deutschland importiert[183].

3. Strategische und zunehmende Bedeutung wird der technologischen Kooperation zwischen den Peripherienationen beigemessen, weil man hier die Möglichkeit einer horizontalen internationalen Arbeitsteilung und des Austausches von Technologien sieht, die dem allgemeinen Entwicklungsniveau dieser Länder angemessen sind. Ein besonderss Merkmal der Vereinigung lateinamerikanischer und karibischer Zuckerrohrproduzenten (GEPLACEA), das sie von anderen internationalen Rohstoffkartellen unterscheidet, besteht darin, daß sich ihre Zielsetzung nicht auf die Verbesserung der Vermarktungsbedingungen für die Zuckerexporte der Dritten Welt und das Aushandeln eines gerechten Zuckerpreises beschränkt; zu ihren Aufgaben gehört ebenfalls die Förderung der technologischen Kooperation zwischen den Mitgliedstaaten. Kuba, das in dieser Organisation eine aktive und gewichtige Rolle gespielt und in den Gründerjahren den Generalsekretär gestellt hat, betont gerade die "Bedeutung der technologischen Kooperation"[184]. Ein bedeutender Schritt in diese Richtung ist der geplante gemeinsame mexikanisch-kubanische Bau von zwei

Zuckerfabriken, eine in Mexiko und eine in Kuba, auf der Basis eigener Technologie, Maschinen und Materialien.

4. Neue Maschinen und Ausrüstungen, sowohl die ausländischen als auch die in Kuba entwickelten, werden grundsätzlich vor ihrer breiten Einführung in quantitativ begrenzten Experimenten systematisch getestet und mit Hilfe technischer und ökonomischer Kriterien bewertet: "Die Etablierung systematischer Tests der Prototypen neuer Ausrüstungen, zusammen mit der technisch-ökonomischen Evaluierung ihrer Resultate, der einzig korrekte Weg, um die Angemessenheit der breiten Einführung in unseren Fabriken zu entscheiden", ist ein "vorrangiger Bereich der Forschung"[185].

5. Die importierten Technologien werden z.T., falls für notwendig erachtet, spezifischen technischen und sozioökonomischen Bedingungen des kubanischen Zuckersektors angepaßt. In der Zuckerindustrie sind z.B. Techniken der Rübenzuckerindustrie an die veränderten Bedingungen der Rohrzuckerproduktion adaptiert worden, oder billigere und einfachere Verfahrensweisen, die den Kapazitäten der kubanischen Wirtschaft eher entsprachen, zur Herstellung traditioneller Produkte entwickelt worden (siehe unten).

6. Die Einführung und Handhabung der importierten Technologien sollte so weit wie möglich von Kubanern, orientiert an kubanischen Zielsetzungen, kontrolliert werden. Dies implizierte nicht nur die Ablehnung ausländischer Direktinvestitionen und ausländischen Eigentums überhaupt, sondern auch die reale Planung, Durchführung und Inbetriebnahme von Investitionsprojekten durch kubanische Fachkräfte: "Vor 1960 war es in Kuba üblich, daß im allgemeinen für die großen Konstruktionsarbeiten fast immer Verträge mit ausländischen Firmen und Unternehmen abgeschlossen wurden, was erklärt, warum wir gegenwärtig einen höheren Bedarf an Arbeitskräften hoher oder mittlerer Qualifikation haben, um unter der Leitung kubanischer Chefingenieure die Arbeiten der Projektierung, Installation und Montage durchführen zu können."[186] Das schloß eine quantitativ und zeitlich begrenzte in die kubanische Entwicklungspolitik integrierte ausländische technische Hilfe nicht prinzipiell aus.

7. Solange die nationale Produktion ganzer Fabriken noch nicht möglich ist, erleichtert die nationale Produktion von Einzelausrüstungen und Maschinen das Aufdröseln des kompakten Technologiepakets, wie es die in der Dritten Welt heute weit verbreitete Praxis des Imports schlüsselfertiger Fabriken darstellt, und damit eine größere nationale Kontrolle, Selektivität und Adaptierbarkeit des Technologieimports. Diese Strategie des Aufschnürens des Technologiepakets ist z.B. von einem Experten des ICIDCA für den Import der neuen Torula-Hefefabriken empfohlen worden, und zwar nach der komparativen Auswertung der beiden ersten vollständig importierten Fabriken: "Wenn man einmal über ausreichende Bewertungskriterien und eine gute komparative Basis realer Resultate verfügt, kann man den optimalen Prozeß und die optimalen Ausrüstungen auswählen. Von diesem Augenblick an würden nicht mehr komplette Fabriken importiert, sondern nur die Ausrüstungen und Materialien, die nicht im Lande hergestellt werden könnten"[187].

Ex post muß man sagen, daß die geplante anfängliche Konzentration auf die effektive Absorption der Neuinvestitionen im Rahmen der Technologiepolitik durch die Erfahrung legitimiert worden ist - und zwar sowohl, weil hier zunächst in diesem Ausmaß nicht erwartete Schwierigkeiten auftraten,als auch weil es in der Periode nach 1970 gelungen ist, die kubanischen Fähigkeiten zur effizienten Nutzung der neuen Installationen erheblich zu steigern. Der Zuckerperspektivplan 1966-70 sah Investitionen in Höhe von rund 320 Mio Pesos vor, von denen ein erheblicher Teil (ca.2/3) Erweiterungsinvestitionen waren, die die industrielle Produktionskapazität dem Ziel einer Jahresproduktion von 10 Mio t Zucker anpassen sollten. 1970 wurden hauptsächlich deswegen nur 8,4 Mio t Zucker produziert, weil die tägliche Produktionsleistung der Industrie zu gering war. Der industrielle Zuckerertrag pro 100 t Zuckerrohr blieb mit 10,7 % weit hinter dem Planziel von 12,3 % und hinter dem Durchschnitt der letzten 10 Jahre vor der Revolution von ca.12,8 % zurück. Die installierte Produktionskapazität wurde 1970 nur zu ca.60 % ausgelastet (vgl. Tabelle 11.19). Eine entscheidende Ursache dieser nicht antizipierten industriellen Probleme war - neben der unzureichenden

Instandhaltung der überwiegend veralteten Ausrüstung der Mühlen und ihrem ineffizienten Management - die Tatsache, daß die Neuinvestitionen entweder nicht rechtzeitig realisiert wurden oder dort, wo dies geschehen war, die neue Technologie noch nicht richtig beherrscht wurde. In der Provinz von Camagüey wurde die "vollständige Fertigstellung der Investitionen"[188] des Zuckerperspektivplans 1966-70 erst 1974 und 1975 erreicht.

Aufgrund dieser Erfahrung wurden zwischen 1970 und 1975 keine zusätzlichen umfangreichen Erweiterungsinvestitionen geplant. Der Schwerpunkt lag vielmehr auf der Fertigstellung der industriellen Investitionen des Perspektivplans und kleinen Ersatzinvestitionen, sog. Mikroinvestitionen, durch die zentrale Engpässe beseitigt und die Zuckerindustrie mit einem minimalen Aufwand an entscheidenden Punkten modernisiert werden sollte[189]. Die Begründung für das Programm der Mikroinvestitionen 1970-75 bestand in ihrer höheren ökonomischen Effizienz gegenüber massiven Erweiterungsinvestitionen (maximaler Ertrag mit minimalem Aufwand), darin, daß sie eher der begrenzten kubanischen Assimilation von Investitionen entsprachen und daß die Investitionsgüter eher in Kuba produzierbar waren. Daneben wurde die Ausbildung qualifizierter Arbeitskräfte intensiviert (ein besonderer Schwerpunkt lag auf der besseren technischen Bildung des Managements), die Organisation durch den erweiterten Einsatz von Computern, die bessere Abstimmung zwischen Zuckerrohrlandwirtschaft und -industrie und die Modernisierung des Transportsystems effizienter gestaltet, mehr Wert auf gute Instandhaltung und Reparaturen gelegt und die nationale Produktion von Ersatz- und Einzelteilen ausgedehnt[190]. An der Aufgabe der Überwachung der Rohstoff- und Produktqualität sowie des Produktionsablaufs arbeiteten 1977 auf nationaler und Provinz-Ebene und in den einzelnen Produktions- und Distributionsstätten insgesamt 196 Laboratorien[191]. Zur Steigerung der Fähigkeit zur Ausführung von Investitionen wurden die notwendigen Spezialisten ausgebildet (Projektplaner, Konstrukteure), die Produktion von Baumaterialien besonders forciert und ein sog. Unternehmen für Industriemontage speziell für die Zuckerindustrie gegründet, dessen Belegschaft von 1.000 Arbeitern Ende 1972 auf

5.000 bis 6.000 1975 erhöht wurde[192]. Mit anderen Worten, das Ziel des industriellen Zuckerplans 1971-1975 war die "optimale Nutzung der industriellen Produktionskapazität" und die "Entwicklung der technisch-organisatorischen Fähigkeit zur Durchführung von Investitionen"[193].

Alle verfügbaren Indikatoren deuten daraufhin, daß diese Ziele heute annähernd erreicht worden sind. Der Ausnutzungsgrad der installierten Produktionskapazität wurde von ca. 60 % 1970 und nur 53 % 1972 auf 84,6 % 1974 (Planziel: 85 %) gesteigert (vgl. zu diesen und den folgenden Daten Tabelle 11.19.). Der Anteil des real gewonnenen Zuckers am potentiellen Zuckergehalt des verarbeiteten Zuckerrohrs erhöhte sich von 80,3 % 1971 auf 85,5 % 1978. Die Ausfallzeiten aufgrund von Reparaturen und Rohstoffmangel wurden von 35,1 % 1971 auf 15,3 % 1978 reduziert.

Zwischen 1976 und 1980 waren wieder umfangreichere industrielle Investitionen geplant, insgesamt im Werte von mindestens 200 Mio Pesos. Der Anteil der Neuinvestitionen ist wahrscheinlich erheblich, weil ab 1977 der Bau von vier neuen Zuckerfabriken vorgesehen war. Die Tatsache, daß diese ganz von Kubanern entworfen, gebaut und montiert werden, und daß ein großer Teil der Ausrüstung in Kuba produziert wird, zeigt, in welchem Maße sich die kubanische Fähigkeit zur Projektierung und Durchführung von Investitionen in den letzten 9 Jahren entwickelt hat. Diese Praxis steht im diametralen Gegensatz zur üblichen Art des Baus von neuer Zuckerfabriken in den meisten Ländern der Dritten Welt, in denen häufig alle Phasen der Planung und Realisierung des gesamten Investitionsprojekts - auf jeden Fall aber die entscheidenden - von multinationalen Konzernen kontrolliert werden. Dies gilt auch für solche Nationen wie z.B. den Sudan, in denen die Zuckerindustrie verstaatlicht ist[194]. Dieses Beispiel zeigt, daß die Nationalisierung einzelner Sektoren eine unzureichende Bedingung der Entwicklung der nationalen Fähigkeit zur Planung, Durchführung und Inbestriebnahme von Großinvestitionen ist; diese ist vielmehr an die reale nationalstaatliche Souveränität und entsprechende sektorale und komplementäre gesamtwirtschaftliche Infrastrukturinvestitionen gebunden.

Tabelle 11.19: Indikatoren zur Effizienz der kubanischen Zuckerindustrie 1966 - 1978

Jahr	Qualität des Zuckerrohrs			Zucker-ertrag	Wieder-gewin-nung % (reco-brado)[a]	Verluste % Pol Zuckerrohr		Melasse %	Zeitverluste		Kapazitäts-auslastung
	Pol	Fasern	Reinheit des Saftes	(96°Pol)		Bagasse	Melasse	Zucker-rohr	Defekte	Rohstoff-mangel d. Transport-probleme	
	%	%	%						%	%	%
1966[1]	13,7	12,7	84,1	12,32	86,0	5,5	7,1	3,1			
1967[1]	13,9	12,9	82,7	12,25	84,7	5,8	8,0	3,8			
1968[1]	13,9	13,1	82,8	12,19	84,2	6,2	8,2	3,8			
1969[1]	12,9	12,9	81,3	11,02	82,0	6,5	9,1	3,9			
1970[1]	12,6	13,6	81,1	10,72	81,5	7,1	9,3	3,9			
1971[1]	13,7	14,1	81,8	11,49	80,4	7,7	10,0	4,3	22,7[2]	12,48[2]	64,82[2]
1972[1]	12,0	14,0	80,4	9,93	79,4	8,0	10,5	3,9			
1973[1]	12,9	13,8	82,2	11,07	82,0	7,0	9,1	3,7			
1974[1]	13,8	13,9	82,7	11,95	83,4	6,4	8,5	3,8			
1978[2]					85,5				10,64	4,73	84,63

Anmerkung: a) Anteil des gewonnenen am insgesamt vorhandenen Zucker

Quellen: 1) E.D. Posada 1976, S.19, Tab.1. Mit Ausnahmen der Angaben für 1978 sowie zu den Zeitverlusten und zum Auslastungsgrad der installierten Produktionskapazität.
2) 7.300.000 Tons of Sugar Already Produced, Granma W.R., 2.7.1978

Die kubanischen Fortschritte waren u.a. nur möglich, weil "mit Vorrangigkeit und Entschiedenheit die komplexen Aufgaben der Forschung und der technischen Entwicklung in Angriff" genommen wurden[195].

Einen präzisen Begriff von der Bedeutung der aufgetretenen Schwierigkeiten und ihrer erfolgreichen Überwindung erhält man jedoch erst, wenn man diese zu der spezifischen kubanischen Arbeitsmarktsituation Mitte und Ende der sechziger Jahre, dem Ausmaß des Modernisierungsprogramms und seinen besonderen Merkmalen in Relation setzt. Alle amerikanischen Techniker, die vor allem in höheren Positionen dominierten, waren wieder in die USA zurückgekehrt, und ein großer Teil der qualifiziertesten kubanischen Techniker war emigriert. Andererseits erfordert die Ausbildung von Ingenieuren und Chemikern, wie sie in der Zuckerproduktion gebraucht werden, eine gewisse Zeit, so daß allein aufgrund dieser Tatsachen von der Seite des Angebots qualifizierter Arbeitskräfte her Engpässe auftreten mußten. Diese wurden verschärft durch den für ein Land der Dritten Welt relativ ungewöhnlichen Umfang der in der Zuckerindustrie 1966-70 geplanten Modernisierungsinvestitionen[196] und das kubanische Postulat, daß bei ihrer Durchführung ausländische Fachkräfte nur eine untergeordnete Rolle spielen sollten[197]. Andererseits verwiesen gerade die Probleme, die bei der effizienten Assimilation der komplexen importierten Ausrüstungen auftraten, nochmal mit Nachdruck auf die schon vorher erkannte Notwendigkeit der Entwicklung effizienter 'Empfangstrukturen'[198]. Außerdem verhinderten gerade diese Schwierigkeiten, daß die importierten Maschinen ohne jegliche Veränderung übernommen werden konnten. Ihre Integration in das kubanische System der Produktionstechnologie erzwang häufig Veränderungen und "Lösungen, die es oft auch nicht im Ausland gab und die daher intern gesucht werden mußten... Der Nutzen dieser Schwierigkeiten bestand darin, daß sie Erfindungen förderten und die Erbsünde überwinden halfen, die eine Vielzahl von Technikern der unterentwickelten Länder mit sich schleppen. Diese besteht darin, daß sie sich dazu verdammt glauben, die ausländische Technik zu empfangen und sich darauf zu beschränken, sie zu operieren."[199]

Adaption importierter Technologien
und technologische Innovationen

Im folgenden sollen die bisherigen Ergebnisse des kubanischen Versuchs, universelle Technologien zu adaptieren und neue Technologien zu entwickeln, dargestellt werden. Der größte Teil der bisherigen kubanischen Erfolge fällt in die Kategorie adaptierter Technologien, während sich die Entwicklung internationaler Avantgarde-Technologien fast ausschließlich auf neue Verfahrensweisen und neue Produkte auf dem Gebiet der Verarbeitung von Zuckerrohrnebenprodukten beschränkte. In einigen Fällen, wie z.B. bei den centros de acopio, ist allerdings die Abgrenzung zwischen adaptierter Technologie (in diesem Fall Trockenreinigungsstationen statt Säuberung des Zuckerrohrs mit Hilfe von Wasser) und technologischen Innovationen im engen Sinn schwierig. Beispiele für technologische Innovationen im weiten Sinn sind: neue Zuckerrohrsorten, die centros de acopio, die derzeit noch im Entwicklungsstadium sich befindende Zuckerrohrerntemaschine M-2 für grünes Rohr, Techniken zur Herstellung von Zeitungspapier und Kunstfasern aus Bagasse usw.

In der Zuckerrohrlandwirtschaft konzentrierte sich die agronomische Forschung auf die ökonomisch bedeutsame Entwicklung neuer Zuckerrohrsorten, die den kubanischen ökologischen, agrartechnischen und industriellen Bedingungen entsprechen sollten. Schon ab Mitte der siebziger Jahre wurden überwiegend in Kuba entwickelte Sorten gepflanzt, während vorher die aus Java importierte POJ 2878 dominiert hatte (vgl. Tabelle 11.1). Heute wird offensichtlich schon die erste Generation der in Kuba entwickelten Sorten (Jaronu 60-6, Cuba 8751)durch eine zweite Generation noch produktiverer Varietäten (u.a. MY 55-14, CP 5244 und MY 54129) abgelöst, die in dem Jahrfünft 1976-80 schon dominieren sollen[200]. Diese Erfolge wurden im wesentlichen durch den systematischen und kontrollierten Import der produktivsten internationalen Zuckerrohrsorten und vor allem durch eine erhöhte Zahl an Kreuzungen erreicht[201]. Kuba hat heute hinsichtlich der Varietätenpolitik das vierte Stadium der Entwicklung der Agrartechnologie erreicht, in dem mit lokalen Ressourcen den lokalen Bedingungen angemessene Sorten entwickelt werden[202].

In der Zuckerindustrie fehlten jegliche Voraussetzungen für die breite Entwicklung autochthoner kubanischer Technologien, da die dazu notwendigen Produktions- und Forschungskapazitäten erst aufgebaut werden mußten. Die komplexeren und dynamischen Maschinen (Turbinen, Zentrifugen) können auch heute noch nicht in Kuba hergestellt werden. Daher lag der Schwerpunkt zunächst auf der standardisierten Ausrüstung der Zuckerfabriken mit zunächst meist importierten Maschinen und Ausrüstungen: hcohproduktive Mühlen, Dampfturbinen, Kessel hoher Effizienz, automatische und kontinuierliche Zentrifugen, effiziente Generatoren elektrischer Energie usw.[203]. Teilweise wurden dabei erhebliche Verbesserungen vorgenommen. U.a. wurde ein kubanisches Modell zur Reinigung des Zuckerrohrsaftes (clarificador) entwickelt, durch das die Aufenthaltsdauer des Zuckerrohrsaftes auf die Hälfte (2 Stunden) der traditionellen Verfahren verkürzt werden konnte[204]. Zum Teil wurden Ausrüstungen, die in der Rübenzuckerindustrie entwickelt worden sind, auf die Bedürfnisse der Rohrzuckerindustrie umgepolt. Experimentiert wurde mit rotierenden Filtern französischer Herkunft (ebenfalls im Reinigungsprozeß) und einem System kontinuierlich arbeitender Kristallisatoren, durch die Materialien und Arbeitskräfte eingespart werden können und eine bessere Nutzung der Endmelasse gesichert wird. Außerdem wurden Versuche mit einem System 'Mühlen + Extraktor' angestellt, bei dem die beiden Verfahrensweisen zur Gewinnung von Zucker (Mahlen und Diffusion) kombiniert wurden, indem eine DeSmet-Extraktionsanlage, wie sie in der Rübenzuckerindustrie verwandt wird, den traditionellen Mahlwerken zwischengeschaltet wurde[205]. Die in Kuba entwickelte Technik zur Gewinnung raffierten Zuckers, ohne daß dieser von einer zusätzlichen Zuckerraffinerie bearbeitet werden müßte, ist einfacher und billiger als der Bau ganzer Raffinerien[206]. Daneben wurden umfangreiche Versuche zur Vollautomatisierung des Produktionsprozesses der Zuckerfabriken durchgeführt. Nach Teil- und Vorexperimenten in der Versuchsfabrik Pablo Noriega wurde während der Ernte 1976 in der Fabrik José Comas zum ersten Mal der Versuch unternommen, den ganzen Produktionsprozeß automatisch mit Hilfe eines Computers zu steuern und zu kontrollieren[207].

Die größten Fortschritte jedoch sind auf dem Gebiet der industriellen Verarbeitung von Zuckerrohrnebenprodukten zu verzeichnen. Hier ist Kuba in die Rolle eines führenden Technologieproduzenten hineingewachsen und hat in einigen Bereichen sogar die internationalen kapitalistischen Konzerne aus ihrer früheren Führungsrolle verdrängt. Auch schon vor 1959 besaß Kuba weitaus mehr Erfahrung z.B. in der industriellen Verarbeitung von Bagasse als die meisten anderen Zuckerrohrproduzenten. Die infrastrukturellen Voraussetzungen für die effiziente Absorption importierter Technologien, in diesem Fall einer Papierfabrik auf Bagassebasis, waren nach Ansicht des in dieser Branche spezialisierten amerikanischen Unternehmensberaters Atchison ausgesprochen günstig: institutionelle Integration mit einer nahegelegenen Zuckerfabrik, günstige Transportbedingungen (nahe Hafenanlagen, kurze und günstige Schiffsverbindungen) und ein"ausreichendes Angebot an qualifizierten Arbeitskräften"[208]. Daher konnte das 1957 begonnene Projekt trotz 6-monatiger Verzögerung durch die castristische Revolution innerhalb von 32 Monaten realisiert werden. Dieses Projekt unterschied sich von denen in anderen Zuckerrohrländern der Dritten Welt dadurch, daß der Bau, die Montage und die Inbetriebnahme nahezu vollständig von kubanischen Managern und Ingenieuren kontrolliert wurde, und sich die Funktion der US-Firmen auf die Bereitstellung der Technologie, den Entwurf der Fabrik, die Lieferung der Ausrüstungen und technische Hilfe "beschränkte"[209]. Die Verträge zwischen der US-Firma und dem kubanischen Unternehmen waren also zeitlich und inhaltlich begrenzt, so daß die Entscheidungsautonomie und Verantwortung für das Projekt weitgehend in den Händen der Papelera Pulpa-Cuba S.A. blieben, was Atchison damals bedauerte[210]. Für andere Länder lieferte die von Atchison repräsentierte US-Firma (Parsons & Whittemore, Inc., New York) komplette schlüsselfertige Bagasse-Papierfabriken, u.a. zwei nach Indien und eine in die VAR.

Obwohl die Form des Technologietransfers, gemessen an anderen Projekten, fortschrittlich war, beruhte die Konzeption des ganzen Projekts auf der Übernahme ausländischer Technologien, setzte also keine intensive kubanische technologische Forschung zur Entwicklung neuer Technologien voraus. Genau hier liegt der entscheidende Unterschied der postrevolutionären Entwicklung zur vorrevolutionären Situation: Dies wird durch zwei Zitate von Atchison über den Stand der internationalen Bagasse-Forschung, das eine aus dem Jahr 1962, das andere von 1974, anschaulich verdeutlicht. 1962 wurde Kuba im Zusammenhang mit den Forschungs- und Entwicklungsarbeiten noch gar nicht erwähnt: "Die intensivsten Anstrengungen auf dem Gebiet der Bagasse-Verarbeitung sind durch US-Unternehmen und -Forschungsorganisationen gemacht worden ... Andere bedeutende Neuerungen in der Verarbeitung von Bagasse haben in Deutschland, Mexiko, Taiwan, Brasilien, Peru und Südafrika stattgefunden."[211] Ganz anders die Situation heute. Offensichtlich ist Kuba derzeit im Begriff, einen technologischen Durchbruch in zwei Bereichen der Bagasse-Verarbeitung zu erzielen, die nach Meinung der Experten besonders komplexe technische Probleme beinhalten und in denen es bisher nicht möglich war, Produkte hoher Qualität kostengünstig zu produzieren: "... Der Stand des Wissens bezüglich der Produktion und des Gebrauchs von fast allen Arten von Bagasse-Zellulose, -Papier,-Pappe und -Brettern ist schon auf ein hohes technologisches Niveau entwickelt worden - und dieses Wissen wird in großen kommerziellen Projekten genutzt. Die einzigen Ausnahmen unter den Produkten auf Bagasse-Basis, die noch nicht ökonomisch und auf kommerzieller Ebene produziert worden sind, sind Zeitungspapier und lösliche Pulpe aus Bagasse. Auf diesen beiden Gebieten sind größere Anstrengungen erforderlich. ... Glücklicherweise wurden beide Produkte extensiv auf einer internationalen Konferenz von Pulpe- und Papierexperten, die von der ... UNIDO in Wien im September 1971 veranstaltet wurde, diskutiert. Auf diesem Treffen stellte sich heraus, daß die Risiken der Entwicklung von großen Projekten zur Produktion von beiden Produkten hoch und alle Versuche in der Vergangenheit gescheitert sind. ... Auf dem gleichen Treffen machten die kubanischen Repräsentanten eine außerordentlich interessante Präsentation der Arbeit des kubanischen Forschungsinstituts für Zuckerrohrnebenprodukte (ICIDCA), die dieses auf diesem Gebiet betreibt. Sie berichteten auch von einigen sehr ausgefeilten Plänen zur Etablierung einer großen, gut ausgerüsteten Versuchsfabrik zum Zweck der Evaluierung und der Verbesserung der Technologie für die wirtschaftliche Produktion sowohl von Zeitungspapier als auch von löslicher Pulpe aus Bagasse. Das kubanische Programm für die Versuchsfabrik ist jetzt weit fortgeschritten. Es wird von dem United Nations Development Program unterstützt. Finanzielle und technische Hilfe werden für den Bau und den Betrieb der fortgeschrittensten Versuchsfabrik der Welt für die Erforschung der Verwendung von Bagasse geleistet. Diese Fabrik wurde besonders entworfen für die konzentrierte Arbeit an Zeitungspapier und löslicher Pulpe aus Bagasse. Die Resultate sollten von einem großen Nutzen für alle zuckerrohrproduzierenden Länder der Welt sein - besonders für solche, die über kein ausreichendes Angebot an zur Holzproduktion geeigneten Wäldern haben. Wenn diese beiden Produkte erfolgreich produziert werden, dann wird Bagasse als Rohmaterial das ganze Spektrum der Zellulose- und Papierproduktion abdecken."[212]. Diese Darstellung der sich abzeichnenden Fortschritte des sozialistischen Kuba bezüglich der Entwicklung neuer Technologien zur Verarbeitung von Bagasse gewinnt dadurch an Glaubwürdigkeit, daß sie aus dem Munde eines kapitalistischen Unternehmensberaters stammt. Die Relevanz des sich abzeichnenden kubanischen Erfolgs wird dadurch hervorgehoben, daß in einer Diskussion lateinamerikanischer Experten über eine an den Interessen der Entwicklungsländer orientierte Technologiepolitik die Zeitungspapiererzeugung aus Bagasse zu den pionierartigen Entwicklungen gerechnet wurde[213].

Ein weiteres Gebiet von ungeheurer ökonomischer Relevanz für viele tropische Entwicklungsländer, auf dem die Forschung in Kuba der internationalen Forschung entscheidende Impulse gegeben hat[214], ist das der Verwendung von Zuckerrohr und seinen Nebenprodukten in unterschiedlichen Formen als Energie- und Proteinquelle einer intensiven Viehzucht unter tropischen klimatischen Bedingungen. Die Relevanz dieses gelungenen Experiments besteht darin, daß es dadurch möglich wird, in den Tropen eine intensive Viehzucht auf der Grundlage eines dort produktiver und billiger als das zu diesem Zweck in den in der gemäßigten Klimazone liegenden Zentren verwandten Getreides produzierbaren Agrarprodukts zu betreiben. Ohne diese Innovation wäre die Entwicklung einer intensiven Viehzucht durch den hohen Importbedarf an hochwertigen Futtermitteln (Getreide, Mineralien, eiweißhaltige Futtermittelkonzentrate) und die niedrige Produktivität tropischer Gräser (ohne Bewässerung in der Trockenzeit) so lange behindert worden, bis die meist von den Zentren betriebene und geförderte Erforschung hybrider tropischer Getreidesorten allgemein nutzbare Resultate gezeigt hätte. Die grüne Revolution ist von Kuba in diesem Punkt auch in technischer Hinsicht überholt worden. Das Ausmaß und der historische und internationale Stellenwert der Entwicklung von Futtermitteln aus Zuckerrohr und seinen Nebenprodukten für eine intensive tropische Viehzucht gewinnt durch das folgende Urteil eines internationalen Viehzuchtexperten plastische Konturen: "Was bei den Tatsachen, die von den Herren Birolaud und Calvo präsentiert werden, äußerst interessant ist, ist, daß ein 'Entwicklungsland' - in diesem Fall Kuba - neue Techniken der Ernährung von Rindern entwickelt hat, Techniken, die sich wesentlich auf die Glukose des Zuckerrohrs und die Eiweißkonzentrate stützen, die man durch industrielle Hefekulturen aus den Zuckerrohrnebenprodukten gewinnt. Dies ist ein schönes Beispiel der Nutzung eines Produkts, das in großen Mengen in dem Land selber verfügbar ist, zur Erhöhung der Produktivität der Viehzucht und, daraus folgend, der Verbesserung der Ernährung der Bevölkerung."[215] Der Weiterführung dieser Forschungen dient u.a. das von der UNDP unterstützte Forschungsprojekt Cuba-10. Der Beginn des Baus der dazugehörigen semiindustriellen Versuchsfabrik mit einer Produktionskapazität von 4 t pro Tag war für 1977 geplant. Die neue Rolle Kubas als Technologieproduzent und -exporteur wird z.B. dadurch versinnbildlicht, daß Kuba neben den Niederlanden die Technologie für eine der größten neuen afrikanischen Zuckerfabriken, die in Tansania entsteht, zur Verfügung stellt[216].

Diese ersten greifbaren Resultate der kubanischen Zuckerforschung wären nicht möglich gewesen, ohne die Herausbildung einer entsprechenden wissenschaftlich-technischen Infrastruktur, in erster Linie von mehreren spezialisierten Forschungszentren. Das bedeutendste davon, das Kubanische Institut zur Erforschung der Zuckerrohrnebenprodukte (ICIDCA), beschäftigte

1973 350 Arbeiter, davon 75 Wissenschaftler mit universitärer Ausbildung und 107 Techniker mittleren Niveaus. Das ICIDCA verfügt derzeit über 6 Versuchsfabriken. Die Forschungsschwerpunkte sind: Zellulose (Papier- und Holzplatten aller Art, Kunststoff), Gärungstechnologie (Futterhefe, einzelliges Eiweiß für die menschliche Ernährung, Dextran) und Hydrolyse. Seine Aufgaben bestehen in der Adaption "international bekannter Technologien an die Merkmale des"[217] kubanischen Rohmaterials und der Entwicklung neuer Technologien sowie in der Ausbildung von Wissenschaftlern und Technikern für die zukünftige Entwicklung der Zuckerrohrnebenprodukte verarbeitenden Industrie. Perspektivisch sollen durch seine Arbeit die Voraussetzungen für eine kubanische zuckerchemische Industrie gelegt werden.

Weitere größere Forschungsinstitutionen des Zuckersektors sind das IICA und das ICINAZ[218]. Während das IICA sich der agronomischen Zuckerrohrforschung widmet, konzentriert sich das 1971 vom ICIDCA abgespaltene ICINAZ auf die Erforschung und Entwicklung der industriellen Technologie der Zuckerproduktion. Beide Institutionen sind ab Anfang der siebziger Jahre auf dem Gelände der Zuckerfabrik Pablo Noriega zusammen mit den beiden neuen Versuchsfabriken des ICIDCA (Cuba-9, Cuba-10) und einer Filiale des CIDMA zu dem sog. Zentrum für die Entwicklung der Zuckerrohrindustrie (CEDIC) zusammengefaßt[219]. Die räumliche Zusammenfassung der verschiedenen Forschungsinstitutionen des Zuckersektors entspricht der Perspektive seiner integralen Entwicklung und soll die Kooperation der verschiedenen spezialisierten Institutionen erleichtern. 1973 waren in der kubanischen Zuckerforschung insgesamt 1.074 Forscher tätig, davon 388 mit universitärer Ausbildung und der Rest Techniker und Studenten[220].

Bei der Beurteilung der bisherigen Entwicklung der Zuckerforschung ist zu beachten, daß die Kubaner sich selber bewußt sind, daß diese noch in den Kinderschuhen steckt: "Ich möchte betonen, daß nach meiner Ansicht das Institut (das IICA, H.F.) noch weit davon entfernt ist, unseren nationalen Bedürfnissen zu entsprechen - und es kann nicht anders sein, da es sich um eine wissenschaftliche Institution handelt, die vor weniger als 8 Jahren mit Technikern sekundären Niveaus anfing - und die sich derzeit genau an dem Punkt befindet, an dem sie erste Früchte trägt, die die Grundlage sind für das Institut, das wir alle anstreben. ... Sein größter Erfolg war seine eigene Bildung, die Bildung von Fachkräften, die die Realisierung des festen Vorsatzes ermöglichen werden, Kuba zu einer der führenden Nationen auf dem Gebiet der Zuckerrohrforschung zu machen."[221] Bisher sind die zur Verfügung stehenden Ressourcen für die Zuckerforschung (Finanzen, Personal, Ausrüstungen und andere Hilfsmittel) noch begrenzt, verfügen die jungen Wissenschaftler noch über wenig Erfahrung und hat sich die Spezialisierung der einzelnen Institute erst tastend herausgebildet. Vor allem fehlt die Verankerung der Zuckerforschung in einer entwickelten Grundlagenforschung[222] und weitgehend auch noch in einer differenzierten Maschinenbauindustrie. Aber, gemessen an den dürftigen Anstrengungen der meisten Zuckerrohrländer der kapitalistischen Peripherie, ist die kubanische Zuckerforschung seit 1959, wie an der Entwicklung ihrer Institutionen und ihren ersten Resultaten dokumentiert, einen entscheidenden Schritt vorwärts gekommen. Vor allem sind die Grundlagen für ihre Weiterentwickkung geschaffen worden.

11.3. Vorwärtskoppelungseffekte: Die Industrialisierung der Zuckerrohrnebenprodukte

Das Spektrum der möglichen Vorwärtskoppelungseffekte, d.h. der Initiierung direkt oder indirekt produktiver wirtschaftlicher Aktivitäten durch das Angebot der Zuckerrohrindustrie ist breit: Ausbau des internen Transportsystems, der Hafenanlagen, der Handelsflotte, der Marktorganisation usw. Neue industrielle Aktivitäten können in dreifacher Weise stimuliert werden: durch die Verwendung von Zucker als Zwischenprodukt in anderen Industrien wie z.B. der Süßwaren- und Getränkeherstellung, durch die Entwicklung einer zuckerchemischen Industrie und durch die Weiterverarbeitung der Zuckerrohrnebenprodukte (Bagasse, Melasse, Filterschlamm).

In den industriell am weitesten fortgeschrittenen Ländern Westeuropas wird über 50 % der Zuckerproduktion in der Industrie verbraucht[223] und nur der Rest als Haushaltszucker. Ein weites potentielles Anwendungsfeld wird durch die neusten Forschungen der Zuckerchemie eröffnet. Demnach kann Glukose als Zwischenprodukt in einer Vielzahl industrieller Verfahren eingesetzt werden, u.a. zur Trennung von Nickel und Kobalt in Mischerzen (wichtig für Kuba!), zur Verbesserung der Qualität von Farben als Vorprodukt zur Herstellung verschiedener Säuren, von Proteinen, von Textilzwischenprodukten und -hilfsstoffen usw. Das Dilemma besteht jedoch darin, daß "die meisten bisher bekannten, aus Glukose gewinnbaren Stoffe (...) auf dem Markt noch nicht eingeführt (sind), bzw. nur in geringem Umfang"[224], weil ihre Produktion derzeit noch zu teuer ist. Da die Entwicklung ökonomischer Technologien für die Herstellung chemischer Produkte aus Zucker offenbar noch umfangreichere Forschungsinvestitionen als die Industrialisierung der Zuckerrohrnebenprodukte impliziert und noch langwieriger ist, ist der Aufbau einer Zuckerchemie für Kuba nur ein langfristiges Ziel, das bisher nur in der Perspektivplanung der Versuchsfabrik Cuba-10 anklang. Daher konzentriere ich mich im folgenden auf die mittelfristig relevantere Industrialisierung der Zuckerrohrnebenprodukte.

Obwohl langfristig die umfassende Industrialisierung der Zuckerrohrnebenprodukte angezielt wird, wird heute noch der größte Teil unverarbeitet genutzt oder exportiert: Mitte der 70er Jahre wurde nicht einmal 5 % der Bagasse und rund 50 % der Melasse als Rohstoff zur Herstellung von Fertigprodukten verwandt. Dennoch sind die Perspektiven der Zuckerrohrnebenproduktindustrie in Kuba - verglichen mit den meisten peripher-kapitalistischen Plantagenökonomien - außerordentlich günstig, da in Kuba die soziopolitischen, ökonomischen und wissenschaftlich-technischen Bedingungen existieren, die die progressive nationalwirtschaftliche Absorption dieser umfangreiche Kapitalmassen, komplementäre Investitionen und komplexe, z.T. neue Technologien erfordernden "outside linkages"[225] erlauben.

Pro metrischer Tonne industrieller Zuckerproduktion aus Zuckerrohr fallen 0,25 t Endmelasse, 1,10 t trockene Bagasse und 0,20 t feuchter Filterschlamm (cachaza) an. Bei der für die achtziger Jahre angestrebten Produktion von 10 Millionen Tonnen Zucker in Kuba sind dies 2,5 Mio t Melasse, 11 Mio t Bagasse und 2 Mio t cachaza[226]. Die potentiellen Verwendungs- und Verarbeitungsmöglichkeiten der Zuckerrohrnebenprodukte sind vielfältig, durch die Existenz der faserigen Bagasse sogar umfangreicher als die der Nebenprodukte der Zuckerrübenindustrie[227].

Tabelle 11.20. gibt einen Überblick über den durchschnittlichen Weltmarktpreis einiger Produkte aus Zuckerrohrnebenprodukten Ende der sechziger Jahre:

Tabelle 11.20.: Annähernde Wertsteigerung von Zuckerrohrnebenprodukten durch industrielle Verarbeitung (Geldwert von je 1 t Bagasse, Filterschlamm oder Melasse nach chemischer und/oder mechanischer Transformation)

Zuckerrohrnebenprodukt	Verarbeitungsprodukt	Wert in US$[a,b]
1 t Bagasse	Elektrizität	3,5
	Methan	5
	Gas (producer)	7
	Holzkohle	8
	Geflügelstreu	12
	Furfural	25
	Gebleichte Pulpe[c]	35
	Wellpappe (-stoff)	42
	Isolierbrett	42
	Spanplatte	54
	Schreibpapier	59
1 t Filterschlamm (cachaza)	Dünger	4
	Rohes Wachs	29
1 t Melasse	Dünger	4
	Export als Rohstoff	10 - 15
	Acetonsäure	20
	Aethanol	36
	Hefe	50
	Essigsäure	55
	Glyzerol	68
	Rum	95
	Glutomat (Monosodium)	148
	Dextran	153
	Zitronensäure	217
	Milchsäure	245

Anmerkungen:
a) Nur Annäherungswerte, da durchschnittliche Weltmarktpreise
b) Zur Beurteilung des ökonomischen Potentials der einzelnen Produkte wären Daten zur Wertschöpfung (Produktwert minus Produktionskosten) erforderlich.
c) Pulpe = Papierbrei, Zellulose

Quelle: J.M. Paturau 1969, S. 261

Aus der Tabelle ist ersichtlich, daß der Wert der Fertigprodukte erheblich über dem Wert der Rohstoffe liegt. Der Wert von Papier und Kunstholz aus Bagasse ist mehr als zehnmal so hoch wie ihr Geldwert als unbearbeiteter Brennstoff.

Schon vor 1959 war Kuba, gemessen an internationalen Standards, zusammen mit Australien und Taiwan hinsichtlich der Industrialisierung der Zuckerrohrnebenprodukte relativ weit fortgeschritten[228]. 1958 existierten insgesamt 99 Betriebe zur Herstellung von Alkohol, Hefe, Papier, Karton, Kunstholz usw. ganz unterschiedlicher Größe mit einem Gesamtwert von 82,8 Mio US$. Allein zwischen 1952 und 1958 waren 5 Bagasse-Fabriken entstanden, deren Gesamtinvestitionen sich auf 34,7 Mio US$ beliefen. Die größten und modernsten Bagasse-Fabriken waren gemischte kubanisch-US-amerikanische Unternehmen[229]. Während der größte Teil der Finanzierung durch eine staatliche kubanische Entwicklungsbank übernommen wurde, blieb die Kontrolle der Entscheidungen in der Regel in den Händen von US-Managern; Technologie und Ausrüstungen kamen in jedem Fall aus den USA. Die meisten kubanischen Unternehmen, u.a. viele kleine der insgesamt 75 Destillerien, waren häufig veraltet und technologisch rückständig[230]. Auch hier also das gleiche Bild wie in der Zuckerindustrie überhaupt: intrasektorale strukturelle Heterogenität und Abhängigkeit vom Import von Maschinen und Technologie, so daß die potentiellen Vorwärtskoppelungseffekte entweder unzureichend genutzt oder von Gemeinschaftsunternehmen des ausländischen Kapitals und des kubanischen Staats absorbiert wurden, in denen die ausländischen Konzerne aufgrund ihres Technologiemonopols dominierten. Der Aufbau einer modernen, auf Großbetrieben basierenden, mit autochthoner Technologie operierenden Bagasse- und Melasseindustrie lag außerhalb der Reichweite des kubanischen Privatkapitals.

Mit der Reformulierung der Rolle des Zuckersektors im Rahmen der gesamtwirtschaftlichen Entwicklungsplanung wurde die Strategie konzentrischer Diversifizierung des Zuckersektors, u.a. in der Form der Ausweitung und der Differenzierung der industriellen Verarbeitung und Nutzung der Zuckerrohrnebenprodukte, zu einem Eckpfeiler der neuen Wachstumsstrategie. Ein Anzeichen für die erhöhte Aufmerksamkeit, die dieser Branche ab 1963 gewidmet wurde, ist die Gründung des ICIDCA in diesem Jahr und dessen darauffolgende beschleunigte Expansion, nachdem offensichtlich von 1959 bis 1963 die wissenschaftliche und technische Forschung auf diesem Gebiet - entsprechend der allgemeinen Vernachlässigung des Zuckersektors - nur ein Schattendasein geführt hatte[231]. Langfristiges Ziel ist die "umfassende Industrialisierung der Zuckerrohrnebenprodukte auf der Grundlage des kompakten Forschungs- und Entwicklungsprogramms des ICIDCA"[232]. Ein Teil der Erwartungen, die an die Entwicklung dieser Bereiche geknüpft wurden, werden in dem folgenden Zitat von "Che" Guevara, exemplarisch zum Ausdruck gebracht: "Eines Tages werden wir wirklich unsere Zuckerrohrnebenproduktindustrie entwickeln. Eines Tages können wir vielleicht die Bagasse durch eine andere Art Brennstoff ersetzen und sie in der Produktion von Zellulose verwenden, was eine viel größere Verwertung als ihre Verwendung als Brennstoff bedeuten wird, und eines Tages werden wir dahin kommen, daß wir nicht nur agroindustrielle Kombinate haben; dann werden wir auch industrielle Komplexe haben, in denen wir Zellulose, Holz, Torula-Hefe und viele andere Produkte im Umkreis unserer Zuckerfabriken produzieren werden. ... Die Erfahrungen unserer Wissenschaftler haben uns schon demonstriert, daß die Möglichkeiten der Nutzung der Zuckerrohrnebenprodukte einen enormen Wertzuwachs für das Land bedeuten können, und daß außerdem im Laufe der Zeit, mit der Entwicklung der Technik, der Zucker in ein Nebenprodukt, in ein marginales Produkt verwandelt werden kann, und daß die chemischen und alle anderen industriellen Produkte, die aus den Zuckerrohrnebenprodukten hergestellt werden können, den Ton angeben und den größten Anteil am Wert der Produktion besitzen."[233].

Der Schwerpunkt lag zunächst auf der technisch-ökonomischen Evaluierung der international vorhandenen Technologien und ihrer Weiterentwicklung, während die Bedeutung der industriellen Erweiterungs- und Neuinvestitionen bis 1970 gering war. Aufgabe des ICIDCA in dieser Phase war es, die wissenschaftlich technischen Vorarbeiten für eine "breite industrielle Entwicklung in diesem Bereich ab 1970"[234] zu schaffen. Angesichts der

Schwierigkeiten der Fertigstellung der industriellen Investitionen des Zuckerperspektivplans 1966-70 und ungelöster technischer Schwierigkeiten bei der ökonomischen Herstellung einiger Produkte der Nebenproduktindustrie, wie sie durch die Unterausnutzung der 1967 installierten ersten Torula-Hefe-Fabrik symbolisiert werden, konzentrierte man sich 1971-75 im wesentlichen auf die Errichtung relativ kleiner und einfacher Mischfabriken für Futtermittel aus verschiedenen Mischungen von Melasse, Harnstoff und Bagacillo (Abfall der Bagasseverarbeitung). 1976-80 erreichten die Investitionen in dieser Branche mit 170 Mio Pesos fast die 200 Mio Pesos in der traditionellen Zuckerindustrie. Die heutige Perspektivplanung für das Jahrzehnt 1980-90 sieht vor, daß die Investitionen der Nebenproduktindustrie entweder ebenso hoch oder höher als die der traditionellen Zuckerproduktion sein sollen, so daß "Kuba neben einer großen Zuckerindustrie über eine potente, moderne und diversifizierte Nebenproduktindustrie verfügt"[235]. Die inhaltlichen Schwerpunkte des Forschungs- und Investitionsprogramm lagen mittelfristig auf der Produktion von Zellulose verschiedener Art (Pulpe, Papier, Karton, Spanplatten aus Bagasse), der Gärung von Melasse zur Herstellung von industriellem Alkohol, Rum, Hefe usw. und der Hydrolyse von Bagasse zur Produktion von Furfural, Glukose und aktivierter Kohle. Ebenfalls geplant ist die "Entwicklung der Zuckerchemie, obwohl die letztere ein langfristiges Ziel ist"[236]. Welches sind nun die bisherigen Resultate der skizzierten Perspektivplanung?[237]

Die Bagasse-Industrie

Bagasse ist der faserige Rückstand nach dem Mahlen des Zuckerrohrs. Auf 1 t Zucker aus Zuckerrohr kommen ungefähr 1,1 t Bagasse. Durch die chemische oder mechanische Transformation der Bagasse können eine Vielzahl Industrieprodukte hergestellt werden, deren Wert den der Bagasse als Brennstoff in den Zuckermühlen erheblich übersteigt. Aus ihren Zelluloseelementen können Faserplatten und Papier produziert werden; aus den Pentosen Furfural und aus dem Lignin Plastik. So können z.B. aus 1.000 t Bagasse alternativ 670 t Kunstholz, 624 t Zeitungspapier,

280 t gebleichte Zellulose zur Papierproduktion, 190 t chemische Zellulose zur Herstellung von Kunstfasern oder 84 t Furfural gewonnen werden[238]. Hinsichtlich der Produktivität pro Anbaufläche (gebleichte Zellulose pro Hektar) liegt Bagasse in der Spitzengruppe der faserigen Pflanzen, zwar hinter Naturholz, aber z.B. weit vor Getreidestroh und Bambus[239]. Auch als energieerzeugender Rohstoff ist Bagasse geeignet, obwohl ihr Wert als Brennstoff erheblich unter dem gängiger Brennmaterialien liegt; als Heizmaterial liefert 1 t Bagasse die gleiche Menge Energie wie 0,3 t Heizöl oder 0,5 t Kohle (Bitumen). Bisher wurden in Kuba mehr als 95 % der Bagasse in den Zuckerfabriken verbrannt. Langfristig ist jedoch geplant, einen größeren Teil der Bagasse industriell weiterzuverarbeiten und damit wertbringender zu verwenden. Derzeit existieren in Kuba 3 Papierfabriken und 4 Kunstholzfabriken, die Bagasse als Rohstoff verwenden und von insgesamt 14 Zuckermühlen beliefert werden.

Bis Mitte der siebziger Jahre wurden in der Bagasse-Industrie im wesentlichen nur Erweiterungsinvestitionen vorgenommen. Daher wuchs die Produktion bisher nicht sprunghaft. Die Produktion von Zellulose aus Bagasse stieg von 32.000 t 1966 auf mehr als 42.000 t 1974 (vgl. Tabelle 11.21.). Die Produktion von Spanplatten, die in Kuba nur aus Bagasse hergestellt werden, konnte um ca. 85 % von rund 13.000 t 1963 auf 24.000 t 1973 gesteigert werden. Die Papier- und Kartonproduktion wuchs von ca. 90.000 t Mitte der sechziger Jahre auf durchschnittlich 120.000 t 1972-74. Knapp zwei Drittel davon wurden aus Bagasse hergestellt. Nach 1975 sind jedoch erhebliche Investitionen in der Bagasse-Industrie angelaufen oder haben das Projektstadium erreicht. Drei Fabriken zur Produktion von Spanplatten, an denen derzeit gebaut wird, sollen bis 1979 fertiggestellt sein und die Produktionskapazität in diesem Bereich versechsfachen (vgl. zu den geplanten Investitionen in der Bagasse-Industrie Tabelle 11.22.). Geplant ist außerdem die Errichtung eines Kombinats zur Erzeugung von 60.000 t Zellulose und 80.000 t Papier pro Jahr[240]. Angesichts des Mangels an Rohstoffen für die Produktion von Zellulose und Papier im RGW soll die kubanische Kapazität zur Produktion von Papier mit der technischen und finanziellen Hilfe dieser Organisation "in nicht allzuferner Zukunft"[241] auf 500.000 t erhöht werden.

Tabelle 11.21.: Entwicklung des Imports von Holz, Holz- und Papierprodukten und der kubanischen Produktion auf der Basis von Bagasse

Jahr	IMPORT: Holzpulpe[1] und -abfälle Menge 1000 t	Holzpulpe[1] und -abfälle Wert Mio Pesos	Holz, Bretter, Kork Menge 1000 m³	Holz, Bretter, Kork Wert Mio Pesos	Papier- und Papierprodukte[1] Menge 1000 t	Papier- und Papierprodukte[1] Wert Mio Pesos	Zeitungspapier[1,2] Menge 1000 t	Zeitungspapier[1,2] Wert Mio Pesos	NATIONALE PRODUKTION (Menge): Bagasse als Industrierohstoff 1000 t	Bagasse als Brennstoff (Petroleumäquivalent) 1000 t	Bagasse Zellulose 1000 t	Papier+ Karton gesamt 1000 t	Papier+ Karton Bagasse 1000 t	Bagasse-Spanplatten 1000 m³
1958	30													
1962			265				34							
1963			172				17							13,1[7]
1964			282				31							15,3[7]
1965			375				19							13,7[7]
1966			343				25				32	93		11,6[7]
1967			361				21		301[3]		35	105		
1968			412				23				32,4	88		
1969			394				20				32,5	83		
1970	20,1	3,0	449	28,5	45,9	8,6	22,8	3,3	308[3]		33,7	80		
1971	39,0	6,5	370	29,5	49,0	8,9	27,1	4,1	.		36,0	104		
1972	30,6	5,1		21,5	53,6	10,0	23,5	3,6		3.622	35,0	103		
1973	21,4	5,4		27,7	49,9	8,9	24,9	3,4	295[3]		34,0	120	79[9]	24,0[9]
1974	40,4	9,5		49,8	68,1	22,6	27,2	4,8	306[3]		42,5	120		
1980									1.000[5]			370[5]		
1985												500[6]		

Quellen:
1) JUCEPLAN, Anuario Estadístico De 1974
2) Statistical Abstract of Latin America 1976, S.139
3) A. Rodríguez, Bohemia 66.1974, S.29. Bis ca. 1975 schwankte die industriell genutzte Menge Bagasse zwischen 250.000 t und 300.000 t.
4) Statistical Abstract of Latin America 1976, S.212.
5) Cuba Ejemplo de America 1969, S. 65 (1969 veröffentlichte Planziele).
6) G. Vamos, Vorsitzender der Arbeitsgruppe der Kommission des RGW für Zellulose und Papier, zitiert in Granma W.R., 29.12.1974.
7) Roberts/Hamour, ed. 1970, S.102, Tabelle 100.
8) UN Statistical Yearbook 1976, S. 271. Davon knapp 2/3 aus Bagasse, der Rest aus Importzellstoff und Altpapier.
9) G. Breithaupt 1973, S. 373f. Die Angaben zur Papierproduktion aus Bagasse 1973 beziehen sich auf die Produktionskapazität.

Tabelle 11.22.: Geplante Fabriken zur Verarbeitung von Bagasse und Melasse 1976 - 1980

	Name und/oder Ort	Rohstoff	Endprodukt	Produktionskapazität (mt)	Kosten Mio Pesos	Fertigstellung Jahr
10 Fabriken zur Herstellung von Futtereiweiß[1,4]		Melasse	Torula-Futterhefe	400/Tag 120.000/Jahr[5]	100[5]	1977-79
3 Fabriken zur Produktion von Spanplatten[1]	Camilo Cienfuegos Primero Enero Jesus Menendez	Bagasse	Spanplatten	Versechsfachung der Produktionskapazitat insgesamt; 66.000/Jahr		1978-79
1 Kombinat zur Erzeugung von Zellulose und Papier[1,3]	wahrscheinlich in der Nähe der Tecnica Cubana (Cardenas)	Bagasse	Zellulose Papier	60.000/Jahr 80.000/Jahr		1980ff
2 Versuchsfabriken[1,2]	Cuba-9	Bagasse	Zeitungspapier	30/Tag	6,6	1978
			Chemische Pulpe f.Kunstfasern	5/Tag		
	Cuba-10 (beide Quivican, Sitz des CEDIC)	Bagasse und Melasse	durch Hydrolyse gewonnene Futtermittel, perspektivisch auch chem.Produkte wie Zitrus- und Milchsäure	5/Tag	4,1	1978
1 Furfural-Fabrik[1]			Furfural			1977 noch im Stadium der Planung
Insgesamt: 15 Fabriken und weitere 70 kleinere Installationen[1]					170	

Quellen: 1) S.Gálvez 1978 (Interview mit J. Vázquez).
2) Perspectivas de la industria cañera cubana 1976, S.7ff.
3) E. Taeschner, Fünfjahresplan der Industrialisierung, Horizont Nr.26/1976.
4) R. Salomon Llanes, Por la Calidad y Superación Technica 1977, S.23
5) F. Castro, Rede vom 29.7.1977, Granma, W.R., 21.8.1977

Die Relevanz der Entwicklung der Bagasse-Industrie besteht für Kuba darin, daß Kuba derzeit noch einen großen Teil seiner Holz- und Papierprodukte und einen geringeren Teil an entsprechenden Rohstoffen importieren muß. 1974 mußten z.B. knapp 83 Mio Pesos für entsprechende Importe ausgegeben werden (zu den weiteren Einzelheiten vgl. Tabelle 11.21.). Das ist u.a. dadurch bedingt, daß Kuba heute kaum noch über Holzreserven verfügt, weil der Waldbestand vor allem in der ersten Hälfte des 20. Jahrhunderts als Folge der wilden Expansion der Zuckerrohranbaufläche und des Exports von Edelhölzern erheblich reduziert worden ist. Die gesamte Waldfläche verkleinerte sich von nahezu 10 Mio ha 1812 auf ganze 1,2 Mio ha 1946; davon wurden allein 4,6 Mio ha nach 1900 abgeholzt[242].

In welchem Rhythmus die kubanische Bagasse-Industrie sich weiterhin entwickelt, ist in erster Linie von zwei Faktoren abhängig: der Einschränkung des Konsums der Bagasse als Brennstoff in den Zuckerfabriken und der Entwicklung konkurrenzfähiger Technologien zur Produktion von prinzipiell aus Bagasse herstellbaren Produkten, die bisher entweder noch zu teuer sind oder noch nicht die erforderliche Qualität besitzen. Das Energieproblem wird in Kuba dadurch kompliziert, daß bisher noch keine ergiebigen Petroleum-, Kohle- und Gasvorkommen gefunden worden sind, so daß diese Brennstoffe fast ganz importiert werden müssen. Solange sich diese Situation nicht ändert, ist es unwahrscheinlich, daß Bagasse vollständig durch eine andere Energiequelle in den Zuckerfabriken ersetzt wird. Andererseits erleichtert die Tatsache, daß die kubanische Zuckerindustrie ganz aus Großbetrieben besteht, deren umfassende Modernisierung angestrebt wird, die Freisetzung eines Teils der bei der Zuckerproduktion abfallenden Bagasse für andere industrielle Zwecke, weil hochproduktive Großbetriebe am ehesten einen <u>Überschuß</u> an Bagasse, über ihren eigenen Bedarf hinaus, produzieren[243].

Die Lösung des zweiten Problems, der Erarbeitung des bisher noch fehlenden wissenschaftlich-technischen Know-hows zur Erweiterung der Palette der auf wirtschaftliche Weise herstellbaren Fertigprodukte aus Bagasse, dient das von der UNDP unterstützte Forschungsprojekt Cuba-9. Dessen Ziel ist die Entwicklung ökonomisch effizienter Technologien zur Herstellung von Zeitungspapier und chemischer Zellulose für Kunstfasern aus Bagasse. In einer ersten Phase wird eine Versuchsfabrik errichtet, die wahrscheinlich 1978 fertiggestellt wurde, mit einer täglichen Produktionskapazität von 30 t Zeitungspapier und 5 t chemischer Zellulose. Von den insgesamt ca. 11 Mio US$ Investitionskosten wurden 3,58 Mio von der UNDP und 7,8 Mio von Kuba übernommen. Ab 1980 sollte ursprünglich die zweite Phase der kommerziellen Massenproduktion anlaufen[244].

Die Entwicklung der wissenschaftlich-technischen Grundlage für eine kubanische hydrolytische Industrie auf Bagasse-Basis ist eines der Ziele des ebenfalls von der UNDP unterstützten Forschungsprojekts Cuba-10. Durch den biochemischen Prozeß der Hydrolyse soll Bagasse u.a. direkt in Eiweiß in Form von Futter- und später auch Nährhefe verwandelt werden. Weitere potentielle Produkte einer hydrolytischen Bagasse-Industrie sind Lignina Hydrolytica (ein Rohstoff zur Verarbeitung chemischer Produkte) und Furfural (ein Produkt, das für Pestizide, die petrochemische und die pharmazeutische Industrie gebraucht wird, mit großer Nachfrage auf dem Weltmarkt). Das vorrangige Ziel von Cuba-10 ist aber zunächst die Entwicklung verschiedener proteinhaltiger Futtermittel aus Melasse und Bagasse[245]. Der Überwindung des zweiten Engpasses des Wachstums der Bagasse-Industrie in die Breite, der Entwicklung des wissenschaftlich-technischen Know-hows wird zumindest, das läßt sich mit Sicherheit sagen, in Kuba die Aufmerksamkeit gewidmet, die ihr gebührt. Der bei der FAO beschäftigte Professor Steemberg hat das ICIDCA einmal das "Mekka der Bagasse"[246] genannt.

Die Melasse-Industrie und das kubanische Experiment der Viehzucht auf der Basis von Zuckerrohr und seinen Nebenprodukten

Aus Melasse kann man neben verschiedenen Alkoholprodukten unterschiedlicher Qualität (Brennspiritus, Rum, Alkohol für industrielle und medizinische Zwecke) vor allem Futter-, Back- und Nährhefe gewinnen. Mit Harnstoff und anderen Zusätzen vermischt, kann man Melasse auch direkt als Rindviehfutter gebrauchen. Mit Hilfe komplexerer Gärungstechniken läßt sich Melasse auch in hochwertige Säuren transformieren. Außerdem kann Melasse als Rohstoff für die Herstellung von Butangas und Dextran genutzt werden.

Vor 1959 wurde mehr als die Hälfte der gesamten Melasse-Produktion als Rohstoff ins Ausland exportiert, wo sie dann weiterverarbeitet wurde. Die kubanische Melasse-Industrie bestand im wesentlichen aus 75 Destillerien, von denen die meisten klein und mit technologisch rückständig und häufig veralteter Ausrüstung ausgestattet waren und zu hohen Kosten produzierten[247]. Nur ein Teil der Destillerien stellte als Nebenprodukt der Alkoholproduktion Hefe her. Das Resümee: Aufgrund der meist rückständigen Technologie war die Produktion hochwertiger Produkte ausgeschlossen; die Palette der Fertigprodukte aus Melasse war beschränkt, integrierte industrielle Komplexe existierten nicht; vielfältige Koppelungseffekte und Integrationsmöglichkeiten mit anderen Wirtschaftsbranchen blieben ungenutzt.

Langfristiges Ziel der postrevolutionären Melasse-Politik ist die vollständige interne industrielle Verarbeitung oder Nutzung der Melasse und die Errichtung integrierter industrieller Komplexe, die eine Vielzahl von Produkten gleichzeitig herstellen sowie die zunehmende Steigerung des Verarbeitungsgrades der Produkte (z.B. hochwertiger Alkohol statt Brennspiritus)[248]. Die Option für diversifizierte und integrierte industrielle Komplexe wird damit begründet, daß so die allgemeinen Kosten (Energie, Transport, Verwaltung usw.) gesenkt werden und die vorhandenen Rohstoffe und Abfälle durch Recycling am besten genutzt werden können; Torula-Hefe kann z.B. unmittelbar aus Melasse, aus Most, einem Nebenprodukt der Destillerien, aus hochwertiger invertierter Melasse und, durch Hydrolyse, aus Bagasse gewonnen werden. Diese Perspektive ist bis jetzt jedoch noch Zukunftsmusik, u.a. weil man z.T. noch auf den Export von Rohmelasse angewiesen ist und qualifizierte Arbeitskräfte und Investitionskapital noch knapp sind. Vorrangig wurde zunächst die Verwendung und Verarbeitung der Melasse für die Viehzucht betrieben.

Die Verwendung der Melasse als Viehfutter ist nicht neu; sie blieb aber hauptsächlich auf die Rinderzucht beschränkt, und es war common sense, der durch die Wissenschaft legitimiert wurde, daß ihr Anteil an der Diät 15 % nicht übersteigen dürfe. Das Neue an dem kubanischen Experiment ist, daß Melasse heute in Kuba, gemischt mit Zusätzen, das Hauptfutter für Rinder ist und daß durch systematische Forschung versucht wird, Melasse und andere Zuckerrohrnebenprodukte zunehmend auch in der Schweine- und Geflügelzucht einzusetzen[249]. Auf dem Nationalen Plenum der Zuckerindustrie vom 30.8.1971 erklärte Castro, nach dem erfolgreichen Abschluß der ersten kommerziell-experimentellen Phase, daß die "Melasse die unersetzliche Hauptnahrung unserer Viehzucht sein wird. ... Unser Ziel ist es, in Zukunft keine einzige Tonne Melasse zu exportieren, sondern aus der Melasse durch die Ernährung des Viehs viel größeren Nutzen zu ziehen."[250] Die zunehmende interne Verwendung der Melasse ist ein weiteres Beispiel dafür, daß die kubanische Konzeption des export<u>getriebenen</u> Wachstums nicht ein export<u>orientiertes</u>, durch die Tendenzen des (kapitalistischen) Weltmarkts determiniertes Wachstumsmodell implizierte. Den Prioritätensetzungen der kubanischen Wachstumsstrategie liegen keine kurzfristigen, an Weltmarktpreisen orientierte Rentabilitätskalküle zugrunde. Bestimmend ist der gesamtwirtschaftliche Gebrauchswert eines Produkts, in diesem Fall der Melasse: "In Realität darf der Gebrauchswert der Melasse in einem tropischen Entwicklungsland nicht durch ihren Preis auf dem Weltmarkt bestimmt werden. Wenn man die Möglichkeit untersucht, die Melasse zur Fleischproduktion zu nutzen, dann stellt sich heraus, daß ihre am wenigsten vorteilhafte Nutzung für jedes dieser Länder ihr Export ist."[251]

Weiterhin wird gerade auch am Beispiel der zunehmenden Verwendung von Zuckerrohrnebenprodukten für eine intensive tropische Viehzucht besonders klar, daß die kubanische Konzeption der Industrialisierung auf der Grundlage spezifischer nationaler Rohstoffe nicht das Akzeptieren der Integration Kubas in eine ungleiche internationale Arbeitsteilung als passiver Technologieempfänger implizierte. Die Durchführung dieses Programms setzte gerade intensive eigene Forschungen und die Entwicklungen autochthoner Technologien voraus und war wesentlich durch eine Kritik der passiven Imitation metropolitaner Techniken in der Viehzucht motiviert: "Ein weit verbreiteter Fehler ... besteht darin, Futtermittelkulturen zur Sicherung der Ernährungsgrundlage für die Fleischproduktion in den Tropen zu entwickeln, die in den gemäßigten Regionen entstanden sind, indem man breite Akklimatisierungspläne und komplexe Selektions- und Kreuzungsprogramme organisiert, deren Erfolge in ihrer Mehrzahl nicht die in ihr beschäftigten menschlichen und materiellen Ressourcen rechtfertigen. Wir glauben, daß es sinnvoll sein würde, diese Ressourcen in der Perfektionierung der Techniken der Nutzung und in der maximalen Entwicklung eigener Futtermittel der tropischen Regionen einzusetzen. ... Die Nutzung dieses Potentials erfordert jedoch die Entwicklung technisch-ökonomischer Forschungsprogramme, die es erlauben, nicht nur die effizienteste Form des Gebrauchs jedes Produkts zu definieren, sondern auch die Varianten, die am ehesten den spezifischen Bedingungen jeder Zone, jeder Region und jeden Landes entsprechen."[252]

Einige Gründe für die kubanische Hypothese, daß Zuckerrohr (und seine Nebenprodukte) die den kubanischen ökologischen und ökonomischen Bedingungen am besten entsprechende Futterpflanze sei, waren: die höhere Flächenproduktivität bei gleichen Anbaubedingungen, das Potential an Kohlehydraten und an Energie pro Anbaufläche, die Minimierung der Anbaukosten aufgrund seiner Eigenschaft als mehrjährige Pflanze, eine vergleichsweise hohe Resistenz gegen Pflanzenkrankheiten und Trockenheit, die Möglichkeiten der industriellen Verarbeitung und die vielfältigen Verwendungsmöglichkeiten überhaupt[253]. Außerdem wäre angesichts der Devisenknappheit das ehrgeizige Viehzuchtprogramm nicht mittels des Imports aller hochwertigen Futtermittel zu realisieren gewesen. Allein 1966 beliefen sich die Devisenausgaben für Getreide und Soja, die hauptsächlich für die Viehzucht verwandt wurden, und Futtermittelkonzentrate auf 23,4 Mio $[254]. Ein weiterer Vorteil des Zuckerrohrs als Grundlage einer intensiven tropischen Viehzucht ist, daß viele seiner Elemente in unterschiedlicher Form als Energie- und Proteinquelle genutzt werden können (vgl. Tabelle 11.23). In zerkleinerter Form kann das unverarbeitete Zuckerrohr verfüttert werden. Die verschiedenen Arten der Melasse (Endmelasse, reichhaltige ungereinigte oder invertierte Melasse) können entweder unverarbeitet, nur mit Harnstoff und Bagasse vermischt, oder in Form der verarbeiteten Torula-Hefe als Futtermittel verwandt werden. Außerdem kann die Bagasse durch Hydrolyse in Melasse oder ebenfalls Torula-Hefe transformiert und verfüttert werden. Experimentiert worden ist in Kuba und international auch mit der Verwendung des Zuckerrohrmarks[255].

Tabelle 11.23.: Ernährungspotential der Nebenprodukte der Zuckerindustrie (Zuckerrohr) für die Viehzucht

Nebenprodukte	Ertrag in Trockenmasse mt/ha -Jahr	Gesamte Kohlehydrate und Proteine (mt/ha-Jahr)		
		Kohlehydrate gesamt	Unmittelbare Proteine	Proteine durch Weiterverarbeitung
Zuckerrohrspitzen und grüne Blätter	2,20	1,58	0,12	0,25
Bagasse	13,00	10,50	0,00	1,50
Endmelasse	3,00	1,77	0,09	0,45
Filterschlamm	0,90	0,12	0,13	0,06
Eiweiß des Zuckerrohrsafts	0,35	-	0,35	-
Gesamt		13,97	0,69	2,26

Quelle: Cuba Azúcar, Oktober-Dezember 1974, S. 62

In Kuba dominiert derzeit in der Rinderfütterung die mit Harnstoff gemischte Melasse. Diese ist relativ leicht und billig zu produzieren und hat außerdem den Vorzug, daß ein Teil davon, obwohl Rohmelasse selber wenig Eiweiß enthält, durch Bakterien im Pansen der Rinder (Wiederkäuer) in Protein verwandelt wird. Geflügel und Schweine besitzen diese Eigenschaft nicht und müssen daher schon in Form von Futterhefe aufbereitete Proteine konsumieren. Die Torula-Hefe hat allerdings auch für Rinder mit 45 % einen höheren Eiweißwert als die Mischmelasse. Außerdem enthält die Torula-Hefe noch fast alles Vitamin B und wichtige Mineralien, ist also in vieler Hinsicht ein hochwertiges Futtermittel. Die Aufbereitung der Melasse zu Trockenhefe ist in der Geflügelzucht auch deswegen notwendig, weil Geflügel die flüssige Melasse nicht vertragen kann. Die von dem englischen Tierwissenschaftler Dr. Preston im Rahmen des ICA (Kubanisches Tier-Institut) geleiteten Forschung zur Entwicklung von Futtertechniken auf der Grundlage von Mischmelasse waren in den Jahren 1968-70 auf breiter Basis kommerziell ausprobiert worden; 1970 wurden schon insgesamt 760.000 t Melasse an ca. 200.000 Rinder verfüttert (vgl. Tabelle 11.24). Im Gegensatz zur traditionellen Praxis wurde der Melasse-Konsum der Rinder nicht (auf maximal 15 %) begrenzt. Allein durch gezielte zusätzliche Fütterung (Mineralien usw.) sollte eine ausgewogene Ernährung gesichert werden. Das Experiment war offensichtlich so erfolgreich, daß dieses System der Rinderfütterung nach 1970 erheblich ausgedehnt wurde. Ende 1976 existierten insgesamt 80 Fabriken, von denen 44 Melasse mit Harnstoff und Bagasse mischten, 31 nur Harnstoff und Melasse und 5 die für das flüssige Mischfutter benötigte Bagasse entsprechend vorbereiteten. Weiterhin wurde 1967 eine erste Fabrik für Torula-Hefe gebaut. Mit der geplanten Fertigstellung von 10 neuen Torula-Fabriken, mit deren Bau 1976 begonnen wurde, verfügte man spätestens 1979 über eine tägliche Produktionskapazität von ca. 470 t pro Tag und mehr als 120.000 t jährlich[256].

Eine restriktive Bedingung der Verwendung der Melasse in der Viehzucht ist heute noch, daß man offensichtlich noch nicht ganz auf den Export von Rohmelasse verzichten zu können glaubt. Immerhin reduzierte sich der Anteil der exportierten an der produzierten Melasse von mehr als 50 % vor 1959 auf rund 30 % 1973-74 (vgl. Tabelle 11.25.). Da Melasse als Rohstoff auch für andere Produkte benötigt wird, ist nach kubanischer Ansicht das "Angebot an Melasse vollständig unzureichend". Die Erschließung neuer Quellen von Kohlehydraten für die Viehzucht, u.a. durch die Hydrolyse von Bagasse, wird deshalb als vordringlich erachtet; von ihrer erfolgreichen Entwicklung hängt "in großem Umfang die Entwicklung der Rinder-, Schweine- und Geflügelzucht"[257] ab.

Tabelle 11.24.: Einige Daten zur Entwicklung von Zuckerrohr als Viehfutter

Jahr	Zucker Nationaler Verbrauch[1] (1) mt	Zucker Viehfutter[1] (2) mt	(1)/(2) %	Gemischte Melasse als Viehfutter: Menge mt	Gemischte Melasse als Viehfutter: für Rindvieh Stück	Installationen zur Produktion von Viehfutter aus Zuckerrohrnebenprodukten: Mischfabriken Zahl	Torula-Hefe-Fabriken Zahl	Torula-Hefe-Fabriken Produktionskapazität mt/Tag
1956		7.700						
1967							1	30
1968	681,613	20.952	2,9	259.646[2]				
1969	636.298	93.994	14,8	235.649[2]	70.000[3]			
1970	619.376	85.338	13,8	760.953[2]	200.000[3]			
1971	616.089	53.587	8,7				2	70[5]
1972	470.890							
1973	463.742							
1974	522.162							
1975	499.313							
1976						80[4,a]		
1980							12[4]	470

Anmerkung: a) 44 Fabriken für Melasse-Harnstoff-Bagasse-, 31 für Melasse-Harnstoff-Mischungen und 5 zur Vorbereitung der für die Mischung benutzten Bagasse.

Quellen: 1) International Sugar Organisation, Sugar Yearbook 1975, S.57.
2) Dos Años de desarrollo agropecuario cubano 1968-70, 1970, S.56
3) T.R. Preston 1972.
4) R. Salomón Llanes 1977 (Por la Calidad), S.23.
5) Birolaud/Calvo 1973, S.35

Tabelle 11.25.: Produktion und Export von Endmelasse und einigen Melasseprodukten (Alkohol, Hefe, Dextran) 1942 - 1976

Jahr	Endmelasse[1,2] Produktion(1) Menge 1000 t	Export(2) Menge 1000 t	Export(2) Wert 1000 Pesos	2/1 %	Äthyl-Alkohol (Produktion)[2] Absolut 90,5° hl	A-B-C Gesamt hl	A 96° hl	B 99,5° hl	C 95,5° hl	D 93° hl	Insges. Mio hl.	Denaturierter Alkohol Brennspiritus[2] hl	Äthylalkohol (Export) Menge 1000 t	Wert 1000 Pesos	Alkoholische Getränke[1,2,a] Produktion Gesamt 1000 hl	Rum 1000 hl	Gesamtexport Menge 1000 hl	Wert 1000 Pesos	Hefe Produktion 1000 t	Dextran Produktion t
1942											0,2[7]									
1944											2,1[7]									
1948											0,9[7]									
1956											2,0[7]									
1957	1405[4]	740[4]		52,6							1,7[7]									
1958	1270										1,1[7]									
1962	1302																			
1963	1167				158.178	455.136	2.284	194.082	258.770	1.148.300	2,2	1.163.980			154,1					
1964	1276				9.160	343.947	9.064	155.509	179.374	1.571.652	2,2	1.449.762			168,8	129,9				
1965	2144				10.554	759.532	17.467	61.020	681.045	1.555.693	3,0	1.427.085			168,2	129,7				
1966	1181				9.044	381.642	20.959	45.001	315.682	1.508.750	2,2	1.492.728			169,3	119,6			8,8	
1967	1880	640	14,0	34,0	39.046	545.744	31.649	46.344	467.761	1.797.734	2,9	1.700.354	29,4	2.555	153,0	118,5		1.523	10,4	225
1968	1587	739	16,4	46,5	28.602	485.623	24.249	39.551	421.824	1.735.556	2,7	1.798.187	35,8	3.460	168,8	124,2		2.142		300
1969	1562	753	15,2	48,2	3.688	267.676	40.276	34.301	193.099	1.667.074	2,2	1.850.676	10,3	1.241	126,8	99,0		3.079		
1970	2989	950	20,7	31,7	8.424	405.286	40.534	23.664	341.088	990.819	1,8	910.134	20,8	1.454	170,5	137,9	26,1	1.915		
1971	2142	948	23,2	44,2	4.654	305.173	39.747	33.134	232.292	738.337	1,3	663.221	10,5	792	205,5	159,7	17,2	775		
1972	1672	671	18,1	40,1									44,7	3.994	287,2		27,7	2.541		
1973	1711	500	17,7	29,2									13,3	1.420	262,6		43,6	6.563		
1974	1849	580	30,9	31,3									15,9	2.038	197,9		56,3	9.543		
1975			25,0[4]												295[3]					
1976			23,0[4]																	

Quellen:
1) 1970-74: Cuba Anuario Estadístico De 1974
2) 1963-69: República De Cuba, Boletín Estadístico 1971
3) U.N. Yearbook of Industrial Statistics 1975, Vol. II, 1977, S. 146
4) Theriot 1978, Tab. 15, 16
5) Manual Azucarero 1971, S. 1202
6) Zeitschrift für die Zuckerindustrie 1968, 5, S. 260
7) J. F. Pérez-López 1974, S. 117

Anmerkungen: a) ohne Wein,

Die kubanische Produktion von Äthylalkohol war vor der Revolution großen Schwankungen unterworfen; sie variierte zwischen 200.000 und 300.000 hl 1930-42, rund 2 Mio hl 1944 und 1956 und 900.000 hl 1948. Dies war im wesentlichen eine Folge der schwankenden Weltmarktnachfrage, der wechselnden Bestimmungen über die Mischung von Gasoline und absolutem Alkohol sowie der Konkurrenz synthetischen Alkohols[258]. Ab 1959 wurde die Produktion auf max. 3 Mio hl 1965 erhöht, blieb aber auch weiterhin erheblichen zyklischen Schwankungen ausgesetzt. Der stetige und starke Rückgang der Produktion ab 1969 ist wahrscheinlich das Resultat der zunehmenden Verwendung der Melasse als Viehfutter (vgl. zu diesen und zu den folgenden Daten Tabelle 11.25.). Daneben wird noch Brennspiritus minderer Qualität in einer Menge von ca. 1/3 der Äthylalkohol-Produktion hergestellt, der für die primitiven Dochtbrenner gebraucht wird, die z.T. noch im kubanischen Hinterland zum Kochen dienen. Diese hohe Produktionsmenge von minderwertigem Brennspiritus wird von Experten des ICIDCA prinzipiell abgelehnt, weil dadurch die Herstellung hochwertigen Alkohols als Grundlage verschiedener anderer Fertigprodukte (Dextran, Hefen verschiedener Art usw.) eingeschränkt wird[259]. Neben den 18 Destillerien, die hauptsächlich Äthanol herstellen, besteht eine große Rumfabrik[260]. Die ursprünglich kubanische Marke 'Bacardi' ist ebenso wie die kubanischen auf Rum basierenden Mixgetränke 'Daiquiri' (Bacardi mit Lemonen, Puderzucker und Eis) und 'Cuba Libre' (gelber Rum mit Cola-Limonade) weltberühmt. 7 der 18 Äthanol-Destillerien produzieren zusätzlich noch auf Grundlage des als Nebenprodukts abfallenden Mostes knapp 10.000 t Hefe. 1965 ist auch die Produktion von Dextran aufgenommen worden. 1967 wurden erstmals 225 und 1968 300 t exportiert[261].

Nicht unmittelbar zu der Zuckerrohrnebenprodukte verarbeitenden Industrie gehören die Zuckerraffinerien. Trotzdem ist es sinnvoll in diesem Kontext darauf einzugehen, weil durch die Produktion raffinierten Zuckers die zuckerrohrverarbeitende Industrie weiter differenziert wird und der Wert des Endprodukts sowie die Integration mit anderen Industrien erhöht wird[262], da die Verwendung von Zucker als Zwischenprodukt für andere Fertigprodukte häufig eine bessere Produktqualifät als die des Rohzuckers voraussetzt.

Von den 16 kubanischen Zuckerraffinereien ist nur eine eine Raffinerie in dem üblichen Sinn einer unabhängigen Fabrik; die anderen 15 sind den Rohzuckerfabriken räumlich und bisher auch administrativ zugeordnet. Sie verarbeiten jedoch auch Rohzucker anderer Zentralen und arbeiten mehr Monate als die Zuckermühlen. Bis 1980 sollen die 16 Raffinereien und die 21 Zuckerfabriken, die den Rohzucker anliefern, in 5 Kombinaten zusammengefaßt werden, um den gesamten Produktionsprozeß vom Endprodukt her besser koordinieren zu können[263]. Die Zahl der Zuckerraffinerien hat sich nach 1959 nicht erhöht und die starken Produktionsschwankungen ohne ersichtlichen Aufwärtstrend lassen darauf schließen, daß auch keine wesentlichen Erweiterungsinvestitionen vorgenommen wurden. Der Anteil des raffinierten Zuckers an der gesamten Zuckerproduktion und am gesamten Zuckerexport blieb marginal: zwischen 9 und 21 % der Produktion und ca. 10 bis 16 % des Exports[264]. Auch in die sozialistischen Länder exportiert Kuba den größten Teil seines Zuckers als Rohzucker, der dann in den dortigen Raffinereien weiter verarbeitet wird. Die verhältnismäßig geringen Investitionen in Zuckerraffinerien erklären sich wahrscheinlich einerseits durch die größere Dringlichkeit der Modernisierung der Zuckerrohrlandwirtschaft und der Zuckermühlen und andererseits durch die höhere Priorität für die Weiterverarbeitung von Zuckerrohrnebenprodukten, deren Industrialisierung offensichtlich ein höherer gesamtwirtschaftlicher Nutzen (größere Nähe zu den Grundbedürfnissen, höhere Binnenmarktnachfrage) im derzeitigen Entwicklungsstadium beigemessen wird. Aber auch die Interessen der sozialistischen Länder an der ganzjährigen Auslastung ihrer Zuckerraffinerien dürften ein Grund für den bisher geringen und stabilen Anteil raffinierten Zuckers an den gesamten Zuckerexporten sein[265].

1975 wurde zum ersten Mal ein in Kuba entwickeltes Verfahren der Zuckerraffinereie parallel zur Rohzuckerproduktion in der Versuchsfabrik Pablo Noriega erfolgreich getestet. Schon 1976 sollte dieser sogenannte "unmittelbar weiße Zucker" in fünf Zuckerfabriken in größerem Umfang hergestellt werden. Der wesentliche Vorteil dieses Verfahrens besteht darin, daß es mindestens 10 % billiger ist als die Weiterverarbeitung von Rohzucker in einer unabhängigen Zuckerraffinerie und die Kosten des so raffinierten Zuckers nur 12 % über denen der Produktion von Rohzucker liegen. Obwohl die Produktqualität unter der des auf traditionelle Weise raffinierten Zuckers liegt, kann das neue Produkt in der "kubanischen Nahrungsmittelindustrie ... und für andere gleichfalls gesamtwirtschaftlich wichtige industrielle Zwecke"[266] genutzt werden. Der Bedarf für Zucker entsprechender Qualität ist in Kuba in den letzten 10 Jahren erheblich gestiegen; u.a. hat sich die Produktion von Zuckerkonfekt von 9.600 t 1966 auf 20.300 t 1975 mehr als verdoppelt. Für 1976-80 war der Bau von 7 weiteren Süßwarenfabriken und einer Traubenzuckerfabrik vorgesehen (die 7 Süßwarenwerke waren 1975 bereits gekauft)[267].

Bilanz

Gemessen an der bisherigen Praxis der meisten anderen Zuckerrohrländer der Dritten Welt hat die kubanische Industrie zur Verarbeitung von Zuckerrohrnebenprodukten einen erstaunlichen Entwicklungsrhythmus erreicht, besonders nach 1970: Sie beruht auf umfangreicher eigener technologischer Forschung, ist systematisch angelegt und beabsichtigt die umfassende Industrialisierung der Zuckerrohrnebenprodukte, hat die Grundlage für den bisher wohl umfassendsten Versuch einer intensiven tropischen Viehzucht auf Zuckerrohrbasis gelegt und hat in einigen Schwerpunktbereichen ein rasantes Wachstum zu verzeichnen. Im folgenden soll nach den Prinzipien, der gesamtwirtschaftlichen Relevanz und den Voraussetzungen dieser Entwicklung gefragt werden.

Ohne Anspruch auf Vollständigkeit möchte ich einige Grundsätze hervorheben, die die Struktur des bisherigen Wachstums dieser Branche mitbestimmt haben: die Minimierung des Qualifikationsbedarfs (vom Einfachen zum Komplexen), die Minimierung der Kosten und besonders der Devisenausgaben und die Orientierung an Grundbedürfnissen. Nachdem die erste 1967 errichtete Torula-Fabrik die ungelösten technischen Probleme dieser relativ komplexen Produktionstechnologie hervorgekehrt hatte, wurden anfangs der siebziger Jahre zunächst vorrangig die einfacheren und billigeren Melasse-Mischfabriken gebaut. Auch hier machte sich die Devisenknappheit bemerkbar: Ein entscheidendes Argument gegen die schnelle Errichtung von Fabriken zur Produktion relativ elaborierter Fertigprodukte auf der Grundlage von Zuckerrohrnebenprodukten war, daß diese sowohl bezüglich der Investitionen als auch der laufenden Produktion hohe Devisenausgaben implizierten. In jeder technisch-ökonomischen Projektanalyse des ICIDCA wurde das Problem der Minimierung der Kosten und insbesondere der Devisenausgaben vorrangig behandelt[268]. Die höchste Priorität genossen die Verarbeitungs- und Verwendungsmöglichkeiten der Zuckerrohrnebenprodukte, deren Beitrag zur Befriedigung der grundlegendsten Bedürfnisse der kubanischen Bevölkerung maximal war. Dies war offensichtlich ein entscheidendes Argument für die vorrangige Entwicklung der Viehzucht auf Melasse-Basis und den Aufschub der Errichtung neuer Bagasse-Fabriken auf die Zeit nach 1975.

Zuckerrohrnebenprodukte können in unverarbeiteter und verarbeiteter Form einen wesentlichen Beitrag zur Überwindung der Ernährungs- und der Energiekrise sowie der Papier- und Holzknappheit in der Dritten Welt leisten[269]. Aufgrund der Bagasse können sich die Zuckerfabriken selber mit Energie versorgen und potentiell noch einen Überschuß erwirtschaften. Ihr Wert als Brennstoff beträgt immerhin ein Drittel des Heizöls. Angesichts des Holzmangels gerade in den tropischen Regionen, wo in den letzten 150 Jahren Raubbau mit dem Waldbestand betrieben wurde, bietet sich die Bagasse als Rohstoffsubstitut an. In Kuba beabsichtigt man, die "überwiegende Mehrheit der Papiersorten (...) ausschließlich aus von Bagasse gewonnener Zellulose verschiedener Art (herzustellen)"[270]. Mit der Versechsfachung der Produktionskapazität durch die drei neuen Bagasse-Holzfabriken und die Errichtung des neuen großen Papier- und Zellulosekombinats dürfte es möglich sein, den Importbedarf an Rohholz und verarbeiteten Holzprodukten erheblich zu senken. Der potentielle Beitrag der Zuckerrohrnebenprodukte zur Lösung des Ernährungsproblems in der Dritten Welt kann zwei Formen annehmen: einmal als Futtermittel einer intensiven tropischen Viehzucht oder unmittelbar durch die Produktion von Protein aus Melasse oder Bagasse, das verschiedenen Nahrungsmitteln (Brot, Kuchen usw.) beigefügt werden könnte. Auf dem ersten Gebiet ist Kuba durch die systematische Einführung der Mischmelasse als Hauptfuttermittel in der Rinderzucht einen großen Schritt vorwärtsgekommen; mit der Fertigstellung der 10 Torula-Fabriken sind günstige Voraussetzungen auch in der Geflügelzucht gegeben[271]. An der Entwicklung einzelliger Proteine in Form von Hefe aus Melasse oder Bagasse wird u.a. im Rahmen des Forschungsprojekts Cuba-10 gearbeitet; die Erfolgschancen sind noch nicht abzusehen. Hier handelt es sich um ein "für die Forschung geöffnetes Kapitel"[272].

Außer diesem realen oder potentiellen Gebrauchswert der Zuckerrohrnebenprodukte trägt ihre wachsende Verarbeitung zur Überwindung der ererbten deformierten Produktionstruktur bei: durch Ansätze einer Reintegration des traditionellen Zuckerexportsektors in die Binnenwirtschaft und durch die zunehmende Differenzierung der industriellen Produktionsstruktur. Die Melasse wird heute vornehmlich in der Viehzucht verwandt, und Bagasse dient in wachsendem Maße als Rohstoff der holzverarbeitenden Industrie, während sie früher durch ihre ausschließliche Verwendung als Brennstoff in den Zuckermühlen durchaus einen wirtschaftlichen Nutzen hatte, aber nicht in den gesamtwirtschaftlichen Kreislauf einfloß. Diese Konzentration auf die Aktivitäten, die zu einer Reintegration des Zuckersektors in die Binnenwirtschaft beitragen, war beabsichtigt: "Man wird vorzugsweise die Nebenproduktindustrien entwickeln, die über einen sicheren Binnenmarkt verfügen und die Entwicklung anderer Pläne erleichtern, wie z.B. die Rinder- und Geflügelzucht. ..."[273] Die unbestreitbaren zukünftigen Perspektiven der Industrialisierung der Zuckerrohrnebenprodukte zur Ausdifferenzierung der verarbeitenden Industrie sind in einigen Bereichen an die Entwicklung neuer Technologien gebunden: "Die Entwicklung dieser neuen Technologien wird es ermöglichen, den Gebrauch der Bagasse zur Produktion von Zellulose und Papier beträchtlich zu diversifizieren."[274] Perspektivisch wird die konzentrische Diversifizierung der Produktionsstruktur der zuckerrohrverarbeitenden Industrie auch auf die Exportstruktur durchschlagen; in dem Maße, wie die Nebenprodukte die beabsichtigte Bedeutung gewinnen, wird die Bedeutung der traditionellen Zuckerexporte durch andere Zuckerrohrprodukte zurückgedrängt werden. Die geplante Errichtung einer Furfural-Fabrik - Furfural ist ein relativ elaboriertes Produkt, das auf dem Weltmarkt zu hohen Preisen stark nachgefragt wird - und die geplante Ausdehnung der kubanischen Papierproduktion im Rahmen der internationalen Arbeitsteilung des RGW stellen erste Schritte in diese Richtung dar.

Angesichts des skizzierten vielfältigen gesamtwirtschaftlichen Nutzens der Industrialisierung der Zuckerrohrnebenprodukte stellt sich die Frage, warum diese Industrie so lange stagniert und sich erst in den letzten 5 Jahren schneller entwickelt hat. Im folgenden versuche ich aufgrund der begrenzten kubanischen Erfahrung in tentativer Weise einige Voraussetzungen einer erfolgreichen fortschreitenden Industrialisierung der Zuckerrohrnebenprodukte aufzuzeigen. Diese sind m.E. eine umfangreiche Zuckerproduktion, technologisch fortgeschrittene, große Zuckerfabriken, die umfassende Modernisierung des gesamten Systems der Zuckerproduktion, erhebliche nationale Forschungsanstrengungen, geeignete soziopolitische Bedingungen und Institutionen (die effektive nationalstaatliche Planung und Organisation der Vorwärtskoppelungseffekte) und - perspektivisch - die Einbettung der Nebenproduktindustrie in eine entwickelte allgemeine Industriestruktur.

1. Eine ausreichende Zuckerrohrproduktion war eines der entscheidenden Argumente der Begründung der Projekte Cuba-9 und Cuba-10 durch die UNDP und die UNIDO. Bei einer potentiellen kubanischen Zuckerproduktion von 10 Mio t würden 11 Mio t Bagasse und mehr als 3 Mio t Endmelasse anfallen. Die Relevanz eines ausreichenden Rohstoffangebots wird dadurch dokumentiert, daß trotz der "hohen Produktion von Melasse und einer kleinen Rinderherde"[275] nicht genügend Melasse als Viehfutter vorhanden ist, so daß Konflikte mit anderen potentiellen Produktionen (Alkohol, Hefe usw.) auftreten.

2. Die in vielen Teilen der Dritten Welt verbreiteten kleinen Zuckerrohrmühlen sind nach kubanischer Auffassung ein entscheidendes Hindernis der Weiterverarbeitung der Nebenprodukte, vor allem der Bagasse[276]. Moderne Großbetriebe sind eher in der Lage, überschüssige Bagasse freizusetzen, senken die Transportkosten und durch die gemeinsame Nutzung verschiedener Dienstleistungen (Energie, Straßen, Reparaturwerkstätten usw.) die allgemeinen Kosten. Auch für bestimmte Melasse verarbeitende Fabriken ist ein hohes Rohstoffangebot ökonomisch; z.B. ist die optimale Produktionskapazität einer Torula-Fabrik 100 t pro Tag, In Kuba mußte diese auf 30 - 40 t pro Tag reduziert werden, weil auf ökonomisch effiziente Weise nicht genügend Melasse bereitgestellt werden kann[277]. Dies ist umso erstaunlicher, als 53 der 150 1974 operierenden kubanischen Zuckerfabriken eine Produktionskapazität zwischen 3.450 t und 11.500 t pro Tag besaßen und weitere 8 mehr als 11.500 t Zucker pro Tag produzieren konnten; von dieser letzten Kategorie existierten außerhalb Kubas ganze 7 Zuckerrohrfabriken[278].

3. Die umfassende und tiefgreifende Modernisierung der Zuckerrohrlandwirtschaft und der Industrie führt zu einer Verbilligung der Rohstoffe für die Nebenproduktindustrien. Eine intensiv betriebene Zuckerrohrlandwirtschaft wird eher in der Lage sein, Zuckerrohrsorten zu entwickeln, die nicht nur einen hohen landwirtschaftlichen und industriellen Ertrag haben, sondern sich auch durch ihre Eignung zur Weiterverarbeitung der Zuckerrohrnebenprodukte auszeichnen. Eine technologisch fortgeschrittene Zuckerindustrie kann mehr Rohstoffe besserer Qualität zur Verfügung stellen (Stichwort: u.a. mehr überschüssige Bagasse); z.B. bestand ein Zweck der in Kuba entwickelten kontinuierlichen Kristallisatoren darin, den Anteil der verfügbaren Endmelasse zu erhöhen. In dem skizzierten Zusammenhang liegt eine Begründung dafür, daß die Investitionen in der Nebenproduktindustrie, gemessen an den Gesamtinvestitionen des Zuckersektors, erst nach 1975 ins Gewicht fallen.

4. Die "geringen wissenschaftlich-technischen Kenntnisse"werden von kubanischer Seite immer wieder als der determinierende Faktor der bisherigen geringen Industrialisierung der Zuckerrohrnebenprodukte der Zuckerrohrplantagenökonomien der Dritten Welt hervorgehoben[279]. Die dargestellten erheblichen kubanischen Anstrengungen auf diesem Gebiet verstehen sich als Beitrag zur Überwindung dieses fundamentalen Defizits. Erst mit ihrem erfolgreichen Abschluß kann die Palette der auf ökonomische Weise aus Zuckerrohrnebenprodukten herstellbaren Fertigprodukte ausgeweitet und ihr Verarbeitungsgrad erhöht werden und erst dann wird die angestrebte umfassende Industrialisierung der Zuckerrohrnebenprodukte möglich sein.

5. Notwendige soziopolitische und institutionelle Bedingungen sind neben der Entwicklung von Forschungsinstitutionen wirksame außenhandelspolitische Kontrollinstrumente, die institutionelle Integration von Zuckerrohrlandwirtschaft und den zuckerrohrverarbeitenden Industrien von den Endprodukten her und letztlich die nationalstaatliche Organisation und Nutzung der Vorwärtskoppelungseffekte. Das außenhandelspolitische Instrumentarium kann von Subventionen über quantitative Restriktionen bis zu Schutzzöllen reichen. Gesamtwirtschaftlich am sinnvollsten dürfte ein System der unmittelbaren staatlichen Selektion und Kontrolle der Importe sein, wie es in Kuba praktiziert wird. Der wirksame Schutz der Binnenproduktion ist in diesem Bereich besonders wichtig, weil viele aus Zuckerrohrnebenprodukten hergestellte Fertigprodukte <u>zunächst</u> in der Regel eine geringere Qualität besitzen und zu höheren Kosten produziert werden als auf dem Weltmarkt verfügbare konkurrierende Waren aus anderen Rohstoffen. Auf dem von der UNIDO organisierten Treffen von Zellulose- und Papierexperten 1971 wurde daher u.a. empfohlen, Zeitungspapier anfänglich nur für den Binnenmarkt zu produzieren[280]. Unter diesem Aspekt fällt auch ein anderes Licht auf das US-Embargo: Durch die Blockierung der traditionellen Futterimporte aus den USA waren die Kubaner zu Innovationen gezwungen, um ihre ehrgeizigen Pläne einer intensiven Viehzucht auf der Grundlage nationaler Futtermittel zu realisieren.

Die Integration der zuckerrohrverarbeitenden Industrien unter einer einheitlichen Leitung, die in der bisher einzigen zusammenfassenden Monographie über die Verarbeitung der Zuckerrohrnebenprodukte als eine häufig übersehene institutionelle Prämisse der Entwicklung dieser Branche hervorgehoben wird ("unter dem gleichen Management und in einer Unternehmensgruppe"[281]) ist bisher in Kuba noch nicht realisiert worden. Trotzdem ist man sich ihrer Bedeutung bewußt. Mit "neuen Systemen der industriellen Organisation, die einer entwickelten Zuckerrohrindustrie eher entsprechen und die im wesentlichen die zukünftigen Erfordernisse berücksichtigen, d.h. nicht nur die Präsenz des technologischen Prozesses der Zuckerindustrie, sondern auch gleichzeitig ... die Präsenz des technologischen Prozesses der Nebenproduktindustrie"[282], ist schon Anfang der siebziger Jahre in einigen industriellen Komplexen experimentiert worden. Mit der Errichtung der neuen Torula-, Kunstholz- und Papierfabriken nach 1975 dürfte sich die institutionelle Reorganisation der Zuckerindustrie um die betroffenen Zuckerfabriken aufdrängen. Von noch grundlegenderer Bedeutung als die industrielle Organisationsstruktur für die Frage, wem die Verarbeitung der Zuckerrohrnebenprodukte nützt, sind die Eigentumsverhältnisse und die Verteilung der realen Entscheidungsmacht. Während in Kuba vor der Revolution der größte Teil der Melasse im Ausland weiterverarbeitet wurde und die modernsten Bagasse-Fabriken, deren Investitionskapital fast ausschließlich in Kuba mobilisiert wurde, unter direkter oder indirekter Kontrolle von US-Konzernen standen, wird die heutige Nebenproduktindustrie vom kubanischen Nationalstaat systematisch geplant und kontrolliert und dient der Befriedigung fundamentaler Bedürfnisse der kubanischen Bevölkerung und Wirtschaft. Die nationale Kontrolle des Zuckersektors in öffentlicher oder privater Form ist die soziopolitische und institutionelle Voraussetzung der nationalen Nutzung potentieller Koppelungseffekte der traditionellen Zuckerindustrie. Die staatliche scheint an der Peripherie insofern einer privatkapitalistischen Kontrolle überlegen zu sein - was durch komparative Studien zu belegen wäre -, als sie eher in der Lage sein dürfte, die enormen Ressourcen zur Entwicklung dieser Branche zu mobilisieren, sie vor dem Zugriff der ausländischen

Konzerne (Importkonkurrenz, Technologieimport usw.) zu schützen und die erforderlichen o.g. Voraussetzungen innerhalb des Zuckersektors herzustellen.

6. Die unzureichende Einbettung der Nebenproduktindustrie in eine relativ entwickelte allgemeine Industriestruktur hat sich in Kuba als eine entscheidende Begrenzung herausgestellt. Nach Paturau liefert eine entwickelte industrielle Umwelt das notwendige Fundament an lokalen qualifizierten Arbeitskräften, benötigten Zwischenprodukten und einer differenzierten Nachfragestruktur[283]. Für Kuba wäre der Übergang zu komplexeren Formen der Verarbeitung der Nebenprodukte und die Beherrschung dieser Technologien sicherlich leichter gewesen, wenn man einen größeren Grundstock an Technikern, Wissenschaftlern und qualifizierten Arbeitskräften allgemein aus anderen Industrien gehabt hätte; die Endmelasse kann erst dann ganz in Kuba weiterverarbeitet werden, wenn sie als Exportprodukt durch andere landwirtschaftliche oder industrielle Exporte ersetzt worden ist. Ein entscheidendes Hindernis war weiterhin, daß gerade für hochwertige Produkte wichtige Zwischenprodukte (z.B. Schwefelsäure für die Produktion von Furfural) bisher zu hohen Preisen importiert werden mußten[284]; der Übergang zu komplexeren Verarbeitungsformen der Nebenprodukte setzt daher u.a. das Wachstum der kubanischen petrochemischen Industrie voraus. Die allgemeine Schlußfolgerung liegt auf der Hand: Die konzentrische Diversifizierung der Zuckerrohrindustrie kann eine breite wirtschaftliche Diversifizierung und insbesondere Industrialisierung nicht ersetzen. Sie ist prinzipiell sogar in einem gewissen Umfang an diese gebunden.
Unter dem Aspekt der Entwicklung (d.h. der sinnvollen Bewegung in Richtung auf) eine(r) international konkurrenzfähige(n) Industrie mit autonomer technologischer Innovationskapazität ist das Wachstum der Nebenproduktindustrie ein strategischer Ansatzpunkt gerade, weil sie zur Entwicklung autochthoner Technologien zwingt[285] und - durch ihren potentiellen Umfang - einen breiten Markt für Kapitalgüterindustrien schafft.

11.4. Rückwärtskoppelungseffekte: das Entstehen einer Maschinenbauindustrie und der Beginn einer kubanischen Computerproduktion

Der Begriff der Rückwärtskoppelungseffekte des Zuckersektors umfaßt alle Produktionen, die aus dem Bedarf der laufenden Produktion sowie der Expansion und Modernisierung der Produktionskapazität entstehen. Da der Bedarf der laufenden Zuckerproduktion an Zwischenprodukten gering ist (dies war eines der entscheidenden Argumente für ihr vorrangiges Wachstum) und wegen der fundamentalen strategischen Bedeutung der Maschinenbauindustrie, die später noch näher erläutert wird, stehen im folgenden, mit der Ausnahme der agrochemischen Industrie, die Branchen im Vordergrund, die für alle Etappen der Zuckerrohrlandwirtschaft und der zuckerrohrverarbeitenden Industrie Ausrüstungen produzieren. Im Rahmen der neuen Konzeption der exportgetriebenen Agroindustrialisierung übernahm die Zuckerindustrie gerade aufgrund des Umfangs der Nachfrage des hypertrophen Exportsektors die Rolle einer "bottleneck industry"[286], durch deren umfassende Modernisierung in einer kleinen Volkswirtschaft ein ausreichender Binnenmarkt für vorgelagerte Industrien der 1. ('Zuckermaschinerie') und der 2. Stufe (z.B. die Stahlindustrie) konstituiert wird. Inspiriert war diese neue Konzeption offensichtlich zum Teil durch die von Albert Hirschmann formulierte Theorie des ungleichgewichtigen Wachstums, das sich in Kuba jedoch nichts spontan und unkoordiniert, sondern nach einer geplanten Systematik vollzog.
Die Theorie des ungleichgewichtigen Wachstums geht aus von dem "Grundprinzip der Modifizierung der bestehenden Produktionsstruktur durch die einseitige Entwicklung eines Leitsektors. Der Mechanismus der Rückwärtskoppelung induziert die Kapitalbildung in vorgelagerten Branchen der Wirtschaft oder stimuliert eine darauf bezogene Importsubstitution"[287]. Die induzierten Branchen umfaßten auch die Computerindustrie, also eine Industrie mit komplexer Technologie und von strategischer Relevanz im Kontext der universellen wissenschaftlich-technischen Revolution. Der Schwerpunkt lag zunächst allerdings auf den Branchen, die Inputs für die (Zuckerrohr-)Landwirtschaft herstellen, in denen man in den 80er Jahren eine weitgehende Selbstversorgung anvisiert.

11.4.1. Der Anfang einer kubanischen Computer-Industrie

Die Isolierung der Computerproduktion von den anderen Rückwärtskoppelungseffekten der Zuckerindustrie rechtfertigt sich dadurch, daß es sich hier um eine besonders komplexe Technologie handelt, deren Bedeutung nicht auf den Zuckersektor beschränkt ist, und daß das kubanische Experiment in mehrfacher Hinsicht in Lateinamerika einzigartig ist. Obwohl Computer heute in Kuba ein viel breiteres Anwendungsfeld haben, ist es dennoch sinnvoll, die lokale Produktion von Kleincomputern als eine Form der Rückwärtskoppelungseffekte des Zuckersektors zu betrachten, weil das Bedürfnis nach einem Digital-Computer mit einer beschränkten Kapazität aus den komplexen Anforderungen der Planung und Organisation der Zuckerproduktion entstanden ist: "Viele der Aufgaben der Ernte sind kompliziert: die Kontrolle des Verkehrs in den Zuckermühlen, das Ausarbeiten von Zugplänen, die Programmierung der Arbeit. Deswegen untersuchen wir derzeit die Möglichkeiten für den Einsatz und versuchen sogar, einen Computer herzustellen, der täglich die optimalen Zugpläne in jeder Mühle bestimmt. ... Ihr seht also, daß selbst unsere historisch traditionelle Zuckerindustrie der Hilfe der modernen Technologie, der Elektronik, der Computer bedarf, um mit höchster Effizienz zu arbeiten"[288]. Die Einzigartigkeit des kubanischen Experiments in Lateinamerika besteht darin, daß Kuba als einziges Land in Lateinamerika aus importierten Teilen Kleincomputer montiert, die in Kuba selbst entworfen worden sind.

Kuba war auf dem Gebiet der Datenverarbeitung vor 1959 im Vergleich zu anderen lateinamerikanischen Staaten relativ weit fortgeschritten. Die vorhandenen Ausrüstungen waren jedoch weitgehend auf den Privatsektor beschränkt und in Havanna konzentriert. Der erste Digital-Computer (RAMAC 305) wurde 1960-61 in dem IBM-Büro in Havanna installiert, konnte aber wahrscheinlich nie benutzt werden, weil mit dem Abzug des amerikanischen Personals niemand zur Bedienung und Instandhaltung in der Lage war: die "Geschichte der Datenverarbeitung in Kuba während dieser Phase (vor der Revolution, H.F.) war im wesentlichen die Geschichte von IBM in Kuba"[289]. Eine nationale Kapazität zur Absorption der Computertechnologie bestand nicht - und erst recht nicht zu ihrer Produktion. Auch in diesem Bereich eröffnete jedoch der kurzfristige Nachteil der Emigration der ausländischen Techniker und später des Embargos die Chance der Entwicklung der nationalen produktiven Kräfte[290]. Da Kuba angemessene Computer aus der Sowjetunion hätte beziehen können, "scheint dies nicht der ausschlaggebende Faktor gewesen zu sein... Es ist wahrscheinlich, daß die Kubaner die ökonomische Relevanz von Computern und die langfristigen strategischen Vorteile der Schaffung einer technologischen Infrastruktur für diese Industrie verstanden haben."[291]

Aufgrund ihrer prinzipiellen Option für die modernste Technologie und der Planungskonzeption Guevaras, die die zentrale Steuerung der Gesamtwirtschaft und der einzelnen Branchen mit Hilfe von Computern durch ein nationales Steuerungszentrum ohne Rekurs auf marktwirtschaftliche Mechanismen vorsah, interessierte sich die kubanische Führung schon sehr früh für die Computer-Technologie. Im wesentlichen aufgrund des Embargos der USA konnte Kuba bis Anfang 1972 nur 3 Großcomputer importieren: einen aus England (Elliott 803) und zwei 1969 aus Frankreich(SEA 4000). Wahrscheinlich wurde der vor 1967 importierte Elliott 803 aufgrund des Drucks der USA ohne Zusatzinstrumente geliefert.
Für den 'Nationalen Rechnungsplan' wurden dann 1972 weitere 11 große Digital-Computer (9 IRIS-10, 2 IRIS-50) aus Frankreich importiert[292]. Interessant und, gemessen an der Praxis der anderen RGW-Staaten, unüblich ist, daß Kuba die Großcomputer offensichtlich wegen ihrer technischen Überlegenheit nicht aus der Sowjetunion oder anderen sozialistischen Ländern importierte sondern aus Frankreich. Hinsichtlich der Art und Weise ihrer Nutzung orientiert man sich jedoch am sowjetischen Vorbild.

1969 wurde das Zentrum für Computer-Forschung (CID) gegründet, mit dem Auftrag, auf kubanische Bedürfnisse zugeschnittene Kleincomputer zu entwerfen und zu produzieren. Das CID begann mit 5 Ingenieuren und einem Mathematiker: 1972 verfügte es über insgesamt 153 Beschäftigte (40 Wissenschaftler, 60 Techniker und qualifizierte Arbeiter und 53 Arbeiter als Hilfspersonal). 1976 waren es schon 300. 1970 wurde der CID-201-A entworfen, 1971 der CID-201-B, 1973 der CID-202 und 1975 der CID-300, ein Computer mittlerer Größe. Allein 1971 wurden insgesamt 15 Mio Pesos in dieses Projekt investiert. 1973 waren schon knapp 50 Computer in Kuba produziert worden. Anfang 1976 hatte die kubanische Computer-Industrie eine Produktionskapazität von 30 Stück pro Jahr erreicht (vgl. Tabelle 11.26.)

Tabelle 11.26.: Entwicklung der Produktion einiger ausgewählter Artikel der kubanischen Elektro(nik)industrie 1968 - 1976

Jahr	Klein-computer Stück	Klima- und Kühlanlagen[1] (Industrie) Stück	Gebläse, Ventilatoren[1] Stück	Kühlschränke[1] Stück	Radioempfänger[1] stück	Fernsehgeräte Stück
1968		1.382	4.058	19	20.853	
1969		343	668	2.080	-	
1970		604	1.254	5.841	19.135	
1971		2.804	3.068	20.168	12.706	
1972		3.139	4.490	30.097	31.283	
1970-1973	43-50[2]					
1973		4.052	4.607	40.220	23.028	
1974		4.978	4.821	42.001	42.223	
1975				50.000[4]	113.000[4]	26.000
1976	30[3]					
1978[5,a]				93.000		196.500

Anmerkung:
a) Angabe für den Verkauf; wahrscheinlich aber identisch mit der nationalen Produktion, weil Fernsehgeräte und Kühlschränke zur Kategorie nichtessentieller Konsumgüter zählen, die nicht importiert werden.

Quellen:

1) JUCEPLAN, Anuario Estadístico De 1974, S.
2) R. Barquin 1975, S.6.
3) F.C. Helm1976, S. 24f.
4) UN Yearbook of Industrial Statistics 1975, Vol.II, 1977, S.566, 597.
5) D. Lehmann 1979, S. 321.

Die Angaben zur Verteilung der vorhandenen Computer auf die verschiedenen Institutionen sind - offensichtlich wegen der schnellen Entwicklung - nicht eindeutig. 1973 existierten in der Zuckerindustrie 5 Rechenzentren: 3 auf Provinzebene (Oriente, Camaguey, LasVillas), eines im Ministerium für die Zuckerindustrie und ein weiteres in der Zuckerfabrik 'Camilo Cienfuegos'. Außer im Ministerium, das über einen IRIS-10 verfügt, waren alle anderen Zentren mit jeweils einem CID-201 bestückt. In der bisher umfassendsten Studie zum Einsatz der Kybernetik in Kuba kommt Barquin zu dem Schluß, daß 1974 in der Zuckerindustrie insgesamt 11 Computer eingesetzt waren. Die anderen verteilten sich auf die gesamtwirtschaftliche Planungsbehörde, einige Forschungszentren, mehrere staatliche Importunternehmen und andere Ministerien (u.a. Landwirtschaft) und einzelne zentrale Wirtschaftsbehörden (Petroleum, Textil, Eisenbahn usw.)[293]. Die Fortschritte seit 1971 sind auf jeden Fall erheblich: "Es ist ziemlich eindeutig, daß innerhalb weniger Jahre Kuba von einem Nullpunkt der Computerisierung zu einer ziemlich extensiven Verwendung von Computern übergegangen ist."[294]

Das Hervorstechende an der kubanischen Entwicklung ist jedoch nicht das schnelle Wachstum des Gebrauchs von Computern in den siebziger Jahren und ihre Bedienung durch kubanisches Personal, sondern die Tatsache, daß Kuba die kleineren Modelle selber entwirft und produziert: "Der interessanteste Aspekt von Kubas Entscheidung, Computer herzustellen, ist, daß man dadurch einen unorthodoxen Ansatz zur Befriedigung der eigenen technologischen Bedürfnisse wählte. Tatsächlich hat nahezu jedes Entwicklungsland traditionell diese Art von Ausrüstung importiert, und zwar aufgrund solcher Überlegungen wie der Kosten von Forschung und Entwicklung, des begrenzten Binnenmarktes und des begrenzten lokalen Talents für seine Anwendung."[295] Die Bewunderung des Experten ist mit Skepsis vermischt. Die Hauptfragen von Barquin an das kubanische Experiment sind, ob die begrenzten kubanischen Ressourcen nicht "evtl. technologische Rückständigkeit und Überalterung oder unökonomische und ineffiziente Unternehmungen"[296] implizieren oder der Binnenmarkt für eine derart komplexe Technologie, die man ökonomisch nur in Serien produzieren könne, nicht zu gering sei, da der Export in einer ersten Phase sicherlich ausgeschlossen sei. Andererseits konzediert Barquin die Attraktivität und die möglichen Vorteile des kubanischen 'Modells' für andere Entwicklungsländer: "Da sind viele anziehende Aspekte so zu handeln, wenn die technische Machbarkeit erst einmal bewiesen ist, wie z.B. regionales oder internationales Prestige, technologische Unabhängigkeit, mögliche Quellen des Exports und Zahlungsbilanzvorteile. ... Es gibt in Argentinien eine Diskussion über die Verfolgung des gleichen Weges, und Kuba wird als ein Argument dafür angeführt. ... Wenn Kuba beweisen kann, daß seine Kleincomputer technologisch wettbewerbsfähig und ökonomisch gesund sind, wird es wahrscheinlich ein Modell für andere Entwicklungsländer werden. Wenn es dies nicht kann - ... wird es wenigstens dazu beigetragen haben zu bestimmen, ob es für ein Entwicklungsland ratsam ist, seine eigenen Computer zu produzieren."[297]

Ohne hier eine Antwort übers Knie brechen und entscheiden zu wollen - dies ist angesichts der begrenzten Auswertung der bisher selber noch äußerst begrenzten kubanischen Erfahrung noch nicht möglich -, möchte ich zwei grundlegende Argumente anführen, die beide nahelegen, daß das kubanische Experiment durchaus erfolgreich sein könnte: die Unterschiede der sozioökonomischen Rahmenbedingungen in Kuba im Gegensatz zu den Ländern der kapitalistischen Peripherie und die Tatsache, daß die von Kuba verfolgte Strategie im Bereich der Computer-Produktion weder eine 'alles-oder-nichts'-Strategie ist noch quersteht zu den allgemeinen Prinzipien der kubanischen Technologiepolitik.

Barquin verweist selber darauf, daß Computer in der kubanischen Konzeption zentraler Wirtschaftsplanung und der allgemeinen Organisation der Wirtschaft eine fundamentale Rolle spielen. Zusammen mit der angestrebten Vollautomatisierung des Produktionsprozesses in zentralen Wirtschaftsbereichen wie z.B. dem Zuckersektor[298], dürfte eine weitaus höhere Binnennachfrage als in anderen Entwicklungsländern gesichert sein. Weiterhin könnte es durchaus möglich sein, daß die Elektronik-Industrie inklusive der Computer-Produktion im Laufe der achtziger Jahre zu einem neuen Wachstumspol in einer neuen Phase der kubanischen Entwicklungsstrategie werden könnte - die auch von Barquin angeführte Tatsache, daß Kuba vorschlägt, sich im Rahmen des RGW auf die Produktion bestimmter Computer zu spezialisieren, deutet in diese Richtung -, so daß dadurch die umfangreichen Ressourcen für die notwendigen Forschungs- und Bildungsinvestitionen und die Devisen mobilisiert werden könnten.

Vor allem aber ist die bisherige kubanische Computer-Strategie pragmatisch, da selektiv und in Phasen aufbauend, und zugleich umfassend. Umfassend ist sie, weil sie langfristig das Ziel verfolgt, die technologische Abhängigkeit in diesem fundamentalen Bereich zu vermeiden. Pragmatisch ist sie, weil in dieser Phase nur die für Großunternehmen benötigten <u>Klein</u>computer, nach denen in Kuba ein großer Bedarf besteht, <u>montiert</u> werden, während die technologisch komplexeren Großcomputer, die derzeit noch außerhalb der kubanischen Reichweite liegen, und die meisten Einzelteile importiert werden. Durch den Entwurf der Modelle und ihre Montage sowie durch die Entwicklung von eigenen Programmen soll das Paket der importierten Technologie zerlegt und die technologische Abhängigkeit schon heute reduziert werden. Durch die Eigenproduktion von Technologie und Ausrüstungen soll garantiert werden, daß diese den lokalen Bedürfnissen entsprechen[299]. Langfristig hofft man offensichtlich, durch die Montage von Kleincomputern die Erfahrungen zu sammeln, die für die Ausweitung und Differenzierung der Computer-Produktion notwendig sind. Der schnelle Übergang zur Produktion von Computern mittlerer Größe ab 1975 (CID 300) deutet in diese Richtung. Voraussetzung dieser Perspektive ist der Ausbau der menschlichen und materiellen Infrastruktur. Im Rahmen des Anfang der siebziger Jahre veröffentlichten integralen Informatik-Plans genießen die Bildungsinvestitionen und die Entwicklung eines komplementären Informations- und Telekommunikationssystems eine hohe Priorität[300]. Ein Hinweis für die Anstrengungen in diese Richtung ist ein von der UNDP unterstütztes Projekt, daß die Modernisierung des nationalen Kommunikationsnetzes zum Ziel hat und die Erforschung, Entwicklung und Produktion von Ausrüstungen für Telekommunikation fördern soll[301].

11.4.2. Der Aufbau einer Maschinenbau- und agrochemischen Industrie

Obwohl einige Länder der Dritten Welt begonnen haben, Ausrüstungen für moderne Zuckerfabriken selber zu produzieren, lag historisch und zum größten Teil auch heute noch die Produktion von Investitionsgütern für den modernen Zuckerrohrsektor der Entwicklungsländer in den Händen von in den Zentren angesiedelten und von dort kontrollierten multinationalen Konzernen[302]. Diese hatten in der Regel zunächst Zucker produziert, später auch vermarktet. Der Anbau von Fabriken zur Herstellung von Maschinen für die Zuckerindustrie ist nur eine Form ihrer zunehmenden vertikalen und horizontalen Differenzierung und Integration, d.h. der internen Nutzung und Organisation von Koppelungs- und Ausbreitungseffekten im Rahmen multinational betriebener, aber zentral gesteuerter kapitalistischer Firmen. Die Situation des vorrevolutionären Kubas unterschied sich in dieser Hinsicht nicht von der allgemeinen Tendenz. Obwohl die 'zuckermechanische' Industrie entwickelter war als die Maschinenbauindustrie im allgemeinen, die mit einem Kapitalstock von 26 Mio Pesos nur embryonal vorhanden war, war sie wesentlich auf Reparatur und Instandhaltung sowie die Produktion einfacher Ausrüstungen geringer Größe beschränkt[303]. Insgesamt existierten 1959 nur 6 bis 8 unabhängige Werkstätten; daneben noch einige in den größeren Zuckerfabriken, die später ausgelagert wurden und sich auf bestimmte Produkte spezialisierten. Außerdem war auch in diesem Bereich das ausländische Kapital vorherrschend: Die Reparatur automatischer Kontrollinstrumente wurde überwiegend von US-Unternehmen dominiert, die fast alle in Havanna angesiedelt waren.

Nachdem während der Phase beschleunigter Industrialisierung das vorhandene Investitionskapital über eine Vielzahl von Kapitalgüterindustrien gestreut worden war, konzentrierte man sich im Rahmen der 'Zuckerstrategie' zunächst auf den Ausbau der Investitionsgüterindustrie für den Zuckersektor. Das langfristige Ziel der kubanischen Wachstumsstrategie ist die Selbstversorgung des Zuckersektors mit allen notwendigen Inputs für die laufende Produktion (z.B. Kunstdünger für die Landwirtschaft) und allen Werkzeugen, Maschinen und Ausrüstungen für die Aufrechterhaltung,

Erweiterung und Modernisierung der Produktionskapazitäten aller Etappen des Produktionsprozesses inklusive der Zuckerrohrnebenprodukte verarbeitenden Industrie[304]. Obwohl also die integrale Selbstversorgung des Zuckersektors angestrebt war, war die Struktur des Wachstums der diesem vorgelagerten Industrien an Phasen mit bestimmten intrasektoralen Schwerpunkten orientiert. Etwas schematisch und mit den realen, nicht den geplanten Zeitangaben versehen, lassen sich folgende Phasen der Entwicklung der dem Zuckersektor vorgelagerten Industrien herauskristallisieren: Der Zuckerperspektivplan 1966-70 konzentrierte sich im wesentlichen auf die Modernisierung der Zuckerrohrlandwirtschaft und der Zuckerindustrie. Der größte Teil der Investitionsgüter mußte importiert werden; für die ursprünglich geplanten neuen Zuckerfabriken und den Transportsektor lag der Importanteil zwischen 70 und 80 %. Nennenswerte Investitionen in der Kapitalgüterindustrie für den Zuckersektor waren in diesem Zeitraum nicht vorgesehen. 1971-75 sollte schwerpunktmäßig die agrochemische Industrie ausgebaut werden; daneben die Produktion kritischer, häufig nachgefragter Ersatzteile für die Zuckerindustrie. 1976-80 lag die Betonung im wesentlichen auf der Landmaschinenindustrie; für die Zuckerindustrie sollte die Produktionspalette der Einzelausrüstungen auf alle schweren, aber nicht komplexen und dynamischen Teile (d.h. mit der Ausnahme von Turbinen, Zentrifugen und Generatoren) ausgedehnt werden. Für 1980 - 90 wird die Priorität auf der Entwicklung der Maschinenbauindustrie für die Zuckerindustrie und die nebenproduktverarbeitende Industrie liegen; geplant ist der Bau aller Einzelausrüstungen und kompletter Zuckerfabriken. Die Voraussetzungen für diesen Aufschwung sollen durch den Bau eines großen Eisen- und Stahlkomplexes, nach Castro der "größten Investition, die wir jemals in unserer Geschichte unternommen haben"[305], geschaffen werden. Beginnen wir mit der Agrochemie.

Die Entwicklung der <u>agrochemischen Industrie</u> ist in Kuba insofern als Rückwärtskoppelungseffekt der Zuckerrohrlandwirtschaft zu betrachten, weil ungefähr die Häfte allen verfügbaren Kunstdüngers in ihr verwandt wird (vgl. Tabelle 11.3.). Dieser Zusammenhang wird auch in Kuba so gesehen: "Die wachsenden Pläne der Düngung der Zuckerrohrlandwirtschaft in Kuba in den nächsten

Jahren werden eine wichtige Stütze in der Produktion der neuen Kunstdüngerfabrik in Cienfuegos ... haben"[306]. Die Produktion von Kunstdünger konnte von insgesamt 195.000 t 1958 auf 734.000 t 1974 nahezu vervierfacht werden (vgl. zu diesen und den folgenden Daten Tabelle 11.27). Da jedoch der Bedarf an Kunstdünger durch die angestrebte Modernisierung der Landwirtschaft erheblich gewachsen ist und die kubanischen Produktionskapazitäten bis Anfang der siebziger Jahre im wesentlichen Fabriken waren, in denen importierter Kunstdünger vermischt und abgepackt wurde, konnte bis 1975 die Menge der Kunstdüngerimporte (einschließlich der Vorprodukte) noch nicht reduziert werden. Zwischen 1969 bis 1975 wurden ca. 700.000 bis 900.000 t Kunstdünger pro Jahr importiert. Mit der Errichtung von drei neuen Kunstdüngerfabriken 1973-74 im Werte von 170 Mio Pesos wird sich dies grundlegend ändern (vgl. dazu Tabelle 11.28). Zwei von diesen neuen Fabriken sollen in erster Linie Stickstoffdünger herstellen, der in der kubanischen Zuckerrohrlandwirtschaft besonders gebraucht wird. 1975 hatte die Produktion von Stickstoffdünger, ausgehend quasi von Null, zwar schon ein Volumen von 82.000 t erreicht, blieb aber aufgrund ungelöster technischer Probleme noch weiter hinter der projektierten Produktionskapazität von mehr als 700.000 t Stickstoff pro Jahr zurück[307]. 1976-80 ist der Bau weiterer Stickstoffdüngerfabriken geplant, über deren Zahl, Lokalisierung und Produktionskapazitäten keine Angaben verfügbar sind[308].

Ein großer Aufschwung der industriellen Branche, die Ausrüstungen und Maschinen für die Landwirtschaft produziert, wird durch ein massives Investitionsprogramm im Rahmen des ersten Fünf-Jahres-Plans nach 1976 vorbereitet. Zwischen 1976 und 1980 werden in diesem Sektor allein 5 große Fabriken gebaut, deren Investitionsvolumen sich auf ca. 150 Mio Pesos beläuft; das sind ca. 27 % aller Investitionen in die Maschinenbauindustrie in diesem Zeitraum und fast das Vierfache der Erweiterungsinvestitionen in den Fabriken, die unter der Regie des Ministeriums für die Zuckerindustrie Einzelteile und Ausrüstungen für die Zuckerindustrie herstellen.

Tabelle 11.27.: Entwicklung der agrochemischen Industrie: Kunstdünger, Herbizide, Pestizide 1958 - 1975 (1.000 m.t.)

	Herbizide[1]			Pestizide[a,1]			Kunstdünger							
								National				Import		
	National	Import	Gesamtkonsum	National	Import	Gesamtkonsum	Insgesamt[b]	Komplex	Gemischt	Granuliert	Stickstoff[6]	Gesamt	Gemischt	Gesamtkonsum
1958							195[5]					181[4]		
1961							405[5]							
1962														
1963							439[5]							
1964														
1965							473[5]					339[4]		
1966	0,8[2]			2,54										501
1967				5,18			788							
1968	0,7			3,25			860	12,7	818	28,3	3			
1969	1,0			5,21		7,2	695	15,5	655	23,9	-	862[4]		1.249
1970	2,2	7,8		3,62	5,9	8,0	577	33,7	504	39,6	4,5	975	299	1.027
1971	2,6	5,5		5,58	4,9	6,1	565	24,6	506	34,5	5,2	613	69	816
1972	2,7	7,2		6,15	5,1	6,0	620	0,03	583	37,6	1,6	651	-	726
1973	2,7	9,4		7,14	6,6	6,7	689	32,0	588	42,5	20,0	872	93	842
1974	2,8			7,96		6,0	734	71,2	585	71,8	45,9	798	22	888
1975				8,53[3]							82,0	855[4]		

a) Insektizide, Fungizide, Desinfektionsmittel, b) Summe der Produktion komplexen, gemischten und granulierten Kunstdüngers

Quellen:
1) Anuario Estadístico De Cuba 1974, S. 73 f., 130
2) Acosta 1973, S. 98, Tab. 39, S. 92
3) UN Yearbook of Industrial Statistics 1975, Vol. II, 1977, S. 328 ff.
4) Theriot 1978, Tab. 6 (Tabellenanhang)
5) López Etcheverría 1972, S. 22
6) UN Statistical Yearbook 1976, S. 288, Tab. 117

Tabelle 11.28.: Einige wichtige neue Fabriken der agrochemischen und Landmaschinenindustrie, 1970 - 1980

Zahl	Art der Fabrik oder des Produkts	Zeitraum	Name und/oder Ort	Investitionen Mio Pesos	Beschäftigte Zahl	Produktionskapazität pro Jahr	Wert der jährlichen Produktion Mio Pesos
3[a]	Kunstdüngerfabriken [2]	1970-1974	Felton Cienfuegos Nuevitas	170		390.000 mt Mischdünger 700.000 mt Stickstoffdünger	
1	Zuckerrohrerntemaschinenfabrik [1]	1975-1977	'60. Jahrestag der Oktoberrevolution', Holguin	46	1.578	600 Stück	30,0
2	Fabrik für Bewässerungsanlagen (Röhren, Berieseler, Zubehör) [1]	1976-1980	Manzanillo Cienfuegos	40 (Manzanillo allein 19,6)			43,7 (16,7) (27,0)
1	Landmaschinenfabrik [1]	1976-1980	'Märtyrer des 26. Juli', Holguin	60	3.200		
1	Fabrik für Zuckerrohrwaggons [1]	1976-1980	Holguin			3.000 Stück	

Quellen: 1) Zusammengestellt aus den Reden von F. Castro vom 26. bis 28.7.1977, alle in Granma W.R. 14.9.77

2) Bericht der kubanischen Delegation für die 12. Regionalkonferenz der FAO im August 1972, 1973, S. 186

a) weitere Stickstoffdüngerfabriken waren für 1976-80 geplant; ohne genaue Angaben zu Zahl und Kapazität vgl. Banco Nacional de Cuba 1975, S. 69.

Diese neuen großen Installationen in der Landmaschinenindustrie sind: 1 Fabrik zur Montage von Zuckerrohrerntemaschinen in Holguin, daneben 1 auf die Produktion von Zuckerrohrwaggons spezialisierte Fabrik und 1 große, mit bulgarischer Technologie erstellte, allgemeine Landmaschinenfabrik; außerdem 2 Großbetriebe zur Produktion von Bewässerungssystemen (Röhren, Berieselungsanlagen, Zubehör und Ersatzteile) in Manzanillo und Cienfuegos. Zwei dieser Fabriken produzieren Spezialausrüstungen für die Zuckerrohrlandwirtschaft, während die drei anderen zunächst zwar vorwiegend für diese produzieren, aber prinzipiell auch andere landwirtschaftliche Kulturen beliefern. Vorher wurden schon erhebliche Fortschritte bei der Produktion einfacher Werkzeuge und Ausrüstungen für die Landwirtschaft erzielt. U.a. stieg die Zahl der in Kuba produzierten Pflüge von knapp 2.000 1970 auf 12.270 1975 und die von Wasserpumpen, die wahrscheinlich überwiegend in der Landwirtschaft eingesetzt werden, von 1.858 1968 auf 15.000 1975 (vgl. Tabelle 11.29.). Nach 1970 wurden auch Bulldozer und Planierraupen in Kuba montiert, von den ersteren zwischen 500 (1974) und 1.000 Stück (1975), von den letzteren bis zu 90 Einheiten. Durch die Installation der neuen o.g. Fabriken wird sich die Produktionskapazität in allen Bereichen deutlich erhöhen, so daß die ab 1980 angestrebte Selbstversorgung Kubas mit Bewässerungsanlagen und Landmaschinen in der Zuckerrohrlandwirtschaft, mit der Ausnahme der komplexen Zugmaschinen, realistisch sein dürfte[309].

Bezüglich der Produktionsweise schreitet die kubanische Landmaschinenindustrie mit diesen neuen Fabriken von der Manufaktur einer Vielzahl von Endprodukten in kleinen oder mittleren Betriebseinheiten zur Serien- und Massenproduktion in technologisch relativ fortgeschrittenen und spezialisierten Großbetrieben, die potentiell auch für den Weltmarkt produzieren können, fort. Die institutionellen Konsequenzen dieser Entwicklung sind: einerseits die Herausbildung spezialisierter und unabhängiger Betriebe und andererseits ihre Reintegration in integrierte industrielle Komplexe auf einem höheren Niveau. Mittelfristig sollen z.B. die drei Landmaschinenfabriken von Holguin zu einem derartigen integrierten industriellen Komplex zusammengefaßt werden, wodurch die indirekten Kosten (Straßen, Verwaltungsgebäude, Kommunikationsnetz, Lagerhallen, Energiequellen usw.) beträchtlich reduziert werden.

Tabelle 11.29.: Produktion von Maschinen und Ausrüstungen vorwiegend für die Zuckerrohrlandwirtschaft, 1966-1980

Jahr	Pflüge[4] Stück	Zuckerrohrwagen[2] Stück	Zuckerrohrwaggons[4] Stück	Zuckerrohrerntemaschinen[1] Stück	Bulldozer[4,b] Stück	Planierraupen[4,b] Stück	Kräne[4] fixiert Stück	Teile für Stauseen[2] m.t.	Pumpen[2,d] Stück	Bewässerungsrohre und Zubehör Systeme
1968									1.858	
1969		5.181						354,6	1.605	
1970	1.999	-				52	2	619,5	1.497	
1971	4.880	2.688			10	105	8	787,7	4.751	
1972	5.316	1.650			120	51		4.936,0	5.742	
1973	7.851	3.906				50	92	514,7	8.818	
1974	8.418	3.230	200		1.000	50	46	1.086,6	12.679	
1975	12.270		502		500	90	83		15.000[4]	
1976		3.000[3,a]								
1977				60						
1978				300						
1979				480						
1980			1.000[1]	600						400[5,c]

a) Jährliche Produktionskapazität einer spezialisierten Fabrik, b) Wahrscheinlich Montage, c) Wahrscheinlich je ein Block von 'campos tipicos'. Nur die Produktion der Fabrik in Manzanillo. Die zweite Fabrik für Bewässerungsanlagen in Cienfuegos soll 8.700 km Plastikröhren pro Jahr produzieren, d) Allgemeine Wasserpumpen, die wahrscheinlich hauptsächlich zur Bewässerung in der Landwirtschaft benutzt werden.

Quellen:
1) F. Castro, Rede vom 27.7.1977, a.a.O., S. 2 f.
2) Anuario Estadístico De Cuba 1974
3) M. Fernández-Font 1973, S. 8 f
4) UN Yearbook of Industrial Statistics 1975, Vol. II, 1977, S. 525, 559, 573, 626
5) F. Castro, Rede vom 28.7.1977, Granma W.R., 14.8.1977, S. 7

Das Wachstum und die Investitionen in der mechanischen Industrie, die Maschinen und Ausrüstungen für die Zuckerindustrie produziert, haben bisher noch nicht die Dimensionen derjenigen in der Landmaschinenindustrie erreicht. Doch auch hier sind beträchtliche Fortschritte erzielt worden. Die Zahl der Betriebe in dieser Branche stieg von 6 bis 8 Werkstätten 1958 auf 25 Fabriken 1973, im wesentlichen durch die Auslagerung, Spezialisierung und Ausweitung großer Reparaturwerkstätten aus einigen Zuckerfabriken. Nur der größte dieser Betriebe, die Fabrik Aguilar Noriega in Santa Clara, wurde noch im Rahmen des ersten Industrialisierungsplans ganz neu errichtet und 1964 fertiggestellt.

In erster Linie durch die Erweiterung der zweitgrößten Fabrik dieser Branche, des Unternehmens '9. April', konnte der Wert der jährlichen Produktion aller Maschinen und Ausrüstungen für die Zuckerindustrie von 13 Mio Pesos 1970 auf 35 Mio Pesos 1974 erhöht werden. Allein für das dem Ministerium für die Zuckerindustrie unterstellte 'Unternehmen für die Maschinenproduktion' (EMPROMEC) waren 1976-80 Investitionen in Höhe von 40 Mio Pesos vorgesehen. Von den verbleibenden 350 Mio Pesos der insgesamt 550 Mio Pesos Investitionen in die gesamte Maschinenbauindustrie in diesem Zeitraum (abzüglich der genannten 40 Mio Pesos und der rund 150 Mio Pesos in die Landmaschinenindustrie) diente sicher ein erheblicher Teil direkt oder indirekt (Metallurgie) der Ausweitung der Kapazitäten zur Herstellung von 'Zuckermaschinerie' (zu diesen und den vorhergehenden Daten vgl. Tabelle 11.30.). Allein der Wert der Jahresproduktion der Fabrik Aguilar soll von 17 Mio Pesos 1977 auf 70 Mio Pesos am Ende dieser Periode erhöht werden[310].

Das Spektrum der produzierten Ausrüstungen hat sich im Lauf der siebziger Jahre erheblich erweitert und umfaßt jetzt mit einer neuen Fabrik für Dampfkessel (30 pro Jahr), der Massenproduktion von Mahlwalzen (600 pro Jahr) und der Herstellung vollständiger Mahlwerke auch die schwersten Einzelteile. Ab 1979 ist die Produktion kompletter Tandems (bis zu 5 Mahlwerke) geplant, die in Zukunft auch exportiert werden sollen; ab Anfang der achtziger Jahre wird die Produktion von Zentrifugen aufgenommen. Dann können, mit der Ausnahme der Turbinen, der Motoren und der Generatoren, ganze Zuckerfabriken hergestellt werden.

Tabelle 11.30: Entwicklung der Maschinenbauindustrie für die Zuckerindustrie und der Maschinenbauindustrie insgesamt, 1958-80

Jahr	Zahl der Betriebe Gesamt[1]	Zahl der Betriebe Nur für die Zuckerindustrie[2]	Gesamter Kapitalstock[1] Mio Pesos	Maschinenbau Beschäftigte[1]	Produktion von Maschinen und Ausrüstung pro Jahr: centros de acopio[3] 1000 Pesos	Produktion: Zuckerindustrie MINAZ[3,b] 1000 Pesos	Produktion: Zuckerindustrie[4,c] Gesamt 1000 Pesos	Investitionen in der mechanischen Industrie: MINAZ[4,b] Mio Pesos	Investitionen: Gesamt[1] Mio Pesos	Umfang der industriellen Ersatzinvestitionen pro Jahr Mio Pesos	Importanteil der Gesamtinvestitionen neuer Zuckerfabriken %	Rohstahl[7] 1000 mt
1958	40[a] (meist Werkstatten)	6 - 8 (Werkstätten)	26	4.000								30[1]
1966-70											80[5]	
1966												67
1967												102
1968					46,1	790,6						120
1969					657,6	1.021,9						119
1970					2.634,8	727,5	13.000					140
1971					5.822,9	1.561,9						111
1972					1.042,6	1.781,3						187
1973		25 (Fabriken)			646,4	1.042,1				60 - 70[6]	60[2]	221
1974					258,5	1.894,1	35.000					250
1975							43.000[d]					298
1976	70 (Fabriken)		160	33.000								305[1]
1976-80								40	550		35 - 40[8]	
1980			700	48.000								700[1]
1985												2.100[1]

Anmerkungen:
a) Bis auf zwei Fabriken (Antillana de Acero, Metallúrgica Básica) meist kleinere Betriebe und Werkstätten.
b) Nur die dem MINAZ direkt zugeordneten Maschinenfabriken und Reparaturbetriebe.
c) Gesamtheit der Ausrüstungen für die Zuckerindustrie durch das Ministerium für die eisen- und stahlverarbeitende Industrie (SIME), das Ministerium für die Grundindustrie MINBAS) und das Ministerium für die Zuckerindustrie(MINAZ).
d) Plan

Quellen:
1) F. Castro, Rede vom 27.7.1977, Granma W.R., 14.8.1977, S.2.
2) J. Ferrán Oliva 1973, S. 56.
3) JUCEPLAN, Anuario Estadístico De 1974, S. 17f.
4) O. Dorticós 1974 (Optimizar, ATAC-Ausgabe)
5) H. Gutelman 1967, S. 205, 210.
6) Figueras 1973, S. 31 (Interview mit J. Vázquez).
7) UN Statistical Yearbook 1976, S. 320, Tab.126.
8) J. Vázquez 1978 (Four New Cuban Built Sugar Mills to be in Production by 1980).

Die Konsequenzen der skizzierten Entwicklung bezüglich der Substitution von Importen sind schon spürbar: Der Anteil der Importe an den Gesamtinvestitionen der 1977-80 neu errichteten vier Zuckerfabriken liegt mit 35 bis 40 % mehr als die Hälfte unter den geplanten 80 % der ursprünglich im Rahmen des Zuckerperspektivplans 1966-70 geplanten zwei neuen Fabriken. Noch geringer ist der Importgehalt der Investitionen der neuen Terminals für Losezucker, während er bei den Torula-Hefefabriken (52,7 %) und der Fabrik zur Herstellung von Zuckerrohrerntemaschinen (61 %) erheblich höher liegt[311]. Die Tatsache, daß die meisten Ausrüstungen für die neuen Zuckerfabriken in Kuba produziert wurden und diese gänzlich von Kubanern entworfen, geplant, gebaut und in Betrieb genommen wurden,ist in kubanischer Perspektive ein entscheidender Meilenstein auf dem Weg zur Überwindung der ungleichen internationalen Arbeitsteilung im Zuckersektor: "Es bedeutet, daß unsere Zuckerindustrie nicht länger von ausländischen kapitalistischen Firmen abhängig ist, wie dies immer der Fall war."[312]

Einige zentrale Prinzipien und Bewegungsgesetze, die der Entwicklung der Maschinenbauindustrie für den Zuckersektor zugrundelagen, waren: die Reihenfolge Landwirtschaft, Zuckerindustrie, Nebenproduktindustrie und langfristig auch die Produktion von Ausrüstungen für die Maschinenbauindustrie; der Übergang von der Manufaktor zur spezialisierten Massenproduktion sowie von der Produktion leichter und einfacher zu schweren und komplexen Ausrüstungen; die Aneignung von Qualifikationen durch Instandhaltung und Reparatur vor der Aufnahme der eigenen Produktion.

Der vorrangige Ausbau der Landmaschinenindustrie wurde deswegen verfolgt, weil diese in der Strategie der Agroindustrialisierung höchste Priorität genoß und weil Landmaschinen in der Regel einfacher und billiger sind als industrielle Ausrüstungen. Nach 1980 sollten jedoch schon die "Mehrheit der Ausrüstungen der Fabriken (der Nebenproduktindustrie in Kuba gebaut werden)"[313].

Ein weiterer Grundsatz, der die Entwicklungsdynamik dieser Branche bestimmte, war die allmähliche Ausdehnung der Produktionspalette auf schwerere und komplexere Ausrüstungen, wie z.B. in der Perspektivplanung 1970-80 zum Ausdruck kam, die "ausgehend von der akkumulierten Erfahrung ... die Realisierung von Investitionsprojekten für komplexere Produktion in der Periode 1976 bis 1980"[314] vorsah. Beispiele hierfür sind der Beginn der Herstellung ganzer Mahlwerke 1978, die mit einem Gewicht von 37 t in die Kategorie der schweren Ausrüstungen fallen, und die geplante Aufnahme der Produktion von Zentrifugen nach 1980. Von den Mahlwerken selber sind zunächst einige Einzelteile, danach einzelne Blöcke, dann ganze Mahlwerke und zum Schluß komplette Tandems mit mehreren Mahlwerken gebaut worden.

Die Aneignung der Produktionstechnologie der Maschinen wurde zunächst durch deren Massenreparatur gefördert. So sah z.B. der Zuckerperspektivplan 1966-70 in erster Linie die Befriedigung der "Notwendigkeiten der Instandhaltung der Zuckerindustrie" vor und erst danach "andere längerfristige Pläne"[315]. In Übereinstimmung mit dieser Konzeption soll die Errichtung einer großen Abteilung zur Reparatur von Turbinen nach 1980 in der größten Fabrik für Zuckermaschinerie offensichtlich den Übergang zur nationalen Produktion einer der komplexesten Maschinen der Zuckerfabriken vorbereiten.

Parallel zur dargestellten Entwicklung vollzieht sich der Übergang von der Manufaktur verschiedenster Ausrüstungen in kleinen Mengen zur spezialisierten Massenproduktion in einzelnen Abteilungen oder Betrieben. Dies war eine Aufgabe, die nach 1970 in Angriff genommen wurde. Nachdem vorher die 'zuckermechanische' Industrie primär "Teile und Ausrüstungen für die Instandhaltung der Zentralen" geliefert hatte, sollte diese Branche jetzt die "Serienproduktion der Ausrüstungen, die die Industrie benötigt (organisieren), wodurch die Versorgung gesichert wird, in den Mengen und der Qualität, die wir benötigen"[316]. Das Produktionswachstum dieser Branche in den siebziger Jahren wurde z.T. durch die Spezialisierung der einzelnen Betriebe auf bestimmte Produkte und durch relativ geringe Investitionen zur zunehmenden Mechanisierung der Produktionsweise erreicht[317]. Die Kapazitäten zur Produktion der schwereren Ausrüstungen sind allerdings noch immer äußerst begrenzt. U.a. war für 1978 die Produktion von nur 10 kompletten Mahlwerken geplant, und die neue Fabrik zur Herstellung der großen Dampfkessel hat eine geplante Jahreskapazität von 30 Stück pro Jahr. Andere, weniger schwere und komplexe Einzelteile wie z.B. die Mahlwalzen können dagegen schon in einer Menge von 600 Stück pro Jahr hergestellt werden.

Die kubanische Maschinenbauindustrie für den Zuckersektor hat demnach die Stadien durchlaufen, die für die Entwicklung der Maschinenbauindustrie im allgemeinen typisch sind. Die erste Phase besteht im wesentlichen aus der Reparatur und der Produktion der einfachsten und am häufigsten nachgefragten Einzelteile. In der zweiten Etappe beginnt man auch größere Einzelteile zu produzieren, aber noch mit manufakturellen Methoden und in geringen Mengen. Die dritte Etappe ist die der Differenzierung der Produktionsstruktur, der Spezialisierung einzelner Betriebe und der Massenproduktion einer Vielzahl von Einzelteilen für den Binnenmarkt. In der vierten Phase, die durch das Entwicklungsniveau der kapitalistischen Zentren repräsentiert wird, werden ganze Fabriken gemäß internationaler Qualitätsnormen entworfen und produziert und in einigen Spezialbereichen neue Technologien entwickelt. Wenn die derzeit im Bau befindlichen Landmaschinenfabriken auf vollen Touren laufen, wird Kuba in mehreren Produktionszweigen des Maschinenbaus für die Zuckerrohrlandwirtschaft die Stufe zur vierten Etappe erklommen haben. Bei der Produktion industrieller Ausrüstungen für die Zuckerindustrie befindet man sich gegenwärtig noch im wesentlichen in der dritten Phase, obwohl noch deutliche Spurenelemente der zweiten und schon "geringe Elemente der letzten"[318] (1973) sichtbar sind. In den achtziger Jahren werden sich die typischen Kennzeichen der vierten Etappe vervielfachen, u.a. durch die industrielle Kooperation mit Mexiko in diesem Bereich. Kuba und Mexiko, auf die mit ca. 15 Mio t Zucker pro Jahr rund 50 % der gesamten lateinamerikanischen und karibischen Zuckerproduktion entfallen, haben 1975 einen langfristigen Kooperationsvertrag abgeschlossen mit dem Ziel, in jedem Land eine neue Zuckerfabrik allein mit kubanisch-mexikanischer Technologie und in den beiden Ländern hergestellten Maschinen und Ausrüstungen im Werte von je 80 Mio $ zu bauen. Dieses Vorhaben orientiert sich an der "neuen Philosophie der industriellen Komplementierung, inspiriert durch die Grundsätze des lateinamerikanischen Wirtschaftssystems (SELA)", und beabsichtigt eine "autonome technologische Entwicklung auf der Grundlage der während mehrerer Jahrhunderte akkumulierten Erfahrung als Zuckerproduzenten". Letztlich wird durch diese Zusammenarbeit angestrebt, mit "eigenen Ressourcen die gemeinsamen Probleme zu überwinden und eine größere wirtschaftliche Unabhängigkeit vorzubereiten"[319]. Bis 1978 sollte die erste Phase der Bestandsaufnahme und Langzeitplanung abgeschlossen sein.

Die kurzfristigen ökonomischen und die langfristigen entwicklungspolitischen Vorteile der Entwicklung einer kubanischen 'zuckermechanischen' Industrie liegen auf der Hand: Der Außenhandel wird entlastet, die materielle Basis für die Entwicklung neuer Technologien und die effiziente Nutzung der vorhandenen Installationen wird gelegt; durch die nationale Absorption der Rückwärtskoppelungseffekte wird die Produktionsstruktur in fundamentalen Bereichen weiter differenziert und die Vermaschung der nationalen Volkswirtschaft erhöht, und letztlich wird auf diese Weise die Keimzelle einer breiter gefächerten nationalen Maschinenbauindustrie geschaffen, deren Produkte par excellence "Güter nationaler Unabhängigkeit"[320] sind.

Neben der evidenten Substitution von Importen sollen nach 1980 auch zunehmend Maschinen und Ausrüstungen exportiert werden: kurzfristig z.B. Einzelausrüstungen wie die Mahlwerke oder Zuckerrohrerntemaschinen und mittelfristig, "gestützt durch Spezialisierungs- und Kooperationsabkommen mit dem RGW, vollständige Zuckerfabriken"[321].

Das Wachstum der Maschinenbauindustrie für den Zuckersektor ist außerdem die Bedingung der effizienten Absorption der modernen, zunächst meist importierten Maschinerie und einer zukünftigen eigenständigen technologischen Entwicklung. Zwei Schwerpunkte der Maßnahmen zur Steigerung der ökonomischen Effizienz der Zucker<u>industrie</u> in den siebziger Jahren waren die präventive Instandhaltung, systematische jährliche Reparaturarbeiten und die Erneuerung veralteter oder technologisch rückständiger Einzelausrüstungen an strategischen und besonders anfälligen Punkten des Produktionsprozesses. Die sog. kritischen und grundlegenden Ersatzteile wurden meist in den Reparaturwerkstätten der Zuckerfabriken oder der Region produziert, während die Investitionsgüter für die modernisierenden Ersatzinvestitionen zum großen Teil in den darauf spezialisierten Betrieben der nationalen mechanischen Industrie hergestellt werden konnten[322]. Beides waren wahrscheinlich entscheidende Faktoren der realisierten erheblichen Effizienzsteigerung (vgl. dazu genauer Kapitel 11.2.). Und endlich, aber von fundamentaler Bedeutung, ist eine differenzierte und technologisch moderne Maschinenbauindustrie die zentrale materielle Voraussetzung technologischer Innovationen und einer eigenständigen technologischen Entwicklung. Schon heute gilt der Grundsatz, daß "alle Ausrüstungen, die in kubanischen Werkstätten gebaut werden, auf der Grundlage eigener Entwürfe und einer allgemeinen Typisierung für jedes Instrument hergestellt werden, wobei die ausgewählt werden, die durch ihre technische Effizienz und ihre Kosten am angemessensten sind"[323].

Gesamtwirtschaftlich von vorrangiger Bedeutung ist, daß mit der Entwicklung einer agrochemischen und einer 'zuckermechanischen' Industrie die Grundlagen einer kubanischen Schwerindustrie gelegt werden, und damit eine Lücke aufgefüllt wird, die charakteristisch für die Matrix der deformierten Produktionsstruktur des vorrevolutionären Kubas war. Durch die Orientierung an den jeweiligen Investitionsprioritäten und -sequenzen werden jeweils die Rückwärtskoppelungseffekte für den Aufbau einer nationalen Produktion genutzt, die den Aufbau einer technologisch fortgeschrittenen, die Skaleneffekte nutzenden Industrie ermöglichen[324]. Auch durch die zunehmende nationale Absorption der Rückwärtskoppelungseffekte findet also ein Prozeß der Reintegration in die nationale Volkswirtschaft statt, der erst mit der nationalen Selbstversorgung des gesamten Zuckersektors mit nahezu allen Zwischen- und Investitionsgütern abgeschlossen sein wird.

Einige ausgewählte zentrale Faktoren, die die beschriebene systematische und progressive nationale Nutzung der Rückwärtskoppelungseffekte begünstigten, waren die Größe des kubanischen Marktes, seine selektive Abschottung gegenüber der Importkonkurrenz und der geplante Charakter des Prozesses. Die entscheidende restriktive Bedingung des Wachstums der 'zuckermechanischen' Industrie war bisher die unzureichende Produktionskapazität der nationalen Eisen- und Stahlindustrie.

Die kubanische Nachfrage nach Maschinen und Ausrüstungen für alle Etappen der Zuckerrohrproduktion ist aufgrund der Größe dieses Sektors (Kuba gehört zu den drei größten Zuckerrohrproduzenten der Welt) und aufgrund der ehrgeizigen Modernisierungs- und Ausweitungspläne groß genug, um die Entwicklung einer modernen, an internationalen Qualitäts- und Kostenstandards orientierten Maschinenbauindustrie zu tragen. Allein der Wert der jährlichen Ersatzinvestitionen lag zu Beginn der siebziger Jahre zwischen 60 und 70 Mio Pesos[325]. In diesem Bereich spezialisierte internationale Konzerne sind auf eine "Massenbestellung für ein Land wie Kuba"[326] ganz versessen. Die Massenproduktion wird erleichtert durch den "hohen Grad der technologischen Vereinheitlichung"[327] der standardisierten Ausrüstungen. Innerhalb der Gesamtwirtschaft ist der Zuckersektor der größte Markt für Maschinen und Ausrüstungen; daher kann diese Produktionsgüterindustrie, soweit dies von Skaleneffekten abhängig ist, mit vergleichsweise größerer ökonomischer Effizienz produzieren. Der durch Jahrhunderte abhängiger Entwicklung gesamtwirtschaftlich hypertrophe Zuckerexportsektor eignet sich daher - eine Ironie der Geschichte - am ehesten für die im Rahmen der kubanischen Strategie des exportgetriebenen Wachstums angestrebte ökonomisch effiziente Importsubstitution von Investitionsgütern[328] und als strategischer Angelpunkt und Keimzelle einer breiteren und differenzierteren Entwicklung der Kapitalgüterindustrie in Kuba.

Gestützt wurde diese Entwicklung durch die erzwungene (Embargo) und geplante Abschottung der kubanischen Wirtschaft gegenüber der Konkurrenz der in diesem Bereich dominierenden multinationalen kapitalistischen Konzernen. Das faktische Monopol der amerikanischen Maschinenbaukonzerne, das z.T. auf ihrer überlegenen Technologie beruhte, z.T. aber auch in dem institutionell offenen Charakter der vorrevolutionären kubanischen Wirtschaft begründet war, hatte vor 1959 die Entwicklung einer kubanischen Schwerindustrie im Keime erstickt. Durch den Bruch der politischen und wirtschaftlichen Beziehungen zwischen Kuba und den USA waren diese Fesseln, die die kubanische Industrialisierung hemmten, zerschnitten worden. Angesichts der Tatsache, daß die meisten Ausrüstungen der vorrevolutionären Zuckerindustrie aus den USA kamen und daß das Embargo der USA selbst den Import von Ersatzteilen verhinderte, waren die Kubaner in diesem Bereich zu besonderen Anstrengungen gezwungen[329]. Die Etablierung neuer Abhängigkeitsverhältnisse von den europäischen und japanischen Maschinenexporteuren, von denen Kuba heute einen Teil der 'Zuckermaschinerie' importiert, wurde durch das staatliche Außenhandelsmonopol verhindert, das es erlaubt, den Import der Ausrüstungen auf die Produkte zu beschränken, die man (noch) nicht auf ökonomische Weise herstellen kann. Die Sowjetunion, aus der Kuba den größten Teil seiner Ausrüstungen für die Zuckerindustrie bezieht, hat offensichtlich kein Interesse, die Entwicklung einer kubanischen Maschinenbauindustrie in diesem Bereich zu blockieren; ein Schwerpunkt ihrer Hilfe besteht vielmehr in dem beschleunigten Ausbau dieser Branche[330]. Diese an nationalstaatlichen Interessen orientierte, selektive Steuerung der Importe ist nur ein Aspekt der Tatsache, daß die Entwicklung der Maschinenbauindustrie für den Zuckersektor "in den letzten Jahren ... weder spontan noch naturwüchsig war, sondern geplant und darauf gerichtet, die Grundlage für die Selbstversorgung mit Kapitalgütern für den Sektor zu legen, von dem die größte Nachfrage im Lande ausgeht"[331].

Mit der geplanten Verdreifachung der kubanischen Nickelproduktion auf 100.000 bis 120.000 t 1985 und die Erhöhung der kubanischen Rohstahlproduktion auf insgesamt 2,1 Mio t (ebenfalls 1985) werden auch die bisherigen zentralen Engpässe des Wachstums der mechanischen Industrie, die Unterentwicklung der Eisen- und Stahlindustrie sowie der Metallurgie sprunghaft gedehnt worden sein. An diesem Punkt läßt sich ermessen, welchen Weg inzwischen auch die kubanische Industrie - trotz ihrer anfänglich geringen Priorität - zurückgelegt hat: Scheiterten die ersten ambitiösen

Industrialisierungspläne, u.a. der Plan eines großen kubanischen Eisen- und Stahlkomplexes, auch daran, daß der Markt für ein modernes, mit international konkurrenzfähiger Technologie arbeitendes Unternehmen noch zu klein war, so hat sich heute die Situation umgekehrt. Die Nachfrage nach Eisen- und Stahlprodukten verschiedener Art ist heute so groß - nicht zuletzt als Konsequenz der Entwicklung der 'zuckermechanischen' Industrie -, daß jetzt auch in diesem Bereich auf ökonomische Weise Importe substituiert werden können. Durch das weitere Aufschieben der diesbezüglichen Pläne würden wahrscheinlich schwerwiegende ökonomische Disproportionen auftreten, obwohl auch ohne das neue große Stahlwerk die kubanische Rohstahlproduktion von 30.000 t 1958 auf wahrscheinlich 700.000 t 1980 (geplant, vgl. Tabelle 11.30.), also auf das 25fache steigen wird. Diese skizzierte Entwicklung entspricht durchaus der Logik der kubanischen Wachstumsstrategie, die vorsah, daß im Sog der vorrangigen Entwicklung ausgewählter Sektoren der Maschinenbauindustrie die Nachfrage nach einer hochproduktiven Eisen- und Stahlindustrie entstehen würde. In dieser Konzeption nahm die 'zuckermechanische' Industrie einen fundamentalen Stellenwert ein, so daß die konzentrische Diversifizierung der Industriestruktur durch die vom Zuckersektor ausgehenden, nach rückwärts gerichteten Koppelungseffekte heute schon die zweite Grundstufe der Spirale erreicht hat. Aufgrund der Größe seines Marktes für Kapitalgüter hat der Zuckerexportsektor in Kuba die Rolle einer "bottleneck industry" übernommen, die durch Koppelungseffekte verschiedener Stufen den engen Binnenmarkt (Flaschenhals) sprunghaft weitet. Im Fall der Stahlindustrie wird diese Entwicklung allerdings durch die "Produktkonvergenz"[332] der Nachfrage einer Vielzahl von Branchen unterstützt.

Auch im Falle der nach rückwärts gerichteten konzentrischen Diversifizierung des Zuckersektors besteht also, wie bei den Vorwärtskoppelungseffekten, kein prinzipieller Gegensatz zwischen den spezifischen Koppelungseffekten des Zuckersektors - dem Aufbau einer 'zuckermechanischen' Industrie - und einer breiteren schwerindustriellen Entwicklung, inklusive einer kubanischen Eisen- und Stahlindustrie. Das Problem besteht allein in der Wahl der optimalsten ökonomischen Sequenz und einer gesamtwirtschaftlich sinnvollen Abstimmung beider Bereiche. Die von Kuba gewählte Strategie hat für kleine Länder mit einem anfänglich relativ geringen Binnenmarkt für Ausrüstungsgüter und für Eisen- und Stahlprodukte den Vorteil, daß sie durch die Nutzung der von den Wachstumspolen ausgehenden starken Rückwärtskoppelungseffekte und durch die Initiierung sekundärer Nachfrageschübe durch die Entwicklung der den Wachstumspolen vorgelagerten spezifischen Maschinenbauindustrien in beiden Etappen aufgrund der Existenz einer massenhaften Nachfrage eine ökonomisch effiziente Importsubstitution, d.h. zu internationalen Kosten-, Produktivitäts- und Qualitätsstandards, ermöglicht.

11.5. Die Ausbreitungseffekte des Zuckersektors: Möglichkeiten, Bedingungen und Grenzen

Der Begriff der Ausbreitungseffekte ist von Gunnar Myrdal in die wirtschaftswissenschaftliche Diskussion über die Entwicklung der Unterentwicklung eingeführt worden[333]. Myrdals Definition der Ausbreitungseffekte ist sehr breit und umfaßt alle möglichen Wirkungen, durch die ein regionales und/oder sektorales Zentrum zur Dynamisierung anderer Regionen oder Sektoren beitragen kann. Gleichwohl unterscheidet er zwischen zwei verschiedenen Arten von Ausbreitungseffekten: einerseits den Koppelungseffekten, die von dem Angebot oder der Nachfrage einer bestimmten Industrie ausgehen, und andererseits den "Ausbreitungseffekten, die wir in Betracht ziehen, wenn wir von Industrialisierung als einer dynamischen Kraft in der Wirtschaft sprechen"; diese operieren, indem sie "(sogar außerhalb der Industrie) das Niveau der technischen Interessen und des technischen Wissens sowie der Mobilität anheben und die Bereitschaft zu Experimenten und Wandel, Unternehmungen und Rationalität fördern"[334]. Im folgenden geht es um die zweite Art der Myrdalschen Ausbreitungseffekte. Angesichts der Schwierigkeiten, überhaupt einigermaßen empirisch verläßliche Aussagen über dieses durchaus existierende Phänomen machen zu können, wird der Begriff der Ausbreitungseffekte hier eingeengt auf den Nutzen von technischen, organisatorischen und anderen Fertigkeiten, Technologien, Maschinen und Fabriken, die im oder für den Zuckersektor entstanden sind, für andere wirtschaftliche Aktivitäten.

Diese Art von Ausbreitungseffekten ist in der Literatur über die kubanische Zuckerindustrie, soweit mir bekannt, bisher nur von Barkin als wahrscheinlich angedeutet worden[335], während Gutelman auf ihr - angesichts des spezifischen Charakters und der Nicht-Übertragbarkeit der Maschinen und der Maschinenbauindustrie der Zuckerindustrie - äußerst begrenztes Wirkungspotential hingewiesen hat[336]. Trotz der Schwierigkeit der Quantifizierung versuche ich im folgenden die These zu begründen und zu belegen, daß in Kuba die Bedingungen für Ausbreitungseffekte des Zuckersektors günstig sind, weil sie systematisch geplant und organisiert werden[337]. Dieses Vorhaben wird durch die Saisonalität der Zuckerproduktion begünstigt.

Das Argument potentieller Ausbreitungseffekte taucht häufiger in konkreten Überlegungen zur Entwicklungsplanung auf; u.a. wurde als Grund für die Priorisierung des motorisierten gegenüber dem traditionell dominierenden Eisenbahntransport zwischen Feldern und Zuckerrohrmühlen angeführt, daß Motorfahrzeuge eher außerhalb der Zuckerrohrlandwirtschaft zu gebrauchen seien. Allgemein formuliert wurde dieses Motiv unter Bezug auf die Zuckerforschung auf dem Ersten Nationalen Forum der Zuckerindustrie, auf dem die neue 'Zuckerstrategie' erläutert wurde: "Die Zuckerforschung konstituiert die Speerspitze, um die wissenschaftlich-technische Rückständigkeit zu überwinden... Angesichts der Bedeutung der Zuckerproduktion in der Gesamtwirtschaft determinieren das Ausmaß wissenschaftlich-technischer Aktivitäten in diesem Produktionszweig und ihre Resultate zu einem guten Teil den Grad der Entwicklung des technischen Niveaus des Landes im allgemeinen."[338]

Ein Teil der landwirtschaftlichen Maschinen und der qualifizierten Arbeitskräfte können außerhalb der saisonalen Arbeiten in der Zuckerrohrlandwirtschaft in anderen Agrarsektoren eingesetzt werden: "Heute, wo wir die massiven Pflanzungen neuen Zuckerrohrs für die große Ernte der 10 Mio t abgeschlossen haben, werden die Maschinen, die wir zu diesem Zweck verwandt haben, ... in der Aussaat künstlicher Weiden eingesetzt."[339] Zu den übertragbaren Ausrüstungen des Zuckersektors insgesamt zählen Traktoren, Lastwagen, Terminals und Schiffe für Losezucker, z.T. auch die Eisenbahn,usw. Dies gilt jedoch nicht für die Zuckerrohrerntemaschinen und die Zuckerfabriken, die in die Kategorie nichttransferierbarer Ausrüstungen fallen.

Das qualifizierte Bedienungs- und Wartungspersonal kann dagegen ohne Schwierigkeiten für Betrieb und Reparatur z.B. von Traktoren oder anderen schweren landwirtschaftlichen Zugmaschinen eingesetzt werden. In Statistiken über die Verteilung der an Maschinen arbeitenden landwirtschaftlichen Arbeitskräfte auf die Zuckerrohrlandwirtschaft und die andere Landwirtschaft reflektiert sich dies in dem Problem der Zuordnung. In einer Tabelle über die Verteilung mittlerer Kader in der Landwirtschaft wird zur Rubrik "Mechanisierung der Nicht-Zuckerrohrlandwirtschaft" erläutert: "Innerhalb der angegebenen Menge gibt es Personal, das als Maschinenoperateure während der Jahreszeit der Zuckerrohrernte (Zafra) in dieser arbeitet und nachher in die Produktion der Nicht-Zuckerrohrlandwirtschaft integriert wird."[340] Zum Teil gilt dies auch für die qualifizierten Arbeitskräfte der Zucker<u>industrie</u>, sofern sie nicht durch die jährlichen systematischen Reparaturarbeiten während der sog. toten Zeit in den Zuckerfabriken in Anspruch genommen werden. Langfristig wird eine Doppelbildung der Arbeiter des Zuckersektors angestrebt, die sicherlich durch die erheblichen Bildungsanstrengungen im Rahmen der umfassenden Modernisierung dieser Branche erleichtert wird[341]. Der Einsatz saisonal ungebundener unqualifizierter Arbeitskräfte der Zuckerökonomie in anderen unqualifizierten Tätigkeiten ist zwar gesamtwirtschaftlich sinnvoll, kann aber nicht zu den Ausbreitungseffekten gezählt werden, da von ihm keine modernisierenden Impulse ausgehen. Die Wirkung der zunehmenden Qualifikation der Arbeiter des Zuckersektors in Richtung auf die Vergrößerung des Umfangs dieser Form der Ausbreitungseffekte wird dadurch konterkariert, daß durch die Erhöhung der Arbeitsproduktivität die Zahl der während der Erntearbeiten benötigten Arbeitskräfte beträchtlich zurückgeht, so daß die saisonalen Schwankungen des Arbeitskräftebedarfs der Zuckerindustrie erheblich gemildert werden. Ausbreitungseffekte gehen jedoch nicht nur von dem schon ausgebildeten Personal aus, sondern auch von den Ausbildungskapazitäten. Die 1972 existierenden sechs Schulen zur Ausbildung von Facharbeitern und Technikern für eine mechanisierte Landwirtschaft bildeten neben Personal für die Zuckerrohrlandwirtschaft auch Fachkräfte für die anderen landwirtschaftlichen Bereiche aus[342].

Ein weites Feld realer und potentieller Ausbreitungseffekte des Zuckersektors im weiten Sinn sind die ihm anfänglich primär zugeordneten Investitionsgüterindustrien. Das beste Beispiel dafür ist vielleicht die Computer-Industrie, die zunächst aus spezifischen Bedürfnissen der Zuckerproduktion entstand und heute nur noch marginal für den Zuckersektor produziert. Gleiches gilt für die agrochemische und die Landmaschinenindustrie, die in einer ersten Phase vorrangig für die Zuckerrohrlandwirtschaft und dann in zunehmendem Maße auch für andere Kulturen von Nutzen sind; z.B. wird zukünftig der aus drei Einzelbetrieben bestehende große Landmaschinenkomplex in Holguin, der zunächst in erster Linie Ausrüstungen für die Zuckerrohrlandwirtschaft herstellt, 70 % <u>aller</u> kubanischen Landmaschinen produzieren. Das deklarierte Ziel der Landmaschinenfabrik "Märtyrer des 26. Juli" ist die Befriedigung der "nationalen Bedürfnisse ab Beginn des nächsten Jahrfünfts (1980 - 1985, H.F.) unter Berücksichtigung des Wachstums und der <u>Diversifizierung</u> (H.F.) der kubanischen Landwirtschaft"[343]. Auch die mechanische Industrie, die derzeit in erster Linie den Bedarf der Zucker<u>industrie</u> deckt, wird die Keimzelle einer breiteren Entwicklung der Maschinenbauindustrie bilden. Schon heute beliefert nur ein geringer Teil der Maschinenfabriken ausschließlich die Zuckerindustrie.

Auf einen ganz anderen Aspekt von Ausbreitungseffekten des Zuckersektors, der bisher kaum in Rechnung gestellt wurde, sei nur kurz hingewiesen. 1966-70 gab es zwar eine qualitative mittelfristige Perspektivplanung, in der Schwerpunkte gesetzt und begründet wurden, aber keinen detaillierten Fünf-Jahres-Plan, der alle Sektoren mit präzisen Plandaten abdeckte. Den Kern der gesamtwirtschaftlichen Planung bildete in dieser Periode vielmehr der Zuckerperspektivplan 1966-70. Die u.a. durch diese Vorgehensweise bedingten gesamtwirtschaftlichen Disproportionen und besonders die mangelnde Abstimmung zwischen den einzelnen sektoralen Plänen der Wachstumssektoren wurden häufig und zu Recht, auch von kubanischer Seite, kritisiert. Wenig beachtet wurde allerdings die Tatsache, daß die Erfahrungen, die bei der Durchführung des Zuckerperspektivplans gemacht wurden, für die gesamtwirtschaftliche Planung ausgewertet und genutzt wurden. In erster Linie wurden die Kubaner noch einmal auf das Problem ihrer begrenzten Kapazität zur effizienten Absorption von Investitionen gestoßen und, im Unterschied zu vielen anderen Entwicklungsländern, zu einer nachhaltigen Skepsis gegenüber zu umfangreichen und daher letztlich ineffizienten Investitionen veranlaßt. Die Strategie der Mikroinvestitionen und der ganze Komplex von Maßnahmen zur Steigerung der materiellen, technischen und organisatorischen Fähigkeiten zur effizienten Nutzung der Investitionen - nicht nur im Zuckersektor - sind im wesentlichen das Resultat der Erfahrung mit dem ersten Zuckerperspektivplan.

Was sind nun die Grenzen und welches sind die Voraussetzungen der wirksamen Organisation der potentiellen Ausbreitungseffekte des Zuckersektors?

Die Grenzen der Ausbreitungseffekte liegen einerseits in dem spezifischen Charakter einiger Maschinen und Installationen und andererseits in der relativen regionalen Isolation der Zuckerrohranbaugebiete. Nicht verwendbar in anderen Bereichen sind die Zuckerrohrerntemaschinen und die Installationen der Zuckerindustrie. Die meisten landwirtschaftlichen Ausrüstungen und der größte Teil der Produktionskapazitäten der mechanischen Industrie sind dagegen unmittelbar oder mit leichten Modifikationen für andere Zwecke zu nutzen.

Die breite regionale Streuung der Aktivitäten des Zuckersektors um die knapp 150 Zuckerfabriken könnte dann eine breite regionale Streuung von Ausbreitungseffekten erleichtern, wenn in der Nähe der Zuckermühlen auch andere wirtschaftliche Branchen angesiedelt werden. In der Zuckerrohrlandwirtschaft gilt das heute schon: Ein großer Teil der Stauseen dient der Zuckerrohrlandwirtschaft und anderen Kulturen und die Produktionsvereinigungen (agrupaciones), in denen mehrere große Staatsfarmen (ca.3) zusammengefaßt werden, sind im Gegensatz zu den spezialisierten Einzelbetrieben per definitonem diversifizierte landwirtschaftliche Einheiten, gerade um eine effiziente Nutzung von Maschinen und Arbeitskräften über das ganze Jahr hinweg zu gewährleisten. Die Entwicklung anderer industrieller Aktivitäten in den nach der Revolution aufgebauten kleinen Agrarstädten steckt allerdings bisher noch in den Kinderschuhen.

Ob überhaupt Impulse zu einer breiten Differenzierung und Modernisierung der Produktionsstruktur vom Leitsektor ausgestrahlt werden, ist abhängig davon, inwieweit überhaupt der Leitsektor modernisiert und die Investitionsgüter und Technologien national produziert werden. Beide Bedingungen sind in Kuba gegeben. Inwiefern diese Ausbreitungseffekte wirklich und wirksam auf der Ebene der nationalen Volkswirtschaft genutzt werden, ist abhängig davon, ob Institutionen und Instrumente existieren, die ihre nationalstaatliche Planung und Organisation und die Durchlässigkeit zwischen den einzelnen wirtschaftlichen Branchen ermöglichen. In den peripherisierten kapitalistischen Zuckerplantagenwirtschaften werden die Ausbreitungseffekte im allgemeinen zur horizontalen Diversifizierung multinationaler Konzerne genutzt, wie durch das folgende Beispiel - eine Mischung von Koppelungs- und Ausbreitungseffekten - illustriert wird:
Tate & Lyle ist aufgrund der Erfahrung mit der Produktion von Maschinerie und der Bewässerung von Zuckerrohrfeldern dazu übergegangen, Bewässerungsanlagen herzustellen, um von erworbenen Fertigkeiten Gebrauch zu machen und sie auf Gebieten anzuwenden, wo man das Gefühl hat, daß man konkurrenzfähig ist.[344]

In Kuba werden die im Zuckersektor erworbenen Fertigkeiten nicht zur horizontalen Expansion eines privatkapitalistischen Unternehmens sondern der Gesamtwirtschaft genutzt und durch den Nationalstaat organisiert. Institutionelle Voraussetzungen der gesamtwirtschaftlichen Nutzung sektoraler Qualifikationen,

Technologien und Erfahrungen überhaupt sind die Existenz eines gesamtwirtschaftlichen Steuerungssystems und die intersektorale Durchlässigkeit der betreffenden wirtschaftlichen Institutionen. Die Relevanz einer gesamtwirtschaftlichen Steuerungszentrale ist schon am Beispiel des Lernens aus der Erfahrung des ersten Zuckerperspektivplans erläutert worden. Die Durchlässigkeit der Institutionen für potentielle Ausbreitungseffekte des Zuckersektors soll offensichtlich dadurch gesichert werden, daß die Bereiche, von denen diese am ehesten ausgestrahlt werden, nicht dem Branchenministerium für die Zuckerindustrie unterstellt worden sind sondern gesamtwirtschaftlich orientierten Organisationen. Die in dieser Hinsicht relevanten Bereiche sind in erster Linie die Landwirtschaft, die technologische Forschung - und hier insbesondere die Landmaschinentechnologie - sowie die Maschinenbauindustrie. In den Verantwortungsbereich des Ministeriums für die Zuckerindustrie fallen nur die Zuckerfabriken, die Nebenproduktindustrie, die Instandhaltungs- und Montagearbeiten und ein Teil der Maschinenbauindustrie. Die Zuckerrohrlandwirtschaft fällt dagegen primär in den Kompetenzbereich des allgemeinen Landwirtschaftsministeriums, so daß Kenntnisse, Arbeitskräfte und Maschinen leicht zwischen den einzelnen Agrarsektoren transferiert werden können. Auch die für die Mechanisierung der Landwirtschaft zuständigen Organisationen DINAME und das 1975 gegründete CIDMA sind nicht Bestandteil der sektoralen Organisation des Zuckersektors. Obwohl ihre Anstrengungen bisher in erster Linie auf die Mechanisierung der Zuckerrohrlandwirtschaft gerichtet waren, ist z.B das Forschungsprogramm des CIDMA auf die Bedürfnisse der gesamten Landwirtschaft zugeschnitten[345]. Nur ein geringer Teil der mechanischen Industrie wird von dem Ministerium für die Zuckerindustrie geleitet, während der größere in die vertikale Organisationsstruktur des Ministeriums für die Eisen- und Stahlindustrie integriert sind. Z.B. stellt die in den letzten Jahren erheblich ausgeweitete Gießerei 'Enrique Varona' neben Fließbändern für die Zuckerfabriken auch Walzen und Pumpen für die Viehzucht und die Milchindustrie sowie Hochöfen für die nickelverarbeitenden Fabriken her und soll zukünftig Ausrüstungen der chemischen und der Nahrungsmittelindustrie für den Export produzieren[346].

Die Schlußfolgerungen, die durch die Analyse dieses Aspekts der kubanischen Erfahrung nahegelegt wird, ist, daß die vorübergehende Konzentration der Investitionen auf einen Leitsektor u.a. dann nicht zu einer dauerhaften, mit moderner Technologie operierenden Enklave innerhalb einer insgesamt unproduktiven und marginalisierten Ökonomie führt, wenn die potentiellen Ausbreitungseffekte des prioritär modernisierten Leitsektors systematisch geplant und organisiert werden, und wenn zu diesem Zweck die entsprechenden institutionellen Rahmenbedingungen geschaffen werden. Durch die kubanische Erfahrung wird ex negativo die Hypothese noch stärker gestützt, daß die Tendenz zur Reproduktion struktureller Heterogenität keine Folge der modernen, kapitalintensiven Technologiewahl per se ist sondern der in den Produktionsverhältnissen verankerten Abschottung der Exportenklaven von der übrigen Gesamtwirtschaft. Besonders geeignet als Leitsektoren zur Ausstrahlung entwicklungsrelevanter Ausbreitungseffekte sind wahrscheinlich agroindustrielle Branchen, weil diese die entwicklungspolitische fundamentale allgemeine Modernisierung der Landwirtschaft stimulieren und gleichzeitig zur Herausbildung eines Grundstocks industrieller Fertigkeiten beitragen.

11.6. Der schwierige Weg zu einem gesamtwirtschaftlich effizienten Zuckerexportsektor

Die Relevanz der Zuckerexporte für die kubanische Volkswirtschaft ist nicht zu übersehen: Der Anteil ihres Wertes an den gesamten Exporteinnahmen lag nach 1958 nie unter 73,5 % (1972) und maximal bei 88,9 % 1975. Die abnehmende Tendenz in den beiden Jahren vor 1970 und den drei Jahren danach war weniger das Resultat einer erfolgreichen Diversifizierung der Exportstruktur als der relativ geringen Zuckerproduktion (vgl. Tabelle 12.21).

In welchem Umfang und mit welcher ökonomischen Effizienz der Zuckerexport die ihm in Kuba zugedachte Aufgabe der Akkumulation über den Außenhandel realisieren kann, wird extern bestimmt durch die internationalen Zuckerpreise, ihre Relation zu den Preisen der Importe und dem Marktvolumen sowie intern durch die Produktionskosten und die Produktionsmenge. Inwiefern Zuckerexporte zur Finanzierung der Importe zur Entwicklung anderer wirtschaftlicher Aktivitäten beitragen können, ist abhängig davon, ob die durch ihn geschaffene Importkapazität durch den Zuckersektor selber absorbiert wird, oder ob, weil seine einfache und erweiterte Reproduktion im wesentlichen durch die Binnenwirtschaft getragen wird, dieses Importpotential für die Diversifizierung der Gesamtwirtschaft zur Verfügung steht und produktiv genutzt wird. Im folgenden wird die These vertreten, daß die Austauschrelationen des kubanischen Zuckerhandels mit den sozialistischen Ländern relativ günstig sind, während die Zuckerpreise auf dem freien kapitalistischen Weltmarkt instabil und die reale Kaufkraft der Zuckerdeviseneinnahmen - im Verhältnis zu den inflationären Tendenzen der Fertigwarenimporte - gesunken ist. Bisher konnte Kuba die günstigen Marktbedingungen des sozialistischen Zuckerweltmarkts deswegen nur unzureichend nutzen, weil die Produktionsmenge z.T. erheblich hinter den Produktionsplänen und der gesicherten Absatzmenge zurückblieb und die Produktionskosten bis 1970 zu hoch waren. Die hohe Verschuldung Kubas gegenüber der Sowjetunion ist in erster Linie die Konsequenz der anfänglichen Unfähigkeit des Zuckermonoexportsektors, die entwicklungsnotwendigen Importe zu finanzieren.Ab Mitte der siebziger Jahre ist es jedoch gelungen, sowohl die Produktionsmenge kontinuierlich auf hohem Niveau zu steigern als auch die Produktionskosten zur Maximierung des durch den Exportsektor erwirtschafteten Gewinns zu senken. Parallel dazu zeichnet sich eine Tendenz zur Importsubstitution der Reproduktions- und Produktionsgüter für den Zuckersektor ab, so daß perspektivisch nicht nur der Surplus des Exportsektors, sondern auch der Exportsurplus der Zuckerproduktion (Deviseneinkommen minus Kosten der Importe für die Zuckerindustrie) maximiert wird, so daß die internen Bedingungen dafür herangereift sind, daß der Zuckersektor in den 80er Jahren die Rolle eines effizienten Hauptexportsektors spielen kann.

Ex post läßt sich feststellen, daß sich die Umfunktionierung der Zuckerindustrie zu einem wirtschaftlichen Exportsektor als schwieriger und langwieriger erwiesen hat, als man offenbar vermutet hatte, weil die präzise Planung der landwirtschaftlichen Produktionsmenge die Beherrschung der Natur voraussetzt, weil die gesamtwirtschaftlichen Kosten großer, vorwiegend mit Handarbeit eingebrachter Ernten zu hoch waren, und weil die notwendigen Modernisierungsinvestitionen aufgrund ihres Umfangs und ihrer Breite (einschließlich Infrastrukturinvestitionen) sowie der gerade in der Landwirtschaft anfänglich begrenzten technischen und organisatorischen Fähigkeiten erst mittelfristig zu einer (relevanten) Senkung der Produktionskosten geführt haben. Die kubanische Erfahrung reflektiert wahrscheinlich ein allgemeines kurzfristiges Dilemma des Exportsektors in sozialistischen Entwicklungsländern, dessen vorrevolutionäre privatwirtschaftliche Rentabilität auf der Überausbeutung der Produzenten beruhte: einerseits schafft die soziale Revolution die Voraussetzung für die Entwicklung der sektoralen Produktivkräfte, andererseits führt sie jedoch durch die Eliminierung der Überausbeutung kurzfristig zu der Erhöhung der Reproduktionskosten pro Arbeitskraft, ohne daß diese zunächst durch Produktivitätsfortschritte abgedeckt würde.

Kuba verkauft zwischen 30 % (1975) und 44 % (1972) seiner Zuckerexporte, gemessen am Exporterlös, auf dem <u>freien</u>, d.h. nicht durch längerfristige Verträge gebundenen <u>kapitalistischen Weltmarkt</u> (vgl. zu diesen und den folgenden Daten Tabelle 11.31), um den Import der Ausrüstungen, Rohstoffe und Nahrungsmittel zu finanzieren, die es in den sozialistischen Ländern entweder gar nicht oder nur zu höheren Preisen und schlechterer Qualität beziehen kann. Die durchschnittlichen Weltmarktpreise der einzelnen Jahre waren äußerst unterschiedlich: Sie schwankten zwischen dem Tiefpunkt von 1,8 ¢ und dem Hoch von 29,9 ¢ pro Pfund 1974. In dem letzten Jahr kletterten die Zuckerpreise auf dem freien Weltmarkt kurzfristig sogar über 50 ¢ pro Pfund. Die extreme Instabilität der kapitalistischen Zuckerpreise bedeutete enorme Schwankungen der Exporteinnahmen und stellte ein starkes Hindernis der gesamtwirtschaftlichen Planung dar. Nimmt man eine Exportmenge von 2 Mio t Zucker an - das internationale Zuckerabkommen von 1977

Tabelle 11.31.: Regionale Verteilung der kubanischen Zuckerexporte und die Zuckerpreise auf dem sozialistischen und dem freien kapitalistischen Weltmarkt, 1957 - 1978

Jahr	Gesamte[1] kubanische Zuckerproduktion	Zuckerexporte				Anteile			Preise für kubanische Zuckerexporte			Zusätzliches Deviseneinkommen durch die Präferenzpreise der SU[1]
		Gesamt	nicht-kommunistische Staaten[3]	kommunistische Länder[3]	Sowjetunion[3]	5/1	5/2	4/2	Sowjetunion[1]	Osteuropa[3]	Durchschnittlicher Weltmarktpreis[1]	
	Mio mt (1)	Mio mt (2)	Mio mt (3)	Mio mt (4)	Mio mt (5)	%	%	%	U.S. Cent pro englisches Pfund			Mio US Dollar
1957	5,5		4,9	0,4	0,4	2,6			5,14	5,4	5,16	
1960	5,9				1,4	25,0			3,21		3,14	
1961	6,8				3,3	49,4			4,00		2,91	
1961-70												940
1962	4,8				2,3	40,4			4,13		2,98	
1963	3,8				0,9	26,1			6,22		8,5	
1964	4,6				1,9	40,5			6,00		5,87	
1965	6,1				2,3	38,3			6,00		2,12	
1966	4,9				1,8	37,8			6,11		1,86	
1967	6,2	5,7[5]			2,4	39,9	42,1		6,11		1,99	
1968	5,1	4,6[4]	1,5	3,1	1,8	32,9	39,1	67,4	6,11	5,6	1,98	150[3]
1969	4,5	4,8[4]	2,0	2,8	1,4	30,0	29,2	58,3	6,11	5,6	3,37	86[3]
1970	8,5	6,9[4]	2,1	4,8	3,1	35,2	44,9	69,6	6,11	5,6	3,75	150[3]
1971	5,9	5,5[4]	2,2	3,3	1,6	25,1	29,0	60,0	6,11	5,9	4,52	56
1972	4,4	4,1[4]	1,8	2,2	1,0	25,8	24,3	56,0	6,55	6,6	7,34	- 22
1973	5,5	4,8[4]	1,8	3,0	1,7	29,1	35,4	62,5	12,83	8,6	9,61	154
1974	5,8	5,5[4]	2,2	3,3	2,0	32,8	36,3	60,0	19,80	19,6	29,96	4
1975	6,4	5,7[1]	1,7	4,0	3,1	49,8	55,5	70,1	30,4	19,6	20,50	365
1976	6,2	5,7[1]	1,2	3,9	3,0	48,9	52,7	68,4	30,8	21,3	11,57	897
1976-80									30,4		?	
1977	7,4								30,4		7,0[b]	
1978	8,5								30,4		9,0[b]	
1960-78									10,3		7,2	
1961-76												2.394

Anmerkungen: a) Verrechnungspreise; keine harten, konvertiblen Deviseneinnahmen
b) Schätzungen des Jahresdurchschnitts durch Theriot 1978, S.24ff.

Quellen:
1) L.H. Theriot 1978, S.24ff., Tab. 7, Tab.12 (Tabellenanhang Tab. 17)
2) Pagara la Union Sovietica a Cuba 30 Centavos la libra de azucar en el quinquenio 1976-80, ATAC 35, 1976,2,S.8
3) CIA 1976, S.13, Tab.22, Tab.24
4) JUCEPLAN, Anuario De Estatistico De 1974
5) JUCEPLAN, Boletin Estadistico 1971, S.240

sah in den Jahren 1978 und 1979 für Kuba eine Quote von 2,5 Mio t des freien Markts vor -, dann variieren die Zuckerexporteinnahmen bei alternativen Preisen von 21 ¢, wie sie 1974-75 erzielt wurden, und 3 ¢, einem Preis, der Mitte der sechziger Jahre in der Regel unterboten wurde, zwischen 926 Mio und 132 Mio US$. Einige große Investitionsprojekte des Fünf-Jahres-Plans 1976-80 mußten deswegen aufgeschoben werden, weil die bei seiner Verabschiedung 1975 konservative Annahme von 15 ¢ pro Pfund durch die reale Preisentwicklung erheblich, 1977 sogar um mehr als die Hälfte, unterboten wurde.[347]

Außerdem blieb die reale Kaufkraft der kubanischen Zuckerexporte für den freien Weltmarkt, die immerhin rund 70 % der gesamten Einnahmen an harten, konvertierbaren Devisen ausmachten, weit hinter der Entwicklung der nominalen Preise zurück. Zumindest in den sechziger Jahren ist eine erhebliche Verschlechterung der 'net barter terms of trade'[348] zwischen Zuckerexporten und Fertigprodukten zuungunsten der ersteren festzustellen. 1974-76 lag der mit Hilfe eines konstruierten Einheitsindexes der Exportpreise für Fertigprodukte deflationierte Zuckerpreis um mehr als 50 % unter den jeweiligen jährlichen nominalen Durchschnittspreisen (vgl. Tabelle 11.32.). Allerdings ist zu beachten, daß die 'net barter terms of trade' die realen Austauschverhältnisse nur unzureichend widerspiegeln, weil sie die unterschiedliche Entwicklung der Produktivität und der Produktionskosten nicht berücksichtigen. Daher lassen die verfügbaren Daten nur den Schluß zu, daß die Verschlechterung der terms of trade der Zuckerexporte nur dann reale Einkommensverluste für Kuba bedeutet haben, wenn die Kosten der Zuckerproduktion nicht - parallel zu den Preisen - schneller gesunken sind als die Einheitskosten der Fertigwarenproduktion. Das ist allerdings höchst unwahrscheinlich. Die Verschlechterung der realen Kaufkraft der Zuckerexporte scheint vielmehr im wesentlichen einen auf der monopolistischen Marktmacht transnationaler Konzerne basierenden Inflationsprozeß für Fertigwaren zu reflektieren, der eine permanente Einkommensumverteilung zuungunsten der Zuckerproduzenten impliziert[349].

Tabelle 11.32.: Entwicklung der realen Kaufkraft der Zuckerexporte auf dem freien (residualen) Weltmarkt 1954 - 1976

Jahr	Index des Einheitswerts für Fertigprodukte[a]	Zuckerpreis Nominal (US Cents pro engl.Pfund)	reale Kaufkraft[b]	Verlust absolut (US-Cents pro engl. Pfund)	prozentual
1954[c]	100	3,31	3,31	0,0	0,0
1959	107	3,02	2,82	-0,24	8,5
1960	109	3,12	2,86	-0,26	8,3
1965	114	2,08	1,82	-0,26	12,5
1970	130	3,68	2,83	-0,85	23,1
1971	138	4,50	3,26	-1,24	27,6
1972	149	7,27	4,85	-2,42	33,3
1973		9,45	5,43	-4,11	43,5
1974		29,66	13,99	-15,67	52,8
1975		20,37	8,56	-11,81	58,0
1976		13,86	5,90	- 7,96	57,4

Anmerkungen:

a) Berechnet für 11 entwickelte kapitalistische Länder. Nach den Daten des Monthly Bulletin der United Nations.
b) Preis der internationalen Zuckerabkommen, deflationiert durch den Index des Einheitspreises (Weltmarkt) für Fertigprodukte.
c) 1954 = 100

Quellen:

Studien der International Sugar Organization; hier nach:
1954-72: Anon, El Mercado Mundial De Azúcar. Economía y Desarrollo 1974, 24, S.216, Tab.5;
1973-76: Anon, Unequal Exchange and Deflated Prices, Granma W.R., 26.12.1976, S.2.

Seit 1974 versucht Kuba im Rahmen der Assoziation lateinamerikanischer und karibischer Zuckerproduzenten (GEPLACEA) die Preisentwicklung für Zucker auf dem kapitalistischen Weltmarkt mit dem Ziel stabilerer und gerechterer Preise zu beeinflussen. Da GEPLACEA rund 52 % aller ungebundenen Zuckerexporte repräsentiert, ist die Verhandlungsmacht dieser Gruppe nicht zu unterschätzen. Da Zucker sowohl in den kapitalistischen Zentren als auch in der Peripherie produziert wird und die europäischen Rübenzuckerländer einen wesentlichen Teil des freien kapitalistischen Weltmarkts kontrollieren, sind die Bedingungen für die Bildung eines Kartells der Entwicklungsländer allerdings nicht so günstig wie bei anderen Rohstoffen, die ausschließlich oder überwiegend von diesen exportiert werden[350]. Das Ende 1977 abgeschlossene internationale Zuckerabkommen für die Jahre 1978-80 hat sich bisher nicht als wirksames Instrument erwiesen: 1978 blieb der Weltmarktpreis mit ca. 9 ¢ pro Pfund Zucker unter dem Mindestpreis von 11 ¢ und weit unterhalb des mittleren Preises von 15 ¢[351].

Die Preise für die kubanischen Zuckerexporte in die sozialistischen Länder und insbesondere die Sowjetunion waren stabiler und in der Regel höher als die kapitalistischen Weltmarktpreise. Von Interesse ist hier besonders der kubanische Zuckerhandel mit der Sowjetunion, da diese zwischen 24 bis 56 % des kubanischen Zuckerexports aufkaufte. Die Preise, die die Sowjetunion für Kuba-Zucker bezahlte, zeigen eine stetige Aufwärtstendenz, waren in der Regel für mehrere (bis zu 5) Jahren vertraglich fixiert und wurden, als die Weltmarktpreise ab 1972 anzogen, dieser Aufwärtsentwicklung angepaßt. Nur in drei Jahren seit 1960 lag der Zuckerpreis auf dem freien Weltmarkt über dem sowjetischen Preis. Der fiktive Durchschnittspreis der Jahre 1961-76, den die Sowjetunion für den aus Kuba importierten Zucker bezahlte, lag mit 10,3 ¢ pro Pfund 43 % über dem Durchschnittspreis von 7,2 ¢ des kapitalistischen Weltmarkts in diesem Zeitraum. Insgesamt erwirtschaftete Kuba zwischen 1961 und 1976 durch den Aufpreis der Sowjetunion ein zusätzliches Deviseneinkommen in der Nähe von 2,3 Mrd US$ (vgl. Tabelle 11.31.).

Dieses auf den ersten Blick für Kuba äußerst rosige Bild wird ein wenig zurechtgerückt, wenn man es auf dem Hintergrund der damit für Kuba verbundenen Probleme und einiger ökonomischer Vorteile dieses Handels für die Sowjetunion sieht. Nur 20 - 25 % des kubanischen Zuckers wird von der Sowjetunion durch harte, konvertierbare Devisen bezahlt, während der Rest mit sowjetischen Warenlieferungen verrechnet wird[352]. Die größte Dunkelziffer betrifft jedoch den Preis der sowjetischen Importe, d.h. die realen Austauschverhältnisse zwischen den höher bezahlten kubanischen Zuckerexporten in die Sowjetunion und den aus der Sowjetunion importierten Waren, von denen ein Großteil Fertigprodukte sind. Nach Brunner sah der kubanisch-sowjetische Handelsvertrag von Anfang 1974 vor, daß die Sowjetunion alle Waren zu Weltmarktpreisen an Kuba liefern würde[353]. Von anderen Autoren wird dagegen unter Berufung auf eine nicht veröffentlichte Untersuchung der kubanischen Nationalbank die These vertreten, daß die Preise für viele der kubanischen Importe aus der Sowjetunion bis zu 50 % über den Weltmarktpreisen liegen und die Qualität eines Teils der sowjetischen Waren unterhalb der internationalen Qualitätsstandards liegt[354]. Angesichts der ungenügenden Informationen ist es unmöglich, dieses empirische Problem zu lösen. Sollte die Behauptung zutreffen, daß die Preise vieler kubanischer Importgüter aus der Sowjetunion 50 % über den Preisen des kapitalistischen Weltmarkts liegen, dann würden dadurch die zusätzlichen Deviseneinnahmen aus den höheren Zuckerpreisen ungefähr kompensiert und wären die Austauschverhältnisse auf dem kapitalistischen und dem sozialistischen Weltmarkt für Kuba ungefähr identisch. Wenn Kuba dagegen die sowjetischen Produkte zu Weltmarktpreisen importiert, dann sind nicht nur die nominellen Zuckerpreise der Sowjetunion höher, sondern auch die reale Kaufkraft der Zuckerexporteinnahmen.Die bisher einzige detaillierte empirische Studie zu diesem Problemkreis, in der provisorisch die 'net barter terms of trade' von Zuckerexporten und Petroleumimporten als Indikator für die globalen Austauschverhäktnisse des kubanisch-sowjetischen Handels untersucht werden, kommt zu dem Schluß, daß sich die ersten zwischen 1960 und 1974 günstig für Kuba entwickelt haben, während sich danach aufgrund der sowjetischen Ölpreiserhöhungen eine Umkehrung dieses Trends abzeichnet[355].

Andererseits ist immer wieder auf die wirtschaftlichen Vorteile des Imports kubanischen Zuckers für die Sowjetunion hingewiesen wordem: Die ganzjährige Nutzung der Produktionskapazitäten der Zuckerraffinerien, der Reexport eines erheblichen Teiles der Zuckerimporte aus Kuba in raffinierter Form zu höheren Preisen und die komparativen Kostenvorteile einer internationalen Arbeitsteilung, die auf dem Austausch teurer Fertigprodukte gegen ein nur rudimentär verarbeitetes Produkt, dessen Produktionskosten in Kuba erheblich geringer als in der Sowjetunion sein sollen, beruht.

Tabelle 11.33.: Einige Daten zur Entwicklung der Zuckerwirtschaft der Sowjetunion 1960 - 1975 (Produktion, Außenhandel, Konsum)

Jahr	Importe der SU aus Kuba[a] Menge 1000 mt (1)	Wert Mio Rubel (2)	Gesamte Zucker-[2] importe der SU Menge /1000 mt)[f] (3)	Exporte der SU[b] Menge 1000 mt (4)	Wert[e] Mio Rubel (5)	4/1 %	5/2 %	1/3 %	Nationale Rübenzuckerproduktion[2] Mio mt	Zuckerkonsum[2] kg/Kopf
1960[1]	1.467	93,4		243	22,8	17	24		5,3[3]	
1961[1]	3.345	270,4		414	33,4	12	12			
1962[1]	2.233	183,6		792	56,4	35	31		6,0[3]	
1963[1]	996	123,2		802	94,1	81	76		5,5[3]	
1964[1]	1.859	222,7		348	50,2	19	23		7,0[3]	
1965[1]	2.330	273,4	2.331	604	43,9	26	16	100	8,9	34,2
1966[1]	1.841	225,8	1.841	1.070	59,8	58	26	100	8,3	35,3
1967[1]	2.479	302,3	2.480	1.106	58,8	45	19	100	8,4	36,7
1968[1]	1.749	212,7	1.753	1.374	79,5	79	37	100	9,0	37,4
1969[1]	1.332	161,9	1.332	1.081	85,6	81	53	100	9,2	37,8
1970[2]	3.000	364,3	3.003	1.001[2]	98,9[2]	33	27	100	8,1	38,8
1971[2]	1.535	185,6	1.535	1.002	98,9	65	53	100	7,8	35,5
1972[2]	1.101	195,8[c]	1.658	50	5,2	0,5	3	66,4	7,3	38,8
1973[2]	1.603	462,1[d]	2.484	43	4,6	2,6	1	64,5	8,4	40,8
1974									9,5	
1975									8,5	

Anmerkungen: a) Rohzucker, b) Raffinadezucker, c) nur 66,4 % der Menge aus Kuba, d) nur 64,5 % der Menge aus Kuba, e) 1966-70: 1 Rubel = 1 $; 1971: 0,9 Rubel = 1 $; 1973: o,7 Rubel = 1 $, f) Die Importe der SU ans anderen Ländern (Australien, Brasilien, Dominikanische Republik) 1972-73) sind die Konsequenz der geringen Ernten in der SU und Kuba sowie der Tatsache, daß Kuba in diesen Jahren einen Teil der ursprünglich für dic SU vorgesehenen Zuckerexporte wegen der konjunkturell günstigen Zuckerpreise auf dem kapitalistischen Weltmarkt absetzte. Die Reorganisation der internationalen Arbeitsteilung ab 1964 ging nicht auf Kosten der einheimischen Produktion, die weiterhin wuchs, sondern der Importe aus Polen und der Tschechoslowakei, von denen die SU 1959-63 zwischen 130.000 und 231.000 t pro Jahr importiert hatte.

Quellen: 1) Gouré Weinkle 1972 (New Dependency), S. 74, 2) Page Bryan 1974, S. 56, 61, 3) Gouré/Weinkle 1972 (Growing ...), S. 172

Richtig ist, daß die Sowjetunion 1960-71 durchschnittlich knapp 46 % des aus Kuba importierten Zuckers reexportiert hat (vgl. dazu und zu den folgenden Daten Tabelle 11.33.). Ab 1972 ist dieser Prozentsatz allerdings unter 3 % gesunken. Falls die offiziellen sowjetischen Statistiken nicht gezinkt sind, hat die Sowjetunion aber nur in 3 von 14 Jahren - trotz des höheren Verarbeitungsgrades des sowjetischen Exportzuckers (Raffinadezucker) - einen höheren Preis pro Tonne für ihre Reexporte erzielt; in 10 Jahren hat die Sowjetunion pro gleicher Mengeneinheit mehr für den Import kubanischen Rohzuckers bezahlt als sie für den Export eines Teils dieser Importe in raffinierter Form bekommen hat.

Allerdings sind die bisherigen hohen Mengen der sowjetischen Zuckerexporte ein Hinweis darauf, daß die Sowjetunion nicht in lebensnotwendiger Weise auf Zuckerimporte aus Kuba angewiesen ist und offensichtlich auch nicht davon abhängig werden will. Die internationale Arbeitsteilung zwischen Kuba und der Sowjetunion ist also auch insofern ungleich, als sie bisher von der Sowjetunion nicht konsequent betrieben wurde. Die Zunahme der sowjetischen Zuckerimporte aus Kuba ging auf Kosten Polens und der Tschechoslowakei, aus der man vor Beginn der kubanischen 'Zuckerstrategie' 1964 zwischen 130.000 und 231.000 t Zucker pro Jahr importiert hatte[356], während die interne Rübenzuckerproduktion der Sowjetunion von 5,3 Mio t 1960 auf 9,5 Mio t 1974 angestiegen ist. 1975 war die Sowjetunion mit einer Produktion von 8,5 Mio t der größte Zuckerproduzent der Welt; ihr Anteil an der Weltzuckerproduktion belief sich in diesem Jahr auf 10,7 %[357]. Allerdings importierte die Sowjetunion 1973 trotz einer Zuckerproduktion von 8,4 Mio t noch 1,6 Mio t - mehr als 35 % davon aus Australien, Brasilien und der Dominikanischen Republik -, wovon nur 2,6 % reexportiert wurden. In einer Untersuchung der sowjetischen Zuckerindustrie wurde diese Entwicklung auf den durch die Industrialisierung gestiegenen Pro-Kopf-Konsum von Zucker zurückgeführt[358], der mit 40,8 kg/capita 1975 noch erheblich unter den 48,2 kg/capita 1970 in Nordamerika lag. Es könnte daher sein, daß die Sowjetunion trotz gestiegener eigener

Zuckerproduktion in hohem Maße auf Zuckerimporte, z.B. aus Kuba, angewiesen ist. Auf jeden Fall bestand eine wesentliche Funktion des Imports von Kuba-Zucker für die Sowjetunion bisher in dem Ausgleich eigener schlechter Erntejahre.

Tabelle 11.34.: Entwicklung des Flächenertrags von Zuckerrüben und Zuckerrohr 1961 - 1974 (in der Sowjetunion und allgemein)

Ertrag (t/ha)	1961-1965 Durchschnitt	1972-1974 Durchschnitt	1972	1973	1974
Zuckerrübe[1]	23,7	30,2	30,6	31,2	28,9
Index	100	127	129	131	122
Zuckerrübe, SU[2]	18,8[a]		22,3	24,4	
Index	100		118,6	129,8	
Zuckerrohr[1]	49,5	53,3	52,8	53,8	53,4
Index	100	108	107	109	108

Anmerkung: a) Nur 1965

Quellen: 1) FAO Production Yearbook, Vol. 28-1, 1974, Rom 1975
2) Bryan Page 1974

Nach Schätzungen verschiedener Autoren lagen die Produktionskosten pro Pfund Zucker in den 60er Jahren bei Hektar-Erträgen von 20 t Zuckerrüben mit ca. 16 Cents rund dreimal über den entsprechenden Produktionskosten in Kuba[359]. Im Rahmen dieser Arbeit kann dies empirisch nicht überprüft werden, da entsprechende Daten weder für die Sowjetunion noch für Kuba verfügbar sind. Allgemein ist jedoch das Argument der vergleichsweise geringeren Kosten der Rohrzucker- im Verhältnis zur Rübenzuckerproduktion in den letzten 35 Jahren auch deswegen brüchig geworden, weil die Produktivität der Zuckerrübenlandwirtschaft in dieser Zeit sehr viel schneller gewachsen ist als die der Zuckerrohrlandwirtschaft und die Kosten der Rübenzuckerproduktion gesunken, während die der Rohrzuckerproduktion in der Regel gestiegen sind. Der Flächenertrag des Zuckerrübenanbaus ist von 1961 bis 1972-73 mehr als dreimal so schnell gestiegen wie der von Zuckerrohr; der der sowjetischen Zuckerrübenlandwirtschaft stieg in dieser Zeit um knapp 30 %, lag aber 1973 noch 22 % unterhalb des internationalen Durchschnitts (vgl. Tabelle 11.34.). Eine komparative Analyse der Entwicklung der Produktionskosten pro Tonne Zucker in Jamaika und England deutet in die gleiche Richtung: Während die Kosten der Zuckerrohrproduktion in Jamaika aufgrund gestiegener Löhne und Preise und der stagnierenden Flächen- und Arbeitsproduktivität von 1954 bis 1965 um 53,9 % stiegen, sanken die Kosten der Rübenzuckerproduktion in England in dem gleichen Zeitraum um fast 15 % (vgl. Tabelle 11.35.) Sturrock kommt zu dem Ergebnis, daß die Produktionskosten pro Tonne Zucker 1965 in England und Jamaika ungefähr identisch waren, so daß das traditionelle Argument der natürlichen komparativen Kostenvorteile der Rohrzuckerproduktion - wenn die Resultate dieser Fallstudie allgemein zutreffen - heute empirisch fragwürdig geworden ist, während es in der ersten Hälfte des 20. Jahrhunderts noch zu den allgemeinen und zumindest für die Karibik zutreffenden Binsenweisheiten der Zuckerökonomen zählte. Heute setzt die Rohrzuckerproduktion in den tropischen Ländern zu Produktionskosten, die unterhalb der internationalen Durchschnittskosten liegen, massive Investitionen zur Steigerung der Arbeits- und Flächenproduktivität voraus. Nach Sturrock sind vor allem Australien und Kuba auf dem Weg von natürlichen zu dynamischen internationalen Kostenvorteilen durch die Modernisierung der Zuckerrohrlandwirtschaft schon fortgeschritten[360].

Tabelle 11.35.: Entwicklung der Produktionskosten pro Tonne Zucker in Jamaika und England 1954-65

	1954 £	1961 £	1965 £	1954-65 %
Zuckerrohr, Jamaika	22,15	30,19	34,10	+ 53,9
Rübenzucker, England	41,14	37,10	35,15	- 14,6

Quelle: Ford Sturrock, Sugar Beet or Sugar Cane, 1969, S, 128

Außerdem ist das Argument natürlicher komparativer Kostenvorteile der Rohrzuckerproduktion im Verhältnis zur Rübenzuckerproduktion allgemein problematisch, da sich die Produktionsbedingungen und die Produkte der beiden Produktionszweige derart unterscheiden, daß unmittelbare Produktivitäts- und Kostenvergleiche überhaupt keine Aussagekraft besitzen[361]. Gegen direkte Produktivitätsvergleiche der Rüben- und Rohrzuckerproduktion pro Anbaufläche spricht u.a., daß Zuckerrüben eine weitaus kürzere Reifezeit (8 Monate) als Rohrzucker (12 - 24 Monate) haben, und daß durch die Existenz jährlicher Zuckerrohrreserven die Flächenproduktivität von Zuckerrohr pro Anbaufläche im Unterschied zur Erntefläche erheblich reduziert wird. Daneben gilt es die Nebenprodukte zu berücksichtigen, die bei beiden Kulturen nicht identisch sind; z.B. verfügt Zuckerrohr über verhältnismäßig weniger Blattwerk, das als Futtermittel genutzt werden kann, wohingegen bei der Rübenzuckerproduktion keine Bagasse anfällt. Unmittelbare Kostenvergleiche stoßen sich an den komplizierten Kostenverhältnissen wie z.B. den großen Kostendifferenzen innerhalb einer Nation und international besonders zwischen den Rohrzuckerproduzenten sowie den je nach Auslastungsgrad der bestehenden Kapazitäten zeitlich variierenden Kosten. Weil die Sowjetunion bisher nicht lebensnotwendig vom Import kubanischen Zuckers abhängig war, durch den erheblichen Reexport bisher kaum Gewinne erwirtschaftet hat und weil auch die ökonomischen Kostenvorteile des Imports billigeren Zuckers aus Kuba nicht so eindeutig sind, wie dies auf den ersten Blick aussieht, scheint auch der kubanisch-sowjetische Zuckerhandel die Vermutung zu bestätigen, daß für Ausmaß und Form der wirtschaftlichen Kooperation zwischen Kuba und der Sowjetunion im wesentlichen politische Motive entscheidend waren[362].

Bis heute bestand das Problem der postrevolutionären kubanischen Zuckerpolitik nicht in unzureichenden Märkten für Kuba-Zucker, sondern umgekehrt in der unzureichenden kubanischen Zuckerproduktion, so daß der potentielle Markt nicht ausgeschöpft wurde. Zwischen 1965 und 1970 blieb die reale Zuckerproduktion insgesamt 76 % hinter den Produktionsplänen zurück. Das gleiche Bild bei den Vermarktungsplänen: 1965-70 lieferte Kuba z.B. der Sowjetunion nur 71,2 % der im Handelsvertrag von 1964 für diesen Zeitraum fixierten Zuckermenge[363]. Auch nach 1970 blieb die Zuckerproduktion, trotz der zurückgesteckten Produktionspläne (besonders 1972 - 1974 wegen der ausgedehnten Trockenheit) unter den erwarteten 6 Mio Tonnen. Seit 1973 ist jedoch ein stetiger Anstieg von 5,5 Mio t auf 7,3 Mio t 1978 und 8,1 Mio t 1979 zu verzeichnen. Auch die Fähigkeit zur Prognose und Planung der Zuckerproduktion hat zugenommen; schon am 5.Juni 1978, also noch kurz vor Abschluß der Ernte, hatte man mit 7,3 Mio t nahezu auf das Komma genau das Produktionsziel von 7,4 Mio t erreicht[364]. Trotz der Unterausnutzung des sozialistischen Markts setzte Kuba, mit der Ausnahme von 1971, jährlich mehr Zucker in diesen Ländern ab als die 2,8 Mio t, die man 1955-59 in die USA exportierte[365]- bei gestiegener Zuckerproduktion 1975-76 mit ca. 4 Mio t sogar erheblich mehr. Schwieriger dürfte es sein, die für das Jahrzehnt 1980-90 geplanten 8 - 10 Mio t zu vermarkten. Bei der realistischen Annahme einer kubanischen Zuckerproduktion von 8 Mio t 1980 müßte bei der derzeitigen Nachfragestruktur noch ein Markt für 900.000 t Zucker gefunden werden, da der nationale Konsum dann wahrscheinlich 600.000 t beträgt, der Absatz von 4 Mio t in die sozialistischen Staaten (davon 3 Mio t in die Sowjetunion) wahrscheinlich ist und sich die derzeitige Quote für Kuba im Rahmen des internationalen Zuckerabkommens für 1978 und 1979 auf 2,5 Mio t beläuft. Wahrscheinlich hofft Kuba sowohl auf die Erhöhung der Nachfrage der sozialistischen Länder als auch der Quote für den freien Weltmarkt. Außerdem ist Kuba bereit, nach Aufhebung des Embargos wieder Zucker in die USA zu exportieren[366]. Mit Wiedereröffnung des US-amerikanischen Zuckermarkts, der rund 1/4 der Gesamtnachfrage des freien kapitalistischen Weltmarkts repräsentiert, wäre die Vermarktung auch der anvisierten hohen kubanischen Zuckerproduktion der achtziger Jahre wahrscheinlich gesichert.

Das kombinierte Resultat der niedrigen Zuckerpreise des kapitalistischen Weltmarkts und der zu geringen kubanischen Zuckerproduktion war ein nahezu permanentes und stark ins Gewicht fallendes Defizit der Handelsbilanz[367]. Das durchschnittliche jährliche Defizit des kubanisch-sowjetischen Handels betrug zwischen 1961 und 1973 276 Mio US$, und das kumulative Handelsbilanzdefizit dieser Periode 3,6 Mrd US$ (vgl. Tabelle 11.36.). Aufgrund der gestiegenen Exporte und der höheren Exportpreise konnte Kuba 1974-76 jeweils eine positive Handelsbilanz mit der Sowjetunion erwirtschaften. Die Sowjetunion hat nicht auf die sofortige und bedingungslose Bereinigung der Handelsbilanz gedrängt sondern die nicht durch kubanische Exporte gedeckten Importe durch Kredite finanziert. Das Verhältnis von Schulden/Exporten lag im Kuba um 1975 mit 198 % (!) weit über den durchschnittlichen 122 % für Lateinamerika und 110 % für alle Entwicklungsländer[368].

Das Akkumulationspotential des Zuckerexportsektors ist nicht allein abhängig von externen Faktoren wie Marktvolumen und Exportpreis; intern wird die Gewinnspanne wesentlich bestimmt durch die Höhe der Produktionskosten. Ein Ziel der kubanischen Wirtschaftspolitik bestand daher in der Senkung der Produktionskosten zur Maximierung des Surplus des Zuckerexportsektors[369]. Leider sind keine präzisen Daten zum Umfang und zur Struktur der Kosten der Zuckerproduktion verfügbar, so daß die Entwicklung der gesamtwirtschaftlichen Effizienz des Zuckerexportsektors in provisorischer Weise an anderen Indikatoren gemessen werden muß. Bis 1970 sind die Produktionskosten wahrscheinlich gestiegen, weil nach 1959 die Zahl der permanent in der Zuckerrohrlandwirtschaft Beschäftigten sich nahezu verdoppelte, die Arbeitsproduktivität der freiwilligen Arbeitskräfte, auf die man Ende der sechziger Jahre zunehmend zurückgreifen mußte, erheblich unter der der professionellen Zuckerrohrschnitter lag und die Mobilisierung freiwilliger Arbeitskräfte außerdem noch zusätzliche Kosten verursachte (Transport, Unterkunft, Essen, Kleidung). Die Zahl der permanent in der Zuckerrohrlandwirtschaft beschäftigten Arbeitskräfte stieg von 123.500 1962 auf 222.000 1966[370]. Da gleichzeitig die Löhne der Zuckerarbeiter erhöht worden waren, stiegen die ganzjährigen Lohnkosten des Zuckersektors bei paralleler Abnahme der Arbeitsproduktivität pro Arbeiter.

Tabelle 11.36.: Sowjetische Wirtschaftshilfe für Kuba 1961 - 1976 (Mio US$)[7]

	1961-70	1971	1972	1973	1974	1975[1]	1976[2]
Zahlungsbilanzhilfe	2.550	509	631	437	294	65	110
Handelsbilanzdefizit	2.160	427	535	404	259	30[3]	75[3]
Zinszahlungen	166	57	69	-[4]	-[4]	-[4]	-[4]
Andere	224	25	28	33	35	35	35
Zurückzuzahlende Hilfe	2.550	3.059	3.691	4.128	4.422	4.487	4.597[5]
Zuckervorzugspreis[6]	940	56	- 22	154	4	365	897
Petroleumvorzugspreis[6]	-	-	-	-	370	300	375
Nickelvorzugspreis[6]	-	-	-	48	40	27	22
Gesamte kumulative Hilfe	3.568	4.133	4.743	5.382	6.090	6.847	8.251

Anmerkungen: 1) Provisorisch, 2) Geschätzt, 3) Handelsbilanzdefizit ohne sowjetische Käufe kubanischen Zuckers in konvertierbaren Devisen, 4) Ein sowjetisch-kubanisches Abkommen vom Dezember 1972 nahm den kubanischen Schuldendienst von weiteren Zahlungen aus. 5) Geschätzte kubanische Verschuldung gegenüber der SU; Bestandteile: a) Geschätzte $ 4,05 Mrd. direkter Zahlungsbilanzhilfe und b) geschätzte $ 550 Mio Entwicklungshilfe. Die SU hat sich 1972 bereits erklärt, den Beginn der Schuldenrückzahlung auf 1986 zu verschieben. 6) Jeweils berechnet aus der Differenz zwischen dem sowjetischen Preis und dem durchschnittlichen Weltmarktpreis für die kubanischen Exporte (Importe), multipliziert mit der jeweils exportierten (importierten) Menge in die (aus der) SU. Schenkung, die nicht zurückgezahlt werden muß. 7) Bewertung in US-Dollar dient nur der Illustration. Die realen Hilfszahlungen werden in Waren, die zu Schattenpreisen bewertet werden, getätigt (nicht in harten Devisen), so daß es unmöglich ist, diese genau zu quantifizieren.

Quelle: G.H. Theriot 1978, Tab. 12

Da außerdem gerade in dieser Periode die Weltmarktpreise für Zucker äußerst niedrig waren (1965-67 jeweils unter 2 US-Cents pro Pfund), geriet der Zuckersektor vor 1970 in eine Schere aus sinkenden Preisen und steigenden Kosten. Falls Gutelmans Annahme von ca. 5 US-Cents Kosten pro 1 Pfund Zucker Mitte der sechziger Jahre zutraf, dann lag der sowjetische Preis von 6,1 Cents knapp oberhalb der Produktionskosten, während die Preise auf dem freien Weltmarkt von durchschnittlich 2,3 Cents 1965-69 über die Hälfte darunter lagen[371].

Nach 1970 dürfte der gesamtwirtschaftliche Gewinn aus den Zuckerexporten erheblich gewachsen sein, weil sowohl die Zuckerpreise angezogen haben als auch die realen Produktionskosten beträchtlich gesenkt worden sind. Indikatoren der gestiegenen ökonomischen Effizienz des Zuckersektors sind das Wachstums des Flächenertrags und der Arbeitsproduktivität. Die Arbeitsproduktivität aller im Zuckersektor Beschäftigten stieg von 12,7 t 1958 um 131,5 % auf 29,4 t Zucker 1978 - im wesentlichen als Konsequenz der beschleunigten Mechanisierung der Zuckerrohrernte nach 1970. Der Zuckerrohrertrag pro Hektar konnte von durchschnittlich 41,2 t 1937-58 um 31 % auf 54 t 1978 gesteigert werden (vgl. dazu und zum Vorhergehenden Tabelle 11.37). Wenn es zutrifft, daß die Produktionskosten 1976 ca. 8 Cents/Pfund Zucker betrugen, dann lagen die Preise des kapitalistischen Weltmarkts allerdings - mit der Ausnahme von 1974-76 - auch nach 1970[372] entweder unter oder nur knapp über den Produktionskosten - die Preise des sozialistischen Weltmarkts jedoch erheblich darüber (vgl. Tabelle 11.31.). Da gleichzeitig die nationale Produktion von Inputs für die einfache und erweiterte Reproduktion der Zuckerindustrie im weiten Sinn erheblich ausgedehnt wurde, ist Kuba Ende der siebziger Jahre einen entscheidenden Schritt zur Maximierung des Surplus des Zuckersektors <u>und</u> des für Importe anderer Branchen zur Verfügung stehenden Exportsurplus vorangekommen. Der Importgehalt von Erweiterungs- und besonders Ersatzinvestitionen dürfte erheblich tiefer liegen als der der neuen Fabriken (35 - 40 %). Der anfänglich noch zu hohe Importbedarf zur Errichtung neuer Zuckerfabriken war wahrscheinlich ein entscheidender Grund dafür, daß der Bau neuer Zuckermühlen, der

Tabelle 11.37.: Die Entwicklung des Flächenertrags der Zuckerrohrlandwirtschaft und der Arbeitsproduktivität aller in der Zuckerproduktion Beschäftigten

Jahr	Zuckerproduktion (1000 mt)	Zuckerrohr pro ha (m.t.)	ARBEITSKRÄFTE Zuckerindustrie	Zuckerrohrlandwirtschaft	Zuckersektor	Arbeitsproduktivität Zuckersektor insgesamt Zucker/Arbeitskraft (m.t.)
1937-58		41,2				
1958	5.610		91.655	350.000	441.655	12,7
1966	4.866		94.759	350.000	444.759	10,9
1969	4.459		114.519	350.000	464.519	9,6
1970	8.538		120.000	700.000	470.000	12.2
1975	6.400		89.000	180.000	269.000	23,8
1978	7.300	54	87.000	161.000	248.000	29,4
1958-78 (Wachstum in Prozent)		31				131,5

Quellen: Zusammengestellt aus anderen Tabellen dieses Textes anfänglich schon im Zuckerperspektivplan 1966-70 vorgesehen war, um 10 Jahre verschoben wurde, weil ansonsten die Importkapazität anderer Sektoren zu sehr beschnitten worden wäre. Auch die Konzentration des Investitionsprogramms der Zuckerindustrie 1971-75 auf Mikroinvestitionen war z.T. so motiviert.

Die produktive Verwendung der durch den Zuckerexportsektor erwirtschafteten Devisen für die Diversifizierung der Gesamtwirtschaft, wird durch die Integration des Zuckersektors in die gesamtwirtschaftliche Planung, durch die Nationalisierung und Verstaatlichung des größten Teils der Wirtschaft sowie insbesondere durch das staatliche Außenhandelsmonopol garantiert. Die Formen, in denen im vorrevolutionären Kuba ein relevanter Teil des gesamtwirtschaftlichen Surplus abfloß (Kapitalexport, Zuckerzölle der USA, Verschlechterung der Terms of Trade) oder unproduktiv verwendet wurde (Luxuskonsumgüterproduktion und -import usw.), sind heute zum großen Teil aufgehoben. Kapitalexport in Form von Profittransfer ist ausgeschlossen, weil es bislang keine Direktinvestitionen oder gemischten ausländisch-kubanischen Unternehmen gibt[373]. Kuba hat vielmehr von der Sowjetunion neben denjenigen zum Ausgleich der Handelsbilanz weitere Kredite in großem Umfang und zu günstigen Konditionen zur Finanzierung der wirtschaftlichen Entwicklung erhalten, so daß Kuba nach 1959 Nettokapitalimporteur geworden ist. Der ungleiche Tausch ist im Zuckerhandel Kubas mit der Sowjetunion und den anderen sozialistischen Ländern, wie wir gesehen haben, wahrscheinlich tendenziell aufgehoben. Schutzzölle, wie diejenigen der USA, die vor 1934 einen erheblichen Teil der in Kuba erwirtschafteten Gewinne der Zuckerproduktion absahnten, werden von der Sowjetunion nicht erhoben[374].

Die unproduktive Verwendung der Gewinne des Zuckersektors durch Luxuskonsumgüterproduktion oder -importe wurde sofort in den ersten Jahren der Revolution abgeschafft, worauf ein Report der 'Business International Corporation' die am kubanischen Markt interessierten Geschäftsleute der westlichen Welt aufmerksam macht: "Der kubanische Markt für westliche Lieferanten besteht wesentlich in Kapitalgütern. Obwohl Kuba darauf bedacht ist, das Angebot an Konsumgütern für seine Bürger zu erhöhen, wird man diese nur in geringem Umfang im Ausland kaufen. Kuba ist hauptsächlich daran interessiert, 'wie man sie macht'. Wenn kubanische Offizielle davon sprechen, den Konsumbedürfnissen größere Aufmerksamkeit zu widmen, dann haben sie im Auge, jedem Haushalt solche Produkte wie Waschmaschinen, Kühlschränke und Fernsehgeräte verfügbar zu machen. Güter wie private Personenfahrzeuge sind ausgeschlossen ... Die Konsumgüter, die es ökonomisch selber herstellen kann, werden produziert. Auf diejenigen, die nicht intern hergestellt werden können, wird einfach so lange verzichtet, bis die wirtschaftlichen Bedingungen ihre Einführung erlauben."[375] Mit anderen Worten: Das an der zahlungskräftigen Nachfrage der Oberschicht orientierte und aus den entwickelten kapitalistischen Zentren importierte differenzierte (Luxus-)Konsummodell, das vor 1959 die Struktur des Binnenmarkts für Konsumgüter prägte, ist durch ein relativ karges und einfaches, an Grundbedürfnissen und Massenkonsumgütern orientiertes Konsummodell, das dem kubanischen Entwicklungsniveau eher angemessen ist, abgelöst worden.

Politische Korruption, ein im vorrevolutionären Kuba weit verbreitetes Phänomen, ist seit Castros Machtergreifung ebenfalls beseitigt worden, wie auch in den gerade zitierten Bericht der 'Business International Corporation' warnend konstatiert wird: "Eine wesentliche Differenz zwischen dem modernen Kuba und lateinamerikanischen politischen Archetypen besteht darin, daß Fidel Castro Kuba nicht zu seinem persönlichen Gewinn zu regieren scheint. Sein oft beteuertes und offensichtlich aufrichtiges Engagement gilt der Wohlfahrt des kubanischen Volkes. Persönlich scheint er außerordentlich ehrenhaft und unkorrumpierbar. Castro ist Lichtjahre entfernt von Typen wie Trujillo in der Dominikanischen Republik und Jimenez in Venezuela. Dieser Unterschied ist offensichtlich zentral. Für ausländische Unternehmen heißt das u.a., daß absolute Ehrenhaftigkeit in der Verwaltung vorherrscht, so daß das Problem fragwürdiger Zahlungen einfach überhaupt nicht anfällt."[376]

U.a. aufgrund der Eliminierung des unproduktiven Luxuskonsums und unproduktiver Ausgaben allgemein konnte die Investitionsrate von maximal 17 % vor der Revolution auf 22,5 % 1974 (vgl. Tabelle 12.2) erhöht werden[377]. Die produktive Verwenduhg des im Zuckerexportsektor erwirtschafteten Gewinns steht in eindeutigen Kontrast zur vorherrschenden Praxis der Mehrzahl der Zuckerrohrplantagenökonomien der kapitalistischen Peripherie, für die es typisch ist, was in einer Studie über die Zuckerindustrie in zwei argentinischen Provinzen festgestellt wurde, nämlich "daß der größere Teil des Reichtums, der durch das Wachstum der Produktion geschaffen wurde, entweder zu Luxuskonsum oder zur Finanzierung der Entwicklung anderswo verwandt wurde, so daß das Wachstum des Einkommens in den zuckerproduzierenden Gebieten keinen allgemeinen Prozeß einer diversifizierten, sich selbst erhaltenden Entwicklung der ganzen Region unterstützte."[378]

Aus dem Vorhergehenden dürfte klar geworden sein, daß vor allem auch die internen Bedingungen für die ökonomische Finanzierung eines Großteils der kubanischen Importe durch Zuckerexporte heute günstig sind. Das gilt trotz der seit 1975 wieder gesunkenen Zuckerpreise des freien Weltmarkts, die, obwohl sie zu einer Reduzierung des Investitionsprogramms führten, Kuba bei weitem nicht so hart trafen wie die meisten zuckerexportierenden Länder der kapitalistischen Peripherie, da die sozialistischen Länder weiterhin hohe und stabile Zuckerpreise zahlten. Castro wies daher entschieden die Möglichkeit einer Anti-Zucker-Politik zurück: "Obwohl unsere Probleme in großem Umfang auf den Zuckerpreis zurückzuführen sind, bedeutet dies nicht, daß wir eine Anti-Zucker-Einstellung entwickeln sollten - im Gegenteil. Zuckerrohr ist das landwirtschaftliche Produkt, das unserem Klima am besten entspricht und von dem wir, trotz alledem, am meisten profitieren. Wir dürfen nicht vergessen, daß der wachsende Handel zwischen Kuba und der Sowjetunion sowie den anderen sozialistischen Staaten hauptsächlich auf Zucker basiert... Wenn wir den Durchschnittspreis der beiden Preise (des sozialistischen und des kapitalistischen Weltmarkts, H.F.) berechnen ... - sehen wir, daß Zucker unser rentabelstes Agrarprodukt ist. ... D.h. wir müssen fortfahren, die Zuckerindustrie zu entwickeln und nicht zu vernachlässigen, weil der Umfang unseres Handels mit dem sozialistischen Lager bis zum Jahr 2000 weiterhin wächst ... Unser Hauptprodukt in diesem Austausch ist Zucker."[379]

Trotzdem ist Kuba nicht in der Weise von den Präferenzpreisen der Sowjetunion abhängig, wie es die meisten angelsächsischen karibischen Zuckerproduzenten früher von England waren und heute von der EG sind, in denen die über den Weltmarktpreisen liegenden Vorzugspreise als 'disincentives' von Investitionen wirkten und zur Entwicklung unrentabler Zuckerexportsektoren führten, weil kapitalistische Ökonomien nur durch Konkurrenzdruck zu Innovationen gezwungen werden. Die Zuckerproduktion dieser Länder könnte ohne die "Hilfe" ihrer jeweiligen Metropolen in dieser Weise nicht auf dem Weltmarkt konkurrieren[380]. Die kubanische, auf Staatseigentum basierende Planwirtschaft ist dagegen trotz der Vorzugspreise des sozialistischen Lagers im Begriff, die Zuckerproduktion umfassend zu modernisieren, so daß heute höchstwahrscheinlich die Produktionskosten kubanischen Zuckers unter den internationalen Durchschnittskosten liegen. Kuba könnte daher prinzipiell mit größerem wirtschaftlichem Nutzen als die meisten anderen Rohrzuckerproduzenten seine ganzen Zuckerexporte auf dem kapitalistischen Weltmarkt absetzen.

Welches sind die allgemeinen Schlußfolgerungen, die man aus der kubanischen Erfahrung in diesem Kapitel ziehen kann? Auf jeden Fall hat die Erfahrung des kubanischen Zuckerexportsektors verdeutlicht, daß die Nutzung der Zuckerrohrindustrie der tropischen Länder der Dritten Welt als für die Gesamtwirtschaft effizienter Exportsektor schwierig ist - wahrscheinlich schwieriger als die Kubaner selber erwartet hatten. Die natürlichen Vorteile der Rohrzuckerproduktion reichen heute nicht mehr aus: Erforderlich zur Maximierung des Exportsurplus durch den Zuckersektor sind massive Modernisierungsinvestitionen zur Senkung der Produktionskosten, der Ausbau der einheimischen Kapitalgüterindustrie für die Zuckerproduktion und international günstigere Preise und Austauschverhältnisse, als sie der freie kapitalistische Weltmarkt derzeit bietet. Notwendig für die interne und produktive Verwendung des Surplus des Zuckerexportsektors sind in soziopolitischer und institutioneller Hinsicht die Nationalisierung der Zuckerproduktion (in privater oder staatlicher Form) und als Optimum die Nationalisierung-Verstaatlichung, da vor 1959 auch die kubanische Zuckerbourgeoisie Luxuskonsumgüter importierte und einen Teil ihres Kapitals in die USA exportierte.

Tabelle 11.38: Verteilung der geplanten Investitionen auf die einzelnen Bereiche des Zuckersektors 1966 - 1980

Sektoren	1966 - 70[1] Mio Pesos	Prozent	1970-80 Mio Pesos	1971-75 Mio Pesos	1976-80 Mio Pesos[2]	Prozent[f]
Landwirtschaft	465	45			96[c]	14,7
Industrie (insgesamt)	320	32		150[4]-180[5]	200	30,8
Landtransport	190	19			200	20,8
Wasser-transport[a]	48	4			29	4,5
Montagekapazität (Bau,Installation)	-	-			9	1,4
Maschinenbau-industrie	-	-			40[d]	6,2
Zuckerrohr-nebenprodukte	-	-	220[3,e]		96[c] (170[6])	14,7
Gesamt	1020	100			600-700[b] (720-840[3])	100

Anmerkungen:

a) Im wesentlichen für Hafenanlagen zum mechanisierten Umschlag von Zucker.
b) Zur Berechnung der Prozente nehme ich einen hpyothetischen Umfang der Gesamtinvestitionen von 650 Mio Pesos an.
c) Geschätzt unter Annahme der Gleichverteilung der Restsumme auf die beiden Bereiche,für die Dorticos keine Zahlen angibt: Zuckerrohrlandwirtschaft und Zuckerrohrnebenprodukte. Für die Zuckerforschung und die Nebenproduktindustrie waren ursprünglich Investitionen von insgesamt 200 Mio Pesos geplant. Vgl. Banco Nacional de Cuba 1975, S.58.
d) Nur die dem Ministerium für die Zuckerindustrie direkt unterstellten Betriebe, die nur einen Teil der Ersatz- und Einzelteile und ausschließlich für die Zuckerindustrie herstellen. Die Gesamtheit der Investitionen 1976-80, die dem Ausbau der mechanischen Industrie für den Zuckersektor insgesamt dienten, dürften sich auf mehr als 200 Mio Pesos (geschätzt) belaufen.
e) Ursprünglicher Perspektivplan
f) Die berechneten Prozentzahlen stützen sich auf die Daten aus Quelle Nr. 2.

Quellen:

1) M. Gutelman 1967, S. 204-206
2) O. Dorticós, Es Necessario Optimizar La Zafra De 1975. 1974 (ATAC-Ausgabe),S. 17; International Sugar Journal 1975, S.131
3) C.R. Rodriguez 1969, S.66
4) Peter Calvert, Zucker-Kampagne auf Kuba hat begonnen. Die Welt, 28.11.1978
5) UNDP 1973, 33
6) J. Vázquez 1977, S. 7 (Interview mit L. Gálvez)

12. Inkrementelle, konzentrische Diversifizierung und exportgetriebenes Wachstum um sekundäre Wachstumspole

In diesem Kapitel wird eine Realanalyse der gesamtwirtschaftlichen Entwicklung seit 1959 versucht - unter Ausklammerung des in Kapitel 11 gesondert behandelten Zuckersektors. Zunächst werden einige grundlegende Daten zu Ausmaß und Struktur des gesamtwirtschaftlichen Wachstums präsentiert und interpretiert (12.1). Die darauf folgende Untersuchung orientiert sich an einigen Grundelementen der kubanischen Entwicklungskonzeption. Die zentrale Fragestellung, die sich durch alle Kapitel hindurchzieht, lautet, worin - trotz des häufigen scheinbar offensichtlichen Gegensatzes (Konzentration der Ressourcen auf einige sekundäre Leitsektoren und regionale Wachstumspole, Option für kapitalintensive Technologien, hohe Außenhandelsquote usw.) - der autozentrierte Charakter der kubanischen Entwicklungspolitik besteht. In Kapitel 12.2. wird die Integration von Rohstoffproduktion, verarbeitender Industrie und Maschinenbauindustrie am Beispiel der vorrangigen Wachstumspole behandelt. In Kapitel 12.3. wird der Frage nachgegangen, wie man in Kuba versucht hat, die Option für fortgeschrittene Technologien mit dem Abbau struktureller Heterogenität, Marginalisierung und der Reduzierung technologischer Abhängigkeit zu verbinden. Kapitel 12.4. wirft die Frage nach dem Nutzen der verfolgten Entwicklungspolitik für die Mehrheit der kubanischen Bevölkerung - gemessen an der Befriedigung ihrer Grundbedürfnisse - sowie nach der Rolle des Binnenmarktes für Massenkonsumgüter in der gesamtwirtschaftlichen Entwicklung auf. In Kapitel 12.5. werden einige wichtige Aspekte des Außenhandels beleuchtet: die weiterhin hohe Außenhandelsabhängigkeit sowie Ausmaß, Art und Perspektive der Exportdiversifizierung und der Importsubstitution. Das Kapitel 12.6. geht auf die für Kuba fundamentale Frage ein, inwiefern der priorisierte Zuckerexportsektor auch heute noch der Diversifizierung der Gesamtwirtschaft, insbesondere der Landwirtschaft, institutionelle, ökonomische und technologische Grenzen setzt.

12.1. Ausmaß und Struktur des wirtschaftlichen Wachstums: neue sektorale und regionale Wachstumspole

In Tabelle 12.1 werden auf der Grundlage offizieller kubanischer Daten einige Indikatoren zum Wachstum der kubanischen Wirtschaft und der Industrie präsentiert. Trotz einiger nicht irrelevanter statistischer Probleme[1] läßt sich ein eindeutiger Trend konstatieren. Nachdem zwischen 1962 und 1970 das Wachstum des Bruttosozialprodukts, des Produkts der materiellen Produktion und der Industrie absolut gering und pro Kopf sogar negativ war, beschleunigte sich das wirtschaftliche Wachstum zwischen 1970 und 1975 erheblich: die durchschnittliche jährliche Wachstumsrate des BSP in diesem Zeitraum betrug 13 %, die des Produkts der materiellen Produktion 12,4 % und die der industriellen Produktion 11,4 %. Das Wachstum pro Kopf war ein wenig geringer, belief sich aber mindestens auf 9,7 % (industrielle Produktion) im Jahresdurchschnitt.

Einige wesentliche Ursachen des im Verhältnis zur Investitionsrate (von durchschnittlich 21 % 1962-68) zunächst mageren wirtschaftlichen Wachstums waren das Embargo der USA, die Emigration eines großen Teils der Fachkräfte, die anfänglich große Bedeutung nur mittelbar produktiver Infrastruktur- und Sozialkonsuminvestitionen, die lange Anlaufzeit bestimmter Investitionen (z.B. tragen Zitrusbäume erst nach 7 - 8 Jahren), Schwierigkeiten bei der Lösung technologischer Probleme (Zuckerrohrerntemaschinen, Verarbeitung der Zuckerrohrnebenprodukte), historisch begrenzte Kapazität zur Absorption neuer Technologien, gesamtwirtschaftliche Disproportionen aufgrund von Fehlplanung und überhaupt Mängel des Systems der Planung und Organisation der Wirtschaft (unzureichende materielle Arbeitsanreize, informelle Überzentralisierung gesamtwirtschaftlicher Entscheidungen bei Castro) sowie die extrem niedrigen Zuckerpreise des kapitalistischen Weltmarktes.

Tabelle 12.1: Indikatoren des wirtschaftlichen Wachstums in Kuba 1962 - 1975
(1962-66 in konstanten Preisen von 1965; 1967-75 in laufenden Preisen)

	Bruttosozialprodukt		Bruttomaterialprodukt		Industrielle Produktion	
	Mio Pesos	Wachstums-rate (%)	Mio Pesos	Wachstums-rate (%)	Mio Pesos	Wachstums-rate (%)
1962[a]	6.082,1	-	3.698,2	-	2.746,2	-
1963	6.013,2	- 1.1	3.736,7	1.0	2.700,7	- 1.7
1964	6.454,5	7.3	4.076,4	9.0	2.813,5	4.2
1965	6.770,9	4.9	4.137,5	1.5	2.913,0	3.5
1966	6.709,3	- 1.0	3.985,5	- 3.7	2.858,5	- 1.9
1967	7.211,6	-	4.082,8	-	3.185,1	-
1968	7.330,9	1.6	4.376,5	7.2	3.129,9	- 1.8
1979	7.236,1	- 1.3	4.180,6	- 4.5	3.178,0	1.5
1970	8.356,5	15.4	4.203,9	0.6	4.000,3	25.9
1971	8.966,5	7.3	4.821,8	14.7	4.177,0	4.4
1972	10.417,9	16.2	6.041,2	25.3	4.458,3	6.7
1973	11.921,8	14.4	6.712,3	11.1	4.988,3	11.9
1974	13.423,5	12.5	7.414,1	10.5	5.393,1	8.1
1975	15.047,5	12.1[b]	-	-	6.007,1	11.4
Durchschnittswert 1962-69		1.7		1.8		0.6
Pro Kopf[c]		- 0.4		- 0.3		- 1.5
Durchschnittswert 1970-75		13.0		12.4		11.4
Pro Kopf[c]		11.3		10.7		9.7

Anmerkungen: a) 1962 war das Jahr einer schweren wirtschaftlichen Rezession nach einer Phase stetigen wirtschaftlichen Wachstums 1959-61; Mesa-Lago schätzt den Rückgang des Rückgang des Bruttosozialprodukts für 1962 auf ca. -8 Prozent.
b) Ohne Handel
c) Das durchschnittliche jährliche Bevölkerungswachstum betrug 1962-1969 2,1 % und 1970-1975 1,7 %.

Quelle: C. Mesa-Lago 1979 (The Economy and International Economic Relations), S.170, Tab.9.1.

Die meisten dieser Faktoren entwickelten sich nach 1970 positiv: die Emigration wurde durch massive Ausbildungsinvestitionen mehr als kompensiert, die Wirkung des US-Embargos auf die wirtschaftlichen Beziehungen Kubas zu den anderen kapitalistischen (Industrie-)Staaten wurde allmählich aufgehoben, die Infrastrukturinvestitionen begannen sich auszuzahlen, die Mechanisierung der Zuckerrohrernte machte schnelle Fortschritte, das Planungssystem wurde reformiert und die Arbeitsorganisation rationalisiert, das Wachstum der einzelnen Wirtschaftszweige wurde harmonisiert, die kapitalistischen Zuckerpreise erlebten einen vorübergehenden Boom usw.[2]. Die Relevanz der Zuckerpreise für das Ausmaß des wirtschaftlichen Wachstums wird dadurch deutlich, daß das BSP 1976, als der Zuckerpreis auf dem kapitalistischen Weltmarkt von einem Maximum von 65 cents pro Pfund im November 1974 wieder auf 8 cents gesunken war, nur noch um 4,2 % wuchs[3]. Intern war die rasante Entwicklung der planerischen, administrativen und technischen Kompetenz zur Durchführung und Absorption von Investitionen in moderne Technologie von entscheidender Bedeutung: die durchschnittliche Wachstumsrate des Produkts der materiellen Produktion stieg 1970-74 im Verhältnis zu 1962-69 um 85,5 %, während die Investitionsrate von durchschnittlich 21 % 1962-68 auf 18,3 % 1970-74 fiel (vgl. Tabelle 12.2). Die Reduzierung der Investitionsrate nach 1970 gründete offensichtlich auf der doppelten Einsicht, daß die ursprünglich für die 70er Jahre angestrebte Investitionsrate von rund 30 % sowohl den Konsum zu sehr eingeschränkt als auch die nationale Kapazität zur Absorption von Investitionen überfordert hätte.

Erstaunlich ist, daß gerade das Wachstum der priorisierten Landwirtschaft bisher äußerst instabil war, obwohl auch hier für die Periode nach 1970 eine Verstetigung des Wachstums zu konstatieren ist. Die Wachstumsrate insgesamt ist mit 21 Prozent (Nahrungsmittel) und 20 Prozent (Gesamtlandwirtschaft) innerhalb von 16 Jahren im Verhältnis zum Aufwand relativ bescheiden. Die Pro-Kopf-Produktion ist sogar, mit der Ausnahme einiger weniger Jahre, leicht gefallen (vgl. Tabelle 12.3).

Tabelle 12.2: Entwicklung des Bruttoprodukts der materiellen Produktion und der Investitionsrate 1962 - 1974 (Mio Pesos)[a]

	Bruttoprodukt der materiellen Produktion		Investitionen[b]	Investitionsrate
	Gesamt	pro Kopf in Pesos		%
	(1)	(2)	(3)	(3)/(1)
1962[1]	3.020.5	427	571.6	18,9
1963[1]	3.449.6	476	695.9	20,2
1964[1]	4.203.6	566	772.4	18,4
1965[1]	4.136.5	542	841.7	20,4
1966[1]	4.039.3	518	930.0	23,0
1967[2]	4.082.8	530	1.031.5	25,3
1968[2]	4.352.6	583	918.0	21,1
1970[3]	4.203.9	492	668.5	15,9
1971[3]	4.818.2	554	830.3	17,2
1972[3]	6.026.9	680	980.8	16,2
1973[3]	6.710.4	742	1.314.9	19,6
1974[3]	7.414.1	807	1.664.8	22,5
1962-68				21,0
1970-74				18,3

Anmerkungen: a) In laufenden Preisen
b) Bruttoanlageinvestitionen.
Ich vermute, daß hier nur, analog zum Bruttomaterialprodukt, die unmittelbar oder mittelbar produktiven Investitionen aufgeführt sind.

Quellen: 1) Statistisches Bundesamt: Länderkurzbericht Kuba 1975, S. 24f (1962-66)
2) JUCEPLAN, Boletin Estadistico 1971, S. 44, Tab.IV.1
3) Statistisches Bundesamt: Länderkurzbericht Kuba 1977 S. 22 (1970-74)

Tabelle 12.3: Entwicklung der Indizes des Wertes der landwirtschaftlichen und Nahrungsmittelproduktion (Netto): Gesamt und pro Kopf (1961 - 1976)
(1961-65 = 100)

	Nahrungsmittelproduktion		Agrarproduktion	
	Gesamt	pro Kopf	Gesamt	pro Kopf
1961-65	100	100	100	100
1966	96	90	96	91
1967	119	109	112	108
1968	109	99	109	98
1969	99	89	98	88
1970	148	129	144	126
1971	116	100	113	97
1972	98	83	97	82
1973	112	92	110	91
1974	123	99	121	97
1975	128	110	126	100
1976	121	93	120	92

Quelle: FAO Production Yearbook 1976, Vol. 30, 1977, S.73-79

Der Rückgang von 1976 war wahrscheinlich das Resultat des Falls der Zuckerpreise. Die Tatsache, daß der Höhepunkt von 1970 bisher noch nicht wieder erreicht worden ist, obwohl die Nicht-Zuckerrohrlandwirtschaft in diesem Zeitraum wesentlich gesteigert werden konnte, verweist auf das Gewicht der Zucker(rohr)-produktion im Rahmen der gesamten landwirtschaftlichen und Nahrungsmittelproduktion. Mit den Ernten zwischen 7,3 und 8,1 Mio m.t. Ende der 70er Jahre wurde fast das Niveau von 1970 (8,5 Mio m.t.) erreicht und die Zuckerproduktion von 5 bis 6 Mio t Mitte der 70er Jahre erheblich übertroffen. Da diese jetzt eingebracht werden konnten, ohne die andere Landwirtschaft negativ zu affizieren, dürfte der Index der landwirtschaftlichen Gesamtproduktion wahrscheinlich stark angezogen haben.

Die Struktur des wirtschaftlichen Wachstums wurde bestimmt durch die Konzeption des ungleichgewichtigen Wachstums, d.h. der konzentrierten und konzentrischen Entwicklung um einige Wachstumspole, die nicht nur für den Zuckersektor galt, sondern von allgemeiner Relevanz war. Da diese 'growthpole-Strategie' auch die Wachstumslogik der Branchen wie z.B. der Nickel- und der Bauindustrie determinierte, die nicht mit der Landwirtschaft verbunden waren, war sie im Verhältnis zur Strategie der Agroindustrialisierung von übergeordneter Bedeutung. Ein entscheidendes Motiv der (vorübergehenden) sektoralen Konzentration der Ressourcen war die Maximierung der ökonomischen Effizienz des knappen Investitionskapitals: "Die Verzettelung der Kräfte auf eine Vielzahl von Branchen verhindert, daß mit den Ressourcen, die auf diese Weise verteilt werden, ein maximaler Ertrag erzielt wird. Daher wird es notwendig sein, in jedem Augenblick zu untersuchen, in welchen Branchen die günstigsten Bedingungen bestehen und dann in diesen den Hauptteil der Ressourcen zu konzentrieren."[4] Die Maßstäbe der Wahl einzelner Branchen im Rahmen der kubanischen Perspektivplanung ab 1963 bestanden darin, "bestimmte Devisenausgaben auf ein Minimum zu reduzieren; immer, wenn es ökonomisch ist, die Branchen auszuwählen, die die höchste Integration zwischen den Industriezweigen und von Landwirtschaft und Industrie garantieren; Verluste und mangelhafte Produktion zu vermindern; ein Maximum von Effizienz mit den knappen Produktionsfaktoren (Devisen, Investitionen, qualifizierte Arbeitskräfte) zu erreichen; internationale Qualitätsstandards anzustreben usw."[5]

Interessant ist, daß der kubanischen Entwicklungslogik des Wachstums um sektorale Wachstumspole ein bestimmtes Vorgehen in der Perspektivplanung entsprach. Durch die Analyse des Entwicklungspotentials einzelner landwirtschaftlicher und/oder industrieller Branchen und ihrer möglichen Folgewirkungen sollte herausgefunden werden, welche konkreten sektoralen Prioritäten "am effizientesten aus der Perspektive der wirtschaftlichen Entwicklung im allgemeinen"[6] waren. Diese Branchenanalysen sollten sich nicht auf die Untersuchung der Faktoren- und Ressourcenausstattung,

Produktivität, Kostenstruktur, technologische Alternativen usw. beschränken, sondern gerade auch die gesamtwirtschaftlichen Effekte, u.a. die Koppelungseffekte "nach vorne und nach hinten" untersuchen, "um alle Implikationen der besonderen Entwicklung, die vorgeschlagen wird, kennen zu können. Diese Methode besteht darin, zu erreichen, daß die Untersuchung einer Branche oder einer Entwicklungslinie nicht nur zu einem beschränkten Wissen ausschließlich dieses Wirtschaftszweigs führt, sondern daß man auch die Wirkungen kennen kann, die dieses Wachstum für die Ökonomie der Konsumenten des Produkts dieser Branche und für die der Lieferer der Rohstoffe und Materialien haben wird."[7] Diese Vorgehensweise war natürlich auch durch die unzureichenden gesamtwirtschaftlichen Planungskapazitäten in dieser Periode bedingt. Diese Sektoralisierung des Planungsprozesses war wahrscheinlich eine der Ursachen der unzureichenden Abstimmung zwischen den einzelnen Wirtschaftszweigen, die sich besonders in der Krise von 1970 mit dem Wachstum der Zuckerproduktion auf Kosten anderer Produktionszweige manifestierte[8]. Nach 1970 wurde daher ein besonderes Gewicht auf die bessere Abstimmung und Koordinierung zwischen den einzelnen Branchen gelegt.

Aus Tabelle 12.4. sind die landwirtschaftlichen Kulturen und industriellen Branchen ersichtlich, deren Wachstumsraten im postrevolutionären Kuba besonders hoch waren. Das waren zunächst die neuen Schwerpunkte in der Landwirtschaft: Zitrus, Viehzucht und Fischfang; dann die Industrien, die Inputs für die Landwirtschaft herstellen (Düngemittel, Herbizide) und die Konsumgüterindustrien, die landwirtschaftliche Rohstoffe verarbeiten (Textil-, Schuhindustrie). Die höchsten Wachstumsraten hatten jedoch die industriellen Branchen, die unspezifische Produktionsgüter für die konvergierende Nachfrage einer Vielzahl von Branchen produzieren: die Stahl-, die Zement- und die metallurgische Industrie usw.[9]

Tabelle 12.4: Ausgewählte ökonomische Kennziffern Kubas (1975 im Vergleich zu 1958)

	Entwicklung 1975 im Vergleich zu 1958 1958 = 100	Absoluter Leistungsstand 1976
Elektroenergie	255	6,5 Mrd kWh
Nickel	200	36.900 t
Erdölverarbeitung	164	5,8 Mio t
Stahl	1000	240.000 t
Chemische Industrie	219	594 Mio Peso
Düngemittel	-	1 Mio t
Herbizide	2333	2.800 t
Metallverarbeitende Industrie	536	271 Mio Peso
Zement	300	2 Mio t
Leichtindustrie (1975:1970)	180	738 Mio Peso
Schuhe	261	30 Mio Peso
Textilien	242	145 Mio m^2
Zuckerrohranbaufläche	113	1.514.200 ha
Zitrusanbaufläche	über 1000	100.000 ha
Eier	600	1,7 Mrd Stück
Geflügelfleisch (1975: 1963)	400	-
Schweinefleisch (1975:1963)	300	-
Fischfang	750	165.000 t
Außenhandel (1974:1958)	290	-

Quelle: H. Hummel, in: Die Wirtschaft (Berlin, DDR) vom 29.1.1976

Die hohe Priorität der metallverarbeitenden und mechanischen Industrie, der Bauindustrie (Baumaterialien), aber auch für Holzprodukte, Textilien und Leder wird ebenfalls ersichtlich, wenn man die industrielle Produktion von 1970 und 1974 vergleicht (vgl. Tabelle 12.5).

Tabelle 12.5: Wachstum der industriellen Produktion 1970-1974 (in Mio Pesos zu konstanten Preisen von 1965)

Branche	1970	1974	Anteil an der industriellen Gesamtproduktion 1974 in %	Wachstumsrate/Jahr %
Gesamt	4.000	5.396	100	7,7
Zuckerindustrie	704	618	11,5	- 3,2
Bergbau	70	77	1,4	2,3
Baumaterialien	102	293	5,4	30,1
Metallverarbeitende und mechanische Industrie	222	542	9,7	23,8
Petroleum und Nebenprodukte	318	397	7,4	5,7
Chemie	460	624	11,6	7,9
Textil und Leder	323	521	9,7	12,7
Nahrungsmittelindustrie	1.031	1.300	24,1	6,0
Getränke und Tabak	396	476	9,0	4,7
Elektroenergie	122	150	3,0	5,3
Holzprodukte	60	109	2,0	16,3
Grafische Industrie	57	62	1,1	2,0
Andere	135	246	4,6	16,2

Quelle: F.C.Helm 1976, S. 6

Enttäuschend war die Entwicklung der Produktion in einigen traditionellen kubanischen Kulturen: während der Tabakanbau stagnierte, ging die Kaffeeproduktion zwischen 1957-61 und 1971-74 um etwa ein Drittel und die Produktion von Yucca und Malanga um rund zwei Drittel zurück[10]. Die Reisproduktion übertraf zwar erst 1975 (mit 338.000 m.t, geschält und getrocknet) das Niveau von 1959-60, zeigt aber weiterhin eine stark und stetig aufsteigende Tendenz. Der starke Rückgang auf 50.000 m.t Reis 1965 war die Folge der Reduktion der Anbaufläche im Rahmen der internationalen Arbeitsteilung zwischen Kuba und China, die später aufgrund der Abkühlung der politischen Beziehungen zwischen den beiden Nationen wieder rückgängig gemacht wurde.

In gewisser Hinsicht besteht ein enger Zusammenhang zwischen den Eigentumsverhältnissen und dem Wachstum der Agrarproduktivität einzelner landwirtschaftlicher Branchen. Mit der Ausnahme der Gemüselandwirtschaft ist der Anteil der Privatbauern gerade in den Kulturen, die eine intensive, auf traditioneller Erfahrung beruhende Pflege erfordern und nur schwierig zu mechanisieren sind, überdurchschnittlich hoch[11]. Im allgemeinen dominiert in den landwirtschaftlichen Schwerpunktsektoren der staatliche Sektor (zum Anteil des Privatsektors in einigen landwirtschaftlichen Branchen vgl. Tabelle 12.6); in der Regel handelt es sich um großflächige Kulturen, in denen der Einsatz von Maschinen technisch möglich und ökonomisch sinnvoll ist, mit erheblichen Produktivitätsreserven - d.h. die prinzipiell, bei entsprechenden staatlichen Forschungs- und anderen begleitenden Modernisierungsinvestitionen, relativ schnell zu modernisieren sind.

Tabelle 12.6: Entwicklung des Privatsektors der kubanischen Landwirtschaft 1960 - 1975

Jahr	1960	1963	1966	1967	1971	1975[2]
Zahl der Privatbauern			234.000[1]		203.000[1]	162.126[1]
Anteil an gesamter kultivierbarer Fläche (%)	56[3]	39,9[3]	35[1]		32[1]	21[1]
Anteil an der Produktion einzelner Kulturen:						
- Tabak (%)						80
- Kaffee (%)				83[5]		80
- Gemüse (%)						60
- Wurzeln und Früchte (%)						50
- Rinderzucht (%)				42[5]		33
- Zuckerrohr (%)				25,5[4]		18

Quellen: 1) C. Mesa-Lago 1978, S. 98ff.
2) Banco Nacional de Cuba 1975, S.39
3) M. Gutelman 1967, S.58
4) Cuba 67: image d'un peuple, hier nach Auroi 1975, S.45
5) F. Castro, Rede, Granma W.R., 18.6.1967, S.12

In allen landwirtschaftlichen Wachstumspolen (Viehzucht, Zuckerrohr, Reis) wurde das angestrebte intensive Wachstum erreicht (für Zitrusfrüchte waren keine Daten verfügbar). Im Fischfang konnte die Produktivität aufgrund der Einführung moderner Schiffe und Fangmethoden ebenfalls erheblich gesteigert werden. Selbst in einigen Kulturen wie z.B. Erdnüsse und Baumwolle, deren Anbaufläche im Rahmen der 1964 begonnenen neuen Entwicklungsstrategie vorübergehend reduziert wurde, die nur für kurze Zeit zurückgestellt werden sollten,konnten Produktivitätszuwächse erzielt werden. Die Flächenproduktivität einer Vielzahl traditioneller kubanischer Kulturen (Tabak, Kaffee, Hülsen-, Wurzel- und Knollenfrüchte) ist dagegen gesunken (vgl. Tabelle 12.7).

Die regionale Struktur des vorrevolutionären Kuba war durch den für viele Entwicklungsländer typischen Gegensatz von Metropole und Hinterland geprägt. Havanna war das unbestrittene politische, wirtschaftliche und kulturelle Zentrum der Insel. Noch 1971 waren 80 % der Nicht-Zuckerindustrie in Havanna angesiedelt[12]. Eines der entwicklungspolitischen Ziele der Revolution war eine ausgeglichenere Regionalentwicklung und besonders eine bessere Verteilung der industriellen Investitionen als regionalpolitische Bedingung nationaler Integration: "... Beachtet die Verteilung dieser Fabriken und wie gerecht sie ist; sie werden über das ganze nationale Territorium verteilt ... Ihre Allokation wird nicht bestimmt durch die Bequemlichkeit eines Privatbesitzers, der in der Hauptstadt lebt und die Fabrik dort haben will ... Die Revolution baut Fabriken in den entlegensten Kleinstädten, die früher immer Fabriken forderten und sie nie bekamen ... Wir verteilen die Fabriken auf rationale Weise, um eine rationale Verteilung des Volkseinkommens zwischen der Hauptstadt und dem Rest der Insel zu erhalten."[13]

Aufgrund der knappen ökonomischen Ressourcen und der geringen Größe Kubas erschien es nicht sinnvoll, das Gefälle zwischen der Metropole und den kleineren Städten des Hinterlandes dadurch abzubauen, indem man die industriellen Projekte gleichmäßig über eine größere Zahl von neuen, relativ kleinen, städtischen Zentren streute.

Tabelle 12.7: Entwicklung des Ertrags ausgewählter Agrarprodukte 1961 - 1976

Jahr	1961-65	1966	1967	1968	1969	1970	1971	1974	1975	1976	1974-76	1978	1961-65 bis 1974-76 (Wachstum in %)
Milch[1] kg/Kuh+Jahr	726							990	984	994	989,3		+36,3
Eier[2] pro Huhn+Jahr		182	197	187	185	197	201						+13,1[a]
Zuckerrohr t/ha	38,44							44,89	43,07	44,34	44,10	53[3]	+14,7
Reis t/ha	1,48							2,05	2,10	2,10	2,08		+40,5
Tabak(roh) t/ha	0,82							0,64	0,73	0,77	0,71		-13,4
Kaffee(grün) t/ha	0,74							0,54	0,49	0,49	0,51		-31,0
Getreide gesamt t/ha	1,19							1,61	1,65	1,65	1,64		+37,8
Mais t/ha	0,98							0,96	0,96	0,96	0,96		- 2,0
Kakaobohnen t/ha	0,50							0,76	0,76	0,76	0,76		+52
Hülsenfrüchte trocken t/ha	0,76							0,67	0,67	0,67	0,67		-11,8
Bohnen trocken t/ha	0,76							0,67	0,67	0,67	0,67		-11,8
Kartoffeln t/ha	10,55							8,14	8,35	8,55	8,35		-20,9
Süße Kartoffeln t/ha	4,39							3,79	3,70	3,62	3,70		-15,7
Baumwolle t/ha	0,64							1,03	1,03	1,03	1,03		+60,9
Jute t/ha	1,00							1,00	1,00	1,00	1,00		0
Alle Wurzel- und Knollenfrüchte t/ha	5,50							4,99	4,98	4,96	4,97		- 0,96
Erdnüsse t/ha	0,90							1,00	1,00	1,00	1,00		+11,1
Tomaten t/ha	4,96							7,36	7,40	7,40	7,39		+49,0
Gurken t/ha	9,32							12,82	12,58	12,36	12,59		+35,0
Zwiebeln getrocknet t/ha	3,61							6,67	6,66	6,66	6,66		+84,5

Anmerkung: a) 1966-71

Quellen:
1) FAO Production Yearbook 1976, Vol. 30, 1977
2) JUCEPLAN, Boletin Estadístico de 1971
3) 7.200.000 Tons of Sugar Already Produced, Granma W.R., 2.7.1978, S.1

Da die indirekten Kosten industrieller Investitionen (Transport- und Kommunikationssystem, Elektrizität, Wasserversorgung usw.) durch ihre regionale Konzentration gesenkt werden können und größere Städte auch sonst über wirtschaftliche Vorteile verfügen (größeres Reservoir an qualifizierten Arbeitskräften und größere Märkte), hieß in Kuba eine ökonomisch rationale und gerechtere Verteilung der neuen Industrien die Entwicklung einiger weniger neuer regionaler Industriezentren[14]. In die gleiche Richtung wirkte die prinzipielle Option für industrielle Großbetriebe: "Diese Tendenz zur Konzentration der Produktion hat dem Ausmaß, in dem die Dezentralisierung der Industrie realisiert werden kann, Grenzen gesetzt. Folglich ist - und wird es bleiben - die geographische Verteilung der industriellen Entwicklung auf einige ausgewählte Wachstumspole beschränkt."[15]

Neben den 152 Zucker- und den agroindustriellen Fabriken sowie Leichtindustrien von begrenzter lokaler Bedeutung existieren nur 8 regionale industrielle Zentren. Nach der vorläufigen Fassung des Fünfjahresplans 1981-85 entfallen 51 % aller industriellen Investitionen dieses Zeitraums allein auf die beiden neuen Wachstumspole Cienfuegos (15 %) und Holguin (36 %), das neue Zentrum der Landmaschinenindustrie[16]. Die allgemein vorrangige Entwicklung der Städte des Hinterlandes spiegelt sich auch in der Tatsache, daß 13 von 16 mittleren und kleinen Städten zwischen 1953 und 1970 eine höhere Wachstumsrate als Havanna zu verzeichnen hatten. Besonders schnell gewachsen sind Bayamo, Holguin, Guantanamo, Manzanillo und Pinar del Rio (vgl. Tabelle 12.8).

Tabelle 12.8: Bevölkerungswachstum der 17 größten kubanischen Städte 1953 - 1970 (in 1.000 und Prozent)

Stadt	1953	1970	Wachstumsrate (in %)
Groß-Havanna	1.217,7	1.755,4	44,2
Santiago de Cuba	163,2	276,0	69,1
Camagüey	110,4	196,9	78,4
Santa Clara	77,4	131,5	69,9
Guantánamo	64,7	130,1	101,1
Holguín	57,6	131,5	128,3
Cienfuegos	58,0	95,2	64,2
Manzanillo	42,3	77,9	84,2
Matanzas	63,9	85,4	33,6
Cárdenas	43,8	55,2	26,0
Pinar del Río	38,9	73,2	88,2
Sancti Spíritus	37,7	57,7	53,1
Ciego de Avila	35,2	60,9	73,0
Guines	29,2	41,1	41,8
Bayamo	26,2	71,7	173,7
Agua la Grande	20,2	35,8	77,2
Nuevitas	12,4	20,7	66,9

Quelle: H.J. Blutstein u.a. 1976, S. 26, Tab.2

12.2. Entwicklung und konzentrische Diversifizierung um einige sekundäre Wachstumspole

In diesem Kapitel wird die Entwicklung einiger Wachstumspole und die Form und das Ausmaß, in dem ihre Koppelungseffekte bisher genutzt worden sind, genauer untersucht. Ganz allgemein läßt sich feststellen, daß die beabsichtigte konzentrische Diversifizierung <u>um</u> die Landwirtschaft und einige Schwerpunktsektoren erst am Anfang ihrer Entwicklung steht (vielleicht mit der Ausnahme des Landmaschinenbaus, der ab Anfang der 80er Jahre über ein solides Fundament verfügt), weil zunächst die meisten Ressourcen auf das Wachstum der Rohstoffsektoren verwendet werden mußten und weil sowohl die weiterverarbeitenden Branchen als auch die vorgelagerten Kapitalgüterindustrien ein bestimmtes Ausmaß der Expansion und der Modernisierung der Rohstoffproduktion voraussetzen. Allgemeine Engpässe sind weiterhin die Stahlindustrie und der Mangel an Energiequellen. Eine Ausnahmestellung nimmt die Bauindustrie ein, die zum internen Leitsektor der 70er Jahre erklärt wurde und die von strategischer Bedeutung für die nationale Durchführung aller Investitionen ist. Die Agroindustrialisierung hat wegen der anfänglichen Schwierigkeiten des Wachstums und der Modernisierung der Landwirtschaft erst ab 1975 an Tempo gewonnen. Im Nickelbergbau als dem zentralen nichtlandwirtschaftlichen Rohstoffexportsektor beginnt erst ab 1980-81 die Phase des take-off, so daß erst dann der beabsichtigte Anbau weiterverarbeitender Branchen (u.a. die Herstellung von Spezialstählen) in Angriff genommen werden kann. Die Maschinenbauindustrie wird - mit der Ausnahme von Produkten, für die eine Konvergenz der Nachfrage besteht (Landmaschinen, Computer, Transportausrüstungen, perspektivisch auch Ausrüstungen für die Konsumgüterindustrie allgemein) - vorzugsweise für die Schwerpunktbranchen entwickelt, weil hier ein ausreichend großer Markt für den Übergang zur Serienproduktion besteht. Die Entwicklung der Grundstoffindustrien, die hier nicht gesondert behandelt werden, folgt der gleichen Entwicklungslogik: sie wird im allgemeinen dann für die Bereiche aufgenommen oder ausgedehnt, wenn eine ausreichende nationale Nachfrage zur Massenproduktion schon vorhanden ist; z.B. sind offenbar 1981-86 erhebliche Investitionen in der Textilfaserbranche geplant, weil diese durch das Wachstum der Textilindustrie ökonomisch sinnvoll geworden sind[17].

12.2.1. Agroindustrielle Wachstumspole

Ein Schwerpunkt der Strategie konzentrischer Diversifizierung bestand in dem Aufbau einer Branche zur industriellen Verarbeitung der wichtigsten Agrarprodukte und der korrespondierenden nationalen Distributionssysteme. Zur Kategorie der verarbeitenden Industrie zählen heute auch die Gefrierfabriken, deren Produktionsprozeß aufgrund der technologischen Entwicklung der letzten Jahrzehnte im Unterschied zu klassischen Lagermethoden einen industriellen Charakter angenommen hat. Angestrebt wird die weitgehende Substitution von Importen und der zunehmende Export industriell verarbeiteter Agrarprodukte, eine Zielsetzung, die durch das Investitionsprogramm des Fünf-Jahres-Plans 1976-80 in diesem Bereich Konturen gewinnt[18]. Der Aufbau der Agroindustrien erfolgt notwendig phasenverschoben nach der Entwicklung der entsprechenden landwirtschaftlichen Kulturen; auf dem Hintergrund dieser Wachstumslogik ist das bisher nicht übermäßige Tempo der kubanischen Agroindustrialisierung zu sehen.

Die industrielle Verarbeitung von Zitrusfrüchten in Form von Obstkonserven und Fruchtsäften stagnierte bisher bei starken Schwankungen des jährlichen Outputs auf einem niedrigen Niveau (vgl. Tabelle 12.9). Allerdings sind die Ursachen für diese Stagnation nicht struktureller sondern vorübergehender Natur: die vorrangigen umfangreichen Investitionen in Zitrusplantagen und ihre lange Reifezeit sowie die hohen Kosten der agroindustriellen Investitionen. "Es ist evident, daß, wenn die Produktion (von Zitrusfrüchten, H.F.) ein bestimmtes Niveau erreicht, es notwendig sein wird, die Verarbeitungskapazitäten zu erweitern."[19]. Für 1974-80 ist der Bau eines großen industriellen Kombinats zur Herstellung von Konserven, Säften usw. und von weiteren fünf Konservierungs- und Verpackungsfabriken vorgesehen (zu diesen und den folgenden Informationen über agroindustrielle Investitionsprojekte nach 1974 vgl. Schaubild 12.1).

Weitaus günstiger sieht die Bilanz der Milchindustrie aus. Zwischen 1966 und 1975 wuchs die Produktion von Butter um 168 %, die von Käse um 69 %, von Milchpulver um 108 % und von Speiseeis um 256 % (vgl. hierzu und den folgenden Daten zur agroindustriellen Produktion Tabelle 12.9). Der Bau einer Vielzahl weiterer Fabriken, u.a. eines großen Komplexes von milchverarbeitenden Betrieben in Havanna mit einer Tageskapazität von 500.000 l Milch bis 1980 ist vorgesehen.

Tabelle 12.9: Entwicklung der Produktion einiger agroindustrieller Produkte 1957 - 1976

Jahr	1957	1958	1963[10]	1965[10]	1961-65	1966[10]	1967	1968	1969	1970	1971	1972	1973	1974	1975	1976	1977	1980[a]
Milchprodukte[6]																		
Milch frisch + pasteurisiert 1000 mt			217,4	234,2		329,5	345,4	361,7	436,8	474,5	504,6	528,8	568,6	593,8				
Kondensierte + evaporierte Milch[2] 1000 mt	39,5		40,3	56,6		60,9	53,7[10]	68,3	69,2	68,1	77,9	49,4	58,5	57,3	62,2			
Milchpulver 1000 mt			2,0	2,5		2,4	2,8	2,9	3,5	3,8	3,8	3,7	4,0	5,0[5]	5,0[5]			
Käse 1000 mt			4,2	1,1		1,4	1,1	0,4	0,3	1,1	1,5	1,3	4,3	3,94[5]	6,75[5]			
Butter 1000 mt			2,2	2,7		2,7	3,0	1,3	0,051	0,2	0,1	2,7	6,2	6,74[5]	7,80[5]			
Joghurt 1000 mt			0,2	2,8		7,3	9,6	11,8	13,8	15,8	18,3	21,4	23,4					
Speiseeis 1000 Kiloliter						10,08	14,64	22,30	-	18,32	26,64	28,17	31,41	31,16	35,87			
Fischprodukte																		
Fangmenge 1000 mt		27,1[3]	35,5[3]				63,1[3]			105,9[3]	125,8[3]			165,2[3]				350[a]
Fisch verarbeitet:																		
gefroren 1000 mt										5,8[3]				12,4[3]				
Konserven 1000 mt										2,0[3]			3,1[7]	2,8[3]	2,6[7]			
Gesamt[d]										11,9[3]				16,6[3]				66[a]
Fischmehl[7] 1000 mt										3,1	3,2	4,4	4,8	5,8	6,5			
Getreideprodukte																		
Teigwaren[5,b] 1000 mt						34	38	42	46	45	49	51	53	52				
Einfache Backwaren[5,c] 1000 mt						264	316	362	376	387	388	393	401	409				
Weizenmehl[2] 1000 mt						132,0[5]	131,0[5]	137,6	147,9	159,7	175,3	177,6	178,4	184,3				
Reis[8] 1000 mt	261	253	204	50		68	94	95	177	291	286	239	237	309	338	420[9,e]	420[9,e]	

Anmerkungen und Quellen am Schluß der Tabelle auf der folgenden Seite

Fortsetzung Tabelle 12.9

Jahr	1957	1958	1963[10]	1965[10]	1961-65	1966[10]	1967	1968	1969	1970	1971	1972	1973	1974	1975	1976	1977	1980[a]
Fleisch-u.Lederprodukte																		
Frischfleisch[6] (gesamt) 1000 mt					218									258	263	272		
Fleischkonserven[5] 1000 mt						17,4	14,1	17,2	15,5	14,6	11,6	13,4	14,6	19,2	26,3			
Schmalz[5] 100 mt						4	4	4	4	3	3	3	3	3	3			
Unverarbeitete tierische Fette 1000 mt						10	11	10	10	10	12	13	13	13	14			
Leder: Schuhe Mio Paar								13,7	13,3	12,1	14,2	14,4	14,8	13,5	15,5			
Leder Mio m²						2,8	3,2	2,7	2,9	2,5	2,9	2,8	2,8	2,6	2,1			
Obst- und Gemüseprodukte																		
Gemüsekonserven[5] 1000 mt						20,4	22,0	13,7	7,0	10,8	14,8	10,4	14,5	26,7	24,8			
Zitrusfrüchte[8] 1000 mt	111	70	110	116		160	144	165	155	164	124	162	176	176	199	210[9]	250[9]	
Obstkonserven[5] 1000 mt						32,5	20,6	24,7	9,4	5,8	12,6	16,3	19,7					
Weinessig[5] 1000 mt						57	62	57	66	47	60	97	97					
Textilprodukte[3] Mio m²								110,5[2]	95,7[2]	78,0	95,3	105,4	123,9	139,2	143,3[2]			

Anmerkungen:
a) geplant
b) Makkaroni und ungekochte Nudelprodukte
c) Produkte ohne Zusatz von Zucker, Honig, Eiern, Fetten, Früchten, Kakao, Käse
d) Neben Gefrierfisch und Fischkonserven noch getrockneter, gesalzener und geräucherter Fisch
e) Wahrscheinlich ungetrocknet und ungeschält

Quellen:
1) JUCEPLAN, Anuario Estadístico De 1974, S.106
2) CIA 1976, S. 5, Tab.7
3) Banco Nacional de Cuba 1975, S. 73, 79
4) Statistisches Bundesamt Wiesbaden: Länderkurzbericht Kuba 1977, S.17f.
5) UN Yearbook od Industrial Statistics 1975, Vol.II, 1977, S. 94, 125, 127, 142
6) Soweit nicht anders vermerkt: FAO Production Yearbook 1976, Vol.30, 1977, S. 218, Tab.88
7) FAO Yearbook of Fishery Statistics 1976m Vol. 42, 43, 1977
8) C. Mesa-Lago 1979 (The Economy and International Economic Relations), S. 172, Tab.9.2
9) Blick durch die Wirtschaft, 9.11.1978
10) C. Roberts/M. Hamour (ed.), Cuba 1968, 1970, S.157f

Schaubild 12.1: Einige ausgewählte Investitionsprojekte in Agroindustrien[a] 1974-1980

Geplante Projekte gesamt[b]	282 neue Fabriken oder Produktionslinien
Milchindustrie	16 Pasteurisier-Fabriken 4 Käsefabriken 3 Speiseeisfabriken Komplex von milchverarbeitenden Fabriken in Havanna (Kapazität 500.000 mt Milch/Tag)
Fleischindustrie	1 Industriekombinat zur Verarbeitung von Rindfleisch mit einer jährlichen Kapazität von 50.000 t Fleisch und 270.000 t Fell 2 Tiermehlfabriken
Getränkeindustrie	8 Fabriken für Erfrischungsgetränke 2 Rumfabriken
Getreideverarbeitung: Back-, Teig- und Süßwaren	1 Teigwarenfabrik (22.000 t/Jahr) 7 Süßwarenfabriken 2 automatische Brotfabriken (je 125.000 Pfund Brot pro Tag) 6 Waffelfabriken 5 Getreidemühlen 2 Haferflockenfabriken 1 Cornflakes-Fabrik 1 Popcorn-Fabrik
Fischverarbeitung	1 neue Fischkonservenfabrik (60.000 t/Jahr) Mehrere Gefrierfabriken (je 5 Mio Pesos Investitionskosten)
Verarbeitung von Zitrusfrüchten	5 Verpackungsfabriken 1 Zitruskombinat
Textilindustrie	3 neue moderne Textilfabriken
Verschiedenes	1 Honigfabrik 1 Tomatenfabrik Mehrere Reistrockenstationen und -mühlen

Anmerkungen: a) Die meisten aufgezählten Betriebe sollten schon 1976 ihre Produktion aufnehmen.
b) 1975 repräsentierte allein die Lebensmittelmittelindustrie (ohne Zucker) 24 % der gesamten Industrieproduktion

Quellen: Banco Nacional de Cuba 1975, S. 73, 80; 1971-75: Four Years of Steady Progress, Granma W.R., 9.2.1975, S.4

Geringere Fortschritte wurden bei Fleisch- und Lederprodukten erzielt. Die Frischfleischproduktion stieg von 218.000 t 1961-65 auf 272.000 t 1976 und die Herstellung von Fleischkonserven von 17.400 t 1966 auf 26.300 t 1975. Ein Grund für die relativ langsame Entwicklung der Fleischproduktion nach 1970 ist die Tatsache, daß die Rinderschlachtung bewußt reduziert wurde, um die qualitative Transformation der Herde voranzutreiben. Die Lederproduktion stagnierte u.a. deswegen, weil z.T. Leder- durch Plastikprodukte (z.B. Schuhe) substituiert wurden. Mit der Errichtung eines Fleischverarbeitungskomplexes in Camaguey, mit dessen Bau 1977 begonnen wurde, und der Fertigstellung von 14 weiteren Fabriken zur Verarbeitung von Geflügelfleisch bis 1982 wird ein erheblicher Aufschwung der kubanischen Fleischindustrie beginnen.

Erwähnenswert ist, daß auch die Verarbeitung von Getreide und die Textilproduktion ab 1959 erheblich expandierten, obwohl die Rohstoffe dazu im wesentlichen importiert werden mußten. Nach kubanischer Ansicht ist es ökonomischer, die Rohstoffe im Inland zu veredeln als die Fertigprodukte zu importieren. Die Textilproduktion wurde zwischen 1970 und 1975 nahezu verdoppelt; die Produktion von Teigwaren stieg zwischen 1966 und 1975 von 34.000 t auf 53.000 t, die der einfachen Backwaren von 264.000 auf 417.000 t und die von Weizenmehl von 132.000 auf 176.000 t. Agroindustrialisierung bedeutet also heute nicht mehr allein Industrialisierung auf der Grundlage vorhandener Rohstoffe.

Einen besonders steilen Aufschwung hat nach 1958 die Fischindustrie mit einer Erhöhung der Fangmenge von 27.000 t 1959 auf mehr als 200.000 t 1976 erlebt. Obwohl bisher nur rund 10 % dieser Menge als Gefrierfisch oder Konserven industriell verarbeitet wurden, sieht die Planung die integrale Entwicklung der Fischindustrie vor. Nach kubanischen Angaben sollen bis 1980 weitere Fabriken gebaut werden, so daß 350.000 t Fisch vermarktet werden können. Durch die Installation eines neuen Fischkombinats in Havanna mit einer Kapazität von 60.000 t pro Jahr wird allein wahrscheinlich die Mitte der siebziger

Jahre existierende Verarbeitungskapazität mehr als verdreifacht werden. Daneben sollen weitere Gefrierfabriken installiert werden, von denen die bisher größte in La Coloma (Pinar del Río), die eine Lagerkapazität von 500 t besitzt und deren Investitionskosten 5 Mio Pesos betrugen, 1978 eröffnet wurde[20]. Während die Hochseefischerei vollkommen in Händen des Staates liegt, wird die Küstenfischerei meist von Fischer-Kooperativen betrieben. Die Folgen der integralen Entwicklung der Fischerei auf Mikroebene eines ehemals kleinen und traditionellen Fischerdorfs verdeutlicht das folgende Zitat: "Die Kooperative, die das vorrevolutionäre Fischerdorf in Batabanó abgelöst hat, ist durch ihren Umfang und ihre Installationen beeindruckend. Sie verfügt über mehr als 200 Boote, eine kleine, aber komplette Werft, Docks..., ein großes Kühlhaus, ein gut ausgerüstetes und versorgtes Warenhaus, eine geschmackvolle Reihe von Verwaltungsgebäuden, eine moderne Fabrik für die Verarbeitung und das Gefrieren ganzer Hummer und Hummerschwänze und eine kleine Fabrik für die Verarbeitung von Naturschwämmen."[21]

12.2.2. Die Bauindustrie als der strategische binnenmarktorientierte Leitsektor der siebziger Jahre

In der kubanischen Entwicklungsplanung nach 1970 spielte der Bausektor (alle zur Bauindustrie im weiten Sinne zählenden wirtschaftlichen Aktivitäten inklusive der Produktion von Baumaterialien) eine strategische Rolle: "Ein drittes Kennzeichen des Modells (des globalen Wachstumsmodells 1971-75, H.F.) ist, daß der Bausektor den dynamischsten Wachstumsfaktor verkörpert und die hauptsächlichen Veränderungen der Struktur und der Integration der produktiven Aktivitäten bewirkt. Es wird angenommen, daß sein rapides Wachstum positive Auswirkungen auf die anderen wirtschaftlichen Sektoren haben wird."[22] Diese strategische Relevanz der Bauindustrie nach 1970 ist darin begründet, daß bei dem derzeitigen Entwicklungsniveau der kubanischen Wirtschaft Infrastrukturbauten in allen wirtschaftlichen Bereichen vorrangig sind, daß in ihr viele Arbeitskräfte - auch relativ unqualifizierte - produktiv absorbiert werden können und daß, wie in dem vorhergehenden Zitat angedeutet, von ihm eine Vielzahl von Koppelungseffekten ausgehen. Außerdem gehört die Bauindustrie wie auch der Transportsektor zu einer "Reihe strikt nationaler produktiver Aktivitäten", die im wesentlichen immobil sind und in denen es daher "keine Möglichkeit zu einer alternativen Lösung via Import"[23] gibt. Der vorrangige Ausbau der Bauindustrie war eine wesentliche Voraussetzung der Realisierung der weitreichenden infrastrukturellen, landwirtschaftlichen, industriellen usw. Entwicklungspläne und der strukturellen Transformation der kubanischen Wirtschaft.

Der Zeitpunkt des sektoralen take-off läßt sich für 1972 fixieren. Während der Bruttoproduktionswert aller Bauaktivitäten zwischen 1963 und 1970 bei durchschnittlich 512 Mio Pesos lag, stieg dieser 1972 sprunghaft auf 804 Mio Pesos und 1.179 Mio Pesos 1974 an (vgl. zu diesen und den folgenden Daten Tabelle 12.10). Das Wachstum von dem genannten Durchschnittswert bis 1974 belief sich auf 130 %. Noch rasanter verlief die Entwicklung der Produktion von Baumaterialien, die sich zwischen 1970 und 1974 mehr als verdreifachte. Für 1976-80 waren allein in der Baumaterialienindustrie Investitionen im Umfang von 700 Mio Pesos geplant; das sind ungefähr genausoviel wie im Zuckersektor insgesamt und ein wenig mehr als in der Maschinenbauindustrie(!)[24]. Das Wachstum der Bauindustrie war im wesentlichen die Konsequenz der Einführung Arbeitskräfte einsparender Technologien sowie der Erhöhung der Arbeitsproduktivität durch die striktere Kontrolle der Arbeitsnormen und nur sekundär der Erhöhung der Zahl der im Bausektor Beschäftigten. Während die Zahl der Arbeitskräfte zwischen 1970 und 1974 nur um 16,7 % zunahm und das Lohnvolumen um 36,3 % stieg, wuchs der jährliche Bruttoproduktionswert aller Bauaktivitäten um 170 %. Trotzdem war die Bauindustrie noch weit arbeitsintensiver als die Industrie insgesamt. Besonders schnell vollzog sich die angestrebte Mechanisierung und Industrialisierung des Bausektors in den Provinzen, in denen aufgrund der geringen Bevölkerungsdichte Arbeitskräfte knapp waren. In Las Villas versechsfachte sich zwischen 1970 und 1975 der Bruttowert der jährlichen Bauproduktion, während die Zahl der Bauarbeiter sich nur von 20.000 auf 40.000 verdoppelte. Die Arbeitsproduktivität stieg also in diesem Zeitraum um das Dreifache[25].

Tabelle 12.10: Entwicklung der kubanischen Bauindustrie, 1953 - 1980

Jahr	Beschäftigte Insgesamt	Beschäftigte Industriebau	Löhne[5] Mio Pesos	Jährlicher Bruttoproduktionswert insgesamt[3]	Agrarbauten[c]	Wohnungsbau[3]	Industriebauten[3]	Baumaterialien insgesamt Mio Pesos
1953	65.292[2]							
1963				383[7]				
1964				473[7]				
1965				614[7]				
1966				583[7]				
1967				650[7]				
1968				517[7]				
1969				443[7]				
1970	157.182[2]		241,6	436	95	68	77	102[1]
1959-71[d]				1.141	206	204	126	
1971	132.700[5]	12.100[1]	224,6	574	115	111	93	
1972	153.700[5]		265,6	804	167	145	112	
1973	176.500		309,5	1.069	203	174	148	
1974	183.500		329,4	1.179	221	193	163	310[1]
1975	260.000[8,e]							
1976							141[1]	
1978	270.000[1]	54.000[1]					253[1]	
1979							287[1,a]	
1980	40.000[8,e]							500[9,b]

Anmerkungen:
a) geplant
b) 1980 sollen 2 neue große Zementfabriken fertiggestellt sein mit einer Produktionskapazität von zus.2,5 Mio t Zement
c) Landwirtschaftliche Bauten und Bewässerung
d) Nur durch den Bausektor, d.h. ungefähr 70-75 % der ganzen Bautätigkeit. Der Rest wurde durch verschiedene Einzelministerien ausgeführt.
e) Offensichtlich alle Bauarbeiter, während die anderen Zahlen dieser Spalte sich wahrscheinlich nur auf die des Bausektors im engen Sinn beziehen.
f) Insgesamt: für Fließendwasser und Abwässer
g) Zu konstanten Preisen von 1965

Quellen:
1) F. Castro, Rede vom 5.12.1978, Bohemia 70. 1978, 51
2) Statistisches Bundesamt: Länderkurzbericht Kuba 1977, S.14
3) JUCEPLAN, Anuario Estadístico De 1974, S. 128
4) UN Yearbook of Industrial Statistics 1975, N.Y. 1977, Vol.II, S. 419, 421, 429, 433
5) UN Statistical Yearbook 1976, S. 340, 446
6) Peréz López 1977, S.64
7) JUCEPLAN, Boletin Estadistico 1971, S.166f, 180ff
8) H.J. Blutstein u.a. 1976, S.201
9) Cuba. Economic News, 12.1976, S.6

Tabelle 12.10., Fortsetzung - Produktion von Baumterialien

Jahr	Zement	Kies[4]	Sand[4]	Beton-blöcke	Ziegel-steine[4]	Boden-fliesen	Bau-tisch-lerei	Sanitäre Einrichtungen[7] (Keramik)	Wasser-lei-tungen (Beton)	Kanal-röhren (Beton)	Asphalt (Bitu-men)	Fertig-bau-teile[9]	Stahl-trä-ger[3]	Wasser-leitun-gen[3,d] (Eisen)
	1000 mt	Mio t	Mio t	Mio Stück	Mio Stück	1000 m²	1000 m²	1000 Stück	km	km	1000 mt	Mio Pesos[e]	1000 mt	1000 mt
1953	407[6]													
1958	715[6]													
1963	812[7]		0,7[7]	19,8[7]	68[7]			85	19	87				9,3[7]
1964	806[7]		0,7[7]	19,0[7]	67[7]			101	28	105				10,8[7]
1965	801[7]		0,8[7]	17,6[7]	64[7]			93	42	116				7,4[7]
1966	750		0,8	18,8[7]	53			90	37	170	20			10,6[7]
1967	835	2,8	1,0	19,6[7]	74			76	27	188	30			11,9[7]
1968	780	2,9	1,4	18,5[7]	48			81	52	224	41		109,5	9,5
1969	680	2,6	1,2	13,4[7]	27			74	69	179	57		100,1	4,5
1970	742[1]	2,9[1]	1,2[1]	12,8[1]	31,2[1]	134[1]	412[1]	56	43	150[1]	63	17,3	105,7	3,8
1971	1.088	4,2	1,9	12[4]	46				34	170	79		111,1	8,9
1972	1.474	6,1	2,7	13[4]	71						109		162,6	11,7
1973	1.757	7,4	2,9	15[4]	65						123		194,4	14,0
1974	1.814	7,6	3,5	14[4]	67						149	107,2	215,2	15,3
1975	2.083	8,9	4,3	11[4]	77						148			
1976														
1978	2.680[1]	9,5[1]	4,6[1]	43,0[1]	80,0[1]	2.250[1]	1.700[1]	249[1]	164[1]	332[1]				
1979														
1980	5.000[b]													

Anmerkungen und Quellen siehe vorige Seite

Der größte Teil der Aktivitäten des Bausektors war bisher auf landwirtschaftliche und infrastrukturelle Bauten (Straßen, Bewässerung, Hafenanlagen, Schulen, Krankenhäuser) konzentriert. Den höchsten durchschnittlichen Anteil am Bruttoproduktionswert des Bausektors hatte zwischen 1970 und 1974 der Straßenbau mit 14,4 % zu verzeichnen; der Anteil des Wohnungsbaus lag in dieser Periode durchschnittlich bei 10,6 % und der industriellen Bauten bei 7,2 %[26]. Beide zeigten jedoch eine eindeutig steigende Tendenz - sowohl absolut als auch relativ. Der Wohnungsbau entwickelte sich zwischen 1970 und 1974 im Durchschnitt pro Jahr um 74 % und lag damit bezüglich der Wachstumsrate an zweiter Stelle nach dem Schulbau, der in diesem Zeitraum um 113 %(!) pro Jahr wuchs[27]. Aber auch der Wert der industriellen Bauten erhöhte sich von 1970 bis 1978 um immerhin 229 %. Alle neuen Fabriken werde heute allein von Kubanern gebaut und montiert.

Die Expansion der Bauindustrie war aber nicht nur die Voraussetzung des Wachstums nahezu aller wirtschaftlichen Aktivitäten; von ihrer Nachfrage gingen auch Impulse für die Entwicklung ihr vorgelagerter Industriezweige aus - z.B. für Baumaterialien, Lastfahrzeuge, Bauwerkzeuge und -maschinen. Die Produktion einiger Baumaterialien (Zement, Sand, Bodenfliesen, bearbeitetes Bauholz, sanitäre Einrichtungen usw.) nahm zwischen 1970 und 1978 ungefähr um das Vierfache zu. Die Zementproduktion stieg von durchschnittlich ca. 750.000 t in den sechziger Jahren auf 2.680.000 t 1978, wovon schon ein geringer Teil exportiert werden konnte. Mit der Fertigstellung von zwei neuen großen Zementfabriken bis 1980 wird die jährliche Produktionskapazität wahrscheinlich auf 5 Mio t erhöht werden. Die Bauindustrie stellt derzeit einen der größten Märkte für kubanische Eisen- und Stahlprodukte dar. In einer Notiz über die Eisen- und Stahlgießerei Julio A. Mella werden "Gußformen aus Metall und andere Teile für den Bausektor"[28] an erster Stelle der Produktionspalette dieses Unternehmens genannt. Besonders ins Gewicht fallen Stahlträger und Rohre verschiedener Größe, die auch schon vor der Revolution nach Ansicht eines amerikanischen Experten die einzigen Stahlprodukte waren, deren Marktvolumen die Errichtung kubanischer Produktionskapazitäten, auch gemessen an privatkapitalistischen Rentabilitätskriterien, rechtfertigte[29]. Die Produktion von Stahlträgern verdoppelte sich nahezu von knapp 110.000 t 1968 auf 215.000 t 1974. Die kubanische Baumaschinenindustrie steckt noch in ihren Kinderschuhen; sie wurde aber nach 1970 parallel zum Wachstum der Bauindustrie forciert. Immerhin wurden schon bis zu 1.000 Bulldozer pro Jahr in Kuba montiert.

12.2.3. Die Nickelproduktion als Grundlage einer kubanischen Metallurgie- und Stahlindustrie und die Diversifizierung des Bergbaus

Kuba ist mit der Ausnahme einiger allerdings strategischer Rohstoffe (Erdöl und Erdgas, Kohle, leicht abbaubares Eisenerz) relativ reich an Bodenschätzen. Besonders reichhaltig sind die Vorkommen einiger NE-Metalle und vor allem an Nickel. Bisher wurden die mineralischen Ressourcen nur in geringem Maße ausgebeutet und nur ein geringer Teil der mineralischen Rohstoffe wurde im Inland verarbeitet. Vor der Revolution war dies im wesentlichen die Konsequenz der Kontrolle des Bergbaus durch ausländische Konzerne, die nur sporadisch auf kubanische Rohstoffe rekurrierten, so daß die Produktion starken Schwankungen unterlag, und kein Interesse an einer systematischen Prospektierung der Bodenschätze und dem Aufbau einer weiterverarbeitenden Industrie in Kuba hatten. Der kubanische Bergbau war Teil eines Produktionskreislaufs, der nicht auf der Ebene der Nationalwirtschaft, sondern im Rahmen amerikanischer Konzerne integriert wurde, die meist in den USA Technologie, Maschinen und Vorprodukte herstellten sowie kubanische Rohstoffe raffinierten und zu Fertigprodukten verarbeiteten. Mit der Nationalisierung und Verstaatlichung des kubanischen Bergbaus 1960 wurden die institutionellen Schranken seiner Expansion und konzentrischen Diversifizierung eliminiert; deren Grenzen wurden jetzt definiert durch knappe ökonomische Ressourcen, die Schwierigkeiten der Prospektierung und der Entwicklung adäquater Verarbeitungstechnologien für die komplexen tropischen Mineralvorkommen.

Von vorrangiger gesamtwirtschaftlicher und hoher weltwirtschaftlicher Bedeutung ist bisher nur die Nickelproduktion. Kuba produzierte Mitte der siebziger Jahre knapp 5 % der gesamten Weltproduktion. Die kubanischen Nickelreserven zählen zu den größten der Welt: Nach konservativer Schätzung 4,2 Mio t und nach optimistischer 21 Mio t; das sind 8,5 bzw. 40 % der derzeit bekannten Weltreserven[30]. Die kubanische Nickelproduktion verdoppelte sich von 18.000 t 1958 auf durchschnittlich ca.36.000 t 1968-74 (vgl. hierzu und zu den folgenden Daten Tabelle 12.11). Dies war allein die Folge der Inbetriebnahme der von dem amerikanischen Konzern Freeport Sulphur in Moa kurz vor der Revolution errichteten Nickelfabrik, deren Produktion jedoch erst 1968 die Höhe der installierten Produktionskapazität erreichte.

Die kubanische Perspektivplanung sah ab Mitte der siebziger Jahre umfangreiche Investitionen in der Nickelindustrie in Höhe von insgesamt 600 Mio Pesos vor, durch die diese in drei Phasen ausgebaut werden soll. In der ersten Phase bis 1980 sollen die beiden existierenden Fabriken in Moa und Nicaro auf eine Jahreskapazität von 46.000 t erweitert und mit Hilfe der Sowjetunion eine neue Nickelfabrik in Punta Gorda mit einer Kapazität von 30.000 t errichtet werden, um Anfang der achtziger Jahre eine Jahresproduktion von insgesamt 77.000 t zu erreichen. In einer zweiten Phase soll die jährliche Produktion durch die Installation einer weiteren Fabrik - diesmal mit Hilfe des RGW - auf 110.000 t Mitte der achtziger Jahre gesteigert werden. In der dritten Phase bis ungefähr 1990 ist geplant, die Produktion auf 130.000 bis 150.000 t zu erhöhen, ebenfalls im wesentlichen mit Unterstützung des RGW[31]. In dieser Phase ist Kuba nach Ansicht ausländischer Nickelexperten auch offen für die Zusammenarbeit mit kapitalistischen multinationalen Konzernen, u.a. um sich Zugang zu der international fortschrittlichsten Technologie zu verschaffen[32]. An der Fabrik in Punta Gorda wird derzeit gebaut. Wahrscheinlich wird sie 1981 ihre Produktion aufnehmen können, aber erst in den folgenden Jahren ihre volle Produktionskapazität erreichen. Die erste, mit Hilfe des RGW gebaute Nickelfabrik in Las Caramiocas wurde 1976 vom Exekutivkomitee des RGW gebilligt. Zur Durchführung des Projekts wurde ein Koordinationsausschuß gebildet, der angewiesen wurde, bis April 1977 die notwendigen Lieferverträge mit den einzelnen Mitgliedstaaten abzuschließen[33].

Tabelle 12.11: Entwicklung des kubanischen Bergbaus und einiger chemischer Vorprodukte 1948 - 1975

Jahr	Nickel[a] Gesamt 1000 mt	Nickel[a] Oxyd 1000 mt	Nickel[a] Sinter 1000 mt	Nickel[a] Sulfid 1000 mt	Vorprodukte für die Nickelindustrie: Schwefelsäure[4] 1000 mt	Vorprodukte für die Nickelindustrie: Naphtha[4] 1000 mt	Vorprodukte für die Nickelindustrie: Ammoniak[4] 1000 mt	Manganerz 1000 mt	Chromerz feuerf. 1000 mt	Kupferkonzentrat 1000 mt
1948[1]	2							5	17	15
1950[2]								79	66	20
1953[1]	13							165	22	16
1955[1]	14							143	27	18
1958[1]	18							31	26	13
1960[2]	12,8							16	30	12
1963[5]									56,6	
1964[5]									32,8	
1965[5]									40,9	
1966[5]	27,9[4]				226			35[4]	37,5	
1967[5]	32,6[4]				265			29[4]	43,0	
1968[3]	37,3	11,3	8,5	17,3	323		2	28[4]	48,5	5,3
1969[3]	35,3	8,5	8,9	17,7	326	2	10		45,3	3,8
1970[2]	36,7	10,5	7,8	18,3	322	-	20		22,8	0,4
1971[3]	36,4	8,9	9,1	18,5	368	8	14		13,8	-
1972[3]	36,8	8,4	9,0	19,2	400	7	6		37,1	1,8
1973[3]	35,2	6,5	10,4	18,1	384	36	25		37,2	2,1
1974[3]	33,9	7,3	7,4	18,9	374	98	69		37,7	2,9
1975					418	184	118			2,8[4]
1980	80-90[b]									
1985	126[b]									
1990	150[b]									

Anmerkungen: a) Schon in (semi-)raffinierter Form
b) Geplant. Die Realisierung des Planziels für 1980 dürfte sich um 2 bis 3 Jahre verschieben.

Quellen siehe am Ende der Tabelle, folgende Seite

Tabelle 12.11., Fortsetzung

Jahr	Kobalt[4]	Eisenkies	Eisenerz	Barit	Kaolin	Salz Gesamt	Salz Raffiniert	Erdöl	Naturgas
	1000 mt	1000 mt	1000 mt	1000 mt	1000 mt	1000 mt	1000 mt	1000 mt	1000 mt
1948[1]			13			55		13	
1950[2]			12			59		15	
1953[1]			92			52		2	
1955[1]			73			64		48	
1958[1]			6			68		45	
1960[2]	0,1	18	15			59		20	
1963[5]					10,7	93			
1964[5]					14,5	87			
1965[5]			1		17,4	106			
1966[5]	0,8				11,0	92			
1967[5]	1,0				13,0	103			
1968[3]	1,1	23,2		3,3	5,1	99	65	198	
1969[3]	1,5	19,7		4,9	3,4	88	55	206	
1970[3]	1,5	23,7		7,1	3,3	89	52	159	
1971[3]	1,5	34,6		9,0	2,5	103	62	120	1,7
1972[3]	1,5	71,1		7,9	6,5	102	57	112	6,9
1973[3]	1,6	71,9		12,3	7,8	123	72	138	14,5
1974[3]	1,6	65,2		9,2	14,0	138	79	168	19,5
1975	1,6					157[4]		226[4]	

Anmerkungen siehe unter der 1. Tabellenseite

Quellen:
1) M. Nolff 1964, S. 292, Nach UN Statistical Yearbook 1960
2) F. Friedensburg/G. Dorstewitz 1976, S.121
3) JUCEPLAN, Anuario Estadístico De 1974, S.128
4) UN Yearbook of Industrial Statistics 1975, Vol.II, 1977, S.47, 11, 13, 20, 22, 27
5) JUCEPLAN, Boletín Estadístico 1971, S.166

Die Entwicklung der kubanischen Nickelindustrie ist nicht nur wegen der ambitiösen Wachstumspläne von Relevanz, sondern weil auch sie in mehrfacher Hinsicht den Prinzipien der 'growthpole'-Strategie folgt: Anwendung und Entwicklung international fortschrittlichster Technologien und konzentrische Diversifizierung. Die noch von den Amerikanern gebaute Fabrik in Moa zählte 1958 zu den modernsten Fabriken ihrer Art in der Welt und gebrauchte eine Technologie, die "damals kaum bekannt war"[34]. Technische Schwierigkeiten nach ihrer Verstaatlichung und dem Abzug der amerikanischen Fachkräfte waren daher unvermeidlich. Trotzdem erfüllte sich die Hoffnung der Amerikaner nicht, daß die Kubaner nicht in der Lage sein würden, die komplexe Technologie zu meistern. Die erfolgreiche Nutzung der vollen Produktionskapazität nach einiger Zeit ist mehrfach als Beispiel für die Fähigkeit von Entwicklungsländern zur nationalen Absorption auch der modernsten Technologie unter bestimmten Bedingungen angeführt worden[35]. Heute wird die technische Kompetenz der Manager und Arbeiter der kubanischen Nickelindustrie allgemein anerkannt. Doch auch auf diesem Gebiet beschränken sich die Intentionen der Kubaner nicht auf die Beherrschung der bekannten modernsten Technologie; anvisiert wird vielmehr mittelfristig die Entwicklung neuer Technologien, die der natürlichen Ressourcenausstattung angemessener sind als die derzeit international verfügbaren. Zwei dominierende Probleme sind in dieser Hinsicht die Entwicklung energiesparender Verarbeitungsmethoden - der Energiemangel war bisher eine wesentliche restriktive Bedingung des Wachstums des kubanischen Bergbaus - und die Erforschung von Technologien, die eine vollständigere Nutzung und bessere Trennung der komplexen kubanischen Erzvorkommen (Laterite) ermöglichen. Zu diesem Zweck sowie zur Mobilisierung der notwendigen Information für die Projektierung eines "Metallurgie-Komplexes zur integralen Nutzung der Laterite" wurde 1967 das Forschungs- und Projektzentrum für Bergbau und Metallurgie (CIPIMM) gegründet. Dieses Forschungsinstitut, das mittelfristig das Niveau der "fortgeschrittensten Forschungszentren des Bergbaus und der metallverarbeitenden Industrie"[36] erreichen soll, betreibt derzeit drei Versuchsfabriken und hat 1973 und 1975 seine ersten beiden international besuchten Kongresse abgehalten.

Die Option für die fortschrittlichste internationale Technologie ist auch das zentrale Motiv für die grundsätzliche Bereitschaft der Kooperation mit multinationalen Konzernen, deren Technologie in diesem Bereich der sowjetischen offensichtlich eindeutig überlegen ist, und die vor allem mehr Erfahrung bei der Erschließung und der Verarbeitung der in den Tropen dominierenden Laterite verfügen. Da die Beteiligung multinationaler Konzerne jedoch erst in der dritten Phase ab 1985 vorgesehen ist und Direktinvestitionen - zumindest in diesem Bereich[37] - ausgeschlossen werden, wird die Gefahr, daß sich aus dieser Kooperation neue Abhängigkeitsbeziehungen ergeben, gemindert. Bis zu diesem Zeitpunkt dürfte sich die wissenschaftlich-technische Infrastruktur der kubanischen Nickelindustrie ausreichend entfaltet und konsolidiert haben.

Gegenwärtig exportiert Kuba rund 90 % seiner Nickelausfuhren in die RGW-Staaten und allein 18.000 bis 19.000 t, das sind gut die Hälfte der Jahresproduktion, in die Sowjetunion. Die Sowjetunion zahlt Kuba für Nickel, ebenso wie bei Zucker, einen mehrjährig fixierten Vorzugspreis, der 1974 auf 6.000 $ pro Tonne festgelegt wurde und 25 % über dem Weltmarktpreis von 4.800 $ lag. Allerdings ist auch Nickel ein Produkt, auf dessen Import die Sowjetunion nicht angewiesen ist: 1974 war die Sowjetunion mit 155.000 t nach Kanada (290.000 t) der zweitgrößte Nickelproduzent der Welt. Obwohl Kuba derzeit gerade in die Sowjetunion die Nickelproduktion aus Moa nur in <u>semi</u>raffinierter Form exportiert, scheint die Sowjetunion - im Gegensatz zu den US-Konzernen vorher - der konzentrischen Diversifizierung der kubanischen Nickelproduktion keinen Widerstand entgegenzusetzen. Sie liefert den Kubanern "Energie-, Bergbau- und Hüttenausrüstungen sowie Maschinenbaukomplexe für die Produktion von Einzelausrüstungen für die Nickelindustrie. Bezahlt werden diese wichtigen Importe <u>noch</u> (H.F.) durch den Export von Erzen und Konzentraten."[38] Das geplante Wachstum der kubanischen Nickelproduktion impliziert also insofern nicht die Spezialisierung Kubas auf die Rolle des Exporteurs eines zwar hochwertigen, aber doch nur geringfügig verarbeiteten Rohstoffs im Rahmen einer sich reproduzierenden ungleichen internationalen Arbeitsteilung, weil durch die Nickelexporte der Ausbau der weiterverarbeitenden Industrien und der vorgelagerten Industrien finanziert wird und weil die gesteigerte Nickelproduktion sowohl der "Entwicklung der eigenen Produktion hochwertiger Spezialstähle und widerstandsfähiger Legierungen von NE-Metallen dient als auch der Versorgung der RGW-Mitgliedsländer mit diesem Mangelprodukt"[39].

Der Ausbau der Kapazitäten des Nickelbergbaus und der Nickelverarbeitung ist nur der "erste Teil eines Bergbau- und Metallurgie-Entwicklungsplans"[40]. Das Potential einer nickelverarbeitenden Industrie ist erheblich, da Nickel wegen seiner hohen Widerstandsfähigkeit gegen Hitze, Druck und Korrosion in vielen modernen Maschinen gebraucht wird. Insgesamt gibt es 3.000 Legierungen, für die Nickel benötigt wird. Ein Kooperationsabkommen mit Kanada für den Bau einer Spezialstahlfabrik mit einer Kapazität von 100.000 t rostfreien Stahls auf der Basis von 4.000 bis 5.000 t Nickeloxyd, die Mitte der achtziger Jahre ihre Produktion aufnehmen soll, wurde schon abgeschlossen. Weiterhin ist die Errichtung einer Nickelraffinerie in Moa in Zusammenarbeit mit ausländischen Konzernen im Gespräch, durch die das bisher nur semiraffinierte Nickelsulfid weiterverarbeitet und Nickel und Kobalt, die bisher ungetrennt exportiert werden, separiert werden könnten[41].

Da die kubanischen Nickelvorkommen nur in komplexen Erzlagern neben anderen Metallen enthalten sind, haben auch diese gegenwärtigen Nebenprodukte der Nickelproduktion eine wirtschaftliche Bedeutung. Die Erze in der Gegend von Moa enthalten bis zu 45 % Eisenerz, das einen Teil der Rohstoffbasis der zukünftigen Expansion der kubanischen Stahlindustrie bilden soll und zu diesem Zweck in einem See gelagert wird. Die erste große Stahlfabrik mit einem geplanten Produktionsvolumen von 1,4 Mio t pro Jahr befindet sich gegenwärtig im Planungsstadium und wird von den Kubanern als "erster wichtiger Schritt in Richtung auf die Entwicklung einer großen Eisen- und Stahlindustrie in Kuba"[42] betrachtet. In den neunziger Jahren hofft man, mit dem Abbau der neuentdeckten Eisenerzlager in der Sierra Maestra (20 - 27 % Eisenerz) beginnen zu können, wenn man bis dahin das technische Problem der Herauslösung des Eisenerzes aus den vielschichtigen Lateriten gelöst hat. Die früher von einer amerikanischen Firma abgebauten, leichter zu gewinnenden Eisenerzlager in der Nähe von Santiago de Cuba waren schon Anfang der sechziger Jahre erschöpft. Ein weiteres Nebenprodukt der Nickelgewinnung ist Aluminium. Die Produktion von Aluminiumprofilen wurde von 684 t 1968 auf 1.702 t 1974 nahezu verdreifacht. Ende der siebziger Jahre wird mit Hilfe der US-kanadischen Firma Alcan Aluminium eine neue Aluminiumfabrik errichtet[43].

Parallel zur Expansion des Nickelbergbaus und der nickelverarbeitenden Industrien werden auch die Kapazitäten zur Produktion von Ausrüstungen und Vorprodukten für die Nickelindustrie ausgebaut. Im Bau sind derzeit eine Fabrik für Ersatzteile und Einzelausrüstungen für die hochkomplexen Nickelfabriken, eine weitere Fabrik zur Produktion von Fertigbauteilen und Metallstrukturen für die neuen Installationen und verschiedene andere Fabriken zur Herstellung von Baumaterialien. Die Nickelindustrie ist auch ein wesentlicher Markt für einige Produkte der chemischen Industrie. Die Produktion von Schwefelsäure, die vor allem zur Nickelgewinnung in Moa benötigt wird, stieg von 137.996 t 1963 auf 418.000 t 1975. Zur Nickelgewinnung in Nicaró wird in erster Linie Ammoniak verwendet, dessen Produktion von Null 1967 auf 118.000 t 1975 wuchs. Durch die Aufnahme der Produktion von Ammoniak wurde wiederum die Produktion von Naphtha, ein Vorprodukt der Ammoniak-Herstellung, stimuliert, die 1975 schon 184.000 t erreichte, obwohl diese Produktionslinie 1968 noch nicht bestand. 1977 wurden schon 28.000 t Naphtha im Werte von 28 Mio $ in kapitalistische Länder exportiert[44]. Die Rückwärtskoppelungseffekte der Nickelindustrie haben in diesem Punkt schon ihre zweite Stufe erreicht und zur konzentrischen Diversifizierung der Exportstruktur um und durch die sekundären Wachstumspole geführt.

Neben Nickel verfügt Kuba über eine Vielfalt anderer NE-Metalle und nichtmetallischer Mineralien. Die ganze Palette der Baumaterialien kann fast ausschließlich auf der Grundlage kubanischer Rohstoffe hergestellt werden. Die angestrebte Diversifizierung des Metallbergbaus sieht vor allem das Wachstum der Chrom- und Mangan-Produktion vor, von denen in den siebziger Jahren pro Jahr ungefähr jeweils 20.000 t Erz nach Polen exportiert wurden. Beide Metalle werden derzeit noch in Form unverarbeiteter Erze ausgeführt. 1971 existierte jedoch schon eine Versuchsfabrik für das Schmelzen von Chromerz. Die Voraussetzungen für eine weitere Diversifizierung des Bergbaus wurde durch umfangreiche geologische Prospektierungs- und Explorationsarbeiten, z.T. mit Hilfe der Sowjetunion und des RGW, aber auch mit technischer Unterstützung Großbritanniens, geschaffen. Bisher wurden u.a. neu entdeckt: Kupfererzlager in Mantua (Pinar del Rio) und auf der Linie Santiago-Camaguey, Blei- und Zinklagerstätten (ausreichend für 30 Jahre kommerziellen Abbaus), Mangan (20 % Erzgehalt, 16 Mio t), Chrom (ca. 1,5 Mio t), Wolfram und die schon erwähnten Eisenerzlager in der Sierra Maestra. Nicht sonderlich erfolgreich war bis heute die Suche nach neuen Energieträgern. Obwohl die Erdölproduktion von 20.000 t 1960 auf 226.000 t 1975 mehr als verzehnfacht werden konnte, deckt sie bisher nur 2,5 % des jährlichen Bedarfs von 9 Mio t. Allerdings sind bisher erst 10 % des kubanischen Bodens intensiv erforscht. Die "umfangreichen Prospektierungsarbeiten"[45], für die heute auch ein Stamm kubanischer Fachkräfte zur Verfügung steht, werden fortgesetzt.

12.2.4. Die vorrangige Entwicklung einer Maschinenbauindustrie für die sekundären Wachstumspole

Die Entwicklung der kubanischen Maschinenbauindustrie steht noch am Anfang, obwohl seit 1958 erhebliche Fortschritte zu verzeichnen sind und ihr ein hoher Stellenwert beigemessen wird. In der Perspektivplanung für die 80er Jahre spielt sie eine vorrangige Rolle, u.a. um "ein für alle mal diesen paralysierenden Mangel an Ersatzteilen"[46] zu überwinden. Ihre Schwerpunkte sind - neben der Herstellung von Maschinen und Ausrüstungen für die Landwirtschaft und den Zuckersektor[47] - und Branchen von allgemeiner Relevanz (Transportsektor) oder konvergierender Nachfrage (Agroindustrien) die sekundären Wachstumspole. Angesichts der Insellage Kubas und der wirtschaftlichen Bedeutung des Fischfangs zählt die Werftindustrie offenbar im Rahmen der Langzeitplanung zu den vorrangigen Bereichen des Maschinenbaus. Die Entwicklungsprinzipien der Maschinenbauindustrie für die sekundären Wachstumspole sind die gleichen wie die derjenigen für den Zuckersektor: von der Produktion kleiner, einfacher zu der großer und komplexer Teile, von der Herstellung von Ersatzteilen zu der kompletter Blöcke und Gesamtinstallationen, von der Reparatur zur Montage und zur Gesamtproduktion.

Der Schiffbau ist ein gutes Beispiel dafür, daß die langfristigen Ziele der ersten Industrialisierungsstrategie nicht grundsätzlich aufgegeben worden sind, sondern nur gestreckt und den kubanischen Möglichkeiten angepaßt wurden. Bisher sind im wesentlichen Schiffe geringerer und mittlerer Größe für den Fischfang hergestellt worden, daneben auch Schlepper und Fährboote für den Hafenverkehr: insgesamt zwischen 1960 und 1977 9.107 (vgl. zu diesen und den folgenden Daten Tabelle 12.12.). Die größten der insgesamt in diesem Zeitraum gebauten 1.628 Schiffe von mehr als 10 m Länge waren bis zu 40 m lang und mit Tiefkühlvorrichtungen versehen. Das Wachstum der Produktionskapazität wird dadurch dokumentiert, daß 16 % aller in dieser Periode gebauten Schiffe allein 1977 hergestellt wurden. 1974 veröffentlichte Pläne sahen bis 1980 die Aufnahme der Produktion von Küstenschiffen und die Reparatur großer Schiffe bis zu 25.000 t Bruttotonnage (bisher 10.000 t) vor[48]. In Puerto Cardenas (Matanzas), das sich durch Investitionen des ersten großen Industrialisierungsplans zum Zentrum des Schiffbaus entwickelt hatte, ist 1976-80 eine neue Werft für Fischereiboote gebaut worden.

Nach 1970 hat sich die kubanische Automobilindustrie rapide entwickelt. 1974 wurden schon rund 1.250 Omnibusse in Kuba montiert; zwischen 1976 und 1980 sollen es insgesamt 9.000 sein. Wichtig ist, daß die kubanische Automobilindustrie nicht aus der Nachfrage einer kleinen, reichen Oberschicht nach Personenkraftwagen entsteht, sondern auf den Gütertransport und den kollektiven Personenverkehr ausgerichtet ist.

Tabelle 12.12: Entwicklung der Maschinenbauindustrie für einige sekundäre

Jahr	Gesamt[4]	Schiffbau[a] unter 10 m	über 10 m	Ausrüstungen f.d.Landtransport Omnibusse[1]	Güterwagen[6] Zuckerrohr	Eisenbahn
		Anzahl		Anzahl[b]	Anzahl	
1963	7				1.134	172
1964	113				1.752	85
1965	195				2.000	105
1966	169				678	104
1967	160					
1968	115					
1969	88					
1970	74		30[1]	300		
1971	193		40[1]	800		
1972			80[1]	575		
1973			89[1]	1.137		
1974			96[1]	1.249		200[3]
1975						502[3]
1977	1.479[2]		182[2]			
1976-80				9.000		
1960-77	9.107[2]	7.479[2]	1.628[2]			

Anmerkungen: a) Aus Plastik, Holz, Stahl oder Ferrozement. Das erste Stah wurde 1968 hergestellt. Der Bau von Schiffen aus Holz wur alle Ferrozement- und die meisten Stahlboote waren länger kürzer.

b) Vorwiegend aus importierten Teilen montiert.

Quellen: 1) JUCEPLAN, Anuario Estadístico De 1974, S.129

2) Jesús Abascal López 19'8

3) UN Yearbook of Industrial Statistics 1975, N.Y. 1977, Vol

4) JUCEPLAN, Boletín Estadístico 1971, S.166

5) Banco Nacional de Cuba 1975, S.64

6) C.P. Roberts/M. Hamour (ed.) , Cuba 1968, 1970, S.163, Ta

Der Individualverkehr spielt derzeit in Kuba nur eine marginale und funktionale Rolle. 60 km außerhalb von Havanna entsteht derzeit ein industrieller Komplex zur Montage von Kraftfahrzeugen und zur Produktion von Einzelteilen und Komponenten, der später insgesamt 16 Fabriken umfassen soll[49].

Im Sog des Aufschwungs der Bauindustrie nach 1970 werden in zunehmendem Maße auch Maschinen und Ausrüstungen für diese Branche in Kuba produziert bzw. montiert, u.a. Bulldozzer, Raupen und Kräne. Ein Teil der Hochöfen für die nickelverarbeitenden Fabriken werden in einer Gießerei produziert, zu deren Produktionsprogramm außerdem noch schwere Ausrüstungen für die Zuckerindustrie gehören. Die Produktionspalette der kubanischen Maschinenbauindustrie ist also nicht auf Landmaschinen oder relativ kleine und einfache Einheiten (z.B. kleine Schiffe) beschränkt, sondern beinhaltet auch schon schwerere und komplexere Ausrüstungen. Ein Investitionsschwerpunkt des nationalen Entwicklungsplans für 1978 war z.B. die Ausweitung der Produktion von "Ausrüstungsgütern für die Agroindustrien"[50]. Mit der Expansion der kubanischen Nickel- und Stahlindustrie ist geplant, "Kuba zukünftig in die Lage zu versetzen, zum Exporteur von Fertigteilen für die chemischen und Nahrungsmittelindustrien anderer Länder zu werden"[51].

12.3. Moderne Technologie ohne strukturelle Heterogenität und allgemeine technologische Abhängigkeit

12.3.1. Die Option für hochproduktive, kapitalintensive Technologie

Auch in der Frage der Technologiewahl im Rahmen der neuen Entwicklungsstrategie spielte die Erfahrung während der ersten Revolutionsjahre eine entscheidende Rolle, als die Arbeitslosigkeit neben der Devisenknappheit das vorherrschende entwicklungspolitische Problem war. Für die Technologiewahl bedeutete das die Wahl von Sektoren, in denen mit arbeitsintensiven Techniken möglichst viele Arbeitsplätze geschaffen werden konnten: "Daher die Bedeutung der Kleinindustrie und der Landwirtschaft, die mit Kleininvestitionen Arbeit für eine große Zahl von Menschen schaffen, die jetzt arbeitslos sind."[52] In der Industrie stellte sich jedoch bald heraus, daß die Produktivität vieler neuer Fabriken zu gering war, um auf dem Weltmarkt erfolgreich konkurrieren oder auf wirtschaftliche Weise Importe substituieren zu können. In der Landwirtschaft war die Produktivität vieler Kulturen sogar rückläufig. Die Wahl arbeitsintensiver Technologien hatte so zwar dazu beigetragen, die offene strukturelle Arbeitslosigkeit in kurzer Zeit drastisch zu reduzieren, war aber auch unbeabsichtigt ein Faktor der Verschärfung der Zahlungsbilanzkrise geworden. Mit dem sich abzeichnenden Arbeitskräftemangel begann sich auch das zweite Motiv für die Wahl arbeitsintensiver Technologien selbst aufzuheben. Folglich wurde im Rahmen der neuen Wachstumsstrategie die Anwendung moderner, relativ kapitalintensiver, kostensparender Technologien, soweit dies angesichts der in Kuba weiterhin "besonders knappen Produktionsfaktoren (Investitionen, Devisen, qualifizierte Arbeitskräfte)"[53] möglich war, angestrebt.

Schwerpunkt der intensivierten Anstrengungen zur Modernisierung der Produktion war, gemäß der Strategie der Agroindustrialisierung, die Landwirtschaft. Das geplante Ausmaß der Modernisierungsinvestitionen in der Landwirtschaft (Saatforschung und die breite Einführung produktiverer Sorten, Bewässerung, Düngung, Agrarforschung und -bildung, Mechanisierung) war, verglichen mit anderen Entwicklungsländern mit ähnlichen Ausgangsbedingungen, beeindruckend. Eine Vorstellung von den kubanischen Ambitionen vermittelt das erstaunte Urteil eines Viehzuchtexperten, der die kubanischen Modernisierungsbemühungen als einmalig in der Weltgeschichte der Viehzucht charakterisiert: "Die Aktion, die in Kuba seit 6 - 8 Jahren zur Intensivierung der tierischen Produktion und besonders der Rinderzucht unternommen worden ist, hat in der Geschichte der Viehzucht kaum Vorläufer. In einem Sektor wie z.B. der Futtermittellagerung, deren Tradition in der französischen Landwirtschaft bis ins Mittelalter zurückreicht, verdoppelt man in Kuba, wo diese Tradition nie existiert hat, fast jährlich das Volumen des konservierten Futters, davon ein Teil mit der fortgeschrittensten Technik: der der Lagerung in luftdichten Silos.

Auf der Ebene der Akklimatisierung und der Selektion des Viehs, die in Europa mehr als 100 Jahre gebraucht hat, wendet man in Kuba eine Politik der Substitution an, die schon 1970 ökonomisch nennenswerte Resultate zeitigen wird. Die künstliche Besamung, die in den Viehzuchtländern als letztes Mittel der Amelioration eingeführt wurde, als praktisch alle begrenzenden Produktionsfaktoren aufgehoben waren oder im Begriff waren es zu werden, wird in Kuba als Technik zur Substitution der Rassen gebraucht und in ihrer fortgeschrittensten und schwierigsten Form: Pillen mit eingefrorenem Samen. Auf dem Gebiet der Entwöhnung und der Aufzucht der Jungtiere, eine delikate Operation, die enorme Aufmerksamkeit erfordert, von der die Produktivität und das Wachsen des Tieres abhängt, hat man in Kuba wohlüberlegt die industrielle Formel gewählt, die daraus eine spezialisierte Aktivität macht, die total unabhängig vom Produktionssektor ist, so ungefähr wie es in der Geflügel- und der Schweinezucht praktiziert wird. Man könnte noch weitere Beispiele der Dynamik und der Kreativität der Orientierungen der kubanischen Republik geben, sowohl auf dem Gebiet der Weidenutzung als auch dem der Organisation des nationalen Dienstes der medizinischen Versorgung in der Viehzucht."[54]

Auch im Fischfang hieß die Devise ab 1963 "höchste Effizienz und Produktion mit moderner Technologie"[55]. Bezeichnend dafür ist die Tatsache, daß das kubanische Institut für Fischerei zwischen 1964 und 1967 von der Devise des Fischfangs "in der Karibik zuerst" abging und die Anstrengungen auf die "Entwicklung produktiverer Fischerei in entfernten Gewässern"[56], also auf den Fischfang auf hoher See mit großen modernen Schiffen konzentrierte. Auch in der Industrie galt dieses Leitmotiv: "Bei der Planung neuer Industrien evaluieren wir die maximalen Vorteile, die sich unserem Außenhandel durch den Gebrauch der modernsten gegenwärtig verfügbaren technologischen Ausrüstung bieten, bei Berücksichtigung der besonderen Bedingungen des Landes."[57] Bedingung der Möglichkeit der massiven Einführung moderner Technologien war ihre Konzentration auf einige wenige Wachstumspole; nur so konnten anfänglich die dazu notwendigen umfangreichen ökonomischen Mittel aufgebracht werden[58].

Die Motive dieser prinzipiellen Option für moderne, kapitalintensive Technologien und Großbetriebe mit Massenproduktion waren:
1. Die neuen Technologien sollten hochproduktiv sein und bezüglich Kosten und Qualität internationalen Standards genügen, um in optimaler Weise zur Akkumulation über den Außenhandel beitragen zu können. Das Motto in allen Leitsektoren, die gleichzeitig im allgemeinen potentielle Exportsektoren waren, hieß daher Senkung der Produktionskosten zur Maximierung des Surplus (Weltmarktpreis minus Produktionskosten)[59]. 2. Außerdem erforderte die sich abzeichnende Beseitigung der offenen, strukturellen Arbeitslosigkeit die Anwendung arbeitssparender Technologien[60].
3. Ein weiteres Motiv für die Option der Technologiewahl war die Befürchtung, daß arbeitsintensive Technologien mit geringer Produktivität langfristig die Gefahr ökonomischer Rückständigkeit heraufbeschwören würden. Allein durch eine umfassende technologische Revolution würde es möglich sein, die wirtschaftliche Abhängigkeit langfristig zu überwinden[61].

Im folgenden wird argumentiert, daß die Option für moderne Technologie und deren (vorübergehende) Konzentration auf sektorale Wachstumspole weder die Reproduktion der strukturellen Heterogenität (eines modernen und eines traditionellen Sektors) sowie der Arbeitslosigkeit implizierte, noch zu einer strukturellen Diskrepanz zwischen den Qualifikationserfordernissen der relativ komplexen, fortgeschrittenen Technologien und dem (unzureichenden) Angebot an qualifizierten Arbeitskräften mit der Konsequenz ökonomischer Ineffizienz führte. Das Votum für moderne Technologien bedeutet dann keine allgemeine Abhängigkeit von den in mehrerer Hinsicht häufig unangemessenen Technologien der Zentren, wenn - wie in Kuba - systematisch und mit hoher Priorität die Fähigkeit zur Adaption importierter und - selektiv - zur Produktion neuer Technologien entwickelt wird.

12.3.2. Abbau struktureller Heterogenität und der offenen Arbeitslosigkeit trotz der Einführung kapitalintensiver Technologien

Die Kategorie struktureller Heterogenität bezeichnet einen zentralen Tatbestand der Struktur der Unterentwicklung und ihrer Reproduktion: die Existenz verschiedener Produktionsweisen bei Vorherrschaft des internationalen kapitalistischen Sektors als Hauptursache unterschiedlicher Kapital- und Arbeitsintensitäten, Profitraten und divergierender Produktivitäts- und Einkommensniveaus, ohne daß sich eine Tendenz zur Überwindung der heterogenen sozioökonomischen Verhältnisse abzeichnet[62]. Auch nach 20 Jahren postrevolutionärer Entwicklung bestehen in Kuba noch relevante Unterschiede der Produktivität und des Einkommens weniger innerhalb als zwischen einzelnen Sektoren. Sowohl die Arbeitsproduktivität als auch das Lohnniveau ist in der Landwirtschaft erheblich geringer als in der Industrie (zur Arbeitsproduktivität vgl. Tabelle 12.14). Aber im sozialistischen Kuba haben diese Differenzen keine stabile Grundlage in verschiedenen Produktionsweisen; vielmehr ist eine eindeutige Tendenz zu einer relativen Homogenisierung zu erkennen. Mit der Ausnahme eines minoritären Privatsektors in der Landwirtschaft dominieren staatliche Eigentumsverhältnisse. Unabhängig von der Beurteilung der Frage, ob das Tempo, das Ausmaß und die Sektorenwahl der Verstaatlichung vernünftig waren, besteht eine allgemeine Legitimation für die Einführung staatlichen Eigentums z.T. auch in Sektoren, in denen das <u>historische</u> Niveau der Produktivkräfte dies nicht rechtfertigte - u.a. auch darin, daß so die breite, simultane und schrittweise Einführung moderner Technologien in den verstaatlichten Branchen ermöglicht wurde. Die weiterhin vorhandenen Produktivitäts- und Einkommensdifferenzen sind in Kuba nur marginal (im landwirtschaftlichen Privatsektor) das Resultat heterogener Produktionsweisen und primär die Folge technologischer Differenzen zwischen verschiedenen Wirtschaftsbranchen, der vorrevolutionären Geschichte (z.B. die historischen Löhne), knapper Ressourcen (die die gleichzeitige Einführung neuer Technologien innerhalb einer Branche unmöglich machen)[64] und bewußter Avantgardeexperimente zur Erprobung neuer Produktionsmethoden vor ihrer allgemeinen Diffusion. Mit anderen Worten: die bestehenden Produktivitäts- und Einkommensdifferenzen innerhalb oder zwischen den einzelnen Wirtschaftszweigen haben - soweit nicht technologisch bedingt - Übergangscharakter, weil die Tendenz zum Abbau struktureller Heterogenität vorherrscht.

Die Tendenz zum Abbau struktureller Heterogenität äußert sich u.a. in der Integration der ehemals Marginalisierten in den zunehmend produktiver gestalteten Arbeitsprozeß, der Explosion der Massenbildung (gerade auch der Erwachsenen), dem vorrangigen Aufbau einer modernen Landwirtschaft (vor allem auch im Binnensektor, z.B. der Viehzucht), der schrittweisen Eliminierung der technologisch rückständigen Kleinbetriebe zugunsten moderner, hochproduktiver Großbetriebe, dem angestrebten Übergang von manufakturellen zu mechanisierten Produktionsmethoden, dem stetigen Anstieg der Realeinkommen - in erster Linie der Land- und Industriearbeiter und der Bauern (fast alle diese Aspekte werden an verschiedenen Stellen von Kapitel 12 näher erläutert; zur schrittweisen Eliminierung der Kleinbetriebe in der Industrie vgl. Kapitel 9.1.).

Die Tendenz zur Überwindung struktureller Heterogenität ist ein wesentliches Unterscheidungsmerkmal zu den gängigen Wachstumsmodellen der kapitalistischen Peripherie: im Gegensatz zu Exportenklavenökonomien besteht kein notwendiger Bezug zwischen einem modernen Exportsektor und einem rückständigen minifundistischen Binnensektor der Landwirtschaft: die landwirtschaftliche Produktivität wurde auch gerade in vielen Kulturen erhöht (Viehzucht, Reis, Getreide, Baumwolle, Kakao, vgl.Tabelle 12.7), die bisher ausschließlich für den Binnenmarkt produzierten. Im Gegensatz zu dem Typ der nationalkapitalistischen Importsubstitutionsindustrialisierung ist die (embryonale) nach der Revolution aufgebaute Industrie fast ausschließlich in modernen staatlichen Großbetrieben organisiert; im Unterschied zu der durch multinationale Konzerne forcierten Exportindustrialisierung beruht das kubanische Industrialisierungsmodell, das im Prinzip auch die Produktion für den Export anvisiert, nicht auf der Prämisse reichlich vorhandener billiger Arbeitskräfte[65], impliziert also keine selektive Option für arbeits- und lohnintensive Produktionsprozesse und Branchen. Auch die weiterhin bestehende kleinbäuerliche Produktionsweise in der Landwirtschaft fungiert nicht als Reservoir billiger oder Auffangbecken unbeschäftigter Arbeitskräfte, da offene Arbeitslosigkeit bisher nicht existierte, die Modernisierung der privaten Landwirtschaft staatlich unterstützt wird und die Realeinkommen der Bauern in der Regel über denen der Landarbeiter liegen[66]. Die Grenzen bäuerlicher Privatbetriebe unter 27 ha werden allerdings beim Kauf und Einsatz von teuren Großtechnologien sowie bei umfangreichen Infrastruktur- und Sozialinvestitionen sichtbar; um diese zu überwinden, wurde ab 1977 die Entwicklung von Kooperativen forciert.

Die kubanische Erfahrung läßt die These fragwürdig erscheinen, daß die Einführung moderner, kapitalintensiver Technologien per se sozioökonomische Deformation verursacht und technologische Abhängigkeit impliziert[67]. Dies scheint dann nicht der Fall zu sein, wenn zunächst Branchen priorisiert werden, in denen selbst fortgeschrittene Produktionsmethoden relativ arbeitsintensiv sind, so daß produktive Beschäftigung für alle gesichert ist, wenn die in den Zentren entwickelte Technologie, falls notwendig, den jeweiligen sozioökonomischen Bedingungen angepaßt wird, wenn die breite Diffusion und die effiziente nationale Absorption der modernen Technologie organisiert wird, wenn die Produktionskapazität der Betriebseinheiten[68] und die Komplexität der Technologie schrittweise - in Übereinstimmung mit der Entwicklung der produktiven Fähigkeiten und der Nachfrage - gesteigert wird, wenn nicht vermittelt durch die Übernahme einer bestimmten Konsumtechnologie unabsichtlich ein unangemessenes Konsummodell imitiert wird, sondern das Konsumprofil auf die nationalen Bedürfnisse und Möglichkeiten zugeschnitten wird, und wenn durch den konsequenten Ausbau der technologischen Innovationskapazität die Perpetuierung technologischer Abhängigkeit verhindert wird.

Die vorrangige Anwendung kapitalintensiver Technologien in den Wachstumssektoren führte zu einer beträchtlichen Steigerung der Arbeitsproduktivität in diesen. Beim Fischfang erhöhte sich die

Fangleistung pro Arbeitsjahr eines Beschäftigten zwischen 1958 und 1973 um das Zehnfache; in der Bauindustrie von Cienfuegos wuchs die Arbeitsproduktivität von 1970 bis 1978 um 323,3 Prozent (berechnet nach Tabelle 12.13). Kubanische Planungsexperten hatten schon um 1965 vorausgesagt, daß durch die angestrebte "Rationalisierung des Personals" und die "systematische Einführung fortgeschrittener Technologien mit einer höheren organischen Zusammensetzung des Kapitals ... die Tendenz zu einem relativen Überfluß von Arbeitskräften" vor allem in den Städten wachsen würde. Die lakonische Antwort darauf war: "Dieses ist ein Problem, mit dem Kuba in zukünftigen Jahren konfrontiert sein wird."[69]

Bisher hat der progressive Einsatz kapitalintensiver Technologie deswegen nicht zu offener Arbeitslosigkeit geführt, weil die geplante "Rationalisierung des Personals" aus sozialpolitischen Gründen nicht mit letzter Konsequenz durchgeführt worden ist[70], aber auch, weil die beschäftigungspolitischen Folgen der prinzipiellen Option für hochproduktive Technologien bisher durch die sektoralen Prioritäten der Wachstumsstrategie konterkariert worden sind. 1973 betrug die Arbeitsproduktivität in der vorrangigen Landwirtschaft trotz der Fortschritte der Mechanisierung nur 33,9 Prozent des Durchschnitts in der Gesamtwirtschaft[71]. Im Bausektor lag die Arbeitsproduktivität zwar leicht über dem gesamtwirtschaftlichen Durchschnitt, aber 47,5 Prozent unter der Arbeitsproduktivität (gemessen am Bruttoproduktionswert pro Arbeitsjahr eines Beschäftigten) in der Industrie (vgl. Tabelle 12.14). Allerdings hat auch das Bevölkerungswachstum seit 1965 stetig abgenommen: Während die jährliche Wachstumsrate zwischen 1953 und 1970 bei durchschnittlich 2,3 % lag, betrug sie 1970 1,9 % und 1975 1,5 %; von 1970 bis 1975 belief sie sich wahrscheinlich (geschätzt) auf 1,9 %[72].

Für die 80er Jahre prognostizieren ausländische Beobachter allerdings, daß das Problem der Arbeitslosigkeit wieder aktuell wird. 1979 wurde die Zahl der Arbeitslosen nach offiziell nicht bestätigten kubanischen Schätzungen schon wieder mit 50.000 angegeben, während vorher (seit 1967) das Problem der offenen Arbeitslosigkeit als nicht existent betrachtet wurde[73]. Institutioneller Hintergrund dieser Entwicklung ist die faktische Teilliberalisierung des Arbeitsmarkts, durch die das Management zur Entlassung überschüssiger Arbeitskräfte veranlaßt werden soll.

Tabelle 12.13: Entwicklung der Arbeitsproduktivität beim Fischfang und in der Bauindustrie 1958 - 1978

Jahr	Fischfang[1] (1000 mt/Arbeitsjahr)	Bauindustrie (Pesos/Arbeitsjahr) Kuba[2]	Cienfuegos[3,a]
1958	1,68		
1968	4,96		1.786
1969	5,92		
1970	7,51	2.773	
1971	9,14	4.326	
1972	10,36	5.230	
1973	10,70	6.056	
1974		6.425	
1978			7.561

Anmerkung: a) Stadt im Zentrum Kubas; einer der neuen regionalen Wachstumspole

Quellen: 1) Anon, Cuba. Fishery development. Comercio Exterior de Mexico, März 1975, S.96
2) Berechnet nach Tabelle 12.10.
3) Fidel Castro, Rede vom 5.12.1978, Bohemia 70.1978,S 51, S.43

Tabelle 12.14: Zahl der Beschäftigten und Arbeitsproduktivität nach Sektoren 1971 - 1974 (Bruttoproduktionswert pro Arbeitsjahr eines Beschäftigten)

	1970[1]	1971[2]	1972[2]	1973[2]
Zahl der Beschäftigten in 1000				
Landwirtschaft		603,6	636,9	670,3
Industrie		440,5	438,5	453,2
Bausektor		132,7	153,7	176,5
Arbeitsproduktivität in Pesos				
Globales BSP[a]		4.306,8	4.900,4	5.308,7
Landwirtschaft		1.808,4	1.807,9	1.800,0
Industrie		9.482,4	10.167,1	11.068,8
Bausektor	2.773	4.324,0	5.229,0	5.816,9

Anmerkung: a) Bruttoproduktionswert der materiellen Produktion und der unmittelbar produktiven Dienstleistungen

Quellen: 1) Berechnet nach Tabelle 12.10.
2) JUCEPLAN, Anuario Estadístico de 1974, S.35, Tab.III.1

12.3.3. Der konzentrierte Ausbau der nationalen Kapazität zur Absorption moderner Technologie und zur Planung und Durchführung von Investitionen

Während der externe Engpaß 1963-64 als das kurzfristig gravierendste Problem betrachtet wurde, stimmte man in Kuba allgemein darin überein, daß langfristig die "Qualifizierung der Arbeitskräfte der zentrale limitierende Faktor"[74] sei. Ein ausreichendes Angebot qualifizierter Arbeitskräfte war die entscheidende Bedingung der effizienten Nutzung moderner, komplexer Technologien, die zunächst im allgemeinen importiert werden mußten."Die Einführung ausländischer Technologien und ihre Diffusion und Institutionalisierung im ganzen Land erhält angesichts des geringen Niveaus technologischer Entwicklung und des großen Mangels qualifizierten Personals, das fähig ist, wissenschaftliche Forschung zu betreiben und die technologische Lücke aus eigenen Kräften zu schließen, höchste Priorität; ihr sollte die gleiche Aufmerksamkeit vom Staat gewidmet werden wie der wissenschaftlichen Forschung."[75] Die grundsätzliche Lösung dieses Problems konnte langfristig nur durch eine enorme Ausdehnung des Ausbildungssystems erreicht werden. Trotz der hohen Priorität der Bildungspolitik und, gemessen an internationalen Standards vergleichbarer Entwicklungsländer,der realen, in vieler Hinsicht sogar beispielhaften Erfolge auf diesem Gebiet, konnte das Defizit qualifizierter Arbeitskräfte, wie angesichts des gestiegenen Bedarfs nicht anders zu erwarten, nicht in der vergleichsweise kurzen Zeit von 20 Jahren behoben werden. Fachkräfte aller Art (Ingenieure, Techniker, Wissenschaftler und Verwaltungsfachleute) sind, wie die Kubaner selbst betonen, in Kuba weiterhin knapp. Immerhin hofft man, daß ab 1982 "Experten (professionals, H.F.) aller Fachrichtungen allmählich in einem Umfang ausgebildet werden, der den wirtschaftlichen Bedürfnissen des Landes entspricht"[76].

Kurz- und mittelfristig bestand daher das Problem einerseits in der Reduzierung des Bedarfs an Fachkräften durch entsprechende sektorale Prioritäten und andererseits in der ökonomischen Nutzung des begrenzt vorhandenen Potentials. Von der Nachfrageseite sollte das Problem durch die Strategie der Agroindustrialisierung angegangen werden, weil, so argumentierte man, der Bedarf an qualifizierten Arbeitskräften (Länge der Ausbildungszeit, Zahl der Agronomen pro Gesamtzahl der Beschäftigten) in der Landwirtschaft geringer als in der Industrie sei. Daneben hoffte man, einen maximalen ökonomischen Nutzen aus dem begrenzten Potential an geschulten Fachkräften zu ziehen, indem man diese in ökonomisch sinnvoller Weise auf die einzelnen Branchen verteilte und besonders auf die Wachstumspole konzentrierte. "... Die wirtschaftliche Planung besteht ihrerseits ihrem Wesen nach ... in der Verteilung zwischen den Branchen und in der Bestimmung des Konzentrationsgrades der technischen Kader und der Administratoren in jeder von ihnen. Wichtiger als die Zuordnung materieller Ressourcen in verschiedenen Proportionen wird es sein, für jede Periode den Bedarf der Kader zu untersuchen, mit dem man rechnen muß, und die optimale Form zu bestimmen, in der man diese verteilt, um die Entwicklungsziele zu erreichen, die man sich perspektivisch setzt ... Die Verzettelung der Kräfte in einer Vielzahl von Branchen verhindert es, daß man einen maximalen Ertrag von den Ressourcen erhält, die man in dieser Form verteilt."[77]

Das konzentrierte Anheben des Ausbildungsniveaus der Arbeitskräfte in den Wachstumspolen war eine entscheidende Voraussetzung der Minimierung des Widerspruchs von Qualifikationsanforderungen moderner Technologie und dem gegebenen Qualifikationsniveau, das für die meisten Länder, die massiv auf den Import kapitalintensiver und komplexer Technologien rekurrieren, typisch ist[78], und zur Unterausnutzung der installierten Produktionskapazitäten, niedriger Produktivität und/oder zur Abhängigkeit von ausländischen Technikern führt. Die vorübergehende sektorale Konzentration der beruflichen Bildungsinvestitionen implizierte jedoch in sozialer Hinsicht nicht die Reproduktion einer heterogenen Qualifikationsstruktur des Arbeitsangebots in dem Sinne, daß die Bildung der Mehrheit der Bevölkerung zugunsten der Ausbildung qualifizierter Eliten für Inseln moderner Technologie vernachlässigt worden wäre. Der Schwerpunkt lag vielmehr eindeutig auf der Massenbildung - daher die frühe und mit Hilfe massiver Mobilisierung durchgeführte Kampagne gegen den Analphabetismus (1961) wie überhaupt die großen Anstrengungen auf dem Gebiet der Erwachsenenbildung und die prioritäre Entwicklung des Bildungssystems für die ehemals unterversorgte Landbevölkerung. Von O. Dorticos wurde sogar häufiger umgekehrt kritisiert, daß die Ausbildung von Experten und Managern zu kurz komme[79]. Der schnelle Ausbau des Bildungssystems garantiert außerdem, daß ausreichend qualifizierte Arbeitskräfte für die zukünftige sukzessive Diversifizierung der Landwirtschaft und den geplanten Industrialisierungsschub bereitgestellt werden.

Die Konzentration der Ausbildungsinvestitionen nahm zwei Formen an: einmal die Konzentration auf die Landwirtschaft überhaupt und andererseits auf die - meist agroindustriellen - Wachstumspole. 1969 betrug der Anteil der Studenten, die Landwirtschaft studierten (Agronomie und Veterinärmedizin), 26,1 % der Gesamtzahl aller Studenten höherer Bildungseinrichtungen und lag damit rund fünfmal über dem lateinamerikanischen Durchschnitt (vgl. Tabelle 12.15). Auf der Ebene der allgemeinen Bildungseinrichtungen wird sich durch das massive kubanische Programm des Baus von Schulen auf dem Lande (in der Regel Sekundarschulen) dieser Gegensatz bis 1980 noch weiter verschärft haben. Obwohl die erste derartige Schule erst 1971 eingeweiht wurde, waren 1974 schon weitere 50 gebaut, 32 andere im Bau und weitere 51 hatten das Stadium konkreter Planung erreicht. Bis 1980 sollen insgesamt 500 solcher Schulen fertiggestellt sein. Da die Schüler dieser Schulen ca.4 Stunden am Tag in verschiedenen landwirtschaftlichen Kulturen arbeiten, die für die Arbeit von Kindern und Jugendlichen geeignet sind, eignen sie sich im Rahmen ihrer Schulausbildung Grundkenntnisse in den einzelnen Agrikulturen an. Weitere zentrale Funktionen dieser Schulen auf dem Lande sind ihr Beitrag zur Finanzierung der riesigen Ausbildungsinvestitionen, die Erziehung zur Wertschätzung manueller Arbeit und die Aneignung von Arbeitsdisziplin und gesellschaftlichem Verantwortungsbewußtsein schon in frühem Alter[80].

Tabelle 12.15: Anteil der Studenten, die Landwirtschaft studieren, an der Gesamtheit der Studenten höherer Bildungseinrichtungen 1968 - 1971 (Lateinamerika)

Land	Jahr	Gesamt (1)	Landwirtschaft (Agronomie und Veterinärmedizin) (2)	(2):(1) in %
Argentinien	1969	21.366	650	3,1
Bolivien	1968	588	25	4,2
Brasilien	1971	73.463	1.884	2,6
Chile	1970	8.255	393	4,7
Kolumbien	1969	6.199	657	10,6
Costa Rica	1968	428	18	4,2
Kuba	1969	3.003	784	26,1
Dominikan.Republik	1970	549	13	2,4
Ekuador	1971	2.822	228	8,0
El Salvador	1970	428	5	1,2
Guatemala	1970	479	20	4,2
Haiti	1965	381	41	10,8
Honduras	1969	105	-	-
Mexiko	1969	9.479	379	4,0
Nicaragua	1969	529	42	7,9
Panama	1971	589	12	2,0
Paraguay	1969	675	61	9,0
Peru	-	-	-	-
Uruguay	1970	1.252	126	10,0
Venezuela	1969	4.927	286	5,8
Durchschnitt				5,5

Quelle: Statistical Abstract of Latin America 1976, S.132, Tab.1017 b

Die Konzentration der Bildungsbemühungen auf die einzelnen Wachstumspole ist quantitativ nicht so einfach zu belegen. Eindeutige Daten stehen nur für die Zitruslandwirtschaft zur Verfügung. Insgesamt 45,9 % der 1974 gebauten, im Bau befindlichen und geplanten Schulen auf dem Lande waren auf den Anbau von Zitrusfrüchten spezialisiert[81]. Mitte der siebziger Jahre gab es in Kuba schon

300 auf die Zitruslandwirtschaft spezialisierte Agraringenieure, während es davon vor 1959 nur ganze 3 gab. Die massiven Bildungsinvestitionen in diesem Sektor haben einen kubanischen Journalisten zu dem Kommentar veranlaßt, daß "nie irgendein anderer Zweig der Landwirtschaft solch ein hohes Erziehungsniveau seiner Arbeiter hatte"[82].

Ähnlich intensive Anstrengungen werden bezüglich der Ausbildung von Fachkräften für die anderen agroindustriellen Wachstumspole unternommen. Für die Fischereiindustrie existieren zwei große Ausbildungsinstitutionen. Auf der 'Andres Gonzalez Line Advanced School of Fishing' werden in 7 Semestern Techniker für die Hochseeflotte (Kapitäne, Schiffsingenieure, Elektronikoffiziere, Elektromechaniker, Fischfang- und Fischverarbeitungstechniker) ausgebildet. Auf der 'Victoria de Giron School of Fishing' bildet man im Anschluß an die 6. Schulklasse in drei Jahren qualifizierte Arbeiter für den Fischfang und die Fischereiindustrie aus. Zwischen 1965 und 1971 haben insgesamt 2.620 Schüler diese Ausbildung absolviert[83].

Für den Viehzuchtsektor als zweiten Wachstumspol wurde eine ganze Palette von Schulen und Instituten geschaffen, in denen Spezialisten für künstliche Besamung, Tierärzte, Techniker und qualifizierte Arbeiter für die Viehzucht und die viehprodukteverarbeitende Industrie qualifiziert werden; denn: "... die großen Pläne unseres Landes für die Entwicklung der Viehzucht rufen nach großen Kontingenten von Technikern mittleren Niveaus und qualifizierten Arbeitern, um die komplexen Probleme zu lösen, die durch die Anwendung der modernsten Methoden gestellt werden...".[84] Allein für die Aufzucht von Vieh im engen Sinne gab es 1972 vier Schulen für die Ausbildung von Technikern und drei Schulen für die von qualifizierten Arbeitern. Auf dem 'Ruben Martinez Vilena Institut für Zootechnik' werden sowohl Techniker (drei Jahre Ausbildungszeit) als auch qualifizierte Arbeiter (in zwei Jahren) für die Rinder- und Geflügelzucht ausgebildet. Allein an diesem Institut absolvierten zwischen 1964 und 1972 insgesamt 903 Studenten ihre Ausbildung; 1972 waren dort 858 Studenten eingeschrieben. Insgesamt existierten 1970 14 technische Ausbildungszentren für die Viehzucht mit 28.000 Schülern. Daneben gab es weitere 30 landwirtschaftliche technologische Institute mit insgesamt 50.000 Schülern, auf denen z.T. auch Viehzucht gelehrt wird. Bis 1975 sollten 100.000 Techniker mittleren Niveaus für Landwirtschaft und Viehzucht diese Ausbildung durchlaufen haben und bis 1980 200.000[85].

Obwohl entsprechende Verhältniszahlen nicht zur Verfügung stehen, genoß der Zuckersektor innerhalb der Bildungsplanung eine ebensolche Priorität wie in der Entwicklungsplanung im allgemeinen, so daß von ihm sogar Impulse auf die Entwicklung des allgemeinen Bildungssystems ausgingen: "Die Ausbildung von Kadern für die Entwicklung von Forschungen, die zur Lösung der technologischen Probleme dieser Industrie gebraucht werden, und für die ... Modernisierung ihrer Ausrüstungen, um die Technologie unserer Zuckerindustrie an das internationale Niveau anzupassen, sollte ein institutionelles und fundamentales Ziel des Ministeriums für Zuckerindustrie und des allgemeinen Ausbildungssystems (!, H.F.) unseres Landes sein."[86] Bis 1974 war die Fertigstellung von 60 polytechnischen Schulen mit einer Kapazität von 30.000 Schülern (d.h. für ca. ein Drittel der in der Zuckerindustrie Beschäftigten und fast neben jeder zweiten Zuckerfabrik) geplant. Daneben existierten 5 technologische Institute zur Ausbildung von Technikern, Ingenieuren und Chemikern für die Zuckerindustrie für insgesamt 1.118 Schüler. Ab 1974-75 waren 3 Universitätsfilialen in Zuckerfabriken eingerichtet worden (375 Schüler); der Bau einer weiteren war geplant. Perspektivisch soll neben jeder Zuckerfabrik mindestens ein polytechnisches Institut errichtet werden. 1977 wurde das 'Höhere Institut für die Zuckerausbildung' (ISCA) eingeweiht. Von den 750 Ausbildungsplätzen sollen 350 der Ausbildung von Verwaltungskadern und 400 der Weiterbildung von Technikern dienen[87]. Die Resultate dieser Ausbildungspolitik sind durchaus schon greifbar. Vor der Revolution gab es in der kubanischen Zuckerproduktion ganze 450 Techniker mit akademischer Ausbildung, 1973 waren es, trotz Emigration, schon 1.065, neben weiteren 2.602 Technikern mittleren Niveaus. In der Zuckerrohrlandwirtschaft gab es 1975 schon mehr als 1.000 mittlere Agrartechniker; das war ungefähr einer pro 1.340 ha[88].

Der Erfolg dieser intensiven Bildungsbemühungen im Zuckersektor wurde spätestens ab Mitte der siebziger Jahre sichtbar, wie das Einsparen von Arbeitskräften durch die Steigerung der Arbeitsproduktivität in fast allen Bereichen der Zuckerproduktion (vgl. dazu Kapitel 11), aber auch Berichte unparteiischer ausländischer Zuckerexperten über die Kompetenz der kubanischen Techniker und Manager belegen . Das folgende Urteil bezieht sich unmittelbar auf das Top-Management, dürfte heute aber auch schon weitgehend auf die Berufsgruppen mit geringerem Qualifikationsniveau zutreffen: "Kubas Zuckerindustrie scheint die anfängliche Knappheit von Managern und Planern überwunden zu haben: ein Resultat des gravierenden Exodus des Industriepersonals zu Beginn und Mitte der sechziger Jahre. Die Manager, die die kubanische Zuckerindustrie leiten, sind kompetente und konkurrenzfähige Technokraten..."[89]

Ähnliche positive Feststellungen bezüglich Qualifikationsniveau und Beherrschung moderner Technologien, angesichts der massiven Emigration gerade qualifizierter Arbeitskräfte und der aufgrund des US-Embargos geringen technischen Hilfe des Westens meist ein wenig überrascht, findet man häufiger in informierten Expertisen über die anderen kubanischen Wachstumspole. In der Nickelindustrie haben nach Th. Moran "kubanische Manager ein außerordentliches Qualifikationsniveau und Selbstvertrauen in die Fähigkeit, die traditionelle Verarbeitungstechnologien sowohl in Nicaro und Moa Bay zu beherrschen, entwickelt. Sowohl verglichen mit ähnlichen Unternehmen in der Dritten Welt als auch (H.F.) in den USA ist die technische Meisterschaft, die operationelle Kompetenz und die offensichtliche Produktivität der Belegschaft in Nicaro und Moa Bay unmittelbar beeindruckend."[90] Ähnliches weiß ein Experte der FAO über die technische Kompetenz der im Ausland ausgebildeten "Ingenieure und Techniker" der expandierenden kubanischen Käseindustrie zu berichten; nach seiner Ansicht verfügen diese über "eine ausgezeichnete technische Ausbildung, die es ihnen erlaubt, die meisten der auf ihren jeweiligen Fachgebieten sich stellenden Probleme zu lösen"[91].

In einem für amerikanische Geschäftsleute bestimmten Report über die kubanische Ökonomie wird zwar auf die unterschiedliche Erfahrung westlicher Geschäftsleute bezüglich der technischen, planerischen und organisatorischen Kompetenzen der kubanischen Wirtschaft hingewiesen, der dominierende Eindruck sei jedoch positiv. Aufgrund der Auswertung dieser Erfahrungen und anderen Materials kommt der Bericht selber zu dem Schluß, daß die Erfolge auf diesem Gebiet beeindruckend seien: "Kuba hat sich daran gemacht, die Erziehung und die beruflichen Fähigkeiten seiner Bevölkerung zu verbessern und Erfolge erzielt, die um so mehr beeindruckend sind, wenn man die massive Emigration qualifizierten Personals, die vor weniger als zwei Jahrzehnten stattfand, berücksichtigt, ... Ein Blick auf die Managertalente ist beeindruckend, da viele davon ausländisch waren und jetzt alle Kubaner sind. Viele mußten durch die Praxis lernen."[92] Ein weiterer Indikator für den Erfolg der bisherigen Konzentration der Bildungsinvestitionen auf einige Wachstumspole ist, daß Kuba gerade in diesen Branchen technische Hilfe für andere antiimperialistische Entwicklungsländer leistet[93].

Entwicklungspolitisch fundamental in diesem Zusammenhang ist, daß auch die komplexesten Technologien und Unternehmen im Prinzip allein von Kubanern kontrolliert werden, d.h. die <u>nationalen</u> Kapazitäten zur <u>Absorption</u> von Investitionen systematisch gesteigert werden sollen. Dies schließt nicht aus, daß man - gerade in neuen Branchen oder bei neuen Technologien - auf ausländische Techniker und Experten rekurriert, wenn diese bald durch Kubaner substituiert werden[94]; z.B. sind sowohl die Kommandanten der Hochseefischtrawler als auch die entsprechenden Wissenschaftler, die zunächst überwiegend aus der Sowjetunion kamen, allmählich durch kubanisches Fachpersonal verdrängt worden[95]. Die nationale Kontrolle wird zunehmend auch bei der <u>Planung</u> der meisten Investitionsprojekte angestrebt; daher sind die den "einzelnen Industriezweigen jeweils zugeordneten spezialisierten Abteilungen zur Ausarbeitung und Evaluierung von Projekten vergrößert und verbessert worden"[96]. Alle neuen Fabriken und andere Produktionsstätten werden heute schon nur von kubanischen Arbeitern <u>gebaut und montiert</u>[97].

Die kubanischen Erfolge sind nicht nur das Resultat der Konzentration der Ausbildungsinvestitionen auf einige zunächst prioritäre Branchen sondern auch der allgemeinen Expansion des kubanischen Ausbildungssystems. Die Analphabetenquote konnte von 23,6 % 1953 auf 3,9 % 1962 gesenkt werden. Der Prozentsatz der 6- bis 16-jährigen, die zur Schule gehen, erhöhte sich von 50,9 % 1953 auf 92,5 % 1978. Die Zahl der Schüler der Primärstufe (1.bis 6. Klasse) stieg zwischen 1958 und 1974 um knapp 70 %, während die der Sekundarstufe wie auch der Hochschulabsolventen sich in dem gleichen Zeitraum fast verzehnfachte(zu den vorhergehenden Daten vgl. Tabelle 12.18).

Schon 1970 waren wieder 8,4 % der wirtschaftlich aktiven Bevölkerung 'professionals', Techniker und ähnliche Arbeitskräfte. Ihr Anteil war damit nahezu doppelt so hochwie im lateinamerikanischen Durchschnitt (4,6 %) und auf einer Ebene mit dem der führenden lateinamerikanischen Länder: Costa Rica (8,4 %), Venezuela (8,5 %)[98]. Bis 1975 sollten 8.500 Techniker mit abgeschlossener Universitätsausbildung ihr Studium beendet haben; vor 1959 gab es nur 700 Techniker dieser Kategorie. Noch beeindruckender sind die Daten für Arbeitskräfte mittlerer Qualifikation: Hier lagen die Plandaten für 1975 bei 45.000, "eine Zahl, die im Vergleich zu dem akkumulierten und dem zukünftigen Bedarf begrenzt ist, aber dennoch eine wahrhaftige Revolution im Verhältnis zu der unbedeutenden Zahl mittlerer Techniker, die es zu Beginn der Revolution gab, bedeutet"[99].

Angesichts dieser allgemeinen Expansion des Ausbildungssystems konnten parallel zur vorübergehenden Konzentration der vorhandenen Fachkräfte auf die Wachstumspole die zukünftigen qualifizierten Arbeitskräfte für eine allmähliche breitere wirtschaftliche Diversifizierung herangebildet werden. Beispiele dafür sind die Ausbildung von Personal für die Mechanisierung der Landwirtschaft im allgemeinen und für eine beschleunigte Industrialisierung. Die Realisierung dieser Zielsetzung setzt eine enge Integration von Produktions- und Bildungsplanung voraus[100].

Tabelle 12.16: Ausbildung mittlerer Kader für die Landwirtschaft (1965 - 1972)

Bereiche	1965	1972
Mechanisierung der Zuckerrohrlandwirtschaft[a]	6.994	10.061
Mechanisierung der Nichtzuckerrohrlandschaft[b]	2.034	35.503
Agrarproduktion	1.559	9.106
Viehzucht	3.074	6.219
Verwaltung[c]	2.617	10.132
Andere Kurse	5.882	-

Anmerkungen:

a) Nur Personal für Lade- und Erntemaschinen
b) Innerhalb dieser Rubrik gibt es Maschinenoperateure, die während der Zuckerrohrernte in der Zuckerrohrlandwirtschaft arbeiten und danach in andere Produktionen integriert werden.
c) Die Differenz von 1965 und 1972 ist die Folge der Kurse für Arbeitsorganisation und Arbeitsnormen.

Quelle: J. Acosta 1973b, S.108, Tab.47

Während bis 1965 rund dreimal so viel mittlere Kader für die Mechanisierung der Zuckerrohrlandwirtschaft ausgebildet wurden, sah der Ausbildungsplan 1965 - 1972 im Rahmen einer allgemeinen enormen Steigerung von ca. 9.000 auf rund 45.000 (d.h. mal 5) eine schnellere Entwicklung der Ausbildung von mittleren Kadern für die Mechanisierung der Nicht-Zuckerrohrlandwirtschaft vor, so daß am Ende der Periode hier 3,5 mal so viel Operateure und Mechaniker wie in der Zuckerrohrlandwirtschaft zur Verfügung standen (vgl. Tabelle 12.16). Ein ähnliches Bild zeigt sich bei der Verteilung und Entwicklung der Ausbildungskapazitäten für Landwirtschaft und Industrie. Ein Blick auf die Verteilung der "technischen und professionellen Erziehung" nach Sektoren belegt, daß parallel zur vorübergehenden Konzentration der knappen menschlichen Ressourcen auf einige, meist agroindustrielle Wachstumspole das notwendige Arbeitskräftepotential für eine beschleunigte und umfassendere zukünftige Industrialisierung ausgebildet wurde. Die Zahl der Schulen, Lehrer und Schüler für den Bildungsbedarf der Industrie war 1973-74 nahezu doppelt so hoch wie die

Bildungskapazitäten für die Landwirtschaft. Auch an der Universität lag die Zahl der an der technologischen Fakultät immatrikulierten Studenten mit 13.237 doppelt so hoch wie die an der landwirtschaftlichen Fakultät Studierenden (6.483). Auf beiden Ebenen des Bildungssystems wuchsen die Abteilungen für Landwirtschaft und Viehzucht in einem bestimmten Zeitraum (ca. 1967/68 - 1971/72) jedoch schneller als die der Industrie[101].

Der punktuelle Ausbau der Kapazitäten zur Adaption und Entwicklung moderner Technologien

Die prinzipielle kubanische Option für möglichst moderne Produktionsmethoden ist häufig verkürzt rezipiert worden. Meist wurden die praktisch relevanten und nicht nur floskelhaften Einschränkungen "soweit technologisch und ökonomisch möglich"[102] und "bei Berücksichtigung der besonderen Bedingungen des Landes"[103] nicht beachtet, so daß die kubanischen Versuche zur Entwicklung intermediärer und angepaßter Technologien nahezu gänzlich übersehen wurden. So kritisierte z.B. Dumont die Praxis der "Che"-Guevara-Brigade, in der einige wenige qualifizierte Arbeitskräfte modernste Bulldozer zum Roden des Waldes benutzten, während die Mehrzahl unqualifizierter Arbeitskräfte nur mit Äxten ausgestattet war. Wahrscheinlich wäre es in diesem Fall ökonomisch und sozial sinnvoller gewesen, die Zahl der z.T. unterausgenutzten Bulldozer zu reduzieren und den Rest der Arbeitsgruppen mit elektrischen Sägen auszurüsten[104]. Falsch ist es dagegen, aus diesem Beispiel zu schließen, daß die Einführung intermediärer Technologien keinen systematischen Stellenwert in der kubanischen Technologiepolitik hat. Vielmehr unterscheidet sich die kubanische Technologiepolitik von der der meisten Entwicklungsländer gerade durch den systematischen Versuch der Adaption universeller Technologien an kubanische natürliche und sozioökonomische Bedingungen, in erster Linie in den Wachstumspolen. Diese Aufgabenstellung ist häufiger explizit formuliert worden; insofern gilt das folgende Zitat nicht nur für die Landwirtschaft und die Viehzucht, auf die es konkret gemünzt ist: "Die wissenschaftliche und technologische Forschung Kubas in der Viehzucht und der Landwirtschaft hat zum Ziel, in ihren modernsten und schlüssigsten Formen die auf Weltebene akkumulierte Erfahrung zu nutzen und sie an die Erfahrungen und die Notwendigkeit unseres Landes anzupassen. Die angewandte Forschung ist dazu bestimmt, Lösungen für unsere konkreten Probleme zu finden und, zusammen mit dem Programm der Ausbildung höherer Kader, soll sie die notwendige Grundlage dafür schaffen, daß der Tag kommt, an dem wir auch einen Beitrag zur Grundlagenforschung leisten können."[105] Der Schwerpunkt der kubanischen Forschung lag naturgemäß, da Kuba "ein kleines Land mit einem geringen wirtschaftlichen Entwicklungsniveau" ist und "angesichts der hohen Kosten des Ausbaus der Grundlagenforschung und des beträchtlichen 'time lag', bevor die Investitionen auf diesem Gebiet amortisiert werden können", nicht auf der Grundlagenforschung sondern auf der "angewandten Forschung"[106] zur (Weiter-) Entwicklung von Technologien.

Dem kubanischen Anspruch technologischer Innovationen mußten, im Vergleich zu Ländern mit ähnlichem Entwicklungsniveau, intensivierte Forschungsbemühungen in den Wachstumssektoren entsprechen. Die hohe Forschungsintensität der Projekte wird als das entscheidende Merkmal der technischen Hilfe der UNDP für Kuba in einem neueren Bericht der UNDP herausgestrichen: "Die in den vorhergehenden Abschnitten dieses Dokuments gegebene Information demonstriert klar, daß, trotz der Tatsache, daß das Programm über mehr als 7 Schlüsselsektoren mit 15 großen Projekten gestreut ist, das Leitmotiv der Unterstützung für Kubas Kampf für wissenschaftlichen und technischen Fortschritt mittels Grundlagen- und angewandter Forschung das ganze Dokument durchzieht und in der Tat das Programm bestimmt."[107] Die hohe Priorität für die angewandte Forschung findet ihren Niederschlag auch in der personellen Ausstattung der entsprechenden Forschungsinstitutionen. Obwohl die kubanische Bevölkerung 1970 nur 17 % derjenigen von Mexiko ausmachte, betrug der Anteil der in der experimentellen Forschung beschäftigten kubanischen Wissenschaftler an denen Mexikos 45,5 %[108].

Auch die kubanische Zielsetzung universeller technologischer Innovationen in einigen Schlüsselsektoren, in denen dies die technische Voraussetzung der vollen Nutzung und Weiterverarbeitung der spezifischen kubanischen Ressourcen war, wird in dem schon erwähnten UNDP-Report als für ein Entwicklungsland außerordentlich bemerkenswerte Tatsache hervorgehoben: "Es muß besonders betont werden, daß es eine der charakteristischen Merkmale der kubanischen Entwicklungsstrategie ist, daß die Anstrengungen wissenschaftlicher und industrieller Forschung in den Sektoren, die von vorrangiger Bedeutung für die Volkswirtschaft sind, bis an die Grenzen des Wissens vorangetrieben werden sollen, wie es in der Zuckerindustrie und der Zuckernebenprodukte verarbeitenden Industrie der Fall ist; hier ist das Ziel nicht nur, bestehende Technologie zu absorbieren, sondern neue Perspektiven zu eröffnen und eine autochthone Technologie zu schaffen."[109]

Bei der Entwicklung angepaßter Technologien in Kuba lassen sich analytisch zwei Typen der Adaption unterscheiden: Anpassung an (sub-)tropische natürliche Bedingungen und Anpassung an bestimmte internationale und interne sozioökonomische Verhältnisse (Embargo, Mangel an qualifizierten Arbeitskräften, Mangel an Kapital, unentwickelte Kapitalgüterindustrie, knappe und teure Rohstoffe und andere Inputs). Die Entwicklung einer landwirtschaftlichen Technologie, die tropischen Bedingungen entspricht, ist allerdings insofern auch in vermittelter Weise ein sozioökonomisches Problem, als die tropischen Länder im allgemeinen unterentwickelte Länder sind, und daher technologische Innovationen in und für die Tropen technologische Innovationen im Interesse der peripherisierten kapitalistischen Länder sind[110].

Beispiel für versuchte und/oder gelungene Formen angepaßter Technologien im Sinne der Anpassung an die natürlichen Bedingungen der Tropen sind: Viehzucht auf Zuckerrohrbasis,die Züchtung von produktiven Milch- und Fleischkühen, wie überhaupt die agrargenetische Forschung (u.a. auch bei Reis)[111], die Entwicklung von Zuckerrohrerntemaschinen und eine Vielzahl von Verbesserungen des industriellen Prozesses der Zuckerproduktion, in denen z.T. in der Zucker<u>rüben</u>industrie entwickelte Verfahren an die Besonderheiten der Zucker<u>rohr</u> verarbeitenden Industrie adaptiert wurden.

Beispiele für die Entwicklung von Technologien, die an die kubanischen sozioökonomischen Bedingungen adaptiert wurden, sind: die centros de acopio, ein billigeres Verfahren zum Raffinieren von Rohzucker ohne den Anbau einer zusätzlichen Produktionseinheit (Raffinerie), das australische System der Ernte von Zuckerrohr durch vorheriges Abbrennen usw.

Diese neuen Techniken sollten auch ein Beitrag Kubas zur Lösung der technologischen Probleme der meist in der tropischen Zone gelegenen Länder der Dritten Welt sein. Das Ziel war also nicht allein die Schaffung einer autochthonen kubanischen Technologie, sondern einer den Bedürfnissen der unterentwickelten Länder angemessenen und ihnen frei zur Verfügung stehenden Technologie: "Es wird nicht lange dauern, bis ... unsere Techniken all denen zur Verfügung stehen werden, die ein Interesse daran haben sie anzuwenden."[112] Die in den sechziger Jahren konzipierte kubanische Technologiepolitik antizipiert also schon die später im Rahmen der Diskussion um eine neue Weltwirtschaftsordnung aufgestellte Forderung der Entwicklungsländer nach ihrer wissenschaftlichen und technologischen Kooperation und ihrer weitestgehenden technologischen Autonomie im Rahmen einer Strategie der kollektiven 'self-reliance'.

Ein genauerer Blick auf einige dieser neuen angepaßten Technologien erhellt schlaglichtartig die zugrundeliegenden sozioökonomischen Motive. Die Suche nach einer adäquaten Futtermittelbasis wurde notwendig, weil die traditionelle Quelle hochwertiger Futtermittel (Getreide, Soja- und Fischmehl usw.), die USA, durch das US-Embargo versiegt war[113], und eine extensive Weidewirtschaft besonders während der Trockenzeit als Grundlage einer intensiven Viehzucht unzureichend war. Durch umfangreiche Forschungen, zuerst im Labor und dann in kleineren experimentellen Projekten, wurde erreicht, daß Zuckerrohrprodukte in verschiedenen Formen als Hauptfuttermittel einer intensiven Viehzucht fungieren können. Die Entwicklung neuer Rinderrassen durch Kreuzung in eigens dafür konzipierten sogenannten genetischen Zentren verfolgte die Absicht, die Qualitäten des Zebu (ausgesprochene

Widerstandsfähigkeit gegen trockenes tropisches Klima) mit der hohen Milch- und Fleischproduktivität der Rinderrassen der gemäßigten Klimazone zu vereinen. Der Bau von Ferrozement-Schiffen für den Fischfang wurde auf Empfehlung der FAO aufgenommen, weil Holz und Stahl in Kuba - wie in den meisten Entwicklungsländern knapp und teuer sind. Die centros de acopio (c.a.)wurden in Kuba entworfen und eingeführt, weil die Vollmechanisierung der Zuckerrohrernte nur langsam voranschritt, es aber unbedingt notwendig war, die Arbeitsproduktivität der Erntearbeit zu erhöhen, um die Zahl der dafür benötigten Arbeitskräfte zu reduzieren,und weil die c.a. einfacher zu produzieren und einzuführen waren.

Die Begriffe 'angepaßte' oder 'intermediäre' Technologie sind äußerst schillernd und komplex, so daß es sinnvoll ist zu klären, was in Kuba darunter verstanden wird und was sie nicht bedeuten. Nicht präsent sind in Kuba das Bestrebungen zur Entwicklung arbeitsintensiver Technologien unter beschäftigungspolitischen Zielsetzungen und dezentralisierter Technologien zur Verbesserung von Partizipationschancen. Ebenso sind ökologische Motive neben dem Interesse an einer Steigerung der Flächen- und Arbeitsproduktivität von zweitrangiger Bedeutung. Ökologische Aspekte spielen dann eine Rolle, wenn sie gleichzeitig zur Steigerung des ökonomischen Nutzens beitragen. So sind z.B. in der Küstenfischerei Boote und Fangtechniken entwickelt worden, die die Reproduktion des Fischbestands nicht gefährden;[114] auch die Aufforstung wird u.a. mit dem Ziel betrieben, die Bodenerosion zu verhindern. Gefährden dagegen ökologische Bedenken das wirtschaftliche Wachstum, dann werden sie in der Regel zurückgestellt. Kuba wird demnächst sein erstes Atomkraftwerk bauen und auch die australische Methode der Zuckerrohrernte durch das vorherige Abbrennen zählt nicht zur Kategorie der sanften Technologien, da sie sowohl für den Ackerboden als auch die Erntearbeiter Gefahren impliziert.

Das entscheidende Motiv der Entwicklung sozioökonomisch angepaßter Technologien ist in Kuba nicht die produktive Beschäftigung im Überfluß vorhandener Arbeitskräfte sondern die Knappheit von

Kapital, qualifizierten Arbeitskräften und produktiven Kapazitäten allgemein, wie am Beispiel der Bautechnologie deutlich wird. Einerseits hat man von Anfang an soweit wie möglich mit der produktiveren Fertigbauweise gearbeitet; andererseits wurde diese Technologie soweit vereinfacht, daß sie auch von nichtprofessionellen Bauarbeitern (von der Arbeit in der Fabrik freigesetzte Mikrobrigaden, Landarbeiter außerhalb der landwirtschaftlichen Saison) zu handhaben waren und weniger schwere und komplexe Baumaschinen erforderten als komplexe Systeme: "Kubanische Architekten haben aus Notwendigkeit Erfahrung bei der Innovation im Bau billiger Einheiten durch den Gebrauch der Fertigbauweise gewonnen. Da diese Systeme schneller und billiger als konventionelle sind, und da die Prozedur der Installation weniger kompliziert ist, neigen sie dazu, den Mangel an qualifizierten Arbeitern und hochentwickelter Maschinerie zu kompensieren."[115] Mit den einfacheren Fertigbausystemen (Altabana, Sandino) wurden 1975 mehr als die Hälfte aller Wohnungen gebaut. In dem Maße, wie mehr Kapital, qualifizierte Arbeitskräfte, komplexere Bauelemente und Maschinen national bereitgestellt werden können, ist der progressive Übergang zu fortgeschritteneren Fertigbauweisen geplant. Denn prinzipiell zwingt die Vollbeschäftigung die Kubaner zur Wahl arbeitssparender, kapitalintensiver Technologien. Diese spezifische Faktorenkonstellation hat einige Autoren zu der Behauptung verführt, daß in Kuba überhaupt keine Formen intermediärer Technologie angestrebt werden, wobei sie jedoch fälschlicherweise arbeitsintensive und angepaßte Technologien gleichsetzen.

Die Entwicklung neuer Technologien ist per definitionem ein "Unternehmen mit hohem Risiko"[116]; dies gilt in besonderer Weise für Kuba, wo, wie in anderen Peripherienationen, die Fähigkeit zu technologischen Innovationen aufgrund knappen Investitionskapitals, entsprechender Forschungskapazitäten und eines unzureichenden Rückhalts in einer entwickelten Maschinenbauindustrie begrenzt ist. Die begrenzte Fähigkeit zu technologischen Innovationen äußerte sich z.B. in der Stagnation der Mechanisierung der Zuckerrohrernte in den sechziger Jahren, in der relativ langen Zeitspanne zwischen erfolgreicher Forschung im Laboratorium, experimenteller Erprobung in der Versuchsfabrik und industrieller Produktion (z.B. bei der Entwicklung einer effizienten und ökonomischen Technologie zur Herstellung von Zeitungspapier aus Bagasse), unerwünschten Folgeproblemen (z.B. in der Viehzucht)und anderen Schwierigkeiten, die die breite ökonomische Anwendung neuer Technologien verzögerte. Einige wirtschaftliche Probleme Kubas sind gerade das Resultat des ehrgeizigen Projekts zur Entwicklung autochthoner Technologien in einigen Sektoren, also die Folge technologischer Schwierigkeiten, wie am Beispiel der Mechanisierung der Zuckerrohrernte ausführlich belegt worden ist.

Zum Teil wurden diese Probleme noch durch die paradoxe Situation verschärft, daß die zu lösenden technologischen Probleme häufig schwieriger waren als die entsprechenden in den Zentren, obwohl die zur Lösung dieser Probleme notwendigen Kapazitäten weitaus unentwickelter waren. Das gilt z.B. für die Mechanisierung der Zuckerrohrernte; das gilt z.B. auch für die Industrialisierung der Bagasse, ein Zuckerrohrnebenprodukt, das bei der Zuckerproduktion aus Zuckerrüben in den Metropolen im Unterschied zur Melasse nicht anfällt: "Aber wie das bloße Auflisten dieser größeren Anwendungsmöglichkeiten (zur Verarbeitung der Bagasse, H.F.) schon anzeigt, führt die industrielle Verarbeitung der Bagasse, verglichen mit der Verarbeitung des Zuckerrübenbreis als proteinhaltiges Viehfutter auf natürlichem Wege, auf hochkomplizierte Gebiete und ist in ökonomischer und technologischer Hinsicht viel komplizierter und problematischer. Dies ist, angesichts des unterschiedlichen Entwicklungsniveaus der meisten Zuckerrüben- und Zuckerrohranbaugebiete, ein unglückliches Paradox. Aber, angesichts dieser Tatsache, überrascht es nicht, daß, obwohl das erste Patent für die Produktion von Papier aus Bagasse schon von 1938 datiert ... die Zahl der kommerziell erfolgreichen Unternehmen erst in den letzten Jahren in signifikanter Weise angestiegen ist."[117]

Eine Konsequenz der begrenzten kubanischen Fähigkeit zu technologischen Innovationen war der zeitweilige Rekurs auf ausländische Experten und technische Hilfe in begrenztem Umfang in den forschungsintensiven Sektoren "immer dann, wenn man Unterstützung durch internationale Kooperation finden konnte"[118]. Diese Hilfe kam in erster Linie von den sozialistischen Staaten, in den Leitsektoren aber auch wesentlich von öffentlichen internationalen Organisationen (UNDP, FAO, UNIDO), im geringeren Umfang auch aus kapitalistischen Ländern - mit Ausnahme der USA.
Die Form und die Bedingungen, die Kuba an wissenschaftliche und technische Hilfsleistungen stellt, sind durch einige Besonderheiten gekennzeichnet, die es lohnt herauszustellen. Ganz allgemein wird die Hilfe ausländischer Experten nur als vorübergehende Maßnahme zur Überwindung akuter Engpässe betrachtet; ihre Dauer in bestimmten Bereichen wird zeitlich begrenzt. Typisch dafür war z.B. der mehrjährige Forschungsaufenthalt des englischen Viehzuchtexperten Dr. Preston, der wesentlichen Anteil am Aufbau des kubanischen Instituts für Viehzucht (ICA) hatte und dessen Forschungen zur Verwendung von Zuckerrohr und seinen Nebenprodukten als Futtermittel für eine intensive tropische Viehzucht entscheidend zur Entwicklung dieser neuen Agrartechnik beigetragen haben. Mitte der siebziger Jahre, als das kubanische Forschungsprogramm so weit fortgeschritten war, daß die entwickelten Methoden der Viehzucht schon auf breiter Ebene angewandt werden konnten, und Dr. Preston genügend kubanische Experten ausgebildet hatte, um die Weiterführung der Forschungen zu garantieren[119], verließ er Kuba. Er ist heute in ähnlicher Funktion wie in Kuba als Experte im Auftrag der FAO in Mexiko tätig. Eine ähnliche Tendenz läßt sich in der Fischereiforschung konstatieren, wo die Zahl der kubanischen Wissenschaftler stetig zugenommen hat, während die der sowjetischen konstant blieb[120].

Formen und Ziele der technischen Hilfe im Rahmen der UNDP unterscheiden sich offensichtlich so sehr von der traditionellen Form, daß in dem Report der UNDP von "neuen Dimensionen" und einer "Innovation in der Gewährung technischer Hilfe"[121] gesprochen wird. Die allgemeine Tendenz der durchgesetzten kubanischen

Forderungen und Bedingungen ist die einer größeren kubanischen Autonomie und Beteiligung an den mit Hilfe der UNDP durchgeführten Projekte. Zu diesen Innovationen zählen, neben der offensichtlich nicht üblichen Zielsetzung der "Schaffung neuer Technologien", eine höhere Priorität für Ausrüstungen im Rahmen der technischen Hilfe anstelle der "traditionellen Idee eines schweren Inputs von Experten und Wissenschaftlern", "die Möglichkeit der Selbstverwaltung der Projektadministration durch Einheimische". Zwei der neuen UNDP-Projekte werden von kubanischen Ingenieuren geleitet, "deren technische Kompetenz unbestritten ist"[122]. Weiterhin wird die Verantwortung der kubanischen Regierung für die Ausführung der Projekte dadurch erhöht, daß sie das Recht hat, Berater durch zusätzliche Verträge zu rekrutieren und in einigen besonderen Fällen nationale Behörden Ausrüstungen direkt kaufen können.

Trotz der o.g. restriktiven Bedingungen und der angedeuteten Schwierigkeiten sind heute schon die ersten Resultate eines kubanischen Beitrags zur Schaffung einer autochthonen Technologie für die bisher unterentwickelten Länder der Tropen eindeutig sichtbar. Das dornige Problem der umfassenden Mechanisierung der Zuckerrohrernte ist heute kein technologisches Problem mehr, sondern ein ökonomisches, ein Problem des knappen Investitionskapitals und der begrenzten Produktionskapazitäten sowie der zu schaffenden adäquaten landwirtschaftlichen Voraussetzungen. In der Viehzucht macht das Kreuzungsprogramm mit Hilfe künstlicher Besamung deutliche Fortschritte. Mitte der 70er Jahre waren schon 50 % aller Kühe Milchkühe[123]. Die Milchproduktivität der Kühe pro Jahr konnte von durchschnittlich 726 kg 1961-65 auf 994 kg 1976, also um fast 37 % in der kurzen Zeit von gut 10 Jahren erhöht werden (vgl. Tabelle 12.7). Die Milchleistung der F-1, der ersten Generation der Kreuzung von Zebu- und Holsteinrassen liegt schon bei 20 bis 30 Liter Milch pro Tag[124]. Mit der Errichtung von 10 neuen Fabriken für Torula (Futterhefe in getrockneter Form) 1976 - 1978 besteht jetzt auch eine breitere industrielle Grundlage für die Viehzucht auf Zuckerrohrbasis, besonders für die Geflügelzucht.

Die Relevanz der kubanischen technologischen Innovationen auf allen drei genannten Gebieten, besonders für Länder der Dritten Welt mit einer umfangreichen Zuckerrohrproduktion, wird von internationalen Experten der entsprechenden Gebiete allgemein anerkannt. In den Begründungen für die von der UNDP unterstützten Projekte Cuba-9 und Cuba-10 wurde dieser Aspekt jeweils besonders hervorgehoben. Exemplarisch sei hier nur das Urteil des Viehzuchtexperten John M. Hall angeführt: "Schließlich möchte ich das Interesse dessen, was gegenwärtig in Kuba hinsichtlich der Verbesserung der Rinderzucht realisiert wird, für die Gesamtheit der unterentwickelten Länder der tropischen Zone, die ebenfalls an einer unzureichenden Versorgung mit Eiweiß tierischer Herkunft leiden, betonen. Mehrere der Methoden, die in Kuba entwickelt wurden und angewandt werden, wären technisch auch in diesen Ländern möglich."[125] Ganz vorsichtig verweist er dabei auf die politischen und sozialen Voraussetzungen der Durchsetzbarkeit eines derartigen Programms, indem er fragt, ob "die Anwendung dieser Techniken nicht eine bestimmte Anzahl von politischen Maßnahmen impliziert, vor allem eine Agrarreform"[126].

12.4. Die vorrangige Befriedigung von Grundbedürfnissen und die Konstitution eines Binnenmarktes für Massenkonsumgüter

Die kubanische Entwicklungspolitik orientiert sich an einem autochthonen Konsummodell, das explizit vom Konsumstil der entwickelten kapitalistischen Nationen abgegrenzt wird und sich dagegen an den Grundbedürfnissen der Mehrheit der Bevölkerung und den jeweiligen Imperativen und Möglichkeiten der sozioökonomischen Entwicklung orientiert[127]. Unter Grundbedürfnissen wird das Recht auf Arbeit, ausreichende Nahrung, Kleidung, Unterkunft, ärztliche Versorgung, aber auch eine angemessene Ausbildung verstanden. Bei den Konsumgütern wird zwischen essentiellen, nichtessentiellen und Luxusgütern unterschieden. Die essentiellen Konsumgüter (in erster Linie Nahrungsmittel) genießen höchste Priorität und werden daher im Fall von Engpässen der nationalen Produktion auch importiert; die Luxuskonsumgüter sind Produkte, deren Konsum

bei gegebenem Entwicklungsniveau als Verschwendung der knappen gesellschaftlichen Arbeit angesehen wird, und die daher weder produziert noch importiert werden; nicht essentielle Konsumgüter sind Dinge (z.B. bestimmte Haushaltsgeräte), deren Gebrauch prinzipiell als sinnvoll betrachtet wird, die aber erst dann angeboten werden, wenn die Aufnahme ihrer Produktion möglich ist.
Das anvisierte Konsummodell ist nicht ahistorisch. In dem Maße, wie sich die Wirtschaft entwickelt, ergibt sich die Möglichkeit der parallelen Differenzierung der Konsumnachfrage. Obwohl nach 1970 das Angebot von Konsumgütern gesteigert und differenziert (v.a. in Richtung langlebiger Konsumgüter) wurde, liegt der Akzent zumindest für die nächsten 10 Jahre noch eindeutig auf den für die Entwicklung notwendigen Investitionen.

Die Dienstleistungen oder Produkte zur Befriedigung von Grundbedürfnissen sind entweder kostenlos oder billig und rationiert, so daß der Zugang für alle gesichert ist und verhindert wird, daß sie durch die, welche über eine größere Kaufkraft verfügen, über höhere Preise monopolisiert werden. Obwohl die Einkommen noch ungleich verteilt sind, wird nicht mehr primär dadurch die Struktur des Konsums bestimmt. Das kubanische Konsummodell ist puritanisch und (im internationalen Vergleich) relativ egalitär. Die Hauptelemente absoluter Armut[128] wie Arbeitslosigkeit, Unterernährung, Slumwohnungen, miserable sanitäre Verhältnisse und medizinische Betreuung sind weitgehend abgeschafft worden, obwohl aufgrund des niedrigen Entwicklungsstands der Wirtschaft noch Relikte existieren und noch viele grundlegende Dinge knapp sind[129]. "Es besteht kein Zweifel, daß es im allgemeinen aufgrund der Rationierung den kubanischen Bauern und Arbeitern, gemessen an der Befriedigung von Grundbedürfnissen, besser geht als den gleichen Klassen in Lateinamerika - vielleicht mit der Ausnahme der besser bezahlten Industriearbeiter[130]. Die meisten älteren Kubaner erfahren die Beseitigung der absoluten Armut als ungeheuren sozialen Fortschritt, während die Jüngeren dies schon als Selbstverständlichkeit betrachten und den Mangel an Konsumgütern (modischer Kleidung usw.) stärker als Defizit wahrnehmen[131].

Die Relevanz der vorrangigen Orientierung an den Grundbedürfnissen der Mehrheit der Bevölkerung für die sozioökonomische Entwicklung Kubas bestand in der Minimierung der sozialen Kosten einer beschleunigten Akkumulation, der Herausbildung einer gesunden, gut ernährten, qualifizierten und durch die Verbesserung ihres Lebensstandards motivierten Produzentenschaft sowie in der Konstitution eines Binnenmarktes für Massenkonsumgüter als einem entscheidenden Pfeiler eines sich selbst erhaltenden wirtschaftlichen Wachstums.

Das durchschnittliche Pro-Kopf-Einkommen betrug 1974 807 Pesos[132], d.h. mehr als doppelt so viel wie Mitte der 50er Jahre. Dies war im wesentlichen die Konsequenz der zunehmenden Partizipation aller Arbeitskräfte an (ganzjähriger) produktiver Arbeit und des Wachstums der gesellschaftlichen Produktion und Produktivität. Das Bruttoprodukt der materiellen Produktion stieg von 427 Pesos 1962 auf 807 Pesos 1974 (vgl. Tabelle 12.2). Ein wahrscheinlich typisches Beispiel für den Zusammenhang zwischen dem Wachstum der Arbeitsproduktivität und des Einkommens pro Kopf bietet die Entwicklung der Leichtindustrie von 1970 bis 1974; in diesem Zeitraum stieg die Produktion um 88 Prozent, die Zahl der Arbeitskräfte nur um 8 Prozent und die Lohnsumme um 24 Prozent[133]. Obwohl die Einkommen in Kuba - trotz der Reduzierung der Unterschiede - weiterhin ungleich verteilt sind, ist der Zusammenhang zwischen den unterschiedlichen monetären Einkommen und dem realen Lebensstandard aufgrund der Rationierung freier oder billiger Dienstleistungen, fehlender Sozialabgaben (Kranken- und Rentenversicherung), ganzjährig garantierter Mindestlöhne sowie der Knappheit frei verfügbarer Konsumgüter weitaus lockerer als in den kapitalistischen Entwicklungsländern, wodurch die Aussagekraft des "im lateinamerikanischen Vergleich günstigen"[134] Durchschnittseinkommens erheblich gesteigert wird.

Anfang der 70er Jahre lag die Spannweite der monatlichen Einkommen zwischen 85 und 450 Pesos; einige Professoren, hohe Regierungsbeamte und Richter verdienten bis zu 750 Pesos[135]. Unqualifizierte Arbeiter verdienten 85 Pesos, Facharbeiter in der Industrie ca. 250 Pesos und leitende Angestellte ca.350 Pesos. Die Ungleichheit der Einkommen beruhte einerseits auf den sog. historischen, d.h. vorrevolutionären Löhnen, andererseits auf der unterschiedlichen Bewertung der Arbeitsleistung. Die Lohnpolitik der Revolutionsregierung verfolgt die Absicht, die Einkommensunterschiede durch das Anheben der niedrigsten Löhne zu verringern, während die historischen Löhne bisher nicht angetastet wurden, auch wenn die betreffende Tätigkeit auf der neuen Lohnskala in eine niedrigere Lohngruppe eingeordnet wurde.

Im nachrevolutionären Kuba bestand das Ernährungsproblem nicht wie vor der Revolution in dem Auseinanderklaffen von Bedürfnissen und zahlungskräftiger Nachfrage[136]; durch die Expansion des Binnenmarktes für Massenkonsumgüter aufgrund verschiedener Maßnahmen der Einkommensumverteilung hatte sich der Engpaß zur Angebotsseite hin verlagert. Das Ernährungsdefizit äußerte sich, wie in allen Entwicklungsländern, weniger in dem Mangel an Kalorien als in den fehlenden pflanzlichen und besonders tierischen Proteinen. Noch 1969 lag der durchschnittliche tägliche Kalorienverbrauch bei 2.650 kcal, der Eiweißkonsum aber nur bei 65 g, von denen 29 g (45 %) tierische Proteine waren. Diese Situation und der Wille der kubanischen Führung, sie zu überwinden, reflektierten sich in der Wahl der agroindustriellen Schwerpunkte: Fleisch, Milch, Eier und Fisch sind alles hochwertige, besonders proteinreiche Nahrungsmittel, während Zitrusfrüchte viel Vitamine enthalten, und Reis das Kalorienangebot erhöht. Diese Schwerpunktbildung war nicht zufällig sondern geplant[137]. Schon 1974 waren erste geringe, aber durchaus eindeutige und fühlbare Resultate der Ernährungspolitik sichtbar. Während Kuba noch 1961-65, gemessen am Pro-Kopf-Verbrauch von Kalorien und Eiweiß, unter dem lateinamerikanischen Durchschnitt lag, zeigt der Kalorien- und Eiweißkonsum eine eindeutig steigende Tendenz und lag 1974 klar über dem lateinamerikanischen Durchschnitt (vgl. Tabelle 12.17). Diese Durchschnittswerte entsprechen insofern eher den realen Pro-Kopf-Mengen als in den kapitalistischen Nationen Lateinamerikas, weil in Kuba die Einkommen weniger ungleich verteilt sind, weil durch die Rationierung der meisten Lebensmittel die Grundernährung gesichert ist und weil viele Kubaner zusätzlich zu ihrer Tagesration mindestens einmal pro pro Tag in sog. Zentren für kollektive Ernährung essen: die Kleinkinder in den Kindergärten (45.000), die

Schüler der weitverbreiteten und expandierenden Ganztagsschulen oder Internate (1971 520.000 Mahlzeiten pro Tag), die Werktätigen in den Betriebskantinen (1971 ca. 810.000, d.h. rund 40 Prozent der arbeitenden Bevölkerung[138]. Die zusätzliche Verpflegung der Kinder und Schüler ist kostenlos, während das Kantinenessen für Werktätige teilweise (zu einem geringen Preis) bezahlt werden muß. Allerdings existieren auch noch Relikte von Unterernährung oder unausgewogener Ernährung. In einer kubanischen Studie von 1967 in San Andres (Tabakanbaugebiet) wurde bei 6 Prozent der Kinder unter 6 Jahren Unterernährung 1. Grades festgestellt, meist wegen Vitamin-B-Komplex-Mangel[139]. Nach einer neueren, bisher noch nicht veröffentlichten Untersuchung sollen nach Hörensagen 10 Prozent der Kinder unter Fettleibigkeit leiden, weil ihre Nahrung zu viel Kohlehydrate enthält[140].

Die ausgewogenere Ernährung war neben der Verbesserung der sanitären Bedingungen und der Gesundheitserziehung, der Ausdehnung der medizinischen Vorsorge und Versorgung ein wesentlicher Faktor des verbesserten Gesundheitszustandes der kubanischen Bevölkerung, da eine unzureichende Ernährung für die Tödlichkeit vieler Krankheiten und besonders der wichtigsten Kinderkrankheiten bedeutsam ist. Die Kindersterblichkeit (während des 1. Lebensjahrs) wurde von 37 pro 1000 Lebendgeborene 1958 auf 24,6 1976 (in den USA 17,6) zurückgeschraubt. Die Sterbequote der Kinder unter 4 Jahre wurde von 2,3 pro 1000 1960-62 auf 1,2 1970, d.h. weit unter den lateinamerikanischen Durchschnitt von 14 gesenkt[141]. In Entwicklungsländern weit verbreitete Krankheiten (Gastroenteritis, Tuberkulose, Tetanus, Diphterie, Typhus, Malaria, Kinderlähmung, Influenza), an denen vor der Revolution 40 Prozent der Bevölkerung unter 50 Jahren starben, sind erheblich zurückgedrängt worden[142]. Dagegen sterben heute mehr Kubaner an den chronischen Zivilisationskrankheiten (Herzerkrankung, Krebs usw.). Die durchschnittliche Lebenserwartung der Kubaner zählte mit 71,8 Lebensjahren 1974 (1958: 53 Jahre) zu den höchsten in Lateinamerika (vgl. zu diesen und den folgenden Daten, soweit kein anderer Verweis, Tabelle 12.18).

Tabelle 12.17: Vergleich des Nahrungsmittelangebots in Kuba und Lateinamerika 1961-1974 (Kalorien, Proteine und Fett (jeweils in g))

	1961-65	1972	1973	1974	1961-65	1972	1973	1974	1961-65	1972	1973	1974
KALORIEN	Gesamt				Pflanzliche Produkte				Tierische Produkte			
Kuba	2.430	2.744	2.740	2.712	1.982	2.208	2.177	2.146	448	536	562	566
Südamerika	2.460	2.544	2.535	2.560	2.014	2.111	2.108	2.122	446	433	427	437
PROTEINE	Gesamt				Pflanzliche Produkte				Tierische Produkte			
Kuba	58,5	70,0	71,3	70,0	34,8	40,3	39,8	38,5	23,7	29,7	31,5	31,4
Südamerika	67,0	66,2	65,5	66,3	38,6	38,7	38,1	38,3	28,4	27,5	27,4	28,1
FETTE	Gesamt				Pflanzliche Produkte				Tierische Produkte			
Kuba	50,1	53,6	54,9	55,7	19,2	17,7	17,6	17,7	30,8	35,9	37,7	38,0
Südamerika	53,5	57,4	56,9	58,0	22,2	26,9	27,0	27,2	31,3	30,6	29,9	30,7

Quelle: FAO Production Yearbook 1976, Rom 1977, S. 243-249, Tab.97-99

Tabelle 12.18: Indikatoren zur Befriedigung einiger Grundbedürfnisse 1953 - 1978

a) Bildung

Jahr	Analphabetenquote %	Eingetragene Schüler[1] Primarstufe[a]	Sekundarstufe[b]	Hochschule	Anteil d.6-bis 16jähr., die zur Schule gehen %	Sekundarschulen auf dem Lande Bau/Jahr	Bildungsausgaben Mio Pesos/ Jahr	Ausfallquote Grundschulen %
		(1000 Personen)						
1953	23,6[2]				50,9[3]		11[4]	
1958		1136	123	15[1]				
1960				19[1]				
1961	15,5[2]							
1962	3,9[2]							
1962-72								28,5
1969		1558	252	34[1]				
1970		1664	239	35[1]		3[5]		
1971		1759	256	37[1]		8[5]		
1972		1853	290	48[1]		42[5]		
1970-74								17,9
1973		1899	353	55[1]		102[5]		
1974		1923	481	68[1]		108[5]		
1975						107[5]		
1978			1040[6]	145[6]	92,5[3]		100[4]	6,6
1976-80						800[7,c]		

Anmerkungen: a) 1. bis 6. Klasse c) geplant
b) 7. bis 13. Klasse

Quellen:

1) JUCEPLAN, Anuario Estadístico De 1974
2) N.P. Valdés 1972 (Radical Transformation of Cuban Education), S.42
3) G. Jimenez, Now No One's Intelligence is Lost,Granma W.R.,10.9.1978 1978, S.6
4) J. Carlos Santos, Education in Cuba, Granma W.R., 8.1.1978
5) F. Castro, Rede vom 1.9,1975, Granma W.R., 14.9.1975, S.2
6) F. Castro, Rede vom 4.9.1978, Granma W.R., 17.9.1978, S.2
7) F. Castro, Rechenschaftsbericht des ZK für den 1.Parteitag 1975, a.a.O., S. 117f

Tabelle 12.18, Fortsetzung: b) Gesundheit

Jahr	Kindersterblichkeit pro 1000 Lebengeborene 1. Lebensjahr	1-4 Jahre	Ärzte insgesamt	pro 10.000 Einwohner	Krankenhausbetten	Krankenhäuser auf dem Lande	Lebenserwartung (Jahre)
1958	60[1]		6000[2,a]		28.536[3]	3[4]	53[9]
1945 -58	37[5]						
1960 -62		2,3[6]					
1970		1,2[6,b]		89[6,c]			
1973	28,9[7]						
1976	27,5[3]		14646[2]	100[3]	47.174[3]	257[5,d]	
1978							71,8[8,d]

Anmerkungen:

a) Die überwiegende Zahl der Ärzte praktizierte in Havanna; 3000 der 6000 Ärzte emigrierten in den ersten Jahren der Revolution.
b) Die geringste Kindersterblichkeitsrate in Lateinamerika.
c) Berechnet unter der Annahme von durchschnittlich 8,5 Mio Einwohnern 1968-71.
d) Die höchste in Lateinamerika.

Quellen:

1) José A. De La Osa, Public Health in Cuba, Granma W.R., 20.8.1978
2) B. Davidson, Human face of Cuba's aid to Africa, The Guardian, 23.4.1979
3) Cuba Review 7.1977, S.6
4) UNDP 1973, S.17
5) E. Stark 1978, S.25
6) James E. Wilkie (ed.), Statistical Abstract of Latin America 1976, S. 28, Tab.102
7) UN Statistical Yearbook 1976, S.80
8) Blick durch die Wirtschaft, 1.3.1978 (Bericht über einen Report von CELADE, das lateinamerikanische demographische Zentrum)
9) P.M. Michels 1977, S.27

Tabelle 12.18, Fortsetzung: c) Wohnen

Jahr	Wohnungsbau		Fließendes Wasser in Gemeinden mit mehr als 1000 Einwohnern
	Mio Pesos	Zahl der neuen Wohnungen	Anteil der Gemeinden %
1945-58		10.000[1]	
1958			57,7[6]
1960-62		17.000[1]	
1970	681[2]		
1971	111,1[2]		
1959-72		294.303[3]	
1972	145,1[2]	23.000[4]	
1973	174,0[2]		
1974	192,9[2]	40.000[1]	
1959-75		324.000[5]	
1976			95[6]

Quellen:

1) H.J. Blutstein u.a. 1976, S. 197, 199
2) JUCEPLAN, Anuario Estadístico De 1974
3) J. Acosta 1973, S. 113, Tab. 51
4) UNDP 1973, S. 58
5) C. Colina, The Housing Situation, Granma W.R., 16.5.1978, S.6
6) Cuba. Economic News 12.1976, 72, S.1

Das Gesundheitswesen ist vor allem auf dem Lande wesentlich ausgebaut worden, das vor 1959 medizinisch vollkommen unterversorgt war. Bei einer allgemeinen Expansion der ärztlichen Versorgungseinrichtungen (Krankenhäuser, Polikliniken, ländlichen Krankenstationen) lagen 1973 55,6 Prozent der Krankenhausbetten (im Gegensatz zu 38,3 % 1958) außerhalb der Provinz Havanna. Obwohl ca. 3.000 der 1958 praktizierenden 6.000 Ärzte emigrierten, hatte sich bis 1976 ihre Zahl mehr als verdoppelt (14.646). Die Zahl der Ärzte pro 100.000 Einwohner lag mit 146 knapp unter dem Niveau der USA (161)[143].

Im Wohnungsbau sind die Fortschritte der kubanischen Revolution bisher bescheiden gewesen. Im Dezember 1978 teilte Castro mit, daß in diesem Jahr mehr Wohnungen abgerissen (25.000) als fertiggestellt (16.500) worden waren. Das Gesamtdefizit wird offiziell auf 1 Mio Wohnungen geschätzt[144]. Zwischen 1959 und 1975 wurden im Durchschnitt 19.000 Wohnungen pro Jahr gebaut; das waren erheblich weniger als die häufiger anvisierten 30.000 oder gar 50.000,aber fast doppelt so viel wie die 10.000 jährlich 1945-58. Der größte Unterschied zur vorrevolutionären Situation bestand jedoch nicht im Umfang des Wohnungsbaus sondern in seiner sozialen und regionalen Verteilung und in der Partizipation der Massen. Die Schwerpunkte des Wohnungsbaus lagen zunächst bei der Slumsanierung und auf dem Lande[145]. Viele der neuen Häuser für ehemalige Slumbewohner wurden mit deren Selbsthilfe gebaut. Das Arbeitskräftedefizit im Wohnungsbau wurde nach 1970 durch die Bildung sog. Minibrigaden überwunden, die in Fabriken mit einem Überhang an Arbeitskräften gebildet wurden. Heute sind offensichtlich die zentralen Engpässe der Bauindustrie (Arbeitskräfte, Baumaterialien) soweit überwunden und andere dringlichere Bedürfnisse (Ernährung, Bildung, Gesundheit) soweit befriedigt, daß der Wohnungsbau zum einzigen Defizitbereich und zum zentralen Schwerpunkt der 80er Jahre deklariert wurde. 1981-86 sollen insgesamt 400.000 Wohnungen gebaut werden[146]. Große Fortschritte sind schon bei der Wasserversorgung, einem wichtigen Element der (sanitären) Wohnqualität erzielt worden. Während 1958 nur 173 (57,7 Prozent) von 300 städtischen Zentren mit mehr als 1000 Einwohnern an das Wasserleitungsnetz angeschlossen waren, wurden 1976 95 Prozent der städtischen Bevölkerung auf diese Weise mit Wasser versorgt[147].

Besonders nach 1970 wurde auch das Angebot industrieller Konsumgüter erhöht. Die gesamte Textilproduktion stieg von 53,5 Mio m² 1957 auf 143,3 Mio m² 1975. Zwischen 1976-80 war ursprünglich der Bau von drei weiteren großen Textilkombinaten mit einer Produktionskapazität von insgesamt 200 Mio m² geplant worden (vgl. dazu Schaubild 12.1), von denen wahrscheinlich aber nur zwei realisiert wurden. Das Angebot langlebiger Konsumgüter vervierfachte sich zwischen 1970 und 1974[148] - allerdings war deren Angebot vor 1970 äußerst begrenzt, weil die nationale Produktion erst in den Anfängen steckte und nichtessentielle Konsumgüter nicht importiert wurden. Die Produktion von Kühlschränken, Kochherden und Radiogeräten stieg ab 1971 sprunghaft an und ab 1975 wurde auch die Herstellung von Fernsehgeräten und Waschmaschinen aufgenommen (vgl. Tabelle 12.19).

Tabelle 12.19: Entwicklung der Produktion einiger dauerhafter Konsumgüter 1963-1978

	Kühlschränke[4] (Haushalt) 1000	Fernsehgeräte 1000	Radiogeräte 1000	Waschmaschinen 1000	Kochherde 1000	Klimaanlagen (Haushalt) 1000
1963[3]			39		9	
1964[3]	1		42		30	
1965[3]	12		82		10	
1966[1]	12		43		46	
1967[1]	1		9		35	
1968[1]			21		22	
1969[1]	2				8	
1970[1]	6		19		8	
1971[1]	20		13		55	
1972[1]	30		31		81	
1973[1]	40		24		112	
1974[1]	42		42		145	
1975[1]	50	26,0	113		158	
1978[2,a]	93	196,5		93,3		80

Anmerkung: a) Verkauf

Quellen:
1) UN Yearbook of Industrial Statistics 1975,Vol.II, 1977,S.566,578,595,597
2) Interview von Martha Harnecker mit dem Präsidenten von JUCEPLAN (Humberto Pérez); hier zitiert nach D. Lehmann 1979, S.321
3) C.P.Roberts/M. Hamour (ed.), Cuba 1968, 1970,S.164, Tab.112
4) C. Mesa-Lago 1979 (The Economy and International Economic Relations), S.177, Tab.9.3

Ein Teil der langlebigen Konsumgüter (Kameras, Radios, Plattenspieler usw.) konnte auf dem freien Markt erworben werden, während andere nach Leistung (Arbeitsdisziplin, Produktivität, politisches Engagement) und Bedürftigkeit durch die Betriebskollektive auf öffentlichen Versammlungen verteilt wurden. Da beide Kategorien zu den nichtessentiellen Konsumgütern gezählt werden, war ihr Preis im Vergleich zu den Grundprodukten hoch; ihr Verkauf diente u.a. der Abschöpfung des überschüssigen in der Zirkulation befindlichen Geldes.

Vor der Revolution bestand eine Massennachfrage nur für einige wenige unabdingbare Konsumgüter, bei den Nahrungsmitteln z.B. nur für einige vergleichsweise minderwertige Stapelprodukte wie Reis, Bohnen und Knollenfrüchte, während die zahlungskräftige Nachfrage nach höherwertigen Lebensmitteln wie Milch, Fleisch, Fisch usw. äußerst begrenzt war. Analoges gilt in noch stärkerem Maße für die teureren dauerhaften Konsumgüter. Nach der Revolution hat sich durch die Einkommensredistribution und das Einkommenswachstum zugunsten der Mehrheit der Bevölkerung sowie durch die Homogenisierung der Nachfrage ein ausreichender Binnenmarkt für die Serienproduktion einer begrenzten Zahl von standardisierten Massenkonsumgütern herausgebildet. Homogenisierung der Nachfrage bedeutet hier die Eliminierung des Marktes für Luxuskonsumgüter der vorrevolutionären Elite; die in diesem Sinne relativ undifferenzierte Nachfragestruktur schließt dagegen z.B. hochwertige Nahrungsmittel durchaus ein.

In Kuba besteht auch heute noch das Problem nicht in einer durch die Ausbeutung der Massen sozial begrenzten Binnennachfrage sondern in einem Überhang der monetären Massennachfrage im Verhältnis zum Konsumgüterangebot, obwohl dieses Ungleichgewicht durch die Steigerung des Angebots und das Abschöpfen der überschüssigen Kaufkraft durch höhere Preise für nichtrationierte Güter und Dienstleistungen seit 1970 erheblich gemildert worden ist[149].
In den agroindustriellen Branchen, die essentielle Konsumgüter produzierten, war die Nachfrage so stark expandiert, daß einige Produkte, wie z.B. Milchprodukte, Fisch, Reis, Fleischkonserven,

Textilien (vgl. Tabelle 12.23), trotz der enormen Anstrengungen und des Wachstums der Produktion,in großem Umfang importiert werden mußten[150]. Das Primat und das Ausmaß des Binnenmarktes für Massenkonsumgüter in den neuen Exportsektoren ist ein wesentlicher Unterschied zur Rolle analoger Branchen in peripherkapitalistischen Ländern. In kleinen abhängigen Nationen, in denen aufgrund der ungleichen Einkommensverteilung der Markt für Massenkonsumgüter beschränkt ist, ist eine Steigerung der Exporte eher möglich; in diesem Fall jedoch auf Kosten der Grundbedürfnisse der Bevölkerung. Im Gegensatz zu Kuba produziert z.B. die Rinderzucht in Zentralamerika in erster Linie Fleisch für den Markt der kapitalistischen Zentren, da es im Inland, ähnlich wie in Kuba vor der Revolution, keine ausreichende Massennachfrage nach Fleisch gibt[151].

Die Erschließung des Binnenmarktes setzt auch den Ausbau einer entsprechenden Infrastruktur (Straßen, Lager- und Kühlhäuser, Transport- und Distributionssystem) voraus. Im Gegensatz zur vorrevolutionären Situation werden heute z.B. fast alle Dörfer des Hinterlandes mit frischem, gekühltem Fisch versorgt, während früher der Fischkonsum im wesentlichen auf Havanna und die Küstenregionen beschränkt war; zu diesem Zweck ist ein Netz von kleinen, mit Tiefkühlvorrichtungen ausgerüsteten Fischmärkten entstanden, die von ca.200 Kühllastwagen versorgt werden[152].

Die explosionsartige Ausdehnung des Marktes für Massenkonsumgüter ermöglichte auch in der Konsumgüterindustrie den Übergang zur Produktion in technologisch fortgeschrittenen Großbetrieben, d.h. zur Senkung der Produktionskosten durch die Nutzung der Skaleneffekte[153]. Im Rahmen der Politik der Konzentration der Produktion in größeren Produktionseinheiten wurde z.B. die Zahl der Betriebe in der Schuhindustrie von 1.400 1958 auf 102 1975 gesenkt; die durchschnittliche Betriebsgröße stieg von 10 auf 147 Beschäftigte pro Betrieb. "In der Textilindustrie verlief die Entwicklung ähnlich. Nun entstehen in diesem Zweig während der nächsten fünf Jahre (1976-80, H.F.) drei neue modern ausgerüstete Betriebe "[154] mit einer jährlichen Produktionskapazität von je 66,7 Mio m², während 1957 die Textilproduktion von insgesamt 53,5 Mio m² 1957 auf 179 Betriebe (durchschnittlich 298.883 m² pro Betrieb) verteilt war[155]. Auch die Fleischfabrik (50.000 t/Jahr), die Fischkonservenfabrik (60.000 t/Jahr), die Teigwarenfabrik (22.000 t/Jahr) und der Molkereikomplex (60.000 l Milch pro Tag)(vgl. Schaubild 12.1), die Ende der 70er Jahre gebaut worden sind, zählen sicherlich, gemessen an internationalen Standards, zu den Großbetrieben ihrer Branchen. Die Steigerung der durchschnittlichen Produktionskapazität pro Produktionseinheit war jedoch nur zum Teil die Folge der Expansion der Massennachfrage; z.T. war sie das Resultat der Reduzierung der Zahl der Betriebe (durch das Zusammenlegen oder die Eliminierung kleinerer Einheiten). Dies wäre in einigen Branchen auch ohne die Vergrößerung des Marktes möglich gewesen. Für eine Jahresproduktion von 60.000 t Fischkonserven hätte allerdings kein ausreichender Binnenmarkt als stabile Basis einer realistischen Geschäftsplanung existiert; dieser wurde erst durch das Wachstum des nationalen Fischkonsums von 18.000 mt 1957 auf 158.000 mt 1976 geschaffen.

12.5. Sekundäre Wachstumspole und Außenhandel: Reproduktion der hohen Außenhandelsquote und Ansätze zur Diversifizierung der Exporte sowie zur effizienten Substitution von Importen

Exportgetriebenes Wachstum und hohe Außenhandelsquote

Die kubanische Strategie exportgetriebenen Wachstums intendierte die Steigerung der Exportproduktion in den Wachstumssektoren parallel zum oder in Nachfolge des Prozesses der Importsubstitution in diesen. Die Nickel- und Zuckerproduktionen dienten primär dem Export. Das Ziel der Steigerung der Exporteinkommen wurde jedoch vor 1970 nicht erreicht - trotz der Zuckerstrategie, die wesentlich aus diesem Grunde konzipiert worden war. Wegen der geringen Zuckerproduktion und der niedrigen Zuckerpreise, besonders des kapitalistischen Weltmarktes, blieben die Exporteinnahmen in allen Jahren zwischen 1959 und 1969 unter dem Durchschnitt von 1957-1958 (770 Mio Pesos). Erst 1970 stiegen die Exporteinnahmen auf 1.050.000.000 Pesos, stagnierten dann 1971 und 1972 um 800 Mio Pesos, um dann sprunghaft auf 2,2 Mrd Pesos 1974 und mehr als 3 Mrd $ 1975 und 1976 anzuziehen. Das Wachstum des Exporterlöses 1970 war im wesentlichen die Konsequenz der Rekordernte von 8,5 Mio t Zucker, während der Anstieg Mitte der siebziger Jahre das kombinierte Resultat des kontinuierlichen Wachstums der Zuckerexportmenge, der beginnenden Exportdiversifizierung und vor allem der gestiegenen Zuckerpreise war. Die Abhängigkeit von den Zuckerpreisen machte sich ab 1976 bemerkbar, als die Weltmarktpreise für Zucker von knapp 30 US¢ pro lb 1974 auf 11,6 US¢ 1976 und 9 US¢ 1978 fielen. Der Fall der Zuckerpreise des kapitalistischen Weltmarktes wurde allerdings zu einem wesentlichen Teil durch die stabilen Zuckerpreise der Sowjetunion und der sozialistischen Länder, das stetige Wachstum der kubanischen Zuckerproduktion und neuer Exportprodukte aufgefangen, so daß die Exporteinnahmen "nur" von 3,6 Mrd US$ 1975 auf knapp 3,2 Mrd US$ 1976 fielen[156].

Die Konzeption exportgetriebenen Wachstums reflektiert sich u.a. in den hohen Export- und Importquoten, bei denen nur eine leichte Tendenz zur Abnahme erkennbar ist. Der Rückgang des Anteils der Exporte am Bruttosozialprodukt von durchschnittlich 28,2 % 1956-58 auf 17,6 % 1962-66 war im wesentlichen die Konsequenz der geringen Zuckerproduktion und der relativ niedrigen Zuckerexportpreise und nur marginal die Folge der gestiegenen Produktion für den Binnenmarkt. Dies wird u.a. dadurch deutlich, daß der Anteil der Importe am Bruttosozialprodukt zwischen 1962 und 1966 durchschnittlich 25,7 % betrug und der Anteil der Exporte am Bruttosozialprodukt 1974-76 wieder auf durchschnittlich 30,6 % angestiegen ist (vgl. Tabelle 12.20). Allerdings wird dieser Vergleich durch die unterschiedlichen Bezugszahlen leicht verzerrt. Da der Wert des Bruttoprodukts der materiellen Produktion kleiner ist als der des Bruttosozialprodukts, werden die postrevolutionären Außenhandelsquoten im Verhältnis zu den vorrevolutionären vergrößert. Obwohl diese Differenz angesichts des Umfangs des Transports, der Kommunikation, des Handels und nicht unmittelbar produktiver Dienstleistungen nicht unerheblich sein dürfte, bleibt die starke Außenhandelsabhängigkeit bestehen. Selbst wenn man für 1975 das Globale Sozialprodukt (GSP) als Bezugsgröße nimmt, bleibt die Exportquote mit 19,3 % hoch[157].

Da das GSP wegen Doppelzählungen größer als das BSP ist, dürfte der Anteil der Importe und der Exporte am BSP dennoch im Vergleich zu 1956-58 leicht abgenommen haben. Damit wird ein Trend fortgesetzt, der sich schon zwischen 1945 und 1958 abgezeichnet hatte.

Tabelle 12.20: Anteile der Exporte und der Importe am Bruttosozialprodukt

Jahr	BSP[a] Mrd US$[b]	Anteil der Exporte am BSP in %		Anteil der Importe am BSP in %	
1945[1]	1,3	31,5)			
1946[1]	1,5	34,8)			
1947[1]	2,1	37,7)	34,2		
1948[1]	2,0	35,4)			
1949[1]	1,9	31,8)			
1956[2]	2,4	31,0)		31,1)	
1957[2]	2,8	28,8)	28,2	32,0)	31,8
1958[2]	2,7	24,9		31,2)	
1961[2]	2,7	23,2		23,7	
1962[2]	2,8	18,6)		27,1)	
1963[2]	3,2	17,9)		27,1)	
1964[2]	3,9	18,3)	17,6	26,1)	25,7
1965[2]	3,8	18,0)		22,8)	
1966[2]	3,7	16,0)		25,2)	
1967[3]		17,3		24,4	
1968[3]		14,9		25,2	
1969[3]		16,0		29,2	
1970[3]		24,9		31,2	
1971[3]		17,8		28,7	
1972[3]		12,7		19,7	
1973[3]		17,2		21,8	
1974[2]	9,9	27,2)		27,2)	
1975[2]	10,3	34,4)	30,6	36,4)	32,3
1976[2]	10,6	30,2)		33,3)	

Anmerkungen: a) 1945 - 1958 Bruttosozialprodukt; für die anderen Jahre das Bruttoprodukt der materiellen Produktion (BSP minus Transport, Kommunikation, Handel und nur mittelbar produkte Dienstleistungen).
b) Die Schätzungen für 1974 - 76 beruhen auf den Preisen von 1975 und dem Austauschverhältnis von 1 $ = 1,21 Pesos.

Quellen: 1) IBRD 1951, S. 723, Tabelle 142
2) L.H. Theriot 1978, Statistischer Anhang, Tabelle 1
3) C. Mesa-Lago 1979 (Cuba's International Economic Relations), S. 181, Tab. 9.4.

Die hohe Außenhandelsabhängigkeit der kubanischen Wirtschaft ist offensichtlich nur zum Teil durch die überkommene deformierte Produktionsstruktur bedingt und wird wahrscheinlich auch dann nicht erheblich reduziert werden, wenn deren strukturelle Defizite gänzlich überwunden sind. Auch wenn die strukturelle Abhängigkeit überwunden sein wird, wird eine funktionale Importabhängigkeit erheblichen Umfangs bleiben, weil es für ein Land von der Größe und der Ressourcenausstattung Kubas ökonomisch nicht sinnvoll ist, nahezu die gesamte Palette potentieller Produkte im Inland zu produzieren[158].

Ansätze zur Diversifizierung der Exportstruktur

Bisher blieb die Monoexportstruktur unverändert: Der Anteil von Zucker und Melasse an den Gesamtexporten sank von rund 80 % in den letzten Jahren vor der Revolution auf höchstens 74 % 1972, einem Jahr mit relativ niedriger Zuckerproduktion; 1975 und 1976 erhöhte sich dieser Anteil vor allem durch den Boom der internationalen Zuckerpreise auf über 88 % (vgl. zu diesen und den folgenden Daten zur Warenstruktur der Exporte Tabelle 12.21). Allerdings lassen sich einige Verschiebungen bei den sekundären Exportprodukten konstatieren. Der Anteil traditioneller Exportprodukte wie Tabak und Kaffee sank um die Hälfte und die Textilexporte verloren so weit an Bedeutung, daß sie sich prozentual nicht mehr niederschlagen. Dafür gewannen Produkte der neuen sekundären Leitsektoren wie Nickel, Zitrusfrüchte und Fisch erheblich an Bedeutung; der Anteil der Bergbauprodukte lag 1969-1973 zwischen 13,4 und 16,5 % der Gesamtexporte, d.h. rund drei- bis viermal über ihrem vorrevolutionären Niveau. Der Rückgang des relativen Gewichts der sekundären Exportprodukte danach war allein die Folge der Verzerrung der Preisstruktur der Exporte durch den Boom der Zuckerpreise, da die Menge und der Wert der Nickel-, Zitrusfrüchte- und Fischexporte zwischen 1974 und 1976 absolut ebenfalls stieg (vgl. Tabelle 12.22). Die beiden wichtigsten neuen Exportprodukte sind neben Nickel Fisch und Zitrusfrüchte, deren Exportwert sich zwischen 1957 und 1976 jeweils verzehnfacht hat. In den kommenden Jahren hofft man, in erster Linie "exportierbare landwirtschaftliche Überschüsse"[159] zu erzielen, vor allem aber die Nickelexporte substantiell zu steigern, und erste Exportmärkte für einige industrielle Produkte zu erobern.

Tabelle 12.21: Warenstruktur der Exporte 1957 - 1974 (in Prozent)

Jahr	Zucker und Melasse	Alkoholische Getränke[a]	Bergbauprodukte[b]	Tabakprodukte	Kaffee	Früchte Insgesamt	+ Gewürze Zitrusfrüchte	Fischprodukte	Textilien[c]	Andere	Insgesamt Mio Pesos
1957[1]	80,9	0,3	4,5	5,9	1,5	1,0	0,0	0,9	9,7	4,3	807
1958[1]	80,1	0,8	3,8	6,8	1,0	1,1		1,1	0,4	4,9	733
1959[1]	76,9	0,3	3,7	8,5	0,4	1,2		0,7	1,1	7,2	637
1960[1]	79,4	0,3	3,8	10,2	0,7	1,4		0,6	0,5	3,1	618
1961[1]	85,0	d	1,3	6,4	d	d		d	0,6	7,3	624
1962[1]	83,0	d	7,2	4,8	1,3	1,1		0,3	0,2	1,7	520
1963[1]	87,0	0,0	6,4	3,9	0,0	0,3		0,2	0,0	1,7	543
1964[1]	88,2	0,0	5,5	4,0	0,0	0,4		0,1	0,0	1,4	713
1965[1]	86,1	0,1	7,2	4,7	0,0	0,2		0,4	0,0	0,9	685
1966[1]	84,9	0,2	7,7	4,4	0,0	0,4		0,6	0,0	1,8	592
1967[1]	83,8	0,2	6,4	4,1	0,0	0,5		0,7	0,0	4,4	705
1968[1]	76,3	0,3	11,4	5,9	0,0	0,6		14,5	0,0	5,1	641
1969[1]	75,4	0,5	13,9	6,3	0,0	0,5		1,9	0,0	1,5	662,1
1970[1]	76,9	0,2	16,5	3,2	0,5	0,3	0,2[2]	1,8	0,0	1,2	1.049,5
1971[2]	76,4	0,1	15,8	3,7	0,6	0,4	0,3	2,5	0,0	0,2	861,2
1972[2]	74,1	0,3	14,9	4,8	0,8	0,8	0,6	3,4	0,0	0,3	770,9
1973[2]	75,5	0,6	13,4	4,5	0,7	1,0	0,8	3,0	0,0	0,5	1.150,8
1974[2]	86,4	0,4	6,4	2,2	0,4	0,7	0,5	2,3	0,0	0,7	2.223,8
1975[3]	88,9	k.A.	4,7	1,8	k.A.	0,4	0,4[4]	1,7	k.A.	0,2	3.597[e]
1976[3]	88,7	k.A.	6,0	2,3	k.A.	0,5	0,6[4]	2,5	k.A.	k.A.	3.192[e]

Anmerkungen:
a) In erster Linie Rum
b) Vorwiegend Nickel
c) Bis 1963 Kunstseidenfasern
d) Enthalten in "Andere"
e) laufende US$

Quellen:
1) A.M. Ritter 1974
2) JUCEPLAN, Annuario Estadístico De 1974
3) Berechnet nach L.H. Theriot 1978, Tab. 16
4) Berechnet nach CIA 1976, S.9, Tab.16

Tabelle 12.22: Wert der wichtigsten Exportprodukte, 1957, 1968 - 1976
(Mio US$ fob)

	1957	1968	1969	1970	1971	1972	1973	1974	1975[a]	1976[b]
GESAMT	818	652	671	1.050	861	840	1.385	2.689	3.540	2.925
Zucker	654	196	503	806	657	623	1.052	2.326	3.153	2.520
- Roh- u.raff.Zucker	629	180	488	785	634	600	1.027	2.300	3.128	2.495
- Melasse	25	16	15	21	23	23	25	26	25	25
Bergbauprodukte	47	80	88	175	136	125	193	171	190	195
- Nickel	32	73	82	173	136	124	190	167	185	190
- andere	15	7	6	2	-	1	3	4	5	5
Tabak	48	38	42	33	32	40	62	72	66	70
- roh	37	16	14	15	14	15	22	25	20	20
- verarbeitet	11	22	28	18	18	25	40	47	46	50
Nahrungsmittel	12	25	24	29	31	45	78	112	110	115
davon: Fisch	7	9	13	19	22	29	42	61	63	70
Zitrusfrüchte	2	2	2	3	3	5	12	15	14	20
Andere	57	13	14	7	5	7	10	8	21	25

Anmerkungen: a) provisorisch
b) geschätzt

Quelle: CIA 1976, S. 9, Tab. 16

Die Gründe für die bisherige geringe Diversifizierung der Warenstruktur der Exporte sind, neben den Wachstumsproblemen der sechziger Jahre, die Zuckerstrategie, das Primat des Binnenmarktes in den meisten neuen Exportsektoren mit der Ausnahme von Nickel und die Tatsache, daß aus verschiedenen Gründen der Punkt des take-off in den meisten neuen Exportsektoren entweder noch nicht oder erst vor kurzem erreicht worden ist.

Die kubanische Entwicklungsplanung sah und sieht für die nächsten 20 Jahre noch die parallele, wenn auch nicht gleichmäßige Expansion der Zuckerexporte und der neuen Exporte vor. Das Wachstum der neuen Exportsektoren führt unter dieser Voraussetzung zwar zu einem absoluten Wachstum der durch sie erwirtschafteten Deviseneinkommen, aber nicht zu einer vollständigen Aufhebung der Monoexportstruktur. Angesichts der beabsichtigten Wachstumsdynamik der neuen Exportbranchen ist es allerdings wahrscheinlich, daß sich im Laufe der nächsten 10 Jahre der Anteil der Zuckerexporte an den Gesamtexporten erheblich reduzieren wird. Wenn die Exporteinkommen weiterhin durchschnittlich 10 % pro Jahr wachsen, wie dies zwischen 1959 und 1974 der Fall war, und wenn 1985 9,5 Mio t Zucker der geplanten 10 Mio t zu gegenwärtigen Weltmarktpreisen (3 Mio t zu 9 ¢ pro lb, 6,5 Mio t in die sozialistischen Länder zu 30 ¢/lb) exportiert werden können, dann würde der Wert der Zuckerexporte (4,440 Mrd US$) auf 59,1 % der wahrscheinlichen gesamten Exporteinnahmen (7.512.500.000 US$) gesenkt werden (zu den Perspektiven der Exportdiversifizierung siehe unten genauer).

Außerdem verlangsamte die durch die Umverteilung der Einkommen und das wirtschaftliche Wachstum erzeugte Expansion der Binnennachfrage nach Massenkonsumgütern, Zwischen- und Kapitalgütern unter der Voraussetzung des Primats des Binnenmarktes auch in den potentiellen neuen Exportbranchen sowohl den Prozeß der Exportdiversifizierung als auch den der effektiven Importsubstitution, selbst in den Wachstumssektoren. Obwohl z.B. die Produktion von Fisch, Reis, Milch, Fleisch, Textilien, Papier und Karton usw. zum Teil erheblich gesteigert werden konnte, wurden nach 1970 noch große und zunehmende Mengen dieser Produkte, besonders in verarbeiteter Form (Fisch- und Fleischkonserven usw.) importiert. Obwohl z.B. die Zementproduktion zwischen 1958 und 1977 nahezu vervierfacht wurde, ist erst im gleichen Jahr mit dem Export von 200.000 t Zement begonnen worden (zu diesen wie zu den vorhergehenden Daten vgl. Tabelle 12.23); von der geplanten Zementproduktion von 5 Mio t 1980 werden wahrscheinlich nur 500.000 t exportiert. Der massive Import von Grundnahrungsmitteln bei gleichzeitiger Steigerung der nationalen Produktion ist ein Element der kubanischen Politik der vorrangigen Befriedigung der Grundbedürfnisse und ein Grund dafür, daß der Anteil der Nahrungsmittel-Importe an den Gesamtimporten von 18,5 % 1970 auf knapp 24 % 1974 angestiegen ist (vgl. Tabelle 12.26).

Angesichts der kubanischen Erfahrung läßt sich das Argument, daß derBinnenmarkt kleiner Länder für eine Vielzahl von Produktionsgüterindustrien zu klein sei, in der pauschalen Form, in der es häufig vorgetragen wird, nicht mehr halten. Die zwei derzeit gebauten Zementfabriken, mit einer Produktionskapazität von je 1,2 Mio t Zement pro Jahr, und der geplante Eisen- und Stahlkomplex mit einer Jahreskapazität von 1,4 Mio t Stahl zählen in ihren Branchen jeweils zur Kategorie der Großbetriebe, in der aufgrund der Skaleneffekte die Kosten im Vergleich zu kleineren Einheiten erheblich reduziert werden können[160]. Auch die neue Fabrik für Zuckerrohrerntemaschinen zählt zu den modernsten und größten ihrer Art in der Welt. Ähnliches gilt für die Konsumgüterindustrie (vgl. Kapitel 12.4.). Wenn es den Kubanern gelingt, in allen Fällen die installierte Produktionskapazität voll zu nutzen, dann wird das Ziel einer ökonomisch effizienten Importsubstitution erreicht werden. Mit der Errichtung ähnlich effizienter Großbetriebe zur Herstellung von Textilien, Glasflaschen, Papier, Fleisch- und Milchprodukten usw. wird der Prozeß der Importsubstitution und der Exportdiversifizierung beschleunigt werden.

Tabelle 12.23: Die Entwicklung von Produktion, Import und/oder Export einiger potentieller Exportprodukte 1957 - 1977

Jahr	Zitrusfrüchte Produktion	Zitrusfrüchte Export	Fischprodukte Produktion	Fischprodukte Import	Fischprodukte Export	Reis[g] Produktion	Reis[g] Import	Milch Produktion Frisch	Milch Produktion Pulv.	Milch Import Pulver	Fleischkonserven Produktion	Fleischkonserven Import	Textilien[d] Produktion	Textilien[d] Import
	1000 mt		1000 mt			1000 mt		1000 mt			1000 mt		Mio m²	Mio Pesos
1957	150[1]	1[1]	21[1]		3[1]								53,5	
1958														
1959			27,1											
1963			35,5											
1964			36,3											
1961-65						151		537						
1965			40,2											
1966			43,2			68,4					17,4			
1967			63,0			93,7		354	2,8		14,1			
1968			65,2			94,9		362	2,9	43,4	17,2		110,5	
1969			79,7			174,4		437	3,6	33,3	15,5		95,7	
1970[3]		2[2]	105,9	39,6		290,8	199,0	475	3,9	64,6	14,6	22,3	78,0	37,2
1971[3]			125,8	49,7		285,4	280,0	505	3,8	56,7	11,6	23,9	95,3	42,7
1972[3]			139,7	41,1		239,0	255,8	529	3,8	42,3	13,4	25,8	105,4	37,8
1973[3]			150,2	50,0		236,5	201,1	569	4,1		14,6	33,9	123,9	58,3
1974[3]	176[1]	56[1]	145[1]	51,6	24[1]	309,2	276,3	500	5,0		19,2	43,5	139,2	62,8
1975[1]	182[1]	60[1]	142		26[1]		216	610[3]	5,0		26,3		143,3	75
1976[1]	200[1]	61[1]	193[1]		35[1]		179	629[3]						
1977														
1980	250[1]	100[2]	300[a]											
1985	586[h]	400[h]												

Anmerkungen:
a) geplant
b) geschätzt von L.H.Theriot 1978, S.42
c) zum großen Teil bisher nur gemischt
d) ca. 70.000 m²
e) nur Wasserleitungen
f) nur die vermarktete Milch. Die gesamte Frischmilchproduktion betrug 1974 799.000 mt, also 33 % mehr.
g) getrocknet und ohne Schale
h) geschätzt aufgrund der Tatsache, daß 1974 erst 30 % der gepflanzten Zitrusbäume produzierten.

Quellen: Soweit nicht anders vermerkt, aus mehreren Tabellen zusammengestellt.
1) L.H. Theriot 1978, Tab. 6, 16
2) FAO Commodity Projections 1970-80 (Citrus Fruit). Die 100.000 t 1980 wären nach Schätzung dieser Quelle ca. 7,8 % des Welthandels.
3) JUCEPLAN, Anuario Estadístico De 1974, S. 193-205

Tabelle 12.23, Fortsetzung

Jahr	Papier + Karton Produk-tion 1000 mt	Papier + Karton Import 1000 mt	Kunstdünger Produk-tion 1000 mt	Kunstdünger Import 1000 mt	Zement Produk-tion 1000 mt	Zement Import 1000 mt	Eisen- und Stahlröhren[e] Produkt. 1000 mt	Eisen- und Stahlröhren Import 1000 mt	Eisen + Stahl[3] Produktion (Rohstahl) 1000 mt	Eisen + Stahl[3] Import (Eisen+Stahl) 1000 mt	Naphta Prod. 1000 mt	Naphta Export[1] 1000 mt	Bulldozer Produk-tion Stück	Bulldozer Import Stück
1957														
1958			195		717									
1959														
1963			439		812		9,3							
1964					806		10,8							
1961-65														
1965			473		801		7,4							
1966	93				750		10,6							
1967	105		788		825		11,9							
1968	88		860		780		9,5		119,8					
1969	83		695		680		4,5		119,2					
1970[3]	80	45,9	577	975	742		3,8	40,6	140,0	376,3				754
1971[3]	104	49,0	565	614	1088		8,9	37,1	110,8	311,7			10	806
1972[3]	103	53,7	620	652	1474		11,7	46,7	186,6	412,4			120	55
1973[3]	120	49,9	689	873	1757		14,0	88,8	220,7	517,8				190
1974[3]	120	68,1	734	798	1814		15,3	69,7	250,3	689,7			1000	301
1975[1]				850	2083				298,0				500	
1976[1]														
1977					2700	200[1]						280		
1980	370[a]				5000[a]	500[b]						300		
1985	500[a]													

Anmerkungen und Quellen siehe vorige Seite

Dies verweist auf den dritten Grund der bisherigen langsamen Diversifizierung der Exportstruktur. Bisher stehen die sekundären Wachstumspole erst am Beginn ihrer Expansion; das gilt auch für Produkte wie Fisch und Zitrusfrüchte, die schon ein erhebliches Wachstum zu verzeichnen haben. Obwohl der Export von Zitrusfrüchten von 2.000 t 1957 auf 61.000 t 1976 stieg, wird er in den kommenden Jahren weiterhin expandieren. Wenn allein die schon 1974 gepflanzten Zitrusplantagen Anfang der achtziger Jahre nach ca. 7 -8-jähriger Wachstumszeit in Produktion treten werden, wird sich die Produktion von Zitrusfrüchten auf knapp 600.000 t erhöhen, von denen wahrscheinlich ca. 400.000 t exportiert werden könnten. Ähnliches gilt für den Fischfang, dessen Produktion von knapp 150.000 t Mitte der siebziger Jahre auf 300.000 t 1980 verdoppelt werden soll (vgl. zu diesen und den folgenden Daten ebenfalls Tabelle 12.23). Wenn der Ausbau der Nickelindustrie wie geplant realisiert wird, dann werden sich die kubanischen Nickelexporte bis Anfang der achtziger Jahre auf mehr als 70,000 t verdoppeln und bis 1990 die 100.000 t-Marke überschreiten. Allein der Export von 110.000 t Nickel bedeutete bei gegenwärtigen Exportpreisen ein Deviseneinkommen von über 600 Mio US$.

Nachdem der Prozeß der Exportdiversifizierung langsamer verlaufen ist, als man anfänglich erwartet hatte - ursprünglich waren schon für Anfang der siebziger Jahre Exportüberschüsse u.a. bei Reis, Fleisch- und Milchprodukten vorgesehen -, wurde die Entwicklung neuer Exportprodukte ab 1976 wieder stärker forciert. Der stärkeren Betonung der Notwendigkeit der Exportsteigerung in den neuen Exportbranchen entsprach das Postulat des mittelfristigen Primats der Akkumulation und der grundlegenden strukturellen Transformation der Produktionsstruktur im Verhältnis zur Steigerung des Konsums, mit der Ausnahme der Bereiche, in denen die Mangelsituation noch besonders eklatant ist (vor allem im Wohnungsbau) oder die mittelbar der Entwicklung dienen (Ernährung, Bildungs- und Gesundheitswesen): "In den nächsten 7 oder 8 Jahren müssen wir unsere Anstrengungen auf die Entwicklung unseres Landes konzentrieren ... sowohl als Produzenten als auch als <u>Exporteure</u> (H.F.) statt als Konsumenten; wir dürfen niemals unsere

Entwicklung dem Wachstum des Konsums opfern"[161]. Castro forderte daher: "Wir müssen die Mentalität von Exporteuren entwickeln, weil wir gegenwärtig nur die Mentalität von Importeuren haben."[162] Die Motive für die neuerliche Forcierung der Diversifizierung der Exportstruktur ab 1976 waren der Fall der Zuckerpreise zu diesem Zeitpunkt, der der kubanischen Führung noch einmal die Risiken einer Monoexportstruktur drastisch vor Augen geführt hatte; die begrenzte Fähigkeit des freien kapitalistischen Weltmarktes zur Aufnahme kubanischen Zuckers (die kubanische Quote lag 1978-79 bei 2,5 Mio t), solange der US-Markt durch das Embargo weiter verschlossen bleibt; die Knappheit konvertierbarer Devisen angesichts der Notwendigkeit des Imports spezieller Technologien, die in den sozialistischen Ländern nicht verfügbar sind; und die Tatsache, daß jetzt in einigen Branchen der Prozeß der Importsubstitution so weit fortgeschritten war, daß es möglich war, darüber hinaus für den Export zu produzieren.

Der Mangel an konvertierbaren Devisen, nicht ein zu geringes Exporteinkommen im allgemeinen, ist der externe Hauptengpaß der kubanischen Wirtschaftspolitik, da die Zuckerpreise des kapitalistischen Weltmarktes mit Ausnahme von 1974 und 1975 nur geringfügig über den Produktionskosten lagen, so daß die Zuckerexporte nicht die "harten Devisen liefern konnten, die zur Finanzierung eines ehrgeizigen Entwicklungsprogramms und den Import knapper Konsumgüter notwendig sind"[163]. Der Anteil der Einnahmen aus Zuckerexporten an den gesamten Einkommen aus Exporten in die kapitalistischen Länder sank daher 1978 mit 60 % wieder auf das Niveau von 1973 (58,4 %), nachdem dieser Prozentsatz 1974 auf 96,3 % angestiegen war (vgl. Tabelle 12.24). Heute deutet sich daher eine doppelte Exportstrategie an, mit der versucht wird, die Exportdiversifizierung auf dem kapitalistischen Weltmarkt schneller voranzutreiben als im kubanischen Handel mit den sozialistischen Ländern.

Tabelle 12.24: Anteil der Zuckerexporte an den Gesamtexporten Kubas in kapitalistische Länder (in Prozent)

	Gesamtexporte[1] (Mio US$ fob) (1)	Zuckerexporte (Mio US$ fob) (2)	(2):(1) in Prozent
1968	172		
1969	225		
1970	272		
1971	304		
1972	389	227	58,4
1973	499	403	80,9
1974	1.153	1.110	96,3
1975	1.125		
1976	600		
1978[3,a]	699	420	60,0
1981[b]	1.409	860	61,0

Anmerkungen: a) geschätzt
b) bei den optimistischen Annahmen eines Zuckerpreises von 14 US-cents pro lb und einer Exportmenge von 3 Mio t Zucker

Quellen: 1) CIA 1976, Tab.13
2) US Department of Commerce, US Commerce Relations With Cuba. A Survey 1975, Tab. 18
3) L.H. Theriot 1978, Tab. 28

Die Konsequenzen des Sturzes der Einnahmen an harten Devisen von 1.125 Mio US$ 1975 auf 600 Mio US$ 1976 waren, obwohl die kubanischen Planer nach eigenen Angaben von konservativen Schätzungen über die Entwicklung der Zuckerpreise bei der Konzipierung des Fünf-Jahres-Plans 1976-80 ausgegangen waren[164], die Beschränkung nicht unbedingt notwendiger Konsumgüterimporte, das Zurückstellen von Entwicklungsprojekten und eine erhebliche Verschuldung gegenüber den kapitalistischen Nationen. 1976 betrug die Verschuldung gegenüber den westlichen Nationen ca. 1,3 Mrd US$; Anfang 1979 wurde sie auf mindestens 2 Mrd US$ geschätzt[165]. 1976 beliefen sich der jährliche Schuldendienst auf 255 Mio US$ und die Zinszahlungen pro Jahr auf 72 Mio US$ (vgl. Tabelle 12.25).

Tabelle 12.25: Kubas geschätzte Zahlungsbilanz mit den kapitalistischen Staaten 1972-76 (Mio US$)

	1972	1973	1974	1975	1976
Exporte (fob)	389	499	1.153	1.650[a]	962[a]
Importe (cif)	-300	-519	-1.064	-1.831	-1.497
Handelsbilanz	89	- 20	89	- 181	- 535
Zinszahlungen	- 41	- 41	- 43	- 49	- 72
andere laufende Transaktionen	21	23	30	15	10
Bilanz der laufenden Posten	69	- 38	76	- 215	- 597
Schuldendienst	-131	-151	-174	- 196	- 255
Finanzielles Defizit	- 62	-189	- 98	- 411	- 852
Gesamtkapitalimport	137	182	251	500	621
Wandel der Reserven	75	- 7	153	89	231
Gesamte Reserven am Jahresende	96	89	242	331	100
Akkumulierte Schulden am Jahresende	549	580	657	961	1.327

Anmerkung: a) Einschließlich der Einnahmen an konvertierbaren Devisen aus Zuckerexporten in die Sowjetunion, die sich 1975 auf ungefähr 500 Mio $ und 1976 auf 200 Mio $ beliefen.

Quelle: L.H. Theriot 1978, Tab.25

Neben der Tendenz zur Diversifizierung der Exportstruktur zeichnen sich erste Ansätze zu einem qualitativen Wandel der Art der Exportprodukte in Richtung auf die Steigerung ihres Verarbeitungs- und Komplexitätsgrades ab; neben den Export von Rohstoffen tritt der Export von industriellen Fertigprodukten, Experten, Ausrüstungsgütern und Technologien[166]. Die Dynamik dieser bisher erst embryonalen qualitativen Diversifizierung der Exportstruktur folgt der allgemeinen Logik der Strategie konzentrischer Diversifizierung um sektorale Wachstumspole; d.h. z.B., daß parallel zu den Zuckerexporten der Export von verarbeiteten Zuckerrohrnebenprodukten (Papier aus Bagasse, Furfural usw.) sowie von Maschinen und Technologien für die Zuckerrohrlandwirtschaft (z.B. Zuckerrohrerntemaschinen) und den gesamten Zuckersektor (z.B. das Verfahren zur Herstellung von Zeitungspapier aus Bagasse) geplant werden. Die neuen industriellen Exportprodukte sind (mit Ausnahme einiger agroindustrieller Konsumgüter wie z.B. Fisch- und Konserven tropischer Früchte) für die Märkte der Dritten Welt bestimmt: Zement z.B. für die karibischen Nachbarstaaten und Textilien für Südamerika und Afrika[167]. In besonderer Weise gilt dies für den zukünftigen Export von Maschinen, Ausrüstungen und Technologien, die vorwiegend auf spezifische natürliche oder sozioökonomische Bedürfnisse der Entwicklungsländer zugeschnitten sind.

Neben dem Export unverarbeiteter Agrarprodukte sollen zunehmend agroindustrielle Produkte treten. Diese Tendenz deutet sich u.a. in den umfangreichen agroindustriellen Investitionen des derzeitigen Fünf-Jahres-Plans an, die u.a. "die Exportkapazitäten"[168] dieses Sektors erhöhen sollen. Exemplarisch für die Tendenz zur Steigerung des Verarbeitungsgrades der Exportprodukte steht die Entwicklung der Tabakexporte: Während 1957 noch 77 % aller Tabakexporte aus Rohtabak bestanden, hat sich inzwischen die Struktur der Tabakexporte zugunsten verarbeiteter Tabakwaren umgekehrt, deren Anteil 1976 71,4 % betrug (vgl. Tabelle 12.22). Die Perspektive der Spezialisierung Kubas auf die Produktion von Spezialstählen auf der Grundlage von Nickel im Rahmen des RGW gewinnt durch die geplante Errichtung einer Schmelzanlage für rostfreien Stahl an Konturen. 1977 wurde mit dem Export von Zement (200.000 t) und Naphtha (280.000 t), einem chemischen Produkt, begonnen. Der Export von Zement dürfte nach 1980 auf 500.000 bis 1 Mio t jährlich gesteigert werden. Geplant ist nach Fertigstellung entsprechender Produktionsstätten im Rahmen des jetzigen Fünf-Jahres-Plans die Aufnahme des Exports von Textilien, Glasflaschen und Papier. Von der bis 1985 vorgesehenen Papierproduktion von 500.000 t könnten wahrscheinlich mindestens 250.000 t exportiert werden; das wäre bei dem Weltmarktpreis von 250 $ pro t 1974 ein zusätzliches Deviseneinkommen von 62,5 Mio US$.

Seit Mitte der siebziger Jahre werden zunehmend kubanische Fachkräfte in Länder der Dritten Welt entsandt, in arme Länder kostenlos, in wohlhabendere gegen Bezahlung. 1978 waren dies u.a.

4.500 Bauarbeiter, 2.531 Spezialisten des Gesundheitswesens (davon 1.282 Ärzte) und allein in Angola 1.000 Lehrer. Daneben waren Ingenieure, Techniker und Architekten im Ausland tätig. Nach Castro ist der Export von Experten ein Substitut für den Mangel an bestimmten Rohstoffen und die noch begrenzte materielle Produktionsbasis Kubas: "Die Ressourcen unseres Landes sind nicht auf Zucker und Nickel beschränkt. ... Wir müssen auch unsere Intelligenz entwickeln. Niemand weiß, wie groß ein Volk werden kann, das seine Fähigkeiten und Talente und seine Intelligenz aufs äußerste entwickelt."[169] Das politische Bündnis zwischen Kuba und Angola eröffnet auch die Perspektive einer effektiven wirtschaftlichen Zusammenarbeit: "Angola ist reich an Rohstoffen, während Kuba reich an qualifizierten Arbeitskräften und Experten ist, die in Angola knapp sind."[170] Der Export von Fachkräften setzt voraus, daß in bestimmten Berufen das Angebot an qualifizierten Arbeitskräften den nationalen Bedarf übersteigt. Von 1960 bis 1978 hat sich z.B. die Zahl der Ärzte von ca. 3.000 auf 14.646 erhöht; die geplante "Wachstumsrate liegt leicht über dem Bedarf"[171].

Der Export von Maschinen, Ausrüstungsgütern und erst recht von Technologien fällt bisher noch nicht ins Gewicht, wird aber mit der geplanten Entwicklung der Maschinenbauindustrie für die Wachstumspole in den 80er Jahren an Bedeutung gewinnen. Der Export von Ausrüstungsgütern beschränkte sich bisher auf eine begrenzte Zahl von kleinen Schiffen für den Fischfang nach Mexiko[172]. Anfang der 80er Jahre sollen Zuckerrohrerntemaschinen zunächst an wenige befreundete Nationen geliefert werden. Beabsichtigt ist auch der Export von Maschinen und Ausrüstungen für die Landwirtschaft und die Agroindustrien. Erste Ansätze für den intendierten Export von Technologien gibt es in der Bauwirtschaft, in der die "kubanischen Technologien... den wirtschaftlichen und geographischen Bedingungen der Karibik eher angemessen zu sein scheinen als die teureren und komplizierteren Technologien"[173] der Zentren. Am günstigsten sind die Perspektiven in der Landwirtschaft, in der Zuckerrohr(nebenprodukt)industrie und auf dem Gebiet institutioneller Innovationen im Bildungs- und Gesundheitswesen[174].

Importstruktur und Importsubstitution

Die Warenstruktur des Imports veränderte sich nach der Eliminierung der Luxuskonsumgüterimporte, durch die der Anteil der Konsumgüterimporte an den Gesamtimporten von 39 % 1954-58 auf 24 % 1963-64 und weniger als 15 % 1967-69 fiel,nicht mehr wesentlich. Bemerkenswert ist jedoch, daß der Anteil der Konsumgüterimporte Anfang der siebziger Jahre wieder auf knapp 20 % anzog, der Prozentsatz der Zwischengüterimporte von 51 % 1963-64 auf mehr als 63 % 1973-74 anstieg und das Gewicht des Imports fixer Kapitalgüter von durchschnittlich 21,12 % 1967-1971 auf durchschnittliche 16 % 1972-74 abnahm (vgl. hierzu und zu den vorhergehenden Daten Tabelle 12.26).

Tabelle 12.26: Warenstruktur der Importe: Konsum-, Zwischen- und fixe Kapitalgüter 1954-58 bis 1974

Kategorien	Gesamt		Konsumgüter		Zwischengüter		Fixe Kapitalgüter	
	%	Mio Pesos	%	Mio Pesos	%	Mio Pesos	%	Mio Pesos
1954-58[1]	100,0		39,0		36,0		25,0	
1959-62[1]	100,0		29,0		41,0		30,0	
1963-64[1]	100,0		24,0		51,0		25,0	
1967[2]	100,0	999,1	14,7	147,1	51,2	511,7	16,3	162,3
1968[2]	100,0	1102,3	14,5	159,5	45,9	506,6	19,4	213,8
1969[2]	100,0	1221,7	13,2	161,3	43,5	531,2	22,3	272,1
1970[3]	100,0	1311,9	17,1	224,8	59,3	777,1	23,6	309,1
1971[3]	100,0	1386,6	18,3	253,9	57,7	799,4	24,0	333,3
1972[3]	100,0	1189,8	22,1	263,2	64,1	763,2	13,8	163,4
1973[3]	100,0	1467,0	16,1	236,5	67,4	989,3	16,5	241,2
1974[3]	100,0	2225,9	18,8	417,9	63,4	1411,0	17,8	397,0

Quellen: 1) JUCEPLAN, Desarrollo Industrial 1966, S.119, Tab.25
2) JUCEPLAN, Boletín Estadístico 1971
3) JUCEPLAN, Anuario Estadístico De 1974

Erstaunlich ist, daß der Wert der Importe von Nahrungsmitteln und Lebendvieh von 241 Mio Pesos 1970 auf 533 Mio Pesos 1974, also mehr als auf das Doppelte wuchs. Die Hälfte davon bestand allerdings aus Getreide und Getreideprodukten[175].

Bisher hat noch keine nennenswerte Importsubstitution von landwirtschaftlichen und industriellen Konsumgütern oder Zwischenprodukten, abgesehen von einigen wenigen Ausnahmen (u.a. Zement) in dem Sinne stattgefunden, daß der Wert des Imports einzelner Produkte absolut zurückgegangen ist - im allgemeinen auch nicht in den sekundären Wachstumspolen. Die Gründe hierfür sind weiter oben erläutert worden. Die Beschleunigung der Industrialisierung in der zweiten Hälfte der siebziger Jahre hat wesentlich die Funktion, das Fundament der Importsubstitution von agroindustriellen Produkten und von Zwischengütern zu legen[176]. Die Vermutung scheint begründet, daß in diesem Bereich und in einigen Agrarsektoren in den nächsten 10 Jahren erhebliche Fortschritte erzielt werden. In der Landwirtschaft dürfte bis Anfang der achtziger Jahre der Import von Reis, Milch, Fleisch und außerdem der entsprechenden agroindustriellen Produkte erheblich reduziert werden. Im Laufe der achtziger Jahre scheint die Substitution des Imports von Stahl und einigen für Kuba relevanten chemischen Produkten (u.a. Ammoniak und kaustisches Soda), einiger ausgewählter fixer Kapitalgüter (u.a. einer Vielzahl von Ersatz- und Einzelteilen) realistisch zu sein. In einigen Sektoren sollen ab Anfang der achtziger Jahre zunehmend Rohstoffe importiert werden (Getreide, Textilfasern und -stoffe), die dann im Inland veredelt werden. Zusammen mit der beschleunigten Exportdiversifizierung dürfte die Tendenz zur Substitution von Konsumgüter- und Zwischengüterimporten allmählich - wie angestrebt - mehr Kapazität für den Import von Kapitalgütern freisetzen, wie es zur Durchführung der geplanten forcierten strukturellen Transformation der kubanischen Produktionsstruktur notwendig ist[177].

Die Unterschiede des Prozesses der Importsubstitution zu dem in vergleichbaren lateinamerikanischen Ländern nach 1945 liegt bisher nicht in einem größeren Tempo, das vielmehr geplant und ungeplant zunächst langsam war, sondern darin, daß nur die Produktion gesamtgesellschaftlich notwendiger Güter im Inland aufgenommen wurde, während der Import der anderen eliminiert wurde und darin, daß weder technologisch fortgeschrittene Wohlstandsinseln innerhalb eines Meers von Rückständigkeit und Armut geschaffen wurden,noch daß die Importsubstitutionsindustrialisierung zum Aufbau international nicht konkurrenzfähiger Industriebetriebe führte. Dort, wo Importe substituiert worden sind oder zukünftig substituiert werden, geschah bzw. geschieht dies durch die Errichtung hochproduktiver, kostensparender landwirtschaftlicher und industrieller Einheiten in den Wachstumsbranchen. Allerdings wurde diese Konzeption durchaus flexibel angewandt, weil z.B. die Zement- und Stahlproduktion auch schon vor dem Bau der neuen Großbetriebe durch die Erweiterung oder die Errichtung mittlerer Produktionseinheiten erheblich gesteigert wurde. Wenn jedoch ein höheres Niveau der Nachfrage erreicht worden ist, das notwendige Investitionskapital für größere Investitionen zur Verfügung steht und ex ante genügend qualifizierte Arbeitskräfte zur Meisterung der komplexen Technologie ausgebildet sind, dann wird der Übergang zu technologisch fortgeschritteneren Produktionsweisen und Großbetrieben forciert. Auch die durch diese Wachstumslogik implizierte abrupte Steigerung der Produktionskapazität begründet die optimistische Prognose der Beschleunigung der Importsubstitutionsindustrialisierung in den nächsten Jahren bei einigen für Kuba relevanten Produkten. Ein weiterer Grund für diese optimistische Annahme ist die These, daß heute neben der und durch die Strategie konzentrierter und konzentrischer Diversifizierungen um einige meist agroindustrielle Wachstumspole die Voraussetzungen für einen neuen beschleunigten und breiten Industrialisierungsschub heranzureifen beginnen.

12.6. Die sozioökonomische Krise von 1970 und die Schwierigkeiten, Voraussetzungen, Resultate der Strategie der inkrementellen Diversifizierung

Ein zentrales Argument gegen das Produktionsziel von 10 Millionen Tonnen Zucker 1970 war die Befürchtung, daß die Konzentration der Ressourcen (Land, Arbeitskräfte, Investitionen, Importe) auf den Zuckersektor die Reproduktion der deformierten Produktionsstruktur implizieren würde, statt, wie beabsichtigt, zu ihrer Überwindung zu führen[178]. Noch weitergefaßt hat diese Kritik Gutelman, der hervorhob, daß die Reproduktion der deformierten Produktionsstruktur sich nicht allein auf die unmittelbare Konzentration von Ressourcen auf den Zuckersektor beschränke, sondern auch die Ausrichtung der um den Zuckersektor gelagerten Branchen umfasse, wie z.B. die mechanische Industrie und das Transportsystem[179]. An dieser Stelle geht es nicht darum, ob und wie der Zuckersektor als Leitsektor die gesamtwirtschaftliche Entwicklung stimulierte, sondern darum, ob er die Entwicklung anderer Branchen blockierte, also um die Frage, ob und in welchem Ausmaß die kubanische Strategie inkrementeller Diversifizierung der gesamten Wirtschaftsstruktur erfolgreich war, auf welche Schwierigkeiten sie stieß und welches ihre ökonomischen, technologischen und soziopolitischen Voraussetzungen waren.

Hinsichtlich der Relation der Zuckerindustrie zum Nichtzuckersektor lassen sich in der Planung der gesamtwirtschaftlichen Entwicklung im postrevolutionären Kuba drei Etappen unterscheiden: Eine erste Phase, in der die Stabilisierung der Zuckerproduktion, trotz der Reduzierung der Anbaufläche für Zuckerrohr, versucht wurde; eine zweite Phase, in der ein schnelles Wachstum der Zuckerproduktion angestrebt wurde, bei gleichzeitiger inkrementeller Diversifizierung; und letztlich die Etappe nach 1970, in der, weil das forcierte Wachstum der Zuckerproduktion 1966-70 die wirtschaftliche Entwicklung der anderen Branchen zu sehr begrenzt hatte, eine langsame Steigerung der Zuckerproduktion angestrebt wurde, die die Diversifizierung der Wirtschaft nicht behinderte. Phase 2 und Phase 3 sind also zwei Formen der Strategie inkrementeller Diversifizierung: einmal mit beschleunigtem, das andere Mal mit behutsamem Wachstumstempo der Zuckerproduktion. Das Scheitern der beiden Diversifizierungsstrategien vor 1970 lag jeweils in der internen Entwicklung des Zuckersektors begründet. Die intendierte Reduzierung der Zuckerrohranbaufläche führte vor 1963 zu einer Reduzierung der Zuckerproduktion, weil die Flächenproduktivität nicht wie erwartet stieg, während die Strategie des gleichzeitigen Wachstums von Zuckersektor und diversifizierter Wirtschaft 1966-70 vor allem auch deswegen erfolglos blieb, weil die Arbeitsproduktivität der Zuckerrohrlandwirtschaft zu langsam wuchs.

Der Punkt, an dem die Schwierigkeiten inkrementeller Diversifizierung bei beschleunigter Expansion der Zuckerproduktion offenbar wurde, war die Krise von 1970. Die folgende Darstellung orientiert sich daher an diesem Krisenpunkt, an seinen Dimensionen, Ursachen, Implikationen und praktischen Konsequenzen. Da die konjunkturellen ökonomischen Aspekte der Krise von 1970, besonders die 'opportunity costs' der angestrebten Zuckerproduktion von 10 Mio t, schon von mehreren Autoren ausführlich behandelt wurden[180], liegt hier der Akzent auf dem grundsätzlichen Aspekt der Verschärfung der strukturellen Deformation, der Wahrnehmung dieser Krise durch die kubanische Führung und die wachstumsstrategischen Konsequenzen, die daraus gezogen wurden, sowie auf der Analyse der Erfolge und Schwierigkeiten der neuen Politik nach 1970.

Die zentrale These des folgenden Unterkapitels ist, daß im postrevolutionären Kuba die Unterentwicklung der Gesamtwirtschaft, in erster Linie die institutionalisierte Begrenzung der Diversifizierung der Landwirtschaft, nicht mehr die Voraussetzung des Wachstums der Zuckerplantagenwirtschaft ist. Im heutigen Kuba kann die Zuckerindustrie expandieren, ohne daß dadurch die beschleunigte Diversifizierung der Produktionsstruktur strukturell behindert wird, weil die 'monopolistische' Verfügung des Zuckersektors über die knappen Ressourcen durch seine Verstaatlichung und Integration in die gesamtwirtschaftliche Planung aufgehoben wurde und allmählich die infrastrukturellen und technologischen Bedingungen eines breiten Diversifizierungsschubes herangereift sind. Die Eliminierung der Hegemonie der Zuckerexportgruppe äußerte sich am klarsten in der Umkehrung der Arbeitsmarktsituation im Vergleich zur vorrevolutionären Situation; während vor 1959 die saisonale Arbeitslosigkeit dem Kapital des Zuckersektors ein ausreichendes Arbeitskräfteangebot während der Ernte garantierte, dominierten in der nachrevolutionären Entwicklung die Interessen der Gesamtwirtschaft u.a. an einer ganzjährigen Nutzung des Arbeitskräftepotentials. Der Interessenkonflikt zwischen Zuckerindustrie und der übrigen Wirtschaft während der Zuckerrohrernte (in dieser Zeit mußte ein Teil der Arbeitskräfte aus anderen wirtschaftlichen Aktivitäten dem Zucker-

sektor zur Verfügung gestellt werden)war nicht institutionell verankert, sondern in der traditionell arbeitsintensiven Technologie der Zuckerrohrlandwirtschaft begründet. Die vorrangige Mechanisierung der Zuckerrohrlandwirtschaft war insofern die gesamtwirtschaftlich motivierte technologische Bedingung der forcierten Entwicklung anderer wirtschaftlicher Aktivitäten. Durch die Beseitigung des latifundistischen Landmonopols - vorrevolutionär die entscheidende Barriere der landwirtschaftlichen Beschäftigungsmöglichkeiten - konnte die Fläche für die diversifizierte Landwirtschaft erheblich erhöht werden, obwohl gleichzeitig die Zuckerrohranbaufläche ausgedehnt wurde.
Trotz der anfänglichen Konzentration eines erheblichen Teils der Investitionen in Infrastruktur (Transport, Bewässerung usw.) und kollektive Dienstleistungen (Bildung, kommunale Dienstleistunden) ist auch hier die Nichtzuckerwirtschaft nicht strukturell benachteiligt worden. Weit über die Hälfte der neugebauten urbanen Zentren auf dem Lande sind außerhalb der Zuckerrohranbaugebiete angesiedelt; 1976-80 wurde mit der grundlegenden Erneuerung der nationalen Eisenbahnlinie, die das östliche mit dem westlichen Ende der Insel verbindet, begonnen; das Frachtvolumen der Küstenschiffahrt soll von 3,8 Mio t 1973 auf 14,5 Mio t 1980 erhöht werden[181]; die materielle Infrastruktur zur Erschließung des Binnenmarktes des Hinterlands ist erheblich entwickelt worden[182], so daß die 'Zuckerstrategie' auch keinen institutionalisierten Bias gegen die Produktion für den Binnenmarkt impliziert, usw. Ein Teil der Investitionen in und um den Zuckersektor dienen sogar indirekt - via Ausbreitungseffekte - einer breiten Modernisierung und Entwicklung der Gesamtwirtschaft.

Verschärfte Hypertrophie des Zuckerexportsektors (1964-70) und die Krise von 1970

Die hohe Priorität des Zuckersektors sollte nach kubanischer Absicht auch 1964-70 nicht die generelle Vernachlässigung der anderen landwirtschaftlichen und industriellen Branchen implizieren. Intendiert war der von Castro häufig so genannte "gleichzeitige Kampf"[183] an beiden Fronten. Faktisch fand jedoch in diesem Zeitraum eine Verschärfung der ökonomischen Disproportionen, sprich der Hypertrophie des Zuckersektors, besonders in der Landwirtschaft, statt. Während der Wert der Zuckerrohrproduktion zwischen 1962 und 1968-69 um 20 % anstieg, fiel der Wert der Nicht-Zuckerrohrlandwirtschaft im engen Sinn in der gleichen Zeit um 18 %. Eine noch stärkere Verschärfung der Disproportionen läßt sich konstatieren, wenn man 1969-70 als Vergleichsjahr nimmt: Die Zuckerrohrlandwirtschaft wuchs um 86 %, und die Nicht-Zuckerrohrlandwirtschaft sank um 23 % (vgl. Tabelle 12.27).

Tabelle 12.27: Bruttoproduktionswert der Landwirtschaft nach Sektoren 1962-1970 (Mio Pesos, zu Preisen von 1965)

	1962	1.7.68-30.6.69	1.7.69-30.6.70	Verhältnis (in %) 68-69 /62	69-70 /62	69-70 /68-69
Zuckerrohrlandwirtschaft	266,0	319,3	493,9	120	186	155
Endproduktion	227,7	233,9	468,0			
Kapitalbildung	38,3	85,4	25,9			
Nicht-Zuckerrohrlandwirtschaft	329,0	268,8	252,0	82	77	94
Endproduktion	313,5	254,8	233,5			
Kapitalbildung	15,5	14,0	18,5			
Viehzucht	261,5	317,9	313,8	122	120	99
Endproduktion	254,5	330,2	325,5			
Kapitalbildung	7,0	(12,3)	(11,7)			
Fischfang (Wert des Fangs)	19,4	36,5	43,6	188	225	117
Landwirtschaftliche Dienstleistung	18,0	70,0	80,0	389	444	114
Gesamter Sektor Sektor	893,9	1.012,5	1.183,3	113	132	116
(ohne landwirtschaftliche Dienstleistungen)	875,9	942,5	1.103,3	108	126	117

Quelle: Informe 1970c, S.28

Der Wert der Viehzucht, des Fischfangs und der landwirtschaftlichen Dienstleistungen stieg dagegen bis 1968-70 genauso wie der der Zuckerproduktion; der der Viehzucht und des Fischfangs sank allerdings von 1968-69 bis 1969-70 gleichfalls. Innerhalb der allgemeinen Strukturkrise der kubanischen Landwirtschaft muß man also zwei Probleme unterscheiden: einmal den absoluten und kontinuierlichen Rückgang der Nicht-Zuckerrohrlandwirtschaft im engen Sinn und die mehr konjunkturelle, auf 1970 begrenzte Krise in den anderen Zweigen der Landwirtschaft (Viehzucht, Fischfang) und in anderen Wirtschaftsbereichen[184], auch in solchen Branchen, die als sekundäre Wachtumspole ansonsten eine expansive Tendenz zeigten.

Auch die wirtschaftliche Krise von 1970 selber hatte zwei Facetten: das Nichterreichen des Produktionsziels von 10 Mio t Zucker einerseits und die gesamtwirtschaftlichen Kosten der realisierten Zuckerproduktion von 8,5 Mio t andererseits, also das Scheitern des "gleichzeitigen Kampfes": "Ich wiederhole, daß wir unfähig waren, den von uns so genannten gleichzeitigen Kampf zu gewinnen. Faktisch führte die heroische Anstrengung der Steigerung der Produktion, des Anhebens unserer internationalen Kaufkraft, zu Ungleichgewichten in unserer Wirtschaft, zu verminderter Produktion in anderen Sektoren und einem Anwachsen unserer Schwierigkeiten."[185] Während in der internationalen politischen Öffentlichkeit der Mißerfolg der 10 Mio t-Produktion einen größeren Widerhall fand, betrachteten die Kubaner den zweiten Aspekt als den entscheidenden: "Ich würde sagen, daß das Schlimmste ... von einem strikt ökonomischen Standpunkt die Auswirkungen waren, die sich in unserem Land in den wirtschaftlichen Aktivitäten der anderen Branchen und Sektoren der Wirtschaft, mit der Ausnahme des Zuckersektors, bemerkbar machten."[186]

Die Krise von 1970 war nicht nur eine Krise der Wirtschaft. Sie war zugleich eine soziale und politische Krise der Beziehungen zwischen der politischen Führung und der Mehrheit der arbeitenden Bevölkerung. Insofern unterscheidet sie sich wesentlich von der politischen Krisensituation 1963, von der die Majorität der sozialen Basis des Castrismus nicht berührt wurde und deren Kern der Konflikt zwischen der revolutionären Klassenkoalition und den kapitalistischen Großbauern war[187]. Ein weiterer Unterschied war, daß die soziopolitische Krise von 1970 eine Krise in der Revolution war, also einzelner Aspekte der politisch-institutionellen Entwicklung und der Wachstumsstrategie und nicht der fundamentalen Optionen der castristischen Revolution. Ein Indikator für diese These ist, daß die nach 1970 eingeleitete begrenzte Demokratisierung, die quantitative Reduzierung der freiwilligen Mehrarbeit und die stärkere Berücksichtigung der Konsumbedürfnisse innerhalb kurzer Zeit zu einer Phase politischer Konsolidierung überleitete.

Die soziopolitische Krise hatte ihre Ursache in dem an die Grenze der Belastbarkeit gehenden Arbeitsaufwand, der der kubanischen Bevölkerung ohne entsprechende unmittelbare materielle Kompensation in Form eines erhöhten individuellen und/oder gesellschaftlichen Konsums abverlangt wurde. Sie äußerte sich in einer Polarisierung der Masse der arbeitenden Bevölkerung in eine Minderheit politisch Bewußter und Aktiver, die sich um die Partei und die Bewegung der Avantgarde-Arbeiter gruppierten, und für die der moralische Anreiz der Arbeit im Interesse der zukünftigen Entwicklung der kubanischen Nation ausreichende Motivation war, und die Mehrheit derjenigen, die die geforderten Opfer in dieser Form als zu hoch betrachteten. Von vielen Beobachtern unterschiedlicher politischer Herkunft der kubanischen politischen Szene am Ende der Zuckerrohrernte Mitte 1970 wurde gleichlautend eine Atmosphäre der Desillusionierung, der Anspannung, der Müdigkeit und der Verwirrung konstatiert[188]. Institutionelle Ausdrucksformen dieser Krise waren die zunehmende Militarisierung der Arbeitsorganisationen, besonders in der Landwirtschaft[189], die Vernachlässigung der Massenbewegung der Arbeiterklasse, der Gewerkschaften, auf Kosten der Bewegung der Avantgarde-Arbeiter[190] und allgemein aller Institutionen, die die Partizipation der Bevölkerung und eine effizientere Organisation der Wirtschaft ermöglicht hätten[191].

Die Hauptursache für das Nichterreichen der 10 Mio t Zucker 1970 - erreicht wurden ca. 8,5 Mio t - lag in der geringen Produktivität und der unzureichenden Nutzung der Produktionskapazität der

Zuckerindustrie: Während die anvisierte Erntemenge Zuckerrohr nur um 0,6 % unterboten wurde, blieb die industrielle Zuckerproduktion aufgrund des niedrigen industriellen Ertrags von 10,71 t Rohzucker pro 100 t Zuckerrohr statt der geplanten 12,30 t doch mit 1,5 Mio t erheblich hinter dem Planziel von 10 Mio t zurück (vgl. Tabelle 12.28). Da die Zuckerrohrlandwirtschaft historisch der weitaus rückständigere Teil des gesamten Produktionsprozesses war, hatte der Zuckerperspektivplan 1966-70 die Zuckerindustrie relativ vernachlässigt, wie Castro ex post selber feststellte: "Da wir nie industrielle Probleme gehabt hatten, weil unsere Probleme immer in dem Mangel an Zuckerrohr und nicht in der unzureichenden Kapazität der Mühlen lagen, wurden wir mit der Tatsache konfrontiert, daß das Hauptproblem aus der Ecke kam, aus der wir es am wenigsten erwarteten. Mit anderen Worten, wir vernachlässigten die Seite der Industrie, und diese Seite offenbarte uns 1970 alle ihre Probleme."[192]

Die Gründe der unzureichenden industriellen Produktivität waren, daß ein Teil der im Zuckerplan vorgesehenen industriellen Investitionen für die Zafra 1970 noch nicht fertiggestellt waren, sowohl wegen der noch begrenzten Fähigkeit zur Absorption von Investitionen in Form moderner und komplexer Technologie, als auch weil einige importierte Ausrüstungen zu spät eintrafen. Daneben waren das Management, die Organisation und die Instandhaltung der Zuckermühlen aufgrund der mangelnden Qualifikation von Arbeitskräften und Kadern und ungenügenden Transportkapazitäten allgemein unbefriedigend[193]. Daher lag das Schwergewicht der Planung für die Zuckerindustrie 1970-75 nicht auf neuen massiven Investitionen, sondern auf der Fertigstellung des alten Investitionsplans, auf Mikroinvestitionen zur Beseitigung konkreter Engpässe und zur Verringerung der Ausfallzeiten, dem Anheben des allgemeinen Qualifikationsniveaus und der effizienteren Organisation der Zuckerproduktion sowie in Bemühungen zur Steigerung der Arbeitsproduktivität in der Zuckerindustrie[194]. Auf allen genannten Ebenen, der Steigerung des industriellen Zuckerertrags und des Ausnutzungsgrades der installierten Produktionskapazitäten sowie der Arbeitsproduktivität, wurden nach 1970 nennenswerte Fortschritte erzielt.

Tabelle 12.28: Gran Zafra 1970: Ausgewählte Indikatoren nach Provinzen

Provinzen	Zuckerrohranbaufläche (ha)		Zuckerrohrproduktion (Mio t)		Flächenertrag (t Rohr/ha)		Industrieller Ertrag (t Zucker /100 t Zuckerrohr)		Zuckerproduktion (Mio t)		Auslastung der Produktionskapazität der Mühlen
	Plan	realisiert	Plan	realisiert	Plan	realisiert	Plan	realisiert	Plan	realisiert	in %
Pinar del Rio	-	27.715	1,4	1,4	-	50	12,00	10,98	0,16	0,14	77
Havanna	-	126.309	5,8	7,5	-	63	12,00	10,67	0,70	0,76	82
Matanzas	-	161.792	8,3	9,5	-	63	11,90	11,21	0,98	1,05	77
Las Villas	-	346.508	17,8	19,4	-	59	12,54	11,25	2,22	2,06	68
Camagüey	-	396.684	22,9	21,1	-	57	12,00	10,53	2,75	2,17	63
Oriente	-	475.578	25,2	22,0	-	48	12,70	11,39	3,20	2,35	64
National insgesamt	1.544.000	1.534.586	81,4	80,9	53,0	52,5	12,30	10,71	10,0	8,35	67

Quelle: S. Roca 1975, S. 16 Tab. 3 (dort weitere Quellenangaben)

Die wachstumsstrategischen Konsequenzen der Krise von 1970 und erste Resultate

In unserem Zusammenhang interessanter ist jedoch die Interpretation der aufgezeigten ökonomischen Disproportionen durch die kubanische Führung und die von ihr ergriffenen praktischen Konsequenzen. Die Ursachen der unausgeglichen Wirtschaftsentwicklung waren die unzureichende Arbeits- und Flächenproduktivität der diversifizierten Landwirtschaft einerseits und die zu starke Konzentration der knappen ökonomischen Ressourcen auf den Zuckersektor andererseits. Die geringe Arbeitsproduktivität war die Konsequenz unzureichender Arbeitsanreize; die ungenügende Agrarproduktivität war auf die immer noch "mangelhafte Nutzung der technischen Ressourcen"[195] zurückzuführen. Hier geht es allein um die zu starke Bindung der Ressourcen im Zuckersektor.

Im Zuge der Bilanz der kubanischen Entwicklungspolitik 1970 wurde u.a. die zu einseitige Konzentration von Investitionen, Arbeitskräften, Transportmitteln, technischen und organisatorischen Fähigkeiten und Aufmerksamkeit auf den Zuckersektor kritisiert: "Diese ganze Anstrengung konspirierte auf der objektiven Ebene gegen die Nutzung der Ressourcen der Nation, besonders der menschlichen Ressourcen, durch die meisten Wirtschaftssektoren; und auf subjektiver Ebene wurde dadurch die wirtschaftliche Anspannung des Landes im wesentlichen auf den erwähnten Zuckersektor konzentriert. Dies schuf eine gewisse Nachlässigkeit, eine gewisse Unaufmerksamkeit bezüglich der meisten Wirtschaftszweige, sowohl hinsichtlich der übrigen der Landwirtschaft als auch der Industrie."[196] Zum Teil war dies das Resultat einer unzureichenden Planung der Verteilung der einzelnen Ressourcen auf die verschiedenen Wirtschaftsbranchen, zum Teil aber auch die Folge der nichtgeplanten informellen Konzentration von Zwischenprodukten auf den Zuckersektor: "An zweiter Stelle beuteten sie (die Technokraten, die 'brains', die Planungsgenies),die Gesamtwirtschaft aus, indem sie große Mengen von Ressourcen in diesen Sektor umleiteten. Es gab viele Fälle knapper Stahlplatten, um eine Zuckerrohrpflanzmaschine zu bauen, während sie viele Tausend Tonnen von Stahl zurückhielten."[197]

Entscheidend jedoch für das Scheitern der ersten Phase inkrementeller Diversifizierung und die Verschärfung der Disproportionalitätenkrise 1970 war der enorme Arbeitskräftebedarf während der Zuckerrohrernte. 1970 nahmen zu verschiedenen Zeiten insgesamt 1.200.000 Arbeiter aus anderen Branchen an den Erntearbeiten teil, und auf dem Höhepunkt der Ernte wurden täglich mehr als 200.000 freiwillige Arbeitskräfte eingesetzt. Die Zahl der während der Zuckerrohrernte 1970 in allen ihren Phasen benötigten menschlichen Arbeitstage insgesamt belief sich nach Arbeitsstellen auf 65.000.000 und nach realer Arbeitszeit auf 45.000.000 Tage[198]. Im nachhinein wurde die Politik der massiven Mobilisierung freiwilliger Arbeitskräfte für die Zafra wegen der dadurch verursachten "Verringerung der Produktion in den anderen Sektoren und den dementsprechend hohen Opportunitätskosten"[199] ebenfalls kritisiert. Diese Kritik richtete sich nicht gegen den Einsatz freiwilliger Arbeitskräfte überhaupt, sondern gegen ihr Ausmaß und ihre konkreten Formen. Nach 1970 wurde die Zahl der freiwilligen Arbeitskräfte erheblich reduziert, ihre Produktivität durch den Einsatz erfahrener und ausgewählter Macheteros erheblich erhöht und darauf geachtet, daß durch die Nutzung der Arbeitsproduktivitätsreserven in den betroffenen Wirtschaftszweigen ihre Mobilisierung möglichst nicht auf Kosten der anderen Produktionsziele ging.

Die historischen und aktuellen Gründe für den hohen Arbeitskräftebedarf während der Zuckerrohrernte waren der traditionell arbeitsintensive Charakter der Zuckerrohrplantagen[200], die Schwierigkeiten und die Stagnation der Mechanisierung der Ernte vor 1970 und die abnehmende Zahl der professionellen macheteros sowie die geringe Produktivität der freiwilligen Arbeitskräfte. Bis 1970 wurden kaum Fortschritte bei der Mechanisierung des <u>Schneidens</u> des Zuckerrohrs gemacht werden. Außerdem war die Arbeitsproduktivität der manuellen Schnitter bis 1970 äußerst gering, weil die Zahl der professionellen Macheteros von ca.350.000 1958 auf knapp 80.000 1970 zurückgegangen war und die Produktivität der eingesetzten freiwilligen Arbeitskräfte weit hinter der der professionellen Schnitter zurückblieb[201].

Die wachstumsstrategischen Konsequenzen, die die kubanische Führung aus der skizzierten Disproportionalitätenkrise zog, waren erstens eine angemessenere Balance von Zuckerproduktion und Nichtzuckersektor (das Zurückstecken der Ziele der Zuckerproduktion und das beschleunigte Wachstum der anderen Wirtschaftszweige) und zweitens die Forcierung von Maßnahmen, die den Arbeitskräftebedarf der Zuckerrohrlandwirtschaft und des Zuckersektors allgemein erheblich reduzieren sollten.

Die erste wachstumsstrategische Konsequenz implizierte eine bessere Abstimmung hinsichtlich Planung und Verteilung der Ressourcen zwischen den einzelnen Wirtschaftszweigen; vor allem war es notwendig, "eine vollständige Vorstellung von den Beziehungen zu haben, die zwischen den Fabriken und Branchen existieren"[202]. Konkret hieß das, daß eine Vielzahl anderer wirtschaftlicher Aktivitäten schneller als die Zuckerproduktion expandieren sollte, besonders "alle die Industrien, die unmittelbar den Konsum des Volkes beeinflussen". Diese "sind zum Objekt besonderer Anstrengungen gemacht worden"[203]. Diese veränderten Prioritäten spiegeln sich wider in den geplanten Wachstumsraten für einige zentrale Produktionszweige zwischen 1971 und 1975 (vgl. Tabelle 12.29). Demnach sollte die Zuckerproduktion auch in dieser Phase, ausgehend von dem 1971 erreichten Niveau von 5,9 Millionen t, gesteigert werden, jedoch langsamer als vor 1970 und auch bedeutend langsamer als die meisten sekundären Wachstumspole. Das folgende Zitat faßt die konkreten sektoralen Prioritäten, mit der Ausnahme der Daten zur Zuckerproduktion, die sich eher auf die reale Entwicklung, die hinter den Produktionszielen zurückblieb, beziehen, treffend zusammen: "Eine neue Phase der Zuckerstrategie begann nach dem Ende der Ernte von 1970. Die privilegierte Rolle des Zuckers in der Gesamtwirtschaft wurde bestätigt, aber außerordentliche Produktionsanstrengungen wurden ausgeschlossen. Jetzt sollte ein Gleichgewicht hergestellt werden zwischen einer Produktion in der Größenordnung von 5 - 6 Mio t, der Diversifizierung der Landwirtschaft, der Industrialisierung in geringem Umfang und der verstärkten Aufmerksamkeit für solche Sektoren wie Wohnungsbau ..., Instandhaltung der öffentlichen Dienstleistungen, besonders des Wasserverteilungsnetzes ... und der Verbesserung der Infrastruktur."[204]

Die Leichtigkeit und Konsequenz, mit der eine neue Balance zwischen dem Zuckersektor und den anderen Wirtschaftszweigen nach 1970 durchgesetzt wurde, ist nur ein Aspekt der Fähigkeit der kubanischen Führung, die akute ökonomische und politische Krise zu überwinden und innerhalb kurzer Zeit eine Phase der wirtschaftlichen und politischen Stabilisierung einzuleiten[205]. Die Gründe für die Flexibilität in unserem konkreten Fall sind nicht allein in der grundsätzlich zu konstatierenden Lernfähigkeit der Führungsspitze begründet; genauso wichtig waren sicherlich der schon vor Mitte der sechziger Jahre entwickelte mittelfristige gesamtwirtschaftliche Perspektivplan sowie die neue gesamtgesellschaftliche Machtkonstellation und besonders die soziopolitische Struktur des postrevolutionären Zuckersektors.

Tabelle 12.29: Geplante Wachstumsraten für einige Zweige der Agrarproduktion 1971-1975 (in Prozent)

Produkt	1971-75	jährlicher Durchschnitt
Zuckerrohr	29	6,5
Viehzucht	41	8,9
Milch	52	14,9
Nahrungsmittel[a]		
- Knollenfrüchte	233	
- Früchte	187	

Anmerkung: a) Getreide, Knollenfrüchte, Gemüse und andere Früchte

Quelle: UNDP 1973, S.59

Die wirtschaftliche Perspektivplanung sah für die Periode nach 1970 die Stabilisierung der Zuckerproduktion, allerdings auf einem Niveau von 10 Mio t, und gleichzeitig eine Phase beschleunigter Importsubstitution, also des Wachstums der Nicht-Zuckersektoren, vor. Die geplante Steigerung der Zuckerexporterlöse wurde gerade als eine wesentliche Voraussetzung der beschleunigten Diversifizierung verstanden, weil dadurch die dafür notwendigen Importe finanziert werden könnten[206]. Die nach 1970 vorgenommenen Korrekturen der Proportionen der wirtschaftlichen Wachstumsstrategie entsprachen also durchaus der Logik der ursprünglichen Perspektivplanung, mit dem Unterschied, daß die Zuckerproduktion weit hinter dem für die siebziger Jahre vorgesehenen Planziel von 10 Mio t zurückblieb (real mehr als geplant). Angestrebt wurde jetzt eine allmähliche Steigerung der Zuckerproduktion, die mit einer beschleunigten Diversifizierung vereinbar war.

Daneben verweist die Konsequenz, mit der die Akzente des wirtschaftlichen Wachstums verschoben wurden, auf die fundamentale Tatsache, daß im postrevolutionären Kuba die Zuckerproduktion (Menge, Technologie, ökonomische Relationen usw.) an übergreifenden gesamtwirtschaftlichen Zielen orientiert wurde, und daß die zentralen gesamtwirtschaftlichen Planungsinstanzen die Macht und den Willen besitzen, die gesamtwirtschaftlichen Ziele auch gegen mögliche sektorale Interessen durchzusetzen. Soziopolitische Voraussetzung dafür war die Enteignung der Exportgruppe, deren Rückgrat die Zuckerbourgeoisie war, und die Nationalisierung/Verstaatlichung des Zuckersektors bis auf einen residualen privatwirtschaftlichen Bereich in der Zuckerrohrlandwirtschaft. Ohne hier genauer auf die Macht- und Sozialstruktur des postrevolutionären Kubas eingehen zu müssen und ohne zu unterstellen, daß der revolutionäre Staatsapparat nur gesamtgesellschaftliche Interessen vertritt, ist es evident, daß durch die castrische Revolution die traditionelle Herrschaftsstruktur des Zuckerplantagensektors zerstört wurde. Außerdem wurden durch das US-Embargo die traditionell untergeordneten Beziehungen zu den multinationalen Konzernen der USA gekappt, die vorher durch ihre Konkurrenz das Ausmaß der Diversifizierung der kubanischen Wirtschaft beschränkt hatten. Aber auch ohne Embargo war das staatliche Außenhandelsmonopol ein wirksames Instrument zum Schutz sich entwickelnder landwirtschaftlicher und industrieller Branchen gegen unerwünschte Importkonkurrenz. Institutionelles Instrument der Integration des Zuckersektors in die Gesamtplanung ist die Unterordnung des Ministeriums für die Zuckerindustrie unter das für die gesamtwirtschaftliche Planung zuständige

Ministerium[207]. Die sektoralen Interessen der Zuckerproduktion könnten nur dann dominieren, wenn die Entscheidungsträger des Zuckersektors die gesamtwirtschaftlichen Planungsinstitutionen kontrollierten, oder wenn sie in der Lage wären, das formelle Planungssystem zu unterlaufen. Ansätze für diese zweite Tendenz gab es vor 1970. Sie wurden aber ebenfalls öffentlich kritisiert und offensichtlich korrigiert.

Die saisonale Arbeitskräfteknappheit war im Grunde das entscheidende Problem, das die Szene der kubanischen Entwicklungspolitik in den 70er Jahren beherrschte, und die zentrale restriktive Bedingung der landwirtschaftlichen Diversifizierung: "Unser Problem ist heute nicht eines des fehlenden Landes, sondern hauptsächlich eines von Arbeitskräften. Wir haben einen akuten Mangel an Arbeitskräften ... Es gibt einen Arbeitskräftemangel und dieses Problem muß durch Technologie und harte Arbeit gelöst werden."[208] Der Arbeitskräftebedarf während der Zuckerrohrernte sollte durch die beschleunigte Mechanisierung, die absolute Priorität erhielt, die effizientere Organisation der Ernte und die Steigerung der Arbeitsproduktivität reduziert werden. Der Mechanisierungsgrad des Schneidens des Zuckerrohrs konnte bis 1975 auf rund 30 % erhöht werden, und die Generalisierung der centros de acopio sowie die partielle Anwendung der australischen Methode der Zuckerrohrernte trugen ebenfalls zum Wachstum der Arbeitsproduktivität bei, so daß die Zahl der während der Zuckerrohrernte beschäftigten Arbeitskräfte von ungefähr 350.000 vor 1970 auf 140.000 1977, also um 60 % gesenkt werden konnte (vgl. Tabelle 12.30). In der Zuckerindustrie fiel die Zahl der während der Ernte eingesetzten Arbeitskräfte ebenfalls von mindestens 120.000 1970 auf 85.000 1976. Der Anteil der saisonal im Zuckersektor gebundenen Arbeitskräfte an der wirtschaftlich aktiven Bevölkerung insgesamt reduzierte sich dadurch von 24,5 % 1969 auf 11,4 % 1975, und der Anteil der industriellen Zuckerarbeiter an der Gesamtheit der in der Industrie Beschäftigten von 29,3 % 1966 auf 19,7 % 1975.

Tabelle 12.30: Anteil des Zuckersektors an den Arbeitskräften der Gesamtwirtschaft, der Industrie und der Landwirtschaft

Jahr	Gesamt (in 1000) (1)	Landwirtschaft (in 1000) (2)	Industrie (in 1000) (3)	Zuckersektor[a] (4)	Zuckerindustrie (5)	Zuckerrohrlandwirtschaft saisonal (6)	Zuckerrohrlandwirtschaft permanent (7)	4/1 %	6/2 %	7/2 %	5/3 %
1958					91.655[2]	350.000					
1962	1.823[8]	297[8]	267[8]				124.000[7]			41,7	
1964	1.885[8]	386[8]	303[8]				185.000[7]			47,9	
1966	1.993[8]	450[8]	323[8]		94.759[2]		222.000[7]			49,3	29,3
1969	1.895,3[3]			464.519	114.519[2]	350.000[5]		24,5			
1970	2.063,9[3]			470.000	120.000[6]	350.000[6] (700.000)[10]		22,7			
1971	2.081,9[1]	603,6[1]	440,5[1]								
1972	2.125,9[1]	636,9[1]	438,5[1]								
1973	2.245,7[1]	670,3[1]	453,2[1]								
1974	2.313				103.000[12]						
1975	2.350		450[4]	269.000	89.000[6]	180.000[6]		11,4			19,7
1976					85.000[12]	160.000[11]					
1977						140.000[9]					
1978						120.000–130.000[12]					

Anmerkung: a) Zuckerrohrlandwirtschaft und Zuckerindustrie

Quellen:
1) JUCEPLAN, Anuario Estadístico de Cuba de 1974, S.40, Tab.IV, 1
2) F. Castro, Granma W.R., 20.12.1970, S.4
3) JUCEPLAN, Boletín Estadístico 1971, S.48
4) geschätzt
5) Nach pauschaler Angabe von F. Castro zum Arbeitskräftebedarf des Zuckersektors in der Vergangenheit; vgl. F. Castro, Unsere Stärke liegt in der Einheit 1972, S.138
6) Rechenschaftsbericht des Zentralkomitees der KP Kubas 1975, 1976, S.68
7) Statistisches Bundesamt, Kuba, 1975, S.15
8) CIA 1976, S.16, Tab.28: Die Angaben für Industrie und Landwirtschaft beziehen sich nur auf den Staatssektor. Unter Industrie ist hier auch die öffentliche Versorgung subsumiert.
9) F. Castro, Granma W.R., 15.1.1978
10) F. Jeanney 197[illegible]. Die Zahl von 700.000 saisonalen Arbeitskräften während der Zuckerrohrernte dürfte realistischer sein als die Angabe von 350.000 von F. Castro (vgl. 6).
11) Die Welt, vom 28.11.1978
12) D. Lehmann 1979, S.320

Daneben wurde durch ein Bündel von Maßnahmen (u.a. die Reduzierung der Armee von 300.000 auf 150.000 Soldaten, die Bekämpfung der Bummelei durch disziplinarische Maßnahmen und die Mobilisierung der Arbeitsproduktivitätsreserven, u.a. durch die Wiederaufwertung materieller Anreize)[209] das für die anderen Wirtschaftssektoren zur Verfügung stehende Arbeitskräftepotential gleichfalls gesteigert, so daß dieser zentrale Engpaß von beiden Seiten her allmählich gedehnt wurde.

Obwohl auch nach 1970 noch der größte Teil des Kapitalbildungsprozesses in der Landwirtschaft auf die Zuckerrohrlandwirtschaft konzentriert wurde (vgl. Tabelle 12.31), wuchsen die anderen Sektoren der Landwirtschaft schneller als die Zuckerproduktion, die sogar im Verhältnis zu 1969 und 1970 zurückging (vgl. Tabelle 12.32). Verglichen mit 1962-70 wurden die Proportionen des Wachstums innerhalb der Landwirtschaft also zugunsten der Diversifizierung umgekehrt. Besonders schnell entwickelte sich nach 1970 die Gemüselandwirtschaft, die vorher innerhalb des Staatssektors stark vernachlässigt worden war. Sie hatte zwischen 1970 und 1974 eine Wachstumsrate von 109 % zu verzeichnen (vgl. Tabelle 12.33). Die Konsequenz des beschleunigten Wachstums der diversifizierten Landwirtschaft und besonders der Branchen, die für den Binnenmarkt produzierten, war, daß, mit der Ausnahme von Fleisch, das Nahrungsmittelangebot pro Kopf der Bevölkerung in nennenswerter Weise gesteigert werden konnte (vgl. Tabelle 12.34).

Nach 1970 wurden also endlich eindeutige Fortschritte in der angestrebten inkrementellen Diversifizierung erzielt. Während der hohe Anteil der Zuckerexporte an den Gesamtexporten relativ stabil blieb, wurde der Anteil des Zuckersektors am Bruttosozialprodukt erheblich reduziert. Zwischen 1965 und 1974 (diese beiden Jahre eignen sich deswegen besonders gut zum Vergleich, weil in beiden Jahren ungefähr die gleiche Menge Zucker produziert wurde) sank der Anteil der Zuckerrohrlandwirtschaft am BSP von 5,4 % auf 3,7 %, der der Zuckerindustrie sogar von 8,2 % auf 4,7 %, also fast um die Hälfte, und der Anteil des Zuckersektors insgesamt von 13,6 % auf 8,4 % (vgl. Tabelle 12.35).

Tabelle 12.31: Arbeiten zur Kapitalbildung in der Landwirtschaft, nach Sektoren 1968-1974 (in Mio Pesos)

Sektoren	1968	1969	1970	1971	1972	1973	1974
Landwirtschaft insgesamt	127,9	69,3	43,4	53,2	103,5	134,9	142,7
Zuckerrohrlandwirtschaft	90,5	61,3	27,5	54,2	76,1	87,5	83,3
Nicht-Zuckerrohrlandwirtschaft	37,2	20,7	17,7	17,4	20,1	26,3	42,1
Viehzucht	(10,9)	(17,8)	(3,9)	(22,9)	1,7	12,2	6,1
Forstwirtschaft	11,1	5,1	2,1	4,5	5,6	8,9	11,2
Anteil der Arbeiten in der Zuckerrohrlandwirtschaft an denen der gesamten Landwirtschaft[a] (in %)					73,5	64,9	58,4

Anmerkung:
a) Bis 1971 wurde deswegen nicht der Anteil berechnet, weil die reale Summe der Arbeiten zur Kapitalbildung in der Landwirtschaft jeweils größer war als die in der Quelle angegebene Zahl.

Quelle: JUCEPLAN, Anuario Estadístico de Cuba de 1974, S.46, Tab. V.1

Tabelle 12.32: Index des Wachstums der Bruttoproduktion der Landwirtschaft und der Viehzucht 1969-1974 (1968 = 100)

Sektoren	1969	1970	1971	1972	1973	1974
GESAMT	95,1	99,3	91,7	99,7	101,4	105,8
Zuckerrohrlandwirtschaft	104,8	117,9	99,3	96,5	101,7	101,3
Nichtzuckerrohrlandwirtschaft	84,1	80,1	82,3	93,0	97,0	112,1
Viehzucht	93,6	98,3	93,4	103,4	106,5	107,1
Forstwirtschaft	65,8	44,4	62,2	71,8	88,0	95,5

Quelle: JUCEPLAN, Anuario Estadístico de Cuba de 1974, S. 46, Tab.V.2

Tabelle 12.33: Produktionswachstum einiger wichtiger Agrarprodukte (in 1.000 t)[a] 1970-74

	1970	1974	Wachstum in %
Reis	375	436	16
Gemüse	214	447	109
Zitrusfrüchte	172	187	9
Tabak	28	47	68
Eier (Mio Stück)	1.604	1.909	19

a) Acopio = Lieferungen an den Staatshandel (Produktion minus Eigenkonsum und Schwarzhandel)

Quelle: Banco Nacional de Cuba 1975, hier nach Business International Corporation 1977, S. 35

Tabelle 12.34: Verfügbarkeit von Nahrungsmitteln pro Kopf (in kg pro Jahr)

	1970	1974
Getreide	102,3	103,3
Fleisch[b]	27,4	26,3
Fisch	10,9	12,5
Milch und Nebenprodukte[a]	143,2	159,3
Eier (Stück)	178	197
Öle und Fette	13,3	15,6
Früchte und Gemüse	61,6	86,1
Knollenfrüchte	48,3	56,5

Anmerkungen: a) ohne Butter
b) In der Rinderzucht wurden die Schlachtungen reduziert, um später ein schnelleres Wachstum zu ermöglichen.

Quelle: Banco Nacional de Cuba 1975, S.26

Tabelle 12.35: Anteil der Zuckerrohrlandwirtschaft, der Zuckerindustrie und des Zuckersektors insgesamt am Bruttosozialprodukt 1962-1974 (in Prozent)

Jahr	BSP (1)	Landwirtschaft (2)	Industrie (3)	Zuckerrohrlandwirtschaft (4)	Zuckerindustrie (5)	(4)+(5)	Wertanteil d.Zuckerexporte an Gesamtexporten	Zuckerproduktion (Mio t)
1962	100	15,5	45,1	4,4	7,0	11,4	83	4,8
1963	100	15,0	44,9	3,9	5,0	8,9	87	3,8
1964	100	14,8	43,6	4,1	6,3	10,4	88	4,5
1965	100	16,8	43,0	5,4	8,2	13,6	86	6,0
1966	100	15,5	42,6	4,0	6,1	10,1	85	4,8
1967	100	15,4	44,2	4,9	8,0	12,9	82	6,2
1968	100	18,5	42,7	5,4	6,5	11,9	77	5,1
1969	100						77	4,5
1970	100	14,1	47,9	6,7	8,4	15,1	77	8,5
1971	100	12,1	46,6	5,2	7,2	12,4	77	5,9
1972	100	11,1	42,8	4,4	5,0	9,4	75	4,4
1973	100	10,1	42,0	4,1	4,9	9,0	75,5	5,5
1974	100	9,6	41,0	3,7	4,7	8,4	86,4	5,8

Quelle: Mit der Ausnahme der Zuckerproduktion aus: JUCEPLAN, Anuario Estadístico de Cuba de 1974
Die Daten für die Zuckerproduktion sind aus L.H.Theriot 1978, Tabellenanhang, Tab.7

Die Realisierung des kubanischen Anspruchs der Diversifizierung der Produktionsstruktur trotz und mittels der Monoexportstruktur gewinnt allmählich Konturen. "Heute sagen die Kubaner: caña (Zuckerrohr, H.F.) und Kuba - das bleibt eine Ehe, aber es kommt vieles hinzu; Zitrusplantagen, Viehwirtschaft, Tabak, Gemüse, Kaffee und - nicht zu vergessen - die Industrie. Noch bringt der Extrakt des Zuckerrohrs die meisten Devisen, aber schon ist das Zuckerrohr nicht mehr absoluter Herrscher auf der Insel und auch längst nicht mehr der Fluch des Landes."[210]

Heute deutet sich ein neuer Engpaß der landwirtschaftlichen Diversifizierung an; die absolute Begrenzung der potentiell nutzbaren Agrarfläche. Bisher ist dieser Engpaß deswegen noch nicht ins Gewicht gefallen, weil sowohl die landwirtschaftlich genutzte Fläche als auch die kultivierte Fläche nach 1959 erheblich ausgeweitet wurden. Von 1957 bis 1974 wurde die Agrarfläche um 47,2 % von rund 4 Mio ha auf 5,9 Mio ha vergrößert, und die kultivierte Fläche sogar um 72,2 % von ca. 2 Mio ha auf 3,5 Mio ha (Tabelle 12.36). Der Unterschied zur vorrevolutionären Situation ist trotz der Expansion der Zuckerrohranbaufläche gravierend: 1974 standen 2,1 Mio ha kultivierte Fläche für die diversifizierte Landwirtschaft (ohne Weiden) zur Verfügung, 1957 waren es dagegen nur 630.000 ha. Das Potential des landwirtschaftlichen Wachstums durch die Ausdehnung der Anbaufläche ist jedoch nahezu ausgeschöpft; allein die kultivierte Fläche läßt sich noch in signifikanter Weise um ca. 500.000 ha erweitern, während die gesamte landwirtschaftliche Fläche (Ackerland und Weiden) schon nahezu ihr Maximum von 6 Millionen ha (1974: 5.900.000) erreicht hat. Während bisher, mit der Ausnahme der Jahre 1969-71, der Anteil der Zuckerrohranbaufläche an der gesamten Nutzfläche, der landwirtschaftlichen Fläche und der kultivierten Fläche, trotz gleichfalls expansiver Tendenzen, tendenziell abnahm, sieht die Perspektivplanung für 1980 und noch mehr für 1990 eine Erhöhung des Anteils der Zuckerrohranbaufläche vor. Zwischen 1980 und 1990 wird die Agrarfläche bei ca. 6 Millionen ha stagnieren. Davon sollen 1990 2 Millionen ha (33,3 %) mit Zuckerrohr bepflanzt werden, und die restlichen 4 Millionen ha sind für andere Agrarprodukte und intensive Weidewirtschaft vorgesehen. Entscheidende Voraussetzung der weiteren inkrementellen Diversifizierung der Landwirtschaft ist daher jetzt, nachdem der Arbeitskräfteengpaß gelockert worden ist, die Intensivierung der Landwirtschaft. Die kubanische Entwicklungspolitik stellt diese Tatsache in Rechnung. Nachdem bisher der größte Teil der Modernisierungsinvestitionen der Mechanisierung der Landwirtschaft dienten, verlagert sich heute der Akzent in Richtung Steigerung der Flächenproduktivität[211].

Tabelle 12.36: Anteil der Zuckerrohranbauflächen an der gesamten Nutzfläche, der Agrarfläche und der kultivierten Fläche (1000 ha)

Jahr	Gesamte Nutzfläche[a] (1)	Landwirtschaftliche Fläche[b] (2)	Kultivierte Fläche (3)	Zuckerrohranbaufläche (4)	Zuckerrohrerntefläche (5)	(4)/(1) %	(4)/(2) %	(4)/(3) %
1957[1]	6.050	4.006	2.044	1.414[1]	1.265[1]	23,3	35,2	69,2
1961				1.340[5]				
1963				1.165,8[5]	1961-1965: 1.103[2]			
1964	5.194,9	4.255,5	2.171,0					
1965	5.241,1	4.251,4	2.371,4		1.081,7			
1966	5.478,9	4.510,1	2.616,2		1.006,6			
1967	5.541,4	4.621,0	2.826,6		1.070,6			
1968	6.392,8	4.873,0	2.947,9	1.229,7	1.075,7	19,2	25,2	41,7
1969	6.412,5	4.836,0	2.973,8	1.417,2[1]	968	22,1	29,3	47,6
1970	6.610,9	5.002,9	3.059,9	1.534,6	1.497,5	23,2	30,7	50,1
1971	6.638,9	5.078,2	3.009,8	1.504,2	1.353,9	22,7	29,6	50,0
1972	7.409,9	5.595,2	3.365,4	1.435,6	1.250,7	19,3	25,6	42,6
1973	8.045,1	5.926,5	3.562,1	1.389,0	1.155,9	17,2	23,5	40,0
1974	8.917,5	5.900,0	3.519,6	1.420,9	1.185,1	15,9	24,0	40,4
1975				1.475[1]	1.348[1]			
1976				1.500[1]	1.254[1]			
1980	9.000[3]	6.000[3]		1.700[5]		18,9	23,3	
1990	9.000[3]	6.000[4]	4.000[4]	2.000[4]		22,2	33,3	50,0
Wachstum 1957-74	47,4 %	47,2 %	72,2 %					

Anmerkungen:
a) Landwirtschaftliche Fläche, Wald und wildes Gebüsch (v.a.Marabu)
b) Kultiviertes Land, natürliche Weiden und Brache

Quellen: Falls nicht anders vermerkt, aus JUCEPLAN, Anuario Estadístico de Cuba de 1974
1) CIA 1976, S.2, Tab. 2; hier Ende des Jahres, sonst Anfang des Jahres.
2) Statistisches Bundesamt, Kuba 1977, S. 14
3) geschätzt
4) F. Castro, Rede auf dem 5. Kongreß der Organisation der Kleinbauern (ANAP), Granma W.R., 29.5.1977, S.4
5) Rechenschaftsbericht des ZK der Kommunistischen Partei Kubas für den 1. Parteitag 1975, 1976, S. 66, 68

ANMERKUNGEN

Anmerkungen zum Vorwort

1) Zu den Ansätzen einer Theorie autozentrierter Entwicklung vgl. u.a. Senghaas 1977, 1979a, 1979c; Amin 1979. Zu den Fragestellungen und ersten Vermutungen über die Bedingungen nachholender kapitalistischer Entwicklung im 19. Jahrhundert siehe jetzt Senghaas/Menzel 1979b.

2) Die Entwicklung technologisch neuer Industrien ist nach Hirschman (1968) eine entscheidende Voraussetzung einer erfolgreichen Industrialisierung und einer unabhängigen wirtschaftlichen Entwicklung in Lateinamerika. Das Argument, daß die Spezifizität der Ausstattung mit natürlichen Ressourcen technologische Innovationen erzwingt, vertritt am Beispiel der Zuckerrohrlandwirtschaft Evenson 1974.

3) Ein interessanter Versuch, die politisch-ökonomischen Bedingungen einer integralen Modernisierung der Landwirtschaft in den Entwicklungsländern herauszuarbeiten, findet sich in Hayami/Ruttan 1971.

4) G. Schulz 1977, S. 4 - 7.

5) G. Schulz, persönliche Mitteilung 1977.

6) So Baldwin 1963.

7) Vgl. zu diesem Aspekt Baldwin 1956.

8) So Caves 1965; dort findet sich auch ein zusammenfassendes Exposé der"staple theory of economic growth".

9) Diese Einsicht ist Hirschman ebensowenig fremd wie die Relevanz technologischer Kopplungseffekte. In seinem wichtigen Aufsatz über die Importsubstitutionsindustrialisierung in Lateinamerika arbeitet er die unzureichende politische Macht der nationalen Industriebourgeoisie und den fehlenden Anreiz zu technologischer Kreativität als zwei ihrer wichtigsten Defizite heraus. Vgl. dazu Hirschman 1968. Zum "(generalized) linkage approach" vgl. ders. 1958 und 1977.

10) So z.B. Edward González 1974

11) Diese Gleichsetzung findet sich u.a. bei Hugh Thomas 1978. Diese absurde These wird selbst von Business International Corporation (1977), einer kapitalistischen Firma zur Unternehmensberatung für multinationale Konzerne kritisiert.

12) Das ist ein zentrales Argument in Merhav 1969.

13) Vgl. dazu und zum Begriff der "crise révélateur" Lourau 1972.

14) Vgl. Mesa-Lago 1974 (2. ed. 1978).

15) JUCEPLAN, Anuario Estadístico de 1974

16) Z.B. Banco Nacional de Cuba 1975, Business International Corporation 1977, Theriot 1978.

17) Die Tatsache, daß die Struktur der Unterentwicklung - "trotz aller außerordentlichen Fortschritte" - bisher noch nicht beseitigt werden konnte, hat der Vorsitzende der zentralen Planungsbehörde (JUCEPLAN) rückblickend selbstkritisch bestätigt: "In den 20 vergangenen Jahren ... haben wir weder den durchschnittlichen Wachstumsrhythmus erreicht, der es uns erlaubt, die Unterentwicklung zu überwinden, noch die strukturelle Deformation eliminiert, die wir vom Kapitalismus geerbt haben." Humberto Perez 1978, S.2.

Anmerkungen zu Teil I, 1. Einleitung

1) Vgl. aus der Fülle der Titel Amín 1970, 1974 sowie die in Senghaas (Hrsg.) 1972 und 1974 enthaltene und zusammengestellte Literatur.

2) Die Möglichkeit einer autozentrierten Entwicklung trotz des exportgetriebenen Wachstums um Rohstoffexportsektoren und die Relevanz der internen sozioökonomischen Verhältnisse in diesem Zusammenhang wird durch die historische Erfahrung gelungener nachholender kapitalistischer Entwicklung u.a. in Dänemark, Kanada und Australien bestätigt. Zu Kanada vgl. u.a. Buckley 1958, Bertram 1963; Ansätze zu einer Typologie einer erfolgreichen nachholenden kapitalistischen Entwicklung werden entwickelt in Senghaas/Menzel 1979 a,b, Menzel 1980.

3) Die erste Position ist u.a. von Theoretikern der an der Sowjetunion orientierten kommunistischen Parteien Lateinamerikas und von sowjetmarxistischen Wissenschaftlern vertreten worden, so z.B. von Khalatbari 1972. Die abstrakt antithetische Gegenposition hat der frühe A.G. Frank (1968) entwickelt. Eine differenziertere Einschätzung, die der hier artikulierten Kritik gerecht wird, hat H. Elsenhans formuliert; vgl. Elsenhans 1980.

4) Vgl. dazu die überzeugende Untersuchung von Moreno Fraginals 1976. Aufhauser (1974) hat dagegen zu belegen versucht, daß die Sklaverei die Einführung neuer Produktionstechnologien nicht grundsätzlich behinderte. Soweit seine Ausführungen sich auf Kuba beziehen, sind sie einfach empirisch falsch; u.a. erwähnt er überhaupt nicht die Rolle freier Lohnarbeiter und chinesischer Vertragsarbeiter im Maschinenhaus, ohne die die Teilmodernisierung der Sklavenmanufaktur nicht möglich gewesen wäre.

5) So z.B. in Frank 1977a.

6) Relevante Ausnahmen sind Sunkel/Paz 1970, Cardoso/Faletto 1976 (1969), Bambirra 1974b. Einzelne Varianten abhängig-kapitalistischer Entwicklung behandeln Beckford 1972a (Plantagenökonomien), Girvan 1970 (Bergbauökonomien).

7) Die präzisen Zeitangaben sind natürlich irreführend und stellen oft recht willkürliche Fixierungen dar, da in der Realität die einzelnen Etappen durch Übergangsperioden verknüpft sind, die schwierig einzuordnen sind.

8) Nur in einem Punkt wird diese Periodisierung leicht modifiziert. Die letzte Periode beginnt statt mit dem Ende der Sklavenplantagenwirtschaft (1880) mit dem Ende der spanischen Kolonialherrschaft und dem Beginn der massiven US-Penetration, weil dadurch die Struktur des abhängigen Kapitalismus wesentlich tangiert wurde. Die Zeit zwischen 1880 - 1898 ist eine Übergangsperiode, in der der Prozeß der Herausbildung des abhängigen Monopolkapitalismus und der US-Penetration eingeleitet wurde. Der entscheidende Einschnitt kam erst mit dem Ende des spanischen Kolonialismus.

Anmerkungen zu Kapitel 2

1) Vgl. dazu Suchlicki 1974, S.14ff.

2) Ein Indikator für die Hegemonie des Handelskapitals ist die Tatsache, daß die direkte staatliche Organisation des Handels mit den Kolonien nur von kurzer Dauer war (1493 - 1495) und der Kolonialhandel ab 1495 dem privaten Handelskapital, allerdings unter staatlicher Aufsicht und mit erheblicher staatlicher Besteuerung, überlassen wurde. Vgl. E.Williams 1970, S.47. Die spanische Krone war bei mehreren europäischen Bankhäusern verschuldet, vgl. ebenda, S.54.
An der Kolonisation war aber auch der verarmte Feudaladel als Mittel des Wiedererwerbs von Besitz, Reichtum und Ansehen interessiert. Den Kompromißcharakter der Kolonisation betont Dieterich 1977. Zur Hegemonie des Handelskapitals vgl. Becker-Panitz 1975, S.151-183, und Elsenhans 1980, hier und im folgenden nach dem unveröffentlichten Manuskript von 1977, S.21ff, S.90-114.

3) Vitale 1969, S.74.

4) Vgl. Klein 1967, S. 132

5) Der Begriff der "peripheren Kolonien" stammt von Stein/Hunt 1971, S.229.

6) Vgl. Pérez de la Riva 1973, S.6. Suchlicki spricht für 1544 von weniger als 7.000 Einwohnern, davon 660 Spanier, 5.000 Indianer und 800 Negersklaven. Vgl. Suchlicki 1974, S.34. Die Differenz fällt angesichts der späteren Veränderungen kaum ins Gewicht. Beide Angaben belegen die geringe Immigration aus Spanien. Zum Widerstand der spanischen Kolonialverwaltung gegen einen vermehrten Import von Sklaven vgl. López-Segrera 1972, S.44f.

7) Vgl. Klein 1967, S.129ff und E. Williams 1970, S.25.

8) Vgl. dazu Suchlicki 1974, S.4-12, Pérez de la Riva 1973, S.4ff, Klein 1967, S.129ff, H. Thomas 1971, S.21. Die Schätzungen über die Zahl der Indianer vor und nach der Kolonisierung divergieren beträchtlich. Während Perez de la Riva, a.a.O., ihre Zahl 1511 auf 120.000 schätzt, geben H. Thomas, a.a.O., und Klein, a.a.O., diese mit 60.000 an. Für 1550 spricht Pérez de la Riva von 2.000, Thomas von 6.000 und Klein für 1544 von nur noch 1.000. Die Ermittlung der genauen Daten war im Rahmen dieser Arbeit nicht möglich, aber auch nicht notwendig, da die Tendenz zur Ausrottung der Indianer unbestritten ist.

9) Vgl. López-Segrera 1972, S. 42, Suchlicki 1974, S.33.

10) Vgl. Klein 1967, S.170f.

11) Vgl. López-Segrera 1972, S.87f.

12) Zur encomienda in Kuba vgl. Nelson 1951, S.80-84, Klein 1967, S.137f, López-Segrera 1972, S.35ff, Suchlicki 1974, S.19f, Pino-Santos 1964, S.36-44, Dirección Política De Las Fuerzas Armadas Revolucionarias (FAR), Historia de Cuba, 3.ed., o.Jg., S.28ff (im folgenden zitiert als FAR, o.Jg.)

Einen Überblick über die umfangreiche Literatur über die encomienda im ganzen spanischen Amerika und eine Einführung in die Diskussion vermitteln Lockhart 1969 und Keith 1971. Umstritten ist z.B., inwiefern die encomienda rechtlich oder faktisch Grundeigentum implizierte und das Problem der Kontinuität oder Diskontinuität der juristisch divergierenden Institutionen encomienda und hacienda.

13) Vgl. E. Williams 1970, S.34ff und Klein 1967, S.177ff, Vitale 1969, S.76. Nach López-Segrera 1972, S.36 wurde die Abschaffung erst 1553 praktisch realisiert.

14) Zum Verhältnis von internationalem Handelskapitalismus und vorkapitalistischen Formen der Arbeitsorganisation vgl. jetzt die ausgezeichnete Analyse von Elsenhans 1977 (unveröffentlichtes Manuskript), S.47ff. Im Gegensatz besonders zu den früheren Untersuchungen von A.G. Frank (vgl. u.a. ders. 1968) arbeitet Elsenhans die Implikationen der spezifischen Züge der dominierenden handelskapitalistischen Weltwirtschaft heraus, negiert nicht die offenbaren vorkapitalistischen Züge der Sklavenarbeit, sondern erklärt sie und erläutert ihre Implikationen und macht deutlich, daß die Unterentwicklung nicht nur und nicht primär auf externen Dependenzbeziehungen und Werttransfer basiert, sondern durch die rein extensive Wachstumslogik der dominierenden peripheren Produktionsweise selber mit reproduziert wird.

15) Zu dem Ausmaß der absoluten Mehrarbeit, der Mißhandlung und Unterernährung der kubanischen Indianer vgl. den Auszug aus dem Bericht von Las Casas über die Lage der Indianer bei Pino-Santos 1964, S.42f.

16) Vgl. dazu López-Segrera 1972, S.39.

17) Vgl. dazu zusammenfassend López-Segrera 1972, S.41ff.

18) Vgl. dazu allgemein für das spanische koloniale Amerika Frank 1971, Kapitel 1.

19) So auch López-Segrera 1972, S.37f.

20) Klein 1967, S.131.

Anmerkungen zu Kapitel 3

1) Vgl. Konetzke 1965, S.329.

2) Vgl. E. Williams 1970, S.68ff.

3) Vgl. López-Segrera 1972, S.61; vgl. Klein 1967, S.137.

4) Vgl. Klein 1967, S. 132ff.

5) Vgl. E. Williams 1970, S. 52.

6) Vgl. López-Segrera 1972, S.65. Ende des 16. Jahrhunderts hatte Spanien nur noch ein rein formales Handelsmonopol mit seinen Kolonien, beherrschte faktisch aber nur noch 5 % des Kolonialhandels. Den anderen Handel teilten sich Holländer und Flamen (33 %), Franzosen (25 %), Genovesen (20 %), Engländer (10 %) und zu einem geringeren Teil Deutsche. Vgl. Galeano 1973, S.34f. Spanien fungierte zu dieser Zeit de facto als Zwischenhandelsstation für die nordeuropäische Manufaktur.

7) López-Segrera 1972, S.64f und E. Williams 1970, S.56.

8) Vgl. López-Segrera 1972, S.53ff. Die These von der stärkeren administrativen Dezentralisierung ist nicht unbestritten. Auf der Ebene der formalen Struktur des Verwaltungsapparats wird ab 1550, im Vergleich zu anfänglichen Versuchen, eine größere lokale Autonomie durchzusetzen, eher die Tendenz zur Zentralisierung konstatiert. Begründet wird die These der zunehmenden Zentralisierung damit, daß erstens die Mitglieder der cabildos nicht mehr gewählt wurden, sondern diesem ex officio und lebenslang angehörten und diese Posten käufliche Prestigeposten wurden, daß zweitens die cabildos von vom Gouverneur ernannten 'tenientes de guerra' dominiert wurden und daß drittens die faktische Macht sowieso beim Gouverneur lag. Vgl. E. Williams 1970, S.63ff; Suchlicki 1974, S.21ff. Festzuhalten ist, daß sich die cabildos zu lokalen Oligarchien verfestigten; ebenso sicher ist aber auch, daß ihr Recht, mercedes zu vergeben, ihnen in dieser Hinsicht einen relevanten Entscheidungsspielraum gab. Zudem bezieht sich das wichtigste wirtschaftliche Faktum, der Schmuggel, auf eine informelle Ebene, die angesichts der realen Machtlosigkeit der Krone, diesen zu verbieten, von dem zentralistischen Aufbau des kolonialen Verwaltungsapparates gar nicht berührt wurde. Es ist zu vermuten, daß auf dieser informellen Ebene die reale Macht der Siedler lag: "Im übrigen begnügten sich die Kolonialisten damit, die Gesetze, die ihren Interessen widersprachen, zu ignorieren." E. Williams 1970, S.62. Zum Gegensatz von formaler Zentralisierung und weiterhin bestehender informeller Dezentralisierung siehe jetzt ausführlich Lang 1975, S.27ff, 43, 66.

9) Vgl. López-Segrera 1972, S.64.

10) Vgl. Pérez de la Riva 1973, S.12f.

11) Zum situado vgl. ibid. S.7-9.

12) Vgl. Klein 1967, S.135

13) Vgl. Le Riverend 1972, S. 90f.

14) Vgl. Klein 1967, S.137 und speziell unter Bezug auf die Viehzucht Moreno Fraginals 1976, S.16.

15) Zum Tabakanbau vgl. Cuban Economic Research Project 1965, S.72ff (im folgenden als CERP 1965 zitiert), López-Segrera 1972, S.90-92.

16) Vgl. Pérez de la Riva 1973, S.15.

17) Zum Tabakmonopol vgl. Le Riverend 1972, S.123-131, Guerra y Sanchez 1964, S.42f, CERP 1965, S.72-74, Klein 1967, S.149ff und Suchlicki 1974, S.32f. In CERP 1965, S.73, wird die Einführung des Handelsmonopols auf 1708 datiert, bei Klein 1967, S.148f auf 1717. Nach Le Riverend 1972, S.123f wurde das Tabakmonopol auf Druck der vegueros 1730 abgeschafft und 1760 wieder eingeführt. H. Thomas verweist darauf, daß zwar der legale Tabakexport stagnierte, aber die gesamte Tabakproduktion im 18. Jahrhundert "sich zweifellos verdoppelte", ders. 1971, S.23f.

18) Vgl. Pérez de la Riva 1973, S.14-17 und Moreno Fraginals 1976, S.20ff. Der rechtliche Status der vegueros war unsicher. Sie waren anfänglich meist Pächter, aber wegen der Finanzierung ihrer Immigration durch die Krone faktisch relativ unabhängig. Andererseits hatten die Inhaber der mercedes zwar nur das Nutzungsrecht, betrachteten sich aber als volle Eigentümer.

19) Zur gesamtwirtschaftlichen Bedeutung der Viehzucht vgl. Klein 1967, S.150, H. Thomas 1971, S.24, Pérez de la Riva 1973, S.10. 100 Pfund Fell entsprachen 1 bis 2 Pesos.

20) Diese Definition der kubanischen hacienda lehnt sich an an López Segrera 1972, S. 70. Allgemeine Definitionen der hacienda sind angesichts der regionalen und zeitlichen Unterschiede problematisch, können jedoch als Idealtypen, falls man sie nicht mit der konkreten Realität verwechselt, durchaus nützlich sein. Eine weitverbreitete Definition ist die von E. Wolf/S. Mintz. Danach bedeutet hacienda nicht einfach Großgrundbesitz, sondern vielmehr: ländlicher Grundbesitz unter der Herrschaft eines Großgrundbesitzers, bearbeitet mit abhängiger Arbeit, der mit wenig Kapital für einen kleinen Markt produziert. Die Produktionsfaktoren dienen nicht nur der Akkumulation von Kapital, sondern auch den sozialen Ambitionen und dem Prestige des Besitzers. Vgl. Wolf/Mintz 1957, S. 380-412. Die kubanische hacienda unterschied sich von diesem Idealtypus insofern, als sie nicht für einen kleinen lokalen, regionalen oder nationalen Binnenmarkt produzierte, sondern in erster Linie für den Export. Die Definition von W.B. Taylor erscheint als zu dürftig. Taylor definiert als allgemeine Merkmale der hacienda : gemischte Wirtschaft (Viehzucht und Landwirtschaft), permanente Bauten und einige seßhafte permanente Arbeitskräfte. Vgl. W.B. Taylor 1974, S. 392ff.

21) Der Fehler von López-Segrera besteht darin, daß er die Bedeutung vorkapitalistischer Elemente, z.B. der Sklavenarbeit, einfach negiert, statt ihre Folgen für die gesamtwirtschaftliche Entwicklung herauszuarbeiten; siehe López-Segrera 1972, S. 68ff.

22) Der hacendado Antón Recio brauchte für seine 14 haciendas von 301.500 ha nur 29 Sklaven; das waren nur Ausgaben in Höhe von 1363 Pesos, wenn - was realistisch ist - ein Sklave 47 Pesos kostete. Vgl. López-Segrera 1972, S.71.

23) Selbst die damals am meisten marktorientierten Unternehmen Hispano-Amerikas, die Zuckerplantagen, betrieben lange Zeit selber Mais- und Weizenanbau und eigene Viehzucht: "Die Tendenz in Richtung Selbstversorgung, Diversifizierung und Vollständigkeit - denn alle drei kann man nicht trennen - war eine Konstante der spanischen Kolonialgüter seit dem frühen 16. Jahrhundert." Lockhart 1969, S.425. Zur flexiblen Anpassung der hacienda an die Bedingungen des Marktes vgl. allgemein Mörner 1973, S. 191.

24) Vgl. Lockhart 1969, S. 425.

25) Vgl. dazu allgemein für die hacienda im spanischen Amerika Mörner 1973, S. 192f.

26) Zum Sklavenhandel vgl. u.a. E. Williams: Capitalism and slavery, London 1964, und verschiedene Kapitel in E.Williams 1970 (Kapitel 10, 16, 17, 18). Eine andere These vertritt Le Riverend 1972, S. 73, ebenfalls wie Lopez-Segrera ein kubanischer marxistischer Theoretiker: "Diese (die wirtschaftliche und soziale Klassenorganisation, d.Verf.) verliert nicht ihren Charakter einer in erster Linie Sklavenhaltergesellschaft, d.h. daß die kapitalistischen Elemente sekundär sind und sich außerdem während mehr als drei Jahrhunderten nicht groß entwickeln konnten." Diese Stelle bezieht sich unmittelbar auf die städtischen Handwerker und Lohnarbeiter, macht jedoch die Charakterisierung der kubanischen Gesellschaftsformation als nichtkapitalistische Sklavenhaltergesellschaft deutlich.

27) Vgl.u.a. Mintz 1972, S.137. Die These, daß die Expansion des kapitalistischen Weltmarktes in bestimmten Stadien archaische sozioökonomische Phänomene reproduziert, vertritt auch Eric Hobsbawm in seiner Studie der haciendas des 20. Jahrhunderts in La Convención,Perú. Die Leibeigenschaft war in diesem Gebiet die Antwort auf bestimmte ökonomische Bedingungen: "Arbeitskräfteknappheit und unzureichende Verkehrsverbindungen". Hobsbawm 1969, S. 29.

28) Vgl. Guerra y Sánchez 1964, S. 31f. Allerdings gab es nach Williams (1970, S.56f) durchaus relevante Unterschiede der Landvergabe. Der Plebejer (peón) erhielt eine kleine peonía, während Adeligen eine caballería (seitdem das kubanische Standardmaß) zugeteilt wurde, ein Gebiet von 13,4 ha und fünfmal größer als eine peonia.

29) Zum folgenden siehe Guerra y Sánchez 1964, S. 31ff., Pérez de la Riva 1973, S. 12ff, Nelson 1951, S. 84ff.

30) Zum folgenden vgl. Guerra y Sánchez 1964, S.34ff und López-Segrera 1972, S. 74ff, Moreno Fraginals 1976 , S.20ff. Unter Plantage soll hier, im Gegensatz zu hacienda, ein kapitalistisches Unternehmen verstanden werden, das mit viel Kapital primär für den Export produziert und dessen Ziel allein die Akkumulation von Kapital ist. Vgl. Wolf/Mintz 1957.

31) Zur hacienda comunera vgl. Le Riverend 1972, S. 78-81, López-Segrera 1972, S. 77ff, Nelson 1951, S.84ff und Guerra y Sánchez 1964, S.47f.

32) In Kuba gab es kaum das Recht des Erstgebogenen (Primogenitur). Vgl. Guerra y Sánchez 1964, S.37f.

33) Vgl. zum folgenden Le Riverend 1972, S.81, Corbitt 1939, S.270f. Dort findet man einen guten Überblick über die Entwicklung des kubanischen Bodenrechts.

34) Mintz 1966, S. 177. Ähnlich López-Segrera 1972, S.62f.

35) Vgl. CERP 1965, S. 10, Mintz 1966, S.178.

36) Vgl. CERP 1965, S. 80 und Pérez de la Riva 1973, S.2.

37) Mintz 1966, S.177.

38) Guerra y Sánchez 1964, S.36.

39) Pino-Santos 1964, S.73.

40) Guerra y Sánchez 1964a, hier zit.nach Ely 1963, S.42.

41) Klein 1967, S.136.

42) Vgl. H.Thomas 1971, S.24f, 40, López-Segrera 1972, S.67, Ritter 1974, S.11f.

43) Guerra y Sánchez 1940, S. 5.

44) Abbé Raynal, hier zitiert nach Ely 1963, S.37.

45) Vgl. dazu Pino-Santos 1964, S. 79f.

46) Zu den verschiedenen Steuern und Zöllen vgl. Dirección Política de las FAR, Historia de Cuba, o.Jg., S.32f.

47) Allein in dem Tresor der monopolistischen Handelsgesellschaft von Havanna fanden die Engländer 1762 1.139.000 pesos. Vgl. dazu und zur Konzentration des Reichtums Pino-Santos 1964, S. 80.

48) Die Bedeutung dieses in den internen Produktionsverhältnissen verankerten extensiven Wachstumsmodells für die Reproduktion der Unterentwicklung hat H. Elsenhans treffend charakterisiert: "Die Peripherie konnte Produktivitätsfortschritte im Agrar- und Minenbereich erreichen, die sich ausschließlich in der Steigerung der Betriebsgrößen niederschlugen. Dies ist nur teilweise auf die Natur der Produkte der Peripherie zurückzuführen, bei denen eine Verbesserung der Werkzeuge einen sehr hohen Kapitaleinsatz erfordert hätte, sondern auch die Folge der niedrigen Kosten der Arbeitskraft. Produktivitätsfortschritte durch die Entwicklung neuer Technologien, durch den verstärkten Einsatz von Kapital und durch die Qualifizierung der Arbeitskräfte fielen also nur in den Zentren der Manufaktur an und bildeten dort die Grundlage für die Produktionsausweitung durch Produktivitätssteigerung." Elsenhans 1977 (unveröffentlichtes Manuskript), S. 111.

49) Vgl. López-Segrera 1972, S.56.

50) Zur Krise der Schiffsmanufaktur in Spanien vgl. Lang 1975, S.50.

51) Zum kubanischen Schiffsbau dieser Zeit vgl. Le Riverend 1972, S.90; zu seinem Höhepunkt im 18. Jahrhundert vgl. Klein 1967, S.158f, Moreno Fraginals 1976, S.16, 19f, 74. Diese Blütezeit der kubanischen Schiffsmanufaktur dokumentierte sich nicht nur in Zahl, Größe und Komplexität der gebauten Schiffe, sondern vor allem auch in der Tatsache, daß in der Werft von Havanna "wichtige Modifikationen im Schiffsbau entwickelt wurden". Fagin/Montañes 1977, S.20.

52) Zur Entwicklung der spanischen Metropole siehe Lang 1975, S. 69 - 104.

53) Vgl. zum folgenden López-Segrera 1972, S.97-101, Klein 1967, S.159, Le Riverend 1972, S.165ff.

Anmerkungen zu Kapitel 4:

1) Vgl. zum folgenden López-Segrera 1972, S.105ff.

2) Vgl. dazu allgemein u.a. Palloix 1971, Bd.I and für Lateinamerika Beyhaut 1965, S. 45ff, 84ff.

3) Vgl. Palloix 1971, Bd.I, Marini 1974, besonders S. 110ff.

4) Zum folgenden vgl. Le Riverend 1972, S. 165ff, Pérez de la Riva 1973, S.18, Guerra y Sánchez 1964b, S.47ff, H. Thomas 1971, S.64.

5) Zur Person Francisco Arango y Parreños, seiner politischen Laufbahn und seinen Ideen zur Reform der kubanischen Gesellschaft vgl. Pierson 1936.

6) Vgl. dazu López-Segrera 1972, S.105ff.

7) Vgl. u.a. Beyhaut 1965, S.71ff für Lateinamerika und E. Williams 1971 für die Antillen.

8) Vgl. dazu den Kommentar von F. Ortíz: "Schon 1851 schrieb der US-Generalkonsul in Havanna offiziell, daß Kuba ein ökonomischer Satellit der USA sei, obwohl es politisch noch von Spanien beherrscht wurde." Zitiert nach López-Segrera 1972, S. 163; vgl. auch Le Riverend 1972, S.170f. Ein weiterer Indikator und Aspekt dieser Tendenz ist die wachsende Zahl von Schiffen der USA im kubanischen Außenhandel. Vgl. López-Segrera 1972, S. 148f.
Selbst für die USA gewann der Kuba-Handel eine Bedeutung wie sonst nur der Außenhandel mit anderen Zentren. 1894 beliefen sich die US-Importe aus Kuba auf mehr als drei Viertel aller Importe aus Lateinamerika; von den US-Exporten nach Lateinamerika gingen mehr als die Hälfte nach Kuba. Insgesamt kamen 1894 10 % aller US-Importe aus Kuba; nur England hatten einen größeren Anteil. Nach Langley 1968, S.86, bestritt Kuba in den 80er Jahren des 19. Jahrhunderts ca. 25 % des des US-Außenhandels. Zwischen 1835 und 1865 nahm Kuba den 3. oder 4. Rang im gesamten Außenhandel der USA ein. Vgl. Ely 1964, S. 457-458.

9) Vgl. H. Thomas 1971, 17. und 18. Kapitel, Langley 1968, S.18ff.

10) Zur Vorgeschichte und Motiven der US-Intervention vgl. Wehler 1968.

11) Das Foster-Cánovas-Abkommen war die spanische Reaktion auf eine Zusatzklausel zum McKinley-Zollgesetz, die von Senator Aldrich durchgesetzt worden war, und zusätzliche Zölle auf Importe aus den Ländern vorsah, die den USA keine entsprechenden Vorteile gewährten. Es beinhaltete, daß der McKinley-Zoll wirklich auf Kuba anwendbar war und den spanischen Verzicht auf die traditionelle Schutzzollpolitik in bezug auf Kuba und Puerto Rico. Vgl.ebenda und dazu und zum folgenden Jenks 1970 (1. Auflage 1928), S.37ff, H. Thomas 1971, S.289.

12) Vgl. CERP 1965, S.137; zu den katastrophalen gesamtwirtschaftlichen Folgen vgl. u.a. Hell 1971, S.284.

13) Beyhaut 1965, S.45. Beyhaut bezieht sich in diesem Zitat auf ganz Lateinamerika.

14) Eigene Berechnungen nach CERP 1965, S. 128, 130. Hell 1971, S. 279, gibt den Anteil des Zuckers für 1865 mit 75 % an. Vgl. zum folgenden allgemein mit ausführlichen Tabellen Goizueta 1975, S. 19-30.

15) Vgl. López-Segrera 1972, S. 168.

16) Vgl. zur American Sugar Refinery die Monographie von Eichner 1969 und Wilkins 1970, Goizueta 1975, S.73-88, H. Thomas 1971, S.289.

17) Vgl. Le Riverend 1972, S.189, 205ff.

18) Vgl. H. Thomas 1971, S.97, 116, 125; Le Riverend 1972, S.170f.

19) Vgl. dazu Tortella Casares 1964. Mitte des 19. Jahrhunderts wurden rund 75 % aller Ausrüstungen für die Zuckerindustrie in England hergestellt. Diese Angabe macht Hugill 1977.

20) Moreno Fraginals 1976, S.172, Fußnote 272.

21) Zur Entwicklung der Zuckerpreise vgl. Goizueta 1975, S.74. Daß die Entwicklung der Zuckerpreise allein kein ausreichender Indikator ist, ist klar, da sich in der gleichen Zeit die Importe der Peripherie aus den Zentren erheblich verbilligt haben. Über die Preisentwicklung dieser Importe steht für Kuba kein ausreichendes statistisches Material zur Verfügung, so daß die These durchaus fragwürdig ist. Wontroba 1975 ist aufgrund einer detaillierten empirischen Analyse zu dem Schluß gekommen, daß sich die terms of trade der Peripherie im Verhältnis zu denen der Zentren zwischen 1820 und 1878 allgemein sogar günstig entwickelt haben. Bliebe zu überprüfen, inwieweit das auch für Zucker zutrifft. Die Tatsache, daß der Zuckersektor in einigen heutigen kapitalistischen Zentren, u.a. in Deutschland, vorübergehend als Leitsektor fungiert hat, deutet daraufhin, daß letztlich die sektoralen Produktionsverhältnisse und die Struktur seines Wachstums (extensiv oder intensiv, Ausmaß und Absorption der Kopplungs- und Ausbreitungseffekte usw.) entwicklungspolitisch entscheidender als die Entwicklung der Zuckerpreise waren.

22) So auch Tortella Casares 1964. Medium der Überausbeutung war bis 1886 das "kreolische Taylorsystem" (Moreno Fraginals) der Sklaverei, danach bis 1925 der Import billiger Arbeitskräfte aus Haiti und Jamaika, und von 1926 bis 1958 die permanente und die saisonale Arbeitslosigkeit.

23) Vgl. López-Segrera 1972, S.160.

24) Vgl. H. Thomas 1971, S. 111.

25) Potter 1899, S.257.

26) Vgl. dazu und zum folgenden H. Thomas 1971, S. 30ff, 136ff, Moreno Fraginals 1976, S.28f, 132f.

27) Zur Bedeutung der Sklavenhändler und ihrer Rolle als Geldverleiher vgl. H. Thomas 1971, S. 83, 275, Ely 1964, S.473. Die Folge war, daß "der Händler, ob Sklavenhändler oder nicht, der eine Plantage besaß, in einem bestimmten Sinn der einzige freie Plantagenbesitzer war." H. Thomas 1971, S.84.

28) Vgl. Moreno Fraginals 1976, S.28f.

29) Zur Rolle des englischen Handelskapitals in Kuba vgl. Moreno Fraginals 1976, S.30, H. Thomas 1971, S. 49, 64, 87.

30) Vgl. dazu und zum folgenden H. Thomas 1971, S.83, 96ff, 156.

31) Zum Vorhergehenden vgl. H. Thomas 1971, S.97, 137, 152ff, López-Segrera 1972, S. 109, 158f, 190.

32) Zur Rolle des US-Handelskapitals vor 1880 vgl. H. Thomas 1971, S.98, 140, 161, Ely 1964, S.462, Benitez 1970, S.33ff, Jenks 1970, S.33-37, López-Segrera 1972, S.158ff, Wilkins 1970. Im Dreieckshandel wurden vom 17. bis zur Mitte des 19. Jahrhunderts metropolitane Produkte gegen afrikanische Sklaven getauscht (Zentren - Afrika), die Sklaven auf den Antillen oder in Brasilien verkauft ("middle passage") und von dem Erlös Zucker oder andere tropische Produkte für die Zentren gekauft. Der größte Teil des Dreieckshandels wurde von England kontrolliert. Der Dreieckshandel trug in dreifacher Weise zur Kapitalakkumulation in den Zentren bei: erstens durch die Öffnung des afrikanischen Marktes; zweitens durch die Riesenprofite aus dem Sklavenhandel, und drittens schuf der Kauf und der Einsatz der Sklaven einen neuen Absatzmarkt (z.B. für die Textilindustrie, die Kleidung und Decken für die Sklaven herstellte). Vgl. dazu E. Williams 1970, S.140ff.

33) Vgl. López-Segrera 1972, S.195ff, Langley 1967, S.84, H. Thomas 1971, S.274, 278ff.

34) Siehe López-Segrera 1972, S.198, Wehler 1968, S.309. Der Anteil Kubas an den Erzimporten der USA war zu dieser Zeit hoch: Wehler beziffert ihn auf 80 %. Zur Rolle des US-Kapitals vor 1898 in der Zuckerindustrie vgl. Sweezy/Huberman 1968, S.25ff.

35) Zur Soledad-Plantage vgl. H. Thomas 1971, S.274. Zur American Sugar Refining Company siehe Nelson 1951, S.96, Ely 1964, S.478, Goizueta 1975, S.73-88, H. Thomas 1971, S.289; speziell zur Rolle der US-Zuckerraffinerien in diesem Konzentrations- und Integrationsprozeß vgl. Eichner 1969.

36) Vgl. zu diesem Begriff Poulantzas 1968, S.266ff. Poulantzas unterscheidet zwischen der hegemonischen Klasse, die nicht notwendig auf der politischen Szene präsent sein muß, deren Interessen aber dominieren, der regierenden Klasse, die auf der politischen Szene dominiert, und der Klasse, aus der sich das Personal des Staatsapparates rekrutiert ("classe 'tenant' de l'appareil d'Etat"). Innerhalb des neuen Machtblocks, der sich bis 1902 (dem Ende der amerikanischen militärischen Besetzung) herausbildete, war die kubanische Bourgeoisie die regierende Klasse, während die Hegemonie beim US-Kapital lag.

37) Vgl. Suchlicki 1974, S. 48ff, 67.

38) Zu diesem Begriff vgl. Frank 1971 sowie Moreno Fraginals 1976, S.28.

39) Der führende Repräsentant der ersten Generation der Zucker-'aristokratie' war Francisco de Arango y Parreño. In seinem berühmten 'Discurso sobre la agricultura en la Habana' (1792) stellte er u.a. folgende Forderungen auf:
1. Freihandel und Senkung der Zölle, 2. die Modernisierung von Techniken und Ausrüstung der Zuckerindustrie, 3. die Reform des Bodeneigentums im Sinne seiner Kapitalisierung, 4. die Gründung einer Agrarbank. Zu Arango vgl. Pierson 1936, Corbitt 1939, S. 274ff, H. Thomas 1971, S.72ff, López-Segrera 1972, S.159.

40) Hell 1971, S.277.

41) Arango y Parreño in privaten Unterhaltungen, hier zitiert nach Echegoyen 1827, S.44.

42) Vgl. Langley 1968.

43) Vgl. López-Segrera 1972, S.111ff. Die folgende Charakterisierung ist natürlich nur ein Querschnitt, durch den die zeitliche Dimension historischer Erfahrung weitgehend durchfällt: z.B. der Wandel eines Teils der Annexionisten (die für die Integration Kubas in die USA plädierten) zu Reformern.

44) Zu den 'Reformern' vgl. H. Thomas 1971, S. 233ff, Suchlicki 1974 und vor allem Moreno Fraginals 1970, S.16ff.

45) Zu diesen regionalen Unterschieden vgl. Hell 1971, S.280f, Suchlicki 1974, S.82, Wood 1970, S.5.

46) Suchlicki 1974, S.89 nennt als Motive für die Intervention der USA: 1. die Suche der aufsteigenden Industriemacht nach neuen Märkten; 2. die Gefahr der Zerstörung von US-Eigentum durch einen langen Krieg; 3. die militärstrategische Lage Kubas am Eingang zum Golf von Mexiko. Weitere Motive waren: 4. die Furcht vor einem Sieg der radikalen Revolutionäre und die daraus sich ergebende Gefahr der Enteignung von US-Eigentum, 5. die Unterstützung der sozialkonservativen Kräfte. Siehe Wood 1970, S.519.

47) Vgl. Moreno Fraginals 1976, S.25ff, H. Thomas 1971, S.70, López-Segrera, S.150.

48) Vgl. die Tabelle bei López-Segrera 1972, S. 109.

49) Zum Konzentrationsprozeß vgl. Guerra y Sánchez 1964, S.63, 77, Wood 1970, S.8. Allgemein zur Reorganisation der Zuckerindustrie und den drei Gruppen siehe H. Thomas 1971, S.270ff und 289 ff, López-Segrera 1972, S.189ff.

50) Zur Entwicklung der Zuckermanufaktur bis 1763 vgl. H.Thomas 1971, S.27-42; Le Riverend 1972, S.147ff; López-Segrera 1972, S.87ff; Guerra y Sánchez 1964, S.40ff, CERP 1965, S.80ff und neuerdings besonders' El nacimiento de la industria azucarera 1974. Nach CERP 1965, S.80 datiert der erste Kredit für den Bau einer Zuckermühle schon von 1523.

51) Vgl. Pezuela y Lobo 1863 - 1866, hier nach Pérez de la Riva 1973, S. 17.

52) Zum folgenden vgl. Moreno Fraginals 1976, S. 17-30, E. Williams 1970, S. 26.

53) Vgl. Guerra y Sánchez 1964, S. 40f, H. Thomas 1971, S.27ff, López-Segrera 1972, S.87-89, Le Riverend 1972, S.147.

54) Der Begriff ist nicht ganz korrekt, da die soziale Lage der Zuckerplantagenbesitzer bis zum Ende der Sklaverei (1886) widersprüchlich war, d.h. eine Mischung aus kapitalistischen und vorkapitalistischen Elementen war. Einerseits produzierten sie für einen kapitalistischen Weltmarkt, der sie zu kapitalistischen Verhaltensweisen zwang: Minimierung der Kosten durch intensivere Ausbeutung (unersättlicher Hunger nach Mehrarbeit) und sekundär auch Produktivitätssteigerung, um die Profite zu maximieren; andererseits hatten sie lange Zeit als "Kommandeure eines kreolischen Taylorsystems" (Moreno Fraginals) Interesse an der Aufrechterhaltung der Sklaverei als vorkapitalistisches Ausbeutungsverhältnis. Ihre Bezeichnung als Zuckerbourgeoisie scheint mir trotzdem legitim, da die Einführung und Aufrechterhaltung der Sklavenarbeit durchaus kapitalistischer Logik entsprach: nämlich einer Situation permanenten strukturellen Arbeitskräftemangels, die nicht anders als mit direkter Zwangsarbeit zu überwinden war. Sklavenarbeit war also die notwendige Voraussetzung der kapitalistischen Expansion der Zuckerindustrie und diente kapitalistischen Interessen. Doch blieb der vorkapitalistische Charakter der Arbeitsorganisation nicht folgenlos: er schränkte die Möglichkeit der Anwendung moderner Technologien ein und verhinderte so den Übergang von der Zuckermanufaktur zur -industrie. Vom Bürgertum der Zentren unterschieden sich die Zuckerplantagenbesitzer also sowohl politisch als auch in bezug auf Arbeitsorganisation und Technologie. Moreno Fraginals bezeichnet daher die Zuckeroligarchie als "kastrierte impotente Halbbourgeoisie, die mit dem revolutionären Bürgertum der Epoche nur den intellektuellen Hauch, die Waren und den Markt gemeinsam hat(te)". Moreno Fraginals 1976, S. 31. Wenn im folgenden, weil es sich eingebürgert hat, Zuckerbourgeoisie, -oligarchie und Zuckeraristokratie synonym gebraucht werden, sind diese inhaltlichen Bestimmungen zu assoziieren.

55) Moreno Fraginals 1976, S.30.

56) In 11 Monaten soviel Sklaven wie vorher in 12 oder 15 Jahren. Vgl. Moreno Fraginals 1976, S.17. Deerr 1949 (1), S.129, gibt die Zahl der 1762 importierten Sklaven mit 10.700 an.

57) Zeitweilig blieben 14 englische Händler in Havanna; vgl. H. Thomas 1971, S.64. Gleichzeitig nahmen die nordamerikanischen Kolonien Englands Kontakt mit Kuba auf, um Zucker und Honig zu kaufen, den sie dort wegen der monopolistischen Politik der britischen Antillen billiger erhielten. Vgl. Le Riverend 1972, S. 149.

58) Moreno Fraginals 1976, S. 17. Vgl. auch H. Thomas 1971, S. 138f.

59) Vgl. Guerra y Sánchez 1964, S. 45ff.

60) Der geschätzte durchschnittliche jährliche Pro-Kopf-Konsum in Großbritannien (United Kingdom) stieg von 4 Pfund Zucker 1700 - 1709 auf 18 Pfund 1800 - 1809 und auf 78,9 Pfund 1890 - 1899, also fast das Zwanzigfache. Danach nahm die Wachstumsrate des Pro-Kopf-Konsums erheblich ab; er stieg nur noch von 84,7 Pfund 1900 - 1909 auf 98,1 Pfund 1930 - 1937, nachdem er zwischenzeitlich sogar gefallen war. Vgl. zu diesen Daten Deerr 1949 (2), S. 532.

61) Vgl. Guerra y Sánchez 1964, S. 44ff, Le Riverend 1972, S. 149, 172.

62) Zum folgenden vgl. Hell 1966, S. 42f, Le Riverend 1972, S. 249, López-Segrera 1972, S.116; H. Thomas 1971, S. 68; E. Williams 1970, S. 226.

63) Zu Haiti vgl. Pérez de la Riva 1973, S.20ff; Hell 1966, S. 43ff, H. Thomas 1971, S. 77ff. Haiti exportierte 1789 noch Zucker im Wert von 135 Mio Francs nach Frankreich, während die kubanischen Exporte damals nur 4 Mio Pesos betrugen. (Die damalige Wertrelation von Peso und Franc konnte nicht ermittelt werden. Der Vergleich der Zuckerexporte in Mengenangaben weist aber darauf hin, daß Haitis Exporte die von Kuba vor 1790 um ein Vielfaches übertrafen.) Haitis Export weißen Zuckers sank von ca.59 Mio Pfund Zucker auf knapp 3.000 Pfund 1820 und der braunen Zuckers im gleichen Zeitraum von ca. 87 Mio auf 2,5 Mio Pfund. Vgl. López-Segrera 1972, S.119 und Hell 1966, S. 459.

64) Vgl. Moreno Fraginals 1976, S. 17. Die beiden Zahlen beziehen sich auf unterschiedliche Zuckerarten: der höhere Preis auf weißen, gereinigten Zucker, der niedrigere auf braunen Zucker schlechterer Qualität.

65) Vgl. zu den vorhergehenden Daten Moreno Fraginals 1976, S. 21, 30, E. Williams 1973, S. 264.

66) Vgl. Guerra y Sánchez 1964, S. 52.

67) Vgl. zur Einwanderungswelle französischer Siedler Pérez de la Riva 1973, S. 20ff, H. Thomas 1971, S. 77ff.

68) Vgl. H. Thomas 1971, S. 78: "Französische Techniker arbeiteten bald in allen größeren kubanischen Zuckermühlen und die größten wurden faktisch von ihnen gebaut. Außerdem brachten sie Ideen mit, wie Zucker in Kuba raffiniert werden könnte."

69) Pérez de la Riva 1973, S. 23.

70) Z.B. trat das königliche Dekret von 1799, das das provisorische Recht des Freihandels mit Nationen, die nicht in den spanischen Krieg verwickelt waren, abschaffte, faktisch nicht in Kraft. Vgl. L.E. Aguilar 1972, S.2. Zum Bündnis zwischen Zuckeraristokratie und Kolonialverwaltung allgemein vgl. López-Segrera 1972, S. 117, Moreno Fraginals 1964, S. 12f.

71) Die Daten bis 1800 weichen teilweise sehr stark voneinander ab. Ich stütze mich für diese Zeit auf die gründliche Monographie von Moreno Fraginals 1976, der neben den offiziellen Daten auch den illegalen Export durch begründete Schätzungen berücksichtigt. Nach 1800 werden die Abweichungen so gering, daß sie nicht ins Gewicht fallen und die wichtigsten Trends nicht davon berührt werden. Ab 1800 stütze ich mich überwiegend auf die Tabelle bei Deerr 1949 (1), S. 131.

72) Die Zahlen bis 1804 sind von Moreno Fraginals 1976, danach von E. Williams 1970, S. 363-363. Die Berechnungen von Williams bis 1804 liegen erheblich niedriger, weil er die Zahl der Mühlen zu hoch annimmt. Die reale Durchschnittsproduktion pro Mühle lag wegen ungenutzter Kapazitäten und der heterogenen Struktur der Zuckerindustrie in der Regel beträchtlich unterhalb der Produktionskapazität des jeweils dominierenden Mühlentyps.

73) Vgl. Hell 1966, S. 43, Moreno Fraginals 1976, S.33ff, 81ff. Die durchschnittliche Produktionskapazität lag 1792 bei 58 t. Vgl. Moreno Fraginals 1976, S.28, 81ff.

74) Vgl. Benitez 1976, S. 91, Guerra y Sánchez 1964, S. 49, 55. Auch hier stütze ich mich bis 1792 auf Moreno Fraginals, dessen Daten sich allerdings nur auf die Provinz von Havanna beziehen, die damals noch Pinar del Rio und Matanzas einschloß, und nur auf die effektiv arbeitenden Mühlen. Fast die ganze Zuckerindustrie lag bis 1790 in der Gegend von Havanna. E. Williams 1973, S. 362-363 gibt die Zahl der Mühlen für 1792 mit 473 erheblich höher an; ebenfalls Guerra y Sánchez 1964, S. 46 mit 478. Diese Angaben sind wahrscheinlich deswegen irreführend, da sie stillgelegte Betriebe und die Kleinmanufakturen einschließen.

75) Benitez 1970, S. 26. Vgl. auch Mintz 1972, S. 137: "... Ohne diese Arbeitskräfte wären diese Inseln entvölkert gewesen. Aber die Arbeitskräfte erschienen nicht auf magische Weise; man mußte Zwang anwenden - nicht den Zwang des leeren Magens wie in den Regionen mit dichter Bevölkerung, sondern direkten, gewaltsamen Zwang: die Peitsche, die Ketten und das Feuereisen. Ohne diese Gewalt hätten die Plantagen nie das Licht der Welt erblickt."

76) Vgl. zum Sklavenhandel H. Thomas 1971, S. 68, Hell 1971, S. 275, Curtin 1969, Moreno Fraginals 1964, S.8. Auch diese Zahlen liegen - wie bei den Zuckerexporten - über den offiziellen Daten, die für 1763 - 1790 ungefähr 33.000 Sklaven angeben, aber nicht den illegalen Handel berücksichtigen. Zu den offiziellen Daten vgl. Hell 1966, S. 47 und Deerr 1949 (2), S. 280. Mintz 1966, S. 179, gibt für die Zeit nach 1820 die Menge der importierten Sklaven mit 200.000 an.

77) 1807 verbot das britische Parlament den englischen Sklavenhandel. 1816 wurde nach Verhandlungen der Großmächte der französische Negerhandel aufgehoben. Zwischen 1827 und 1838 wurde die Befreiung der Sklaven in den französischen Kolonien dekretiert. Vgl. Hell 1971, S. 278f, Hell 1966, S.72.

78) Vgl. die Entwicklung der Sklavenpreise 1862 - 1872 nach Hell 1971, S. 278 (in Pesos):

1862	1864	1866	1872
600	700	1.000	2.000

79) Vgl. Guerra y Sánchez 1964, S. 46f.

80) Zum folgenden vgl. Moreno Fraginals 1976, S. 20-25, 65-81, H. Thomas 1971, S. 30. Erst mit der Einführung des Vakuumboilers, durch den nur noch ein Ofen für alle Etappen des Produktionsprozesses ausreichte, genügte die Bagasse als Brennstoff.

81) Siehe dazu H. Thomas 1971, S. 118ff, Moreno Fraginals 1976, S. 68, 84, López-Segrera 1972, S. 148.

82) Moreno Fraginals 1970, S.11. Der entscheidende Fehler der von Moreno Fraginals kritisierten bürgerlichen Geschichtsschreibung ist, daß sie die modernen Mühlen als Zuckerindustrie charakterisiert. Trotz der Einführung des Dampfmaschinenantriebs (ab 1818) blieben diese Mühlen Zuckermanufakturen, da sie aufgrund der Sklavenhaltergesellschaft nur teilweise mechanisieren konnten.

83) Vgl. ebenda, S. 10f. Während in den Großmanufakturen des Westens der Kauf der Sklaven 50 - 80 % der Investitionen ausmachte, betrug der Anteil in den kleinen und mittleren Manufakturen des Ostens höchstens 50 %.

84) Vgl. Moreno Fraginals 1976, S. 25. 1 caballería (cab.) = 13,4 ha.

85) Vgl. Moreno Fraginals 1976, S.25.

86) Vgl. zur Verdrängung der Tabakbauern Moreno Fraginals 1976, S. 20-25, Le Riverend 1972, S. 124ff, 157ff, H. Thomas 1971, S. 22-24, 32, 123, 133ff, Hell 1966, S.81f.

87) Vgl. CERP 1965, S. 73. Hierbei handelt es sich um offizielle Daten, so daß die Tabakexporte vor der Einführung des Freihandels (1817) wahrscheinlich zu gering angegeben sind. Berücksichtigt man diese Tatsache und nimmt wie H. Thomas (1971, S. 23f) die doppelte Exportmenge an, dann verringert sich die Wachstumsrate, die dennoch beträchtlich bleibt.

88) Vgl. Hell 1966, S. 40, 79.

89) Vgl. Hell 1966, S. 39: Wert der Zucker- und Tabakproduktion 1827 und 1862 (in 1000 Pesos):

	1827	1862
Zucker	8.800	62.130
Tabak	7.800	23.701

90) Vgl. Goizueta 1975, S.9, 10, 15.

91) Vgl. dazu Le Riverend 1972, S. 84, Moreno Fraginals 1976, S. 22ff.

92) Innerhalb der spanischen Kolonialverwaltung hatten sich Interessengegensätze herausgebildet. Während die factoría weiterhin an der Erhaltung der vegueros interessiert war, unterstützte der Gouverneur eindeutig die Interessen der Zuckerplantagenbesitzer; die factoría forderte z.B. 1798 den Gouverneur auf, die Zerstörung der Tabakernte durch die Zuckeroligarchie zu verhindern. Vgl. Moreno Fraginals 1976, S. 22ff.

93) Zum folgenden vgl. Moreno Fraginals 1976, S. 20-25, Hell 1966, S. 33f, 51f, Le Riverend 1972, S. 116ff.

94) Vgl. Moreno Fraginals 1976, S. 23f.

95) Zum Charakter der Zuckergroßmanufaktur vgl. besonders Moreno Fraginals 1970 und 1976, S. 33-40, 81-130. Zu den technologischen Entwicklungen bis 1840 vgl. H. Thomas 1971, S. 115ff, Goizueta 1975, S. 117-143.

96) Knight 1970, S.19.

97) Vgl. dazu und zum folgenden Moreno Fraginals 1976, S. 31ff, 36ff, 102, 111; zu den anfänglichen kubanischen technologischen Innovationen vgl. auch den Hinweis auf die entsprechenden Dokumente bei Knight 1970, S.19.

98) Vgl. H. Thomas 1971, S. 115, Goizueta 1975, S. 120.

99) Zur Einführung der Dampfmaschine vgl. Benitez 1970, S.31, López-Segrera 1972, S. 152f. Zur folgenden Interpretation vgl. Moreno Fraginals 1970, S. 6ff.

100) Die Zahl der 'effektiven' Sklaven schloß alle Arbeitsunfähigen aus: kleine Kinder, Kranke und Alte.

101) "Die Mannschaften reproduzierten sich nie auf natürliche Weise. Die Mühlen waren wie riesige Mahlwerke, die Neger wie Zuckerrohr verschlangen." Moreno Fraginals 1976, S.143. Zu den barbarischen Lebens- und Arbeitsbedingungen auf den Zuckerrohrplantagen während der Blütezeit der Großmanufaktur vgl. Moreno Fraginals 1976, S. 142-153.

102) Die optimale Betriebsgröße einer Sklavengroßmanufaktur lag bei 300 Sklaven. Vgl. Hell 1966, S. 46.

103) Vgl. Hell 1966, S. 46f, Moreno Fraginals 1976, S. 142ff.

104) Karl Marx: Das Kapital, 1. Bd. in: Marx/Engels: Werke, Bd.23, S. 787.

105) Ebenda,S. 354.

106) Ebenda,S. 250.

107) Hell 1966, S. 46. Vgl. dazu schon Karl Marx,ebenda,S.250: "Sobald aber Völker, deren Produktion sich noch inden niedrigen Formen der Sklavenarbeit ... bewegt, hineingezogen werden in einen durch die kapitalistische Produktionsweise beherrschten Weltmarkt, der den Verkauf ihrer Produkte im Ausland zum vorwiegenden Interesse entwickelt, wird den barbarischen Greueln der Sklaverei ... der zivilisierte Greuel der Überarbeit aufgepfropft."

108) Moreno Fraginals 1976, S. 143.

109) Moreno Fraginals 1970, S. 10.

110) Moreno Fraginals 1970, S. 11.

111) Zur Entwicklung des Zuckerweltmarkts im 19. Jahrhundert vgl. besonders E. Williams 1970, S. 374ff, Goizueta 1975, S. 20f, 65, 69, 70f. 74. Weiterhin H. Thomas 1971, S. 125ff, Moreno Fraginals 1970, S. 10ff. Jenks 1970, S.27.

112) Vgl. Benitez 1970, S. 29. Die folgenden Daten sind aus H. Thomas 1971, S. 125f.

113) Vgl. dazu E. Williams 1970, S. 375ff.

114) Vgl.ebenda,S. 377: von 136.167 t (1882/1883) auf 317.306 t (1894/1895). Die Zuckerproduktion von Hawai erhöhte sich von 13.000 t 1876 auf 220.000 t 1898. Vgl.ebenda, S.376ff.

115) Vgl. CERP 1965, S.130, 137. Zwischen 1897 und 1901 versorgte Louisiana den US-Markt durchschnittlich zu 11,1 %, Hawai zu 12 % und Kuba zu 16 %.

116) Vgl. Jenks 1970, S. 28.

117) Vgl. zum folgenden E. Williams 1970, S.300-303, Moreno Fraginals 1970, S. 12.

118) Vgl. dazu Hagelberg 1971bund 1972.

119) 1869 war der Zuckerertrag/acre auf den westindischen Inseln ca. doppelt so hoch wie der von Zuckerrüben in Europa. Der industrielle Zuckerertrag war dagegen 12,5 % in Deutschland, fast 11 % in Frankreich im Vergleich zu 9,25 in Trinidad und 7,25 % in Martinique. Vgl. E. Williams 1970, S.382. In den vollmechanisierten kubanischen 'centrales' gelang es, Ende des 19. Jahrhunderts den industriellen Zuckerertrag von 4 - 5 % auf 11 % zu steigern.

120) Zu den erstaunlich hohen kubanischen Zuckerrohrerträgen im 19.Jahrhundert siehe Moreno Fraginals 1976, S. 270, Fußnote 233.

121) Vgl. dazu und zum folgenden E. Williams 1970, S.383ff, CERP 1965, S. 137.

122) Zu den technologischen Innovationen in der kubanischen Zuckerindustrie ab 1840 und ihren Folgen vgl. Goizueta 1975, S. 117ff, Moreno Fraginals 1970, S. 12, Moreno Fraginals 1976, S. 81-130, CERP 1965, S. 84ff, H. Thomas 1971, S.115ff.

123) Zur Zentrifuge vgl. Goizueta 1975, S. 127f, CERP 1965, S.85f. Schon vor der Existenz der Zentrifuge war in einigen ingenios der Reinigungsprozeß eingeschränkt worden: von 40 Tagen 1800 auf 30 Tage 1830 und 12 Tage 1840. Ab 1850 verzichteten einige Mühlen ganz auf das Raffinieren; diese Kürzung des Reinigungsprozesses war nicht die Folge einer verbesserten Technologie sondern die schrittweise Aufgabe des Reinigungsprozesses überhaupt. Vgl. dazu Moreno Fraginals 1970, S.15.

124) Vgl. H. Thomas 1971, S. 118.

125) Vgl. die Tabelle und die Berechnungen bei Goizueta 1975, S.127f.

126) H. Thomas 1971, S. 120f. Daraus resultieren auch die stark divergierenden Angaben über die Zahl der Mühlen von 1860. Die Angabe von Guerra y Sánchez 1964, S. 55, mit 2.000 Mühlen enthält ungefähr 750 hölzerne Kleinmanufakturen mit Vieh- oder Wasserantrieb, während Thomas die Zahl der teilmechanisierten Großmanufakturen und der Zuckerfabriken mit 1.365 angibt. Er stützt sich dabei auf Berechnungen von Rebello, der die offiziellen Daten wegen ihrer mangelnden Unterscheidung zwischen den Typen der Zuckermühlen kritisiert hat. Vgl. Rebello 1860. Vgl. dazu den Kommentar bei Moreno Fraginals 1970, S. 82, ders. 1976, S. 82-85.

127) Vgl. Moreno Fraginals 1970, S. 14, H. Thomas 1971, S.118, 120.

128) Moreno Fraginals 1970, S.14.

129) D. Durama de Ochoa: Die Emanzipation der Sklaven auf Kuba, Leipzig 1864, S. 19, zit. nach Hell 1966, S. 81.

130) Vgl. zur Technologie der kubanischen Landwirtschaft im 19. Jahrhundert u.a. Moreno Fraginals 1976, S.85-101, Le Riverend 1972, S. 114; Goizueta 1975, S. 118f; CERP 1965, S. 89ff.

131) Le Riverend 1972, S. 114.

132) Moreno Fraginals 1970; vgl. Le Riverend 1972, S. 114.

133) Zum folgenden vgl. Moreno Fraginals 1970, S. 17ff.

134) Vgl. dazu H. Thomas 1971, S. 273, Guerra y Sánchez 1964, S. 62ff.

135) 1862 veröffentlichte Reynoso seinen 'Ensayo Sobre el Cultivo de la Caña de Azúcar', der die erste agronomische Analyse des Zuckerrohranbaus durch einen Kubaner enthielt.

136) Hell 1970, S. 280.

137) Vgl. zum Problem der 'Humanisierung' der Sklavenarbeit Moreno Fraginals 1970, S. 14, Hell 1970, S. 277ff.

138) Vgl. dazu und zum folgenden Moreno Fraginals 1970, S.10f.

139) So López-Segrera 1972, S. 152ff.

140) Der Import chinesischer Vertragsarbeiter hatte das größte Gewicht. Vgl. dazu H. Thomas 1971, S. 110, 186f, Hell 1970, S. 279, Mintz 1972, S. 143. Hell 1966, S. 81,nennt die Gesamtsumme von 137.000 nach 1850 importierten Chinesen. Nach dem Zensus von 1877 lebten 40.327 chinesische Kulis in Kuba. Danach wurde der Handel mit chinesischen Arbeitskräften durch einen Vertrag zwischen China und Spanien wegen seiner Immoralität offiziell abgeschaft. Nach CERP 1965, S. 92, war er schon 1860 von Gouverneur Francisco Serrano suspendiert worden. Zur sozialen Situation der chinesischen Vertragsarbeiter siehe Knight 1970, S.119: "Die Arbeit der Chinesen im 19. Jahrhundert in Kuba glich in allen ihren sozialen Aspekten der Sklaverei; ihr fehlte nur der Name."

141) Hell 1966, S. 81, Mintz 1966, S. 180, 185.

142) Moreno Fraginals 1970, S. 15.

143) Zur Desmanufaktur siehe besonders Moreno Fraginals 1970 und derselbe 1976, bes. S.126ff; vgl. außerdem López-Segrera 1972, S. 155ff, CERP 1965, S. 91ff.

144) Moreno Fraginals 1970, S.18.

145) Durch den Vakuumboiler konnte der industrielle Zuckerertrag von 2,5 bis 3 % auf 5 - 6 % von 100 t Zuckerrohr bei gleichzeitiger Qualitätssteigerung erhöht werden. Vgl. Moreno Fraginals 1970, S.13.

146) Der Zucker der mit Zentrifugen ausgestatteten Rübenzuckerindustrie war von hoher Qualität und konkurrierte direkt und erfolgreich mit Zucker zweiter Qualität der Raffinerien.

147) Moreno Fraginals 1970, S. 20.

148) Moreno Fraginals 1976, S.127.

149) Zu den Daten vgl. Deerr 1949 (1), S. 131.

150) Vgl. CERP 1965, S. 92. H. Thomas 1971, S. 271, spricht von 18 bis 30 %, stützt sich dabei aber wahrscheinlich auf eine ungenaue Lektüre eines Berichts von Cónsul Vickers aus dem Jahr 1883, in dem es heißt: "Ich kenne jährliche Zinsraten von 18 Prozent und in einem Fall sogar von 30 Prozent." Zit. in CERP 1965, S. 93. Eine Zinsrate von 12 % und mehr war immer noch hoch. Vgl. auch Goizueta 1975, S. 143ff.

151) Vgl. dazu CERP 1965, S.93ff, H. Thomas 1971, S.271ff.

152) Vgl. CERP 1965, S. 95, H. Thomas 1971, S. 272.

153) Vgl. Hell 1966, S. 122.

154) Vgl. zum Vorhergehenden H. Thomas 1971, S. 273ff.

155) Diese Zahl stammt von H. Thomas 1971, S. 276; vgl. auch CERP 1965, S. 93f. J. Hell nennt in seinen beiden Texten unterschiedliche Gewinnanteile: 3,5 - 4 % (1966, S.123) und 5 % (1970, S. 283). Der Gewinnanteil variierte allerdings zeitlich und regional. Am Anfang war er höher - und darauf beziehen sich die 5 % von Hell -, um das colono-System überhaupt in Gang zu bringen. Außerdem lag er dort höher, wo die Existenz öffentlicher Eisenbahnlinien die Konkurrenz mehrerer Zentralen um das Zuckerrohr ermöglichte. Vgl. Guerra y Sánchez 1964, S. 62ff.

156) Zum colono-System vgl. Jenks 1970, S. 33, Hell 1971, S.283ff, CERP 1965, S. 92ff, Guerra y Sánchez 1964, S.97ff.

157) So H. Thomas 1971, S.277, der sich auf Deerr 1949 (1), S.130, bezieht.

158) Vgl. Corbitt 1942, S. 304.

159) Zu den erhofften Vorteilen des colono-Systems für die Zentralen vgl. H. Thomas 1971, S. 234, 276, Guerra y Sánchez 1964, S.77, Jenks 1970, S.31, Goizueta 1975, S.136.

160) Vgl. H. Thomas 1971, S. 277. Diese Angabe bleibt vage, weil es mir nicht gelungen ist, das Verhältnis von besonas (furrocas) zu ha zu bestimmen.

161) So Tortella Casares 1964, S. 139.

162) Ortíz 1947, S. 53f.

163) Ch. Bettelheim unterscheidet zwischen dem Proletariat und den proletarisierten Massen der Peripherie, deren Funktion die "einer Reserve an ... billigen Arbeitskräften" ist. "Gerade diese Funktion macht die Massen dieser Länder 'reif' für die Revolution, ob nun die Massen im strengen Sinne des Wortes proletarische Massen oder ob sie proletarisierte Massen sind...", Bettelheim 1971, S.33. Ähnlich Amín 1974.

164) Den Begriff der kapitalisierten Parzellenproduktionsweise hat M. Gutelman 1974 geprägt. Die kapitalisierte Parzellenproduktion unterscheidet sich von der einfachen Parzellenproduktion durch einen höheren Grad der Integration in die kapitalistische Marktwirtschaft (die Produktion ist primär für den Markt bestimmt), durch eine stärkere Spezialisierung und häufig durch eine Spaltung der Parzellenbauern in solche mit viel und mit wenig Kapital. Wesentliches Kennzeichen der kapitalisierten Parzellenproduktion ist die Tatsache, daß sie durch die kapitalistische Produktionsweise primär vermittels Marktmechanismen funktionalisiert und ausgebeutet wird (in erster Linie durch die Bildung einer Durchschnittsprofitrate). Die einfachen Parzellenbauern betreiben primär Subsistenzproduktion, sind daher relativ diversifiziert, sind Familienbetriebe, arbeiten mit wenig Kapital und erreichen nur eine geringe Produktivität. Ihre geringe Spezialisierung läßt ihnen die Möglichkeit des totalen Rückzugs aus der Marktwirtschaft offen.

165) Vgl. H. Thomas 1971, S. 277. Zur 'dualistischen Struktur' z.B. der Zuckerindustrie in Pernambuco (Brasilien) vgl. Eisenberg 1974.

166) So auch Tortella Casares 1964, S. 136.

167) So z.B. in Guerra y Sánchez 1964b, S. 76. Zur Kritik dieser unrealistischen Perspektive vgl. Ely 1971, S. 76.

168) Alejandro de Humboldt: Ensayo Político sobre la Isla de Cuba, La Habana 1960, S. 254-255, hier nach Goizueta 1975, S.2f.

169) Ramón de la Sagra: Cuba 1860, Havanna 1963, S.155, hier zit. nach Goizueta 1975, S. 4. Dort findet man auch eine Zusammenfassung der Positionen von R. de la Sagra zum Problem der Diversifizierung der Wirtschaft.

170) Vgl. Goizueta 1975, S. 4, Moreno Fraginals 1970, S.19. Vgl. auch das Zitat aus dem Bericht der Junta de Información (1866) bei Guerra y Sánchez 1964b, S.57.

171) José Martí: El Tratado Comercial entre los Estados Unidos y México, La América, März 1883, zit. nach Goizueta 1975, S. 1.

172) Zit. nach Friedländer 1944, S.299.

173) Die ambivalente Haltung der Reformisten zur Sklaverei war durch politische und wirtschaftliche Interessen bestimmt. Aus Angst, die Kontrolle über eine Sklavenerhebung zu verlieren, ging man kein Bündnis mit den Sklaven ein. Zum Reformismus vgl. Dirección Política de las FAR, o.Jg., Historia..., S.138-150.

174) So Jenks 1970, S.21.

175) Vgl. CERP 1965, S. 97:

	1894	1960
Zuckerproduktion (lange spanische t)	1.054.000	5.600.000
Bevölkerung	1.700.000	6.500.000
Pro-Kopf-Produktion von Zucker (in t)	0,62	0,86

176) Vgl. die Tabelle in CERP 1965, S.75.

177) Vgl. Jenks 1970, S. 21, H. Thomas 1971, S.111.

178) Dazu und zum folgenden vgl. Goizueta 1975, S. 111.

179) Vgl. CERP 1965, S. 69f. Außerhalb Havannas war der Fleischkonsum allerdings ein wenig geringer.

180) Jenks 1970, S. 25.

181) López-Segrera 1972, S.180. Zur sozialen Polarisierung der Klassen vgl. allgemein: ibid., S.179-185. Genaue Daten über den Lebensstandard des kubanischen Volkes im 19. Jahrhundert gibt es nicht. Vgl. Goizueta 1975, S.1ff.

182) So CERP 1965, S.59-79, 98-113, 139ff. Die Frage, warum trotzdem kein sich selbst erhaltendes Wachstum initiiert wurde, wird allerdings nicht beantwortet.

183) Vgl. Goizueta 1975, S.9ff, CERP 1965, S.139-144.

184) Vgl. CERP 1965, S.67ff. Die Zahlen finden sich auf S.71.

185) Vgl. Goizueta 1975, S.31.

186) Vgl. Klein 1967, S.150, López-Segrera 1972, S.133f.

187) Vgl. dazu Klein 1967, S.141, Le Riverend 1972, S.60-72, 131-147, Mintz 1966, S.144f.

188) So auch López-Segrera 1972, S.124ff, Mintz 1966, S.179ff.

189) Vgl. dazu Dirección Política de las FAR,o.Jg., S.578

190) So die maximalistische Schätzung von Friedländer 1944, S.110.

191) Vgl. zur Viehzucht Moreno Fraginals 1976, S.100f.

192) Zur Auflösung der Zuckerplantagen als selbstgenügsame Einheiten vgl. Moreno Fraginals 1976, S.25ff, 33ff; zu ihrer teilweisen Wiederherstellung vgl. Moreno Fraginals 1970, S.15f.

193) Moreno Fraginals 1976, S.28.

194) Ebenda,S.22ff. Siehe dazu auch den Vergleich der Profitraten selbst während des Kaffeebooms bei H. Thomas 1971, S.128ff. Nach seinen Berechnungen lag um 1830 die Gewinnrate bei Kaffee um 5 %, während sie bei Zucker ca.10 % betrug. Zu dieser Zeit waren das Investitionsvolumen und die Anbaufläche von Zucker(rohr) und Kaffee ungefähr gleich.

195) Moreno Fraginals 1976, S.19.

196) Zum Schiffsbau vgl. Moreno Fraginals 1976, S.16, 19, 74, Fagin/Montañes 1977.

197) Zu den auf die Bedürfnisse des Zuckersektors zugeschnittenen Institutionen siehe Moreno Fraginals 1976, S.47-64.

198) Vgl. dazu Goizueta 1975, S.4f, 173ff.

199) Zur Belebung des Bergbaus durch US-Konzerne und zu dem Bergbaugesetz von 1883 vgl. CERP 1965, S.100ff, Potter 1899, S.318-328.

200) CERP 1965, S.106. Zur deformierenden Konzentration der Ressourcen siehe den Kommentar in CERP 1965, S.105: "Es war logisch, daß, wenn die menschlichen und finanziellen Ressourcen der Insel in diesen Branchen (Zucker, Kaffee, Tabak, H.F.) konzentriert waren, es nicht möglich war, andere große Branchen der verarbeitenden Industrie zu entwickeln."

201) Wilkins 1970(1), S.156. Zur kubanischen Tabakindustrie vgl. auch CERP 1965, S. 107-109.

202) Vgl. dazu CERP 1965, S. 111-113.

203) G. Descamps 1885, S.108, hier zitiert nach Benitez 1976, S.207.

204) H. Thomas 1971, S.273.

Anmerkungen zu Kapitel 5

1) Vgl. dazu McIntyre 1965. McIntyre unterscheidet zwischen strukturellen, d.h. durch Größe, Ressourcenmangel usw. bedingter, und funktionaler oder m.E. besser institutioneller Offenheit. Da mir der Ausdruck funktional in diesem Zusammenhang etwas verwirrend erscheint, unterscheide ich im folgenden zwischen strukturell und institutionell.

2) Wilkins(2) 1974a, S.98.

3) D. Stewart 1975, S. 98.

4) Vgl. Pino-Santos 1973, S. 35. 1913/14 waren die USA allerdings noch ein Nettoimporteur von Kapital: den 3.517 Mio $ US-Auslandsinvestitionen standen ausländische Investitionen in den USA in Höhe von 7.200 Mio $ gegenüber. Vgl. ebenda, S. 35.

5) Vgl. hinsichtlich Kuba u.a. López-Segrera 1972, S.252, 255. Eine ausgezeichnete theoretische Analyse der Stadien der Entwicklung der kapitalistischen und monopolkapitalistischen Produktionsweise in den Zentren unter dem Aspekt der Funktion der Peripherie für die Negation der Widersprüche in den Zentren findet sich bei Palloix 1969, I und II und derselbe 1973.

6) Vgl. z.B. Beckford 1972a,S.121. Beckford bezieht sich auf die Strategie multinationaler Konzerne in Plantagenökonomien allgemein.

7) Siehe dazu Balin 1960, S.454.

8) Die US-Außenhandelspolitik gegenüber Kuba war also nicht allein Instrument der monopolkapitalistischen Gruppen; sie hatte auch die Interessen der nichtmonopolkapitalistischen Schichten zu berücksichtigen, in diesem Fall der Zuckerrübenbauern und der Rohrzuckerplantagen, die als innenpolitische Bündnispartner wichtig waren. Außerdem gab es Gruppen des Monopolkapitals, wie z.B. die Rohzuckerfabriken, die weder Interesse am Export von Fertigprodukten oder am Import von Rohstoffen hatten, weil der (große) Binnenmarkt der USA für sie ausreichte. Daraus zu schließen, daß die Kuba-Politik der USA prinzipiell nicht imperialistischen Interessen diente, wäre allerdings falsch, weil außenpolitische Entscheidungen immer Kompromisse zwischen verschiedenen Fraktionen der herrschenden Klasse sind und die imperialistische Fraktion wesentlich die Kuba-Politik der USA bestimmte. Zu der genannten Fehleinschätzung kommt Goldenberg 1963, S.202f.

9) Vgl. dazu O'Connor 1970, S.21, Langley 1968, S.187 und allgemein als materialreiche und empirisch fundierte Darstellung der Kuba-Politik der USA R.F. Smith 1960. Weiterhin Appleman Williams 1966, D. Steward 1975, J. Benjamin 1977.

10) Vgl. Ibarra 1970, S.10.

11) Vgl. dazu u.a. R.T. Smith 1960, Johnson 1965, Louis A.Pérez 1976. Die - relativ geringen - Waffenlieferungen an Batista wurden am 13. März 1958 auf Druck der Anti-Batista-Opposition eingestellt. Vgl. Ritter 1974, S.53.

12) Vgl. Appleman Williams 1966, S.188. Diese legitime Generalisierung unterschlägt allerdings die unterschiedlichen Positionen innerhalb der amerikanischen Parteien.

13) Lane 1971, S.320.

14) So Bonachea/Valdés 1972, S. 2 (Introduction).

15) Die USA sahen, wie auch Martí, die Auseinandersetzung auf und um Kuba in einer kontinentalen Perspektive und nicht als rein nationales Problem. Vgl. dazu das Zitat von McKinley in Lane 1971, S.317.

16) Vgl. Smith 1960, S.188. Dort findet man auch den vollständigen Text des Platt-Amendment. Vgl. dazu außerdem González 1974, S.55f, Lane 1971, S.324ff, Alphandery 1972, S.25f, Ruiz 1968, S.23f, Balin 1960, S.451f, Manitzas 1973, S.14f. Zur US-Militärherrschaft allgemein vgl. Ibarra 1970, Lane 1971, Hitchman 1971.

17) Ramón E. Ruiz 1968, S.25.

18) Beispielhaft dafür der erste kubanische Präsident der Republik Tomas Estra da Palma (1902-1906, 1909-1012): "Für unser geliebtes Kuba ist es hundertmal besser, politisch abhängig zu sein, wenn dadurch unsere Freiheit garantiert wird, als eine unabhängige und souveräne Republik zu haben, die durch bedauernswerte periodische Bürgerkriege diskreditiert wird." Zitiert in E. González 1974, S.28.

19) Zur Revolution und Konterrevolution von1933-34 vgl. E. González 1974, S.29, Ruiz 1968, S.82ff, Bonachea/Valdés 1972, S.10ff und die Monographie von Luis E. Aguilar 1972.

20) Manitzas 1973, M-260-15.

21) Zu Roosevelts Politik der guten Nachbarschaft allgemein vgl. D. Stewart 1975, Appleman Williams 1973, S.185ff. Hinsichtlich Kuba vgl. u.a. Manitzas 1973, M 260-15.

22) Langley 1968, S.187.

23) Louis A. Pérez 1976, S.168.

24) Am 30. August 1960 vor dem Untersuchungsausschuß des amerikanischen Senats, hier zit. nach Alphandery 1972, S.30.

25) Zum Staat des peripheren Kapitalismus allgemein vgl. Alavi 1972, Elsenhans 1976, Sonntag 1973, Tetzlaff 1976. Die konkrete Verhandlungsposition des kubanischen Staates war neben internen Bündniskonstellationen abhängig von den konkreten Bedingungen des Zuckerweltmarkts (Knappheit oder Überproduktion?). Nach Tetzlaff 1976, S.151, ist die Verhandlungsmacht des peripheren Staatsapparats abhängig von: a) Knappheit, regionaler Verteilung, Substituierbarkeit der Exportprodukte, b) Beginn, Dauer und Umfang der Auslandsinvestitionen, c) dem Klassencharakter des Staates des Gastlandes.

26) Vgl.dazu u.a.E.González 1974,S.32, Ruiz 1968, S.18-40, 163, 169. Zur nationalistischen Kritik an den USA, wie sie von weiten Teilen der kubanischen Intelligenz vorgetragen wurde, vgl. Ruiz 1968, S.151ff.

27) Vgl. dazu und zur Definition von Semi- und Neokolonialismus im Unterschied zur primär ökonomischen Abhängigkeit der meisten lateinamerikanischen Länder Debray 1974,S.45ff.

28) Ruiz 1968, S.8. Nach dem Kategorisierungsvorschlag Debrays trug Kuba sogar Züge einer Semikolonie, weil das Bankensystem lange Zeit von den USA kontrolliert wurde, der Dollar lange Leitwährung war und weil Kuba durch die von den USA beschränkte politische Unabhängigkeit eine unvollendete nationale Formation (Nation) geblieben war.

29) Zu Tradition, Einfluß und Bedeutung des kubanischen Nationalismus vgl. Hennessy 1963, Manitzas M 260, S.17f, Blackburn 1963, S.89f, Ruiz 1968, S.18-40, E.González 1974, S.53-79, Tutino 1969, Karol 1970.

30) Die politische Abhängigkeit Kubas von den USA erstreckte sich nicht nur auf die laufenden politischen Entscheidungen, sondern auch auf die Wahl des politischen Systems, was u.a. in der Verfassung von 1901 und - in geringerem Maße - in der von 1940 zum Ausdruck kam: "Die kubanischen Führer imitierten die USA auch politisch." Ruiz 1968, S.9.

31) Debray 1974, S.58. Vgl. dazu das bei Ruiz 1968, S.153ff und Blackburn 1963, S.66ff ausgebreitete Material.

32) Vgl. u.a. E.González 1974, S.32f, Ruiz 1968, S.12, 102, 112.

33) Vgl. dazu O'Connor 1970, u.a. S.29ff, A. Aguilar 1972 und besonders materialreich Dominguez 1976, 2. Kap. (unveröffentlichtes Manuskript).

34) Manitzas 1973 - M 260, S.17.

35) Vgl. Ruiz 1968, S.12.

36) Smith 1960, S.183ff. Vgl. auch Langley 1968, S.187.

37) In diesem Abschnitt werden die Konsequenzen der Handelsverträge, die wegen der Exportabhängigkeit der kubanischen Wirtschaft enorm waren, nur kurz angerissen. Einzelne Aspekte (Partnerkonzentration des Außenhandels, die Folgen für Industrie, Landwirtschaft, Einkommensverteilung usw.) werden in anderen Kapiteln ausführlicher behandelt.

38) Zum Gegenseitigen Handelsvertrag von 1902 vgl. Pino-Santos 1973, S.165ff, López-Segrera 1972, S.214ff, CERP 1965, S. 281ff, Balin 1960, S.452, Jenks 1970, S.132f, International Bank of Reconstruction and Development 1951 (im folgenden zitiert als IBRD 1951).

39) Vgl. Bourde/Zanetti 1973, S.30.

40) Die Daten sind aus Valdés 1970, S.101, Lopez-Segrera 1972, S.302f.

41) Vgl. CERP 1965, S.280.

42) Vgl. Langley 1968, S.138, Valdés 1970, S.100.

43) Valdés 1970, S.101.

44) Vgl. Smith 1960, S.42,48. Diese Zollerhöhung war ein Kompromiß der widerstreitenden Zucker-Interessengruppen des USA, dem mächtige Gruppen der Exportindustrie der Zuckerraffinerien in den USA und der US-Zuckermühlen in Kuba nur in Hoffnung auf die Steigerung der Exportmenge der - im Verhältnis zu den USA - effizienteren kubanischen Zuckerindustrie zugestimmt hatten.

45) Zum Hawley-Smoot-Tariff vgl. u.a. Smith 1960, S.66, Pino-Santos 1973, S.183ff, López-Segrera 1972, S.234, Valdés 1970, S.102.

46) Vgl. Guerra y Sánchez 1964b, S.112ff, 116ff. Zu der Zeit, als Guerra y Sánchez seine Analyse abfaßte (1926/27), beliefen sich die jährlichen Zolleinnahmen der USA aus dem kubanischen Zuckerexport auf 140 Mio Pesos oder doppelt soviel wie die Zuckereinnahmen des kubanischen Staates. Zwischen 1930-34 beliefen sich die gesamten kubanischen Zolleinnahmen aus Importzöllen auf US-Importe nur auf ein Drittel der entsprechenden US-Zolleinnahmen in Höhe von 2.762 Mio $. Vgl. Valdés 1970, S.102.

47) Vgl. Pino-Santos 1973, S.183f.

48) Vgl. zu dem 2. Gegenseitigen Handelsvertrag Valdes 1970, S.104f, Pino-Santos 1973, S.212ff, Smith 1960, S.159, López-Segrera 1972, S.284, CERP 1965, S.406.

49) Zu den Zusatzverträgen vgl. CERP 1965, S.408, 608 und Smith 1960, S.167.

50) Vgl. zum US-Quotensystem für die Zuckerimporte Smith 1960, S. 160f, Valdes 1970, S.103f, López-Segrera 1972, S.281, Ruiz 1968, S.95ff.

51) So die Bilanz des späteren US-Botschafters in Kuba Philip W. Bonsal 1967, S.264. Da die Zuckerexportmenge stagnierte, wirkten sich die im Verhältnis zum Zuckerweltmarkt z.T. höheren Preise auf dem US-Markt nur geringfügig aus. Vgl.E.Gonzalez 1974,S.61. Die Zuckerexporteinnahmen stiegen von 80,7 Mio Pesos 1932 auf 154,8 Mio Pesos 1936, während sie zwischen 1920 und 1927 immer über 300 Mio Pesos gelegen hatten. Vgl. Bleckert 1966, S.119.

52) Valdés 1970, S.103.

53) Swerling 1960, S.142f.

54) Vgl. Valdés 1970, S.105. Zwischenzeitlich war der Anteil der USA an den kubanischen Importen von durchschnittlich 74 % 1917-21 auf durchschnittlich 65 % 1922-26 gefallen. Vgl. Pino-Santos 1973, S.169, Tabelle 3.6. Die Bedeutung des Vertrags für die USA hat der damalige US-Botschafter in Kuba unverschleiert ausgedrückt: "Die Regierung von Kuba konzediert uns ihrerseits das Monopol des kubanischen Marktes für nordamerikanische Importe, mit der einzigen Einschränkung, daß die kubanische Regierung, wegen der Funktion Großbritanniens als wichtigster Kunde für die nicht in die USA fließenden Zuckerexporte wünschen kann, einer begrenzten Zahl von Importprodukten aus Großbritannien bestimmte Vorteile zu gewähren." Zitiert bei Valdés 1970, S.104.

55) Seers 1964, S.15. In Chile, Kolumbien und Mexiko hatten sich Mitte der 50er Jahre schon Grundmetall- und Maschinenbauindustrien fest etabliert.

56) Zu diesem Begriff vgl. Cardoso/Faletto 1976. Neben den Zuckerindustriellen gehörten dazu die Zuckerrohrbauern (colonos), das große Handelskapital (Export und Import) und das primär auf den externen Sektor ausgerichtete Bankkapital.

57) Vgl. dazu Investment in Cuba 1957.

58) Vgl. zum folgenden Investment in Cuba 1957, S.135ff. O'Connor 1970, S.142ff unterscheidet die Etappen bis und nach 1927. Nach seiner Ansicht hat sich durch das GATT nichts Wesentliches geändert.

59) Ritter 1974, S.20. Vgl. auch CERP 1965, S.381ff, 379. Weitere Konsequenzen der Zollgesetze von 1927 waren der Anstieg des Binnenhandels und Wandlungen der Importstruktur. Von 1912 bis 1937 stieg der Anteil der Produktionsgüter an den Importen von 30 % auf 42,1 %; gleichzeitig nahm der Anteil der Konsumgüter von 70 % auf 57,9 % ab. Vgl. CERP 1965, S.399ff. Ein Teil der Schutzzölle schützte Branchen, die von den USA kontrolliert wurden (u.a. Farben, Kosmetika und pharmazeutische Produkte). Vgl. Pino-Santos 1973,S.171ff. Der frühe Beginn der ISI erklärt sich dadurch, daß Kubas Wirtschaft durch die Krise des Weltzuckermarktes (1925ff) schon in eine schwere Depression geriet und nicht erst durch die Weltwirtschaftskrise 1929. Die Industrialisierung war neben dem Druck auf die US-Regierung in Richtung auf niedrigere Zuckerzölle nur ein Ziel Machados. Der begrenzte Charakter dieser Schutzzollpolitik wird klar, wenn man sich vergegenwärtigt, daß Machado gleichzeitig den Vorschlag einer Zollunion Kubas mit den USA machte. Dies relativiert den scheinbaren Widerspruch zwischen diesen nationalistischen Maßnahmen und dem proimperialistischen Charakter seiner Regierung. Vgl. Pino-Santos 1973, S.170ff.

60) Vgl. dazu Bianchi 1964, S.70.

61) Zum GATT und den ergänzenden Verträgen der USA mit Kuba vgl. Smith 1960, S.168, CERP 1965, S.601ff, 608ff, Gutelman 1967, S.40ff, Investment in Cuba 1957, S.72.

62) Vgl. Gutelman 1967, S.40ff.

63) Zu diesen mehr symbolischen als realen Konzessionen der USA gehörten u.a. der Rückzug der US-Marineinfanterie (1922), die seit 1917 US-Eigentum schützen sollte, der endgültige Verzicht der USA auf die 'Isla de Pines' 1925, die im Platt-Amendment aus dem kubanischen Verfassungsgebiet herausgenommen worden war, und die Aufhebung des Platt-Amendment 1934. Vgl. dazu Smith 1960, S.104ff: "Keine dieser Konzessionen tangierte substantielle Interessen der USA, aber sie waren alle außerordentlich wichtig für das kubanische nationalistische Empfinden, das sich nach 1922 kontinuierlich entwickelte." Daß diese Maßnahmen nicht das Ende der politischen Abhängigkeit Kubas von den USA bedeuteten, dürfte aus dem Vorhergehenden hinreichend klargeworden sein. Trotzdem ist die Wahrnehmung dieser bürgerlich-nationalistischen Tendenz wichtig, da sie die These von der Nichtexistenz einer nationalen Bourgeoisie in ihrer extremen Form (so z.B. Blackburn 1963) relativiert. Der bürgerliche Nationalismus stellte - im Gegensatz zum proletarischen - die Hegemonie der USA nicht total und auf allen Ebenen in Frage und verfocht keine fundamentale politisch-ökonomische Alternativkonzeption, sondern zielte auf Konzessionen im Rahmen struktureller Abhängigkeit: "Die kubanischen Unternehmer waren gewillt, eng mit den amerikanischen Geschäftsleuten zusammenzuarbeiten,und die letzteren unterstützten entschieden diesen geschäftlichen Nationalismus." Smith 1960, S.138. Zum <u>bürgerlichen</u> Nationalismus vgl. besonders Martínez-Alier 1973.

64) So in der Analyse der Weltbank empfohlen. Vgl. IBRD 1951; ähnlich O'Connor 1970, S.80.

65) Vgl. CERP 1965, S.616. Zu den Zielen der Außenhandelspolitik nach 1947 Vgl. Vargas Gómez 1957, S.110ff, CERP 1965, S.613.

66) Zu den einzelnen Schutzmaßnahmen vgl. Wylie 1955, S.3, Investment in Cuba 1957, S.72, O'Connor 1970, S.80, 143ff, 147; speziell für Reis CERP 1965, S.536.

67) Hier nach O'Connor 1970, S.80.

68) Vgl. CERP 1965, S.536f.

69) Wylie 1955, S.6. Nach Vargas Gómez (1957, S.111) hatten die "kubanischen Zölle den Ruf, unter den niedrigsten und liberalsten der Welt zu sein".

70) Vgl. Goldenberg 1963, S.203, 208. Zur ISI vgl. außerdem O'Connor 1970, S.147.

71) Vgl. CERP 1965, S.552.

72) Vgl. zum Vorhergehenden Baklanoff 1971, S.253, und Gutiérrez 1952, S.94. Bei Gutiérrez, einem damaligen Repräsentanten des 'desarollismo' der frühen ECLA-Phase, findet sich ein engagiertes Plädoyer über die Notwendigkeit ausländischen Kapitals als Motor von Wachstum und Diversifizierung.

73) Zu den britischen Investitionen vgl. Pino-Santos 1973, S.37f, IBRD 1951, S.731; zu den britischen Investitionen im 19. Jahrhundert vgl. Goizueta 1975, S.113-116. In ganz Lateinamerika war die Vorherrschaft Englands mit 3,7 Mio $ 1913/14 gegenüber nur 1,7 Mio $ der USA noch ausgeprägter Vgl. Pino-Santos 1973, S.37f.

74) Geschätzt nach Investment in Cuba 1957, S.11f. Neben den Briten hatten noch Kanadier, Holländer, Franzosen und Belgier und v.a. Spanier in Kuba investiert. Die einzige nichtamerikanische ausländische Zuckermühle war 1955 in französischem Besitz. Vgl. dazu Investment in Cuba 1957, S.11f, Marrero 1957, S.170, Macgaffey/Barnett 1965, S.214.

75) Eine Analyse der Ausnutzung innerimperialistischer Widersprüche durch lateinamerikanische Länder findet sich bei Vivian Trias 1968.

76) Zusammengestellt und berechnet nach López-Segrera 1972, S.264, Investment in Cuba 1957, S.9f, Baklanoff 1973, S.15ff. Die Schätzung für 1929 ist noch konservativ. Jenks (1970, S.299f) schätzt die Summe aller US-Investitionen für 1927 sogar auf 1.150 Mio $ (davon ca.100 Mio $ Staatsschulden). Smith (1960, S.29) übernimmt sogar die Schätzung von ca. 1.526 Mio $.

77) Vgl. Foreign Policy Association 1935, S.44, Blackburn 1972, S.124.

78) Vgl. Baklanoff 1973, S.15f.

79) Vgl. IBRD 1951, S.562.

80) Jenks 1970, S.282. Baklanoff 1973, S.15, Smith 1960, S.33, Foreign Policy Association 1935, S.227. Vorher waren auch innerhalb des US-Kapitals in Kuba eher große Einzelunternehmer als Aktiengesellschaften typisch gewesen. Vgl. Jenks 1970, S.309, Smith 1960, S.27f. 1925 hatten 33 Zentralen, die 1920-21 noch gearbeitet hatten, ihren Betrieb eingestellt; vgl. Jenks 1970, S.282.

81) Vgl. Pino-Santos 1973, S.76.

82) Berechnet nach Jenks 1970, S.284, Hell 1967, S.287ff, Die entsprechenden Daten für 1918-19 sind: 32,5 % (Anteil an Zentralen) und 51,4 % (Anteil an der Zuckerproduktion). Vgl. CERP 1965, S.238. 1927 waren weitere 14 Zuckermühlen gemischte US-kubanische Unternehmen. Vgl. Jenks 1970, S.281, 284.

83) Baklanoff 1973, S.17. Zur Expansion und Modernisierung der kubanischen Zuckerindustrie nach 1898 vgl. Jenks 1970, S.282ff und CERP 1965, S.233ff.

84) Vgl. López-Segrera 1972, S.226. Zum Latifundium für die Zeit bis 1925-29 siehe am besten Pino-Santos 1973, Kap.3.

85) Vgl. dazu speziell für die Provinz Oriente Hoernel 1976, S.230, 236.

86) So z.B. von Baklanoff 1973 und auch von Martínez-Alier 1973, einem marxistischen Autor.

87) Die genauen Belege und weitere Einzelargumente liefert Pino-Santos 1973, S.44ff, besonders S.49.

88) Vgl. Jenks 1970, S.300.

89) Vgl. dazu Pino-Santos 1973, S.163.

90) Ibid., S.163.

91) Vgl. zur Rolle der US-Banken und der weiterverarbeitenden US-Konzerne in der kubanischen Zuckerindustrie Smith 1960, S.29ff, 54, 160, 193, Pino-Santos 1973, S.101ff, E. Williams 1970, S.433ff, Foreign Policy Association 1935, S.228f, Benjamin 1977, S.14ff, 194ff.

92) Hagelberg 1976, S.404.

93) Benjamin 1977, S.16.

94) Vgl. Pino-Santos 1973, S.116f, Tab. 2.11.

95) Foreign Policy Association 1935, S.228.

96) Zu den Zuckerraffinerien in den USA vgl. International Sugar Council 1963, I, S.21.

97) Vgl. Jenks 1970, S.287f, Benjamin 1977, S.195.

98) Zur Cuban Portland Cement Corp. vgl. Wilkins(2) 1974a, S.18; zum Import von Maschinen und Ausrüstungen für die Zuckerindustrie vgl. Foreign Policy Association 1935, S.222.

99) Zu den privaten Eisenbahnen vgl. Smith 1963, S.31, Pino-Santos 1973, S.53, 130f; zu den eigenen Frachtschiffen vgl. E. Williams 1970, S.433.

100) Vgl. dazu Scott 1950, S.15.

101) So z.B. E. Williams 1970, S.434: "Der Anbau von Zuckerrohr und die Zuckerproduktion in den Großbetrieben, die das Resultat der US-Penetration waren, erforderten kolossale Investitionen von Kapital, die nur die US-Konzerne aufbringen konnten."

102) Vgl. zu diesen Daten Minneman 1940, S.25.

103) Vgl. CERP 1965, S.355.

104) Zum Begriff der 'outside linkages' vgl. Hirschman 1977.

105) Vgl. Investment in Cuba 1957, S.10, Gutiérrez 1952, S.92. Zum Schrumpfen der US-Investitionen 1929-45 vgl. außerdem Smith 1960, S.33, Baklanoff 1973, S.17, MacGaffey/Barnett 1965, S.213.

106) Vgl. dazu Ruiz 1968, S.92ff. Das bedeutet nicht, daß die Verfassung von 1940 folgenlos blieb. Ein wesentlicher Aspekt der Politik Castros war vielmehr, auf den Widerspruch von Verfassungsanspruch und sozialer Realität hinzuweisen. Auch die 1. Agrarreform von 1959 berief sich auf die Möglichkeit der Enteignung ausländischen Kapitals "im Interesse des Gemeinwohls" (Art. 24) und das Verbot von Latifundien (Art 90). Zit. nach Ruiz 1968, S.104. Zur Bedeutung der Verfassung von 1940 für die 1. revolutionäre Agrarreform vgl. besonders Martínez-Alier 1973, S.19ff.

107) Zur folgenden Analyse des Umfangs, der Verteilung und der ökonomischen Bedeutung der US-Investitionen vgl. besonders Baklanoff 1973, S.21ff, Johnson 1965, IBRD 1951, S.732ff, E.González 1974,S.62f. Smith 1960, S.106f.

108) Johnson 1965, S.443. Die vorhergehenden Daten sind ebenfalls von Johnson entnommen oder danach berechnet. Die Berechnungen für ganz Lateinamerika stützen sich auf Daten von Cardoso 1974a,S.209.

109) Vgl. Smith 1960, S.167. Nach Investment in Cuba 1957, S.11, waren die Hauptanlagegebiete der ca. 3 Mrd $ neuen US-Direktinvestitionen in Lateinamerika (1946-56): Petroleum 1 Mrd $, Industrie 750 Mio $ und Bergbau 500 Mio $.

110) Vgl. Investment in Cuba 1957, S.11.

111) Vgl. Baklanoff 1973, S.21.

112) Vgl. Dominguez 1976, Kapitel 1.2, S.17. Dominguez interpretiert die Entwicklungstendenzen der US-Investitionen in Kuba mit dem 'product cycle model' (R. Vernon), das ein wesentliches Motiv der Auslandsinvestitionen in der verarbeitenden Industrie in der Verteidigung traditioneller Exportmärkte (3. Stadium des Produktzyklus) sieht. Der Rückgang der US-Investitionen im Zuckersektor und dessen wachsende Kubanisierung entspricht ebenfalls dem 'product cycle model', da nach Vernon 'reife' Unternehmen (4. Stadium) ihren Vorteil in Technologie, Marketing usw. , in dem Maße verlieren, wie diese durch das Gastland entwickelt werden. Vgl. zum Modell des Produktionszyklus in der verarbeitenden Industrie Vernon 1973, S. 65-77.

113) Die Daten für Lateinamerika sind von Cardoso 1974a, S.210.

114) Zusammengestellt aus Investment in Cuba 1957, S.10 und Baklanoff 1973, S.28.

115) Eine genaue Einschätzung der Kubanisierungstendenz hätte die Analyse der Entwicklungstendenz innerhalb der Zuckerweltwirtschaft und der Strategie der US-Zucker-MNK (multinationale Konzerne) erfordert. Vgl. z.B. die Analyse des Zusammenhangs von MNK und abhängigen Bergbauexportwirtschaften von Girvan 1970; speziell für Plantagenökonomien Beckford 1972a,5. Kap. Sicher ist, daß der Rohstoffsektor - in unserem Fall der Zuckersektor - an relativer Bedeutung für die US-MNK verloren hat, ohne jedoch unrentabel zu werden. Vgl. dazu Dominguez 1976, Kap. 6, S.1ff. Unklar ist, in welchem Ausmaß die Kubanisierungstendenz Folge der Stärkung der kubanischen Bourgeoisie, des abnehmenden Interesses des US-Kapitals am Zuckerrohr oder der regionalen Verlagerung der US-Zuckerversorgung auf andere Zuckeranbaugebiete war. Zur Entwicklung der nationalen Bourgeoisie vgl. Baklanoff 1973, S.30, O'Connor 1970, Martinez-Alier 1972.

116) Newman 1965, S.59. Eine ähnliche Interpretation der Grenzen der Kubanisierung liefert Blackburn 1963, S.60.

117) Zur Notwendigkeit der Periodisierung und Typisierung der Formen des abhängigen Kapitalismus vgl. Bambirra 1974b und Cardoso/Faletto 1976.

118) Darauf verweist mit explizitem Hinweis auf Kuba Wilkins 1974b; ähnlich Baklanoff 1973, S.30.

119) So O'Connor 1970.

120) Vgl. J.F. Pérez-López 1974, S.108.

121) Vgl. Baklanoff 1973, S.24.

122) Mesa-Lago 1972c,S.30. Zum folgenden vgl. ebenda, S.12,17.

123) Zu diesem Beispiel siehe Boorstein 1968, S.6f.

124) Vgl. CERP 1965, S.555, Tab. 409.

125) Vgl. zu diesen Daten Baklanoff 1973, S.25,27.

126) Vgl. dazu Appleman Williams 1966, S.190. Zur Übernahme US-amerikanischer Konsummuster und zur soziokulturellen Penetration im allgemeinen vgl. Ritter 1974, S.54, Blackburn 1972, S.128ff, Manitzas 1973, M-260, S.12.

127) So Armenteros y Demestre 1955, S.49f.

128) Investment in Cuba 1957, S.71; ähnlich Nolff 1964, S.294.

129) IBRD 1951, S.134.

130) Zur Mischung von Düngemitteln vgl. CERP 1965, S.563, Investment in Cuba 1957, S.93; zur Montage von Fahrzeugen vgl. Investment in Cuba 1957, S.100f.

131) P. Martínez 1969 (1), S.53.

132) Vgl. zu diesem Beispiel Newman 1965, S.72.

133) IBRD 1951, S.198.

134) Zur technologischen Forschung vgl. Whyte 1949, IBRD 1951, S.198.

135) Zur strukturellen Heterogenität der kubanischen Industrie vgl. O'Connor 1970, S.139ff, Ritter 1974, S.24f.

136) O'Connor 1970, S.152; ähnlich Nolff 1964, S.294.

137) Vgl. dazu IBRD 1951, S.61ff.

138) Berechnet nach einer Schätzung der Weltbank-Studie von 1951, hier nach G. Gutiérrez 1952, S.84ff, Tab. 33, 34, 35.

139) Zu diesen Daten vgl. Nolff 1964, S.334; zur Bedeutung der unproduktiven Sektoren vgl. O'Connor 1970, S.136f, Tab.9.

140) Zu diesen neuen Entwicklungsbanken vgl. O'Connor 1970, S.141-146.

141) So Furtado 1970a, S.238f.

142) Vgl. Gutelman 1967, S.40.

143) Am systematischsten dazu Strnad 1968, S.67ff; vgl. auch die Beispiele bei O'Connor 1970, S.141. Am Beispiel der Finanzierung und Verwendung der Auslandskredite Teismann 1975, S.37. Ein besonders eklatanter Fall war die Gewährung von Subventionen in Höhe von 6 Mio $ an die Esso Standard Oil Company, deren Umsatz 1955 7.200 Mio $, d.h. ungefähr das doppelte des kubanischen Nationaleinkommens betrug. Vgl. dazu Gutelman 1967, S.44.

144) Strnad 1968, S.68. Strnad zitiert aus: A Statement of the Laws of Cuba, S.320.

145) Auf die allgemeine Möglichkeit, daß staatliche Subventionen und Stabilisierungsaktionen gleichzeitig die institutionellen Rahmenbedingungen herstellen und die Legitimität begründen, die weitergehende staatliche Steuerungsmaßnahmen erlauben, hat Hirschman 1977, S.86f, hingewiesen.

146) Zu Lateinamerika allgemein vgl. Hirschman 1968, Bambirra 1974b. Zur politischen Schwäche der nationalen (Industrie-) Bourgeoisie in Kuba vgl. O'Connor 1970, Blackburn 1963. Die berechtigte Absicht, die Existenz bürgerlich-nationalistischer Tendenzen zu betonen, läßt Martinez-Alier (1973) übersehen, daß die nationale <u>Industrie</u>bourgeoisie schwach und/oder abhängig war.

147) Zum Verhältnis von Exporteinnahmen, Staatsausgaben und privaten Investitionen vgl. IBRD 1951; zum Außenhandel per capita vgl. Investment in Cuba 1957, S.138.

148) Zum Vorhergehenden siehe Bourde/Zanetti 1973, S.57, IBRD 1951, S.726, Tab.143.

149) Die These allgemein und stabil hoher Außenhandelsquoten in kleinen Entwicklungsländern vertritt Demas 1965; zur empirischen Problematik dieser These siehe P.J. Lloyd 1968.

150) Vgl. dazu die Daten in Bourde/Zanetti 1973 (1938, 1946, 1958), Alienes y Urosa 1950, S.320-324.

151) Nach Bézy sind Monopolpreise häufige Begleiterscheinung der hohen Partnerkonzentration des Außenhandels peripherer Nationen. Vgl. Bézy (1971, S.794, Tab.II) für einige Länder des ehemals französischen Schwarzafrika sowie allgemein O. Braun 1974.

152) Vgl. Escarpenter 1965, S.158. Die Frage, inwieweit Kuba vor 1959 über eine in Umfang und Struktur adäquate Handelsflotte verfügte, wird von verschiedenen Autoren unterschiedlich beantwortet. Nach CERP (1965, S.605) war Kuba eine Exportwirtschaft ohne Handelsmarine; ähnlich Lopez-Segrera (1972, S. 305-306), der berichtet, daß Versuche Kubas während des 2. Weltkriegs, eine kleine kubanische Handelsflotte auf die Beine zu stellen, auf den Widerstand der US-Regierung stießen und die Handelsschiffahrt ein Monopol der USA blieb. Anders dagegen Escarpenter 1965, S.156. Dessen positive Einschätzung beruht jedoch auf fragwürdigen kurzfristigen und kurzsichtigen privatkapitalistischen Kosten-Nutzen-Kalkülen. Eine eigene kubanische Handelsflotte für weite Entfernungen war nach Escarpenter überhaupt unökonomisch, ihr Nichtvorhandensein daher für ihn kein Problem! "Die Möglichkeiten einer kubanischen Handelsflotte sind durch unsere geoökonomischen Rahmenbedingungen eng begrenzt, aber in dem Maße, wie sie existieren, werden sie schon genutzt." Ibid., S.165. Hier wird die Ausrichtung des kubanischen Handels auf die USA einfach vorausgesetzt. Aus gesamtwirtschaftlicher Sicht ist die Existenz einer eigenen Fernhandelsflotte eine essentielle Bedingung effektiver wirtschaftlicher Autonomie und der nationalen Kontrolle des Außenhandels.

153) Blutstein u.a. 1971, S.384f.

154) Nach Bézy (1971, S.799f) besteht eine "idealtypische Abhängigkeit" einer Peripherieökonomie von einer Metropole, wenn folgende Warenstruktur des Außenhandels vorliegt:
1. die Spezialisierung auf Primärgüterexporte, bei denen die Metropole über alternative Bezugsquellen verfügt;
2. eine Monoexport- und Monoproduktionsstruktur, auch auf Kosten der Nahrungsmittelproduktion; 3. die Kontrolle des Transports, der Verarbeitung und Vermarktung des Hauptexportprodukts durch die Metropole; 4. eine komplementäre, nicht konkurrierende Spezialisierung. Kuba erfüllt alle Bedingungen.

155) Vgl. Bourde/Zanetti 1973, S.39, Kubas Erfahrungen im Außenhandel 1965, S.53, Scherf 1964, S.151.

156) Bourde/Zanetti (1973, S.39) haben diesen Zusammenhang durch statistische Korrelationsrechnungen belegt. Die Korrelation zwischen dem Volumen der Zuckerernte und den Gesamtexporten betrug $r = 0{,}888$ und zwischen dem Wert der Gesamtexporte und dem Zuckerpreis $r = 0{,}809$.

157) Vgl. Nolff 1964, S.287. Hinsichtlich Lateinamerika allgemein vgl. Furtado 1970a. Das Sinken der Deviseneinnahmen in der Weltwirtschaftskrise war sowohl die Folge des Rückgangs der Exportmenge wie auch des Falls der Zuckerpreise, die 1932 auf 25 % ihres höchsten Niveaus in den 20er Jahren fielen. Vgl. ebenfalls Furtado 1970a, S.236 und Bourde/Zanetti 1973, Dok.1.

158) Vgl. dazu und zum folgenden Bourde/Zanetti 1973, S.30, IBRD 1951, S.727, Le Riverend 1972, S.228ff.

159) L.E. Aguilar 1972, S. 99; vgl. am besten dazu Mesa-Lago 1972c. Zwischen 1898 und 1925 wurde das Problem mangelnder Arbeitskräfte durch den Import ausländischer Arbeitskräfte, überwiegend aus Haiti und Jamaica, gelöst. Dumont (1964, S.20) schätzte die Arbeitslosigkeit in Kuba 1933 auf 50 % der ökonomisch aktiven Bevölkerung im Vergleich zu 25 % in der USA (ohne Quellenangaben). Zur Arbeitslosigkeit während der Weltwirtschaftskrise siehe Furtado 1970a, S.236: "Die Wirtschaft des Landes war nahezu paralysiert und die daraus folgende Arbeitslosenquote dürfte kaum Parallelen in anderen Ländern haben."

160) CEPAL 1958, S.195; vgl. auch Bambirra 1974a, S.153.

161) Berechnet nach CERP 1965, S.513, Tab. 355 und Bambirra 1974a, S.152.

162) CERP 1965, S.514.

163) Vgl. dazu und zu dem folgenden Marrero 1957, S.344ff.

164) IBRD 1951, S.168.

165) Kubas Erfahrungen im Außenhandel 1965, S.55.

166) Vgl. dazu IBRD 1951, S.726, Alienes y Urosa 1950, S.269-271. Vgl. dazu allgemein Seers 1970, S.164ff. Nach Seers wird das langfristige Wachstum einer offenen, Primärgüter exportierenden Wirtschaft durch eine exogene Variable (die Exporte) und eine strukturelle Beziehung (die Einkommenselastizität der Nachfrage nach Importen) bestimmt.

167) Vgl. Nolff 1964, S.294. Nach einer von García Rodríguez (1967 , S.266) zitierten Studie der BANFAIC wurden 73,7 % der in den neuen Industrien verwandten Materialien importiert. Bei den Ausrüstungsgütern lag der Importanteil wahrscheinlich noch höher.

168) Vgl. Huberman/Sweezy 1968, S.163.

169) Vgl. Kubas Erfahrungen im Außenhandel 1965, S.55.

170) Vgl. ebenda und CEPAL 1951, S.10.

171) Vgl.dazu Gutelman 1967, S.43, Tabelle 16. Zu den Importen einzelner Lebensmittel vgl. u.a. Bianchi 1964, S.73, Tabelle 5.

172) So, allerdings ohne Quellenangabe, Dumont 1964, S.23.

173) Vgl. Huberman/Sweezy 1968, S. 22.

174) Vgl. dazu und zum folgenden 'Kubas Erfahrungen im Außenhandel' 1965, S.57ff, Bourde/Zanetti 1973, S.41f.

175) Kubas Erfahrungen im Außenhandel 1965, S.59.

176) Erste Ansätze dazu entwickeln u.a. Bambirra 1974a und Cardoso 1974b. Auch Amín (1970, S.339-377) hat schon früher auf die Notwendigkeit der Differenzierung zwischen Typen peripherer Gesellschaftsformationen hingewiesen und eine erste grobrastrige Typologie entworfen. Cardoso liefert eine gute Zusammenfassung und Kritik der "neuen falschen Thesen" der Dependenztheorie über Lateinamerika. Im allgemeinen hat die Dependenztheorie (u.a. Frank, dos Santos) die entwickelteren Formationen des abhängigen Kapitalismus (Brasilien, Mexiko oder Argentinien) als Modell genommen mit der ex- oder impliziten Annahme, daß die anderen lateinamerikanischen Gesellschaften deren Entwicklung nachvollziehen. Cardoso zielt ab auf die neuen Tendenzen des abhängigen Kapitalismus (zunehmende Produktion für den Binnenmarkt, wachsende Industrialisierung und Bedeutung der wachstumsorientierten Staatsbourgeoisie usw.), während Bambirra zwischen zwei historischen Klassenkoalitions- und Akkumulationsmodellen unterscheidet: zwischen den Nationen, in denen der Exportsektor schon vor 1929 durch Kopplungs- und Ausbreitungseffekte Ansätze für eine nationale Industrie gelegt hatte und die daher nach 1929 eine erfolgreiche Politik der ISI durchsetzen konnten (Typ A), und denjenigen, in denen die Enklavenökonomie nicht entsprechende Impulse auslöste,nach 1929 also die Voraussetzungen für eine erfolgreiche ISI fehlten und die dann,nach 1945, ihre Industrialisierung unter direkter Kontrolle des imperialistischen Kapitals einleiteten (Typ B).

177) So z.B. Baldwin 1956; ähnlich Myint 1973. Empirisch fundierte und systematische komparative Analysen zu diesem Problemkomplex gibt es nicht.

178) Vgl. zum Konzept der Plantagenwirtschaft bisher am besten die Monographie von Beckford 1972a.

179) Vgl. Best 1968.

180) So tendenziell Hirschman 1977, Aufhauser 1974.

181) Zum folgenden vgl. Chonchol 1963, S.70ff, Scherf 1964, S.153ff, Investment in Cuba 1957, S.173ff, Marrero 1957, S.71f.

182) Vgl. Trappen 1965, S. 16.

183) Vgl. u.a. Gutelman 1967, S.20. Die Schätzungen schwankten zwischen 8,9 Mio ha von11,5 Mio ha oder 77,4 % (Chonchol 1963, S.71) und 10,5 Mio ha (= 91 %). Vgl. zum letzteren O'Connor 1970, S.56. Selbst nach der pessimistischen Schätzung von Chonchol war die landwirtschaftlich nutzbare Fläche Kubas ungefähr so groß wie die des siebenmal größeren Chile.

184) Vgl. Menzel 1978, S.30.

185) Scherf 1964, S.153.

186) Vgl. u.a. Marieu 1974, S.131, Tab.1. Nach IBRD (1951, S.68) war die Bevölkerungsdichte pro ha in Chile 7,4, in Mexiko 11,9 und in Argentinien 5,8 (ca.1950).

187) Zum Vergleich für 1950: Jamaica (116,2), Haiti (127,9), Puerto Rico (241,6).

188) Vgl. Pierre-Charles 1976, S.72.

189) Vgl. Acosta/Hardoy 1973, S.76, Tab.3. Zu den Siedlungen in der Nähe der Zuckermühlen vgl. Alba 1959, S.188, Ritter 1974, S.41f.

190) Vgl. dazu Investment in Cuba 1957, S.29.

191) Investment in Cuba 1957, S.29.

192) Aufhauser 1974 postuliert fälschlicherweise die Unvereinbarkeit von Zuckerrohranbau und sharecropping.

193) Die große Verbreitung von absentee-owners wird auch durch die - allerdings nicht repräsentative - Feldstudie von Spitze/Alfaro (1959) belegt. Danach lebten die meisten Landlords des untersuchten Gebiets (in der Nähe von Havanna) in der Stadt.

194) Zu den einzelnen Formen der Bewirtschaftung siehe grundlegend Nelson 1951, S.163ff; vgl. außerdem Gutelman 1967, S.14ff, IBRD 1951, S.91.

195) Zu den sharecroppers vgl. Nelson 1951, S.165. Z.B. gab es nach Nelson in der Tabakregion in der Nähe von Calaiguán drei Typen von Teilpächtern: cuartarios, tercedarios und partidarios. Die Zuordnung zu einer dieser Gruppen war abhängig von Art und Umfang des vom Pächter eingebrachten Kapitals (Zugtiere, landwirtschaftliche Maschinen, Behausung, Saatgut, Dünger) und der allgemeinen Verhandlungsposition. Der cuartario mußte nur ein Viertel der Ernte als Pacht zahlen, weil er alle notwendigen Produktionsvoraussetzungen selber besaß. Der Umfang des Kapitals, über das tercedarios verfügten, variierte. In der Regel mußte der Grundbesitzer einen Teil des Kapitals zusteuern; die Pachtrate betrug daher 1/3 der Ernte. Die partidarios verfügten meist nur über ihre eigene Arbeitskraft; selbst Gebäude und Wohnung wurde von dem Pachtherrn gestellt. Sie mußten daher die Hälfte ihres Output an den Grundherrn abgeben.

196) Vgl. zu diesem Konflikt Tutino 1969, S.104ff, Trappen 1965, S.37, Dominguez 1976, 6. Kapitel, S.11.

197) U.a. Tutino behauptet die Teilproletarisierung der precaristas und auch der Kleinpächter: "... die extreme Proletarisierung der ländlichen Kleinbourgeoisie unterstützte die revolutionären Tendenzen ... Der Anteil des Landproletariats und der proletarisierten Bauern war unendlich höher als in Europa üblich. Der Typ des Kleinbauern, des 'unabhängigen colonos',war praktisch fiktiv." Ders.1969, S.191. Anders dagegen Dominguez 1976, 6. Kap. Die regionale Differenzierung der Agrarstruktur führt Dominguez zu der These, daß die Guerrilleros politisch fehlsozialisiert wurden. Die Konzentration der precaristas in der Sierra Maestra hätte sie zu einer verzerrten Wahrnehmung der kubanischen Agrarsozialstruktur geführt, insbesondere zur Überschätzung des Problems der Pachtunsicherheit. Vgl. ders. 1976, 6.Kap.

198) Vgl. für Kuba Trappen 1965, S.23. Allgemein für Pächterplantagen Beckford 1972a.

199) Hier nach Abdullatif 1973, S.53. Nach der fundierten Schätzung von Dominguez hatten 50,6 % der bäuerlichen Betriebe in Kuba keine Probleme mit der Sicherheit ihrer Pacht (die Eigentümerbauern und die seit 1937 rechtlich gesicherten Pächter, die Zuckerrohr anbauten). Die Situation der außer den precaristas mit diesem Problem konfrontierten Bauern war ein wenig besser als die der precaristas: Vgl. Dominguez 1976, 6. Kap., S.17.

200) Vgl. Nelson 1951, S.166. Die große Bedeutung mündlicher Verträge wird durch die empirische Studie von Spitze/Alfaro (1959) bestätigt; nur 1/3 der von ihnen untersuchten Pachtbetriebe hatte einen schriftlichen Vertrag.

201) Vgl. Nelson 1951, S.164.

202) Vgl. Spitze/Alfaro 1959.

203) Vgl. Martínez-Alier 1973, S.9, Tab.1.

204) Vgl. dazu u.a. Gutelman 1967, S.13.

205) Vgl. Echevarría Salvat 1971, S.55, Tab.65.

206) Zu Zahl, sektoraler Verteilung, sozioökonomischer Situation, politischen und sozialen Zielen der Landarbeiter vgl. Nelson 1951, S.166f, Trappen 1965, S.37f und Mayo 1974, S.33ff.

207) Vgl. C. Thomas 1974, S.162, Tab.6, Mintz 1966, S.182.

208) Vgl. dazu Tutino 1969, S.144f.

210) So O'Connor 1970, S.28. Zur versteckten Arbeitslosigkeit auf den Minifundien und ihren Konsequenzen vgl. Gutelman 1967, S.17. Zum Phänomen der Wanderarbeiter Mayo 1974, S.32f.

211) Laut Agrarzensus von 1946, hier nach Gutelman 1967, S.16, Tab.5.

212) Zur hierarchischen Organisationsstruktur auch der auf freier Lohnarbeit beruhenden Zuckerrohrplantagen vgl. Beckford 1972a, Patterson 1971.

213) Diese plausible Erklärung wird von einem der Arbeitsbummelanten selber angeboten: "Vor der Revolution habe ich für mich gearbeitet, und wenn ich nicht gearbeitet habe, dann war das meine Sache. Ich habe gearbeitet, wenn ich einen Job gefunden habe, und wenn es keinen gab, habe ich nicht gearbeitet. Das Problem der Arbeitsbummelei gab es nicht; wenn jemand 'blau machte', wurde er entlassen, wenn er nicht, wie ich, für sich arbeitete. Heute wird jeder, der ohne eine verdammt gute Entschuldigung nicht zur Arbeit geht, als unverantwortlicher Parasit bezeichnet. Die Regierung zwingt jemanden immer zu arbeiten, der jahrelang nur gewöhnt war, zwei Tage pro Woche zu arbeiten. Sein Körper ist an diese Routine gewöhnt; ... So arbeitet er zwei Tage, wie er es gewöhnt ist, und am dritten Tag gelingt es ihm nicht, aus dem Bett zu kommen, geschweige denn arbeiten zu gehen. Daher geht er zwei Tage nicht zur Arbeit. Wenn man das Problem untersucht, dann ist das der Grund für viele Fälle chronischer Arbeitsbummelei." Domingo Labrada, zit. nach O. Lewis u.a. 1978, S.461.

214) So das Ergebnis der Umfrage von Cantrill 1965, S.127-130. Eine der wenigen Untersuchungen, in der das Problem der Besonderheiten des Plantagenproletariats und deren Implikationen für die postrevolutionäre Entwicklung - hier die politische - überhaupt angedeutet wird,ist Mires 1978, u.a. S. 99.

215) Vgl. Chonchol 1963, S.75.

216) Vgl. zum Vorhergehenden für die lateinamerikanische Agrarstruktur allgemein Bambirra 1974b, S.138ff.

217) Vgl. Nuñez Jimenez 1959, S.310.

218) Vgl. Scherf 1964, S.158.

219) Zu diesen Daten siehe Tutino 1969, S.38, Benitez 1970, S.35.

220) Martínez-Alier 1973, S.18.

221) Vgl. Nuñez Jimenez 1959, S.310, Investment in Cuba 1957, S.32, Gutelman 1967, S.18ff.

222) Vgl. u.a. Martínez-Alier 1973. 1931-33 lag dieser Anteil nur gering höher: zwischen 20,8 % (1932) und 25,3 % (1933). Vgl. López-Segrera 1972, S.238.

223) Vgl. López-Segrera 1972, S.238, Tab.6, Martínez-Alier 1973, S.9.

224) So z.B. fälschlicherweise Acosta/Hardoy 1973, S.3.

225) Zur Kategorie der kapitalisisierten Kleinbauern vgl. Gutelman 1974. In diesem Fall setzt sich das Gesetz des Ausgleichs der Profitrate zunehmend durch, so daß nicht nur ein Umverteilungsprozeß zugunsten der Industrie (Lieferanten und verarbeitende Firmen), des Handels und Wucherkapitals sowie der Großgrundbesitzer stattfindet, sondern auch zwischen Agrarbetrieben mit unterschiedlicher technischer und organischer Zusammensetzung des Kapitals innerhalb einer Branche.

226) Die durchschnittliche Pacht pro Jahr betrug 3,27 $ pro ha. Diese Zahl ist jedoch, wie viele Durchschnittswerte wenig aussagekräftig, da die Pachtraten nach Kultur, Betriebsgröße und regional variierten. So betrug z.B. die Pacht in Havanna 278 % des nationalen Durchschnitts, während sie mit 60 % des Durchschnittswerts in Oriente weitaus niedriger lag. Vgl. Marrero 1957, S.179. Hier ist allerdings zu bedenken, daß in den gebirgigen Regionen Orientes die Böden wie die Transport- und Vermarktungsmöglichkeiten schlechter als in Havanna waren.

227) Vgl. O'Connor 1970, S.76. Diese monopolistischen Unternehmensläden waren eine weitverbreitete Erscheinung in Plantagenwirtschaften (vgl. Beckford 1972a) und in Lateinamerika im allgemeinen (vgl. Bambirra 1974b).

228) Vgl. Acosta Santana 1972, S.57. Über die Repräsentanz dieser Angaben wird nichts gesagt.

229) Dieser Aspekt ist nur von wenigen Autoren beachtet worden, u.a. von Gutelman 1967, S.24f und von Joshua 1974 unter Bezug auf nachrevolutionäre Planungsprobleme. Die Tabak- und Kaffeeproduktion, nach dem Zuckerrohr die wichtigsten Agrarsektoren, waren ebenfalls industrielle Kulturen. Allerdings bestand hier nicht ein solcher Zwang zur zeitlichen Koordination.

230) Nelson 1951, S.116. Zur Abhängigkeit der colonos von den Zentralen vgl. Gayoso 1970, S.8f, Ritter 1974, S.33. Diese abhängige Situation der Pächter ist typisch für Pächterplantagen. Vgl. Beckford 1972a, S.283, 286.

231) Vgl. Alba 1959, S.192. Ohne Quellenangabe.

232) Vgl. dazu Batchelder 1952, S.243. Vgl. auch Abdullatif 1973, S.53: "Eine Reihe von Einschränkungen und Auflagen, die in den Pachtverträgen enthalten waren, machten es den Pächtern vielfach unmöglich, ihren bescheidenen Eigenbedarf an Nahrungsmitteln zu decken.".

233) Siehe dazu Gutelman 1967, S.32, Abdullatif 1973, S.55.

234) Darauf verweist Martínez-Alier 1973, S.30. Typisch in dieser Hinsicht z.B. Chonchol 1963 und Gutelman 1967.

235) So z.B. Dominguez 1976, der sich fast ausschließlich auf die staatlichen Maßnahmen konzentriert, ohne die zugrundeliegenden Produktionsverhältnisse genauer zu analysieren. Außerdem beschränkt er seine Analyse nahezu auf das Problem der Pachtsicherheit und läßt andere Ausbeutungs- und Abhängigkeitsformen außer acht. Von diesen Einschränkungen abgesehen ist seine Analyse jedoch differenziert und materialreich.

236) So auch Macgaffey/Barnett 1965, S.48.

237) Dieser Begriff ist Beckford (1972b) entnommen. Beckford grenzt die institutionelle von der integralen Agrarreform (u.a. am Beispiel D. Warriners; vgl. Warriner 1967) ab. Ziel der integralen Reform ist die Steigerung der Produktivität (eines Teils der Produzenten); der institutionelle Wandel (Ausdehnung von Kredit und Anbaufläche, redistributionspolitische Maßnahmen) ist meist begrenzt. Ziel der institutionellen Reform ist dagegen die Steigerung der Wohlfahrt der Land- und der Gesamtbevölkerung. Voraussetzung dafür ist die Veränderung der grundlegenden Institutionen. Zu der Teilmodernisierung der Landwirtschaft in den lateinamerikanischen Ländern, in denen nach 1945 noch traditionelle Agrarstrukturen vorherrschten, vgl. Bambirra 1974b.

238) Vgl. dazu Martínez-Alier 1972. Eine ähnliche Rolle spielte die Agrarreform Freis für die spätere Agrarreform Allendes in Chile .

239) Zum Zuckerkoordinationsgesetz und seinen Folgegesetzen vgl. Martínez-Alier 1973, Dominguez 1976, 2. Kap.,S.44ff, 6. Kap., S.1ff, O'Connor 1970, S.59f, Bianchi 1964, S.88.

240) Zur Verfassung von 1940 vgl. Ruiz 1968, S.104f; speziell zu ihren Ansätzen zur Sozialreform vgl. u.a. Gayoso 1970, S.9, Bianchi 1964, S.98.

241) So auch Farber 1976. 1940 wurde Batista mit Unterstützung der KP, mit der er eine Koalition gegen die Nachfolgeorganisationen der Revolution von 1933, in erster Linie die autenticos, gebildet hatte, offiziell zum Präsidenten Kubas gewählt, während er 1933-1940 nur der starke Mann im Hintergrund gewesen war.

242) So Dominguez 1976, 6. Kap, S.6.

243) Zum Land- und Teilpachtgesetz vgl. Spitze/Alfaro 1969, S.279, O'Connor 1970, S. 75f, Gayoso 1970, S.15. Nach Dominguez (1976), 6. Kap., S.12) wurde das Permanenzrecht für alle legalen Pächter erst von Batista mit dem Dekretgesetz 247 vom 17.Juli 1952 eingeführt. Andere Autoren (O'Connor 1970, S.75 und Gayoso 1970, S.16) sprechen schon für 1948 von einem allgemeinen Permanenzrecht.

244) Vgl. dazu die guten Zusammenfassungen bei O'Connor 1970, S.78 und Teismann 1975, S.38f. 1950 erst wurde eine autonome kubanische Nationalbank gegründet, 1951 die Bank für landwirtschaftliche und industrielle Entwicklung (BANFAIC), 1954 die Kubanische Außenhandelsbank und 1955 die Bank für wirtschaftliche und soziale Entwicklung (BANDES).

245) Der Anteil der Landwirtschaft an den Krediten der offiziellen Banken betrug 1957 (bis September) 6,1 % . Vgl. López-Segrera 1972, S.333, Tab.21. Ähnlich minimal war ihr Anteil an den Krediten der staatlichen Entwicklungsbanken: 1953 (18 %) und 1958 (4,3 %), vgl. Macgaffey/Barnett 1965, S.405, Tab.7. Der weitaus größte Teil kam jeweils dem staatlichen Dienstleistungssektor zugute.

246) Vgl. Dominguez 1976, 6. Kap. S.17ff.

247) Bambirra (1974b, S.138ff) sieht darin das Hauptproblem derjenigen Länder Lateinamerikas, in denen vor 1945 nur eine extrem schwache nationale Industrie aufgebaut werden konnte, und in denen die Großgrundbesitzer und deren Verbündete der Exportgruppe noch die dominierenden Fraktionen der inneren Bourgeoisie stellten. Das ist auch in bezug auf Kuba eine der Hauptthesen von Guerra y Sanchez 1964. Im Gegensatz zu den anderen lateinamerikanischen Nationen und einer verbreiteten Auffassung war die kubanische Agrarstruktur durchaus nicht traditionell. Hauptursache der Genesis und Expansion des Latifundiums als sozioökonomische Realität war nicht die spanische Kolonialpolitik, sondern die Penetration des US-Kapitals. Zum Fehlen einer traditionellen Grundbesitzaristokratie im Gegensatz z.B. zu Argentinien vgl. auch Merkx/Valdes 1972, S.99. Anders Batchelder 1952.

248) Vgl. Batchelder 1952, S.244f. Das kubanische Steuersystem war überhaupt ausgesprochen regressiv: 1949/50 setzten sich 2/3 der Steuereinnahmen aus Massensteuern und nur 1/3 aus Gewinnsteuern zusammen. Vgl. Teismann 1975, S.37. Allgemein dazu Strnad 1968. Oft arbeiteten die Steuereinzieher auch in die eigene Tasche, ein Aspekt der weitverbreiteten Korruption. Vgl. O'Connor 1970, S.156.

249) Vgl. Alba 1959, S.189, Gutelman 1967, S.14.

250) Vgl. Spitze/Alfaro 1959, S.280.

251) Vgl. O'Connor 1970, S.76.

252) Vgl. dazu Gutelman 1967, S.15. Nach Jacoby (1972, S.23) ist die geringe effektive Durchsetzung von Pachtregelungen ein häufiges Phänomen in Entwicklungsländern, da die Steuerungskapazität des schwachen Staatsapparates meist gering ist und die Pächter meist eine schwache Verhandlungsposition haben. In beider Hinsicht zählte Kuba (1933-58) jedoch nicht zu den schlechtesten Nationen der Peripherie.

253) Eine Untersuchung der vor dem kubanischen 'Obersten Gerichtshof' verhandelten Konflikte um die Verdrängung von Pächtern ergab, daß kaum colonos betroffen waren. Vgl. dazu und zum Problem der Pachtsicherheit allgemein Dominguez 1976, 6. Kap., S.10. Auch die empirisch fundierte Studie von Martínez-Alier (1973) konstatiert die Rechtssicherheit der colonos.

254) So auch Spitze/Alfaro 1959.

255) Vgl. zur Quasi-Monopolisierung knapper natürlicher und wirtschaftlicher Ressourcen in Plantagenwirtschaften allgemein Beckford 1972a.

256) Zur Blockierung von Modernisierungsinvestitionen in der Zuckerrohrlandwirtschaft durch die staatliche Kontrolle der Zucker(rohr)produktion und das Entlohnungssystem für colonos vgl. O'Connor 1970, S.60f, Timoshenko/Swerling 1957, S.83ff.

257) So treffend F. Stewart 1976, S.

258) Timoshenko/Swerling 1957, S.84. Zu den geringeren Produktionskosten größerer Produktionseinheiten vgl. IBRD 1951, S.807f.

259) Zur Mechanisierung der Landwirtschaft vgl. IBRD 1951, S.97ff, Investment in Cuba 1957, Gutelman 1967, S.19f, Echevarria Salvat 1971, S.59.

260) Zum vorübergehenden Anstieg der Löhne der Plantagenarbeiter vgl. Hoernel 1976; zur Intensivierung der Versuche zur Entwicklung von Zuckerrohrerntemaschinen vgl. L.Abreu 1973.

261) Investment in Cuba 1957, S.33.

262) Vgl. dazu IBRD 1951, S.98, CERP 1965, S.523f.

263) Zur Unterentwicklung der Landmaschinenindustrie vgl. Investment in Cuba 1957, S.101.

264) Zum folgenden siehe IBRD 1951, S.101-108, Investment in Cuba 1957, S.34, Gutelman 1967, S.30.

265) Zur Bewässerung vgl. Gutelman 1967, S.29f, Chonchol 1963, S.72, IBRD 1951, S.109ff, Investment in Cuba 1957, S.34.

266) Zum folgenden vgl. u.a. Bianchi 1964, S.93ff und besonders IBRD 1951, S.116ff. Zur Bildungspolitik und dem Bildungsniveau vor 1959 allgemein siehe Jolly 1964, Gillette 1972.

267) Vgl. Bianchi1964, S.97, Gayoso 1970, S.34.

268) Vgl. Gutelman 1967m S.30.

269) Vgl. Couléou 1962.

270) "Gesegnet mit einer hohen Land/Arbeitskräfte-Quote kann Kuba seine Praxis extensiver Kultivierung fortführen." IBRD 1951, S.198.

271) Die anderen genannten Aspekte sind schon an anderen Stellen dieses Kapitels behandelt worden.

272) IBRD 1951, S. 798, 800.

273) Vgl. Nelson 1970, besonders S.201ff.

274) Vgl. Agrupación Católica Universitaria 1959 (im folgenden als ACU zitiert). Die Daten dieser 1957 durchgeführten Untersuchung sind im folgenden der kritisch kommentierten Wiedergabe von Echevarria Salvat 1971 entnommen. Dort finden sich zusätzliche Vergleiche mit den Daten von Nelson 1970 (1946) und der Foreign Policy Association 1935. Teile der Daten, Zusammenfassungen und Kommentare zu den Studien der ACU und Nelsons und weitere Materialien zum Lebensstandard der ländlichen Bevölkerung finden sich bei Chonchol 1963, S. 86ff, Abdullatif 1973, S.69ff, Bianchi 1964, S. 95-98, Gayoso 1970, S.32-36, Gutelman 1967, S.45-48.

275) Die falsche Annahme äußert u.a. Bianchi 1964, S.95; zur Kritik vgl. Echevarría Salvat 1971, S.6, 81.

276) So auch O'Connor 1970, S.111, Wood 1970, S.16. Die strukturelle Heterogenität der Produktionsweisen und der herrschenden Klassen reproduzierte sich auf der Ebene der ausgebeuteten Klassen im unterschiedlichen Einkommensniveau und verschiedenen Bedürfnisstrukturen, Machtpositionen, Organisationsgraden und politisch-kulturellen Traditionen. Dies hatte Konsequenzen für die Struktur der revolutionären Klassenkoalition und war ein Quell für die Konflikte in der nachrevolutionären Entwicklungsphase. In der Literatur sind in diesem Zusammenhang zwei falsche Ansätze zu finden - ich überpointiere ein wenig: Einerseits wird, meist von idealistischen Nominalmarxisten, die abstrakte Einheit der Volksklassen postuliert, zumindest des beschäftigten und arbeitslosen städtischen und ländlichen Proletariats; oder man geht davon aus, daß mindestens nach der Revolution diese Gegensätze schlagartig aufhören zu existieren. Andererseits wird analytisch der Klassengegensatz durch den gleichfalls abstrakten Gegensatz zwischen Stadt und Land abgelöst (so tendenziell Alba 1959 und der frühe Debray 1967), während der allgemeine Klassenkampf und besonders der zwischen Landbourgeoisie und Landproletariat nicht wahrgenommen wird. Gerade unter dem Aspekt der nachrevolutionären Entwicklung scheint es mir wichtig, die Einheit der siegreichen revolutionären Klassenkoalition und die Differenzen zwischen ihren Klassen und Fraktionen sowie die Entwicklung des Kräfteverhältnisses zwischen diesen zu beachten. Nach der Revolution wurden diese Widersprüche durch die Entstehung neuer Klassen (Staatsbürokratie, neues Kleinbürgertum) noch komplizierter.

277) Fernández Retamar 1967, S.15, hier zit. nach Wood 1970, S.16.

278) Alba 1959, S.189.

279) Vgl. Oshima 1961, Pazos 1961, S.56, Tab.1, Investment in Cuba 1957, S.185 und die Zusammenstellung der divergierenden Angaben bei H. Thomas 1967, S.255. Das reale Pro-Kopf-Einkommen unterlag starken zyklischen und konjunkturellen Schwankungen. Mit der großen Zuckerkrise ab 1925 war das Realeinkommen lange Zeit gefallen und hatte erst 1947 wieder ungefähr das Niveau von 1925 erreicht. Vgl. IBRD 1951, S.40f, Seers 1964, S.7, O'Connor 1970, S.17.

280) Zu dem letzten Aspekt vgl. die Tabellen bei Seers 1964, S.23 und in Investment in Cuba 1957, S.185f.

281) Vgl. Echevarria Salvat 1971, S.69. Dagegen behaupten Chonchol (1963, S.88) und Gayoso (1970, S.35) fälschlicherweise, die vorher genannten niedrigeren Daten enthielten schon die selbstkonsumierte Subsistenzproduktion.

282) Vgl. Ritter 1974, S. 32.

283) Vgl. ebenda, S.64. Gutelman (1967 , S.47) kommt auf der Grundlage anderer Quellen zu einer ähnlichen Schätzung von 225 $ für ca. 3 Monate Zuckerrohrernte.

284) Vgl. Gutelman 1967, S.45f.

285) Vgl. Abdullatif 1973, S.67f, Nelson 1951, S.168.

286) Vgl. Ritter 1974, S.32 und die folgenden Tabelle:

Vergleich der Produktivität und der effektiven Erntetage der kubanischen Zuckerindustrie 1925 und 1960

	1925	1960	1925 = 100
Zahl der Zuckerfabriken	183	161	88
Zermahlenes Zuckerrohr (Mio arrobas)	4.107	4.130	101
Zuckererzeugung (Mio Tonnen)	5,347	5,862	110
Effektive Erntetage	122	87	71
Zuckererzeugung je Tag (in 1000 Tonnen)	44	67	152

Quelle: Cuba Socialista Nr.43, März 1965, hier nach Kohlmey (Hrsg.) 1965, S.128, Tab.17.

287) Entnommen und berechnet nach Gutelman 1967, S.46f.

288) Berechnet auf der Grundlage der Daten bei Nelson 1950, S.168. Vgl. Acosta/Hardoy 1973, S.8. Zum dualistischen Siedlungsmuster auf dem Lande vgl. Nelson 1951, S.60ff.

289) Vgl. Echevarria Salvat 1971, S.28f. E. vermutet jedoch, daß das Defizit durch den Verzehr von Zuckerrohr und wilden Früchten gedeckt wurde. Andere Autoren schätzten den durchschnittlichen Kalorienkonsum pro Kopf der Landarbeiterfamilien auf 915 Kalorien, also auf weit unter dem Minimum (Abdullatif 1973, S.72), oder das Defizit auf 1000 Kalorien (so Trappen 1965, S.26, unter Bezug auf ACU 1959, S.38ff). Der durchschnittliche Kalorienverbrauch der Gesamtbevölkerung belief sich 1953 nach Oshima (1961, S.220f) auf 2.980 Kalorien und nach von Oshima zitierten Schätzungen der FAO auf 2.730 Kalorien.

290) Die Ergebnisse der ACU unterschieden sich nur geringfügig von denen der Volkszählung von 1953. Vgl. auch die Gegenüberstellung der Ergebnisse von 1946 und 1957 bei Gayoso 1970, S.33, Tab.10.

291) Nelson 1951, S.219.

292) So schon Guerra y Sánchez 1964, vgl. auch Boorstein 1969, S.4, Blackburn 1972, S.128. Dies gilt mit einigen Abstrichen auch für die Mehrheit der städtischen Unterschichten.

293) IBRD 1951, S.48. Siehe auch die Daten zur saisonalen Fluktuation verschiedener wirtschaftlicher Aktivitäten in Investment in Cuba 1957, S.190.

294) So O'Connor 1970, S. 73.

295) Nach O'Connor 1970, S.152.

296) Vgl. Investment in Cuba 1957, S.177. Zum Wachstum der überfüllten Slumviertel der Städte, in Kuba 'barrios indigentes' genannt, vgl. Acosta/Hardoy 1973, S.9.

297) So z.B. Baklanoff 1971, Nelson 1951.

298) Pino-Santos 1973, S.162.

299) F. Pazos 1954, S.

300) Vgl. zu diesen Daten Bianchi 1964, S.70ff.

301) Vgl. dazu CERP 1965, S.572, Tab.436.

302) Zur Investitionsrate siehe Noyola 1961, S.417; zum Importgehalt der Investitionen vgl. CEPAL (AIT), 1959-60, S.19, Tab.13.

303) Siehe dazu Bianchi 1964, S.71ff.

304) Zur Arbeitslosigkeit vgl. Mesa-Lago 1972c,S.17,24.

305) H. Thomas 1971, S.1182.

306) So z.B. Gutelman 1967, S.31.

307) Vgl. Marrero 1957, S.175, Gutelman 1967, S.20.

308) Außerdem wurde aus diesem Grund immer mehr Zuckerrohr angepflanzt als geerntet wurde, um schnell auf eine expandierende Zuckernachfrage reagieren zu können.

309) IBRD 1951, S.87.

310) Die Daten basieren auf dem Agrarzensus von 1946, hier nach Duran 1960, S.446. Tab.2.

311) Vgl. dazu ebenfalls Durán 1960, S.447, Tab.4 (Nationaler Agrarzensus von 1946).

312) Siehe dazu Pollitt 1971, S.76.

313) Die Expansion des Zuckerrohrlatifundiums hatte auch eine depressive Wirkung auf die Bauern in den Gebieten, in die es noch nicht oder kaum vorgedrungen war: durch die Verknappung des Bodens konzentrierte sich hier die verdrängte Landbevölkerung, so daß ein Mangel an Boden für die Binnenmarktproduktion entstand, der Pachtzins anstieg und als Vorbedingung eines Pachtvertrags vorher erhebliche Sonderprämien gezahlt werden mußten. Vgl. Guerra y Sánchez 1964.

314) O'Connor 1970, S.74f.

315) Zu diesen Daten siehe Mesa-Lago 1972c,S.19ff.

316) Cuba: Economic and Commercial Conditions, London 1954, hier zitiert nach Zeitlin 1967, S.51.

317) Zu diesem Begriff vgl. Mintz 1974a.

318) Mesa-Lago 1972c,S.21.

319) So O'Connor 1970, S.85, Debray 1974, S.64f.

320) Zu den Interessengegensätzen innerhalb der von Batista integrierten Klassenkoalition vgl. Farber 1976, S.145-175, O'Connor 1970.

TEIL II

Anmerkungen zu Kapitel 6

1) Das ist eine wichtige These von Matthews 1975; vgl. dazu besonders das 3. Kapitel.

2) Das ist eine zentrale These von Dumont 1970.

3) Vgl. Dumont 1970, Silverman 1973, Petras 1971.

4) Vgl. u.a. González/Ronfeld 1975.

5) Vgl. dazu Mesa-Lago 1978.

6) So z.B. die Kritik von Dumont 1970.

7) Vgl. dazu detalliert Mesa -Lago 1972c.

8) So Gutelman 1972.

9) Diesen Gegensatz arbeitet E. González 1974 heraus.

10) Vgl. dazu Malloy 1971, Amaro/Mesa-Lago 1971.

11) Vgl. zu diesem Dilemma Malloy 1971.

12) Das ist u.a. die These von E.González 1976a,b, weniger eindeutig Valdés 1976.

13) Vgl. dazu detailliert Mesa-Lago/Zephirin 1971.

14) Die These, daß die Institutionalisierung mehr Dezentralisierung als Demokratisierung bedeutet, vertritt E. González 1976b. Die Ambivalenz gerade auch in Begründung und Zielen, arbeitet Valdés 1976 heraus. Das Motiv der Dezentralisierung dominiert bei Raúl Castro 1974a,b.

15) Vgl. dazu Eckstein 1977, Garnier 1973.

16) Zu den Daten vgl. F. Castro, Rede vom 5.12.1978, in: Bohemia 70.1978, 51, S.42-47; zu den neuen industriellen Zentren allgemein vgl. Helms 1976.

Anmerkungen zu Kapitel 7

1) Darstellungen der kubanischen Revolution als Revolution Castros sind relativ häufig. Horowitz 1977d weist mit Recht auf die Naivität und die unwissenschaftliche Unergiebigkeit einer solchen Annahme hin, die zum Teil implizit häufig sogar seriösen und empirisch gehaltvollen Untersuchungen zugrundeliegt.

2) In gewisser Weise gilt das für die ansonsten ausgezeichnete Studie von M. Lowy über den "Marxismus von Che Guevara", vgl. M. Lowy 1973.

3) So z.B. Ritter 1974, Mesa-Lago 1971.

4) Das gilt z.B. für Wychodil 1973, Arnold 1971.

5) Vgl. Bonachea/Valdés (Hrsg.) 1972a. In einem anderen, von den gleichen Autoren herausgegebenen Reader, findet sich auch das im November 1956 veröffentlichte Programm-Manifest der Bewegung des 26. Juli. Vgl. Program Manifesto of the 26th of July Movement, in: Bonachea/Valdés (Hrsg.) 1972b, S.113-141. Das Problem der schlechten Zugänglichkeit von Dokumenten stellt sich für den städtischen und den gemäßigten Flügel des M 26-7, u.a. für F. País immer noch. Zur Bedeutung der anderen Führer der jungen Generation der militanten nationalistisch-demokratischen Opposition gegen Batista, Frank País und José Antonio Echeverría, die einzigen, die Castro die Führung hätten streitig machen können, vgl. Bonachea/San Martín 1974. Einige bisher nicht veröffentlichte Dokumente des M-26-7 finden sich jetzt bei C. Franqui (Hrsg.) 1976.

6) Vgl. dazu u.a. Farber 1976, S. 179 ff.

7) Nach dem mißglückten Generalstreik vom 9. April 1958 machte "Che" Guevara in erster Linie die fehlende Kooperation mit der PSP, die nach seiner Ansicht gewichtige Kräfte der Arbeiterbewegung repräsentierte, für dieses Scheitern verantwortlich. Vgl. dazu Che Guevara, Una Reunión Decisiva, in: ders., Escritos y Discursos 1972, Bd.2, S.249ff.

8) Diese Differenzen sind z.T. angedeutet in dem Briefwechsel vom Ende 1957 und Anfang 1958 zwischen "Che" Guevara und René Ramos Latour, wiedergegeben in C. Franqui (Hrsg.) 1976, S. 284ff. Zur unversöhnlichen Haltung Guevaras gegenüber den USA schon vor 1959 vgl. Bonachea/San Martín 1974, S.281.

9) F. Castro, Manifesto No.1 to the People of Cuba, in: Bonachea/Valdés (Hrsg.) 1972a, S.269f.

10) Vgl.zum M-26-7 Bonachea/San Martín 1974, Bambirra 1974a.

11) F. Castro, Letter to Melba Hernández (17.4.1954), in: Bonachea/Valdés (Hrsg.) 1972a, S.231. Carlos Franqui, der damalige Direktor von Radio Rebelde und der Zeitung der M-26-7 'Revolución' arbeitet diese Taktik Fidels klar heraus: "Fidel spielte mit allen (Pardo Llada, Carlos Rodríguez, dem kommunistischen Führer, Dubois, dem Mann der Vereinigten Staaten, den Militärs in Opposition zu General Cantillo) ohne sich jemals an irgendjemanden zu binden." C. Franqui (Hrsg.) 1976, S.568.

12) F. Castro, Why we fight, in: Bonachea/Valdés (Hrsg.) 1972a, S.366. In einem anderen Interview mit dem US-Journalisten Andrew St.George vom 4.2.1958 erweckt Fidel den Eindruck, als hätte seine Organisation nie Nationalisierungen irgendwelcher Art gefordert und als wäre die Forderung der Nationalisierung öffentlicher Dienstleistungsbetriebe eine persönliche Jugendsünde gewesen, vgl. ebenda, S. 370. Insofern ist dieses Interview ein schlechter Beleg für die ansonsten richtige These der nicht-kommunistischen Ziele Castros vor dem Sturz Batistas; so z.B.W. Arnold 1971, S. 69.

13) Eine Antwort an das State Department vom 26.Oktober 1958 gibt sich z.B. kompromißbereit: "Die Leitung der Rebellenarmee hat nie unfreundliche oder feindliche Gefühle gegenüber den USA gehegt.", in Bonachea/Valdés (Hrsg.) 1972a, S.431. Andererseits betont Fidel hier, wie an vielen anderen Stellen, die Unverzichtbarkeit auf das Recht der nationalen Souveränität Kubas.

14) "Als ich sah, wie Raketen auf Marios Haus abgefeuert wurden, habe ich mir geschworen, daß die Nordamerikaner für das, was sie tun, teuer bezahlen müssen. Wenn dieser Krieg vorbei ist, wird ein größerer Krieg für mich beginnen: den Krieg, den ich gegen sie führen werde. Ich bin mir bewußt, daß dies meine wirkliche Aufgabe ist." F. Castro, Letter to Celia Sánchez, in: Bonachea/Valdés (Hrsg.) 1972a, S.379.

15) F. Castro, Die Geschichte wird mich freisprechen, in: Bonachea/Valdés (Hrsg.) 1972a, S.164-220; Program Manifesto of the 26th of July Movement (Nov.1956), in: Bonachea/Valdés (Hrsg.) 1972b, S.113-140 (im folgenden zitiert als Program Manifesto 1956). Zur Rolle dieses Dokuments in der Bewegung des 26. Juli vgl. jetzt von seinem Verfasser Llerena 1978. Zur politisch-ideologischen Entwicklung von Fidel Castro bis 1959 siehe neuerdings L. Martín 1978.

16) Zur nationalpopulistischen Ideologie F. Castros vgl. ausgezeichnet Valdés 1975.

17) Manitzas 1973, M-261, S.5.

18) Die Charakterisierung von Programm und Praxis des M-26-7 als bürgerlich-demokratisch ist die Prämisse der Interpretation der späteren Radikalisierung der Revolution als Verrat an den ursprünglich bürgerlich-demokratischen Zielen. So z.B. Draper 1965.

19) Hier zitiert nach Zeitlin/Scheer 1963, S.57. Unter Bezug auf Matthews (1961, S.79) behauptet A. Suárez (1967, S.32), daß dieses Manifest von C. Franqui verfaßt worden sei und eine modifizierte, d.h. wahrscheinlich eine ein wenig radikalere Version des von M. Llerena verfaßten Dokuments "Nuestra Razón" darstellte. In der ursprünglichen Verfassung von Llerena kam das Etikett 'sozialistisch' nicht vor. Dem radikaleren Akzent entspricht, daß die damalige Programmkommission des M-26-7 (Enrique Oltusky, Armando Hart, Carlos Franqui) "Nuestra Razón" wegen der Kritik des kommunistischen Totalitarismus und des zu gemäßigten Tons kritisiert hatte. Vgl. dazu Bonachea/San Martín 1974, S.379. F. Castro selber hat "Nuestra Razón" nicht öffentlich kommentiert. In einem Brief an Llerena vom 30.10.57 lobte er dessen Arbeit als Vorsitzender des Exilkomitees und meinte, daß "Nuestra Razón" ein guter Titel für eine M-26-7-Zeitung in Venezuela wäre. Vgl. dazu ebenda, S.308.

20) Zu diesem Begriff und dem Castro-Zitat vgl. A.G. Frank 1971.

21) Program Manifesto 1956, S.115.

22) Program Manifesto 1956, S.126.

23) Ebenda, S. 127. Schon in "Die Geschichte wird mich freisprechen" hat Fidel die Revolutionen kritisiert, die nur Personen austauschen, aber keinen strukturellen Wandel anstreben, vgl. F. Castro 1953b, S.209.

24) F. Castro 1953b, S.183f.

25) E. "Che" Guevara 1960e, S.128.

26) Ebenda, S.140.

27) F. Castro 1959c, S.163f.

28) F. Castro 1953b, S.190.

29) F. Castro 1955a, S.264.

30) Vgl. dazu Spalding 1974, S.7.

31) Nach Karol kam auch dann noch, als der Zustrom der Bauern stärker geworden war (1958), die Mehrheit der aktiven Guerilleros (ca.60 - 80 %) aus den Städten. Vgl. dazu K.S. Karol 1970, S.167. Auch wenn es richtig sein mag, daß in der Armee Batistas der Anteil der Bauern höher war als in der Guerilla-Truppe (so Bonachea/San Martín 1964), so ist zu berücksichtigen, daß es einmal mehr potentielle Guerilleros gab als Waffen und daß sich die Unterstützung der Bauern für die Guerilleros nicht auf den aktiven militärischen Kampf beschränkte. Durch die bessere Behandlung, die Achtung der Würde der Bauern und erste Maßnahmen in ihrem Interesse (Verjagen der verhaßten Guardia Rural, die organisierte Verteilung von Vieh der Großgrundbesitzer an die Bauern, die erste Agrarreform, das Dekret Nr.3 vom Oktober 1958 und Ansätze erster Aufbaumaßnahmen wie Schulen, Krankenstationen, Werkstätten) gelang es der Guerilla in zunehmendem Maße, die aktive Unterstützung und die Sympathie der Bauern in den teilweise befreiten Gebieten zu gewinnen. Hinzu kamen Ansätze zur Organisation von Bauern- und Landarbeiterkomitees in einigen Teilen des Landes, eine in der Literatur bisher kaum beachtete Erscheinung. Vgl. dazu Bambirra 1974a.

32) Program Manifesto 1956, S.129.

33) F. Castro 1953b, S.186.

34) F. Castro , ebenda, S.189; ähnlich ebenda,S.187.

35) Program Manifesto 1956, S.132.

36) F. Castro 1956a, S.312.

37) Program Manifesto 1956, S.132.

38) Ebenda, S.129.

39) F. Castro 1953a, S.158.

40) Program Manifesto 1956, S.129, 134.

41) Ebenda, S.128.

42) Llerena 1957, S.97.

43) Program Manifesto 1956, S.123f.

44) F. Castro 1953b, S.186f.

45) F. Castro 1955a, S.265.

46) H. Matthews 1975, S.157.

47) F. Castro 1953b, S.187.

48) Ebenda, S.190.

49) Zum Agrarprogramm der Orthodoxos vgl. L. Wilkerson 1965, S.40.

50) Vgl. F. Castro 1957a.

51) Vgl. zu dieser Diskussion Bonachea/San Martin 1974, S.281ff. Nach Angabe der beiden Autoren hatte Oltusky für die Bewegung des 26. Juli einen Vorschlag zur Agrarreform ausgearbeitet.

52) Vgl. dazu Farber 1976, S.191.

53) F. Castro 1953b, S.191; ähnlich ebenda, S. 188 sowie F. Castro 1958a, S.365.

54) Zitiert nach C. Franqui (Hrsg.) 1976, S.215. Aus der gleichen Zeit gibt es jedoch ein Zitat Castros, das sehr gut die immer schon vorhandenen elitären und paternalistischen Züge der nationalpopulistischen Ideologie ausdrückt: "Unsere Armee im engen Sinne ist etwas sehr Kleines, Unbedeutendes im Vergleich zur riesigen Armee des Volkes: Männer, Frauen, Alte, selbst Kinder, die die Revolutionäre bewundern wie Personen aus der Legende." Ebenda, S.215.

55) F. Castro 1958a, S.366.

56) So F. Castro 1953b, S.187.

57) F. Castro 1955a, S.269.

58) F. Castro 1953b, S.185.

59) F. Castro 1958a, S.366.

60) F. Castro 1953b, S.190.

61) Vgl. F. Castro 1955a, S.269.

62) F. Castro 1958a, S.367.

63) Vgl. F. Castro 1955a, S.270; ähnlich F. Castro 1953b, S.185f.

64) Zu den folgenden Gesetzen, die Teil eines Minimalprogramms waren, siehe die entsprechende Passage der Verteidigungsrede Castros "Die Geschichte wird mich freisprechen", vgl. F. Castro 1953b, S.185ff.

65) Vgl. F. Castro 1955a, S.269.

66) Siehe F. Castro 1953b, S.187.

67) F. Castro 1955a, S.269.

68) So F. Castro 1955a,S.269.

69) So z.B. F. Castro 1953b, S.188.

70) Vgl. Pensamiento económico del 26 de Julio, 1960. Die eingeklammerten Seitenzahlen im Text beziehen sich auf die soeben zitierte Ausgabe dieses Dokuments. Regino Boti

war vorher Angestellter der ECLA und später in der sogenannten Provisorischen Revolutionsregierung Anfang 1959 Wirtschaftsminister und Präsident der Planungsbehörde JUCEPLAN. Felipe Pazos war 1959 Präsident der Kubanischen Nationalbank. Dieses Amt hatte er schon vor 1952, vor der Machtergreifung Batistas bekleidet. So Bambirra 1974a, S.101. Mit der sozialistischen Radikalisierung der Revolution ging F. Pazos in das Lager der Opposition über und kritisierte in mehreren Artikeln die revolutionäre Wirtschaftspolitik der Revolutionsregierung. Vgl. F. Pazos 1961, 1962, 1963. Als Präsident von JUCEPLAN wurde R. Boti 1964 vom Staatspräsidenten Dorticos abgelöst. Vgl. dazu Karol 1970, S. 219. Beide Verfasser waren vor 1959 Professoren für Volkswirtschaftslehre an der Universität von Santiago de Cuba.

71) Pensamiento económico del 26 de Julio, 1960, S.394.

72) Diese Kritik bezieht sich z.T. auf das von der Weltbank 1951 veröffentlichte Gutachten, vgl. IBRD 1951.

73) Vgl.dazu die ausführliche und überzeugende Analyse von Bambirra 1974a, S.107ff.

74) Vgl. F. Pazos 1961, 1962.

Anmerkungen zu Kapitel 8

1) Ich orientiere mich in der Periodisierung wesentlich an Dorticos 1962; vgl. auch mit etwas abweichender zeitlicher Gliederung und noch differenzierter Amaro 1969.

2) So E. González 1968, S.40; ähnlich Amaro 1969, S.84,

3) Auf diese Gefahr verweist Morray 1962, S. 20ff.

4) Vgl. dazu und zum folgenden E. González 1968, S.42.

5) Vgl. dazu Castros Rede im Parlament von Venezuela vom 21. Januar 1959, hier nach Amaro 1969, S.84.

6) Vgl. E. González 1968, S.42. U.a. warf Castro der PSP vor, wilde Landbesetzungen in Oriente organisiert zu haben. Eine detaillierte Analyse der ideologischen Entwicklung Castros von Anfang 1959 bis Ende 1961 findet sich bei Wilkerson 1965, S.53ff.

7) Vgl. dazu Wilkerson 1965, S.55ff.

8) F. Castro auf seiner Reise in die USA im April 1959, zitiert nach Wilkerson 1965, S. 55.

9) Interview des kubanischen Fernsehens mit Castro vom 2. April 1959, zitiert nach Gregorio Selser (Hrsg.) 1960, S. 286.

10) Die kubanische Option eines dritten Weges findet sich u.a. in der Stellungnahme Raúl Roas in der UNO vom 25.9.1959, in der er die Unteilbarkeit des Rechts auf nationale Souveränität postuliert und jegliche ausländische Intervention, sei es "in Guatemala, in Ungarn, in Algerien und in Tibet", ablehnt. "Wir akzeptieren nicht, gezwungen zu werden, zwischen einer kommunistischen und einer kapitalistischen Lösung zu wählen. ... Kuba wird im Namen des Volkes, durch das Volk und für das Volk regiert." Raoul Roa, zitiert nach Dumont 1970, S.24. Ähnlich in dieser Zeit auch F. Castro, vgl. bei Matthews 1975, S.222.

11) Zu den möglichen Motiven Castros vgl. E. González 1968, Morray 1962, S. 43ff.

12) Vgl. dazu J. Dominguez 1976, III, S.10f.

13) Vgl. dazu u.a. E. González 1968, S.43ff, Wilkerson 1965, S.60ff, Morray 1962, S. 53ff.

14) Zu den Vertretern des "business as usual" vgl.u.a. E. Gonzalez 1968, S.41.

15) Zur Matos-Affäre vgl. u.a. Wilkerson 1965, S.60ff. Gleichzeitig wurden andere Führer des antikommunistischen Flügels des M-26-7, wie z.B. David Salvador, aus der politischen Führung eliminiert und antikommunistische Offiziere auf weniger gefährliche zivile Posten versetzt. Vgl. dazu E. González 1968, S. 49f.

16) Vgl. zu dieser Entwicklung in den Gewerkschaften u.a. E. González 1968, S. 50 und ausführlich R.L. Woodward 1963.

17) F. Castro, zitiert nach Amaro 1969, S.94f.

18) Vgl. dazu vor allem die folgenden Schriften, Reden und Interviews von "Che" Guevara: E. "Che" Guevara 1959a, 1959c, 1959d, 1959e, 1959f, 1960e. Kommentare und Analysen zu Guevaras soziologischer Interpretation der kubanischen Revolution und seiner Guerilla-Strategie findet man bei Lowy 1973, Moreno 1970, de Santis 1967.

19) Vgl. dazu Bonachea/San Martín 1974, S.100ff.

20) Vgl. Ley Nr.3 Sobre el Derecho de los Campesinos a la Tierra (20.10.1958) 1959.

21) E. "Che" Guevara 1959a, S.200.

22) Ebenda, S.197.

23) E. "Che" Guevara 1959e, S.380.

24) Vgl. im Gegensatz dazu die folgende Darstellung von Guevara selber in einem Interview mit chinesischen Journalisten vom 5. Juni 1959: "Gleichzeitig, als die Bauern begannen, an dem bewaffneten Kampf für ihre Freiheit, ihre Rechte und soziale Gerechtigkeit teilzunehmen, propagierten wir eine korrekte Parole - Agrarreform. Diese Parole mobilisierte die unterdrückten kubanischen Massen und trieb sie dazu, um die Aneignung des Landes zu kämpfen". 1959d, S.369. Hier konzediert Guevara, wahrscheinlich realitätsgerechter, daß die Initiative von der Guerilla-Armee ausging und die Parole der Agrarreform die Funktion hatte, die Bauern zu mobilisieren.

25) Vgl. dazu E. "Che" Guevara 1959a, S.202, 372. Die von Guevara vorgeschlagenen Veränderungen wurden auch gleichzeitig von Castro (1959b) propagiert und gingen auch in das Gesetz zur Agrarreform vom April 1959 ein. Nur in einer Hinsicht vertrat Guevara in der Agrarreform eine radikalere Position. Während die kubanische Führung 1959 allgemein eine pro-colono-Politik vertrat und realisierte, ohne einen großen Unterschied zwischen kleinen und großen colonos zu machen, forderte Guevara die Erhöhung des "arrobaje" der kleinen auf Kosten der großen colonos. Vgl. dazu Martínez-Alier 1973, S.20.

26) Bambirra hat, im Unterschied zur Mythologisierung des Guerilla-Kampfes durch Guevara ex post, gezeigt, daß die Mobilisierung und Organisation der Arbeiterklasse und die politische Strategie des Sturzes der Batista-Diktatur durch einen revolutionären Generalstreik von Anfang an in der castrischen Strategie des Kampfes gegen Batista präsent war und auch nicht mit der Akzentverlagerung zur Guerilla als dominierender Kampfform nach dem Scheitern des Generalstreiks im April 1958 aufgegeben wurde. Vgl. Bambirra 1974a. Der eigentliche kontroverse Punkt war nicht die Eingliederung der Arbeiterbewegung in den Kampf gegen Batista - diese wurde allgemein innerhalb des M-26-7 postuliert - sondern das Bündnis mit der PSP und die Art dieses Bündnisses. Der zentrale Text Guevaras zu diesem Konflikt "Una reunion decisiva" ist nur in der vollständigen Ausgabe seiner "Pasajes de la guerra revolucionaria" enthalten; vgl. E. "Che" Guevara 1963b.

27) Die PSP war nicht am sogenannten "Caracas-Bündnis" vom Juli 1958 beteiligt. Vgl. dazu Bonachea/San Martín 1974, S.238ff. Im Sommer 1958 begann jedoch das Bündnis zwischen dem M-26-7 und der PSP, das von Carlos Rafael Rodríguez während seines Aufenthalts in der Sierra Maestra in die Wege geleitet wurde.

28) E. "Che" Guevara 1959a, S.204.

29) "Wir müssen die Reaktion derer erwarten, die mehr als 75 % unseres Außenhandels und unseren Markt kontrollieren." E."Che" Guevara 1959a, S.202.

30) Ebenda, S. 203.

31) E. "Che" Guevara 1960b, S.221. Zu der Bedeutung der sog. Guerilla-Mentalität für die nachrevolutionäre Entwicklung ist viel geschrieben worden. Vgl. dazu u.a. Bonachea/San Martín 1974, S. 103, E. González 1974, S.106ff, K.S.Karol 1970, S.162.

32) Vgl. dazu die Kritik bei Bambirra 1974, Bonachea/San Martín 1974, Farber 1976.

33) Daher stütze ich mich im folgenden auf die Texte aller Führer der Guerilla-Bewegung und des M-26-7: Fidel Castro, Raúl Castro, "Che "Guevara.

34) F. Castro 1959b, S.152.

35) Ebenda, S. 152.

36) Ähnlich die Interpretation von Matthews 1975, E. Gonzalez 1974. Diese Interpretation trifft im wesentlichen auch auf die meisten späteren Konflikte zwischen Guevara und Castro zu.

37) E. "Che" 1959b, S.195.

38) Raúl Castro 1960, S.15. Allerdings formuliert Raúl hier schon eine klarere, dezidiertere und systematischere Kritik des Imperialismus und des kubanischen abhängigen Kapitalismus als ansonsten in frühen programmatischen Dokumenten des M-26-7 und öffentlichen Äußerungen Fidels üblich. Vgl. ebenda, S.10ff.

39) E. "Che" Guevara 1960b, S.218.

40) E. "Che" Guevara 1960d, S.158.

41) Rede Castros vor Bauern in Santa Clara im Juni 1959, zitiert nach Bianchi 1964, S.121.

42) E. "Che" Guevara 1960b, S.216.

43) Ebenda, S. 220.

44) Ebenda, S. 220.

45) Ebenda, S. 217.

46) F. Castro 1959c, S.184. Ähnlich Castro in seiner Rede vom 26. Oktober 1959: "... Wir sind im Begriff, einen harten Kampf dafür zu führen, Arbeitsplätze für unsere ganze Bevölkerung zu schaffen und unser Land zu industrialisieren mit nichts anderem als der Hilfe der Ressourcen unseres eigenen Volkes"; F. Castro 1959e, S.108.

47) Zur Kritik des sog. Akkomodismus und zur Betonung der politischen und ökonomischen Autonomie auch gegenüber der Sowjetunion vgl. die gesammelten Auszüge aus Castros Reden (v.a. 1966-68) in: Fidel Castro, Socialismo y Communismo: un processo unico, 1970, S.144ff, und Castros berühmte Rede zum Auftakt der revolutionären Offensive vom 13. März 1968: F. Castro 1968a.

48) E. "Che" Guevara 1960b, S.224.

49) E. "Che" Guevara 1960f, S.130ff.

50) Vgl. dazu Ritter 1974, S.77, Dorticós 1962, S.79, J. Acosta 1973, S.78.

51) So auch Hodges 1974, S. 227f. Die Erste Deklaration von Havanna ist u.a. enthalten in folgender Ausgabe der Reden Castros: L. Constant (Hrsg.) 1968, S. 155ff.

52) F. Castro 1961a, S.121.

53) Ebenda, S. 121.

54) Ebenda, S. 121.

55) E. "Che" Guevara 1959c, S. 382.

56) Ebenda, S. 381.

57) Raúl Castro 1960, S.17.

58) F. Castro 1959k, S.356.

59) Ebenda, S. 330.

60) Ebenda, S. 355.

61) Vgl. dazu S. Roca 1975b, S. 11 und Fußnote 28.

62) F. Castro 1959i, S. 183.

63) Raúl Castro 1960, S.11.

64) Ebenda, S. 19. Zum "rural bias" der ersten Jahre der kubanischen Entwicklungspolitik vgl. detailliert Dumont 1964 sowie neuerdings S. Roca 1975b.

65) Vgl. dazu Martínez-Alier 1973, S.23.

66) Raúl Castro 1960, S.19. Zur realen politischen Bedeutung der Bauern vgl. auch E. González 1968, S.43.

67) E. "Che" Guevara 1959c, S.198.

68) So grenzt z.B. F. Castro in seiner Rede vom 24.2.1959 die Konzeption der neuen Agrarreform von der des Gesetzes Nr.3 der Sierra Maestra unter Bezug auf das ungelöste Problem der Landarbeiter ab: "Aber heute müssen wir ein neues Problem anpacken, und zwar den Fall derjenigen, die keinen Boden haben. Dies wird die neue Agrarreform lösen, die viel umfassender und vollständiger als die alte ist." F. Castro 1959g, S.153.

69) Raúl Castro (1960) bezieht sich in seiner Rede vor dem Ersten Forum über die Agrarreform im Juni 1959 unmittelbar auf den hervorragenden Vertreter dieser Tradition Ramiro Guerra y Sanchez, ohne sich mit ihm zu identifizieren, da dieser kein Radikaler gewesen sei. Noch in späteren Dokumenten selbst der sozialistischen Phase wird die kubanische und die lateinamerikanische Agrarstruktur als semifeudal bezeichnet, u.a. noch in der 2. Deklaration von Havanna, nach der die Sozialstruktur Lateinamerikas durch zwei Bedingungen charakterisiert wird: "Eine unterentwickelte Industrie und eine Agrarstruktur feudalen Charakters." F. Castro 1962, S.163. Die lateinamerikanische Revolution wurde daher als in erster Linie antiimperialistische und antifeudale begriffen.

70) E. "Che" Guevara 1963a, S. 363f.

71) O. Dorticós 1962, S. 78.

72) Vgl. dazu und zum folgenden Martínez-Alier 1972, Kap. 5.

73) Martínez-Alier 1973, S.27.

74) Ebenda, S. 29.

75) E. "Che" Guevara 1961g, S.200.

76) E. "Che" Guevara 1963c, S.376f.

77) E. "Che" Guevara 1960d, S.146.

78) Vgl. z.B. Eckstein 1977, S.452ff. Zum folgenden auch Acosta/Hardoy 1969, S. 53ff, Garnier 1973, S.49ff, Morray 1962, S.24.

79) So Garnier 1973, Eckstein 1977.

80) Seit dem Gesetz zur Stadtreform vom Oktober 1960 kontrollierte der Staat den Wohnungsbau auf städtischem Boden. Längere Zeit existierte jedoch neben dem staatlichen ein privater Wohnungsbausektor, der sich auf den Bau von Einzelhäusern konzentrierte. Vgl. dazu Eckstein 1977, S. 455.

81) F. Castro 1962b, S. 69.

82) F. Castro 1959i, S.169.

83) E. "Che" Guevara 1959d, S.373.

84) So die zusammenfassende Argumentation von Raúl Castro 1960, S. 22.

85) F. Castro 1959g, S. 156.

86) Das war offensichtlich die Ansicht der kubanischen Führung zu diesem Zeitpunkt, vgl. dazu C.W. Mills 1960, S.36.

87) F. Castro 1959i, S.171, ähnlich R. Castro 1960, S.21.

88) E. "Che" Guevara 1964b, S.490.

89) F. Castro 1959k, S.368.

90) F. Castro 1959c, S.213.

91) Vgl. dazu F. Castro 1959i, S. 173, 182, 203.

92) So R. Castro 1960, S. 22.

93) F. Castro 1962b, S.72. Im folgenden greife ich durchaus auch auf spätere ex-post-Argumente zurück, wenn sie nicht grundsätzlich neue oder andere Akzente setzen und im Licht der gewonnenen Erfahrung der realen Entwicklung die Logik der Entscheidungen erhellen helfen.

94) Ebenda, S. 70.

95) Ebenda, S. 70.

96) Zum Begriff gesellschaftlicher Synthesis vgl. Sohn-Rethel 1970. Zum Verhältnis von Verstaatlichung, Demokratisierung und Vergesellschaftung vgl. Kosta 1974, R. Damus 1973.

97) So F. Castro 1962b, S. 75f.

98) F. Castro 1962b, S. 79.

99) Vgl. zu diesem Argument Boorstein 1968, S. 45.

100) F. Castro 1959i, S. 178.

101) vgl. dazu Aranda 1968, S. 173ff.

102) F. Castro 1962b, S. 75f.

103) F. Castro 1959g, S. 155. In der gleichen Rede (!) wird die Rebellenarmee als "wesentlich ein Bauernheer" (S. 152) definiert und der Sieg der Revolution auf die Aktivität der Bauernbewegung zurückgeführt: "Das Vaterland verdankt seinen Sieg den Bauern." (S. 152)

104) Vgl. F. Castro 1962b, S. 76.

105) F. Castro 1959g, S. 155; ähnlich F. Castro 1959i, S.175.

106) F. Castro 1959i, S. 176.

107) Ebenda, S. 178.

108) Ebenda, S. 175.

109) E. "Che" Guevara 1964b, S. 489.

110) Boorstein 1968, S. 53.

111) C.R. Rodríguez 1969, S.13.

112) Zu den Gründen der wirtschaftlichen Prosperität der beiden ersten Jahre genauer A. Ritter 1974, 3. Kapitel.

113) Vgl. dazu und zum folgenden Noyola 1961, S. 416.

114) Vgl. ECLA 1965, S. 277.

115) F. Pazos 1963, S. 10f.

116) Berechnet nach A. Ritter 1974, S. 115, Tabelle 3.4. Die Daten zur kubanischen Zuckerproduktion und den Weltmarktpreisen finden sich in US-Department of Commerce 1975, S. 44, Tabelle 8.

117) Vgl. ECLA 1965, S. 227, Tab. 270.

118) Die Schätzung von 20 % stammt von Mesa-Lago 1977 (S.218, Tabelle 3) und wurde auf der Basis von FAO-Daten errechnet. Die Schätzung von 25 % von J. Acosta 1973 (2) beruht auf offiziellen kubanischen Daten, vgl. dazu Tabelle 8.1.

119) 5 %: Mesa-Lago 1977, S. 218, Tabelle 3; 8 %: A. Ritter 1974, S. 113, Tabelle 3.3.

120) 32 %: Mesa-Lago a.a.O.; 22 %: A. Ritter, a.a.O.

121) Vgl. dazu Mesa-Lago 1971, S. 286, F. Pazos 1962, S.8f.

122) So Dumont 1964, S. 101. Die zunächst geringe Effizienz des staatlichen Sektors ist die logische Folge der Tatsache, daß in der vorrevolutionären kapitalistischen Plantagenökonomie das technische und ökonomische Wissen nicht bei den unmittelbaren Produzenten lag, sondern von den Experten und dem Management monopolisiert wurde. Hierin lagen die kurz- und mittelfristigen Grenzen für die Ausnutzung der wirtschaftlichen Vorteile moderner staatlicher Großbetriebe, wie sie durch die kubanische Agrarreform angestrebt wurden, begründet. Die Modernisierung und die Intensivierung der Produktion setzt entsprechend qualifizierte Arbeitskräfte voraus, deren Ausbildung einige Zeit braucht.

123) Vgl. dazu Boorstein 1968, S. 82. Allgemein zur Industrialisierung in dieser Phase A. Ritter 1974, S. 113ff.

124) So O'Connor 1970, S. 152. Zur Nutzung bisher ungenutzter Produktionskapazitäten in der Industrie vgl. Boorstein 1968, S. 82ff, Pazos 1962, S. 11, Noyola 1961a, b.

125) Vgl. dazu Ritter 1974, S. 114.

126) Nolff 1964, S. 320f; ähnlich Arnold 1971, S. 79.

127) Vgl. Amaro/Mesa-Lago 1971, S. 353.

128) Zu den Maßnahmen und den konterkarierenden Faktoren vgl. Amaro/Mesa-Lago 1971, S. 353. Die ausführlichste Studie zur vorrevolutionären Struktur der Arbeitslosigkeit und zur nachrevolutionären Beschäftigungspolitik ist die von Mesa-Lago 1972c.

129) Vgl. dazu Pollitt 1971, Mesa-Lago 1972c,Roca 1975b, S.11.

130) So O'Connor 1970, S. 332f.

131) Pollitt 1971, S. 66.

132) Vgl. zu diesem Problem die Kritik von Mesa-Lago 1972c,

133) F. Castro in seiner Schlußrede auf der Ersten Nationalen Produktionsversammlung im August 1960, zitiert nach Gutelman 1967, S. 160.

134) Vgl. dazu Gutelman 1967, S. 160ff, Bianchi 1964, S. 116.

135) So F. Pazos 1962 und Ritter 1964, S. 109.

136) Vgl. dazu Gutelman 1967, S. 161ff, Ritter 1974, S. 109, S. 103. Eine genaue Analyse des Plans zur Urbarmachung der Provinz Las Villas 1963 durch Gutelman hat ergeben, daß nur ein Drittel der gerodeten Fläche auch sofort landwirtschaftlich genutzt wurde.

137) So Ritter 1974, S. 107.

138) Bianchi 1964, S. 116.

139) Vgl. dazu Kapitel 9.1.

140) Allgemeine Analysen der kubanischen Redistributionspolitik liefern Seers 1974, D. Barkin 1972. Zur ersten Agrarreform in diesem Zusammenhang vgl. Aranda 1968, S. 142.

141) So ECLA 1965, S. 266.

142) Vgl. dazu F. Pazos 1962, S. 10.

143) Siehe dazu C.R. Rodríguez 1969, S. 13 und Bianchi 1964,S.121.

144) Vgl. S. Roca 1975b, S.11.

145) Vgl. F. Pazos 1962, S. 13.

146) Vgl. C.R. Rodríguez 1965b, S. 522.

147) Zur Preisstabilität vgl. F. Pazos 1962, S.9, Chonchol 1963, S.138; zu den späteren Preiskontrollen vgl. Ritter 1974, S. 102.

148) Zur schnellen Expansion und der Rolle der"Volksläden" vgl. Chonchol 1963, S. 101, Bianchi 1964, S. 121.

149) Vgl. F. Pazos 1962, S. 10. Zwischen 1957 und 1961 stieg die Produktion fast aller Massenkonsumgüter erheblich an, wie aus einer detaillierten Statistik für ausgewählte Konsumgüter hervorgeht. Vgl. ECLA 1965, S. 272, Tabelle 262.

150) Vgl. Boorstein 1968, S.72, ECLA 1965, S. 227, Tab. 270, F. Pazos 1962, S. 10, 13.

151) Malloy 1971, S. 30.

152) Vgl. dazu Pfaller 1970/71.

153) Dies dokumentiert sich auch auf der Ebene der Stadtpolitik in Havanna. Ziel während der ersten Revolutionsjahre war es, den Zugang der Bevölkerung zu den Vergnügungszentren der Bourgeoisie zu demokratisieren und die Freizeit zu moralisieren, ohne deren Klasseninhalt zu verändern oder mit anderen Formen der Freizeitgestaltung zu experimentieren. Vgl. dazu Garnier 1973.

154) Exemplarisch für viele ähnliche Äußerungen das folgende Zitat aus Castros Antrittsrede als Ministerpräsident: "Wenn wir die Pläne, die wir haben, verwirklichen können, ohne daß man uns Schwierigkeiten macht, dann können Sie sicher sein, daß wir im Verlauf weniger Jahre den Lebensstandard des Kubaners über den der Vereinigten Staaten und Rußlands heben werden, weil diese Länder einen großen Teil ihres Volkseinkommens dazu verwenden, Kriegsmaterial herzustellen." Zitiert nach W. Goldenberg 1963, S. 26f. Dieses Zitat ist für die Erwartung der kubanischen Führung bis 1962 typisch.

155) Vgl. ECLA 1965, S. 287f.

156) Zur Reduktion des Viehbestandes vgl. Chonchol 1963, S.128, Ritter 1974, S.110; zu den Formen des Abbaus des Kapitalstocks im allgemeinen Ritter 1974, S. 110.

157) C.R. Rodríguez 1965a, S. 48.

Anmerkungen zu Kapitel 9

1) Zur institutionellen Entwicklung und zur Entwicklung der Eigentumsverhältnisse vgl. aus kubanischer Perspektive Boti 1961, S. 21f, Dorticós 1962, sowie Ciclo de conferencias sobre el plan de desarrollo de la económica nacional, 1961, im folgenden zitiert als Ciclo 1961. Dieser bisher kaum beachtete Text, eine Sammlung von Referaten von Experten des Industrieministeriums, ist für die Entwicklungskonzeption dieser Phase von zentraler Bedeutung, weil hier die zentralen Probleme der kubanischen Wachstums- und Industrialisierungsstrategie am systematischsten thematisiert werden sowie explizit versucht wird, das Verhältnis der kubanischen zur sowjetischen Entwicklungsstrategie, die Gemeinsamkeiten und die Differenzen, genauer zu bestimmen.

2) Zum Planungssystem vgl. Dorticós 1962, S. 84 und Mesa-Lago/Zephirin 1971.

3) Dorticós 1962, S. 80.

4) Die Analyse in diesem Kapitel (9.1) bewegt sich auf zwei Ebenen: Erstens wird der reale sozioökonomische Hintergrund des Übergangs von der nationalrevolutionär-antiimperialistischen zur sozialistischen Phase skizziert; zweitens werden die Grundmotive der kubanischen Konzeption des Sozialismus herausgearbeitet. Da gerade die entwicklungspolitische Motivation, die m.E. den Kern des kubanischen Sozialismus-

begriffs ausmacht - trotz aller offensichtlichen und relevanten späteren Verschiebungen -, unverändert geblieben ist, beziehe ich mich in diesem Zusammenhang auch auf spätere kubanische Stellungnahmen.

5) Dorticós 1963, S.7.

6) "Die gesellschaftliche(!, H.F.) Aneignung der Produktionsmittel, der Triumph des Sozialismus in Kuba veränderte den Charakter der Junta Central de Planificación und ließ die Ministerien für Industrie, für Außenhandel, für Binnenhandel, die konsolidierten Unternehmen usw. entstehen..." Ciclo 1961, S. 43.

7) Vgl. dazu u.a.Beruff 1964, Acosta/Hardoy 1969, S.13. Zur Übernahme des Planungssystems der Sowjetunion aus der Zeit vor den ökonomischen Reformen vgl. Mesa-Lago/Zephirin 1971.

8) E. "Che" Guevara 1963a, S. 372.

9) Zur Kritik der kubanischen Konzeption der Verstaatlichung vgl. Dumont 1964, 1970 und besonders Joshua 1967. Allgemein zur Kritik der Verstaatlichung der kleinen Warenproduktion, des Handwerks und des Kleinhandels vgl. Kosta 1974.

10) Vgl. u.a. Boti 1961 und die Beiträge von "Che" Guevara und F. Castro auf der ersten Nationalen Produktionsversammlung vom August 1961: E. "Che" Guevara 1961e, f; F. Castro 1961c.

11) C.R. Rodríguez 1969, S. 14.

12) Auroi 1973, S.218.

13) F. Castro 1959i, S. 178.

14) Vgl. dazu die spätere Selbstkritik des Fehlens demokratischer Institutionen in dieser Periode auf allen Ebenen von R. Castro 1974c; bezüglich des Planungssystems vgl. López Coll/Santiago 1975; für die Ebene der staatlichen Unternehmen siehe das Zeugnis kubanischer Arbeiter und Administratoren in Harnecker 1976, S. 9ff.

15) Dieser konzeptionelle Mangel wird, neben anderen Faktoren (Bedrohung durch die USA, starke innere Konflikte, Unterentwicklung der sozialen und politischen Kontrollinstutionen wie Massenorganisationen und Partei) auch von Raúl Castro 1974a, b betont. Implizit erscheint dieser Mangel auch bei Teismann (1975, S.68) in seiner zusammenfassenden Diskussion der kubanischen Planungskonzeption 1961 - 1963, in der jeder Hinweis auf demokratische Planungsinstitutionen fehlt.

16) So E. "Che" Guevara 1961b.

17) Zu Guevaras Kritik am jugoslawischen Modell der Selbstverwaltung vgl. E. "Che" Guevara 1965c.

18) Vgl. z.B. folgende Einschätzung Guevaras der Dialoge und der Kommunikation zwischen Fidel und den Massen auf öffentlichen Veranstaltungen als Ansatz einer kubanischen Form sozialistischer Demokratie: "... Offenbar fehlt es an einer besser strukturierten Verbindung mit der Masse. Das müssen wir im Laufe der nächsten Jahre verbessern, aber im Fall von Initiativen, die auf höherer Regierungsebene entstehen, wenden wir zur Zeit noch die intuitive Methode an, auf die allgemeine Reaktion gegenüber den gestellten Problemen zu lauschen. Meister darin ist Fidel, dessen besondere Art mit dem Volk eins zu werden man nur würdigen kann, wenn man ihn handeln sieht. Bei den großen öffentlichen Zusammenkünften bemerkt man so etwas wie den Dialog zweier Stimmgabeln, deren Schwingungen beim Gesprächspartner jeweils andere, neue hervorrufen. Fidel und die Masse beginnen in einem Dialog von wachsender Intensität zu schwingen, der seinen Höhepunkt in einem abrupten Finale findet, gekrönt durch unseren Kampf- und Siegesruf." Ders. 1965b, S.138.

19) F. Castro 1959g, S.154.

20) Ebenda, S.158. Vgl. dazu auch die Auszüge aus Castros Reden bei Wilkerson 1965, S.56 und F. Castro 1959c, S.220.

21) F. Castro 1959a, S.145.

22) Zur politischen Schwäche der kubanischen Bourgeoisie vgl. u.a. Morray 1962.

23) Vgl. dazu Farber 1976.

24) Morray 1962, S.14.

25) Ähnlich, wenn auch mit unterschiedlichen Akzenten und theoretischen Interpretationen, Bambirra 1974, Farber 1976, Garnier 1973, Rampelberg 1973.

26) Ausführliche Analysen der charismatischen Herrschaft Castros finden sich bei E. González 1974, D. Goetze 1973,1977.

27) Diese soziologische Erklärung, die hier nur skizziert werden konnte, scheint mir triftiger zu sein als die psychologisierende Interpretation, die die autoritäre Struktur des revolutionären kubanischen Staates aus Castros persönlichem Machtwillen ableitet. So z.B. A. Suarez 1967.

28) JUCEPLAN, El Desarrollo industrial de Cuba, 1966, S.129.

29) J.L. Rodríguez 1974, S.124; ähnlich H. Pérez 1975, S.159ff.

30) F. Castro, Rede vom 2.1.1977, hier nach Garnier 1973, S.357.

31) So z.B. Garnier 1973, S.357; ähnlich Bettelheim 1971.

32) Zur These, daß die realhistorische Aufgabe des Sozialismus bisher in der Organisation nachholender Entwicklung bestand vgl. jetzt allgemein Senghaas 1979d.

33) Ciclo 1961, S.106.

34) Vgl. dazu E. "Che" Guevara 1964a, S.465.

35) So z.B. Cepero Bonilla 1962, S.272.

36) E. "Che" Guevara 1964a, S.465

37) Ciclo 1961, S.106.

38) Einzelargumente für diese These finden sich bei E. "Che" Guevara 1960d, S.157ff, Dorticos 1962, S.80, H. Pérez 1975, S.149ff, Informe de Cuba al XIV. período de sesiones de CEPAL 1971 (im folgenden werden dieser und andere nicht von Autoren gezeichnete Berichte der kubanischen Regierung für Konferenzen der UNO jeweils zitiert als Informe (Bericht), versehen mit dem entsprechenden Jahr der Veröffentlichung und, bei mehreren Veröffentlichungen pro Jahr, mit den laufenden Buchstaben des Alphabets; in diesem Fall also Informe 1971a).

39) JUCEPLAN, El Desarrollo industrial de Cuba 1966, S.132.

40) E. "Che" Guevara 1960d, S.157.

41) So schon F. Castro 1959k, S.349f.

42) Vgl. dazu Eckstein 1977.

43) E. "Che" Guevara 1964d, S.34.

44) Informe 1971a, S.175.

45) So z.B. H. Pérez 1975, S.162f: "Die Aufgaben der Entwicklung,die ein Land mit einer jahrhundertealten Rückständigkeit lösen muß, erfordern von seinem Volk große Opfer sowohl hinsichtlich des Konsums als auch in Form großer Mobilisierungen freiwilliger und unbezahlter Arbeit."

46) Informe 1971a, S.175.

47) Zu dem zentralen Motiv, durch Dezentralisierung und kontrollierte Partizipation die ökonomische Effizienz zu steigern, vgl. Raúl Castro 1974a, 1974c. Zu den faktischen Grenzen der Demokratisierung vgl. Mesa-Lago 1978, Valdés 1976,E. González 1976 und 1977.

48) García/Noyola 1962, S.2. Die zentralen Texte zu den konkreten Wachstumsplänen sind Boti 1961, Boti 1963, García/ Noyola 1962, E. "Che" Guevara 1961a, e, d und ders. 1962a. Zur Konzeption der Akkumulationsstrategie dieser Phase vgl. besonders Ciclo 1961.

49) Boti 1961, S.22.

50) García/Noyola 1962, S.2.

51) E. "Che" Guevara 1961c, S.250.

52) E. "Che" Guevara 1960d, S.164.

53) Ciclo 1961, S.38.

54) Boti 1961, S.32. Ähnlich Ciclo 1961, S.38 und F. Castro 1961c, S. 20. Castro schlägt hier sogar eine jährliche Wachstumsrate von 13 % vor, mit der es möglich sein sollte, den kubanischen Lebensstandard alle 8 Jahre zu verdoppeln und konfrontiert diese mit der von der Allianz für den Fortschritt vorgeschlagenen Wachstumsrate von 2,5 %.

55) Boti 1961, S.23.

56) Vgl. dazu Boorstein 1968, S. 92ff.

57) Ciclo 1961, S. 59.

58) Ebenda, S. 29; vgl. auch ebenda, S. 59, 105.

59) Zu dem zentralen ökonomischen Gesetz des Sozialismus, dem Gesetz der harmonischen und proportionalen Entwicklung vgl. Ciclo 1961, S. 29, 106.

60) So auch Ritter 1974, S. 132, Gutelman 1967, S.152.

61) Das ist z.B. die undifferenzierte These von Mesa-Lago 1971a. Vgl. dagegen die Einschränkungen von Ritter 1974, S.132 und Gutelman 1967, S.152f.

62) C. Romeo 1965, S. 44. Zum Einfluß der ECLA vgl. ausführlicher Ritter 1974, S.132.

63) Vgl. dazu detailliert Gutelman 1967, S.156ff,Ritter 1974, S. 129ff, Acosta 1973, S. 72f.

64) E. "Che" Guevara 1964b, S. 491.

65) Am deutlichsten wird dies in den Aufsätzen von kubanischen und lateinamerikanischen Funktionären des Industrieministeriums vom Juli 1961, vgl. Ciclo 1961; so auch Karol 1970, S.224.

66) Levêsque 1976, S.71. Zur Anfang der sechziger Jahre einsetzenden, schrittweisen Modifizierung des von der Sowjetunion für Länder der Dritten Welt vorgeschlagenen Wachstumsmodells in Richtung auf die prioritäre Verarbeitung lokaler Rohstoffe statt des sofortigen Aufbaus einer eigenen breiten Schwerindustrie vgl. Duncan 1976, S. 87.

67) Zur Entwicklung der politischen Beziehungen zwischen Kuba und der Sowjetunion jetzt die ausführliche Monographie von Levêsque 1976; vgl. außerdem B. Torres Ramírez 1971.

68) Mesa-Lago 1971a, S. 293.

69) So Gutelman 1972, S. 233.

70) C.W. Mills 1960, S.36

71) Informe 1970a, hier zitiert nach Mesa-Lago 1971a, S.293f.

72) Ciclo 1961, S.164. Zu den folgenden Argumenten für das Primat der Industrialisierung vgl. Ciclo 1961, S. 163ff.

73) ebenda, S. 164.

74) E. "Che" Guevara 1961, S. 252. Zu den landwirtschaftlichen Zielen im Rahmen des Perspektivplans 1962-65 vgl. García/Noyola 1962, S. 12, Boti 1961, S. 25.

75) E. "Che" Guevara 1961a, S. 214; zur frühen Präsenz der Konzeption der Agroindustrialisierung siehe auch E. "Che" Guevara 1962a, S. 278.

76) Vgl. zum Industrialisierungsprogramm dieser Jahre und den Problemen seiner Implementierung ausführlich Ritter 1974, S. 150ff, S.141f (Tabelle 4.2 und 4.3).

77) Ritter 1974, S. 143.

78) Vgl. zu diesen Daten C.R. Rodríguez 1968, S.50.

79) Vgl. JUCEPLAN, Boletín Estadístico 1966.

80) In den ersten Jahren nach der Revolution scheinen sich überhaupt die Anstrengungen der Revolution auf die Massenbildung konzentriert zu haben, während die Ausbildung von Technikern und Fachkräften mit Universitätsausbildung zunächst vernachlässigt wurde. Vgl. die implizite Kritik von Dorticós 1963, S.6 und 1973.

81) Vgl. dazu R. Levya 1972, S. 469.

82) Vgl. dazu jetzt S. Roca 1975b. Zu den einzelnen Maßnahmen, die in diese Richtung zielten (Zusammenfassung der Bauern in kleinen ländlichen Zentren mit besserer Infrastruktur, Bau von Schulen, Krankenhäusern und anderen sozialen Einrichtungen sowie Straßen usw.) vgl. Acosta/Hardoy 1969.

83) Vgl. O'Connor 1970, S. 210.

84) Vgl. z.B. Ciclo 1961, S. 120.

85) Dorticós 1963, S. 12.

86) García/Noyola 1962, S. 13.

87) Ebenda, S. 12f.

88) Ciclo 1961, S. 106, ähnlich S. 71.

89) Ebenda, S. 71, ähnlich S. 43.

90) Ebenda, S.106.

91) Ebenda, S. 104.

92) Vgl. z.B. ebenda, S. 106.

93) Ebenda, S. 176.

94) Vgl. dazu auch den Kommentar Gutelmans: "Man sollte nicht glauben, daß die kubanische Politik der Industrialisierung darin bestand - im Gegensatz zu den ersten sowjetischen Fünf-Jahres-Plänen -, der Schwerindustrie oder auch nur der Industrie ganz allgemein (absolute oder relative, H.F.) Priorität zukommen zu lassen." Ders. 1967, S. 153.

95) Vgl. dazu auch Pfaller 1970/71, S.231, Nolff 1964.

96) So C. Romeo 1965, S. 4.

97) Boti 1961, S. 15.

98) So z.B. in Ciclo 1961, S.179.

99) Vgl. z.B. Noyola 1962, Ciclo 1961, S. 178f. und viele ähnliche Stellungnahmen Guevaras; vgl. z.B. E. "Che" Guevara 1960d, S.150, 1961c, S.250, 1962a, S. 284.

100) So auch Gutelman 1967, S.153.

101) Ciclo 1961, S. 179.

102) Ciclo 1961, S. 178.

103) Ciclo 1961, S. 178f. Zu diesem Problem und den Schwierigkeiten seiner kurzfristigen Lösung, auch auf dem Hintergrund der ersten 10 Jahre der kubanischen Revolution vgl. Pollitt 1970. Das Motiv der Entwicklung einer autochthonen kubanischen Technologie, besonders auf dem Gebiet der tropischen Landwirtschaft, ist durchgängig.

104) E. "Che" Guevara 1962a, S.292.

105) So Boti 1961, S. 29.

106) Vgl. dazu García/Noyola 1962, S. 15f, Boti 1962, S.29, Ritter 1972, S. 315ff.

107) Boti 1961, S. 29.

108) Ebenda, S. 29 und García/Noyola 1962.

109) So García/Noyola 1962, S. 16, Boti 1961, S. 29.

110) García/Noyola 1962, S. 15.

111) So auch Malloy 1971, S. 32f, Pfaller 1970/71, S. 229f.

112) Der Hinweis auf diesen Zusammenhang findet sich u.a. bei Ritter 1972, S. 315ff und Ciclo 1961, S. 59.

113) E. "Che" Guevara 1961c, S.250.

114) García/Noyola 1962, S.15; ähnlich auch Dorticós 1963, S.13.

115) Malloy 1971.

116) So z.B. E. "Che" Guevara 1960d, S.148.

117) Vgl. z.B. ebenda, S. 148: "Das ist die Aufgabe des Arbeiterführers: ... zu analysieren und zu sichern, daß die Opfer der Arbeiter, falls notwendig, so klein wie möglich sind, aber gleichzeitig, den Genossen Arbeitern zu zeigen, daß das Opfer notwendig ist und ihnen zu erklären warum, und zu sichern, daß jedermann überzeugt ist. Eine revolutionäre Regierung kann keine Opfer von oben fordern; sie müssen aus jedermanns Willen - aus jedermanns Überzeugung resultieren." Zum Funktionswandel der Gewerkschaften, die 1959/60 noch über einen relativen Spielraum zur Ausübung ihrer traditionellen Funktion als unmittelbare Interessenvertretung der Arbeiterklasse verfügten,vgl. Hernández/Mesa-Lago 1971, Zeitlin 1970; zur relativen Demokratisierung der Gewerkschaften nach 1970 und der Vergrößerung ihres Handlungsspielraums vgl. M. Pérez-Stable 1975, 1976.

118) Karols These, daß die mechanische Übernahme des sowjetischen Akkumulationsmodells die Ursache der hohen sozialen und menschlichen Kosten in dieser Phase war, ist also durchaus problematisch. Vgl. ders. 1970.

119) Die Herausarbeitung dieses Zusammenhangs und seine Implikationen sind das zentrale Thema von Pfaller 1970/71.

120) Ciclo 1961, S. 59.

121) Ebenda, S. 59.

122) Vgl. zu diesem Problemkreis Malloy 1971.

123) Zu den variierenden Angaben und den einzelnen Quellen vgl. Mesa-Lago 1969a, S. 58. In diesem Zusammenhang ist Mesa-Lago in seiner ansonsten sauberen und für die Statistik des sozialistischen Kuba fundamentalen Arbeit ein Übersetzungsfehler unterlaufen. In dem von ihm zitierten Industriereport der kubanischen Regierung für die ECLA heißt es nicht:"... der industrielle Sektor stagniert nicht, aber wächst trotzdem in einem geringeren Tempo als erwartet", sondern: "Das (die Substitution von Agrarimporten, H.F.) bedeutet keinesfalls, daß der Industriesektor während der nächsten (H.F.) Jahre stagnieren wird." JUCEPLAN, El desarrollo industrial 1966, S. 170.

124) Bettelheim 1965, hier zitiert nach Mesa-Lago 1969a, S.58.

125) Vgl. Mesa-Lago 1969a, S.62, Tab. 4.

126) Nach Daten der FAO (Mengenindex), vgl. Ritter 1974, S.113. Zu dem Zurückbleiben der Agrarproduktion hinter den Plänen vgl. Ritter 1974, S. 45, Tab. 4.4 und Gayoso 1970, S.85f.

127) Vgl. unter Bezug auf detaillierte kubanische Studien zu den Projekten eines Eisenhütten-Kombinats und eines Werft-Komplexes Aranda 1968, S. 25f.
Zur begrenzten Kapazität zur Absorption von Investitionen allgemein vgl. C. Romeo 1965, S. 5f.

128) Bettelheim 1965a, S.75.

129) Zu diesen Daten vgl. JUCEPLAN, El desarrollo industrial de Cuba 1966, S. 164, Tab.5.

130) Zu diesen Daten siehe JUCEPLAN, Compendio Estadístico de Cuba 1967.

131) Vgl. z.B. Boorstein 1968, S. 37 -77, Dumont 1964, S.66, 69f, 75, ders. 1970, S.36.

132) vgl. dazu Dumont 1970, u.a. S.36.

133) Baklanoff 1971, S. 271.

134) Boorstein 1968, S. 130.

135) Vgl. dazu JUCEPLAN, El desarrollo industrial de Cuba 1966, S. 165.

136) Vgl. zu den Zahlen ebenda, S. 167.

137) Zu weiteren Einzelheiten der Zusammensetzung der Kategorie "Zwischengüter" und zum Rohstoffmangel vgl. ebenda, S. 165f.

138) Zur Entwicklung der Deviseneinnahmen siehe Boorstein 1968, S. 131. Zu den Einnahmen aus Zuckerexporten vgl. US-Department of Commerce, United States Commercial Relations with Cuba. A Survey, 1975, S. 42, Tab.6; zur Zuckerproduktion vgl. Darrell Bender 1974, S. 156, Tab.1.

139) So z.B. Amaro/Mesa-Lago 1971.

140) JUCEPLAN, El desarrollo industrial de Cuba 1966, S.166.

141) Vgl. dazu am besten Mesa-Lago 1972, S. 55f; weiterhin Drekonja 1973, S. 172.

142) Zur Expansion des Kleinhandels nach der Revolution vgl. Eckstein 1977, S. 463 und Garnier 1973.

143) Zur antibürokratischen Kampagne, die sich in erster Linie gegen die unproduktiven staatlichen städtischen Sektoren richtete und wenig mit einem politischen Kampf gegen die Bürokratisierung zu tun hatte, vgl. Garnier 1973, S. 115ff, Eckstein 1977, S. 34f und Roca/Hernández 1972, S. 79.

144) Zur revolutionären Offensive vgl. detailliert Garnier 1973, S. 135ff, Mesa-Lago 1977.

145) Nach der bisher sorgfältigsten empirischen Studie zum Problem der Beschäftigungspolitik und -struktur von Mesa-Lago (1972c, S. 44, Tab. 15) war die Angabe von 915.000 1962 in der Landwirtschaft Beschäftigten das Planziel. Nach seiner Schätzung waren 1962 nur 867.000 Arbeitskräfte in der Landwirtschaft beschäftigt.

146) Vgl. Aranda 1968, S. 15f.

147) Die Schätzung von vier Stunden stammt von M. Martín "Informe central al XII congreso de la CTC", zitiert in Mesa-Lago 1969a, S. 347; die Schätzung von 5 - 6 Stunden findet sich bei Aranda 1968. Vgl. dazu auch den Bericht über den sog. Dumont-Report von 1963 an das INRA, zitiert bei Arredondo 1969, S. 237ff und Gayoso 1970, S.83ff. Der Hinweis auf die nur scheinbare Arbeitskräfteknappheit auf dem Lande findet sich auch häufig in den Äußerungen der sog. technokratischen Fraktion (O. Dorticós, C.R. Rodríguez). Vgl. z.B. Dorticós 1963, S.10.

148) F. Castro, zitiert nach Gayoso 1970, S. 67.

149) So auch Gayoso 1970, S. 67.

150) JUCEPLAN, El desarrollo industrial de Cuba 1966, S.162.

151) Acosta/Hardoy 1969, S. 17.

152) Vgl. JUCEPLAN, El desarrollo industrial de Cuba 1966, S.157.

153) Vgl. Valier 1970, S. 241.

154) JUCEPLAN, El desarrollo industrial de Cuba 1966, S. 157.

155) Zu diesem wichtigen Aspekt vgl. Dorticós 1963, S. 10.

156) Vgl. dazu Bettelheim 1965, S. 74.

157) Zur politischen Krise des Castrismus auf dem Lande in dieser Phase und zur politischen Reaktion der Kleinbauern vgl. besonders Dominguez 1976, Kapitel 6.

158) Der Hinweis auf das irrationale Preissystem findet sich vor allem in den Schriften derjenigen, die den vermehrten Einsatz materieller ökonomischer Anreize auch zur Stimulierung der kleinbäuerlichen Produktion propagierten. Vgl. z.B. Dorticós 1963, S. 10, und C.R. Rodríguez 1965a und c.

159) Bianchi 1964, S. 136.

Anmerkungen zu Kapitel 10

1) So z.B. J. Clark 1970, S. 45 und Draper 1965, S. 171. Eine kubanische Expertenkommission hat die Hauptlinien der kubanischen Entwicklungsstrategie in ihrer ersten Phase bis zu dem Punkt, an dem die Voraussetzungen für einen neuen Industrialisierungsschub gegeben sein würden, wie folgt zusammengefaßt:

   a) die maximale Ausnutzung der verfügbaren natürlichen Ressourcen, in erster Linie der Agrarfläche und des Meeres, mit dem Ziel einer optimalen Produktivität;

   b) das Ausnutzen der komparativen Kostenvorteile der Zuckerindustrie mit dem Ziel der Steigerung des Exports zur Finanzierung der für die integrale Entwicklung der Wirtschaft notwendigen Importe;

   c) eine Beschäftigungspolitik mit dem Ziel der vollständigen Beseitigung der Arbeitslosigkeit (relativ höhere Arbeitsintensität auch einer modernisierten Landwirtschaft im Vergleich zur Industrie) bei Berücksichtigung der geringen technischen Qualifikation der Arbeitskräftereserven;

   d) die Befriedigung der gewachsenen Nachfrage nach Nahrungsmitteln durch die Steigerung der nationalen Produktion;

   e) die Entwicklung anderer landwirtschaftlicher Exportkulturen, für die weniger Investitionen, Importe und qualifizierte Arbeitskräfte als für entsprechende Industrien notwendig waren.

   Vgl. Informe 1970d, S. 75ff.

2) C.R. Rodríguez 1969, S. 20.

3) Vgl. Informe 1970c, S. 28, Tab. 1.

4) Z.B. gibt es keine größere wissenschaftliche Gesamtdarstellung der postrevolutionären Entwicklungspolitik aus der Feder eines Kubaners - mit Ausnahme des Aufsatzes von J. Acosta Santana 1973 (2). Die besten Entwürfe der Entwicklungskonzeption findet man in JUCEPLAN, El desarrollo industriel de Cuba 1966, M.A. Figueras 1965, C. Romeo 1965. Selbstdarstellungen aus der Perspektive der Planer sind auch in den Reports für die UN-Konferenzen enthalten; vgl. Informe 1970ff und C.R. Rodríguez 1969.

5) Relevante Ausnahmen sind die Analysen von Barkin; vgl. vor allem Barkin 1972a.

6) Ritter 1974, S. 218.

7) G.A. Brown 1971, S. 56.

8) Blätter des iz3W, März 1977, Nr.60, S.46.

9) Die Formulierung der Entscheidungsalternativen ist z.T. durch C. Auroi 1975, S. 81ff inspiriert.

10) Ich beziehe mich im folgenden im wesentlichen auf kubanische Darstellungen zwischen 1963 und 1966, in denen die neue Entwicklungsstrategie präsentiert und erläutert wurde. Soweit dadurch die Grundzüge und Prämissen der neuen Entwicklungskonzeption erhellt werden, rekurriere ich allerdins auch auf einige zentrale spätere kubanische Texte.

11) Vgl. C. Romeo 1965, S. 5.

12) E. "Che" Guevara 1964b, S. 493f; ähnlich C. Romeo 1965. Vgl. auch Ritter 1974, S. 319.

13) Zu Kubas mineralischen und energetischen Rohstoffen vgl. u.a. Blutstein u.a. 1976, S. 22 und detailliert der Atlas Nacional de Cuba 1970, S. 18f, 91 (für 1966).

14) Z.B. muß Kohle für eine Fabrik zur Herstellung von Spezialstählen auf Nickelbasis aus Europa importiert werden. Vgl. Selucky 1964, S. 20. Kuba verfügte vor der Revolution über drei kleinere Stahlwerke, die nach der Revolution zu dem Unternehmen Cubana de Acero zusammengefaßt wurden. Für 1965 war eine Bruttoproduktion von nur 350.000 t Stahl jährlich geplant. Vgl. dazu Lavalée 1964, S. 2068.

15) Noyola 1962, S. 49. Ab 1963-64 beteiligten sich auf Druck der USA zeitweilig alle lateinamerikanischen Länder, mit der Ausnahme von Mexiko, an dem Handelsembargo gegen Kuba. Für 1973 wurden die Rohölreserven Kubas auf ganze 9 Millionen Barrel geschätzt. Vgl. Blutstein u.a. 1976, S. 22.

16) A. Lataste 1963, hier zitiert nach Boorstein 1968, S.215.

17) C. Romeo 1965, S. 7.

18) So M.A. Figueras 1965, S. 26. Zur Relativierung des Arguments des für eine breite Industrialisierung und landwirtschaftliche Diversifizierung zu engen Binnenmarktes vieler kleiner unterentwickelter Länder vgl. Pierre Castella 1977. Castella weist u.a. auf die Variabilität der Nachfrage z.B. nach Kapitalgütern aufgrund der Größe von Sektoren, sektoraler Prioritäten usw. hin.

19) So Auroi 1975, S. 84.

20) Zu dieser These Boorstein 1968, S. 212ff.

21) Vgl. M.A. Figueras 1965, S. 27.

22) Zu diesen Daten siehe JUCEPLAN, El desarrollo industrial de Cuba 1966, S. 164, Tab.5.

23) Report Presented by the Cuban Delegation to the XIVth Session of the FAO Conference, 1967, S. 14.

24) So C. Romeo 1965, S. 6.

25) So E. "Che" Guevara, hier nach Karol 1970, S. 225.

26) E. "Che" Guevara 1964b, S. 225.

27) So z.B. M.A. Figueras 1965, S.28f, Dorticós 1972a, S.24f, Dorticós 1972b, S.30ff, C. Romeo 1965. Siehe dazu allgemein C.Y. Thomas 1974. Die von C. Thomas zitierte Einschätzung, daß "die Größe der Wirtschaft mehr als soziale Systeme die Fortdauer" (Díaz-Alejandro, hier zit. nach C.Y. Thomas 1974, S.15) von einigen Merkmalen (Außenhandelsabhängigkeit, hohe Partnerkonzentration, Monoexportstruktur, starke Verschuldung usw.), die ansonsten mit der deformierten Struktur des peripheren Kalitalismus assoziiert werden, erklärt, geht am kubanischen Selbstverständnis vorbei. Mit der Ausnahme der hohen Außenhandelsabhängigkeit wird diese Einschätzung, die sich allerdings nur auf Untersuchungen des Zeitraums bis 1970 stützt, weder der Logik der neuen Entwicklungskonzeption noch den (später erst sichtbaren) realen Entwicklungstendenzen gerecht.

28) JUCEPLAN, El desarrollo industrial de Cuba 1966, S. 167.

29) Dorticós 1972b, S.43.

30) C.R. Rodríguez 1971, S. 21.

31) C. Romeo 1965, S. 11.

32) M.A. Figueras 1965, S. 29.

33) Zur Notwendigkeit der Reformulierung der ursprünglichen Leitidee vgl. z.B. den Kommentar von Boorstein 1968, S.183: "Diversifizierung ist eine lateinamerikanische Abstraktion; sie hat eine gewisse Bedeutung, aber allein sagt sie nicht, was in größeren Mengen angebaut werden soll- Tomaten oder Gurken, Reis oder Bohnen, Geflügel, Schweine, Rinder. Daß Industrialisierung erforderlich ist, war klar, aber welche Industrien sollte Kuba entwickeln? Wie schnell sollte die Industrialisierung vonstatten gehen? Was sind die Beziehungen zwischen industrieller und landwirtschaftlicher Entwicklung? Jedermann konnte sehen, daß Kuba aus dem eisernen Griff der USA befreit werden sollte. Aber darüber hinaus, was bedeutet ökonomische Unabhängigkeit? Bedeutet es, daß Kuba versuchen muß, sich selbst zu ernähren und alle die Maschinen und Ausrüstungen zu produzieren, die es innerhalb seiner eigenen Grenzen braucht? Die anfängliche Politik mußte weiterentwickelt werden." Boorstein 1968, S. 183.

34) Galtung 1979, S. 342.

35) F. Castro in "Hoy" (Havanna) vom 3.1.1965, hier zitiert nach G. Kohlmey 1965, S. 61.

36) JUCEPLAN, El desarrollo industrial de Cuba 1966, S. 168.

37) Belege für diesen Anspruch Kubas finden sich bei Ritter 1977, S. 183, 202. Aufgrund der eigenen Erfahrung mit der anfänglich mehr oder weniger mechanischen Anwendung einiger Elemente des sowjetischen Akkumulationsmodells und deren Konsequenzen wurde der Modellanspruch jedoch hinsichtlich der konkreten sektoralen Prioritäten stark eingeschränkt. Auf der Ebene des Akkumulationsmodells wurde nur negativ postuliert, daß wegen der geringen Größe und der mangelnden Vielfalt verfügbarer Rohstoffe der meisten Entwicklungsländer das sowjetische Industrialisierungsmodell mit sofortiger hoher Präferenz für die Schwerindustrie nicht durchführbar sei. Die Konsequenz: "Folglich ist es nicht richtig, à priori die Notwendigkeit der prioritären Entwicklung eines bestimmten Sektors festzulegen." C.R. Rodríguez 1969, S.53.

38) JUCEPLAN, El desarrollo industrial de Cuba 1966, S. 167.

39) Ebenda, S.168.

40) Ebenda, S. 167.

41) Vgl. dazu vor allem Kuczynski 1971, weiterhin Aranda 1968, S. 20f. Soweit ich weiß, wurde der Begriff des Agrarwegs der Industrialisierung von Kuczynski geprägt. Darauf deutet auch der Hinweis bei Selucky 1964 hin. Bei Kuczynski findet man auch eine Vielzahl internationaler Statistiken, die die Steigerung der Arbeits- und Flächenproduktivität und seine These der "Industrialisierung" der Landwirtschaft belegen. Ein früher Entwurf einer Strategie der Agroindustrialisierung für unterentwickelte Länder stammt von Myrdal 1964.

42) C.R. Rodríguez 1969, S. 88.

43) Ebenda, S. 82.

44) JUCEPLAN, El Desarrollo industrial de Cuba 1966, S.132f.

45) Report Presented by the Cuban Delegation to the XIVth Session of the FAO Conference 1967, S. 16.

46) JUCEPLAN, El desarrollo industrial de Cuba 1966, S. 169f.

47) Zu den Schwierigkeiten einer rationalen internationalen sozialistischen Arbeitsteilung und einer gerechten, wissenschaftlich fundierten Fixierung der relativen Preise vgl. u.a. ebenda, S. 179ff.

48) F. Castro, in: L. Lockwood 1969, S. 89; im folgenden zitiert als F. Castro-Lockwood 1969.

49) Vgl. dazu z.B. die folgende Einschätzung von F. Castro: "Früchte sind z.B. knapp; Gemüse ist knapp, zumindest während einiger Jahreszeiten; Fleisch und Milch sind knapp; Zucker ist knapp. Kurz, Nahrungsmittel sind knapp in der Welt, und die Weltbevölkerung wächst in einem schnelleren Rhythmus als die Produktion von Lebensmitteln. Folglich produziert ein Land, das seine Nahrungsmittelproduktion auf wissenschaftlicher Grundlage entwickelt, wie es unser Land tut, etwas, wonach ein unbegrenztes Bedürfnis besteht. In dem Maße, in dem zahlreiche Gebiete der Welt mehr und mehr industrialisiert sind, verbessert sich die Position der nahrungsmittelproduzierenden Länder, weil es für ein industrialisiertes Land leichter ist, ein Automobil als einen Bullen zu produzieren (H.F.)." Ebenda, S. 91.

50) Siehe dazu C. Romeo 1965, S. 11.

51) JUCEPLAN, El desarrollo industrial de Cuba 1966, S.171. Zur Konzeption und Diskussion der kubanischen Strategie der Agroindustrialisierung vgl. u.a. die folgenden Texte kubanischer Experten und Politiker: Martínez 1964, Figueras 1965, Noyola 1962, Dorticós 1963, und die meisten Reden und Aufsätze von C.R. Rodríguez aus dieser Zeit, der zwischen 1963 und 1965 Landwirtschaftsminister und danach als Minister ohne Portefeuille für wirtschaftliche Fragen im allgemeinen zuständig war, sowie F. Castro in unzähligen Reden. Eine gute Zusammenstellung von Auszügen dieser und anderer Primärliteratur

findet sich in: Aspectos de la economia politica cubana en la epoca actual 1965, im folgenden zitiert als Aspectos... 1965. Einzelne Argumente und Zusammenfassungen der Konzeption der Agroindustrialisierung ex post finden sich in den meisten kubanischen Reports für Veranstaltungen der FAO und der CEPAL, ; vgl. z.B. C.R. Rodríguez 1969, Acosta 1973 (2), López Etcheverría 1972. Aufschlußreich sind oft auch die Berichte ausländischer Experten, die entweder in Kuba längere Zeit gearbeitet haben (Aranda 1968, Boorstein 1969, Lataste 1968) oder, nach kurzem Studienaufenthalt, die kubanische Regierung beraten haben; so z.B. Dumont 1964 und 1970, Bettelheim 1965.

52) F. Castro am 29. September 1963, zitiert bei Matthews 1969, S. 253; ähnlich Castro-Lockwood 1969, S.88, Aspectos... 1965, S.70.

53) E. Rodríguez 1970, S.13.

54) So Figueras 1965, S. 20f.

55) E. Rodríguez 1970, S. 13f.

56) Dieser frühe Hinweis auf die Möglichkeit intermediärer Technologien findet sich bei Figueras 1965.

57) Zu diesen Daten vgl. JUCEPLAN, El desarrollo industrial de Cuba 1966, S. 182.

58) Report Presented by the Cuban Delgation to the XIVth Session of the FAO Conference 1967, S.15.

59) JUCEPLAN, El desarrollo industrial de Cuba 1966, S. 175.

60) F. Castro-Lockwood 1969, S. 89, ähnlich Selucky 1964, S.20, Rodríguez 1971, S. 16. Dumont (1970) zeigt am Beispiel der Viehzucht, daß man in diesem Fall die Anlaufzeit landwirtschaftlicher Investitionen unterschätzt hat. In der Regel dürfte dieses Argument jedoch zutreffen.

61) JUCEPLAN, El desarrollo industrial de Cuba 1966, S. 176.

62) So C.R. Rodríguez 1969, S. 50 und F. Castro-Lockwood 1969, S. 91.

63) Vgl. dazu Aranda 1968, S.26. Figueras (1965, S. 23) wies dennoch auf die Notwendigkeit des überproportionalen Wachstums der Bildungsinvestitionen in der Landwirtschaft als substantielle Voraussetzung der Agroindustrialisierung hin.

64) F. Castro-Lockwood 1969, S.88, vgl. auch Kuczynski 1971, S. 35.

65) Zu diesem Aspekt vgl. Boorstein 1968, S. 218f.

66) So López Etcheverría 1972, S. 13.

67) Im folgenden stütze ich mich wesentlich auf Figueras 1965, S. 20f.

68) Zur Spezifität tropischer Agrartechnologie vgl. Evenson 1974.

69) Figueras 1965, S. 21, bezieht sich hier u.a. auf einen Aufsatz von A. Emmanuel, der vorher in der gleichen kubanischen Zeitschrift veröffentlicht worden war. Zum ungleichen Tausch vgl. ausführlich A. Emmanuel 1969.

70) Entsprechend wurden zeitweilig u.a. die Preise für landwirtschaftliche Produkte erhöht. Vgl. dazu Dominguez 1971, S. 79.

71) C.R. Rodríguez 1968, S. 49.

72) Die Angaben zum Ausmaß der Reduzierung der Zuckerrohranbaufläche differieren. Nach Bettelheim (1965, S. 76) wurde im August 1961 auf zentraler Ebene der Beschluß gefaßt, diese Fläche um 130.000 ha zu reduzieren. In späteren kubanischen Quellen wird von 200.000 ha gesprochen, vgl. C.R. Rodríguez 1969, S. 16.

73) E. "Che" Guevara 1964b, S.491; ähnlich C.R. Rodríguez 1969, S. 16.

74) Vgl. zu dieser Kontroverse und zum folgenden Martínez-Alier 1973, S. 25. Die These, daß die Zuckerproduktion absichtlich eingeschränkt wurde, vertritt Hughes Thomas 1970, S. 1154ff, 1224, 1240.

75) So z.B. Castro, der im Mai 1959 den USA vorschlug, die Zuckerquote für Kuba auf 8 Millionen Tonnen zu erhöhen; hier nach Martínez-Alier 1973, S. 26. Ähnlich Raúl Castro 1960, und Ciclo 1961, S. 179. Ein weiterer Beleg für diese These ist, daß mit Oscar Pino Santos und Cepero Bonilla zwei Vertreter einer expansiven Zuckerpolitik in der revolutionären Regierung saßen; vgl. dazu ebenfalls Martínez-Alier 1973, S. 25f sowie Cepero Bonilla 1962.

76) Vgl. dazu Bettelheim 1965, S. 76f.

77) Die Faktoren, die in Richtung auf eine überstürzte Diversifikation drängten, werden näher erläutert bei Gutelman 1972.

78) C.R. Rodríguez 1965a, S. 36.

79) Vgl. dazu ebenda, S. 36f.

80) E. "Che" Guevara 1964b, S.491.

81) C.R. Rodríguez 1965a, S.36.

82) F. Castro, Granma W.R, vom 16.11.1969, S.3. Der Anteil des Zuckerrohrs am Wert der Agrarproduktion von 80 %, den Castro nennt, ist stark übertrieben. 1959 betrug dieser Prozentsatz 49,4 % und wurde dann als Folge der landwirtschaftlichen Diversifizierung trotz steigender Zuckerrohrproduktion bis 1961 auf 40,4 % gesenkt (vgl. dazu die folgende Tabelle). Die geplante Reduzierung auf 20 - 25 % 1980 hätte dennoch eine erhebliche Verringerung der relativen Bedeutung des Zuckerrohrs in der Landwirtschaft mit sich gebracht.

Anteil des Werts der Zuckerrohrproduktion am Wert der Agrarproduktion insgesamt

Jahr	Zuckerrohr (%)	Übrige Landwirtschaft (%)
1959	49,4	50,6
1960	44,6	55,4
1961	40,4	59,6

Quelle: J. Acosta 1972b, S.105

83) Einen Eindruck von dem Ausmaß und dem konkreten Inhalt des Diversifizierungsprogramms vermittelt der Produktionsplan für die Landwirtschaft für 1970, den Castro 1963 bekanntgab:

1. Die Produktion von 10 Millionen t Zucker;
2. die Produktion von 90.000 mt Kaffee;
3. die Kultivierung von insgesamt 65.000 ha Bohnen und 200.000 ha Reis;
4. die Selbstversorgung Kubas mit Gemüse und Knollenfrüchten wie z.B. Malanga, Yucca, Boniato u.a. sowie die Produktion eines Exportüberschusses;
5. die Substitution aller Rohstoffimporte für die Textilindustrie;
6. die Bebauung einer Fläche von 100.000 ha mit Zitrusfrüchten;
7. das Bepflanzen von Tausenden von neuen Hektar mit Tabak.

Nach F. Castro. Rede vom 10.8.1963, hier wiedergegeben nach Auroi 1975, S. 85 und Ritter 1974, S. 168f.
Noch nicht enthalten in diesem Agrarplan ist die Viehzucht, die nach der und z.T. in Komplementarität zur Zuckerrohrlandwirtschaft den zweiten Wachstumspol in der Landwirtschaft bilden sollte.

84) So z.B. S. Roca 1976, Brunner 1977.

85) Nach Gutelman 1967, S. 207.

86) Vgl. O Borrego 1966, S. 166.

87) Dumont 1970, S. 64; so auch Auroi 1975, S. 86.

88) So Auroi 1975, S. 222. Schon 1967 hatte Gutelman (1967, S.196ff, 207) auf die Vernachlässigung der staatlichen Nahrungsmittelkulturen im Rahmen der Perspektivplanung bis 1970 sowohl bezüglich der Anbaufläche als auch der Ressourcen zur Produktivitätssteigerung und die dadurch bedingte Unwahrscheinlichkeit einer schnellen und kurzfristigen Steigerung des Lebensstandards der kubanischen Bevölkerung hingewiesen.

89) E. "Che" Guevara 1964b, S. 491.

90) Vgl. Bianchi 1964, S. 129.

91) C.R. Rodríguez 1965a, S.36.

92) Ebenda, S. 36.

93) C.R. Rodríguez 1969, S. 17.

94) JUCEPLAN, El desarrollo industrial de Cuba,1966, S. 165.

95) Vgl. dazu Ritter 1974, S. 168.

96) Vgl. C.R. Rodríguez 1965a, S. 38, Ritter 1974, S. 168.

97) C.R. Rodríguez 1965a, S. 37.

98) Vgl. dazu Report Presented by the Cuban Delegation to the XIVth Session of the FAO Conference 1967, S. 60.

99) Vgl. zum folgenden C.R. Rodríguez 1965a.

100) C.R. Rodríguez 1965a, S.36.

101) Ebenda, S. 34.

102) Zur Konzeption der Grüngürtel am Beispiel von Havanna, wo zunächst damit experimentiert wurde, vgl. Bray/Harding 1968. Allgemein Acosta/Hardoy 1969, S. 18, Ward 1977.

103) J. Torras 1961, S. 110. Einige wichtige kubanische Texte zur Außenhandelskonzeption, neben dem schon zitierten von Torras sind: Leon 1963, Kubas Erfahrungen im Außenhandel 1965, Boorstein 1968, Dorticós 1972b, 1976.

104) So z.B. in 'Kubas Erfahrungen im Außenhandel' 1965, S.82f, 98.

105) Gesetz über die Bildung des Außenhandelsministerium, hier zitiert nach 'Kubas Erfahrungen im Außenhandel' 1965, S. 68.

106) Torras 1961, S. 110.

107) Ebenda, S. 110.

108) 'Kubas Erfahrungen im Außenhandel' 1965, S. 74; zur kubanischen Absicht, in absoluten Begriffen sowohl die Zuckerexporte als auch den Handel mit den USA zu steigern, vgl. u.a. Torras 1961, S. 110.

109) Vasallo 1972, S. 9. Das folgende Zitat gibt einen gerafften Überblick über die Motive der neuen exportgetriebenen Wachstumsstrategie: "Aufgrund der tiefen, vom Kapitalismus geerbten, strukturellen Deformation der Wirtschaft wird der Rhythmus der wirtschaftlichen Entwicklung des Landes in der gegenwärtigen Periode durch den Außenhandel bestimmt oder, genauer, er wird begrenzt durch die Importkapazität. Die Nicht-Existenz einer soliden mechanischen und energetischen nationalen Basis, zusammen mit der ausgeprägten Rückständigkeit der nationalen Produktion von Rohstoffen und Zwischenprodukten bewirkt, daß die ganze Dynamik der nationalen Investitionen in den Transport- und Kommunikationssektor und einen großen Teil der Nicht-Zuckerindustrie, wie auch ein beträchtlicher Teil der Investitionen im Handelssektor, immer noch sehr stark von Importen abhängt. Die Notwendigkeit, eine Reihe von neuen wichtigen Investitionen zu realisieren, sowie die Versorgung mit Konsumgütern und mit Rohstoffen, Materialien, Brennstoffen, Ersatzteilen usw. für die bestehenden Kapazitäten sowohl in der Industrie als auch im Transport- und im Bausektor erfordert mittelfristig ein beschleunigtes Wachstum der Exporte." Ebenda, S. 9f.

110) C.R. Rodríguez 1969, S. 20.

111) Dorticós 1976, S. 9.Nachdem Dorticós auf die bekannten Faktoren (Knappheit bestimmter Rohstoffe, historisch tradierte deformierte Produktionsstruktur) hingewiesen hat, führt er als zusätzliche Gründe der hohen Importabhängigkeit Kubas u.a. "die Grenzen der territorialen Ausdehnung und die Verfügbarkeit kultivierbaren Bodens für die Produktion der für die Bevölkerung notwendigen Nahrungsmittel" an, "- unter den besonderen Bedingungen, daß wir einen beträchtlichen Teil unseres Bodens, von höchster Qualität und potentiell am produktivsten, gerade dazu nutzen, Nahrungsmittel für den Export wie z.B. Zucker zu produzieren." Ders. 1976, S.9.

112) Vgl. dazu allgemein das Phasenmodell der Entwicklung von Rohstoffexportökonomien von Seers 1970.

113) C. Romeo 1965, S. 12.

114) Ebenda, S. 11f.

115) Ebenda, S. 8.

116) 'Kubas Erfahrungen im Außenhandel' 1965, S. 81.

117) So z.B. Wilber 1969, S. 108.

118) P. Baran, Politische Ökonomie des wirtschaftlichen Wachstums, Anmerkung 77, hier zit. nach C. Romeo 1965, S.12f.

119) M.A. Figueras 1965, S. 29.

120) Vgl. dazu allgemein Thoburn 1977, S. 42.

121) C. Romeo 1965, S. 17.

122) E. "Che" Guevara 1964b, S. 496.

123) C.R. Rodríguez 1969, S. 52.

124) So z.B. Payer 1975, S. 184f: "Regierungen sind zu leicht überzeugt (oft durch die externe Schuldenlast...), daß Deviseneinkommen das sine qua non der Entwicklung sind, und das, was als Mittel intendiert war, die Exportproduktion, erhält bald Priorität vor dem deklarierten Ziel, den Lebensstandard der ärmsten Bürger des Landes zu erhöhen. Die Regierung und die Exportindustrie, gleichgültig ob ausländisches oder nationales Eigentum, werden zu einer symbiotischen Einheit, in der das Niveau der Staatseinnahmen bestimmt wird durch das Niveau der Exporteinnahmen; die Regierung wird sich daher sorgfältig davor hüten, die Gans, die die goldenen Eier legt, zu töten. Im Gegenteil wird sie vielmehr Verständnis und Sorge um die Bedürfnisse dieser Industrie zeigen (ob privatkapitalistisch oder verstaatlicht),inklusive des Bedarfs an billigen und unterwürfigen Arbeitskräften und an riesigen Anbauflächen, die daher dem Rest der Bevölkerung verweigert werden. ... Diese Versuchung ist nicht auf abhängige kapitalistische Ökonomien beschränkt, wie durch die Ungleichgewichte der kubanischen Wirtschaft, im Rahmen der Anstrengung 1970 10 Millionen t Zucker zu produzieren, demonstriert wurde."

125) E. "Che" Guevara 1964b, S. 495.

126) Vasallo 1972, S. 9f.

127) F. Castro, hier nach Boorstein 1968, S. 202.

128) Ward 1977, S. 67.

129) Zu den Argumenten für die Priorisierung des Zuckersektors vgl. C.R. Rodríguez 1971, 1972a, Boorstein 1968, S. 181-226, López Etcheverría 1972.

130) So z.B. C.R. Rodríguez 1971, S. 6.

131) Beckford 1966, S. 49; ähnlich falsch C.Y. Thomas 1974, S.20.

132) Beckford 1966, S. 49.

133) C. Romeo 1965, S.15.

134) So z.B. E. "Che" Guevara 1964b, S.491.

135) 'Kubas Erfahrungen im Außenhandel' 1965, S. 83f.

136) Ebenda, S. 83.

137) Zu diesem Handelsabkommen und seinen konkreten Konditionen vgl. Gutelman 1967, S. 173. In der Einleitung des Vertrags hieß es, daß die Sowjetunion auf die mögliche Selbstversorgung mit Zucker aufgrund des Prinzips der internationalen sozialistischen Arbeitsteilung verzichten wolle, vgl. dazu den Text des Vertrags in: Cuba Socialista 4.1964 (Februar) Nr.8.

138) Auf die Bedeutung dieser günstigen externen Bedingungen für die Entscheidung der Expansion der Zuckerexporte und die genaue Wachstumsrate hat Castro häufiger hingewiesen;vgl. z.B. in Castro-Lockwood 1969, S. 89, 95. Das präzise Planziel der Zuckerproduktion für 1970 ist mehrmals nach oben korrigiert worden. Zunächst (1964) hatte man nur 8,5 Millionen t für 1970 anvisiert, erhöhte dann später auf 9 Millionen t (Boorstein 1968, S. 201), und ab 1965 wurde das Produktionsziel von 10 Millionen t Zucker verkündet.

139) 'Kubas Erfahrungen im Außenhandel' 1965, S. 82.

140) Ebenda, S. 83.

141) Zu dynamischen komparativen Kostenvorteilen allgemein vgl. H.G. Johnson 1969.

142) Zum Begriff der Beherrschung von Technologien - im Gegensatz zu simplem Technologietransfer - vgl. allgemein Judet/ Perrin 1977.

143) Zur Rolle Kubas in der internationalen sozialistischen Arbeitsteilung im Rahmen des RWG vgl. aus kubanischer Perspektive u.a. Apuntes Sobre El CAME 1973, S. 73ff, O. Alvarez Figueroa 1975, besonders S. 208f, C.R. Rodríguez 1972b,S.10.

144) Zur Absicht, die Vorwärtskopplungseffekte aller Rohstoffexportsektoren im Rahmen einer neuen internationalen Arbeitsteilung systematisch zu nutzen, siehe das folgende Zitat von Guevara: "Unsere Aufgabe ist es, die Basis zu legen, auf der eine neue internationale Arbeitsteilung aufgebaut werden kann, indem wir den vollen Gebrauch von den natürlichen Ressourcen unseres Landes machen und gleichzeitig den Grad der Verarbeitung dieser Ressourcen anheben, bis die Produktion komplexester Fertiggüter unternommen werden kann." E. "Che" Guevara 1964a, S. 462.

145) In den Texten sowjetischer Autoren wird im allgemeinen vorrangig das Interesse am Import kubanischer Rohstoffe artikuliert: "Die wirtschaftliche Zusammenarbeit zwischen der Sowjetunion und der Republik Kuba beruht auf beiderseitigem Vorteil, auf Berücksichtigung der Interessen beider Länder. Für die Sowjetunion ergibt sich die volkswirtschaftliche Effektivität der Zusammenarbeit mit Kuba besonders aus dem Import herkömmlicher kubanischer Exportwaren wie Rohzucker (H.F.), Nickelkonzentrat, Rohtabak, Zigaretten, Zigarren,

Zitrusfrüchte usw. ... Im Zusammenhang mit dem Komplexprogramm ist die Tatsache zu sehen, daß gegenwärtig eine Steigerung der Nickelerzeugung auf Kuba durch gemeinsame Anstrengungen der daran interessierten RGW-Länder zwecks besserer Befriedigung des Bedarf dieser Länder an diesem wertvollen Rohstoff (H.F.), eine Verwertung der gegenwärtig als Brennstoff diennenden Abfälle der Zuckerrohrverarbeitung für die Herstellung von Zellstoff und Papier und eine Spezialisierung Kubas auf Zitrusfrüchte und deren industrielle Verarbeitung mit dem Ziel einer Steigerung des Exports in die anderen RGW-Länder erwogen wird." Wolkow 1975, S.13f. Mit gleichem Akzent Asonov 1973, S.154.

Vgl. dagegen die Akzentuierung der Produktion und des Exports von Fertigprodukten (u.a. von Spezialstählen) in den kubanischen Texten, z.B. in: URSS: La construcción del socialismo 1974, S. 205. C.R. Rodríguez (1972b) schlägt sogar die Spezialisierung Kubas auf bestimmte Computer-Modelle im Rahmen der internationalen sozialistischen Arbeitsteilung vor.
Es kann natürlich sein, daß die unterschiedlichen Akzente auf unterschiedlichen Zeitperspektiven beruhen: bei den sowjetischen Autoren die Konzentration auf die kurzfristigen, 'realistischen' Pläne zur Kooperation, während in den kubanischen Äußerungen die mittelfristige Perspektive hervorgehoben wird.

146) F. Castro, zit. in Granma W.R. vom 18.10.1970, S. 7.

147) Eulogio Rodríguez 1970, S. 14.

148) Zur geplanten Integration von Viehzucht und Zuckersektor vgl. z.B. F. Castro: "Die Feinde der Revolution haben sich selber k.o. geschlagen, indem sie viele närrische Dinge darüber gesagt haben, wie Kuba versucht hat, ein Programm schneller Industrialisierung durchzusetzen, nur um später wieder zu einer monokulturellen Ökonomie zurückzukehren... Niemals war dieses Land weiter von einer monokulturellen Wirtschaft entfernt als es heute ist. ... Es wird viel mehr Zuckerrohr geben als für eine 10-Millionen-t-Ernte benötigt wird, und dieses Zuckerrohr wird für andere Zwecke, die in Beziehung stehen zur Landwirtschaft, gebraucht, wie z.B. Rinderzucht, Milchwirtschaft und Geflügel- und Schweinezucht. D.h. Zuckerrohr wird als Grundlage für Konzentrate gebraucht werden, um die Ernährung der Rinder, Schweine und des Geflügels zu verbessern." F. Castro 1969c.

149) Aspectos ... 1965, S. 108.

150) Vgl. z.B. E. "Che" Guevara 1965a, S. 530: "Sie (die Entwicklungsländer, H.F.) sind klein und in ihrer Entwicklung deformiert, und während sie einige wenige Rohstoffe besitzen oder einige wenige Fertiggüter oder Halb-Fertigprodukte produzieren, fehlt ihnen die Mehrheit der anderen. Die Planung wird von Anfang an in Richtung auf eine gewisse regionale Einheit gerichtet sein müssen, um ... so eine Integration zu erreichen, die auf echten gegenseitigen Vorteilen beruht."

151) Gleichzeitig schätzte Guevara jedoch das kurzfristige Potential von derartigen horizontalen Wirtschaftsbeziehungen gering ein, denn sowohl Afrika wie auch Kuba seien "Produzenten von Rohstoffen; was wir verkaufen und was wir brauchen, ist ungefähr das gleiche. Daher kann noch kein umfangreicher Handel entwickelt werden. Nichtsdestotrotz sollten wir anfangen, unseren Handel selbst auf einer engen Basis zu entwickeln." E. "Che" Guevara in Hoy vom 23.1.1965, S. 7, zitiert nach Tretiak 1967, S. 21.

152) E. "Che" Guevara 1964c, S. 514.

153) Ebenda, S. 529.

154) Zur Kritik einiger konkreter Modalitäten der internationalen sozialistischen Arbeitsteilung (Inkonsequenz und mangelnde Koordinierung, Einfluß des kapitalistischen Weltmarkts auf die Preisbildung) vgl. neben "Che" Guevara aus kubanischer Sicht 'Kubas Erfahrungen im Außenhandel' 1965, S. 80, JUCEPLAN, El desarrollo industrial de Cuba 1966, S.179f.

155) E. "Che" Guevara 1965a, S. 534.

156) Vgl. F. Castro, Rede vom 7.7.1965, hier nach Gutelman 1967, S.172f.

157) C.R. Rodríguez 1978, S.109f.

158) "Wir handelten damals wie ein abgeriegeltes Land und entwickelten offensichtlich eine gewisse Aggressivität, die denen zu eigen ist,die sich verteidigen, die einen Schlag, manchmal auch zwei Schläge austeilen für alle die, die sie einstecken". Ebenda, S. 109.

159) Pino-Santos 1976, S. 93f.

160) Zur Kritik traditioneller Vorstellungen regionaler Integration von kubanischer Seite vgl. La integración latinoamericana y el desarrollo económico 1974.

161) F. Castro, Rede vom 28.9.1974, Havanna 1974, S. 26f.

162) Zur (Selbst-)Kritik der früheren kubanischen These der Aktualität der sozialistischen Revolution in Lateinamerika vgl. ausführlich R. Debray 1974.

163) C.R. Rodríguez 1975c. Dem liegt die Einschätzung zugrunde, daß auf internationaler Ebene der Konflikt mit dem Imperialismus die dominierende Form des Klassenkampfes ist: "Es vereint sie (die Entwicklungsländer, H.F.) ein Prozeß des Klassenkampfes, der auf internationaler Ebene die Auseinandersetzung mit dem Imperialismus an die erste Stelle rückt. Und endlich vereint sie der Druck der Völker ..., die entschlossen sind, einen Weg zu finden, der einen authentischen Weg zur Entwicklung, zum Fortschritt und Wohlstand öffnet." Pino-Santos 1976, S.9.

164) C.R. Rodríguez, 1975c, S.4.

165) F. Castro, in F. Mankiewicz/K. Jones 1976, S.166.

166) Vgl. dazu C.R. Rodríguez 1975c.

167) C.R. Rodríguez 1972a, S. 156.

168) F. Castro, Granma W.R. vom 12.12.1971, S.10.

169) F. Castro, in: F. Mankiewicz/K. Jones 1976, S. 166.

170) F. Castro, Granma W.R. vom 12.12.1971, S. 10.

171) Diese, nach seiner Meinung, konservative Schätzung der Kostenersparnis beim Rohöltransport stammt von Losman 1974, S. 104. Der sowjetische Vorzugspreis pro Barrel Rohöl betrug Mitte 1970 5,66 $, das war ungefähr die Hälfte des damaligen Weltmarktpreises. Vgl. dazu E. Gonzalez/D. Ronfeldt 1975, S. 42.

172) Vgl. dazu Blick durch die Wirtschaft vom 9.11.1978.

173) Vgl. Business International Corporation 1977, S. 86.

174) Vgl. C.R. Rodríguez 1971, S. 26.

175) Reed 1979, S. 391f.

176) The Caribbean shipping company and the new spirit of integration 1975.

177) F. Castro, Granma W.R. vom 6.8.1972, S. 5.

178) C.R. Rodríguez 1978, S. 111.

179) Vgl. ebenda, S. 118.

180) C.R. Rodríguez 1972a, S. 156.

181) C.R. Rodríguez 1978, S. 110.

182) Informe 1971a, S.153.

183) C.R. Rodríguez 1971, S. 27.

184) C.R. Rodríguez 1974b, S. 161.

185) Apuntes sobre el CAME 1974, S. 74.

186) O. Alvarez Figueroa 1975, S. 74.

187) Apuntes sobre el CAME 1974, S.75.

188) Dies ist spätestens seit 1960 eine durchgängige kubanische Einsicht; so z.B. schon Cepero Bonilla 1962.

189) C.R. Rodríguez 1975a.

190) Grabendorf 1979, S. 76; ähnlich auch Debray 1979 in seinem Kommentar zur Konferenz der Blockfreien Ende 1979 in Havanna.

191) So auch, in der bisher besten und umfassendsten Studie zu den kubanisch-sowjetischen politischen Beziehungen, Levêsque 1976, S. 115.

192) Vgl. dazu auch Matthews 1969, S. 241f.

193) So u.a. Kohlmey 1965, Kuczynski 1971 und Selucky 1965.

194) Draper 1965, S. 148

195) Véliz 1963, S. 173, dort finden sich auch die vorhergehenden Angaben.

196) C. Romeo 1965, S. 23. Siehe dazu auch das Zitat von F. Castro bei C. Romeo (a.a.O) sowie Guevaras Kritik der vorübergehenden mechanischen Imitation von Elementen des sowjetischen Akkumulations- und Planungsmodells: "Wir haben die Erfahrungen der Bruderländer mechanisch kopiert, und das war ein Fehler, nicht der schwerste, aber ein Fehler, der die Entwicklung unserer Produktivkräfte behinderte ... D.h. daß wir durch die Praxis lernen mußten, durch unsere eigenen Fehler, und indem wir mit dem Kopf gegen die Wand stießen, daß Planung und Sozialismus zusammengehören und daß man nicht alles planen kann, wenn die vorherrschenden wirtschaftlichen Bedingungen es nicht erlauben." E. "Che" Guevara 1963a, S. 362f.

197) Aus einem Artikel von Nixi Lorov 1964, S. 93-97, hier zitiert nach Levêsque 1976, S. 115.

198) Peking Rundschau vom 22.2.1966.

199) Vgl. Dumont 1970, S. 42.

200) E. "Che" Guevara im März 1964, hier zitiert nach Dominguez 1971, S. 69.

201) E. "Che" Guevara 1963a, S. 373. Die Vorgänge um Guevaras Rücktritt als Industrieminister und sein Verlassen Kubas sind z.T. ungeklärt. Auf jeden Fall entsprach der neuen Strategie der Agroindustrialisierung eine institutionelle Reorganisation der kubanischen Industrie, durch die ab 1964 das kompakte und mächtige Industrieministerium in einzelne Branchenministerien aufgeteilt, und damit die bisherige institutionelle Grundlage der erheblichen Macht des Industrieministers zerstört wurde. 1964 wurde das Ministerium für die Zuckerindustrie geschaffen, ebenfalls 1964 ein Ministerium für die Ernährungsindustrie und 1967 wurde der Rest des Industrieministeriums in die Ministerien für Grundindustrie, Leichtindustrie und Bergbau inkl.Metallurgie aufgeteilt. Vgl. dazu ebenfalls Dominguez 1971, S. 76.

202) Rojo 1968, S. 150.

203) Vgl. E. "Che" Guevara 1963a, S. 362f.

204) So z.B. fälschlicherweise Dominguez 1971.

205) So E. "Che" Guevara 1964b, S. 495f; zur gängigen Präsentation der kubanischen Entwicklungsstrategie mit Zucker und Nickel als den beiden Hauptsektoren vgl. u.a. Boorstein 1968, S. 191ff, 201ff, 1969, S. 42. Über diese Debatte in der kubanischen Führung gibt es keine gesicherten Informationen, z.B. in Form einer öffentlich geführten Diskussion oder nachträglicher eindeutiger Hinweise. Bei der folgenden Äußerung von C.R. Rodríguez ist es nicht klar, ob er sich auf ausländische oder interne Kritiker bezieht: "Die gleichen Kritiker haben von der Möglichkeit gesprochen, die darin bestand, das Wachstum der Nickelproduktion zu beschleunigen. ... Wir werden niemals auf die Produktion dieses Minerals als eine der Grundlagen unserer wirtschaftlichen Entwicklung verzichten, aber wir haben die Schwierigkeiten auf wissenschaftliche Weise analysiert und die Realisierung auf den angemessenen Augenblick verschoben." C.R. Rodríguez 1972a, S. 148.

206) Zu den kubanischen Argumenten gegen einen schnellen Ausbau der Nickelindustrie vgl. C.R. Rodríguez 1972a, S. 148, F. Castro, Granma W.R., 2.11.1969, S.4, F. Castro, 1970a, S.262: "Die Ausrüstungen für Nickel-Bergbau und -Verarbeitung sind fürchterlich teuer und große Investitionen über eine Vielzahl von Jahren sind notwendig. Viele Jahre müssen außerdem für Forschung und Planung verwendet werden, bevor mit den Ausrüstungen produziert werden kann."

207) Vgl. dazu Mires 1978.

208) So z.B. Burks 1966, S. 40.

209) Castro-Lockwood 1969, S.95.

210) Zur Schaffung der Voraussetzungen einer beschleunigten Industrialisierung durch die Agroindustrialisierung vgl. von kubanischer Seite Acosta 1973 (2), S. 65, López Etcheverría 1972, S. 13f.

211) C.R. Rodríguez 1969, S. 55.

212) C.R. Rodríguez 1968, S. 49. Der genaue Zeitpunkt der Schwerpunktverlagerung zur Industrie hat sich mehrmals verschoben. Plante man zunächst den Beginn der Etappe beschleunigter Industrialisierung schon ab 1966-70 (Dorticos 1963, S.12), so wurde dieser Zeitpunkt erst auf 1970ff und später sogar auf 1975ff verlegt. Das gleiche gilt für die Stahlindustrie. Zunächst hoffte man noch, vor 1970 mit dem Bau einer Stahlfabrik mit einer Kapazität von 1.000.000 t Stahl im Jahr (Aspectos ... 1965, S. 94) beginnen zu können. In seiner Rede vom 13.8.1963 (zitiert bei Lavalée 1964, S.2068) schien dies Castro jedoch schon fraglich. Heute scheint man den Beginn des Baus wegen der drastischen Senkung der Zuckerpreise Mitte der siebziger Jahre auf die Periode des zweiten Fünfjahresplans 1981-1985 verlegt zu haben.

213) So C.R. Rodríguez 1968, S.49, 1969, S.55f.

214) Zu dem beschränkten Programm paralleler industrieller Investitionen vgl. Aspectos ... 1965, S.93ff, F. Castro-Lockwood 1969, S. 92, Bettelheim 1965, S. 78, Martínez 1964, S.12, Véliz 1963, S. 371f. Ex post auch Acosta 1973(2), S.104f.

215) Vgl. dazu auch F. Castro, Granma W.R., 26.10.1969, S.4.

216) Dazu Aspectos ... 1965, S. 94. Die ersten Resultate der Prospektierung (1966-67)sind im Atlas Nacional de Cuba 1970 dokumentiert.

217) M.A. Figueras 1965, S.28, Dorticos 1974.

218) Vgl. M.A. Figueras 1965, S. 29.

219) Zu einigen Aspekten und den Voraussetzungen der Entwicklung der Fähigkeit zu technologischen Adaptionen und Innovationen vgl. allgemein Cooper 1974.

220) Zu diesen Grenzen der ISI in Lateinamerika vgl. Hirschman 1968.

221) In der systematischen Berücksichtigung der Sekundäreffekte, u.a. der Kopplungs- und Ausbreitungseffekte, von Investitionen besteht ein wesentlicher Vorzug sozialistischer Entwicklungsländer gegenüber privatkapitalistischen Systemen. Auf die entwicklungspolitische Relevanz dieser Sekundäreffekte hat schon früh H.W. Singer (1950) hingewiesen; vgl. besonders die als Motto zu Beginn des postrevolutionären Teils dieses Buches zitierte Passage (ebenda, S. 476).

222) Ähnlich für die Kleinstaaten der Karibik und Zentralamerikas allgemein Esser 1979, S. 208 - 237, besonders S. 219f, 222f. Nach seiner Ansicht können in Kleinstaaten erst durch den Aufbau komplementärer Industrien zu den Rohstoffexportbranchen, die Modernisierung der Landwirtschaft, die ausreichende Qualifikation von Arbeitskräften usw. die Voraussetzungen einer effizienten Importsubstitutionsindustrialisierung geschaffen werden.

223) López Etcheverría 1972, S.14.

224) Zu diesem Aspekt allgemein vgl. C.Y. Thomas 1974, S. 153ff.

225) Zur Logik des Akkumulationsmodells der Anlagerungsindustrialisierung durch multinationale Konzerne vgl. Senghaas 1977; zu den Voraussetzungen und Auswirkungen dieses Industrialisierungsmodells siehe die voluminöse Untersuchung von Fröbel/Heinrichs/Kreye 1977.

226) Zur fehlenden traditionellen Produktionserfahrung vgl. J.Robinson 1965, S. 12.

227) Zur geringen Rolle des Außenhandels in der chinesischen Volkswirtschaft vgl. Menzel 1978, S.156f.

228) Zur fehlenden Arbeitsdisziplin der Plantagenarbeiter im Gegensatz z.B. zu den chinesischen Kleinbauern vgl. Dumont 1970a, S.28.

Anmerkungen zu Kapitel 11

1) Eine Ausnahme bildet Ferran Oliva (1973b), der einige meist wenig beachtete Aspekte der Zuckerstrategie (Technologiepolitik, Prinzipien des Aufbaus einer Kapitelgüterindustrie für den Zuckersektor, intrasektorale Ausbreitungseffekte u.a.) behandelt.

2) Zur Zuckerrohrnebenproduktindustrie und ihren Perspektiven existieren allerdings mehrere Gesamtanalysen und eine Vielzahl technisch-ökonomischer Projektanalysen des ICIDCA, die jedoch mit der Ausnahme der Projektanalysen nicht veröffentlicht worden sind. Vgl. dazu die Liste der Forschungsarbeiten in X Años del ICIDCA 1973.

3) Vgl. z.B. Hirschmüller/Delavier 1969, Badinand 1971, 1. u.2, Harbron 1975.

4) Die wissenschaftlichen Monographien, in denen der Zuckersektor im Mittelpunkt steht (Brunner 1977) oder einen großen Raum einnimmt (S. Roca 1975a,1976), behandeln nur die Zeit vor 1970. Mesa-Lago (1978) kommt in seiner materialreichen und empirisch zuverlässigen Studie der kubanischen Entwicklung nach 1970 in dem Kapitel über den Zuckersektor über eine Beschreibung nicht hinaus, ohne die entwicklungspolitisch relevanten Dimensionen der Zuckerstrategie systematisch zu untersuchen. Obwohl diese Studie aufgrund der langjährigen Beschäftigung des Autors mit Kuba unter sozialwissenschaftlich relevanten Fragestellungen äußerst informativ ist, besteht ihre wesentliche Schwäche darin, daß sie die postrevolutionäre Entwicklung nicht ausreichend auf die zentralen vorrevolutionären Strukturprobleme bezieht, sowie die langfristige Entwicklungsstrategie der kubanischen Führung mit allen ihren Implikationen nicht adäquat nachvollzieht, so daß relevante entwicklungspolitische Tendenzen, wie sie in dieser Untersuchung im Mittelpunkt stehen, durch ihr Raster hindurchfallen (konzentrische Diversifizierung um Wachstumspole, die systematische Steigerung der Kapazität zur Absorption importierter Technologien sowie zu technologischen Adaptionen und Innovationen, der Ansatz zur Überwindung technologischer Abhängigkeit in einigen Bereichen usw.). Ebenso sind die Kriterien, an denen bestimmte Tendenzen gemessen werden (Demokratisierung, Kapazität zur Absorption von Investitionen u.a.), der Realität der entwickelten kapitalistischen Länder entnommen und ihrem Untersuchungsgegenstand unangemessen. Kurz, das wesentliche Manko dieser Untersuchung besteht darin, daß sie aus der Perspektive der Zentren, eines Kubaners in den USA, und nicht aus der Perspektive eines Landes der Dritten Welt geschrieben worden ist.

5) Die meiste Literatur zur internationalen Zuckerindustrie in der BRD findet sich im Institut für Zuckerindustrie, Berlin; daneben sind einige Jahrgänge der genannten kubanischen Zuckerzeitschriften, die in der Regel in den einzelnen Instituten nur unvollständig vorhanden sind, beim Institut für landwirtschaftliche Technologie und Zuckerindustrie an der Technischen Universität Braunschweig und in der Universitätsbibliothek der TU Hannover verfügbar.

6) Hier wären in erster Linie die veröffentlichten Materialien der alle zwei Jahre stattfindenden Kongresse der Internationalen Society of Sugar Cane Technologists (ISSCT) zu nennen, besonders der Band von 1974, in dem mehrere kubanische Beiträge enthalten sind.

7) Die Kategorien der Vorwärts- und Rückkopplungseffekte sind von Hirschman in die wirtschaftswissenschaftliche Diskussion über das wirtschaftliche Wachstum der Entwicklungsländer eingeführt worden. Seine zentrale These ist, daß die Anreize zu weiteren Investitionen, die durch die Kopplungseffekte von den Primärinvestitionen ausgehen, entwicklungspolitisch relevanter sind als die ursprüngliche Kapitalbildung, da Entwicklung im wesentlichen über Engpässe und Ungleichgewichte forciert wird. Entwicklungsstrategisch optimal sind demnach Investitionen in Sektoren, von denen starke Kopplungseffekte ausgehen. Vgl. Hirschman 1958. Die neuerliche Ausweitung und Differenzierung des linkage-Konzepts in Hirschman 1977 konnte leider noch nicht in die Konzipierung dieser Untersuchung eingehen.

8) Vgl. dazu D. Barkin 1978.

9) So z.B. F. Castro 1964, S. 271. Auf diesen fundamentalen Text sowie auf Herrera 1965, der die Planung für die Zuckerrohrlandwirtschaft im Rahmen des Zuckerperspektivplans 1966-70 erläutert, beziehe ich mich in diesem Abschnitt häufiger.

10) Vgl. dazu J. Vázquez 1973c, S.21.

11) So u.a. J. Vázquez 1972b, 1975c (Interviews mit R. Francia Mestre, dem Landwirtschaftsminister).

12) Zu dieser neuen Entwicklung der abhängigen Plantagenökonomie mit vorherrschend kapitalistischer Produktionsweise vgl. u.a. Petersen 1966, Symes 1972, Hagelberg 1974a.

13) Vgl. dazu ausführlich die Untersuchung der Rolle des Privatsektors der Zuckerrohrlandwirtschaft durch Acosta 1972b.

14) Vgl.dazu allgemein und zu den einzelnen Institutionen zur besseren Koordination und Integration von Zuckerrohrlandwirtschaft und Zuckerindustrie den schon erwähnten Aufsatz von J. Lodos (1977).

15) Ich stütze mich im folgenden weitgehend auf Ferran Oliva 1973b, S. 48ff.

16) J. Lodos 1977, S.16. Cachaza ist eine schlammige Masse, die beim Filtrieren des Zuckers anfällt. Zu ihrer möglichen Anwendung als organischer Dünger vgl. Aloma/Díaz 1973, Aloma/Cuellar 1975.

17) Zur mangelnden Koordination der landwirtschaftlichen und der industriellen Seite des Zuckerproduktionsprozesses vor 1974 vgl. Joshua 1974.

18) Zu diesem wichtigen Unterschied der kubanischen Agrarpolitik von der einiger anderer sozialistischer Länder vgl. D. Warriner 1967.

19) Herrera 1965, S.3

20) Vgl. Menéndez Cruz 1962, S.3.

21) "Wir müssen die signalisierte Zahl von 10 Millionen Tonnen Zucker 1970 in erster Linie durch das substantielle Wachstum des Zuckerrohrs und des Zuckers pro Anbaufläche erreichen, d.h. durch die Anwendung intensiver Bewirtschaftungsmethoden." Herrera 1965, S.5.

22) Zur geplanten Expansion der Zuckerrohranbaufläche von rund 1 Million Hektar 1964 auf 1,5 Millionen Hektar 1970 vgl. u.a. Auroi 1975, S.162f., Brunner 1977, S.48. Wahrscheinlich ist die Zahl für 1964 zu niedrig, weil sie sich auf die Erntefläche und nicht auf die Anbaufläche bezieht. Angaben zur Zuckerrohranbaufläche 1964 liegen nicht vor. 1963 betrug sie jedoch noch 1,16 Millionen Hektar; vgl. den Rechenschaftsbericht von F. Castro im Auftrag des ZK der Kommunistischen Partei Kubas für den Ersten Parteitag 1975, 1976, S. 66,68.

23) Herrera 1965, S.6.

24) Zu diesen Kriterien vgl. u.a. J. Vázquez 1972b, 1975c.Die Liste der kubanischen Studien über Experimente mit neuen Zuckerrohrsorten ist lang. Vgl. u.a. viele Aufsätze der 39. Konferenz der ACAC 1970, die zusammenfassende Analyse von M. Anderez 1973, den Forschungsbericht von López/Devilla 1976, sowie die für die konkrete lokale Wahl verbindliche 'Methodology for the Selection, Propagation and Development of Cane Varieties', Vol.1 u.2, 1971.

25) Vgl. dazu J. Vázquez 1972b, 1975c.Zu den Stadien des landwirtschaftlichen Technologietransfers am Beispiel der Zuckerrohrsorten vgl. Evenson/Houck/Ruttan 1970.

26) So Acosta 1973(2), S. 100.

27) Vgl. J. Vázquez 1974a, S.46. Besonders geeignet zum Schneiden des Rohrs durch Erntemaschinen sind aufrechte Sorten mit möglichst wenig Blattwerk.

28) Zur Klassifizierung und Charakterisierung der zur Zuckerrohrlandwirtschaft geeigneten kubanischen Böden vgl. Shishov/Villegas/Shishova 1974. Über den Stand der agronomischen Zuckerrohrforschung allgemein informiert zusammenfassend M. Anderez 1974.

29) So Hirschmüller/Delavier 1969.

30) Zur geplanten Produktionskapazität der kubanischen Düngemittelindustrie von 700.000 t nach Fertigstellung der beiden Werke in Cienfuegos und Nuevitas vgl. M. Fernández-Font 1973a,S.8.

31) Vgl. International Sugar Journal 1976, S. 159. Die Bekämpfung der in den Tropen besonders gefährlichen Pflanzenkrankheiten war eines der Hauptthemen der 39. Konferenz der ATAC 1970; vgl. dazu u.a. die Abstracts im International Sugar Journal 1971, u.a. S.270.

32) So J. Vázquez 1975c.

33) Vgl. dazu u.a. Evenson/Houck/Ruttan 1970 und Ferran Oliva 1973a, 1974 (2).

34) So Brunner 1977, S.68, nach T. Martínez 1967.

35) Zur Bewässerunspolitik in der Zuckerrohrlandwirtschaft vgl. den Aufsatz des dafür zuständigen P.L. Dorticos 1973. Dort wird auch die Option für die Berieselungsbewässerung näher begründet. Zur heutigen Schwerpunktsetzung einer besseren Nutzung des vorhandenen gestauten Wasserpotentials vgl. außerdem M. Fernández-Font 1973a,S.8.

36) Vgl. zum Stand der Bewässerung in der australischen Zuckerrohrlandwirtschaft G. Campbell 1975, S.111, Tabelle 1.

37) Zu den Hektar-Erträgen der internationalen Zuckerrohrlandwirtschaft, ihren Entwicklungstendenzen und den sie beeinflussenden Faktoren vgl. Ferran Oliva 1973a.

38) Zur Zuckerproduktion von 1979 vgl. Blick durch die Wirtschaft vom 18.10.1979.

39) So explizit F. Castro 1977a.

40) Zum Vorhergehenden vgl. ebenda.

41) Vgl. Hagelberg 1974a, S.73f.

42) So sah z.B. der ursprüngliche Zuckerplan 1971-80 vor, daß ab 1980 nur noch die Hälfte des angebauten Zuckerrohrs abgeerntet werden sollte. Durch die dadurch mögliche längere Wachstumsperiode des Zuckerrohrs (18 - 24 Monate) und durch die beschriebene Modernisierung der Landwirtschaft war geplant, die Flächenproduktivität zu verdoppeln, so daß mit der halben Erntefläche die gleiche Menge Zuckerrohr produziert werden könnte. So F. Castro, Granma vom 26.10.1969, Bohemia vom 18.7.1969, S.66. Die dargestellten Ziele werden in quantitativer Hinsicht auf keinen Fall bis 1980 realisiert werden können. Inwiefern angesichts der knappen Agrarfläche als einem zentralen Engpaß der inkrementellen Diversifizierung der Landwirtschaft diese Perspektive grundsätzlich revidiert wurde, ist unklar.

43) Vgl. zu den vorhergehenden Daten Hagelberg 1974a, S.75, Blutstein u.a. 1976, S.395.

44) Vgl. dazu hinsichtlich der karibischen Zuckerrohrländer Hagelberg 1974a, S.68-76.

45) F. Castro 1977a, S.3.

46) Ansätze finden sich bei Pollitt 1970, Roca 1976. Während Pollitt auf die agrotechnischen Probleme der Mechanisierung der Zuckerrohrernte und die sozioökonomischen Probleme technologischer Innovationen in der tropischen Landwirtschaft unter der Bedingung eines unterentwickelten Landes hinweist, dokumentiert Roca das Scheitern der Mechanisierung der Zuckerrohrernte vor 1970 als einen zentralen Faktor der gesamtwirtschaftlichen Opportunitätskosten der gran zafra und bezieht das Scheitern auf die begrenzte Investitionskapazität der kubanischen Ökonomie, ohne jedoch die flexiblen und angemessenen Reaktionen nach 1970 zu berücksichtigen.

47) F. Castro 1969c, S.4. Castro stellt den Zusammenhang zwischen der geplanten beschleunigten Diversifizierung der Produktionsstruktur nach 1970 und den Anstrengungen zur schnellen Mechanisierung der Ernte explizit her: "Und alles dies erfordert umfangreiche Investitionen ... nicht einfach Millionen, sondern Tausende von Millionen in die industrielle Entwicklung, die in den nächsten Jahren einen beschleunigten Rhythmus erreichen wird. Um dieses zu realisieren, ist die Menge der 'centros de acopio', die wir bauen müssen, ... die Menge der Bulldozer, die wir importieren müssen, und der Erntemaschinen, die wir <u>konstruieren</u> müssen (H.F.), um die Arbeitskräfte zu befreien ..., die wir heute für das Zuckerrohr brauchen, das wir noch immer mit primitiven Methoden schneiden, bekannt." Ebenda, S.4. Das Scheitern der und die durch die gran zafra ausgelösten Probleme bedeutete nur einen kurzfristigen Aufschub dieser Industrialisierungspläne zunächst bis 1973, dann bis 1976. Zum Aufschub der Industrialisierungspläne vgl. C.R. Rodríguez 1972a.

48) F. Castro 1969c, S.2; ähnlich F. Castro 1972e, S.138.

49) Zu den Motiven vgl. zusammenfassend J. Vázquez 1972h, S.9f.

50) Vgl. dazu ausführlich Mesa-Lago 1969b, Roca 1976.

51) Zu den Gründen der Abnahme der Zahl der professionellen Zuckerrohrschnitter vgl. zusammenfassend Roca 1976, S. 46f. sowie J. Vázquez 1972b und schon früh Herrera 1965.

52) F. Castro 1969c, S.2.

53) Vgl. F. Castro 1977f, S.3:

Zahl der Zuckerrohrschnitter, ihre Arbeitsproduktivität und Grad der Mechanisierung des Schneidens im ehemaligen Camaguey 1952 und 1977:

Jahr	Zuckerrohrschnitter (Zahl)	Arbeitsproduktivität der Erntearbeiter Zuckerproduktion/Ernte m.t.	Grad der Mechanisierung des Schneidens in Prozent
1952	74.000	115	0
1977	14.000	575	55

54) Herrera 1965, S.3. De facto hat die Zahl der in der Zuckerrohrernte tätigen freiwilligen Arbeitskräfte nach 1970 rapide abgenommen.

55) So F. Castro 1970c; vgl. auch Jeanney 1971, S.514f.

56) Die Zahl der permanent in der Zuckerrohrlandwirtschaft beschäftigten Arbeitskräfte stieg von knapp 124.000 1962 auf 222.000 1966. Vgl. Hagelberg 1974a, S.129, Tabelle 20. Dies war nur z.T. die Konsequenz der Ausdehnung der staatlichen Zuckerrohrlandwirtschaft durch die 2. Agrarreform von 1963, weil dadurch die staatlich kontrollierte Zuckerrohranbaufläche höchstens um 1/3 stieg.

57) Dies war, neben ihrer geringen Arbeitsproduktivität, ein wesentliches Motiv der Reduktion der Zahl der für die Zuckerrohrernte mobilisierten freiwilligen Arbeitskräfte nach 1970. Vgl. u.a. Granma W.R., 7.2.1971, S.1.

58) So am Beispiel von Camaguey F. Castro 1977b, S.3.

59) So F. Castro 1964, S.241. Zum Ziel der Senkung der Produktionskosten allgemein vgl. Borrego 1966, Ferran Oliva 1972b, F. Castro 1971b.

60) F. Castro 1977d, S.7.

61) F. Castro 1977d, S.7.

62) F. Castro 1964, S.241.

63) F. Castro 1969d, S.3.

64) Zur Kritik des Taylorismus sowie zur technischen und gesellschaftlichen Arbeitsteilung im Produktionsprozeß allgemein vgl. die Analysen in A. Gorz (Hrsg.) 1973, vor allem den zentralen Text von St. Marglin.

65) F. Castro 1969d, S.3.

66) Zum Rückgang des Imports von Traktoren vgl. Theriot 1978,Tab.6; zu dessen Begründung(effizientere Nutzung der vorhandenen Maschinen) vgl. UNDP 1973, S.60.

67) Mecanización de la Caña en Cuba 1977, S.9.

68) Vgl. ebenda, S.11.

69) Vgl. S. Roca 1976, S.58.

70) Vgl.Auroi 1975, S.171.

71) Die Zahl von 6.000 Zuckerrohrladern 1976 stammt von Posada 1976, S.21; Mesa-Lago (1978, S.52) hatte diese für 1973 noch mit 4.000 angegeben.

72) Zur Entwicklung des Zuckerrohrtransportsektors vgl. u.a. A. Conte 1972, R. Salomón Llanes 1976b, R. Villa Montes 1976, F. Chomon 1966, S.179ff, J. Vázquez 1975b.

73) Hervorzuheben ist, daß heute die leichter zu produzierenden Produkte für die Modernisierung des Eisenbahntransports im Zuckersektor in Kuba selbst hergestellt werden: Güterwagen, Loren, Betonschwellen, Schotter und Fertigbauteile für verschiedene Installationen. Vgl. Vázquez 1975b.

74) Hier nach Auroi 1975, S.172.

75) Dorticós 1972b, S.49f.

76) Enrique González in J. Vázquez 1975b, S.6.

77) Zu den organisatorischen Problemen des Zuckerrohrtransports und einigen Vorschlägen zu ihrer rationalen Lösung vgl. M.I. Cardonne 1975.

78) Vgl. dazu die Rede von F. Castro zur Eröffnung des ersten neuen Terminals für Losezucker in Puerto Carupano vom 20.1.1978, F. Castro 1978a. Bemerkenswert ist, daß die neuen Terminals gänzlich in Kuba und von Kubanern entworfen, gebaut und montiert und die Ausrüstungen, mit Ausnahme der großen komplexen Waagschalen und der Motoren, ebenfalls national produziert werden.

79) Einen Überblick über die Geschichte der Mechanisierung der Zuckerrohrernte vermitteln u.a. Mecanización de la Caña en Cuba 1977, A.F. Betancourt 1970, und die Zusammenfassung von 5 mir nicht zugänglichen Aufsätzen des gleichen Autors für ein Symposium der 39. Konferenz der ATAC "Cane Mechanization in Cuba" 1971.

80) Zu den Nachteilen der KCT-1 vgl. am besten Betancourt 1970, S.6ff.

81) Mecanización de la Caña en Cuba 1977, S.11.

82) Betancourt 1970, S.21.

83) Zu den beiden Henderson-Maschinen vgl. am besten das Interview mit dem Konstrukteur in Vázquez 1971; zur Libertadora vgl. u.a S.Roca 1976, S.57.

84) F. Castro 1969a, S.66. Zu den Nachteilen der Libertadora vgl. S. Roca 1976, S.57.

85) Zu diesen Nachteilen vgl. R. Henderson in Vázquez 1971, S.28.

86) So F. Castro 1969a, S.66.

87) R. Henderson in Vázquez 1971, S.30.

88) Ebenda, S.32.

89) Iglesias/Silveira 1975, S.9 (aus der Vergleichstafel, in der die agrotechnischen Parameter von 1964 und 1970 verglichen werden).

90) Ebenda, S.11; ähnlich die Schlußfolgerung in dem neuesten zusammenfassenden kubanischen Text Mecanización de la Caña en Cuba 1977, S.11.

91) R.Henderson in Vázquez 1971, S.34.

92) Zur Weiterentwicklung der KTP-1 und speziell zur KTP-2 vgl. F. Castro 1977c.

93) Vgl. dazu die komparativen Daten für die Weiterentwicklung der Libertadora sowie der KTP-1 und KTP-2 in Castro 1977 und Mecanización de la Caña en Cuba 1977.

94) Betancourt 1970, S.21.

95) Zum 'Hagelberg-Paradox' vgl. Hagelberg 1974a, S.40-44.

96) Vgl. Mesa-Lago 1978, S.49f.

97) F. Castro 1969d, S.3.

98) Ähnlich S. Roca 1976, S.67 und Pollitt 1970.

99) In Australien waren 1972 immerhin 98 % des Schneidens mechanisiert. Zur australischen Zuckerrohrlandwirtschaft vgl. Guillermo Gálvez 1976, hier S. 23.

100) So z.B. S. Roca 1976, S.67 und F. Castro 1969d, S.3.

101) S. Roca 1976, S.67. Roca bezieht sich auf Frederic Middleton, den Chefingenieur des Verbandes der Zuckerrohrplantagenbesitzer von Hawaii.

102) F. Castro 1969d, S.3.

103) Die These, daß das technische Problem der Ernte gebrannten Rohrs in einigen Ländern gelöst wäre, vertraten 1970 u.a. Betancourt 1970, und der von einem Autorenkollektiv der Universität Havanna verfaßte Text"Proposiciones sobre las perspectivas para el desarrollo de la mecanización de la cosecha en Cuba" (im folgenden zitiert als: Proposiciones... 1970).

104) Vgl. Iglesias/Silveira 1975.

105) Zum DINAME und dessen Aufgaben vgl. das Interview mit seinem Direktor J. Borot in Vázquez 1972h.

106) Vgl. zum CIDMA, dessen Struktur, Auftrag und Programm die Berichte über die ersten Jahresversammlungen von R. Salomon Llanes 1976, 1977.

107) Zur M-2 vgl. J. Vázquez 1976a.

108) Zur Silo-Ernte-Maschine und dem Forschungs- und Entwicklungsprogramm überhaupt vgl. Mecanización de la Caña en Cuba 1977, S.15.

109) F. Castro 1977c, S.3.

110) R. Henderson in Vázquez 1971, S.33.

111) Zum Systemcharakter der Mechanisierung der Zuckerrohrernte allgemein vgl. schon früh Petersen 1966, z.B. der Hinweis auf die notwendige technologische Revolution der gesamten Zuckerrohrlandwirtschaft: "Der Anbau von Zuckerrohr entwickelte sich überall in unterschiedlicher Weise, obwohl er natürlich in seinen wesentlichen Zügen gleich blieb. Aber viele Farmer denken immer noch, daß ihre Situation spezifisch ist ... Sie argumentieren, daß jede Erntemaschine, die sie in Betracht ziehen würden, ihren 'besonderen' Bedingungen entsprechen muß. Die Feldmechanisierung des Zuckerrohrs bedeutet den Anfang eines neuen Zeitalters des Zuckerrohranbaus - Standardisierung des Abstands zwischen den Reihen, die Auswahl aufrechter Zucker-

rohrsorten, das Akzeptieren bestimmter Kultivierungspraktiken zur besseren Kontrolle der Breite der Furchen und ihrer Tiefe, die Veränderung der traditionellen Haltung zum Blattwerk - ..." (31). Zum sogenannten integralen System der Zuckerrohrernte, das in Kuba nach 1970 eingeführt wurde, mit den Worten seines Protagonisten: "Zu dem System gehören eine Kombine, das centro de acopio und die Henderson-Kippwagen. Es konstituiert einen integralen,einfachen und universalen Prozeß, der derart projektiert wurde, daß alle derzeit operierenden Ausrüstungen sich gegenseitig ergänzen. Vor allem erfordert der Übergang vom manuellen zum mechanischen Schneiden oder umgekehrt keine zusätzlichen Ausgaben, und außerdem ist ein gemischtes System möglich, d.h. das Nebeneinander von mechanisiertem und manuellem Schneiden". R. Henderson in Vázquez 1971, S. 33. Ähnlich Borot in Vázquez 1972h, S.8.

112) Borot in Vázquez 1972h, S.12.

113) Zu diesen Organisationsproblemen vgl. von kubanischer Seite Mecanización de la Caña 1977, S.10f.

114) R. Henderson in Vázquez 1971, S.34.

115) Zu den landwirtschaftlichen Voraussetzungen der integralen Mechanisierung der Zuckerrohrernte vgl. detailliert und als theoretische Begründung der späteren Entwicklung Proposiciones 1970.

116) So A. Hart 1970, S.4.

117) Ebenda, S.5.

118) Dorticós 1972b, S.53.

119) Zu den hohen ökonomischen Kosten des durch das US-Embargo verursachten Ersatzteilmangels vgl. am besten Losman 1974.

120) F. Francia Mestre in Vázquez 1972b, S.17.

121) Zur Rolle der centros de acopio als organisatorische Zentren vgl. u.a. die Äußerungen von R. Henderson in G. González 1972b.

122) Lázaro Cabenas, Unterdirektor des DINAME in R. Salomón Llanes 1975a, S.28.

123) Vgl. Mecanización de la Caña 1977, S.12. Die Ausbildungszeit der qualifizierten Arbeiter beträgt 6 Monate und die der Techniker 3 Jahre.

124) Auf die Grenzen der manufakturellen Produktion kubanischer Modelle hat F. Castro verwiesen: "Einige Modelle sind hier entwickelt worden. Ich gehe weiter und sage, daß die Werkstätten des Ministeriums der Grundindustrie Zuckerrohrerntemaschinen hergestellt haben, die als optimal klassifiziert werden könnten. Aber es ist eine Sache, eine Maschine per Hand und mit der Hilfe handwerklicher Methoden zu fertigen, jedes einzelne Teil - und es ist eine ganz andere Sache, sie in Massenproduktion mit all ihren hydraulischen Systemen und all diesen komplexen Mechanismen, die perfekt laufen sollen, herzustellen. Wir müssen zugeben, daß wir einmal die Illusion gehabt haben, daß unsere Fabriken das Problem für uns lösen könnten. Die centros de acopio und die Henderson-Erntemaschine wurden entworfen. Die Erntemaschinen arbeiten zufriedenstellend, aber wir müssen die Bulldozer, auf die sie montiert werden, importieren." F. Castro 1970a, S.4.

125) F. Castro 1977c, S.4

126) Unausgewiesenes Zitat von F. Castro, zitiert nach Granma W.R. 7.2.1971, S.1.

127) Vgl. Increased productivity from harvesting whole cane from burned-over fields, 1971, S.5.

128) So Herrera 1965, S.22.

129) R.Henderson, zitiert in G. González 1972b.

130) Ferran Oliva 1973b.

131) Vgl. dazu R.Henderson in G. González 1972b, S.47.

132) F. Castro 1970i, S.5.

133) 1971 war der Großteil der Produktion der Maschinenbauindustrie für Trockenreinigungsstationen, Gußformen für den Häuserbau und Kuhställe bestimmt; vgl. F. Castro 1971e, S.2.

134) Hier nach S. Roca 1976, S.58; vgl. auch Auroi 1975, S.174.

135) Zu diesen Daten vgl. J. Lodos 1977. Die optimale Produktivität wurde hier provisorisch aufgrund der Angaben zur potentiellen Produktivität pro Stunde berechnet.

136) Francia Mestre in Vázquez 1975c, S.33.

137) F. Castro 1970i, S.5.

138) Vgl. dazu und zum australischen System der Zuckerrohrernte allgemein Centro de Investigaciones de la Caña (CIC) 1972, 1973 (im folgenden zitiert als CIC 1972 oder 1973), Batule Díaz 1972, J. González Maiz 1972b.

139) Vgl. CIC 1973, S.69.

140) Vgl. Mesa-Lago 1978, S.54.

141) F. Castro, zitiert in Granma W.R., 7.2.1971, S.1.

142) Vgl. F. Castro 1970i, S.5.

143) Notiz in ATAC 36.1977, 1, S.23.

144) Vgl. Mecanización de la Caña 1977, S.12.

145) Francia Mestre in Vázquez 1975c,S.31.

146) F. Castro 1970i, S.5.

147) Ebenda, S.5.

148) Zu den Nachteilen, den Schwierigkeiten und den Voraussetzungen der Einführung des australischen Systems der Zuckerrohrernte vgl. u.a. Francia Mestre in Vázquez 1975c,S.32f, CIC 1972, J. González Maiz 1972b und eine Vielzahl von in 'Cuba Azúcar' oder 'ATAC' veröffentlichten Studien über die Folgen des a.S. für den Boden, das Stoppelrohr, den Transport, die industrielle Produktion usw. Das Forschungsprojekt im Umkreis des a.S. war das wichtigste von 10 Forschungsprojekten des Forschungszentrums für Zuckerrohr der Universität Havanna; vgl. Increased productivity from harvesting whole cane from burned-over fields, 1971, S.5.

149) Francia Mestre in Vázquez 1975c,S.33.

150) CIC 1972, S.118.

151) So in Granma W.R., 7.2.1971, S.1.

152) Zu diesen möglichen Folgen für die Industrie vgl. vor allem J. González Maiz 1972b.

153) Vgl. Francia Mestre in Vázquez 1975c, S.30.

154) So Dumont 1971.

155) Vgl. z.B. F. Castro 1977c, S.4: "Die KTP-2 kann Zuckerrohr schneiden, das nicht sehr gut abgebrannt wurde; zu diesem Zweck wurde sie entworfen. D.h. daß wir in der Zukunft in der Lage sein werden, damit aufzuhören, aus dem Motiv einer höheren Produktivität das Zuckerrohr abzubrennen. Indem wir das Abbrennen des Zuckerrohrs reduzieren, sparen wir Wasser, kann das Blattwerk auf dem Felde bleiben (als Naturdünger, H.F.) oder wir können es, falls wir es wollen, als Viehfutter gebrauchen. Auf diese Weise können wir in einem gewissen Maße das Wachsen des Unkrauts verhindern und das Stoppelrohr kann länger bleiben."

156) Vgl. z.B. CIC 1972, S.118: "Wenn man die dargestellten Aspekte betrachtet, kommt man zu dem Schluß, daß die Vorteile der Ernte abgebrannten Zuckerrohrs höher sind als die von ihm ausgehenden Erfordernisse, die im wesentlichen organisatorischer Art sind."

157) M. Lage in: Se desarrolla con éxito la colaboración sovietico-cubano en la industria azucarera 1975, S.11.

158) Vgl. J. Vázquez 1973a.

159) J. Varela Pérez 1974, S.6.

160) Vgl. Gouré/Rothenberg 1975, S.58.

161) Vgl. M. Macías in J. Vázquez 1977.

162) Vgl. dazu Borot in Vázquez 1972h, S.12. Im postrevolutionären Kuba ist also nach 1970 die von vielen Entwicklungsplanern geteilte Investitionsillusion, die darin besteht, die existierende Kapazität zur Absorption von Investitionen zu überschätzen, die zu einer geringen ökonomischen Effizienz der Investitionen führte, korrigiert worden. Die sowjetische Hilfe paßte sich - das deutet jedenfalls der begrenzte Erfahrungsbereich der Mechanisierung der Zuckerrohrernte an - dieser Akzentverschiebung der kubanischen Entwicklungspolitik an, indem ein wesentlicher Teil der effizienten Nutzung der neu gelieferten Maschinen diente. Vgl. allgemein zur Kritik der Fixierung vieler Entwicklungsplaner auf das Investitionsniveau ohne eine ausreichende Beachtung der Struktur der Investitionen, ihrer ökonomischen Effizienz und ungenutzter Produktionspotentiale Mahbub ul Haq 1976, S.17ff.

163) "Unsere Techniker und die sowjetischen Techniker, mit ihrer großen Erfahrung, arbeiteten intensiv. Die sowjetische Maschinenbauindustrie hat das Problem zumindest in technischer Hinsicht gelöst." Unausgewiesenes Zitat von F. Castro in einem dem Artikel von J. Varela Pérez 1974 beigefügten Kasten. Vgl. auch die folgende etwas überhebliche, aber wahrscheinlich zutreffende Charakterisierung der Gewichte im Rahmen der kubanisch-sowjetischen Kooperation: "Sowjetische Ingenieure und kubanische Praktiker probierten immer neue Varianten durch...". H.G. Schubert 1978, S.152.

164) F. Castro 1977c, S.3.

165) Stand der Mechanisierung der Zuckerrohrernte in einigen ausgewählten Zuckerrohrländern Ende 1971 (in Prozent)

Land	Schneiden %	Laden %	Zuckerrohrproduktion 1.000 t
Queensland (Australien)	97	99,9	18.100
Ecuador	0	100	1.000
Äthiopien	0	100	900
Philippinen	0,7	2,2	
Florida	2,3		5.500
Hawaii	100	100	10.000
Jamaica	0	50	4.200
Louisiana[a]	100	100	7.000
New South Wales (Australien)	9,5[b]	100	965
Cuba (1972)	7	90	43.500
Cuba (1978)	39	95	64.872

Anmerkungen:
a) Jeweils getrennt mit verschiedenen Maschinen geschnitten und verladen.
b) Wahrscheinlich ein Druckfehler: 95 %

Quelle: ATAC 1973, S.50. Aus dem Bericht der Permanenten Kommission für die Mechanisierung

166) Zu den verschiedenen qualifizierten Arbeitskräften, die für eine Arbeitsgruppe bei der Zuckerrohrernte mit Maschinen notwendig sind, vgl. Mecanización de la Caña en Cuba 1977.

167) Vgl. dazu Mesa-Lago 1978.

168) Zum enormen bildungspolitischen Fortschritt vgl. die Daten in Kapitel 12.4.

169) Vgl. dazu allgemein Judet/Perrin 1977.

170) Vgl. dazu und zur Unterentwicklung der Zuckerforschung vor 1959 allgemein IBRD 1951, S.197, 225.

171) Nach M. Anderez 1974.

172) Perspectiva de la industria cañera cubana 1976, S.4; ähnlich auch A. Rodríguez 1974a, Posada 1976, Pablo Noriega: Experimental Sugar Mill 1972, Ferrán Oliva 1973b. Auf diese fundamentalen Texte der postrevolutionären Forschungs- und Technologiepolitik im Zuckersektor beziehe ich mich im folgenden häufiger.

173) Dorticós 1972d, S.2.

174) Vgl. G.B. Hagelberg (Hrsg.) 1965, S.49f.

175) Ebenda, S.49.

176) Ebenda, S.50.

177) Ebenda, S.50.

178) Ferrán Oliva 1973b, S.48f.

179) A. Rodríguez 1974a, S.16.

180) F. Stewart unterscheidet zwischen zwei idealtypischen Strategien der Überwindung technologischer Abhängigkeit: die der Kontrolle, Selektion und Adaption der importierten Technologien und der der unmittelbaren Reduzierung der Abhängigkeit von Technologieimporten durch die Entwicklung autochthoner Technologien. Die kubanische Erfahrung legt nahe, daß zwischen beiden Ansätzen kein unüberwindbarer Gegensatz besteht, wie F. Stewart selber zu bedenken gibt: "Die angenommene Dichotomie zwischen der Kontrolle ausländischer Technologie und der Reduzierung der Abhängigkeit kann eine falsche sein. Die erfolgreiche Kontrolle der Technologie wird, als eine wichtige langfristige Konsequenz, dazu beitragen, die Abhängigkeit zu reduzieren, und zwar in dem Maße, wie die lokalen wissenschaftlichen Fähigkeiten auf der Grundlage der Importe entwickelt werden.". Dies. 1976, S. 135; zu den beiden idealtypischen Alternativen vgl. ebenda, S.133ff.
Einen Einblick in die kubanische Doppelstrategie (Assimilierung der internationalen technologischen Erfahrung und Schaffung eigener Technologien) anhand eines beschränkten Forschungsbereichs vermittelt die Aufgabenstellung des kubanischen Instituts zur Erforschung der Verarbeitungsmöglichkeiten von Zuckerrohrnebenprodukten (ICIDCA):"1. Informationen über die Zuckerrohrnebenprodukte beschaffen, entwickeln und auf dem aktuellen Stand halten. 2. Entwicklung einer Grundlage prinzipieller wissenschaftlich-technischer Kenntnisse für die Entwicklung der Arbeit in diesem Spezialbereich. 3. Die Weiterbildung junger Techniker in der Forschungsdisziplin, bis sie ein wissenschaftliches Niveau erreichen. 4. Kenntnisnahme der existierenden Technologien. 5. Technische Hilfe für die nationale Industrie der Nebenprodukte..., 6. Die Entwicklung neuer technologischer Alternativen und ihre technisch-ökonomische Evaluierung. 7. Beratung der revolutionären Regierung bei der Formulierung von Investitionskriterien der Zuckerrohrnebenprodukte..." X Años del ICIDCA 1973, S.6.

181) Ferrán Oliva 1973b,S.58.

182) Die Institution, die alle nationalen und internationalen Patente registriert, nennt sich ONIITEM; vgl. Dania Gálvez 1975. Von Información Azucarera waren mir nur zwei Bände von 1974 zugänglich; vgl. Información Azucarera 1974, 1 + 2.

183) Zum Prinzip des "double sourcing" vgl. Harbron 1975. Ein gutes Beispiel für diese Politik sind die 10 neuen Torulahefe-Fabriken, von denen sechs aus Frankreich und vier aus Österreich importiert worden sind. Zu den Herkunftsländern der Zuckermaschinerie vgl. Ferrán Oliva 1973b.

184) Zitat aus einer Rede von Ricardo Cabrisas auf dem 4. Treffen der GEPLACEA, hier zitiert nach Cuba - Economic News 12.1976, 72, S.7. Zu GEPLACEA vgl. das Interview von J. Vázquez (1975d) mit Jorge Brioso, dem 1. Generalsekretär dieser Organisation, E.L. Velázquez 1975 und R. Salomón Llanes 1977d.

185) J. Lodos, hier nach A. Rodríguez 1974a, S. 19.

186) T. Martínez 1967, S.4.

187) R. Gómez González 1970, S.238.

188) Edison Velázquez in Vázquez 1972g, S.41. Zu den industriellen Problemen wärend der gran zafra und ihren Ursachen vgl. F. Castro 1970d.

189) Zur Strategie der Mikroinvestitionen nach 1970 und ihrer theoretischen Begründung vgl. ausführlich Ferrán Oliva 1972b.

190) Zu den einzelnen ab 1971 getroffenen Maßnahmen und der dahinterstehenden Konzeption vgl. neben dem schon zitierten Text von Ferran Oliva: M. Lage 1971; Edison Velásquez in Vázquez 1972g und Dorticós 1974. Speziell zur Verbesserung der präventiven Instandhaltung und der Reparaturarbeiten vgl. Guido García in Vázquez 1972e.

191) Zum ONLAC vgl.Salomón Llanes 1977, S. 22f.

192) Zur Entwicklung des Unternehmens zur Industriemontage und seinen Perspektiven vgl. Figueras in Vázquez 1973c, S.21, M. Lage in Vázquez 1972a, S.10.

193) O. Dorticós 1974 , S.17.

194) Zur vorrangigen Rolle der multinationalen Konzerne bei der Durchführung eines der bedeutendsten Zuckerprojekte der Welt im Sudan vgl. Ostafrikanische Länder investieren in den Aufbau der Zuckerindustrie in: Blick durch die Wirtschaft 27.3.1979.

195) G. Molina 1977, S.39.

196) Zum außerordentlichen Umfang der kubanischen Investitionen im Zuckersektor 1966-70 vgl. u.a. Hagelberg 1974a, S.100f; dies wird auch deutlich durch das besondere Interesse, das Exporteure von Zuckermaschinerie für Aufträge aus Kuba zeigen. So z.B. C. Rowan 1970, der Direktor von Tate & Lyle Ltd. in: Exporting a Factory 1970.

197) Obwohl mehrere hundert ausländische Experten bei der Installation der importierten Ausrüstungen des Zuckerperspektivplans 1966-70 und bei der Anleitung kubanischer Fachkräfte für ihre adäquate Nutzung halfen (vgl. Ferran Oliva 1973b, S.50), spielten sie doch nur, im Verhältnis zu anderen Ländern, eine untergeordnete und vorübergehende Rolle.

198) Vgl. dazu G. Corm 1978. Nach seiner Ansicht besteht das Dilemma der Dritten Welt nicht in der Alternative zwischen der Technologie der multinationalen Konzerne und den sog. alternativen Technologien "sondern zwischen zwei Arten des Empfangs der modernen Technologie": einer, bei der eine adäquate nationale Kapazität zur Absorption der modernen importierten Technologie entwickelt wird, und einer, bei der meist schlüsselfertige Gesamtbetriebe nur mit Hilfe ausländischer Spezialisten entworfen, geplant und installiert werden können, die auch lange Zeit nach ihrer Inbetriebnahme noch auf diese angewiesen sind.

199) Ferrán Oliva 1973b,S.54.

200) Zur zweiten Generation der kubanischen Zuckerrohrsorten und ihrer kommerziellen Ausbreitung vgl. R. Salomón Llanes 1976d, S.11. Zu den Ergebnissen eines systematischen Vergleichs verschiedener neuer Zuckerrohrsorten vgl. E. López/A. Dávila 1976.

201) Zum systematischen und kontrollierten Import vgl. den Bericht über die Quarantänestation auf der Insel der Pinien von R. Salomon Llanes 1976c. Einige Daten für die erhebliche Zunahme der Kreuzungen schon in den ersten Jahren der Revolution finden sich bei Díaz Barreiro 1966.

202) Zu den einzelnen Stadien vgl. Evenson/Houck/Ruttan 1970.

203) Vgl. dazu zusammenfassend Posada 1976, S.23. Zur Standardisierung der Ausrüstungen zum Verdampfen, Erhitzen des Zuckerrohrsaftes, zur Reinigung und zum Kristallisieren, vgl. die Aufsatzfolge von Quesada González 1973, 1974.

204) Vgl. A Rodríguez 1974b, Posada 1976, S.24; zu den Experimenten mit aus Frankreich importierten rotierenden Filtern vgl. G. González 1972c, S.17.

205) Zu den Experimenten mit dem System 'Mühlen + Diffusion durch Extraktor' vgl. A. Valdés/S. Ortega/V. Crespo 1972.

206) Zur parallelen Produktion von Rohzucker und weißem Zucker vgl. S. Ortega 1975, I. Galban/T. Lebediev 1975.

207) Vgl. dazu u.a. Posada 1976, S.23.

208) Atchison 1965, S.1831.

209) Vgl. ebenda, S. 1830: "In dem kubanischen Projekt wurde die lokale Entwicklungsbehörde durch sehr erfahrene Industrielle angeführt, die schon Papierfabriken, Zuckermühlen und andere Industrieunternehmen leiteten. Ihr Hauptbedarf bestand daher in Ausrüstungen und umfassender technischer Hilfe bezüglich der Trennung der Bagasse von dem Mark des Zuckerrohrs, ihrer Verarbeitung zu Papierbrei und der Erstellung der Papierfabrik. Sie besaßen einen erfahrenen Ingenieurstab, der in der Lage war, die detaillierte Konstruktionsarbeit zu übernehmen und die allgemeine Überwachung der Errichtung des Baus und der Inbetriebnahme zu handhaben."

210) Nach Atchison repräsentierte die Lieferung ganzer schlüsselfertiger Fabriken das "Muster der Zukunft, wegen der Vorteile der ungeteilten Verantwortung in den Händen einer Organisation", ebenda, S.1830. In den Verträgen mit den Unternehmen der anderen Zuckerrohrländer der Dritten Welt übernahm die von Atchison repräsentierte US-Firma folgende Aufgaben: 1. vollständiger Entwurf, 2. Überwachung des Baus, 3. Überwachen der Errichtung und der Installation, 4. Überwachen der Inbetriebnahme, 5. technische Hilfe für die laufende Produktion.

211) Atchison 1962, S.1189.

212) Atchison 1974, S.1857f. Zwei große Fabriken für Zeitungspapier aus Bagasse waren 1975 in Perú und Mexiko geplant. "Beide Länder verfolgen die kubanischen Entwicklungen mit Interesse, und es wird erwartet, daß die großen Zeitungspapierfabriken mit ausreichender Flexibilität ausgerüstet werden, so daß jede fortgeschrittene technologische Neuerung, die aus der kubanischen Arbeit resultiert, sofort in diesen Fabriken angewandt werden kann." Ebenda, S. 1862.

213) Vgl. dazu den Bericht über entsprechende Veröffentlichungen in Comercio Exterior, der Zeitschrift der mexikanischen Bank für Außenhandel, von Anfang 1979, in: Handelsblatt vom 15.3.1979.

214) "In der letzten Zeit hat, als ein Resultat der kubanischen Forschung (H.F.), die Tendenz erheblich zugenommen, in großem Umfang Melasse in den Futterrationen für Rindvieh zu verwenden." L.A. James 1975, S.156. L.A. James ist kanadischer Unternehmensberater.

215) H. Dupin in seinem Vorwort zu Birolaud/Calvo 1973, S.26.

216) Vgl. dazu Blick durch die Wirtschaft, 7.4.1979. 1974 wurde zwischen Tansania und Kuba ein Vertrag geschlossen, nach dem die Kubaner bei der Anlage einer Zuckerrohrplantage von 15.000 acres und beim Bau einer neuen Zuckerfabrik in der Nähe von Kilosa helfen sollten. Vgl.Cuban Star over Africa, in: Africa Nr.69, Mai 1977, S.84.

217) X Años del ICIDCA 1973, S.29. Dieser in der Zeitschrift des ICIDCA erschienene Text gibt einen guten Überblick über die Geschichte des Instituts, seine Organisationsstruktur und Arbeitsschwerpunkte, die bisherigen Erfolge, ein vollständiges Verzeichnis der Veröffentlichungen und seine zukünftigen Perspektiven.

218) Zum IICA vgl. vor allem M. Anderez 1974 und den Bericht über seine 1. wissenschaftliche Tagung von R. Salomón Llanes 1975e; zum ICINAZ vgl. A. Rodríguez 1974b und MINAZ 1976.

219) Zum CEDIC vgl. vor allem MINAZ 1976 und G. González 1972c.

220) Vgl. Ferrán Oliva 1973b,S.53.

221) A. Nuñez Jimenez in Vázquez 1972d, S.11.

222) Zum Primat der Entwicklungs- und der angewandten Forschung von kubanischer Seite vgl. L.O. Gálvez 1974. Für ein Entwicklungsland ist es nach seiner Ansicht sinnvoll, 70 % seiner Ressourcen auf die Entwicklungsforschung und 20 % auf die angewandte Forschung zu konzentrieren und für die Grundlagenforschung zunächst nur 10 % zu verwenden. Dominguez (1976) kritisiert diese "Vernachlässigung" der Grundlagenforschung.

223) Vgl. dazu die Daten zur Struktur des Zuckerverbrauchs in Westeuropa bei Bartens/Mosolff 1976., S.50.

224) Delavier 1972, S.7. Delaviers Schlußfolgerung: "Voraussetzung für die Nutzung der Glukose als Industrierohstoff in großem Umfang ist die entsprechende Billigkeit des Rohstoffs und die langfristige Sicherstellung der Versorgung bei niedrigem Preis. Die Forschungen auf dem Gebiet der Zuckerchemie sollten in die Richtungen gelenkt werden, in denen Glukoseprodukte keine Konkurrenz mit auf dem Markt schon etablierten Produkten zu befürchten haben", ebenda, S.7. Zu den ökonomischen und technischen Problemen der Zuckerchemie sowie den bisherigen restriktiven Bedingungen ihres Wachstums vgl. auch Vlitos 1975. Vlitos kommt zu einer optimistischen Einschätzung des kommerziellen Entwicklungspotentials der Zuckerchemie, wenn mehr kreative Forschungsarbeit auf diesem bisher vernachlässigten Gebiet geleistet wird. Die Verteuerung petrochemischer Produkte, deren niedrige Kosten bisher das Entwicklungspotential der Zuckerchemie blockierten, dürfte das Interesse an dieser fördern.

225) Zur Definition der 'outside linkages', die aufgrund der komplexen und teuren Technologie nicht durch das nationale Privatkapital der Entwicklungsländern, sondern nur durch multinationale Konzerne oder den Staat zu nutzen sind, vgl. Hirschman 1977.

226) Vgl. zu diesen Daten Menéndez Cruz 1962, S.15, Tab.4.

227) Zu den Verwendungsmöglichkeiten der Zuckerrohrnebenprodukte vgl. den bisher besten Überblick bei Paturau 1969; zusammenfassend das Schaubild auf S. 8. Zu den vielfältigeren industriellen Verarbeitungsmöglichkeiten aufgrund der faserigen Bagasse vgl. u.a. Hagelberg 1974a.

228) Vgl. Paturau 1969, S.4.

229) Newman 1965, S. 74; vgl. auch ebenda, S. 51ff.

230) Zur technologischen Rückständigkeit des größten Teils der Alkoholindustrie vgl. ICIDCA 1966a.

231) Das ICIDCA hatte die Aufgabe, die "Bildung der wissenschaftlich-technischen Basis (für die zukünftige Entwicklung der Zuckerrohrnebenproduktindustrie) zu garantieren" (Urrutia 1966, S.5) und die "Kenntnisse über die existierenden Technologien und die neu auftretenden Alternativen zu vertiefen" und so der "Revolutionsregierung bei der Formulierung von Investitionskriterien bezüglich der Zuckerrohrnebenprodukte zu helfen." X Años de ICIDCA 1973, S.4.

232) Atchinson 1974, S.1858.

233) E. "Che" Guevara, hier nach X Años del ICIDCA 1966, S.5.

234) Urrutia 1966, S.35.

235) Gálvez in Vázquez 1977, S.5. Zur Phasenplanung innerhalb der Nebenproduktindustrie vgl. Borrego Díaz 1965, S.26ff. M. Lage in Vázquez 1972a, S.10: "Wir glauben, daß mit Beginn des nächsten Jahrfünfts (1976ff., H.F.) solide Grundlagen für den Aufschwung vieler Zweige der Zuckerrohrnebenproduktindustrie gelegt sein werden." Nach Borrego Díaz sollte diese Etappe schon nach 1970 beginnen.

236) Urrutia 1966, S.5. Zu den inhaltlichen Schwerpunkten der technologischen Forschung vgl. ebenda und X Años del ICIDCA 1973.

237) Die Untersuchung der Ergebnisse der Diversifizierung der Zuckerrohrindustrie wird dadurch erschwert, daß die meisten industriellen Projekte erst nach 1970, zum großen Teil sogar nach 1975 in Angriff genommen wurden, und sich daher noch kaum in gesteigerten Produktionsziffern niederschlagen konnten. Außerdem ist gerade die Informationsgrundlage für diesen Bereich äußerst schlecht: verstreute Informationen in Interviews und Festreden oder technisch-ökonomische Evaluierungen einzelner Projekte. Zusammenfassende ökonomische Analysen dieser Branche und ihrer Perspektive, die offensichtlich vom ICIDCA angestellt wurden, waren leider nicht zugänglich. Vgl. das Verzeichnis der vom ICIDCA durchgeführten technischen und ökonomischen Analysen in: X Años del ICIDCA 1973, S.37ff; in der Rubrik der technisch-ökonomischen Projektanalysen finden sich auch mehrere zusammenfassende ökonomische Untersuchungen der Geschichte, der aktuellen Produktionskapazität und der Perspektiven der Zuckerrohrnebenprodukte verarbeitenden Industrie in Kuba und allgemein; vgl. u.a. 67.171, 69.191, 69.196, 71.219, 72.234.

238) Vgl. A. Rodríguez 1974a, S.30.

239) Vgl. Atchinson 1974, S.1858, Tabelle 3.

240) Zu diesem Kombinat, mit dessen Bau von einer französischen Firma (Creusot-Loire) 1979 begonnen wurde, vgl. Kuba will die Nickelproduktion steigern, Blick durch die Wirtschaft, 6.6.1979.

241) Cuba may build a series of combines in the near future for turning out cellulose and paper with sugarcane bagasse as raw material, in Granma W.R., 29.9.1974; vgl. auch den Bericht über das Treffen des RGW zur Industrialisierung der Bagasse von R. Salomon Llanes 1975d, allerdings ohne präzise quantitative Angaben.

242) Vgl. zu diesen Daten Report of the Delegation of the Revolutionary Government of Cuba to the Second Session of the FAO Committee on Forestry Development in the Tropics 1969, S.6.

243) Zum Problem der überschüssigen Bagasse vgl. u.a. Feria/Penabaz Suárez/Moreno Ubieta 1970.

244) Zu dem Projekt Cuba-9 und seiner Entwicklung vgl. J.Hernandez 1972, R. Molina 1973, P. Luis Gutiérrez 1977; zur technisch-ökonomischen Evaluierung der Produktion von Zeitungspapier aus Bagasse vgl. Agüeruo/Bambanaste/Villamil 1976; zu den technologischen Problemen der Umwandlung der Bagasse in chemische Zellulose für die Kunstfaserproduktion vgl. Cepero/Aguilar/Fontaines 1976 und Gutiérrez/Cepero/Bambanaste 1975. Die Hauptprobleme der Produktion von Zeitungspapier aus Bagasse bestanden bisher darin, daß das Raffinieren des Papiers zu kostspielig und das Endprodukt außerdem nicht reißfest genug für die Rotationsmaschine war. Nach Meinung politischer Vorurteile unverdächtiger Experten scheint die kubanische Forschung so weit fortgeschritten zu sein, daß ein "technologischer Durchbruch auf beiden Gebieten" (Atchinson 1974, S.1851) (Zeitungspapier und chemische Zellulose für Kunstfasern) relativ wahrscheinlich erscheint.

245) Zu Cuba 10 vgl. u.a. MINAZ 1976, S.7ff.

246) Zitiert nach P. Luis Gutierrez 1977, S.30.

247) Vgl. dazu ICIDCA 1966a.

248) Vgl. ebenda, S.5, 25.

249) Zur Viehzucht auf Zuckerrohrbasis vgl. vor allem die zusammenfassenden Analysen von Birolaud/Calvo 1973, T.R. Preston 1974, O. Argudín/O. Almazán 1974 und eine wesentlich erweiterte Fassung dieses Aufsatzes: Los Productos De La Industria Azucarera Como Fuente De Alimentación Animal En El Trópico 1977(im folgenden zit.Fuente De Alimentación Animal En El Trópico 1977).

250) F. Castro, zitiert nach A. Rodríguez 1974b, S.34; ähnlich auch schon die Notiz in Zeitschrift für die Zuckerindustrie, 20.1970, 5, S.269.

251) Argudín/Almazán 1974, S.65.

252) Fuente De Alimentación Animal En El Trópico 1977, S.35, 54.

253) Zu diesen Vorteilen vgl. ebenda, S.35. Konkrete Daten, die diese These belegen, u.a. Vergleiche des Nährwerts verschiedener in den Tropen anbaubarer Futterpflanzen finden sich in mehreren Aufsätzen von Preston; vgl. z.B. Preston 1972, 1974.

254) Vgl. dazu Birolaud/Calvo 1973, S.32f.

255) Ein konziser Überblick über die verschiedenen Verwendungsmöglichkeiten der Zuckerrohr- und Zuckerrohrnebenprodukte ist enthalten in Fuente De Alimentación Animal En El Trópico 1977, S.35ff; dort auch Hinweise auf die Möglichkeiten in der Schweine- und Geflügelzucht.

256) Zu den 10 neuen Torula-Hefefabriken vgl. F. Castro 1977e,S.2.

257) Lodos/La Serna/Bello 1974, S.57.

258) So ICIDCA 1966a, S.5.

259) Zur Kritik dieser Praxis vgl. ebenda. S.5.

260) Zur neuerlichen Entwicklung der kubanischen Rum-Industrie und besonders der großen Destillerie in Santa Cruz vgl. Sosa Díaz 1978. Die heute führende kubanische Marke ist 'Havana Club', nachdem der ursprünglich in Kuba hergestellte 'Bacardi' als Markenzeichen durch ein ausländisches Unternehmen monopolisiert wurde. Das Rezept für einen kubanischen Daiquiri ist: 5 cl weißer Rum, 1 Teelöffel Puderzucker, und der Saft einer halben Limone, geschüttelt mit 2 Eiswürfeln.

261) Zur Produktion und Export von Dextran vgl. Zeitschrift für die Zuckerindustrie 1968, 5, S.260. Klinisches Dextran dient u.a. als Arznei gegen Eisenmangel, während technisches Dextran u.a. als Zwischenprodukt für Zigaretten, kosmetische Artikel, Reinigungsmittel und zur Pelzbehandlung gebraucht wird. In Kuba wird es vorwiegend bei der Erdölbohrung verwandt. Mit klinischem Dextran wird als Mittel gegen die häufig auftretende Anämie der Schweine experimentiert. Zur kubanischen Dextran-Produktion und ihren Problemen vgl. u.a. Mariboa/Mesa Bello 1966, Malek/Belle 1970, Almazân/Belle/González 1968.

262) Eine Vorstellung von dem Umfang der Wertsteigerung des Zuckers durch Raffinieren vermittelt die Tatsache, daß in den USA das Einkommen der Zuckerraffinerien an den Einzelhandelspreisen für raffinierten Zucker von 1970 bis 1973 zwischen 17,8 % und 24 % ausmachte. Berechnet aufgrund der Daten in: Sugar Statistics, Vol. I, Revised Edition 1974, S.103, Tab.55.

263) Zu den kubanischen Zuckerraffinerien allgemein vgl. Hirschmüller/Delavier 1969, S.78; zur Reorganisation des Managements der Zuckerraffinerien und der Lieferfabriken vgl. A. Rodríguez 1973, S. 16-20.

264) Berechnet nach Anuario Estadístico De 1974 und Manual Azucarero 1971, S. 1171.

265) Die Weiterverarbeitung importierten Rohzuckers aus Rohrzuckerländern erlaubt der Sowjetunion die ganzjährige Nutzung der Produktionskapazitäten der Zuckerraffinerien: "Der größte Teil dieses Produkts (des importierten Rohzuckers, H.F.) wurde zwischen Februar und August verarbeitet. Im September beginnen die Fabriken mit der Verarbeitung der Zuckerrüben der neuen Ernte." V. Chopik 1974, S.19. Ein Teil des importierten Zuckers ist von der Sowjetunion reexportiert worden; die Menge

des von der Sowjetunion exportierten raffinierten Zuckers schwankte zwischen 0,9 % (1973) und 80 % (1963) des aus Kuba importierten Rohzuckers. Mit der relativen Zuckerknappheit in der Sowjetunion ab 1972 fiel dieser Anteil unter 3 %. Vgl. dazu Gouré/Weinkle 1972a, S.74, Page Bryan 1974, S.56. Auch Bulgarien deckt ungefähr die Hälfte seines Bedarfs an Raffinadezucker mit aus Kuba importiertem Rohzucker, der "einem Prozeß des Raffinierens unterworfen wird. Die Raffinade des Rohzuckers ist ein äußerst wichtiger Prozeß (sic!)...". T.D. Sirakov in Vázquez 1974c, S.51.

266) S. Ortega 1975, S.31.

267) Zu den Produktionsdaten vgl. UN Yearbook of Industrial Statistics 1975, Vol.II, 1977, S.136; zu den bereits georderten 7 Süßwarenwerken vgl. F. Castro, Rechenschaftsbericht des Zentralkomitees der Kommunistischen Partei Kubas für den Ersten Parteitag 1975, 1976, S.115.

268) Zum Prozeß und den Kriterien der technisch-ökonomischen Projektanalysen des ICIDCA vgl. Noa Silverio/Rodríguez Pérez 1970.

269) Zu der These , daß der agroindustrielle Komplex der Zuckerrohrproduktion gut entwickelt werden könnte,um einen wesentlichen Anteil des Energie-, Protein- und Holzfaserbedarfs der Welt" zu decken, vgl. u.a. allgemein G. Thomas 1974 (hieraus das vorhergehende Zitat, hier S. 23), Hagelberg 1974a. Einen guten Überblick über den Stand der Forschung zur industriellen Verwendung von Zucker und den Nebenprodukten der Zuckerfabrikation vermittelt der äußerst brauchbare jährliche Überblick über die Literatur dieses Gebiets von M.J. Kort. Ganz neue Perspektiven für die Zuckerrohrindustrie würden sich dann ergeben, wenn sich eine neue Technologie als erfolgreich erweisen würde, durch die ex ante ohne die Produktion von Zucker die Rinde des Zuckerrohrs (comrind) von dem Mark (comfith) getrennt werden kann. Dann könnte der faserige Teil des Zuckerrohrs auch gewonnen werden, ohne vorher den Prozeß der Zuckerproduktion durchlaufen zu haben. Vgl. dazu Laurie/James/Mayers 1973.

270) L. Gálvez in Vázquez 1977, S.8.

271) Die kubanische Schlußfolgerung ist kategorisch: "Angesichts der wenig versprechenden Perspektiven der Befriedigung des Nahrungsmittelbedarfs der Bevölkerung der Entwicklungsländer bietet die Nutzung der Nebenprodukte der Zuckerindustrie die sicherste alternative Quelle von Futtermitteln, die die Entwicklung der Viehzuchtproduktion in Übereinstimmung mit den Bedürfnissen stützt." Fuente De Alimentación Animal En El Trópico 1977, S.54.

272) Villalón/Angélica Tagle 1973, S.10.

273) O. Borrego Díaz 1965, S.27f.

274) P. Luis Gutiérrez 1977, S.31.

275) Lodos/La Serna/Bello 1974, S.57. Das Argument der bisher kaum genutzten in großer Menge vorhandenen Zuckerrohrnebenprodukte taucht in allen Begründungen der UNDP-Projekte Cuba-9 und Cuba-10 auf; vgl. z.B. die ausführliche Darstellung des Hintergrunds, der Motive und der Ziele des Projekts Cuba-9 durch die UNIDO 1973 (Bericht vom 1.6.1973): "Kuba ist einer der größten Zuckerrohrproduzenten der Welt und folglich ein sehr großer Produzent von Bagasse... Die jährliche Produktion von

Bagasse beträgt ca. 8,5 Mio t trockener Fasern. Derzeit werden nur rund 250.000 t als Rohfasern in der Zellulose- und Kunstholzindustrie genutzt; der Rest wird als Brennstoff verbrannt. 2. Die Entwicklung der Zuckerindustrie in Kuba und die Perspektive ihres Wachstums während der nächsten 10-Jahresperiode wird eine wachsende Menge von Bagasse als Nebenprodukt der Zuckerproduktion bereitstellen. Die Existenz zunehmender Mengen dieses Nebenprodukts macht es notwendig, daß Wege gefunden werden, seinen industriellen Gebrauch zu erhöhen ", ebenda,S.5.

276) So P. Luis Gutiérrez 1977, S.29; vgl. auch die Untersuchung von Feria/Penabaz Suárez/Moreno Ubieta 1970 über die Mikrolokalisierung und die optimale Größe von Holzfabriken auf der Grundlage überschüssiger Bagasse.

277) Vgl. Argudin/Noa 1968, S.64.

278) Vgl. Ferrán Oliva 1975, S.17f, Tabelle 7.

279) "Ich glaube, daß der bedeutendste Faktor, der die Industrialisierung der Bagasse behindert, die geringen wissenschaftlich-technischen Kenntnisse sind. ... Ich möchte wetten, daß die Zahl der in der Welt publizierten Titel über das Thema der Produktion von Zellulose und Papier aus Holz nicht in diesem Gebäude untergebracht werden könnte, während das erste Buch, das sich mit der Produktion von Zellulose und Papier aus Bagasse beschäftigt, noch veröffentlicht werden muß." P.L. Gutierrez 1977, S.29; ähnlich Fuente De Alimentación Animal En El Trópico 1977, S. 50,53. Allgemein Hagelberg 1974a.

280) Vgl. UNIDO 1971, S.39. Zu den bisherigen Schwierigkeiten der Verwendung von Bagasse als Rohstoff für Zeitungspapier vgl. ebenda S.9.

281) Paturau 1969, S.6.

282) M. Lage 1971, S.16. Die Reform der Organisationsstrukturen in Richtung einer einheitlichen Leitung der Zuckerrohr verarbeitenden industriellen Komplexe wurde schon 1970 von Urrutia, dem damaligen Vizeminister der Abteilung des MINAZ für technische Entwicklung, vorgeschlagen: "Um die effizienteste Ausführung dieser ganzen Entwicklung (der Nebenproduktindustrie, H.F.) zu erreichen, muß unsere Industrie auch neue Organisationsformen projektieren, die die integrale Leitung der Zuckerrohrindustrie erlauben, d.h. der industriellen Komplexe auf Zuckerrohrbasis, in denen die Verarbeitung der Nebenprodukte zu einer höheren technisch-ökonomischen Effizienz der industriellen Nutzung des Zuckerrohrs beitragen." Ders. 1970a, S.229.

283) So Paturau 1969, S.4f.

284) Vgl. A. Milovanov u.a. 1969, S.4.

285) Zum Zwang, neue Technologien zu entwickeln, die für die Gewinnung, Nutzung und Verarbeitung spezifischer nationaler natürlicher Ressourcen erforderlich sind, vgl. Evenson 1974.

286) Hirschman 1968, S.16f.

287) Brunner 1977, S.35. Zur Theorie des ungleichgewichtigen Wachstums durch Koppelungseffekte vgl. grundlegend Hirschman 1958; neuerdings auch Hirschman 1977.

288) F. Castro 1969d, S.3.

289) R.C. Barquin 1973, S.69f.

290) So Lazou 1979, S. 102 und R.C. Barquin 1975, S.6.

291) Lazou 1979, S.102.

292) Zu Import, Produktion und Anwendung von Computern in Kuba allgemein vgl. J.A. Chacón 1972, Carnota Lauzan 1972, L. Gutiérrez 1972, und, aus der Perspektive eines amerikanischen Computer-Experten, die verläßliche zusammenfassende Untersuchung von R.C. Barquin 1975; neuerdings auch Lazou 1979.

293) Zur Verteilung eines Teils der vorhandenen Computer vgl. R.C. Barquin 1975, S. 8; Figueras in Vázquez 1973c, S.23.

294) R.C. Barquin 1973, S.69.

295) Ders., 1975, S.6.

296) Ebenda, S.6.

297) Ebenda, S.6, 9.

298) Zu den Automatisierungsplänen der kubanischen Zuckerindustrie vgl. R. Guillén Benítez 1969; zu den bisherigen Ansätzen und Experimenten zur zentralen Steuerung der Zuckerproduktion per Computer vgl. Pedrosa Puertas/Benazet Mesa 1972, Pérez De Alejo/Friedman/Fernández 1976; zu den anderen Arten der Verwendung von Computern zur besseren Koordination des agroindustriellen Produktionsprozesses, der Kontrolle der ökonomischen Effizienz der laufenden Produktion, der reibungslosen Organisation der technisch-materiellen Versorgung der Zuckerindustrie (ATM) vgl. u.a. García Díaz 1972, P. Albuerne 1973, H. Pérez De Alejo 1976.

299) Zum Motiv der angepaßten Technologie in diesem Bereich vgl. Chacon 1972, Carnota Lauzan 1972. Zu dem, was angelsächsische Autoren 'unpacking technology' (déballage de la technologie) nennen, also dem Aufschnüren und dem Zerlegen des Technologiepakets allgemein vgl. Judet/Perrin 1977.

300) Zum integralen Informatikplan vgl. Chacón 1972, Carnota Lauzan 1972.

301) Zum Projekt für Telekommunikation vgl. die Dokumente der UNDP vom 4.3.1974 und 16.5.1977 sowie UNDP 1976, S.35f.

302) Zur neuerlichen Tendenz eines Teils der Länder der Dritten Welt, die Maschinerie für die Zuckerindustrie selber herzustellen, vgl. Hagelberg 1976 a,b. Zu diesen Ländern zählen Indien, Taiwan, Brasilien, Mexiko und die Türkei. Einige davon, u.a. Indien und Taiwan, produzieren nicht nur für den Binnenmarkt, sondern auch für den Export in andere Rohrzuckerländer der Dritten Welt. Diese von Hagelberg konstatierte Tendenz bedürfte jedoch einer genaueren Untersuchung. Zu fragen wäre u.a. nach den Eigentumsverhältnissen der Maschinenbauindustrie (ausländische, gemischte oder nationale Unternehmen), der Herkunft der Technologie; ob die ganze Palette der Maschinen und Ausrüstungen der Zuckerindustrie bis hin zu ganzen Zuckerfabriken hergestellt wird; ob Zuckerrohrerntemaschinen oder andere Ausrüstungen für die Zuckerrohrlandwirtschaft produziert werden; ob bei Investitionen in neue Zuckerfabriken alle Etappen von der Produktion der Ausrüstungen bis zu den einzelnen Phasen der Durchführung der Investitionen (Entwurf, Planung, Montage, Bau, Inbetriebnahme) national durchgeführt und kontrolliert

werden, ob die Maschinerie für alle Etappen der Zuckerrohrproduktion (Landwirtschaft, Zuckerindustrie, Nebenproduktindustrie) hergestellt werden; welches überhaupt die Struktur der nationalen Nachfrage des Zuckersektors ist usw. Wahrscheinlich ist typisch, daß Kuba das einzige Land der Dritten Welt ist, das Zuckerrohrerntemaschinen selber entwirft und produziert, da aufgrund des geringeren Mechanisierungsgrades der Zuckerrohrernte der anderen Entwicklungsländer der Bedarf an diesen Maschinen relativ gering ist und/oder kein ausreichender Schutz vor der zunächst technisch überlegenen ausländischen Konkurrenz (der kapitalistischen Zentren) besteht.

303) Zur vorrevolutionären Maschinenbauindustrie allgemein vgl. F. Castro 1977c; zur vorrevolutionären 'zuckermechanischen' Industrie vgl. u.a. Ferrán Oliva 1973b S.56. Auf diesen knappen, aber fundamentalen Text beziehe ich mich im folgenden häufiger.

304) So Ferran Oliva 1973b S.56 und Harbron 1975.

305) F. Castro 1977c, S.2.

306) Aloma/Cuellar 1975, S.56.

307) Nach M. Fernández Font 1973 S.8f.

308) Vgl. Banco Nacional de Cuba 1975, S.69.

309) So Kanev in Vázquez 1976c, S.6.

310) Vgl. dazu Julio García 1978a,b; zur Produktion der Mahlwerke vgl. F.G. Dávalos 1978.

311) Zu den Terminals für Losezucker vgl. F. Castro 1978a; zu den Torulahefe-Fabriken vgl. L. Gálvez in J. Vázquez 1976b, F. Castro 1977e; zum Kombinat für Zuckerrohrerntemaschinen vgl. J. Vázquez 1976c, 1977; zu den neuen Zuckerfabriken vgl. J. Vázquez 1978.

312) J. Pérez Othón in Vázquez 1978. Pérez Othón ist Direktor des Projektinstituts der Zuckerindustrie (IPROYAZ). Die Rolle einiger weniger sowjetischer Experten ist auf die Überwachung der autonomen kubanischen Planung beschränkt.

313) L. Gálvez in Vázquez 1977, S.8.

314) C.R. Rodríguez 1969, S.65.

315) T. Martínez 1967, S.10.

316) M. Lage in Vázquez 1972, S.7.

317) Die Spezialisierung der einzelnen Betriebe trug nach kubanischer Darstellung wesentlich zur Steigerung der Arbeitsproduktivität bei; so in dem Bericht über das Maschinenbauunternehmen (EMPROMEC) des Ministeriums für die Zuckerindustrie in Bohemia, 66.1974, 38, S.28.

318) Ferrán Oliva 1973b S.56.

319) W. Fernández 1975, S.34.

320) Dieser treffende Begriff, bei dem durchscheint, daß es sich bei der Wahl zu entwickelnder Produktionszweige auch um wesentlich politisch motivierte Entscheidungen handelt, wurde Ende 1978 von dem Präsidenten der Wirtschaftskommission der Algerischen Staatspartei geprägt; hier zitiert nach P. Judet 1979, S.13.

321) A. Calzada 1977, S.9.

322) Vgl. zu diesen beiden Schwerpunkten Guido García in Vazquez 1972e. García war damals Vizeminister für Instandhaltung und Konstruktion im Ministerium für die Zuckerindustrie.

323) T. Martínez 1967, S.10. Zur Bedeutung der Maschinenbauindustrie für die Entwicklung von Technologien vgl. N. Rosenberg 1976, F. Stewart 1976.

324) Dieser Zusammenhang ist am klarsten von Carlos Romeo expliziert worden: "Gerade der Umfang des Exportsektors, der für einen Markt mit internationalen Dimensionen produziert, schafft auf ökonomischer Ebene die Vorausetzungen dafür, daß bestimmte produktive Aktivitäten, die die Substitution von Importen implizieren, für die nationale Volkswirtschaft im Hinblick auf den Umfang der Produktion, der notwendig ist, und der seinerseits den Gebrauch der modernen Technologie ermöglicht, angebracht erscheinen. Ein Beispiel für dieses Phänomen - das man 'Induktion neuer nationaler Aktivitäten'nennen könnte -, ist die moderne Kunstdüngerindustrie für eine mit fortgeschrittener Technologie arbeitende Exportlandwirtschaft." Ders. 1965, S.17f. Vgl. dazu auch Thoburn 1977.

325) So Figueras in Vázquez 1973c, S.21.

326) Rowan in: Exporting a Factory 1970, S.5.

327) Urrutia 1970a,S.229; bezüglich einzelner Ausrüstungen vgl. Quesada González 1973, 1974

328) Vgl. dazu ebenfalls Carlos Romeo: "... Eine wirtschaftliche Entwicklungspolitik exportgetriebenen Wachstums von der Art, wie sie angedeutet wurde, negiert nicht die Möglichkeit und den Nutzen der Entwicklung einer Vielzahl von Aktivitäten, die eine Substitution von Importen bedeuten. Was diese Politik in dieser Hinsicht impliziert, ist die Notwendigkeit einer vergleichenden Evaluierung der Investitionsprojekte auf diesem Gebiet,durch die der größere Nutzen dieser Investitionen oder, in allgemeineren Begriffen, der entsprechenden Zuweisung gesellschaftlicher Arbeit im Vergleich mit den Resultaten, die diese in Exportaktivitäten bringen würden, bewiesen wird." Ders. 1965, S.17.

329) Dieser Zusammenhang wird von kubanischer Seite häufig hervorgehoben; explizit für die Zuckerindustrie in einem Bericht über die Gießerei und Zuckermaschinenfabrik "9. April": "Mit dem Triumph der Revolution und als Konsequenz der Blockade des Imperialismus war es notwendig, die Anstrengungen zu verdoppeln, um seine Wirkungen zu neutralisieren. Jetzt mußte mehr gearbeitet und erfunden und mußten alle Mängel überwunden werden. ... Dieses Unternehmen, das an den Bedarf unserer ersten Industrie geknüpft ist, mußte ohne Zeitverlust Stücke und Ausrüstungen herstellen, die vorher importiert wurden. ... Heute beginnt der '9. April' eine Phase technologischer Renovierung." F. Pita Rodríguez 1974, S.54.

330) Zu diesem Schwerpunkt der sowjetischen Hilfe für den kubanischen Zuckersektor vgl. u.a. R. Rivero 1975.

331) Ferrán Oliva 1973b,S.56.

332) A.O. Hirschman 1968, S.17.

333) Zu dem Begriff der Ausbreitungseffekte vgl. Myrdal 1974 (1959), besonders S. 41ff und 1964, S.184f.

334) Myrdal 1964, S.184f.

335) Vgl. Barkin 1973.

336) So Gutelman 1967, vor allem S.297.

337) In kritischer Absicht verweist P. Judet in seiner Untersuchung der algerischen Entwicklungpolitik auf die fundamentale Tatsache, daß potentielle Ausbreitungseffekte eines oder mehrerer Leitsektoren nicht automatisch ausgelöst werden, sondern geplant und organisiert werden müssen. Vgl. ders. 1979.

338) G.B. Hagelberg (Hrsg.) 1965, S. 49f.

339) E. Rodríguez 1970, S.15f.

340) J. Acosta 1973(2), S.108, Tab.47.

341) Die doppelte Ausbildung der Arbeitskräfte des Zuckersektors als Voraussetzung ihrer ganzjährigen effizienten Beschäftigung wurde vorgeschlagen von Urrutia 1970a,S.228.

342) Vgl. Borot in Vázquez 1972h.

343) Zitiert aus einer Anzeige zum Bau dieser Fabrik in ATAC 34. 1975, 3. Die drei großen Landmaschinenfabriken von Holguin sollen zukünftig 70 % aller in der gesamten kubanischen Landwirtschaft benötigten Maschinen produzieren; so R. Salomon Llanes 1977b.

344) Vgl. Rowan, in: Exporting a Factory, 1970, S.5.

345) Vgl. dazu und zum CIDMA allgemein R. Salomón Llanes 1976a.

346) Zur aktuellen und geplanten Produktion der Gießerei 'Enrique Varona' vgl. Julio García 1978a.

347) Vgl. dazu Theriot 1978, S.24ff.

348) Die 'net barter terms of trade' vergleichen nur die Preise der ausgetauschten (exportierten und importierten) Waren und berücksichtigten nicht die Menge, Veränderungen der Produktivität usw.

349) Vgl. dazu O. Braun 1974.

350) Zu den ungünstigen Bedingungen der Bildung eines Kartells der zuckerexportierenden Länder der Dritten Welt vgl. Hagelberg/Harris 1976.

351) Zum Inhalt des internationalen Zuckerabkommens von 1977 vgl. u.a. Theriot 1978, S.26ff.

352) Der Anteil von 20 % konvertierbaren Devisen war im Handelsvertrag zwischen Kuba und der Sowjetunion von Anfang 1964 festgelegt worden; vgl. Brunner 1977, Darrell Bender 1974. Nach 1970 scheint dieser Prozentsatz auf 25 % erhöht worden zu sein; vgl. Business International Corporation 1977, S.55ff.

353) Vgl. dazu Brunner 1977, S.120ff.

354) So z.B. Gouré/Weinkle 1972a, b.

355) Vgl. J.F. Pérez-López 1979.

356) Vgl. Gouré/Weinkle 1972b, S. 172.

357) Vgl. Theriot 1978, Tab.20. 1977 entfielen auf Kuba und die Sowjetunion, trotz der relativ geringen Ernte der UdSSR von 7,4 Mio t, insgesamt 13,8 % der gesamten Weltzuckerproduktion.

358) Vgl. Bryan,Page 1974.

359) Hier nach der Zusammenstellung der Kostendaten bei Huberman/Sweezy 1970, S.66.

360) "Obwohl die australischen Zuckerrohrpflanzer sich weigern, ihre Daten offenzulegen, glaubt man, daß ihre Produktionskosten pro Tonne Zucker jetzt ungefähr 30 % niedriger als in Jamaika sind. In Kuba finden ähnliche Verbesserungen statt." Ford Sturrock 1969, S.130.

361) Zur Problematik internationaler Kosten- und Produktivitätsvergleiche siehe Hagelberg 1971b, 1974a, S.103-106.

362) So auch Levêsque 1976 in seiner profunden Untersuchung der kubanisch-sowjetischen Beziehungen.

363) Berechnet nach Brunner 1977, S. 82-85, Tabellen 25, 26.

364) Vgl. 7.300.000 tons of sugar already produced, Granma W.R., 2.7.1978, S.1.

365) Berechnet nach Hagelberg 1974a, S.28.

366) Vgl. zu dieser leicht variierten Kalkulation (8 Mio t statt 7,5 Mio t) und den kubanischen Erwartungen hinsichtlich der zukünftigen Marktentwicklung Theriot 1978, S. 25ff.

367) Auf die Relevanz der Zuckerpreise für die Krise der kubanischen Handelsbilanz vor 1974 hat eine kubanische Studie hingewiesen: "Wenn die gesamten Zuckerexporte dieser Jahre durchschnittlich nur einen Preis von 10 US-Cents FOBS erzielt hätten, wäre die Handelsbilanz dieser Periode insgesamt erheblich positiv gewesen." Banco Nacional de Cuba, 1975, S.30.

368) Vgl. Mesa-Lago 1970b, S.223, Anmerkung 46.

369) "Man hat gesagt, daß Kuba vom Zucker lebt, und das ist nicht ganz richtig; in Realität müßte man sagen, daß Kuba von der Differenz zwischen den Kosten der Zuckerproduktion und den Marktpreisen lebt. Wir können die letzteren nicht kontrollieren, da sie von externen Konjunkturen abhängig sind..., aber wir können in entscheidender Weise die Produktionskosten beeinflussen, derart, daß sie sich so weit wir möglich von den Preisen entfernen. Die Steigerung der Produktivität ist der angemessene Weg, und auf dieses Ziel müssen wir ein Maximum unserer Kräfte in den nächsten Jahren orientieren." Ferrán Oliva 1972b, S.128.

370) Zur Annahme zunächst gestiegener Kosten der kubanischen Zuckerproduktion vgl. Hagelberg 1974a; zur Vergrößerung der Zahl der permanent Beschäftigten in der Zuckerrohrlandwirtschaft vgl. ebenda, S. 129.

371) Vgl. Gutelman 1967, nach Huberman/Sweezy 1970, S.66. Die Daten und die darauf beruhende These korrespondieren mit der rückblickenden Einschätzung von Dorticós 1972b, S.34: "Es ist nützlich, sich zu erinnern, daß unser Land viele Jahre von dem Verkauf von Zucker auf dem Weltmarkt zu Preisen von 1,5 Cents, 2 Cents, oder ein wenig mehr als 2 Cents - d.h. zu Preisen unterhalb der Kosten - leben mußte, und daß es

während dieser Jahre seine Wirtschaft extern mittels dieser miserablen Preise finanzieren mußte."

372) Die Angabe von 6 ¢ pro Pfund Zucker stammt von Alvarez Quinones 1976.

373) Die Möglichkeit kubanischer gemischter Unternehmen mit multinationalen Konzernen ist von den Kubanern offensichtlich, obwohl bisher noch keines gebildet wurde, gegenüber westlichen Geschäftsleuten angedeutet worden. So z.B. Business International Corporation 1977, S.3, Theriot 1978, González/Ronfeld 1975; anders dagegen Moran 1977.

374) Zu Abfluß und unproduktiver Nutzung eines Teils des im vorrevolutionären Kuba produzierten gesamtwirtschaftlichen Surplus, leider nur für 1904 - 1934 vgl. jetzt detailliert J. Demoulin 1976.

375) Business International Corporation 1977, S.3. Zur Kritik des Konsummodells der entwickelten kapitalistischen Länder und seiner Unangemessenheit für Kuba und andere Entwicklungsländer vgl. ausführlich F. Castro in seiner Rede vom 29.11.1971 in Santiago de Chile, u.a.: "Denn die industrialisierten Gesellschaften brachten uns, zusätzlich zu der Tatsache, daß sie uns unsere natürlichen Ressourcen wegnahmen, daß sie uns ausbeuteten, ..., daß sie einen ungleichen Tausch mit den Produkten der Arbeit unserer Völker betrieben, ihre Konsumgewohnheiten und -bedürfnisse ". F. Castro 1971h, S.11.

375) Business International Corporation 1977, S.11.

377) Vgl. Tabelle 12.2. Ursprünglich war eine Erhöhung der Investitionsrate auf 27 - 30 % für die siebziger Jahre geplant.

378) Hagelberg 1976a, S.50.

379) F. Castro 1976b, S.4.

380) Zur Rolle der Präferenzpreise für die von der traditionellen englischen Metropole abhängigen karibischen Zuckerproduzenten vgl. vor allem McIntyre 1965 sowie Hagelberg 1974a.

Anmerkungen zu Kapitel 12

1) Vgl. zu diesen statistischen Problemen Mesa-Lago 1979a, S.169-171

2) Zu diesen das wirtschaftliche Wachstum begünstigenden Faktoren vgl. Mesa-Lago 1979a, S.171ff.

3) D. Lehmann 1979, S.319.

4) M.A. Figueras 1965, S.30. Ähnlich Eulogio Rodríguez: "Aber ein ein unausrottbares Gesetz lastet auf allen Ökonomien und besonders auf unserer: bei einem gegebenen technischen Niveau sind die wirtschaftlichen Ressourcen begrenzt. Wenn diese auf ein Ziel ausgerichtet werden, geht dies nur um den Preis, daß ein anderes aufgegeben wird. Aufgrund der begrenzten Kapazität der Ressourcen, verschiedene Ziele gleichzeitig zu erreichen, sind unsere Länder gezwungen auszuwählen, indem sie die wirtschaftlich rentabelsten Bedingungen im Kontext der technischen Entwicklung in Rechnung stellen sowie die Faktoren der internationalen Politik und des internationalen Handels."
E. Rodríguez 1970, S.13f.

5) M.A. Figueras 1966, S.47.

6) Ebenda, S. 49.

7) Ebenda, S. 49.

8) Zur Gefahr der Sektoralisierung des Planungsprozesses vgl. schon früh Gutelman 1967; zur Entwicklung des kubanischen Planungssystems allgemein vgl. Teismann 1975,

9) Zum Begriff der Produktkonvergenz der Nachfrage und deren entwicklungsstrategischer Relevanz vgl. Hirschman 1968, S.17.

10) Vgl. Mesa-Lago 1979b, S.172.

11) So auch Morton 1979, S.96.

12) Vgl. F. Castro 1971a, S.3.

13) F. Castro auf der Ersten Nationalen Produktionsversammlung August-September 1960, hier zitiert nach Boorstein 1968, S.120.

14) Vgl. dazu auch Helm 1976. Ab 1968 fand eine vorübergehende Rekonzentration der industriellen Investitionen auf Havanna statt, weil hier günstigere infrastrukturelle Voraussetzungen gegeben und die meisten qualifizierten Arbeitskräfte verfügbar waren. Vgl. Garnier 1973.

15) Helm 1976, S. 8.

16) Vgl. zu diesen Daten F. Castro 1978c. Zur Relevanz mehrerer industrieller Zentren für einen erfolgreichen kontinuierlichen Industrialisierungsprozeß vgl. A. Gilbert 1974, S. 13f, Hirschman 1968, S.23.

17) Vgl. dazu: Die mageren Zeiten für Cuba sind vorbei, Süddeutsche Zeitung, 22.2.1975.

18) Vgl. dazu programmatisch Banco Nacional De Cuba 1975, S.74.

19) UNDP 1973, S.42.

20) Vgl. dazu A. Shelton 1978, S.4.

21) Fagen/Fagen 1975, S.187.

22) UNDP 1973, S.58.

23) C. Romeo 1965, S.18. Zur Bedeutung immobiler Wirtschaftsbranchen insbesondere für kleine Entwicklungsländer vgl. u.a. Demas 1965, Tinbergen 1965.

24) Zu den Investitionen in der Baumaterialien-Industrie vgl. Banco Nacional De Cuba 1975, S.70.

25) Zur Arbeitsproduktivität der Bauindustrie in Las Villas vgl. F. Castro 1975a. Zur angestrebten Industrialisierung und Mechanisierung des Bausektors vgl. Ramoñ Darias 1966, S.188, Banco Nacional De Cuba 1975, S.94.

26) Vgl. JUCEPLAN, Anuario Estadístico De Cuba 1974, S.147.

27) Vgl. Banco Nacional De Cuba 1975, S.91.

28) Cuba Economic News 13. 1977, 74, S.11.

29) So Newman 1965, S. 68ff.

30) Die konservative Schätzung stammt von Moran 1977, S.151, die optimistische von Friedensburg/Dorstewitz 1976, S.121f.

31) Zur Planung in der Nickelindustrie vgl. neben den schon erwähnten Texten Bley 1973, A. Sutulov 1973, sowie die Berichte in Mining Annual Review 1976 und 1977.

32) So Moran 1977 in der bisher ausführlichsten Untersuchung zu den Entwicklungsperspektiven der kubanischen Nickelindustrie. Moran stützt sich u.a. auf Interviews mit führenden kubanischen Administratoren.

33) Vgl. dazu das Kommuniqué des 79. Treffens des RGW-Exekutivkomitees 1977, S. 3.

34) UNDP 1973, S.22.

35) So z.B. Sutcliffe 1971, S.196.

36) G.Hernández 1973, S.188.

37) So bezüglich der Nickelindustrie Moran 1977; anders dagegen für die kubanische Gesamtwirtschaft Blick durch die Wirtschaft vom 19.10.1978 unter Berufung auf Beamte des kubanischen Finanzministeriums.

38) I. Bley 1973.

39) Kommuniqué des 79. Treffens des RGW-Exekutivkomitees, 1977, S.3.

40) Cuba Economic News 12. 1976, 70, S.10.

41) Der Plan, die Spezialstahlfabrik mit Hilfe einer kanadischen Firma zu bauen, hat sich wahrscheinlich zerschlagen. Mitte 1979 verhandelte Kuba mit einem europäischen Konsortium "über den Bau einer Schmelzanlage für rostfreien Stahl im Oriente-Gebiet". Kuba will die Nickelproduktion steigern, in Blick durch die Wirtschaft, 6.6.1979. Auch die sozialistischen Länder wollen für den Ausbau der Spezialstahlproduktion technische Hilfe leisten, vgl. Blasier 1979, S.238f.

42) Oramas 1978, S.6.

43) Zum Wachstum der Aluminiumproduktion vgl. JUCEPLAN, Anuario Estadistico de 1974, S.128; zur geplanten Aluminiumfabrik vgl. Business International Corporation 1977, S. 118 - 120.

44) Vgl. Theriot 1978, S.41.

45) Cuba, in: Mining Annual Review 1977, S.367.

46) F. Castro 1978d.

47) Vgl. dazu ausführlich Kapitel 11.4.

48) Zum kubanischen Schiffsbau vgl. das Interview mit J. Chavelco, Minister für Handelsmarine und Hafen von E. Barrio Menendez 1974.

49) Zu dem geplanten Fahrzeugindustrie-Komplex vgl. Helm 1976,S.26.

50) Zur Wirtschaftslenkung führt Kuba den Zins ein, Handelsblatt 13.6.1978.

51) Julio García 1978a, S.3.

52) E. "Che" Guevara 1960c, S.142.

53) M.A. Figueras 1966, S.47.

54) J.M. Hall 1970, S.611.

55) Fifteen Years of Fruitful Work, in: Granma W.R., 14.5.1974,S.4.

56) Tashiro/Coleman 1977, S.6.

57) E. "Che" Guevara 1964b, S.494.

58) F. Castro 1971b, S.4.

59) Dies galt auch für das Produktionsziel von 10 Millionen t Zucker 1970: "Das Problem ist nicht, 10 Millionen t zu produzieren; das Problem besteht darin, 10 Millionen t zu einem Minimum an Kosten für das Land zu produzieren." O. Borrego 1966, S.166.

60) So z.B. B. Ritter 1974, S.153, Helm 1976, S.8.

61) Vgl. dazu stellvertretend für viele ähnliche Äußerungen das folgende Zitat von F. Castro: "Wir haben die Ära der Raumflüge erreicht, und es ist wirklich schmerzlich zu sehen, wie in diesem Land, und in allen Ländern der unterentwickelten Welt. noch die Hacke gebraucht wird, um unsere Felder zu jäten. Es ist erforderlich, daß wir die Notwendigkeit der Mechanisierung, des Einsatzes chemischer Mittel, der Erhöhung der Produktivität verstehen. Dies ist eine Herausforderung nicht nur der Notwendigkeit; es ist eine Herausforderung der Geschichte, eine Herausforderung für das zukünftige Leben unserer Völker, wenn wir nicht zurückbleiben und all die daraus resultierenden moralischen und materiellen Folgen erleiden wollen." F. Castro 1969b, S.4.

62) Zum Begriff struktureller Heterogenität vgl. z.B.Senghaas 1977, S. 41-48.

63) Die monatlichen Löhne beliefen sich in der Landwirtschaft auf 65 bis 153 Pesos und außerhalb der Landwirtschaft auf 85 bis 264 Pesos. Vgl. Karl 1975, S.32. Zu den Monatseinkommen einzelner Berufe vgl. ebenda, S. 33, Tab.1.

64) Z.B. gab es bezüglich der Viehzucht Anfang der 60er Jahre eine Diskussion, wie schnell man in der Rinderzucht zur Stallhaltung übergehen sollte. Vgl. dazu Dumont 1964, S.128ff. Da der Bau von Ställen mit Melkanlagen und Silos kostspielig ist, hat man sich für eine Übergangsperiode offenbar für die Kombination von intensiver Weide-Wirtschaft und Stallhaltung entschieden.

65) Zur Logik der arbeitsintensiven Anlagerungsindustrialisierung vgl. Senghaas 1977, S. 173-188.

66) So z.B. Mesa-Lago 1976, D. Lehmann 1979.

67) Dies suggeriert z.B. F. Stewart 1977, S.81.

68) Entfällt

69) JUCEPLAN, El desarrollo industrial de Cuba, 1966, S.163; ähnlich C. Romeo 1965, S.20.

70) Vgl. dazu Mesa-Lago 1969b, 1972c.

71) Vgl. Informe 1970d, S.75.

72) Zu diesen Daten vgl. MINSAP 1977, S. 46; D. Lehmann 1977, S.325. Nach einer Untersuchung des Lateinamerikanischen Zentrums für Demographie (CELADE) von 1978 hat sich die Rate des jährlichen

Bevölkerungswachstums sogar auf 1,3 Prozent reduziert; hier nach dem Bericht in Blick durch die Wirtschaft, 1.3.1978 (Im Jahr 2000 doppelt so viele Menschen in Lateinamerika wie jetzt).

73) Von dieser Schätzung berichtet Logan 1979, S.69, Anmerkung 9.

74) M.A. Figueras 1965, S.30.

75) UNDP 1973, S.45.

76) José Ramón Fernández, Kubas derzeitiger Bildungsminister, zitiert nach David Hencke, Cuba's Peaceful Class Struggle, The Guardian vom 16.8.1978.

77) M.A. Figueras 1965, S.30.

78) So z.B. selbst für Algerien P. Robineau, Le Monde Diplomatique, Juni 1978, S. 25.

79) So z.B. Dorticós 1963 und 1973.

80) Zur Rolle der Schulen auf dem Lande (escuelas en el campo) in der kubanischen Bildungspolitik vgl. Figueroa u.a. 1974.

81) Vgl. ebenda, S. 41f.

82) R. Pérez Betancourt 1974, S.6.

83) Vgl. zu den Ausbildungsinstitutionen der Fischereiindustrie H. Hernández Pardo 1971.

84) Elio D. Henríquez 1972, S.6. Auf diesen Artikel stützen sich auch die folgenden Informationen.

85) Vgl.dazu Eulogio Rodríguez 1970, S.35.

86) Dorticós 1972d, S.2. Zur hohen Priorität des Ausbildungsprogramms im Rahmen der sektoralen Planung des Zuckersektors - besonders nach 1970 - vgl. M. Lage 1971, S.12.

87) Zu den Bildungsinstitutionen des Zuckersektors vgl. Ferrán Oliva 1973b, S.55; J. Vázquez 1975a.

88) Vgl. dazu Francia Mestre in J. Vázquez 1975c, S.24.

89) Harbron 1975, S.38.

90) Moran 1977, S. 153.

91) FAO 1972a, S.5, 10. Zur Realisierung der zukünftigen Wachstumspläne der Milchindustrie konstatierte man jedoch 1972 noch ein quantitatives Defizit qualifizierter Arbeitskräfte aller Stufen.

92) Business International Corporation 1977, S.49.

93) Diese sektorale Konzentration wird dokumentiert von Dhunjibhoy 1977, S.87, D. Hencke 1978.

94) So z.B. programmatisch in JUCEPLAN, El desarrollo industrial de Cuba, 1966, S.161.

95) Vgl. C. Blasier 1979, S.237.

96) Banco Nacional De Cuba 1975, S.61.

97) Vgl. F. Castro 1978c.

98) Vgl. Statistical Abstract of Latin America 1976, S. 148, Tab. 1300.

99) Las Perspectivas del Desarrollo de la Economía Cubana 1971 - 1975, 1973, S.38; dort auch zum vorhergehenden.

100) Vgl. dazu am Beispiel der Milchindustrie FAO 1972a, S.13.

101) Zu diesen Daten vgl. JUCEPLAN, Anuario Estadístico De 1974, S. 246, XIII, Tab.16.

102) C.R. Rodríguez 1971, S.19; vgl. auch Sandoval 1972, S.92f: "Weil sowohl materielle als auch finanzielle Begrenzungen existieren, erlaubt das Volumen der für die Akkumulation bestimmten Ressourcen nicht immer die Wahl der kapitalintensivsten Technologien für die Entwicklung aller Sektoren."

103) E. "Che" Guevara 1964b, S.494.

104) Dumont 1970b, S.418.

105) Eulogio Rodríguez 1970, S.31.

106) UNDP 1973, S.45ff.

107) UNDP 1976, S.44.

108) Berechnet nach Statistical Abstract of Latin America 1976, S. 27, Tab. 101 (Wissenschaftler), UN Statistical Yearbook 1976, S. 867, Tab. 209 (Bevölkerung).

109) UNDP 1976, S.45.

110) Vgl. zu diesem Aspekt auch Pollitt 1970.

111) Vgl. dazu z.B. das Kapitel über die Reislandwirtschaft bei Auroi 1975.

112) F. Castro 1967, S.320.

113) Vgl. Eulogio Rodríguez 1970, J.M. Hall 1970.

114) Beim Hummerfang wurde z.B. der Fang während der reproduktiven Monate April und Mai verboten und außerdem gesetzlich verfügt, daß dieser nur lebend gefangen werden durfte. Dies "stand nicht nur im Gegensatz zum traditionellen Gebrauch des Dreizacks durch die kubanischen Fischer, sondern erforderte die Entwicklung und Verteilung verschiedener neuer Arten von Ausrüstungen. ... Die Durchsetzung der neuen Politik bedeutete daher, daß Boote gebaut werden mußten, die Wasserbehälter enthielten, so daß die lebendigen Hummer in einem guten Zustand erhalten werden konnten, bis sie an der Sammelstelle abgegeben wurden." Fagen/Fagen 1975, S.185. Außerdem waren für die neuen Fangmethoden Netze und Fallen notwendig, wenn die Produktivität der Fischer nicht sinken sollte.

115) Blutstein u.a. 1976, S.198f.

116) UNDP 1976, S.45.

117) Hagelberg 1974a, S.45. Zu einigen Schwierigkeiten der technologischen Neuerungen in der kubanischen Viehzucht vgl. J.M. Hall 1970, S.611.

118) UNDP 1973, S.46. Programmatisch für die Zuckerforschung auch F. Castro 1964.

119) Vgl. dazu die fortlaufende Publikation der Forschungsergebnisse in:Cuban Journal of Agricultural Science.

120) Vgl. Blasier 1979, S. 237f.

121) UNDP 1976, S. 45.

122) Ebenda, S. 45.

123) Vgl. Banco Nacional De Cuba,1975, S.47.

124) Vgl. P.M. Michels 1977, S.13.

125) J.M. Hall 1970, S.612.

126) Ebenda, S. 612.

127) So z.B. F. Castro 1971h. Der enge Bezug zwischen der Wahl eines Konsummodells, das sich an den Grundbedürfnissen der Mehrheit der Bevölkerung orientiert, und der Überwindung der wirtschaftlichen Unterentwicklung, steht in allen entsprechenden Stellungnahmen der kubanischen Führung im Zentrum der Überlegungen. Beabsichtigt ist die Konstitution einer in mehrfacher Hinsicht (körperliche Konstitution, Qualifikation) arbeitsfähigen und einer aus Interesse an der wirtschaftlichen Entwicklung zur Arbeit motivierten Bevölkerung. Bezüglich des erstgenannten Aspekts siehe z.B. C.R. Rodriguez: "Wir müssen die Erfolge im öffentlichen Bildungs- und Gesundheitswesen hinzufügen, durch die wir - zusammen mit der Ausbildung von Führungspersonal - über eine arbeitende Bevölkerung verfügen, die sich vollständig von der ungebildeten und unterernährten unterscheidet, die das Produkt von Jahrhunderten des Kolonialismus und Neokolonialismus war." C.R. Rodríguez 1972b, S.10.

128) Vgl. dazu allgemein Adler-Karlson 1978.

129) Vgl. zum Problem der knappen Ressourcen als Folge der Unterentwicklung F. Castro in einer seiner Reden auf der 1. Sitzung der Nationalversammlung im Juni 1978, hier nach Harnecker 1979, S. 395f.

130) D. Lehmann 1979, S.321; vgl. auch Amaro/Mesa-Lago 1971, S.367.

131) Vgl. dazu die wahrscheinlich typische Äußerung eines jungen Kubaners in P.M. Michels 1977, S.24.

132) Vgl. Business International Corporation 1977, S.38.

133) Vgl. Cuba Economic News 12. 1976, 72, S.10.

134) Business International Corporation 1977, S.38.

135) Vgl. Blutstein u.a. 1976, S.117f, Karl 1975, S.323, Tab.1, Ward 1977, S.51. Nach Karl betrug die maximale Spannweite der Differenz zwischen den niedrigen und den hohen Einkommen - mit Ausnahme einiger weniger besser Verdienender - 1 zu 3,5.

136) Zum Vergleich sei noch einmal an die Ergebnisse über die Untersuchung über die Ernährung der Landarbeiter vor der Revolution erinnert. Von den untersuchten Haushalten aßen regelmäßig Fleisch: 4 %, Fisch: 1 %, Eier, 2.12 %, Milch: 11,2 %, hier nach Informe 1970b, S.109.

137) "Die realisierten Untersuchungen über den Ernährungsbedarf der Gesamtbevölkerung haben als Grundlage für die Pläne der Entwicklung der Landwirtschaft, der Viehzucht und der Ernährungsindustrie gedient. ... Die Entwicklung dieser Pläne (Milch, Fischfang, Eier und Reis), die zu einem nahen Zeitpunkt ein relevantes Wachstum erreichen werden, bewirkt, daß die Qualität der Ernährung in wahrnehmbarer Weise erhöht wird. ... Zusammen mit anderen Produktionen (Rind- und Schweinefleisch, Geflügel, Zitrusfrüchten, Ananas und tropischen Früchte im allgemeinen usw.) wird es so möglich, der Bevölkerung ein Niveau, eine Qualität und eine Vielfalt in der Produktion und Verfügbarkeit von Nahrungsmitteln zu sichern, um die Bedürfnisse einer ausgeglichenen Ernährung zu einem nicht fernen Zeitpunkt zu erfüllen." Ebenda, S.115.

138) Zur außerfamiliären Ernährung vgl. MINSAP 1977, S.61, FAO 1970a.

139) Zu dieser Studie vgl. MINSAP 1977, S.60.

140) Zu dieser bisher unveröffentlichten Untersuchung vgl. D. Lehmann 1979, S.321.

141) Berechnet nach Statistical Abstract of Latin America 1976, 1977, S. 28, Tab.102.

142) Zu den Todesursachen im vorrevolutionären Kuba vgl. P.M. Michels 1977, S.7. Zu den Erfolgen der Gesundheitspolitik allgemein vgl. Navarro 1972a, b, MINSAP 1977, Stein/Susser 1972, Gilpin/Rodríguez-Trías 1978, E. Stark 1978 und den kurzen Überblicksartikel von J. de la Osa 1978.

143) Zu diesen komparativen Daten vgl. Cuba Review 7.1977, 1, S.6.

144) Vgl. dazu D. Lehmann 1979, S.381, u. F. Castro 1974b. Zum Wohnungsproblem allgemein vgl. Mace 1979, T. Schuman 1975.

145) Vgl. Blutstein u.a. 1976, S.197.

146) Vgl. D. Lehmann 1979, S.321.

147) Zu diesen Daten vgl. Cuba. Economic News 12.1976, 72, S.1.

148) Vgl. Banco Nacional De Cuba,1975, S.105.

149) Vgl. zum Ungleichgewicht von Angebot und Nachfrage sowie zu den Maßnahmen zur Abschöpfung des überflüssigen im Umlauf befindlichen Geldes Blutstein u.a. 1976, S. 221-224, Seers 1974, S. 267, Teismann 1975.

150) Belege für diese These finden sich u.a. bei R. Hernández 1977.

151) Zur Dominanz der Exportproduktion in der Rinderzucht in Zentralamerika vgl. die Analyse von B. Roux 1976.

152) Zum Ausbau des Fisch-Verteilungssystems vgl. P.M. Michels 1977, S. 13, W. Richter 1973, Blutstein u.a. 1976, S. 401.

153) Zum Zusammenhang von Einkommensniveau und -verteilung, Größe des Konsumgütermarktes und der Nutzung von Skaleneffekten in der Konsumgüterindustrie vgl. allgemein Sutcliffe 1971, S.1-8ff, Merhav 1969, S. 203. Speziell für Kuba vgl. Sutcliffe 1971, S.248

154) H. Hummel 1976.

155) Zu diesen Daten vgl. CIA 1976, S. 5, Tab.7.

156) Auch wenn man die nur schwer zu quantifizierenden Folgen der inflationären Tendenzen Mitte der siebziger Jahre berücksichtigt, hat sich mit Sicherheit auch die reale Kaufkraft der kubanischen Exporte erhöht, da sich die Preise der Importprodukte von Ende der sechziger Jahre bis 1974-76 sicherlich nicht verdrei- oder vervierfacht haben.
Die internen Konsequenzen dieser Krise des Zuckerweltmarkts unterschieden sich insofern z.B. von den Folgen der Weltwirtschaftskrise von 1929, als das Sinken der Zuckerexporteinkommen zu einer ungeheuren Verschärfung der strukturellen Arbeitslosigkeit und zu drastischen Lohnsenkungen führte, das gesamte Lohnvolumen vom 1. Juli 1931 an innerhalb eines Jahres um 40 % sank, und die Löhne der Landarbeiter und der Arbeiter der Kleinbetriebe oft auf weniger als 1/3 gegenüber vor der Krise sanken. Vgl. Blohm 1932.

157) Zum GSP und den Exportdaten vgl. Mesa-Lago 1979a.

158) Zur funktionellen im Gegensatz zur institutionellen Abhängigkeit aufgrund einer strukturell deformierten Produktionsstruktur vgl. Demas 1965. Nach Demas bleibt in kleinen Entwicklungsländern die Außenhandelsquote relativ stabil und hoch - auch nach erfolgreicher struktureller Transformation der Gesamtwirtschaft -, weil in ihnen die Produktionspalette auch aus 'natürlichen', nicht nur sozioökonomischen Gründen begrenzt wird.

159) Banco Nacional De Cuba, 1975, S.28.

160) Vgl. Merhav 1969, Appendix I, B. Nach Judet (1977, S.533) liegt heute jedoch die Jahreskapazität eines modernen Eisen- und Stahlkomplexes in den industrialisierten kapitalistischen Ländern bei 3.000.000 bis 5.000.000 t Stahl, während der Jahresbedarf der meisten Entwicklungsländer von 500.000t bis 1,5 Mio t Stahl reicht, so daß es für diese Länder sinnvoller wäre, eine ihrem Marktvolumen entsprechende kostensparende Technologie zu entwickeln.

161) F. Castro 1978a, A.3.

162) F. Castro 1978d, S.9.

163) Karen de Young 1979.

164) So, noch vor dem Fall der Zuckerpreise 1976, Banco Nacional De Cuba, 1975, S. 34.

165) Vgl. dazu den schon zitierten Bericht der Neuen Zürcher Zeitung vom 22.3.1979.

166) Zur Konzeption konzentrischer Diversifizierung um Rohstoffexportsektoren vgl. Kapitel 10, besonders 10.3. und 10.5.

167) So in: Kubas Wirtschaft nach 20 Jahren, Neue Zürcher Zeitung, 22.3.1979.

168) Banco Nacional De Cuba,1975, S.74.

169) F. Castro 1977j, S.2.

170) D. Lehmann 1979, S. 323.

171) Der kubanische Minister für Gesundheitswesen, zitiert nach Davidson 1979.

172) Zum Bau und Export von Fischereibooten vgl. Aufträge für kubanische Werften, Fishing News International, Juni 1973, Fishery Development 1975, F.G. Dávalos 1979, S.6, J. Abascal López 1978, S.9.

173) Duncan 1978, S. 44.

174) Zum Gesundheitswesen vgl. jetzt ausführlich Danielson 1979.

175) Zur Verdoppelung der Nahrungsmittelimporte vgl.JUCEPLAN, Anuario Estadistico de Cuba 1974, S.185; zu ihrer Zusammensetzung vgl. Theriot 1978, S.53f. Auch wenn man die Importe in andere Produktgruppen unterteilt (Nahrungsmittel, Rohstoffe, Brennstoff, chemische Produkte, Maschinen und Transportmittel) läßt sich im allgemeinen eine relative Stabilität der Importstruktur feststellen. Ein anderes Bild ergibt sich allerdings, wenn man diese Gruppen noch weiter disaggregiert. Statt Personenautos werden heute Lastwagen, Schiffe, Omnibusse usw. importiert und ein weitaus größerer Teil des Imports von Maschinen dient heute der Landwirtschaft. Vgl. Mesa-Lago 1979a, S.189ff.

176) Vgl. Dorticós 1976, S. 12.

177) Vgl. ebenda, S.12.

178) So u.a. ex ante Gutelman 1967; später auch Dumont 1970, Karol 1970.

179) Vgl. Gutelman 1967.

180) Vgl. dazu Mesa-Lago 1971a, S. Roca 1976.

181) Vgl. La Marina Mercante y Puertos 1975, S.213.

182) Vgl. dazu Acosta/Hardoy 1969, Blutstein u.a. 1976, S.420f, Eckstein 1977.

183) Belege für die geplante Politik des "gleichzeitigen Kampfes" im Zuckersektor und in der diversifizierten Wirtschaft findet man am besten bei S. Roca 1976.

184) Zum Rückgang der Produktion in den Nicht-Zuckerbranchen vgl. ausführlich S. Roca 1976, M. Edel 1970; sowie von kubanischer Seite F. Castro 1970f.

185) F. Castro 1970f, S. 329.

186) Dorticós 1972b, S.36.

187) Zur sozioökonomischen Krise auf dem Lande 1962-63 bisher am besten Dominguez 1976; vgl. aus kubanischer Perspektive C.R. Rodríguez 1965a. In den Regionen wie dem Escambray, in denen es vor der Revolution kaum Pachtbauern gegeben hatte, sympathisierte offensichtlich eine große Anzahl der Kleinbauern mit den kapitalistischen Großbauern.

188) Vgl. dazu u.a. Cortázar 1977, Golendorf 1976, Edwards 1976, S. 77.

189) Vgl. dazu u.a. Dumont 1970a,b.

190) Vgl.dazu z.B. das Zitat von F. Castro und die Aussagen kubanischer Arbeiter bei M. Harnecker 1976, S. 22; sowie die Analysen von M. Pérez-Stable 1976 und H. Spalding 1974.

191) Vgl. die Selbstkritik von Raúl Castro 1974a, b, c.

192) F. Castro 1970d, S.265. Zu weiteren Einzelheiten dieser Problematik vgl. Roca 1976, S. 23-33. Im Rahmen des Zuckerperspektivplans 1966-70 entfielen rund 1/3, nämlich 334 Millionen Pesos der insgesamt ca. 1 Milliarde Pesos, die für Investitionen vorgesehen waren, auf industrielle Investitionen; davon dienten 29,6 % (99 Millionen Pesos) der einfachen und die restlichen 235 Millionen Pesos der erweiterten Reproduktion. Vgl. dazu F. Castro, Rechenschaftsbericht des Zentralkomitees der Kommunistischen Partei Kubas für den Ersten Parteitag 1975, S.67.

193) Vgl. dazu am besten S. Roca 1976, S.23ff sowie Badinand 1971 (2), S.27f.

194) Zu der hinter diesen Maßnahmen stehenden Konzeption und besonders zur Rolle der Mikroinvestitionen vgl. Ferran Oliva 1972b.

195) Informe 1970c, S. 27.

196) Dorticós 1972b, S.35f.

197) F. Castro 1970h, S.4.

198) Vgl. Informe 1970c, S.29

199) Oviano 1973, S.4.

200) Im Vergleich z.B. zu Bergbauexportsektoren der Peripherie sind Zuckerrohrplantagen äußerst arbeitsintensiv. Nach kubanischen Schätzungen sind ca. 500.000 menschliche Arbeitskräfte notwendig, um durch die Produktion von Rohrzucker ein Einkommen von knapp 1 Mrd $ zu erzielen, während Bergbauökonomien dazu nicht mehr als 10.000 bis 20.000 Arbeitskräfte pro Jahr benötigen. So z.B. F. Castro 1970i.

201) Zur abnehmenden Zahl der professionellen Zuckerrohrschneider nach 1958 vgl. ebenda; zur niedrigen Produktivität der mobilisierten freiwilligen Arbeitskräfte in der Zuckerrohrernte vgl. ausführlich Mesa-Lago 1969b.

202) F. Castro 1970h, S.4.

203) F. Castri 1970i, S.4.

204) Business International Corporation 1977, S.44.

205) Dies ist eine Grundthese der materialreichen Analyse von Matthews 1975.

206) Zu den ursprünglichen Zuckerplänen für das Jahrzehnt 1970-80 vgl. F. Castro 1069a, b. Zur geplanten Importsubstitution vgl. ausführlich Kapitel 10.

207) Vgl. zu diesem Aspekt Figueras in Vazquez 1973c. Auf die soziopolitischen und institutionellen Prämissen der Zuckerstrategie wird in dem Kapitel (11) über den Zuckersektor ausführlich eingegangen.

208) F. Castro 1972a, S.4.

209) Zu diesem Bündel von Maßnahmen vgl.ausführlich Mesa-Lago 1978.

210) H.G. Schubert 1978, S.154f.

211) So F. Castro 1977a, S.3.

BIBLIOGRAPHIE

1. Allgemeines Literaturverzeichnis

Abascal López, Jesús, 1978: The Cuban fishing industry, born with the triumph of the revolution. The first 20 years, in: Granma, W.R., 4.6.1978, S.8 - 9

Abdullatif, Tarik, 1973: Ziele, Prozesse und Auswirkungen der Agrarreformen in Kuba, der Volksrepublik China und Ägypten, Diss. Göttingen 1973

Acosta, M./J. Hardoy, 1972: Urbanization policy in revolutionary Cuba, in: Latin American Urban Research, 2.1972, S.167-177

Acosta, M./J. Hardoy, 1973: Urban reform in revolutionary Cuba, Yale University, New Haven, Conn. 1973

Acosta Santana, José, 1972a: Cuba's agrarian revolution and economic development, in: Proceedings of the West Indian Agricultural Economics Conference, St. Augustine, 7.1972, S.56-72

Acosta Santana, José, 1972b: Las leyes de reforma agraria en Cuba y el sector privado campesino, in: Economía y desarrollo 1972, Nr.12 (Juli-Aug.), S.84-115

Acosta Santana, José, 1973a : De la neocolonia a la construcción del socialismo (I), in: Economía y desarrollo, 1973, Nr.19, S.47-87

Acosta Santana, José, 1973b : Cuba: de la neocolonia a la construcción del socialismo (II), in: Economía y desarrollo 1973, Nr.20, S.59-117

Adler-Karlsson, Gunnar, 1971: Economic warfare: The case of Cuba, in: Kurt W. Rothschild (Hrsg.): Power in economics, London 1971 (Harmondsworth: Penguin Mod.Economics)

Adler-Karlsson, Gunnar, 1973: Kubareport. Sieg oder Niederlage, Wien 1973

Adler-Karlsson, Gunnar, 1978: Der Kampf gegen die absolute Armut, Frankfurt 1978

Adner, Werner, 1975: Das Transportwesen in Kuba - gestern, heute und morgen, in: DDR-Verkehr, Berlin (DDR), 8.1975, 1, S.30-33

Agete y Pineiro, Fernando, 1936: El café, Havanna 1936

Agrupación Católica Universitaria, 1972: Encuesta de trabajadores rurales, 1956-57, in: Economía y Desarrollo 12.1972 (Juli-Aug.)

Aguilar León, Luís E., 1972a: Cuba 1933: Prologue to the Revolution, Ithaca, Cornell University Press, 1972

Aguilar León, Luís E., 1972b: Cuba: Conciencia y revolución. En torno a la revolución y al processo cubano, Miamo 1972

Aguirre, Manuel Agustín, 1973: La revolución socialista cubana. Destructora de mitos y venero de enseñanzas, in: Problemas del Desarrollo, Mexiko/D. , 1973, 15, S.5-9

Aguirre, Mirta u.a., 1975: El Leninismo en "la historia me absolverá", in: Casa de las Américas, Havanna, Nov. - Dez. 1975

Aguirre, Sergio, 1965: Algunas luchas sociales en Cuba republicana, in: Cuba Socialista, 5.1965, 49, S.78-114

Aguirre, Sergio, 1972 : De nacionalidad a nación en Cuba, in: Universidad de la Habana, Havanna, 1972, 196/197, S.30-60

Aguirre, Severo, 1961: El primer aniversario de las cooperativas cañeras, in: Cuba Socialista,,1.1961, 3, S.17-27

Aguirre Severo, 1962: Ante el tercer aniversario de la Reforma Agraria, in: Cuba Socialista, 1962 (Mai) Nr.9

Aguirre, Severo, 1963: Problemas fundamentales de la producción pecuaria, in: Cuba Socialista, 6. 1963, 21, S.31ff.

Aguzzi, L., 1975: Educazione e societa in Cuba, in: Terzo Mondo, 8.1975, 27 (Jan. - März), S.68-87

Aimes, Hubert S., 1907: A history of slavery in Cuba, 1511 - 1868, New York 1907

Alavi, Hamza, 1972: The state in post-colonial societies: Pakistan and Bangladesh, in: New Left Review, 1972, Nr.74, S.59-81

Alba, Víctor, L., 1959: Cuba, a peasant revolution, in: World today, London, 15.1959(Mai), S.183-195

Alexander, R.J., 1974: Agrarian reform in Latin America, NEW York 1974

Alexandre, David, 1967: Versión socialisme cubain, in: Les temps modernes, Paris, Februar/März 1967

Alienes y Urosa, Julian, 1950: Características fundamentales de la economía cubana, Havanna 1950 (Banco nacional de Cuba. Biblioteca de economía cubana.1)

Alienes y Urosa, Julian, 1952: Tésis sobre el desarrollo económico de Cuba, in: El Trimestre Económico, Mexiko, 19.1952 (Jan.-März), S.1-44

Alphandery, J.J., 1970: Cuba, l'autre révolution, Paris 1970

Allemann, Fritz R., 1962: Cuba entre la révolution nationaliste et la revolution communiste, in: Revue Economique et Sociale, Lausanne, Numéro Spécial 20.1962 (Febr.), S.36-47

AlRoy, Gil Carl, 1965: The meaning of peasant revolution: The Cuban case, in: International Review of History and Political Science, 2.1965, 2

AlRoy, Gil Carl, 1967: The peasantry in the Cuban revolution, in: The Review of Politics. The University of Notre Dame, Indiana, 29.1967, 1, S.87-99

Álvarez Acevedo, José M., 1936: La colonia española en la economía cubana, Havanna 1936

Álvarez Figueroa, Oneida, 1975: Influencia de la colaboración socialista en el desarrollo económico de Cuba, conferencia internacional por el XXV aniversario del came: ponencia de Cuba, in: Economía y desarrollo 1975,28 (März-April)

Álvarez Figueroa, Oneida, 1974: Kubanische Revolution und Entwicklung der Wirtschaft, in: Probleme des Friedens und des Sozialismus, Berlin (DDR), 17.1974, 11, S.1543-1548

Alves, Marcio M.,1975: Erster beim Sterben, letzter beim Essen. Kuba - Eine Arbeiterfamilie erzählt, Reinbek bei Hamburg 1975

Amado, Canelas O., 1964: Cuba, socialismo en español, La Paz/Bolivien 1964

Amaro Victoria, Nelson, 1967: La revolución cubana, por qué? Santiago, Universidad Católica de Chile, 1967

Amaro Victoria, Nelson, 1969: Las fases de la revolución cubana, in: Aportes, Paris, 1969, 13,S.81-101

Amaro Victoria, Nelson, 1970: Mass and class in the origins of the Cuban revolution, in Irving Louis Horowitz (Hrsg.): Masses in Latin America, New York 1970, S.547-576

Amaro Victoria, Nelson/Carmelo Mesa-Lago 1971: Inequality and classes, in: Revolutionary change in Cuba, Pittsburgh 1971, S.341-374

Amín, Samír, 1970: L'accumulation à l'échelle mondiale, Paris 1970

Amín, Samír, 1974: Zur Theorie von Akkumulation und Entwicklung in der gegenwärtigen Weltgesellschaft, in: Dieter Senghaas (Hrsg.) 1974, S.71-97

Amín, Samír, 1975: Die ungleiche Entwicklung, Hamburg 1975

Amín, Samír, 1979a: 'Self-reliance' und die Neue Internationale Wirtschaftsordnung, in: Dieter Senghaas (Hrsg.) 1979, S.317-336

Amín, Samír, 1979b: De l'avenir des relations économiques internationales, in: Dossier Nr.6 der International Foundation for Alternative Development, Nyon 1979, S.1-16

Documentos del 5 Congreso de l'ANAP (17.5.1977), Havanna 1977

Andersson, Robert W., 1972: Cuba: Creole Stalinism, in: Caribbean Review 1972, 4 (April-Mai-Juni), S.31-34

Angueira, José M., 1972: Political and economic organization and problems of the Castro regime, in: Anthropos, Miami, Nr.2 (Spring 1972), S.37ff

Anhalt, Peter, 1973: Die kubanische Agrarrevolution, in: Ernest Feder (Hrsg.): Gewalt und Ausbeutung. Lateinamerikas Landwirtschaft, Hamburg 1973, S.437-462

Annino, Antonio, 1977: Alle origini del potere popolare a Cuba, in: Il Ponte 33.1977, 8-9 (31.Aug. - 30.Sept.), S.884-897

Aragón, Aker, 1974: Sobre la formación de técnicos medios agropecuarios en Cuba, in: Educación, Havanna, 4.1974, 15, S.5-12

Aranda, S. , 1968: La revolución agraria en Cuba, Mexiko, 6.Aufl. 1975 (1968)

Arango,Rodolfo, 1958: Política agraria, Havanna 1958

Arbeit der Technologieräte ist Stückwerk geblieben. Lateinamerika, in: Handelsblatt, 15.3.1979

Arico, José M., 1964: Problemas de la planificación económica en Cuba, in: Pasado y Presente, Córdoba/Argentinien, (April-September)1964

Armas, Ramón de, 1971: La revolución pospuesta, in: Pensamiento Crítico, Havanna, Febr. - März 1971

Armenteros y Demestre, Carlos Felipe de, 1955: La diplomacia económica. Conferencia 1955, Havanna 1955

Arnault, Jacques, 1958: Cuba et le Marxisme, Paris 1958

Arnault, Jacques, 1962; Cuba et le Marxisme, in: La Nouvelle Critique, Paris, Sept.1962

Arnold W, 1971: Wirtschaftsentwicklung und Entwicklungspolitik in Kuba, Bochum 1971

Arredondo, Alberto, 1958: Industrialismo Cubano: Características y objectivos, in: Primer Symposium de Recursos Naturales de Cuba, Havanna 1958

Arredondo, Alberto, 1965: Cuba, agriculture and Planning, Miamo, Editorial AIP, 1965

Arredondo, Alberto, 1969: Reforma agraria: La experienca cubana, Río Piedras (Puerto Rico), 1969

Aruca, Francisco, 1974: Cuba y la dependencia, in: Areito 1.1974, 2, S.9-15

Asonov, Boris, 1973: La colaboración económica URSS-Cuba a partir del triunfo de la revolución, in: Economía y Desarrollo,Havanna 1973, 20, S.139-159

Aspectos de la economía política cubana en la época áctual, Introducción al Marxismo-Leninismo, Havanna 1965 (Ed. del Ministerio de Educación)

Atkins, Edwin Farnsworth, 1926: Sixty years in Cuba. Reminiscenses of Edwin F. Atkins, Cambridge, Mass.1926

Atlas Nacional de Cuba, Havanna 1970

Aufträge für kubanische Werften, in: Fishing News International, Juni 1973

Auroi, Claude, 1970: La reforma agraria cubana. Presentado en el seminario latinoamericano sobre desarrollo y política social, Sept. 1970, Genf

Auroi, Claude, 1973/74:L'agriculture cubaine, in: Civilisations, Bruxelles, 23/24, 1973/1974, 3/4, S.213-231

Auroi, Claude, 1975: La nouvelle agriculture cubaine, Paris 1975

Kubas Erfahrungen im Außenhandel, in: G. Kohlmey (Hrsg.), 1965, S.51-99

Azicri, Max, 1976: Las estrategias de gobierno y la desarrollo del poder en Cuba, in: Areito 3.1976,1, S.4-11

Bahro, Rudolf, 1977: Die Alternative, Köln/Frankfurt/M 1977

Baklanoff, Eric N.,1970:Reflections on United States investment in Cuba, 1929 - 1959, in: Annals of the South-Eastern Conference of Latin American Studies, März 1970, S.45-58

Baklanoff,Eric N., 1971:International economic relations, in: Revolutionary change in Cuba, Pittsburgh 1971, S.251-276

Baklanoff, Eric N., 1973: U.S. investments and the origins of the Cuban Revolution, a rejoinder, in: David H. Pollock/ A.M. Ritter (Hrsg.), 1973

Baklanoff, Eric N., 1975: Expropriation of U.S. investments in Cuba, Mexico, Chile, New York 1975

Baldwin, Godfrey S., 1970: Projections of the population of Cuba by the age and sex: 1969 to 1990, Hrsg. U.S. Department of Commerce, Bureau of Economic Analysis

Baldwin, R.E., 1956: Patterns of development in newly settled regions, in: Manchester School of Social and Economic Studies 24 (Mai 1956)

Baldwin, R.E., 1963: Export technology and development from a subsistence level, in: Economic Journal, März 1963, S.81-91

Balin, M., 1960: Les problèmes du développement de Cuba, in: Revue Tiers Monde. Institut d'étude du développement économique et sociel de l'Université de Paris, 1.1960,4, S.447-460

Baloyra, Enrique A., 1973: Problemas del hombre nuevo en Cuba; la dirigencia. Presented to the T.R.E.C. Third Annual Meeting of the Institute of Cuban Studies, Washington, D.C. 1973

Bambirra, Vania, 1974a: La revolución cubana. Una reinpretación, Mexiko 1974

Bambirra, Vania, 1974b: El capitalismo dependiente latinoamericano, Mexiko 1974

Banco Nacional de Cuba, 1975: Desarrollo y perspectivas de la economía cubana, Havanna 1975

Baran, Paul A. 1961: Cuba. Une révolution en marche vers le socialisme, in: Cahiers internationaux, Paris, 13.1961, 116, S.47-62

Barbeito, José, 1964: Realidad y masificación. Reflexiones sobre la revolución cubana, Caracas 1964

Barkin, David, 1970: L'agriculture, pivot du développement à Cuba, in: Revue Tiers-Monde, Paris, 11.1970 (Okt.-Dez.), S.643-674

Barkin, David, 1973: Cuban agriculture: A strategy of economic development, in: David Barkin/Nita R. Manitzas (Hrsg.), 1973

Barkin, David, 1972: The redistribution of consumption in socialist Cuba, in: The Review of Radical Political Economics. Union for Radical Political Economics, Ann Arbor/Mich. 4.1972, 5, S.80-102

Barkin, David, 1975: Popular participation and the dialectics of Cuban government, in: Latin American Perspectives 2.1975, 4 (Supplement, S.42-59

Barkin, David, 1978: Cuba: Evolución de las relaciones entre el campo y la ciudad, in: Comercio exterior, Mexiko, 28.1978, 2, S.135-172

Barkin, David/Nita R. Manitzas (Hrsg.): The logic of revolution, New York 1975

Barquin, Ramón C., 1973: The state of computation in Cuba, in: Datamation, New York,Dez.1973, S.69-72

Barquin, Ramón C., 1974: Computation in Latin America, in: Datamation, New York, März 1974, S.73-78

Barquin, Ramón C., 1975: Cuba: the cybernetic era, in: Cuban Studies, Pittsburgh/Pa. 5.1975, 2, S.1-23

Barquin, Ramón C., 1976: Computation in Latin America. An annotated bibliography and other sources of information, in: Latin American Research Review, 11.1976, 1, S.75-102

Barrio Menéndez, Emilio del, 1974: Interview with Joel Chavelco, Minister of the Merchant Marine and Ports, in: Granma, W.R., 1.9.1974

Barrio Menéndez, Emilio del, 1979: Ports: Key factor in a developing economy, in: Granma, W.R. 29.4.1979, S.6

Bartz, F., 1974: Die großen Fischereiräume der Welt. Versuch einer regionalen Darstellung der Fischwirtschaft der Erde. Neue Welt und südliche Halbkugel, Wiesbaden 1974

Basora, Adrian A., 1969: Cuba. Castroist command, in: Comparative economic systems, New York, 1969, S.428-441

Batchelder, Robert B., 1952: The evolution of Cuban land tenure and its relation to certain agro-economic problems, in: The Southwestern Social Science Quarterly. Publ. by the Southwestern Social Science Ass. Austin/Texas, 33.1952/53, 3, S.239-246

Batista, Fulgencio, 1964: The growth and decline of the Cuban Republic. Transl. from the Spanish by Blas M.Rocafort, New York 1964

Becker-Panitz, Helmut, 1975: Soziale Grundlagen und ökonomische Formen der spanischen Kolonisation Lateinamerikas, Diss. Marburg 1975

Beckford, George L. , 1966a: A note on agricultural organization and planning in Cuba, in: Caribbean Studies. Institute of Caribbean Studies, Univ. of Puerto Rico, Río Piedras, 6.1966, 3, S.45-51

Beckford, George L., 1966b: A Caribbean view of Cuba, in New World Quarterly, Croptime 1966

Beckford, George L., 1972a: Persistent poverty: Underdevelopment in Plantation Economies of the Third World, New York, London 1972

Beckford, George L., 1972b: Land reform for the betterment of Caribbean people, in: Proc.of the 7th West Indian Agricultural Economics Conference, Trinidad 1972, S.25-39

Bellows, Irving, 1964: Economic aspects of the cuban revolution, in: Political Affairs 43, Februar 1964, S.49-51

Bender, Lynn Darrell,1973: The Cuban exiles: An analytical sketch,in: Journal of Latin American Studies, London, 5.1973, 2, S.271-278

Bender, Lynn Darrell,1975: The politics of hostility. Castro's revolution and United States policy, Hato Rey (Puerto Rico) 1975

Benjamin, J.R., 1975: Machadato and Cuban nationalism, 1928-1932, in: Hispanic American History Review, 55.1975 (Febr.), S.66-91

Benjamin, J.R., 1977: The United States & Cuba: Hegemony & dependent development, 1880 - 1934, Pittsburgh 1977

Bennett, Nicholas, 1977; Education for rural development: the attempts of many countries, Hrsg. UNESCO, Paris, Division of Educational Policy and Planning, 1977 (ED-77/WS/95) (Reports and studies; S.41)

Bergman, Arlene Eisen, 1968: More revolution, in: The Movement 4.1968 (Nov.), Nr.10

Bergmann, Theodor, 1974: Kuba - Soziale Revolution mit nicht-kollektivistischer Agrarreform, in: ders.: Agrarpolitik und Agrarwirtschaft sozialistischer Länder, Offenbach 1973

Berle, Adolf A jr., 1960: The Cuban crisis.Failure of American foreign policy, in: Foreign Affairs, New York, 39.1960,1, S.40-55

Berman, Joan, 1970: Women in Cuba, in: Women: A Journal of Liberation, Baltimore, Summer 1970, S.10-14

Bernardo, Roberto M., 1971: Managing and financing the firm, in: Revolutionaly change in Cuba, Pittsburgh 1971,S.185-208

Bernardo, Roberto M. 1971: The theory of moral incentives in Cuba, University of Alabama 1971

Berner, Wolfgang, 1968a: Castro und Moskaus Lateinamerika-Strategie, in: Außenpolitik. Zeitschrift für internationale Fragen, Freiburg, 19.1968, 6, S.357-367

Berner, Wolfgang, 1968b: Castro und der Kreml, in: Moderne Welt. Zeitschrift für internationale Beziehungen, Düsseldorf, 9.1968,4, S.351-364

Bernheim, Roger, 1966: Cuba's Permanent Revolution, in: Swiss Review of World Affairs, 16.1966, 7 (Okt.), S.12-17 und 8 (Nov.), S.9-12

Bernis,G.Destanne de,1964: L'industrialisation des pays en voie de développement, impératifs, préalables, voies et moyens, in: Développement et civilisation, Juni 1964, S.6-24

Bernis,G.Destanne de,1966/68: Industries, industrialisantes et contenu d'une politique d'intégration régionale, 1 und 2, in: Economie Appliquée 19.1966, 3/4, S.415-473 und 21.1968, 1, S.41-68

Bernis, G.Destanne de, 1971: Deux stratégies pour l'industrialisation du Tiers Monde. Les industries, industrialisantes et les options algériennes, in: Revue Tiers Monde, 12.1971, S.545-563

Bernis,G.Destanne de, 1972: Industrializing industries and the economic integration of less developed countries, in: L.E. di Marco (Hrsg.): International economics and development. Essays in honour of Raul Prebisch, 1972, S. 267-300

Bernstein, Linda A., 1975: Cuba's trade horizons widen as diplomatic ties expand, in: Foreign Agriculture, Nr.17 (28.April 1975), S.2-5

Bernstein, Richard Eric, 1973: Factor allocation in tropical agriculture. A theoretical and empirical analysis, Ph.D. 1973, Brown University

Bertram, Gordon W., 1963: Economic growth in Canadian industry, 1870-1915: The staple model and the take-off hypothesis, in: Canadian Journal of Economics and Political Science, 24. 1963, Mai, S.159-184

Beruff, Jorge Rodríguez, 1970: La reforma agraria Cubana. El cambio institucional, in: Revista de Ciencias Sociales. Colegio de Ciencias Sociales de la Univ.de Puerto Rico, Río Piedras, 14.1970, 2, S.203-231

Besada Ramos, Benito, 1970: La adhesión de Cuba al GATT y sus consecuencias , in: Economia y desarrollo, 1970, 5, S.146-157

Best, Lloyd, 1971: Size and survival, in: N. Girvan/O.Jefferson (Hrsg.) 1971, S.29-37

Best, Lloyd/Kari Levitt (Hrsg.), 1969: Externally propelled growth and industrialization in the Caribbean, 4 Bd., vervielfält., Montreal, McGill University, 1969

Betancourt Roa, Gilda, 1970: Revolución cubana y cambio social, in: Revista mexicana de sociología, Mexiko, D.F. 32.1970, 3, S.539-547

Bettelheim, Charles , 1963: La planification de l'économie Cubaine, in: Economie et Politique, Paris, 1963, Nr.102, S.78-96

Bettelheim, Charles, 1965: Cuba en 1965: Résultats et perspectives économiques, in: Economie et Politique, Paris, 1965, Nr.132, S.67-90

Bettelheim, Charles, 1969: Formen und Methoden der sozialistischen Planung und der Entwicklungsstand der Produktivkräfte, in: Bettelheim, Castro, Guevara u.a.: Wertgesetz, Planung und Bewußtsein. Die Planungsdebatte in Cuba, Frankfurt 1969

Bettelheim, Charles, 1971: La révolución cubaine sur la 'voie soviêtique', in: Le Monde, 12. Mai 1971

Bettelheim, Charles, 1973: Massenlinie und revolutionäre Partei, München 1973 (2. Aufl.)

Beyhaut, G., 1965: Süd- und Mittelamerika II. Von der Unabhängigkeit bis zur Krise der Gegenwart, Fischer Weltgeschichte, 23, Frankfurt 1965

Bezy, Fernand, 1971: Hégémonie economique et domination par le commerce extêrieur, in: Revue Tiers Monde, 12.1971,S.787-817

Bhattacharya, Sanuripada, 1965: Cuban-Soviet relations under Castro, 1959-1964, in: Studies on the Soviet Union, New Series, Bd.4, 1965, Nr.3 , S.27-36

Biedma, Patricio, 1970: El socialismo en Cuba, in: Cuadernos de la Realidad Nacional, Santiago de Chile, 1970, 6 (Dez.), S.327-390

Blackburn, Robin, 1963: Prologue to the Cuban revolution, in: New Left Review Nr.21, Okt.1963

Blackburn, Robin, 1968: The economics of the Cuban revolution, in: C. Veliz (Hrsg.): Latin America and the Caribbean, a handbook, London 1968

Blackburn, Robin, 1979: The Cuban revolution: A political and historical evaluation, London 1979

Blanca, Antoine, 1975: Les institutions de Cuba, in: La Nouvelle Revue socialiste, Nr.7, 1975

Blasier, Cole, 1967: Studies of social revolution: origins in Mexico, Bolivia, and Cuba, in: Latin American Research Review, Austin/Texas, 2.1967, 3, S.28-64

Blasier, Cole, 1971: The elimination of the United States influence, in: Carmelo Mesa-Lago (Hrsg.): Revolutionary change in Cuba, Pittsburgh, Pa. 1971, S.43-80

Blasier, Cole, 1976: The hovering giant: U.S. responses to revolutionary change in Latin America, Pittsburgh,Pa.1976

Blasier, Cole/Carmelo Mesa-Lago(Hrsg.),1979: Cuba in the world, Pittsburgh,Pa.1979

Blasier, Cole, 1979: COMECON in Cuban development, in: Cole Blasier/Carmelo Mesa-Lago (Hrsg.) 1979, S.225-256

Bleckert, Heinz, 1966: Beiträge zur ökonomischen Geographie der Republik Kuba, in: Petermanns Geographische Mitteilungen. Geographische Gesellschaft der Deutschen Demokratischen Republik, Gotha, Leipzig, in Forts., beginnt mit 110.1966, 1, S.36

Bley, Ingrid, 1973: Kuba, RGW unterstützt die Entwicklung der Metallurgie, in: Die Wirtschaft (Berlin Ost), 10.1.1973

Bliss, Shepherd, 1977: Setting its own course, in: Cuba Review, 7.1977, 1 (April),S.17-22

Bloch, Peter, 1963: Kuba - 1963, in: Geographische Rundschau, 15.1963, S.291-297

Blohm, L.R., 1932: General survey of wages in Cuba, 1931 and 1932, in: Monthly Labor Review, 35 (Dez. 1932), S.1403-1411

Blume, Helmut, 1968: Agrarlandschaft und Agrarreform in Kuba, in: Geographische Zeitschrift, Wiesbaden, 56.1968,1,S.1-17

Blutstein, Howard I. et al., 1971: Area handbook for Cuba, Washington, D.C., United States Printing Office, 1971

Blutstein, Howard I. et al., 1976: Area handbook for Cuba, Washington, D.C.1976 (2.erweit.Ausgabe)

Bizot, Jean-François, 1978: Sept jours et une nuit à la Havane, in: Le Nouvel Observateur Nr.729, 30.10.-5.11.1978,S.77-114

Bogomolow, A., 1973: Die Landwirtschaft der Republik Kuba, in: Internationale Zeitschrift der Landwirtschaft. Rat für Gegenseitige Wirtschaftshilfe. Ständige Kommission für Landwirtschaft. Moskau, Berlin, 1973, 2, S.235-238

Bonachea, Ramón, 1971: Castro and the intellectuals, in: New Politics, Sept. 1971, S.45-50

Bonachea, Rolando E./Nelson P. Valdés, 1972: Introduction, in: dies. (Hrsg.): Revolutionary struggle. Vol. 1 of the Selected Works of Fidel Castro, Cambridge, Mass./London 1972

Bonachea, Rolando E./Nelson P. Valdés (Hrsg.), 1972a: Revolutionary struggle 1947 - 1958. Vol.1 of the Selected Works of Fidel Castro, Cambridge, Mass.1972

Bonachea, Rolando E./Nelson P. Valdés (Hrsg.), 1972b: Cuba in Revolution, Anchor Books, Garden City, 1972

Bonachea, Ramón L./Martha San Martín, 1974: The Cuban insurrection, 1952-59, New Brunswick: Transaction Books, 1974

Bonsal, Philip W., 1971: Cuba, Castro and the United States, Pittsburgh,Pa. 1971

Boorstein, Edward, 1968: The economic transformation of Cuba. A first-hand account, New York, London 1968

Booth, D., 1976: Cuba, color and the revolution, in: Science and Society, 40.1976 (Sommer), S.129-172

Bosch, Juan, 1970: De Cristóbal Colón a Fidel Castro. El Caribe, frontera imperial, Madrid 1970

Boti, Regino, 1958: Algunos aspectos del desarrollo ecoпóпomico de Cuba, in Revista bimestre cubana. Sociedad económica de amigos del país, Havanna, 75·1958, 2, S.249-282

Boti, Regino, 1959: La reforma agraria y la industrialización, Havanna 1959 (Delegación de Gobierno en el Capitolio Nacional)

Boti, Regino,1961: El plan de desarrollo económico de 1962 in: Cuba Sozialista, 1.1961, 4 (Dez.), S.19-32

Boti, Regino, 1963: El plan de la economía nacional de Cuba para 1963, in: Cuba Socialista, 3.1963 (April), S.24-41

Boughton, George J., 1974: Soviet-Cuban relations, 1956-1960, in: Journal of Inter-American Studies and World Affairs. Center for Advanced International Studies, Univ.of Miami. Coral Gables/Fla., 16.1974,4, S.436-453

Bourde, Guy/Oscar Zanetti, 1973: Le comercio extérieur de Cuba à l'époque de la république néo-coloniale, in: Cahiers des Amériqups Latines, 8.1973,2, S.25-64

Bowles, Samuel, 1972: Cuban education and the revolutionary ideology, in: Martin Carnoy (Hrsg.): Schooling in a corporate society. The political economy of education, New York 1972, S.272-303

Boyer, Angela, 1975: Education: Cuba, in: Ward L. Kaiser (Hrsg.): Cuba: People - questions, New York 1975, S.6-9

Bray, Donald W./Timothy F. Harding, 1974: Cuba, in: Ronald H. Chilcote/Joel C. Edelstein (Hrsg.): Latin America: The struggle with dependency and beyond, New York 1974, S.570-730

Breithaupt, G., 1975: Die Holzwirtschaft der Republik Kuba, in: Holzindustrie, Leipzig, 28.1975, 12, S.373-376

Breithaupt, G., 1977: Das sozialistische Cuba entwickelt seine Forstwirtschaft, in: Beitr. Forstwirtschaft, Berlin Ost, 11.1977, 2, S.57-63

Brennan, Ray, 1959: Castro, Cuba and justice, Garden City, N.Y. 1959

Breuer, Wilhelm M. 1973: Sozialismus in Kuba. Zur politischen Ökonomie, Köln 1973

Breuer, Wilhelm M., 1975: Die Gewerkschaften in Kuba,in: Gewerkschaften und Entwicklungspolitik, Köln 1975, S.265-275

Brümmer, Adolf, 1961: Zur Entwicklung auf Kuba, in: Wirtschaftswissenschaft, Berlin, 9.1961,4, S.572-580

Buck, Wilbur, F. 1969: Cuban agriculture - ten years under Castro, in: Foreign agriculture, Washington, D.C., 7.1969, 1, S.2-4

Buckley, Kenneth, 1958: The role of staple industries in Canada's economic development, in: Journal of Economic History, 18.1958 (Dez.)

Bueno, Eramis, 1975: Los sistemas automatizados de dirección, in: Economia y desarrollo Nr.31, 1975 (Sept.-Okt.), S.10-37

Burks, David D., 1964: Cuba under Castro, New York 1964 (Foreign Policy Association. Headline Series No.165)

Burks, David D., 1966: Cuba. 7 years later, in: Current History, Philadelphia, 50.1966, Nr.293, S.1-53

Business International Corporation, 1977: Cuba at the turning point. How the economy works, New York 1977

Butterworth, Douglas, 1973: Grass roots political organization in Cuba: The case of the CDR's, in: Latin American Urban Research 1973, 4.

Calvache, Antonio, 1944: Historia y desarrollo de la minería en Cuba, Havanna 1944

Calzada, Augustin, 1977: Cuba and specialization within the CMEA, in: Granma, W.R., 4.12.1977, S.9

Calzon, F., 1976: How many prisoners does Castro hold?, in: Dissent, 23.1976, 230 (Sommer), S.240-243

Camarano, C., 1971: On Cuban women, in: Science and Society 35.1971,1, S.48-57

Apuntes sobre el CAME (RGW), in: Economía y desarrollo, Nr.18, Juli-Aug.1973

El CAME (RGW), 1976: Integración y coordinación de los planes económicos, in: Economía y desarrollo, März-April 1976, S.138-164

Campos, Domar, 1961: Economía cubana: reforma radical, in: Economica brasileira, Río de Janeiro, 7.1961, 1/2, S.54-64

Canet, Gerardo/Erwin Raisz, 1949: Atlas de Cuba, Cambridge, Mass. 1949

Cantrill, Hadley, 1965: The pattern of human concerns, New Brunswick, N.J., 1965

Cardenal, Ernesto, 1977; Kubanisches Tagebuch, Bericht von einer Reise, Gütersloh 1977

Cardoso, Fernando Henrique, 1973: Cuba: Lesson or symbol, in: David P. Barkin/Nita R. Manitzas (Hrsg.) 1973

Cardoso, Fernando Henrique, 1974: Abhängigkeit und Entwicklung in Lateinamerika, in: Dieter Senghaas (Hrsg.), 1974, S.201-220

Cardoso, Fernando Henrique, 1974b: Brasilien: Die Widersprüche der Assoziierten Entwicklung, in: H.R. Sonntag (Hrsg.): Lateinamerika: Faschismus oder Revolution, Berlin 1974

Cardoso, Fernando Henrique, 1977: Quels styles de développement?, in: Etudes, 1977, 1, S.7-22

Cardoso, Fernando Henrique / Enzo Faletto, 1976: Abhängigkeit und Entwicklung in Lateinamerika, Frankfurt 1976 (1969)

The Caribbean Shipping Company and the new spirit of integration, in: Comercio Exterior de Mexico, Mexico City, 21.1975, 6, S.185-187

Carlos, Luís, 1963: Notes of a Cuban revolutionary in exile, in: New Politics 2 (Herbst 1963), Nr.4

Carnota Lauzan, Orlando, 1972: La aplicación de las computadoras en el campo económico y social en un país en vías del desarrollo, in: Economía y desarrollo Nr.9, Jan.-Febr.1972, S.84-101

Carnota Lauzan, Orlando, 1974: La profesión de administrador, in: Economía y desarrollo Nr. 23, Mai-Juni 1974, S.47-67

Carr, Raymond, 1967: Cuban Dilemmas, in: The World Today. Royal Institute of International Affairs, London, 23.1967, 1, S.37-42

Carrel, André/Georges Fournial, 1975: Cuba Socialiste de A à Z, Paris 1975

Casal, Lourdes, 1975: On Popular Power, in: Latin American Perspectives, II (Supplement), 1975

Casal, Lourdes, 1978: The development of Cuban studies in the U.S., in: Latin American Research Review, 1978, 1, S.248-254

Cassen, Bernard, 1975: En 1975, réunion du premier congrès du parti communiste cubain, in: Le Monde Diplomatique, Jan. 1975

Cassen, Bernard, 1976: Cuba, les collégiens paysans de la revolution, in: Monde de l'éducation, Juli/Aug.1976, Nr.19, S.24-26

Castella, Pierre, 1977: Les pays en voie de développement peuvent - ils produire leurs biens d'équipement?, in: Le Monde Diplomatique, Sept. 1977, S.19

Castilla Mas, Belarmino, 1975: Rede auf der Eröffnungszeremonie der 15. Sitzung der Informatik-Kommission des RGW, in: Granma, W.R., 9.11.1975

Castillo, Carlos M., 1955: El régimen agrario y el funcionamiento de los mercados de factores, in: El Trimestre económico, Mexiko, 22.1955, 1, S.22-69

Castiñeiras, Juan M., 1964: La industria ligera en la etapa actual, in: Cuba Socialista, 4.1964, 34 (Juni), S.1-12

Castro, Fidel, 1953a: The Cuban revolution (23.7.1953), in: Bonachea/Valdês (Hrsg.) 1972a, S.155-159

Castro, Fidel, 1953b: History will absolve me (16.10.1953),in: Bonachea/Valdês (Hrsg.) 1972a, S.164-220

Castro, Fidel, 1953c: A letter from prison (12.12.1953), in: Bonachea/Valdés (Hrsg.) 1972a, S.221-230

Castro, Fidel, 1954: Letter to Melba Hernandez (17.5.1954), in: Bonachea/Valdés (Hrsg.) 1972a , S.230-232.

Castro, Fidel, 1955a: Manifesto No 1 to the People of Cuba (8.8.1955), in: Bonachea/Valdés (Hrsg.) 1972a, S.259-271

Castro, Fidel, 1955b: Message to the Congress of Ortodoxo Militants (15.8.1955), in: Bonachea/Valdés (Hrsg.) 1972a, S.271-278

Castro, Fidel, 1955c: Manifesto No 2 to the People of Cuba (10.12.1955), in: Bonachea/Valdés (Hrsg.) 1972a, S.287-291

Castro, Fidel, 1955d: Against every one (25.12.1955), in: Bonachea/Valdés (Hrsg.) 1972a, S.292-301

Castro, Fidel, 1956a: The 26th of July Movement (29.3.1956), in: Bonachea/Valdés (Hrsg.) 1972a, S.310-319

Castro, Fidel, 1956b: Mexico Pact (Sept. 1956), in: Bonachea/Valdés (Hrsg.) 1972a, S.339-441

Castro, Fidel, 1957a: Sierra Maestra Manifesto (12.7.1957), in Bonachea/Valdés (Hrsg.) 1972a, S.343-348

Castro, Fidel, 1957b: Letter to the Cuban Liberation Junta (14.12.1957), in: Bonachea/Valdés (Hrsg.) 1972a, S.351-364

Castro, Fidel, 1958a: Why we fight (Februar 1958), in: Bonachea/Valdés (Hrsg.) 1972a, S.364-368

Castro, Fidel, 1958b: Interview with Andrew St. George (4.2.1958), in: Bonachea/Valdés (Hrsg.) 1972a, S.369-372

Castro, Fidel, 1958c: Letter to Celia Sanchez (5.6.1958), in: Bonachea/Valdés (Hrsg.), 1972a, S.380-381

Castro, Fidel 1958d: Unity Manifesto of the Sierra Maestra (20.7.1958), in: Bonachea/Valdés (Hrsg.) 1972a, S.386-389

Castro, Fidel, 1958e: A reply to the State Department, in: Bonachea/Valdés (Hrsg.) 1972a, S.429-432

Castro, Fidel, 1959a: El Discurso de la Victoria, Rede vom 8.1.1959, in: Adolfo Sánchez Rebolledo (Hrsg.) 1972, S.139-149

Castro, Fidel, 1959b: Rede vom 21.1.1959, in: G. Selser (Hrsg.) 1960, S.187-199

Castro, Fidel, 1959c: Rede vom 6.2.1959 vor Shell-Arbeitern, in: G. Selser (Hrsg.) 1960, S. 200-227

Castro, Fidel, 1959d: Einführungsrede vom 16.2.1959 als Premierminister, in: G. Selser (Hrsg.) 1960, S.239ff.

Castro, Fidel, 1959e: Rede vom 9.2.1958 vor der Nationalen Gewerkschaft der Zuckerarbeiter (FNTA), in: G. Selser (Hrsg.) 1960, S.228-238

Castro, Fidel, 1959f: Fernsehinterview vom 19.2.1959, in: G. Selser (Hrsg.) 1960, S.258-272

Castro, Fidel, 1959g: No nací pobre, nací rico, Rede vom 24.2.1959, in: Adolfo Sánchez Rebolledo (Hrsg.) 1972, S.150-159

Castro, Fidel, 1959h: Fernsehinterview vom 2.4.1959 (La revolución cubana y el comunismo), in: G. Selser (Hrsg.) 1960, S.283-287

Castro, Fidel, 1959i: Abschlußrede auf dem 1. Nationalen Forum zur Agrarreform, Juli 1959, in:Adolfo Sánchez Rebolledo (Hrsg.) 1972, S.160-189

Castro, Fidel, 1959j: Rede vom 26. Juli 1959, in:Adolfo Sanchez Rebolledo (Hrsg.) 1972, S.190-217

Castro, Fidel, 1959k: Informe económico sobre Cuba, Fernsehinterview vom 17.9.1959, in: G. Selser (Hrsg.) 1960, S.324-390

Castro, Fidel, 1959l: Rede vom 26. Okt. 1959, in: Kenner/Petras (Hrsg.) 1972, S.90-113

Castro, Fidel, 1960a: Resumen de la historia del azúcar en relación con los Estados Unidos, en: Obra revolucionaria, 25. Juni 1960, S.33

Castro, Fidel, 1960b: Primera declaración de La Habana (2.9.1960). in: Obras escogidas de Fidel Castro, 1976, S.93-101

Castro, Fidel, 1960c: Rede vor den Vereinten Nationen vom 26.9.1960, Auszüge in: Kursbuch Nr.2, 1965, S.72-82; vollständig in: Kenner/Petras (Hrsg.) 1972, S.25-66

Castro, Fidel, 1960d: Rede vom 27.11.1960, in: Obra revolucionaria, 29.11.1960, S.9-24

Castro, Fidel, 1961a: Cuba's socialism proclaimed, Rede vom 1. Mai 1961, in: Kenner/Petras (Hrsg.) 1972, S.114-134

Castro, Fidel, 1961b: Rede zur Eröffnung der 1. Nationalen Produktionsversammlung, in: Obra revolucionaria, 26.8.1961, S.7-12

Castro, Fidel, 1961c: El minucioso informe del primer ministro. Bericht für die 1. Nationale Produktionsversammlung (Aug.-Sept. 1961), in: ders., Escritos y discursos

Castro, Fidel, 1962a: The second declaration of Havana (Rede vom 4.2.1962), in: Kenner/Petras (Hrsg.) 1972, S.137-167

Castro, Fidel, 1962b: Rede vom 18. Aug. 1962 zum Abschluß des Kongresses der Zuckerrohr-Kooperativen, in: Kenner/Petras (Hrsg.) 1972, S.67-89

Castro, Fidel, 1963: The revolution is a force more powerful than nature, in: Cuba Socialista, Nr.27, 1963, S.1-70

Castro, Fidel, 1964: Rede auf der Abschlußsitzung des 1. Nationalen Forums der Zuckerindustrie, in: Politica internacional 1964, Nr.7, S.225-248

Castro, Fidel, 1966a: Zu wirtschaftlichen Problemen des neuen Kuba, 2 Reden, in: Marxistische Blätter. August-Bebel-Gesellschaft e.V., Frankfurt/M, 4.1966, 2, S.1-6

Castro, Fidel, 1966b: Siete años de revolución, in: Cuba Socialista 6,1966, 54, S.2ff

Castro, Fidel, 1966c: Capitalist and communist development: A hundred and fifty years of accumulated misery, Rede vom 19.4.1966, in: Kenner/Petras (Hrsg.) 1972, S.256-269

Castro, Fidel, 1966d: Rede vom 1.5.1966, in: Kenner/Petras (Hrsg.) 1972, S.269-292

Castro, Fidel, 1966e: Rede vom 28.9.1966, in: Kenner/Petras (Hrsg.) 1972, S.293-312

Castro, Fidel, 1966f: Respuesta a las declaraciones del gobierno chino, in: Cuba Socialista, 6.1966, 55, S.2ff.

Castro, Fidel, 1967: Rede vom 29.4.1967, in: Kenner/Petras (Hrsg.) 1972, S.313-324

Castro, Fidel, 1968a: The revolutionary offensive, Rede zum 13.3.1968, in: Kenner/Petras (Hrsg.) 1972, S.329-405

Castro, Fidel, 1968b: Rede vom 9.5.1968, in: Politica internacional, 1968, Nr.22-24, S.73-89

Castro, Fidel, 1968c: Rede zum 15. Jahrestag des Angriffs auf die Moncada-Kaserne (26.Juli 1968), in: Wertgesetz , Planung und Bewußtsein, Frankfurt /M 1969, S.158-185 (aus Granma, W.R., 27.7.1968)

Castro, Fidel, 1968d: Rede vom 28.9.1968, in: Granma, W.R., 29.9.1968, S.1-5

Castro, Fidel, 1969a: Rede vom 14.7.1969, in: Bohemia,18.7.1969

Castro, Fidel, 1969b: Rede vom 18.10.1969, in: Granma, W.R., 26.10.1969

Castro, Fidel, 1969c: Rede vom 27.10.1969 im Theater "Chaplin" zur Eröffnung der massiven Kampagne der Gran Zafra, in: Granma, W.R., 2.11.1969, S.2-4

Castro, Fidel, 1969d: Rede vom 4.11.1969, in: Granma, W.R., 16.11.1969

Castro, Fidel, 1969e: Interview vom 20.12.1969 mit Journalisten, in: Granma, W.R., 28.12.1969, S.2-3

Castro, Fidel, 1970a: Interview vom 1.1.1970 mit Journalisten, in: Granma, W.R., 11.1.1970, S.2-3

Castro, Fidel, 1970b: Rede vom 9.2.1970, in: Granma, W.R., 12.2.1970, S.2f.

Castro, Fidel, 1970c: Rede vom 22.4.1970 zum 100. Geburtstag von Lenin, in: Granma, W.R., 3.5.1970, S.2-4

Castro, Fidel, 1970d: Report on the sugar harvest, Rede vom 20.5.1970, in: Bonachea/Valdés (Hrsg.) 1972b, S.261-304

Castro, Fidel, 1970e: Rede vom 31.5.1970, in: Granma, W.R., 7.6.1970, S.2-5

Castro, Fidel, 1970f: Report on the Cuban economy, Rede vom 26.7.1970, in: Bonachea/Valdés (Hrsg.) 1972b, S.317-356

Castro, Fidel, 1970g: Rede vom 23.8.1970 auf dem 10. Jahrestag der Gründung des kubanischen Frauenverbandes (FCM), in: Granma, W.R., 30.8.1970, S.2-5

Castro, Fidel, 1970h: Rede vom 2.-3.9.1970, in: Granma, W.R., 20.9.1970, S.2-5

Castro, Fidel, 1970i: Rede vom 7.12.1970, in: Granma, W.R., 20.12.1970

Castro, Fidel, 1971a: Bericht über die Rede auf dem Nationalen Plenum der Zuckerindustrie, in: Granma, W.R., 10.1.1971, S.3

Castro, Fidel, 1971b: Rede vom 1.5.1971, in: Granma, W.R., 16.5.1971

Castro, Fidel, 1971d; Cuba Económica, in: Economía y desarrollo, 1971, 8, S.171-193

Castro, Fidel, 1971d: Rede vom 12.7.1971, in: Granma, W.R., 25.7.1971, S.2-4

Castro, Fidel, 1971e: Rede vom 26.7.1971, in: Granma, W.R. 1.8.1971

Castro, Fidel, 1971f: Bericht über die Abschlußrede auf dem Nationalen Plenum der Zuckerindustrie, in: Granma, W.R., 5.9.1971, S.5

Castro, Fidel, 1971g: Rede vom 28.9.1971, in: Granma, W.R., 10.10.1971, S.2-5

Castro, Fidel, 1971h: Rede im Sitz der ECLA in Santiago de Chile (29.11.1971), in: Granma, W.R., 12.12.1971

Castro, Fidel, 1972a: Rede vom 1.1.1972, in: Granma, W.R., 9.1.1972

Castro, Fidel, 1972b: La educación universal unida al trabajo universal, Rede vom 26.1.1972, in: Economiy y desarrollo, 1972, 12 (Juli-Aug.), S.6-26

Castro, Fidel, 1972c: La combinacion del estudio y del trabajo. Una idea marxista y Martiana, Rede vom 4.4.1972, in: Economia y desarrollo, 1972, 14 (Nov.-Dez.), S.206-212

Castro, Fidel, 1972d: Rede vom 1.5.1972, in: Granma, W.R., 7.5.1972, S.2-5

Castro, Fidel, 1972e: Mechanisierung der Zuckerrohrernte - wichtigstes Problem für unser Land, Rede vom 3.7.1972, in: Fidel Castro: Unsere Stärke liegt in der Einheit, Berlin (Ost) 1973, S.136-147

Castro, Fidel, 1972f: Rede vom 26.7.1972 (Abhängigkeit von der Sowjetunion?), in: Granma, W.R., 6.8.1972, S.3-6

Castro, Fidel, 1972g: Rede vom 25.9.1972, in: Granma, W.R., 1.10.1972, S.2-3

Castro, Fidel, 1972h: Rede vom 28.9.1972, in: Granma, W.R., 8.10.1972, S.2-4

Castro, Fidel, 1973a: Rundfunk- und Fernsehansprache zum Abschluß des sowjetisch-kubanischen Wirtschaftsabkommens, Havanna, 3.1.1973, in: F. Castro, Ausgewählte Reden 1973-1975, Berlin (Ost) 1976, S. 5-25

Castro, Fidel, 1973b: Rede vom 26.7.1973, in: ders., Ausgewählte Reden 1973 - 1975, Berlin (Ost) 1976, S. 43-69

Castro, Fidel, 1973c: Rede vor dem 13. Gewerkschaftskongreß am 15.11.1973, in: Das Argument, Karlsruhe, 16.1974, H.85

Castro, Fidel, 1973d: El tercer mundo y el futuro de la humanidad, Editorial Encuadre, Rosario 1973

Castro, Fidel, 1974a: Rede zum 15. Jahrestag der Unterzeichnung des Gesetzes über die Bodenreform, 17.5.1974, in: F. Castro, Ausgewählte Reden, Berlin (Ost) 1976, S.178-204

Castro, Fidel, 1974b: Rede vom 26. Juli 1974 (Institutionalisierung des sozialistischen Staates), in: F. Castro, Ausgewählte Reden, Berlin (Ost) 1976, S. 219-253

Castro, Fidel, 1974c: Rede vom 28.9.1974 (This is the hour in which all the countries of the Third World must unite their forces and confront the imperialist challenge), Havanna 1974

Castro, Fidel, 1974d: Rede auf der 25. Generalratstagung des Weltgewerkschaftsbundes, 18. Okt. 1974, in: F. Castro, Ausgewählte Reden, Berlin (Ost) 1976, S.254-263

Castro, Fidel, 1974e: La educación en la revolución, Havanna 1974 (Instituto Cubano del Libro)

Castro, Fidel, 1975a: Rede vom 26.7.1975, in: Granma, W.R., 3.8.1975, S.2

Castro, Fidel, 1975b: Rede vom 22.8.1975 zum 50. Jahrestag der Gründung der kommunistischen Partei, in: Economía y desarrollo, 1975, 32 (Nov.-Dez.), S.13-28

Castro, Fidel, 1976a: Von der persönlichen Führung zur sozialistischen Massenkultur. Entwicklungsstufen, Gefahren und Lehren des revolutionären Prosses, in: Das Argument, Karlsruhe, 18.1976, 96, S.272-279 (Übers. aus Granma, W.R. vom 4. u.11.1.1976)

Castro, Fidel, 1976b: Rede vom 26.7.1976, in: Granma, W.R. 30.7.1976

Castro, Fidel, 1976c: Rede vom 29.9.1976, in: Granma, W.R., 10.10.1976

Castro, Fidel, 1977a: Rede vom 17.5.1977 zum Abschluß des 5. Kongresses der ANAP, in: Granma, W.R., 29.5.1977, S.1ff.

Castro, Fidel, 1977b: Rede vom 26.7.1977, in: Granma, W.R., 7.8.1977

Castro, Fidel, 1977c: Rede vom 27.7.1977, in: Granma, W.R., 14.8.1977, S.1-5

Castro, Fidel, 1977d: Rede vom 28.7.1977, in: Granma, W.R., 14.8.1977, S.7

Castro, Fidel, 1977e: Rede vom 29.7.1977, in: Granma, W.R., 21.8.1977

Castro, Fidel, 1977f: Rede vom 26.8.1977, in: Granma, W.R., 7.9.1977

Castro, Fidel, 1977g: Rede vom 1.9.1977 zur Eröffnung des Schuljahres 1977-78, in: Granma, W.R., 11.9.1977

Castro, Fidel, 1977h: Rede vom 28.9.1977, in: Granma, W.R., 9.10.1977, S.2-5

Castro, Fidel, 1977i: Interview mit Simon Malley, in: 3. Welt Magazin, Juni und Juli 1977, H.6 u.7

Castro, Fidel, 1977j: Rede vom 30.12.1977, in: Granma, W.R., 15.1.1978

Castro, Fidel, 1977k: Interview mit Barbara Walters: Fidel Castro speaks, American Broadcasting Companies Inc., Juli 1977

Castro, Fidel, 1978a: Rede vom 20.1.1978 zur Eröffnung des neuen Umschlaghafens für Losezucker in Puerto Carupano, in: Granma, W.R., 5.2.1978

Castro, Fidel, 1978b: Rede vom 4.9.1978 zur Eröffnung des Schuljahrs 1978-79, in: Granma, W.R., 17.9.1978, S.2-3

Castro, Fidel, 1978c: La construcción es una tarea hermosa, creadora y transformadora, Rede vom 5.12.1978, Bohemia, 70.1978, 51, S.42-47

Castro, Fidel, 1978d: Rede vom 2.12.1978, in: Granma,W.R., 17.12.1978, S.8

Castro, Raúl, 1960: La reforma agraria en Cuba, Rede vom 28.6.1959 auf dem 1. Forum zur Agrarreform, in: Cuba 1960, Havana 1960, S.9-30

Castro, Raúl, 1961: La voie cubaine au socialisme, Rede vom 4.6.1961, in: Partisans, Paris, 1961, 1, S.6-22

Castro, Raúl, 1970: Rede auf der Nationalen Versammlung der Parteiorganisation in den Streitkräften, in: Granma, W.R., 26.9.1970, S.2

Castro, Raúl, 1972: El diversionismo ideológico: Arma sutil que esgrimen los enemigos de la revolución, in: Verde olivo, 14.1972, 30 (30.Juli)

Castro, Raúl, 1973a: Rede vor den Mitgliedern des Zentralkomitees vom 4.5.1973, in: Fidel Castro/Raul Castro 1975, S.55-89

Castro, Raúl, 1973b: Rede vom 8.9.1973, Más productos con menos costos, in: Economía y desarrollo, 1973, 20, S.9-25

Castro, Raúl, 1974a: Rede vom 2.1.1974 (XV aniversario del triunfo de la revolución), in: Economía y desarrollo, 1974, 22 (März-April), S.8-27

Castro, Raúl, 1974b: Rede auf der Abschlußsitzung der 3. Versammlung der Parteisekretäre in den FAR, in: Granma, W.R., 8.4.1974, S.2

Castro, Raúl, 1974c: Popular power; A decentralization of the state apparatus, Rede auf der Abschlußsitzung des Seminars der Delegierten der Volksmacht (Matanzas), in: Economia y desarrollo, 1974, 26 (Nov.-Dez.), S.9-48

Casuso, Teresa, 1961: Cuba and Castro. Translated from the Spanish by Elmer Grossberg, New York 1961

Caute, David, 1974: Cuba, yes?, New York 1974

Caves, R.E., 1965: Vent for surplus' models of trade and growth, in: R.E. Baldwin (Hrsg.), Trade, growth, and the balance of payments, Chicago 1965

CEPAL (Comisión Económica Para América Latina): El desarrollo económico de Cuba, 4. Sitzungsperiode, Mexiko, 28.Mai 1951 (ECOSOC), Santiago 1951

CEPAL/AAT, 1959-1960. Análisis del desarrollo económico de Cuba de 1948 - 1957, y proyecciones para 1965, Curso de capacitación en problemas desarrollo, 1959 - 1960 Santiago

Cepero Bonilla, Raúl, 1962: Cuba, in: The conference on the problems of economic development, Cairo, 1962, S.259-277

Cepero Bonilla, Raúl, 1963: Los problemas de la agricultura en América Latina y la reforma agraria cubana, in: Cuba Socialista, 5.1963, 17, S.76-94

Chacon, J.A., 1972: El desarrollo de un plan integral de informatica, in: Economía y desarrollo, 1972, 9 (Jan.-Febr.), S.102-129

Chadwick, Lee, 1975: A Cuban journey, London 1975

Chain, Carlos, 1968: Formación de la nación cubana, Havanna 1968, 2. Aufl., (Ed. Granma)

Chaliand, Gérard, 1976: Mythes révolutionnaires du tiers monde. Guérillas et socialismes, Paris 1976

Challenor, Bernard D., 1975: Health and economic development. The example of China and Cuba, in: Medical Care. Official journal of the Medical Care Section. American Public Health Association, Philadelphia/Pa. 13.1975,1, S.79-84

Chandra, N.K., 1977: USSR and Third World: Unequal distribution of gains, in: Economic and Political Weekly, Bombay, 12.1977 (Febr.), S.349-376

Chanel, Emile, 1975: L'enseignement à Cuba, in: ders.: Pédagogie et éducateurs socialistes, Paris 1975, S.220-249

Chardiet, Armando, 1966: What happened to land reform in Cuba?, in: International Seminar on land taxation, land tenure, and land reform in developing countries, West Hartford, Conn., 17.-21.10.1966

Charles, Koilpillai J., 1974: Lessons from Cuban experience in development planning, in: Economic Affairs, Kalkutta, 19.1974, 1/2, S.21-37

Chenery, H.B., 1961: Comparative advantage and development policy, in: American Economic Review, 51, März 1961, S.18-51

Cheng, Ying-Hsiang, 1973: Idylle sino-cubaine, brouille sino-soviétique, Paris 1973

Chia, Jesus, 1971: La penetración del capital monopolista norteamericano en la industria cubana de artículos de jabonería, in: Economía y desarrollo, 1971,8, S.134-149

Chichilnisky, Graciela,1977: Development patterns and the international order, in: Journal of International Affairs, 31.1977,2, S.274-304

Tatsachen über den chinesisch-kubanischen Handel, in: Peking Rundschau 3. 1966 (18.Jan.),3, S.16-19

Chomon, Faure, 1966: Los problemas del transporte, in: Cuba Socialista 6.1966 (Okt.), S.175-186

Chonchol, J., 1960: Memorandum sobre el processo de la reforma agraria en Cuba, in: Cuadernos latino-americanos de economía humana, 3.1960,7, (Jan.-April)

Chonchol, J., 1963: Análsis crítico de la reforma agraria cubana, in: El Trimestre económico, Méxiko, 30.1963, 1, S.69-143

Chonchol, J., 1965: El primer bienio de reforma agraria, 1959-1961, in: Reformas agrarias en la América latina. Procesos y perspectivas, México, Buenos Aires 1965

Ciclo de conferencias sobre "reformia agraria",el desarrollo industrial y el progreso de la economía nacional. Organizada por el Colegio de ingenieros agrónomos y azucareros. Esta memoria ha sido editada por cortesía del Banco Nuñez y el Banco de Occidente, Havanna 1959

Ciclo de conferencias sobre el Plan de Desarrollo de la Economía Nacional. Vorträge von Funktionären des Industrieministeriums für das Personal der Empresas Consolidadas des Ministeriums, 23.6. bis 8.7.1961, Havanna 1961

Ciria, Alberto, 1967: Cuatro ejemplos de relaciones entre fuerzas armadas y poder político, in: Aportes, Paris, 1967, 6, S.30-43

Clark, Joseph, 1970: Thus spake Fidel Castro, in: Dissent, New York, 17.1970, 1, S.38-56

Clark, William J., 1898: Commercial Cuba, New York 1898

Clark, Juan M., 1970: The Cuba escapees ... as possible factual indicators of Cuban social conditions, in: Latinamericanist 6.1970, 1 (Nov.)

La clase media en México y Cuba. 4 colaboraciones. Edición y recopilación de Theo R. Crevenna, Washington, D.C.1950,

Claxton, Robert H., 1970: Some recent images of Cuba in the United States leftist Press, in: South Eastern Latin Americanist, 14.1970 (Dez.),S.1-4

Clemens, Walter C. Jr., 1971: Soviet policy in the Third World in the 1970's. Five alternative futures, in: W.R. Duncan (Hrsg.) 1971, S.313-344

Clissold, S. (Hrsg.): Soviet relations with Latin America, London 1970

Clytus, John: Black man in red Cuba, Coral Gables, 1970

Colina, Cino, 1978: The housing situation, in Cuba, in: Granma, W.R., 16.5.1978, S.6

Collins, Joe/Frances Moore Lappe, 1976: Food for whom?, in: Cuba Review 6.1976, 4, S.3-11

Desarrollo del comercio exterior en Cuba. Ministerio de Relaciones Exteriores, Dirección de Información, Rep. de Cuba, Havanna 1965

El comercio exterior de Cuba. En el último quinquenio, in: Economía y desarrollo 1976, 35 (Mai-Juni), S.209-213

Communique on the 79th meeting of the executive committée of the counsil for mutual economic assistance, in: Collected reports on various activities of bodies of the CMEA in 1977, Moskau 1978, S.8-11

Connell-Smith, Gordon, 1969: Fidel Castro's challenge: ten years on, in: The World Today. Royal Institute of International Affairs, London, 25.1969, 1, S.11-18

Connell-Smith, Gordon, 1975: Cuba and the American hemisphere, in: Contemporary Review, Jan.1975, 226, S.1-5

Connell-Smith, Gordon, 1979: Castro's Cuba in world affairs, 1959-1979, in: The World Today. Royal Institut of International Affairs, London, 35.1979, 1, S.15-23

Contreras, Félix, 1973: Desarrollo del triangulo, in: Cuba Internacional, 5.1973 (März), S.34-41

Conquêtes sociales de la révolution à Cuba, in: La nouvelle revue internationale, Paris, März 1976, S.96-107

Cooper, C., 1974: Science policy and technological change in underdeveloped economies, in: World Development 2.1974, 3 (März), S.55-64

Corbitt, Duvon Clough, 1938: The colonial government of Cuba, Chapel Hill 1938

Corbitt, D.C., 1939: Mercedes and realengos, in Hispanic American Review, 19.1939, S.262-285

Corbitt, D.C., 1942: Immigration in Cuba, in: Hispanic American Historical Review, 22.1942, S.280-308

Cordova, A., 1973: Strukturelle Heterogenität und wirtschaftlicher Wachstum, Frankfurt 1973

Cordova, Armando/Héctor Silva Michelena, 1969: Die wirtschaftliche Struktur Lateinamerikas. Drei Studien zur politischen Ökonomie der Unterentwicklung, Frankfurt 1969

Corm, Georges, 1978: Les firmes multinationales et l'accès du tierre monde à la technologie moderne, in: Le Monde Diplomatique, Nov. 1978, S.17

Cornejo, Eda, 1972: La "escuela al campo" y la escuela en el campo, dos experiencias revolucionarias en la enseñanza cubana, in: Revista de Educación, Santiago de Chile, 1972,41, S.72-75

Cornford, J.P., 1974: Illusion of decision; review article, in: British Journal of Political Science, 4.1974,(April), S.231-243

Cortazar, Julio, 1977: Les couleurs contre la "grisaille socialiste", in: Le Monde Diplomatique, Febr.1977, S.7-8

Corten, Andrés, 1972: Cuba. Críticas y autocríticas, in: Revista Mexicana de Sociología, Mexico City, 34.1972, 1, S.95-114

Corwin, Arthur F., 1967: Spain and the abolition of slavery in Cuba, 1817-1886, Austin, London 1967 (Latin American Monographs. Institute of Latin American Studies, University of Texas No.9)

Crassweller, Robert D., 1971: Cuba and the U.S. The tangled relationship, in: Headline series, New York, 1971, 207 (Okt.), S.3-61

Crist, Raymond, E., 1956: Some notes on recent trends in rice production in Cuba, in: Economic Geography, Clark University, Worcester, Mass. 32.1956,2, S.126-131

Crozier, Brian, 1973: Soviet pressures in the Caribbean. The satellisation of Cuba, London 1973

Cuba, in: Les Etudes americaines. Centre des hautes études americaines, Paris, 15.1961,74

Cuba, in: The Mining Journal, London, Juli 1972

Cuba, in: The Mining Journal, London, 20.7.1973

Cuba.A brief political and economic survey. Prep. by the Information Department, R.I.I.A., Sept.1958, Oxford 1958

Cuba bids to rule the Caribbean waves, in: Encore, 7, 20 (17.April 1978)

Cuba: facts and figures. Publ.by the American Chamber of Commerce of Cuba, Havanna, April 1957

Cuba: the first ten years; problems and achievements, in: BOLSA Review, London 3.1969, 39, S.261-364

Cuba: From dogma to pragmatism, in: BOLSA Review, London, April 1972

Cuba: Forst- und Holzwirtschaft, in: Bol.Forest.Ind.Forest. Amer.Lat., Santiago de Chile, 1968, No.57, S.24-26

Cuba gets less Soviet help finding oil, in: Oil & Gas Journal, 71.1973, 43, S.10

Cuba's handel breidt zich uit, in: Wereldmarkt, Rotterdam, 6.1975,4, S.7-8

Cuba's links with nonsocialist world expanding, in: Business Latinamerica, 20. April 1972

Cuba Resource Center: Feeding the People, in: Cuba Review 6.1976, 4, S.18-26

Cuba today, in: Banker 126.1976, S.1033-1035

Cuba. Quinze ans de Castrisme, in: Problèmes Politiques et Sociaux. La Documentation Française, Paris No.231/232, 1974

Cuba: La Vida en 1963, Havanna 1963

Cuba. Zur Vorgeschichte der Revolution..., in: Kursbuch, Frankfurt/M. Nr.18.1969

Cuban Economic Research Project (CERP), 1962: Cuba's Foreign Trade before and after 1958, Coral Gables, University of Miami,1962

Cuban Economic Research Project, 1965a: A Study on Cuba: The colonial and republican periods, the socialist experiment, Coral Cables, University of Miami, 1965

Cuban Economic Research Project, 1965b: Industrialization under communism, 1959 to date, Coral Gables, University of Miami,1965

Cuban Economic Research Project, 1965c: Cuba.Agriculture and planning, 1963-1964, Coral Gables, University of Miami 1965

Cuban refining growing but exploration flops, in: Oil & Gas Journal, 74.1976, 65 (März)

Cuban star over Africa, in: Africa Nr.69, Mai 1977, S.83-85

Cuban revolution a qualitative advance in the struggle of the Latin American peoples, in: World Marx. R., 22.1979, (Febr.), S.86-93

Cuesta, Ernesto, 1948: Qué hace Cuba en materia de fomento? in: Revista bimestre cubana, Sociedad económica de amigos del país, Havanna, 62.1948, Nr.4/6, S.69-130

Cuesta, Ernesto, 1952-54: Bases para la programación del desarrollo en Cuba, in: Revista bimestre cubana. Sociedad económica de amigos del país, Havanna, 69.1952-54, S.118-196

Cuesta, Leonel de la (Hrsg.): Constituciones cubanas, New York 1974 (Ediciones Exilio)

Curtin, Philip D., 1969: The Atlantic slave trade, Madison, Milwaukee, London 1969

Cusco, Pedro Pablo/Desiderio Ramos, 1972: América Latina y la IIIe UNCTAD, in: Economía y desarrollo, 1972 Nr.10, S.28-60

Dalrymple, Dana G. 1968: The diversification of agricultural production in less developed nations, Washington, Aug.1968 (U.S. Department of Agriculture, International Agricultural Development Service)

Dambaugh, L.N.1956: Tobacco production: Vuelta Abajo Region, Cuba, in: Journal of Geography, 50, 1956, 9, S.442-446

Darias, Ramon, 1966: Las tareas en el sector de construcciones, in:Cuba Socialista, Okt.1966,S.186ff.

Darusenko, O., 1975: Cuba builds socialism, in: International Affairs, Moskau, 1975, 11., S.15-22

Darwent, D.F., 1968: Growth pole and growth center concepts: A review, evaluation and bibliography, Working Paper No.89, Center for Planning and Development Research, Berkeley: University of California 1968

Darychuk, G.M./N. Lorenzo, 1973: Cuba, in: Agriculture Abroad, Ottawa, 28.1973,3, S.12-16

Dávalos, F.G., 1974a: The National Scientific Research Center (CENIC). Electronic instruments for scientific research being produced in Cuba, in: Granma, W.R. 27.1.1974, S.7

Dávalos, F.G., 1974b: 15 years of fruitful work. Cuba strengthens its position as fishing nation, in: Granma, W.R., 14.4.1974, S.4-5

Dávalos, F.G., 1976: Fruits of the people, in: Granma, W.R., 21.3.1976, S.6

Davidson, Basil, 1979: Human face of Cuba's aid to Africa, in: The Guardian, 23.4.1979

Dávila, Carlos, 1974: El movimento obrero en Cuba y la revolución del 33, in: Areito 1.1974,2, S.2-8

Davis, Dave D. 1974: The strategy of early Spanish ecosystem management in Cuba, in: Journal of Anthropological Research, Albuquerque,N.M., 30.1974, 4, S.294-314.

Debray, Régis, 1967:Revolution in der Revolution? München 1967

Debray, Régis, 1977: Géographismes et discours idéologique: "Revolution dans la révolution", in: Hérodote, Paris, 2.1977,5 (Jan.-März), S.34-39

Debray, Régis, 1979: Le nouveau radicalisme des faibles, in: Le Monde Diplomatique, Okt. 1979

Delgado, O. (Hrsg.), 1965: Reformas agrarias en América Latina: Procesos y perspectivas, México, Fondo de Cultura Económica, 1965

Delionois, Serge L., 1970: Is Cuba winning battle to develop mining industry?, in: Engineering and mining journal, New York, 17.1970, 5, S.86-94

Demoulin, John, 1976: Extracción y absorción interna del excedente económico cubano 1904-1933, in: Economía y desarrollo, 1976, 35 (Mai-Juni), S.35-73

Demas, W., 1965: The economics of development in small countries (with special reference to the Caribbean), Montreal 1965

Denis, Henri, 1968: Le socialisme cubain. A la recherche d'un modèle economique, in: Le Monde, 30.1.1968

Depestre, René, 1973: El asalto al Moncada: revés victorioso de la revolución latinoamericana, in: Casa de las Américas, Havanna, Nov.- Dez. 1973

El desarrollo económico de Cuba (1959 - 1975), in: Comercio Exterior,Banco Nacional de Comercio Exterior, México, 26.1976,1, S.77-99

Desports, F., 1963: L'agriculture dans l'économie cubaine, in: Economie et Politique. Revue marxiste d'économie, Paris, No.109,1963, S.66-74

Devitin,Kevin, 1968: The permanent revolution of Fidel Castro, in: Problems of communism, 17.1968, 1, (Febr.), S.1-11

Dhunjiboy, Roshan, 1977: Internationalismus in Praxis. Zur Rolle Kubas in der Dritten Welt, in: 3. Welt Magazin Juli/Aug.1977, H.7 /8, S.84-87

Diamond, J. 1976: Key sectors in some underdeveloped countries: A comment, in: Kyklos 29.1976,Fasc.4, S.762-764

Díaz Vasquez, Julio A., 1974: Notas sobre el sistema de precios en la economía socialista, in: Economía y desarrollo, 1974,25, S.22-55

Dieterich, Heinz, 1977: Produktionsverhältnisse in Lateinamerika. Inkareich, hispanoamerikanische Kolonisation und kapitalistische Entwicklung,Lahn-Giessen 1977

Dinerstein,Herbert S.: Soviet policy in Latin America, in: Am. Polit.Science Review, 61.1967,1 (März),

Dinerstein, Herbert S., 1976: The making of a missile crisis: October 1962, Baltimore 1976

Diversifikation - eine Hauptsorge Kubas, in: Lateinamerika-Kurier, Basel, 26.1969,16, S.1-2

Dolgoff, Sam, 1976a:Structure of power in Cuba, in: Interrogations, Paris, Juni 1976

Dolgoff, Sam, 1976b:The Cuban revolution: a critical perspective, Montreal 1976

Domech, Oscar D., 1959: Los industrias cubanas, in: Humanismo 8 (Jan.-April 1959)

Domenech, Joel, 1973: Cuba, desarrollo de la industria basica, in: Economia y desarrollo, 1973,16 (März-April), S.146-153

Domínguez, Jorge I., 1971: Sectoral clashes in Cuban politics and development, in: Latin American Research Review. Latin American Studies Association. Austin/Tex. 6.1971,3, S.61-87

Domínguez, Jorge I., 1973: Taming the Cuban shrew, in: Foreign, Policy No.10, Spring 1973, S.94-116

Domínguez, Jorge I., 1975: Socialism in Cuba,in: Helen Desfosses/ Jacques Levesque (Hrsg.), Socialism in the Third World, New York 1975

Domínguez, Jorge I, 1978a:Cuba: Order and revolution, Cambridge.Mass. 1978 (im Text zitiert nach dem unveröffentlichten Manuskript von 1976 als Dominguez 1976)

Domínguez, Jorge I.,197b: Cuban foreign policy, in: Foreign Affairs, 57.1978,1, S.83-108

Domínguez, Jorge I./C.N. Mitchell, 1977: The roads not taken: institutionalization and political parties in Cuba and Bolivia, in: Comparative Poltics 9.1977,2, S.173-195

Dorta-Duque, Franciso, 1960a: La tenencia de la tierra en Cuba. Concepto de tenencia en el censo agrícola,in: Fomento social. Revista trimestral de sociología y de moral económica, Madrid, 15.1960,57, S.17-30

Dorta-Duque, Francisco, 1960b: El hambre del campo, in: Fomento social. Revista trimestral de sociología y de moral económica, Madrid, 15.1960,58, S.119-134

Dorticós, Osvaldo, 1962: Institucional and political changes of the Cuban socialist revolution, in: The Marxist Quarterly, 1962,1, S.76-86

Dorticós, Osvaldo, 1963: La revolución cubana en su cuarto aniversario, in: Cuba Socialista, 3.1963,17 (April)

Dorticós, Osvaldo, 1964: Posición de Cuba en la II Conferencia de los paises no alienados, in: Cuba Socialista, 4,1964, 39, S.8-19

Dorticós, Osvaldo, 1965: Industria: Homenaje a los mejores, in: Bohemia, 14.5.1965,Nr.20, S.53-55

Dorticós, Osvaldo, 1966: Tareas importantes de nuestros organismos económicos, in: Cuba Socialista 6.1966,55,S.26ff

Dorticós, Osvaldo, 1969: Discurso en el acto de presentación de los militantes del Partido del Instituto de Economía, Havanna, Instituto del Libro(und) Editorial de Ciencias Sociales, 1969

Dorticós, Osvaldo, 1970: Formacion de cuadros economico-administrativos en la industria ligera, in: Economia y desarrollo, 1970, 4, S.3-22

Dorticós, Osvaldo, 1972a: Control económico y normación: tareas de primer orden, in: Economía y desarrollo, 1972, 11 (Mai-Juni), S.6-49

Dorticós, Osvaldo, 1972b: Análisis y perspectivas del desarrollo de la economía cubana, in: Economía y desarrollo, 1972,12 (Juli-Aug.), S.28-61

Dorticós, Osvaldo, 1972c: El combustible: factor esencial para el mantenimiento de la actividad económica, in: Economía y desarrollo, 1972,12 (Juli-Aug.), S.63-83

Dorticós, Osvaldo, 1972d: Auszüge aus der Rede auf der 40.Konferenz der ATAC, in: Granma, W.R., 10.9.1972, S.2

Dorticós, Osvaldo, 1973: Desarrollar cultural, cientifica y tecnicamente los cuadros administrativos, in: Economía y desarrollo,1973,20(Nov.-Dez.), S.26-57

Dorticós, Osvaldo, 1974a: Análisis y perspectivas del desarrollo de la economía cubana, in: Revista Interamericana de Planificación, Bogotá, 8.1974, 28/29, S.14-30

Dorticós, Osvaldo, 1974b: Palabras del presidente Dorticós a los cincuentenarios del azúcar, in: ATAC, 33.1974,4/5/6,S.15-21

Dorticós, Osvaldo, 1975: Crear un espiritu técnico, una voluntad técnica, in: Economía y desarrollo, 1975,28 (März-April), S.9-29

Dorticós, Osvaldo, 1976a: XV aniversario de la nacionalización de la banca, in: Economía y desarrollo, 1976,33 (Jan.-Febr.), S.9-19

Dorticós, Osvaldo, 1976b: Elevar al máximo la eficiencia económica, in: Economía y desarrollo, 1976, 33 (Jan.-Febr.), S.19-27

Dorticós, Osvaldo, 1976c: XV aniversario del ministerio del comercio exterior, in: Economía y desarrollo, 1976,35 (Mai-Juni), S.9-17

Downey, A.T. 1976: Prospects for U.S. trade with Cuba, in: Inter-American Economic Affairs, 30.1976, S.93-96

Draper, Theodore, 1961: Castro's Cuba. A revolution betrayed?, in: Encounter, März 1961, S.6-23

Draper, Theodore, 1962: Castro's revolution. Myths and realities, New York 1962

Draper, Theodore, 1965a: Castroism. Theory and practice, London 1965

Draper, Theodore, 1965b: Castro's economics, in: The human factor in political development, Waltham,Mass., Toronto 1970,S.426-433 (aus: Draper: Castroism. Theory and practice, New York 1965)

Drekonja Kornat,Gerhard,1973: Employment problems in Latin America. The Columbian and Cuban case compared, in: Studies in Comparative International Development, 8.1973,3, S.162-182

Drekonja Kornat, Gerhard, 1977: Materielle und moralische Anreize im kubanischen Entwicklungsprozeß, in: Berichte zur Entwicklung in Spanien, Portugal, Lateinamerika, München, 2.1977,12, S.36-44

Dufour, J.M., 1963: Cuba. La transformation des structures agricoles, in: Perspectives.Rebue hebdomadaire de la Société d'études et d'information économiques, Paris, 19.1963,No.826

Dumont, René/Julien Coleou, 1962: La réforme agraire à Cuba. ses conditions de réussite, Paris 1962 (Presses univ.de France)

Dumont, René, 1964: Cuba, socialisme et développement, Paris 1964 (Ed.du Seuil)

Dumont, René,1970a: Cuba, est-il socialiste?, Paris 1970

Dumont, René, 1970b: The militarization of Fidelismo, in: Dissent, New York, 17.1970,5, S.411-429

Dumont, René, 1971: Kommentar zum sistema australiano de corte, in: Le Monde, 3.2.1971

Dumoulin, John, 1976: Extracción y absorción interna del excedente económico cubano, 1904-1933, in: Economía y desarrollo 1976, 35 (Mai-Juni), S.35-74

Duncan, W.Raymond, 1970: Moscow and Cuban radical nationalism, in ders.(Hrsg.): Soviet policy in developing countries, Waltham/Mass., London 1970

Duncan, W. Raymond, 1972: Nationalism in Cuban politics, in: J. Suchlicki (Hrsg.) 1972, S.23-42

Duncan, W. Raymond, 1976: The communist powers and the Third World, in: Problems of Communism, 25.1976,1, S.84-88

Duncan W. Raymond, 1978: Caribbean leftism, in: Problems of Communism, Mai-Juni 1978, S.33-57

Du-Quesne y de Zaldo, Carlos, 1957: El proceso de desarrollo económico y la coyuntura cubana. Conferencia, Havanna 1957

Durán, Marco Antonio, 1960: La reforma agraria en Cuba, in: El Trimestre Económico. Fondo de Cultura Económico,Mexiko, 27.1960,3, S.410-469

Duvallón, Georgia, 1962: El café de Cuba, Havanna 1962

Duyos, Oscar: 1964: Los problemas actuales del acopio y los precios de compra de los productos agrícolas, in: Cuba Socialista 4.1964,33, S.66-78

Echevarria, Oscar A., 1969: Cuba: la alternativa de los países socialistas, in:Aportes, Paris, Nr.11, Jan.1969, S.40-59

Echevarria, Oscar A., 1970: Agricultura Cubana, 1934-1966, Miami,Fla. 1970

Eckstein, Susan, 1977: The debourgeoisement of Cuban cities, in: I.L. Horowitz (Hrsg.), 1977, S.443-474

ECLA(Economic Commission of Latin America), 1955: Economic survey of Latin America 1954, 7. Kapitel: Cuba, S.161-164, New York 1955

ECLA (Economic Commission of Latin America),1965: The Cuban economy in the period 1959-63, in: Economic Survey of Latin America 1963, United Nations, New York 1965, S.259-289

La economía cubana, 1961, Caracas 1961 (Boletín Bibliográfico. Universidad Central de Venezuela, Facultad de Economía, Instituto de Investigaciones Económicas, 3.1961,14)

Economic controls and commercial policy in Cuba, Washington: United States Tariff Commission 1946

Les nouvelles structures de l'économie cubaine, Paris, 25.4.1961 (Direction de la documentation. La Documentation française. - Notes et études documentaires No.2773. Série économique et financière 659)

Economic developments in the Western Hemisphere 1959, in: World Trade Information Service.P.1: Economic Reports. U.S. Dep.of Commerce, Bureau of Foreign Commerce, Washington 1960

Economic developments in Cuba, 1960ff, in: World Trade Information Service. P.1: Economic Reports. U.S. Dep.of Commerce, Bureau of Foreign Commerce, Washington 1961

Economic development program, Havanna 1956 (Banco nacional de Cuba. Progress Report No.1)

Economic development program, Havanna 1957 (Banco nacional de Cuba. Progress Report No.2)

Economic development program, Havanna 1957 (Banco nacional de Cuba. Progress Report No.3)

Economic development and human rights. Brazil, Chile and Cuba, 1973, in: American Journal of International Law, Washington, D.C., 67.1973,5, S.198-227

The Economic Intelligence Unit. Quarterly Economic Review: Cuba, Dominican Republic, Haiti, Puerto Rico, Annual Supplement, London 1974, S.14-15

Edelstein, Joel Calvin, 1974: The evolution of goals and priorities in the thought of Fidel Castro Ruz, Ph.D. 1974, Univ.of California, Riverside

La revolución en la educación, in: Arquitectura, Havanna, 24.1971, 339, S.20-31

Edwards, Jorge, 1973: Persona non grata. An envoy in Castro's Cuba, London 1973

Eich,Dieter, 1977: Achtzehn Jahre Revolution in Kuba, in: 3. Welt Magazin, Febr.1977,2, S.37-39

Eichner, Alfred S., 1969: The emergence of oligopoly. Sugar refining as a case study, Baltimore, London 1969

Elkus, Ben, 1971: Elite access and the seizure of revolutionary power: Castro and Duvalier, in: Journal of Contemporary Revolutions, 3 (Fall 1971), S.88-101

Elsenhans, Hartmut, 1976: Neun Thesen zum Verhältnis von Staatsapparat und multinationalen Konzernen in der Dritten Welt, in: Senghaas/Menzel (Hrsg.): Multinationale Konzerne und Dritte Welt, 1976, S.170-180

Elsenhans, Hartmut, 1977: Die Neue Internationale Wirtschaftsordnung. Chance für die Überwindung von Unterentwicklung oder die letzte Karte im Kampf um die Aufrechterhaltung der ungleichen Spezialisierung? Das Beispiel des Integrierten Rohstoffprogramms und der exportorientierten Industrialisierung, in: epd-Entwicklungspolitik, 1977,7

Elsenhans, Hartmut, 1979: Grundlagen der Entwicklung der kapitalistischen Weltwirtschaft, in: Senghaas, Dieter (Hrsg.) 1979; S.103-150

Elsenhans, Hartmut, 1980: Geschichte und Ökonomie der europäischen Welteroberung. Vom Zeitalter der Entdeckungen zum 1. Weltkrieg, Frankfurt 1980
(zitiert nach dem unveröffentlichten Manuskript von 1977)

Ely, Roland T., 1960: La economía cubana entre las dos Isabelles, 1492 - 1832, Havanna 1960

Ely, Roland T., 1961: Comerciantes cubanos del siglo XIX, Havanna 1961

Ely, Roland T., 1964: The old Cuba trade: Highlights and case studies of Cuban-American interdependence during the nineteenth century,in: Business History Review. Publ.by Harvard Univ.Graduate School of Business Administration, Boston,Msss.38.1964,4, S.456-478

Emiro Valencia, Luis, 1961: Realidad y perspectivas de la revolución cubana, Havanna 1961

Emmanuel, Arghiri, 1969: L'échange inégal. Essai sur les antagonismes dans les rapports économiques internationaux. Préface et 'remarques théoriques' de Charles Bettelheim, Paris 1969

Enzensberger, Hans Magnus, 1969: Bildnis einer Partei. Vorgeschichte, Struktur und Ideologie der PCC, in: Kursbuch Frankfurt/M, Nr.18,1969, S.192-216

Erdman, Paul, Peter Rogge: Die Europäische Wirtschaftsgemeinschaft und die Drittländer, Basel (Kyklos-Verl.), Tübingen (Mohr) 1969

Errasti, Armando Santiago/Armando López Coll, 1974: El proceso de planificación en Cuba, in: Revísta Interamericana de Planificación, Bogotá, 8.1974,32, S.50-62

Escarpenter, Claudio, 1950: La economía cubana, in: Moneda y crédito. Revísta de economía, Madrid, 1950, No.34,S.30-45

Escarpenter, Claudio, 1953: La estimación de la renta nacional de Cuba. Fuentes, método y comprobación, in: Moneda y crédito. Revísta de economía, Madrid, 1953, No.47,S.17-35

Escarpenter, Claudio, 1965: The economics of international ocean transport. The Cuban case before 1958. Aus dem Spanischen übersetzt von Enrique Lerdau und Frederico Lerdau, Madison, Milwaukee 1965

Eschweiler, Wolfgang, 1973: Kuba. "Wir müssen es schaffen, sonst gnade uns Gott", Köln 1973 (Sozialistische Modelle), Hrsg.Institut der Deutschen Wirtschaft, Köln

Espina Pérez, Darío, 1959: Tenencia de tierras y comentarios a la ley num.3 del ejercito rebelde, in: Ciclo de conferencias sobre reforma agraria, el desarrollo industrial, y el progresso de la economia nacional, Havanna 1959

Esser, Klaus,1969: Institutionen und Ideologien der kubanischen Revolution. Neun Jahre Revolution und ein Jahr "revolutionäre Offensive", in: Europa-Archiv. Deutsche Gesellschaft für Auswärtige Politik, Bonn, 24.1969,5, S.159-170

Esser, Klaus, 1979: Lateinamerika. Industrialisierungsstrategien und Entwicklung, Frankfurt 1979

Estrado, Paul, 1969: Cuba, Paris 1969

Evenson, R.E./J.P. Houck Jr./V.W. Ruttan, 1970: Technical change and agricultural trade: Three examples - sugar cane, bananas, and rice, in: Raymond Vernon (Hrsg.), The technology factor in international trade, New York, London 1970, S.415-484

Evenson, Robert, 1974: International diffusion of agrarian technology, in: The Journal of Economic History, 34.1974,1, S.51-73

Evenson, Robert, 1976: International transmission of technology in the production of sugar cane, in: The Journal of Development Studies, 12.1976,2 (Jan.), S.208-231

Evers, Tilman/P. von Wogau, 1973:"Dependencia": lateinamerikanische Beiträge zur Theorie der Unterentwicklung, in: Das Argument 79, Juli 1973, S.404-454

Fagen, P.W., 1976: Antonio Maceo: heroes,history and historiography, in: Latin American Research Review, 11.1976,3, S.69-93

Fagen, Richard R., 1969: The transformation of political culture in Cuba. Stanford/Calif 1969

Fagen, Richard R., 1971/72: Continuities in Cuban revolutionary politics, in: Monthly Review, New York, 23.1971/1972,11, S.24-48

Fagen, Richard R., 1972: Unites States-Cuban relations, in: Yale H. Ferguson (Hrsg.): Contemporary inter-American relations. A reader in theory and issues, Englewood Cliffs, N-J- 1972, S.192-203

Fagen, Richard R/N.Patricia, 1975: Revolution for Cuba's lobster industry, in: James Nelson Goodsell(Hrsg.) 1975, S.182-189

Fagin, R./R. Montañes, 1977: A maritime history of Cuba, in: Oceans, Menlo Park, Calif., 10.1977, S.16-21

Fagg, John Edwin, 1965: Cuba, Haiti and the Dominican Republic, Englewood Cliffs, N.J. 1965

Fanti, Guglielmo/Piero Menarini, 1972: Cuba, un decollo difficile, Bologna 1972

FAO (Marina Espinosa Figueroa) 1968: Informa al gobierno Cubano. Programa de nutrición aplicada, CEP Informe Nr.54, Rom 1968

FAO (K. Waltenberg), 1970a: Informe al gobierno de Cuba. Alimentación de colectividades, Serie de Informes de Consultores sobre Nutrición Nr.17, Rom 1970

FAO, 1970b: Salazon y secado del bacalao. Informe al gobierno de Cuba, Rom 1970 (N° AT 2786)

FAO, 1971: Informe de la mision preparatoria FAO/SIDA sobre ganadería a Cuba (FAO/SWE/TF 38), Rom 1971

FAO 1972a: La industria láctea. Informe al gobierno de Cuba (Nr.AT 3048), Rom 1972

FAO, 1972b: International scheme for the coordination of dairy development: Cuba (AGA/MISC/72/13), Rom Sept.1972

FAO, 1973: Centro de investigaciones y capacitación forestales, Cuba. Ordenación de bosques y plan de ordenación del macizo forestal de Galalon, Rom 1973 (FO:SF/Cub 3, Informe técnico 4)

FAO, 1974: Centro de investigaciones y capacitación forestales, Cuba. Resultados y recomendaciones del proyecto, Rom 1974 (FO:DP/Cub/69/503, Informe terminal)

FAO, 1976: Cuba, in: Progress in land reform, 6.1976, S.102-104

Farber, Samuel, 1976: Revolution & reaction in Cuba, 1933-1960: A political sociology from Machado to Castro, Middletown, Conn. 1976

Felix, David, 1969: Economic development: Take-offs into unsustained growth, in: Social Research, 36.1969,2, S.267-293

Felix, David, 1974: Technological dualism in late industrializers: On theory, history and policy, in: The Journal of Economic History, 34.1974,1, S.194-239

Felix, David, 1977: The technogical factor in socioeconomic dualism: Toward an economy-of-scale paradigm for development theory, in: Essays on economic development and cultural change: In honor of Bert F. Hoselitz. Hrsg. by Manning Nash, Chicago 1977

Ferguson, John Halcro, 1968: Cuba, in: Claudio Véliz (Hrsg.): Latin America and the Caribbean, London 1968

Fermoselle-López, Rafael, 1972: The blacks in Cuba - a bibliography, in: Caribbean Studies, Rio Piedras, P.R., 12.1972,3,S.103-112

Fernández Retamar, Roberto, 1967: Introducción al pensamiento de Che, in: ders., Ensayo de otro mundo, Havanna 1967

Fernández Retamar, Roberto, 1972: Martí en su (Tercer) Mundo, in: ders., Lectura de Martí, México City 1972

Fernández Santos, Francisco/José Martínez (Hrsg.), 1967: Cuba, una revolución en marcha, Paris 1967

Figueras, Francisco, 1907: Cuba y su evolución colonial, Havanna 1907

Figueras, Miguel A., 1964: Aspectos y problemas del desarrollo económico cubano (1), in: Nuestra Industria Económica, Havanna, 2.1964, Nr.9

Figueras, Miguel A., 1965: Aspectos y problemas del desarrollo económico cubano (2), in: Nuestra Industria Económica, Havanna, 3.1965, Nr.11, S.20-30

Figueras, Miguel A., 1966: Experiencias sobre planificación a mediano plazo, in: Cuba Socialista, 6.1966,59, S.41-61

Figueroa Araujo, Max, 1976: The Cuban school in the country side, in: Prospects (UNESCO), 1976, S.126-131

Figueroa Araujo, Max, 1977: Outline of the main problems related to education and employment in Cuba, UNESCO, Paris 1977

Figueroa Araujo, Max/Abel Prieto/Raúl Gutiérrez, 1974: The basic secondary school in the country; an educational innovation in Cuba, UNESCO, Paris 1974

Fischer, Alfred Joachim, 1968: Castro in Distanz zu Moskau, in: Außenpolitik. Zeitschrift für internationale Fragen, Freiburg, 19.1968,2, S.114-123

Fitzgerald, Frank F., 1978: A critique of the"sovietization of Cuba"thesis, in: Science and Society, 42.1978,1, S.1-32

Fortschritte der Fischerei: Kuba, in: La Pêche Maritime, Dez. 1974

Fisheries. Of boats and men, in: CERES, Mai - Juni 1978, S.10-12

Fishery development, in: Comercio Exterior de México, México/D.F. 21.1975, 3, S.95-97

Fitzgibbon, Russel F., 1935: Cuba and the USA 1900 - 1935, Menasha, Wisconsin 1935

National Trade Union of the Food Industry Workers, 1973: Ministry of the Food Industry fulfills 102,5 percent of its 1972 production plan, in: Granma,W.R., 21.1.1973, S.7

National Trade Union of the Food Industry Workers, 1975: 1971-75: Four years of steady progress, in: Granma, W.R., 9.2.1975, S.4

National Trade Union of the Food Industry Workers, 1977: 1976 production plan over-fulfilled, in: Granma, W.R., 20.3.1977, S.5

Flores, Edmundo, 1970: La Cuba de Castro, in: Excelsior, Mexico, D.F., 6. u.13.April 1970

Flores Olea, Víctor, 1968: Sobre las ideas económicas del Che Guevara, in: Siempre, Mexiko, 19.Juni 1968, S.II-VI

Fochler-Hauke, Gustav, 1968: Kuba. Wirtschaftsgeographische Aspekte und Wirtschaftsprobleme, in: Geographisches Taschenbuch 12.1966/67, Wiesbaden 1968, S.191-198

Foner, Philip S., 1962/63: A history of Cuba and its relations with the United States. Vol.1: 1492-1845. From the conquest of Cuba to La Escalera, New York 1962
Vol.2: 1845 - 1895. From the era of annexationism to the outbreak of the Second War for independence, New York 1963

Fontaine, Roger W., 1975: On negotiating with Cuba, Washington, D.C. 1975

Food and Agricultural Legislation, Cuba: Agrarian Reform Act, 17. Mai 1959, Rom 1959 - Vol.VIII,Nr.2, S.5f.

Foreign Policy Association, 1935: Problems of the New Cuba, New York 1935

Foster, H.J., 1976: Partners or captives in commerce? The role of Africans in the slave trade, in: Journal of Black Studies, 6.1976 Jan.), S.421-434

Fox, Geoffrey, 1973: Honor, shame, and women's liberation in Cuba: Views of working class emigre men, in: Ann Pescatello (Hrsg.): Female and male in Latin America, Pittsburgh,Pa.1973

Fox, Geoffrey, 1977: Race and class in contemporary Cuba, in: I.L. Horowitz (Hrsg.) 1977, S.421-442

Francia Mestre, Rafael, 1963: La reunión nacional de producción agraria, in: Cuba Socialista 6.1963,23, S.45-50

Francos, Luisa, 1962: La fête cubaine, Paris 1962

Frank, André Gunder, 1968: Kapitalismus und Unterentwicklung in Lateinamerika, Frankfurt 1968

Frank, André Gunder, 1971: Lumpen-bourgeoisie et lumpen-développement, Paris 1971

Frank, André Gunder, 1977a: Dependence is dead, long live dependence and the class struggle. An answer to critics, in: World Development, 5. April 1977, Nr.4

Frank, André Gunder, 1977b: L'accumulation mondiale, 1500 - 1800, Paris 1977

Frank, André Gunder, 1977c: Long live transideological enterprise! Socialist economies in capitalist international division of labour, in: Economic and Political Weekly, Bombay, Febr.1977, S.297-348

Frank, André Gunder, 1978: L'accumulation dépendante, Paris 1978

Franqui, Carlos, 1971: Che Guevara: textos inéditos y poco conocidos, in: Libre, Paris, 1 (Sept.-Nov.) 1971

Franqui, Carlos, 1976: Journal de la révolution cubaine, Paris 1976

Freeman Smith, Robert, 1972: Cuba, in: The World Book Encyclopedia, Chicago 1972

Freidberg, Sidney, 1969: The measure of damages in claims against Cuba, in: Inter-American Economic Affairs, Washington/D.C., 23.1969,1, S.67-86

Der siegreiche Freiheitskampf des kubanischen Volkes, in: Dokumentation der Zeit. Informationsarchiv, Berlin 13.1961, 239, S.9-19

Friedensburg, Ferdinand/Günter Dorstewitz, 1976: Die Bergwirtschaft der Erde, Stuttgart 1976

Friedländer, H.E., 1944: Historia Económica de Cuba, Havanna 1944

Fröbel, Folker/Jürgen Heinrichs/Otto Kreye, 1977: Die neue internationale Arbeitsteilung. Strukturelle Arbeitslosigkeit in den Industrieländern und die Industrialisierung der Entwicklungsländer, Reinbek b.Hamburg 1977

Frondizi, Silvio, 1961: La revolución cubana. Su significación histórica, 3. Aufl., Montevideo 1961

Fuerzas Armadas Revolucionarias, Hrsg. Dirección Política und Instituto Cubano del Libro. Historia de Cuba, Havanna, 3. Aufl. 1971 (zit. als FAR, Historia)

Furtado, Celso, 1970a: The economic history of Latin America, Cambridge 1970

Furtado, Celso, 1970b: Théorie et politique du développement économique, Paris 1970

Furtak, Robert, 1962: Die kubanische Revolution und der Weltkommunismus, in: Osteuropa. Hrsg. Deutsche Gesellschaft für Osteuropakunde, Stuttgart, 12.1962, 11/12, S.735-746

Furtak, Robert, 1964: Castro und der Konflikt Moskau-Peking, in: Außenpolitik. Zeitschrift für internationale Fragen, Stuttgart, 15.1964, 12, S.857-863

Furtak, Robert, 1967: Kuba und der Weltkommunismus, Köln, Opladen 1967

Gagnon, Gabriel: Coopératives, politique et développement, in: Sociologie et Sociétés, Montreal, 4.1974,2, S.87-100

Gagnon, G./L.Rochon/A.Sicotte, 1976: II. Cuba. In: Cooperatives ou autogestion, Montreal 1976

Galeano, Eduardo, 1973: Die offenen Adern Lateinamerikas, Wuppertal 1973

Gall, Norman, 1971: How Castro failed, in: Commentary. American Jewish Committee, New York, 52.1971,5, S.45-57

Galtung, Johan, 1978: Le style de vie de qui?, in: Ceres, Rom, 11.1978, 1, S.13-17

Galtung, Johan, 1979: Arme Länder gegen reiche; arme Menschen gegen reiche. Wem wird die neue Weltwirtschaftsordnung nützen?, in: Dieter Senghaas (Hrsg.) 1979, S.337-375

Gálvez, Luís O., 1974: Estrategia de dirección en la actividad de investigación y desarrollo, in: Economía y desarrollo, 1974,25, S.8-21

García, F./J. Noyola, 1962: Principales objectivos de nuestro plan económico hasta 1965, in: Cuba Socialista, No.13, Sept.1962

García, Julio, 1978a: Fidel tours industrial projects. The watchword is to speed up industrial building and guarantee the sugar harvest, in:Granma, W.R., 23.5.1978, S.2-5

García, Julio, 1978b: Fidel tours industrial projects. New factories are going up in the provinces, in: Granma, W.R., 30.5.1978, S.5-8

García, Julio, 1979: The commander in chief tours construction sites and production centers. Fidel and his people on Red Sunday, in: Granma, W.R., 6.5.1979, S.4-5

García Ramón, María Dolores, 1970: Las pesquerías cubanas: el golfo Batabano y el puerto de surgidero como caso-modelo, in: Revista de Geografia, 4.1970,1, S.43-68

García Regueiro, Ovidio, 1970: Cuba: raíces, frutos de una revolución. Consideración histórica de algunos aspectos socioeconómicos cubanos, Madrid 1970
Hrsg.Instituto de Estudios Políticos para América Latina (IEPAL)

García Rodríguez, Gloria, 1967: Die Wirtschaft unter Batista, in: Jahrbuch für Wirtschaftsgeschichte, 1967, H.2, Berlin-Ost, S.251-280

García Rodríguez, Rosario, 1974: Las facultades obreras y campesinas en Cuba socialista, in: Educación, Havanna, 4.1974,15, S.50-58

Gardiner, C. Harvey, 1972: The Japanese and Cuba, in: Caribbean Studies, Rio Piedras, P.R., 12.1972,2, S.52-73

Garnier, Jean-Pierre, 1973: Une ville, une révolution: La Havane. de l'urbain au politique, Paris 1973

Garreau de Loubresse, Claude, 1961a: De quelques éléments de la législation de la République de Cuba en matière d'intervention économique et de nationalisation, in: Revue internationale de droit comparé, 1961,4,S.773-796

Garreau de Loubresse, C., 1961b: Les nationalisations cubaines, in: Annuaire français de droit international. Centre national de la recherche scientifique, Paris, 7.1961, S.215-226

Gavi,Philippe, 1970: "Che" Guevara, Paris 1970

Gavrikov, Y.P., 1973: La URSS - Cuba: cooperación y solidaridad, in: Panorama Latinoamericano, Moskau, Nr.163, 15. Febr.1973, S.1-12

Gaul, Richard, 1977: Kuba - ein Beispiel? Ein Entwicklungsland entwickelt sich, in Stuttgarter Zeitung, 12.3.1977

Gayoso, A., 1970: Land reform in Cuba, Agency for International Development, Spring Review of Land Reform, vol.7, S.1-95

Geissler, Wolfgang, 1974: Cubas Schulen auf dem Lande, in: betrifft: erziehung, 7.1974,6, S.31-33

Gelard, Patrice, 1977: Cuba: le processus d'institutionalisation. Notes et etudes documentaires 4366-4367, in: Problèmes d'Amerique latine, 15. Febr.1977, S.6-40

George, Susan, 1979: Le tiers-monde face a ses riches clients. La negociation sur les produits de base, in: Le Monde Diplomatique, März 1979, S.18-19

Gerassi, John, 1964: Report from Cuba: Passion for seed potatoes, in: Newsweek, 64. 17.Juli 1964, S.44-46

Gil, Federico Guillermo, 1962a:Cuban politics and political parties, 1933-1953, in: The Centennial Review of Arts and Science, 6.1962,3, S.149-156

Gil, Federico G., 1962b: Antecendents of the Cuban Revolution, in: The Centennial Review of Arts and Science, 6.1962, summer, S.293-310

Gil, Federico G., 1968: La revolución cubana y el mundo socialista, in: Foro internacional, Mexiko, D.F., 8.1968,4, S.384-393

Gilbert, Alan, 1974: Latin american development. A geographical perspective, London 1974

Gillette, A., 1972: Cuba's educational Revolution, Fabian Research Series 302, London 1972

Gilly, Adolfo, 1964: Inside the Cuban revolution, in: Monthly Review, 16.1964,6 (Okt.), S.1-88

Gilly, Adolfo, 1966: Che left Cuba as a hero - why?, in: Atlas, Jan. 1966, S.39-41

Gilpin, Margaret, 1975: Health care: Cuba, in: Robert Maurer (Hrsg.): Cuba: People-questions, New York 1975

Gilpin, Margaret/Helen Rodriguez- Trias, 1978: Looking at health in a healthy way, in: Cuba Review, 8.1978,1, S.3-15

Girvan, Norman, 1970: Multinational corporations and dependent underdevelopment in mineral-export economies, in: Social and Economic Studies, 19.1970,4 (Dez.)

Girvan, Norman, 1973: The development of dependency economies in the Caribbean and Latin America. Review and comparison, in: Social and Economic Studies, 22.1973,1 (März), S.1-33

Girvan, Norman/Owen Jefferson (Hrsg.): Readings in the political economy of the Caribbean, Kingston(Jamaica) 1971

Glade, William P. jr., 1960: Castro and Cuba. The politics of economic development, in: Social Order, 10.1960,5, S.1188-127

Goetze, Dieter, 1973: Charisma, Innovation und Traditionalismus; der Fall Kuba, in: Die Dritte Welt. Vierteljahresschrift zum wirtschaftlichen, sozialen und politischen Wandel, Meisenheim am Glan, 2.1973,3,S.297-319

Goetze, Dieter, 1977: Castro-Nkrumah-Sukarno. Eine vergleichende soziologische Untersuchung zur Strukturanalyse charismatischer politischer Führung, Berlin 1977

Gohlendorf, Pierre, 1976: 7 ans à Cuba, 38 mois dans le prison de Fidel Castro, Belfont 1976

Goldenberg, Boris, 1960: Bemerkungen zum Charakter der kubanischen Revolution, in: Gewerkschaftliche Monatshefte, Köln, 11.1960,8, S.458-464

Goldenberg, Boris, 1961: Die Fata Morgana eines kubanischen Sozialismus, in: Außenpolitik. Zeitschrift für internationale Fragen, Stuttgart, 12.1961,8, S.521-529

Goldenberg, Boris, 1963: Lateinamerika und die kubanische Revolution, Köln, Berlin 1963

Goldenberg, Boris, 1968: Die Kommunistische Partei Kubas, in: Forschungsinstitut der Friedrich-Ebert-Stiftung, Vierteljahresberichte, Hannover, Nr.31.1968, S.11-42

Goldenberg, Boris, 1970: The strategy of Castroism, in: Military review, Fort Leavenworth/Kansas, 50.1970,4, S.36-51

Goldenberg, Boris/Klaus Esser (Hrsg.): Zehn Jahre kubanische Revolution, Hannover 1969 (Forschungsinstitut der Friedrich-Ebert-Stiftung, Vierteljahresberichte, Sonderheft 4)

Goldman, Marshall J., 1967: Soviet foreign aid, New York, London 1967

Gómez, Orlando, 1971: Moa. A giant school, in: Granma,W.R., 4.4.1971, S.6

Gómez, Orlando, 1973: A year of production successes for the Ministry of Mining, Fuels and Metallurgy, in: Granma, W.R., 11.2.1973, S.11

Gómez, Orlando, 1974: Isle of Pines, grapefruit paradise, in: Granma, W.R., 15.9.1974, S.4

Gómez, Orlando, 1977a: Ferrocement fishing boats, in: Granma, W.R., 17.7.1977, S.8-9

Gómez, Orlando, 1977b: Moa: another example of proletarian internationalism, in: Granma, W.R., 13.11.1977, S.10

González, Alfonso, 1969: Castro. Economic effects on Latin America, in: Journal of Inter-American Studies. Center of Advanced International Studies. Univ.of Miami, Coral Gables/Fla. 11.1969,2,S.286-309

González, Alfonso, 1971: The population of Cuba, in: Caribbean Studies 11.1971,2, S.74 - 84

González, Edward, 1968: Castro's revolution, Cuban communist appeals and the Soviet response, in: World Politics, Okt.1968, S.39-68

González, Edward, 1971: Relationship with the Soviet Union, in: Revolutionary change in Cuba, Pittsburgh 1971, S.81-104

González, Edward, 1972: The United States and Castro. Breaking the deadlock, in: Foreign Affairs. Council on Foreign Relations, New York, 50.1972,4, S.722-737

González, Edward, 1974: Cuba under Castro. The limits of charisma, Boston, London 1974

González, Edward, 1976a: Castro and Cuba's new orthodoxy, in: Problems of communism, Jan.-Febr. 1976, S.1-19

González, Edward, 1976b: The Party Congress and Poder Popular. Orthodoxy, democratization and the leader's dominance, in: Cuban Studies/Estudios Cubanos, 6.19762 (Juli), S.1-14

González, Edward, 1976c: Political succession in Cuba, in: Studies of Comparative Communism, 9.1976, Spring/Summer, S.80-107

González, Edward/David Ronfeldt, 1975: Post-revolutionary Cuba in a changing world. A report prep. for Office of the Assistant Secretary of Defense/International Security Affairs, Santa Monica/Calif, 1975

González Moscoso, Hugo, 1968: The Cuban revolution and its lesson, in: Fifty years of World Revolution 1917 - 1967. An international symposium, New York 1968, S.182-204

González O'Donnel, Luis, 1976: Como viven los cubanos bajo Fidel Castro, in: Contenido, Mexiko, No.152 (Jan.1976), S.16-46

González Pedrero, Enrique, 1959: La revolución cubana. Escuela nacional de ciencias políticas sociales, Univ. nacional autónoma de México, 1959

Goodsell, James Nelson, 1969: Cuba more sovietized, in: Christian Science Monitor, 16. Juli 1969

Goodsell, James Nelson (Hrsg.), 1975: Fidel Castro's personal revolution in Cuba, 1959-73, New York 1975

Gorbachev, Boris, 1973: Die Werktätigen Kubas im Kampf für sozialistische Umgestaltungen, in: Sowjetwissenschaft. Gesellschaftswissenschaftliche Beiträge. Gesellschaft für Deutsch-Sowjetische Freundschaft, Berlin,1973,3,S.288-303

Gorbachev, Boris/Oleg Darusenkov, 1973: Cuba at a new stage of socialist construction, in: Social Sciences, USSR Academy of Sciences, Moskau, 4.1973,14,4, S.92-104

Gorbachev, Boris/Arnold Kalinin, 1970: Algunos aspectos socio-económicos y políticos de la experiencia de la revolución cubana, in: Panorama latinoamericano, Nr.96, 4.Mai 1970, S.11-20

Gort, Michael, 1962: Diversification and integration in American industry,Princeton 1962

Gorz, André (Hrsg.), 1973: Critique de la division du travail, Paris 1973

Gourchay, Claude, 1970: Cuba - Eté 1970, in: Les Temps Modernes, Okt.1970, S.36-48

Gouré, Leon, 1972: Soviet Studies of Cuba, in: Problems of Communism, 21.1972,6 (Nov.-Dez.), S.87-89

Gouré, Leon/Julian Weinkle, 1972a: Cuba's new dependency, in: Problems of Communism, Washington, D.C., 21.1972,1, S.68-79

Gouré, Leon/Julian Weinkle, 1972b: Soviet-Cuban relations: The growing integration, in: J. Suchlicki (Hrsg.) 1972, S.144-189

Gouré, Leon/Morris Rothenberg, 1975: Soviet penetration of Latin America, Coral Gables/Fla. (Center for Advanced International Studies, Univ. of Miami) 1975 (19-80)

Grabendorff, Wolf , 1970: Kuba - Avantgarde des Kontinents, in: ders.: Lateinamerika wohin?, München 1970

Grabendorff, Wolf, 1979: Der David in der Weltpolitik, in: Merian Kuba, 1979

Les grands projets de Cuba, in: La Pêche Maritime, Paris, 52.1973,1144, S.577-578

Grayson, George W., 1973: The significance of Castro's trip to South America, in: World Affairs, 135 (Winter 1973), S. 220-239

Grayson, George W., 1977: Cuba's developing policies, in: Current History, 72.1977,424 (Febr.), S.49-52, 83-84

Gré, Gerard de, 1974: Realignments of class attitudes in the military and bourgeoisie in developing countries: Egypt, Peru und Cuba, in: International Journal of Comparative Sociology, Leiden, 15.1974,1/2, S.35-46

Green, Gil, 1970: Revolution Cuban style, New York 1970

Grinewitsch, Emilia, 1978: Kubas Weg zur Revolution, Frankfurt/M 1978

Gripp, Richard C., 1973: The political system of communism, London, Nairobi 1973

Grobart, Fabio, 1975: The Cuban working class movement from 1925 to 1933, in: Science and Society, New York, 39.1975, 1, S.73-101

Guerra y Sanchez, Ramiro, 1964a: Manual de historia de Cuba. Económica, social y política, 2.Aufl., Havanna, 1964

Guerra y Sánchez, Ramiro, 1964b: Sugar and society in the Caribbean. An economic history of Cuban agriculture, New Haven, London 1964

Guevara, E. "Che", 1958: Carta a Enrique Oltuski (3.11.1958), in: ders., Escritos y discursos, Bd.2, Havanna 1972, S.312-314

Guevara, E. "Che", 1959a: Social ideals of the rebel army, Rede vom 27.1.1959, in Bonachea/Valdêz (Hrsg.) 1969, S.196-294

Guevara, E. "Che", 1959b: Honoring the labor movement, Rede vom 19.1.1959, in: Bonachea/Valdés (Hrsg.) 1969, S.195

Guevara, E. "Che", 1959c: Qué es un "guerillero"? (19.2.1959), in:ders., Escritos y discursos, Bd.1, 1972, S.195-200

Guevara, E. "Che", 1959d: A new old"Che"Guevara interview (18.4.1959), in: Bonachea/Valdés (Hrsg.) 1969, S.368-376

Guevara, E. "Che", 1959e: Interview by Telemundo Television (28.4.1959), in: Bonachea/Valdés (Hrsg.), 1969, S.377-384

Guevara, E. "Che", 1959f: Guerra y población campesina (26.7.1959), in: ders., Escritos y discursos, Bd.1, 1972, S.201-204

Guevara, E. "Che", 1960a: Honoring José Marti, Rede vom 28.1.1960, in: Bonachea/Valdés (Hrsg.) 1969, S.209-212

Guevara, E. "Che", 1960b: Political sovereignty and economic independence (März 1960), Rede vom 20.3.1960, in: Bonachea/Valdés (Hrsg.) 1969, S.213-229

Guevara, E. "Che", 1960c: On underdevelopment, Rede vom 20.5.1960, in: J. Gerassi (Hrsg.) 1969, S.140-143

Guevara, E. "Che", 1960d: On Sacrifice and dedication, Rede vom 18.6.1960, in: J. Gerassi (Hrsg.) 1969, S.144-166

Guevara, E. "Che", 1960d: Notes for the study of the ideology of the Cuban revolution (Okt.1960), in: Bonachea/Valdés (Hrsg.) 1969, S.48-57

Guevara, E. "Che", 1960f: Analysis of the Cuban situation, its people and its future (1960), Epilogue, in: ders., Guerrilla warfare, London 1969, S.128-143

Guevara, E. "Che", 1961a: On economic planning in Cuba, Rede vom 30.4.1961, in: J. Gerassi (Hrsg.) 1969, S.207-224

Guevara, E. "Che", 1961b: Discusión colectiva; decisión y responsabilidad únicas (Juli 1961), in: ders., Escritos y discursos, Bd.5, S.191-210

Guevara, E. "Che", 1961c: On growth and imperialism, Rede vom 8.8.1961 in Punta del Este,Uruguay, in: J. Gerassi (Hrsg.) 1969, S.225-263

Guevara, E. "Che", 1961d: On the alliance for progress, Rede vom 16.8.1961 in Punta del Este, Uruguay, in: J. Gerassi (Hrsg.) 1969, S.264-274

Guevara, E. "Che", 1961e: Rede auf der 1. Nationalen Produktionsversammlung (27.8.1961), in: ders., Escritos y discursos, Bd.5, 1977, S.211-267

Guevara, E. "Che", 1961f: Abschlußrede auf der 1. Nationalen Produktionsversammlung (24.9.1961), in: ders., Escritos y discursos, Bd.5, 1977, S.267-310

Guevara, E. "Che", 1961g: Cuba - Exception or vanguard, in: J. Gerassi (Hrsg.) 1969, S.196-206

Guevara, E. "Che", 1962: Our industrial task (März 1962), in: J. Gerassi (Hrsg.) 1969, S.275-293

Guevara, E. "Che", 1963a: On the Cuban experience, Rede Mitte 1963 in Algier, in: J. Gerassi (Hrsg.) 1969, S.362-373

Guevara, E. "Che", 1963b: Pasajes de la guerra revolucionaria, darin: Una reunión decisiva, in: ders., Escritos y discursos, Bd.2, Havanna 1972, S.249-257

Guevara, E. "Che", 1963c: Guerrilla warfare: A method(Sept. 1963), in: J. Gerassi (Hrsg.) 1969, S.374-392

Guevara, E. "Che", 1964a: On development, Rede vom 25.3.1964 auf der UNCTAD-Konferenz in Genf, in: J. Gerassi (Hrsg.) 1969, S.442-467

Guevara, E. "Che", 1964b: The Cuban economy, in: J. Gerassi (Hrsg.) 1969, S.485-498

Guevara, E. "Che", 1964c: Colonialism is doomed, Rede vom 11.12.1964 vor der Generalversammlung der UN, in: J. Gerassi (Hrsg.) 1969, S.505-523

Guevara, E. "Che", 1964d: Über das haushaltsmäßige Finanzierungssystem (Februar 1964), in: H. Kurnitzky (Hrsg.) 1969, S.23-61

Guevara, E. "Che", 1965a: On our common aspiration - The death of imperialism and the birth of a moral world, Rede vom 26.2.1965 in Algier auf der Afro-Asiatischen Solidaritätskonferenz, in: J. Gerassi (Hrsg.) 1969, S.524-535

Guevara, E. "Che", 1965b: Der Sozialismus und der Mensch in Kuba (März 1965), in: H. Kurnitzy (Hrsg.) 1969, S.137-156

Guevara, E. "Che", 1965c: Interview mit Al Tali-ah (April 1965), in: Bonachea/Valdês (Hrsg.) 1969, S.405-419

Guevara, E. "Che", 1969: Aufzeichnungen aus dem kubanischen Befreiungskrieg 1956-1959. Mit einem einl.Text von Fidel Castro. Deutsch von Reinhold Neumann-Hoditz, Reinbek/ Hamburg 1969

Guevara, E. "Che". 1971: Textos inéditos y poco conocidos, hrsg. und kommentiert von Carlos Franqui, in: Libre, Paris, 1.1971, 1 (Sept.-Nov.), S.6-18

Gumpel, Werner, 1976: Kuba auf dem Weg zur Sowjetwirtschaft, in: Außenpolitik. Zeitschrift für internationale Fragen, 27.1976,3, S.332-344

Gutelman, Michel, 1963: L'agriculture cubaine, in: Etudes rurales, Paris, Jan.-März 1963

Gutelman, Michel, 1967: L'agriculture socialisée à Cuba. Enseignements et perspectives, Paris 1967

Gutelman, Michel, 1969: L'agriculture cubaine en 1968-9. Etudes rurales No.33, Jan.-März 1969,S.27-42, Paris

Gutelman, Michel, 1972: Cuba's lessons on economic policies, in: R. Bonachea/N.P. Valdés (Hrsg.): Cuba in revolution, New York 1972

Gutelman, Michel, 1974: Structures et réformes agraires, Paris 1974

Gutiérrez, Gustavo, 1952: El desarrollo económico de Cuba. Homenaje a la República en el cincuentenario de su independencia, Havanna 1952

Gutiérrez, Gustavo, 1955: El programa económico de Cuba, Havanna 1955

Gutiérrez, Juan, 1976: El comercio de Cuba con el CAME, in: Economía y desarrollo Nr.35, Mai-Juni 1976

Gutiérrez, L., 1972: El desarrollo de la computación electrónica en Cuba, in: Economía y desarrollo Nr.12, 1972 (Juli-Aug.), S.144-149

Gvozdaryer, B., 1974: USSR - Cuba: Unity of stand and view, in: International Affairs, Moskau, Nr.4, April 1974, S.3,6

Hagemann, Ruth, 1973: Entwicklung des kubanischen Schulsystems 1959-1972, in: Das Argument, Karlsruhe, 15.1973,80,S. 84-106

Hall, Gwendolyn Midlo, 1971: Social control in slave plantation societies. A comparison of St.Domingue and Cuba, Baltimore, London 1971

Hall, J.M.,1970: L'élevage bovin à Cuba, in: Receuil de Médicine vétérinaire (Alfort), Paris, 1970, S.591-613

Halperin,Ernst, 1969: The Cuban revolution in 1968, in: Current History, Philadelphia/Pa., 56.1969,329, S.42-46,54

Halperin, Maurice, 1972: The rise and decline of Fidel Castro. An essay in contemporary history, Berkeley, London 1972

Hamburg, Jill, 1977: Old cities, new towns, in: Cuba Review 7.1977,3, S.7-18

Handke, H., 1971: Über die Haltung der US-Monopole zur kubanischen Revolution, in: Jahrbuch für Wirtschaftsgeschichte, Berlin/Ost, 1971, Teil 1

Hansen, Joseph, 1960: The truth about Cuba, New York, 1969

Harding, Timothy W./Donald W. Bray, 1968: The green belts of Cuba, in: The Nation, New York, 19.Aug.1968, Nr.207, S.107-109

Haring, Clarence, 1947: The Spanish Empire in America, New York 1947

Harnecker, Martha, 1976: Cuba, dictature ou démocratie?, Paris 1976

Harnecker, Martha, 1979: Cuba. Los protagonistas de un nuevo poder, Havanna 1979

Harper, George R., 1970: Cuban and Peruvian agrarian reforms at the crossroads, in: University of Miami Law Review, 24.1970, Sommer

Harris, P.S., 1974: The Rhodesian blockade and internal structural change, in: Monthly Review, Dezember 1974

Hart, Armando, 1964: La enseñanza tecnica y profesional de nivel medio y universitario, in: Cuba Socialista 4.1964, 33, S.25-41

Hart, Armando, 1969a: Rede im Mai 1969 auf dem Treffen der Parteiorganisation der Provinz von Havanna, in: Granma, W.R., 25.5.1969, S.3ff.

Hart, Armando, 1969b: Rede im Juni 1969, in: Granma, W.R., 20.7.1969, S.10ff.

Hart, Armando, 1969c: Rede im Sept.1969 zur Einführung der Parteimitglieder der Schule für Humanwissenschaft und der Abteilung für Philosophie der Universität Havanna, in: Granma, W.R., 28.9.1969, S.3ff

Hart, Armando, 1969d: Rede in der Abteilung f.polit.Wissenschaften der Universität von Havanna, in: Granma, W.R., 5.10.1969, S.4f.

Hart, Armando, 1970: Rede vom 19.1.1970, in: Granma, W.R., 1.2.1970, S.4-5

Haß, Wut, Ekel oder kritische Solidarität? Zu zwei Reiserichten über Kuba, in: epd Entwicklungspolitik 1975,4, S.21-24

Haug, Wolfgang Fritz, 1974: Ein wichtiger neuer Lernschritt in der Planungsdebatte auf Kuba, in: Das Argument, Karlsruhe, 16.1974,85, S.239-240

Haupt, Hans-Georg, 1963: Die wirtschaftliche Entwicklung der Republik Kuba, in: Wirtschaftswissenschaft, Berlin, 11.1963,2, S.246-269

Hayami, Yujiro/Vernon W. Ruttan, 1971 : Agricultural development: An international perspective, Baltimore 1971 (Johns Hopkins Press 1971)

Hell, Jürgen, 1966: Kurze Geschichte des kubanischen Volkes, Berlin 1966

Hell, Jürgen, 1969: Cuba - Revolution von Yara bis Santiago, in: Aufstand des Sisyphos, Berlin 1969, S.225-405

Hell, Jürgen, 1971: Essay über die Entwicklung der Plantagenwirtschaft auf der Insel Kuba (1800-1898), in: Jahrbuch für Wirtschaftsgeschichte (Berlin/Ost), 1971, Teil 1, S.273-290

Hencke, David, 1978: Cuba's peaceful class struggle, in: The Guardian, 16.8.1978

Hennessy, C.A.M. 1970: Cuba, the politics of frustrated nationalism, in: Martin C. Needler (Hrsg.), Political systems of Latin America, New York 1970

Henriquez, Elio D., 1972: The Ruben Martinez Villena Institute of Zootechnology: An institution for the growth of our animal husbandry, in: Granma, W.R., 2.5.1972, S.6

Hernández, Gregorio, 1973: Minerales lateriticos en Cuba, in: Bohemia, 65.1973,12, S.18-19

Hernández, Gregorio, 1974: Níquel, metal para el desarrollo, in: Bohemia, 66.1974,7, S.14-18

Hernández, Rafael, 1977: Azúcar y leche: dos indicatores del desarrollo cubano, in: Foro Internacional ,17.1977,3,S.418-427

Hernández, Roberto E., 1969: La atención médica en Cuba hasta 1958, in: Journal of Inter-American Studies, 11.1969,4, S.533-557

Hernández Armas, Joaquín, 1964: Realizaciones y perspectivas de la revolución cubana. Conferencia, 20.7.1964, in: Investigación económica, Mexiko, D.F., 24.1964,95, S.441-470

Hernández Pardo, Hector, 1971a: The Andrés Gonzalez Lines Advanced School of Fishing, in: Granma, W.R., 23.5.1971, S.8

Hernández Pardo, Héctor, 1971b: The Victoria De Giron School of Fishing, in: Granma, W.R., 30.5.1971, S.9

Hernández Pardo, Héctor, 1977: Citrus fruits, young people and schools, in: Granma, W.R., 27.3.1977, S.7

Hernández Vela Salgado, Edmundo, 1971: Las relaciones entre Cuba y México a partir de 1959, in: Revista Mexicana de Ciencia Política, México /D.F., 17.1971,66, S.85-94

Herrera, Amilcar, 1973: Social determinants of science in Latin America, in: Journal of Development Studies, Okt.1973

Herrera, Amilcar O./Hugo D. Scolnick u.a., 1977: Grenzen des Elends. Das Bariloche Modell: So kann die Menschheit überleben, Frankfurt 1977

Herrero, José Antonio, 1975: La economía cubana bajo el modo de producción capitalista, in: Areito 2.1975,1, S.26-31

Hewlett, Edward A. (University of Texas) 1975: Analysis of Cuba's membership in the CMEA, Konferenz des Ibero American Language Center, New York University, vom 31.10.-1.11.1975

Higgins, Benjamin, 1968: Cuba. The anatomy of revolution, in: ders.; Economic development, erw.bearb.Auflage London 1968

Hill, J.M., 1972: Cuba, in: Agriculture abroad, Ottawa, 27.1972,2, S.4-8

Hill, J.M./Nicasio Lorenzo ,1972: Markets are waiting in Cuba, in:Canada Commerce, Ottawa, 136, No.5, Mai 1972, S.2-12

Hirschman, A.O., 1958: Strategy of economic development, New Haven, Conn.1958

Hirschman, Albert O., 1968: The political economy of import-substituting industrialization in Latin America, in: The Quarterly Journal of Economics, 82.1968, Nr.1 (Februar), S.1-32

Hirschman, Albert O., 1973: The changing tolerance for income inequality in the course of economic development, in: The quarterly Journal of Economics, 87.1973,4 (Nov.), S.544-566

Hirschman, Albert O., 1977: A generalized linkage approach of development with special reference to staples, in: Economic Development and Cutlural Change, Vol.25, Supplement, 1977, S.67-98

History of Cuban cattle, in: Cuba Foreign Trade 2.1965, H.4, S.16 u.17

Hitchman, J.H., 1967: The Platt Amendment revisited: A bibliographical survey, in: Americas, Washington, 23.1967, April, S.343-369

Hoover, John P., 1974: New Cuba, new Cubans, in: Progressive, 38.1974,11 (Nov.), S.45-58

Hoogvelt, A.M./D. Child, 1973: Rhodesia: Economic blockace and development, in: Monthly Review, Oktober 1973

Hsien Chen, Theodore, 1969: The new socialist Man, in: Comparative Education Review, Februar 1969

Hobsbawm, E.J., 1969: A case of neo-feudalism: La Convención, Perú, in: Journal of Latin American Studies, 1.1969,39, S.48-69

Hodges, Donald, C.1974: The Latin American revolution: Politics and strategy from Apro-Marxism to Guevarism, New York 1974

Hoetink, H., 1961: Cuba and the new experts, in: Caribbean Studies, 1.1961,2 (Juli)

Horowitz, Irving Louis, 1965: The Stalinization Fidel Castro, in: New Politics, 4.1965,4, S.62-70

Horowitz, Irving Louis, 1966: Castrologists and Apologists, in: New Politics, 5.1966,1 (Winter), S.27-34

Horowitz, Irving Louis (Hrsg.) 1970: Cuban communism, Chicago, Ill. 1970

Horowitz, Irving Louis, 1971: The political sociology of Cuban communism, in: Carmelo Mesa-Lago (Hrsg.): Revolutionary change in Cuba, Pittsburgh, Pa. 1971, S.127-141

Horowitz, Irving Louis, 1976: Authenticity and autonomy in the Cuban experience, in: Cuban Studies/Estudios Cubanos, 6.1976,1, S.67-85

Horowitz, Irving Louis, 1977a: Cuban Communism, in: I.L. Horowitz (Hrsg.), 1977, S.19-46

Horowitz, Irving Louis, 1977b: Military origins of the Cuban revolution, in: I.L. Horowitz (Hrsg.) 1977, S.66-87

Horowitz, Irving Louis, 1977c: Military outcomes of the Cuban revolution, in: I.L. Horowitz (Hrsg.) 1977, S.88-105

Horowitz, Irving Louis, 1977d: Social science writings on post revolutionary Cuba, in: I.L.Horowitz (Hrsg.), 1977, C.126-154

Hostos y Ayala, Adolfo de, 1974: Breve historia de Cuba hasta 1954, in: Boletín de la Academia Puertorriqueña de la Historia, San Juan, P.R., 3.1974,12, S.31-62

Houten, Jan Van, 1973: Assembly industries in the Caribbean, in: Finance and Development, 10.1973, 2 (Juni)

Huberman, Leo/Paul M. Sweezy, 1968: Kuba - Anatomie einer Revolution (dt. Übersetzung von "Cuba - Anatomy of a revolution, New York 1960), Frankfurt/M. 1968

Huberman, Leo/Paul M. Sweezy, 1970: Sozialismus in Kuba (dt. Übersetzung von "Socialism in Cuba", New York und London 1969), Frankfurt/M. 1970

Huizinga, J.H., 1970: Three faces of Castro's Cuba, in: Interplay, New York, 3.1970, 9, S.17-22

Hughlett, Lloyd J. (Hrsg.), 1946: Industrialization of Latin America, New York 1946

Huguet, Louis, 1961: Forêts et économie forestière de Cuba, in: Ann.Ec.Eaux For., Nancy, 18.1961,4, S.533-616

Humboldt, Alexander von, 1807: Versuch über den politischen Zustand der Insel Cuba, Stuttgart 1807

Hunter, John M., 1951: US-Investment as a factor in the economic development of Cuba, 1899-1935, in: Inter-American Economic Affairs, 5.1951, Winter

Hurtienne, T., 1974: Zur Ideologiekritik der lateinamerikanischen Theorien der Unterentwicklung und Abhängigkeit, in: Probleme des Klassenkampfes, 1974, 14/15, S.213-283

Huteau, M./J. Lautrey, 1973: L'education à Cuba, Paris 1973

Ibarra, Jorge, 1970: El experimento cubano, in: Diez anos de la revista Casa de las Americas (1960-70), Havanna 1970

IBRD (International Bank of Reconstruction and Development) 1951: Report on Cuba. Findings and recommendations of an economic and technical mission (= Mission to Cuba) organized by the International Bank for Reconstruction and Development in collaboration with the Government of Cuba in 1950. Chief of mission. Francis Adams Truslow, Washington, D.C. 1951

Iglesias, Rubén, 1963: Land reform as a pre-requisite for economic development in Cuba, Den Haag, Institute of Social Studies, 1963

Illan, José, M. 1964: Facts and figures of an economy in ruin, Miami 1964 (Edition AIP)

La estimulación industrial en Cuba, Havanna 1956 (Estudios e investigaciones económicas. Publicaciones del Consejo nacional de economía, 14)

Evolución de la economía industrial, in: Revista del Banco nacional de Cuba, Havanna, 2.1956,7, S.1-8

La industrialización, in: Cuba Internacional, 5. 1973, (Juni-Juli) S.92-99

Instituto de Planificación Física (Hrsg.), 1973: La Habana metropolitana - un instrumento para el desarrollo de Cuba socialista, in: Arquitectura, Havanna, 26.1973, 341/342, S.3-73

Informe 1970a: Informe de la delegación de Cuba al XIII período de sesiones de la CEPAL, Lima, Perú 1969, in: Economía y desarrollo Nr.1, Jan.-März 1970, S.47-93

Informe 1970b: Informe de la delegación de Cuba al XV período de sesiones de la Conferencia de la FAO, Rom 1969, in: Economía y desarrollo Nr.1, Jan.-März 1970, S.95-173

Informe 1970c: Informe de la delegación de Cuba a la XI Conferencia Regional de la FAO, Venezuela, Okt.1970, Dos años de desarrollo agropecuario cubano 1968-1970, in: Economía y desarrollo Nr.4, Okt.-Dez.1970, S.24-66

Informe 1970d: Informe de la delegación de Cuba al II Congreso Mundial de la Alimentación, La Haya, 16.-30.6.1970, Notas sobre la estrategia cubana del desarrollo, in: Economía y desarrollo, Nr.4, Okt.-Dez.1970, S.68-84

Informe 1971a: Informe de Cuba al XIV período de sesiones de CEPAL, April 1971, in: Economía y desarrollo Nr.7, Juli-Sept.1971, S.133-178

Informe 1971b: Informe presentado por la delegación de Cuba al XVI período de sesiones de la Conf. de la FAO, La producción agropecuaria en el II decenio para el Desarrollo, Rom 1971

Informe 1973: Informe de la delegación cubana a la XII Conferencia de la FAO para América Latina, Cali, Kolumbien, August 1972, in: Economía y desarrollo Nr.16, März-April 1973, S.177-201

Instituto Nacional de la Pesca (INP), 1973: Características del mercado y distribución de los productos de la pesca en Cuba (Havanna 1973), in: FAO, Conferencia técnica sobre desarrollo de los sistemas de mercadeo alimentario para las grandes zonas urbanas de América Latina, Buenos Aires, 8.-17.Mai 1973 (AGS/FMLA/73/Doc 38)

Instrumente gegen die Multis. Zur Gründung von SELA und NAMUCAR, in: Cuba Si (Westberlin), Nr.3/4, 1975, S.12-13

La integración latinoamericana y el desarrollo económico. Integración de las areas subdesarroladas y con diferentes niveles de desarrollo, in: Economía y desarrollo Nr.26, Nov.-Dez. 1974, S.192-213

International Bank für Reconstruction and Development: World Bank Atlas: Cuba, in: Finance and Development 9.1972 (März), S. 58

Las inversiones extranjeras en Cuba, in: Revista del Banco nacional de Cuba, Havanna, 2.1956,9, S.279-288

Ishkov, Alexander, 1974: El cuarto producto de Cuba, in: Mar y pesca, Jan. 1974, Nr.100

Jackson, D. Bruce, 1966: Whose men in Havanna? in: Problems of Communism, 15.1966,3, S.1-10

Jackson, D. Bruce, 1969: Castro, the Kremlin,and communism in Latin America, Baltimore, 1969

Jacoby, Erich H., 1970: Landleben in Kuba, in: Neues Forum, Wien, 17.1970, 200/201 (Aug.-Sept.)

Jacoby, Erich H., 1972: Man and land. The fundamental issue in development, in: Proc. of the 7th West Indian Agricultural Economics Conference, Trinidad 1972, S.17-24

Jacoby, Erich H., 1973: Kuba: Der wirkliche Gewinner ist der Landarbeiter, in: Ernest Feder (Hrsg.): Gewalt und Ausbeutung. Lateinamerikas Landwirtschaft, Hamburg 1973, S.463-472

Jaguaribe, Helio, 1973: Political development: A general theory and a Latin American case study, New York 1973

5. Jahrestag des Sieges der Revolution auf Kuba am 1.1.1959, in: Bibliographische Kalenderblätter der Berliner Stadtbibliothek, 6.1964,1, S.1-18

15. Jahrestag des Sieges der Revolution auf Kuba am 1.1.1959, Bearb. von Peter P. Rohrlach, in: Bibliographische Kalenderblätter der Berliner Stadtbibliothek, 16.1974,1, S.1-15

Jainarain, I., 1976: Trade and underdevelopment. A study of the small Caribbean countries and large multinational corporations. Guyana: Instute of Development Studies, University of Guyana, 1976

James, Daniel, 1969: Ché Guevara. A biography, New York 1969

Jeanneney, Brigitte, 1971: Langueur à Cuba, in: Projet, Paris, 1971, 55 (Mai), S.507-526

Jerez Villareal, Juan, 1960: Oriente: Biografía de una Provincia, Havanna 1960

Joehr,Walter Adolf, 1970: Die Lehren von Che Guevara in der Sicht eines Nationalökonomen, in: Jahrbücher für Nationalökonomie und Statistik, Stuttgart, 184.1970,4/5, S.312-334

Johnson, Harry, 1969: Teil 1: New developments in the theories of trade and growth. Teil 2: A Dynamic theory of international economic relations, in: Pakistan Development Review, 9.1969,1 (Supplement),S.1-33

Johnson, Leland L., 1965: U.S. business interests in Cuba and the rise of Castro, in: World Politics, Princeton, 17.1965,3, S.440-459

Johsua, Isaac, 1967: Organisation et rapports de production d'une économie en transition 'Cuba'. Ecole Pratique des Hautes Etudes, 6. Section, Centre d'Etudes de Planification Socialiste, Paris 1967

Johsua, Isaac, 1974: Les ensembles agro-industriels. Le cas de l'industrie sucrière cubaine, in: Revue Tiers-Monde. Institut d'Etude du Développement Economique et Social, Paris, 15.1974,58, S.381-388

Jones, Kirby, 1976: Trade winds a' changing, in: Cuba Review, 6.1976 (März), S.14-18

Jones, Ronald E., 1979: Cuba and the English-speaking Caribbean, in: C. Blasier/C. Mesa-Lago 1979, S.131-146

Jouvin, Jean-Jacques, 1965: La réforme agraire cubaine: organisation de l'espace agricole et structure de direction des entreprises d'Etat, in: Notes et études documentaires. Problèmes d'Amérique Latine, Paris, 1965, 3247, S.42-51

JUCEPLAN (Junta Central de Planificación) 1966: El desarrollo industrial de Cuba 1 u.2, in: Cuba Socialista, 1966, 56 (April), 57 (Mai), S.94-127, S.128-183

JUCEPLAN 1968: La Planificación Económica en Cuba, in: CEPAL (Comisión Económica Para América Latina) (Hrsg.): Aspectos Administrativos de la Planificación, New York 1968

JUCEPLAN 1973: Introducción al sistema de registro económico, in: Economía y desarrollo 1973,25 (Jan.-Febr.), S.7-30

JUCEPLAN (Hrsg.) 1974a: Le planificación física en Cuba, in: Revista Interamericana de Planificación, Bogota, 8.1974, 28/29

JUCEPLAN (Hrsg.) 1974b: La construcción de viviendas y centros comunales en Cuba, in: Revista Interamericana de Planificación,Bogotá, 8.1974,28/29, S.135-147

JUCEPLAN, 1975: Densidad de población y urbanización. Análisis de los resultados del censo de población y viviendas de 1970, Havanna 1975

Julien, Claude, 1961: La révolution cubaine, Paris 1961

Judet, Pierre, 1977: Transfert de technologie et industrie sidérurgique (Intervention),in: P.Judet/Ph.Kahn/A.C.Kiss/J.Touscoz (Hrsg.): Transfert de technologie et développement, Paris 1977, S.532-547

Judet, Pierre, 1979: L'économie algérienne et la logique de l'indépendence, in: Le Monde Diplomatique, Febr.1979, S. 1, 12-13

Judet, Pierre/ Jacques Perrin, 1977: Problématique Economique,in: P. Judet/Ph. Kahn/A.C. Kiss/J. Touscoz (Hrsg.): Transfert de Technologie et Développement, Paris 1977

Julio, J./S. Pinter, 1969: Das kubanische Gesetz über die Agrarreform, in: Osteuropa-Recht, 8.1969, 2

Juttka-Reisse, Rosemarie, 1979: Agrarpolitik und Kimilsungismus in der Demokratischen Volksrepublik Korea. Ein Beitrag zum Konzept autozentrierter Entwicklung, Meisenheim am Glan

Kahl, Joseph, A. 1970: The moral economy of a revolutionary society, in: I.L. Horowitz (Hrsg.) 1970, S.95-115

Kalinin, A.I., 1961: Kuba, ein demokratischer,revolutionärer Staat, in: Sowjetwissenschaft. Gesellschaftswissenschaftliche Beiträge. Gesellschaft für Deutsch-Sowjetische Freundschaft. Berlin, 1961.1, S.103-111

Kanet, Roger (Hrsg.), 1974; The Soviet Union and the developing nations, Baltimore, London 1974

Kaplan, Marcos, 1969: Formación del estado nacional en América, Latina, Chile, Ed. Universitaria 1969

Kaplan, Marcos, 1972: La reforma urbana en América Latina (the case of Cuba), in: Comercio Exterior, Mexiko, 22.1972 (Juli), S. 635-642

Karanjia, R.K./Ramesh Sanghvi, 1961: Castro - storm over Latin America, Bombay 1961

Karl, Terry, 1975: Work incentives in Cuba, in: Latin American Perspectives, Riverside/Calif., 2.1975,4,S.21 - 41

Karol, K.S., 1970: Les Guerrilléros au pouvoir, Paris 1970

Kaufman Purcell, Susan, 1973: Modernizing women for a modern society: The Cuban case, in: Ann Pescalello (Hrsg.): Female and male in Latin America, Pittsburg, Ps.1973

Keith, Robert G., 1971; Encomienda, hacienda and corregimiento in Spanish America: A structural analysis, in: Hispanic American Historical Review, 51.1971,3, S.431-446

Khalalbari, Parviz, 1972: Ökonomische Unterentwicklung, Frankfurt 1972

Kimmig, Karl, 1974: Abhängigkeit und Entwicklung - das Beispiel Cuba, in: Entwicklungspolitische Korrespondenz, Hamburg 5.1974, 4-6, S.58-70

Kidd, Paul, 1969: Cuba: una revolución traicionada, in: Vision, Mexiko,D.F., 37.1969,2, S.39-46

Kiple, K.F., 1976: Blacks in colonial Cuba, 1774-1899, Univ. Presses of Florida 1976

Klein, Herbert Stanford, 1967: Slavery in the Americas. A comparative study of Virginia and Cuba. Publ. for the Institute of Race Relations, London 1967

Kletza, J.W., 1961: Die Revolution in Kuba und ihre Auswirkung auf die Sozialgesetzgebung des Landes. in: Arbeitsrecht. Zeitschrift für Theorie und Praxis, Berlin, 6.1961,3, S.65-69

Kletza, Wolfgang, 1967: Kubas wirtschaftlicher Aufschwung, in: Deutsche Außenpolitik. Instit für Internationale Beziehungen, Berlin, 12.1967,1, S.54-58

Knight, Franklin W., 1970: Slave society in Cuba during the nineteenth century, Madison, London 1970

Knight, Franklin W., 1977: Origins of wealth and the sugar revolution in Cuba, 1750 - 1850, in: Hispanic American Historical Review, 57.1977,2, S.231-253

Knowles, Ruth Sheldon, 1955: $ 35 million Cuban exploration, in: World Petroelum J., New York, 26.1955,11, S.42-47

Knowles, Ruth Sheldon, 1962: Cuba steps up oil hunt, in: World Petroleum J., New York, 33.1962,12

Kohlmey, Gunther, 1965a: Some comments about foreign trade in Cuba and in the Socialist countries, in: Comercio Exterior, Havanna, 4.1965 ,(Jan.-Juni), S.47-54

Kohlmey, Gunther, 1965b: Kubas Wirtschaftsaufbau, in: Einheit. Zeitschrift für Theorie und Praxis des wissenschaftlichen Sozialismus, Berlin, 20.1965,9, S.61-70

Kohlmey, Gunther (Hrsg.), 1965c: Wirtschaftsprobleme der kubanischen Revolution. Ausgew.Beiträge aus kubanischen Zeitschriften, Berlin 1965 (= Wirtschaftswissenschaftliche Informationen. Institut für Wirtschaftswissenschaften, H.45)

Komitee für Wissenschaftliche Zusammenarbeit mit Kuba (Hrsg.) 1973: Cuba. 14 Jahre revolutionäre Entwicklung in Wissenschaft, Erziehung, Wirtschaft und Gesellschaft. Dokumentation zur Ausstellung des Komitees, Kiel 1973

Konetzke, Richard, 1965: Süd- und Mittelamerika I. Die Indianerkulturen Altamerikas und die spanisch-portugiesische Kolonialherrschaft, Fischer Weltgeschichte Bd.22, Frankfurt 1965

Kornat, Gerhard, 1970: Kuba: Kulturrevolution mittels Zucker, in: Neues Forum, Wien, Juni/Juli 1970

Kosta, Jiri, 1974: Sozialistische Planwirtschaft. Theorie und Praxis, Opladen 1974

Krakau, Knud, 1968: Die kubanische Revolution und die Monroe-Doktrin. Eine Herausforderung der Außenpolitik der Vereinigten Staaten, "Untersuchungen zur auswärtigen Politik", Bd.5, Frankfurt/M und Berlin 1968

Kravanja, Milan, 1972: Soviet and Cuban fisheries in the Caribbean, in: James D. Theberge (Hrsg.), Soviet sea power in the Caribbean (Kap.10), New York 1972

Kristensen, Thorkil, 1974: Development in rich and poor countries, New York und London 1974

Kuba. Eine Analyse des US-Außenministeriums. Hrsg. vom US-Informationsdienst, Bad Godesberg, April 1961 (Orig. Cuba, Washington 1961)

Kuba, in: Länder der Erde. Politisch-ökonomisches Handbuch, Berlin (DDR) 1975, S.419

Kuba: Fahrzeuge aus Stahlbeton, in: Fishing News International, Juli 1971

Kuba fördert die Hochseefischerei, in: Blick durch die Wirtschaft, 12.7.1975

Kuba in der Sackgasse, in: China und die Revolution in der Dritten Welt, Frankfurt 1971 (Hrsg. SAG)

Kuba kann seinen Import steigern, in: Blick durch die Wirtschaft, 9.11.1978

Kubas kleines Wirtschaftswunder. Mehr materielle und dafür weniger moralische Anreize, in: Handelsblatt, 21.2.1979

Kuba muß in der Wirtschaft zurückstecken, in: Blick durch die Wirtschaft, 28.10.1977

Kuba. Politik.Wirtschaft.Außenbeziehungen 1959-1975. Eine Eine Dokumentation. Institut für Iberoamerika-Kunde Dokumentations-Leitstelle Latein-Amerika, Hamburg 1975

Kuba: Verstopfte Häfen kosten Devisen, in: Blick durch die Wirtschaft, 22.10.1979

Kuba will die Nickelproduktion steigern, in: Blick durch die Wirtschaft, 6.6.1979

Kubanischer Vierjahresplan 1962-1965, (Daten), in: El Trimestre Economico, 1962, 113 (Jan.-März), S.160ff.

Kuczynski, J., 1971: Probleme der Entwicklung einer sozialistischen Landwirtschaft in Kuba, in: Jahrbuch für Wirtschaftsgeschichte (Berlin/Ost), 1971, Teil 1, S.11-44

Kwiatowski, G./W. Mojew, 1978: Kuba: Jahr der Institutionalisierung, in: Probleme des Friedens und des Sozialismus, 21.1978,6 (238), S.753-764

Lamberg, Robert F., 1965: Fidel Castros Dilemma. Lage und Perspektiven der kubanischen Wirtschaft, in: Europa-Archiv. Deutsche Gesellschaft für Auswärtige Politik e.V., Bonn, 20.1965,5, S.175-184

Lamberg, Robert F., 1970: The Cuban economy and the Soviet Bloc, 1963-1968: A commentary, in: Studies on the Soviet Union, München, 8.1970,2, S.116-126

Lamore, Jean, 1973: Cuba, Paris 1973

Land reform law, Republic of Cuba, Havanna, um 1960

Lacoste, Yves, 1977: Fidel Castro et la Sierra Maestra, in: Hérodote, Paris, 2.1977,5 (Jan.-März), S.7-34

Landau, Saul, 1970: An interviewwith Fidel Castro, in: Socialist Revolution, San Francisco, März-April 1970, S.126-143

Lane, Jack C., 1972: Instrument for Empire: the American Military Government in Cuba, 1899 - 1902, in: Science and Society, 36.1972,3, S.314-330

Lang, James, 1975: Conquest and commerce. Spain and England in the Americas, New York, San Francisco, London 1975

Lange, Oscar, 1961: Economic development, planning and international corporation, Kairo 1961

Langley, Lester D., 1968: The Cuban policy of the United States. A brief history, New York, London 1968

Lappé, Frances M./Joseph Collins, 1978: Wie und für wen wird produziert? Agrarentwicklung in Puerto Rico, der Dominikanischen Republik und Kuba, in: Blätter des iz3w, Februar 1978, Nr.67, S.37-42

Lasuen, J.R., 1969: On growth poles. Urban studies, 2, June 1969, S.137-161

Lataste Hoffer, Alban, 1963: El proximo quinquenio economico 1966-1970, in: Comercio Exterios, Havanna, 1.1963, Juli-Sept., S.33-48

Lataste Hoffer, Alban, 1964: 1964: año de la economía, in: Cuba Socialista, Havanna, 4.1964,30, S.13-31

Lataste Hoffer, Alban, 1968: Cuba. Hacia una nueva economía política del socialismo? Santiago/Chile, Ed.Universitaria 1968

Lataste Hoffer, Alban, 1972: Planificación central. La experiencia cubana, aus: Política económica y desarrollo de América Latina. Bonn-Bad Godesberg, 1972, S.23-37

Laumas, Prem S., 1975: Key sectors in some underdeveloped countries, in: Kyklos, 28.1975,Fasc.I, S.62-79

Lavallée, Leon, 1964: Wirtschaftsprobleme Kubas, in: Wirtschaftswissenschaft, Berlin, 12.1964,12, S.2063-2072

Lavigne, Marie, 1973: Le Comecon, Paris 1973

Lazoo, Chris, 1979: Computers, in: Griffiths/Griffiths (Hrsg.) 1979, S.101-109

Leal, Juan Felipe, 1973: Las clases sociales en Cuba en vísperas de la revolución, in: Revista Mexicana de Ciencia Política, Mexiko/D.F., 19.1973,74, S.99-109

The legal and policy considerations of non-relations with Cuba. Chairman: Sol M. Linowitz, in: American Journal of International Law. American Society of International Law, Washington/D.C., 66.1972,4, S.143-149

Lehmann, David, 1970/71: The trajectory of the Cuban revolution, in: The journal of development studies, London, 7.1970/71, 2, S.203-213

Lehmann, David, 1979: The Cuban economy in 1978, in: Cambridge Journal of Economics, 1979,3, S.319-326

Leiner, Marvin, 1979: Children are the revolution: Day care in Cuba, London 1979

Leo Grande, William M., 1978a: Cuba's maturing revolution, in: Problems of Communism, 27.1978 (Mai-Juni), S.82-85

Leo Grande, William M., 1978b: Mass political participation in socialist Cuba, in: John A. Booth/Mitchell A. Seligson (Hrsg.): Political participation in Latin America, Vol.I: Citizen and State, New York, London 1978

León, Rubén, 1963: La planificacion del comercio exterior, in: Cuba Socialista, 3.1963,28 (Dez.) S.1-22

León, Rubén, 1974: Piezas y equipos de riego por aspersión, in: Bohemia, 66.1974,15, S.31ff.

Levêsque, Jacques, 1977b: L'URSS et la revolution cubaine, Paris 1977 (Presses de la Findation Nationale des Scienes politiques)

Levin, Jonathan V., 1960: The export economies. Their pattern of development in historical perspective, Cambridge, Mass.1960

Levinson, Sandra/Carol Brightman (Hrsg.), 1971: Venceremos Brigade: Young Americans sharing the life and work of revolutionary Cuba, New York 1971

Levitt, K./L. Best (Hrsg.), 1969: Externally propelled growth and industrialization in the Caribbean, 4 vols.mimeographed, Montreal: McGill University 1969

Lewis, Oscar/Ruth M. Lewis/Susan M. Rigdon, 1977a: Four men. Living the revolution. An oral history of contemporary Cuba, Urbana, Chicago, London 1977

Lewis, Oscar/Ruth M. Lewis/Susan M. Rigdon, 1977b: Four women. Living the revolution. An oral history of contemporary Cuba, Urbana, Chicago, London 1977

Lewis, Oscar/Ruth M. Lewis/Susan M. Rigdon, 1978: Neighbors. Living the revolution. An oral history of contemporary Cuba, Urvana, Chicago, London 1978

Lewis-Beck, M.S., 1979: Some economic effects of revolution: models, measurement and the Cuban evidence, in: American Journal of Sociology, 8.1979 (März), S.1127-1149

Ley No.3. Sobre el derecho de los campesinos a la tierra (20. Okt.1958), in: Enrique González Pedrero 1959, S.139ff.

Ley de reforma agraria, firmada el día 17.5.1959 en La Plata, Sierra Maestra, y publicada en la Gaceta oficial de la República 3.6. del propio año

Leyva, Ricardo, 1972: Health and revolution in Cuba, in: Bonachea/Valdés (Hrsg.) 1972b, S.456-496

Link, Max, 1970: Kuba 1969. Politische und wirtschaftliche Aspekte. St. Gallen, Zürich 1970 (= Schriftenreihe Lateinamerikanische Studien. Lateinamerikanisches Institut an der Hochschule St. Gallen für Wirtschafts- und Sozialwissenschaften, Nr.3)

Lipton, Michael, 1977: Why poor people stay poor. Urban bias in world development, London 1977

Llanes, Deborah, 1974: Evaluación de alternativas de inversión en los sistemas electroenergéticos, in: Economía y desarrollo 1974,24, S.65-157

Llerena, Mario, 1957: El manifiesto ideológico del "Movimiento 26 de Julio", in: Humanismo, Mexiko, 7.1957, 44 (Juli-Aug.), S.88-103

Llerena, Mario, 1978: The unsuspected revolution. The birth and rise of Castroism, London 1978

Lloyd, P.J., 1968: International trade problems of small nations, Durham, N.C. 1968

Locker, Michal (Hrsg.): Patria o muerte! Cuba: The road toward a new socialism, New York 1970

Lockwood, Lee, 1969: Castro's Cuba, Cuba's Fidel. An American journalist's inside look at today's Cuba, in text and picture, New York 1969

Lockhart, James, 1969:Encomienda and hacienda: The evolution of the great estate in the Spanish Indies, in: Hispanic American Historical Review, 49.1969,3, S.411-429

Lockhart, James, 1972: The social history of colonial Spanish America: Evolution and potential, in: Latin American Research Review, 7.1972,1, S.5-45

Loetscher, Hugo, 1969: Zehn Jahre Fidel Castro, Reportage und Analyse, Zürich 1969

Logan, Chris, 1979: Economy in the 1970's, in: Griffiths /Griffiths (Hrsg.) 1979, S.53-69

Loi fondamentale de la République socialiste de Cuba promulguée le 7.2.1959, Paris, 29.1.1962 (= Direction de la documentation. La Documentation française, Notes et études documentaires. No.2855, Série politique 270).

López Coll, Armando, 1976: Integración y colaboración económico en el Caribe, in: Economía y desarrollo, 1976 (März-April), S.11-83

López Coll, Armando/Armando Santiago, 1975: Notas sobre el proceso de planificación en Cuba, in: Economía y desarrollo 1975,29 (Mai-Juni),S. 9-25

López Etcheverria, Alfredo, 1972: El sector agropecuario como factor desencadenante del desarrollo económico y social, Universidad de La Habana, Havanna 1972

López Sanabria, Hugo, 1955: Clasificación industrial de las actividades económicas de Cuba, Havanna 1955

López Segrera, Francisco, 1972: Cuba: Capitalismo dependiente y subdesarrollo (1510-1959), Havanna 1972

Losman, Donald L., 1969a: International economic sanctions: The boycotts of Cuba, Israel and Rhodesia, Ph.D.Diss. 1969 (University of Florida)

Losman, Donald.L., 1969b: Soviet trade with Cuba: Motives, methods and meaning, in: Duquesne Review, Pittsburg,Pa., Herbst 1969, S.127-153

Losman, Donald L., 1970: The economics of bloc aid and trade with Cuba, in: Marquette Business Review, 14.1970,2 (Summer), S.68-77

Losman, Donald L., 1974: The embargo of Cuba. An economic appraisal, in: Caribbean Studies, Rio Piedras, 1974, 14 (Okt.)

Lourau, René, 1972: Analyse institutionelle, Paris 1972

Lowy, Michael, 1973: The Marxism of"Che"Guevara. Philosphy, economics and revolutionary warfare, New York, London 1973

Lugo, Evelio, 1963: La industria del tabaco torcido y sos perspectivas, in: Cuba Socilaista, 6.1963,21, S.56ff.

Lumsden, C. Ian, 1966: On socialists and stalinists, in: New Politics 5.1966,1 (Winter), S.20-26

Lumsden, C. Ian, 1969: The future of Castroism, in: International Journal. Canadian Institute of International Affairs, Toronto, 24.1969,3: Latin America in the 1970s, S.545-558

Lynch, John, 1972: The United States and the Caribbean: Colonial patterns,old and new, in: Journal of Latin American Studies, 4 (Mai 1972), S.3-35

Mace, Rodney, 1979: Housing, in: Griffiths/Griffiths (Hrsg.) 1979, S.121-130

MacEoin, G., 1978: Cuba at work: Marxism, Cuban style, in: Progressive, 42.1978 (März), S.16-21

MacEwan, Arthur, 1974: Incentives, equality and power in revolutionary Cuba, in: Socialist Revolution, 4.1974,2,S.87-108

MacEwan, Arthur, 1975: Ideology, socialist development and power in Cuba, in: Politics and Society, Washington,D.C., 5.1975,1, S.67-82

MacGaffey, Wyatt/Clifford R. Barnett, 1962: Cuba, its people, its society, its culture. New Haven, Human Relations Area Files 1962

Madziar, J. 1973: Cuba's marine fisheries, in: Marine Technology and Management, Warschau 1973, S.52-60

März, Henry, 1974: Neue Etappe des sozialistischen Aufbaus in Kuba, in: Einheit, Berlin, 29.1974,2, S.214-221

Maestri, Raul, 1929: El latifundio en la economía cubana, Havanna 1929

Maingot, A.P. 1978: Questions of methodology,review essay on recent literature on Cuba, in: Latin American Research Review, 13.1978,1, S.225-247

Malet, Claude, 1970: Regards sur Cuba, in: Moniteur officiel du commerce international, Paris, 1970,991, S.4093-4098

Maitan, Livio, 1970: A crucial stage for the Cuban revolution, in: Intercontinental Press, 8.1970,40 (Nov.), S.104-146

Malloy, James M., 1971: Generation of political support and allocation of costs, in: Revolutionary change in Cuba, Pittsburg 1971, S.23-42

Mandel, Ernest et al., 1971: Sur la revolution cubaine, Cahiers de la Quatrième Internationale, Paris 1971

Mandle, Jay R., 1967: Neo-imperialism: An essay in definition comment, in: Social and Economic Studies, Kingston, Sept.1967, S.318-325

Mankiewicz, Frank/Kirby Jones, 1975: With Fidel: A portrait of Castro and Cuba, New York 1975

La Marina Mercante y Puertos, in Economía y desarrollo, 1975,28, S.211-218

Marieu, Jean, 1974: Quelques données récentes sur la population cubaine, in: Les Cahiers d'Outre-Mer. Revue de geographie, Bordeaux, 27.1974,106, S.128-167

Marinello, Jean, 1960: Signification et portée de la revolution cubaine, in: Democratie nouvelle 14.1960,6

Marquard, Otto, 1975: Links und rechts der Carretera, Leipzig 1975

Marquez Sterling, Carlos: Historia de Cuba, New York: Las Americas Publishing Co. o.J.

Marrero, Levi, 1956: Historia economica de Cuba. Guia de estudio y documentacion. Universidad de La Habana. Instituto superior de estudios e investigaciones economicas, Vol.1, Havanna 1956

Marrero, Levi, 1966: Geografía de Cuba, New York 1966

Marrero, Levi,1971: Cuba: la forja de un pueblo, San Juan 1971

Marsden, K., 1969: Towards a synthesis of economic growth and social justice, in: International Labour Review, 1969, 100 (Nov.), S.389-418

Marsden, K. 1970: Progressive technologies for developing countries, in: International Labour Review, 1970,101 (Mai), S.475-502

Martí, Jorge L., 1971: Class attitudes in Cuban society on the eve of the revolution, 1952-1958, in: Specialia Inter-americana, Aug.1971,3, S.28-35

Martí, José, 1973: Cuba,nuestra America, los Estados Unidos, selección y prólogo de Roberto Fernández Retamar, Mexiko 1973

Martí, José, 1978: Our America: Writings on Latin America & the Cuban struggle for independence, New York 1978

Martin, Lionel, 1969: A series of articles on the Vanguard Worker program and union reorganization, in: Guardian, 10.5. - 5.6.1969

Martin, Peter, 1969: Cuban mining today, in: World Mining, San Francisco, 22.1969,1, S.50-53

Martinet, Gilles, 1971: Les cinq communismes, Russe, Yougoslave, Chinois, Tchèque, Cubain, Paris 1971 (Ed. du Seuil)

Martínez, Magda, 1974: Empresa nacional de talleres agropecuarios (ENTA), in: Bohemia, 66.1974,26, S.8-14

Martínez-Alier, Juan, 1970: The peasantry and the Cuban revolution from the spring of 1959 to the end of 1960, in: Latin American Affairs, St. Anthony's Papers No.22, Hrsg. Raymond Carr, New York 1970

Martínez-Alier, J. und V., 1972: Cuba. Economía y sociedad, Ruedo Iberico, Paris 1972

Martínez-Alier, Juan,1973: The Cuban sugar cane planters, 1934-1960, in: Oxford Agrarian Studies, 2.1973,1, S.3-31

Martínez-Alier, Juan, 1974: Peasants and labourers in Southern Spain, Cuba, and Highland Peru, in: Journal of Peasant Studies, 1.1974,2, S.133-163

Martínez-Alier, Juan, 1977: Haciendas, plantations and collective farms. Agrarian class societies - Cuba and Peru, London 1977

Martínez E., Alberto, 1964: El plan de la economía nacional para 1964, in: Cuba Socialista, 4.1964,31, S.1-22

Martínez Estrada, Ezequiel, 1965: Mi experiencia cubana, Montevideo 1965

Martínez Saenz, J. 1959: Por la independencia económica de Cuba, Havanna 1959

Martínez Salsamendi, Carlos, 1975: The experience of Cuba, in: Development Dialogue, 1974,1, S.33-38

Martz, John D., 1970: Doctrine and dilemmas of the Latin American "New Left", in: World Politics. Center of International Studies, Princeton/N.J., 22.1970,2, S.171-196

Marx, Karl, 1962: Das Kapital, Bd.1, in: Marx/Engels: Werke Bd.23, Berlin/Ost 1962

Maschke, Günter, 1970: Cubanischer Taschenkalender, in: Kursbuch 30, Dez.1970

Maschke, Günter, 1973: Kritik des Guerrillero, Frankfurt 1973

Masferrer, Marianne/Carmelo Mesa-Lago, 1974: The gradual integration of the black in Cuba: Under the colony, the republic and the revolution, in: Robert B. Toplin (Hrsg.), Slavery and race relations in Latin America, Connecticut 1974

Masó y Vazquez, Calixto, 1959: La realidad cubana, in: Combate, San José/Costa Rica (in Fortsetzung), beginnt mit 1.1959,4, S.69ff.

Massimo Calderazzi, Antonio, 1965: Rivoluzione agraria del castrismo, in: La riforme agraria in Italia e nel mondo, Hrs. Paolo Beonio Brocchieri et al., Florenz 1965, S.141-154

Massori, R., 1970: Che cosa esta succediendo a Cuba, in: Critica Sociologica, Rom, Herbst 1970, S.196-205

Matthew, Edel, 1970: An experiment in growth with social justice, in: Economic and Political Weekly, Bombay, Juli 1970

Matthews, F., 1899: The new born Cuba, New York 1899

Matthews, Herbert, 1961: The Cuban story, New York 1961

Matthews, Herbert, L.,1969: Fidel Castro, New York 1969

Matthews, Thomas, 1960: The agrarian reform in Cuba and Puerto Rico, in: Revista de ciencias sociales, Río Piedras, P.R., 4.1960,1, S.107-123

Maurer, Robert (Hrsg.), 1975: Cuba. People - questions, New York 1975

Elmar, May,1973: Ché Guevara in Selbstzeugnissen und Bilddokumenten, Reinbek 1973

May, Jacques M./M.D. / Donna L. McLellan, 1973: The ecology of malnutrition in the Caribbean, New York 1973

May, Peter, 1968: Kulturelle und soziale Errungenschaften der kubanischen Revolution, in: Deutsche Außenpolitik. Institut für internationale Beziehungen, Berlin, 13.1968,1, S.51-55

Mayo, J. 1978: The best grapefruit in the world on an isle of youth, in: Granma, W.R., 29.10.1978, S.6-7

Mayo, Marjorie, 1974: Underdevelopment and class, London 1974 (= Perspectives on work, welfare and society)

Maxwell Stamper, B., 1971: Some Demographic Consequences of the Cuban revolution, in: Concerned Demography, San Francisco, März 1971, S.19-25

McCarty, J.W., 1964: The staple approach in Australian history, in: Business Archives and History, 4.1964,1, S.1-22

McClatchy, C.K.1965: Castro's Cuba today, in: Progressive 29.1965 (Dez.), S.13-18

McClatchy, C.K.,1967: Castro's brand of communism, in: Progressive 31.1967 (Nov.), S.20-24

McColl Kennedy, Jan, 1973: Cuba's ley contra la vagancia: The law on loafing, in: UCLA Law Review, 20 (Aug.-Sept. 1973), S.1177-1268

McDonald, Frank, 1973: Report from a Cuban prison, in: Institute of Current World Affairs, New York, I - XVI, Sept. 1972 bis August 1973

McIntyre, Alister, 1965: Decolonization and Trade Policy in the West Indies, in: F.M. Andic/T.G. Mathews (Hrsg.), The caribbean in transition (Institute of Caribbean Studies), Rio Piedras, Puerto Rico 1965

Mears, Leon G., 1962: Agriculture and food situation in Cuba. Economic Research Service, U.S. Department of Agriculture, Washington, May 1962

Mégélas, Roger, 1976: A new kind of dialogue between Canada and Cuba, in: International Perspectives, Juli - Aug.1976, S.19-21

Melotti, Umberto, 1970: Cuba, il momento della verita, in: Terzo Mondo, 3.1970,9 (Sept.), S.4-8

Meneses, Enrique, 1968: Fidel Castro. Beschreibung einer Revolution. Aus d.Englischen von Werner Gebühr, München, Esslingen 1968

Menjivar, R.,1969: Reforma agraria: Guatemala, Bolivia, Cuba. San Salvador, EditorialUniversitaria de El Salvador, 1969

Im Jahr 2000 doppelt so viele Menschen in Lateinamerika wie jetzt. Neue Schätzungen des Zentrums für Demographie (Centro latinoamericano de Demografía - CELADE), in: Blick durch die Wirtschaft, 1.3.1978

Menzel, Ulrich, 1978: Theorie und Praxis des chinesischen Entwicklungsmodells. Ein Beitrag zum Konzept autozentrierter Entwicklung, Opladen 1978

Menzel, Ulrich, 1980: Autozentrierte Entwicklung in historischer Perspektive. Dogmengeschichtliche und typologische Aspekte eines aktuellen Konzepts, in: Kushi M. Khan (Hrsg.), "Self-Reliance" als nationale und kollektive Entwicklungsstrategie, München 1980

Merhav , Meir, 1969: Technological dependence, monopoly and growth, Oxford, London, New York u.a. 1969

Mesa-Lago, Carmelo, 1965: Deficiencias en el sistema estadistico de Cuba socialista, in: Problemas del Comunismo, Mexiko, 12.1965,5 (Sept.- Okt.), S.35-43

Mesa-Lago, Carmelo, 1968a: Unemployment in socialist countries: Soviet Union, East Europe, China and Cuba, 1968 (Ph.D. Dissertation, Cornell University)

Mesa-Lago, Carmelo, 1968b: The labor sector and socialist distribution in Cuba. Publ.for the Hoover Institution on War, Revolution and Peace, Stanford University, Stanford/ Calif., New York, London 1968

Mesa-Lago, Carmelo, 1969a: Availability and reliability of statistics in socialist Cuba, in: Latin American Research Review, Austin/Tex., 4.1969,1,2, S.53-91, 47-81

Mesa-Lago, Carmelo, 1969b: Economic significance of unpaid labor in socialist Cuba, in: Industrial and Labor Relations Review, 22.1969 (April), S.339-357

Mesa-Lago, Carmelo, 1971a: Economic policies and growth, in: ders. (Hrsg.): Revolutionary change in Cuba, Pittsburgh 1971

Mesa-Lago, Carmelo, 1971b: Review of James O'Connor, The origins of socialism in Cuba, 1968, in: Journal of Economic Literature, 9.1971,2 (Juni), S.478--481

Mesa-Lago, Carmelo, 1971c: El problema de los incentivos en Cuba, in: Aportes, Paris, 1971, 29, S.70-112

Mesa-Lago, Carmelo, 1971d: Factores que determinaron el fracaso de la zafra de 1970, in: Nueva generación, Miami, 3.1971, (März), S.4-11

Mesa-Lago, Carmelo, 1972a: Ideological, political,and economic factors in the Cuban controversy on material versus moral incentives, in: Journal of Inter-American Studies and World Affairs, Center for Advanced International Studies, Univ. of Miami, Coral Gables/Florida, 14.1972,1, S.49-111

Mesa-Lago, Carmelo, 1972b: Revolutionary Morality, in: Society 9.1972,(Juli-Aug.), S.70-76

Mesa-Lago, Carmelo, 1972c: The labor force, employment, unemployment and underemployment in Cuba, 1899 - 1970, Beverly Hills, Calif. 1972

Mesa-Lago, Carmelo, 1973a: A continuum model to compare socialist systems globally, in: Economic Development and Cultural Change, University of Chicago, Ill., 21.1973,4, S.573-590

Mesa-Lago, Carmelo, 1973b: The sovietization of the Cuban revolution: its consequences for the Western hemisphere, in: World Affairs, Washington/D-C. 136.1973,1, S.3-35

Mesa-Lago, Carmelo, 1976: Farm payment systems in socialist Cuba, in: Studies in Comparative Communism, 9.1976,3, S. 275-284, Center for Latin American Studies, Pittsburgh University

Mesa-Lago, Carmelo, 1977 (1969/1970): Ideological radicalization and economic policy in Cuba, in: I.L. Horowitz (Hrsg.) 1977, S.211-240

Mesa-Lago, Carmelo, 1978: Cuba in the 1970's. Pragmatism and institutionalization, Albuquerque, New Mexico 1978 (1.Ausg.1974)

Mesa-Lago, Carmelo, 1979a: The economy and international economic relations, in: Cole Blasier/C. Mesa-Lago (Hrsg.) 1979, S.169-198

Mesa-Lago, Carmelo, 1970b: The economics of U.S.-Cuban rapprochement, in: Cole Blasier/C. Mesa-Lago (Hrsg.) 1979, S.199-224

Mesa-Lago, Carmelo/Luc Zephirin, 1971: Central planning, in: Revolutionary change in Cuba, Pittsburgh 1971

Mesa-Lago, Carmelo/M. Masferrer, 1974: The gradual integration of the Black in Cuba, in: F.P. Bowser/R.P. Toplin (Hrsg.), The Negro in Latin America, New York 1974

Mexico purchases 20 Cuban fishing vessels, in: Marine Fisheries Review 38.1976, 33 (Aug.)

Meyer, Paul J.1961: Réforme et développement agraire à Cuba, in: Revue du Socialisme, Brüssel, Okt.1961

Micarelli, Massimo, 1977: Il modello economico: lenta evoluzione verso l'autonomia, in: Politica internazionale, Nr.8-9, Aug.- Sept.1977

Michels, Peter M., 1977: Cuba Libre. Sechs Kapital über den kubanischen Sozialismus, Westberlin 1977

Mikesell, Raymond F., 1956: Foreign investments in Latin America, Washington, D.C. 1956, Union Panamericana

Millares, Manuel, 1966: Problemas del comercio interior de Cuba, in: Cuba Socialista 6.1966,61 (Sept.), S.21-39

Millet, Allan R., 1971: The United States and Cuba. The uncomfortable "Abrazo", 1898-1968, in: Twentieth-century American foreign policy, 1971 (Modern America Nr.3), S.420-470

Millette, James, 1973: Cuba since 1959: A commonsense view of economic development, Port-of-Spain, Trinidad: United Independence Party, 1973

Mills, C. Wright, 1960a: Listen Yanke: the revolution in Cuba, New York 1960

Mills, C. Wright, 1960b: Listen, Yankee, in: Harper's Magazine, New York, Dez.1960, S.31-37

Mining Annual Review 1976: Cuba, S.361

Mining Annual Review 1976: Cuba, S.367

Minneman, P.G., 1943: The agriculture of Cuba, Washington 1943 (= U.S. Department of Agriculture. Foreign Agriculture Bulletin No.2)

Ministerio de Agricultura, 1951: Memoria del censo agrícola nacional 1946, Havanna 1951

Ministerio de Educación: Cuba (Informe sobre la educación), Havanna 1976

Ministerio de Relaciones Exteriores. Dirección de Información (Hrsg.): Perfíl de Cuba, Havanna, o.J.

Ministry of Foreign Relations (Ministerio de Relaciones Exteriores)(Hrsg.): Synthesis of Cuba, Havanna 1971

MINSAP 1973, Cuba, in: Health services prospects. An international survey, hrsg. von I. Douglas-Wilson/Gordon McLachlan 1973

MINSAP, 1977: Kuba. Die Gesundheit in der Revolution, herausgegeben von der Freundschaftsgesellschaft BRD-Kuba, Bielefeld 1977

Mintz, Sidney, 1966: The industrialization of sugar production and its relationship to social and economic change, in: Robert Freeman Smith (Hrsg.), 1966, S.176-187

Mintz, Sidney, 1972: Cuba: terre et esclaves(Buchbesprechung: Klein, Knight, Corwin), in: Etudes rurales, 1972, Nr.48 (Okt.-Dez.)

Mintz, Sidney, 1973: A note on the definition of peasantries, in: Journal of Peasant Studies, 1.1973,1, S.91-106

Mintz, Sidney, 1974a: The origins of reconstituted peasantries, in: Sidney W. Mintz: Caribbean transformations, Chicago 1974

Mintz, Sidney, 1974b: The rural proletariat and the problem of rural proletarian consciousness, in: The Journal of Peasant Studies, 1.1974,3, S.291-325

Miranda, Manuel, 1974: Distribución regional del plan nacional de inversiones, in: Revista Interamericana de Planificación, Bogota, 8.1974,28/29, S.148-157

Mires, Fernando, 1978: Kuba: Die Revolution ist keine Insel, Berlin 1978

Mitchell, Harold, 1967: Caribbean patterns, Edinburgh, London 1967

Mitchell, Stephen G./Harry G. Shaffer, 1972: Cuba: Present and Future, in: Queen's Quarterly, 79.1972 (Summer), S.208-224

Mörner, Magnus, 1973: The Spanish American hacienda: A survey of recent research and debate, in: Hispanic American Historical Review, 53.1973,2, S.183-216

Mörner, Magnus, 1978: Recent research on negro slavery and abolition in Latin America, in:Latin American Research Review, 13.1978,2, S.265-289

Moncarz, Raúl, 1971: Evolución de la economía cubana de 1955 a 1970, in: Estudios Centroamericanos, San Salvador, 26.1971,278, S.731-739

Monografías nacionales americanas de seguridad social. Cuba, in: Seguridad Social. Centro Interamericano de Estudios de Seguridad Social, Mexiko, Num.41, Epoca 3, Ano 15.1966, S.41-56

Montagu, Guillermo de, 1950: El derecho de permanencia en la legislación agraria cubana, in: Legislative Information. Informations législatives. Food and Agricultural Organization of the Unites Nations, Legislation Service, Rom, 1.1950,Nr.1, S.9-16

Montaner, Carlos Alberto, 1976: Informe secreto sobre la revolución cubana, Madrid 1976

Monzon, M.A., 1958: Nuestra defectuosa estructura agraria, in: Cuba económica y financiera, Juni 1958

Morais, Fernando, 1978: Die rote Insel. Kuba heute, Wuppertal 1978

Moran, Theodore H., 1977: The international political economy of Cuban nickel development, in: Cuban Studies/Estudios Cubanos, Juli 1977, S.145-166

Moran, Theodore H., 1979: The international economy of Cuban nickel development, in: Cole Blasier/Carmelo Mesa-Lago (Hrsg.) 1979, S.257-272

Morellet, J., 1968: Problèmes forestiers à Cuba, in: Bois et forêts des tropiques, Nogent-sur-Marne, 122.1968, S.3-24

Moreno, José A., 1971: From traditional to modern values, in: Revolutionary change in Cuba, Hrsg. Carmelo Mesa-Lago, Pittsburgh 1971, S.478ff

Moreno, José A., 1976: Cuba: Revolución en marcha - una reseña, in: Areito, 3.1976, 2-3, S.58-60

Africa en América Latina, Relator: Manuel Moreno Fraginals, Mexiko/Paris: Siglo XXI/UNESCO 1977

Morgan, Ted, 1974: Cuba: Revolutionary rags to socialist riches, in: New York Times Magazine, 1. Dezember 1974, S.27-29, 100-126

Morosow, W., 1975: 15 Jahre ökonomische Zusammenarbeit UdSSR-Kuba, in: Außenhandel. Ministerium für Außenhandel der UdSSR, Monskau, 1975,8, S.7-14

Morray, J.P., 1962: The second revolution in Cuba, New York 1962

Morray, J.P.,1965: Marxism and democracy in Cuba, in: Marxism and democracy. A symposium, New York 1965 (= American Institute for Marxist Studies, Monograph Series No.1, S.71-81)

Morton, J.R. 1979: Agriculture and rural development, in: Griffiths/Griffiths (Hrsg.) 1979, S.84-100

Mühlemann, Christoph, 1977: Castros Spielraum, in: Schweizer Monatshefte 57 (3) Juni 1977, S.179-188

Münster, Arno 1978: Cubanisches Tagebuch. Bericht einer Reise, in: Kritik 6.1978,16, S.143-157

Munford, Clarence J., 1962: Dollardiplomatie und Intervention. Zur Politik der USA gegenüber Kuba 1898-1934, in: Wissenschaftliche Zeitschrift der Karl-Marx-Universität Leipzig, Gesellschafts- und Sprachwissenschaftliche Reihe, 11.1962,1, S.1-22

Munro, Dana G., 1964: Intervention and dollar diplomacy in the Caribbean, 1900-1921, Princeton 1964

Murray, D, 1971: Statistics of the slave trade to Cuba, 1790-1867, in: Journal of Latin American Studies, London, 3.1971,2, S.131-149

Myint, Hla, 1973: Mines and plantations, in: dies.: The economics of the developing countries, London 1973

Myrdal, Gunnar, 1964: Priorities in the development effort of the underdeveloped countries and their trade and financial relations with rich countries, in: Afro-Asian and World Affairs, New Delhi, 1964,3

Myrdal, Gunnar, 1974: Ökonomische Theorie und unterentwickelte Regionen, Frankfurt 1974 (1. Auflage 1959)

Nattiez, J.-J., 1968: Fidel Castro, Paris 1968

Nattiez, J.-J., 1970: Ernesto "Che" Guevara, Paris 1970

Navarro,Vicente M., 1972: Health services in Cuba, in: The New England Journal of Medicine, 9.1972,Nov., S.954-959

Navarro, Vicente M., 1973: Health, health services and health planning in Cuba, in: International Journal of Health Services, 2.1973,3, S.397-431

Negrín, María Amalia, 1972: Cuba en la UNCTAD, in: Economía y desarrollo, 1972,10, S.62-78

Nelson, Lowry, 1951: Rural Cuba, Minneapolis, London 1951

Nelson, Lowry, 1970: Cuban population estimates, 1953-1970, in: Journal of Inter-American Studies and World Affairs, 12.1970,3

Nelson, Lowry, 1972: Cuba. The measure of a revolution, Minneapolis 1972

Newman, Philip C., 1958: Joint international business ventures in Cuba, mimeographed, New York: Columbia University Library 1958

Newman, Philip C., 1965: Cuba before Castro: An economic appraisal, New York 1965

Cuba. Not only nickel, in: The Mining Journal, London, 22.10.1971

Cuban nickel: One to watch, in: Metal Bulletin Nr.5784, 16.3.1973, S.14

Nicholson, Joe Jr., 1973: Inside Cuba: A reporter's notebook; after fourteen years of revolution, in: Harper's Magazine 246 (April 1973), S.56

Nicholson, Joe Jr., 1974: Inside Cuba, New York 1974

Nicholson, Joe Jr./Ronald Radosh, 1974: Cuba: Tourism, trade, and detènte, in: Nation 219, No.15, 9. November 1974, S.458-461

Niedergang, Marcel, 1978: Cuba: le point de non-retour, in: Le Monde 10.-13.5.1978

Niess, Frank, 1972: Das Bild der kubanischen Revolution in der bürgerlichen Geschichts- und Sozialwissenschaft. Beitrag zu einer Typologie des Antisozialismus, in: Das Argument, Karlsruhe, 14.1972,75 (Okt.), S.184-213

Niess, Frank, 1973: Kuba und der"linke" Antisozialismus,in: Das Argument, Karlsruhe, 15.1973, 79 (Juli)

Niess, Frank, 1976: Kuba 1968 - 1976: Moral, Produktion und Verfassung in einer Übergangsgesellschaft, in: Vierteljahresberichte der Friedrich-Ebert-Stiftung 1976, Nr.66, S.275-297

Niess, Frank, 1977: Notizen zum kubanischen Sozialismus, in: Frankfurter Hefte 32.1977, 7 (Juli), S.40-48 und 32.1977,8 (Aug.), S.40-49

North, Joseph, 1971: Socialist Cuba. As seen by a U.S. communist delegation, New York 1971

Novoa, Eduardo, 1968: Cuba hoy, in: Punto Final, Santiago, Chile, 30.Juli 1968, S.10-16

Novoa Iguizquiza, Manuel, 1966: Desarrollo de la economía marítima cubana, in: Comercio Exterior, Havanna, 5.1966,1, S.49-59

Noyola, Juan F., 1961: La revolución cubana y sus efectos en el desarrollo económico, in: El Trimestre económico. Fondo de Cultura económica, Mexiko, 28.1961,3, S.403-425

Noyola, Juan F., 1961: Aspectos económicos de la revolución cubana. Conferencia, el 6.1.1961, in: Investigación económica. Escuela nacional de economía, Mexiko, D.F., 21.1961,82, S.331-359

Noyola, Juan F., 1962: La orientación de la investigación científica, tecnológica y de recursos naturales: una gran tarea revolucionaria, in: Cuba Socialista 2.1962,14 (Okt.), S.44-53

Nuñez Jimenez, Antonio, 1960: La liberación de Cuba, Havanna 1960

Nuñez Jimenez, Antonio, 1961: Die Bodenreform auf Kuba, Berlin(Ost) 1961

Nuñez Jimenez, Antonio, 1969: La geografía. Introducción à Cuba, Havanna 1969

O'Connor, James, 1964a: The political economy of pre-revolutionary Cuba, Ph.D.Dissertation Columbia University, 1964

O'Connor, James, 1964b: On Cuban political economy, in: Political Science Quarterly. Academy of Political Science, New York, 79.1964,2, S.233-247

O'Connor, James, 1966: The labour force, employment and unemployment in Cuba, 1957-1961, in: Social and economic studies, Kingston, 15.1966,2, S.85-91

O'Connor, James, 1970: The origins of socialism in Cuba, Ithaca, London, 1970

Oficina Nacional de los Censos Demografica y Electoral 1953: Censos de Población, Viviendas y electoral, Havanna 1955

Oglesby, Jack, 1975: Continuing U.S. influence on Canada-Cuba relations, in: International Perspectives, Canada, Sept.-Okt. 1975

Opiniones de Cuba, 1975a: Conferencia latinoamericana de industrialización, in: Economía y desarrollo Nr.30, Juli-Aug. 1975, S.197-207

Opiniones de Cuba, 1975b: YVI período de sesiones de la CEPAL, in: Economía y desarrollo 32, Nov.-Dez. 1975, S.181-192

Oramas, Joaquín, 1975: Mining region, Oriente Province. The first chapter in the history of nickel in Moa, in: Granma, W.R., 6.7.1975, S.6

Oramas, Joaquín, 1976: Isle of Pines: grapefruit time, in: Granma, W.R., 26.9.1976, S.6

Oramas, Joaquín, 1978: Moa. A battle for development, in: Granma, W.R., 9.4.1978, S.6-7

Ordoqui Mesa, Joaquín, 1962: Die historische Bedeutung der kubanischen Revolution, in: Nationaler Befreiungskampf und Neokolonialismus, Berlin(Ost) 1962

Ortega, Luis, 1970: Las raices del castrismo, in: Mundo nuevo, Paris, 1970, Nr.48, S-12-19

Ortiz, Fernando, 1951: Biografía cubana del café, in: La Nueva Democracia, New York, Juli 1951, 31, S.64-71

Ortíz, Fernando, 1970: Cuban counterpoint: tobacco and sugar, New York 1970 (Vintage Books)

Osa, José de la, 1978: Public health in Cuba, in: Granma, W.R., 20.8.1978, S.6

Oshima, Harry T., 1961: A new estimate of the national income and product of Cuba in 1953, in: Food Research Institute Studies, Stanford University, 2.1961,3, S.213-227

Oswald, J. Gregory/Anthony J. Strover (Hrsg.): The Soviet Union and Latin America, Publ. for the Institute for the Study of the USSR, New York, London 1970

Otero, Lisandro, 1960: Kuba: Z.D.A. = Zona de desarrollo agrario, 2. Aufl., Havanna 1960

Otero Echeverría, Rafael, 1959: Reportaje a una revolución. De Batista a Fidel Castro, 2. Aufl., Santiago de Chile 1959

Otto, Herbert, 1964: Republik der Leidenschaften. Erlebnisse auf Kuba, 3. Aufl., Berlin 1964

Pade, Werner, 1975: Aktuelle Fragen des sozialistischen Aufbaus in Kuba, in: Asien, Afrika, Lateinamerika, Berlin (Ost) 3.1975, 1

Padula, Alfred, 1974: The fall of the bourgeoisie: Cuba, 1959 - 1960, Ph.D. Dissertation, University of New Mexico,1974

Page, Charles, 1950: The development of organized labor in Cuba, Ph.D. Dissertation, University of California 1950

Palacios, Alfredo L., 1961: Una revolución auténtica. La reforma agraria en Cuba, Buenos Aires 1961

Palloix, Christian, 1971: L'économie mondiale capitaliste, 2 Bde, Paris 1971

Palloix, Christian, 1973: Les firmes multinationales et le procès d'internationalisation du capital, Paris 1973

The Pan American Union, Cuba. General descriptive data, prepared in June 1911, Washington 1911

I. Parteitag der Kommunistischen Partei Kubas, 17.und 18. Dezember 1975, Rechenschaftsbericht des Zentralkomitees der Kommunistischen Partei Kubas, Berlin (Ost) 1976

Passalacquua, J.L.A. de, 1970: The Cuban fundamental law of 1959, in: Revista de Derecho Puertorriqueño, Nr.38 (1970), S.245-256

Patterson, Orlando, 1971: Social aspects of the sugar industry, in: N. Girvan/O.Patterson (Hrsg.) 1971, S.64-66

Paulston, Rolland G., 1972: Cultural revitalization and educational change in Cuba, in: Comparative Education Review, Comparative and International Education Society, Kent/Ohio, 16.1972,3, S.474-485

Paulston, Rolland G., 1973: Cuban rural education: a strategy for revolutionary development, in: Philip Foster/James Sheffields (Hrsg.):World Yearbook of Education 1974, London 1973

Paulston, Rolland, 1976: The educational system of Cuba, Washington, D.C. Dept. of Health, Education and Welfare, 1975; Pittsburgh, University of Pittsburgh Center for International Studies, 1976

Paulston, Rolland, 1976: Cambio social y educacional en Cuba socialista, Buenos Aires, 1976

Payer, Cheryl, 1975: Afterword: commodity prices and third world poverty, in: ders.(Hrsg.): Commodity trade of the third world, London, New York 1975, S.169-188

Pazos, Felipe, 1954: Dificultades y posibilidades de una política de industrialización en Cuba, in: Humanismo, Mexiko, 1954 (Okt.), S.135-149

Pazos, Felipe, 1961: Desarrollo insuficiente y depauperación economica, in: Cuadernos del congreso por la libertad de la cultura, Suppl.1961, Nr.47, März/April, S.46-64

Pazos, Felipe, 1962: Comentarios a dos artículos sobre la revolución cubana, in: El Trimestre Económico, 40.1962,113 (Jan.-März), S.1-18

Pazos, Felipe, 1963: The economy, in: Cambridge Opinion, 32.1963 (Febr.)

Pazos, Javier Felipe, 1962: Cuba: Long live the revolution, in: The New Republic, 147.1962,3. Nov., S.15ff

Peattie, Lisa, 1969: Cuban notes, in: Massachusetts Review, 10.1969,4 (Herbst), S.652-674

Pena, Sergio de la, 1973: Problemas del tránsito al socialismo, in: Problemas del Desarrollo, Mexiko/D.F. 1973,15, S.17-74

Pendle, George, 1959: Batista, Fidel Castro und die Wachstumsprobleme Kubas, in: Europa-Archiv, Frankfurt/M, 14.1959, 23/24, S.747-760

Pensamiento económico del 26 de Julio, in: Gregorio Selser (Hrsg.): La revolución cubana, Buenos Aires 1960, S.393-422

Peppe, Patrick V., 1970: Revolutionary politics and the Cuban working class, in: Political science quarterly, New York, 85.1970, 1, S.149-151

Pereira, Manuel, 1972: Qué es la INPUD?, in: Cuba Internacional 4 (Mai 1972), S.18-25

Pérez, Faustino, 1964: Los recursos hidráulicos: factor básico del desarrollo económico, in:Cuba Socialista, 4.1964,30, S.51-61

Pérez, Faustino, 1969: La sierra y el llano: eslabones de un mismo combate , in: Pensamiento Crítico, Havanna, Nr.31,1969, S.68-93

Pérez,Humberto, 1966: The fundamental economic law of communist society and its form of appearance in Cuba, in: Teoria y Practica, 1966, No.29

Pérez,Humberto, 1975: El subdesarrollo y la vía del desarrollo, Havanna 1975

Pérez, Humberto, 1978: Estrategia de desarrollo perspectivo económico y social hasta el año 2000, in: Cuba Internacional 1978, 12, S.2

Pérez, Lisandro, 1977: The demographic dimensions of the educatinal problem in socialist Cuba, in: Cuban Studies 7.1977, 1 (Jan.), S.33-57

Pérez, Louis A. Jr., 1976a: Army politics in Cuba, 1898-1958, Pittsburgh 1976

Pérez, Louis A. Jr. 1976b: Army politics in socialist Cuba, in: Journal of Latin American Studies,8.1976,2 (Nov.), S.251-271

Pérez Betancourt, Rolando, 1974: Citrus groves change the face of southern Matanzas Province, in: Granma, W.R., 18.8.1974,S.6

Pérez de la Riva, Juan, 1970: La contradicción fundamental de la sociedad colonial cubana: trabajo esclavo contra trabajo libre, in: Economía y desarrollo Nr.2, April-Juni 1970

Pérez de la Riva, Juan, 1973: Peuplement et cycles économiques à Cuba (1511 - 1812), in: Cahiers des Amériques Latines, 2. Sem.1973, Nr.8, S.1-24

Pérez-López, Jorge F., 1977: An index of Cuban industrial output, 1930-1958, in: James W. Wilkie/Kenneth Ruddle (Hrsg.): Quantitative Latin American studies. Statistical abstract of Latin America, Suppl.6, Los Angeles 1977, Kapitel 3

Pérez-López, Jorge F., 1979: Sugar and petroleum in Cuban-Soviet terms of trade, in: Cole Blasier/Carmelo Mesa-Lago (Hrsg.) 1979, S.273-298

Pérez-López,Jorge F./Perez-Lopez, René, 1977: A calender of Cuban bilateral agreements 1959-1975: description and uses, in: Cuban Studies, 7.1977,2 (Juli), S.167-182

Pérez-Stable, Marifeli, 1975: Whither the Cuban working class, in: Latin American Perspectives, 2.1975,4 (Supplement)

Pérez-Stable, Marifeli, 1976: Institutionalization and worker's response, in: Cuban Studies/Estudios Cubanos, 6.1976,2 (Juli), S.31-54

Las perspectivas de desarrollo de la economía cubana 1971-75, in: Economía y desarrollo, Nr.13 (Sept.-Okt.1972)

Las perspectivas de desarrollo de la economía cubana 1971-75 (Hrsg. República de Cuba), in: Revista Interamericana de Planificación, Bogotá, 8.1974, 28/29, S.31-40

Petras, James F.,1970a: The Cuban revolution in historical perspective, in: J. Petras: Politics and social structure in Latin America, New York 1970

Petras, James F.,1970b: Cuba, a decade of revolutionary government, in: Politics and Society, 1.1970,1 (Nov.)

Petras, James F., 1971: Socialism in one island: a decade of Cuban revolutionary government, in: Politics and society, Washington/D.C., 1.1971,2, S.203-224

Petras, James F., 1972: Has the Cuban revolution failed, in: Science and Society, 36.1972, 1, S.86-90

Petras, James F., 1973: Cuba. Fourteen years of revolutionary government, in: Development administration in Latin America, Durham/N.C. 1973, S.281-293

Petras, James F./Robert La Porte jr., 1971: Cultivating revolution. The United States and agrarian reform in Latin America, New York 1971

Peyrègne, Françoise, 1972: Reformas agrarias en México y Cuba, Paris 1972

Pfaller, Alfred, 1970/71: Revolutionäre Entwicklungspolitik und politische Stabilität. Der Einfluß von Forderungen der Bevölkerung auf die Wirtschaftspolitik des Castro-Regimes, in: Soziale Welt, Münster, 21./22.1970/71, 2, S.219-245

Phelps, D.M., 1936: Migration of industry to South America, New York, London 1936

Phillips, Ruby Hart, 1959: Cuba: Island of Paradox, New York 1959

Pierre-Charles, Gérard, 1972: Cuba: La vía socialista de desarrollo, in: ders., Dependencia estructural y modelos de desarrollo en el Caribe, Referat für die Konferenz über Entwicklungsstragien in Afrika im Vergleich zu Lateinamerika August 1972 (Dakar, 4. - 17.9.1972)

Pierre-Charles, Gérard, 1976: Gênesis de la revolución cubana, Mexiko 1976

Pierson, W.W., 1936: Francisco Arango, in: Hispanic American Historical Review 16.1936

Pino-Santos, Oscar, 1961: El imperialismo Norteamericano en la economía de Cuba, Havanna 1961

Pino-Santos, Oscar, 1964: Historia de Cuba. Aspectos fundamentales, 2.Aufl. Havanna 1964

Pino-Santos, Oscar, 1973: El asalto a Cuba por la oligarquía financiera yanqui, Havanna 1973

Pino-Santos, Oscar, 1976: Problemas económicos del tercer mundo y estrategia de los paises no alineados, Mexiko 1976

Pita Rodríguez, Francisco, 1974: Inventiva para el ahorro de divisas, in: Bohemia, 66.1974,18, S.54-55

Système de direction et de planification de l'économie, in: Economia y desarrollo, Nr.36, Juli-Aug.1976, S.9-173

Plan sobre el desarrollo económico, in: Boletín informativo. Publ. por la Junta nacional de economía, Havanna, 3.1954,11/12, S.658-669

Plank, John et al., 1972: Legal and policy considerations of non - relations with Cuba, in: American Journal of International Law, 66 (Sept.1972), S.143-149

Política forestal del Gobierno Revolucionario Cubano, in: Proceedings of the Sixth World Forestry Congress, Madrid 1966, Vol.1, Madrid, The Proceedings Editorial Committee, 1968, S.675-679

Pollitt, Brian, 1967: Estudios acerca del nivel de vida rural en la Cuba prerevolucionaria, in: Teoría y Práctica, Nov.-Dez.1967

Pollitt, Brian, 1970: Employment plans. Performance and future prospects in Cuba, in: Overseas Studies Committee Conference, University of Cambridge, 1970

Pollitt, Brian, 1977a:Some problems in enumerating the peasantry in Cuba, in: The Journal of Peasant Studies 4.1977,2, S.162-180

Pollitt, Brian, 1977b:Moral and material incentives in socialist economic development, in: Journal of Contemporary Asia, 7.1977,1, S.116-123

Poncet, Jean, 1976: Les transformations de l'espace de Cuba et la nouvelle géographie administrative, in: L'Espace géographique, 5.1976, 4 (Okt.-Dez.), S.255-262

Porter, Robert P., 1899: Industrial Cuba, New York 1899

Portuondo del Prado, F., 1957: Historia de Cuba, Havanna 1957

Poulantzas, Nicos, 1970: Pouvoir politique et classes sociales. De l'état capitaliste, Paris 1970

Power, Jonathan, 1969: Report from Havana, in: Columbia Journal of World Business. Graduate School of Business, Columbia University, New York, 4.1969,4, S.27-34

From the prisons of Cuba - a cry for help, in: Dissent, New York, 17.1970,3, S.208-211

Program Manifesto of the 26th of July Movement (Nuestra Razon) (Nov.1956), in: R. Bonachea/N.P. Valdes (Hrsg.): Cuba in revolution, New York 1972, S.113-140

Programa de desarrollo económico. Informe No.4, Banco nacional de Cuba, Havanna, Oktober 1958

Programa nacional de acción económica, Havanna 1951 (= Estudios e investigaciones económicas. Publicaciones de la Junta nacional de economía, Cuba, 5)

Prothet, R./C. Lamotte, 1976: Ultramodern corrugated plant to rise in Havana, Cuba, in: Paperboard Pkg, 61.1976, Dez. S.28ff.

Pueblo con poder. Cuba, in: Pastoral Popular, Santiago de Chile, 23 (Jan.-Febr.1973), S.13-62

Puente, Martínez, 1969: From an immense school to an immense university, in: World Trade Union Movement, London, 1969,9, S.11-13

Quijano, Aníbal, 1975: Marginaler Pol der Wirtschaft und marginalisierte Arbeitskraft, in: Dieter Senghaas (Hrsg.) 1974, S.298-341

Quiñones, Rosa A., 1967: Cuba moves towards its industrialization, in: Cuba Foreign Trade 3.1967, 1/2, S.30-36

Rabasa, Emilio O., 1974: Cuba en la integración regional. in: Temática Económica, Mexiko/D.F. 1.1974,4, S.98-102

Radas, Ricardo, 1964: Una aplicación de las tablas de insumo-producto al sector industrial cubano, in: Comercio Exterior, Havanna, 3.1964, Juli-Sept., S. 5 - 45

Radosh,Ronald,1974:A new look at Cuba, in Liberation, 18.1974, Jan.

Radosh, Ronald, 1976: Cuba: A personal report, in: Radosh, Ronald (Hrsg.), 1976, S.56-73

Radosh, Ronald (Hrsg.), 1976: The New Cuba: Paradoxes and potentials, New York 1976

Raggiageo, Carlos M., 1960: El progreso de la seguriad social en Cuba, in: Seguridad Social, Mexiko, 9.1960,3, S.13-31

Ramirez Gómez, Ramón; 1961: Cuba. Despertar de América. Ensayo económico-social. Prólogo de Francisco López Camara. Escuela Nacional de Economía, Universidad Nacional Autónoma de México, Mexiko/D.F. 1961 (= Investicación Económica, Mexiko, 21.1961,83)

Ramirez Gómez, Ramón; 1962: Cuba socialista. Conferencias, Februar 1962, México, in: Ciencias Políticas y Sociales, Mexiko, 8.1962,28, S.175-207

Ramos, Ana, 1974: Women in the Cuban revolution, gekürzte Übersetzung von: La mujer y la revolución en Cuba, in: Casa de las Américas 1974, 65-66 (März-Juni)

Rampelberg, J. Michel, 1973: Cuba, involuzione nella rivolucione? Mailand 1973

Randall, Margaret, 1972: Mujeres en la revolución, México, Siglo XXI, 1972

Randall, Margaret, 1975: Child care in Cuba, Toronto 1975 (Women's Press)

Rasco, José Ignacio, 1962: Cuba 1959. Artículos de combate, 2.Aufl., Buenos Aires 1962

Ratcliff, William E., 1968ff: Cuba, in:Yearbook on International Communist Affairs, 1968ff. (erscheint jährlich), Stanford

Read, Gerald, H. 1970: The cuban revolutionary offensive in education, in: Comparative Education Review. Comparative and International Education Society, Kent/Ohio 14.1970,2, S.131-143

Reckord, Barry, 1971: Sex, work and motivation in Castro's Cuba, in: The Washington Monthly, Washington, D.C., Mai 1971, S.44-53

Reed, Gail, 1979: The story of Moa, in. Granma, W.R. 11.3.1979, S.7-10

Reed, Gail/Jesús Abascal López, 1978: Valley of Picadura. Cuba has shattered the myth that Holsteins could not thrieve in the tropics, in: Granma, W.R., 30.7.1978

Reed, Steven L., 1979: Participation in multinational organizations and programs in the hemisphere, in: Cole Blasier/Carmelo Mesa-Lago (Hrsg.) 1979, S.297-312

Primer forum nacional de reforma agraria, Juli 1959, Havanna 1960

Una evaluación de la reforma agraria en Cuba, in: Revista latinoamericana, 1972, 29/30 (Okt.-Dez.), S.187-205 (aus: Economia y desarrollo 1972,11 (Mai-Juni), S.167-188)

La reforma arancelaria, in: Revista del Banco nacional de Cuba, Havanna 4.1968,1, S.5-21

Regalado, Antero, 1963: El camino de la cooperación agraria en Cuba, in: Cuba Socialista 6.1963,22, S.42ff.

Regalado, Antero, 1964: Las funciones de la ANAP, in: Cuba Socialista, 4.1964,35, S.9-24

Regalado, Antero, 1965: Kredit für die kleinen Landwirte auf Kuba, in: Probleme des Friedens und des Sozialismus, Berlin, 8.1965,3, S.205-208

Reglamento de la ley de estimulación industrial. Decreto No 2136 de 30.VII.1954, in: Boletín informativo. Publ. por la Junta nacional de economía, Havanna, 3.1954,7/8, S.513-532

Brigada XX Aniversario (Hrsg.): Reise nach Cuba, Bielefeld, Berlin 1977

Rendel, J./C.E. Gale, 1972: The international scheme for the coordination of dairy development, in: World Animal Review, 1.1972,4, S.34-38

Report presented by the Cuban delegation to the XIV Session of the FAO Conference, Agricultural and livestock production in Cuba 1965-1967, Rome 1967

Report of the Republic of Cuba to the 36th International Conference of Public Education: Cuba: Organizacion de la educacion, 1975 - 1977, Havanna 1977

República de Cuba (Hrsg.),1974: Planificación y ordenamiento de los asentamientos humanos desde el punto de vista de la calidad del medio, in: Revista Interamericana de Planificación 8.1974,28/29, S. 126-134

Resic, Pablo, 1976: Nutrition and health, in: Cuba Review, 6.1976,4, S.27-29

On resumption of trade with Cuba. The issues defined, in: Inter-American Economic Affairs, Washington/D.C. 29.1975,2, S.59-78

Richter, Wolfgang, 1972: Kolumbus' Tagebuchnotizen stimmen in Zukunft wieder. Großzügiges Forschungsprogramm zur Aufforstung in Kuba, in: Neues Deutschland, 26.11.1972

Richter, Wolfgang, 1973: Frischer Fisch auf den Tisch jedes Kubaners, in: Neues Deutschland, 29.3.1973

Riera Hernández, Mario, 1965: Historial obrero cubano, 1574 - 1965, Miami 1965

Ríos, Pedro, 1965: Apuntes sobre los precios externos planificados, in: Comercio Exterior, Havanna, 4.1965,Jan.-Juni, S.136-149

Rippy, J. Fred, 1947: Latin America and the Industrial Age, 2. Aufl. New York 1947

Risquet, Jorge, 1970: Zur Entwicklung in Kuba. Der Kampf um den neuen Menschen, in: Osteuropa, Stuttgart 20.1970,5, S.362-365

Ritter, Arch R.M., 1972: Growth strategy and economic performance in revolutionary Cuba. Past, present and prospective, in: Social and Economic Studies. Institute of Social and Economic Research, Jamaica, 21.1972,3, S.313-337

Ritter, Arch R.M., 1973: Institutional strategy and economic performance, in: David H. Pollock/A.M. Ritter (Hrsg.); Latin American Prospects for the 1970's, New York, London 1973

Ritter, Archibald R.M. 1974: The economic development of revolutionary Cuba. Strategy and performance, New York, London 1974

Ritter, Archibald R.M. 1977: The transferability of socioeconomic development models of revolutionary Cuba, in: Cuban Studies/ Estudios Cubanos, 7.1977,2, S.183-211

Riverend, Julio Le, 1965: El intercambio cientifico internacional, in: Cuba Socialista 5.1965,49, S.66-77

Riverend, Julio Le, 1969: Über die ökonomische Bedeutung der Revolution von 1868, in: Jahrbuch der Wirtschaftsgeschichte. Deutsche Akademie der Wissenschaften, Institut für Wirtschaftsgeschichte, Berlin, 1969, T.3, S.251-254

Riverend, Julio Le, 1972: Historia económica de Cuba, Barcelona 1972

Rivero Muniz, José, 1965: Tabaco: su historia en Cuba, Havanna 1965, Instituto de Historia de la Academia de Ciencias de la República de Cuba

Rivière d'Arc, Hélène, 1973: Aménagement rural a Cuba, le plan Ceiba, in: Cahiers des Amériques Latines, 8.1973,2 (2.sem.), S.65-90

La rivoluzione cubana: un bilancio critico, in: Politica internationale, 8/9, Aug.-Sept. , 1977, S.31-110

Rizo, J., 1971: Developing revolutionary consciousness, in: Human Factor, 10.1971, Spring, S.41-56

Robineau, P., 1978: L'industrialisation, moteur de l'économie. L'Algérie face à son développement, in: Le Monde Diplomatique, Juni 1978, S.23f.

Robinson, David, 1975: Cuba chasing bigger slice of maritime cake, in: Seatrade, London 5.1975,7, S.27-29

Robinson, E.A.G.(Hrsg.), 1963: Economic consequences of the size of nations, New York 1963

Roca, Blas, 1961a: Los fundamentos del socialismo en Cuba, Havanna 1961

Roca, Blas, 1961b: The economics of the Cuba revolution, in: Political Affairs, New York, Januar 1961

Roca, Blas, 1961c: Next stage in the Cuban revolution, in: World Marxist Review, 4.1961,10 (Okt), S.2-9

Roca, Blas, 1964a: El desarrollo histórico de la revolución cubana, in: Cuba Socialista, 4.1964,29, S.8-27

Roca, Blas, 1964b: Dos grandes problemas planteados por Fidel, in: Cuba Socialista, 4.1964,39, S.25-39

Roca, Blas, 1977: Cuba: particularités de l'édification d'une démocratie socialiste, in: La nouvelle Revue internationale, 20.1977,2 (Febr.), S.3-12

Roca, Sergio, 1975a: Economic structure and ideology in socialist Cuba, Thesis, Rutgers University, The State University of New Jersey, Ph.D., 1975

Roca, Sergio, 1975b: Distributional effects of the Cuban revolution: Urban versus rural allocation, paper presented at the 88th Annual Meeting of the American Economic Association, Dallas, Texas, Dezember 1975

Roca, Sergio, 1976: Cuban économic policy and ideology: The ten million ton sugar harvest, Beverly Hills, London 1976

Roca, Sergio, 1977: Cuban economic policy in the 1970's: The trodden paths, in: I.L. Horowitz (Hrsg.) 1977, S.265-301

Roca, Sergio/Roberto E. Hernández, 1972: Structural economic problems, in: J. Suchlicki (Hrsg.) 1972, S.67-93

Rochac, Alfonso, 1951: El crédito agrícola en Cuba, Charla, Tegucigalpa, D.C.,"Ariston", 1951

Roche, Marcel, 1970: Notes on science in Cuba, in: Science, Washington, D.C., 169.1970, Nr.3943, S.344-349

Rodríguez, Carlos Rafael, 1963: Cuatro años de reforma graria, in: Cuba Socialista 3.1963,21 (Mai),S.1-30

Rodríguez, Carlos Rafael, 1965a: Der neue Weg der kubanischen Landwirtschaft, in: G. Kohlmey (Hrsg.) 1965, S.23-50

Rodríguez, Carlos Rafael, 1965b: La segunda reforma agraria cubana: causas y derivaciones, in: Oscar Delgado (Hrsg.): Reformas agrarias en la América Latina, F.C.E., Mexiko 1965

Rodríguez, Carlos Rafael, 1965c: Die kubanische Revolution und die Bauernschaft, in: Probleme des Friedens und des Sozialismus, Berlin, 8.1965,10, S.809-819

Rodríguez, Carlos Rafael, 1968: La situación económica y social de Cuba, in: Desarrollo Indoamericano, Bogotá, 2.1968,7, S.45-55

Rodríguez, Carlos Rafael, 1969a: Cuba. Ejemplo de América, Lima/Perú: Fondo de Cultura Popular 1969

Rodríguez, Carlos Rafael, 1969b: Análisis para el primer decenio y perspectivas para el segundo, in: Panorama Económico Latinamericano, Sept.1969

Rodríguez, Carlos Rafael, 1970a: Rede über die UNDP-Studie "A study of the capacity of the United Nations Development System", in: Granma, W.R., 29.3.1970, S.9f.

Rodríguez, Carlos Rafael, 1970b: Zur Entwicklung in Kuba. Havanna und die kommunistische Weltbewegung, in: Osteuropa, Stuttgart, 20.1970,5, S.357-363

Rodríguez, Carlos Rafael, 1970c: Rede auf der 11. Regionalkonferenz der FAO für Lateinamerika vom 14.10.1970, in: Granma W.R., 25.10.1970, S.10f.

Rodríguez, Carlos Rafael, 1971: Interview mit C. Widmark, in: Estudios y documentos suecos sobre Cuba, Stockholm, 1971, S.15-30

Rodríguez, Carlos Rafael, 1972a: Interview mit Martha Harnecker, in: Economía y desarrollo, Nr.14, Nov.-Dez.1972, S.144-157

Rodríguez, Carlos Rafael, 1972b: Rede auf der 26.Sitzung des RGW, in: Granma, W.R., 23.7.1972, S.10

Rodríguez, Carlos Rafael, 1973: Cuba en la CEPAL, in: Economía. Instituto de Investigaciones Económicas y Financieras, Quito, 1973,58, S.92-111

Rodríguez, Carlos Rafael, 1973: Rede auf der 15. Sitzung der ECLA in Quito, Ecuador, in: Granma, W.R., 1.4.1973, S.8

Rodríguez, Carlos Rafael, 1974a: La nueva forma superior de la división internacional del trabajo en los marcos del socialismo, Rede zum 25.Jahrestag des RGW, in: Bohemia, 66.1974,25, S.50-53

Rodríguez, Carlos Rafael, 1974b: Los logros de la economía cubana, in: Desarrollo Indoamericano, Bogotá, 8.1974, 23, S.19-22

Rodríguez, Carlos, Rafael, 1974c: Rede auf der Welternährungskonferenz der FAO, in: Granma, W.R., 24.11.1974, S.9f.

Rodríguez, Carlos Rafael, 1975a: Interview, in: Le Monde vom 16.1.1975, S, 4

Rodríguez, Carlos Rafael, 1975b: Interview, in: Le Nouvel Observateur vom 26.1.1975

Rodríguez, Carlos Rafael, 1975c: Rede auf dem 1. Treffen des Komitees der ECLA für Entwicklung und Zusammenarbeit in der Karibik (3.11.1975), in: Granma, W.R., 16.11.1975, S.5

Rodríguez, Carlos Rafael, 1976, Comitê de desarrollo y cooperación del caribe: Unión de esfuerzos para el desarrollo, in: Economía y desarrollo, 1976, Jan.- Febr., S.28-38

Rodríguez, Carlos Rafael, 1978: Interview mit F. Morais, in: Fernando Morais: Die Rote Insel, Kuba heute, Wuppertal 1978, S.106-118

Rodríguez, Eulogio, 1970: La cría del ganado bovino en Cuba - 1970, Paris 1970 (Kubanische Botschaft)

Rodríguez, José Luis, 1974: Capitalismo y subdesarrollo: notas para una síntesis, in: Economía y desarrollo, 1974,26 (Nov.-Dez.), S.113-128

Rodríguez Balari, Eugenio, 1974: Trabajo y desarrollo del Instituto de le Demanda Interna (IDI), in: Economía y desarrollo, 1974,21 (Jan.-Febr.), S.153-168

Rodríguez Farinas, Ricardo, 1974: El papel de la planificación regional en la economía nacional, in: Revista Interamericana de Planificación, 8.1974,28/29, S.102-115

Roemer, Milton I., 1973: Political, ideology and health care: Hospital patterns in the Philippines and Cuba, in: International Journal of Health Services, 3.1973,3, S.487-492

Rojas, Ariel, 1970: The fishing industry. Modern ships und skilled crews = larger catches, in: Granma, W.R., 6.12.1970, S.3

Rojas, M., 1976: Continuity, unity, internationalism, in: World Marxist Review, 19.1976, Febr., S.37-40

Rojo, Ricardo, 1968: Ché Guevara. Leben und Tod eines Freundes, Frankfurt 1968

Romeo, Carlos, 1965: Acerca del desarrollo económico de Cuba, in: Cuba Socialista, 5.1965,Nr.52 (Dez.), S.2-24

Romeo, Carlos, 1966: Revolución técnica y reordenacion económica en la agricultura, in: Cuba Socialista, 6.1966,60, S.63-87

Romeo, Carlos, 1968: Ideologia della rivolucioneCubana, in: Problemi del Socialismo, Rom, Febr.1968, S.206-220

Roscow, J.P., 1977: Cuban connection: an investor's scenario, in: Financial World, 146 Jg., 1.Aug.1977, S.25-28

Rosenberg, Nathan, 1976: Capital goods, technology, and economic growth, in: ders., Perspectives on Technology, Cambridge, London, New York 1976

Rothschild, Emma, 1969: Cuba, in: Atlantic Monthly, 223.1969, März, S.14-20

Roux, Bernard, 1975: Expansion du capitalisme et développement du sous-développement. L'integration de l'Amerique central au marché mondial de la viande bovine,in:Tiers Monde 16.1975,62

Royal Institute of International Affairs: Cuba. A brief political and economc survey,London 1958

Rubinstein, Alvin Z., 1975: Soviet and Chinese influence in the Third World, New York 1975

Ruiz, Ramon Eduardo, 1968: Cuba, the making of a revolution, Amherst, 1968

Russell,D.E.H., 1974: Rebellion, revolution, and armed force. A comparative study of 15 countries with special emphasis on Cuba and South Africa, New York 1974

Russell,Philip, 1971: Cuba in transition, Austin 1971 (Armadillo Press)

Ruß, Wolfgang, 1979: Der Entwicklungsweg Albaniens. Ein Beitrag zum Konzept autozentrierter Entwicklung, Meisenheim am Glan 1979

Ryder, Walter D., 1968: Feeding Cuba's Livestock, in: New Scientist, London, 18. Sept. 1968

Ryder, Walter, D., 1971: Lessons of Castro's Cuba, in: New Scientist, London, 30. Dez. 1971

Sabbatini, Mario, 1966: Il castrismo à Cuba, in: Verifica, 1.1966,1 (April), S.21-34

Sabbatini, Mario, 1969: Ideologia della rivoluzione cubana, Numero special de la revue 'Ideologie', Rom 1969

Sabourin, Jesús, 1973: Martí en el Che, in: Casa de las Américas, 13.1973, Juli/Aug., S.5-15

Saenz, Tirso W./E. García Capote, 1975: Algunos conceptos básicos sobre política científica, in: Economía y desarrollo, 1975, 27 (Jan.-Febr.),S.55-75

Saenz, Tirso W./E. García Capote, 1976: Los aspectos tecnológicos en la política científica nacional, in: Economía y desarrollo, 1976, 37 (Sept.-Okt.), S.26-45

Sainz Mont, Ramon, 1972: Cubanen llamas, New York 1972

Salas Calero, Luis, 1979: Social control & deviance in Cuba, New York (Praeger Special Studies), 1979

Salkey, A., 1971: Havana Journal, Baltimore, London 1971

San Martín, Martha/Ramón L. Bonachea, 1977: The military dimension of the Cuban revolution, in: I.L. Horowitz (Hrsg.) 1977, S.389-420

Sánchez, Germán, 1973: El Moncada: crísis del sistema neocolonial, inicio de la revolución latinoamericana, in: Casa de la Américas, 14.1973,79 (Juli-Aug.), S.44-94

Sánchez Arango, Aureliano, 1960: Reforma Agraria, Havanna 1960

Sanders, Thomas G., 1974: Cuba and the Bucharest Conference (American Universities Field Staff. Fieldstaff Reports. North American Series, II, No.4), Hanover, New Hampsphire: AUFS, Dezember 1974

Sandner, Gerhard/Hans-Albert Steger (Hrsg.), 1973: Lateinamerika. Fischer-Länderkunde, Frankfurt 1973

Sandoval, Raúl A., 1972: Desarrollo económico y planificación, in: Economía y desarrollo, 1972,13, S.80-94

Santa Pinter, José Julio, 1961: Das kubanische Gesetz über die Agrarreform, in: Osteuropa-Recht, Stuttgart, 8.1962,2, S.97-110

Santis, Sergio De, 1960: Cuba, anatomia di una rivoluzione, in: Problemi del Socialismo, Mailand, Oktober 1960

Santis, Sergio De, 1961a: Sulle Particolarita della rivoluzione cubana, in: Rivista Storica del Socialismo, Mailand, Jan.-April 1961

Santis, Sergio De, 1961b: Per un'analisi della via cubana al socialismo, in: Problemi del Socialismo, Mailand, Juli 1961

Santis, Sergio De, 1961c: L'America Latina tra satellismo e castrismo, in: Problemi del Socialismo, Mailand, Nov.1961

Santis, Sergio De, 1965: The economic debate in Cuba, in: International Socialist Journal, No.10, August 1965

Santis, Sergio De, 1966: Appunti sul Partito Comunista Cubano dalla nascita alla rivoluzione castrista (1925 - 1958), in: Rivista Storica del Socialismo, 9.1966,28, Mai - Aug., S.182-209

Santis, Sergio De, 1969: Bewußtsein und Produktion, in: Kursbuch 18,1969

Santos Ríos, E., 1961: Informe, in: Obra Revolucionaria, Havanna, Nr.30 (29. Aug. 1961)

Schaefer, Henry, 1972: Der RGW auf Expansionskurs, in: Osteuropäische Rundschau, München, 18.1972,8, S.5-6

Scheer, Robert/Maurice Zeitlin, 1964: Cuba, an American tragedy, überarb.Ausgabe, Harmondsworth/Middlesex 1964

Schenkel, Peter, 1969: Kuba und die kommunistische Welt, in: Osteuropa. Deutsche Gesellschaft für Osteuropakunde, Stuttgart, 19.1969,4, S.267-285

Schenkel, Peter, 1970: Kubas "ofensiva revolucionaria", ein Schritt zur friedlichen Koexistenz, in: Forschungsinstitut der Friedrich-Ebert-Stiftung. Vierteljahresberichte, Hannover, Nr.39, 1970.

Scherf, Konrad, 1964: Ökonomisch-geographische Strukturwandlungen der Republik Kuba, in: Geographische Berichte, Berlin, 9.1964,3, S.149-177

Schmidt, Jens Uwe, 1977: Fishing fleets of developing countries. A supply/demand analysis, Institut für Seeverkehrswirtschaft Bremen, Vorträge und Beiträge 16, Bremen 1977

Schneider, Ronald M., 1964: Five years of Cuban revolution, in: Current History, Philadelphia/Pa., 46.1964,269, S.26-33

Schreiber, Anna P., 1973: Economic coercion as an instrument of foreign policy. U.S. economic measures against Cuba and the Dominican Republic, in: World Politics. Center of International Studies,Princeton University, Princeton/N.J., 25.1973,3, S.387-413

Schubert, Alex, 1970: Kuba: 10 Mio Tonnen, in: Sozialistische Politik, 2.1970, 6/7, S.191

Schubert, Hans-Gert, 1978: Rote Insel im Atlantik, Berlin (Ost) 1978

Schubin, W., 1966: Die Intensivierung der Landwirtschaft Kubas, in: Internationale Zeitschrift der Landwirtschaft. Rat für Gegenseitige Wirtschaftshilfe, Ständige Kommission für Landwirtschaft, Sofia, Berlin, 1966,2, S.217-219

Schultz, Siegfried, 1973: Quantitative criteria for the determination of sectoral priorities, in: Asian Economics, 1973,5, Juni, S.27-54

Schultz, Siegfried/Dieter Schumacher, 1974: Intersektoraler Vergleich zur Ermittlung von Schlüsselsektoren, Deutsches Institut für Wirtschaftsforschung, Beiträge zur Strukturforschung 30.1974

Schultze, G., 1966: Zur Entwicklung der Rinderhaltung in der Republik Kuba, in: Zeitschrift für Agrarökonomik, 9.1966,12, S.646-656

Schulz, Günther, 1977: Vergleichende Analyse alternativer Entwicklungskonzeptionen: Kuba und Puerto Rico (Arbeitstitel), unveröffentlichtes Manuskript, Dez. 1977

Schuman, Tony, 1975: Housing, a challenge met, in: Cuba Review, New York, 5.1975,1, S.3-22

Seers, Dudley (Hrsg.), 1964a:Cuba. The economic and social revolution. By Dudley Seers, Andrés Bianchi, Richard Jolly, Max Nolff, Chapel Hill: Univ.of North Carolina Pr.1964

Seers, Dudley, 1964b: Economic and social problems of twentieth century Cuba, in: D. Seers (Hrsg.) 1964

Seers, Dudley, 1970: The stages of growth of a primary producer in the middle of the 20th century, in: R.I. Rhodes (Hrsg.): Imperialism and underdevelopment: A reader, New York 1970

Seers, Dudley, 1974: Cuba, in: Hollis Chenery u.a.: Redistribution with growth, London 1974

Segre, Roberto, 1970: Cuba: arquitectura de la revolución, Barcelona 1970 (Ed. Gustavo Gili)

Segre, Roberto, 1975: La nueva escuela: gérmen de la communidad futura, in: Bohemia, 67.1975,39 (26.Sept.), S.10-14

Segre, Roberto, 1977: Las estructuras ambientales de América Latina, Mexiko 1977

Seifried, Dieter, 1976: Reiseeindrücke von einem Arbeits- und Informationsaufenthalt in Kuba, in: blätter des iz3w, 56, Okt. 1976, S.9-15

Selser, Gregorio, 1962; Para una historia económica de Cuba, Buenos Aires 1962

Selser, Gregorio, 1966: La revolución cubana, Buenos Aires, 1966

Selucky, Radoslav, 1964: Spotlight on Cuba, in: East Europe, New York, 13.1964,10, S.19-22

Semevskiy, Boris N., 1966: Basic national-economic problems of the Republic of Cuba, in: Soviet Geography: Review and Translation, 7.1966,2, Februar, S.36-43

Semevskiy, Boris N., 1967a: Social and natural conditions of Cuban agriculture, in: Soviet Geography: Review and Translation, 8.1967,1, S.12-24

Semevskiy, Boris N., 1967b: The problem of Cuba's energy supplies, in: Soviet Geography: Review and Translation, 8.1967,1, S.25-33

Semidei, Manuela, 1968: Les Etats-Unis et la révolution cubaine 1959-1964, Paris 1968

Senghaas, Dieter (Hrsg.), 1972: Imperialismus und strukturelle Gewalt. Analysen über abhängige Reproduktion, Frankfurt 1972

Senghaas, Dieter (Hrsg.), 1974: Peripherer Kapitalismus. Analysen über Abhängigkeit und Unterentwicklung, Frankfurt 1974

Senghaas, Dieter, 1977: Weltwirtschaftsordnung und Entwicklungspolitik, Plädoyer für Dissoziation, Frankfurt 1977

Senghaas, Dieter, 1979a: Dissociation and autocentric development. Concepts, evidence and implications. Projekt: Untersuchung zur Grundlegung einer praxisorienterten Theorie autozentriertier Entwicklung, Universität Bremen, Forschungsbericht Nr.3, Febr.1979

Senghaas, Dieter (Hrsg.), 1979b: Kapitalistische Weltökonomie, Kontroversen über ihren Ursprung und ihre Entwicklungsdynamik, Frankfurt 1979

Senghaas, Dieter, 1979c: Dissoziation und autozentrierte Entwicklung. Eine entwicklungspolitische Alternative für die Dritte Welt, in: Dieter Senghaas (Hrsg.) 1979, S.376-412

Senghaas, Dieter, 1979d: Sozialismus: eine entwicklungstheoretische Betrachtung. Projekt: Untersuchung zur Grundlegung einer praxisorienterten Theorie autozentrierter Entwicklung, Universität Bremen, Forschungsbericht Nr.7, Oktober 1979

Senghaas, Dieter, 1979e: China 1979, in: Jürgen Habermas (Hrsg.): Stichworte zur 'Geistigen Situation der Zeit', Frankfurt 1979

Senghaas, Dieter/Ulrich Menzel (Hrsg.): Multinationale Konzerne und Dritte Welt, Opladen 1976

Senghaas, Dieter/Ulrich Menzel, 1979a: Länderkurzberichte, Typologie und Auswahl der Fallstudien. Projekt: Untersuchung zur Grundlegung einer praxisorientierten Theorie autozentrierter Entwicklung, Forschungsbericht Nr.2, Februar 1979, Universität Bremen

Senghaas, Dieter /Ulrich Menzel, 1979b: Autozentrierte Entwicklung trotz internationalem Kompetenzgefälle.Warum wurden die heutigen Metropolen Metropolen und nicht Peripherien?, in: Dieter Senghaas (Hrsg.) 1979, S.280-316

Serrano, Carlos, 1975: L'expérience de Matanzas, in: La Nouvelle Critique, Paris, April 1975

Schaffer, Harry G./Stephen G. Mitchell, 1972: Cuba: Present and future, in: Queens Quarterly, Kingston, 1972,2, S.209-224

Sheinin, E., 1976: Rumbo del partido comunista de Cuba hacia el perfeccionamiento de la gestion economica, in: America latina, Moskau, 4.1976, S.29-48

Shelton, A., 1978: The fish-processing complex of La Coloma, in Granma, W.R., 22.10.1978, S.4

Shivji, Issa G., 1976: Class struggles in Tanzania, London 1976

Silverman, Bertram, 1971: The great debate in retrospect: economic rationality and the ethics of revolution, in: ders. (Hrsg.): Man and socialism in Cuba. The great debate, New York 1971

Silverman, Bertram, 1973a: Labor and revolution in Cuba, in: Current History 64.1973,378,Februar, S.66-71, 87

Silverman, Bertram, 1973b: Economic organization and social conscience: Some dilemmas of Cuban socialism, in: David P. Barkin/Nita R. Manitzas (Hrsg.) 1973

Silverman, Bertram, 1975: A new direction in Cuban socialism, in: Current History, Philadelphia,Pa., 68.1975,401, S.24-28 und S.38, S.42

Silvert; Kalman/Frieda Silvert, 1974: Fate, cleance and faith. Some ideas suggested by a recent trip to Cuba, in: American Universities Field Staff, North American Series 2, Sept.1974

Silvester, Antony, 1966: Living with communism, London 1966

Sinclair, Andrew, 1970: Ché Guevara, München 1970 (engl. London 1970)

Singer, H.W., 1950: The distribution of gains between investing and borrowing countries, in: American Economic Review, 40.1950, Mai, S.476

Singer, H.W., 1975: The distribution of gains from trade and investment - revisited, in: Journal of Development Studies, 11.1975,4, S.376-382

Sivolobov, A.M., 1970: The agrarian reform in Cuba, in: Robert G. Carlton (Hrsg.): Soviet image of contemporary Latin America. A documentary history, 1960-1968, Austin/Tex. 1970, S.323-339

Smith, Arthur F., 1960: The Spanish abolition law of 1870: a study in legislative reluctance, in: Revista de ciencias sociales, Rio Piedras, P.R., 4.1960,1, S.215-235

Smith, Robert Freeman, 1960: The United States and Cuba. Business and diplomacy, 1917-1960, New York 1960

Smith, Robert Freeman (Hrsg.), 1966: Background to revolution. The development of modern Cuba, New York 1966

Sobel, Lester A. (Hrsg.), 1978: Castro's Cuba in the 1970's, facts on file, New York 1978

Social gains of the Cuban revolution, in: World Marxist Review, 19.1976, März, S.138-144

Sohn-Rethel, Alfred, 1970: Geistige und körperliche Arbeit. Zur Theorie der gesellschaftlichen Synthesis, Frankfurt/M 1970

Solaun, Mauricio, 1969: El fracaso de la democracia en Cuba. Un régimen "patrimonial" autoritario (1952), in: Aportes, Paris, 13.1969, S.57-80

Sonntag, Heinz Rudolf (1973: Der Staat des peripheren Kapitalismus,in: Kursbuch 1973,31, S.157-183

Sontag, Susan, 1970: The art of revolution: Castro's Cuba 1959-1970, New York 1970

Sosa Diaz, Diana M., 1979: Major achievements in the food industry in the last 20 years, in: Granma, W.R, 8.4.1979, S.6

Soviet image of contemporary Latin America. A documentary history 1960 - 1968. Comp. and transl. from Russian by J. Gregory Oswald. With an introd.by Herbert S.Dinerstein. Ed. by Robert G. Carlton. Publ.for the Conference on Latin American History, Austin, London 1970 (Conference on Latin American History Publication No.3)

Der sowjetisch-kubanische Außenhandel, in: Der Ostblock und die Entwicklungsländer. Vierteljahresbericht der Friedrich-Ebert-Stiftung, Bonn, 14.1963, S.57-61

Spalding, Hobart A. Jr., 1974: The worker's struggle: 1850-1961, in:Cuba Review, 4.1974, Juli, S.3-10

Spitze, R.G.F./Gregorio Alfaro, 1959: Property rights, tenancy laws of Cuba, end economic power of renters, in: Land Economics,publ.by the Univ. of Wisconsin, Madison, 35.1959,3, S.277-283

Stark, Evan, 1978: Overcoming the diseases of poverty, in: Cuba Review, 8.1978,1, S.27-28

Stavrianos, L.S., 1977: Cuba:update on a revolution, in: The Nation, 5. März 1977, Nr.224, S.270-274

Stein, S.J./S.J. Hunt, 1971: Principal currents in the economic historiography of Latin America, in: Journal of Economic History, 31.1971, 1/2, S.222-253

Stein, Z./M. Susser, 1972: The Cuban health system: A trial of a comprehensive service in a poor country, in: International Journal of Health Servies, 2.1972,4, S.551-566

Steward, Dick, 1975: Trade and hemisphere. The good neighbor policy and reciprocal trade, Columbia 1975

Stewart, Frances, 1977: Technology and underdevelopment, London 1977

Strnad, Ernst, 1968: Der kubanische Staatshaushalt, Dissertation, Rostock 1968

Studenski, O., 1970: UdSSR fördert die Entwicklung der Energiewirtschaft Kubas, in: Außenhandel, Moskau, 1970,10, S.17-20

Stütz, Hannes, 1978: Kuba. Vom Zuckerrohr zur Zukunft, Dortmund 1978

Suárez, Andrés, 1963: Castro between Moscow and Peking, in: Problems of Communism, Washington, 12.1963,5, S.18-26

Suárez, Andrés, 1969: Cuba. Castroism and communism, 1959-1966, Cambridge,Mass., London 1969 (Studies in International Communism 12)

Suárez, Andrés, 1971: Leadership, ideology and political party, in :Revolutionary change in Cuba, Pittsburgh,Pa. 1971, S.3-21

Suárez, Andrés, 1972: The Cuban revolution: the road to power - state of the research, in: Latin American Research Review, Austin/Texas, 7.1972,3, S.5-29

Suchlicki, Jaime, 1972a: An assessment of castroism,in: Orbis. Foreign Policy Research Institute, Univ. of Pennsylvania, Philadelphia,Pa., 16.1972,1, S.35-57

Suchlicki, Jaime (Hrsg.), 1972b: Cuba, Castro, and revolution. Coral Gables, Florida: University of Miami 1972

Suchlicki, Jaime, 1974: Cuba. From Columbus to Castro, New York 1974

Sundelson, J. Wilner, 1968: A business perspective, in: John Plank (Hrsg.): Cuba and the United States long-range perspectives, Washington, D.C. 1968, S.98-101

Sunkel, Osvaldo/Pedro Paz, 1970: El subdesarrollo latino-americano y la teoría del desarrollo, México City 1970

Susman, P., 1974: Cuban development: from dualism to integration, in: Antipode, 6.1974,3, S.10-29

A sustained economic reovery, in: BOLSA Review, London, 9.1975,5, S.250-256

Sutcliffe, R.B., 1971: Industry and underdevelopment, London 1971

Sutherland, Elizabeth, 1969: The youngest revolution. A personal report on Cuba, New York 1969

Sutulov, Alexander, 1973: Nickel progress, in: Metal Bulletin Monthly, Nr.30, Juni 1973

Sylvester, Anthony,1966: Cuban lessons for the developing world. Recent impressions of a visitor, in: Contemporary Review, London, 20.1966, No.1201, S.69-76

Szulc, Tad (Hrsg.), 1971: The United States and the Caribbean, The American Assembly, Columbia University, Englewood Cliffs, N.J. 1971

Tabares, José A., 1972: Apuntes para la historia del movimiento revolucionario 26 del julio, in: Organización Continental Latinoamericano de Estudiantes, Havanna, 6 (Juli 1972), S.31-38

Tamburrino, Lina, 1971: Cuba ad una svolta, Ravenna, Longo 1971

Tannenbaum, Frank, 1962a: Castro and social change, in: Political Science Quarterly, New York, 77.1962,2,S.178-204

Tannenbaum, Frank, 1962b: The Mexican and Cuban revolutions compared, in: ders.: Ten keys to Latin America, New York 1962

Tansky, Leo, 1966: Soviet foreign aid to less developed countries, in: New directions in the Soviet economy. Studies prep. for the Subcommittee on Foreign Economic Policy of the Joint Economic Committee, Congress of the U.S. P.4, Washington 1977, S.947-974

Tashiro, J.E./S.E. Coleman, 1977: Cuban grouper and snapper fishery in the Gulf of Mexico, in: Marine Fisheries Review, 39.1977 (Okt.), S.1-6

Taylor, William B., 1974: Landed society in New Spain: a view from the south, in: Hispanic Amrican Historical Review, 54.1974,3, S.387-413

Teismann, Raimund, 1975: Die Herausbildung des sozialistischen Planungssystems und die Entwicklung der materiellen Produktion auf Kuba, Göttingen, Diss.1975

Tellería Toca, Evelio, 1973: Congresos obreros en Cuba, Havanna 1973

Tetzlaff, Rainer; 1976: Multinationale Konzerne und politische Systeme in Entwicklungsländern, in: Senghaas/Menzel (Hrsg.), 1976, S.145-170

Theriot, Lawrence H., U.S. Department of Commerce, 1978: Cuban foreign trade, (prepublication draft) Washington 1978

Thomas, Clive Y., 1974: Dependence and transformation: the economics of the transition to Socialism, New York, 1974

Thomas, Clive Y., 1978: The non-capitalist development or theory and practice of decolonization and socialist transformation, in: Latin American Perspectives, 5.1978,2, S.10-28

Thomas, Hugh, 1963: The origins of the Cuban revolution, in: The World Today, London, Okt. 1963

Thomas, Hugh, 1967: Middle-class politics and the Cuban revolution, in: The politis of conformity in Latin America. Iss.under the auspices of the Royal Institute of International Affairs, London, New York 1967, S.249-277

Thomas, Hugh, 1971: Cuba or the pursuit of freedom, London 1971

Thomas, Hugh, 1978: Castro in Kuba. Der Führer lebt, in: Die Zeit, 27.10.1978, Nr.44

Timossi, Jorge, 1969: El desafío cubano, Introducción de Carlos Nuñez, Montevideo, Uruguay 1969 (= Aportes. Cuadernos de información política y económica, 3.)

Tinbergen, Jan, 1965: International,national, regional, and local industries, in: R.E. Baldwin (Hrsg.): Trade, growth and the balance of payments 1965, S.116-125

Todd, Frederick (U.S. Dept. of Commerce) 1935: Cuban readjustment to current economic forces, Trade Information Bulletin No.725, Washington 1935, S.1-17

Tondini, Angelo, 1970: L'uomo nuovo a Cuba, in: L'Est. Centro Studi e Ricerche su Problemi Economico-Sociali, Mailand, 1970,4, S.57-79

Tondini, Angelo, 1971: Fidel Castro e la burocracia, in: L'Est. Centro Studi e Ricerche su Problemi Economico-Sociali, Mailand, 1971,1, S.92-103

Tondini, Angelo, 1972: Cuba: fine di un mito; ideologia e formazione del castrismo. Prefazione di Arrigo Levi, Centro Studi e Ricerche su Problemi Economico Sociali (CESES); Mailand 1972

Torras, Jacinto, 1961: Comercio exterior y desarrollo económico, in: La Economía Cubana, Caracas 1961, S.99-111

Torras, Jacinto, 1962: Cuba y la Asociación Latinoamericano de Libre Comercio, in: Cuba Socialista, 2.1962,15 (Nov.),S.17-27

Torras, Jacinto, 1973: El desarrollo económico y la planificación del comercio exterior, in: Economía y desarrollo, 1972, 18, S.7-25

Torras, Pelegrin, 1962: La conferencia de El Cairo sobre los problemas del desarrollo económico, in: Cuba Socialista 2.1962, 13 (Sept.), S.23-41

Torres Ramirez, Blanca, 1971: Las relaciones cubano-soviéticas 1959-1968, El Colegio de México. Centro de Estudios Internacionales (Hrsg.), México/D.F., 1971

Trade promotion activities, in: Comercio exterior de Mexico, Mexico/D.F., 15.1969,9, S.14-15

Trappen, Friedel,1961: Die Agrarreform in Kuba, in: Deutsche Außenpolitik, Berlin, 6.1961,2, S.183-193

Trappen, Friedel,1963: Entwicklungsprobleme des sozialistischen Kuba, in: Einheit. Zeitschrift für Theorie und Praxis des wissenschaftlichen Sozialismus, Berlin, 18.1963,5, S.127-135

Trappen, Friedel, 1965: Die kubanische Volksrevolution. Hrsg. vom Institut für Gesellschaftswissenschaften beim ZK der SED, Berlin 1965

Trappen, Friedel, 1970: Probleme der Entwicklung des Sozialismus in Kuba, in: Einheit. Zentralkomitee der Sozialistischen Einheitspartei Deutschlands, Berlin, 25.1970,9, S.1199-1208

Tretiak, Daniel, 1967: Cuba and the Soviet Union. The growing accomodation, 1964 - 1965, in: Orbis. Foreign Policy Research Institute. University of Pennsylvania, Philadelphia/Penn. 11.1967,2, S.439-458

Tretiak, Daniel, 1970: Cuba and the communist system. The politics of a communist independent, 1967-1969, in: Orbis. Foreign Policy Research Institute, Philadelphia/Pa. 14.1970,3, S.740 - 764

Triana, Orlando/Carlos Lima, 1974: El estudio trabajo en la educación agropecuaria, in: Educación, Havanna 4.1974,15, S.13-19 u.S.21

Trias, Vivian, 1968: Imperialismo y geopolítica en América Latina, Montevideo, 1968

Turner, Mary, 1974: Chinese contract labour in Cuba, 1847 - 1874, in: Caribbean Studies, 14.1974,2 (Juli)

Turull, Antoni, 1977: Cuba hoy, una revolución en marcha, Barcelona 1977

Tutino, Saverio,1964: Ricerca e dibattito critico sullo sviluppo economico a Cuba, in: Rinascita, Nr.28, 11. Juli 1964

Tutino, Saverio, 1967: L'acquis de la rêvolution, in: Partisans, Paris, 1967, 37 (April - Juni)

Tutino, Saverio, 1969: L'Octobre cubain, Paris 1969

Tutino, Saverio, 1973: Gli anni di Cuba, Mailand 1973

UNCTAD, 1976a: Technological dependence, in: Karl P. Sauvant/ H. Hasenpflug (Hrsg.): The New International Economic Order, Frankfurt 1976

UNCTAD, 1976b: Economic co-operation among developing countries, in: Karl P. Sauvant/H. Hasenpflug (Hrsg.):The New International Economic Order, Frankfurt 1976

UNDP(United Nations Development Program), 1973: Country and intercountry programming: Cuba. UNDP assistance requested by the Government of Cuba for the period 1972-1976, DP/GC/Cub/R.1, 1973

UNDP, 1974: Fisheries research development (Cub/73/007), DP/Projects/391, 24.9.1974

UNDP, 1976 (United Nations Development programme): Country programme for Cuba. UNDP assistance requested by the Government of Cuba for the period 1977 - 1981, 29.3.1976 (DP/GC/CUB/R.2)

UNESCO,1971: Cuba, in: World survey of education; educational policy, legal and administrative, Paris 5(1971), S.355-362

United States. House.Com. on internat. relations. Towards improved United States-Cuba relations; report of a special study mission to Cuba, February 10-15, 1977, Washington 1977

The United States and the Caribbean. Hrsg. Tad Szulc. The American Assembly, Columbia University, Englewood Cliffs,N.J. 1971

United States Tariff Commission: Mining and manufacturing industries in Cuba. One of a series of reports on mining and manufacturing industries in the American republics, Washington, D.C. 1947

Urban, C. Stanley, 1957: The Africanization of Cuba scare, 1853-1955, in: Hispanic American Historical Review, 37.1957, S.20-45

Urbanski, Edmund Stephen, 1966: Tres revoluciones de Hispano-América: México, Bolivia y Cuba, in: Journal of Inter-American Studies. Inter-American Academy, Gainesville, 8.1966,3, S.419-436

Urrutia Lleo, Manuel: Fidel Castro & company, inc. Communist tyranny in Cuba, New York, London 1964

URSS: la construcción del socialismo, in: Economía y desarrollo, 1974, Nr.21, Jan.-Febr., S. 169ff

U.S. Department of Agriculture: Cuba, in: The agricultural situation in the western hemisphere: Review of 1974 and outlook for 1975, S.6-7, Washington, D.C., Economic Research Service, Foreign Agricultural Economic Report, No.13, 1975

U.S. Department of Commerce, Bureau of Foreign Commerce: Investment in Cuba. Basic information for United States businessmen, Washington, D.C. 1957

U.S. Department of Commerce: U.S. business instements in foreign countries, Washington, D.C., Government Printing Office, 1960

U.S. Department of Commerce,Domestic and International Business Administration, Bureau of East-West Trade: United States Commercial relations with Cuba. A survey (Verf. Arthur T. Downey), Washingtond, D.C. 1975

U.S. trade embargo of Cuba. Hearing before the Subcommittee on International Trade and Commerce and International Organizations of the Committee on International Relations, House of Representatives, 94.Congr., 1.sess. on H.R. 6382, to amend the Foreign Assistance Act of 1961 with respect to Cuba and for other purposes, Washington, Gov.Print.Off.1976

Valdés, Nélson P., 1970: La diplomacia del azúcar: Estados Unidos y Cuba, in: Aportes, Paris, 1970, 18, S.98-119

Valdés, Nélson P., 1971: Health and revolution in Cuba, in: Science and Society, 35.1971(Fall)

Valdés, Nélson P., 1972: Cuba: socialismo democrático o burocratismo colectivista?, in: Aportes, Paris, 1972,23, S.25-52

Valdés, Nélson, 1975: Ideological roots of the Cuban revolutionary movement, Institute of Latin American Studies, Occasional Papers, No. 15, 1975

Valdés, Nélson P., 1976: Revolution and institutionalization in Cuba, in: Cuban Studies/Estudios Cubanos, 6.1976,1, S.1-38

Valdés, Nélson P./Maxine Valdés, 1971: Cuban workers and the revolution, in: New Politics 8.1971, 4

Valdés, Maxine, 1970: Generation gap: Cuba style, in: Dissent, New York, 17.1970,1, S.57-58

Valdés, Pedro/Oscar Rodriguez Mazorra, 1974: Apuntes para la planificación de la fuerza de trabajo calificada, in: Economía y desarrollo, 1974,15, S.108-123

Valencia, Emiro L., 1961: Perspectivas y realidad de la revolución Cuba, Havanna 1961

Valier, Jacques, 1970: Die kubanische Wirtschaft, in: Sozialistisches Jahrbuch, Berlin, 1.1970, S.225-270

Valier, Jacques, 1972: Kuba. Die Entwicklung der Bürokratie und die wirtschaftlichen Schwierigkeiten 1968 - 1971, in: Sozialistisches Jahrbuch, Berlin, 4.1972, S.69-97

Vargas Gómez, Andres, 1957: La lucha por la conquista de nuevos mercados, in: Revista bimestre cubana. Sociedad económica de amigos del País, Havanna, 72.1957,1, S.105-113

Velasco, Carmen et al., 1975: Economic regionalization of Cuba, in: James Nelson Goodsell (Hrsg.) 1975

Véliz, Claudio, 1963: The new Cuban industrial policy, in: The World Today, London, Sept.1963, S.371-374

Vellinga, M.L., 1976: Military and the dynamics of the Cuban revolutionary process, in: Comparative Politics, 8.1976,1 (Jan.), S.245-271

Vernon, Raymond,1966: International Investment and International Trade in the Product Cycle, in: Quarterly Journal of Economics 80.1966, Mai, S.202-207

Vernon, Raymond, 1973: Sovereignty at bay. The multinational spread of US enterprise, London 1973

Verres, Daniel, 1970: De la guérilla au pouvoir, in: Les temps modernes, 26.1970,286, S.1859-1870

Viator, 1970: Cuba revisited after ten years of Castro, in: Foreign Affairs. Counsil on Foreign Relations, New York, 48.1970,2, S.312-321

Viera-Gallo, José-Antonio , 1977: Una esperienza di socialismo reale, in: Politica internazionale, 1977, 8-9 (Aug.-Sept.)

Viero, Paolo, 1971: Cuba 1971: la difficolta di una revoluzion, in: La Crítica Sociologica, Fall 1971, S.42-54

Vilar, Sergio, 1973: Cuba: socialismo y democracia, Paris 1973

Villarejo, Donald, 1960: American investment in Cuba, in: New University Thought, 1.1960,1

Vitale, Luis, 1969: Ist Lateinamerika feudal oder kapitalistisch?, in: André Gunder Frank u.a.: Kritik des bürgerlischen Anti-Imperialismus, Berlin 1969, S.67-90

Vitier, Cintio, 1975: Ese sol del mundo moral, México 1975

La vivienda, in: Cuba Internacional, 5.1973 (Juni-Juli),S.66-71

Vladimirsky, V., 1971: Soviet-Cuban trade and economic relations 1, 2, in: Foreign Trade, Moskau, 1971,9, S.54-55 und 1972,10, S.14ff

Volkova, Yo D., 1969: Basis trends in the population geography of contemporary Cuba, in: Soviet Geography. Review and translation, New York, 10.1969, 10, S.612-617

Volksky, George, 1974: Cuba fifteen years later, in: Current History, Vol. 66.1974, Nr.389 (Jan.)

Wald, Karen, 1978: Children of Che: child care and education in Cuba, Palo Alto 1978

Wallich, Henry Christopher, 1960: Monetary problems of an export economy. The Cuban experience 1914 - 1947, Cambridge 1960

Walters, Robert S., 1966: Soviet economic aid to Cuba: 1959 - 1964, in: International Affairs. Royal Institute of International Affairs, London, 42.1966,1, S.74-86

Ward, Fred, 1977: Inside Cuba today, in: National Geographical Magazine, 1977,1 (Jan.)

Warriner, D., 1969: Land reform in principle and praxis, Oxford 1969

Watkins, M.H., 1963: A staple theory of economic growth, in: Canadian Journal of Economics and Political Science 29.1963,2 (Mai), S.141-158

Wehler, Hans-Ulrich, 1968: "Cuba Libre" und amerikanische Intervention. Der kubanische Aufstand seit dem Februar 1895 und drei Phasen der amerikanischen Kubapolitik bis zum September 1897, in: Jahrbuch für Geschichte von Staat, Wirtschaft und Gesellschaft Lateinamerikas, Köln, Graz, 5.1968, S.303-346

Weisskoff, Richard/Edward Wolff, 1977: Linkages and leakages: industrial tracking in an enclave economy, in: Economic Development and Cultural Change, 25.1977,4 (Juli), S.607 - 629

Weltwirtschaft am Jahreswechsel. Antillen,in: Mitteilungen der Bundesstelle für Außenhandelsinformation, Köln, 21.1971,36ff.

Werner, Theodor Gustav: Das Kupferhüttenwerk des Hans Tetzel aus Nürnberg auf Kuba und seine Finanzierung durch europäisches Finanzkapital, 1545 - 1571, in: Vierteljahresschrift für Sozial- und Wirtschaftsgeschichte, Wiesbaden (beginnt mit 48.1961,3, S.289, wird fortgesetzt)

West, Robert C./John P. Angelli, 1966: Middle America. Its lands and people, Englewood, Cliffs, 1966

White, Byron, 1959: Cuba and Puerto Rico. A case study in economic development. Unpublished dissertation, University of Texas, 1959

White, Byron, 1961: El triunvirato de Cuba planificada, in: Revista de Ciencias Sociales, Puerto Rico, 1961, Juni, S.203-213

Whright, Philipp G., 1931: The Cuban situation and our treaty relations, Washington 1931

Wiarda, Howard J., o.J.: Cuba, aus: Political forces in Latin America, S.171-198, o.O., o.J.

Widmann, Carlos, 1970: Report aus Cuba, München 1970

Widmann, Carlos, 1979: Cuba nach zwanzig Jahren Castro-Herrschaft. Das Ende eines Mythos. Eine neue Klasse melkt die Würmer, in: Süddeutsche Zeitung, 28.9.1979

Wiesel, Ivan, 1968: Cuban economy after the revolution, in: Acta Oeconomica Academiae Scientiarum Hungaricae, Budapest, 3.1968,2, S.203-220

Wilber, Charles K., 1969: The Soviet model and underdeveloped countries, Chapel Hill 1969

Wilkerson, Loree, 1965: Fidel Castro's political programs from reformism to "Marxism-Leninism", Gainesville, Florida 1965 (= Latin American Monographs. Center for Latin American Studies, University of Florida, 2.series, 1)

Wilkins, Mira, 1970: The emergence of multinational enterprise: American business abroad from the colonial era to 1914, Cambridge,Mass.1970

Wilkins, Mira, 1974a: The emergence of multinational enterprise: American business abroad from 1914 to 1970, Cambridge, Mass. 1974

Wilkins, Mira, 1974b: The role of private business in the international diffusion of technology, in: The Journal of Economic History, 34.1974,1, S.166-188

Williams, Eric, 1964: Capitalism and slavery, London 1964 (2. Aufl.)

Williams, Eric, 1970: From Columbus to Castro: the history of the Caribbean 1492 - 1969, New York 1970

Williams, William Appleman, 1962: The United States, Cuba and Castro. An essay on the dynamics of revolution and the dissolution of empire , New York 1962

Williams, William Appleman, 1966: The influence of the United States on the development of modern Cuba, in: Background to revolution. The development of modern Cuba, New York 1966, S.187-194

Wilson, Desmond P. jr., 1968: Strategic projections and policy options in the Soviet-Cuban relationship, in: Orbis. Foreign Policy Research Institute, University of Pennsylvania, Philadelphia, P., 12.1968,2, S.504-517

Wilson, Desmond P.jr., 1971: Alternative futures in the Cuban revolution, in: Orbis. Foreign Policy Research Institute, University of Pennsylvania, Philadelphia/Pa. 15.1971,3, S.842-855

Winn, Peter, 1978: Post-utopian Cuba. Evolution in the revolution, in: The Nation, 29. April 1978, S.494-498

Winocur, Marcos, 1963: Cuba a la hora de América, Buenos Aires 1963

Winocur, Marcos, 1966: Cuba, nacionalismo y comunismo, Buenos Aires 1966

Winocur, Marcos, 1973: Cuba, les mécanismes d'une révolution, in: La Pensée, Paris, Nr.164, S.3 - 37

Winocur, Marcos, 1974: Le rôle de la classe ouvrière dans la révolution Cubaine, in: La Pensée, Paris, Nr.178, Dez.1974, S.18-35

Kubas Wirtschaft, nach zwanzig Jahren Kommunismus (E.W.), in: Neue Zürcher Zeitung, 22.3.1979

Zur Wirtschaftslenkung führt Kuba den Zins ein (g.k.), in: Handelsblatt, 13.6.1978

Der Wirtschaftsverkehr der UDSSR mit China, Kuba, Nordvietnam und Nordkorea, in: Der aktuelle Osten, 13.1967,1, S.2-6

Wirtschaftswachstum auf Kuba weiter stark vom Zuckerertrag abhängig (F.M.), in Blick durch die Wirtschaft, 1.6.1979

Wohlmuth, Karl, 1976: Multinationale Konzerne, nationaler Markt und Unterentwicklung, in: Dieter Senghaas/Ulrich Menzel (Hrsg.) 1976, S.67-102

Wolf, Eric Robert, 1969: Peasant wars of the twentieth century, New York, London 1969

Wolf, Eric Robert/Sidney Mintz, 1957: Haciendas and plantations in Middle America and the Antilles, in: Social and Economic Studies, Jamaica, 6.1957,3, S.380-412

Wolter del Rio, Germán, 1938: Aportaciones para una política económica cubana, Havanna 1938

Wood, Dennis B., 1970: The long revolution. Class relations and political conflict in Cuba, 1868 - 1968, in: Science and Society. An independent journal of Marxism, New York 34.1970,1, S.1-41

Woodward, Ralph Lee jr., 1963: Urban labor and communism: Cuba, in: Caribbean Studies. Institute of Caribbean Studies, Univ. of Puerto Rico, Rio Piedras, 3.1963,3, S.17-150

World Food Conference Rom 1974: Report der kubanischen Delegation, E/SR 1933 (UN-Dokument)

Wychodil, Peter, 1973: Formen und Methoden der wirtschaftlichen Entwicklung Kubas im Vergleich mit dem sowjetischen Entwicklungsmodell, unveröffentl.Diplomarbeit, München 1973

Wychodil, Peter, 1975: Die Wirtschaft Kubas, unveröffentlichtes Manuskript, München, ca.1975

Wylie, Kathryn H., Constance H. Farnworth, Mary S. Coyner, 1954: Cuba as a market for United States agricultural products, Washington 1954 (= U.S. Department of Agriculture, Foreign Agricultural Service. Foreign Agriculture Report No.81)

Wylie, Kathryn H., 1955: United States - Cuba agricultural trade, Washington, D.C. 1955 (= U.S. Department of Agriculture, Foreign Agricultural Service. Foreign Agriculture Circular)

Wylie, Kathryn H., 1969: A survey of agriculture in Cuba, U.S. Department of Agriculture, Economic Research Service, Foreign Regional Analysis Division, Washington, D.C. 1969

Wythe, George, 1949: Industry in Latin America, New York 1949, 2. Aufl.

Yglesias,José,1969: Cuban Report: their hippies and their squares, New York Times Magazine, 12. Jan 1969

Yglesias, José, 1970: Kuba. Bericht über eine Revolution. Deutsch von H.E.F. Besser, Reinbek/Hamburg 1970

Yotopoulos, Pan A./Jeffrey B. Nugent, 1976: A balanced growth version of the linkage hypothesis, in: Quarterly Journal of Economics, 87.1973 (Mai), S.157 -172 und 90.1976 (Mai), S.308-343

Young, Karen de, 1979: Economy needs western currency and goods. Cuba admits flaws, starts changes, in: International Herold Tribune, 25.3.1979

Zeitlin, Maurice, 1967: Revolutionary politics and the Cuban working class, Princeton, N.J. 1967

Zeitlin, Maurice, 1970: Inside Cuba: workers and revolution, Ramparts, März 1970

Zeitlin, Maurice/Robert Scheer, 1963: Cuba: Tragedy in Our Hemisphere, New York 1963

Zimbalist, Andrew; 1975: Worker participation in Cuba, in: Challenge, New York, 18.1975,5, S.45-54

Zorina, Adelaida, 1975: On the genesis of capitalism in nineteenth-century Cuba, in: Latin American Perspectives, 2.1975,4 (Supplement), S.7-20

Die mageren Zeiten für Cuba sind vorbei. Zuckermilliarden verbessern Handelsposition, in: Süddeutsche Zeitung, 22.2.1975

Zurita C., Jaime, 1965: La medición y el control de los medios básicos, in: Comercio Exterior, Havanna, 4.1965,Jan.-Juni, S.150-176

2. Literaturverzeichnis zum Zuckersektor

Abad, Luis Víctor, 1945:Azúcar y caña de azúcar, Havanna 1945

Abreu, Lino E., 1973: Apuntes para una historia de la cosecha Mecanizada de la caña en Cuba, in: ATAC, 32.1973, 4 (Juli- Aug.), S.32-39

Abreu Cil, Jorge, 1974: Aerodynamical properties of sugar cane harvesters, ISSCT, Proc. XV. Congress 1974, Durban, Südafrika

Abril, Víctor, 1972: Entrevista al Ing. Miguel A. Urrutia, Presidente de la ATAC, in: ATAC, 31.1972, 2, S. 5-9

Adamson, A.H., 1972: Sugar without slaves: The political economy of British Guiana 1838-1904, New Haven - London 1972

Agete y Pineiro, Fernando, 1940: Apuntes sobre la evolución de las variedades de caña en Cuba (1796 - 1940), in: Memoria 14 Conf. anual de la ATAC 1940, S.11-261

Agete y Pineiro, Fernando, 1945: La caña de azúcar en Cuba, Havanna 1945

Agüero, C./R. Bambanaste /G. Villamil , 1976: Evaluación de las pulpas quimimecánicas con el objetivo de producir papel periódico, in: Cuba Azúcar, 1976 (April-Juni), S.48-55

Aguirre, Oscar E., 1972: El factor de potencia en la industria azucarera, in: ATAC, 31. 1972, 3, S. 40-48

Albuerne, Pedro, 1973: La computadora en el anâlisis económico de los costos azucareros, in: ATAC, 32.1973, 5/6, S.62ff.

Albuerno, Pedro, 1974: Sistema de análisis y prognósticos de costos en la industria azucarera, in: Economía y desarrollo, 1974, 21 (Jan.- Februar), S.115-124

Albuerno, Pedro., 1975: Experiencias en el desarrollo de un sistema computacional en la industria azucarera, in: Economía y Desarrollo, 1975, 30, S.163-173

Alienes y Urosa, Julian, 1949: Ensayo sobre la economía de la caña de azúcar en Cuba, in: El Trimestre Económico, Mexiko, 16.1949, 3 (Juli - Sept.), S.432-457

Allen, Benjamin, 1926: A survey of the growth of E. Atkins & Co. and the sugar industry in Cuba, Cambridge, Mass. 1926

Almazan, O./ V. Gregr., 1967: Significado de la investigación para el desarrollo de la industria de fermentación en Cuba, in: Cuba Azúcar, 1967 (März-April), S.18ff.

Almazan, O./A. Boll/ L. González, 1968: Estudio sobre la producción industrial de extraña técnica en Cuba, in: ATAC, 38. Conf. 1968 (Productos secundarios), S.830-847

Aloma, J., 1975: La fertilización de la caña de azúcar, in: ATAC, 34.1975, 4, S.54-65

Aloma, J./H. Pérez/J. Cuéllar, 1974: Advances in sugar cane fertilization in Cuba, ISSCT, Proc. XV. Congress, 1974, S.608-617

Anuario Azucarero de Cuba 1958, Vol. XXII, Havanna 1959

Álvarez Quiñones, Roberto 1973: Interview mit Marcelo Fernández (Außenhandelsminister) über ein neues Zuckerabkommen, in: Granma, W.R., 2.12.1973, S.8

Álvarez Quiñones, Roberto 1976: The present capitalist crisis, in: Granma, W.R. ,26.12.1976, S.2

Álvarez Quiñones, Roberto 1977a: Cuba cannot accept just any sugar agreement. Interview with Marcelo Fernández Font, in: Granma, W.R., 26.6.1977, S.6

Álvarez Quiñones, Roberto 1977b: Interview with Marcelo Fernández Font: This sugar agreement has great economic importance for Cuba, in: Granma, W.R., 6.11.1977, S.12

Alzadora, transporte, centro de acopio, in: Bohemia, 9.1.1970

Hacia formas superiores del análisis económico azucarero, in: ATAC 33.1974, 4/5/6, S.49ff.

Andérez, Manuel, 1973: Las variedades de caña de azúcar en Cuba, in: ATAC 32.1973, 2, S.29-35

Andérez, Manuel, 1974: El instituto de investigaciones de la caña trabaja para el desarrollo cañero, in: ATAC 33.1974, 2/3, S.4ff.

Apacible, Alejandro R., 1965: The potentialities of sugar by-products, in: Sugar News 41.1965 (Juli), S.367-378

Argudin,O./O. Almazan, 1974: La caña de azúcar como base de la producción intensiva de carnes en los trópicos, in: Cuba Azúcar, 1974, Okt./Dez., S. 59-74

Argudin,O./N. Horly, 1968: Estudio de las economías de escala para plantas aisladas de levadura torula, in: ATAC, 38.Conf. 1968, Sección Economía y Organización, S.64-75

37 Conferencia de la ATAC,1967,in: Cuba Azúcar, 1967, Sept.-Okt., S.87

38 Conferencia de la ATAC, 1968, in:Cuba Azúcar, 1968, Nov.-Dez.

39 Conferencia de la ATAC, 1970, in: Cuba Azúcar, 1970,Okt.-Dez.

40 Conferencia de la ATAC, 1972, in: ATAC, 31.1972, 5, S.2-31

Conferencia del ATAC, 1972, in: Cuba Azúcar, 1972, Okt.-Dez., S.3ff.

ATAC 40. The 40th conference of the Cuban Sugar Technologists Association, 1972, in: International Sugar Journal 1972, S.331-334

Atchison, Joseph E., 1962: Bagasse becoming a major raw material for manufacture of pulp and paper. Background, present status, and future possibilities, in: Proc. ISSC, 11. Congress, 1962, S.1185-1204

Atchison, Joseph E., 1963: New developments in sugar cane bagasse pulping, in: Paper Trade J., 1963, May

Atchison, Joseph E., 1965: Experience in developing, building and operating bagasse pulp and paper mills,in: Proc.ISSCT, 12. Congress 1965, S.1827-1843

Atchison, Joseph E., 1968: Some economic factors involved in the utilization of bagasse for the manufacture of pulp and paper, in: Proc.ISSCT, 13. Congress 1968, S.1858-1869

Atchison, Joseph, E., 1971: Review of progress with bagasse for use in industry, in: Proc. ISSCT, 14. Congress 1971, S.1189-1201

Atchison, Joseph E., 1974: Present status and future potential for utilization of bagasse in the pulp, paper and paper board industry: a worldwide review, in: Proc. ISSCT, 15. Congress 1974, S.1851-1864, Durban, Südafrika, 1974

Auchincloss, 1865: Sugar-making in Cuba, in: Harpers Magazine 30.1865 (März), S.446-448

Aufhauser, R. Keith, 1974: Slavery and technological change, in:The Journal of Economic History, 34.1974, 1 (März), S.36-51

El desarrollo de la agricultura cañera en Australia, 1976, in ATAC, 35. 1976, 4, S.12-23

La automatización en la industria azucarera, 1977, in: Cuba Azúcar, 1977 (Jan. - März)

Auty, R.M., 1976: Caribbean sugar factory:size and survival, in: Assn. Am. Geog. Ann. 66. 1976 (März), S.76-88

Azúcar. Síntesis estadístico-analítica 1937-39, Havanna 1939

Badinand, B., 1970/71: Douze ans d'économie sucrière a Cuba ou comment transformer une diversification agricole en "Grande Zafra" 1 u.2., in: Sucerie française, 111.1970, 12, S. 551-558 und 112.1971, 1, S.21-28

Balin, M., 1959: L'économie sucrière des Antilles et son importance dans le commerce mondial du sucre, Thèse, Faculté de Droit et des Sciences économiques de Paris, 1959

Ballinger, Roy A.,1967: Economic research and world sugar problems, in: Science Review (Washington, D.C.), 5.1967, 2, S.23-28

Ballinger, Roy A., 1971: A history of sugar marketing, Washington, D.C.: US Department of Agriculture, Economic Research Service, Agriculture Economic Report No.197, 1971

Barro y Segura, Antonio, 1943: The truth about sugar in Cuba, Havanna 1943

Bartels, D., 1961: Kuba und der Weltzuckermarkt, in: Geographische Rundschau 1961,4, S.166

Bartens/Mosolff, 1976: Zuckerwirtschaftliches Taschenbuch 1976/77, 23. Jg., Berlin 1976

Bates, Thomas H., 1966: The world sugar economy and United States supply policy, unpublished Ph.D. thesis, University of California, Berkeley, 1966

Bates, Thomas H., 1968: The long-run efficiency of United States sugar policy, in: American Journal of Agricultural Economics. American Agricultural Economics Association, Menasha/Wisc. 50. 1968, 3, S.521-535

Batule Díaz, Eduardo, 1972: Influencia de la quema, mecanización y sequía en el proceso industrial, in: ATAC 31.1972, S.21-32

Bell G. A. 1967: Production of dextran in Cuba, in: Cuba Azucar 1967, (Jan.-Febr.), S.14-20 und 33-37

Bender, L.D., 1974: Cuba, the United States and sugar, in: Caribbean Studies, 14. 1974(April),S.155-160

Benîtez, José A.,1970: Biografîa de una industria, in: Casa de las Américas, Havanna, 11.1970, 62, S.26-45

Benîtez, José A.,1976: Las Antillas: Colonización, azúcar e imperialismo, Havanna 1976

Best, Lloyd, 1968: Outlines of a model of pure plantation economy, in: Social and Economic Studies, September 1968

Betancourt, A.F., 1970: La mecanización de la cosecha y sus efectos en la calidad de la caña (Cuba 1964 - 68), in: Cuba Azúcar , 1970 (Juli - Sept.)

Bhola, Ranal / Harold Breimyer, 1970: Cuba. U.S. sugar policy and interim suppliers' dilemma, in: Business and Government Review. University of Missouri, Columbia, 11. 1970, 6, S.3-9

Birolaud, Pierre/Manuel Calvo, 1973: Production de protéines Animales a partir des dérivês de la canne à sucre. Modèle original Cubain,in: Ann.Ntr.Alim. 27. 1973, S.25-50

Blanchon, Michel, 1971: Voyage à Cuba, in: Sucrerie française, 112.1971,1, S.131-135

Blanco, Gladys, 1976: El mercado mundial del furfural y sus derivados, in: ATAC 35.1976, 3, S.30-33

Borrego Díaz, Orlando,1965:Problemas que plantea a la industria,la zafra de 10 milliones de toneladas de azúcar, in: Cuba socialista, April 1965, S.10-30

Borrego Díaz, Orlando, 1966: La tarea económica: el problema fundamental, in: Cuba socialista, 1966 (Okt.), S.161-174

Brannen, C.O., 1942: Limitations of the plantation system as a basis for progress of the tenants, in: Southwestern Social Science Quarterly, 1942 (Dez.), S.260ff.

Brewster, Havelock, 1971a: Sugar: Our life or death?, in: Norman Girvan/Owen Jefferseon (Hrsg.), 1971, S.37-48

Brewster, Havelock, 1971b: The social economy of sugar, in: Norman Girvan/Owen Jefferson (Hrsg.), 1971, S.51-57

Brewster, Havelock, 1971c: Sugar-mechanizing our life or death, in: Norman Girvan/Owen Jefferson (Hrsg.), 1971, S.70-73

Brown, Arthur G., 1971: Sugar without emotion, in: Norman Girvan/Owen Jefferson (Hrsg.)., 1971, S.57-58

Brunner, Heinrich 1977: Cuban sugar policy from 1963 to 1970, Pittsburgh 1977 (Latin American Studies Ser.)

Bryan, Paige, 1974: The Soviet sugar situation 1970-74, 1970-74, o.O.

Bulgaria: La unión azucarera industrial y agraria, in: ATAC, 33.1974, 4/5/6, S.53-54

Burks, M.M., 197: Cuban détente and the political economy of U.S. sugar trade with Latin America. A research paper presented to the examining committee, in partial fulfilment of the requirements for the degree Master of Science. Agricultural Economics Paper, Department of Agricultural Economics, Missouri University (1974) No.40

Campbell, Gavin, 1975: Lage und Aussichten der Zuckerindustrie in Australien, in: Internationales Zuckerkolloquium, London 1975, S.109-117

Campo, G., 1975: El bagazo en la producción de celulosa y sus derivados, in: ATAC 34.1975, 2, S.55-65

Cane mechanization in cuba, 1972, in: International Sugar Journal, London, April 1972, S.107-111

Cantero, 1857: Los ingenios, Havanna 1857

Características y organización de la industria azucarera cubana, 1967, in: Cuba Azúcar, 1967 (Juli - Aug.), S.21-27

Cardonne, Miriam I., 1973: La organización racional del transporte cañero, in: ATAC,32.1973, 3, S.49-55

Casanova, José Manuel, 1949: Cuban economic standard. El patron economico cubano, Havanna 1949

Hacia el incremento de la eficiencia y productividad del centro de acopio, 1974, in: ATAC, 33.1974, 2/3, S.61-64

Centro de Investigaciones de la Caña (CIC), 1972: Efectos de la quema de los campos en la producción de azúcar, in: Economía y desarrollo 1972, 10, S.92-118

Centro de Investigaciones de la Caña (CIC), 1973: Introducción en Cuba del sistema australiano de corte, in: Economía y desarrollo, 1973, 15 (Jan.-Febr.), S.49-72

Cepero, I./ G. Aguilar / M. Fontaines 1976: Comportamiento de la pulpa para disolver del bagazo durante su conversión en viscosa, in: Cuba Azúcar, 1976 /April/Juni), S. 41-48

Cepero Bonilla, Raúl, 1958: Política azucarera, Mexiko 1958

Cepero Bonilla, Raúl, 1960: Azúcar y abolición. Apuntes para una historia crítica del abolicionismo, 2. Aufl. Havanna 1960

Chacón Reyes, J.A., 1966: Antecedentes del azúcar a granel en Cuba, in: Cuba Azúcar, 1966 (Juli - Aug.), S.16-23

Chang. P.K., 1974: Sucrose chemicals and their industrial uses, in: George E. Inglett (Hrsg.): Symposium: Sweeteners, Westport, Connecticut 1974

Chatterjee, Anil C., 1972: Development of sugar machinery manufacture in India, in: Indian Sugar, 1972 (Juli), S.273-275

Chopik, Vladimir, 1973: El desarrollo de la industria azucarera de la URSS en el noveno quinquenio, in. ATAC,32. 1973, 1, S.8ff.

Chopik, Vladimir, 1974: La refinación del azúcar crudo cubano en la Unión Soviética, in: ATAC,33.1974, 2/3, S.18ff.

Se desarrolla con éxito la colaboración soviético-cubana en la industria azucarera, in: ATAC,34.1975, 6, S.9-11

Asociación de Colonos de Cuba, 1959: Análisis global de la situación del colonato desde 1937 a la fecha, Havanna 1959 (Editorial Neptuno, S.A., März 1959)

Colwell, A.W., 1896: Sugar-making machinery in Cuba, in: Cassier's Magazine, 9.1896, 6 (April), S.510-516

Comittee on Agriculture (with the assistance of the Sugar Division of the U.S. Department of Agriculture), 1962: History and operations of the U.S. sugar program, Washington, D.C. 1962

Comte, Antonio, 1972: 9.000 kilometros, in: Cuba internacional, 4.6.1972, S.25-31

Cordoves, M./ J. Lodos/V.K. Suprunchuck, 1975: La obtención de azúcar blanco directo. Comparación técnico-económico de los procesos de sulfitación y carbonatación, in: Cuba Azúcar, 1975 (April-Juni), S.34ff.

Courtenay, P.P., 1965: Plantation agriculture, London 1965

Cuba may build a series of combines in the near future for turning out cellulose and paper with sugar cane bagasse as the raw material. Interview with Dr. Georgy Vamos, in: Granma, W.R., 29.9.1974

Cuenca, Rolando, 1975: La evaluación económica en la reconstrucción y ampliación de centrales azucareros, in: ATAC 34. 1975, 6, S.52-65

Danilenko, Konstantin, 1975: El instituto del azucar de Kiev y la colaboracion sovietico-cubana, in: ATAC, 34.1975, 5, S.18-21

Davalos, Fernando, G., 1978: Machine plant turns over first 2 grinding mills built in Cuba to sugar industry, in: Granma, W.R., 25.6.1978, S.2

Deerr, Noel, 1921: Cane sugar, 2. Aufl., London 1921

Deerr, Noel, 1949: The history of sugar, vol. I and II, London 1949

Denslow, David A., 1975: Sugar production in Northeastern Brazil and Cuba, 1858-1908, in: Journal of Economic History, 25. März 1975, 1, S.260-263

Descamps, Gastón, 1885: La crísis azucarera a la isla de Cuba, Havanna 1885

Díaz Barreiro, Francisco, 1964: Las estaciones experimentales de la caña de azúcar, in: Agrotecnica de Cuba, 2.1964, 4, S.18-23

Díaz Barreiro, Francisco, 1966: Les investigaciones de la caña de azúcar en Cuba, en el momento actual, in: ATAC, 21.1966, 2, S.43-49

DPTO, De Investigaciones, 1969: El central experimental "Pablo Noriega", in: Cuba Azúcar, 1969 (Juli-Sept.), S.9f.

Dubrunfaut, 1873: Le sucre dans ses rapports avec la science, l'agriculture, l'industrie, le commerce, l'économie publique et administrative, Paris 1873, Vol. I, II

Dunn, Richard S., 1973: Sugar and slaves. The rise of the planter class in the British West Indies, 1624 - 1713, London 1973

Dyer, B.W., 1923: Modern methods of marketing Cuban raw sugar, New York 1923

Dyer, B.W., 1968: World sugar statistics, New York 1968

Dyer, Donald R., 1956: sugar regions of Cuba, in: Economic Geography, Clark University, Worcester, Mass. 32.1956,2, S.177-184

Echegoyen, 1827: Fabricación de azúcar, Havanna 1827

La economía azucarera de Cuba en 1955, in: Revista del Banco nacional de Cuba. Havanna, Año 2.1956, 2, S.115-124

La economía azucarera de Cuba en 1956, in: Revista del Banco nacional de Cuba. Havanna, Año 3.1957, 2, S.147-157

La economía azucarera de Cuba en 1957 y perspectivas para 1958, in: Revista del Banco nacional de Cuba. Havanna, Año 4.1958, 3, S.293-311

La economía azucarera de Cuba en 1958 y perspectivas para 1959, in: Revista del Banco nacional de Cuba. Havanna, Año 5.1959, 2, S.163-190

Economics of pulp and paper manufacture from sugar cane bagasse,1955, in: UN,FAO, Pulp and paper prospects in Latin America, New York 1955, S.250-364

Eisenberg, Peter L., 1974: The sugar industry in Pernambuco. Modernizing without change 1840-1910, Berkely, Los Angeles, London 1974

Ellis, Ellen Deborah, 1905: An introduction to the history of sugar as a commodity, Philadelphia 1905

Ellis, Lippert S., 1933: The tariff on sugar. Raleigh Foundation, Freeport, Ill. 1933

Ely, Roland T., 1963: Cuando reinaba su majestad el azucar, Buenos Aires 1963 (Edit. Sudmaericana)

Ely, Roland T., 1967: Cuba and sugar - four centuries of evolution, in: Caribbean Studies, 7.1967, 3, S.65-76

Estadísticas de la industria azucarera, 1957, in: Levi, Marrero: Geografía de Cuba, 3.Aufl. Havanna 1957, S.675-682, Anhang 4

Estevez, R./O. Almazan , 1974: Production of proteins via torula yeast, different alternatives, in: Sobre Derivados de la Caña de Azucar, 8.1974, 2 (Mai-Aug.), S.51-62

Exporting a factory, 1970: in: Tate & Lyle Times, Jan . 1970, S.5-6

Fabric Aguilar Cuba, in: Bohemia 66.1974, 6, S.88-93

Supera el 40 % de su ejecución la fábrica de combinadas de Holguin, in: ATAC 35.1976, 2, S.32-33

FAO (Food and Agriculture Organization of the United Nations) 1961: The world sugar economy in figures, 1880 - 1959, Rom 1961

Faris, J.A.; 1928: Colonia, sizes and cane yields, in: Facts about sugar 23, 21.Juli 1928

Feria, José/F. Penabaz Suárez/A. Moreno Vlieta, 1970: Microlocalización y tamaño óptimo de plantas de madera a partir de bagazo sobrante, in: ATAC, 39. Conf., Sección de Economía y Organización, 5. - 17. Okt.1970

Fernández, Tony, 1969: Cane-conditioning center plus Henderson combines: integral system of mechanized sugar cane harvesting, in: Granma, W.R., 21.9.1969, S.8

Fernández, Wilfredo, 1975: Aprueban Cuba y México protocolo para el desarrollo azucarero, in: ATAC 34.1975,4, S.34-36

Fernández Chaviano, Leovigildo, 1970: Desarrollo actual y perspectivas del Instituto de Investigaciones de la Caña de Azucar, in: ATAC, 29.1979, S.216ff.

Fernández Font, Marcelo, 1973a:Discurso en la Conferencia de las Naciones Unidas para un nuevo convenio azucarero, in: ATAC, 32.1973, 3, S.2-9

Fernández Font, Marcelo, 1973b: The United Nations conference on sugar, 1973, in: Granma, W.R., 24.6.1973, S.10

Ferrán Oliva, Juan, 1972a:Cuantos trabajadores necesita una central, in Economía y Desarrollo, 1972, 11 (Mai-Juni), S.111-128

Ferrán Oliva, Juan, 1972b: Las microinversiones y la productividad en la industria azucarera, in: Economía y Desarrollo, 1972, 14, S.114-128

Ferrán Oliva, Juan, 1973a: Tendencia de los rendimientos agrícolas de los paises cañeros, in: ATAC, 32.1973, 5/6, S.2-15

Ferrán Oliva, Juan, 1973b: El camino hacia la innovación tecnológica autóctona en la industria azucarera cubana, in:Cuba Azúcar, 1973 (Okt.-Dez.), S.46ff.

Ferrán Oliva, Juan, 1975: ?Cuál es el tamaño económico de una central?, in: ATAC, 34.1975, 4, S.4-21

Ferrán Oliva, Juan, 1976: Economía de la duración de la zafra, in: Economía y desarrollo, 1976 (Mai-Juni), S.75-109

Ferrara, Orestes, 1931: Las pérdidas que se deriven del alto arancel azucarero, in: El problema económico de Cuba, Bd.II, Havanna 1931

From field to factory. A look at Cuba, in: Sugar y Azucar, Dez. 1972, S.25

Galban, I./P. Lezediev, 1975: La obtención de azúcar blanco a partir de crudo, in: Cuba Azúcar, 1975 (Okt.-Dez.), S.3ff.

Gallega, Antonio C., 1873: The Pearl of the Antilles, London 1873

Gálvez, Dania, 1975: Patentes azucareras: el registro de invenciones como patentes, in: ATAC, 34.1975, 5, S.44-50

Gálvez, Guillermo, 1976: El desarrollo de la agricultura cañera en Australia, in: ATAC 35.1976,4, S.12-22

Gálvez Taupier, L.O., 1974: Estrategia de Dirección en la actividad de investigación y desarrollo, in: Cuba Azúcar, 1974 (Okt.-Dez.), S.3ff.

García Díaz, Manuel, 1972: Sistema de abastecimiento técnico-material para la industria azucarera, in: Economía y Desarrollo, 1972, 10, S.146-162

Gatria, José, 1959: El complejo industrial azucarero de Cuba, in: Humanismo (Havanna) Nr.55-56, Mai -Aug. 1959

Gerling,Walter, 1935: Die wirtschaftsgeographische Entwicklung der Insel Kuba unter besonderer Berücksichtigung des Problems Kapitalismus und Landwirtschaft, Solingen-Ohligs 1935

Gerling, Walter, 1954a: Die Plantagenwirtschaft des Rohrzuckers auf den Großen Antillen. Ein Beitrag zur Agrargeographie der Tropen, Würzburg 1954

Gerling, Walter, 1954b: Die Plantage. Fragen ihrer Entstehung, Ausbreitung und wirtschaftlichen Eigenart, Würzburg 1954

Goizueta-Mimo, Felix, 1975: Azúcar amargo Cubano: Monocultivo y dependencia económica, Philadelphia 1975

Goldsborough, George H./Kenneth E. Anderson, 1955: Possibilities for expanding the market for sugar cane bagasse, Mktg.Res.Rpt. No.95, Agr.Mktg. Serv., U.S. Dept. of Agriculture, 1955

Gómez Gonzáles, Rafael, 1970: Producción de levadura seca Torula y algunos aspectos técnico-económicos de la misma, in: ATAC, 39. Conf.1970, Sección de Productos Derivados, S.236-257

González Alvarez, Gilberto, 1972a: Azúcar a granel en Cuba, in: Cuba Azúcar, 1972 (Jan.-März), S.14-19

González Alvarez, Gilberto, 1972b: Desarrollo de los centros de acopio de caña de azúcar en Cuba, in: Cuba Azúcar, 1972 (April-Juni),S. 43-46

González Alvarez, Gilberto, 1972c: Unidad experimental "Pablo Noriega", in: Cuba Azúcar, 1972 (April-Juni), S.16ff.

González, N./J. Kopocky/I. Votruba, 1975: Study on fodder yeast composition, in: Cuba Azucar, 1975 (Juli-Sept.), S.33-52

González Flores, Maria D./Miguel A. Vázquez García, 1975: Estudio comparativo de fibras de plantas anuales con vista a sa utilización en la industria papeleras, in: Sobre los derivados,9.1975,2, S.9-17

González Maiz, Julio C., 1966: Progreso tecnológico azucarero, in: ATAC, 21.1966,2, S.7-14

González Maiz, Julio, 1972a: La "ICUMSA" un organismo eficaz en el desarrollo de los métodos de análisis, in: ATAC, 31.1972, S.18-21

González Maiz, Julio, 1972b: Respuestas a algunas preguntas sobre la quema programada de caña, in: ATAC, 31.1972, 4, S.66-68

Greaves, I.C.,1935: Modern production among backward peoples, London 1935

Grunwald, Joseph/Philip Musgrave, 1970: Natural Resources in Latin American Development, darin Kap.12: Sugar, S.345-364, Baltimore/London 1970

Guerra y Deben, José Antonio, 1964: Appendix zu: Guerra y Sanchez, Ramiro: Sugar and Society in the Caribbean, New Haven, London 1964

Guillen Benitez, Ramón, 1969: Plan de automatización de la industria azucarera de Cuba, in: Cuba Azúcar, 1969 (April-Juni), S.2-12

Gutiérrez, Pedro Luis, 1977: La producción de pulpa y papel a partir de bagazo, in: Sobre los derivados..., 11.1977, 2/3, S.27-32

Gutiérrez, Pedro Luis/J. Cepero /R. Bambanaste, 1975: Pulpa para disolver a partir del bagazo, in: ATAC, 34.1975, 1, S.38-47

Gutiérrez Valladon, Viriato, 1936: El problema mundial del azúcar, Madrid 1936

Hagelberg, Gerhard B. (Hrsg.), 1965: El primer forum nacional azucarero, Havanna 1965

Hagelberg, Gerhard B.,1969: Strukturwandlungen in der Weltzuckerwirtschaft seit 1960, in: Jahrbuch für Wirtschaftsgeschichte,Berlin, 1969, Nr.4,S.99-115

Hagelberg, Gerhard B., 1971a: Die Weltzuckerwirtschaft im letzten Jahrzehnt, in: Die Lebensmittel-Industrie, 18.1971, 8, S.295-298

Hagelberg, Gerhard B., 1971b: Anhaltspunkte zur vergleichenden Wirtschaftsgeschichte von Rohr- und Rübenzucker bis zur Mitte des 20. Jahrhunderts, in: Jahrbuch für Wirtschaftsschichte,1971, Nr.3, S.141-180

Hagelberg, Gerhard B., 1972: Zur Rolle der Rübenzuckerindustrie bei der Intensivierung der Landwirtschaft in Deutschland im 19. Jahrhundert, in: Jahrbuch für Wirtschaftsgeschichte, 1972, Nr.4, S.215-219

Hagelberg, Gerhard B., 1973a: Economic comparisons: The cautionary case of beet and cane sugar, in: Economy and History, Lund, 16, 1973, S.37-54

Hagelberg, Gerhard B., 1973b: Problems in devising new sugar policies, in: Zeitschrift für die Zuckerindustrie, 23.1973, 6, S.332-336

Hagelberg, Gerhard B., 1974a: The Caribbean sugar industries, Antilles Research Program Occasional Papers, New Haven,Conn.3,1974

Hagelberg, Gerhard B., 1974b: Some problems of sugar statistics with special reference to Cuba, in: Zeitschrift für die Zuckerindustrie 24. 1974, 8, S.433-437

Hagelberg, Gerhard B., 1975: Sugar, in: Cheryl Payer (Hrsg.): Commodity trade of the Third World, London 1975, S.104-128

Hagelberg, Gerhard B., 1976a: Outline of the world sugar economy, Institut für die Zuckerindustrie, Berlin 1976, Forschungsbericht Nr.3

Hagelberg, Gerhard B., 1976b: Structural and institutional aspects of the sugar industry in developing countries, Institut für Zuckerindustrie, Berlin 1976, Forschungsbericht Nr.5

Harbron, J.D., 1975: Cuba's sugar industry: confident and changing, in: Sugar y Azucar 70.1975, S.36-38 u.110-112

Harris, S./J. Smith, 1973: World sugar markets in a state of flux, London 1973

The Havana harvest plenary session, in: Granma, W.R., 10.1.1971, S.3

Hernández S., José, 1972: Colaboran con Cuba la ONUDI y la FAO para la producción de papel y pulpa a partir del bagazo de la caña, in: ATAC, 31.1972, 4, S.16-19

Hernández, Jesús, 1973: Criterios de evaluación de inversiones en la industria azucarera, in: Economía y Desarrollo, 1973, 18, S.113-123

Hernández, Jesús, 1974: Estudios sobre economías de escala en ingenios crudos, in: Economía y desarrollo, 1974, 23 (Mai-Juni), S.95-111

Herrera, Raúl, 1965: Problemas que plantea a la agricultura una zafra de 10 milliones de toneladas , in: Cuba Socialista, März 1965, S.1-23

Hicks, Frederick, 1972: Making a living during the dead season in sugar producing regions of the Caribbean, in: Human Organization, 31, Spring 1972, 1, S.73-81

Hirschmüller, H./H.J. Delavier, 1969: Vor der großen Zafra. Die Zuckerwirtschaft in Kuba 10 Jahre nach der Revolution, in: Zeitschrift für die Zuckerindustrie, 19.1969, 2,S.74ff.

Hitchman, James H., 1970: U.S. control over Cuban sugar production 1898-1902, in: Journal of Inter-American Studies and WorldAffairs. Center for Advanced International Studies. Univ.of Miami, Coral Gables/Fla. 12.1970,1, S.90-106

Hoernel, Robert H., 1976: Sugar and social change in Oriente, Cuba, 1898 - 1946, in: Journal of Latin American Studies, 8.1976, 2, S.215-249

Hudson, J.C., 1975: Sugar cane: energy relationship with fossil fuel, in: Sugar Journal, 38.1975, 5 (Okt.), S.25-28

Hugill, Antony, 1978: Sugar & all that: A history of Tate & Lyle, London 1978

Humbert, R.P., 1974: Totally mechanized sugar cane harvest, in: World Farming, Kansas City, Ohio, 16.1974, 5, S.5-7

Hurtado, Ramón, 1972: Evaluación económica de los diferentes sistemas de transporte cañero, in: Economía y Desarrollo, 1972, 14, S.92-112

ICIDCA, 1966a:La industria alcoholera de Cuba, in: Cuba Azúcar, 1966, 2, S.3-25

ICIDCA, 1966b: Aufgaben des Instituto Cubano de Investigaciones de los Derivados de la Caña de Azúcar, in: Cuba Azúcar, 1966 (Juli-August),S.34-36

ICIDCA (Rama Azucar), 1967: Distintos aspectos relacionados con la producción de levadura en Cuba, in: Cuba Azúcar, 1967, (Mai-Juni), S.19-26

ICIDCA, 1968: El Instituto Cubano de Investigaciones de los Derivados de la Caña de Azúcar, in: ATAC, 23.1968, S.157-184

ICIDCA, 1969: Política directiva sobre desarrollo têcnico, Havanna 1969

X Años del ICIDCA,in: Sobre los derivados de la caña de azúcar, 1973 (Mai-Aug.), S.1-55

Los diez anos del ICIDCA, in:ATAC, 32.1973, 3, S.26ff

ICINAZ, Dpto. de Investigaciones Agro-Industriales del, 1974: Hacia el incremento de la eficiencia y productividad del centro de acopio, in: ATAC, 33.1974, 2/3, S.61-65

Iglesias, Ciro/Juan A. Silveira, 1974: Clasificación y exigencias agrotécnicas de las cosechadoras cañeras en Cuba, in: ATAC, 33.1974, 1, S.4-12

Imrie, F.K.E./K.J. Parker, 1974: Prospects for the industrial utilization of sugar, in:ISSCT, XV. Congress 1974, S.1864-1876, Durban,Südafrika 1974

Installation eines De-Smet-Extraktionsapparates in Kuba, in: Cuba Azucar, 1967, 2, S.30.

International Labour Organization, 1950: Basis Problems of Plantation Labour, Genf 1950

International Sugar Council, 1963: The world sugar economy: structure and policies, 2 vols., London 1963

International Sugar Council Organization, 1976: Sugar Yearbook 1975, London 1976

James, L.A., 1975: Sugar cane for livestock, in: World Crops, 27.1975, 4 (Juli-Aug.), S.156f.

Jenks, Leland Hamilton, 1970: Our Cuban colony. A study in sugar, New York 1970

Johnson, Harry G., 1966: Sugar protectionism and the export earnings of less-developed countries: Variations on a theme by R.H. Snape, in: Económica, Vol.33, 1966, Nr.129, S.34-42

Jones, W.O., 1968: Plantations, in: D.L. Sills (Hrsg.): International Encyclopedia of the Social Sciences, neue Aufl. 1968, Bd.12, S.154-158

Jones, Cluster Lloyd, 1939: Sugar in inter-American relations, in: Inter-American Quarterly, I, 1939 (Juli)

Knübel, Hans, 1967: Kuba bleibt eine Zuckerinsel, in: Geographische Rundschau, Braunschweig, 19.1967, 4, S.149-152

Kort, M.J., 1975: The industrial utilization of sugar and mill by-products. A literature survey, Durban, Südafrika 1975ff.

Kubas Zuckerproduktion im Weltmaßstab, in: Cuba Azúcar, 1968 (Jan.-Febr.), S.37-40

Labour in the Cuban sugar industry, in: International Labour Review,Genf, 20.1929, S.424-429

Lachmann, A., 1975: The role of sucrose in foods, Bethesda, Maryland 1975

Lage, Marcos, 1971: Las actividades de la industria azucarera y de la zafra en los proximos años, in: ATAC, 26.1971, S.6-19

Large, Marcos, 1973: Algunas ideas sobre la mecanización y limpieza en la recolocción de la caña de azúcar, 1 - 4 , in: Cuba Azúcar, 1973 (April-Juni und Juli-Sept.)

Laurie, C.K./ L.A. James/T.M. Mayers, 1973: New perspectives for sugarcane, in: Proc.West Indies Sug.Cane Technol., Barbados 1973

Lefrançois, L., 1973: Yeast for human nutrition can be obtained economically from sugar plants, in: Annales d'Hygiène de Langue Française - Médecine et Nutrition, 9.1973, 3, S.33-38

León, Raúl, 1965: La nueva legislación azucarera de Estados Unidos, in: Cuba Socialista, 5.1965, 51, S.105-114

Le Riverend Brusone, Julio, 1944: Sobre la industria azucarera de Cuba durante el siglo XIV, in: El Trimestre Económico, 11.1944, S.52-70

Le Roy y Gálvez, Luis Felipe, 1966: Bosquejo del desarrollo de la Química en Cuba, in: ATAC, 21.1966, 2, S.15-27

Lodos, Jorge, 1967: Perspectives for furfural research in Cuba, in: Cuba Azucar, 1967, 3, 27-31

Lodos, Jorge, 1977: El objetivo: más azúcar con menos área con la mayor eficiencia, in: ATAC, 36.1977, 2, S.14-17

Lodos, Jorge/N. La Serna/V. Bello, 1974: La producción de mieles de bagazo, in: Cuba Azúcar, 1974 (April-Juni), S. 57ff.

López, E./A. Dávila, 1976: Un estudio comparativo de 56 variedades de caña de azúcar, in: ATAC, 35.1976, 4, S.30-54

Luis Maribota, José/Odelin Mesa Bello, 1966: La dextrana, in: ATAC, 21.1966, S.65-73

Lynsky Myer (Hrsg.), 1938: Sugar Economics. Statistics and documents, New York 1938 (U.S. Cane Sugar Refiners Association)

Machado Brito, E., 1946: Vazcane cane fibre board, in: Sugar, 41. 1946, 11, (Nov.), S.28-30

Manas, Arturo M., 1953: Política azucarera de Cuba para el futuro, Havanna 1953

Mandle, Jay R., 1972: The plantation economy: an essay in definition, in: Science and Society, 26.1972, 1, S.49-62

Mandle, Jay R., 1973: The plantation economy: Population and economic change in Guayana, 1938-1969, Philadelphia 1973

Manual azucarero de Cuba, Havanna 1971

Le marché des produits tropicaux en 1972: sucre:très forte hausse, in: Marchés Tropicaux et Méditerranéens, Paris, 28.1973, 1419, S.174-176

Martínez, T.R., 1967: New goals in the development of the Cuban sugar industry, in:Cuba Azúcar, 1967, 3, S.2-18

Maxwell, F., 1927: Economic aspects of cane sugar production, London 1927

McBride, G.M., 1934: "Plantation", in: Encyclopedia of the Social Sciences, New York 1934

Mecanización de la caña en Cuba, in: Cuba Azúcar, 1977, (Jan.-März)

Menendez Cruz, Alfredo, 1962: Problemas de la industria azucarera, in: Cuba Socialista, 1962, 12 (Aug.), S.1-17

Menendez Cruz, Alfredo, 1963: Algunas experiencias de la zafra de 1963, in: Cuba Socialista, 3.1963, 23, S.11-28

El mercado mundial de azúcar, in: Economía y desarrollo, 1974, 24 (Juli -Aug.), S.199-217

Mikusch, G., 1930: Kuba, Haiti und Louisiana als Zuckerländer, Berlin 1930

Mikusch, G., 1932: Geschichte der internationalen Zuckerkonventionen, Berlin 1932

Milovanov, Alejandro/Yara Olguin/Elvia Corona, 1969: Posibilidad de la obtención de furfural de paja, meollo y bagazo. Obtención de furfural en equipos semi-industriales, in: Sobre los derivados 1969, S.3-10

MINAZ (Centro de Documentación) 1973: Información Azucarera, Bd. 1 u.2, Havanna 1973

MINAZ, 1976: Perspectiva de la industria cañera cubana. Su integración y principales problemas a resolver a mediano y largo plazo, in: Cuba Azúcar, 1976 (April-Juni), S.4-13

Mintz, S.W., 1959: The plantation as a sociocultural type, in Pan American Union, Plantation systems of the new world, Washington, D.C., 1959

Mintz, S.W., 1966: The industrialization of sugar production and its relationship to social and economic change, in: Background to revolution. The development of modern Cuba, New York 1966, S.176-186 (Borzoi Books on Latin America)

Molina, Gabriel, 1977: Prímera reunión nacional científico-técnica de azúcar y sus derivados, in: ATAC, 36.1977, 4, S.39-41

Molina, Rafael, 1973: El proyecto Cuba 9 y las investigaciones sobre papel periódico y pulpa para dissolver, in: ATAC, 32.1973, 6 (Sept.-Dez.), S.40-48

Mollett, J.A., 1961: Capital in Hawaian sugar: its formation and relation to labor and output, 1870 - 1957, in: Agricultural Economics Bulletin 21. 1961 (Juni)

Monte, Armelio del, 1975: Metodología para la investigación económica,in: ATAC, 34.1975, 3, S.36-45

Moreno Fraginals, Manuel, 1964: El ingenio. El complejo económico-social en Cuba del azúcar. Bd.1: 1760 - 1860, Havanna 1964

Moreno Fraginals, Manuel , 1968: Desarrollo de la producción azucarera en el siglo XIX, in: Cuba Azúcar, 1968 (Mai-Juni)

Moreno Fraginals, Manuel, 1970: Desgarramiento azucarero e integración nacional, in: Casa de las Américas, 11.1970, 62, S.6-25

Moreno Fraginals, Manuel, 1978: Sugarmill. The socioeconomic complex of sugar in Cuba 1760 - 1860, New York 1978

Moya Herrera, Sixto, 1976: Entrevista a Rafael Francia Mestre: Este es un momento trascendental para la agricultura cañera, in: ATAC, 35.1976,5, S.26-29

Muniz, S./F.Morcieg/T.R. Preston, 1970: Commercial fattening of bulls on molasses-urea, fishmeal and restricted forage under feedlot conditions, in: Revista cubana de ciencia agricola, 4.1970, 91

El nacimiento de la industria azucarera en Cuba, in: Cuba Azúcar, 1974 (Januar-März), S.51-75

Noa Silverio, H., 1973: Economic evaluation of sugar industry derivatives, in: J.A.S.T.J., 34.1973, S.20-28

Noa Silverio, H./L. Rodríguez Pérez, 1970: El proceso de evaluación técnico-económica en el ICIDCA, in: 39.Konf.d. ATAC 1970, Section: Economía y Organización

Ocampo, G./R. Blanco / R. Suarez/L. Draganov/ V. Sokolov/ V.Kostov, 1976: La hidrólisis química del bagazo en escala industrial, in: Cuba Azúcar, 1976 (Okt.-Dez.), S.25-30

Olguín, Yara, 1969: Posibilidad de utilización en Cuba del Furfural y algunos de sus derivados, in: ATAC, 24.1969, S.221-230

Oramas, Joaquim; 1974: Cuba may build a series of combines in the near future for turning out cellulose and paper with sugar cane bagasse as the raw material. Interview with Dr. Georgy Vamos, in: Granma, W.R., 29.12.1974, S.6

Ortega, Santiago, 1975: Produjo el ICINAZ azúcar blanco directo a escala industrial, in: ATAC, 34.1975,3, S.28-31

Ortíz, Fernando, 1966: Tobacco and sugar. The blending which produced the culture of Cuba, in: Background to revolution. The development of modern Cuba, New York 1966, S.168-175 (Borzoi Books on Latin America)

Ostafrikanische Länder investieren in den Aufbau der Zuckerindustrie, in: Blick durch die Wirtschaft, 27.3.1979

Overchuk, Feodor/Ricardo Oviaño, 1977: Hacia una óptima organización de la granja cañera, in: ATAC, 36.1977, 1, S.42-51

Oviaño, Ricardo, 1973: La agricultura cañera se transforma para multiplicar la producción, in: ATAC, 32.1973, 4, S.2-19

"Pablo Noriega" Experimental sugar mill, in: Cuba Azúcar, 1969 (Juli-Sept.), S.35-38

Pagará la Unión Soviética a Cuba 30 centavos la libra de azúcar en el quinquenio 1976-1980, in ATAC, 35.1976,2, S.6-8

Parish, D.H. 1965: The use of protein in sugar cane as an animal feed, in: Proc. 12. Congr. ISSCT 1965, S.1857-1864

Pedrosa Puertas, Rafael, 1970a: Apertura de la XXXIX Conferencia. Palabras del Presidente de la ATAC, in: ATAC 29.1970,S.212ff.

Pedrosa Puertas, Rafael, 1970b: Clausura de la XXXIX Conferencia. Informe del Presidente de la ATAC, in: ATAC, 29.1970, S.233ff.

Pedrosa Puertas, Rafael, 1972: Computers and control of the Cuban sugar production, in: Cuba Azucar, 1972 (Jan.-März), S.45-55

Pérez de Alejo, H./P. Friedman/A. Fernández, 1973: La simulación del proceso de fabricación de azúcar crudo, in: Cuba Azúcar, 1973 (Okt.-Dez.), S.3-16

Pérez Cisneros, Enrique, 1957: Cuba y el mercado azucarera mundial, Havanna 1957

Peterson, Ralf O., 1966: Mechanized harvesting. A materials handling problem, in: Sugar y Azúcar, New York, 61.1966,8, S.30

Petushkov, Ivan, 1975: Desarrollo integral de la industria azucarera de Cuba, in: América Latina, Moskau, 1.1975, S.29-44

Pezuela y Lobo, Jacobo De La, 1863-1866: Diccionario geográfico, estadístico e histórico de la isla de Cuba, 4 Bde., Madrid 1863-1866

Posada, E.D., 1976: 15 años de revolución en la producción azucarera, in: Cuba Azúcar, 1976 (Jan.-März), S.17-25

Portell Vilá, Herminio, 1942: La industria azucarera y su futuro, Havanna 1942

Pozo, Alberto, 1972: ?Como es posible? (Sistema de corte australiano), in: Bohemia, 64.1972, 20, S.14-19

Prado, Wilfredo, 1973: Programación de una zafra óptima, in: ATAC, 32.1973, 4, S.51-60

Preston, T.R., 1969: Symposion on beef from the tropics: (3) Beef from sugar cane, in: Revista cubana de ciencias agricolas, 3,1969.

Preston, T.R., 1972: Fattening beef cattle on molasses in the tropics, in: World animal review, 1972,1, S.24-29

Preston, T.R., 1974: Sugar cane as the basis for beef production in the tropics, in: ISSCT Proc. XV. Congress 1974, S.1895-1915

Preston, T.R., 1975: Sugar cane as a basis for intensive animal production in the tropics, in: Tropical Products Institute, Proc. of the Conf. on animal feeds of tropical and subtropical origin, London 1975, S.69-84

Preston, T.R./Hagelberg, G.B., 1967: Turning sugar into meat, in: New Scientist, London, 5.Okt.1967, S.31ff.

Preston, T.R./M.B. Willis, 1969: Sugar cane as an energy source for the production of meat, in: Outlook on Agriculture, Bracknell, 6.1969, 1, S.29-35

Price, David E., 1971: The politics of sugar, in: The review of politics, Notre Dame/Ind., 33.1971, 2, S.212-232

Prinsen-Geerlings, H.C., 1912: The world's cane sugar industry, past and present, Amsterdam 1912

Probleme des kubanischen Zuckerplans bis 1970, in: G. Kohlmey (Hrsg.),1965, S.103-105

Increased productivity from harvesting whole cane from burned-over fields, using mechanized loading, in: Granma, W.R., 7.2.1971, S.4-5

Los productos de la industria azucarera como fuente de alimentación animal en el trópico, in: Sobre los derivados, 11.1977, 2/3, S.32-54

Proposiciones sobre las perspectivas para el desarrollo de la mecanización de la cosecha en Cuba, in: Simposio sobre la mecanización de la cosecha de la caña, Universität Havanna 1970

Quesada González, R., 1973a:Normalización de equipos de evaporación en la industria azucarera cubana, in: Cuba Azúcar, 1973 (April/Juni), S.53ff.

Quesada González, R., 1973b: Normalización de equipos de calentamiento de jugo en la industria azucarera cubana, in: Cuba Azúcar, 1973 (Okt.-Dez.), S.33ff.

Quesada González, R., 1974a: Normalización de equipos de cristalización en la industria azucarera cubana, in: Cuba Azúcar, 1974 (Jan.-März), S.3ff.

Quesada González, R., 1974b: Normalización de equipos de clarificación de jugo en la industria azucarera cubana, in: Cuba Azúcar, 1974 (Okt.-Dez.) S.10ff.

Ramos, Emiliano, 1960: Fabricación de papel periódico a partir del bagazo, in: ATAC, 19.1960, S.219-225

Ramos Grau, R., 1948: News of the Cuban sugar industry, in: Sugar, Nov. 1948

Ramon Ruiz, Angel, 1957: Modern Cuba. Recent progress in by-products development, in: Sugar Journal, 20.1957, S.50-52

Rebello, Carlos, 1860: Estados relativos de la producción azucarera de la isla de Cuba, Havanna 1860

Regalado, Antero, 1965: Los pequeños agricultores y el plan azucarero para 1970, in: Cuba Socialista, 5.1965, 48, S.36ff.

Reunion nacional sobre la cosecha de la caña, in: ATAC, 33.1974, 2/3, S.26-30

Reynolds, Philip Koep,1924: The story of Cuban sugar, Boston 1924

Reynoso, Alvaro, 1862: Ensayo sobre el cultivo de la caña de azúcar, Havanna 1862

Risquet Valdés, Jorge, 1964: Algunas experiencias de las brigadas de corte y alza mecanizada de la caña en Oriente, in: Cuba Socialista, 4.1964, 34, S.65-83

Rivero, Raúl, 1975: Subscriben Cuba y la URSS protocolo para el desarrollo azucarero cubano, in: ATAC, 35.1975, 6, S.38-39

Rodríguez, Andrês, 1974a:ICINAZ,Instituto Cubano de Investigaciones Azucareras, in: Cuba Azúcar, 1974 (Jan. - März, S.17-19

Rodríguez, Andrês, 1974b: Es inagotable (bagazo), in: Bohemia, 66.1974, 25, S.26-30

Rodríguez, Andrês, 1974c: Una base de apoyo. Hierro y bronze (Empromec) , in: Bohemia, 66.1974, 38, S.26-31

Rodríguez,Magali F., 1972: Las 39 Conferencias de la ATAC, in: ATAC, 31.1972, 4, S.42-50

Rodríguez Calderon, Mirta, 1971: Fidel sees tests on Australian system of cutting cane, in: Granma, W.R., 7.2.1971, S.1

Rojas, Marta/Juan Marrero, 1972: Ujtomski, in: Granma, W.R., 10.12.1972, S.8

Rosenfeld, Arthur Hinton, 1955: Sugar cane around the world, Chicago 1955

Rowe, J.F., 1965: Primary commodities in international trade, Cambridge University Press 1965

Ryder, W.D., 1969: Feeding Cuba's livestock, in: New Scientist, 18.9.1969

Sashilov, Nicolai, 1977: Organización de la estructura de dirección de las unidades de producción azucarera en las URSS, in: Cuba Azúcar, 1977 (April-Juni), S.21-27

Salomón Llanes, Roberto, 1973: Encuentro de los técnicos de refinación de la industria azucarera, in: ATAC, 32.1973, S.37-39

Salomón Llanes, Roberto, 1974a: Nuestra encuesta. Cuáles son las medidas fundamentales a adoptar para elevar la eficiencia de la zafra en el aspecto industrial?, in: ATAC, 33.1974, 1, S.29-31

Salomón Llanes, Roberto, 1974b: III Seminario nacional de administradores del MINAZ, in: ATAC, 33.1974,2/3

Salomón Llanes, Roberto, 1975a: Nuestra encuesta. Cuáles son las medidas fundamentales para asegurar el desarrollo de la mecanización de la cosecha cañera?, in: ATAC, 34.1975, 1, S.28-32

Salomón Llanes, Roberto, 1975b: El tercer encuentro nacional de jefes de maquinarias de la industria azucarera, in: ATAC, 34.1975, 1, S.48f.

Salomón, Llanes, Roberto, 1975c: Nuestra encuesta. Cuáles son las medidades fundamentales a adoptar para disminuir el tiempo perdido industrial por roturas e interrupciones operativas?,in: ATAC, 34.1975, 2, S.33-35

Salomón Llanes, Roberto, 1975d: Reunión del CAME para la industrialización del bagazo, in: ATAC, 34.1975, 2, S. 42-44

Salomón Llanes, Roberto, 1975e: La primera jornada científica del IICA, in: ATAC, 34.1975, 1, S.60-61

Salomón Llanes, Roberto, 1976a: Un año de vida del CIDMA, in: ATAC, 35.1976, 2, S.9-11

Salomón Llanes, Roberto, 1976b: El primer encuentro de transporte de la industria azucarera, in: ATAC, 35.1976, 3, S.24-29

Salomón Llanes, Roberto, 1976c: La estación cuarentenaria de la caña de Azúcar en la Isla de Pinos, in: ATAC, 35.1976, 3, S.38-41

Salomón Llanes, Roberto, 1976d: Se celebrará en octubre la tercera reunión nacional de variedades, in: ATAC, 35.1976, 4, S.8-11

Salomón Llanes, Roberto, 1976e: El quinto seminario de superación técnica para administradores de la industria azucarera, in: ATAC, 35.1976, 4, S.26-29

Salomón Llanes, Roberto, 1977a: Señalan tareas de la BTJ (brigadas técnicas juveniles) en la rama azucarera, in: ATAC, 36.1977, 1, S.52-54

Salomón Llanes, Roberto, 1977b: Producira Holguin mas del 70 % de los equipos agricolas, in: ATAC, 36.1977, 2, S.36-37

Salomón Llanes, Roberto, 1977c: Por la calidad y superación técnica, in: Cuba Azúcar, 1977 (Jan.- März)

Salomón Llanes, Roberto, 1977d: Se efectúa en la Habana la VI reunión de GEPLACEA, in: ATAC, 36.1977, 2, S.4-12

Scott Walter, 1950: The industrial utilization of sugarcane by-products. Caribbean Comm. Central Secretariat, Kent House, Port-of-Spain, Trinidad, 1950

Secretaría de agricultura, comercio y Trabajo, 1915: Industria azucarera de Cuba 1913 - 1914, Havanna 1915

Seidel, G.M., 1930: The Vazcane process, in: Ind.Eng.Chem. 22. 1930,7 (Juli),S.765-768

Primer encuentro nacional de seguridad industrial, in: ATAC, 33.1974, 4/5/6, S.51ff.

Sheridan, Richard B., 1974: Sugar and slavery. An economic history of the British West Indies, 1623 - 1775, Baltimore, Maryland 1974

Sheridan, Richard B., 1976: Sweet malefactor: the social costs of slavery and sugar in Jamaica and Cuba, 1807-54, in: Economic History Review, 29.1976 (Mai), S.236-257

Shishov, L.L./R. Villegas/V. Shishova, 1974: Los principales suelos cañeros de Cuba, clasificación y características, in: Cuba Azúcar, 1974 (Juli/Sept.), S.11ff.

Silva León, Arnaldo, 1975: Cuba y el Mercado internacional azucarero, 2. Aufl. Havanna 1975

Silveira Remus, J.A., 1974: Physico-mechanical properties of sugar cane and the geometric and kinetic parameters that influence sugar cane cutting, in: ISSCT 1974, Proc.XV.Congress, S.1074-1087, Durban, Südafrika 1974

Sitterson, J. Carlyle, 1953: Sugar Country: The sugar cane industry in the south, 1793 - 1950, Lexington 1953

Snape, R.H., 1963: Some effects of protection in the world sugar industry. Economica, 30.1963, 117, S.63-73

Sosa Diaz, Diana M., 1978: World-renowned Havana Club Rum celebrates its 100th anniversary, in: Granma, W.R., 8.10.1978, S.6f.

Srinivasa, V.R./S.R. Pathak, 1961: A century of utilization and fundamental work on sugar cane bagasse, Teil 1 und 2, in: The International Sugar Journal, 1961, (Mai), S.142-144, und (Juni), S.176-178

Sturrock, Ford G., 1969: Sugar beet or sugar cane, in: Journal of Agricultural Economics, Reading, 20.1969, 1, S.125-131

Suárez Gayol, J./R. Henderson, 1966: Centros de acopio, una perspectiva halagüna, in: Cuba Azúcar, 1966 (Mai/Juni), S.15ff.

7.300.000 tons of sugar already produced. Second biggest sugar harvest in the history of Cuba, in: Granma, W.R., 2.7.1978, S.1

Sugar y azúcar. Yearbook 1972. Cuba, New York 1972

Sugar. Facts and figures. United States Cuban Sugar Council, New York 1948

Sugar. Facts and figures. United States Cuban Sugar Council, Washington, Dez. 1952

Sugar. Report to the President of the Unites States. Difference of cost of production between the U.S. and the chief competing country, Washington 1934

Sweet news on Caribbean beef potential, in: West Indies Chronicle, Mai 1973, S.196

Swerling, Boris, 1941: International Control of Sugar, 1918-41, Palo Alto 1941

Swerling, Boris, 1951: Domestic control of an export industry: Cuban Sugar, in: Journal of Farm Economics, August 1951

Swerling, Boris, 1960: Sugar and sympathy, in The Nation, 190, No.7 (13.Februar 1960), S.142-143

Symes, Richard T., 1971: Field Mechanization in the Puerto Rican Sugar Industry, in: proc. ISSCT 14.1971, S.96-99

Symes, Richard T., 1972: Planning for sugar cane mechanization, in: International Sugar Journal, 1972, S.163-166

Tansania intensiviert die landwirtschaftliche Produktion, in: Blick durch die Wirtschaft, 7.4.1979

Taussig, Charles W., 1940: Some notes on sugar and molasses, New York 1940

Inaugurada la terminal de Azúcar a granel "General Antonio Maceo", in: ATAC, 36.1977, 3, S.4- 9

Thomas, C.Y., 1968: Pure plantation economy: Comment, in: Social and Economic Studies, 17.1968,3 (Sept.),S.339-348

Taylor, Kit S., 1978: Sugar & the underdevelopment of northestern Brazil, University Press Florida, 1978

Thomas, Clive Y., 1970: Sugar economics in a colonial situation: A study of the Guyana sugar industry, Ratoon Studies in Exploitation No.1, Georgetown 1970

Thomas, Clive Y., 1971: Diversification and the burden of sugar to Jamaica, in: N. Girvan/O. Jefferson (Hrsg.) 1971, S.58-64

Thomas, G., 1974: Sugar cane fields, saviour of world energy, food and fibre crisis?, in: Proc.Queensland Soc.Sug.Cane Tech., 41. 1974, S.23-26

Thomas, R.P., 1968: The sugar colonies of the Old Empire: Profit or loss for Great Britain?, in: Economic History Review, 21.1968, S.30-45

Thompson, E.T., 1957: The Plantation. A Bibliography, Washington, D.C. 1957 (Pan American Union)

Timoshenko, Vladimir O./Boris C. Swerling, 1957: The world's sugar: Progress and policy, Stanford 1957

Torriente, Loló de la, 1969: Cuba: Zafra 69, in: Cuadernos americanos, Mexiko, 1969 (Juli-Aug.), S.39-57

Tortella Casares, Gabriel, 1964: El desarrollo de la industria azucarera y la guerra de Cuba, in: Moneda y Crédito, Madrid, 1964,91, S.131-163

Treto, Juan/Orlando J. Marrero, 1977: Hacia und mayor velocidad en la producción de azúcar crudo, in: ATAC, 36.1966, 2, S.20-25

Triana, Celso J., 1972: El bagazo de la caña de azúcar, in: ATAC, 31.1972, 4, S.51-56

UNDP, 1974: Large-scale project approved for the Government of Cuba: Research and development centre for the industrialization of bagasse - Phase II (Cub/73/006), 21.10.1974

UNDP, 1975: Approval of large-scale UNDP assistance to a project of the Government of Cuba. Research centre for the fermentation Industry (Cub/74/011), 21.11.1975

UNDP, 1976: Approval of large-scale UNDP assistance to a project of the Government of Cuba: Research and development centre for the industrialization of bagasse (Supplementary assistance to Phase II) (Cub/73/006), 5. 2.1976

UNIDO, 1971a: Plan de trabajo para la industria azucarera, Dokument der UNIDO 1970, Traducción MINAZ, Nr.1108, Havanna 1971

UNIDO, 1971b: Pulp and paper in developing countries. Report of an expert group meeting Vienna, 13. - 17.Sept.1971 (ID/WG.102/34/Rev.1)

UNIDO, 1973 (United Nations Industrial Development Organization): Research centre for industrialization of bagasse (I. Background and supporting information, II. Objectives of the project), UNIDO/TCD.104/Rev.2, Wien, 1.6.1973

UNIDO, 1974: Press release, feature No.31: Newspapers from sugar. Cane-growing countries await results of UNDP/UNIDO experiment in Cuba, Wien, Juni 1974

Urrutia Alvarez, Miguel A., 1970a: Introduciendo al ICIDCA, in: Sobre los derivados, 1.1967, S.5-14

Urrutia Alvarez, Miguel A., 1970a: Apertura de la XXXIX Conferencia. Tres tareas fundamentales de la industria azucarera, in: ATAC, 25.1970, S.226-231

Urrutia Alvarez, Miguel A., 1970b: Palabras del Viceministro para el desarrollo técnico, in: Cuba Azúcar, 1970 (Okt.-Dez.), S.18-20

Suscriben Cuba y la URSS protocolo para el desarrollo azucarero cubano, in: ATAC, 34.1975, 6, S.38-39

U.S. Cuban Sugar Council, 1952: Sugar. Facts and figures Washington 1952

U.S. Department of Agriculture (Sugar Division), 1975: Sugar statistics and related data, 2 Vols., ashington D.C., 1975 (2. Auflage)

United States Tariff Commission, 1934: Sugar. Report to the President of the United states, U.S. Tariff Com. Rpt. Ser.2, No.73, 256, 1934

U.S. American Sugar Refining Company, 1913: Testimony, Vol.VI, New York 1913

Valdés, A./S. Ortega/V. Crespo, 1972: Experience with a mill-diffuser system in the Cuban sugar industry, in: Cuba Azúcar, 1972 (Jan.-März), S.20-34

Varela Pérez, Juan, 1974: On the Road to Mechanization, in: Granma, W.R., 24.2.1974, S.6

Varela Pérez, Juan, 1977: Soviet aid to Cuban sugar industry dates back 15 years, in: Granma, W.R., 13.11.1977, S.10

Desarrollan nueva variedad cubana de caña la TY 70-5, in: ATAC, 35.1976, 4, S.24-25

Vasallo, H., 1972: El azúcar en la economía cubana, in: ATAC, 31.1972, 4, S.2-9

Vasilieva, Marina, 1976: Ujtomski. Un puesto de avanzada de la mecanización cañera en Cuba, in: ATAC, 35.1976, 1, S.4-11

Vázquez, Antonio E., 1952: El Empleo de la caña de azúcar en la manufactura de otros productos comerciales que no son azúcar, in: ATAC. Memoria de la 26. Conf. Anual 1952, S. 263-274

Vázquez, Antonio E., 1953: Los productos de la caña de azúcar y procedimientos de obtención, in: ATAC. Memoria de la 27. Conf.Anual 1953, S.281-315

Vázquez, Antonio E., 1954: La utilización integral de la caña de Azúcar, in: ATAC. Memoria de la 28.Conf. Anual 1954, S.299-307

Vázquez, José, 1971: El ingeniero Henderson habla de la mecanización de la cosecha, in: ATAC, 26.1971, 4, S.27-35

Vázquez, José, 1972a: El ministro Marcos Lage habla de las tareas fundamentales en la industria azucarera, in: ATAC, 31.1972, 1, S.5-10

Vázquez, José, 1972b: 5 preguntas de zafra. Entrevista a R. Francia Mestre, in: ATAC, 31.1972, 1, S.16-19

Vázquez, José, 1972c: Cinco preguntas de zafra. Interview mit Emiliano Lezcano, in: ATAC, 31.1972, 2, S. 14-21

Vázquez, José, 1972d: Entrevista con el doctor Antonio Nuñez Jimenez, Presidente de la Academia de Ciencias de Cuba, in: ATAC, 31.1972,4, S.10-15

Vázquez, José, 1972e: 5 preguntas de zafra. Interview mit Guido García , in: ATAC, 31.1972, 4, S.27-31

Vázquez, José, 1972f: Celebran en La Habana la 40 Conferencia de la ATAC, in: ATAC, 31.1972, 5, S.2-24

Vázquez, José, 1972g: Entrevista a Edison Velázquez, in: ATAC, 31.1972, 5, S.39-45

Vázquez, José, 1972h: Interview mit J.A. Borot, Generaldirektor des DINAME, in: ATAC, 31.1972,3, S.7-12

Vázquez, José, 1973a: Las primeras 15 combinadas "KTP-1", in: ATAC, 32.1973, 1, S.2

Vázquez, José, 1973b: Raúl León Torras, el Viceministro de Comercio Exterior de Cuba y Presidente del Consejo de la Organización Internacional del Azúcar habla sobre el Nuevo Convenio y la situación del mercado mundial, in: ATAC, 32.1973, 2, S.2-12

Vázquez, José, 1973c: Cinco preguntas de zafra: Entrevista al Viceministro del MINAZ, Miguel A. Figueras , in: ATAC, 32.1973, 2, S.18-24

Vázquez, José, 1973d: Entrevista al Ing. P.L. Dorticós (Bewässerung), in: ATAC, 32.1973, 3, S.18-25

Vázquez, José, 1973e: Segundo encuentro nacional de técnicos agronómos cañeros, in: ATAC, 32.1973, 4, S.20-25

Vázquez, José, 1973f: Entrevista a Marcelo Fernandez Font, Ministro del Comercio Exterior de Cuba, in: ATAC, 32.1973, 5/6, S.16-29

Vázquez, José, 1974a: Entrevista al Viceministro de Producción del MINAZ, Luis de la Fe, in: ATAC, 33.1974, 1, S.15

Vázquez, José, 1974b: Participo delegacion de la ATAC en el XV Congreso de la AITCA, in: ATAC, 33.1974, 2/3, S.34-36

Vázquez, José, 1974c: Entrevista a Todor D. Sirakov, director general de "Azúcar Bulgaro", in: ATAC, 33.1974, 2/3, S.48ff

Vázquez, José, 1974d: 5 preguntas de zafra. Interview mit Luis de la Fe, in: Cuba Internacional, 1974, S.44-47

Vázquez, José, 1975a: Entrevista a Luis de Cardenas, Director General de Cuadros del MINAZ, in: ATAC, 34.1975, 2, S.15-21

Vázquez, José, 1975b: Entrevista a Enrique González, viceministro de Transporte del MINAZ, in: ATAC, 35.1975, 3, S.4-10

Vázquez, José,1975c: Entrevista a Rafael Francia Mestre, Director General de la Agricultura Cañera del INRA, in: ATAC, 34.1975, 4, S.22-33

Vázquez, José, 1975d: Interview mit Jorge Brioso, Generalsekretär von GEPLACEA, in: ATAC, 34.1975, 6, S.4-9

Vázquez, José, 1976a: Desarrolla el CIDMA el prototipo experimental M 2, que será la combinada canera cubana del futuro, in: ATAC, 35.1976, 3, S.4-11

Vázquez, José, 1976b: Entrevista a Luis Gálvez, director del ICIDCA: Cuba contará en el futuro, junto a una gran industria azucarera, con una potente y diversificada industria de los derivados, in: ATAC, 35.1976, 4, S.4-8

Vázquez, José, 1976c: Entrevista al Ing. Strajil Kanev, representante comercial de Bulgaria: En construcción el combinado de máquinas agrícolas de Holguin y el de equipos de riego por aspersión de Cienfuegos, in: ATAC, 35.1976, 5, S.4-9

Vázquez, José, 1977: Entrevista al Ing. Miguel Macías, Viceministro de la Industria Sidero-Mecánica: Estará en producción en 1977 y a plena capacidad en 1980 la fábrica de combinadas de Holguin, in: ATAC, 36.1977, 1, S.4-10

Vázquez, José, 1978: Four new Cuban-built sugar mills to be in production by 1980, in: Granma, W.R., 5.11.1978, S.4

Velázquez, E.L., 1973: Mercado mundial: Producción y comercialización del alcohol etilico, in: ATAC, 32.1973, 1, S.14-16

Velázquez, E.L., 1975: Mercado mundial: El grupo de paises latinoamericanos y del Caribe, Exportadores de azúcar, in: ATAC, 34.1975,4, S.43-47

Vicini, José P., 1957: La isla del azúcar, Santo Domingo 1957

Villalon, Ramona/Maria Angelica Tagle, 1973: Las levaduras como recursos proteicos de la dieta humana, in: Sobre los derivados, 7.1973, 3, S.3-12

Villa Montes, Roberto, 1975: Capacitación técnica en la industria azucarera cubana, in: Cuba Azúcar, 1975 (Juli-Sept.), S.39-44

Villa Montes, Roberto, 1976: First transport symposium of the Cuban sugar industry, in: Cuba Azucar, 1976 (Juli-Sept.), S.27-30

Viton, A./F. Pignalosa, 1961: Trends and forces of world sugar consumption, in: Commodity Bull.Ser. No.32, Rome, UN FAO, 1961

Viton, A., 1974: Sugar in Latin America and Africa. Needs and opportunities, in: Sugar y Azucar, 69.1974, S.23-26

Vlitos, A.J., 1975: Industrial uses for sucrose, in: International Sugar Journal, 77.1975, Nr.923, S.323-326

Vogt, Paul L., 1908: The sugar refining industry in the United States, Philadelphia 1908

Wallich, Henry, C., 1944: Cuba: Sugar and currency, in: Seymour E. Harris (Hrsg.): Economic problems of Latin America, New York 1944

Ward, J.R., 1978: The profitability of sugar planting in the British West Indies, 1650 - 1834, in: The Economic History Review, 31.1978,2 (Mai), S.197-213

Weber, E.A., 1946: The sugar industry, in: L.J. Hughlett: Industrialization of Latin America, New York 1946

White, B., 1954: Azúcar amargo. Un estudio de la economía cubana, Havanna 1954

Wickizer, V.D., 1958a: The plantation system in the development of tropical economies, in: Journal of Farm Economies, Febr.1958

Wickizer, V.D., 1958b: Plantation crops in tropical agriculture, in: Tropical Agriculture, Juli 1957

Wilde, John C. de, 1933: Sugar: an international problem, in: Foreign Policy Reports, New York, 9.1933, 15, S.162-172

Wiles, Roberts, 1916: Cuban cane sugar, Indianapolis 1916

World sugar balance, calendar 1949-53. Survey no.5: Cuba, Foreign Agriculture Circular. Foreign Agricultural Service, U.S. Dep.of Agriculture, Washington, D.C., 20.5.1953

Wright, P.G., 1924: Sugar in relation to the tariff, Washington 1924

Young, M.A., 1966: Madera artificial fabricada con materia prima de Cuba, in: Cuba Azúcar, 1966, 2, S.26-27

Yudkin, J., 1971: Sugar as a food: An historical survey, in: J. Yudkin/J.Edelman/ L. Hough (Hrsg.): Sugar: Chemical, biological and nutritional aspects of sucrose, London 1971, S.11-17

Die Zuckerindustrie auf Cuba, Berlin 1887

3. Bibliographien

Anderson, T. (Hrsg.): Cuban agrarian economy: a bibliography, Madison, USA, Training & Methods Series, Land Tenure Center, University of Wisconsin (1974) No.23.

Bibliografia sobre Cuba y el socialismo, Caracas: Centro de Información, Documentación y Análisis Latinoamericano, no.41-42, n.d.

Cuban Studies Newsletters, Pittsburgh (Penns.), Bd.1, 1971; ab 5.1975 Änderung des Titels: Cuban Studies/Estudios Cubanos

Duncan, Ronald E.: Cuba: Selected Paperback Library, in: South Eastern Latin Americanist, 26 (Sept.1972), S.12ff

Fort, Gilberto V.: The Cuban revolution of Fidel Castro viewed from abroad. An annotated bibliography, Lawrence/Kansas 1969 = Library Series, University of Kansas Libraries, 34

Gehle, Ellen: Die Bedeutung Kubas für die nationale und koloniale Befreiungsbewegung. Empfehlende Bibliographie, Fachschule für Bibliothekare an Wissenschaftlichen Bibliotheken, Leipzig 1962

Harbron, John D.: Cuba: bibliography of a revolution, in: International Journal. Canadian Inst. of International Affairs, Toronto, 18.1963,2, S.215-223

Peraza, Fermîn: Revolutionary Cuba. A bibliographical guide 1966, Coral Gables (Florida) 1967

Peraza, Fermîn: Revolutionary Cuba. A bibliographical guide 1967, Coral Gables (Florida) 1969

Pérez, Louis A. Jr.: The Cuban revolutionary war, Metuchen, N.J.1976

La rivoluzione cubana: Orientamenti problematici e bibliografici, in: Rivista Storica del Socialismo, Mailand, 6.1963, Fasc.18, S.125-178

Suchlicki, Jaime: The Cuban revolution: A documentary bibliography, Coral Gables (Florida): Center for Advanced International Studies, University 1969

Valdês, Nelson P.: A bibliography on Cuban women in the twentieth century, in: Cuban Studies Newsletter, 4.1974, 2 (Juni)

Valdês, Nelson P./Edwin Lieuwen: The Cuban revolution, 1959-1969. A research guide, Albuquerque (New Mexico) 1971

4. Bibliographien und Sammelbände der Reden und Schriften Fidel Castros

Bonachea, Rolando E./Nelson P. Valdés: The making of a revolutionary. A Fidel Castro bibliographry (1947 - 1958), in: Latin American Research Review, Latin American Studies Association, Austin/Texas, 5.1970,2, S.83-88

Bonachea, Rolando E./Nelson P. Valdés: A briefly annotated bibliography of Fidel Castro's works: 1959 - 1970, in: Cuban Studies Newsletter, 3.1973,2 (Juni)

Political, economic and social thought of Fidel Castro, Havanna 1959

Selser, Gregorio (Hrsg.): Fidel Castro.La revolución cubana, Buenos Aires 1960

Dr. Fidel Castro: Fanal Kuba, Reden und Schriften 1960 - 1962, Berlin/Ost 1963

Castro, Fidel: Les étapes de la rêvolution cubaine. Textes réunis et présentés par Michel Merlier, Paris 1964

Habel, Janette (Hrsg.): Fidel Castro. Proceso al sectarismo, Buenos Aires 1965 (= Colección de Política Concentrada)

Discours de la Révolution par Fidel Castro, hrsg. v. Christine Glucksman, Paris 1966

Aniversarios del triunfo de la revolución cubana. Reden Fidel Castros am 2. Januar, 1960 - 1967, Havanna 1967

Révolution cubaine, 2 Bde, 2 Bde., I: Textes choisis 1953 - 1962, II. Textes choisis 1962 - 1968. Présentation et choix de Louis Constant, Paris 1968

Fidel Castro. Major speeches (1965 - 1968), London 1968

Discursos de Fidel en los aniversarios de los CDR, 1959 - 1967, Havanna 1968

Castro,Fidel: Discursos 1965 - 1968, Havanna 1968

Fidel Castro speaks, hrsg.v. Martin Kenner u. James Petras, New York 1970

Castro, Fidel: Socialismo y comunismo: un proceso único. Selección y notas: Nicolás Segrate, Montevideo/Uruguay: Ed.de Aportes 1970

Vega, Henri de la/Raphel Sorin (Hrsg.): Citations de Fidel Castro,Paris 1970

Fidel Castro au Chili, discours et déclarations, hrsg. von Roland Labarre, Paris 1971

Valdés, Nelson P./Rolando E. Bonachea (Hrsg.): Revolutionary struggle 1947 - 1958, Vol.1 of the selected works of Fidel Castro, Cambridge, Mass.1972

Fidel Castro: La Revolución cubana, 1953-1962, hrsg. von Adolfo Sánchez Rebolledo, Mexiko 1972

Castro Fidel: Unsere Stärke liegt in der Einheit. Reden in der DDR, der UdSSR und Chile, 1971 - 1972, Berlin (Ost) 1973

Castro, Fidel: Hoy somos un pueblo entero conquistando el porvenir (1957 - 1973), Havanna 1973

Castro, Fidel: Imperialismo, tercer mundo y revolución, hrsg. v.Bernardo Muniesa, Barcelona 1975

Castro, Fidel: Ausgewählte Reden 1973 - 1975, Berlin (Ost) 1976

Castro, Fidel: Obras Escogidas, Bd. 1 (1953 - 1962), Caracas, Madrid 1976

Castro,Fidel /Raúl Castro: Selección de discursos acerca del partido, Havanna 1975

5. Bibliographien und Sammelbände der Reden und Schriften "Che" Guevaras

Bibliografía del Comandante Ernesto "Che" Guevara, Revista de la Biblioteca Nacional "José Martí", Año 58, 3ra. época, Vol.IV, Núm. 3 - 4, Havanna, Juli - Dezember 1967

Scauzillo, Robert J.: Ernesto "Che" Guevara: A research bibliography, in: Latin American Research Review, 5.1970,2 (Summer), S.53-82

Guevara, Ernesto "Che": Obra revolucionaria, Mexiko 1967

Lavan, George (Hrsg.): "Che" Guevara speaks. Selected speeches and writings, New York 1968

Bonachea, R./N.P. Valdés (Hrsg.): "Che": Selected works of Ernesto Guevara, Cambridge, Mass. und London 1969

Gerassi, John (Hrsg.): Venceremos! The speeches and writings of Ernesto "Che" Guevara, London 1969

Guevara, Ernesto "Che": Escritos económicos, hrsg.von José Aricó, Córdoba/Argentinien 1969 (= Cuadernos de Pasado y Presente 5)

Kurnitzky, Horst (Hrsg., Vorwort): Ernesto "Che" Guevara. Ökonomie und neues Bewußtsein. Schriften zur politischen Ökonomie, Berlin 1969

Guevara, Ernesto "Che": Obras 1957 - 1967, 2 vols.,Havanna, Paris 1970

Guevara, Ernesto "Che": Escritos y discursos, 8 Bde, Havanna 1972 - 1977 (bisher vollständigste Ausgabe)

6. Verzeichnis der statistischen Veröffentlichungen

Anuario azucarero de Cuba, Havanna

FAO, Commodity review and outlook 1972-73. Projections for 1980, Rom 1973

FAO, Monthly Bulletin of Agricultural Economics and Statistics, Vol.23.1974(ff)

FAO, Yearbook of fishery statistics. Catches and landings, Vol.42.1976, Rom 1977

FAO, Yearbook of fishery statistics. Fishery commodities, Vol.43.1976, Rom 1972

FAO Production Yearbook, Vol.30.1976, Rom 1977

JUCEPLAN (Junta Central de Planificación), Dirección Central de Estadística, Compendio Estadístico De Cuba 1965, Havanna

JUCEPLAN, Compendio Estadístico De Cuba 1966, Havanna

JUCEPLAN, Compendio Estadístico De Cuba 1967, Havanna

JUCEPLAN, Boletín Estadístico 1968, Havanna

JUCEPLAN, Compendio Estadístico De Cuba 1968, Havanna

JUCEPLAN, Boletín Estadístico 1970, Havanna

JUCEPLAN, Boletín Estadístico 1971, Havanna

JUCEPLAN, Anuario Estadístico De Cuba 1972, Havanna

JUCEPLAN, Anuario Estadístico De Cuba 1974, Havanna

Kuba, in: Statistisches Handbuch der Weltwirtschaft, S.467 - 468, Berlin 1936

Rat für Gegenseitige Wirtschaftshilfe, Statistisches Jahrbuch der Mitgliedsländer des Rates für Gegenseitige Wirtschaftshilfe 1975, Moskau 1976

Roberts, C.P./ M. Hamour (Hrsg.): Cuba 1968. Supplement to the Statistical Abstract of Latin America, Latin America Center, University of California, Los Angeles 1970

Statistical Abstract of Latin America 1972, hrsg.v. K. Ruddle/ K.Barrows, UCLA Latin American Center, Los Angeles 1974

Statistical Abstract of Latin America, Vol.17.1976, hrsg.von James W. Wilkie, UCLA Latin American Center, Los Angeles 1976

Statistisches Bundesamt, Wiesbaden. Allgemeine Statistik des Auslandes. Länderkurzberichte: Kuba 1968, Stuttgart, Mainz 1968

Statistisches Bundesamt, Wiesbaden. Allgemeine Statistik des Auslandes. Länderkurzberichte: Kuba 1972, Stuttgart, Mainz 1972

Statistisches Bundesamt, Wiesbaden. Allgemeine Statistik des Auslandes. Länderkurzberichte: Kuba 1975, Stuttgart, Mainz 1975

United Nations Conference on Trade and Development, Commodity Survey 1968, New York 1968

UN Statistical Yearbook 1976, New York 1977

UN Yearbook of Industrial Statistics 1975, Bd.1,2, New York 1977

U.S. Central Intelligence Agency: The Cuban Economy: A statistical review, 1968 -76, (research aid), ER 76-10708, Dez.1976

7. Zeitschriftenverzeichnis

7.1. Kubanische Zeitschriften und Zeitungen

Revistas corrientes cubanas: Una lista anotada, in: Caribbean Studies. Institute of Caribbean Studies, Univ.of Puerto Rico, Rio Piedras, 4.1964,3, S.50 - 65

Cuban Periodicals, 1959 - 1970, in: Cuban Studies Newsletter, 1.1971,2, S.2-12

ANAP. (Asociación Nacional de Agricultores Pequeños), Havanna, Januar 1961ff. Monatszeitschrift des Verbandes der Kleinbauern

ATAC (Boletín Oficial). Asociación de Técnicos Azucareros de Cuba. Zeitschrift des Verbandes der Techniker der Zuckerindustrie

ATAC. Memoria de la Conferencia Anual

Agrotecnia de Cuba. Publicación trimestral, Havanna, Inst. Nación. de Refoma Agr., 1.1963 - 4.1966

Banco nacional de Cuba. Revista, Havanna, 1.1955 - 5.1960

Bohemia, Revista semanal, Havanna, Wochenzeitschrift, 1.1908ff

Casa de las Américas. Revista, Havanna, 1.1970ff

Ciencias Sociales Contemporaneas, Academia de Ciencias de Cuba, Havanna, 1.1965ff

Cuba Azúcar. Revista Mensual (Wissenschaftliche Zeitschrift der Zuckerindustrie), 1.1955/56 ff

Cuba económica y financiera, Havanna 1.1925ff

Comercio exterior, Havanna, Zeitschrift des Außenhandelsministeriums

Cuba economic news. Bulletin hrsg. von Handelskammer der Republik Cuba, Havanna, Monatsschrift

Cuba International, Havanna, Monatsschrift (seit Juli 1969)

Cuba socialista, Havanna, 1961 - 1967, theoretische Monatsschrift

Direct from Cuba, Havanna, monatliche Kurznachrichten

Economía y desarrollo, Havanna, Zweimonatsschrift für ökonomische Probleme

Educación. Revista Trimestral del Ministerio de Educación, Havanna

Granma, Tageszeitung und fremdsprachige Wochenausgaben (W.R. = Weekly Review), des Organs des Zentralkomitees der kommunistischen Partei Kubas, Havanna, 1. Ausgabe 5. Oktober 1966

Islas. Santa Clara, Las Villas, 1.1958ff. Allgemeine Zeitschrift der Universität von Santa Clara

Juventud Rebelde, Tageszeitung der kubanischen Jugend,Havanna, 1. Ausgabe 22. Oktober 1966

Mar y Pesca. La Revista del Hombre del Mar, Instituto Nacional de la Pesca (INP), Havanna 1.1965ff

Nuestra Industria económica, Havanna, Zeitschrift des Industrieministeriums (bis 1967 erschienen)

OCLAE, Revista mensual de la organización continental latinoamericana de estudiantes, Havanna, Monatsschrift

Pensamiento crítico, Havanna, theoretische Monatszeitschrift (1967 - 1971)

PEL, Panorama económico latinoamericano, Havanna, Monatsschrift (seit 1961)

Política internacional, Revista del Instituto de política nacional, Havanna, unregelmäßig erscheinende politische Zeitschrift

Prensa latina, Havanna, tägliches Informationsbulletin der Nachrichtenagentur

Reseña de la Literatura Azucarera (Besprechung der Zuckerliteratur), Centro de Documentación e Información Científica y Técnica, Ministerio de la Industria Azucarera, Havanna. Zusammenfassungen von Beiträgen in 20 Zuckerzeitschriften aus Rohr- und Rüben-Zuckerländern

Revista agricultura cubana, Havanna (bis 1959)

Revista cubana de ciencia agricola, Havanna, landwirtschaftliche Trimesterschrift (seit 1967)

Revista de divulgación agropecuaria, Havanna, 1.1970ff

Sobre los derivados de la caña de azúcar. Zeitschrift des ICIDCA (im Text zitiert als: Sobre los Derivados...)

Sociedad económica de amigos del país. Revista bimestre cubana, Havanna, 1.1886ff

Teoría y práctica (Partido Unido de la Revolución Socialista de Cuba, Dirección Nacional de las escuelas de Instrucción Revolucionaria), Havanna (bis 1967)

Trimestre, Havanna, theoretische Zeitschrift (bis 1965 erschienen)

Verde Olivo, Havanna, Monatsschrift der Streitkräfte Kubas (seit 1960)

Universidad de la Habana, Havanna, Quartalsberichte der Universität, Centro de informacion cientifica y tecnica

7.2. Zeitschriften über Kuba

Areito. Revista Trimestral, New York, 1.1974ff (Zeitschrift junger sozialistischer Exilkubaner)

Britain-Cuba Scientific Liaison Committee Bulletin, London (erscheint unregelmäßig)

Cuba Review, published by the Cuba Resource Center (CRC), New York 1.1970ff

Cuba Sí, Bern, Zeitschrift der Vereinigung Schweiz-Cuba

Cuba Sí, Paris, Zeitschrift der französisch-kubanischen Freundschaftsgesellschaft

Cuba Sí! Zeitung der Freundschaftsgesellschaft Westberlin-Kuba e.V., Nr.1, Dez.1974

Cuban Studies/Estudios Cubanos, Bibliography, research inventory, book notes, Center for Latin American Studies, University Center for International Studies, Pittsburgh,Penn., 1.1975ff

Quarterly Economic Review of Cuba. The Economist Intelligence Unit, London

Appendix 1: Überblick über die wichtigsten Investitionsprojekte des Fünf-Jahres-Plans 1976 - 1980

Landwirtschaft und Viehzucht	Verarbeitende Agrarindustrie (ohne Zucker, meist kurzlebige Konsumgüter)	Zuckerindustrie und Nebenproduktindustrie	Maschinenbau
Wachstum und weitere qualitative Verbesserung der Rinderherde, Verdoppelung des Schweinebestands auf 80.000 t Lebendgewicht. Erhöhung der Eierproduktion auf 2 Mrd Stück/Jahr Geflügelfleisch + 85 % Milchproduktion + 80 % Selbstversorgung mit Reis, Wachstum von Zitrusproduktion (Verdreifachung, da Neupflanzungen in Produktion treten). Gemüse und Wurzelproduktion: + 50 % auf 1,5 Mio t 1980 (= Selbstversorgung). Errichtung von über 1.000 landwirtschaftlichen Produktionsstätten (Rinderställe, Geflügelfarmen, Schweinezuchtanlagen usw.). Ausdehnung der Anbaufläche von Zuckerrohr, Zitrusfrüchten, Futterpflanzen und Reis sowie allgemeine Verbesserung der Agrartechnik.	Verarbeitung von 1 Mio Rindern und Schweinen 1980, inklusive Fleischkonserven. Enormes Wachstum der milchverarbeitenden Industrie, u.a. 2 Komplexe in Havanna (6 Fabriken, 1 Mio l Milch pro Tag) und Camaguey; Joghurt-, Käse- und Speiseeisfabriken. 1 neue Fischkonservenfabrik (60.000 t/Jahr). Mehrere Kühlhäuser und -schiffe. 2 neue, moderne Mehlfabriken 1 große Fabrik zur Verarbeitung von Zitrusfrüchten Mehrere neue Reismühlen	Insgesamt 600 - 700 Mio Pesos Zuckerproduktion: + 35 - 40 % 4 neue Zuckerfabriken, Renovierung von 44 Zuckerfabriken, davon 22 mit Hilfe der Sowjetunion Modernisierung des Transports 10 Torulahefe-Fabriken (300 t pro Tag) 3 Spanplattenfabriken aus Bagasse (auch für Möbel) 1 Papierfabrik: 60.000 t Zellulose, 80.000 t Papier 1 Furfural-Fabrik 7 Süßwarenwerke 1 Traubenzuckerfabrik	Insgesamt ca.600 Mio Pesos (einschl. 40 Mio durch MINAZ) 3 Landmaschinenfabriken in Holguin (Zuckerrohrerntemaschinen, Waggons und vieles mehr) 2 Fabriken für Bewässerungssysteme 1 neue Werft für Fischereiboote in Cardenas Expansion der allgemeinen Werftindustrie Steigerung der Produktion der Fabrik für Zuckermaschinerie (von 17 Mio Pesos auf 70 Mio Pesos pro Jahr) Bau von 2 großen Automobilreparaturbetrieben und Rekonstruktion der alten Anlage Produktion von Ersatzteilen für die Leichtindustrie

Fortsetzung Appendix 1

Metallindustrie	Transport und Kommunikation	Chemie	Elektrizität
Integrierte Eisen- und Stahlfabrik (aufgeschoben). 2 neue Nickelfabriken mit 30.000 t und Modernisierung der beiden alten Eisenmetallurgie + 45 % NE-Metallurgie + 90 % 1 neue Gießerei	Montage von 9.000 Bussen bis 1980 in 2 bereits vorhandenen Werken. Automobilkomplex 60 km vor Havanna mit 16 Fabriken zur Montage und zur Produktion von Einzelteilen und Ausrüstungen (offenbar bis 1985). 1 neue Reifenfabrik Jährliche Produktion von 100.000 Fernseh- und 300.000 Radioapparaten Bau einer nationalen Autobahn und totale Renovierung der nationalen Eisenbahnlinie (Havanna-Santiago: 900 - 1.000 km) Ausbau der Handelsmarine	1 neue Erdölraffinerie 1 Farbenfabrik 1 Stickstoffdüngerfabrik (Oriente) 1 Fabrik für Ätzsoda	Neue thermoelektrische Einheiten mit einer Gesamtkapazität von 900 kW Elektroenergieerzeugung: + 35 % Beginn des Baus des ersten Atomkraftwerks (880.000 kW)

Bauindustrie	Konsumgüterindustrie	Bildungs- und Gesundheitswesen, Wohnungsbau	Verschiedenes
2 neue Zementfabriken, durch die die Kapazität auf mehr als 5 Mio t erhöht wird (von 2,4 Mio t 1975). Verdoppelung der Produktion von Baumaterialien und Fertigteilen	Investitionen in Güter, die bisher knapp waren, u.a. Schuhe, Süßwaren, Kosmetik und Seife, Kleidung, Möbel, Geschirr. 3 neue große Textilfabriken (200 Mio m²) 1 neue Brauerei Erweiterung der Fabrik für Haushaltsgeräte (INPUD) auf Jahreskapazität von 800.000 Einheiten, u.a. 60.000 Kühlschränke und 50.000 Gasöfen	800 neue Schulen, vorwiegend Schulen auf dem Lande mittlerer Bildungsstufe. Bau von Kindergärten, Grundschulen und Forschungszentren 100 neue Krankenhäuser und Polikliniken Verdoppelung des jährlichen Wohnungsbaus 1980 im Verhältnis zu 1975	Tourismus: 50 neue Hotels mit 120 bis 245 Räumen 1 neue Glasfabrik 2 moderne Druckereien